》统计学精品译丛《

商务统计学

Business Statistics

[美] 罗伯特 A. 唐纳利 著
Robert A. Donnelly, Jr.

高璞 徐园植 林艳 译

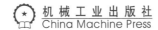

机械工业出版社
China Machine Press

图书在版编目（CIP）数据

商务统计学 /（美）罗伯特 A. 唐纳利（Robert A. Donnelly, Jr.）著；高璞，徐园植，林艳译．—北京：机械工业出版社，2018.2

（统计学精品译丛）

书名原文：Business Statistics

ISBN 978-7-111-58992-1

I. 商… II. ①罗… ②高… ③徐… ④林… III. 商业统计学 – 高等学校 – 教材 IV. F712.3

中国版本图书馆 CIP 数据核字（2018）第 013963 号

本书版权登记号：图字 01-2013-1649

Authorized translation from the English language edition, entitled Business Statistics, ISBN: 9780132145398 by Robert A. Donnelly, Jr., published by Pearson Education, Inc., Copyright © 2013 by Pearson Education, Inc.

All rights reserved. No part of this book may be reproduced or transmitted in any form or by any means, electronic or mechanical, including photocopying, recording or by any information storage retrieval system, without permission from Pearson Education, Inc.

Chinese simplified language edition published by China Machine Press, Copyright © 2018.

本书中文简体字版由 Pearson Education（培生教育出版集团）授权机械工业出版社在中华人民共和国境内（不包括香港、澳门特别行政区及台湾地区）独家出版发行．未经出版者书面许可，不得以任何方式抄袭、复制或节录本书中的任何部分．

本书封底贴有 Pearson Education（培生教育出版集团）激光防伪标签，无标签者不得销售．

本书是一本统计学入门教材，内容涉及描述统计学、概率论基础知识、假设检验、方差分析、卡方检验、回归分析和预测等．作者以对话式风格来讲述主要内容，展示统计知识在现实世界中是如何应用的．"思考题"贯穿全书，鼓励学生利用所学知识求解问题．

本书适合作为经济管理类本科生的统计学教材以及继续教育机构、培训机构、MBA 相关课程的教材，也适合作为从事会计、市场营销、银行、金融服务等行业专业人士的参考书．

出版发行：机械工业出版社（北京市西城区百万庄大街 22 号　邮政编码：100037）
责任编辑：和　静　　　　　　　　　　　　　　　责任校对：李秋荣
印　　刷：北京市兆成印刷有限责任公司　　　　　版　　次：2018 年 3 月第 1 版第 1 次印刷
开　　本：186mm × 240mm　1/16　　　　　　　印　　张：42.75
书　　号：ISBN 978-7-111-58992-1　　　　　　定　　价：139.00 元

凡购本书，如有缺页、倒页、脱页，由本社发行部调换
客服热线：（010）88378991　88361066　　　　投稿热线：（010）88379604
购书热线：（010）68326294　88379649　68995259　　读者信箱：hzjsj@hzbook.com

版权所有·侵权必究
封底无防伪标均为盗版
本书法律顾问：北京大成律师事务所　韩光/邹晓东

译 者 序

"统计"是个啥？不就是一门数学类的课程嘛！反正就是一堆概念定理加公式呗！我最头疼的就是这个了，太枯燥！别急别急，这本书可是《商务统计学》，理论联系实际，绝对可以颠覆你对统计学刻板枯燥的认知. 具体有啥看头，请听我娓娓道来.

罗伯特 A. 唐纳利真不简单，他这本书包含一般统计学应该涉及的知识点，最最关键的是，你在读他有趣故事的同时已经把这些知识点理解了（相信离应用就不远了）. 我们会追随罗伯特来到他的生活中，看看他如何用统计学知识来解决他的家庭生活（妻子黛比出镜率很高）以及社会生活（他工作学校的学生、具有时代特征的美国焦点问题也在其中）中的实际问题. 当我们漫步在罗伯特的生活场景中，欣赏他呈现的一个个统计故事时，常常会因他内心独白中的幽默而会心一笑（哈哈大笑也是有可能的）. 一本统计学读完犹如欣赏了一部美式大片，还学会了使用统计学这个工具，真是文理兼修.

此外，罗伯特在书中还非常用心地设计了很多细节来帮助读者学习（请看前言）. 至于学习中需要的学生资源和教师资源，那更是配备得相当齐全. 同时，对于解决统计学问题所需的技术支持，也一应配备妥当.

一个《商务统计学》入门级读者所需的万事已经具备，就差您捧起一读这个东风啦！

不知不觉间这篇译者序也秉承了本书的文风（看到本书的带入感威力了吧）. 好吧，下面回归正常理科教师风.

作为一名统计学教师同行，深知学生在学习中存在学不懂只会机械做题的焦虑，这本书恰恰可以让大家在轻松愉快的过程中学会统计学原理，并掌握统计学与商务问题等实际问题的联系，从而可以灵活地学以致用. 希望它能给广大被统计学折磨的读者带来曙光，从而爱上统计这门学科，并能利用它解决工作生活中的问题.

全书共16章，由高璞、徐园植和林艳3人合作完成. 感恩我们能遇到这样一本出色的书并有幸成为它的译者，我们尽量保持原书风格进行翻译，但很多地方可能仍难以准确表达作者描述的意境. 限于水平，译文不可避免会有不完善的地方，欢迎广大读者提出宝贵意见，不胜感激！

感谢家人及朋友对我们在翻译过程中的帮助和支持！

高璞于北京西山

前　　言

　　本书是一到两个学期的教材，以一种对话的风格写作，以期减少商科学生在学习统计课程时的焦虑．

　　现在有太多商科学生被他们的统计教材吓到了．这些学生常常把他们的教材看作是要跨越的障碍，而不是帮他们成功的工具．针对这个问题，我用一种直白的、对话的风格编写本书．作为作者和教师，经验告诉我当学生感觉他们与老师有个人联系时，学习效率更高．许多传统的教材总是"高高在上"，让很多学生感觉很难理解．我更喜欢教材与学生"对话"，就像我在课堂上一样，向学生提供一种我与他们在一起的场景，在每一个学习过程中鼓励他们．

　　我深信学生在学习新概念时解决统计问题比起之后再解决（常常是下一次考试前），学习效率会更高．为了奉行这种理念，我给出了标为"思考题"的平行问题，这样学生就可以对照相应章节的例题完成这些题目．我试图用一种轻松的语气促使学生完成这些题目，但这并不意味着我祈求学生完成．我在每章末都给出了思考题的完整答案[○]，这样学生就可以快速地检验所得结果的正误．我称此为"学习，练习，检验"循环，在这个循环中，学生通过读例题学习，自行完成类似的习题，最后检查结果来验证是否真的学会了．实际上，本书也起着工具书的作用，使学生能积极地参与到学习过程中来．学生常常跳过书中过程完整的例题，感觉自己已经理解了概念，直到接下来的考试中遇到类似的问题而不会解时才发现自己没有学会．我的方法鼓励学生仔细阅读例题并在他们进入下一个知识主题时能确保已经掌握了学过的概念．

　　我在每章都会插入一些注释或提示，这些内容给出了有用的深刻见解．这种特色与老师上课时为帮助学生理解而准备的讲义类似．我发现这是在学生困惑或难以应对时帮助他们集中注意力的有效方法．

本书特色

- **当前的商务例题，能引起学生的兴趣**——学生能够了解统计过程在产品和服务上的应用，例如：
    - 英国石油公司在墨西哥湾的漏油事件；
    - 利宝保险公司对享受优秀学生折扣和不享受优秀学生折扣客户车祸比例的比较；
    - 对不同品牌智能手机满意度分数的比较；
    - 使用原来的 IPv4 造成的 IP 地址短缺．
- **每个主要小节之后的思考题**——这些问题被战略性地放在各章中以加强对关键概念的理解．这些问题的完整答案可在每章末找到．我发现学生主动地解题与他们跳过解答完整的例题相比，学习效率更高．

○ 限于篇幅，思考题答案放到了华章网站（www.hzbook.com）上．——编辑注

- **注释或提示**——在图注、表注、脚注及正文中，你会发现帮助阐明特定主题的注释或提示．这些内容常常指向文章中某个位置，与老师在课堂上为学生准备的深入见解类似．
- **实践中的统计学**——在本书中，关于统计学如何应用在当今商业环境中的例子被放在章首或正文穿插的线框中．例如：
  - 政府使用置信区间以及相应结果解释对失业数字的报道；
  - 对赫尔食品公司不同零食的顾客反馈的比较；
  - 医疗保险公司调查诊疗室反常计费使用的统计方法；
  - 对奥运会运动员在不同体育赛事上表现的比较．
- **复杂统计过程的分步方法**——很多学生在面对像假设检验、方差分析（ANOVA）以及回归分析这样的复杂过程时都会"迷失在森林中"．我的办法是将这些过程分成可以接受的重复性的步骤，这些步骤可以用来解决各种问题．这样，学生在用某种方法解题时就有一个可以遵循的路径图来决定怎么做．
- **贯穿全书的微软 Excel**——我用 Excel 说明商务统计学中各方法的应用，但该软件的使用不影响对概念的理解．我对那些告诉我会在电脑上执行像 ANOVA 这样的过程而不会解释结果的学生如是说：如果让 Excel 完成所有的工作，你就会失去理解相应方法背后概念的机会．本书的理念是避免这种不幸的情况发生．

学生资源

学生解题手册——由 Goldey-Beacom 学院的 Bob Donnelly 和 Roman Erenshteyn 完成，该手册给出了所有偶数习题的详细解答．学生可以通过访问 www.mypearsonstore.com 搜索 ISBN 0-13-213568-X 购买．

在线资源——在线资源可从 www.pearsonhighered.com/donnelly 免费下载，包含下列内容．

- **数据文件**——这些是各章习题中的 Excel 数据文件．
- **在线案例文件**——由 Bob Donnelly 创建，这些案例可与各章配合使用，作为进一步的课堂讨论或课程项目、课后作业．
- **PHStat2**——适用于 Windows Excel 2003、2007、2010 的培生统计插件．该版本删除了 Excel 分析工具包插件，从而简化了安装和设置．

教师资源㊀

教师资源中心——网址为 www.pearsonhighered.com/donnelly，其中包含完整的教师解题手册、考题文件以及教学幻灯片．

- **教师解题手册**——由 Goldey-Beacom 学院的 Bob Donnelly 和 Roman Erenshteyn 完成，该手册给出了各节习题以及各章复习题的详细解答．电子答案在教师资源中心

㊀ 关于本书教辅资源，只有使用本书作为教材的教师才可以申请，需要的教师请联系机械工业出版社华章公司，电话 136 0115 6823，邮箱 wangguang@hzbook.com．——编辑注

以 Word 格式给出.
- **教学幻灯片**——给出了每章的 PPT. 幻灯片中包含很多教材中的图片和表格. 教师可直接使用这些文件，也可以在此基础上修改以满足个性化的需要.
- **考题文件**——这些文件包含判断、多项选择、填空以及检测各章定义和概念的问题.

特别致谢

特别感谢 Chuck Synovec 颇有远见地启动了本教材项目，Mary Kate Murray 使该项目按时完成，Amy Ray 用她的编辑技能帮我改进写作，Anne Fahlgren 用她的市场能力推进本书，Blair Brown 对本书版式进行了超棒的设计，Kathleen McLellan 为整合令人印象深刻的课堂测验做出了努力，Kathryn Foot 做了超棒的封面设计，Annie Puciloski 对本书进行了一丝不苟的准确校对，Jackie Martin 用 PreMediaGlobal 对页码进行了调整，Roman Erenshteyn 即时地创建了解题手册，David Stephan 开发了 Excel 插件 PHStat2.

最重要的是，感谢我的妻子 Debbie 在整个项目中对我的爱和支持.

关 于 作 者

罗伯特(鲍伯)A. 唐纳利(Robert(Bob) A. Donnelly，Jr.)是特拉华州威明顿市Goldey-Beacom学院有超过25年教学经验的教授. 他曾教授针对本科生和研究生的统计学、运营管理、管理信息系统以及数据库管理课程. 鲍伯在特拉华大学获得化学工程专业的学士学位后，曾在钻石三叶草公司的氯气厂做了几年工程师. 尽管在此领域小有成就，但鲍伯仍痴迷于教育. 想要从教的强烈愿望使他重新回到学校学习，在特拉华大学分别获得了MBA和运筹学的博士学位. 鲍伯还在法国巴黎的国际管理学校教授MBA课程. 他非常享受与他的法国学生和美国学生一起探讨研究方法和商务统计学的过程.

鲍伯从教之前的工作经验为他的教学提供了很多方便，使他能够将现实生活中的例子引入课堂学习中. 他的学生非常欣赏他在商务世界的学识以及他对课程内容的专业掌握. 很多鲍伯教过的学生在工作中仍寻求鲍伯的帮助来解决自己专业技术方面的问题. 学生感受最深的就是鲍伯对他们生活幸福与否的真诚关注以及帮助他们成功达到目标的强烈愿望.

致 学 生

信息过剩是我们的时代标签,日常的数据海啸并不会很快消退.毫无疑问,你的整个职业生涯都将面临空前庞大的数据.当周围的很多人叫嚷着"被淹没了!"甚至"有人落水了!"时,你有一条不同的、更好的路可走.学习组织和解释重要信息的技能是成功的关键,商业尤其如此.

本书将提供给你利用数据得出不错的商业决策的无价工具.比如,如果你是美国电话电报公司(AT&T)或威瑞森无线通讯公司的经理,你能根据每家公司的样本得出两家公司的掉线率是否显著不同吗?仅凭该数据就能影响你的商业管理吗?或者,你会想到进一步地用其他因素(比如掉线发生的地点)来分析吗?在学完第10章后,你就能分析这样的数据并能用较高的信度来回答这些问题了.

在你的整个商务职业生涯中,你将会发现不同水平的人做出的具有真实结果的决策会影响商业利润和人们的工作.专业的数据分析会给你一个令人惊异的视角来了解商务,而不做此分析,这种视角就不明显.

我为你们——亲爱的学生们——写了这本教材,主要目的就是帮助你们成功地学习这门课并能在今后的职业生涯中获得成功.我汇集了多年的教学方法,在这些经验基础上,我给出如下的建议来帮你们达到各自的目标:

- 要去上课.如果你不去上课,将会错过帮你掌握这门课的细节.不管教材写得多好,没有任何的教材能代替你的老师和课堂上的交流.说真的,一定要去上课!
- 充分利用每一章中的"思考题".对这些问题的解答会加深对关键概念的理解,并能使自己知道是否完全掌握了书中的知识.每章末给出的答案会给你及时的反馈,所以我鼓励你在做完题目后再看答案,不要在没完成或不知道怎么做时偷看答案!
- 在考试前要尽可能多地做章节习题.商务统计学不是一门临阵磨枪管用的学科."练习出成绩"的说法尤其适合这门课,做一下各种类型的题目有助于你建立学习的信心.我已将所有偶数题目的答案放在附录B[⊖]中.

我希望你们能够感受到我所感受的商务统计学的价值,你在本课程中的所学会对你今后在商务世界中的成功有所帮助.

罗伯特 A.唐纳利

[⊖] 附录B可从华章网站(www.hzbook.com)下载.——编辑注

目　录

译者序
前言
关于作者
致学生

第1章　商务统计学简介 …………… 1
　1.1　商务统计学及其应用 ………… 1
　　1.1.1　市场调研 …………… 1
　　1.1.2　广告宣传 …………… 2
　　1.1.3　商业运营 …………… 2
　　1.1.4　财政金融 …………… 2
　1.2　数据 ………………………… 2
　　1.2.1　数据来源 …………… 3
　　1.2.2　两个主要数据类型 ……… 5
　　1.2.3　通过计量水平对数据分类 … 6
　　1.2.4　时间序列与截面数据 …… 8
　1.3　描述统计学与推断统计学 …… 9
　1.4　道德与统计学——数据的危险
　　　　世界 ……………………… 11
　复习题 …………………………… 12

第2章　描述统计学 ………………… 14
　2.1　技术在统计学中的作用 ……… 15
　　2.1.1　用 Excel 2010 执行统计
　　　　　　分析 …………………… 16
　　2.1.2　安装 PHStat2 ……………… 17
　2.2　描述定量数据 ………………… 17
　　2.2.1　定量数据的频率分布 …… 17
　　2.2.2　相对频率分布 …………… 18
　　2.2.3　累积相对频率分布 ……… 19
　　2.2.4　Excel 的 FREQUENCY
　　　　　　函数 …………………… 19
　　2.2.5　用直方图表示频率分布 … 19

　　2.2.6　直方图的形状 …………… 22
　　2.2.7　用分组定量数据构造频率
　　　　　　分布 …………………… 23
　　2.2.8　构造分组定量数据直方图 … 25
　　2.2.9　分组太多和太少的后果 … 26
　　2.2.10　离散数据还是连续数据 … 27
　　2.2.11　折线图 …………………… 29
　2.3　描述定性数据 ………………… 34
　　2.3.1　定性数据的频率分布 …… 34
　　2.3.2　条形图 …………………… 35
　　2.3.3　帕累托图 ………………… 40
　　2.3.4　饼图 ……………………… 42
　2.4　列联表 ……………………… 46
　2.5　茎叶显示 ……………………… 50
　2.6　散点图 ……………………… 52
　复习题 …………………………… 57

第3章　计算描述统计学 …………… 61
　3.1　集中趋势的度量 ……………… 61
　　3.1.1　均值 ……………………… 61
　　3.1.2　加权平均值 ……………… 63
　　3.1.3　用均值归纳数据的优缺点 … 64
　　3.1.4　中位数 …………………… 65
　　3.1.5　众数 ……………………… 67
　　3.1.6　频率分布的形状 ………… 68
　　3.1.7　用 Excel 计算均值、中位数和
　　　　　　众数 …………………… 69
　　3.1.8　选哪种集中趋势度量方法：
　　　　　　均值、中位数还是众数 … 72
　3.2　变异性的度量 ………………… 73
　　3.2.1　极差 ……………………… 74
　　3.2.2　方差和标准差 …………… 74
　3.3　共同使用均值和标准差 ……… 82

3.3.1 变异系数 …………………… 83
　　3.3.2 z值 …………………………… 84
　　3.3.3 经验法则 …………………… 87
　　3.3.4 切比雪夫定理 ……………… 88
3.4 处理分组数据 ……………………… 91
　　3.4.1 分组数据的均值 …………… 91
　　3.4.2 分组数据的方差和标准差 …… 92
3.5 相对位置的度量 …………………… 94
　　3.5.1 百分位数 …………………… 94
　　3.5.2 四分位数 …………………… 98
　　3.5.3 盒须图 ……………………… 100
　　3.5.4 五数概括法 ………………… 102
本章主要公式 …………………………… 104
复习题 …………………………………… 105

第4章 概率 ……………………………… 109
4.1 概率简介 …………………………… 109
　　4.1.1 传统概率 …………………… 110
　　4.1.2 经验概率 …………………… 111
　　4.1.3 主观概率 …………………… 112
　　4.1.4 概率的基本属性 …………… 113
4.2 多事件的概率规则 ………………… 116
　　4.2.1 事件的交集 ………………… 116
　　4.2.2 事件的并集 ………………… 117
　　4.2.3 加法法则 …………………… 118
　　4.2.4 条件概率 …………………… 120
　　4.2.5 相互独立事件与相依事件 … 122
　　4.2.6 乘法法则 …………………… 123
　　4.2.7 概率列联表 ………………… 126
　　4.2.8 互斥事件和相互独立事件 … 127
　　4.2.9 贝叶斯定理 ………………… 128
4.3 计数原理 …………………………… 133
　　4.3.1 基本计数原理 ……………… 134
　　4.3.2 排列 ………………………… 136
　　4.3.3 组合 ………………………… 137
本章主要公式 …………………………… 140
复习题 …………………………………… 140

第5章 离散型概率分布 ………………… 144
5.1 离散型概率分布简介 ……………… 145
　　5.1.1 离散型随机变量 …………… 145
　　5.1.2 离散型概率分布的规则 …… 145
　　5.1.3 离散型概率分布的均值 …… 146
　　5.1.4 离散型概率分布的方差和
　　　　　标准差 ……………………… 147
　　5.1.5 预期货币价值 ……………… 152
5.2 二项分布 …………………………… 154
　　5.2.1 二项试验的特征 …………… 154
　　5.2.2 二项分布的应用 …………… 155
　　5.2.3 二项分布的均值和标准差 … 159
　　5.2.4 二项概率表 ………………… 160
　　5.2.5 用Excel和PHStat2计算
　　　　　二项概率 …………………… 161
5.3 泊松分布 …………………………… 166
　　5.3.1 泊松过程的特征 …………… 166
　　5.3.2 泊松概率分布的应用 ……… 167
　　5.3.3 用泊松分布计算到达
　　　　　概率 ………………………… 169
　　5.3.4 泊松概率表 ………………… 170
　　5.3.5 用Excel和PHStat2计算
　　　　　泊松概率 …………………… 171
　　5.3.6 用泊松分布近似二项分布 … 174
5.4 超几何分布 ………………………… 177
　　5.4.1 计算超几何分布的概率 …… 177
　　5.4.2 用Excel和PHStat2计算超
　　　　　几何概率 …………………… 180
本章主要公式 …………………………… 183
复习题 …………………………………… 183

第6章 连续型概率分布 ………………… 188
6.1 连续型随机变量 …………………… 188
6.2 正态概率分布 ……………………… 190
　　6.2.1 正态概率分布的特征 ……… 190
　　6.2.2 用标准正态概率表计算正态
　　　　　分布的概率 ………………… 191
　　6.2.3 重温经验法则 ……………… 197

6.2.4 其他正态概率区间 …………… 197
　　6.2.5 用 Excel 计算正态概率 ……… 200
　　6.2.6 用正态分布近似二项分布 …… 203
6.3 指数概率分布 ………………………… 208
　　6.3.1 计算指数概率 ………………… 209
　　6.3.2 用 Excel 计算指数概率 ……… 211
6.4 均匀概率分布 ………………………… 213
本章主要公式 ……………………………… 217
复习题 ……………………………………… 217

第7章 抽样和抽样分布 …………… 222
7.1 为什么抽样 …………………………… 222
7.2 抽样类型 ……………………………… 223
　　7.2.1 概率抽样 ……………………… 223
　　7.2.2 非概率抽样 …………………… 229
7.3 抽样误差和非抽样误差 ……………… 230
7.4 中心极限定理 ………………………… 233
　　7.4.1 中心极限定理的应用 ………… 237
　　7.4.2 中心极限定理在检验断言中
　　　　　的应用 ………………………… 238
　　7.4.3 样本容量对抽样分布的
　　　　　作用 …………………………… 240
　　7.4.4 有限总体均值的抽样分布 …… 241
7.5 比例的抽样分布 ……………………… 246
本章主要公式 ……………………………… 250
复习题 ……………………………………… 251

第8章 置信区间 ……………………… 253
8.1 点估计 ………………………………… 253
8.2 总体标准差 σ 已知时均值的
　　置信区间计算 ………………………… 254
　　8.2.1 边际误差的计算 ……………… 256
　　8.2.2 置信区间的解释 ……………… 257
　　8.2.3 置信水平的改变 ……………… 259
　　8.2.4 置信区间在商务中的应用 …… 261
　　8.2.5 用 Excel 和 PHStat2 确定 σ 已知
　　　　　时均值的置信区间 …………… 261
　　8.2.6 总体标准差 σ 已知时小样本均值
　　　　　的置信区间计算 ……………… 263

8.3 总体标准差 σ 未知时均值的置信
　　区间计算 ……………………………… 265
　　8.3.1 学生 t 分布的使用 …………… 265
　　8.3.2 用 Excel 和 PHStat2 确定 σ 未知
　　　　　时均值的置信区间 …………… 269
8.4 比例的置信区间计算 ………………… 272
8.5 样本容量的确定 ……………………… 276
　　8.5.1 估计总体均值时样本容量的
　　　　　计算 …………………………… 276
　　8.5.2 用 PHStat2 计算估计总体均值时
　　　　　的样本容量 …………………… 277
　　8.5.3 估计总体比例时样本容量的
　　　　　计算 …………………………… 279
　　8.5.4 用 PHStat2 计算估计总体比例时
　　　　　的样本容量 …………………… 280
8.6 有限总体置信区间的计算 …………… 282
本章主要公式 ……………………………… 285
复习题 ……………………………………… 286

第9章 单个总体的假设检验 ……… 289
9.1 假设检验简介 ………………………… 289
　　9.1.1 假设的设定 …………………… 289
　　9.1.2 双尾假设检验 ………………… 290
　　9.1.3 单尾假设检验 ………………… 291
　　9.1.4 假设检验的逻辑 ……………… 291
　　9.1.5 假设表述的设定总结 ………… 292
　　9.1.6 Ⅰ型错误和Ⅱ型错误的
　　　　　区别 …………………………… 293
9.2 σ 已知时总体均值的假设
　　检验 …………………………………… 294
　　9.2.1 一个对 σ 已知时总体均值单尾
　　　　　假设检验的例子 ……………… 295
　　9.2.2 假设检验的 p 值法：单尾
　　　　　检验 …………………………… 298
　　9.2.3 一个对 σ 已知时总体均值双尾
　　　　　假设检验的例子 ……………… 299
　　9.2.4 假设检验的 p 值法：双尾
　　　　　检验 …………………………… 301

9.2.5 假设检验中 α 的作用 …… 302
9.2.6 用 PHStat2 进行 σ 已知时总体均值的假设检验 …… 303
9.3 σ 未知时总体均值的假设检验 …… 306
9.3.1 一个对 σ 未知时总体均值单尾假设检验的例子 …… 306
9.3.2 用学生 t 分布估计 p 值 …… 309
9.3.3 一个对 σ 未知时总体均值双尾假设检验的例子 …… 310
9.3.4 用 PHStat2 进行 σ 未知时总体均值的假设检验 …… 311
9.4 总体比例的假设检验 …… 314
9.4.1 一个对比例单尾假设检验的例子 …… 315
9.4.2 对比例假设检验的 p 值法 …… 316
9.4.3 用 PHStat2 进行比例的假设检验 …… 317
9.5 II 型错误 …… 319
9.5.1 计算 II 型错误发生的概率 …… 319
9.5.2 α 对 β 的作用 …… 323
本章主要公式 …… 326
复习题 …… 326

第 10 章 比较两总体的假设检验 …… 330
10.1 比较两总体均值：独立样本，总体标准差 σ_1 和 σ_2 已知 …… 330
10.1.1 比较两均值之差的假设检验：独立样本，σ_1 和 σ_2 已知 …… 332
10.1.2 用 PHStat2 进行比较两均值之差的假设检验：独立样本，σ_1 和 σ_2 已知 …… 335
10.1.3 用置信区间比较两均值之差：独立样本，σ_1 和 σ_2 已知 …… 336
10.2 比较两总体均值：独立样本，总体标准差 σ_1 和 σ_2 未知 …… 339
10.2.1 比较两均值之差的假设检验：独立样本，σ_1 和 σ_2 未知，总体方差相等 …… 339
10.2.2 用置信区间比较两均值之差：独立样本，σ_1 和 σ_2 未知，总体方差相等 …… 342
10.2.3 用 PHStat2 进行比较两均值之差的假设检验：独立样本，σ_1 和 σ_2 未知，总体方差相等 …… 343
10.2.4 比较两均值之差的假设检验：独立样本，σ_1 和 σ_2 未知，总体方差不相等 …… 345
10.2.5 用 PHStat2 进行比较两均值之差的假设检验：独立样本，σ_1 和 σ_2 未知，总体方差不相等 …… 347
10.2.6 用 Excel 进行比较两均值之差的假设检验：独立样本，σ_1 和 σ_2 未知，总体方差不相等 …… 349
10.2.7 对总体均值之差不为 0 的检验 …… 351
10.3 相关样本的假设检验 …… 354
10.3.1 比较相关样本两均值之差的假设检验 …… 354
10.3.2 用 Excel 进行比较相关样本两均值之差的假设检验 …… 357
10.3.3 用置信区间比较相关样本的两均值之差 …… 360
10.4 独立样本的两总体比例比较 …… 362
10.4.1 用置信区间比较两比例之差 …… 365
10.4.2 比较两比例之差的假设检验 …… 365
10.4.3 用 PHStat2 比较两总体比例 …… 367
本章主要公式 …… 371
复习题 …… 373

第 11 章 方差分析过程 …… 378
11.1 单因素 ANOVA：检验单因素对总体均值的作用 …… 379
11.1.1 用 Excel 进行单因素方差分析 …… 389

11.1.2 多重比较：比较成对总体均值（单因素 ANOVA） ……… 391
11.1.3 用 PHStat2 进行总体均值的多重比较 ……… 394
11.2 随机化区组 ANOVA：通过对第二因子分区组检验单因素的作用 ……… 397
11.2.1 用 Excel 进行随机化区组方差分析 ……… 403
11.2.2 要不要分区组：这是个问题 ……… 405
11.2.3 多重比较：比较成对总体均值（随机化区组 ANOVA） …… 410
11.3 双因素 ANOVA：检验双因素对总体均值的作用 ……… 414
11.3.1 用 Excel 进行双因素方差分析 ……… 415
11.3.2 双因素 ANOVA 的均方和 … 417
11.3.3 解释双因素 ANOVA 的输出结果 ……… 419
11.3.4 再论交互作用 ……… 422
11.3.5 多重比较：比较成对总体均值（双因素 ANOVA） …… 425
本章主要公式 ……… 430
复习题 ……… 431
第 12 章 卡方检验 ……… 434
12.1 两个及以上总体比例的比较 … 435
12.2 判定观测频率是否服从已知概率分布 ……… 443
12.2.1 关于离散型概率分布的检验 ……… 443
12.2.2 关于泊松分布的检验 …… 445
12.2.3 关于二项分布的检验 …… 449
12.2.4 关于正态分布的检验 …… 452
12.3 两个变量独立性的检验 ……… 459
本章主要公式 ……… 466
复习题 ……… 466

第 13 章 关于总体方差的假设检验 … 471
13.1 单总体方差的检验 ……… 471
13.1.1 单总体方差的单尾假设检验 … 471
13.1.2 用 PHStat2 进行总体方差的检验 ……… 474
13.1.3 单总体方差的双尾假设检验 ……… 475
13.2 比较两总体方差 ……… 479
13.2.1 两总体方差的单尾检验 … 479
13.2.2 用 Excel 进行两总体方差的比较 ……… 481
13.2.3 两总体方差的双尾检验 …… 483
13.2.4 用 PHStat2 进行两总体方差的比较 ……… 485
本章主要公式 ……… 487
复习题 ……… 488
第 14 章 相关性与简单回归分析 …… 491
14.1 因变量和自变量 ……… 492
14.2 相关分析 ……… 492
14.2.1 相关系数 ……… 493
14.2.2 用 Excel 计算相关系数 …… 495
14.2.3 相关系数显著性的假设检验 ……… 495
14.3 简单回归分析 ……… 497
14.3.1 最小二乘法 ……… 498
14.3.2 斜率和 y 轴截距的计算 …… 499
14.3.3 用 Excel 计算斜率和 y 轴截距 ……… 500
14.3.4 分解平方和 ……… 502
14.3.5 决定系数的计算 ……… 504
14.3.6 决定系数显著性的假设检验 ……… 505
14.4 利用回归进行预测 ……… 508
14.4.1 值 x 已知时关于 y 的平均值的置信区间 ……… 508
14.4.2 值 x 已知时关于特定 y 值的预测区间 ……… 510

14.4.3 用 PHStat2 计算置信区间和预测区间 …… 511
14.5 回归方程斜率的显著性检验 …… 513
14.6 关于回归分析的假设 …… 517
14.7 一个相关系数为负时简单线性回归的例子 …… 520
   14.7.1 相关系数 …… 521
   14.7.2 斜率和 y 轴截距的计算 …… 522
   14.7.3 相关系数为负时分解平方和 …… 523
   14.7.4 决定系数的计算 …… 524
   14.7.5 相关系数为负时计算置信区间和预测区间 …… 524
   14.7.6 相关系数为负时回归斜率显著性的检验 …… 526
14.8 一些非常重要的最终想法 …… 528
本章主要公式 …… 529
复习题 …… 529

第 15 章 多元回归与建模 …… 533
15.1 多元回归模型的构造 …… 533
   15.1.1 确定回归系数 …… 534
   15.1.2 利用回归模型进行预测 …… 536
15.2 解释因变量的变异 …… 539
   15.2.1 多重决定系数 …… 539
   15.2.2 回归模型显著性的检验 …… 541
   15.2.3 修正的多重决定系数 …… 543
15.3 关于自变量的推断 …… 547
   15.3.1 回归系数的显著性检验 …… 547
   15.3.2 回归系数的置信区间 …… 549
15.4 定性自变量的运用 …… 552
15.5 建立模型 …… 558
   15.5.1 多重共线性 …… 558
   15.5.2 一般逐步回归分析法 …… 563
   15.5.3 最小子集回归分析法 …… 565
   15.5.4 其他的选择法 …… 569
   15.5.5 残差分析 …… 569
   15.5.6 建模小结 …… 572
本章主要公式 …… 574
复习题 …… 575

第 16 章 预测 …… 578
16.1 预测简介 …… 578
16.2 平滑预测法 …… 580
   16.2.1 简单移动平均法预测 …… 580
   16.2.2 加权移动平均法预测 …… 583
   16.2.3 指数平滑法预测 …… 585
   16.2.4 指数平滑法的趋势调整预测 …… 587
16.3 回归分析预测 …… 592
   16.3.1 趋势外推法 …… 592
   16.3.2 用 PHStat2 进行趋势外推 …… 596
   16.3.3 自相关的检验 …… 597
16.4 季节性预测法 …… 605
   16.4.1 时间序列的乘法分解法 …… 605
   16.4.2 用虚拟变量代表季节性 …… 614
本章主要公式 …… 621
复习题 …… 621

附录 A 常用表格 …… 624
单位换算表 …… 668
思考题答案⊖
附录 B 偶数复习题答案⊖

⊖ 思考题答案和附录 B 可从华章网站(www.hzbook.com)下载. ——编辑注

第1章 商务统计学简介

欢迎大家来到统计学的世界！尽管你们当中可能有一部分人听说要学习统计学会很激动，另一部分人可能就没那么兴奋了．可能你来上"统计"课只是出于专业培养要求而已．不过，在你把这次学习机会的价值抹掉之前，我们先来讨论一下统计学在你生活中发挥的作用．在今天的世界里，每个人都是统计学的使用者．我的意思是，在你周围充斥着各种各样的数据和报表，它们影响着你的购物意愿、表决意向，或者对某个事件的看法．比如下面的例子：

- 福克斯体育台宣布有1.11亿观众收看了2011年超级碗．你知道算出这个数字的方法吗？（福克斯体育台如何知道你、我或者其他谁看了这个节目？）
- 电视上说总统奥巴马的支持率是56%，旁边有小字±4%，你知道这个百分率的含义吗？
- 当你看到一则新产品广告说五个医生当中有四个都推荐它，你会不会质疑这个声明的有效性？（比如，医生是否收取代言费了？）
- 某在线调查结果显示，佳能品牌的数码相机比尼康更受欢迎．你是否会有这样的顾虑，该调查的大部分受访者均为佳能支持者且重复投票，从而导致了结果的偏差？或者该调查是由佳能用户的论坛发起？

现在存在于你周围的数据和信息量是人类历史上前所未有的．我们的感受、想法以及在个人生活和职业生涯中做出的决策都受到统计学的强烈影响．因此，我们所报道的统计数据必须准确、客观和公正，以确保它们被正确地使用，这一点非常重要．

1.1 商务统计学及其应用

统计学是一门数学科学，对数据进行收集、分析和演示，之后这些结果将作为推理和归纳的基础．**商务统计学**是应用在商业世界中的统计学，协助改善人们在不同领域中制定的决策，例如，市场、运营、金融和人力资源等．下面我们就来看几个商务统计学是如何帮助到企业中的决策制定者的．

1.1.1 市场调研

企业会用市场调研的方法来判断消费者的喜好，这在很大程度上依赖于商务统计学的知识．例如，Kellogg公司想通过口味测试来判断消费者对于奶酪小饼干的喜好，是喜欢Kellogg的Cheez-It，还是喜欢Nabisco的Cheese Nips．（作为一个忠实的Cheez-It热爱者，我知道我的选票花落谁家．）收集参与口味测试的消费者信息，Kellogg便可以判断出对这两种具有相似特征的产品来说消费者的喜好在哪里．调研结果可以为Kellogg以后的市场推广提供非常有用的信息．

20世纪80年代，万豪酒店曾经就酒店现有产品在潜在客户中进行了一次广泛的调查．根据调查结果，万豪酒店设计出一种新型连锁酒店——"万豪庭院酒店"，并且获得了巨大的成功．

1.1.2 广告宣传

电视网络根据收看观众的多少来制定商业广告费率. 电视网络获取数据的来源是尼尔森媒体研究, 他们在全美大约收集了 25 000 份用户信息. 因为样本用户经过了精心的挑选, 所以结果信息可以反映全美收视习惯. 在这里, 正确地使用统计学知识保证了样本的正确选择以及数据能够转化为对电视网络有用的信息. 有了这样的信息, 福克斯向 2011 年超级碗 30 秒的广告收了 300 万美元的广告费.

1.1.3 商业运营

统计学能帮助商业运营得更好. 我们用所有成功企业都极为关注的质量控制来举例说明. 商务统计学和质量控制是天生一对. 正确实施统计学可以帮制造业和服务业企业监控整个流程并判断出现质量问题的时间. 这样 Kellogg 就可以监测出我的 Cheez-It 什么时间可能烤过头或者盐放多了. (据我正在采样的这个包装盒, 我可以说这家公司的统计质量管理做得非常棒.)

1.1.4 财政金融

当我开始写这本书的时候, 美国正经历着严重的经济衰退. 导致经济衰退的部分原因, 是银行的不良贷款, 特别是抵押贷款. 如果能够正确地使用统计学, 它将会成为极好的工具来帮助银行区分具备和不具备良好信贷风险的消费者, 判断依据是收入水平、教育水平和住房所有权等.

1.2 数 据

数据是统计学领域的基础, 可被定义为指定的观察值和测量值. 如果我想收集我太太打鼾习惯的数据, 我可以选择多种方法. 我可以计算黛比在 10 分钟之内打鼾的次数. 我也可以记录每次打鼾的时间长度. 我还可以用短语来形容每次打鼾的声音强度, 比如 "听起来像刚从冬眠中醒来的熊" 或者 "哇! 听起来像呼叫孩子的海狮". (一个穿 2 号牛仔裤的人如何发出这样的声音是我无法理解的.)

在每种情况下, 我对同一事件用不同的形式来记录. 第一种情况, 我记录的是频率, 或者发生次数. 第二种情况, 我记录的是持续时间, 或者时间长度. 在最后一种情况, 我记录事件的方法是用文字而不是数字.

然而, 单独的数据没有特别的用途. 根据定义, 数据是关于测量值的原始事实和数字. 而**信息**, 是为了制定决策而从事实中推导出来的. 我们使用统计学的一个主要原因是要把数据转换为信息. 例如, 表 1-1 是两个月以来我的高尔夫球得分. (供不打高尔夫球者参考, 分数越低成绩越好.)

每个高尔夫球分数都可以作为一个数据点. 单独来看的话, 这些数据点除了可以表明我不应该退出我的日常工作之外, 价值有限. (如果要放弃日常工作转做职业高尔夫球手, 我的得分必须在 60~70 分范围

表 1-1 高尔夫球得分数据

日期	得分
6月13日	94
6月20日	96
6月27日	93
7月10日	89
7月16日	86
7月24日	89

内.)让我再加上一点,就是我迫切地希望能通过买新设备来提高我的高尔夫球成绩. 我在 7月 1 日的时候悄悄地买了一套全新的球杆,我认为太太不会发现我的球包里面多了新的高尔夫球杆(她发现了). 通过这些数据,我们可以用统计学推断,购买新球杆确实让我的成绩提高了(想象一下黛比脸上布满的怀疑). 如果要回答这个问题,我们要用到本书后面章节涉及的统计分析知识. 请继续关注我是如何用统计学来说服我太太我是真的需要这套球杆.

1.2.1 数据来源

我们把数据分成两大类:初级源数据和次级源数据. **次级源数据**是由他人收集,并供人使用的数据. 美国政府收集并且发布了各类数据,可以在线查看. 比如,美国劳工部收集了关于消费价格、通货膨胀、失业率和生产力等各类海量的数据. 该部门的网站首页如图 1-1 所示.

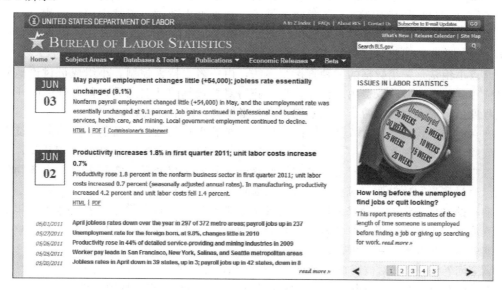

图 1-1 美国劳工统计局主页

每 10 年美国商务部进行一次全国性普查,收集全国人口的各种相关数据. 国会使用数据结果来决定全美各州社区服务经费. 同时,这些数据也用来调整各州在国会中的代表人数. 普查数据结果在商务部网站上公布.

各行各业在互联网发布的信息已经成为统计数据的丰富来源. 你在一个典型互联网搜索引擎上显示的 99 999 个站点中糊里糊涂地找到一个网站,上面都有可能存在有用的东西. 有一次,我就发现了一个日本作者研究氟对蟾蜍胚胎的影响. 在这个发现以前,我根本不知道蟾蜍有牙齿,更不要说腔内问题了.

美国地质调查局提供各种各样琳琅满目的科学信息,令人叹为观止,这些信息可以用来管理整个地球上的水、能源、生物和矿产资源. 比如说,你知道世界上的松鼠有 250 种吗? 如果你不相信,可以到美国地质调查局的主页上去查查,那么你就成为你所在区域的松鼠"专家"了.

使用次级源数据的最大问题在于你无法控制所收集到的数据. 人们倾向于相信打印出来的东西, 即使那不是真的. (你相信我, 对吗?)这里面有一些是错的, 而且, 在本章的后面你会发现, 有一些是故意弄错的. 次级源数据的优势就是它们便宜(有时是免费的), 而且它们立刻可用. 如果有人想快速找到数据, 那么次级源数据能马上满足他们的意愿(当然假设数据精确).

初级源数据, 从另一方面, 是由个人或者组织收集并最终使用的数据. 获取初级源数据的代价不菲, 最大的优势在于这是你自己的数据. 如果你把这些数据弄得乱七八糟, 那么除了你自己之外没有别人可以责备. 获取初级源数据的方法有很多种, 可以通过直接观察法、实验法或者调查问卷法.

直接观察法是采集数据的一种方法, 在观察对象(兴趣主体)处于自然环境中, 通常在它不知道被观察的情况下进行. 举两个例子, 观察野生动物在森林中跟踪猎物, 观察星期五晚上购物中心里的青少年. (或者, 这两个例子是相同的?)这种方法的优点是观察对象不太可能受到数据收集过程的任何影响.

焦点小组法是采集数据的一种直接观察法, 由一名主持人控制, 小组成员讨论他们对产品或服务的看法并收取费用. 比如, 为了获得对新玩具的反馈意见, 费雪(Fisher Price)很大程度依赖成人和儿童两个焦点小组. 参与者知道自己正在被观察.

在**实验法**中, 对观察对象做不同的处理, 记录感兴趣的数据. 新的医疗药品测试就是一个实验法的例子. 在实验中, 把参与者分成两组: 第一组拿到的是新的医疗药品; 第二组是控制组. 控制组里面的成员被告知他们拿到了新的医疗药品, 实际上是不含药物的安慰剂. 通过测量和比较两组成员的反应, 判断新药是否有效.

实验的好处是让统计学家来控制可能影响结果的各项因素, 像参与者的性别、年龄和教育程度等. 由于受访者清楚他们正参与着一项研究, 所以他们的反应可能受到影响, 这是在实验中收集收据的主要顾虑.

调查问卷法是直接对被调查人询问一系列问题, 可以采用的方式有电子邮件、网络、邮政信件、面对面或者电话调查. (我最"喜欢"的方式是电话调查, 特别是我接到电话的时候是我刚坐下来要吃饭的时候, 或者要去洗澡的时候, 或者手头这章的工作终于有了进展的时候.)问卷问题必须要仔细设计, 避免任何可能影响到参与者反馈或者让参与者困惑的偏见问题. 有的问卷问题设计的方式鼓励或者引导参与者回答某一个特定答案, 这就是偏见. 例如, "你会不会赞同所有的司机都系安全带?"这就是一个有偏见的问题. 调查问卷本身对受访者回答的影响也影响着数据收集的质量. 一些受访者会根据他们感觉到调查问卷期望的答案来反馈. 图 1-2 是我为特拉华州克莱蒙德社区中心的用户做的调查问卷的部分问题. 为了鼓励受访者积极参与, 实际的调查问卷需要在问卷头阐述调查目的, 提问方式清晰简明, 并且把涉及个人的人口统计问题放到最后——这时受访者对整个过程会感觉更舒服.

☞ 研究表明, 调查问题提问的方式能够影响人们对调查问卷的回答. 用正面语气提出的问题易于得到更为正面的回答; 用负面语气提出的问题易于得到更为负面的回答. 一个好的策略就是在把调查问卷发给实际参与人群之前, 在小范围内先进行测试.

```
┌─────────────────────────────────────────────────────────────────────┐
│                         克莱蒙德社区中心                              │
│                           医疗诊所                                   │
│                         客户服务调查                                 │
│                                                                     │
│  亲爱的客户：                                                        │
│      我们的宗旨是为您提供最好的服务．您可以帮助我们花几分钟回答下面几个有关克莱蒙德社区中心的问题．这│
│  些宝贵的信息将有助于我们提升服务水平．本次调查收集的信息将被严格保密．谢谢您的帮助． │
│      （请将填好的表格放到医疗诊所的客户调查箱中．如果您需要多一点时间填写，可以下次带过来，或者索要│
│  一个贴好邮票的信封邮寄回来．）                                       │
│      1. 您来我们医疗诊所多久了？（单选）        请提供您的个人信息．再次说明，所有的信息将被│
│          _____ 不到一个月                      保密．                │
│          _____ 一至六个月                                           │
│          _____ 六个月至一年                    您的住处邮编：_____ │
│          _____ 一至三年                        性别：_____ 男 _____ 女 _____ 年龄：_____│
│      2. 您对医疗诊所医务人员服务质量的满意度如何？  婚姻状态：_____ 已婚 _____ 单身│
│          _____ 非常满意                                _____ 分居 _____ 离婚 _____ 丧偶│
│          _____ 满意                            您是户主吗？ _____ 是 _____ 否│
│          _____ 不满意                          您的年收入：          │
│          _____ 非常不满意                      _____ 少于 $10 000  _____ $10~20│
│      意见 _____                  _____ $20~30        _____ $30~40│
│                                                 _____ $40+          │
└─────────────────────────────────────────────────────────────────────┘
```

图 1-2 调查问卷示例

在线调查是一种获取数据的便利方式．一些公司如调查猴子(SurveyMonkey)[⊖]能让人们用较少的费用完成设计调查问卷、回收问卷并且分析数据．据调查猴子的网站声明，财富 100 强的企业中有 80% 使用了他们的服务．然而，网络调查也存在不少挑战，本章的后面会讨论到．

为了检查一下你对数据源的理解，我建议你花几分钟完成下面思考题部分的问题．

思考题 1 确定下列例子中所需数据为初级源数据还是次级源数据．对于初级源数据，确定收集这些数据的最好方式是什么．换句话说，数据可以通过观测、实验或调查的哪种方式收集而来？

1) 苹果公司想要测一下购买其最新款 iPad 产品的顾客满意度．
2) 百事公司想确定比起健怡可乐，顾客是否更喜欢无糖百事可乐的口感．
3) 为确定下一年度的员工加薪计划，克里夫兰州立大学需明确目前的通货膨胀率．
4) 麦当劳公司想要确定午餐时间使用驾车人外卖窗口顾客的平均等餐时间．

1.2.2 两个主要数据类型

另一个数据的分类方式是数据的定量和定性：

- **定量数据**采用数值来描述事物，可以通过度量事物（比如重量、高度、距离）来描述，也可以通过计数（比如顾客的人数或某商业的回头客数）来描述．

⊖ 我们在开发这本教材的时候借助了调查猴子(SurveyMonkey)的帮助．在本书出版之前，我们邀请了一些教师和学生通过该网站对本书进行测试并反馈宝贵的建议，使我们得以在出版的时候整合纳入．我是一个满意的消费者！

- **定性数据**采用描述性的语言来度量或分类事物．例如某调查中的被调查人姓名和其受教育程度就是定性数据．这类数据不能进行加减乘除数学运算．

1.2.3 通过计量水平对数据分类

数据分类的另一个重要方式是通过数据的计量方式对其分类．不同计量水平间的区别很重要，因为它直接影响到选用何种统计方法对数据进行分析．计量的四种水平为定类、定序、定距及定比．

计量的定类水平只涉及既定类别中的定性数据．例如被调查人员的性别，所属类别为男性或女性．这种类型的数据称为定类数据或分类数据．定类数据不能进行加法或乘法之类的数学运算．我们只能确定数据名称或对其进行分类．（定类(nominal)这个词的英文单词实际含义为"与名称有关"．）我们也不能对数据进行任何从高到低的排序．例如，被调查人所居住的州是特拉华州还是新泽西州（虽然我会把我的家乡特拉华州放在首位）就不能进行高低排序．

定类数据的其他例子为邮编和电话号码，这些都不能进行加法、除法运算，也不能进行有意义的大小排序．尽管这些数据都包含数字，但它们还是要按照定性数据处理．定类数据被认为是最低计量水平的数据，因此分析这些数据的统计方法最受限制．

计量的定序水平针对比定类水平更高一级水平的数据．定序数据不仅拥有定类数据的所有属性，还有其自身的特征，可以对数据进行从高到低的排序．下例解释了定序计量：最近我感觉自己的男人气概受到了挑战，因为我的两个邻居说他们的剪草机比我的快．自然地，这些已经通过在我们大街上——Gabel 巷的剪草机比赛解决了．伤心的是我参加了（见图 1-3），照片显示我输了比赛．我的邻居 Tom 得了第一，邻居 Scott 得了第二，而我则是第三．

图 1-3 定序计量的例子：Tom、我和 Scott（从左到右）在我们的剪草机上

我们还是不能对这种类型的数据进行数学运算，但我们可以说 Tom 的剪草机比我和 Scott 的快．不过，我们不能说快多少，因为我们没有记录剪草机行驶的时间．我们只是注意到谁是第一、第二或第三．定序数据不允许我们在类别之间做计量，也就是不能说 Scott 的剪草机速度是 Bob 的两倍．要想实现这种计量，我们需要另一种类型的数据．（假若此时你想的是我已经毫无争议地失败了，那么我要加大割草机马力，一定在第二届 Gabel 巷

剪草机大赛中重铸家族荣誉.)

教育水平是另一个定序数据的例子.硕士学位比学士学位排序高,以此类推,也比高中毕业排序高.不过,我们不能以有意义的、数学的方式去计量它们之间的差异.例如,说硕士学位与本科学位的差异比本科学位和高中毕业之间差异大是不准确的.定序数据的一个特性是类别之间的差是无意义的,因此,不能对其计量.

定距计量水平也是较高水平的计量.它对定距数据计量,该定距数据必须为定量的.以华氏度为单位的温度值就是定距数据的一个例子.在该水平下,我们可以有意义地计量类别之间的差异.例如,70°F比65°F高5度.不过,该水平下的数据不能进行乘法和除法运算.为什么呢?因为我们不能说100°F比50°F暖和两倍.当我们将温度转换为摄氏温度时,这种说法背后的逻辑就更清楚了.这两个华氏温度分别转换为38℃和10℃,两倍暖的说法就不正确了.为了帮助解释这种现象,试一试用正常时间的一半,应用正常温度的两倍去烤蛋糕.哈哈!

定距数据的另一个特征是它没有真正的零点.真零点意思是计量对象的缺失.例如,0°F和0℃并不表示温度不存在,尽管感觉上0代表不存在.

平均成绩(GPA)是定距数据的另一个例子.我们可以通过对4.0和2.0的GPA做减法来度量它们之间的差异.不过,我们不能说GPA4.0的学生比GPA2.0的学生聪明两倍.同样,GPA没有真零点,因为0.0GPA并不代表该平均成绩不存在.

最万能的数据类型是**计量的定比水平**.定比数据真的是特给力.年龄、体重、价格以及薪酬等都是该类型数据.定比数据拥有定距数据的所有特征,此外还有真零点.例如,零薪酬就是没有薪酬.因有真零点,我们可以说6英尺的身高是3英尺身高的两倍,或20岁的年龄是40岁年龄的一半.

定比和定距数据的区别是微乎其微的.要正确地确定尺度,可用"两倍"法则.如果"两倍"这个短语准确地描述了两个数值相差2倍的数据关系,那么数据可被考虑为定比水平.

例如,美元是定比数据,因为$20是$10的两倍.

表1-2归纳了数据计量的四种水平的性质,图1-4显示了数据计量水平的关系以及数据的两个主要类型,这两个类型产生了数据计量尺度.我们会在本书后续章节探索统计方法时,再次讨论这些不同的计量尺度.你会发现特定的统计方法对应特定的数据类型.

表1-2 数据计量的四种水平:总结

水平	描述	示例
定类	数据的任意标签 不允许排序	邮编 (19808, 76137)
定序	允许排序 数值差无计量意义	教育水平 (硕士学位,博士学位)
定距	数值差有意义 无真零点	历年 (2009, 2010)
定比	数值差有意义 有真零点	收入 ($48 000, $0)

图1-4 数据的两个主要类型及其对应的水平

我们用下面的棒球运动类比归纳计量水平下数据的分类:
- **定类数据**. 运动员衣服上的数字为定类数据,因为这些数字只是标签,没有用于任何类型的度量. 30 号运动员并不一定比 15 号运动员好.
- **定序数据**. 运动员的击球次序为定序数据,因为我们可以对将去场上击球的运动员排序. 不过,无有用或有意义的方式能对第 5 个击球运动员和第 6 个击球运动员的差异进行度量.
- **定距数据**. 运动员的生日为定距数据. 我们可以说 1984 年生的运动员比 1987 年生的运动员大 3 岁,但对历年,"两倍"法则不适用. 1000 年生人不比 2000 年生的人老两倍. 这是因为历年没有真零点. 0 年不代表无年龄或无时间; 它只是任意的一个参照点.
- **定比数据**. 最优秀击球手的全垒打数是定比数据. 拥有 20 个全垒打运动员的全垒打数是拥有 10 个全垒打运动员的两倍. 这些数据有真零点,因为零全垒打数表示没有全垒打.

由于这个概念在之后的学习中要用到,它非常重要,所以在进行本章下一个内容之前一定要花一些时间来回答下面的思考题.

思考题 2 确定下列数据源的数据类型(定性/定量)和计量水平.
a) 你的 IQ 分数.
b) 一加仑汽油的价格.
c) 你统计课的字母等级计分值.
d) 某杂货店货架上的磨砂片箱数.
e) 你班上学生所开车的种类.

1.2.4 时间序列与截面数据

数据也可以分为时间序列或截面数据. 表 1-3 给出了美国(US)、加利福尼亚州(CA)、特拉华州(DE)、密歇根州(MI)以及得克萨斯州(TX)在给出年份的平均失业率. **时间序列数据**是特定的度量在某个时间段范围里取的值. 表 1-3 最后 5 列数据分别代表失业率的时间序列. 图 1-5 显示的是其中一列,美国从 2006 年到 2010 年的失业率的折线图,2008 年和 2009 年失业呈上升趋势反映了那段时间里的经济衰退情况.

表 1-3 失业率数据(2006—2010)

年度	US(%)	CA(%)	DE(%)	MI(%)	TX(%)
2006	4.6	4.9	3.5	6.9	4.9
2007	4.6	5.3	3.5	7.1	4.4
2008	5.8	7.2	4.9	8.3	4.9
2009	9.3	11.3	8.0	13.3	7.6
2010	9.6	12.4	8.5	12.5	8.2

信息来自: http://www.bls.gov.

与时间序列度量某时间范围里的值不同,**截面数据**是单个时期内从若干主体(公司、个人、州、区域等)收集的值. 标有 2006—2010 的表 1-3 中每行表示整个国家和各州在一个年度的失业率截面. 图 1-6 显示了表中 2010 年美国国家和各州失业率的柱形图. 密歇根州的高失业率反映了经济衰退对汽车工业的影响. 时间序列和截面数据在相同的数据集（表 1-3 所示的数据）都有各自的信息说法.

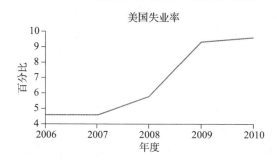

图 1-5 美国 2006—2010 失业率的时间序列图

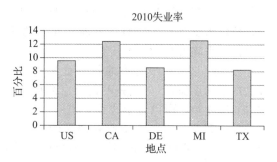

图 1-6 2010 年度失业率的截面数据图

试着做做下一个思考题, 检测一下自己对时间序列数据和截面数据的理解.

思考题 3 确定下列数据为时间序列数据还是截面数据.

1) 右表给出了 2010 年美国棒球大联盟中央组赛季末的输赢记录.

2) 右表列出了我最喜欢的大联盟棒球队——令我爱恨交加的匹兹堡海盗队, 2003—2010 赛季的输赢记录. (将其列出来真是太痛苦了.)

球队	赢	输
辛辛那提红人队	91	71
圣路易斯主教队	86	76
密尔沃基酿酒人队	77	85
休斯敦太空人队	76	86
芝加哥小熊队	75	87
匹兹堡海盗队	57	105

年度	赢	输
2003	75	87
2004	72	89
2005	67	95
2006	67	95
2007	68	94
2008	67	95
2009	62	99
2010	57	105

1.3 描述统计学与推断统计学

统计学主要分为描述统计学与推断统计学两个分支, **描述统计学**主要是对数据的归纳与描绘. 在我们手边存在着大量可用的数据, 描述统计学在其中发挥着重要作用. 由于电脑的普及以及互联网的广泛运用, 我们可以很快获取大量的数据, 并能够准确地用图形法或数值法阐明这些数据的意义, 这就是描述统计学的内容.

日常生活中每天遇到的统计问题主要是描述统计. 图 1-5 和图 1-6 是关于失业率的描述统计学示例. 平均数是描述统计学中一个常用的统计量, 例如, 你班上统计课考试的平均成绩. 这个统计量可为你了解本次考试整体概况提供指导.

描述统计学非常有用, 但也有局限性. 在总结大量数据的时候, 也会丢失一些信息. 例如, 你现在的平均成绩（GPA）是一个代表学术水平的描述统计量, 但是, 这仅仅是一个数值, 不能反映所学课程的难度或者如何与同学的 GPA 进行比较等信息.

令从事复杂数值计算的工作者高兴的是有与描述统计学同样重要的**推断统计学**, 它涵盖了大量的技术, 这些技术可以基于一个样本对总体做出相应的推断. 在统计学中, 用总体表示在某个研究中我们感兴趣的所有可能实验单元的全体, 而样本则是从相应总体选出的一部分。其关系如图 1-7 所示。

很多总体非常庞大或者难以完全度量，因此观测感兴趣总体的一个样本是估计总体特征的唯一可行的方法。例如，要计算在阿拉斯加所有蚊子的平均寿命是不现实的，所以需要计算一个蚊子样本的平均寿命并用其去估计总体的平均寿命⊖。

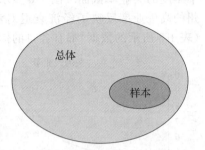

图 1-7　总体和样本的关系

假设我想估计最喜欢的谷物食品——家乐氏冻麦片每盒的平均重量(不，我并不拥有家乐氏的股份，但是确实喜欢冻麦片，所以希望这家公司一直生产该产品)。就家乐氏的利益而言，希望所有产品的平均重量应非常接近每盒 18 盎司的标准重量。当每盒产品的重量少于 18 盎司时可能导致顾客的不满(包括我)，而每盒产品的重量超过标准时相当于免费赠送麦片，这会导致利润降低。为完成这个任务，我将随机选取盒装麦片的样本并测量其平均重量。比方说平均重量是 18.2 盎司。根据推断统计学，如果样本均值为 18.2 盎司，可以确定总体的盒平均重量为 18 盎司的可能性。尽管这种可能性很小，甚至小于 1%，但是我们仍然可以得到总体平均重量大于 18 盎司的结论。那么我将对家乐氏填装过程进行检测，来看看为什么每盒平均重量超过标准重量。这个例子说明在质量控制过程中统计的有效性。图 1-8 总结了推断统计的步骤。

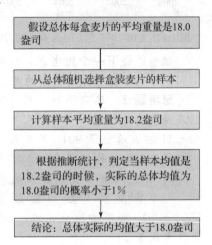

图 1-8　质量管理中使用推断统计学的例子

下面是推断统计学的其他例子。
- 根据最近的一个示例，可以肯定 95% 的顾客平均年龄在 32 到 35 岁之间。
- 根据一个随机调查，在全国范围某个行业的男性雇员平均工资高于女性雇员。

总的来说，描述统计学仅反映观察对象的信息，而非其他。推断统计学则是在样本的基础上对总体做出推断。

除了总体和样本以外还需要提到两个术语。用来描述感兴趣总体的数字度量称为**参数**。例如，盒装麦片(假设 18 盎司)的平均重量。用来描述样本的数字度量称为**统计量**。在之前的例子中，样本平均重量 18.2 盎司则是一个统计量。

下面几个问题检验你对这个重要内容的理解。

思考题 4　判定下列问题是属于描述统计学还是推断统计学。
1) 孩子年龄在 18 岁以下的家庭(62%)比没有孩子的家庭(53%)使用网络更多。
2) 汉克阿伦打了 755 个职业全垒打。
3) 当地一个学院入学新生的 SAT 平均成绩是 950 分。

⊖　由于阿拉斯加大部分地区是雨林，蚊子长得非常大，以至于阿拉斯加人把它们当做鸟一样看待。

4）最近的一项民意调查显示67%的美国人对现任总统持赞成态度.

1.4 道德与统计学——数据的危险世界

当人们试图说服你接受他们观点的时候，通常会用到统计学. 比如积极地劝说你购买某些物品或者支持他们提倡的言论. 这些目的可能导致在几个方面误用统计学. 最常见的误用就是选择能与他们期望结果一致的样本，而不是选择能够代表所感兴趣总体的样本. 这称为**有偏样本**.

假如我是一个高尔夫产业的活动议案提倡者，任务是说服国会设置一个全国性的高尔夫假期. 在这特殊的一天，所有的政府和商业部门将休息，这样我们可以尽情去追逐白色小球，并用球杆将它打进小洞，这就是可恶的高尔夫公司故意设计而不可能完成的任务. 听起来我很滑稽，然而我需要向国会证明理智的美国人都会支持这个提议. 以下是我天才计划的一部分：仅在高尔夫课上分发调查问卷，而不是对一般的美国公众进行调查. 稍等——为了做得更好. 我将问卷调查内容设计如下：

我们希望设置一个全国性的高尔夫假期，每个人可以休假全天去打高尔夫.（不需要你的配偶同意）你是否支持这个提议？

A. 是的，完全同意.

B. 当然，为什么不？

C. 不，我宁愿花整天时间工作.

附：如果你选C，在全国任何地方你打高尔夫的权利将被永久取消. 我们是非常严肃的.

当然，这是一个很极端的例子，但我的观点是通过对调查对象进行问卷调查可以非常容易地获取想要的结论. 通常，这些结论支持大部分决策.

另外一种误用统计学的情形或多或少地依靠以图像的方式表示数据，这种误用方式与前者不同. 在前面，图1-5显示了2008年和2009年美国失业率有相当明显的增长. 图1-9用相同的数据，但是失业率的增长却没有那么明显. 使用的技巧（没有别的意思）是通过简单地改变代表失业率的y轴的比例让图像变得平缓. 在图1-5中，比例范围是4%~10%，而图1-9中，比例范围扩大为0~40%. 通过简单地改变比例，使得失业率的增长看起来没有那么明显.

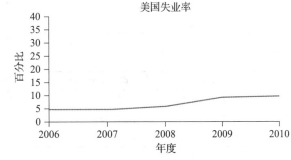

图1-9　误用统计学：2006~2010年美国失业率的图例

我们在网上遇到的很多民意调查代表了另外一种潜在的误用统计学的情况. 我可以肯定，你曾经浏览过鼓励你对当今问题投票的网站. 由于收集到的数据没有控制是谁在回答问题或者回答的次数，因此这些非正式民意调查的结果是不可信的. 就如之前所说，一个有效的统计调查应该是选取的样本能够代表感兴趣的总体. 让每个上网的人都参与民意调查这是不可能的. 尽管绝大部分民意调查的声明结果是不科学的，但仍然看到有人会被这些结果影响.

很多统计灾难的发生仅仅由于错误的决策. 其中最著名的灾难发生在1936年的总统竞选. 当时一个有影响力的文摘杂志, 通过将调查问卷邮寄给读者和潜在读者的方式, 对总统竞选进行民意调查, 并在大选之前公布结果. 很不幸, 文摘杂志预测阿尔法·兰登在大选中将战胜富兰克林·罗斯福. 即使历史不是你最好的学科, 也应该意识到在大选之后杂志社向公众认真地解释了出现这种错误预测的原因. 其问题在于文摘杂志从电话簿和汽车牌照登记来获取样本, 在1936年拥有电话和汽车的人倾向于支持比较富裕的共和党(会投票给兰登)并不能代表整个投票的总体.

最近一个因统计分析而决策失误的例子发生在20世纪80年代, 随着百事可乐市场份额的增加, 可口可乐公司感到了压力. 为了阻止这种趋势, 可口可乐公司决定改变使用近100年的可乐秘方. 新配方的口味要比旧配方和百事可乐的产品甜. 在口味测试得到好评后, 可口可乐公司决定用新配方的产品替代原有配方的产品. 可是口味测试没有考虑到两个重要因素. 首先, 当人们饮用少量饮料时可能更喜欢偏甜口味, 正如口味测试的那样. 但人们不喜欢饮用大量偏甜的饮料. 其次, 也是更重要的, 可口可乐公司没有考虑这样一个重大改变对已经固定的产品对消费者心理上影响. 很多可乐的消费者对他们喜爱的饮料突然消失感到气愤. 在公众的严重抗议后, 可口可乐公司承认了错误, 并重新将原始配方作为经典可乐投放市场, 同时新配方标注为新可乐. 真是一团糟啊! 这个惨痛的教训说明, 成功的公司误用统计学也能导致错误的经营决策.

复习题

确定数据类型(定性/定量)以及习题1.1到习题1.16的计量水平. 解释你的选择.

1.1 特拉华威明顿全年的月平均气温(华氏度).

1.2 威明顿全年的月平均降雨量(英寸).

1.3 调查对象的受教育水平.

教育水平	调查对象人数
高中	168
学士	784
硕士	212

1.4 调查对象的婚姻状况.

婚姻状况	调查对象人数
单身	28
已婚	189
离异	62

1.5 某调查中调查对象的年龄.

1.6 某调查中调查对象的性别.

1.7 某调查中调查对象的出生年份.

1.8 某调查中对共和党、民主党或不确定的投票意向.

1.9 某调查中调查对象的种族(白人, 非裔美国人, 亚洲人, 其他).

1.10 对员工表现的打分(超过预期, 达到预期, 不及预期).

1.11 某体育队队员的球衣号码.

1.12 某高中高三学生年级排名单.

1.13 你们班上学生统计课的期末成绩(100分制).

1.14 某调查中调查对象所在州.

1.15 高中毕业生的SAT分数.

1.16 电影分级: G, PG, PG-13, R.

确定习题1.17和习题1.18数据是时间序列数据还是截面数据.

1.17 下表给出了2009年7月29日3个主要证券市场的收盘价:

证券市场	收盘价
道·琼斯工业	9070
纳斯达克	1968
S&P 500	975

1.18 下表给出了2009年道·琼斯工业证券市场

的收盘价：

日期	收盘价
4/1/2009	7762
5/1/2009	8212
6/1/2009	8721
7/1/2009	8504

习题1.19和1.20均采用下列数据，该组数据按性别给出了5年中全职员工的周薪中位数：

年份	男性	女性
2004	$713	$573
2005	$722	$585
2006	$743	$600
2007	$766	$614
2008	$798	$638

1.19 确定表中的时间序列数据.

1.20 确定表中的截面数据.

确定下列为描述统计学还是推断统计学.

1.21 2010年50所高中教师随机样本的平均薪酬为$52 400.

1.22 根据某随机样本，得出芝加哥宾馆单间的平均价格比亚特兰大高.

1.23 某研究得出结论，2009年到2010年间，大学毕业生的平均信用卡债务有所提高.

1.24 Amazon.com网站26名读者对《The Complete Idiot's Guide to Statistics》一书的评分为4.6(5分制).

1.25 美国观众每月平均收看151小时电视.

第 2 章 描述统计学

第 1 章我们学习了描述统计学的目的是总结或者展示数据，从而快速了解我们感兴趣信息的大致情况. 在本章中，我们将要学习用表格和图形来展示数据的方法，以便有更好的理解. 我发现有的同学(当然不是说你)经常低估图形数据和信息的重要性，而这些图形数据和信息却能明确且有说服力地支持你的观点. 没有什么比画一张有创造力的图更能让你的观众迅速接受你观点的方法了.

相比而言，用表格展示大量数据却是你失去观众的最佳方式. 我们的大脑面对数字列表时，并不能有效地处理信息. 然而，我们的理解能力在面对图片如图表和图形的时候，却表现得非常出色. 例如，表 2-1 是南卡罗来纳默特尔海滩在某时间段内 60 套公寓的销售价格，以 1000 美元计. 大部分人，包括我在内，没有那么长的注意力集中时间阅读这张表格里的每个数字.

表 2-1　用表格展示数据：默特尔海滩的公寓价格

$281.0	$262.1	$291.2	$277.1	$294.5	$298.2
$247.8	$344.9	$322.5	$258.0	$226.3	$320.0
$306.0	$287.5	$228.2	$209.6	$220.0	$218.4
$247.2	$395.0	$291.4	$329.4	$335.5	$325.9
$446.3	$302.3	$257.7	$278.8	$296.8	$343.8
$254.1	$193.0	$174.4	$380.9	$198.6	$270.7
$199.0	$298.8	$268.3	$193.3	$383.6	$348.3
$295.5	$254.1	$301.2	$375.0	$359.9	$260.4
$227.8	$360.3	$299.0	$274.1	$195.9	$337.8
$246.4	$292.6	$237.0	$339.0	$300.2	$271.9

比较好的方法是构造一张图，有效地展示这 60 个数据. 你不需要花费很多力气去理解图表中的数据，在我的书里，这永远是一件好事.

通过观察图 2-1 我们得出，大部分公寓的价格在 250 000 到 300 000 美元之间. 这个信息是无法通过阅读表中的数据容易得到的.

本章将为你在如何展示描述性统计数据方面打下坚实的基础，这足以打动你未来的老板和同事. 利用微软 Excel 2010 软件，你也能瞬间构造出如图 2-1 那样漂亮的图片.

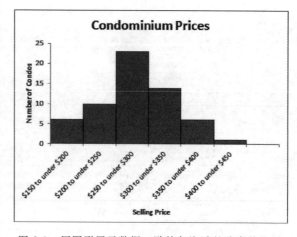

图 2-1　用图形展示数据：默特尔海滩的公寓价格

除了构造图片，作为信息的阅读者和消费者，你发现自己也会使用图形模式来解释数据了. 诸如《华尔街日报》和《今日美国》这样的出版物, 也用图形描述数据资料来吸引读者的注意力并且有效地总结复杂事件. 深谙解读图形数据的艺术之道将使你成为更好的决策者.

2.1 技术在统计学中的作用

技术在统计学领域扮演着主要角色. 在本书中, 我们会一直使用 Excel 2010 来帮助你构造不同的图表和图形, 同时很多统计学中的运算也靠它来执行.

在 20 世纪 70 年代, 当我还是一名年轻的工程专业本科生时, 还没有"个人电脑"的概念. Windows 只是你可以向外看出去的东西, 更没有哪个自视很高的消费电子公司愿意用一种水果来命名自己. 那时我用一种很聪明的小工具进行运算, 我们亲切地把它称为滑尺. 由于你们不曾在那个年代生活过, 我特意放了一张滑尺的图片在这里, 见图 2-2.

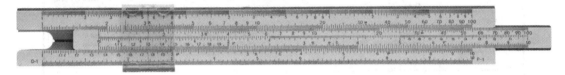

图 2-2 滑尺, 约 1975 年

正如你所看到的这样, 这个设备看起来像(XX 上的)一把尺子. 它可以执行所有的算术运算, 只是离用户友好还差得远. 在我上大学的第一年, 我购置了第一台手动计算器——能执行基本的数学运算的德州仪器模型. 大小差不多是一台收银机那么大. 我非常骄傲地把它戴在我的腰带上, 就像一枚荣誉徽章, 我怀疑这是导致我现在后背问题的原因. 哦, 我们做的事情多酷!

幸运的是, 我们已经从黑暗时代走了出来, 现在就在我们的指尖, 我们拥有了非常棒的、用户友好的计算能力. 我们不必会编写代码, 也可以使用诸如 SAS、SPSS、Minitab 和 Excel 这样强大的程序. 这些程序甚至可以执行一些对人类来说最复杂的统计分析. 下一小节我们将在 Excel 2010 的帮助下用多种方式来展示数据和执行统计运算.

如果你是一个 Mac 用户, 在继续往下阅读之前, 建议你先坐下来. 很明显, 现在计算机领域 Windows 和 Mac 的兼容性问题还没有很好地解决. 因此, Mac 版本的 Excel(2008 或者 2011)不具备本书提到的 Windows 版本 Excel 的所有统计功能. 我能感受到你的痛, 因为我也是 Mac 用户. 在使用了很多年 Windows 之后, 我成为一个 Mac 的专属用户. 这其中的问题, 我可以给出如下(部分)建议:

图 2-3 Excel 的 "File" 菜单

- 本书配套网站上有说明 Mac 软件 Excel 统计特点的文件.
- 虚拟软件能让 Mac 用户在 Mac 机器上运行 Windows 程序. Parallels 和 VMware 是提供这种软件的成熟公司. 这本书就是我用 Mac 机在 Parellels 的帮助下用 Word

2010完成的.如果你是一个Mac用户,那么可以考虑一下这个选择.

2.1.1 用Excel 2010执行统计分析

在使用Excel 2010构造图表之前,我们需要执行以下几个步骤来激活程序的分析工具包.

1. 打开Excel 2010,点击屏幕左上方的"File"(文件).
2. 如图2-3所示,点击"Options"(选项),进入图2-4所示的Excel 2010选项对话框.

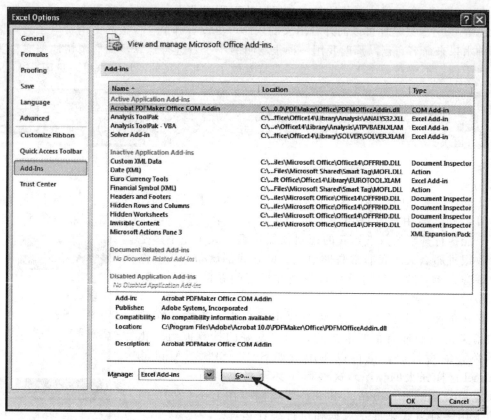

图2-4 Excel的选项对话框

3. 如图2-4所示,选择左边栏"Add-ins".
4. 点击屏幕下方的"Go".
5. 如图2-5所示,在弹出的对话框中选择复选框"Analysis ToolPak"和"Analysis ToolPak-VBA",并点击"OK".
6. 如图2-6所示,点击"Data Analysis"(数据分析),那么数据分析对话框就出现在表格上了.

现在你的Excel软件已经准备好执行我们将在本书学习中探索的各种统计魔法了.此刻,你可以点击"Cancel"(撤销)结束Excel.以后你每次打开Excel,Data Analysis

图2-5 Excel的Add Ins对话框

选项都会在 Data 标签下面.

2.1.2 安装 PHStat2

PHStat2 是 Prentice Hall 公司开发的 Excel Add-in，为学生提供了一些统计分析的附加功能. 本教材附有这个软件，整本书我们也会用到. 你可以按照老师的指示在 Windows 机器上安装 PHStat2. 正如我已经提到的，PHStat2 目前和 Mac 不兼容. 不过，如果你的学校有 Prentice Hall 出版公司的许可，可以在学校的 Windows 机器上安装 PHStat2.

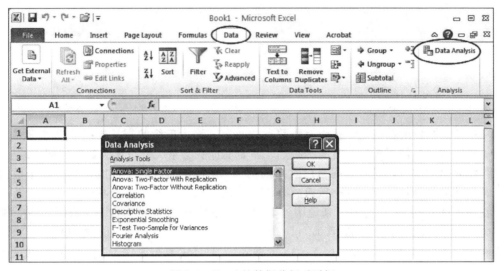

图 2-6　Excel 的数据分析对话框

2.2　描述定量数据

在第 1 章中，我们对定量数据和定性数据做了区分，一个是数值，一个用来描述分类. 本节我们将要讨论描述定量数据的方法，下一节讨论定性数据.

2.2.1　定量数据的频率分布

描述数据的一个最简单的方式是使用**频率分布**，它显示数据观察值在某个特定区间内的个数. 我用下面这个例子来示范如何为定量数据构造频率分布. 表 2-2 中有 50 个数值，描述一家苹果商店在过去的 50 天内 iPad 的日销售量.

表 2-3 中是对相同数据用频率分布进行描述的结果. 第一列是 50 天中 iPad 日销售量出现的值：0、1、2、3、4 和 5 个. 第二列是 50 天中 iPad 日销售量等于第一列值的天数值. 注意表 2-3 第二列频率总数(50)与表 2-2 的观察值总数一致. 因为 iPad 日销售量是可以计数的值而不是描述性的值，这个例子说明频率分布可以用来总结定量数据.

我们把频率分布中的行称为**组**. 在 iPad 的例子中，第一组表示没有售出 iPad 的天数，第二组表示售出一台 iPad 的天数，以此类推.

继续学习之前，还有几个数据类型我要介绍给大家。表 2-2 中的数据是**离散数据**，表示的是计数得来的数值。离散数据一般都是整数，比如 0、1、2、3 等。把 iPad 分成零件来卖可不是一个好的商业策略，诸如 2.8 和 4.3 这样的数值就不是离散数据的例子了。

表 2-2 50 天 iPad 日销售量

4	2	3	2	5
5	1	3	3	2
3	2	2	3	0
2	2	3	0	1
3	1	1	5	4
1	2	3	2	3
2	2	1	2	2
3①	3	3	2	1
0	2	4	2	6
1	1	4	0	6

① 这一天售出了 3 台 iPad。

表 2-3 用频率分布展示的 50 天 iPad 日销售量

日销售量	频率
0	5
1	8
2	14①
3	13
4	6
5	4
总和	**50**

① 在收集数据的 50 天中，有 14 天每天销售了 2 台 iPad。

可以任意取值的数据，包括带有小数点的数字，称为**连续数据**。连续数据通常是测量值而不是计数值。例如重量、时间和距离。本章后面我会给大家举连续数据的例子。

判断数据类型时，我们问问自己这个问题："在特定的区间中，能找到多少个数值？"因为离散数据可以计数，在某个区间的数值数量是有限的，而连续数据的数值数量是无限的。我们用区间 0～3 作为例子来说明这个问题。记住 iPad 的销售数量是离散数据，那么在这个区间内只能有 4 个可能值(0、1、2 或者 3)。而我们测量的时间是连续值，在该区间内会有无限个可能值(2.0、2.04、2.046 分钟等)。对连续数据来说，唯一的限制就是我们测量工具的精确程度。

☞ 这里有个非常行之有效的区分离散数据和连续数据的方法。连续数据通常是测量观察值的结果，而对它们进行计数的就是离散数据。

思考题 1 判断下面的数据是离散的还是连续的。
1) 今天统计课堂上缺席的学生人数。
2) 灯泡坏掉之前可以使用的小时数。
3) 在质量控制程序中，燃烧超过 1000 小时的灯泡数量。
4) 航班晚点的分钟数。
5) 经销商销售记录中售出的红色轿车数量。
6) 某人身高的英寸数。
7) 匹兹堡海盗队今晚的得分。

2.2.2 相对频率分布

另一种描述频率数据的方法是**相对频率分布**。这种方法不是把每组中的观察值单独显示出来，而是用其除以全部观察值总和，计算每组数值在全部观察值总和中所占的比重。相对频率分布传递给我们的信息是该组观察值在全部观察值总和中所占的比例或者分数. 表 2-4 是之前 iPad 例子的相对频率分布展示.

由图 2-4 得出, 有 28% 的时间 iPad 日销售量是 2 台.

2.2.3 累积相对频率分布

自上而下地把相对频率按次序求和, 我们把这个结果称为**累积相对频率分布**. 累积相对频率分布提供给你的信息是到你目前所浏览的组为止相对频率分布的比例是多少, 换句话说, 就是累积的比例. 当苹果商店的经理想要知道 iPad 日销售量在 3 台及以下的天数占多少比例时累积相对频率分布非常有用. iPad 例子的累积相对频率分布在表 2-5 中给出.

表 2-4 50 天中 iPad 销售量的相对频率显示

日销售量	频率	相对频率
0	5	5/50=0.10
1	8	8/50=0.16
2	14	14/50=0.28
3	13	13/50=0.26
4	6	6/50=0.12
5	4	4/50=0.08
总和	50	1.00

注: 相对频率分布中各部分的总和加起来是 1.00. 由于四舍五入的缘故, 所有的相对频率加起来可能不是精确的 1.00, 但是会非常接近.

表 2-5 50 天中 iPad 日销售量的累积相对频率分布

日销售量	频率	相对频率	累积相对频率
0	5	0.10	0.10
1	8	0.16	0.10+0.16=0.26
2	14	0.28	0.26+0.28=0.54
3	13	0.26	0.54+0.26=0.80
4	6	0.12	0.80+0.12=0.92
5	4	0.08	0.92+0.08=1.00
总和	50	1.00	

注: 最后一个累积相对频率等于 1.00(或者由于四舍五入的缘故非常接近).

看表 2-5, 我们能总结出在 80% 以上的时间里 iPad 日销售量在 3 台或者 3 台以下.

2.2.4 Excel 的 FREQUENCY 函数

刚刚折磨大家亲自动手来构造频率分布, 现在我将演示如何使用 Excel 的 FREQUENCY 函数来构造分布并且生成一种名为**直方图**的图形. **直方图**是表示频率分布中某一组观察值数量的图形. 在图 2-1 中, 我们画出的公寓价格的图形就是直方图.

图 2-7a 的数据来自表 2-2, 列标是 "Bins"(箱, 直条), 这是 Excel 给我们的分布取的很奇怪的名称. 按照下面的步骤构造频率分布.

1. 打开 Excel 文件 iPad sales.xlsx 或者自行录入图 2-7 中的数据(H 列不用).
2. 把光标放到 H2 单元格并且选中单元格 H2:H7. 这是我们要取的频率分布.
3. 在 H2:H7 被选中的前提下, 键入=FREQUENCY(A1:E10, G2:G7).
4. 同时按 Ctrl+Shift+Enter 键.
5. 看! 频率分布就出现在你眼前的第 H 列, 如图 2-7a 所示(H 列).

2.2.5 用直方图表示频率分布

下面的步骤指导你如何用 Excel 构造直方图. 我们从图 2-7b 开始, 图中 Bins 列是 iPad

数据.

1. 在菜单栏中选中 Data 标签，点击右上角的 Data Analysis. Data Analysis 对话框如图 2-7b 所示.

2. 在该对话框中，选择 Histogram 并点击 OK.

3. 图 2-7c 显示的是 Histogram 对话框. 在 Input Range 文本框中，选中单元格 A1:E10 中的数据.

4. 在 Bin Range 文本框中，选中单元格 G2:G7 的 Bin 值.

5. 在 Output options 中，选择 New Worksheet Ply 和 Chart Output.

6. 点击 OK.

7. 图 2-7d 就是你的劳动成果. 当然，再做几个小步骤会让图形变得更漂亮.

8. Excel 生成的直方图看起来好像上面坐了一只大象. 选中直方图，你会看到图形周围出现了边缘线，可以按住边缘线的角落拉伸图形.

9. 缺省状态下，Excel 会加上一个"More"在 Bin 上（如图 2-7d 的横坐标），作用不大. 把频率分布中单元格 A8 和 B8 删除，这个多余的组就从你的直方图中移除了.

10. 直方图的标签是可以选中并且修改的.

11. 直方图右侧的"Frequency"图例可以删除，方法是点击选中后，按 Delete 键即可.

图 2-7e 是我们最终完成的直方图. 我认为比图 2-7d 看起来要好看得多. 缺省状态下，Excel 在直方图的直条与直条之间留有间隔，这用来表示离散数据是非常合适的. 在后面章节中，我会教你如何用直方图表示连续数据.

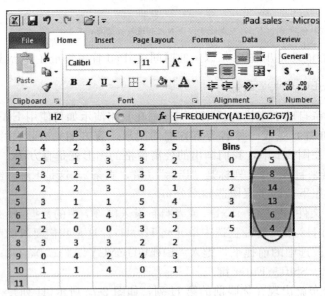

a) 用 Excel 构造频率分布

图 2-7

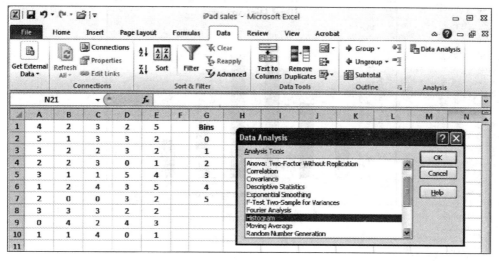

b) 用 Excel 构造直方图(步骤 1~2)

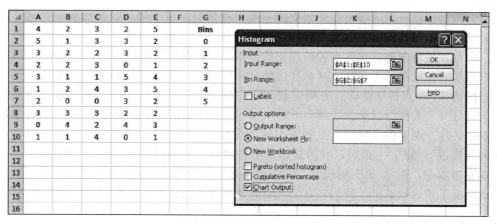

c) 用 Excel 构造直方图(步骤 3~4)

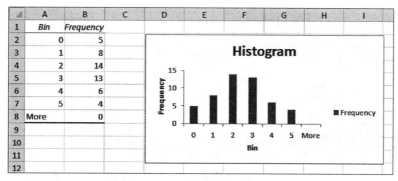

d) 用 Excel 构造直方图(步骤 5~7)

图 2-7 （续）

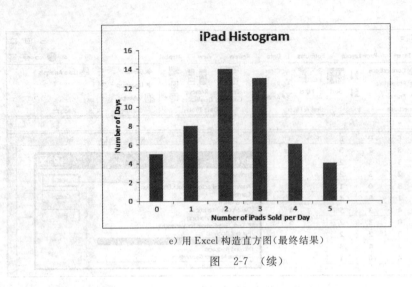

e) 用 Excel 构造直方图（最终结果）

图 2-7 （续）

2.2.6 直方图的形状

直方图的形状可以透露出有关数据的一些有用信息. 举个例子，假如我一共教 4 个班的统计学课程，而且我刚完成所有班级的评分. 图 2-8 是用直方图表示每个课堂的统计学成绩. 你可以很清晰地看到 8 点钟的课堂成绩最好，因为大多数同学的得分区间是 90 多一点. 成绩呈对称分布，大多数成绩都在成绩分布区间的中段. **对称分布**指的是分布的左边是右边的镜像. 9 点钟课堂的直方图形状与 8 点钟课堂的形状类似. 只是 9 点钟课堂的成绩不怎么好——大部分同学的成绩在 85 左右. 10 点钟课堂的成绩也是以 85 左右为中心对称. 然而，这个课堂的成绩比 9 点钟课堂更为分散，区间从 70 到 95，而 9 点钟课堂的成绩区间从接近 80 到 90. 最后，我的成绩最不好的班级是 11 点钟的课堂. 注意这个分布大部分在左边集中，在 70 出头的位置，所以这不是对称分布的. 每个直方图都让我对这个课堂的成绩有了很快的认识. 我们将在第 3 章计算描述统计的时候重新研究分布形状.

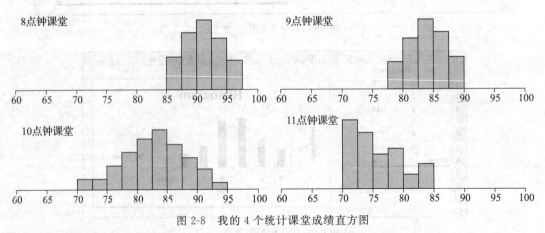

图 2-8 我的 4 个统计课堂成绩直方图

趁这些概念在你的脑袋里还清晰的时候，试试解决下面的问题再继续学习.

思考题 2　下面的数字是 25 个评论员给亚马逊 Kindle 电子阅读器评分的星星数量：

```
4 4 5 5 5 4 3 5 3 5
5 5 4 5 2 4 5 1 5 4
3 5 5 4 1
```

请构造：
1) 频率分布；
2) 相对频率分布；
3) 累积相对频率分布；
4) 直方图。

2.2.7　用分组定量数据构造频率分布

上节的例子 iPad 频率分布数据中每组是一个单独的值．对某些数据集来说，特别是包含连续数据的，需要把几个数值联合起来作为一组．分组是为了避免频率分布中包含过多的组，而导致不容易判断的模式．理想的频率分布组数是 4 到 20 之间．

为了演示分组数据的频率分布，举例如下．Dell 公司想要提高客户服务，所以监控了客户拨打求助电话时的等候时间．表 2-6 是 50 名打入电话的客户等候时间，单位为分钟，已经按照从小到大排序．数据也被收录在 Excel 文件 Dell hold time.xlsx 中．

表 2-6　Dell 客户求助等候时间

0.6	3.9	5.4	8.3	10.2
1.2	4.4	5.5	8.7	10.5
1.3	4.4	5.8	9.0	10.9
2.5	4.6	6.1	9.3	12.2
2.8	4.6	6.4	9.3	12.5
3.2	4.6	6.9	9.5	13.1
3.2	4.8	7.0	9.5	13.3
3.5	4.9	8.0	9.7	13.6
3.8	5.1	8.1	9.8	14.4
3.9	5.2	8.1	9.9	17.4

组数

对分组数据来说，我们要确定每个频率分布中的组数．方法之一是用规则 $2^k > n$，其中

$$k = 组数$$
$$n = 数据个数$$

技巧就是找到满足条件的最小的 k 值．比如 Dell 的例子，$n=50$．

$$2^5 = 32 < 50 (k = 5 \text{ 太小了})$$
$$2^6 = 64 > 50 (k = 6 \text{ 是个不错的选择})$$

组距

当我们确定下来 $k=6$ 之后，接下来要计算的是组与组之间的距离是多少．组距是我们决定放到每组中的数值的宽度或者范围．我们用下面的等式来计算：

$$预计组距 = \frac{最大值 - 最小值}{k}$$

$$预计组距 = \frac{17.4 - 0.6}{6} = 2.8$$

这个等式大致地估计出了组距．把结果四舍五入到一个整数可以使频率分布更具有可读性．方便起见，把这个组距值进位成 3，其他的整数如 4 也可以考虑．组距是没有标准答案的．构造频率分布的目的是研究数据的实用模式，通常有多种方法可以实现．⊖

⊖　这是统计学中为数不多的存在正确答案不唯一的情况，请享受这一刻．

组界

组界是一组数据中的最大值和最小值。选择第一组的下界是非常重要的步骤。对表 2-6 的例子来说，我们选择最小值 0.6 作为组界，那么第一组边界就是从 0.6 到 3.6 分钟。这是非常不方便的选择。一个更实用且易读的方式是以 0 和 3 作为第一组组界。下面的列表就是 Dell 例子的组界：

> 0 到小于 3 分钟
> 3 到小于 6 分钟
> 6 到小于 9 分钟
> 9 到小于 12 分钟
> 12 到小于 15 分钟
> 15 到小于 18 分钟

因为 Dell 例子中含有连续数据（分钟），在组边界之间不应该有间隔。通过构造第一组的上界是"小于 3 分钟"、第二组的下界是"3 分钟"，组与组之间的间隔就避免了。在这个例子中，我们一共构造了 6 个组，满足先前用条件 $2^k > n$ 计算出的 k 值。然而，这种方法有时候也会行不通，不过没有关系。如果我们选择 4 分钟为组距，那么我们将会得到 5 组而不是 6 组：

> 0 到小于 4 分钟
> 4 到小于 8 分钟
> 8 到小于 12 分钟
> 12 到小于 16 分钟
> 16 到小于 20 分钟

这两种方式都可以接受。我们接着用以 3 分钟为组距分 6 组的方式。

☞ 有时候你需要使用 $k+1$ 组或者 $k-1$ 组来包含所有数据。不用担心！

组频率

计算频率是容易的部分。方法是计算每组观察值的个数，然后记录总数。当数据已经排好序的时候，就更易于计算了。比如表 2-6 的 Dell 数据例子。表 2-7 是最终计算的频率分布结果，包含相对频率和累积相对频率。

表 2-7　Dell 客户求助等候时间的频率分布

等候分钟数	频率	相对频率	累积相对频率
0 到小于 3 分钟	5	0.10	0.10
3 到小于 6 分钟	18	0.36	0.46
6 到小于 9 分钟	9	0.18	0.64
9 到小于 12 分钟	11	0.22	0.86
12 到小于 15 分钟	6	0.12	0.98
15 到小于 18 分钟	1	0.02	1.00
总和	50	1.00	

注：把原始数据按照从小到大排序，能更容易地计算频率分布中每组观察值的个数。

在这个基础上，我们得出结论：在接通电话等候服务时，最多的客户群体（18 个）在 3

到 6 分钟的组中,几乎一半的客户(46%)等候时间小于 6 分钟.

构造分组数据的组时,记住以下原则:

1. **组大小相等**. 所有频率分布中的组必须大小相等. 不等的组距会导致分布模式发生误导.

2. **组之间互斥**. 这是个非常时髦的词汇,含义就是组界之间不能重叠. 例如,下面的两组就发生了重叠:

$$0 \text{ 到小于 } 3 \text{ 分钟}$$
$$2.5 \text{ 到小于 } 5.5 \text{ 分钟}$$

3. **包含全部数值**. 这个原则是非常显而易见的. 如果你的数据集有 50 个观察值,确保所有的 50 个值都出现在频率分布的"总和"那一行.

4. **避免空组**. 如果你的组距过小,有些组可能不会包含任何观察值. 然而,大部分总体不包含空的区间,至少会有几个观察值在里面. 因为我们收集的观察值是总体的代表,我们不希望直方图中某些组太窄以至于没有观察值在其中.

5. **避免开放边界的组(如果可能)**. 举个开放边界的例子,比如在上面添加大于 18 作为上例的最后一组,用来表示所有打入电话的客户等候 18 分钟以上的情况. 开放组界不符合第一条组大小相等的原则,但是有时无法完全避免.

表 2-8 Dell 数据的 bin

组	bin
0 到小于 3 分钟	2.9
3 到小于 6 分钟	5.9
6 到小于 9 分钟	8.9
9 到小于 12 分钟	11.9
12 到小于 15 分钟	14.9
15 到小于 18 分钟	17.9

2.2.8 构造分组定量数据直方图

现在我们用 Excel 里面的数据分析工具包构造 Dell 例子的直方图. 对于分组数据,Excel 里面的 bin(直条)是每组数据的上界. 表 2-8 是 Dell 例子所有的 bin. 例如,我用数值 2.9 作为第一组的 bin,是小于 3 的组中的上界.

☞ 直方图显示连续数据时,直条之间没有间隔. 而直方图显示离散数据时,直条之间有间隔.

图 2-9 是 Excel 生成的原始直方图,需要一些完善工作. 因为我们的分组数据是连续的,所以要用下面的步骤移除直方图垂直条之间的间隔.

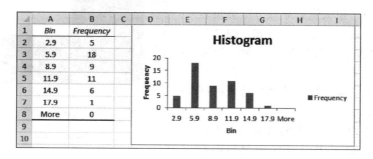

图 2-9 分组数据的原始直方图

1. 右键单击直方图中任何一个垂直条，显示弹出菜单.
2. 左键单击 Format Data Series.
3. 在对话框中，把 Gap Width 滑动到最左边.
4. 关闭 Format Data Series 对话框.

最后的步骤就是沿着水平轴重新命名 bin 来更好地描述每组的整个范围. 方法很简单，把单元格 A2 到 A7 按照图 2-10 改好即可. 我们还可以如图给水平轴上的标签转换角度，方法如下：

1. 右键单击水平轴上的标签，打开下拉菜单.
2. 左键单击 Format Axis.
3. 在 Format Axis 对话框中，点击左边的 Alignment.
4. 在 Customer Angle 文本框中填写 −45.
5. 关闭 Format Axis 对话框.

现在呈现的才是我认为分组数据的漂亮的直方图，如图 2-10 所示.

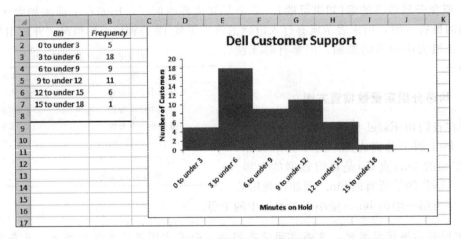

图 2-10 分组数据直方图终稿

2.2.9 分组太多和太少的后果

构造直方图的目的是让我们要研究的自然分布便于理解. 组太宽会导致分组数量较少，从而掩盖了重要的模式. 例如，图 2-11 是 Dell 例子的表示，组距为 9 分钟. 组距为 9 分钟只会分成 2 组. 这样的图看起来就像两个玩具方块，对我们分析客户等候时间的分布帮助不大.

在直方图中构造了太多的组也会有不良后果产生. 图 2-12 是 Dell 例子中把组距设为 1 分钟，这样就分成了 18 个组. 这使直

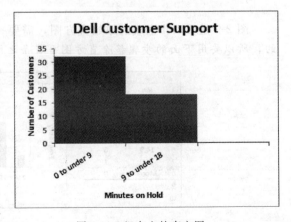

图 2-11 组太少的直方图

方图产生了锯齿状的形状,并且出现了 3 个空组. 我确定在总体中一定有客户的等候时间在 11 到 11.9 分钟之间,但是按照这张图,没有.

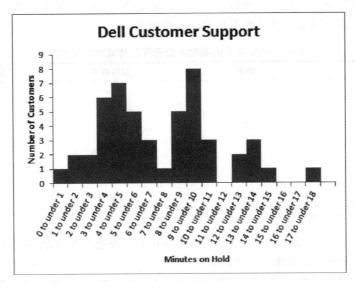

图 2-12　组太多的直方图

如我在本章开头提到的,你可以灵活地确定你的直方图的组距和组数. 但是一定要小心不要太离谱,以免发生我们刚才提到的后果.

运用良好的判断来确定你的直方图需要的组数. 组数过少会掩盖分批的自然形状,组数过多会导致一些组为空.

2.2.10　离散数据还是连续数据

有的时候离散数据和连续数据的区分不是那么明显. 例如,我下周的高尔夫成绩严格来说是整数,因为数值是计算我 18 洞比赛的总杆数得出的. 很明显,这个数值是整数,比如 94,因为无法计算挥杆一击的部分(尽管有时候我的高尔夫挥杆动作看起来像 1 分). 然而,如果我们的数据集包含大范围的高尔夫分数,比如 2009 年美国公开赛所有选手的最终得分(如表 2-9 所示)且分数之间的增量很小(如 1 分),把这些信息用分组连续的模式表示出来是很常见而且方便的. (我以个人名义为这些分数做担保,因为我有幸为这场比赛做过观察员.)

根据 $2^k > n$ 的原则,$n=60$,设 $k=6$,因为 $2^6=64>60$,所以

表 2-9　2009 年美国高尔夫公开赛最终成绩

276	282	284	286	289	292
278	282	284	286	289	292
278	282	285	287	289	293
278	282	285	287	290	294
279	282	285	287	291	294
280	283	285	288	291	294
280	283	286	288	292	296
280	284	286	288	292	297
281	284	286	288	292	297
282	284	286	289	292	301

$$预计组距 = \frac{301-276}{6} = 4.17$$

把实际的组距设置为 4 或者 5 都可以,我用 5,起始为 275,如表 2-10 所示.同样在这张表中,有每组数据的频率、相对频率和累积相对频率.

表 2-10 2009 年美国高尔夫公开赛最终成绩的频率分布

分数	频率	相对频率	累积相对频率
275~279	5	0.083	0.083
280~284	17	0.283	0.366
285~289	21	0.350	0.716
290~294	13	0.217	0.933
295~299	3	0.050	0.983
300~304	1	0.017	1.000
总和	60	1.000	

注:记住 bin 在 Excel 中表示每组数据的上界(有的时候我记不住).

用 279,284,289,294,299 和 304 作为 bin 值,我把分组连续模式的高尔夫分数用下面的直方图显示出来,如图 2-13 所示.

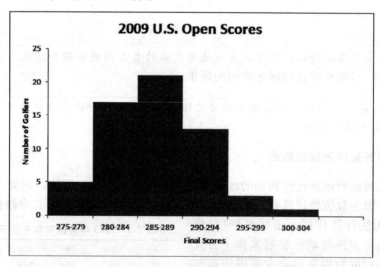

图 2-13 2009 年美国高尔夫公开赛成绩的直方图最终版

根据这个直方图,最大比例的高尔夫选手集中在最终得分 285 到 289 的区间.(加分题:谁是在 300~304 区间唯一的选手?提示:他的名字首字母缩写是 F.F. 答案在本章最后揭晓.)

收入和年龄也是严格意义上离散的数据(钱和年都可以计数,而不是测量数值),但是这两个数值一般都用连续模式显示.在进入下一节的学习之前,用下面的问题来测试你对分组数据频率分布的理解.

思考题 3 费城地区进行了市场经理薪资的调查.对 30 名经理的调查结果记录在下表中.以千美元为基数.

描述统计学

40.0	58.7	63.4	68.6	74.8
46.6	60.0	65.7	68.7	77.1
49.0	60.7	65.9	69.2	78.2
52.9	61.2	66.4	71.7	79.2
54.7	62.5	66.8	72.3	83.1
55.5	63.0	67.7	72.6	87.7

请构造：
1）频率分布；
2）相对频率分布；
3）累积相对频率分布；
4）直方图。

2.2.11 折线图

当我们想在一张图上比较两个或者更多个分布的时候，直方图不是一个很好的选择，因为直方图中互相重叠的直方形不容易判断。比较好的选择是**百分比折线图**，这种图形把各组数据的中点用线连接而不是直方形。中点是数据组上界和下界的中间位置。每个中点的高度代表对应组的相对频率。我们用表 2-11 中的数据演示百分比折线图，数据是丹佛和凤凰城两个呼叫中心之前 50 名客户的呼叫时间。所有的数字已经按照增序排列，在 Excel 文件 call center time.xlsx 中。

表 2-11 丹佛和凤凰城两个呼叫中心 50 名客户的呼叫时间

丹佛													
13	13	13	13	14	14	14	14	14	16	16	17	17	
18	18	18	18	19	19	19	20	20	20	20	20	21	
21	21	21	21	21	21	21	23	23	23	24	24	24	
24	25	25	26	26	27	31	32	33	34	36			
凤凰城													
12	18	19	20	21	21	22	22	22	22	23	23	23	
24	24	24	24	24	24	24	25	25	25	25	26	26	
27	27	28	28	28	28	28	29	29	29	30	30	31	
32	33	34	35	36	36	36	37	38	39	39			

用 PHStat2 来构造百分比折线图。不过首先我们需要给数据构造组界。根据 $2^k > n$ 的原则，$n=50$，我设 $k=6$，因为 $2^6=64>50$。

我用凤凰城的数据给两组数据预估组宽。（如果使用丹佛的数据，也会得到相似的结果。）

$$\text{预计组宽} = \frac{39-12}{6} = 4.5$$

把得到的结果四舍五入到 5 分钟，得到组界如表 2-12 所示。我把组上界 bin 和每组中点也标记出来了，因为 PHStat2 会用到。

表 2-12 呼叫中心的分组和中点

组	bin	中点
10 到小于 15 分钟	14.9	12.5
15 到小于 20 分钟	19.9	17.5
20 到小于 25 分钟	24.9	22.5
25 到小于 30 分钟	29.9	27.5
30 到小于 35 分钟	34.9	32.5
35 到小于 40 分钟	39.9	37.5

我已经把这些数据用 Excel 表示出来，如图 2-14a 所示．在 A 和 B 列中只有前面 9 行显示出来了．实际你看到的 Excel 表单包含了所有的 50 个数据．PHStat2 要求第一个组界 bin 值必须是到负无穷的开放边界．所以，我加了一个分组“小于 10”，这里的 bin 值在 Excel表中等于 9.9．因为这个组是开放组界(最小值可以是小于 10 的任何数)，该组没有中点值．D 列中第一个中点值(12.5)是 C 列第二组 bin 值(14.9)对应的中点值．

按照下面的步骤，用 PHStat2 构造折线图：

1. 按照图 2-14b 所示，打开 Add-Ins>PHStat2>Descriptive Statistics>Histogram & Polygons.

2. 按照图 2-14c 所示，填写 Histogram & Polygons 对话框．

图 2-14d 就是两个呼叫中心的百分比折线图．我们从分布中可以推断丹佛的呼叫时间比凤凰城的呼叫时间短．在分布的低段(较短时间)，丹佛的百分比比凤凰城的高．例如，丹佛呼叫时间接近 20%在 12.5 分钟的区间，而这个区间凤凰城只有 5%．在分布的高段，大约 15%凤凰城的呼叫在 37.5 分钟的区间，而丹佛的呼叫在这个区间少于 5%．

如图 2-14e 所示，用 PHStat2 还可以构造**累积百分比折线图**，也称为**累积百分比曲线图**．累积百分比折线图是累积相对频率点连接起来得到的折线．例如，在图 2-14e 中，丹佛 20%的电话时长在≤14.9 分钟的区间，40%的电话时长在≤19.9 分钟的区间，80%的电话时长在≤24.9 分钟的区间，如此类推．100%的电话时长在≤39.9 分钟的区间．40 分钟或更长时间以上的电话没有．现在我们再看凤凰城的呼叫时间：大约 40%的电话时长在≤24.9分钟的区间，与之相对应的是丹佛有 80%的电话时长在这个区间．注意凤凰城的折线在丹佛折线的右侧．换句话说，凤凰城折线在分布的高段，在时间比较长的部分．这和我们在图 2-14d 中的发现一致．

	A	B	C	D
1	Denver	Phoenix	Bins	Midpoint
2	13	12	9.9	12.5
3	13	18	14.9	17.5
4	13	19	19.9	22.5
5	13	20	24.9	27.5
6	14	21	29.9	32.5
7	14	21	34.9	37.5
8	14	22	39.9	
9	14	22		
10	14	22		

a) 用 PHStat2(数据)构造折线图

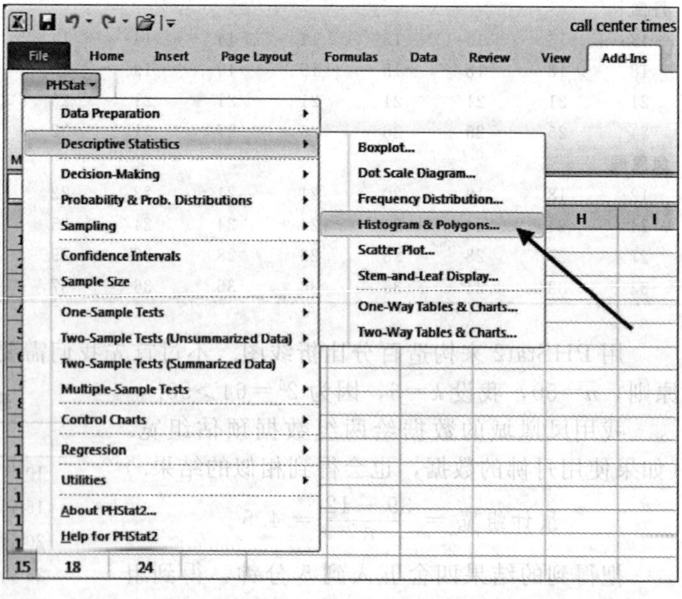

b) 用 PHStat2 构造折线图(步骤 1)

图 2-14

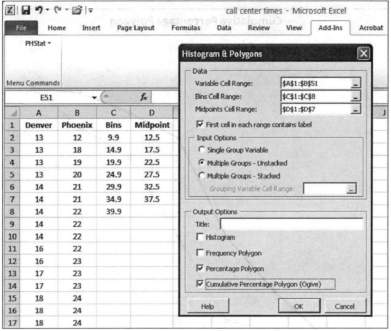

c) 用 PHStat2 构造折线图(步骤 2)

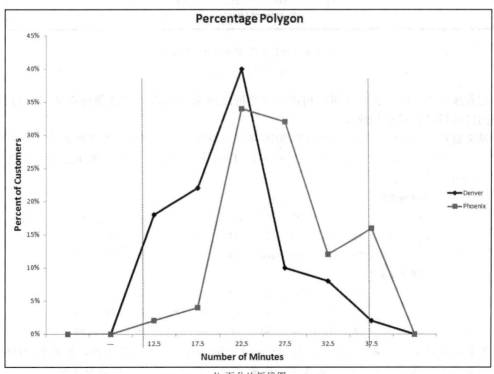

d) 百分比折线图

图 2-14 (续)

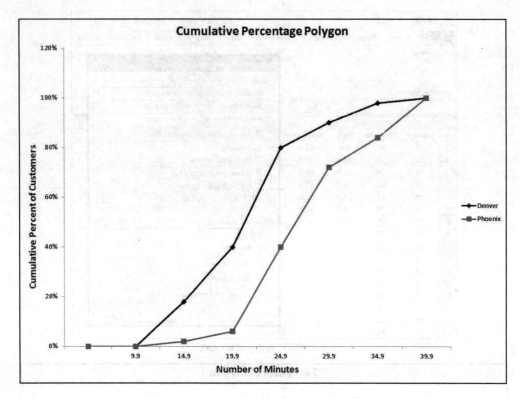

e）累积百分比折线图（累积百分比曲线图）

图 2-14 （续）

趁着这些步骤刚学会，你可以构造百分比折线图来比较我的匹兹堡海盗队与具有获胜传统的纽约扬基队最近的成绩.

思考题 4 下面的表是从 1972 年到 2010 年每个赛季匹兹堡海盗队与纽约扬基队获胜的次数，不包括因罢工而缩短的 1981 年、1994 年和 1995 年赛季. 这些数据在 Excel 文件 Pirates Yankees wins. xlsx 中.

纽约扬基队

95	103	89	94	97	95	101	101	103	95	87	98
114	96	92	88	76	71	67	74	85	89	90	97
87	91	79	103	89	100	100	97	83	89	80	79

匹兹堡海盗队

57	62	67	68	67	67	72	75	72	62	69	78
69	79	73	75	96	98	95	74	85	80	64	57
75	84	84	83	98	88	96	92	92	88	80	06

把数据分成 7 组，每组组距为 10，分组 51～60，61～70，以此类推，然后用 PHStat2 构造百分比折线图和累积百分比折线图. 比较之后，你对两队的表现如何评论？

习题 2.2

基础题

2.1 根据 $2^k > n$ 的原则，确定下面大小的数据集所需要的组数：
a) $n = 100$
b) $n = 300$
c) $n = 1000$
d) $n = 2000$

2.2 某数据集包含 50 个数值，最小值是 16，最大值是 74。根据 $2^k > n$ 的原则，判断在如下条件时组界为多少：
a) 数据是离散的。
b) 数据是连续的。

2.3 考虑离散数据。

2 4 3 3 1 1 5 2 2 1 1 3
5 2 1 4 3 4 2 2 1 3 4 5

a) 构造频率分布。
b) 构造相对频率分布。
c) 构造累积相对频率分布。

2.4 考虑下面的连续数据。

17.5	19.8	29.9	28.1	15.7	21.7
33.6	21.1	19.8	32.7	15.1	13.9
31.8	39.8	33.1	19.6	23.5	42.8
21.7	36.8	35.6	14.5	24.2	14.7
19.2	21.8	20.7	26.9	26.7	35.2

a) 构造频率分布，根据 $2^k > n$ 的原则。
b) 构造相对频率分布。
c) 构造累积相对频率分布。

应用题

2.5 下面的数据是对 36 名大学本科生目前信用卡余额的调查结果。数据在 Excel 文件 college credit card. xlsx 中。

$2467	$3373	$434	$1426	$4628	$167
$5927	$4064	$4503	$2600	$3673	$4231
$1788	$5805	$5395	$733	$4890	$1455
$5817	$1145	$846	$739	$4370	$986
$5729	$1159	$1021	$1563	$967	$499
$353	$2297	$289	$375	$162	$1740

a) 根据 $2^k > n$ 的原则，为这些数据构造频率分布。
b) 利用 a 中的结果，计算每组数据的相对频率。
c) 利用 a 中的结果，计算每组数据的累积相对频率。
d) 构造这些数据的直方图。

2.6 下表是 Goldey-Beacom 学院本学期 25 个课堂的学生人数。

32 42 42 24 33 25 37 23 35 18 46 37 34
25 45 38 28 42 32 43 43 36 28 27 40

a) 根据 $2^k > n$ 的原则，为这些数据构造频率分布。
b) 利用 a 中的结论，计算每组数据的相对频率。
c) 利用 a 中的结论，计算每组数据的累积相对频率。
d) 构造这些数据的直方图。

2.7 美国一家大型航空公司对每日从费城飞往巴黎的一次航班记录了预订座位且按照预订时间准时登机的旅客人数。下表是最后 70 次航班中预订座位没有出现的旅客人数记录，在 Excel 文件 no-shows. xlsx 中。

1	2	1	2	3	1	2	2	2
1	3	3	3	4	2	4	3	3
1	2	4	2	4	2	4	1	0	1
1	3	2	1	3	1	1	3	1
2	1	2	1	2	0	0	3	1
4	2	1	2	1	3	1	4	2
3	1	2	1	1	2	1	3	4	2

a) 为这些数据构造频率分布。
b) 利用 a 中的结论，计算每组数据的相对频率。
c) 利用 a 中的结论，计算每组数据的累积相对频率。
d) 构造这些数据的直方图。

2.8 一家大型电子产品零售商最近被 40 名被解雇的员工起诉。他们声称自己受到了年龄歧视，这在美国是违法的。下面有两张表，第一张是 40 名被解雇员工的年龄，第二张是随机抽取现在仍任职于该公司的 40 名员工的年龄. 这些数据在文件 employee ages.xlsx 中.

被解雇员工年龄

38	35	39	44	54	59	39	43	60	61
56	57	56	53	51	56	53	43	19	42
42	56	75	64	38	62	39	61	43	74
65	44	40	51	46	51	44	45	67	51

现任职员工年龄

34	46	41	33	39	38	35	44	34	19
39	36	37	36	35	28	37	28	35	30
76	31	29	32	42	39	32	30	47	21
39	26	27	42	27	30	33	32	60	38

a) 为这些数据构造百分比折线图.
b) 为这些数据构造累积百分比折线图.
c) 能否得出员工有理由起诉公司?

2.9 Excel 文件 Lowes.xlsx 列举了 350 名随机抽取的居家环境改善产品零售商劳氏（Lowes）消费者的消费金额.

a) 根据 $2^k > n$ 的原则，为这些数据构造频率分布.
b) 利用 a 中的结论，计算每组数据的相对频率.
c) 利用 a 中的结论，计算每组数据的累积相对频率.
d) 构造这些数据的直方图.

2.10 夏威夷岛商会为了促进当地旅游业发展采集了海洋温度. 过去 125 天的海洋温度记录在 Excel 文件 Hawaii ocean temps.xlsx 中.

a) 用 Excel 为这些数据构造频率分布.
b) 利用 a 中的结论，计算每组数据的相对频率.
c) 利用 a 中的结论，计算每组数据的累积相对频率.
d) 构造这些数据的直方图.
e) 海洋温度在 77 度以下的天数占多少百分比?

2.3 描述定性数据

定性数据是类别（定类或定序测量层面）及描述特征的值，比如性别或受教育程度. 描述定性数据采用不同的处理方式.

2.3.1 定性数据的频率分布

频率分布通过描述不同类别的出现次数来展示定性数据. 我们用表 2-13 来演示这个过程. 表 2-13 是我的统计学课堂中 30 名学生的最终成绩. 数据在 Excel 文件 final grades.xlsx 中. 我想计算取得 C 及 C 以上成绩学生的百分比.

表 2-13 统计学课堂学生的最终成绩

B	C	A	A	B	F	B	C	B	D
B	C	A	B	B	C	F	A	C	B
B	B	C	B	A	A	A	B	B	B

上节中，我们用到了 Excel 的 FREQUENCY 函数总结定量数据. 然而，这个函数对定性数据不适用，所以我用 Excel 的 COUNTIF 函数，如图 2-15 所示. 用下面的步骤，这个函数能够非常漂亮地计算出数据集中 A，B，C，D 和 F 的个数：

1. 打开 Excel 文件 final grades.xlsx，或者在 A 列中输入成绩数据，并在 C 列中输入 Bins 值，如图 2-15 所示. 注意为了节省图片中的空间，第 8 行到第 29 行的数据隐藏了.
2. 计算组中有多少个 A，在单元格 D2 中键入 =COUNTIF($A$2:$A$31, C2).
3. 把这个公式复制并粘贴到单元格 D3 到 D6 中，计算 B，C，D 和 F 的个数.
4. 相对频率和累积相对频率就显示在 E 列和 F 列中了. 方法和在之前小节中手算的一致.

描述统计学

	A	B	C	D	E	F
1	Grade		Bins	Frequency	Relative Frequency	Cumulative Relative Frequency
2	B		A	=(COUNTIF($A$2:$A$31,C2))	=D2/$D$7	=E2
3	C		B	=(COUNTIF($A$2:$A$31,C3))	=D3/$D$7	=F2+E3
4	A		C	=(COUNTIF($A$2:$A$31,C4))	=D4/$D$7	=F3+E4
5	A		D	=(COUNTIF($A$2:$A$31,C5))	=D5/$D$7	=F4+E5
6	B		F	=(COUNTIF($A$2:$A$31,C6))	=D6/$D$7	=F5+E6
7	F		Total	=SUM(D2:D6)		
30	B					
31	B					

Book2

	A	B	C	D	E	F	G
1	Grade		Bins	Frequency	Relative Frequency	Cumulative Relative Frequency	
2	B		A	7	0.233	0.233	
3	C		B	14	0.467	0.700	
4	A		C	6	0.200	0.900	
5	A		D	1	0.033	0.933	
6	B		F	2	0.067	1.000	
7	F		Total	30			
30	B						
31	B						
32							
33	Rows 8 through 29 have been hidden						
34							

图 2-15 Excel 的 COUNTIF 函数

基于图 2-15 中单元格 F4 的数值，90% 的学生通过了考试并且取得了 C 及 C 以上的成绩．我确信你们已经迫不及待想要试试用 Excel 计算频率分布了，下面就是小练习．

思考题 5 2009 年占据美国移动电话市场的公司有 AT&T、Sprint、Verizon 和 T-Mobile．下面的表格是对 20 个人正在使用的电话公司进行的调查．数据在 Excel 文件 cell phone carriers.xlsx 中．

Sprint	AT&T	Sprint	AT&T
Sprint	Sprint	Verizon	AT&T
AT&T	Sprint	Verizon	Verizon
AT&T	Sprint	AT&T	Verizon
T-Mobile	AT&T	Sprint	AT&T

请构造：
1) 频率分布；
2) 相对频率分布；
3) 累积相对频率分布．

2.3.2 条形图

条形图是显示按类组织的定性数据的好工具．条形图中的直条可以水平或者垂直排列．我们先从用 Excel 生成垂直条形图开始．我们用图 2-16a 中的数据来探索条形图的世界，这也是我的统计学课堂成绩分布．

1. 用图 2-15 的频率分布，按照图 2-16a 的方式选中单元格 C2:D6.

2. 选择 Insert 标签，点击 Column。
3. 在弹出菜单中，点击第一个 2-D Column 图标。
4. 如果要加标签的话，单击 Excel 生成的条形图激活 Chart Tools，并按照图 2-16b 的方式选择 Layout 标签。
5. 如图 2-16b 所示，选择 Axis Titles＞Primary Horizontal Axis Title＞Title Below Axis，给水平轴添加标题。
6. 选择 Axis Titles＞Primary Vertical Axis Title＞Rotated Axis，给垂直轴添加标题。
7. 选择 Chart Title＞Above Chart，在直方图的上面加标题。
8. 点击选中 Series1 图例，按 Delete 删除。

图 2-16c 是我们最终完成的定性分组数据垂直条形图。

如果你恰好发现图 2-16c 看起来和我们学过的直方图非常相似，你对了。然而，这里面有个细微的区别。直方图用垂直直条显示定量数据，离散数据是分开的直条，而连续数据的直条是连着的。然而条形图是显示定性(分组)数据的，这里面的直条可以是垂直的，也可以是水平的。

条形图也可以以水平方向显示，名字是(你能猜到)**水平条形图**。下面的步骤教你如何用 Excel 构造这样的条形图。

1. 选中图 2-16a 中单元格 C2:D6 的成绩数据。
2. 选 Insert 标签，选择 Bar。
3. 点击第一个 2-D Bar 图标。
4. 用刚才给垂直条形图添加标题的方法添加标题(注意横纵轴互换了位置)。

图 2-16d 就是水平条形图结果。

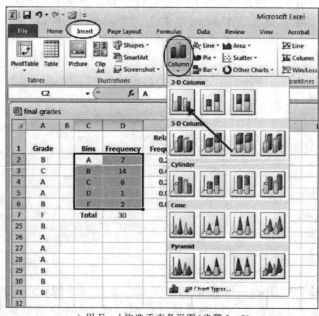

a) 用 Excel 构造垂直条形图(步骤 1~3)

图 2-16

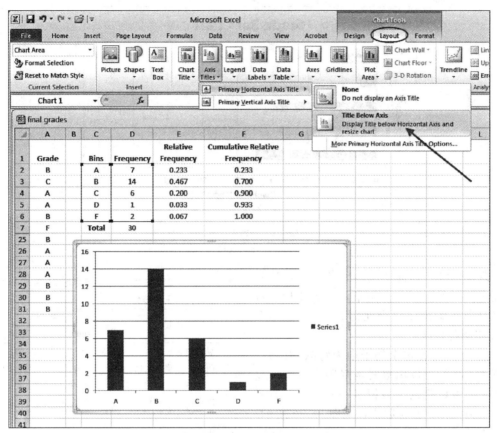

b) 用 Excel 构造垂直条形图(步骤 4~8)

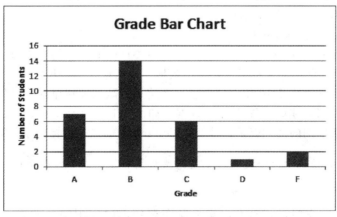

c) 用 Excel 构造垂直条形图(最终结果)

图 2-16 (续)

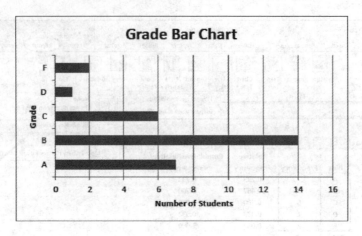

d) 用Excel构造水平条形图

图 2-16 （续）

现在你已经掌握了基本的条形图，让我们更进一步看看下一个例子，见表2-14，数据来自全美橄榄球协会北部赛区2009年和2010年的各球队总分．

因为每组（在这个例子中为每队）有两个数据点，我们可以用**复式条形图**来显示．复式条形图可以把两个数据点一起显示，或者称为与另一个"簇"起来，如图2-17b所示．按照图2-17a所示，照下面的步骤就可以得到这样的数据了．

表2-14 全美橄榄球协会北部赛区2009年和2010年各队总分

球队	得分	
	2009	2010
绿湾包装工队	461	388
明尼苏达维京人队	470	281
芝加哥熊队	327	334
底特律雄狮队	262	362

1. 如图2-17a所示，在Excel文件中输入表2-14中的数据．
2. 选中A、B和C列中的数据．
3. 点击Insert标签，并选择Column．
4. 点击Clustered Column图标，选择该行中2-D Column的第一个图标．

图2-17b用条形图模式显示了每队两组数据．根据这张图，我们可以看出与2009年相比，绿湾队和明尼苏达队2010年得分少了，而芝加哥队和底特律队的得分在增加．

我们同样可以用**堆积条形图**来排列数据，如图2-17c所示．用Excel可以构造这样的图，和构造复式条形图的区别就是选择2-D Column中第二个图标而不是第一个．

☞ 当要做比较的数据属于同一类别时，复式条形图合适；而堆积条形图对显示每类数据的总数更为有效．

从图2-17c中，我们很容易看出绿湾队在两年的时间中得分最高，而底特律队得分最低．

选择复式条形图还是堆积条形图需要看构造图表的目的．当要做比较的数据属于同一类别时，比如哪个队在2010年得分高于2009年，复式条形图合适．堆积条形图对显示每类数据的总数更为有效,比如哪个队在两年期间得分最高(这个队是我从 1967 年就开始喜欢的,即绿湾包装工队).

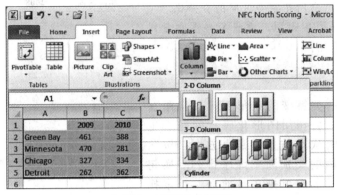

a) 用 Excel 构造复式条形图

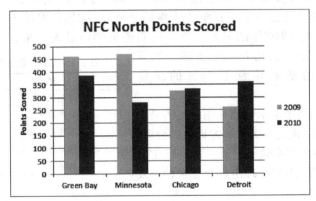

b) 完成的复式条形图

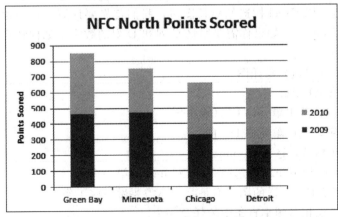

c) 堆积条形图

图 2-17

注:不要在图 2-17a 的单元格 A1 中插入标题,否则会影响 Excel 正确地构造复式条形图. 如果你不相信我,就自己试一试.

试着用 Facebook 的数据做一下条形图的思考题.

思考题 6 右表中的数据是 2008 年和 2009 年美国 Facebook 用户所在年龄区间的百分比. 构造这些数据的条形图, 堆积条形图和复式条形图哪个更合适呢?

年龄区间	2008	2009
2～11	2.7%	4.4%
12～17	15.6%	9.3%
18～24	16.6%	7.6%
25～34	16.2%	15.9%
35～49	27.2%	34.2%
55 以上	11.5%	16.4%
65 以上	2.7%	6.2%

数据来源: 尼尔森

注: 因为这不是频率分布, 所以之前我们讨论过的构造组的规则不适用.

2.3.3 帕累托图

帕累托图是一类特殊的条形图, 经常用在质量控制程序中, 公司用图形化表示问题产生的原因. 帕累托图从本质上说是直方图, 按照导致问题发生原因的类别频率降序排列. 换句话说, 问题发生最多的组排在最前面. 帕累托图是用意大利实业家维弗雷多·帕累托 (1843—1923) 的名字命名的, 他同时也推动了微观经济学的发展 (这是比统计学更让学生头疼的学科). 帕累托发现了意大利 20% 的人口占有 80% 的土地. 在 1940 年的时候, 质量控制咨询师约瑟夫·朱兰看到了帕累托的作品, 并且开始称此为帕累托 80/20 法则. 帕累托法则指出 20% 的缺陷导致了 80% 的质量问题.

我将使用下面的例子演示帕累托图. 美国最大的电视购物公司 QVC (也是我太太非常喜欢的公司) 对客户购买之后退货的理由做了记录. 表 2-15 中的数据是前几个星期顾客退货的理由以及每个种类发生的次数.

表 2-15 QVC 顾客退货的理由和次数

理由	频率
产品缺陷	46
对产品不满	22
不想要了	14
送货太晚	5
其他	3

帕累托图也可以做累积相对频率折线图, 这条曲线被称为累积百分比折线图, 我们在之前的小节讨论过. 用 Excel 构造帕累托图时, 我们首先要计算数据的相对频率和累积相对频率, 如图 2-18a 所示. 如果你需要回忆 C 列和 D 列的数字是如何计算出来的, 可以参考图 2-15.

按照下面的步骤构造帕累托图:

1. 选中单元格 A1:A6.
2. 按住 Ctrl 键, 选中单元格 C1:C6.
3. 按住 Ctrl 键, 选中单元格 D1:D6.
4. 点击 Insert 标签, 选择 Column.
5. 点击 Clustered Column, 选择 2-D Column 的第一个图标.

你会得到和图 2-18b 一样的图. 但是我们还需要做一些工作.

1. 右键点击累积相对频率直条中的任意一个.
2. 在下拉菜单中选择 Change Series Chart Type.

那么 Change Chart Type 对话框就出现了.

1. 从左边选择 Line 和第一个 Line 图标.

2. 点击 OK.

剩下的工作就是用下面的步骤修改垂直轴的刻度了.

1. 右键点击垂直轴上任意一个数字.
2. 在下拉菜单中,左键单击 Format Axis.
3. 在 Axis Options 中,为 Maximum 行选择 Fixed,并且把 1.2 改成 1.0.
4. 在 Axis Options 中,为 Major unit 行选择 Fixed,并且把 0.1 改成 0.2.
5. 在左边选择 Number.
6. 在 Category 框里,选择 Percentage.
7. 在 Decimal places 框里,把 2 改为 0.
8. 点击 Close.
9. 右键点击累积百分比折线,左键点击 Add Data Labels.

图 2-18c 是完成的 QVC 帕累托图. 正如你所看到的,帕累托图有效地总结了质量控制问题. 从这个例子中,你可以通过观察累积百分比折线图发现退货中有 75.6% 都是前面两个原因(有缺陷的货品和客户对产品不满)导致的.

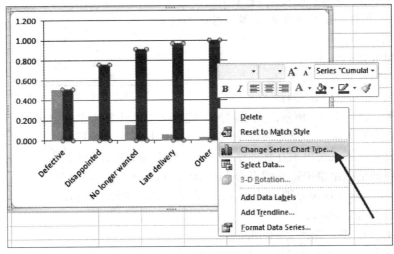

a) 构造帕累托图的电子表格

b) 初步帕累托图

图 2-18

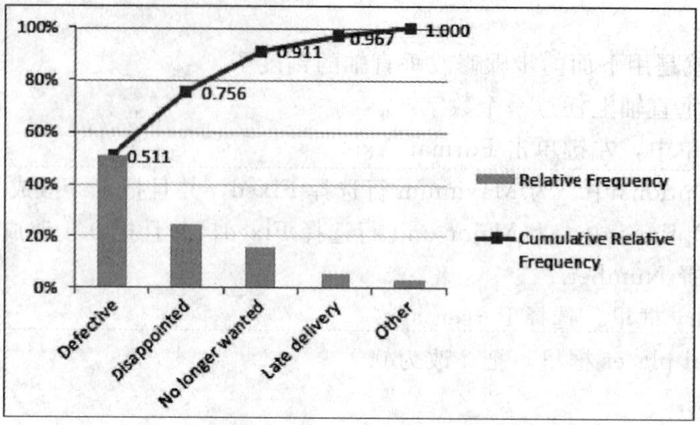

c) 完成的帕累托图

图 2-18 （续）

在下面的思考题中，运用你的帕累托图知识分析航空业.

思考题 7 右表是一家航空公司航班延误的数据. 表格左边是原因，右边是对应每种原因的相对频率.

构造这些数据的帕累托图.

延误原因	相对频率
天气异常	33%
空中交通堵塞	22%
机械故障	18%
机组成员不足	13%
补给燃料不足	9%
其他	5%

2.3.4 饼图

饼图是显示定性（分类）数据的比例的一种上佳工具. 我们用表 2-16 来演示，图中数据是美国主要计算机制造商 2009 年第一季度发货的计算机数量.

如图 2-19a 所示，执行下面的步骤，可以为这些数据构造饼图：

1. 选中单元格 A1:B7.
2. 点击 Insert 标签，选择 Pie.
3. 点击第一个 2-D Pie 图标.

表 2-16 估算美国 2009 年第一季度计算机发货量

公司	发货数量(000S)
HP	4228
Dell	3996
Acer	2076
Apple	1135
Toshiba	1005
其他	2837

资料来源：http://www.gartner.com.

最终的饼图如图 2-19b 所示. 点击图形，完成下面的步骤来把百分比填入你的饼图中：

4. 如图 2-19b 所示，选择 Layout 标签＞Data Labels＞Best Fit.
5. 那么发货数量就会出现在你的饼图上. 右键点击其中任何一个数字.
6. 在出现的下拉菜单中，左键点击 Format Data Labels.
7. 在 Label Options 中，取消选中 Value，并且选中 Percentage.
8. 在左边点击 Number.
9. 在 Category 中，选择 Percentage.
10. 把 Decimal places 从 2 改成 1.
11. 点击 Close.

图 2-19c 就是我们最终完成的饼图——2009 年第一季度美国计算机业市场份额百分比.

从图中很容易得出 HP 和 Dell 一起占据了这个时段半数以上的美国计算机市场份额.

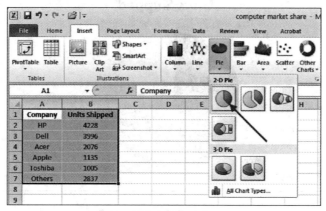

a) 用 Excel 构造饼图（步骤 1～3）

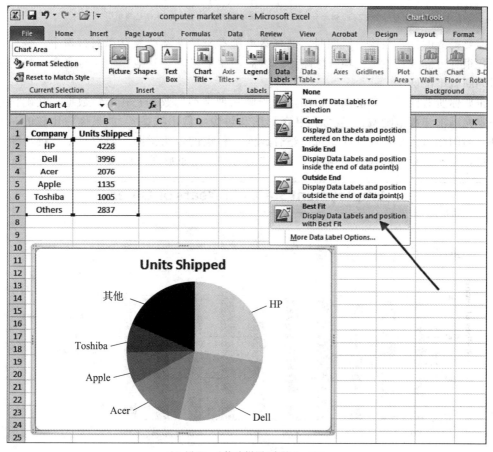

b) 用 Excel 构造饼图（步骤 4～11）

图 2-19

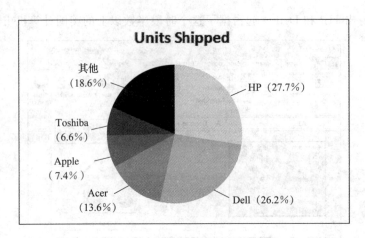

c）用 Excel 构造饼图（最终结果）

图 2-19 （续）

注：如果你需要比较不同组之间的相对大小关系，而这些组可以构成一个整体的类时，用饼图。

需要提醒的是，在构造饼图时，数据集中所有的种类都必须包含到饼图中。例如，上例中，很有可能"其他"一项被忽略了。然而，如果忽略"其他"项，对剩余市场份额的分析判断就不准确了。

正如你所看到的，条形图和饼图适用于同一种类型的数据——定性数据。我确信你心里一定充满求知欲地呐喊："我如何从条形图和饼图中做出选择？"如果你想比较的是不同组别之间的相对大小，而这些组可以组合成同一种类的，用饼图。当你只是想突出实际的数据值，而所有组加起来并不构成一个整体的时候，用条形图。例如图 2-20 是美国从 2000

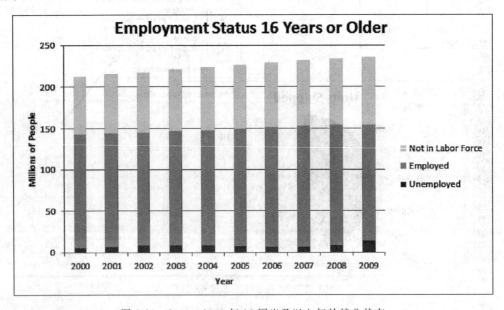

图 2-20 2000～2009 年 16 周岁及以上年龄就业状态

年到 2009 年 16 周岁及以上年龄就业状态的条形图．从图形中我们可以读出各个年龄类别就业状态随时间变化的趋势．饼图提供不了这样的信息，无法显示在 10 年区间内的趋势变化．饼图最适合用在针对特定年份的 3 个类．

思考题 8 2009 年 8 月，盖洛普民意测验对 1145 名去年看过急诊的人进行了调查．问题是对所接受的服务质量进行评价．结果在下面的表格中显示．

用饼图总结这些数据．

评价	频率
非常好	527
好	492
不好	80
非常不好	46

数据来源：USA Today/Gallup Poll．

习题 2.3

应用题

2.11 下表中的数据是对互联网用户最喜爱的搜索引擎调查的结果．数据在 Excel 文件 search engine．xlsx 中．（供你参考，Baidu 是中文搜索引擎．）

Google	Google	Yahoo	Google	Google	Bing
Google	Yahoo	Google	Google	Baidu	Google
Google	Other	Yahoo	Google	Google	Google
Yahoo	Bing	Baidu	Google	Google	Google
Google	Google	Google	Yahoo	Google	Google

a）用 Excel 为这些数据构造频率分布．
b）利用 a 中的结论，计算每个搜索引擎的相对频率．
c）利用 a 中的结论，计算每个搜索引擎的累积相对频率．
d）构造这些数据的垂直条形图．

2.12 餐厅经理对顾客进行就餐体验的调查．顾客把他们的体验按照很好（E）、好（G）、一般（F）和差（P）进行打分．下表是 60 名顾客的打分情况，数据在 Excel 文件 dining experience．xlsx 中．

G	G	E	G	F	G	G	E	G	E	F	G
P	G	E	E	G	F	G	G	E	E	F	E
G	E	P	G	F	E	G	E	G	G	G	G
G	F	E	E	G	E	G	P	G	G	G	G
P	F	E	F	G	G	P	G	G	G	G	G

a）用 Excel 为这些数据构造频率分布．
b）利用 a 中的结论，计算每组数据的相对频率．

c）利用 a 中的结论，计算每组数据的累积相对频率．
d）构造这些数据的水平条形图．
e）打分为"很好"和"好"的顾客比例是多少？

2.13 2008 年，对不同行业获得 MBA 学位的人群进行了一次薪资调查．下表总结了调查结果：

	4 年工作经验	
职业	非 MBA	MBA
咨询	$66 271	$101 137
能源	$66 461	$84 701
金融	$80 236	$89 169
制造	$71 013	$90 435
媒体	$63 745	$97 295
电信	$74 378	$106 142

数据来源：http://www.topmba.com．

构造复式条形图来总结这些数据．

2.14 最近的一个商业趋势是公司倾向于购买在线软件应用（可以在互联网上运行的应用），而不是在他们自己的计算机系统上安装应用．在 2009 年进行的一项调查中，210 家小企业被问到他们是否愿意按月支付不同种类的在线软件应用费用．给出肯定回答的企业所有人分布在 1 月和 5 月得到确认，结果在下面的表中：

软件使用	1 月	5 月
商业应用	22%	44%
信息技术支持	14%	42%
计算机安全	15%	49%
电子存储	15%	37%

数据来源：AMI Partners data．

构造复式条形图来总结这些数据.

2.15 近来经济下滑导致了房屋止赎成为房地产业面临的一个主要问题. 下面是几个州在 2009 年和 2010 年房屋止赎的数量:

州	止赎	
	2009	2010
宾夕法尼亚	15 567	18 083
纽约	6341	6324
新泽西	9187	10 824
弗吉尼亚	21 360	21 801
马里兰	7739	10 626

数据来源:RealtyTrac data.

构造堆积条形图来总结这些数据.

2.16 下表是某餐厅顾客不满意就餐体验的理由:

理由	相对频率
服务太慢	37%
等位太久	16%
送错餐	14%
食物质量差	13%
环境差	11%
其他	9%

用这些数据构造帕累托图.

2.17 当地一家餐厅经理对顾客所点的四种主餐进行了统计,结果如下:

主餐类型	频率
牛肉	25
鱼肉	17
鸡肉	11
素餐	7

构造饼图,并且用百分比显示数据.

2.18 下表显示 2009 年 6 月汽油价格的下跌:

成分	百分比
原油	60.9%
税费	15.1%
炼油	13.7%
分销及市场	10.3%

数据来源:Energy Information Administration data.

构造饼图总结数据.

2.19 欧维希(Opinion Research Corporation)公司在 2009 年 12 月对成年人医疗费用进行了调查. 调查结果及人数在下表中给出:

类别	成人人数
定价公平	426
价格贵	274
价格低	256
不知道	47

用最合适的方式展示这些数据.

2.20 下表是 1999 年和 2009 年几个不同国家的经济产出,即国民生产总值(GDP):

国家	GDP(万亿)	
	1999	2009
美国	$9.35	$14.27
日本	$4.37	$5.05
中国	$1.08	$4.91
德国	$2.15	$3.24
法国	$1.46	$2.63
英国	$1.50	$2.20
意大利	$1.20	$2.09

用最合适的方式展示这些数据.

2.4 列联表

到目前为止本章所有涉及的例子里观察值都仅与一个数值相关. 例如,每个学生只有一个成绩,每个经理只有一个薪资. **列联表**提供了当与观察值关联的数值不止一个时的显示模式. 我们用下面的例子来演示这个过程.

7-11 便利店经理记录了最近 20 个顾客的性别以及支付方式(信用卡、借记卡或者现金),如表 2-17 所示. 这些数据收录在 Excel 文件 payment types.xlsx 中.

表 2-17　7-11 顾客的性别和支付方式

顾客	性别	支付方式	顾客	性别	支付方式
1	女	现金	11	男	现金
2	女	信用卡	12	男	信用卡
3	女	信用卡	13	女	现金
4	男	现金	14	男	信用卡
5	男	借记卡	15	男	现金
6	女	信用卡	16	女	借记卡
7	男	现金	17	女	信用卡
8	女	信用卡	18	女	借记卡
9	女	借记卡	19	男	现金
10	女	信用卡	20	女	信用卡

表 2-17 中的原始数据用列联表总结之后更有实际意义，见表 2-18.

表 2-18　7-11 顾客的列联表

支付方式	性别		总数
	女性	男性	
现金	2	5	7
信用卡	7	2	9
借记卡	3	1	4
总数	12	8	20

注：表 2-17 中有 5 个顾客是男性，并且用现金支付.

表 2-18 中的"女性"列是指女性顾客用现金支付 2 人，信用卡支付 7 人，借记卡支付 3 人，相加总数是 12 人，如表 2-17 中."男性"一列中显示男性顾客用现金支付 5 人，信用卡支付 2 人，借记卡支付 1 人，相加总数是来自表 2-17 中的 8 人. 表 2-18 的最后一列是男性和女性顾客的总和，用现金支付 7 人，信用卡支付 9 人，借记卡支付 4 人，两列和是 20 人.

我们还可以用相对频率代替表 2-18 中的频率，就像我们在本章之前做过的一样，把表 2-18 中的数值除以 20（所有观察值的总和）. 结果在表 2-19 中显示.

表 2-19　7-11 顾客的相对频率列联表

支付方式	性别		总数
	女性	男性	
现金	0.10	0.25	0.35
信用卡	0.35	0.10	0.45
借记卡	0.15	0.05	0.20
总数	**0.60**	**0.40**	**1.00**

注：5 名男性顾客用现金支付，所以是 5/20＝0.25.

列联表帮助我们辨认两个或更多变量之间的关系. 根据表 2-18 中 20 个顾客的数据，我们可以总结出有半数以上的女性顾客用信用卡支付（12 个中有 7 个），半数以上的男性顾客用现金支付（8 个中有 5 个）. 从表 2-19 中我们可以总结出有 10％的消费者是女性而且用现金支付. 这些信息从表 2-17 的原始数据中不容易得出来（至少对我来说）.

用 Excel 构造列联表

列联表要是用手动构造会非常单调乏味（特别是数据多的时候），所以我将要给大家演示一个 Excel 中非常酷的方法——数据透视表，实际上是"乔装"了的列联表。首先，按照图 2-21a 所示布局表 2-17 中的数据。因为我们要计算的是顾客有多少男性和女性，记录用现金、信用卡还是借记卡支付，所以我们需要在电子表格中加入一列 Customer。这个新加的列可以让 Excel 计算与各类相关的行数（顾客人数）。

1. 点击任何一个有数据的单元格。
2. 选择 Insert 标签。
3. 如图 2-21a 所示，点击 PivotTable 图标。
4. 在下拉菜单中点击 PivotTable。
5. 出现了 Create Pivot Table 对话框，点击 OK。
6. 你的数据透视表会被创建在一张新的电子表格上。在新的电子表格右侧，找到 Pivot Table Field List。

    a) 按住 Gender 拖到 Column Labels 框里，如果 2-21b 所示。
    b) 按住 Payment 拖到 Row Labels 框里。
    c) 按住 Customer 拖到 Values 框里。

7. 你会得到如图 2-12b 所示的电子表格。

当你看到数据透视表里面这些值不正确时不要害怕。缺省状态下，Excel 把数据透视表中 Customer 一列所有的值都相加，这对我们没有用，因为这里面的顾客数字只是从 1~20 选出的任意一个。如果我们需要 Excel 计算每个类里面的顾客数量，用下面的步骤：

8. 左键单击数据透视表内的任意位置。
9. 右键单击你刚刚选中的单元格。
10. 在下拉菜单中，选择 Summarize Data By>Count。

你可以轻松一下了，我们的数据透视表已经把观察值转换成频率分布，而且计算出了每类数据的数量，如图 2-21c 所示。

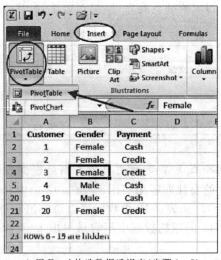

a) 用 Excel 构造数据透视表（步骤 1~5）

图 2-21

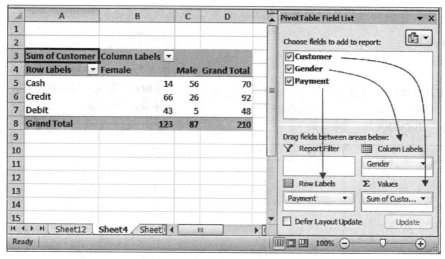

b) 用 Excel 构造数据透视表(步骤 6～7)

c) 用 Excel 构造数据透视表(最终结果)

图　2-21　(续)

经过一段练习之后,你会发现数据透视表对于组织复杂数据集非常有帮助.数据透视表可以用于定量数据、定性数据和分组数据,也可以用于同一个数据集有两个或两个以上变量的情况.

用下面的思考题测试一下你刚刚学会的数据透视表知识.

思考题9 百思买(Best Buy)的数码相机经理想调查消费者购买相机的品牌和延期保修之间的关系.下表是前20位购买数码相机消费者的购买情况.

消费者	品牌	保修	消费者	品牌	保修
1	佳能	否	11	尼康	否
2	尼康	否	12	索尼	是
3	佳能	否	13	佳能	否
4	索尼	是	14	索尼	是
5	尼康	否	15	索尼	否
6	佳能	否	16	佳能	否
7	佳能	否	17	佳能	否
8	索尼	否	18	尼康	否
9	尼康	是	19	佳能	否
10	佳能	是	20	尼康	否

为这些数据构造列联表和相对列联表. 你可以得出什么结论?

习题 2.4

应用题

2.21 下表是统计课中 24 名学生的最终成绩和性别，这些数据在 Excel 文件 grade distribution.xlsx 中.

成绩	性别	成绩	性别
B	男	C	女
A	女	A	男
B	女	A	女
C	男	B	男
B	男	C	男
B	女	B	男
A	女	C	女
C	女	A	女
B	男	B	男
C	男	A	男
A	女	C	女
B	男	B	女

构造这些数据的列联表. 从成绩分布中能得出什么结论?

2.22 西尔斯(Sears)公司的大区经理比较了消费者满意度打分(1、2、3 和 4 星)，分别给宾夕法尼亚州的 Media 商场(M)、Exton 商场(E)和 Darby 商场(D)打分. 下表是 50 名消费者的打分情况，这些数据也收录在 Excel 文件 Sears ratings.xlsx 中.

商场	得分	商场	得分	商场	得分
M	3	M	2	E	1
D	4	M	3	E	2
E	3	D	3	M	3
M	2	E	3	D	3
E	2	E	2	M	2
M	1	D	3	M	4
D	3	D	2	E	3
E	3	D	4	E	3
D	3	E	3	E	1
M	4	M	1	E	3
E	4	M	2	D	2
D	3	E	3	M	1
E	3	M	3	D	4
D	3	D	4	E	4
M	4	M	2	M	3
M	3	D	4		

构造这些数据的列联表. 从商场地点和消费者满意度中能得出什么结论?

2.5 茎叶显示

茎叶显示也是一种我们可以用来显示定量数据的图形技术. 统计学家约翰·图基在 20 世纪 70 年代最早引入了这个概念. 这种方法的优势在于所有的原始数据点都可以显示出来而且很容易用手工构造.

我用最近的一次统计考试成绩来演示这个方法，数据在表 2-20 中.

表 2-20 考试成绩

81	86	78	80	81	82	92	90
79	83	84	95	85	88	80	78
84	79	80	83	79	87	84	80

构造茎叶显示的第一个步骤是把数据按照从小到大的次序排列，如表 2-21 所示.

表 2-21 排序的考试成绩

78	78	79	79	79	80	80	80
80	81	81	82	83	83	84	84
84	85	86	87	88	90	92	95

图 2-22 就是这些成绩的茎叶显示.

图形展示中第一列的"茎"代表考试成绩的第一位数字,"叶"是考试成绩的第二位数字,每个成绩都有一个. 在 9 的茎里面, 值 0、2 和 5 分别表示考试成绩 90、92 和 95.

```
7 |  8 8 9 9 9
8 |  0 0 0 0 1 1 2 3 3 4 4 4 5 6 7 8
9 |  0 2 5
```

图 2-22　考试成绩的茎叶显示

如果我们愿意的话, 还可以增加更多的茎在展示中. 图 2-23 就是把原来的茎分成两部分展示. 这里, 标记为 7(5) 的茎存储所有在 75 到 79 之间的分数. 标记为 8(0) 的茎存储从 80 到 84 之间的分数. 仔细观察这个展示, 可以看出在图 2-22 中并不明显的一个模式: 大部分成绩都在 80 到 84 的区间.

通常同学们会犯的错误是忽略没有叶的茎. 图 2-24 是下面数据的茎叶显示, 数据是本地好市多 (Costco) 仓储超市每个星期牛奶需求量.

　　105　111　111　113　116　119　132　138　140　143　143　147

```
7(5) |  8 8 9 9 9
8(0) |  0 0 0 0 1 1 2 3 3 4 4 4
8(5) |  5 6 7 8
9(0) |  0 2
9(5) |  5
```

图 2-23　把茎分成两部分

注: 把数据按照从小到大的顺序排列能使茎叶显示的构造变得简单并且不容易出错.

```
10 |  5
11 |  1 1 3 6 9
12 |
13 |  2 8
14 |  0 3 3 7
```

图 2-24　有空茎存在的茎叶显示

注: 确保分布包含所有的茎, 包括没有叶的茎.

因为每个数据由 3 个数字组成, 我们把前两个作为茎, 第三个数字作为叶. 即尽管 12 没有叶子, 但是包含空茎的展示能让分布图形更精确. 这里的经验是"不要去掉没有叶的茎".

☞ 每个茎中叶的数字之间的空白和叶的显示要相等, 这样频率分布的形状才是正确的. 换句话说, 包含 6 个数字的串长度和两个包含 3 个数字的串长度相等.

茎叶显示之美在于它的简洁性. 不需要计算机软件去构造, 它显示了每个数据值, 并且提供和直方图类似的分布图形展示. 在继续学习下一节之前, 先用小练习测试你的茎叶显示技能.

思考题 10　下面的数据是 AT&T 销售无线零售设施的员工年龄. 构造这些数据的茎叶显示, 并且把茎分成两部分.

48	40	38	37	37	37	36	34	33	33
33	33	32	32	29	29	29	28	28	27
27	27	26	26	25	25	25	25	25	25

习题 2.5

基础题

2.23 为下面的数据构造茎叶显示，数据在 Excel 文件 Prob 2-23 data.xlsx 中.

72	120	83	79	137	99	75	86
71	122	87	125	130	111	134	118
110	97	116	139	112	115	80	100
94	73	86	90	78	78	107	101
87	90	126	134	120	107	111	

2.24 为下面的数据构造茎叶显示，数据在 Excel 文件 Prob 2-24 data.xlsx 中.

130	123	122	121	113	114	112	100
125	150	113	127	139	132	111	110
105	121	123	102	140	126	137	136
137	140	108	127	145	129	146	115
121	108	137	142	109	114	132	

应用题

2.25 下表是在 39 天内午餐时间(12:00～1:00PM)通过当地汉堡王免下车窗口的车辆数量. 数据在 Excel 文件 Burger King.xlsx 中.

50	27	52	22	29	54	44	37	35	40
55	40	24	51	42	49	48	44	38	67
23	43	45	59	41	50	23	43	37	37
13	45	52	64	51	58	16	48	47	

a) 构造这些数据的茎叶显示.
b) 把 a 中的茎分成两部分，构造茎叶显示.

2.26 下面是 2009 年英国高尔夫公开赛前 25 名的高尔夫球手年龄. 数据在 Excel 文件 2009 British Open.xlsx 中.

36	59	36	21	31	35	40	37	39	35
32	26	26	33	16	27	40	35	28	28
29	45	27	28	31					

数据来源：http://www.espn.com.

a) 构造这些数据的茎叶显示.
b) 把 a 中的茎分成两部分，构造茎叶显示.

2.6 散点图

到目前为止，大部分我们总结过的数据都是单独的值，比如 HP 公司售出的计算机数量，或者 QVC 收到的缺陷产品退货次数. 散点图是显示成对数据之间关系的图形. 我们用表 2-22 中的数据来演示散点图，数据是不同大小的索尼液晶电视销售价格，2009 年百思买(Best Buy)网站所列. 数据在 Excel 文件 Sony TV.xlsx 中.

表 2-22 索尼液晶电视的大小和售价

尺寸(英寸)	价格(美元)	尺寸(英寸)	价格(美元)
46	1300	52	2400
46	1100	46	1900
32	550	52	1800
40	1000	40	1500
26	500	19	400
32	1000	52	2000
46	1600	40	800
32	650	40	1200

数据来源：http://www.bestbuy.com.
注：1 英寸=0.0254 米.

表 2-22 中有 16 个观察值(电视机)，每个观察值包含大小和与之相关联的价格．这是电视机尺寸和价格的重要关系．常识告诉我们，电视机尺寸越大，价格越高．在这个例子当中，我们把电视机价格称为**因变量**，因为我们认为价格依赖于电视机尺寸．电视机尺寸称为**自变量**．

构造散点图时，自变量描在水平轴上，即 x 轴．因变量描在垂直轴上，即 y 轴．按照图 2-25a 所示执行下面的步骤来构造散点图：

1. 把电视机数据用两列显示．确保自变量(尺寸)在第一列而因变量(价格)在第二列．
2. 选择单元格 A1:B17．
3. 在 Insert 标签中选择 Scatter．
4. 点击 Scatter 里面第一个图标．

现在我们有了一个初步散点图，需要做一些完善的工作．执行下面的步骤能构造出如图 2-25b 所示的散点图：

5. 添加坐标轴标题(如图 2-16b 的方法)，在 Chart Tools 中选择 Layout 标签，点击 Axis Titles．
6. 移除 Price(价格)图例：选中之后点击 Delete．

在图 2-25b 所示的散点图上有 16 个数据点．每个点代表表 2-22 中的一台电视机．例如，与最左边的数据点关联的 19 寸电视机售价是 400 美元．我们的散点图显示出当电视机尺寸增加时价格呈上升的趋势．这是可以理解的，我们理解电视大成本也高．

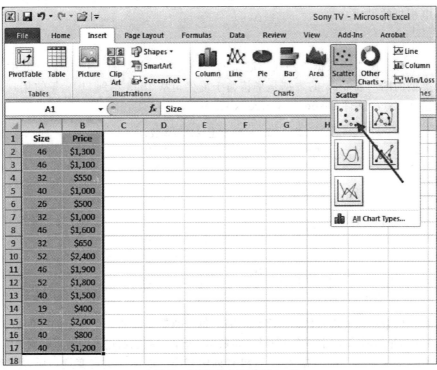

a) 用 Excel 构造散点图(步骤 1~6)

图 2-25

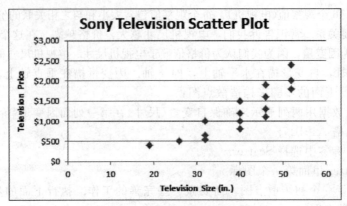

b) 用 Excel 构造散点图(最终结果)

图 2-25 (续)

注意判断你的散点图中哪个是自变量哪个是因变量. 自变量和因变量的关系方向唯一, 如下面的等式所示:

$$自变量(x) \rightarrow 因变量(y)$$
$$尺寸(x) \rightarrow 价格(y)$$

反向的关系没有意义. 例如, 如果百思买(Best Buy)降低了电视机的价格, 并不会因此而减小电视机的尺寸.

线图

线图是把散点图中的数据点用线连起来的一种特殊的散点图. 我用表 2-23 中的数据来演示这种类型的图. 表 2-23 的数据是华特迪士尼公司从 1993 年到 2010 年的年收入, 这些数据也收录在 Excel 文件 Disney revenue.xlsx 中.

表 2-23 华特迪士尼公司年收入

年份	收入(十亿美元)	年份	收入(十亿美元)
1993	8.5	2002	25.4
1994	10.4	2003	27.1
1995	12.5	2004	30.8
1996	18.7	2005	31.9
1997	22.5	2006	33.7
1998	23.0	2007	35.5
1999	23.4	2008	37.8
2000	25.4	2009	36.1
2001	25.8	2010	38.1

数据来源: Disney Annual Reports.

表 2-23 中的数据集被认为是**时间序列**, 因为每个数据点都和一个特定的时间点关联. (我们在第 1 章中讨论过时间序列数据和图形, 如果你还记得.)我们通过下面的步骤构造线图:

1. 如图 2-26a 所示, 把数据在 A 列和 B 列中列出. 因为年是自变量, 所以放到 A 列.
2. 选中单元格 A1:B19.
3. 在 Insert 标签页中选择 Scatter.

描述统计学　　　　　　　　　　　　　　　　　　　　　　　　　　　　　　　　　55

4. 点击 Scatter 中第二个图标.

图 2-26b 是加上了标题的**线图**. 这个图形比表 2-23 提供的信息更好. 我们可以看到迪士尼在 20 世纪 90 年代中期收入增长幅度最大, 接下来的几年收入平稳增长, 然后在 2004 年到 2008 年是另一次收入大幅度增加. 用线把数据点连起来, 可以把一段时间的数据变化可视化. 现在, 谁想看看麦肯锡?

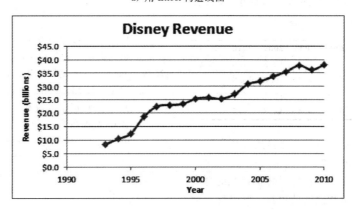

a) 用 Excel 构造线图

b) 显示 1993 年到 2010 年迪士尼收入的线图

图 2-26

当对时间序列描点时,如迪士尼的例子,习惯上把时间数据描在图形的水平坐标轴.实现的方法是把时间数据放到 Excel 电子表格的 A 列,其他数据放到 B 列,如图 2-26a 所示.

在结束这一章的学习前,我们先用一道思考题测试你构造散点图的能力,参与到我最喜欢的活动之一:买车.

思考题 11 几年前当我儿子布莱恩满 16 周岁时,我们第一次为他买车,那时我有机会为他做"担保".布莱恩满脑子里跳跃的都是奔驰和宝马,然而我想的是雪佛兰和丰田系列.经过多次就此问题的"讨论",我们达成协议——购买 1999 年的大众捷达,布莱恩有两个要求:

- 车必须是黑色的.
- 必须是新造型车身.

很明显,大众公司有人在 1999 年想到了这个绝妙的主意,他们在生产年的中期稍微修改了捷达的设计.从我个人来说,我永远都不可能发现这个变化.但是,布莱恩是绝对不会驾驶旧车型的,这样就排除了市场上一半的 1999 年大众捷达二手车.不畏各种艰难与险阻,我几乎搜遍了全世界,向销售商咨询:"这是新造型的车身吗?"这是我们为孩子做的努力.下面的表是 8 辆捷达的行驶里程和价格:

行驶里程	价格(美元)	行驶里程	价格(美元)
21 900	16 000	65 900	10 300
34 300	11 400	72 200	12 400
41 000	13 500	76 700	8000
53 500	14 700	84 800	9600

构造这些数据的散点图.描述捷达车的行驶里程和价格之间的关系.

习题 2.6

2.27 奈飞公司(Netflix)成立于 1997 年,是一家提供在线视频流媒体和邮寄 DVD 业务的公司.下表是该公司 2006 年到 2011 年各季度客户数量,以百万为单位.数据在 Excel 文件 Netflix subscriber.xlsx 中.

季度	2006	2007	2008	2009	2010	2011
1	4.9	6.8	8.2	10.3	14.0	22.8
2	5.2	6.7	8.4	10.6	15.0	
3	5.7	7.1	8.7	11.1	16.8	
4	6.3	7.5	9.4	12.3	19.5	

构造这些数据的线图,并描述客户的数量和时间之间的关系.

2.28 好市多想要检验三星 40 寸液晶电视的月需求量和销售价格之间的关系.下表是这种电视机的月需求量和相应价格.数据在 Excel 文件 Costco TVs.xlsx 中.

价格(美元)	需求量	价格(美元)	需求量
800	17	850	16
900	13	950	14
1000	10	1050	12
1100	9	1150	8

构造这些数据的散点图,并描述这种电视机的需求量和价格之间的关系.

2.29 Take-Two 互动软件公司有两种视频游戏:侠盗飞车和 NBA 2K9.下表是该公司在 2007 年到 2009 年每季度盈利或亏损金额(单位为美元).数据在 Excel 文件 Take Two.xlsx 中.

季度	2007	2008	2009
1	−21.5	−38.0	−50.4
2	−51.2	98.2	−10.1
3	−58.5	51.8	−55.5
4	−7.1	−15.0	

构造线图来描述这些数据.

复习题

2.30 下表数据是商场客服在过去的 40 天内收到的投诉次数. 数据在 Excel 文件 complaints.xlsx 中.

8	10	8	2	4	13	23	10	6	3
18	16	11	3	3	17	12	8	10	6
3	19	9	10	21	11	8	10	0	7
20	13	18	3	5	19	2	8	10	9

a) 根据 $2^k > n$ 的原则，构造这些数据的频率分布.
b) 利用 a 中的结果，计算每组数据的相对频率.
c) 利用 a 中的结果，计算每组数据的累积相对频率.
d) 构造这些数据的直方图.

2.31 亚利桑那和凤凰城计划为大联盟棒球赛建造新的棒球体育馆．需要讨论是否需要增加一个屋顶设施．为了帮助做出判断，在大联盟季度赛中每个月下雨的天数已经收集在下表中．数据在 Excel 文件 Diamondbacks.xlsx 中.

0	3	5	0	3	0	1	0	5	0
2	1	0	4	1	1	0	2	3	2
0	1	1	3	3	3	4	0	3	5
2	4	0	4	0	1	3	0	2	0
1	0	0	4	2	2	1	0	3	3

a) 构造这些数据的频率分布.
b) 利用 a 中的结果，计算每组数据的相对频率.
c) 利用 a 中的结果，计算每组数据的累积相对频率.
d) 构造这些数据的直方图.
e) 在大联盟季度赛中，每个月只有一天或者更少的天数下雨的可能性是多少？

2.32 下表数据是 48 个 Verizon 无线用户上个月的移动电话通话分钟数统计：

235	406	339	544	78	327
922	58	76	860	549	179
492	63	1187	188	288	90
235	353	964	577	524	43
731	45	343	170	178	338
169	136	728	678	74	483
522	279	863	373	255	692
87	486	238	218	550	402

a) 根据 $2^k > n$ 的原则，为这些数据构造频率分布.
b) 利用 a 中的结果，计算每组数据的相对频率.
c) 利用 a 中的结果，计算每组数据的累积相对频率.
d) 构造这些数据的直方图.

2.33 下表数据是 72 名学生 SAT 数学成绩数据：

586	621	613	493	552	449
559	672	428	409	571	449
498	457	578	369	511	726
566	412	795	382	607	701
739	359	354	517	384	196
496	515	439	493	508	535
507	509	428	612	530	556
660	576	626	522	515	374
190	601	499	593	538	509
450	690	571	252	599	362
505	555	323	519	524	281
580	412	553	394	555	541

a) 根据 $2^k > n$ 的原则，为这些数据构造频率分布.
b) 利用 a 中的结果，计算每组数据的相对频率.
c) 利用 a 中的结果，计算每组数据的累积相对频率.
d) 构造这些数据的直方图.

2.34 下表是我教的两个统计学课堂的考试成绩. 第一组成绩来自于白天上课的学生，第二组成绩来自于晚上上课的学生. 与第一组学生不同的是，第二组学生大部分年龄大些，白天全职工作. 数据在 Excel 文件 statistics grades.xlsx 中。请注意：数据按离散属性考虑，因为考试成绩不出现分数。

白天课程									
71	69	68	90	87	76	90	66	90	71
66	75	78	80	75	90	76	77	80	100
75	75	66	86	85	86	77	75	66	77
晚上课程									
96	98	88	94	88	86	100	99	95	89
96	98	90	85	93	83	90	88	91	89
87	82	83	87	82	88	81	93	77	90

a) 构造这些数据的百分比折线图。
b) 构造这些数据的累积百分比折线图。
c) 从这两组成绩分布中，能够得出什么结论？

2.35 准点到达是测量航空运营的重要指标。Excel文件 airline arrivals.xlsx 中列出了之前 300 天运营中每个航班提前到达（负值）或者延迟到达（正值）的分钟数。
a) 根据 $2^k > n$ 的原则，构造这些数据的频率分布。
b) 利用 a 中的结果，计算每组数据的相对频率。
c) 利用 a 中的结果，计算每组数据的累积相对频率。
d) 构造这些数据的直方图。
e) 在这段时间内，没有延误的航班比例是多少？

2.36 下表是一家商店销售 6 种品牌手机的月平均收入，按客户人数平均计算：

手机品牌	平均收入（按客户）
苹果	$95
黑莓	$85
LG	$60
三星	$55
摩托罗拉	$55
预付费手机	$20

a) 构造这些数据的垂直条形图。
b) 构造这些数据的水平条形图。

2.37 近期低迷的住房市场可以通过房源未被售出时在市面上的天数测量出来。为了比较宾夕法尼亚州韦恩市和特拉华州多佛市住房市场的健康性，从每个城市选出 100 个家庭收集数据，数据在 Excel 文件 days on the markets.xlsx 中。
a) 构造这些数据的百分比折线图。
b) 构造这些数据的累积百分比折线图。
c) 关于这两个地区的住房市场，你能够得出什么结论？

2.38 查理·施韦伯在 2009 年对 1252 对年龄在 22～28 岁的年轻人进行了一次调查，问题是："当你自己开始生活时，最大的体会是什么？"被调查者的答复总结见下表。

答复	比例
生活成本高	26%
攒钱难	22%
财务决策次数	13%
还清所有账单难	12%
找工作难	10%

数据来源：Charles Schwab.

a) 构造这些数据的垂直条形图。
b) 构造这些数据的水平条形图。

2.39 下表是棒球队在 2009 赛季和 2010 赛季国家联赛中部赛区的胜利次数：

球队	2009	2010
圣路易斯红雀队	91	86
芝加哥小熊队	83	75
米尔沃基酿酒人队	80	77
辛辛那提红人队	78	91
休斯敦太空人队	74	76
匹兹堡海盗队	62	57

数据来源：http://www.espn.com.

构造水平堆积条形图来总结这些数据。

2.40 下表列出的是客户对某网络公司客服评价不满意的理由。

原因	频率
等候时间长	47
（接线人员）知识不丰富	22
（接线人员）没有礼貌	18
不容易理解	15
转接次数过多	10
其他	8

构造这些数据的帕累托图。

2.41 AutoBeef 是一家网站，供客户发布对汽车的投诉。下表列出的是对 2002 福特探索者的投诉。

投诉	频率
变速器	721
车身	437
车轮	164
动力传输系统	139
车窗	89
引擎	55
内饰	45
电力	44
方向盘	42
悬架	41
空调/暖风	26
制动器	22
其他	47

数据来源：http://www.carcomplaints.com/Ford/Explorer/2002.

构造这些数据的帕累托图。

2.42 NetApplications 在 2010 年对网络浏览器市场份额的调查结果如下：

浏览器	市场份额
IE	62.1%
Firefox	24.4%
Chrome	5.2%
Safari	4.5%
Opera	3.0%
其他	0.8%

构造饼图描述这些数据。

2.43 SnagAJob.com 在 2010 年对 551 名招聘经理进行了调查，内容是招聘季节性员工时考虑的主要因素。结果在下表中总结：

回复	比例
积极的态度	36%
能够完成每天的工作安排	27%
行业中的工作经验	23%
能够工作整个夏季	14%

构造饼图描述这些数据。

2.44 下表是美国能源部公布的电力来源：

来源	百分比
煤	48%
天然气	21%
核能	20%
水能	6%
其他	4%
石油	1%

构造饼图描述这些数据。

2.45 以下数据是 2009 年采集的 8~18 岁儿童每天在各类媒体上花的时间。下表是分类平均数据：

媒体	时长
电视节目	4 小时 29 分钟
音乐/音频	2 小时 31 分钟
计算机	1 小时 29 分钟
视频游戏	1 小时 13 分钟
刊物	38 分钟
电影	25 分钟

用最合适的方式展示这些数据。

2.46 下表是在晚上 10 点钟观看 ABC、CBS 和 ABC 网络的观众，年龄是 18~49 岁。数据来自 2008 年和 2009 年秋季赛季，由尼尔森公司收集。

网络	观众数量(以千计)	
	2008	2009
ABC	3494	3423
CBS	4164	4109
NBC	3737	2151

用最合适的方式展示这些数据。

2.47 下表是 LCD 电视机在 2009 年 9 月的市场份额。

品牌	市场份额
Vizio	21.6%
三星	19.9%
索尼	16.6%
LG	10.7%
夏普	9.4%

用最合适的方式展示这些数据。

2.48 2011 年 1 月史考特公司曾经开展调查，调

查了成年人为退休存了多少钱. 数据如下:

存款数量	百分比
少于 25 000 美元	39%
25 001~100 000 美元	14%
100 001~250 000 美元	9%
250 001~500 000 美元	7%
500 000 美元以上	7%
不确定	24%

用最合适的方式展示这些数据.

2.49 下表是 6 届冬季奥运会的电视覆盖时长:

冬奥会	电视覆盖时长
法国阿尔贝维尔(1990)	116
挪威利勒哈默尔(1994)	120
日本长野(1998)	124
美国盐湖城(2002)	376
意大利都灵(2006)	398
加拿大温哥华(2010)	835

用最合适的方式展示这些数据.

2.50 某超市经理记录了各种苏打水的销售情况,用品牌分类可乐(C)、百事(P)和山露(M). 对顾客购买的苏打水类型也做了标记(常规或无糖). 下表是最近 33 名顾客购买的苏打水. 数据在 Excel 文件 soda.xlsx 中.

品牌	类型	品牌	类型	品牌	类型
P	常规	C	无糖	M	常规
C	无糖	M	常规	P	无糖
P	无糖	P	无糖	C	常规
M	常规	C	无糖	P	常规
C	常规	C	常规	M	常规
P	常规	C	常规	P	常规
C	无糖	M	无糖	M	常规
M	常规	C	常规	C	无糖
C	常规	M	常规	C	无糖
C	无糖	P	常规	M	常规

为这些数据构造列联表,从售出的苏打水品牌和类型中可以推出什么结论?

2.51 大型高尔夫球具零售商 Golf Galaxy 想要调查高尔夫球棒品牌(泰勒梅、耐克和卡拉威)和买家年龄之间的关系. 数据在 Excel 文件 golf clubs.xlsx 中,里面列出了 100 名买家的年龄和所购球棒的品牌. 构造 Excel 数据透视表. 从顾客年龄和球棒信息可以得出什么结论? 提示: 把顾客年龄分组,以 10 岁为组距,采用下面的步骤:

a) 初始数据透视表构造好之后,右键点击任意一个年龄.
b) 在下拉菜单中,左键点击 Group.
c) 在 Group 对话框中,输入下面的数值:
1) Starting at=20
2) Ending at=59
3) By=10
d) 点击 OK.

2.52 纽曼大学本学期开设的 40 门课程课堂容量如下表所示. 这些数据可以在 Excel 文件 class size.xlsx 中找到.

28	26	35	28	20	43	31	22	25	18
35	39	19	29	23	31	45	35	22	28
28	20	41	36	32	32	39	33	25	30
19	43	23	31	31	51	46	20	36	25

a) 为这些数据构造茎叶显示.
b) 把 a 中的茎分开,构造茎叶显示.

2.53 下表是在之前 40 天里逛过 Verizon 无线零售商店的顾客数量. 数据可以在 Excel 文件 Verizon.xlsx 中找到.

72	99	99	100	119	91	101	74	102	130
81	76	70	97	77	70	130	85	82	131
94	125	97	112	118	72	93	93	75	95
93	104	92	105	77	138	88	77	90	92

a) 为这些数据构造茎叶显示.
b) 把 a 中的茎分开,构造茎叶显示.

2.54 Excel 文件 MLB payroll.xlsx 是 2010 赛季大联盟棒球队工资单和获胜次数的数据. 用这些数据构造散点图,描述工资和获胜次数之间的关系.

2.55 Excel 文件 gasoline prices.xlsx 列出了普通汽油每加仑(1gal=3.785 41dm³)的周平均价格,计算周期是 2008 年 6 月 23 日到 2009 年 8 月 10 日. 用这些数据构造线图并描述趋势.

第3章 计算描述统计学

利用中位数比较工资

《华尔街日报》一篇文章报道"女性工资在2009年经济衰退时期超过了男性",作者莎拉·穆雷。据报道在经济衰退时期工作的女性工资涨幅超过了同时期的男性。劳动统计局的数据显示,从2007年第三季度到2009年第二季度这两年期间,女性工资涨幅为3.2%。同期的男性工资涨幅为2.0%。

2009年男性周工资的中位数是$812,相比较同期女性周工资中位数是$657。不过,男性在2009年第三季度失业率11%,相比较同期女性只有8.4%。

据穆雷女士,教育背景对工资的影响很大。2009年第三季度中,不具有高中学历的个人周工资中位数是$448,而对具有本科及以上学历的个人这个数字是$1145。

来源:莎拉·穆雷,"女性工资在2009年经济衰退时期超过了男性",华尔街日报,2009年10月17日,http://online.wsj.com

第2章的重点在于介绍用图形描述数据的方法,这样能使我们的大脑细胞迅速掌握全局。完成这个任务以后,我们进行下一步——用数字总结数据。第3章主要关注如何手动计算描述性统计信息(如果你选择这样做的话)以及如何用我们的好朋友Excel来进行验证。本章开头《华尔街日报》的文章是用中位数讲述2009年那场讨厌的经济衰退时期的收入数据。我们在第3章中会研究包括这种度量方法在内的很多种方法。同时,我也希望《华尔街日报》已经清晰地传递给你另一条信息:继续上学,拿到学位!

3.1 集中趋势的度量

很多数据集都存在一种向某个特定值集中的趋势。例如,图3-1中的直方图显示样本中大部分美国成年男性的身高都趋向于70英寸。这个数值就是我们这个数据集的集中趋势。如第2章所学,直方图是可以提供集中趋势位置的极佳工具。在本章中,我们继续探索精确计算可以表示数据集中趋势的数值。在后面的小节中你将会看到,我们对集中趋势的度量包括均值、中位数和众数。

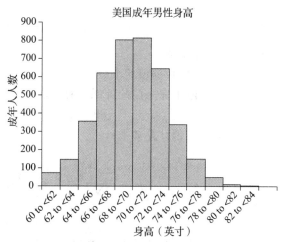

图3-1 美国成年男性身高

注:集中趋势是大部分数据点所在的位置。

3.1.1 均值

最常见的集中趋势度量就是**均值**,或者**平均数**。计算均值时,我们把数据集中所有的数值相加,再除以观察值的总个数。当你所指的均值是样本均值或者总体均值时,其数学公式会有些微小的差别. 样本均值公式如公式 3-1 所示.

样本均值公式

$$\bar{x} = \frac{\sum_{i=1}^{n} x_i}{n} \quad \ominus \tag{3-1}$$

其中　$\bar{x}$＝样本均值

x_i＝样本中的数值（x_1＝第一个数据值，x_2＝第二个数据值，以此类推）

$\sum_{i=1}^{n} x_i$＝样本中所有数据值的和

n＝样本中数据值的个数

要了解样本均值是如何计算的，看下面的数据集，这是从特拉华州随机选出的 5 户家庭的年收入值（单位：千美元）.

$$\$87.2 \quad \$118.9 \quad \$76.2 \quad \$107.7 \quad \$61.5 \,\ominus$$

样本均值的计算如下：

$$\bar{x} = \frac{\sum_{i=1}^{n} x_i}{n} = \frac{87.2 + 118.9 + 76.2 + 107.7 + 61.5}{5} = \frac{451.5}{5} = \$90.3$$

这个由 5 户特拉华州家庭组成的样本的收入均值为 $90 300.

总体均值的计算方法与样本均值相同，只是符号标记不同. 计算总体均值的公式见公式 3-2.

总体均值公式

$$\mu = \frac{\sum_{i=1}^{N} x_i}{N} \tag{3-2}$$

其中　μ＝总体均值

N＝总体中数据值的个数

假设你刚刚上完一门统计课，有 4 次考试，考试成绩如下：

$$89 \quad 95 \quad 87 \quad 97 \,\ominus$$

那么总体均值计算如下：

$$\mu = \frac{\sum_{i=1}^{n} x_i}{N} = \frac{89 + 95 + 87 + 97}{4} = \frac{368}{4} = 92$$

㊀ 当你看到 $\sum_{i=1}^{n} x_i$ 这个符号时不要害怕. 如果我们的数据样本包含 5，8 和 2 的话，那么 $n=3$，$x_1=5$，$x_2=8$，$x_3=2$，结果表达如下：$\sum_{i=1}^{3} x_i = x_1 + x_2 + x_3 = 5 + 8 + 2 = 15$.

㊁ 这些数据值是样本值，因为它们代表的是所有特拉华州家庭的子集.

㊂ 该数据集是总体，因为你所有的考试成绩都包含在其中.

你的考试平均分是 92. 棒极了!

3.1.2 加权平均值

上面求解考试平均分的例题中,我们在计算中分给每个数值的权值都相同. 加权平均值指的是需要节食的均值. 开个玩笑,我在看你是否集中注意力. 我们再说一次. 加权平均值可以让你给某些数值分配较高的权值,而给其他数值分配较低的权值. 例如,我们假设你这学期的统计课成绩是你期末考试分数、作业分数和期末项目的组合成绩,每一项的权值见表 3-1.

表 3-1 统计课成绩

类型	成绩	权值
考试	94	50%
项目	92	35%
作业	100	15%

我们用下面加权平均值公式来计算你的期末成绩.

加权平均值公式

$$\overline{x} = \frac{\sum_{i=1}^{n}(w_i x_i)^{\ominus}}{\sum_{i=1}^{n} w_i^{\ominus}} \qquad (3\text{-}3)$$

其中 $w_i =$ 每个数据值 x_i 的权值

$\sum_{i=1}^{n} w_i =$ 所有权值的和

表 3-2 是如何用公式 3-3 来计算我们统计课的例题.

表 3-2 计算加权平均的数据

类型	i	分数 x_i	权值 w_i	权值×分数 ($w_i x_i$)
考试	1	94	0.50	47.0
项目	2	92	0.35	32.2
作业	3	100	0.15	15.0

$$\sum_{i=1}^{3} w_i = 0.50 + 0.35 + 0.15 = 1.0$$

$$\sum_{i=1}^{3} (w_i x_i) = 47.0 + 32.2 + 15.0 = 94.2$$

我们通过直接把数值代入加权平均公式 3-3,能得到相同的结果:

$$\overline{x} = \frac{(0.50)(94) + (0.35)(92) + (0.15)(100)}{0.50 + 0.35 + 0.15} = \frac{47.0 + 32.2 + 15.0}{1.0} = 94.2$$

恭喜——你得 A!

⊖ 符号 $\sum_{i=1}^{n} w_i x_i$ 表示"将所有 w 与 x 的乘积相加求和",每对 w 和 x 首先相乘,然后把所得结果相加.

⊖ 注意在这个公式中,我们用做除数的是所有权值的和而不是数据值的个数.

加权平均数里的权值和不一定都像这道例题一样等于 1.0. 例如，下道例题中计算频率分布均值就是计算加权平均数.

某航空公司对 120 次航班中未出现的人数（指的是已购票但未出现在登机口准时登机的人）做了记录. 记录的频率在表 3-3 中. 120 次航班中的 37 次所有乘客准时登机. 换句话说，无未出现的人. 31 次航班有 1 名乘客未出现，20 次航班各有 2 名乘客未出现，见表中记录. 我们想计算的是平均每次航班的未出现人数.

表 3-3 航班中乘客未出现的频率

未出现人数	航班次数
0	37
1	31
2	20
3	16
4	12
5	4

用公式 3-3 计算平均每次航班的未出现人数. 权值是每个未出现人数的航班次数.

$$\overline{x} = \frac{\sum w_i x_i}{\sum w_i} = \frac{(37)(0)+(31)(1)+(20)(2)+(16)(3)+(12)(4)+(4)(5)}{37+31+20+16+12+4}$$

$$= \frac{187}{120} = 1.56 \text{ 名乘客}$$

所以，平均每次航班未出现的人数为 1.56 个.⊖

3.1.3 用均值归纳数据的优缺点

均值作为单一数值来说是非常方便的归纳数据集的方法. 很多学生赞同我的想法，因为均值很简单并易于理解. 不过，你们要小心均值可能给你设下陷阱.

我用下面这道例题来说明均值的第一个缺陷. 假设你刚被家乐氏聘用为质量控制经理，你的责任是确保每盒家乐氏糖霜麦片装满，共 18 盎司的麦片. 星期五下午，你的下属告知你，装好的糖霜麦片经采样，平均重量是 18.1 盎司. 一切顺利，你带着满意的心情回家享受周末. 只是周一上班时，你收到顾客的投诉说他们的糖霜麦片分量不足. 这是怎么回事？查看星期五的采样数据时，你惊呆了. 每盒麦片的重量差距悬殊. 如下面的等式所示，有一盒只装了 13.1 盎司的糖霜麦片，而有一盒高达 22.7 盎司.

$$\overline{x} = \frac{\sum_{i=1}^{n} x_i}{n} = \frac{14.2+19.6+22.7+13.1+20.9}{5} = \frac{90.5}{5} = 18.1^{\ominus}$$

很明显，过程中存在罐装过量和罐装不足，但是样本均值的结果却让你相信一切正常. 这道例题指出了使用均值的一个缺陷：如果你用单一数值归纳数据，就会丢掉关于原始数据的重要信息，而在这道例题中这是很关键的. 星期二，你会发现自己更新简历开始上网找工作了.

另一个有关均值的思考是它受异常值的影响能有多大. 异常值是比均值大或者小的极值，需要特殊考虑. 导致异常值的原因可能是数据录入错误或者测量失误. 这时，你应该考虑把这些值从数据集中删除以避免分析失真. 不过，异常值也许是合理存在的值，只不

⊖ 虽然不可能有 1.56 个乘客没有出现在某次航班，不过分数仍然可以作为未出现人数的平均数.
⊖ 对于很多数据值来说，仅依赖于均值做归纳，将导致失去原始数据中的重要信息.

过碰巧非常大或者非常小，它们也应该存在于分析中．因此，你必须仔细判断是否应该考虑异常值．例如，下面的数据是某条街上五座房屋的评估价：

$300 000　　　$320 000　　　$270 000　　　$210 000　　　$8 000 000

房屋均价如下（单位：千元）：

$$\mu = \frac{\sum_{i=1}^{n} x_i}{N} = \frac{300+320+270+210+8000}{5} = \frac{9100}{5} = 1820$$

正如你所看到的，房屋的均价$1 820 000比这条街上大部分房屋都高．因为其中的极值$8 000 000很大程度上影响了总体均值，使这条路上剩下的房屋看起来比它们的实际价格高很多．我们将在本章后面讨论异常值及其处理方法．

思考题 1

1. 下面的数据是随机选取的8次航班的到港时间：提前（负值），延误（正值）．计算样本均值．

　　　　　14　　−17　　31　　−10　　0　　11　　5　　18

2. 某公司在四个地方进行了客户满意度调查．下表是四个地方客户所打的平均分及各处参与的客户人数．计算整个公司的平均客户满意度．

地点	平均分	客户人数	地点	平均分	客户人数
1	7.2	116	3	6.0	67
2	8.8	80	4	7.5	91

3.1.4　中位数

我们要学习的下一个度量集中趋势的概念是**中位数**．中位数是数据集中的一个数值，数据集中有一半的观察值比这个数值大，一半比这个数值小．用下面的数据集来演示计算中位数的方法，数据是统计课堂某学生9次测验的成绩：

　　　　　86　　95　　74　　83　　92　　70　　88　　81　　91

我们把数据按从小到大重新排列来找中位数：

　　　　　70　　74　　81　　83　　86　　88　　91　　92　　95

要计算数据集中位数的位置，我们先计算索引点．**索引点** i 标记的是数据集的中点．我们用公式3-4来计算．

中位数的索引点公式

$$i = 0.5(n) \tag{3-4}$$

其中 n 等于数据集里数据的个数，这里是9．

$$i = 0.5(n) = 0.5(9) = 4.5$$

○ 这个异常值导致数据集的均值比其他数值要高很多，产生误解．
○ 我不是想做个坏人，但是我必须用这个思考题来检验你对均值的理解．
○ 加负数的时候要小心：例如 $14+(-17)=-3$．

当索引点不是整数的时候，我们把它四舍五入到高一位的整数，在这里是 5. 因此，测验成绩的中位数是已排序数据的第 5 位：

70　　74　　81　　83　　**86**⊖　　88　　91　　92　　95

测验成绩的中位数是 86. 注意我们通过公式 3-4 计算索引点来求中间数，这是中位数的定义. 因此，有 4 个测验成绩大于中位数，4 个小于中位数.

在刚才那一小节，我们讨论了一个事实，数据集中的异常值会严重影响均值. 这对中位数来说却不是这样的，现在我就来证明. 假如我们把测验成绩 70 分改成一个特别糟糕的 20 分，如下所示. （你们难道不高兴吗，得 20 分的不是你？）

20⊖　　74　　81　　83　　**86**　　88　　91　　92　　95

注意这个变化对中位数的计算不构成影响. 只要是有 9 个数据点，中位数永远都是第 5 个数据，不管比它大比它小的数值是什么. 中位数一个非常好的特质就是它不会像上一节的均值一样受到异常值的影响. 很不幸的是，大部分老师不根据中位数计算成绩而是根据均值算分. 有异常值数据点的例题平均测验成绩是 78.9，比中位数的 86 低多了！

当数据集的数据个数是偶数的时候，查找中位数位置的过程稍有不同. 表 3-4 是 2009 年 2 月到 7 月每个月底迪克体育用品的股票收盘价格.

表 3-4　迪克体育用品的股票收盘价格

日期	股票价格
2 月 27 日	$12.35
3 月 31 日	$14.27
4 月 30 日	$19.00
5 月 29 日	$17.80
6 月 30 日	$17.20
7 月 31 日	$19.85

首先，把股票价格按照从低到高排列：

$12.35　　$14.27　　$17.20　　$17.80　　$19.00　　$19.85

接着，用公式 3-4 计算索引点：

$$i = 0.5(n) = 0.5(6) = 3$$

如果数据点的总数是偶数，中位数算法有不同：如果索引点是偶整数，中位数的位置在索引点（i）和下一个最大数据点（位置 $i+1$ 处）的中间. 因为 $i=3$，中位数是第 3 个数值（$17.20）和第 4 个数值（$17.80）的中点.

中位数
↓

$12.35　　$14.27　　**$17.20**　　**$17.80**　　$19.00　　$19.85 ⊜

换句话说，当我们有偶数个数据时，中位数是中间两个数值的中间值. 下面这个等式告诉你如何计算：

$$中位数 = \frac{\$17.20 + \$17.80}{2} = \$17.50$$

思考题 2

1. 下面是某公司市场部 10 名员工年龄的数据. 找出中位数.

⊖ 如果数据集的数据总数是奇数，中位数就是数据集正中间的数值.
⊖ 数据集的异常值没有影响到中位数，这里还是 86.
⊜ 当数据集中数据个数是偶数、索引点是整数的时候，中位数在索引点和下一个最大数据点的中间.

26   45   39   28   57   31   43   45   50   62

2. 下面是圣马可中学 9 名学生数学 SAT 成绩的数据. 找出中位数.

 560   610   490   670   700   460   510   590   650

☛ 有些学生纠结于如何正确给中位数分配索引点，而不是数据集中间两个数值的中间点. 为了你在考试中不犯这样的错误，练习这个方法是非常重要的. 你可以现在就开始做练习.

3.1.5 众数

最后一个本章要讨论的集中趋势度量是众数，和均值、中位数相比，它得到的关注比较少. 不过，众数还是有一些很有用的特征. 众数就是数据集中最经常出现的数值，如下例所示.

表 3-5 显示的是我太太最爱的一家网上服装店上周某款女士服装的销量. 销量按服装尺寸显示.

该数据集的众数是 10[一]号，因为这个号码的衣服上周销量最高(15).

对本例来说，均值和中位数可能没有那么有用. 例如，报告说上周售出的服装平均尺寸是 9.1 号对商场经理来说没什么用处，因为商店没有这个尺寸的衣服.

描述诸如表 3-5 中服装那样分类数据时众数是特别有用的方法. 表 3-6 是另一个分类数据的分布——按品牌分类的电视销量. 假设表 3-6 中的数据是上个月某沃尔玛商店的电视销量，按品牌分类.

表 3-5 服装销量（按尺寸显示）

尺寸	销量
4	7
6	7
8	14
10	15
12	5
14	9

表 3-6 沃尔玛电视机销量

品牌	销量
Sony	21
Panasonic	9
Samsung	18
Sharp	11
Toshiba	15
Vizio	11

我希望你学习了第 1 章和第 2 章之后，能认出表 3-6 中的数据是**分类数据**. 众数是描述这种类型数据的好方法，因为它是定性的而不是定量的. 这里 Sony 电视机是众数，因为它的频率最高(21[二]). 处理分类数据时，众数是出现频率最高的类别，而不是该类别的实际频率.

如果没有哪个数据值或者类别出现一次以上，我们就说众数不存在. 看下面的数据，是我们系里教师供职的年头：

 16   10   3   7   9   2   6

因为数据集中没有重复的数据，所以没有众数[三].

[一] 警告：有些学生误认为众数等于 15，也就是售出服装的件数. 记住，众数是出现次数最多的数值或者类别，而不是出现的次数. 另一些学生犯这样的错误，告诉我本例中众数是 7，因为它是出现次数最高的频率.

[二] 注意，众数不是 21，也不等于出现的最高频率 11.

[三] 小心，不要说这道例题的众数是 0. 这是错误的回答，因为数值 0 并不是出现频率最高的.

而且，如下面的数据集，众数可能不止一个．下面的数据集是我之前10节统计课堂缺勤的学生人数．

    2 0 1 3 1 4 2 0 1 2

我们将数据排序，以便更容易地找到众数．

    0 0 **1** **1** **1** **2** **2** **2** 3 4 ⊖

这些数据的众数是1名学生和2名学生，因为这两个数值均出现3次．因为该分布有两个众数，所以它也被称为双峰分布．

尽管你还没准备好，我也鼓励你花几分钟完成下面的思考题，确认你已经掌握了众数．

思考题 3

1. 下面是2009年9月到2010年8月每个月间美国人平均每小时收入值的数据，数据来自 www.data360.com．计算这些数据的众数．

月份	收入（美元）	月份	收入（美元）
2009 年 9 月	16.93	2010 年 3 月	16.99
2009 年 10 月	16.96	2010 年 4 月	17.00
2009 年 11 月	16.97	2010 年 5 月	17.03
2009 年 12 月	17.05	2010 年 6 月	17.07
2010 年 1 月	17.04	2010 年 7 月	17.09
2010 年 2 月	17.06	2010 年 8 月	17.11

2. 下面的数据是美国国家橄榄球联盟顶级四分卫在2009年赛季中达阵传球的个数．计算这些数据的众数．

  36 33 33 31 30 28 28 27 26 25 25 24
  23 23 23 21 20 18 17 17 16 16 15 14

3. 下面的数据是之前20天某五金店对锤子的日需求．计算这些数据的众数．

    2 1 0 3 1 3 0 2 4 0
    3 2 3 4 2 2 1 4 3 0

4. 下面的数据是瑞塔冰水店昨天各种口味产品的销量．计算众数．

口味	销量	口味	销量
柠檬	37	橙子	46
葡萄	46	青柠	19
樱桃	60		

3.1.6 频率分布的形状

均值和中位数的位置能够影响数据频率分布的形状．图3-2例的均值和中位数大致相等．结果得到一个对称的频率分布．回忆在第2章中学到过，关于对称分布，分布的右边看起来是分布左边的镜像图像．

⊖ 这也称为双峰分布，因为有两个众数：1和2．

图 3-3 的分布不是对称的．这样的分布被称为偏态分布．注意，比较大的数值控制着整个数据集．正如你在图中所见，中位数比均值大．因此，即使数据都集中在右边部分，这个分布的形状也是**左偏的**．一个简单的辨认左偏分布的方法是看如果你沿着图形中较长的斜坡往下移动，移动的方向是向左边．例如，如果你的学校存在分数膨胀的现象，就是学生的 GPA 连年持续增长，那么学生 GPA 的直方图会呈现一种左偏分布，如图 3-3 那样．

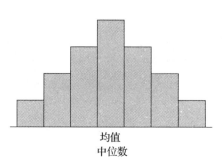

图 3-2 一个对称的频率分布

注：在对称的频率分布中，均值和中位数大致彼此相等．

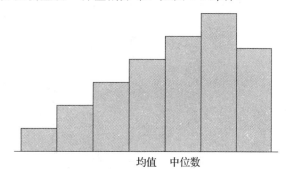

图 3-3 一个左偏态频率分布

注：这个分布是左偏态的，因为如果我们沿斜坡往下滑，移动的方向朝左．在左偏态分布中，中位数比均值大．

图 3-4 显示了相反的情形，在这里数据集中在分布的低端．在这里中位数比均值小．这种形状的分布被称为**右偏态的**，因为我们沿着斜坡移动的方向是向右边．例如，年收入数据趋向于右偏，因为我们大部分努力工作的人都趋向于或者在分布中部或者收入规模的分布有点偏左的位置，而沃伦·巴菲特一类的超级富豪分散在分布右边很远的位置．

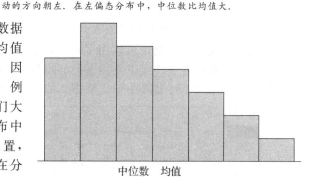

图 3-4 一个右偏态频率分布

注：这个分布是右偏态的，因为如果我们沿斜坡往下滑，移动的方向朝右．在右偏态分布中，中位数比均值小．

3.1.7 用 Excel 计算均值、中位数和众数

Excel 为我们提供很方便的方法计算数据集均值、中位数和众数．我们用下面的例子说明．以下数据是 12 户家庭订购的杂志数量：

$$4\quad 1\quad 0\quad 8\quad 2\quad 5\quad 4\quad 6\quad 1\quad 5\quad 2\quad 1$$

图 3-5 用 Excel 等式计算该数据集的均值、中位数和众数．这些计算的 Excel 函数如下：

$$= \text{AVERAGE}(data\ values)$$
$$= \text{MEDIAN}(data\ values)$$
$$= \text{MODE}(data\ values)$$

正如你在图 3-5 中所得，均值 = 3.25，中位数 = 3，众数 = 1．

如果数据集没有众数，Excel 在单元格内显示"＃N/A"．如果众数不止一个，Excel 只能显示数据集的其中一个众数，这是错误的．所以我们使用的时候要注意到这一点．而

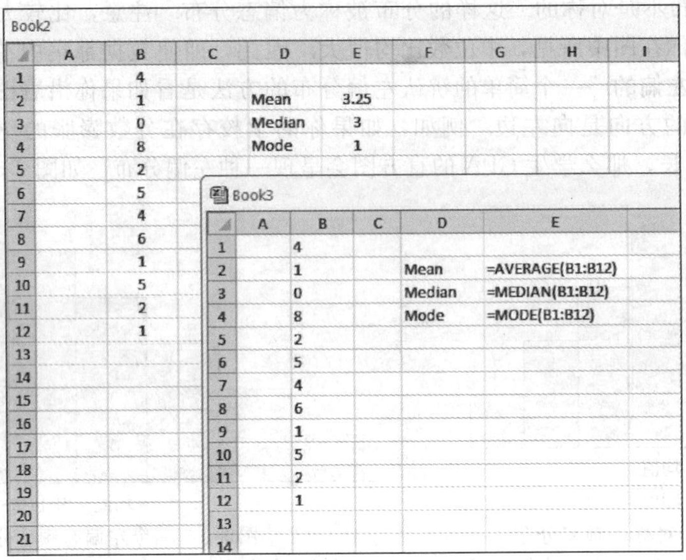

图 3-5　计算均值、中位数和众数的 Excel 等式

且，Excel 无法计算分类数据的众数。⊖

均值、中位数和众数也可以用 Excel 数据分析工具计算处理．如果你还没有激活这个工具，到第 2 章找方法．接下来用下面的步骤计算均值、中位数和众数：

1. 在单元格 B1 到 B12 中输入数据，如图 3-6 所示．

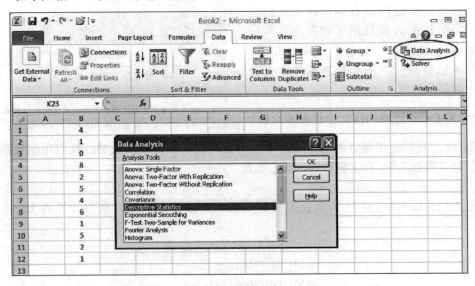

图 3-6　用 Excel 数据分析工具计算均值、中位数和众数（步骤 1~3）

⊖ 一定确认你已经了解在处理众数的时候 Excel 有问题．

2. 选择 Data>Data Analysis.

3. 在 Data Analysis 对话框中，选择 Descriptive Statistics，然后点击 OK.

4. 在 Data Analysis 对话框中，点击 Input Range:文本框，如图 3-7 选择单元格 B1:B12.

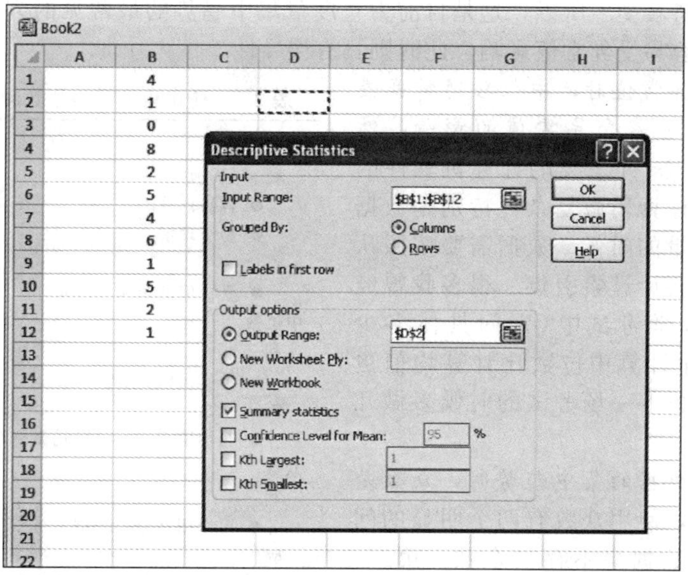

图 3-7 用 Excel 数据分析工具计算均值、中位数和众数(步骤 4～6)

5. 点击 Output Range:文本框，选择单元格 C12.

6. 检查 Summary statistics，然后点击 OK.

结果在图 3-8 中标出，其中均值=3.25，中位数=3，众数=1. 我们在本章后面讨论这个图里面的其他数值.

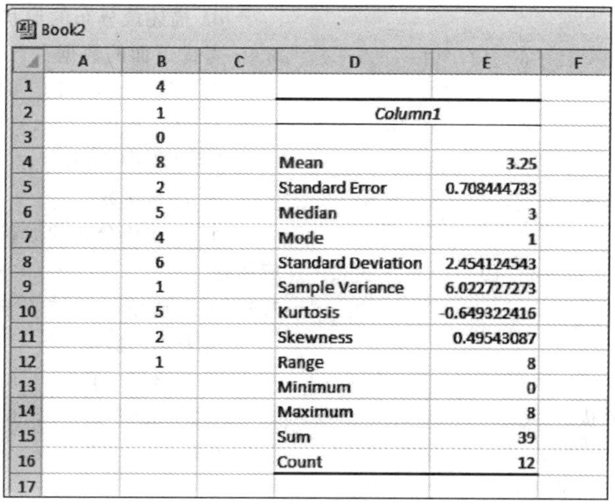

	A	B	C	D	E	F
1		4				
2		1		Column1		
3		0				
4		8		Mean	3.25	
5		2		Standard Error	0.708444733	
6		5		Median	3	
7		4		Mode	1	
8		6		Standard Deviation	2.454124543	
9		1		Sample Variance	6.022727273	
10		5		Kurtosis	-0.649322416	
11		2		Skewness	0.49543087	
12		1		Range	8	
13				Minimum	0	
14				Maximum	8	
15				Sum	39	
16				Count	12	
17						

图 3-8 用 Excel 数据分析工具计算均值、中位数和众数(最终结果)

3.1.8 选哪种集中趋势度量方法：均值、中位数还是众数

每一种集中趋势度量的方法都有优点和缺点. 均值计算相对简单, 能被大多数没学过太多统计学的人所接受. 所以, 这是目前为止度量集中趋势的最常见的方法. 但是, 你已经了解过, 均值容易受异常值影响, 此时则具有误导性.

当数据中有异常值时, 中位数通常是最好的选择, 因为它不受异常值的影响. 然而, 如果没有如 Excel 之类的计算机软件的帮助, 中位数的计算稍微复杂, 特别是数据集中有一定数据量的时候. 数据需要按照从小到大排序, 还要计算索引点. 很多我曾经出过题目的统计学考试中（别问具体多少场）, 我发现学生计算中位数比计算均值更费劲. 所以, 准备下一场考试的时候多做几道中位数的练习.

在描述分类数据的集中趋势时, 众数是最佳选择. 然而, 使用众数有两个明显的问题. 首先, 很多数据集不存在众数. 第二, 有些数据集的众数可能不止一个, 这时 Excel 无法正确显示. 表 3-7 总结了我们对集中趋势进行的讨论.

表 3-7 使用均值、中位数和众数的利弊总结

均值
利
- 容易计算
- 易于理解

弊
- 受极值的影响很严重

中位数
利
- 不受极值影响

弊
- 与均值相比, 计算稍微复杂

众数
利
- 可以用在分类数据

弊
- 某些数据集可能没有众数
- 某些数据集众数不唯一（存在一个以上的众数）

习题 3.1

基础题

3.1 考虑下面的数据：
18 12 7 10 15 12 6 12 14
a) 计算均值.
b) 计算中位数.
c) 计算众数.
d) 描述该分布的形状.

3.2 考虑下面的数据：
6 14 17 1 16 17 6 19
a) 计算均值.
b) 计算中位数.
c) 计算众数.
d) 描述该分布的形状.

3.3 考虑下面的数据：
14 62 0 20 26 38 8
a) 计算均值.
b) 计算中位数.
c) 计算众数.
d) 描述该分布的形状.

3.4 考虑下面的数据：
25 18 −7 10 34 −12
a) 计算均值.
b) 计算中位数.
c) 计算众数.
d) 描述该分布的形状.

应用题

3.5 下表是 2007 年 7 月到 2009 年 9 月美国月度失业率的数据.
4.7 4.7 4.7 4.8 4.7 4.9 4.9 4.8
5.1 5.0 5.5 5.6 5.8 6.2 6.2 6.6
6.8 7.2 7.6 8.1 8.5 8.9 9.4 9.5
9.4

数据来源：http://www.bls.gov.

a) 计算均值.

b) 计算中位数.
c) 计算众数.
d) 描述该分布的形状.

3.6 从 2008 年 10 月到 2009 年 9 月美国银行月底的股价如下所示：

$24.17 $16.25 $14.08 $6.58
$3.95 $6.82 $8.93 $11.27
$13.20 $14.79 $17.59 $16.92

数据来源：http://www.bloomberg.com.

a) 计算均值.
b) 计算中位数.
c) 计算众数.
d) 描述该分布的形状.

3.7 下面的频率分布是好市多商店前 50 天某款特别受欢迎的笔记本电脑需求量. 计算每天售出的电脑平均数.

笔记本电脑台数	频率
0	14
1	8
2	8
3	12
4	5
5	3

3.8 下表是 2007 年世界各国碳排放数量，按人均每吨：

国家	排放量	国家	排放量
美国	21.1	加拿大	19.1
墨西哥	4.6	法国	6.4
意大利	8.1	俄罗斯	12.4
中国	5.0	英国	9.5
澳大利亚	20.7	卡塔尔	63.9
巴西	2.0	秘鲁	1.2
印度	1.3	日本	10.7

数据来源：国际能源机构的数据

a) 计算均值.

b) 计算中位数.
c) 计算众数.
d) 这三种集中趋势的度量方法中哪一种能最好地描述该数据的集中趋势？
e) 描述该分布的形状.

3.9 下面的数据是在 2007 年 12 月到 2009 年 11 月期间美元对欧元的汇率：

1.46 1.49 1.52 1.58 1.56 1.56
1.58 1.56 1.47 1.41 1.27 1.27
1.40 1.28 1.27 1.33 1.32 1.42
1.40 1.42 1.43 1.46 1.47 1.48

数据来源：http://moneycentral.msn.com

a) 计算均值.
b) 计算中位数.
c) 计算众数.
d) 这三种集中趋势的度量方法中哪一种能最好地描述该数据的集中趋势？
e) 描述该分布的形状.

3.10 马克·麦奎尔是美国职业棒球大联盟前球员，他打破了罗杰·马瑞斯在 1998 年创下的单赛季全垒打的记录，最近他承认了曾经使用能提高成绩的药物，不过主要是在他 16 年职业生涯的后半部分. 麦奎尔声明他用药的目的只是为了康复，药物并没有让他提高全垒打的能力. 下面的数据是麦奎尔全垒打的数量，首先是他职业生涯的前 8 年，接下来是后 8 年.

1986～1993

3 49 32 33 39 22 42 9

1994～2001

9 39 52 58 70 65 32 29

对这两组数据集，

a) 计算均值.
b) 计算中位数.
c) 计算众数.
d) 描述该分布的形状.
e) 你可以从麦奎尔的声明中得出什么结论？

3.2 变异性的度量

另一种描述数据集的方法是**变异性的度量**，用以判断数据的离散程度. 例如，一半课程成绩为 A 而另一半课程成绩为 F 的学生和成绩全部为 C 的学生，他们的 GPA 一样. 然而，第一名学生——成绩变化更大的那名——肯定要重修好多课程. 第二名学生——成绩变化不大的那名——不需要重修任何课程而且可以按时毕业. 在商业环境中，变化少是一致性的指标，通常是更被需要的，特别是在质量控制领域．想想本章开头糖霜麦片罐装过程的例题，变异性大的话有多麻烦．

最常见的变异性度量方法有极差、方差和标准差．尽管这些方法不像均值和中位数那样被大多数人广泛使用，但是它们对统计学领域的人来说至关重要．

3.2.1 极差

极差是数据集里最大值和最小值之间的差值．极差是分布变异性的最简单的度量方式，用公式 3-5 计算．

极差公式

$$\text{极差} = \text{最大值} - \text{最小值} \tag{3-5}$$

下面的数据集是 5 个随机选择的美国红十字会在线捐赠金额：

$$\$35 \quad \$10 \quad \$50 \quad \$20 \quad \$60$$

这些数据的极差为：

$$\text{极差} = \$60 - \$10 = \$50 \ominus$$

使用极差的好处是它易于计算和理解．只是，这种变异性度量方式有以下两个缺点：(1) 它仅依赖于数据集的 2 个数值，(2) 受异常值影响非常大．例如，如果上一笔捐赠款金额不是 \$60 而是 \$1000，那么极差等于 \$1000 - \$10 = \$990，而不是 \$50．\$990 不能精确地反映出捐赠款的整体变异性，因为大部分数值在 \$10 和 \$50 之间．

3.2.2 方差和标准差

更有用的变异性度量方法是**方差**，计算时会用到数据集所有的数据而不仅仅是最大值和最小值．方差度量数据集的数值关于数据集均值的变异性，或者分散度．方差的计算公式取决于你的数据集是样本还是总体．接下来，我们看一个案例．

样本的方差和标准差

如果我们的数据集是从更大的总体取出的样本，样本方差 s^2 的计算方法见公式 3-6．

样本方差公式

$$s^2 = \frac{\sum_{i=1}^{n}(x_i - \bar{x})^2}{n-1} \tag{3-6}$$

其中 s^2 = 样本方差
$\bar{x}$ = 样本均值
n = 样本大小（数据值的个数）
$x_i - \bar{x}$ = 每个数据值和样本均值之间的差值

用红十字会捐赠款的数据，我们从计算样本均值开始计算样本方差：

$$\bar{x} = \frac{35 + 10 + 50 + 20 + 60}{5} = \frac{175}{5} = 35$$

⊖ 极差是变异性度量中最简单的一种方式，但是它的限制也最多，其中之一就是受异常值的影响非常大．

表 3-8 总结了下述计算方差的步骤：

第一步，计算数据集的均值.

第二步，从每个捐赠款(x_i)中减去均值($\overline{x}$)，求均值和捐赠款之间的距离，或者差值. 这些差值在表 3-8 第三列中显示.

第三步，把第二步中的差值平方. 平方后的差值在表 3-8 第四列中显示.

第四步，把表 3-8 中第四列平方后的数值相加，该红十字会例题中这个数等于 1700.

表 3-8 红十字捐赠款的样本方差计算

x_i	$\overline{x}$	$(x_i - \overline{x})$	$(x_i - \overline{x})^2$
35	35	0	0
10	35	$-25$①	625
50	35	15	225
20	35	-15	225
60	35	25	625
		总和 $= \sum_{i=1}^{5}(x_i - \overline{x})^2 = 1700$	

① 记住，负数的平方为正数.

我们现在已经准备好计算样本方差了，将变量代入公式 3-6：

$$s^2 = \frac{\sum_{i=1}^{n}(x_i - \overline{x})^2}{n-1} = \frac{1700}{5-1} = 425$$

你的好奇心可能正在问，我们为什么要在表 3-8 中将差值取平方？好吧，我赞扬一下你的求知欲. 如果我们只是将均值和各个数据值之间的差值相加的话（表 3-8 第三列），我们得到：

$$\sum_{i=1}^{5}(x_i - \overline{x}) = 0 + (-25) + 15 + (-15) + 25 = 0$$

这个结果会发生在任意数据集——这些差值的和永远是 0. 负的差值会和正的差值抵消. 通过求差值的平方，我们把负号消掉得到的是数据集真实的变异性度量. 平方后的差值总和被称为平方和，在接下来的几章里你会常常用到.

现在，我有个问题：方差的度量单位是什么？因为原始数据单位是美元，计算方差的时候已经把每个捐赠款和捐赠款均值之间的差值平方过，所以方差的度量单位是美元^2（平方美元）. 我知道这个度量单位听起来很奇怪，这也带着我到下一个变异性度量，标准差.

标准差也是度量数据点距离均值的平均距离的. 但是，标准差的一个优点是和方差不一样的地方，单位不用平方. 所以，它和原始数据一致.

下面，我们来看看如何计算样本方差，然后是总体方差.

样本标准差 s，等于样本方差的平方根.㊀ 公式 3-7 是计算样本标准差的公式.

㊀ 标准差是本书中最常见也是最重要的变异性度量. 记住这一节的内容作为以后学习的参考！

样本标准差公式

$$s = \sqrt{s^2} = \sqrt{\frac{\sum_{i=1}^{n}(x_i - \overline{x})^2}{n-1}} \tag{3-7}$$

对红十字捐赠款的例题，样本标准差计算如下：

$$s = \sqrt{s^2} = \sqrt{425} = 20.62$$

因此，对捐赠款的例题，标准差等于 \$20.62，感觉好点？

正如你从方差和标准差的公式看到，我们度量的是每个数据值到样本均值距离的平均值。各个数值距离均值越远，分布方差和标准差越大。为了帮你掌握这个重要的概念，表 3-9 计算当所有捐赠款都是 \$35 时的标准差。因为所有的 5 笔捐赠款都是 \$35，所以捐赠款均值（平均数）等于 \$35。

表 3-9 红十字捐赠款样本方差计算

x_i	$\overline{x}$	$(x_i - \overline{x})$	$(x_i - \overline{x})^2$
35	35	0	0
35	35	0	0
35	35	0	0
35	35	0	0
35	35	0	0
			$\sum_{i=1}^{5}(x_i - \overline{x})^2 = 0$

$$s = \sqrt{\frac{\sum_{i=1}^{n}(x_i - \overline{x})^2}{n-1}} = \sqrt{\frac{0}{5-1}} = \$0 \ominus$$

因为样本中没有变异性（所有数字都相同），标准差等于 \$0。注意方差和标准差永远都不会为负值。如果你的计算结果是负数的话，停下来回去看看哪里做错了。

计算样本方差的标准差的快捷公式

现在我已经用可恶的标准差公式折磨了大家，我将要告诉大家一个便捷公式，结果相同但是工作量会少。我建议当你不得不手动计算方差和标准差时使用这种方法。

样本方差公式（便捷）

$$s^2 = \frac{\sum_{i=1}^{n}x_i^2 - \frac{\left(\sum_{i=1}^{n}x_i\right)^2}{n}}{n-1} \tag{3-8}$$

其中 $\sum_{i=1}^{n}x_i^2$ = 数据值平方后的和

$\left(\sum_{i=1}^{n}x_i\right)^2$ = 所有数据值和的平方

㊀ 当所有样本中的数值都一样，那么样本标准差等于 0。

计算描述统计学

$n=$样本大小

样本标准差公式(便捷)

$$s = \frac{\sqrt{\sum_{i=1}^{n} x_i^2 - \frac{\left(\sum_{i=1}^{n} x_i\right)^2}{n}}}{n-1} \quad \ominus \tag{3-9}$$

其中 $\sum_{i=1}^{n} x_i^2 =$数据值平方和

$\left(\sum_{i=1}^{n} x_i\right)^2 =$所有数据值和的平方

$n=$样本大小

我能想象你脸上现在的表情．当我告诉我的学生们这是所谓的便捷方法时，他们的表情和你现在一样．我承认这些公式看起来比之前的更可恶，但是在你说一定是我疯了之前，我用红十字会捐赠款的例题来给大家演示它们不是那么可恶．

下面表 3-10 用红十字会捐赠款的数据，总结了使用便捷公式的步骤：

第一步，将所有的数据值(x_i)求和，在表 3-10 第一列显示．红十字会例题中，捐赠款总和是 $\sum_{i=1}^{5} x_i = 175$.

第二步，将第一步所得的结果平方．红十字会的例题中，捐赠款和的平方是 $\left(\sum_{i=1}^{n} x_i\right)^2 = (175)^2 = 30\ 625$.

第三步，把第一列中的每个值求平方(x_i^2)．平方后的值在表 3-10 第二列中显示．

第四步，把表 3-10 中第二列的数值相加．该红十字会例题中，捐赠款平方和等于 $\sum_{i=1}^{5} x_i^2 = 7825$.

表 3-10 红十字会捐赠款样本标准差计算(快捷方法)

数据值(x_i)	数据值的平方(x_i^2)
35	1225
10	100
50	2500
20	400
60	3600
数据值的和 $\sum_{i=1}^{5} x_i = 175$	数据值平方和 $\sum_{i=1}^{5} x_i^2 = 7825$
数据值和的平方 $\left(\sum_{i=1}^{n} x_i\right)^2 = (175)^2 = 30\ 625$	

注：计算 $\sum_{i=1}^{n} x_i^2$(数据值的平方和)时，先将所有的数据值平方，再把平方项相加．计算 $\left(\sum_{i=1}^{n} x_i\right)^2$(和的平方)时，先把所有数据值相加，再将所得的和平方．

$\ominus$ 我建议当你不得不手动计算方差和标准差时使用这个便捷公式，特别是样本大小相对较大时．

现在认真地将表 3-10 的数值代入到公式 3-8 中. 注意 $n=5$, 因为在例题中有 5 笔捐赠款.

$$s^2 = \frac{\sum_{i=1}^{n} x_i^2 - \frac{\left(\sum_{i=1}^{n} x_i\right)^2}{n}}{n-1} = \frac{7825 - \frac{30\,625}{5}}{5-1} = \frac{7825 - 6125}{4} = 425 \ominus$$

这个结果和我们样本方差一致, 但是工作量少了. 这个手动计算方差的便捷方法比公式 3-6 用的工作量少, 因为你不需要 (1) 计算样本均值, (2) 从每个观察值中减去样本均值. 样本中数据点的数量越多, 这个优势就越明显.

总体方差和标准差

如果我们的数据集代表的是整个总体而不是总体中的一个样本, 方差的计算用公式 3-10.

总体方差公式

$$\sigma^2 = \frac{\sum_{i=1}^{N}(x_i - \mu)^2}{N} \tag{3-10}$$

其中　σ^2 = 总体方差
　　　μ = 总体均值
　　　N = 总体大小
　$(x_i - \mu)$ = 每个数据值和总体均值之间的差

总体标准差可以用公式 3-10 的平方根计算得出.

总体标准差公式

$$\sigma = \sqrt{\frac{\sum_{i=1}^{N}(x_i - \mu)^2}{N}} \tag{3-11}$$

计算总体方差和标准差的时候并不用这两个公式, 我来教给大家便捷公式让生活更简单些.

总体方差公式 (便捷)

$$\sigma^2 = \frac{\sum_{i=1}^{N} x_i^2 - \frac{\left(\sum_{i=1}^{N} x_i\right)^2}{N}}{N} \tag{3-12}$$

总体标准差公式 (便捷)

$$\sigma = \sqrt{\frac{\sum_{i=1}^{N} x_i^2 - \frac{\left(\sum_{i=1}^{N} x_i\right)^2}{N}}{N}} \tag{3-13}$$

$\ominus$　方差和标准差永远都不会是负值. 如果你的计算结果是负数的话, 停下来回去看看哪里做错了.

其中 $\sum_{i=1}^{N} x_i^2 =$ 每个数据值平方之后的和

$\left(\sum_{i=1}^{N} x_i\right)^2 =$ 所有数据值和的平方

例如，假设你的学校有 6 个统计学课堂，每个课堂人数如下：

$$34 \quad 25 \quad 41 \quad 32 \quad 25 \quad 29$$

这些数据可以被当作一个总体，因为所有的课堂都包含进来了．

表 3-11 总结了总体方差的计算．

表 3-11 课堂大小的总体方差计算

数据值(x_i)	数据值的平方(x_i^2)
34	1156
25	625
41	1681
32	1024
25	625
29	841
数据值的和 $\sum_{i=1}^{6} x_i = 186$	数据值平方和 $\sum_{i=1}^{6} x_i^2 = 5952$
数据值和的平方 $\left(\sum_{i=1}^{6} x_i\right)^2 = (186)^2 = 34\,596$	

和前面的例子一样，我们将表 3-11 中的结果代入公式 3-12，计算课堂大小的总体方差．

$$\sigma^2 = \frac{\sum_{i=1}^{N} x_i^2 - \frac{\left(\sum_{i=1}^{N} x_i\right)^2}{N}}{N} = \frac{5952 - \frac{34\,596}{6}}{6} = \frac{5952 - 5766}{6} = 31$$

总体标准差就是总体方差的平方根．

$$\sigma = \sqrt{\sigma^2} = \sqrt{31} = 5.57 \text{ 名学生}$$

用 Excel 计算方差和标准差

对红十字会的例题我们也可以用 Excel 来计算样本方差和标准差，如图 3-9 所示．Excel 计算样本方差和标准差的函数如下：

$$= \text{VAR}(data\ values)$$
$$= \text{STDEV}(data\ values)$$

度量样本变异性也可以用 Excel 数据分析加载项来完成．下面用红十字会例题说明步骤：

1. 将红十字会例题的捐赠款输入到单元格 B1 到 B5 中．
2. 选择 Data>Data Analysis．
3. 在 Data Analysis 对话框中，选择 Descriptive Statistics，点击 OK．

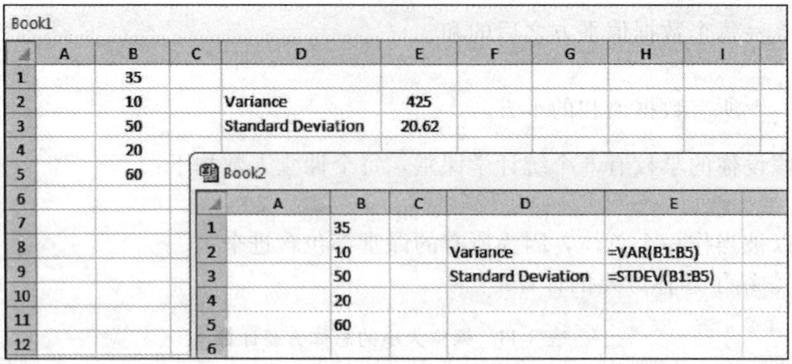

Book1

	A	B	C	D	E	F	G	H	I
1		35							
2		10		Variance	425				
3		50		Standard Deviation	20.62				
4		20							
5		60							

Book2

	A	B	C	D	E
1		35			
2		10		Variance	=VAR(B1:B5)
3		50		Standard Deviation	=STDEV(B1:B5)
4		20			
5		60			

图 3-9　用 Excel 公式计算样本方差和标准差

4. 在 Descriptive Statistics 对话框中，点击 Input Range:的文本框，选择单元格 B1:B5.

5. 点击 Output Range:文本框，选择单元格 D2.

6. 检查 Summary statistics，点击 OK.

图 3-10 是用 Excel 数据分析计算红十字会的例题. 表单上标出了我们之前计算过的样本标准差、方差和极差.

Excel 也提供了下述函数来计算总体方差和标准差，如图 3-11 所示. 注意 VARP 和 STDEVP 中的 P 表示总体.

=VARP(*data values*)

=STDEVP(*data values*)

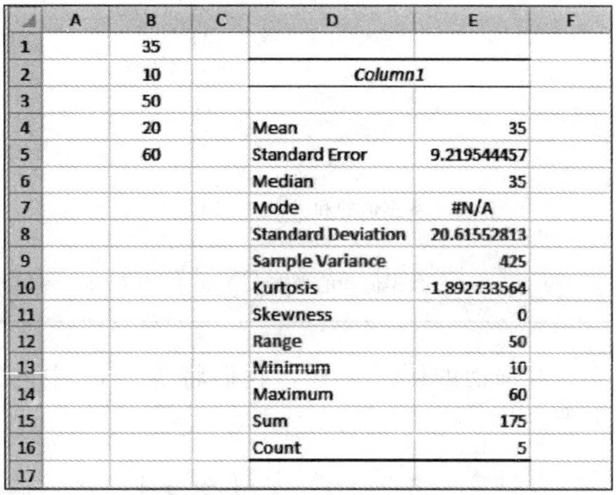

	A	B	C	D	E	F
1		35				
2		10		*Column1*		
3		50				
4		20		Mean	35	
5		60		Standard Error	9.219544457	
6				Median	35	
7				Mode	#N/A	
8				Standard Deviation	20.61552813	
9				Sample Variance	425	
10				Kurtosis	-1.892733564	
11				Skewness	0	
12				Range	50	
13				Minimum	10	
14				Maximum	60	
15				Sum	175	
16				Count	5	
17						

图 3-10　用 Excel 数据分析计算样本方差和标准差

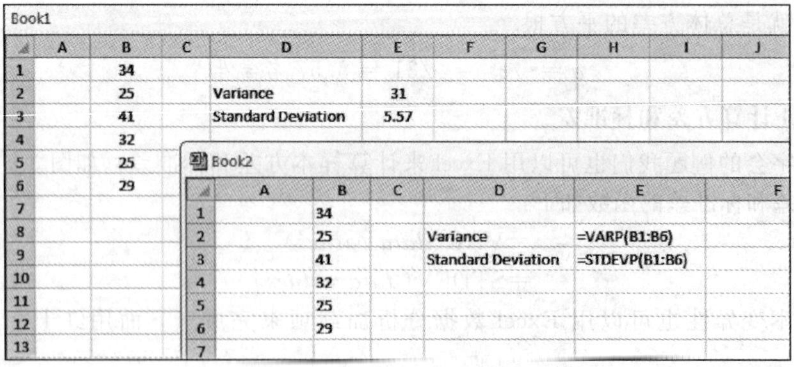

Book1

	A	B	C	D	E	F	G	H	I	J
1		34								
2		25		Variance	31					
3		41		Standard Deviation	5.57					
4		32								
5		25								
6		29								

Book2

	A	B	C	D	E	F
1		34				
2		25		Variance	=VARP(B1:B6)	
3		41		Standard Deviation	=STDEVP(B1:B6)	
4		32				
5		25				
6		29				

图 3-11　用 Excel 公式计算总体方差和标准差

当你往下学习本章之前，试试手动计算思考题中的方差和标准差.

思考题 4

1. 下表是绿湾包装工队 2003 年到 2009 年每赛季获胜的次数．计算这些数据的方差和标准差．

赛季	获胜次数	赛季	获胜次数
2003	10	2007	13
2004	10	2008	6
2005	4	2009	11
2006	8		

2. 下面的数据是目前在威明顿信托银行分行工作的 8 名员工的年龄．计算这些数据的方差和标准差．

32　40　27　29　34　38　46　24

习题 3.2

基础题

3.11 考虑下面的样本数据值：
18　12　7　10　15　12　6　12　14
a) 计算极差．
b) 计算方差．
c) 计算标准差．

3.12 考虑下面的样本数据值：
5　11　17　23　14　16　11　17
a) 计算极差．
b) 计算方差．
c) 计算标准差．

3.13 考虑下面的总体数据值：
14　41　0　20　26　38　8
a) 计算极差．
b) 计算方差．
c) 计算标准差．

3.14 考虑下面的总体数据值：
25　18　−7　10　34　−12
a) 计算极差．
b) 计算方差．
c) 计算标准差．

应用题

3.15 当地的假日酒店请顾客对他们的住宿从 1 到 10 评分．下面的数据是前 10 名顾客的评分：
8　8　7　10　6　9　5　7　6　8
a) 计算极差．
b) 计算方差．

c) 计算标准差．

3.16 下面的列表是我上次 9 个统计学课堂学生的缺勤人数：
2　4　0　1　6　1　3　2　3
a) 计算极差．
b) 计算方差．
c) 计算标准差．

3.17 每隔 10 年，美国人口普查局都会调查每户家庭目前的人口数．下面是 8 户家庭对该问题的反馈．
5　1　2　6　4　4　3　5
a) 计算极差．
b) 计算方差．
c) 计算标准差．

3.18 下面的数值是前面 10 天中当地 AT&T 零售店每天售出的 iPhone 手机数：
14　5　6　11　18　10　10　12　3　15
a) 计算极差．
b) 计算方差．
c) 计算标准差．

3.19 下面的列表是 11 名刚毕业于商科大学的学生起薪数额，单位千元：
36　32　40　35　32　41　35　44　38　37　40
a) 计算极差．
b) 计算方差．
c) 计算标准差．

3.3 共同使用均值和标准差

商务应用中,标准差是常见的一致性度量工具,特别是在质量管理领域. 让我们回去看前面糖霜麦片的例题,其中我们采样 5 盒标量 18 盎司的麦片并称重. 表 3-12 中的样本 1 是导致客户投诉糖霜麦片量不足的样本. 样本均值是满意的,有 18.1 盎司. 因此,你断定所有产品都没问题,就丢了工作. 问题在于样本的差异性太大,反应在标准差上是 4.23 盎司. 表 3-12 中的样本 2 从质量控制的角度来看比较容易接受. 样本均值 18.1 盎司不变,但是方差小多了:标准差仅有 0.12 盎司. 标准差的计算也在表 3-12 中显示. 这道例题说明只有样本均值一项不足以为质量控制提供足够的信息. 同时也必须考察样本的标准差来确认罐装过程的正确性.

表 3-12 糖霜麦片例题:均值与标准差

	样本 1(盎司)	样本 2(盎司)
第一盒	14.2	18.2
第二盒	19.6	17.9
第三盒	22.7	18.1
第四盒	13.1	18.1
第五盒	20.9	18.2
均值	18.1	18.1
标准差	**4.23**	**0.12**

样本 1		样本 2	
x(oz)	x^2(oz^2)	x(oz)	x^2(oz^2)
14.2	201.64	18.2	331.24
19.6	384.16	17.9	320.41
22.7	515.29	18.1	327.61
13.1	171.61	18.1	327.61
20.9	436.81	18.2	331.24
总和 90.5	1709.51	90.5	1638.11

样本 1:

$$s_1 = \sqrt{\frac{\sum_{i=1}^{n} x_i^2 - \frac{\left(\sum_{i=1}^{n} x_i\right)^2}{n}}{n-1}}$$

$$= \sqrt{\frac{1709.51 - \frac{(90.5)^2}{5}}{5-1}}$$

$$= 4.23 \text{oz}$$

样本 2:

$$s_2 = \sqrt{\frac{\sum_{i=1}^{n} x_i^2 - \frac{\left(\sum_{i=1}^{n} x_i\right)^2}{n}}{n-1}}$$

$$= \sqrt{\frac{1638.15 - \frac{(90.5)^2}{15}}{5-1}}$$

$$= 0.12 \text{oz}①$$

① 在质量管理的设置中,企业倾向于偏好较小的标准差,也就是过程一致性较高的标志.

在这道例题中,我们计算出两个不同的标准差是因为两个样本到均值的距离各不相同. 当样本均值非常不同时,比较标准差也具有误导性. 这是因为标准差的大小受到数据量的影响. 数据量大标准差也会大. 这样的情形在下面一小节阐述.

3.3.1 变异系数

变异系数 CV 是以均值的百分比来度量分布的标准差. CV 高表示数据的变异性高, 或者一致性低. 换句话说, 数据点距离彼此很分散.

在两个数据集的均值很不一样时比较它们的一致性最好采用变异系数. 这是一种非常有效的度量方式, 因为两个不同的数据集均值也不相同. 变异系数提供通用度量——百分比——我们可以用此比较数据集. 不再比较苹果和橙子, 这种方法比较苹果和苹果(或者橙子和橙子, 取决于你喜欢哪种水果).

公式 3-14 是样本的变异系数公式. 公式 3-15 是总体的变异系数公式.

样本的变异系数公式

$$CV = \frac{s}{\bar{x}}(100) \tag{3-14}$$

其中　s = 样本标准差
　　　$\bar{x}$ = 样本均值

总体的变异系数公式

$$CV = \frac{\sigma}{\mu}(100) \tag{3-15}$$

其中　σ = 总体标准差
　　　μ = 总体均值

☞ 较小的变异系数意味着较高的数据一致性.

正如你所看到的, 变异系数以均值的百分比度量标准差. 在样本或总体中对两个样本做比较时, 变异系数较小的那个一致性较高(或者说变异性小).

为了说明这种方法, 我们比较相同六个月内 Nike 和 Under Armour 的股票价格, 来判断哪家公司的股价更为稳定. 表 3-13 是两支股票的股价及均值和标准差.

表 3-13　Nike 和 Under Armour 的股票价格

日期	Nike(美元)	Under Armour(美元)
5/15/2009	49.75	21.69
6/15/2009	55.94	23.30
7/15/2009	52.93	21.91
8/17/2009	55.44	23.58
9/15/2009	54.69	28.42
10/15/2009	64.96	30.28
均值	55.62	24.86
标准差	5.10	3.60

数据来源: http://www.online.wsj.com.

这两个样本的变异系数计算如下:

Nike:　　$CV = \frac{s}{\bar{x}}(100) = \frac{\$5.10}{\$55.62}(100) = 9.2\%$

Under Armour:　　$CV = \frac{s}{\bar{x}}(100) = \frac{\$3.60}{\$24.86}(100) = 14.5\%$

即使 Nike 股价的标准差比 Under Armour 高一些, 但是 Nike 股价更为稳定, 因为它的变异系数较低. 花点时间完成思考题. 你比较过两支职棒大联盟球队全垒打数的一致性吗? 我很感兴趣!

思考题 5　下表是吉米·罗林斯和阿尔伯特·普荷斯在 8 场连续的职棒大联盟赛季的全垒打数. 哪一位是更稳定的全垒打击球手呢?

年份	罗林斯	普荷斯	年份	罗林斯	普荷斯
2002	11	34	2006	25	49
2003	8	43	2007	30	32
2004	14	46	2008	11	37
2005	12	41	2009	21	47

数据来源：http://www.espn.com.

变异性不总是件坏事

本章开头的小节中，我们讨论过在质量管控中高变异性的问题．但是，商业世界中有一些情形下，变异性却被积极地看待．例如，贺氏食品公司生产多种咸味零食（包含我最喜欢的薯片）．公司搞了一次品尝测试来观察消费者对公司产品的反应．辣根切达薯片被认为是极端产品，因为它的口味很重．消费者的评分要么很高要么很低，导致该产品的品尝测试结果变化非常大．比较标准的产品，比如普通玉米片的评分就比较一致．假设下表是 7 名顾客给这两种产品的评分，分数从 1 到 10. 表中也包含均值和标准差．

	辣根切达薯片	玉米片
	4	8
	10	8
	10	7
	3	8
	10	8
	9	10
	10	7
均值	8.0	8.0
标准差	3.1	1.0

尽管这两种产品平均得分一致（均值），从市场的角度来看，辣根切达薯片被认为更好，因为标准差较大．对味道浓烈的产品，贺氏食品公司并不认为其测试分数中的高变异性是个问题．[①]

[①] 特别感谢贺氏食品公司的唐·柯克利提供这条信息．

3.3.2 z 值

统计学中一个特别常见的度量是 z 值，它是某特定值距离样本均值或者总体标准差的个数．总体 z 值的计算在公式 3-16 中显示．

总体的 z 值公式

$$z = \frac{x - \mu}{\sigma} \tag{3-16}$$

其中 $x=$ 所关注的数据值

$\mu=$ 总体均值

$\sigma=$ 总体标准差

如果我们的数据来自于一个样本，那么计算 z 值用公式 3-17.

⊖ 我向你保证这个公式会在本书中一直用，所以一定要熟悉它．

样本的 z 值公式

$$z = \frac{x - \bar{x}}{s} \tag{3-17}$$

其中　$x=$ 所关注的数据值
　　　$\bar{x}=$ 样本均值
　　　$s=$ 样本标准差

我们用表 3-14 来说明 z 值，表中数据是采样的快餐汉堡的卡路里数．同时，样本均值和标准差也显示在表中，你可以用 Excel 验证．（尽量不要流口水，免得把课本弄湿．）

表 3-14　不同快餐汉堡的卡路里数

汉堡类型	餐厅	卡路里数
芝士汉堡	麦当劳	300
经典汉堡	温迪快餐	430
巨无霸	麦当劳	540
小皇堡	汉堡王	670
培根芝士汉堡	索尼克	780
双层巨无霸	温迪快餐	840
三层芝士汉堡	汉堡王	1230
2/3 磅超厚巨无霸汉堡	哈迪斯	1420
	样本均值	**776.3**
	样本标准差	**385.1**

我们用公式 3-17 计算三层芝士汉堡的 z 值：

$$z = \frac{x - \bar{x}}{s} = \frac{1230 - 776.3}{385.1} = \frac{453.7}{385.1} = 1.18$$

数字 1.18 向我们传达的是什么？嗯，我们的三层芝士汉堡的卡路里值比均值高 453.7．如果标准差是 385.1 卡路里，那么三层芝士汉堡比样本均值高出一个多一点标准差(1.18)．

巨无霸的 z 值说明它在均值以下：

$$z = \frac{x - \bar{x}}{s} = \frac{540 - 776.3}{385.1} = \frac{-236.3}{385.1} = -0.61$$

巨无霸的卡路里值低于均值 236.3 卡路里，转换过来就是 -0.61 标准差．这里的 z 值是负数，表示数据低于样本均值．

假设样本中有一个汉堡的卡路里值正好是 776.3 的话，它的 z 值计算如下：

$$z = \frac{x - \bar{x}}{s} = \frac{776.3 - 776.3}{385.1} = \frac{0}{385.1} = 0.0$$

通常来说，z 值有如下属性：
- 对于大于均值的数值，z 值为正
- 对于小于均值的数值，z 值为负
- 等于均值的数值，z 值为 0

z 值类似于用其他单位表达原始数据，比如把 2 英尺转换成 24 英寸．在我们的例题中，540 卡路里的巨无霸转换成了 -0.61 的 z 值．但是，z 值本身没有单位，即使原始数据是可以表达为有单位的，比如美元、年、磅、卡路里等．

👆 把计算 z 值看作简单的转换数值单位，就像从英尺转换成英寸一样．

比较奥运会成绩

如何比较运动员在不同的运动项目中的好成绩呢？用 2010 年温哥华冬季奥运会来举例．如何比较瑞士选手西蒙·阿曼恩与美国选手沙尼·戴维斯的赛绩？前者以 14.2 点胜差赢得男子跳台滑雪金牌，后者以 0.18 秒的优势获得 1000 米速滑冠军，谁的成绩更具实力？

这个问题在《华尔街日报》的文章得到了回答，文章标题为"迄今为止最出色的奥运会成绩"，作者马修·福特曼．为了比较不同运动项目之间的成绩，我们需要把夺冠成绩转换为通用的测量比例．我们一直讨论的 z 值就是一个完美的答案．

福特曼计算了奥运会赛事的夺冠时间或成绩的 z 值，在下表中显示．这些数值代表的是夺冠成绩距离该项赛事平均成绩的标准差个数．恭喜法国选手文森特·杰伊，他的成绩被认为是 2010 年冬季奥运会最具实力的．他在冬季两项男子 10 公里竞速赛的 12.2 秒胜差是该项赛事均值以上 2.13 个标准差．

最具实力的金牌得主	胜差	距均值的标准差
文森特·杰伊，法国 冬季两项男子 10 公里竞速赛	+12.2 秒	2.13
西蒙·阿曼恩，瑞士 男子跳台滑雪	+14.2 秒	2.01
埃米尔·赫格勒·斯文森，挪威 冬季两项 20 公里个人赛	+9.5 秒	1.96
玛蒂娜·萨布莉科娃，捷克 3000 米速滑	+2.09 秒	1.93
沙尼·戴维斯美国 1000 米速滑	+0.18 秒	1.81

数据来源：马修·福特曼，"迄今为止最出色的奥运会成绩"，华尔街日报，2010 年 2 月 24 日，http://online.wsj.com．

最后，我们用 z 值来查找数据集中的异常值．数据值的 z 值在 +3 以上或者 −3 以下的被认为是异常值．表 3-15 显示的是每种快餐汉堡卡路里值的 z 值．

表 3-15 快餐汉堡卡路里值的 z 值

汉堡类型	卡路里		
	x_i	$(x_i - \bar{x})$	z
芝士汉堡	300	−476.3	−1.24
经典汉堡	430	−346.3	−0.90
巨无霸	540	−236.3	−0.61
小皇堡	670	−106.3	−0.28
培根芝士汉堡	780	3.7	0.01
双层巨无霸	840	63.7	0.17
三层芝士汉堡	1230	453.7	1.18
2/3 磅超厚巨无霸汉堡	1420	643.7	1.67

表 3-15 中列出的汉堡没有异常值,因为所有的 z 值都在距离均值±3 个标准差之内. 即使是破坏肠道而且诱发中风的超厚巨无霸汉堡也不符合异常值的标准,因为它的 z 值只高于均值 1.67 个标准差. (请不要用这个理由当作借口吃掉一个.)

Excel 的函数 STANDARDIZE 能用公式 3-17 计算 z 值:

$$=\text{STANDARDIZE}(x,\ mean,\ standard\_deviation)$$

用巨无霸举例,计算如下:

$$=\text{STANDARDIZE}(540,\ 776.3,\ 385.1)=-0.61$$

在第 8 章,我们将在 z 值的帮助下研究统计学是如何根据样本预测总体. 我前面说过,z 值会在本书中有大量广泛的应用. 所以确保这些信息在你脑袋里存档,日后方便存取.

3.3.3 经验法则

很多大的数据集数值都集中在均值和中位数的周围,所以这些数据在直方图中的分布呈钟形,而且对称. 在这种情况下根据**经验法则**(empirical rule,看起来像皇家法令),约有 68%、95%、和 99.7% 的数值分布在距离均值上下 1 个、2 个和 3 个标准差范围内. 换句话说,这些数值的大部分——99.7%——都分布在均值±3 个标准差内. (经验法则有时也被称为 68—95—99.7 法则.)

例如,假设我最大的统计课堂考试平均分是 80 分,标准差是 5.0 分,成绩曲线关于均值呈钟形分布,如图 3-12 所示. 因为均值上面一个标准差是 85(80+5),均值下面一个标准差是 75(80−5),经验法则告诉我们大约有 68% 的考试分数在 75 到 85 的区间内.

不用 z 值,我们也可以将公式 3-16 重新排列根据 x 计算考试分数. 如公式 3-18 所示.

z 值表达 x 的公式

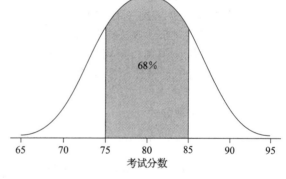

图 3-12 距离均值 1 个标准差的考试成绩的百分比
注:经验法则仅适用于比较对称的钟形曲线.

$$x = \mu + z\sigma \tag{3-18}$$

☞ 如果数据是钟形的,并且接近对称,我们期望所有的数据值实际上分布在数据中心 3 个标准差以内.

我们发现通过设定 $z=1$ 和 $z=-1$,可以计算出距离均值上下 1 个标准差的考试分数.

$$x = \mu + z\sigma$$
$$x = 80 + (1)(5) = 85$$
$$x = 80 + (-1)(5) = 75$$

经验法则说明约有 95% 的数值在均值上下 2 个标准差之内. 在例题中,距离均值 2 个标准差的考试分数为:

$$x = 80 + (2)(5) = 90$$

$$x = 80 + (-2)(5) = 70$$

根据图 3-13，约有 95% 的考试分数在 70 到 90 之间。

最后一步，经验法则指出满足这样的条件时，约有 99.7% 的数值在均值上下 3 个标准差之内。在本例题中，距离均值 3 个标准差的考试分数为：

$$x = 80 + (3)(5) = 95$$
$$x = 80 + (-3)(5) = 65$$

根据图 3-14，我可以期望几乎全部考试分数都在 65 到 95 之间。

这进一步证明了距离均值 3 个标准差以为的数值不常见，被认为是异常值。

3.3.4 切比雪夫定理

切比雪夫定理[一]是与经验法则类似的一个数学法则，只是它可以应用于任意分布，而不是像经验法则一样只应用于钟形、对称分布的分布。该法则指出，对任意大于 1 的数值 z 来说，距离均值上下 z 个标准差的数值的百分比至少是多少可以用公式 3-19 计算出来。

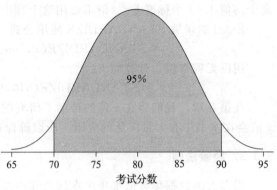

图 3-13 距离均值 2 个标准差的考试成绩的百分比

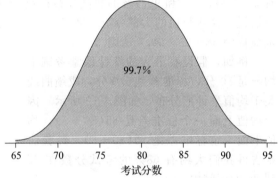

切比雪夫定理公式

$$\left(1 - \frac{1}{z^2}\right) \times 100 \quad (3\text{-}19)$$

图 3-14 距离均值 3 个标准差的考试成绩的百分比

所以，根据定理，用公式 3-19 我们可以得出如下结论：

- 当 $z=2$ 的时候，至少有 $\left(1-\frac{1}{2^2}\right) \times 100\% = 75\%$ 的数据值在均值上下 2 个标准差内。
- 当 $z=3$ 的时候，至少有 $\left(1-\frac{1}{3^2}\right) \times 100\% = 89\%$ 的数据值在均值上下 3 个标准差内。
- 当 $z=4$ 的时候，至少有 $\left(1-\frac{1}{4^2}\right) \times 100\% = 94\%$ 的数据值在均值上下 4 个标准差内。

换句话说，无论分布是否呈钟形，至少有 94% 的数据值都会在距离均值 4 个标准差的范围内；至少有 89% 的数据值在距离均值 3 个标准差的范围内；有 75% 的数据值在距离均值 2 个标准差的范围内。切比雪夫定理可以应用在任意分布的数据上，只是数值 z 必须大于 1。

我们来检验切比雪夫定理，看看它到底是如何计算的。表 3-16 是美国职棒大联盟 2001 年棒球赛季 40 名顶级球员全垒打的个数。（2001 年是历史性的一年。一直被怀疑使用了兴

⊖ 切比雪夫定理可以应用到任意分布，不管分布形状如何。

奋剂的巴里·邦德创下了单赛季个人全垒打的新纪录.)这40名球员的全垒打个数已经从最高到最低排序.

表 3-16 2001年全垒打数

73	64	57	49	49	45	41	39	38	38
37	37	37	36	36	34	34	34	34	34
33	31	31	30	30	29	27	27	27	25
25	25	25	25	25	23	23	22	22	21

数据来源：http://www.espn.com.

用 Excel 我们可以做如下计算：

$$\bar{x} = 34.3（样本均值）$$
$$s = 11.4（样本标准差）$$

下面让我们证明至少有75%的观察值在距离均值2个标准差的范围内. 计算距离均值2个标准差之内的全垒打数，我们要根据x(而不是z)重新组合公式3-17，见公式3-20. 我们在这里用$\bar{x}$和s，因为我们的数据代表样本而不是总体.

z 值(z)表达样本(x)的公式

$$x = \bar{x} + zs \qquad (3-20)$$

我们发现通过设定$z=2$和$z=-2$，可以计算出距离均值上下2个标准差的全垒打数.

$$x = \bar{x} + zs$$
$$x = 34.3 + (2)(11.4) = 57.1$$
$$x = 34.3 + (-2)(11.4) = 11.5$$

除了最高两个全垒打数之外，所有数值都在这个区间内. 因此，在均值2个标准差之内的观察值百分比为：

$$\frac{38}{40}(100) = 95\%$$

因为95%比75%[⊖]大，所以切比雪夫定理成立.

表3-17证实了对本例来说在3个和4个标准差时的切比雪夫定理也成立.

表 3-17 验证切比雪夫定理

z	$\bar{x}$	s	$\bar{x}+zs$	$\bar{x}-zs$	切比雪夫百分比（%）	实际百分比（%）
2	34.3	11.4	57.1	11.5	75	95
3	34.3	11.4	68.5	0.1	89	97.5
4	34.3	11.4	79.9	-11.3	94	100

正如你所看到的，在每种情况下距离均值上下2个、3个和4个标准差时实际数值的百分比都超过了切比雪夫百分比，这也就证明了定理的正确性. 使用切比雪夫定理的一个不足之处就是当分布是钟形对称分布时，这个定理往往会低估在区间内的观察值百分比.

⊖ 这一点很重要，记住切比雪夫定理说的是至少有75%的数据在距离均值2个标准差之内. 因此，95%满足定理要求.

现在，为了检验你是否注意学习，往下学习之前看看你能不能处理下面的思考题.

思考题 6

1. 假设州公立学校 4 年制大学每年学费平均为 \$7000，标准差是 \$850. 计算学费如下时的 z 值.
   a) \$6000
   b) \$8400

2. 假设从安飞士租车公司租赁一辆紧凑型轿车的周平均价是 \$322，标准差是每个星期 \$25，该数据分布呈钟形. 计算每周价格包含以下值时区间是什么：
   a) 均值周围 68% 的汽车租赁价格
   b) 均值周围 95% 的汽车租赁价格
   c) 均值周围 99.7% 的汽车租赁价格

3. 假设员工的平均年缴医保费用为 \$1920，标准差为 \$160，该数据分布不呈钟形. 计算当年缴医保费用至少包含以下值时，缴费区间是多少？
   a) 均值周围 75% 的员工
   b) 均值周围 85% 的员工（提示：你应该用切比雪夫定理计算数值 z）
   c) 均值周围 94% 的员工

习题 3.3

基础题

3.20 考虑以下两个样本数据.
样本 1：
4 7 6 9 5
样本 2：
2 11 14 4 3
a) 计算各数据集的变异系数.
b) 哪个数据集的变异性大？

3.21 考虑以下两个样本数据.
样本 1：
11 21 15 24 20
样本 2：
3 8 0 5 6
a) 计算各数据集的变异系数.
b) 哪个数据集的变异性大？

3.22 考虑均值为 40，标准差为 12 的样本，计算下列数值的 z 值：
a) 50   b) 65
c) 35   d) 10

3.23 考虑以下样本数据：
9 7 15 10 4 12
计算下列数值的 z 值：
a) 13   b) 16
c) 8   d) 4

应用题

3.24 假设一台笔记本电脑的平均售价是 \$800，标准差为 \$75. 下面的数据是百思买这款笔记本价格的样本. 计算下列价格的 z 值：
a) \$699   b) \$949
c) \$625   d) \$849
e) \$999

3.25 下面的数据是温迪快餐免下车点餐窗口的顾客等候订餐的时间.
1 4 6 0 4 3 10 0 4
计算下述时间的 z 值.
a) 1 minute   b) 3 minutes
c) 7 minutes   d) 12 minutes

3.26 假设某郡房屋平均售价是 \$325 000，标准差 \$40 000.
a) 计算变异系数.
b) 计算房屋售价为 \$310 000 的 z 值.
c) 用经验法则计算包含了均价周围 95% 房价的区间是多少.
d) 用切比雪夫定理确认包含至少 94% 房价

3.27 布雷特·法弗被称为美国国家橄榄球联盟中本尼迪克特·阿诺德将军.（你可以看出我是绿湾包装工的铁杆粉丝吗?)下面的数据是他前 18 个赛季汇总平均每赛季的达阵传球个数.

 0 18 19 33 38 39 35 31 22
20 32 27 32 30 20 18 28 22

证明根据切比雪夫定理得出的百分比是正确的，即距离均值 1 个、2 个和 3 个标准差的观察值百分比.

3.28 假设 MBA 学生的平均年龄是 31.6 岁，标准差是 2.8 岁.
 a) 计算变异系数.
 b) 计算年龄为 28 岁学生的 z 值.
 c) 用经验法则计算包含了平均年龄周围 99.7% 的年龄区间是多少.
 d) 用切比雪夫定理确认包含平均年龄周围至少 94% 的年龄区间是多少.
 e) 用切比雪夫定理确认包含平均年龄周围至少 80% 的年龄区间是多少.

3.4 处理分组数据

回忆第 2 章的内容，你学过了按照分组数据而不是单独的数据点来组织的频率分布. 我们用下面的例题计算这种类型数据的均值、方差和标准差.

人口统计调查受访者的年龄时用分组年龄数据的形式. 这样做的目的是为了增加人们反馈调查的可能性. 因为人们更倾向于接受年龄段的选择，而不是说出实际年龄. 表 3-18 是每个年龄段中受访者的人数.

下面的小节将计算受访者年龄的均值、方差和标准差.

表 3-18 受访者人数以及他们的年龄段

年龄段	受访者人数(f_i)
20 至 30 岁以下	20
30 至 40 岁以下	41
40 至 50 岁以下	19
50 至 60 岁以下	9
60 至 70 岁以下	11
总和	100

3.4.1 分组数据的均值

要计算这个频率分布的平均年龄的话，我们首先需要找到每个年龄段的中点. 中点就是各组数据的中间点. 你可以通过计算每类或者每组数据端点的平均数求得. 例如，第一组中点计算如下:

$$\frac{20+30}{2} = 15$$

表 3-19 给出本例中每组数据的中点.

根据公式 3-21 计算该分组数据样本的平均年龄.

样本均值公式：分组数据

表 3-19 受访者年龄段的中点

年龄段	中点(m_i)
20 至 30 岁以下	25
30 至 40 岁以下	35
40 至 50 岁以下	45
50 至 60 岁以下	55
60 至 70 岁以下	65

$$\overline{x} \approx \frac{\sum_{i=1}^{n}(f_i m_i)}{n} \qquad (3\text{-}21)$$

其中 f_i = 第 i 组的频率
m_i = 第 i 组的中点
$n = \sum_{i=1}^{n} f_i$（观察值总数）

你是否注意到了公式 3-21 中的"波浪"的等号？这个符号表示这个公式只是受访者年龄的近似值。通过将年龄分组，我们已经失去了受访者个体的信息。因为中点是每组年龄的估计值，我们最后的结果也只能是所有受访者年龄的估计值.

这道受访者年龄例题的近似样本均值计算如下：

$$\bar{x}^{\ominus} \approx \frac{\sum_{i=1}^{n}(f_i m_i)}{n} = \frac{(20)(25)+(41)(35)+(19)(45)+(9)(55)+(11)(65)}{20+41+19+9+11}$$

$$\approx \frac{500+1435+855+495+715}{100} = \frac{4000}{100} = 40 \text{ 年}$$

受访者平均年龄是 40 岁.

如果我们的分组数据是总体的话，用公式 3-22 计算总体均值.

总体均值公式：分组数据

$$\mu \approx \frac{\sum_{i=1}^{N}(f_i m_i)}{N} \tag{3-22}$$

公式 3-22 和公式 3-21 一致，只是用 μ 代替 $\bar{x}$，用 N 代替 n.

3.4.2 分组数据的方差和标准差

我们也可以计算分组数据的变异性. 分组数据的样本方差用公式 3-23 计算.

样本方差公式：分组数据

$$s^2 \approx \frac{\sum_{i=1}^{n}(m_i-\bar{x})^2 f_i}{n-1} \tag{3-23}$$

其中 $\bar{x}$ = 近似样本均值

f_i = 第 i 组的频率

m_i = 第 i 组的中点

$n = \sum_{i=1}^{n} f_i$（观察值总数）

表 3-20 总结了受访者年龄例题样本方差的计算. 注意，我们使用了前面计算出来的 $\bar{x} = 40$.

表 3-20　受访者年龄的方差计算

AGE	m_i	f_i	($\bar{x}$)	($m_i-\bar{x}$)	($m_i-\bar{x}$)^2	($m_i-\bar{x}$)$^2 f_i$
20~30	25	20	40	−15	225	4500
30~40	35	41	40	−5	25	1025
40~50	45	19	40	5	25	475
50~60	55	9	40	15	225	2025

⊖ 因为中点只是各组的年龄估计值，所以加权平均只是近似值.

AGE	m_i	f_i	$(\bar{x})$	$(m_i-\bar{x})$	$(m_i-\bar{x})^2$	$(m_i-\bar{x})^2 f_i$
60~70	65	11	40	25	625	6875
		$n=\sum f_i=100$				$\sum(m_i-\bar{x})^2 f_i=14\,900$

$$s^{2\,①} \approx \frac{\sum_{i=1}^{n}(m_i-\bar{x})^2 f_i}{n-1} = \frac{14\,900}{100-1} = 150.5$$

① 分组数据的标准差也是近似值,和均值的原理一样.

受访者年龄样本的标准差是

$$s \approx \sqrt{s^2} = \sqrt{150.5} = 12.3 \text{ 岁}$$

如果我们的数据表示的是总体数据,那么方差计算用公式 3-24.

总体方差公式:分组数据

$$\sigma^2 \approx \frac{\sum_{i=1}^{N}(m_i-\mu)^2 f_i}{N} \tag{3-24}$$

公式 3-24 和公式 3-23 一致,只是用 μ 代替 $\bar{x}$,用 N 代替 $n-1$.

现在,用思考题检验是否你已经理解了计算分组数据均值和标准差的过程.

思考题 7 下表总结了特拉华州荀地毕肯学院(Goldey-Beacom College)今年毕业的 MBA 学生 GPA,这是一个样本.计算这组 GPA 的均值、方差和标准差.

GPA	频率	GPA	频率
3.0 到 3.2 以下	6	3.6 到 3.8 以下	14
3.2 到 3.4 以下	8	3.8 到 4.0	6
3.4 到 3.6 以下	6		

习题 3.4

基础题

3.29 考虑下面的分组样本数据:

数值	频率
0 到 2 以下	4
2 到 4 以下	2
4 到 6 以下	9
6 到 8 以下	7

a) 计算样本数据的近似均值.
b) 计算这些样本数据的近似标准差.

3.30 考虑下面的分组样本数据:

数值	频率
5 到 10 以下	15
10 到 15 以下	9
15 到 20 以下	21
20 到 25 以下	24
25 到 30 以下	6

a) 计算样本数据的近似均值.
b) 计算这些样本数据的近似标准差.

3.31 考虑下面的分组数据:

数值	频率
10 到 30 以下	26
30 到 50 以下	35
50 到 70 以下	51
70 到 90 以下	33

a) 计算样本数据的近似均值.

b) 计算这些样本数据的近似标准差.

应用题

3.32 人口统计调查受访者的年收入,请受访者将年收入分组(单位是千元),数据在下面的表中. 每个收入组别中受访者人数也在表中显示.

年收入	受访者人数
$20 到 $30 以内	67
$30 到 $40 以内	111
$40 到 $50 以内	125
$50 到 $40 以内	21
$30 到 $40 以内	38

a) 计算受访者年收入近似平均值.
b) 计算受访者年收入近似方差和标准差.

3.33 某免约诊所的急诊室记录每天他们诊治的病人人数. 下表是 150 天中每天病人就诊的频率.

病人数	频率
20 到 40 以内	10
40 到 60 以内	16
60 到 80 以内	25
80 到 100 以内	65
100 到 120 以内	34

a) 计算每天就诊的病人人数近似平均值.
b) 计算每天就诊的病人人数近似方差和标准差.

3.34 奥利弗花园意大利餐厅记录周六晚上顾客等位的时间. 下表是前面 100 位顾客等位时间的频率.

每位顾客的等位时间	频率
1 到 10 以内	6
10 到 20 以内	22
20 到 30 以内	10
30 到 40 以内	18
40 到 50 以内	28
50 到 60 以内	16

3.35 下表是汉克·阿伦在他 23 年的职业棒球生涯中每年击出的全垒打个数.

13 27 26 44 30 39 40 34 45
44 24 32 44 39 29 44 38 47
34 40 20 12 10

a) 计算这些数据的均值和标准差.
b) 将这些数据分组,组边界分布为 10 到 20 以内,20 到 30 以内,30 到 40 以内,40 到 50 以内.
c) 计算这些分组数据的近似均值和标准差.
d) 解释 c 部分得到的结果和 a 部分结果的区别.

3.5 相对位置的度量

描述数据除了集中趋势之外,还可以根据**相对位置**,也就是比较某个数值和数据集中其他数据的位置. 百分位数和四分位数是度量相对位置最常见的方式.

3.5.1 百分位数

百分位数度量的是一个近似百分比,是指在数据集中比所关注数值小的数值所占的百分比. 例如,我女儿克莉丝汀告诉我她在 MCAT 考试中得了 36 分,这是个医学院入学考试,我不确信如何来回答她. 但是,当她告诉我这个成绩在第 97 百分位数的时候,我马上明白这是个值得庆祝的时刻,因为她比同时参加考试的 97% 的学生考的都要好. (看起来我们家又要有一位 Dr. 唐纳利!)

数据集的**第 p 百分位数**(其中 p 是 1 到 100 之间的任意数字)的正式定义是至少有百分之 p 的观察值在该数值之下.

有部分我的学生会混淆百分位数和百分比,所以要注意不要犯这样的错误. 在 MCAT

例题中，最高成绩是 45．克莉丝汀的成绩所占百分比是 36/45＝80%，这和第 97 百分位数不一样．

☞ 百分位数和百分比不是一样的．要确认你理解它们之间的区别．

手动计算百分位数的方法不止一种，不同的算法结果略有不同．我将介绍的方法和计算中位数的一样，用索引点．

☞ 之前讨论过的中位数是第 50 百分位数．

我用下面的数据来演示手动计算百分位数的方法．数据是匹兹堡国民银行 15 位顾客在 ATM 机上交易所花的时间，单位是秒．让我们计算代表第 70 百分位数的数值．

$$124 \quad 137 \quad 88 \quad 156 \quad 66 \quad 142 \quad 96 \quad 122$$
$$69 \quad 107 \quad 104 \quad 87 \quad 111 \quad 93 \quad 99$$

首先我们需要把数据按照从小到大排序，见表 3-21，并且标记位置．

接下来，我们要找出索引点 i，用公式 3-25.

第 p 百分位数的索引点公式

$$i = \frac{P}{100}(n) \quad (3\text{-}25)$$

其中　P＝所关注的百分位数

　　　n＝数据值个数

因为我们有 15 个 ATM 观察值，而且我们需要计算第 70 百分位数，所以

$$i = \frac{P}{100}(n) = \frac{70}{100}(15) = 10.5$$

表 3-21　已排序的 ATM 交易时间

（单位：秒）

时间	位置	时间	位置
66	1	107	9
69	2	111	10
87	3	122	11
88	4	124	12
93	5	137	13
96	6	142	14
99	7	156	15
104	8		

然而，10.5 不是整数．怎么办？我们采用和中位数计算相同的原则：

- 如果 i 不是整数，将 i 四舍五入到下一个整数．第 i 个位置代表我们要求的数值．
- 如果 i 是整数，第 i 个和第 i＋1 个数值的中点就是我们要求的数值．

☞ 在计算所关注的百分位数时要密切关注这两个原则．

因为 i＝10.5，所以位置第 11 就是第 70 百分位数，也就是 122 秒．换句话说，122 秒是第 70 百分位数．因此，数据集中有 70% 的数值小于 122 秒．

这里还有一个危险信号，有些学生会错误地把 11 当作第 70 百分位数．记住，索引点 i 不是所关注的数值．它只是在我们排好序的数据中的位置．

☞ 确认你不要把代表第 i 百分位数的数值弄混．数值 i 表示的是百分位数的位置，不是百分位数的值．

Excel 可以用 PERCENTILE 函数帮我们计算百分位数：

$$=\text{PERCENTILE}(array, k)$$

其中 $array$=所关注的数据区间

k=包含 0 到 1 的区间内所关注的百分位数

图 3-15 演示了如何用这个函数计算前面 ATM 例题的第 70 百分位数，结果在单元格 D1 中.

注意单元格 D1 中的数值与之前我们用公式 3-25 计算出来的结果略有不同. 这是因为 Excel 计算百分位数所使用的方法不同.

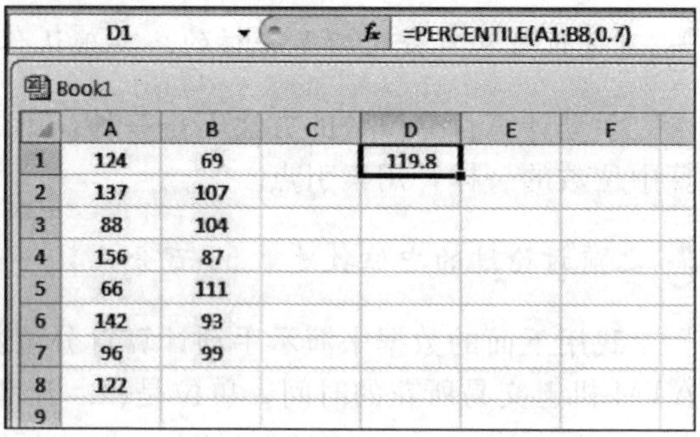

	A	B	C	D	E	F
1	124	69		119.8		
2	137	107				
3	88	104				
4	156	87				
5	66	111				
6	142	93				
7	96	99				
8	122					
9						

图 3-15 Excel 的 PERCENTILE 函数

注：Excel 计算的第 70 百分位数的数值(119.8)和手动算出来的第 70 百分位数略有不同，因为 Excel 计算百分位数的方法是另一种.

我们接着用 ATM 例题来计算第 40 百分位数，演示如何使用前面有关索引点的第二个原则，计算如下：

$$i=\frac{P}{100}(n)=\frac{40}{100}(15)=6$$

因为 $i=6$，所以第 40 百分位数是第 6 位(96)和第 7 位(99)的中点值，见表 3-20，计算如下：

$$\text{第 40 百分位数}=\frac{96+99}{2}=97.5\text{ 秒}$$

注意，百分位数不需要是数据集里实际的数值.

现在，我们反过来看这个过程. 在之前的例题中，我们计算的是与某个百分位数关联的数据集中的数值. 现在，我要教大家如何计算**百分等级**，它要确定的是数据集中某个特定数值的百分位数(听起来让我很兴奋).

表 3-22 是美国国家美式足球联盟的国家美式足球联会在 2009 年赛季 16 个队的成绩.

表 3-22 2009 年国家美式足球联会的成绩㊀

球队	成绩	球队	成绩
纽约巨人	402	卡罗来纳黑豹	315
费城老鹰	429	亚特兰大猎鹰	363
达拉斯牛仔	361	坦帕湾海盗	244
华盛顿红人	266	新奥尔良圣徒	510
明尼苏达维京人	470	卡罗来纳黑豹	375
芝加哥熊	327	旧金山 49 人	330
绿湾包装工	461	西雅图海鹰	280
底特律雄狮	262	圣路易斯公羊	175

让我们来计算绿湾包装工的百分等级，2009 年赛季的成绩是 461 分. 首先，我们把数据按照从小到大排序，如下所示. 包装工的成绩用粗体标出.

175 244 262 266 280 315 327 330

㊀ 美国国家美式足球联盟(National Football League，NFL)，是世界最大的职业美式橄榄球联盟. 目前联盟共有 32 支球队，分为两个联会：国家美式足球联会(National Football Conference，简称 NFC 或国联)与美国美式足球联会(American Football Conference，简称 AFC 或美联). ——译者注

361　363　375　402　429　**461**　470　510

接下来，我们计算比包装工得分少的队的个数，是 13. 要想计算包装工的近似百分等级，我们用公式 3-26.

百分等级公式

$$\text{百分等级} = \frac{\text{低于 } x \text{ 的数值的个数} + 0.5}{\text{数值总数}}(100) \tag{3-26}$$

在本例中，公式中的 x 表示包装工的数值 461——这个队的总得分. 因为我们已知有 13 个队得分少于 461 分，所以我们可以计算出包装工的百分等级如下：

$$\text{百分等级} = \frac{(13) + 0.5}{16}(100) = \frac{13.5}{16}(100) = \text{第 } 84 ^{\ominus}$$

包装工 2009 年的成绩 461 点为第 84 百分位数，就是包装工队的成绩在该赛季至少高于国家美式足球联会中 84% 的球队.

Excel 有 PERCENTRANK 函数来计算百分等级：

$$= \text{PERCENTRANK}(array, x)$$

其中　$array$ = 所关注的数据区间

x = 你想要计算其百分等级的那个数值

图 3-16 显示了如何用 Excel 函数计算绿湾包装工队的百分等级. 结果在单元格 D1 中.

再重复一次，注意单元格 D1 中的数值与我们用公式 3-26 手动计算出来的数值略有差别. 这是因为 Excel 计算百分等级时采用了不同的方法.

我们可以用百分等级比较两个不同数据集里的不同的两个数值. 表 3-23 列出了一个数学课堂和一个物理课堂的考试成绩. 某学生在她的数学测验中得了 88 分，在她的物理测试中得了 76 分. 她这两个考试成绩哪一个相对于她的同学较高？为了回答这个问题，我们计算百分等级.

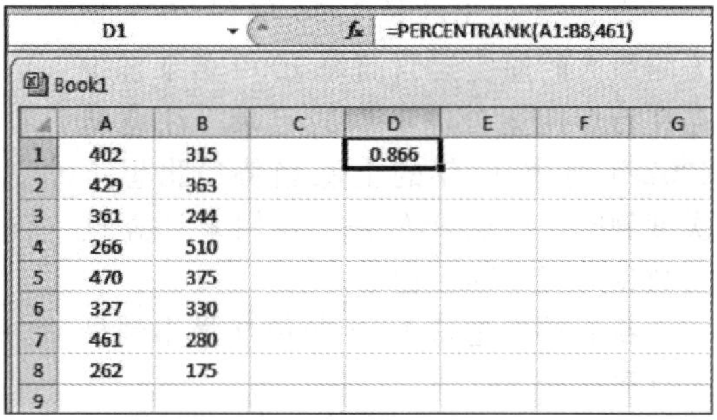

图 3-16　Excel 的 PERCENTRANK 函数

注：Excel 算出来的第 86 百分位数和我们手动算出来的第 84 百分位数略有差别，是因为 Excel 计算百分等级时采用了不同的方法.

表 3-23　测验成绩

数学测验成绩												
59	62	66	69	72	72	75	75	78	81	83	84	85
86	**88**	89	90	91	92	93	94	94	95	97	98	
物理测验成绩												
47	48	53	56	57	58	60	61	61	62	63	64	71
72	74	75	**76**	82	89	95						

$\ominus$　百分等级一定在 0 到 100 之间.

总共有 25 个数学测验成绩，其中 14 个低于 88。因此，近似百分等级计算如下：

$$百分等级 = \frac{(14)+0.5}{25}(100) = \frac{14.5}{25}(100) = 第\ 58$$

总共有 20 个物理测验成绩，其中 16 个低于 76。因此，近似百分等级计算如下：

$$百分等级 = \frac{(16)+0.5}{20}(100) = \frac{16.5}{20}(100) = 第\ 83$$

即使这名同学的数学成绩(88)比她的物理成绩(76)高，这名同学在物理测验中的表现比她的同学要好，因为物理测验的百分等级比较高。

3.5.2 四分位数

四分位数是我们感兴趣的特殊的百分位数。第一四分位数是构成第 25 百分位数的数值，第二四分位数是构成第 50 百分位数的数值，第三四分位数是构成第 75 百分位数的数值。这三个四分位数分别用 Q_1，Q_2 和 Q_3 来表示。第二四分位数 Q_2，也就是中位数，我们之前讨论过。

表 3-24 列出的是 1990 年到 2007 年美国最大的航空运营商每 1000 名乘客中存在行李托运处理不当的记录。注意从 2002 年到 2007 年的上涨趋势！我想下次度假时，我会开车去。我们来计算这些数据的三个四分位数。

表 3-24 每 1000 名乘客中行李托运处理不当的记录

年份	记录	年份	记录
1990	6.73	1999	5.08
1991	5.38	2000	5.29
1992	5.87	2001	4.58
1993	5.60	2002	3.84
1994	5.33	2003	4.19
1995	5.18	2004	4.91
1996	5.30	2005	6.64
1997	4.96	2006	6.73
1998	5.16	2007	7.03

数据来源：美国交通部数据

我们首先把这 18 个数值从最小到最大排序：

```
3.84    4.19    4.58    4.91    4.96    5.08
5.16    5.18    5.29    5.30    5.33    5.38
5.60    5.87    6.64    6.73    6.73    7.03
```

现在我们要算出第一四分位数的索引点。用公式 3-25 计算索引点，我们设定 $P=25$，因为第一四分位数是第 25 百分位数。

$$Q_1\ 的索引点：i = \frac{P}{100}(n) = \frac{25}{100}(18) = 4.5$$

因为 4.5 是小数，按照计算数据集中位数的方法，我们将它四舍五入。这样 Q_1 便成为我们已排序数据中的第 5 个，关联数值为 4.96。

因为第二百分位数是中位数，设定 $P=50$，计算 Q_2 的索引点。

$$Q_2\ 的索引点：i = \frac{P}{100}(n) = \frac{50}{100}(18) = 9$$

Q_2 是已排序数据的第 9 位(5.29)和第 10 位(5.30)的中点，因此

㊀ 数据集的第一、第二和第三四分位数分布是代表第 25、第 50(中位数)和第 75 百分位数的数值。

$$Q_2 = \frac{5.29 + 5.30}{2} = 5.295$$

第三百分位数的索引点也就是第 75 百分位数,计算如下:

$$Q_3 \text{ 的索引点}: i = \frac{P}{100}(n) = \frac{75}{100}(18) = 13.5$$

Q_3 是已排序数据的第 14 位;因此 $Q_3 = 5.87$. 所以,我们算好的三个四分位数如下所示:

$$Q_1 = 4.96 \quad Q_2 = 5.295 \quad Q_3 = 5.87$$

Excel 的 QUARTILE 函数能计算四分位数,见表 3-25:

$$=\text{QUARTILE}(array, quart)$$

其中 $array =$ 所关注的数据范围

$quart =$ 从表 3-25 中得到的"四分位"

图 3-17 显示的是该函数如何计算行李处理不当例题中的四分位数. 结果在单元格 E1 到 E5 中显示.

表 3-25 用 Excel 计算四分位数

四分位	得到的四分位数
0	最小值
1	Q_1
2	Q_2
3	Q_3
4	最大值

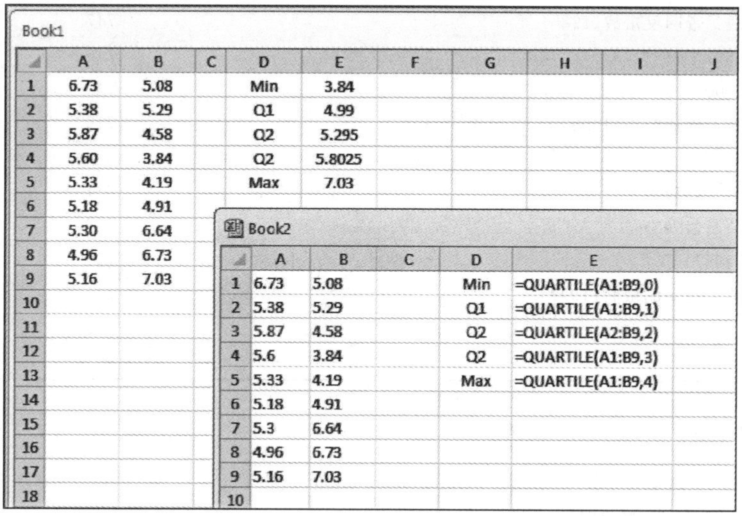

图 3-17 Excel 的 QUARTILE 函数

再重申一次,单元格 E1 到 E5 中的数值与我们手动计算的数值略有差异,因为 Excel 计算四分位数时采用了不同的方法.

四分位数间距(interquartile range,即 IQR),描述的是区间中间的 50%. 我们把分布最高和最低的四分位区去掉,所以剩下的就是中间的 50%. 用第三四分位数减去第一四分位数,得到四分位数间距,见公式 3-27.

四分位数间距公式

$$IQR = Q_3 - Q_1 \tag{3-27}$$

托运行李处理不当的例题中,四分位数间距计算如下:
$$IQR = 5.87 - 4.96 = 0.91$$
还剩下的——0.91——表示 IQP 的跨度,或者 50% 的数值所在的区间.

这是一个检验你是否掌握了百分位数的好时机,用下面的思考题.

思考题 8 下表是美国和加拿大全部最卖座的电影票房收入.

电影	调整后的票房收入[①](百万美元)
乱世佳人(1939)	1538
星球大战:新希望(1977)	1355
音乐之声(1965)	1084
外星人 ET(1982)	1080
十诫(1956)	998
泰坦尼克号(1997)	977
大白鲨(1975)	975
日瓦戈医生(1965)	945
驱魔人(1973)	841
白雪公主和七个小矮人(1937)	829
101 斑点狗(1961)	760
星球大战:帝国反击战(1980)	747
宾虚(1959)	746
阿凡达(2009)	742
星球大战:绝地归来(1983)	716
骗中骗(1973)	678
夺宝奇兵(1981)	671
侏罗纪公园(1993)	656
毕业生(1967)	651
星球大战:幽灵的威胁(1999)	646
幻想曲(1941)	632
教父(1972)	601

① 按照估计 2010 年平均票价 $7.61 调整到美元价.
数据来源:http://www.boxofficemojo.com.

用这些数据,计算:
(1) 三个四分位数数 IQR;
(2) 第 65 百分位数;
(3) 《骗中骗》的百分等级(我最喜欢的电影之一).

3.5.3 盒须图

盒须图是一种在数轴上显示三个百分位数的相对位置的的盒状图形. 盒须图同时显示的还有数据集的最大值、最小值以及任意极值,或者异常值.

我用表 3-26 中的数据来说明盒须图,数据是 2008 年美国 18 个国家公园的游客数,单位是百万人.

表 3-26　2008 年国家公园游客人数

国家公园	游客数(百万人)
大烟山国家公园(田纳西州，北卡罗来纳州)	9.04
大峡谷国家公园(亚利桑那州)	4.43
优胜美地国家公园(加利福尼亚州)	3.43
奥林匹克国家公园(华盛顿州)	3.08
黄石国家公园(怀俄明州)	3.07
凯霍加谷国家公园(俄亥俄州)	2.83
落基山国家公园(科罗拉多州)	2.76
锡安国家公园(犹他州)	2.69
大提顿国家公园(怀俄明州)	2.49
阿卡迪亚国家公园(缅因州)	2.08
冰川国家公园(蒙大拿州)	1.81
雪兰多国家公园(弗吉尼亚州)	1.08
布莱斯峡谷国家公园(犹他州)	1.04
大沼泽地国家公园(佛罗里达州)	0.82
迪纳利国家公园(阿拉斯加州)	0.43

数据来源：http://www.nature.nps.gov/stats.

构造盒须图需要如下的步骤：

第一步：计算三个四分卫数.

$$Q_1 \text{的索引点}: i = \frac{P}{100}(n) = \frac{25}{100}(15) = 3.75$$

Q_1 是已排序数据的第 4 个位置，$Q_1 = 1.08$ 百万游客.

$$Q_2 \text{的索引点}: i = \frac{P}{100}(n) = \frac{50}{100}(15) = 7.5$$

Q_2 是已排序数据的第 8 个位置，$Q_2 = 2.69$ 百万游客.

$$Q_3 \text{的索引点}: i = \frac{P}{100}(n) = \frac{75}{100}(15) = 11.25$$

Q_3 是已排序数据的第 12 个位置，$Q_3 = 3.08$ 百万游客.

因此，三个四分位数如下：

$Q_1 = 1.08$，$Q_2 = 2.69$，$Q_3 = 3.08$

第二步：如图 3-18 所示，绘制一条水平数轴，使其包含数据值的跨度.

第三步：如图 3-18 所示，在数轴上绘制盒图，使其在 Q_1、Q_2 和 Q_3 的位置具有垂直线.

第四步：判断数据中是否有异常值. 我们说过异常值是数据集中的极值，需要特殊考虑.

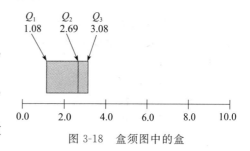

图 3-18　盒须图中的盒

前面的小节中我们可以用计算 z 值在均值±3 个标准差以外来区分异常值. 美国著名的统计学家约翰·杜克(1915—2000)提出了可以通过以下两个公式来区分异常值，即比用公式 3-28 计算出的上限高的数值或比用公式 3-29 计算出的下限低的数值.

异常值的上限和下限公式

$$上限 = Q_3 + 1.5(IQR) \tag{3-28}$$
$$下限 = Q_1 - 1.5(IQR)^{\ominus} \tag{3-29}$$

对正态分布的数据集来说,这些公式能从 100 个数值中界定出一个作为异常值. 用国家公园数据,距离 IQR 计算如下:

$$IQR = Q_3 - Q_1$$
$$IQR = 3.08 - 1.08 = 2.0$$

这就得到下面的上限和下限:

$$上限 = 3.08 + 1.5(2.0)$$
$$= 3.08 + 3.0 = 6.08$$
$$下限 = 1.08 - 1.5(2.0)$$
$$= 1.08 - 3.0 = -1.92$$

任意小于 -1.92 的数值或者大于 6.08 的数值在本例中都会被认为是异常值. 因为大烟山国家公园的游客数大于 6.08,所以 9.04 被标记为异常值.

第五步:如图 3-19 在盒的两端画出须. 须是水平虚线,从盒的两端开始延伸. 右边的须延伸到非异常值的最大值,在国家公园例题中,这个数值是 443 万游客,相对应的是大峡谷国家公园. 左边的须延伸到非异常值的最小值,在本例中是 43 万游客. 与之相对应的是迪纳利国家公园.

第六步:如果有的话,确定异常值. 如果数据集中存在异常值的话,将它们用星号在数轴上标记,如图 3-19 所示.

国家公园例题完成的盒须图如图 3-20 所示.

正如你所看到的,盒须图提供了易于理解的图形,包括数据在数轴上集中以及异常值的信息. 现在让我们再看一种描述数据集的方法.

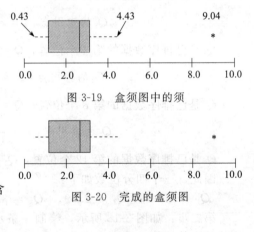

图 3-19 盒须图中的须

图 3-20 完成的盒须图

3.5.4 五数概括法

我们还可以用**五数概括法**来总结数据,包含(你可以猜到)关于一个分布的五个数值:
- 最小值
- 第一四分位数
- 第二四分位数
- 第三四分位数
- 最大值

用国家公园的数据,我们的五数概括法如下:

㊀ 保罗·威得曼是约翰·杜克的学生,给我们讲了一个关于这个公式由来的广为流传的故事. 当被问起为什么用因子 1.5 来鉴别异常值时,杜克回答道"因为 1 太小了,而 2 太大了."约翰·杜克讲的时候,人们都在听.

- 0.43
- 1.08
- 2.69
- 3.08
- 9.04

注意，异常值包含在五数概括法中．因此，我们将 9.04 放进了概括中，尽管在盒须图中它被认定是异常值．

下面的思考题能检验你的盒须图能力，所以我鼓励你现在一试，因为这些步骤在你脑子里还很鲜活．

思考题 9 用如下 16 名花旗银行客户的信用卡余额构造盒须图和五数概括．

$3414	$10 827	$8128	$12 437
$7960	$378	$9970	$9038
$19 400	$11 499	$5030	$11 113
$8048	$15 783	$11 349	$10 162

习题 3.5

基础题

3.36 考虑下面的数据集

38 55 76 20 30 66 17 54

a) 计算第 20 百分位数．
b) 计算第 40 百分位数．
c) 计算第 60 百分位数．

3.37 考虑下面的数据集

22 5 18 20 13 33 30 8 39

a) 计算第 15 百分位数．
b) 计算第 35 百分位数．
c) 计算第 85 百分位数．

3.38 考虑下面的数据集

71 40 45 67 5 15 43 37 13 10

计算下列数值的百分等级．

a) 50
b) 30
c) 15

3.39 考虑下面的数据集

106 83 63 104 118 124 117 136
82 97 65 141

计算下列数值的百分等级．

a) 100
b) 75
c) 120

3.40 考虑下面的数据集

14 24 20 18 23 20 12 16 22
18 14 26 15

a) 计算这些数据的四分位数．
b) 计算这些事件的四分位数间距．

3.41 定义下面数据集的五数概括：

35 24 54 2 36 23 16 43 59 55
28 81

应用题

3.42 下表是 2007 年美国 12 个最大的城市的人口估计数：

城市	人口数（百万人）
纽约，纽约州	8.27
洛杉矶，加利福尼亚州	3.83
芝加哥，伊利诺伊州	2.84
休斯敦，得克萨斯州	2.21
凤凰城，亚利桑那州	1.55
费城，宾夕法尼亚州	1.45
圣安东尼奥，得克萨斯州	1.33
圣地亚哥，加利福尼亚州	1.27
达拉斯，得克萨斯州	1.24
圣荷西，加利福尼亚州	0.94
底特律，密歇根州	0.92
印第安纳波利斯，印第安纳州	0.80

a) 计算这些数据的第 60 百分位数.
b) 计算这些数据的第 20 百分位数.
c) 计算这些数据的第 85 百分位数.

3.43 下表是 2010 年美国职棒大联盟赛季中 16 支国家联赛队的总分：

球队	得分	球队	得分
辛辛那提红人	790	旧金山巨人	697
费城人	772	芝加哥小熊	685
科罗拉多洛矶	770	洛杉矶道奇	667
密尔瓦基酿酒人	750	圣地亚哥教士	665
亚特兰大勇士	738	纽约大都会	656
圣路易红雀	736	华盛顿国民	655
迈阿密马林鱼	719	休士顿太空人	611
亚利桑那响尾蛇	713	匹兹堡海盗	587

a) 计算纽约大都会队总分的百分等级.
b) 计算亚特兰大勇士队总分的百分等级.
c) 计算费城人队总分的百分等级.

3.44 下面的数据是克里斯蒂娜购物中心珠宝柜台 20 天中每天的顾客人数：

8 10 18 58 58 59 63 64 69
71 75 78 80 82 84 84 86 87
87 88

a) 计算第一、第二和第三百分位数.
b) 计算百分位数间距.

3.45 下表是过去 30 年中纽曼大学商科专业的毕业生数量，已经按照增序排列：

269 261 242 238 225 223 217
212 208 204 199 198 197 195
195 193 193 191 189 185 181
179 177 174 174 172 171 171
170 170

a) 构造这些数据的盒须图.
b) 构造五数概括法.

本章主要公式

样本均值公式

$$\overline{x} = \frac{\sum_{i=1}^{n} x_i}{n} \quad (3\text{-}1)$$

总体均值公式

$$\mu = \frac{\sum_{i=1}^{N} x_i}{N} \quad (3\text{-}2)$$

加权平均值公式

$$\overline{x} = \frac{\sum_{i=1}^{n}(w_i x_i)}{\sum_{i=1}^{n} w_i} \quad (3\text{-}3)$$

中位数的索引点公式

$$i = 0.5(n) \quad (3\text{-}4)$$

极差公式

$$极差 = 最大值 - 最小值 \quad (3\text{-}5)$$

样本方差公式

$$s^2 = \frac{\sum_{i=1}^{n}(x_i - \overline{x})^2}{n-1} \quad (3\text{-}6)$$

样本标准差公式

$$s = \sqrt{s^2} = \sqrt{\frac{\sum_{i=1}^{n}(x_i - \overline{x})^2}{n-1}} \quad (3\text{-}7)$$

样本方差公式(便捷)

$$s^2 = \frac{\sum_{i=1}^{n} x_i^2 - \frac{\left(\sum_{i=1}^{n} x_i\right)^2}{n}}{n-1} \quad (3\text{-}8)$$

样本标准差公式(便捷)

$$s = \sqrt{\frac{\sum_{i=1}^{n} x_i^2 - \frac{\left(\sum_{i=1}^{n} x_i\right)^2}{n}}{n-1}} \quad (3\text{-}9)$$

总体方差公式

$$\sigma^2 = \frac{\sum_{i=1}^{N}(x_i - \mu)^2}{N} \quad (3\text{-}10)$$

总体标准差公式

$$\sigma = \sqrt{\frac{\sum_{i=1}^{N}(x_i - \mu)^2}{N}} \quad (3\text{-}11)$$

总体方差公式(便捷)

$$\sigma^2 = \frac{\sum_{i=1}^{N} x_i^2 - \frac{\left(\sum_{i=1}^{N} x_i\right)^2}{N}}{N} \quad (3\text{-}12)$$

总体标准差公式（便捷）

$$\sigma = \sqrt{\frac{\sum_{i=1}^{N} x_i^2 - \frac{\left(\sum_{i=1}^{N} x_i\right)^2}{N}}{N}} \quad (3\text{-}13)$$

样本的变异系数公式

$$CV = \frac{s}{\overline{x}}(100) \quad (3\text{-}14)$$

总体的变异系数公式

$$CV = \frac{\sigma}{\mu}(100) \quad (3\text{-}15)$$

总体的 z 值公式

$$z = \frac{x - \mu}{\sigma} \quad (3\text{-}16)$$

样本的 z 值公式

$$z = \frac{x - \overline{x}}{s} \quad (3\text{-}17)$$

z 值表达 x 的公式

$$x = \mu + z\sigma \quad (3\text{-}18)$$

切比雪夫定理公式

$$\left(1 - \frac{1}{z^2}\right) \times 100 \quad (3\text{-}19)$$

z 值（z）表达样本（x）的公式

$$x = \overline{x} + zs \quad (3\text{-}20)$$

样本均值公式：分组数据

$$\overline{x} \approx \frac{\sum_{i=1}^{n}(f_i m_i)}{n} \quad (3\text{-}21)$$

总体均值公式：分组数据

$$\mu \approx \frac{\sum_{i=1}^{N}(f_i m_i)}{N} \quad (3\text{-}22)$$

样本方差公式：分组数据

$$s^2 \approx \frac{\sum_{i=1}^{n}(m_i - \overline{x})^2 f_i}{n - 1} \quad (3\text{-}23)$$

总体方差公式：分组数据

$$\sigma^2 \approx \frac{\sum_{i=1}^{N}(m_i - \mu)^2 f_i}{N} \quad (3\text{-}24)$$

第 p 百分位数的索引点公式

$$i = \frac{P}{100}(n) \quad (3\text{-}25)$$

百分等级公式

$$\text{百分等级} = \frac{\text{低于 } x \text{ 的数值的个数} + 0.5}{\text{数值总数}}(100) \quad (3\text{-}26)$$

四分位数间距公式

$$IQR = Q_3 - Q_1 \quad (3\text{-}27)$$

异常值的上限和下限公式

$$\text{上限} = Q_3 + 1.5(IQR) \quad (3\text{-}28)$$

$$\text{下限} = Q_1 - 1.5(IQR) \quad (3\text{-}29)$$

复习题

3.46 你正在选车（你真幸运！），正在考虑是福特、雪佛兰还是本田. 你的决策将基于下表中的几个条件. 你需要根据每个条件对你的重要性将各个条件分级，5 级是最重要的：价格（5）、可靠性（4）、外观（3）、油耗（3）以及转让价格（2）. 你已经把每款车按条件打分，从 1 到 10（10 为最高分），见下表. 计算每款车的平均得分.

条件	福特	雪佛兰	本田
价格	7	8	3
可靠性	7	6	9

（续）

条件	福特	雪佛兰	本田
外观	5	7	5
油耗	4	6	8
转让价格	7	4	8

3.47 下面的数据是特拉华州纽卡斯尔郡在 2010 年房屋挂牌的天数：

80 74 62 79 55 56 64 44 13
74 98 87 45 142 88 47 79

a) 计算均值.
b) 计算中位数.
c) 计算众数.

d) 这三种度量方式中,哪一种最能描述这些数据的集中趋势?
e) 描述该分布的形状.

3.48 下述数据是世界上最大的几家航空公司在2008年的总销售额,单位是亿美元:

法国航空公司	38.38	英国航空公司	17.39
德国汉莎航空公司	34.75	澳洲航空公司	15.48
美利坚航空公司	22.70	美国大陆航空公司	15.24
日本航空公司	22.37	全日本航空公司	1.92
美国联合航空公司	20.19		

数据来源:Capital IQ 的数据.

a) 计算均值.
b) 计算中位数.
c) 计算众数.
d) 这三种度量方式中,哪一种最能描述这些数据的集中趋势?
e) 描述该分布的形状.

3.49 下表是2008年7月到2009年10月每月标准普尔500种股票大盘指数的收盘值:

1264 1296 1164 953 889 891 846
730   791   877   923 919 976 1020
1057 1036

a) 计算均值.
b) 计算中位数.
c) 计算众数.
d) 这三种度量方式中,哪一种最能描述这些数据的集中趋势?
e) 描述该分布的形状.

3.50 粉丝成本指数测定的是一个典型家庭观看美国职棒大联盟比赛的平均成本. 该指数包括:两张成人平均票价,两张儿童平均票价,两份小生啤,4份大份碳酸饮料,4个标准尺寸的热狗,一辆车的停车费,两个游戏程序,还有两个可调节大小的成人帽子(最便宜的). Excel 文件 Fan Cost Index 列出了2009年赛季每场职棒大联盟的指数.

a) 用 Excel 计算均值.
b) 用 Excel 计算中位数.
c) 用 Excel 计算众数.
d) 这三种度量方式中,哪一种最能描述这些数据的集中趋势?
e) 描述该分布的形状.

3.51 下表是从2001年到2010年卡斯坦·查尔斯·沙巴西亚每个赛季获胜的次数,他是职棒大联盟的投球手.

年份	获胜	年份	获胜
2001	17	2006	12
2002	13	2007	19
2003	13	2008	17
2004	11	2009	19
2005	15	2010	21

数据来源:http://espn.com.

a) 计算极差.
b) 计算方差.
c) 计算标准差.

3.52 下表数据是不同的欧洲国家在2009年7月时的失业率:

国家	失业率	国家	失业率
比利时	8.1	丹麦	5.9
法国	9.3	德国	7.6
西班牙	17.6	爱尔兰	13.1
英国	8.0	荷兰	3.2
奥地利	4.7	瑞典	7.9

数据来源:OECD 数据.

a) 计算极差.
b) 计算方差.
c) 计算标准差.

3.53 下面的数据是2001年到2008年美国没有医疗保险的人数(单位:百万人).

年份	无医保	年份	无医保
2001	32.9	2005	44.8
2002	34.6	2006	47.0
2003	45.0	2007	45.7
2004	45.8	2008	46.3

数据来源:美国人口普查局数据.

a) 计算极差.
b) 计算方差.
c) 计算标准差.

3.54 下面的数据是参加了某减肥计划的10个人所减的体重. 负数表示减重,而正数表示增重.
-12 -8 -15 -10 4 -6 -9
 5 -8 -10

a) 计算极差.
b) 计算方差.
c) 计算标准差.

3.55 《商业周刊》进行了一项调查，给全国顶级在职 MBA 项目打分. Excel 文件 Part-time MBA.xlsx 里面的数据列出了 69 所学校从 2009 年开始的项目成本，按照每学分多少钱，单位是美元. 用 Excel 计算这些学校项目成本的极差、方差和标准差.

3.56 某公司在两个地址有零售网点. 下面的数据是两处网点的顾客满意度评分，范围是从 1 到 10：

1 店	2 店
7	8
4	7
6	10
3	8
9	8

哪家店在顾客满意度上一致性更好？

3.57 下表是从 2002 年到 2010 年国家美式足球联盟赛中新英格兰爱国者队和底特律雄狮队每赛季获胜的次数：

年份	新英格兰	底特律
2002	9	3
2003	14	5
2004	14	6
2005	10	5
2006	12	3
2007	16	7
2008	11	0
2009	10	2
2010	14	6

哪个球队在每赛季比赛获胜次数上一致性更好？

3.58 下表列出的是 2008 年世界上最大的 20 家公司，按照他们的市值排序（单位十亿元）. 公司的市值用该公司的股份数乘以每股价格计算.

公司	市值（美元）	公司	市值（美元）
埃克森美孚	407	强生	160
沃尔玛	215	美国电话电报	160
中国移动	210	雪佛龙	159
中国工商银行	183	英国石油公司	151
通用电气	178	伯克希尔·哈撒韦公司	147
宝洁	177	中国建设银行	135
微软	169	汇丰控股	134
大众	168	雀巢	133
荷兰皇家壳牌	166	道达尔	130
中石油	162	罗氏控股	121

数据来源：Capital IQ 数据.

a) 计算变异系数.
b) 计算市值是 \$2000 亿的公司的 z 值是多少？
c) 用验证距离均值 ± 1 个标准差的观察值百分比的方法来说明经验法则是否适用.
d) 用验证距离均值 ± 2 个标准差的观察值百分比的方法来说明切比雪夫法则是否适用.

3.59 Excel 文件 Customer service champs.xlsx 列出了 2009 年《商业周刊》排名的 25 家客户服务得分最高的公司.

a) 计算变异系数.
b) 计算得分为 900 的公司的 z 值是多少？
c) 用验证距离均值 ± 2 个标准差的观察值百分比的方法来说明经验法则是否适用.
d) 用验证距离均值 ± 3 个标准差的观察值百分比的方法来说明切比雪夫法则是否适用.

3.60 下表是 2009 年美国公开赛中高尔夫球赛比分的频率分布：

得分	频率
275～279	5
280～284	17
285～289	21
290～294	13
295～299	3
300～304	1

a) 计算这场赛事的近似平均高尔夫球赛比分.
　　b) 计算这场赛事的近似平均方差和标准差.

3.61 下表是安飞士汽车租赁样本的里程数频率分布：

里程	频率
5000 到 6000 以内	16
6000 到 7000 以内	11
7000 到 8000 以内	24
8000 到 9000 以内	10
9000 到 10 000 以内	15
10 000 到 11 000 以内	9

　　a) 计算样本中车辆的近似平均行驶里程数.
　　b) 计算样本的近似平均方差和标准差.

3.62 下面的数据是当地一家餐厅 21 名顾客给服务员的小费数额：

$18.40　$10.35　$12.15　$7.75
$14.00　$9.50　$11.45　$16.00
$15.50　$12.75　$10.50　$12.40
$13.75　$10.75　$8.40　$17.85
$16.50　$17.60　$14.10　$10.00
$11.00

　　a) 计算这些数据的第 30 百分位数.
　　b) 计算这些数据的第 45 百分位数.
　　c) 计算这些数据的第 65 百分位数.

3.63 下面的数据是威明顿大学本学期 20 个商业课堂注册的学生人数：

29　33　45　26　30　19　21　42　42　24
34　30　28　24　20　25　13　46　40　32

　　a) 计算这些数据的第 20 百分位数.
　　b) 计算这些数据的第 70 百分位数.
　　c) 计算这些数据的第 90 百分位数.

3.64 下面是 27 名大学生的 SAT 成绩：

845　1040　815　1345　1554　668　1165
　　919　1175　629　490　1074　387　894
1419　941　454　673　696　974　564
1245　1535　665　1471　1188　680

　　a) 找出第一、第二和第三分位数.
　　b) 计算四分位数间距.

3.65 下面的数据是 30 天区间内，奥兰多一家 AT&T 无线零售中心每天的顾客人数.

114　106　124　84　86　104　161　183
146　123　189　138　157　166　121　153
222　103　168　147　202　115　156　183
201　202　178　122　94　227

　　a) 找出第一、第二和第三四分位数.
　　b) 计算四分位数间距.

3.66 下表记录了最近一次运动会上运动员 50 米自由泳和 100 米仰泳的时间. 某位选手 50 米自由泳的时间是 33 秒，仰泳的时间是 72 秒. 这名选手中哪个比赛完成的更好一些？

50 米自由泳时间：
26　29　31　32　32　33　34　35

100 米仰泳时间：
68　71　72　75　76　78　78　79　80

3.67 下表是我上一个统计课堂期末考试成绩：

78　100　88　84　73　78　70　99　92
96　87　89　81　79　80　84　86　85
79　80　72　69　89　66　76

计算下列分数的百分等级：
a) 70　　b) 75
c) 82　　d) 90

3.68 下面的数据是 25 个 iPad 单次充电的电池续航时间，单位是分钟：

215　219　229　230　236　239　240
244　247　255　262　264　271　279
280　282　285　285　290　296　301
310　326　327　330

　　a) 构造这些数据的盒须图.
　　b) 应用五数概括法.

3.69 下面的数据是二手车服务 Mojo Motors 网站上 30 辆二手车里程表上的里程数，单位是千英里：

109.6　107.2　104.4　103.2　100.5
99.9　98.6　97.6　96.2　93.2
93.1　92.9　88.9　86.8　86.4
83.6　83.5　82.8　81.5　80.9
76.8　75.2　75.1　70.7　69.9
69.7　67.2　63.0　61.0　59.8

　　a) 构造这些数据的盒须图.
　　b) 应用五数概括法.

第4章 概　　率

雷雨中统计学家被太太派去买乐透彩票：哪里出了问题？

概率大概是统计学领域中被误解最多的话题了．由于很难判断复杂事件的可能性，人们在处理概率问题时经常挣扎着做出理性的决策．比如说，大多数人（包括我的太太）对在州彩票上中奖持有更乐观的态度．常见的一种彩票叫 49 选 6．目标就是从 49 个数字中选取 6 个．本章的后面你会看到，中彩票的概率是一个无穷小的数字 0.000 000 07，几乎是 1400 万分之一．这个概率数字是如此低，所以很难猜到．如果你每天购买一张彩票，那么每 38 356 年中可以中一次．说明一下，38 000 年前是石器时代，人类居住在洞穴里面．

我们比较一下中 49 选 6 彩票的概率和你被雷电击中的可能性．根据美国国家海洋和大气管理局（研究大气条件的联邦机构），一天当中全美国被雷电击中的几率是 40 万分之一．根据这些统计结果，你被雷电击中的概率是中彩票的 35 倍．

尽管我把这些有用的信息用令人信服的方式介绍给我的太太，当累积奖金很丰厚的时候，她依然坚持让我在强雷雨中出门购买彩票．好消息是我安全到家了，没有像圣诞树一样被点着．坏消息是我们还是没中奖（大惊喜），我还是继续着我的日常工作，这就是证明．

当今的商业世界，大量的不确定性是各种组织在制定决策时所面对的．概率提供的这种将不确定性量化的方法非常有价值，所以经理人可以做出更好的决策．商业中应用统计的实例如下．

- 一家电子商务公司想了解在该公司网站浏览时间超过 10 分钟的顾客购物的概率．
- 一位信用卡管理人员想检验较差信用评分的用户下次晚支付的概率．
- 一位媒体顾问被问到观看明年超级碗的观众超过 1.3 亿的概率．
- 一家公司的销售部门想计算男性顾客购买笔记本电脑之后购买延长保修的概率.

本章中，我们来探索概率及概率在各种各样的商业环境的应用．

4.1　概率简介

概率是一个表示特定事件发生的偶然性或者可能性的数值．天气预报预测明天下雨的可能性通常用的是概率．统计学家用从 0 到 1 这个范围的数来描述概率．这个数也可以转换为百分比．例如，如果一个事件不可能发生，那么它的概率为 0，或者用 0% 表述．相反，如果一个事件一定会发生，那么它的概率是 1，或者 100%．

在继续往前学习之前，有几个统计术语需要掌握．下面列出的是统计学经常用到的名词：

- **试验**．为了收集数据进行测量或者观察一项活动的过程．
- **样本空间**．一个试验所有可能的结果．比如，投掷一个六面骰子的样本空间是数字 {1, 2, 3, 4, 5, 6}．统计学家用大括号表示这些数字同属一个样本空间．⊖

⊖　"结果"就是描述试验结果的名词．举例来说，投掷一个骰子，这次试验的结果是个 6．

- **事件**. 一个试验的一个或者多个结果. 一个或者多个结果, 是样本空间的子集. 例如, 投掷一对骰子的事件.
- **简单事件**. 具有单结果的事件, 该结果为不能简化的最简形式. 例如, 用一个骰子掷出 5 点是简单事件.

表 4-1 给出了一些试验和相应的样本空间的例子.

本章中将介绍三种计算概率的方法: 传统概率(古典概率)、经验概率和主观概率.

表 4-1 一些试验和相应的样本空间的例子

试验	样本空间
投掷骰子	{正, 反}
回答多选题	{a, b, c, d, e}
检测产品	{有瑕疵, 无瑕疵}
从一副扑克牌中抽取一张	{一副牌中的 52 张}

注: "投掷一对骰子" 这个事件不是简单事件, 因为它包含两个结果——两个骰子的数字.

4.1.1 传统概率

传统概率使用在所关注事件可能出现的结果数量已知的情况, 用等式 4-1 计算出事件的概率.

传统概率公式

$$P(A) = \frac{构成事件 A 的可能结果个数}{样本空间中可能的结果总数} \tag{4-1}$$

其中 $P(A)$=事件 A 发生的概率

对于投掷一个骰子的试验, 样本空间有 6 个可能结果, 如图 4-1 所示.

如果将事件 A 定义为投掷出 5, 那么只有一种可能性, 所以事件的概率计算如下:

$$P(A) = \frac{1}{6} = 0.167$$

换言之, 有 16.7% 的概率投掷出 5. 这是个简单概率的例子, 因为我们只考虑一个简单事件(单事件)独自发生的可能性. 本章后面的讨论中, 我们将扩展考虑两个及两个以上事件同时发生的情况.

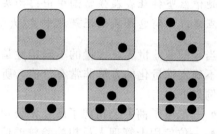

图 4-1 一个骰子的样本空间

传统概率假设样本空间中每个事件发生的可能性都一样. 也就是, 投掷出 1 的概率和投掷出 2 的一样, 以此类推. 你还需要了解样本空间中可能结果的总数. 如果某样本空间中包含每个可能发生的简单事件, 那么我们称这个事件集是**完全穷尽的**(听起来感觉像我在和出版商规定写作期限). ⊖例如, 事件 1, 2, 3, 4, 5 和 6 对投掷一个骰子是完全穷尽的. 当我们投掷一个骰子的时候, 其中一个结果必然发生.

我们把传统概率的这个例子扩展一下, 投掷两个骰子. 这样的话, 样本空间也发生变化, 其中含有 36 个可能结果. 每一对表示两个骰子的结果. 如果把事件 A 定义为投掷一对骰子得到 5. 那么有四种方式投掷结果为 5; 在下面的样本空间中加底色表示. ⊖

投掷一对骰子得到 5 的样本空间

{(1,1)(1,2)(1,3) (1,4) (1,5)(1,6)

⊖ 传统概率要求你知道涉及一特定事件的结果个数. 你也要知道样本空间中所有可能的结果数.
⊖ 样本空间{男, 女}是完全穷尽事件的例子, 因为一个人的性别只能是其中之一.

概率

(2,1)(2,2)(2,3)(2,4)(2,5)(2,6)
(3,1)(3,2)(3,3)(3,4)(3,5)(3,6)
(4,1)(4,2)(4,3)(4,4)(4,5)(4,6)
(5,1)(5,2)(5,3)(5,4)(5,5)(5,6)
(6,1)(6,2)(6,3)(6,4)(6,5)(6,6)}

我们现在可以计算投掷两个骰子得到5的概率. 因为在36种可能结果中, 投掷出5的有4种,

$$P(A) = \frac{4}{36} = 0.111$$

换言之, 有11.1%的机会用两个骰子投掷出5.

用一副扑克牌试试这个例子, 检验一下你对传统概率的理解.

思考题 1
1. 从标准扑克52张牌中抽出黑桃的概率是多少?
2. 投掷两个骰子得到和为8的概率是多少?

4.1.2 经验概率

对传统概率来说, 我们理解的基本过程是这样的, 比如 "一副扑克牌中有4个A, 那么我们抽出一张A的概率是4/52". 当我们没有信息来判断与事件关联的结果个数时, (换句话说, 样本空间未知), 我们需要依靠**经验概率**. 经验概率是指通过进行试验从而观察事件发生的频率. 然后计算事件发生的次数与试验总数的比例, 试验总数包含观察到的发生与未发生的总次数(公式4-2).

经验概率需要你通过试验计算事件发生的频率, 根据试验的相关频率分布来计算概率.

经验概率公式

$$P(A) = \frac{\text{事件} A \text{发生的频率}}{\text{观察值总数}} \tag{4-2}$$

举个例子, 如果我是一名商店老板, 我想知道进店的顾客最终消费的概率是多少. 传统概率在这里用不到, 因为我无法得知顾客为什么买东西. 我需要使用经验概率, 计算有多少顾客在一定时间内进店和多少位顾客买了东西. 如果今天一共有150位顾客进过商店, 其中15位最终产生了消费, 那么对于该事件, 我的经验概率是15/100=0.15.

我最近去过Nautica位于南卡罗来纳州希尔顿黑德岛的工厂折扣店, 我出示了一张销售人员送我的刮刮卡, 这样最终消费我可以得到5%~50%的折扣. 最后我的折扣卡折扣是15%. 希望折扣更大一下, 我悄悄和我太太商量让她假装不认识我(她非常乐意的), 这样也可以拿到她自己的折扣卡. 我很伤心地报告黛比, 她的折扣卡额度为5%. 就这个例子而言, 我们假设当黛比领取折扣卡的时候, 销售人员有20张不同折扣的卡, 如表4-2所示.

表4-2 Nautica工厂折扣店打折卡

折扣	卡数
5%	9
10%	4
15%	2
20%	3
30%	0
40%	1
50%	1
总数	20

例如，5%的折扣卡频率为9，因为销售人员手里有9张5%的折扣卡．用第3章学的相关频率分布过程，我们计算黛比收到各种额度的折扣卡的概率．表4-3就是黛比得到各种额度折扣卡的经验概率．

如表4-3所示，黛比得到5%折扣额度的概率是45%．那么得到超过我的15%折扣额度的概率是多少呢？因为在20张卡中有5张卡的额度超过15%，那么黛比的折扣卡额度超过15%的概率，我把这个定义为事件A，计算概率为：

$$P(A) = \frac{5}{20} = 0.25 ⊖$$

哦，这样，值得一试！

表4-3 计算经验概率

折扣	卡数	概率
5%	9	9/20=0.45
10%	4	4/20=0.20
15%	2	2/20=0.10
20%	3	3/20=0.15
30%	0	0/20=0.00
40%	1	1/20=0.05
50%	1	1/20=0.05
总数	20	20/20=1.00

传统概率和经验概率之间有个很重要的关系，我们用下面的例子解释．假设投掷一枚公平硬币（投掷出正面和背面的概率一样）三次，三次均为背面．那么本次试验的经验概率如表4-4所示．

表4-4 投掷一枚硬币的经验概率

结果	频率	概率
正面	0	0/3=0.00
背面	3	3/3=1.00
总数	3	3/3=1.00

即使本例中掷出背面的经验概率是100%，我们都知道这里的传统概率是50%．如果我们投掷硬币500次，这时经验概率就会很接近50%了．我们在这里的发现是**大数定律**，说的是重复试验很多次时，经验概率将趋近为传统概率．

用下面的思考题，巩固一下刚刚学到的经验概率知识．

思考题2

2009年12月11~13日，盖洛普咨询公司发起了一次调查有1025名成年人参加，问到的内容是大家将在圣诞礼物上花费多少钱．结果如右表所示．

a) 随机选取的一个人计划消费250~499美元的概率是多少？

b) 随机选取的一个人计划消费250美元以上的概率是多少？

金额总数	频率
$1000或更多	297
$500~$999	246
$250~$499	144
$100~$249	164
少于$100	41
未知	133
总数	1025

4.1.3 主观概率

当传统概率和经验概率都没办法使用的时候，我们用**主观概率**．有这样的例子，没有数据和试验让我们计算出概率．相反，我们需要依赖经验和判断来估计概率．

下面是商务世界中用到主观概率的例子：

- 某市场总监估计她的对手在下个月降价的可能性有50%．
- 某人力资源主管的报告中说公司在明年暂停招聘的可能性是75%．

⊖ 有三张20%的卡，一张40%的，一张50%的卡．

- 美国 2007~2009 的经济衰退前,某经济学家估计 2007 年发生经济衰退的概率是 40%.

在上面的例子中,用传统概率或者经验概率都很难判断出. 相对而言,这些主观概率很可能依赖于个人的专业知识和判断. 我们日常生活中经常碰到这个类型的判断,尽管是非正式居多. 一个可能的情况,你有没有在你大学生涯的某一时刻,当你昨天晚上在朋友家玩太晚了,反复考虑通过明天考试的可能性的时候?如果有的话,那么你已经把主观概率应用到工作中了!

用下面的思考题看看你是否能区分三种不同类型的概率.

思考题 3

根据描述判断应该使用哪种概率方法.

a) 棒球选手赖安·霍华德将下一个球击出全垒打的概率.
b) 从一副扑克牌中抽出一张 J 的概率.
c) 我在下一场高尔夫中得分低于 90 分的概率.
d) 赢得国家大乐透的概率.
e) 明年夏天汽油价格超过 4 美元/加仑的概率.
f) 我能在截止日期之前写完下一本教科书的概率.

4.1.4 概率的基本属性

下一步是复习概率理论的规则. 基本的属性如下:

概率原则一

如果 $P(A)=1$,那么必然地,事件 A 一定会发生. 例如,事件 $A=$ 投掷一只六面骰子,观察到 1, 2, 3, 4, 5 或者 6.

概率原则二

如果 $P(A)=0$,那么必然地,事件 A 一定不会发生. 例如,事件 $A=$ 从一副 52 张的扑克牌中抽出 5 张牌,不换牌而得到 5 张 A. (一副 52 张的扑克牌只有 4 个 A,这种情况发生仅在有人作弊的情况下,在衣袖中藏了另一张 A.)

概率原则三

所有事件的概率一定是从 0 到 1. 概率永远都不可能是负数或者大于 1. 例如,我太太下个月买一双新鞋的概率可能是 0(0%),或者 1(100%),或者之间的某个数字. 但是,概率不会是 -1(-100%),也不会是 2(200%). (我的经验是我对某个事件的主观概率一般会接近于 100% 而不是 0%,不过我不告诉别人.)

概率原则四

一个样本空间中所有简单事件的概率和相加一定等于 1. 例如,表 4-5 是弗吉尼亚大学医疗中心急诊室来看病的病人采用的交通方式,数据采集在 2009 年 8 月 24~25 日,共 24 小时.

表 4-5 急诊室病人抵达方式

抵达方式	频率	概率
走路	132	132/197=0.67
救护车	61	61/197=0.31
直升机	2	2/197=0.01
监狱看护	2	2/197=0.01
总和	197	197/197=1.00

注:注意在第三列,将所有概率相加求和得到 1.00,因为在样本空间中的每个简单事件都在表中表示出来了. 也就是说,所有抵达方式都在表 4-5 中列举.

概率原则五

事件 A 的补集定义为样本空间中所有不含事件 A 的结果. A 的补集用 A' 表示. 用这种方式, 有下面的定义:

补集定律公式

$$P(A) + P(A') = 1$$

或

$$P(A) = 1 - P(A') \qquad (4\text{-}3)$$

换句话说, 一个事件的补集的概率是 100% 减去事件本身发生的概率. 我们用图 4-2 对补集做图形表示, 这个图形也叫文氏图. 方形盒子表示整个样本空间, 阴影的圆形空间表示事件 A. 圆形空间外部在方形盒子内部的空间表示事件 A 的补集.

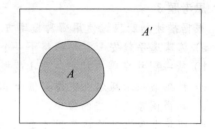

图 4-2 描述补集的文氏图

表 4-6 用市场研究公司 Impulse Research 为市区饼干公司所做的调查展示补集原则. 在这次调查中, 有 1033 名成年人参与, 调查的问题是他们最喜欢的饼干种类.

表 4-6 饼干喜好调查

最喜欢的饼干	种类频率	概率
巧克力碎	548	0.53
花生酱	165	0.16
燕麦	155	0.15
糖/酥饼	114	0.11
其他	51	0.05
总和	1033	1.00

我们将事件 A 定义为选到喜欢巧克力碎的人. 也就是说, 事件 A' 表示选到的人喜欢的饼干不是巧克力碎的. 根据表 4-6, 我们计算出 $P(A')$ 如下:

$$P(A) = 0.53$$
$$P(A') = 1 - P(A) = 1 - 0.53 = 0.47$$

选到最爱饼干不是巧克力碎的概率是 47%. 注意用补集原则可以减少我们的工作, 因为这样比用下面的概率求和要简单:

$$P(A') = 0.16 + 0.15 + 0.11 + 0.05 = 0.47$$

在学习下一小节之前, 用下面的思考题来检验一下你刚学会的知识.

思考题 4

1. 判断下面哪些数值是有效的概率值, 哪些不是.

   a) 0.19   b) -0.6 c) 0
   d) 51%   e) 1.08   f) 124%
   g) $\dfrac{2}{3}$ h) 1   i) $-\dfrac{1}{6}$

2. 右表是 2009 年第四季度和 2008 年第四季度全职正式员工的平均工资变化, 调查是市场研究公司 Harris Interactive 针对 2795 名人力资源从业人员进行:

工资变化	频率	概率
11% 及以下	58	0.02
4%~10%	351	0.13
1%~3%	720	0.26
没有变化	1491	0.53
降低	175	0.06
总和	2795	1.00

用补集原则计算 2009 年没有降薪的员工概率.

习题 4.1

基础题

4.1 判断下面哪些数值是有效的概率值，哪些不是.

 a) $\dfrac{5}{4}$ b) 0.04

 c) 200%   d) 0.5

 e) $\dfrac{1}{8}$ f) 14%

 g) $-\dfrac{3}{3}$ h) 0%

 i) 1.2

4.2 从一副 52 张牌的扑克中抽出一张方块的概率是多少？

4.3 考虑投掷两只骰子的试验.

 a) 得到总和为 7 的概率是多少？

 b) 得到总和为 3 或者小于 3 的概率是多少？

 c) 得到总和为 10 或者大于 10 的概率是多少？

4.4 根据描述判断应该使用哪种概率方法：

 a) 绿湾包装工队今年进入季后赛的概率.

 b) 下节概率课没有学生缺席的概率.

 c) 我从五张牌中抽到三张一样牌的概率.

 d) 本地面包房明天早上卖出多于 5 个黑麦面包的概率.

 e) 我从装了 5 个红色、8 个黄色和 7 个绿色 M&M 巧克力豆的碗中随机选出一个红色 M&M 豆的概率.

应用题

4.5 某客户调查请参与者填写他们的最高学历. 只有三个选项：高中、大学和其他. 如果 29% 的参与者填了高中，而 53% 填了大学，那么请计算选择"其他"的参与者比例.

4.6 某调查在 125 户家庭中进行，问题是家里养了多少只猫. 结果如下表所示：

猫只数	家庭数
0	76
1	32
2	12
3	3
4	2
总和	125

 a) 随机选到养一只猫的家庭概率是多少？

 b) 随机选到养一只以上的猫的家庭概率是多少？

 c) 随机抽到养猫的家庭的概率是多少？

 d) 这个例子是哪种概率，传统概率，经验概率，还是主观概率？

4.7 共有 200 名成年人参与了这项调查，问题是最喜欢的国家公园. 相关频率如下：

公园名	相关概率
黄石	33%
大烟山	19%
优胜美地	19%
阿卡迪亚	7%
其他	?
总和	100%

 a) 选到"其他"一组的参与者比例是多少？

 b) 有多少参与者选了黄石？

 c) 有多少参与者选了优胜美地或者阿卡迪亚？

 d) 这个例子是哪种概率，传统概率，经验概率，还是主观概率？

4.8 下面是某机构中总监的年收入范围频率表：

工资范围（美元）	频率
60 000 以下	2
60 000～小于 70 000	5
70 000～小于 80 000	7
80 000～小于 90 000	4
90 000～小于 100 000	6
100 000 及以上	?
总和	26

 a) 该机构中有多少总监年收入 100 000 或者 100 000 以上？

 b) 随机选取一名总监，年收入在 100 000 或者 100 000 以上的概率是多少？

 c) 随机选取一名总监，年收入在 60 000 或者 60 000 以上的概率是多少？

 d) 随机选取一名总监，年收入在 70 000 到 90 000 之间的概率是多少？

4.9 在 2009 年，市场调研公司 Braun Research 公司调查了美国成年人每天和每星期喝的咖啡数. 比例如下：

咖啡数	百分比
每天2杯或者更多	33%
每天1杯	19%
每周2杯	11%
每周1杯	9%
不喝咖啡	28%

a) 喝咖啡的成年人比例是多少?
b) 每周喝两杯或者两杯以上的成年人比例是多少?
c) 每周喝一杯或者两杯的成年人比例是多少?

4.2 多事件的概率规则

到现在为止,我们只专注于处理单事件的基本概率概念. 然而在商业世界中,形势很少这么简单. 通常情况下,总是包含着互相交叉的两个或者更多个事件. 例如,银行经理可能想知道一个有不良信用评分的客户拖欠房贷的概率. 在本例中,有两个事件需要考虑:

事件 $A=$ 客户拖欠房贷
事件 $B=$ 客户有不良信用评分

为了解决这种类型的概率,我们要学习下面的概念.

4.2.1 事件的交集

为了演示计算多事件的概率,我使用下面的例子. 我的孩子们都已经长大,不住在家里了,我非常珍惜他们每次打电话的时间还有看到他们的名字出现在我的电话呼叫者上. 经验告诉我,我可以把他们的电话划分为"危机"(包含计算机、车、银行卡或者手机)以及"非危机"(当孩子们就是打电话过来问候看看我是不是还活得好好的,所以下次还可以帮他们处理危机).

表 4-7 是所谓的**列联表**,将之前 50 次孩子们的通话分类了.

列联表可以同时显示两组变量的实际或相关频率. 在本例当中,变量组为孩子们和电话类型. 我假设过去的这种电话模式还会继续持续下去. 现在定义事件 A 和 B 如下:

事件 $A=$ 克莉丝汀的下一通电话
事件 $B=$ 下一通电话是危机

我们可以用列联表计算下一通电话是克莉丝汀打来的简单概率:

表 4-7 通话列联表

孩子	危机	非危机	总和
克莉丝汀	12	7	19
布莱恩	10	4	14
约翰	6	11	17
总和	28	22	50

注:我一共接到布莱恩 14 个电话,其中 10 次危机,4 次非危机.

$$P(A) = \frac{19}{50} = 0.38 \ominus$$

下一通电话是危机电话的概率就是:

$$P(B) \frac{28}{50} = 0.56 \ominus$$

在某些情况下,这些简单概率也叫**边际概率**.

⊖ 克莉丝汀一共打过 19 个电话(12 次危机,7 次非危机),在表 4-7 中.
⊖ 表 4-7 中,三个孩子一共打过 28 次危机电话.

那么下一通电话是克莉丝汀打来的危机电话的概率是多少呢？这个事件可以用事件 A 和事件 B 的交集来表述，符号表示为 $A \cap B$. 图 4-3 是表示事件 A 和事件 B 交集的文氏图．图中阴影部分是两个事件的相交．

如表 4-7 的列联表所示，满足既是克莉丝汀打来的同时是危机电话的实例数是 12，所以

$$P(A \text{ 和 } B) = P(A \cap B) = \frac{12}{50} = 0.24$$

这足以解释我每次接电话的时候都会屏住呼吸了吧！两个事件的交集也被称为是**联合概率**.

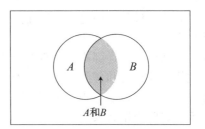

图 4-3　A 和 B 的交集文氏图

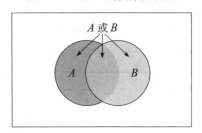

图 4-4　事件 A 和 B 的并集文氏图

4.2.2 事件的并集

事件 A 和事件 B 的**并集**是事件 A 或者事件 B 单独发生以及同时发生的实例数．用符号 $A \cup B$ 来表示．图 4-4 是描述事件 A 和 B 的文氏图，其中有三块不同灰度的区域.

用我们之前的例子，表 4-8 中灰底标出的数字是包含下面两种情形的实例：

- 一通电话（危机电话或者非危机电话）来自于克莉丝汀（事件 A）
- 来自于三个孩子中任何一个的危机电话（事件 B）

注意总共有 35 通电话（12+7+10+6=35）.

因此，下一通电话是克莉丝汀打来的（事件 A），或者这是一个危机电话（事件 B）的概率计算如下：

$$P(A \text{ 或 } B) = P(A \cup B) = \frac{35}{50} = 0.70$$

自己观察这道概率题的问题描述．其中包含的是"和"还是"或"呢？区分"和"和"或"的一种方法是记住下面的关系[一]：

和 = 交集
或 = 并集

从我们之前那个例子可以看出两个事件的交集和并集之间有很大差别

$$\text{交集}: P(A \text{ 和 } B) = P(A \cap B) = \frac{12}{50} = 0.24\text{[二]}$$

表 4-8　两事件并集的列联表：电话

孩子	危机	非危机	总和
克莉丝汀	12	7	19
布莱恩	10	4	14
约翰	6	11	17
总和	28	22	50

孩子	通话类型	通话总数
克莉丝汀	危机	12
克莉丝汀	非危机	7
布莱恩	危机	10
约翰	危机	6
		总和＝35

[一] 在很多大学，我们大学教授被学生指责在考试中用"交"和"并"来欺骗我们无助的学生．要确认你已经理解了它们之间的区别．

[二] 两个事件交集的概率永远都不可能比两个事件并集的概率大．如果你的计算结果不符合这个的话，那么回去检查一下哪里出了问题．

并集：$P(A \text{ 或 } B) = P(A \cup B) = \dfrac{35}{50} = 0.70$

注意，并集事件的概率是 70%，而交集事件的概率只有 24%．理由呢？因为事件 A 和 B 的并集不仅包含事件 A 和 B 的交集（图 4-4 中的灰色区域），而且包含图 4-4 中的深灰色和浅灰色区域．你永远都不会发现两个事件交集的概率比这两个事件并集的概率大的情况．

理解事件交集和并集的区别以及如何计算是非常重要的．例如，假如 Comcast 有线电视正在追踪客户抱怨，他们希望了解这些不满意的客户是男性并且购买了付费频道的概率．该问题应该用交集来计算（AND）．如果误用了事件并集（OR），那么结果会比真实值大．在往下进行之前，花几分钟用下面的思考题来检查一下你的理解．

思考题 5

下表是在沃尔玛购买数码相机的客户数，包含购买延期保修和没有购买延期保修．列联表中也把年龄分组标识出来了．

年龄组	保修	无保修	总数
小于 40	5	34	39
40 及以上	6	15	21
总数	11	49	60

随机选择一名顾客，计算以下事件发生的概率

a）购买保修：

b）小于 40 岁？

c）40 岁或者 40 岁以上，并且没有购买保修

d）小于 40 岁，或者没有购买保修

4.2.3 加法法则

在前面的小节，我们笼统地定义了事件的交集和并集．现在，我们要学习使用概率**加法法则**计算事件并集的概率，也就是，事件 A 发生，或者事件 B 发生，或者事件 A 和 B 都发生的概率．

然而，加法法则首先需要了解一个新的概念：互斥事件．

如果两个事件在实验过程中不能同时发生，称之为**互斥事件**．用表 4-9 来展示，表内数据是我的一个统计课堂的成绩分布，含性别．

假设有两个事件：

事件 A = 成绩为 A 的学生
事件 B = 成绩为 B 的学生

加法法则的使用取决于两个事件是否互斥．事件 A 和事件 B 是互斥的，因为同一名学生的成绩不可能既是 A 又是 B．图 4-5 用文氏图描述

表 4-9 我的统计课堂成绩分布（用性别分类）

成绩	女	男	总和
A	6	3	9
B	4	8	12
C	0	4	4
总和	10	15	25

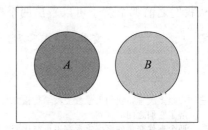

图 4-5 文氏图描述的互斥事件

了这个概念. 正如你所看到的，在样本空间中，互斥事件没有重合部分.

对于互斥事件来说，加法法则计算两个事件概率是把两事件独自发生时的概率相加求和，如等式 4-4 所示.

互斥事件的加法法则公式

$$P(A \text{ 或 } B) = P(A) + P(B) \tag{4-4}$$

非互斥的两个事件的例子：

事件 A：随机选取一个某次考试成绩为 A 的学生

事件 B：随机选取一名参加考试的女学生.

这两个事件可以同时发生.

用我们成绩分布的例子，随机选择一名同学的成绩是 A 或者 B 的概率计算如下：

$$P(A) = \frac{9}{25} = 0.36 \quad P(B) = \frac{12}{25} = 0.48$$

$$P(A \text{ 或 } B) = P(A) + P(B)$$

$$P(A \text{ 或 } B) = 0.36 + 0.48 = 0.84$$

接着，我们做如下假设：

事件 $A =$ 成绩为 A 的学生

事件 $B =$ 女学生

现在，事件 A 和 B 不是互斥事件. 这是因为同一名学生可以得到成绩 A，同时是一名女学生. 这种说法的图形表示见图 4-6 的文氏图.

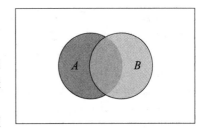

图 4-6 文氏图表示的非互斥事件
注：$P(A \text{ 和 } B)$ 用灰色(中间)区域表示.

可以观察到图 4-6 中在事件 A 和 B 中有重叠区域(灰色区域). 对于非互斥事件来说，两事件概率的加法法则需要在两事件单独概率求和之后减去两事件交集概率，如等式 4-5 所示.

非互斥事件的加法法则公式

$$P(A \text{ 或 } B) = P(A) + P(B) - P(A \text{ 和 } B)^{\ominus} \tag{4-5}$$

用我们成绩分布的例子来说，随机选取的一名学生或者得到成绩 A(事件 A)，或者是一名女学生(事件 B)的概率计算如下.

25 名同学中有 9 名同学成绩为 A(事件 A). 25 名学生中有 10 名女同学(事件 B). 因此，

$$P(A) = \frac{9}{26} = 0.36 \quad P(B) = \frac{10}{25} = 0.40$$

$P(A \text{ 和 } B)$ 是两事件的交集：成绩为 A，并且是女学生. 表 4-8 中的数据显示有 6 名女学生成绩为 A. 所以，

$$P(A \text{ 和 } B) = \frac{6}{25} = 0.24$$

$\ominus$　这一项是图 4-4 中的灰色区域. 我们把它从等式 4-5 中减去是为了避免重复计算该区域.

现在我们可以用等式 4-5 计算随机选到的学生得到成绩 A，同时是一名女学生的概率：
$$P(A \text{ 或 } B) = P(A) + P(B) - P(A \text{ 和 } B)$$
$$P(A \text{ 或 } B) = 0.36 + 0.40 - 0.24 = 0.52$$

为什么我们需要在非互斥事件的加法法则使用中减去事件 A 和 B 的交集呢？图 4-7 描述了两事件相加时的情况。有 9 名同学成绩为 A，其中 6 名女学生。一共有 10 名女学生，其中 6 名同学成绩为 A。把事件 A 和 B 的概率简单相加导致成绩为 A 的 6 名女学生被重复计算了。这 6 名重复计算的女学生在图 4-7 中很明显可以看出。为了避免重复计算，等式 4-5 中我们减去事件 A 和 B 的交集。

成绩	女	男	总和
A	6	3	9
B	4	8	12
C	0	4	4
总和	10	15	25

图 4-7　非互斥事件的加法法则：成绩分布

在继续往下学习之前，用下面的思考题检验你已经理解了加法法则，这是一个极好的时机。

思考题 6

右表是美洲银行客户中有逾期账款的数字。数据用信用卡类型和逾期天数细分。随机选取一名客户，计算以下事件的概率。

a) 标准卡客户，逾期天数 31～60 天。
b) 标准卡客户，逾期天数 30 天及以内。
c) 金卡客户，逾期天数 61～90 天。
d) 逾期天数 31～60 天或者 30 天及以内。
e) 逾期天数 31～60 天并且 61～90 天。

逾期天数	信用卡类型		
	标准卡	金卡	总和
30 天及以内	165	90	255
31-60 天	96	121	217
61-90 天	42	49	91
90 天以上	22	15	37
总和	325	275	600

4.2.4　条件概率

条件概率是指假设事件 B 发生的条件下，事件 A 发生的概率。换句话说，事件 A 发生的可能性受事件 B 已经发生的影响。

考虑下面的条件概率例子：SAT 是全国性的考试，很多大学都用它来评估学生的入学资格。数学部分的成绩在 0～800 区间。有些学生参加预习班希望得到更高的成绩。表 4-10 显示数学成绩分类，也标明了参加数学预习班的学生人数。

表 4-10　参加和未参加预习班的学生 SAT 数学成绩

SAT 成绩区间	参加预习班	未参加预习班	总和
201～400	8	53	61
401～600	40	107	147
601～800	22	20	42
总和	70	180	250

注：40 名参加预习班的学生成绩在 401～600 区间内。

考虑以下两个事件：

事件 A = 学生的数学成绩在 601～800 区间
事件 B = 学生参加了预习班

我们要观察参加补习班是否可以增加得到 601~800 区间成绩的机会. 条件概率可以回答这个问题.

因为事件 A 的样本空间有 250 名学生, 成绩在 601~800 区间的是 42 名, 简单概率 $P(A)$ 计算如下:

$$P(A) = \frac{42}{250} = 0.168$$

也就是有 16.8% 的概率随机选到的一名同学成绩在 601~800 区间. 这个简单概率也被称为**先验概率**, 因为计算时没有考虑其他附加信息.

然而, 如果随机选取学生时增加一定附加条件, 该如何计算呢? 假设我们已知这名同学参加了预习班. 我们现在要考虑, 假设这名同学参加了预习班, 那么这名同学的成绩在 601~800 区间的概率是多少. 假设事件 B 发生, 事件 A 发生的概率符号表示如下:

$$P(A|B)$$

对于现在的条件概率, 我们所关注的样本空间学生数减少为只参加预习班的学生数, 是 70 个. 70 名学生当中, 22 名同学的成绩在 601~800 区间. 因此, 参加了预习班的学生数学成绩在 601~800 区间的概率是:

$$P(A|B) = \frac{22}{70} = 0.314$$

基于这个事实, 预习班的确影响了得到 601~800 数学成绩的概率, 因为

$$P(A) = 0.168$$
$$P(A|B) = 0.314^{\ominus}$$

我们了解到参加预习班的同学成绩在 601~800 区间的概率大.

等式 4-6 和 4-7 是计算条件概率.

条件概率计算公式

$$P(A|B) = \frac{P(A \text{ 和 } B)}{P(B)} \qquad (4\text{-}6)$$

或

$$P(B|A) = \frac{P(A \text{ 和 } B)}{P(A)} \qquad (4\text{-}7)$$

等式 4-6 要求 $P(B) > 0$, 而等式 4-7 要求 $P(A) > 0$.

我们用这两个等式解答前面的例子如下, 以此证实 SAT 结果:

$$P(A \text{ 和 } B) = \frac{22}{250} = 0.088$$

$$P(B) = \frac{70}{250} = 0.280$$

$$P(A|B) = \frac{P(A \text{ 和 } B)}{P(B)} = \frac{0.088}{0.280} = 0.314^{\ominus}$$

⊖ 参加了预习班的学生成绩在 601~800 区间的概率差不多是样本空间中随机选取一名学生的概率的两倍.
⊖ 这个结果与我们之前用图 4-10 列联表计算的结果吻合.

不管你用哪种方法来计算，条件概率也被称为**后验概率**（我不会在这里使用和"后面"有关的笑话的），这是先验概率的调整版。在本例中，附加条件是学生参加了预习班。

条件概率在商务环境中应用广泛，比如：
- 银行会有兴趣了解某月中信用卡余额在 3000 元以下的顾客全额还款的可能性。
- 汽车制造商会想了解 40 岁女性顾客选择购买延期保险的概率。

在下面的思考题中，我们用 2008 年夏季奥运会的数据来测试你对条件概率的理解。

思考题 7

右表是 2008 北京夏季奥运会的部分国家奖牌获得情况。

a) 随机选到一枚奖牌是金牌的概率是多少？

b) 随机选到一枚奖牌由俄罗斯获得的概率是多少？

c) 随机选到一枚奖牌是银牌并且由美国获得的概率是多少？

d) 随机选到一枚奖牌是铜牌并且由中国获得的概率是多少？

	金牌	银牌	铜牌	总和
中国	51	21	28	100
美国	36	38	36	110
俄罗斯	23	21	28	72
其他	192	223	261	676
总和	302	303	353	958

e) 假设这枚奖牌是金牌，那么是美国获得概率是多少？

f) 假设奖牌由俄罗斯获得，那么是铜牌的概率是多少？

4.2.5 相互独立事件与相依事件

被称为**相互独立事件**的两个事件独自发生时对另一方不产生影响。下面是两个相互独立事件的例子：

事件 A：今天我随大流，决定购买当前款的苹果 iPhone 手机。

事件 B：同一天晚些时候，苹果公司召开了新产品发布会，公布了最新版的 iPhone 手机比目前版本多了些炫酷功能。

尽管这两个事件发生的时间听起来像命运残酷的捉弄，很明显，它们相互独立于另一方。我很难说服一个理性的人来相信苹果公司管理层是等着我买了手机才发布这条消息。

如果一个事件的发生影响了另一个事件发生的概率，我们称这两个事件为**相依事件**。举例如下：

事件 A：你在统计考试中得了 A。

事件 B：你花了很多时间备考统计学。

作为一名教师，我很自信地说，事件 B 的发生一定影响到事件 A 的概率，所以这两个事件是相依事件。

我用下面的例子来说明这个概念的应用。我太太黛比是一名狂热的网球手，我们很喜欢一起打比赛。然而，我们俩在球场上的意见却有分歧。黛比喜欢在比赛前有一段很长时间的热身，没完没了地把球打来打去，对我来说太漫长了。在这段时间内，一个细小的声音在我大脑中说"谁赢了？"，"比分是多少？"我理想的热身就是弯下腰系好鞋带。黛比说每次匆匆完成热身的时候，她总是打不好。"当然！"我说，我用下面的条件概率给她讲谁是对的. 表 4-11 是我们先前 25 场比赛的结果, 还有每次热身的时间长短类型.

我们定义以下事件:

事件 A = 黛比赢了比赛

事件 B = 长热身时间

首先, 用表 4-11 的 "总和" 我们计算黛比赢得比赛的边际概率, $P(A)$. 计算如下:

$$P(A) = \frac{11}{25} = 0.44$$

表 4-11 网球比赛的列联表

热身时间	黛比胜	鲍伯胜	总和
短	4	11	15
长	7	3	10
总和	11	14	25

下一步, 我们计算假设热身时间长时, 黛比赢得比赛的条件概率, $P(A|B)$, 用等式 4-5:

$$P(A \text{ 和 } B) = \frac{7}{25} = 0.28$$

$$P(B) = \frac{10}{25} = 0.40$$

$$P(A|B) = \frac{P(A \text{ 和 } B)}{P(B)} = \frac{0.28}{0.40} = 0.70$$

如果热身时间长短对黛比赢得比赛毫无影响的话(两事件为相互独立事件), 那么我期待的计算结果是热身时间长的时候黛比赢得比赛的概率与任意热身时间下黛比获胜的边际概率相同. 换句话说 $P(A|B)$ 应该等于 $P(A)$.

很不幸的是, 黛比又一次正确了. 热身时间任意时黛比的获胜率仅为 44%. 而长热身时间的条件下, 黛比的获胜率是 70%. 这两个事件是相依事件. 失陪一会儿我去向我的妻子道歉. ⊖

通常来说, 判断两事件是否为相依事件的定义如等式 4-8 所示.

事件 A 与事件 B 为相互独立事件的判断公式

$$P(A|B) = P(A) \tag{4-8}$$

否则, 事件 A 与事件 B 为相依事件.

用几分钟完成思考题确认你已经理解了相互独立事件和相依事件的概念.

思考题 8

右表是 2009 年 11 月美国成年人受雇和失业人数(千计)以及婚姻状态.

事件 A = 失业人士

事件 B = 已婚人士

判断事件 A 和事件 B 是相互独立事件还是相依事件.

婚姻状态	受雇	失业	总和
已婚	43 244	3205	46 449
未婚	20 500	3963	24 463
总和	63 744	7168	70 912

4.2.6 乘法法则

前面小节我介绍过加法法则用来计算事件 A 和事件 B 的并集概率. 在本节中我将介绍两

⊖ 因为这个概率不等于 70%, 所以事件 A 和事件 B 不是相互独立事件. 看起来黛比赢得比赛的机会受热身时间长短的影响.

个事件交集的概率(联合概率), 也就是 $P(A$ 和 $B)$. 记得这被称为联合概率. 倒换 4.6 条件概率等式并用代数计算 $P(A$ 和 $B)$, 我们可以推导出**乘法法则**, 如等式 4-9 所示. 同理, 用等式 4-7 可以推导出等式 4-10 的乘法法则. 这些等式假设事件 A 和事件 B 为相依事件.

相依事件的乘法法则公式

$$P(A|B) = \frac{P(A \text{ 和 } B)}{P(B)}$$

$$P(A \text{ 和 } B) = P(B)P(A|B) \tag{4-9}$$

$$P(B|A) = \frac{P(A \text{ 和 } B)}{P(A)}$$

$$P(A \text{ 和 } B) = P(A)P(B|A) \tag{4-10}$$

我们用超市的例子来示范相依事件的乘法法则, 假设超市在不知情的情况下收到了一大批薯片, 订单中薯片含盐量比质量标准要低. 某天你去超市买两包薯片, 货架上有 32 包薯片, 其中 9 包是低含盐的. 那么你选到的两包都是低含盐的薯片概率是多少?

求解这个问题, 我们做如下定义:

$$\text{事件 } A = \text{第一包为低含盐}$$
$$\text{事件 } B = \text{第二包为低含盐}$$

这两个事件是相依事件, 因为当第一包薯片从货架上拿走之后, 选择第二包薯片的样本空间就从 32 变成了 31, 这会影响概率. 我们用等式 4-10 的乘法法则计算两包都是低含盐的薯片概率, 也就是 $P(A$ 和 $B)$. 首先, 我们计算事件 A 发生的概率如下:

$$P(A) = \frac{9}{32} = 0.281$$

条件概率 $P(B|A)$ 指的是假设选到第一包薯片是低含盐时第二包仍然是低含盐的概率. 因为第一包薯片选走之后并没有补一包到货架上, 所以要从剩余 31 包薯片中选出一包低含盐的. 这是说:

$$P(B|A) = \frac{8}{31} = 0.258 ⊖$$

从而得出, 使用乘法法则, 我们得出选到的两包薯片都是低含盐的联合概率是:

$$P(A \text{ 和 } B) = P(A)P(B|A)$$
$$P(A \text{ 和 } B) = (0.281)(0.258) = 0.072$$

得到你从超市买到两包低含盐的薯片的概率略高于 7%.

我们解释过的, 如果 $P(B|A) = P(B)$, 那么事件 A 和事件 B 是相互独立事件. 当两个事件相互独立时, 它们同时发生的概率就是它们单独发生时概率的乘积. 这种情况的乘法法则用等式 4-11 描述.

两个独立事件的乘法法则公式

$$P(A \text{ 和 } B) = P(A)P(B) \tag{4-11}$$

例如, 特拉华州威明顿的 Club Bistro 餐厅观察到顾客晚餐时点"主厨精选"的概率是

⊖ 只有 8 包低含盐的薯片了, 因为第一包被选出的薯片也是低含盐的.

18%. 假设顾客的点餐单之间是相互独立的,我们用等式 4-11 计算下面两个事件同时发生的概率:⊖

$$事件 A = 这一名顾客点了主厨精选$$
$$事件 B = 下一名顾客点了主厨精选$$
$$P(A 和 B) = P(A)P(B)$$
$$P(A 和 B) = (0.18)(0.18) = 0.032$$

你可能正在思考这个问题,相互独立事件的乘法法则不仅可以应用于两个事件,也可应用在任何数量的相互独立事件上,如等式 4-12 所示:

n 个相互独立事件的乘法法则公式

$$P(A_1 和 A_2 和 \cdots 和 A_n) = P(A_1)P(A_2)\cdots P(A_n) \tag{4-12}$$

演示一下法则使用,假设课堂开始的时候,老师出了一套有 5 道是非题的小测验. 如果你是随机猜测五道题目的答案,那么你把五道题目全部猜对的概率是多少?定义如下事件:

$$A_1 = 题目 1 回答正确$$
$$A_2, A_3, A_4, A_5 = 题目 2,3,4,5 回答正确$$

因为你是随机猜的答案(太遗憾了!),事件 A_1 发生的概率是 50%. 回答正确其他问题的概率也是 50%. 从而得出,

$$P(五个正确答案) = P(A_1)P(A_2)P(A_3)P(A_4)P(A_5)$$
$$P(五个正确答案) = (0.5)(0.5)(0.5)(0.5)(0.5) = 0.031$$

你有 3% 的概率能猜对全部 5 道题目的答案. 正如这个数字显示,这不是一个很好的应试策略.

乘法法则在商务场合是非常有用的,因为在分析概率时人们的直觉总是将其引入歧途. 为了说明这一点,看下面两个陈述:

陈述 1:你会完成你的上级今年指定的所有目标.

陈述 2:你会完成你的上级在过去的一年里指定的所有目标,你可以基于绩效得到高于平均水平的工资提升.

哪一个陈述发生的概率大呢?一项调研显示大多数人选择与陈述 2 相类似的. 把高于平均水平的工资提升写出来大大增加了陈述 2 的可信度. 但是现在你已经精通了乘法法则之道,我希望你能看出其中的问题. 为了证明我的观点,我们来做如下定义:

事件 A:你完成你的上级今年指定的所有目标. ⊜

事件 B:基于你的绩效,你会得到高于平均水平的工资提升.

陈述 2 对应的是 $P(A 和 B)$,也就是,根据乘法法则,等于 $P(A)P(B|A)$. 从数学角度考虑,$P(A 和 B) > P(A)$ 是不可能的,也就是说陈述 2 发生的可能性不太可能比陈述 1 大,不管你的直觉如何肯定. 一定要完成下面的思考题来确认你已经理解了乘法法则.

思考题 9

1. 从一副 52 张标准扑克牌中抽出 2 张,抽出第一张后不放回. 抽到第一张为红 Q,第二张是红色牌的概率是多少?

⊖ 相互独立意味着第二个人选择主厨精选的概率不受第一个人是否选择主厨精选的影响.
⊜ 陈述 1 = 事件 A 发生,陈述 2 = 事件 $(A 和 B)$ 发生.

2. 从一副 52 张标准扑克牌中抽出 2 张,抽出第一张将其放回. 抽到第一张为红 Q,第二张是红色牌的概率是多少?

4.2.7 概率列联表

到目前为止,在本章中我们一直用列联表显示事件频率. 我们现在把频率换成概率. 方法是把每个数字除以观察值总数即可. 假设 Club Bistro 餐厅有两种主菜,肉和鱼. 顾客们被问到他们对用餐是否满意. 表 4-12 是先前 200 名顾客的回答列联表.

表 4-13 把每个频率转换成了概率,方法用每个数字除以表 4-12 中的顾客总和值 200.

表 4-12 顾客对主菜满意度频率

回答	肉	鱼	总和
满意	70	100	170
不满意	10	20	20
总和	80	120	200

表 4-13 顾客对主菜满意度概率

回复	肉	鱼	总和
满意	70/200=0.35	100/200=0.50	170/200=0.85
不满意	10/200=0.05	20/200=0.10	30/200=0.15
总和	80/200=0.40	120/200=0.60	200/200=1.00

我们从表 4-13 可以推断出哪些观点?图 4-8 总结了在这一章中我们学习过的不同类型的概率:

事件 A:客户满意

事件 B:客户不满意

事件 C:客户点的主菜是肉

事件 D:客户点的主菜是鱼

从图 4-8 我们可以推断出顾客对主菜满意的概率是 $P(A)=0.85$. 顾客对主菜满意而且主菜是肉的概率是 $P(A \text{ 和 } C)=0.35$. (在图 4-8 中,这是其中联合概率之一.)最后,假设顾客点的主菜是肉,顾客满意的概率是 $P(A|C)=0.875$. (在图 4-8 中,这是其中条件概率之一.)我们也可以用决策树来显示图 4-8 中的联合概率.

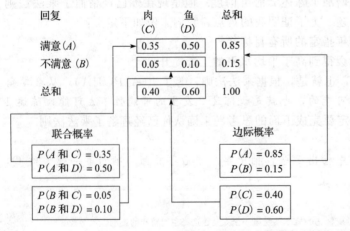
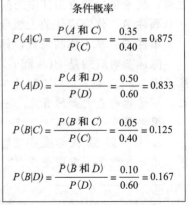

图 4-8 顾客对主菜满意度概率的总结

概　率

树的左侧两个分支分别代表的是顾客对主菜满意(A)和顾客对主菜不满意(B). 树的右侧四个分支代表按主菜分类顾客满意度所有组合的联合概率. 把这四个概率值相加（0.35+0.50+0.05+0.10），结果为1，表示这是整个样本空间. 注意决策树也可以用来显示边际概率.

在图 4-9 中，我选择左边作为树的开始，以满意/不满意作为分支事件. 我也可以选择以鱼/肉作为左边分支的起点. 两种树的结构都可以.

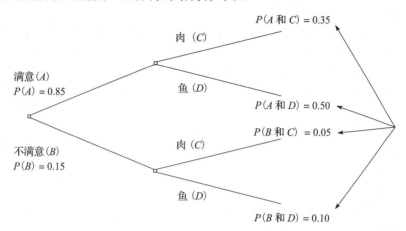

图 4-9　Club Bistro 餐厅的决策树

注：这四种概率相加等于1，因为它们表示整个样本空间(0.35+0.50+0.05+0.10).

4.2.8　互斥事件和相互独立事件

本章前面我们讨论过互斥事件是不可能同时发生的事件. 接着用 Club Bistro 餐厅的例子，事件 A 和事件 B 可能是互斥事件，因为一个顾客不能既满意又不满意. 而且，事件 C 和事件 D 也是互斥事件，因为我们假设顾客点餐时或者点鱼做主菜或者点肉. 因此，我们得出下面：

$$P(A \text{ 和 } B) = 0$$
$$P(C \text{ 和 } D) = 0$$

我还有一句话关于互斥事件和相互独立事件需要解释. 两事件不可能既为互斥事件又是相互独立事件. 想一下，相互独立事件可以在同一时间发生. 另一方面，定义上说互斥事件不能同时发生. 我们看下面这个例子.

假设事件 A(顾客满意)和事件 B(顾客不满意). 这两个事件是互斥事件因为顾客不能同时既满意又不满意. 因此，这两个事件不是可以同时发生的相互独立事件，反而是基于某种逻辑相依于另一方，逻辑如下：

我们从图 4-3 中得出 $P(A)=0.85$. 如果事件 A 和事件 B 是相互独立事件，那么 $P(A|B)$ 应该等于 0.85. 但是如果我们已知事件 B 已经发生(顾客不满意)，那么事件 A(顾客满意)发生的概率不会是 0.85. 相反，这个数值一定是 0，因为顾客不可能满意了. 从而，互斥事件一定是相依事件因为

$$P(A|B) \neq P(A)^{\ominus}$$

这个理论对任意两个互斥事件都正确. 我在这里有个忠告给大家. 如果把互斥和相互独立描述为彼此的对立面, 这样的说法也是不准确的. 换句话说, 你不能因为事件不是相互独立的而判断它们是互斥的.

在下面的思考题中, 你有机会使用列联表和决策树来分析黛比最喜欢的一家商店 Costco, 分析 Costco 会员的消费模式.

思考题 10

Costco 是一家仓储式商场, 顾客需要成为会员才能购买产品. Costco 为非企业会员提供两种类型的会员身份. 金星级会员每年支付年费 50 元, 管理级会员每年支付年费 100 元但是可以在购买大部分 Costco 商品时获得 2% 的回报. 右边的列联表是不同类型的会员结账时总金额大于和小于 200 元的顾客人数.

总金额	会员类型	
	金卡会员	管理级会员
200 元及以下	66	21
200 元以上	15	48

构造一个类似于图 4-8 的列联表, 能够显示:
a) 边际概率
b) 联合概率
c) 条件概率
d) 用决策树来展示这些概率, 以结账总金额作为其分支.
e) 对各种会员类型的消费模式来说, 可以得出什么结论?

4.2.9 贝叶斯定理

托马斯·贝叶斯 (1701—1761) 研究出了一种数学方法用 $P(B|A)$ 来计算 $P(A|B)$. 换句话说, 如果我们已知假定事件 A 发生时事件 B 发生的概率, 那么我们也能反向计算. 也就是说, 我们可以计算出假设事件 B 发生时事件 A 发生的概率. 贝叶斯定理有很多实际应用, 比如判断用机场安检措施查出恐怖分子的概率, 评估运动员药物检验的有效性的概率.

继续进行之前, 我们需要明确刚刚讨论的两个条件概率是不相同的. 我用下面的例子来解释它们的区别并演示贝叶斯定理.

我明天想打高尔夫, 但是本地天气预报指出明天会下雨. 定义如下事件:

事件 A_1 = 明天下雨
事件 A_2 = 明天不下雨
事件 B = 天气预报预计明日降雨

事件 A_1 和 A_2 是互斥的, 因为其中一个事件发生时, 另一个事件不能发生. 它们也是完全穷尽的, 因为其中之一明天必须会发生. 我很有兴趣知道天气预报预计降雨时明天下雨的概率. 这用条件概率表示为 $P(A_1|B)$.

为了回答这个问题, 我收集了下面的信息. 在我家乡每年平均降雨天数是 90 天. 因此, 任意一天会降雨的简单概率是:

$\ominus$ 记住, 如果 $P(A|B) = P(A)$, 那么事件 A 和事件 B 是相互独立事件.

概　率

$$P(A_1) = \frac{91}{365} = 0.25$$

因为事件 A_1 和 A_2 是互斥且完全穷尽，所以任意一天中不下雨的概率如下计算：

$$P(A_2) = 1 - 0.25 = 0.75$$

不过到现在我们只知道事件 A_1 和 A_2 发生的概率．我们需要知道的是天气预报预计明日降雨的概率(事件 B)．否则，我们无法计算 $P(A_1|B)$，也就是假设天气预报预计明日降雨，第二天下雨的概率．

为了计算事件 B 的概率(天气预报预计明日降雨的概率)我数了去年实际降雨的天数并且检查了那些天的历史记录．我发现有 85% 的时候是天气预报降雨而实际也降雨的情况．基于这个事实，我可以定义条件概率

$$P(B|A_1) = 0.85$$

$P(B|A_1)$ 是第二天下雨了，前一天的天气预报有预计降雨通知．

请注意下面两个条件概率的区别：

$P(A_1|B)$ = 当天气预报预计有雨时，第二天下雨的概率．㊀

$P(B|A_1)$ = 当第二天实际降雨时，前一天的天气预报预报有雨的概率．㊁

虽然这两个说法看起来相似，但是它们的区别很大．

☞ 特别注意 $P(A_1|B)$ 和 $P(B|A_1)$ 之间的区别．有些学生很难判断出它们之间的区别．

最后，我又数了去年没有降雨的天数，并且检查了那些天的历史数据．我发现，其中有 20% 的时间是天气预报预计降雨而第二天没有下雨的．据此，我们定义下面的条件概率

$$P(B|A_2) = 0.20$$

$P(B|A_2)$ 是当第二天没有下雨时，而前一天的天气预报预计降雨的概率．现在我要准备使用贝叶斯定理来回带我的问题：假设天气预报预计降雨，第二天下雨的概率是多少，如等式 4-13 所示．

贝叶斯定理公式

$$P(A_i|B) = \frac{P(A_i)P(B|A_i)}{P(A_1)P(B|A_1) + P(A_2)P(B|A_2) + \cdots + P(A_n)P(B|A_n)} \quad (4\text{-}13)$$

其中　A_i = n 个事件中第 i 个关注的事件

B = 已经发生的事件

在我们天气的例子中，$i=1$，因为我们要求解 $P(A_1|B)$；$n=2$，因为事件 A_1 和 A_2 是完全穷尽的．把这些概率值代入等式 4-13：㊂

$$P(A_1|B) = \frac{P(A_1)P(B|A_1)}{P(A_1)P(B|A_1) + P(A_2)P(B|A_2)}$$

$$= \frac{(0.25)(0.85)}{(0.25)(0.85) + (0.75)(0.20)}$$

㊀ 这个概率是我们最终要计算的．

㊁ 我们刚刚计算出这个概率是 0.85．

㊂ 明天一定是下雨或者不下雨．

$$= \frac{0.2125}{0.2125 + 0.15} = \frac{0.2125}{0.3625} = 0.586$$

假设天气预报明天降雨，那么明天实际降雨的概率是 58.6%. 这个概率也被称为修正概率，或者后验概率. 不谈天气预报，那么降雨的先验概率是 25%. 现在我们有了降雨的天气预报，那么修正后的概率是 58.6%. 哦，我最好做准备，上课的时候天气潮湿.

如果使用公式 4-13 让你觉得过于烦琐，那么贝叶斯定理提供的修正概率也可以用一张表推出来，如表 4-14 所示. 第三列和第四列分别代表我们开始的先验概率和条件概率. 这两列相乘得到第四列的联合概率.

表 4-14 用表格形式展示的贝叶斯定理

(1) 事件 A_i	(2) 先验概率 $P(A_i)$	(3) 条件概率 $P(B\|A_i)$	(4) 联合概率 $P(A_i 和 B)$	(5) 修正概率 $P(A_i \| B)$
A_1	0.25	0.85	0.2125	0.2125/0.3625 = 0.586
A_2	0.75	0.20	0.1500	0.1500/0.3625 = 0.414
			$P(B) = 0.3625$	合计 = 1.000

注：这张表把等式 4-13 中的计算整合到一起了.

把第四列相加，得到事件 B 发生的概率，在这个例子中是明天天气预报下雨的概率 (36.25%).

第五列给出最后的结果，即修正概率. 注意到这个计算同本章前面的条件概率计算公式 4-6 一样.

$$P(A|B) = \frac{P(A 和 B)}{P(B)}$$

再看一个例子，贝叶斯定理使用在 2 个以上完全穷尽事件的情况下. PNC 银行把信用卡用户按照信用评分划分类别. 表 4-15 是每组客户的百分比.

如果定义事件 B 如下：

事件 B = 客户当前信用卡还款延误

我们还知道下面的历史信息：

- 信用评分小于 600 的客户有 40% 的概率还款延误，即 $P(B|A_1) = 0.40$.
- 信用评分在 600~700 的客户有 10% 的概率还款延误，即 $P(B|A_2) = 0.10$. 信用评分在 700 以上的客户有 5% 的概率还款延误，即 $P(B|A_3) = 0.05$.

表 4-15 PNC 银行客户信用评分

事件	信用评分	百分比	$P(A_i)$
A_1	小于 600	25%	0.25
A_2	600~700	45%	0.45
A_3	大于 700	30%	0.30

假设 PNC 银行要用贝叶斯定理计算还款延误的客户是信用评分在 600 以下的概率，也就是计算 $P(A_1|B)$.

$$P(A_1|B) = \frac{P(A_1)P(B|A_1)}{P(A_1)P(B|A_1) + P(A_2)P(B|A_2) + P(A_3)P(B|A_3)}$$

$$= \frac{(0.25)(0.40)}{(0.25)(0.40) + (0.45)(0.10) + (0.30)(0.05)}$$

$$= \frac{0.10}{0.10 + 0.045 + 0.015} = \frac{0.10}{0.16} = 0.625$$

这里面延期还款的有 62.5% 的概率是信用评分在 600 以下的客户. 本例中的修正概率如表 4-16 所示.

表 4-16 表格形式的贝叶斯定理

(1) 事件 A_i	(2) 先验概率 $P(A_i)$	(3) 条件概率 $P(B\|A_i)$	(4) 联合概率 $P(A_i 和 B)$	(5) 修正概率 $P(A_i\|B)$
A_1	0.25	0.40	0.100	0.100/0.16 = 0.625
A_2	0.45	0.10	0.045	0.045/0.16 = 0.281
A_3	0.30	0.05	0.015	0.015/0.16 = 0.094
			$P(B) = 0.160$	合计 = 1.000

注：PNC 银行想要的答案也可以在这张表里找到.

现在你就是贝叶斯定理的专家了. 用思考题 11 来秀秀新技能吧.

思考题 11

假如运动员服用了提高比赛成绩的药物，那么检测结果为阳性的概率是 90%. 另外，假如运动员没有服用该类药物，那么检测结果为阳性的概率为 15%.（也就是假阳性.）假设有 8% 的运动员正在服用该类药物. 用贝叶斯定理，计算随机选取的一名运动员实际服用该类药物并且检测结果为阳性的概率.

习题 4.2

基础题

用下面的列联表回答问题 4.10～4.14.

	事件 A	事件 B
事件 C	9	6
事件 D	4	21
事件 E	7	3

4.10 计算概率：
a) $P(A)$ b) $P(B)$
c) $P(C)$ d) $P(D)$
e) $P(E)$

4.11 计算概率：
a) $P(A 和 C)$ b) $P(A 和 D)$
c) $P(B 和 E)$ d) $P(A 和 B)$

4.12 计算概率：
a) $P(B 或 C)$ b) $P(B 或 D)$
c) $P(A 或 E)$ d) $P(A 或 B)$

4.13 计算概率：
a) $P(A|C)$ b) $P(C|A)$
c) $P(B|E)$ d) $P(E|B)$

4.14 用贝叶斯定理计算 $P(B|D)$.

应用题

4.15 投掷一对骰子，思考下面两个事件：
A = 掷出 9
B = 掷出一对（两个骰子数字相同）
a) 这两个事件是互斥事件吗？为什么？
b) 这两个事件是相互独立事件吗？为什么？

4.16 投掷一枚硬币和一只骰子，思考下面两个事件：
A = 硬币为背面朝上
B = 投掷出 4
a) 这两个事件是互斥事件吗？为什么？
b) 这两个事件是相互独立事件吗？为什么？

4.17 从一副标准 52 张的扑克牌中抽取一张，不放回去，再抽出第二张. 定义下面两个事件：
A = 第一张牌是红桃
B = 第二张牌是红桃
a) 这两个事件是互斥事件吗？为什么？

b) 这两个事件是相互独立事件吗？为什么？

4.18 一项最新调查显示75%的家庭安装了宽带上网，80%的家庭安装了有线电视. 并且，调查中70%的家庭同时安装了宽带上网和有线电视. 判断参加调查的家庭中安装了宽带上网或者有线电视的家庭.

4.19 某本地汽车经销商停车场有36辆二手通用、福特和丰田，均可分为轿车和货车. 信息如下：
- 26辆轿车.
- 11辆通用.
- 15辆福特.
- 3辆车是丰田货车.
- 14辆车是福特轿车.

a) 随机选中一辆丰田车的概率是多少？
b) 随机选中一辆货车的概率是多少？
c) 随机选中一辆福特车或者轿车的概率是多少？
d) 随机选中一辆通用货车的概率是多少？
e) 假设是轿车，那么随机选中一辆丰田的概率是多少？
f) 假设是福特，那么随机选中一辆货车的概率是多少？
g) 为这些事件构造决策树.

4.20 下表是美国橄榄球队绿湾包装工（Green Bay Packers）在2009年赛季前5场比赛不同档数和码数时采取传球或者进攻的频率.（事实上，这是我自己计算的频率.）

档数和码数	进攻	传球
1档还差10码或者更多	55	81
2档还差6码或者更多	27	52
2档还差5码或者更少	18	10
3档还差2码或者更少	3	60
3档还差1码	1	2

求以下问题中绿湾包装工行动的概率是多少.
a) 任意一档传球的概率.
b) 2档进攻的概率.
c) 3档差1码时，传球的概率.
d) 1档进攻的概率.
e) 2档差6码或者更多时，进攻的概率.
f) 构造这些事件的决策树.

4.21 某当地餐厅有22%的顾客选择外带. 如果有8%的顾客选择外带并且购买了汉堡，那么计算选择外带的顾客购买汉堡的概率.

4.22 《华尔街日报》在2010年进行的调查指出，70%的美国人认为美国政府不能很好地工作. 如果7个人是随机选出来的，那么这7个人都认为政府不能很好地工作的概率是多少？

4.23 下表是美国人口普查局2010年给出的美国人有医疗保险和无医疗保险的人群和数量（千计）：

年龄区间	有医疗保险	无医疗保险
18岁以下	67 609	7307
18～24岁	21 573	8078
25～34岁	29 780	11 804
35～44岁	31 150	8692
45～64岁	67 708	13 231
65岁及以上	38 387	792

a) 2010年无医疗保险且年龄在18～24岁区间的美国人口百分比是多少？
b) 2010年无医疗保险且年龄在25～34岁区间的美国人口百分比是多少？
c) 2010年有医疗保险且年龄在65岁以上区间的美国人口百分比是多少？
d) 年龄区间和有无医疗保险是相互独立事件还是相依事件？定义事件A为45～64岁年龄区间的人，事件B是此人有医疗保险. 从这个信息可以得出什么结论？

数据来源：美国人口普查局.

4.24 某电商网站的订单中有35%的顾客超过100元. 如果订单超过100元的顾客中有20%用的是网站赞助信用卡付费，计算顾客订单超过100元且用网站赞助信用卡付费的概率.

4.25 从一副52张扑克牌中抽取一张牌，这张卡满足如下条件的概率是多少：
a) 一张K，或者一张4，或者一张5；
b) 一张方块，或者一张红桃，或者一张梅花；
c) 一张2，或者一张3，或者一张梅花；
d) 一张6，或者一张7，或者一张黑桃，或者一张方块．

4.26 在 2008 年填写了电子纳税申报的纳税人有 32.2% 自己完成了纳税．如果国税局随机选择 3 名完成电子申报的纳税人，这 3 名都是自己完成纳税的概率是多少？

4.27 下表是美国 2007 年到有学位授予资格的高校报名的男女人数（千计）．男女人数按照年龄组划分．

年龄组	男	女
14～17 岁	17	9
18～19 岁	273	327
20～21 岁	288	452
22～24 岁	544	685
25～29 岁	435	824
30～34 岁	430	449
35 岁及以上	799	1446

数据基于：美国国家教育统计中心．

计算随机选到一名学生满足下面条件的概率：

a) 女性；
b) 22-24 岁；
c) 女性，并且在 35 岁及以上；
d) 女性，或者在 25～29 岁之间；
e) 假设年龄在 22～24 之间，是男性的概率；
f) 假设是男性，年龄在 30～34 之间的概率．

4.28 某酒店请顾客对入住期间的感受打分，很好、较好、一般和较差．下表列出了顾客的评分和顾客性别．

评分	男	女
很好	3	9
较好	20	12
一般	16	7
较差	6	2

判断随机选到的一名顾客满足如下条件的概率：

a) 打分为"很好"；
b) 打分为"较好"或者"一般"；
c) 打分不是"较差"；
d) 是男性且打分为"较好"；
e) 或者是女性，或者打分为"一般"；
f) 假设选到的顾客是女性的话，打分为"较好"的概率；
g) 假设选到的顾客打分为"较差"，这名顾客是女性的概率；
h) 构造这些事件的决策树．

4.29 超级 D 是一家大型视频分销商，主要从以下两个渠道购买空白 DVD：Disk Master 提供 62% 的 DVD，Media Supply 提供剩余的 38%．从经验来看，超级 D 从 Disk Master 购买的 3% 的 DVD 是瑕疵品，而从 Media Supply 购买的有 2% 是瑕疵品．一个随机选到的 DVD 是瑕疵品．用贝叶斯定理判断这个 DVD 是从 Disk Master 处购得的概率．

4.30 一家体育用品公司在纽约和亚特兰大有零售店．顾客被问到购物体验的结果在下表中显示：

购物体验	百分比
不好	15%
一般	45%
很好	40%

考虑如下信息：

- 67% 打分为"不好"的顾客来自于费城；
- 36% 打分为"一般"的顾客来自于费城；
- 30% 打分为"很好"的顾客来自于费城．

用贝叶斯定理判断在费城购物的顾客打分为"很好"的概率．

4.3 计数原理

为了使用我们在本章一开始介绍的传统概率，我们需要知道感兴趣的事件数以及样本空间中所有可能的事件总数．对简单事件来说，比如投掷一个骰子，可能的结果数（6 个）是显而易见的．对更复杂的事件，比如乐透彩票，我们要依靠技术来算出答案，也被称为计数原理. 我们来看看这些技术.

4.3.1 基本计数原理

炎热的下午一场难分难解的高尔夫之后，布莱恩、约翰和我决定在回家路上的冰淇淋店补充元气. 我迫不及待地要用 4 种口味和 3 种辅料的冰淇淋来放纵一下了. 让我们定义

K_1 = 我要选择的冰淇淋口味数量

K_2 = 我要选择的冰淇淋辅料数量

假设我只能选择一种口味和一种辅料，那么我能有多少种不同口味和辅料的组合呢？（毕竟我还得注意体重.）很幸运的是，我可以用基本计数原理来计算. 基本计数原理告诉我们，如果第一个事件（我的冰淇淋选择）可以有 K_1 种方式发生，而第二个事件（我的辅料选择）可以有 K_2 种方式发生，那么两事件同时发生的概率是 $(K_1)(K_2) = (4)(3) = 12$ 种方式.

现在我把这个原理扩展到大于 2 个事件. 作为对口味和辅料选择的补充，我还有另外一个选择：大杯和小杯. 这给我带来了一个令人难以置信的结果 $(K_1)(K_2)(K_3) = (4)(3)(2) = 24$. 这些组合在表 4-17 中总结.

表 4-17　冰淇淋组合

冰淇淋口味	辅料	分量
CH=巧克力	HF=热巧克力	LG=大杯
VA=香草	BS=奶油	SM=小杯
ST=草莓	SP=坚果碎	
CF=咖啡		
组合列表（用口味、辅料和分量）		
CH-HF-LG　　VA-HF-LG	ST-HF-LG	CF-HF-LG
CH-HF-SM　　VA-HF-SM	ST-HF-SM	CF-HF-SM
CH-BS-LG　　VA-BS-LG	ST-BS-LG	CF-BS-LG
CH-BS-SM　　VA-BS-SM	ST-BS-SM	CF-BS-SM
CH-SP-LG　　VA-SP-LG	ST-SP-LG	CF-SP-LG
CH-SP-SM　　VA-SP-SM	ST-SP-SM	CF-SP-SM

一般来说，基本计数原理告诉我们，如果对于第一个事件有 K_1 种选择，第二个事件有 K_2 种选择……第 n 个事件有 K_n 种选择，那么所有可能结果的总数由等式 4-14 显示：

基本计数原理公式

$$(K_1)(K_2)(K_3)\cdots(K_n) \tag{4-14}$$

其中　K_i = 第 i 个事件的选择总数

n = 事件数

另外一个基本计数原理的应用是计算国家机动车牌照的所有唯一组合的总数. 假设国家牌照是 3 个字母加上 4 个数字. 国家不允许使用数字 0 和字母 O，因为它们看起来很相似，可能会导致混淆. 因为我们有 25 个可能的字母（字母表上除了 O 之外）和 9 个可能的

数字(1～9)，那么唯一组合的总数如下：

字母一	字母二	字母三	数字一	数字二	数字三	数字四
25[一]	25	25	9	9	9	9

$$25 \times 25 \times 25 \times 9 \times 9 \times 9 \times 9 = 102\,515\,625$$

所以一共有 102 515 625 可能的机动车牌照．

互联网地址用光了

根据 Matt Ford 在 CNN 上发表的文章"互联网大紧缩，你准备好了吗？"，互联网，按照目前的设计，将在 2011 年 9 月用光所有的 IP 地址．互联网上的每个设备，不管是台式机还是智能手机，都需要一个唯一的 IP 地址，这样它才可以被识别．因为计算机说的是一种二进制语言，它只认识 0 和 1．

人们在 20 世纪 70 年代设计互联网时采用的是 IP 寻址方案版本 4(IPv4)．IPv4 地址格式是有 32 位 0 或 1 的数字构成的字符串，举例如下：

00001101.10110000.11110011.00110001

因为每个数字只能是 0 或者 1，我们可以用基本计数原理算出一共有 2^{32} 个组合，总数为

$$2^{32} = 4\,294\,967\,296$$

个唯一 IP 地址组合．很多年前，互联网的创始人认为这些 IP 地址足够使用了．今天我们的认知是不相同的．

根据 Ford 先生，这个问题可能会在过去的几年里由于依赖互联网的设备数量的快速增加而加剧，比如苹果手机和 iPad．

另一个导致 IP 地址短缺的原因是发展中国家如中国和印度技术上的需求．

为了描述 IP 地址的局限性(双关)，IPv6 作为一个新的协议系统诞生了．这个新的格式由 128 位 0 或者 1 的序列组成，如下例子

00001101.10110000.11110011.00110001
00110000.10000001.00011000.11100011
10100101.01101010.11001010.00001001
10111001.11101101.01111001.01010111

用 IPv6 模式，一共有 2^{128} 种组合，提供了

$$2^{128} = 340\,282\,366\,920\,938\,000\,000\,000\,000\,000\,000\,000\,000$$

个唯一 IP 地址组合．即使这个技术现在已经存在，商业界是需要更新信息技术系统来适应的，这个过程进展很慢．结果就是，新的互联网设备上网将会很困难．

当我给我的女儿讲这个故事的时候，她的第一反应就是："这个地址永远都不会用光的．"

"是的，20 世纪 70 年代的时候他们也是这么说的．"我回答．

数据来源：CNN.com，2010 年 5 月 7 日．

[一] 这个数字代表 $K_1 = 25$，因为车牌上第一位的字母可以有 25 种选择．

4.3.2 排列

排列是把需要排列的不同对象按不同方式排好的方法的总数。在排列中,所有对象的每个排列只能出现一次。举例来说,对数字1、2和3有6种排列方式,如下:

$$123 \quad 132 \quad 213 \quad 231 \quad 312 \quad 321$$

当我们不仅只有3个,而是有很多数字的时候如何计算呢?会有多少种排列?像我们刚才那样用手写来计算排列太浪费时间了。我们使用等式4-15计算排列。定义 n 个不同对象的排列为:

n 个不同对象的排列公式

$$n! = n(n-1)(n-2)(n-3)\cdots(2)(1) \tag{4-15}$$

让我们用之前的例子学习等式4-15。例题中计算3个不同对象的排列3!。现在把3!代入等式4-15可以很轻松地算出排列数。

☞ 定义 0! = 1。

用 $n!$ 排列公式,我们有如下计算:

$$3! = (3)(2)(1) = 6$$

对数字1、2和3来说,一共有6种排列方式。这和我们用手写得到的排列相同。

现在假设我们要计算6个数字而不是3个。使用等式4-15,我们得出6个数字的排列是

$$6! = (6)(5)(4)(3)(2)(1) = 720$$

我们再来做个练习。每场职业篮球赛开赛之前,首发5名球员都会被介绍一次。一共有多少种顺序介绍5名球员?

排列数可以如下计算:

$$5! = (5)(4)(3)(2)(1) = 120$$

假设我们只想从这些对象中选择部分对象。假如球队有12名球员,有多少种不同的方式选出首发5名队员?

我们用等式4-16来计算这个排列问题。

从 n 个对象中选出 x 个的排列公式

$$_nP_x = \frac{n!}{(n-x)!} \tag{4-16}$$

其中 n = 对象总数

x = 要选择的对象个数

用之前篮球的例子来说,如果队中有12名球员,球赛开始时,有多少种介绍5名球员的可能?这里,$n=12$,$x=5$,所以排列为:

$$_{12}P_5 = \frac{12!}{(12-5)!} = \frac{(12)(11)(10)(9)(8)(7)(6)(5)(4)(3)(2)(1)}{(7)(6)(5)(4)(3)(2)(1)}$$

$$_{12}P_5 = (12)(11)(10)(9)(8) = 95\,040$$

我特别高兴我不用决定介绍的先后顺序。

概　率

用等式 4-17 计算排列比等式 4-16 容易，它们在代数上是一样的.
从 n 个对象中选出 x 个的排列公式

$$_nP_x = \frac{n!}{(n-x)!} = n(n-1)(n-2)\cdots(n-x+1) \quad^{\ominus} \tag{4-17}$$

这是可行的，因为分母(分数线下面)的每个数都可以和分子(分数线上面)的数相抵消. 我用下面的演示给大家说明. 假设有 10 个对象($n=10$)，我们同时取出 2 个($x=2$)，有多少种排列？

等式 4-16 如下：

$$_nP_x = \frac{n!}{(n-x)!}$$

把这两个数字代入等式 4-16 得到下面的式子：

$$_{10}P_2 = \frac{10!}{(10-2)!} = \frac{(10)(9)(8)(7)(6)(5)(4)(3)(2)(1)}{(8)(7)(6)(5)(4)(3)(2)(1)} = (10)(9) = 90$$

等式 4-17 如下：

$$_nP_x = \frac{n!}{(n-x)!} = n(n-1)(n-2)\cdots(n-x+1)$$

把这两个数字代入等式 4-17 得到下面的式子：

$$(n-x+1) = 10-2+1 = 9$$

$$_{10}P_2 = \frac{n!}{(n-x)!} = (10)(9) = 90^{\ominus}$$

正如所见，等式 4-17 的计算量要小一些.

有的时候事件排列不是有序的. 下一部分我们就讨论这样的情况.

4.3.3　组合

组合与排列类似，只是在组合中不考虑对象的顺序. 从 n 个对象中选出 x 个对象的组合用等式 4-18 计算.

从 n 个对象中选取 x 个的组合公式

$$_nC_x = \frac{n!}{(n-x)!x!} \tag{4-18}$$

其中　$n=$ 对象总数

　　$x=$ 要选择的对象个数

和排列一样，用等式 4-19 要比等式 4-18 容易使用，它们在代数上是一样的.
从 n 个对象中选取 x 个的组合公式

$$_nC_x = \frac{n!}{(n-x)!x!} = \frac{n(n-1)(n-2)\cdots(n-x+1)}{x!} \tag{4-19}$$

用扑克的例子举例，从一副 52 张的扑克牌中选出 5 张，一共有多少种 5 张牌的组合？

㊀　我推荐用这个等式计算排列. 这比等式 4-15 容易.
㊁　等式 4-17 比等式 4-16 容易计算，是因为等式 4-17 把计算等式 4-16 时分子和分母的数字 1 到 8 抵消掉了. 我们只剩下 x 个数字因子，本例中为 2 个(10 和 9).

$$_{52}C_5 = \frac{52!}{(52-5)!5!} = \frac{(52)(51)(50)(49)(48)}{(5)(4)(3)(2)(1)} = 2\,598\,960$$

有多少种 5 张牌的排列?

$$_{52}P_5 = \frac{52!}{(52-5)!} = (52)(51)(50)(49)(48) = 311\,875\,200$$

5 张牌的排列要比组合多. 例如, 右边的两手 5 张牌是一样的组合, 但是它们的排列却不相同. 排列是有关顺序的. 相反, 组合不考虑顺序. 因此, 这两手牌被算作一种组合, 因为它们的牌相同, 仅仅是顺序不同.

第一手	第二手
黑桃 A	黑桃 A
红桃 Q	黑桃 10
黑桃 10	红桃 Q
方块 10	方块 10
梅花 3	梅花 3

☞ 当对象的顺序很重要时, 用排列. 当对象的顺序不重要时, 如一手牌, 用组合.

现在我们了解了从 52 张扑克牌中抽出 5 张牌的概率, 那么我们可以计算同花的概率了, 也就是 5 张牌都是同一花色(黑桃、梅花、红桃或者方块). 对于你们扑克高手来说, 我把皇家同花顺和同花顺都计算在内.

首先, 我们计算一种花色的 5 张同花顺, 用方块吧. 因为每副扑克牌中有 13 张方块, 所以从 13 张方块中选择 5 张的组合如下所示:

$$_{13}C_5 = \frac{13!}{(13-5)!5!} = \frac{(13)(12)(11)(10)(9)}{(5)(4)(3)(2)(1)} = 1287$$

因为每副扑克有 4 种花色, 所以任何一副牌的同花顺总数为 $(1287)(4) = 5148$. 因此, 抽取到同花, 包括皇家同花顺和同花顺的概率是

$$P(同花顺) = \frac{5148}{2\,598\,960} = 0.001\,98$$

差不多是 1000 手牌中 2 手. 想试试吗?

组合在计算买中乐透彩票的概率时非常有用. 本章开头的时候, 我提到过一个经典的乐透游戏 49 选 6. 从 49 个数字中选择 6 个数字的组合数计算如下:

$$_{49}C_6 = \frac{49!}{(49-6)!6!} = \frac{(49)(48)(47)(46)(45)(44)}{(6)(5)(4)(3)(2)(1)} = 13\,983\,816 \ominus$$

因为几乎有 1400 万种 6 个数字的组合, 所以你购买的组合中奖的概率如下:

$$P(中\ 49\ 选\ 6\ 彩票) = \frac{1}{13\,983\,816} = 0.000\,000\,07$$

看这样的中彩票的概率, 你还是不要马上辞掉你的工作.

概率没有记忆. 上周乐透中被选中的六位数字在本周中被再次选中的概率和其他数字都一样. 这是因为两次选数字是互相独立事件, 绝对不会彼此影响. 因此, 选择一个刚刚被选中的数字不会增加中彩的记录. 很抱歉如果我毁掉了你的策略. ⊖

⊖ 因为乐透中数字的顺序不重要, 我们用组合公式而不用排列公式.

⊖ 这是概率中最大的误解, 特别是在赌博中. 无论投掷硬币时连续掷出多少个正面, 下一次投掷时掷出正面的概率永远都是 50%. 硬币没有记忆前次投掷的功能.

概　率

这个你会喜欢的：不去处理所有那些讨厌的阶乘运算，我们可以让 Excel 来计算排列或者组合．公式如下：

$$= \mathrm{PERMUT}(n,x)$$
$$= \mathrm{COMBIN}(n,x)$$

例如，如果我们在 Excel 中键入 PERMUT(52,5)，就是 52 张牌选 5 张的例子，结果是 311 875 200．如果我们键入 COMBIN(52,5)，结果是 2 598 960．

在商业世界中，当一个产品或者服务有多种选择时，组合是非常有用的．例如，假设某车型有 5 种不同的选装包．制造商出于生产的原因很可能想知道，哪些车型的顾客选择两个选装包．

确认你已经理解了我们刚刚学过的计算原理，做做下面的思考题．

思考题 12

1. 某餐厅菜谱上有 4 道开胃菜、7 道主菜、4 道甜品和 3 种饮料．每餐包括一道开胃菜、一道主菜、一道甜品和一份饮料．可点餐的种类有多少？

2. NBA 在赛季末对成绩最差的 13 支球队将进行乐透抽签来决定他们下赛季选手的次序．那么这 13 支球队的选手有多少种不同的排列来？

3. 一种密码锁有 40 个数字，用正确的 3 个数字顺序能够打开锁．一共有多少种不同的组合？

4. 书单上有 11 本书，我想从中选择 3 本平装书带着去度假．我有多少种 3 本书的组合选择？

习题 4.3

基础题

4.31　如果对象的排序非常重要，从 8 个对象中一次选出 3 个的方法有多少种？

4.32　如果对象的排序非常重要，从 9 个对象中一次选出 2 个的方法有多少种？

4.33　如果对象的排序不重要，从 8 个对象中一次选出 3 个的方法有多少种？为什么结果和习题 4.31 不同？

4.34　如果对象的排序不重要，从 9 个对象中一次选出 2 个的方法有多少种？为什么结果和习题 4.32 不同？

应用题

4.35　我想在线自己配置一台台式机．我要从下面 5 大类中选择：
- 处理器(5 种选择)
- 硬盘(4 种选择)
- 内存(3 种选择)
- 显示器(4 种选择)
- 键盘(2 种选择)

一共有多少种配置方式我可以选择？

4.36　在一场有 8 名游泳选手参加的比赛中，第一名、第二名和第三名的排列有多少种？

4.37　从 50 个人中选出 12 名组成评委组，有多少种不同的组合？

4.38　5 张扑克牌是满堂红(3 张相同，另外 2 张相同)的概率是多少？

4.39　乐透彩票 20 选 4，从 20 个数字选出 4 个数字中奖的概率是多少？

4.40　橄榄球北方大联盟有 4 支队伍．在积分榜上的最终排名能有多少种？

4.41　事件策划人要为一桌 8 个人安排座位表．计算可能选择的安排有多少种．

4.42　某调研想从 9 人中选出 3 人参加．计算有多少种唯一的选择方式．

4.43　某管理人员想从 10 家店中选出 4 家参加客户服务项目．计算可能的组合方式有多少．

4.44　分别从 13 名男性和 12 名女性中选择 6 名男性和 6 名女性来组成评审团，一共有多少种组合方式？

本章主要公式

传统概率公式
$$P(A) = \frac{\text{构成事件 } A \text{ 的可能的结果数}}{\text{样本空间中全部可能的结果数}} \quad (4\text{-}1)$$

经验概率公式
$$P(A) = \frac{\text{事件 } A \text{ 发生的频率}}{\text{观察值总数}} \quad (4\text{-}2)$$

补集定律公式
$$P(A) + P(A') = 1$$
或
$$P(A) = 1 - P(A') \quad (4\text{-}3)$$

互斥事件的加法法则公式
$$P(A \text{ 或 } B) = P(A) + P(B) \quad (4\text{-}4)$$

非互斥事件的加法法则公式
$$P(A \text{ 或 } B) = P(A) + P(B) - P(A \text{ 和 } B) \quad (4\text{-}5)$$

条件概率计算公式
$$P(A|B) = \frac{P(A \text{ 和 } B)}{P(B)} \quad (4\text{-}6)$$

$$P(B|A) = \frac{P(A \text{ 和 } B)}{P(A)} \quad (4\text{-}7)$$

事件 A 与事件 B 为相互独立事件的判断公式
$$P(A|B) = P(A) \quad (4\text{-}8)$$

相依事件的乘法法则公式
$$P(A|B) = \frac{P(A \text{ 和 } B)}{P(B)}$$
$$P(A \text{ 和 } B) = P(B)P(A|B) \quad (4\text{-}9)$$
$$P(B|A) = \frac{P(A \text{ 和 } B)}{P(A)}$$

$$P(A \text{ 和 } B) = P(A)P(B|A) \quad (4\text{-}10)$$

两个独立事件的乘法法则公式
$$P(A \text{ 和 } B) = P(A)P(B) \quad (4\text{-}11)$$

n 个相互独立事件的乘法法则公式
$$P(A_1 \text{ 和 } A_2 \text{ 和 } \cdots \text{ 和 } A_n) =$$
$$P(A_1)P(A_2)\cdots P(A_n) \quad (4\text{-}12)$$

贝叶斯定理公式
$$P(A_i|B) =$$
$$\frac{P(A_i)P(B|A_i)}{P(A_1)P(B|A_1) + P(A_2)P(B|A_2) + \cdots + P(A_n)P(B|A_n)} \quad (4\text{-}13)$$

基本计数原理公式
$$(K_1)(K_2)(K_3)\cdots(K_n) \quad (4\text{-}14)$$

n 个不同对象的排列公式
$$n! = n(n-1)(n-2)(n-3)\cdots(2)(1) \quad (4\text{-}15)$$

从 n 个对象中选出 x 个的排列公式
$$_nP_x = \frac{n!}{(n-x)!} \quad (4\text{-}16)$$

$$_nP_x = \frac{n!}{(n-x)!} = n(n-1)(n-2)\cdots(n-x+1) \quad (4\text{-}17)$$

从 n 个对象中选取 x 个的组合公式
$$_nC_x = \frac{n!}{(n-x)!x!} \quad (4\text{-}18)$$

$$_nC_x = \frac{n!}{(n-x)!x!} = \frac{n(n-1)(n-2)\cdots(n-x+1)}{x!} \quad (4\text{-}19)$$

复习题

4.45 判断下面的数值,哪些是有效的概率值,哪些不是.

a) 2.1   b) $\frac{4}{4}$

c) 76%   d) 0.8

e) $\frac{9}{8}$ f) 110%

g) $-\frac{1}{3}$ h) 1

i) 0.007

4.46 从 52 张牌中随机选到一张红桃的概率是多少?

4.47 投掷一对骰子.

a) 得到和为 8 的概率是多少?

b) 得到和为 8 或者更少的概率是多少?

c) 得到和为 4 或者更少的概率是多少?

4.48 指出下列题目中是哪一种概率,传统概率、经验概率还是主观概率:

a) 明天是否会下雨的概率;

b) 投掷 2 只骰子的时候,掷出对子的概率;

c) 我明天通过统计考试的概率;

d) 我从一碗万圣节巧克力中抽到一颗 Milky Way 糖果的概率.

4.49 某调查问道家庭中有多少台正在使用的电视机，在150户家庭中进行，结果如下：

电视机数量	家庭数
0	5
1	34
2	50
3	29
4	12
5	12
6	8
总和	150

a) 随机选到的一户家庭有一台电视机的概率是多少？
b) 随机选到的一户家庭有两台以上电视机的概率是多少？
c) 随机选到的一户家庭有少于四台电视机的概率是多少？
d) 这道题目是哪种概率的例子？传统概率、经验概率还是主观概率？

4.50 ZoneDiet.com 在 2009 年 6 月进行了一项调查，对象是 1000 名成年人，问题是："你距离你的标准体重差多少？"结果在下面的表格中：

回复	频率
1~5 磅	150
6~10 磅	140
11~15 磅	90
16 磅及以上	380
我很满意我现在的体重	?
总和	1000

a) 有多少成年人满意他们现在的体重？
b) 随机选到的成年人满意自己体重的概率是多少？
c) 随机选到的成年人距离自己理想体重在 1~5 磅的概率是多少？
d) 随机选到的成年人距离自己理想体重在 6 磅及以上的概率是多少？

4.51 下表是本地一家百思买在某段时间内售出笔记本的频率。在这段时间内，没有任何一天销售出了 7 台以上的笔记本。

日需求	频率
0	7
1	11
2	26
3	13
4	15
5	5
6	8
7	5

a) 明天会售出 3 台笔记本的概率是多少？
b) 明天售出 4 台及以上笔记本的概率是多少？
c) 明天售出 1 台或者 2 台笔记本的概率是多少？
d) 明天售出少于 2 台笔记本的概率是多少？
e) 这道题目是哪种概率的例子？传统概率、经验概率还是主观概率？

4.52 考虑下面两个事件：
$A=$ 统计考试时间定为上午 8 点
$B=$ 每个学生都准时到达考场参加考试
a) 这两个事件是互斥事件吗？
b) 这两个事件是相互独立事件吗？

4.53 从 52 张扑克中随机抽出一张，记录，然后放回．重新洗牌，再抽出第二张牌做记录．考虑下面两个事件：
$A=$ 第一张牌是方块 J
$B=$ 第二张牌是方块 J
a) 这两个事件是互斥事件吗？
b) 这两个事件是相互独立事件吗？

4.54 从 52 张扑克中随机抽出一张，记录，不放回．重新洗牌，再抽出第二张牌做记录．考虑下面两个事件：
$A=$ 第一张牌是方块 J
$B=$ 第二张牌是方块 J
a) 这两个事件是互斥事件吗？
b) 这两个事件是相互独立事件吗？

4.55 当地某大学学生男生占 57%．学生中有 64% 是本科生；40% 既是本科生又是男生．
a) 随机选到的一名同学既是女生又是本科生的概率是多少？
b) 随机选到的一名同学是男生或者是本科生的概率是多少？

4.56 航空业规定在预计到达时间 15 分钟之内到达的航班为准时到达. 下表统计了 2009 年 11 月 1 日到 12 月 31 日之间从费城飞往奥兰多的准时航班和延误航班数, 按照航空公司分类.

航空公司	准时航班	延误航班
西南航空	239	68
全美航空	288	130
穿越航空	180	63

a) 随机选到的航班是西南航空的准时航班的概率是多少?
b) 随机选到的航班是穿越航空或者是准时航班的概率是多少?
c) 假设航班延误, 那么是全美航空的概率是多少?
d) 假设是西南航空, 那么是延误航班的概率是多少?
e) 为这些概率构造决策树.

4.57 一个测验由 4 道多选题构成, 每道题目有 4 个选项. 读完了 4 道题目, 你发现你不知道正确答案是什么. 假设你这 4 道题目的答案完全是猜出来的.
a) 猜对第一道题目的概率是多少?
b) 猜对前两道题目的概率是多少?
c) 猜对前三道题目的概率是多少?
d) 猜对所有 4 道题目的概率是多少?
e) 回答上面的问题时你的假设是什么?

4.58 下表是美国人 2010 年有无医疗保险的人数, 千计. 用家庭收入分类.

家庭收入	有保险	无保险
少于 25 000 元	43 974	16 166
25 000~49 999 元	55 245	15 435
50 000~74 999 元	48 528	8 831
75 000 元以上	108 458	9 473

a) 美国人 2010 年没有医疗保险的百分比是多少?
b) 美国人 2010 年家庭收入大于 75 000 元的百分比是多少?
c) 美国人 2010 年没有医疗保险而且家庭收入在 25 000 元以下的百分比是多少?
d) 美国人 2010 年没有医疗保险或者家庭收入在 25 000 元以下的百分比是多少?
e) 假设家庭收入在 25 000 元以下, 美国人 2010 年没有医疗保险的百分比是多少?
f) 假设没有医疗保险, 美国人 2010 年家庭收入在 25 000 元以下的百分比是多少?
g) 收入水平和是否有医疗保险是相互独立事件还是相依事件? 定义事件 A 为收入为 75 000 元及以上的家庭, 事件 B 是没有医疗保险的家庭. 从这些信息可以得出什么结论?

数据来源: 美国人口普查局数据.

4.59 在大学篮球赛中, 失误被定义为没有进球而把控球权输给了对方球队. 理论上, 减少失误即意味着增加了获胜的可能性. 下表总结了维拉诺瓦大学野猫队在 2007—2008 和 2008—2009 赛季中输赢次数, 用失误次数来分类的.

每场比赛失误数	获胜	输球
5~8	6	0
9~12	17	5
13~16	22	10
17~20	7	4
21~24		2

假设随机选取一场这两个赛季的比赛, 下列条件的概率是多少?
a) 维拉诺瓦大学获胜.
b) 维拉诺瓦大学有 9~12 个失误.
c) 维拉诺瓦大学输球, 维拉诺瓦大学有 13~16 个失误.
d) 维拉诺瓦大学获胜, 或者维拉诺瓦大学有 5~8 个失误.
e) 维拉诺瓦大学获胜, 假设维拉诺瓦大学有 9~12 个失误.
f) 有 21~24 次失误, 假设维拉诺瓦大学输球.
g) 构造这些概率的决策树.
h) 对维拉诺瓦大学来说, 是否获胜和失误次数是相互独立事件还是相依事件? 定义事件 A 是一场比赛有 13~16 个失误, 事件 B 为获胜. 从这些信息可以得出什么结论？

4.60 某休闲食品公司有三条不同的生产线生产薯片。一号线生产总产出的 20%，二号线生产 30%，三号线生产剩下的。每条生产线都会被采样来确认盐含量在正常范围内。从历史数据来看，一号线上 4% 的产品不符合盐含量标准，二号线上 3% 的产品不符合标准，三号线上有 2% 的产品不符合标准。如果随机选到一包薯片盐含量不符合标准，那么是三号线生产的概率是多少？

4.61 某计算机程序有 1000 行代码。为了使程序正常运行，这 1000 行代码都要正确。假设每行代码正确的概率是 0.9999。
   a) 程序正常运行的概率是多少？
   b) 计算上面的概率时前提是什么？

4.62 根据 2009 年哈里斯民意调查，有 79% 的美国人用互联网。如果随机选 5 个人，那么这 5 个人都使用互联网的概率是多少？

4.63 某客户支持呼叫中心记录每个顾客打电话的时长，以及是否在工作日（周一到周五）或者是周末（周六和周日）。结果见下表：

时长（分钟）	工作日	周末
5 分钟以内	15	3
5~10 分钟	26	4
10~15 分钟	11	9
15~20 分钟	22	6
20 分钟以上	10	14

计算随机选的一通电话的以下概率：
   a) 在工作日；
   b) 在 20 分钟以内；
   c) 在 10~20 分钟；
   d) 20 分钟以上且在周末；
   e) 在 15~20 分钟且在周末；
   f) 在 5~10 分钟，假设在工作日；
   g) 工作日的，假设在 5~10 分钟；
   h) 构造这些事件的决策树。

4.64 安有一家小公司 Pizzas R Us，公司主要送比萨到两个地区。梅菲尔区域有 40% 的订单而其余的订单在克莱蒙德区域。Pizzas R Us 的宣传材料称订单会在 45 分钟内送达。从历史数据来看，克莱蒙德区域有 5% 的订单送达时间多过 45 分钟。梅菲尔区域有 15% 的订单迟到。安刚刚从一名顾客那里了解到，该顾客下订单之后 1 小时收到，但是不记得订单是从哪里发出的。这个订单来自梅菲尔区域的可能性有多少？

4.65 我想从工厂订一辆车，我必须从下面的类别中做出选择：
   ● 外观颜色（4 种选择）；
   ● 内色（四种选择）；
   ● 发动机排量（3 种选择）；
   ● 变速器（2 种选择）；
   ● 选配包（4 种选择）。
   我一共有多少种唯一选择？

4.66 乐透彩票 30 选 5 中奖概率是多少？即从 30 个数字中选中 5 个数字的游戏。

4.67 某测验有 10 道多选题，每题有 4 个选项。
   a) 学生有多少种回答 4 道题目的方法？
   b) 学生随机回答问题，全部回答正确的概率是多少？

4.68 电影评论家对新上映的 10 部电影评出第一名、第二名和第三名的排序有多少种？

4.69 银行让我为借记卡设置 4 位数字的密码。
   a) 我有多少种可以选择的密码？
   b) 其他人猜中我的密码的概率是多少？

4.70 某电影导演要挑选一位男主角和一位女主角，从 5 位男演员和 7 位女演员中挑选。计算这位导演有多少种可以选择的男-女组合。

4.71 某销售负责她所在区域的 8 家店铺，她今天要走访其中 5 家，计算她一共有多少种方式可以选择。

4.72 某研究生班有 12 名同学成绩为 A，16 名同学成绩为 B。计算选出 4 名成绩为 A 和 5 名成绩为 B 的同学的方法数。

4.73 美国国家橄榄球大联盟共有 32 支球队，评价分成两个联合会，国联和美联。每个联合会的一支队伍在超级碗比赛争夺橄榄球大联盟冠军。
   a) 在超级碗的比赛，一共有多少种唯一的组合？
   b) 本题中是否提供了足够的信息来计算两只球队是绿湾包装工队和匹兹堡钢人队的概率？为什么或为什么没有？

第5章 离散型概率分布

我们在第2章中讨论过离散型数据和连续型数据的区别. 如果计算某天光顾商店的顾客人数,要用离散型数据. 这时,数值一般是整数(整型),比如10或16. 在大部分应用当中,离散型数据不能以小数形式存在,如30.5,因为不可能有30.5位顾客光顾商店. 相对来说,连续型数据就可以是任意实数,包括小数值,连续型数据将在第6章中主要讲解. 离散型数据由计数得出,而连续型数据一般来说是由测量得到. 比如人的身高和体重是连续型数据,它们可以是个无限数值. 例如,想象某统计学教材的作者体重可能是186.1磅或者186.1456磅,得到的数值受限于测量工具的精确程度.

本章主要教你如何计算离散型概率. 离散型概率描述的是某离散型数据发生可能性的概率. 例如,以托尼比萨为例,菜单上有3种不同尺寸的比萨饼,单价分别为5美元、10美元和15美元. 表5-1中的历史数据是顾客购买不同尺寸比萨饼的概率.

比萨饼的价格可以看作是离散型数据,因为取值只有这三种价格数. 表5-1是这些尺寸的比萨的离散型概率分布. 我们可以观察到15美元的比萨是最受欢迎的,而10美元的比萨最不受欢迎. 仅依靠直觉或评价得出的概率往往很难让人接受. 举个例子:你完全没有复习准备而能靠猜测通过全部由选择题构成的测验,当你知道这个问题的概率时可能会非常惊讶. (不是说你要去尝试一下,太疯狂!)表5-2将这种情况按题目数量总结了概率. (假设70%为通过.)

例如,对有4个选项的选择题来说,猜对10道题目中至少7道的概率是0.0035(小于1%). 对于40道题目的考试来说,概率下降到0.000 000 002 8. 换个方式说,就是要通过这次考试需要进行357 142 857次尝试. 我不保证你的教授会允许你考那么多次. 在本章中,你要学习如何计算表5-2中的概率.

表 5-1 托尼比萨的离散型概率

价格	概率
$5	30%
$10	25%
$15	45%

表 5-2 靠猜答案通过考试的概率

题目数	通过的概率
10	0.0035
20	0.000 029 5
40	0.000 000 002 8

考试的那个例子让我想起来一个挥之不去的噩梦:在梦里,我回到了大学时代. 突然,我意识到我有一门数学课,可是我从来没去上过. 我终于鼓足勇气走进课堂,发现面对我的是⋯一场考试. 那时候,我从一身冷汗中惊醒,感恩这只是一场梦. 计算过这种情况下通过考试的概率之后,你得到的结论一定是和若干年前我得到的结论是一样的:选择题的考试如果不准备只凭猜测是很难通过的. 表5-2就是证据.

商业活动经常依赖于离散型概率帮助做出重要的决策,比如说:

- 预测客户需求以规划人员和库存;
- 量化瑕疵品出现的风险,从而更好地控制生产过程;
- 衡量客户满意度,提升客户服务水平.

本章也研究其他类型的离散型概率.

5.1 离散型概率分布简介

学习第 4 章的时候数据是通过试验获得的．简单试验包括投掷一对六面骰子(得到每个观察值的概率都一样)．计算商业世界里的概率则包含更复杂的试验，比如：
- 营业日中每小时光顾百思买商店的顾客人数记录．
- 随机选 6 名光顾 AT&T 公司无线通信商店并且签新手机合约的顾客．
- 请每位从万豪酒店退房的顾客对入住酒店满意度评分，1、2、3、4 或者 5．

这些试验得到的都是离散型数据，如下：
- 26 位顾客在上午 10~11 点光顾了百思买商店．
- 6 名光顾 AT&T 商店的顾客中有一名签了手机合约．
- 最后一名退房的顾客给了满意度 4 分，此分数范围是 1~5．

5.1.1 离散型随机变量

离散型随机变量通常以整数型作为试验结果而呈现．例如，数值 26、1 和 4 都是离散型随机变量通常呈现的例子．用随机这个词是因为变量值在试验进行之前不确定．例如，让我(或者其他任何人)精确预测百思买商店营业第一小时到店的顾客数是不合理的．随机变量的数值在试验进行之后才可以知道．习惯上，随机变量的值用 x 表示．

有些试验得到的是连续型数据，被称为**连续型随机变量**．连续型随机变量可以任意数值作为试验结果而呈现．

连续型随机变量的例子如下：
- 在全食超市顾客结账的等候时间．
- 某成年人每月饮用的苏打水盎司数．
- 某拖拉机拖车通过 95 号州际公路称重站的重量．

判断我们使用的是离散型随机变量还是连续型随机变量的方法就是问问自己"在特定数字区间范围内，有多少个数据值？"离散型随机变量在某区间内的结果值有限，而连续型随机变量在某区间内的结果值无限．万豪酒店(离散型)的例子里，在 1~5 区间范围内只有 5 个结果可供顾客选择来评估满意度．在全食超市(连续型)的例子里，在区间 0~5 分钟范围内有无限个数值可以是等候时间．可能的等候时间有 3 分钟、3.2 分钟或者 3.27 分钟．因为我们测量时间是在 0~5 分钟这个连续范围内，唯一的限制就是测量工具的精确度．

如第 2 章中提到的，这些方法还存在一些预期要求，特别是当随机变量的结果包含很大范围的数值时．比如收入，严格意义上说是离散型数据(我们数钱，而不是测量)．但是，由于收入值范围很大，所以实际上还是将其记作连续型数值．

我们将在第 6 章中详细讨论连续型随机变量．

5.1.2 离散型概率分布的规则

离散型概率分布是包含了离散型随机变量试验的所有可能结果以及每个结果的相对频率的列表．我们用奥利弗花园餐厅来说明这个概念．本例中，我们记录一同前来就餐的每组用餐人数．奥利弗花园餐厅希望了解这个信息，从而更高效地安排座位．

表 5-3 是频率．"组大小"一列代表试验中的离散型随机变量．注意，所有的组大小都是整数（奥利弗餐厅不会看到 2.6 个人来就餐）．"频率"一列显示的是试验中每个变量发生的次数．每个组大小对应之前 50 桌的"相对频率"栏．相对频率是总数的一部分，所以可以有分数．（第 2 章详细讨论过相对频率分布．）

表 5-3 中的相对频率表示的是离散型随机变量（组大小）每个结果的概率．如果把 50 桌作为一个晚上用餐组总数的典型性代表，我们可以推算出下一桌来就餐的最大可能性（34%）是 2 人．

图 5-1 表示的是奥利弗花园餐厅组大小频率分布．参见第 2 章，回顾一下如何用 Excel 构造这样的图．

离散型概率分布满足如下条件：

- 分布中的每个结果必须互斥，也就是说，随机变量的值不可能存在于一个以上的组中．例如，同一组中不能既有 2 人组，也有 3 人组．
- 每个结果的概率 $P(x)$ 必须在 0 到 1 之间（包含）；也就是说，对任意 x 来说，都有 $0 \leqslant P(x) \leqslant 1$．在前面的例子中 $P(x=4)=0.32$，结果在 0 到 1 之间．

表 5-3 奥利弗花园餐厅的组大小相对频率分布

组大小	频率	相对频率
2	17	17/50＝0.34
3	6	6/50＝0.12
4	16	16/50＝0.32
5	4	4/50＝0.08
6	7	7/50＝0.14
总和	50	1.00

注：组大小是离散型数据，因为在区间 2～6 范围内，随机变量的结果个数是有限个（5 个）．

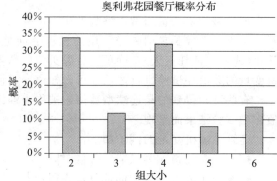

图 5-1 图表示奥利弗花园餐厅组大小概率分布

- 分布中所有结果的概率相加，其和必然为 1，也就是说，$\sum_{i=1}^{n} P(x_i) = 1$，其中 n 的值是所有结果的总数．

观察表 5-3，注意"相对频率"（概率）一列相加等于 1.00．有时候，计算概率时可能会四舍五入，导致这个结果比 1 稍微大点或小点，比如 0.999 或者 1.001．我们通常认为这与 1 非常接近．

5.1.3 离散型概率分布的均值

回忆我们在第 3 章讨论过的概率分布的均值．离散型概率分布的均值由构成它的随机变量的结果加权平均得到．我们用等式 5-1 计算．

离散型概率分布均值公式

$$\mu = \sum_{i=1}^{n} x_i P(x_i) \tag{5-1}$$

其中 μ = 离散型概率分布均值

x_i = 离散型随机变量的第 i 个结果

$P(x_i)$ = 第 i 个结果发生的概率

n = 分布的结果数

表 5-4 是计算奥利弗花园餐厅一例的离散型概率分布均值．表中第三列是前两列的乘积．

该表告诉我们奥利弗花园餐厅每桌用餐人数的均值是 3.56．显而易见，3.56 不可能是前来就餐的任何一桌实际人数．这只是前面 50 桌用餐顾客的平均每桌的人数．离散型概率分布均值不一定需要与随机变量中任何一个结果相等（本例中的 2、3、4、5 或者 6）．

表 5-4 计算离散型概率分布均值（奥利弗花园餐厅用餐组大小）

组大小 x_i	概率 $P(x_i)$	$x_i P(x_i)$
2	0.34	0.68
3	0.12	0.36
4	0.32	1.28
5	0.08	0.40
6	0.14	0.84
总和	1.00	3.56

我们用等式 5-1 可以直接计算出这个均值：

$$\mu = \sum_{i=1}^{n} x_i P(x_i)$$
$$= (2)(0.34) + (3)(0.12) + (4)(0.32) + (5)(0.08) + (6)(0.14)$$
$$= 0.68 + 0.36 + 1.28 + 0.40 + 0.84$$
$$= 3.56 \text{ 人}^{\ominus}$$

另一个描述离散型概率分布均值的名词叫**期望值**，记为 $E(x)$．我们用等式 5-2 计算．

离散型概率分布期望值公式

$$E(x) = \mu = \sum_{i=1}^{n} x_i P(x_i) \tag{5-2}$$

其中 $E(x)$ = 离散型概率分布期望值

μ = 离散型概率分布均值

x_i = 离散随机变量的第 i 个结果

$P(x_i)$ = 第 i 个结果发生的概率

n = 分布的结果个数

5.1.4 离散型概率分布的方差和标准差

你刚刚认为可以小试身手了，方差和标准差就又来了．不要害怕！如果你见过一次方差和标准差的计算，那么你就相当于见过所有的了．记住，我们在第 3 章中学过，方差度量的是单独数值与数据集均值的偏离程度，而标准差是方差的平方根．我们用等式 5-3 计算离散型概率分布的方差．

离散型概率分布的方差公式

$$\sigma^2 = \sum_{i=1}^{n} (x_i - \mu)^2 P(x_i) \tag{5-3}$$

其中 σ^2 = 离散型概率分布方差

$\ominus$ 离散型概率分布的均值是分布中随机变量结果的加权平均．

$x_i =$离散随机变量的第 i 个结果

$P(x_i) =$第 i 个结果发生的概率

$n =$分布的结果个数

我们用表 5-4 的奥利弗花园餐厅数据来验证一下. 方差的计算在表 5-5 中. 第 1、2 和 3 列是表 5-4 中得到的结果. 其余列如下计算:

第 4 列 = 第 1 列 − 第 3 列 → $x_i - \mu$

第 5 列 = 第 4 列的平方 → $(x_i - \mu)^2$

第 6 列 = 第 5 列 × 第 2 列 → $(x_i - \mu)^2 P(x_i)$

表 5-5 计算离散型概率分布方差(奥利弗花园餐厅用餐组大小)

(1) x_i	(2) $P(x_i)$	(3) μ	(4) $x_i - \mu$	(5) $(x_i-\mu)^2$	(6) $(x_i-\mu)^2 P(x_i)$
2	0.34	3.56	−1.56	2.43	0.83
3	0.12	3.56	−0.56	0.31	0.04
4	0.32	3.56	0.44	0.19	0.06
5	0.08	3.56	1.44	2.07	0.17
6	0.14	3.56	2.44	5.95	0.83
					总和＝1.93

第 6 列的和(1.93)等于离散型概率分布的方差.

$$\sigma^2 = \sum_{i=1}^{n}(x_i - \mu)^2 P(x_i) = 1.93 \text{平方人}^{\ominus}$$

因为标准差(σ)是方差的平方根:

$$\sigma = \sqrt{\sigma^2}$$

所以,本例中的标准差计算如下:

$$\sigma = \sqrt{\sigma^2} = \sqrt{1.93} = 1.39 \text{人}$$

更有效的计算离散概率分布方差的方法是使用等式 5-4.

离散型概率分布方差的计算公式(快捷方法)

$$\sigma^2 = \left(\sum_{i=1}^{n} x_i^2 P(x_i)\right) - \mu^2 \tag{5-4}$$

其中 $\sigma^2 =$离散型概率分布方差

$x_i =$离散随机变量的第 i 个结果

$P(x_i) =$第 i 个结果发生的概率

$\mu =$离散型概率分布均值

$n =$分布的结果个数

表 5-6 总结了等式 5-4 所需要的计算结果. 第 2 列是第 1 列的平方值. 第 4 列是第 2 列和第 3 列的乘积.

表 5-6 计算离散型概率分布的方差(奥利弗花园餐厅用餐组大小)

x_i	x_i^2	$P(x_i)$	$x_i^2 P(x_i)$
2	4	0.34	1.36
3	9	0.12	1.08
4	16	0.32	5.12
5	25	0.08	2.00
6	36	0.14	5.04
			总和＝14.60

$\ominus$ 方差的单位是原始数据单位的平方.

$$\sum_{i=1}^{n} x_i^2 P(x_i) = 14.60$$

$$\sigma^2 = \left(\sum_{i=1}^{n} x_i^2 P(x_i)\right) - \mu^2$$

$$= 14.60 - (3.56)^2 = 14.60 - 12.67 = 1.93$$

同样，方差为 1.93. 所以，我们例题中的标准差也是 1.39 人. 不过用等式 5-4 计算比较费劲.

👆 标准差大意味着组与组之间的大小区别很大. 标准差小意味着大多数组大小与组大小的平均值接近(3.56).

如第 3 章所述，标准差度量的是离散随机变量的结果与该分布均值相比的分散程度. 与 3.56 越接近的数值，标准差越小. 与 3.56 相距远的组其标准差就大些. 如果奥利弗花园餐厅发现在某些晚上用餐组人数的标准差偏大，而某些晚上用餐组人数相对一致（这时的标准差相对较小），那么餐厅应该在标准差偏大的天里摆放不同数量的桌子.

你们脸上的疑惑我感受到了. 为了使大家信服，我来修改一下奥利弗花园餐厅的数据，如下所示. 我们假设所有 50 组来用餐的顾客都是 4 人一组. 所以，$P(x=4)=1.0$，而且所有其他的离散型概率都等于 0，如表 5-7 所示.

表 5-7　计算离散型概率分布的方差（奥利弗花园餐厅用餐组大小）

x_i	x_i^2	x_i^2	$x_i^2 P(x_i)$
2	4	0.0	0.0
3	9	0.0	0.0
4	16	1.0	16.0
5	25	0.0	0.0
6	36	0.0	0.0
		总和 =	16.0

因为所有 50 桌用餐的都是 4 个人，那么该分布的均值等于 4，也就是 $\mu = 4.0$. 这个新分布的方差计算如下：

$$\sum_{i=1}^{n} x_i^2 P(x_i) = 16.0$$

$$\sigma^2 = \left(\sum_{i=1}^{n} x_i^2 P(x_i)\right) - \mu^2$$

$$= 16.0 - (4.0)^2 = 16.0 - 16.0 = 0.0$$

这个结果说明分布的方差度量的是每个离散变量与分布均值相比的分散程度. 因为本例中每个离散变量都等于 4，均值为 4，所以方差为 0. 我说服你了没有？

当比较两个不同的分布时，离散型概率分布的均值和标准差非常有用. 例如，现在市面上有两本畅销的统计学参考书《统计学入门书》和《统计学新手指南》. 这两本书都在亚马逊上有售，亚马逊还提供了两本书评分分布. （分数从 1 颗星到 5 颗星.）表 5-8 是这些数据.

表 5-8　亚马逊上两本书的得分

星级	评分个数	
	入门书	新手指南
5	16	19
4	8	7
3	4	3
2	6	0
1	2	0
总和	36	29

首先，我们要把这些频率转换成概率，如表 5-9 所示.

表 5-9 亚马逊上两本统计书得分的概率分布

星级	入门书		新手指南	
	频率	概率	频率	概率
5	16	16/36=0.444	19	19/29=0.655
4	8	8/36=0.222	7	7/29=0.241
3	4	4/36=0.111	3	3/29=0.103
2	6	6/36=0.167	0	0/29=0.000
1	2	2/36=0.056	0	0/29=0.000
总和	36	1.000	29	0.999

注：有时由于四舍五入的原因，把某个离散分布所有的概率相加不一定精确得到 1.

用等式 5-1，我们计算出每本书平均星级：

入门书：

$$\mu = \sum_{i=1}^{n} x_i P(x_i)$$
$$= (5)(0.444)+(4)(0.222)+(3)(0.111)+(2)(0.167)+(1)(0.056)$$
$$= 2.220+0.888+0.333+0.334+0.056$$
$$= 3.831$$

新手指南：

$$\mu = \sum_{i=1}^{n} x_i P(x_i)$$
$$= (5)(0.655)+(4)(0.241)+(3)(0.103)+(2)(0.0)+(1)(0.0)$$
$$= 3.275+0.964+0.309+0.0+0.0$$
$$= 4.548$$

根据这些数据得出，新手指南一书的阅读者评分平均值比入门书高.

我们接下来来计算方差和标准差. 表 5-10 是计算的过程.

表 5-10 亚马逊上两本统计书得分的方差

x_i	x_i^2	入门书		新手指南	
		$P(x_i)$	$x_i^2 P(x_i)$	$P(x_i)$	$x_i^2 P(x_i)$
5	25	0.444	11.100	0.655	16.375
4	16	0.222	3.552	0.241	3.856
3	9	0.111	0.999	0.103	0.927
2	4	0.167	0.668	0.000	0.000
1	1	0.056	0.056	0.000	0.000
总和			16.375		21.158

注：这一列是在表 5-9 计算出来的.

我们下面分别计算两本书的标准差.

入门书：

$$\sum_{i=1}^{n} x_i^2 P(x_i) = 16.375$$

$$\sigma^2 = \left(\sum_{i=1}^{n} x_i^2 P(x_i)\right) - \mu^2$$
$$= 16.375 - (3.831)^2 = 16.375 - 14.677 = 1.698$$
$$\sigma = \sqrt{\sigma^2} = \sqrt{1.698} = 1.303$$

新手指南：

$$\sum_{i=1}^{n} x_i^2 P(x_i) = 21.158$$

$$\sigma^2 = \left(\sum_{i=1}^{n} x_i^2 P(x_i)\right) - \mu^2$$
$$= 21.158 - (4.548)^2 = 21.158 - 20.684 = 0.474$$
$$\sigma = \sqrt{\sigma^2} = \sqrt{0.474} = 0.688$$

因为新手指南的标准差比较低，所以顾客对这本书的评分比入门书要更接近一致．通过观察表 5-8 中的原始数据，你可以看出顾客给新手指南的评分在 3 到 5 颗星，而给入门书的评分是从 1 颗星到 5 颗星都有．图 5-2 是这两个分布的比较．

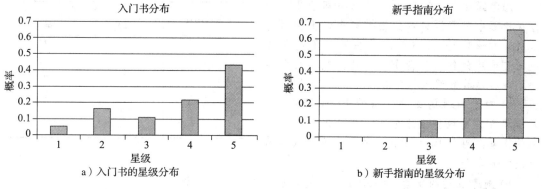

a）入门书的星级分布　　　　　b）新手指南的星级分布

图 5-2

注：入门书的分布比新手指南更分散些，这是入门书的标准差比较高的可视化证据．

对这道题目，我有个忠告给大家．严格来说，图书评级数据是原始数据．我相信你们记得在第 1 章中，我们定义过用序数来做度量时，无法保证不同等级之间的差异是一样的．在这个图书例子中，我们不确定 2 星和 3 星评分之间的差异与 3 星和 4 星之间的差异是一样的．

相对来说，奥利弗花园餐厅数据的区间是一致的，可以构成区间数据．我们都认为 2 人组和 3 人组之间的差与 4 人组和 5 人组之间的差是一样的．

严格来说，由于区间判断的模糊性，计算序数的均值和标准差是不太合适的．不过，对图书评级来说比较常见．例如，亚马逊在自己的网站上用图形显示了这些书的得分均值．

另一个在统计上有争议的例子就是李克特量表（Likert Scale），经常用在调查问卷中，如表5-11所示。

我们在这又遇到序数了，因为我们无法确定"非常不同意"和"不同意"之间的差与"非常同意"和"同意"之间的差相同。不过，一般都会假设各组之间的差足够接近，所以李克特量表用的是区间数据。

表 5-11 李克特量表举例

请圈出数字，表示你赞同或者不赞同下面的陈述： 我爱统计学。	
非常同意	5
同意	4
不好说	3
不同意	2
非常不同意	1

统计学中与此有关的还有很多例子。只要研究人员通过参与者的满意度来评分收集数据，从1～5，或者1～10，或者1～100，严格地说，这个研究人员收集的就是序数。如我们刚讨论过的，序数一般也会当作区间数据来处理，这样我们可以满心喜悦地计算均值和标准差了。只是需要了解在统计学界有些人不喜欢这样随意的做法。

现在该你们确认是否跟上进度了。我特别喜欢下面的思考题，数据来自于 Brett Favre 的成绩，那个让我伤心的美式橄榄球四分卫。Favre 在我钟爱的绿湾包装工队服役多年之后，在2008年退役。然而在2009年，他再次复出，竟然替绿湾的对手明尼苏达维京人比赛。让我懊恼的是，那一年他的赛绩相当好，两次打败了绿湾。不过，复仇是甜蜜的，在2010年，绿湾两次打败了 Favre 和维京人并赢得超级碗。

思考题 1 右表是 Brett Favre 职业生涯中每场比赛中截断传球数的相关频率，根据绿湾队赢球和输球分类。（截断是指四分卫的传球被对方球队截住。）目前 Favre 是橄榄球大联盟全职业生涯截断纪录保持者。

每场比赛	截断数	
	胜利	失败
0	91	12
1	59	37
2	23	29
3	9	21
4	0	5
5	0	1

a) 对于获胜的比赛，构造 Brett Favre 截断传球数的离散型概率分布，接下来，对于失败的比赛，再为 Brett Favre 的截断传球数构造离散型概率分布。

b) 对于获胜的比赛，Brett Favre 的截断传球数的平均数是多少？

c) 对于失败的比赛，Brett Favre 的截断传球数的平均数是多少？

d) 计算这两个分布的方差和标准差。

e) 通过 Brett Favre 整个职业生涯中的截断传球，你可以得出什么结论？（排除他传过很多球这一条。）

5.1.5 预期货币价值

当离散随机变量以货币计量时，离散型概率分布的均值指的是**预期货币价值**（EMV）。预期货币价值通常用来评估项目的潜在利润或者投资组合的财务回报。我们用等式5-2计算预期货币价值。下面的例子做演示。

RAD 建筑公司签了一份合同，给加州更换 Pike Creek 路上的一座桥。如果项目按期完成，就是在9月完成，RAD公司将获得100 000美元的利润. 如果项目在9月之前完成，那么州合同还将付给RAD公司20 000美元的奖金. 如果项目在9月之后完成，要罚款10 000美元. RAD公司预估提前、按时和推延完成项目的概率分别是25%、60%和15%. 那么RAD这个项目的预期货币价值EMV是多少？表5-12将这些信息汇总在一起.

表5-12 RAD建筑公司例子

完成时间	净利润	概率
9月前	$120 000	0.25
9月	$100 000	0.60
9月后	$90 000	0.15

我们用等式5-2计算该项目的预期货币价值EMV：

$$\text{EMV} = \mu = \sum_{i=1}^{n} x_i P(x_i)$$
$$= (\$120\,000)(0.25) + (\$100\,000)(0.60) + (\$90\,000)(0.15)$$
$$= \$103\,500$$

当项目完成时，根据完成的时间，RAD可能赚到90 000、100 000或者120 000美元. 那么本例中103 500又代表什么呢？（别担心——当我向学生提出这个问题的时候，我总是面对着一脸茫然.）预期货币价值是项目长期平均利润. 即使实际上项目只会执行一次，计算预期货币价值时，我们也要假设项目是不断重复的. 有的时候获利90 000美元，有的时候获利100 000美元，有的时候是120 000美元，频率在表5-12中有显示. 所得利润的长期平均值，用各自概率加权，得到的预期是103 500美元.

预期货币价值表示的是在项目不断重复的前提下，项目长期的平均利润是多少.

用下面的思考题看看如何利用预期货币价值EMV帮你赢得篮球赌注.

思考题2 在篮球场上，你最好的朋友想和你打个赌. 给你一次罚球的机会. 如果罚球命中，你朋友给你20美元，如果罚球丢失，你给你朋友25美元. 基于你过去的成绩，你估计你命中罚球的概率是65%. 你打这个赌吗？为什么打或者为什么不打？

习题5.1

基础题

5.1 观察下面的离散型概率分布：

随机变量	概率	随机变量	概率
0	0.06	3	0.27
1	0.11	4	0.20
2	0.24	5	?

计算随机变量为5时的概率.

5.2 观察下面的随机变量分布：

随机变量	概率	随机变量	概率
1	0.18	3	0.35
2	0.25	4	0.22

a) 计算分布的均值.
b) 计算分布的标准差.

5.3 观察下面的离散型概率分布：

随机变量	概率	随机变量	概率
10	0.10	25	0.30
15	0.30	30	0.10
20	0.20		

a) 计算分布的均值.
b) 计算分布的标准差.

5.4 下表是当地某面包房每天对发酵面包需求的5种不同分布. 判断哪些是有效的离散型概率分布，哪些不是，并解释.

日需求	概率分布				
	A	B	C	D	E
0	0.1	0.0	0.1	0.1	0.1
1	0.1	0.1	0.1	0.1	0.1
2	0.2	0.2	0.2	0.2	0.2
3	0.4	0.3	0.3	0.4	0.2
4	0.3	0.3	0.2	1.3	0.2
5	0.1	0.1	0.1	0.1	0.1

应用题

5.5 一项调查在200户家庭中进行，记录有18岁及以下的子女数. 结果如下：

子女数	家庭数	子女数	家庭数
0	88	3	20
1	40	4	7
2	42	5	3

a) 计算平均每户家庭的子女数.
b) 计算每户家庭子女数的标准差.

5.6 Steve Blass 在特拉华州有两家快餐厅：一个在斯坦顿，一个在纽瓦克. Steve 记录了两家餐厅顾客满意度评分，从1到5级（5是最满意）. 数据总结在下表：

评分	客户数	
	斯坦顿	纽瓦克
1	4	12
2	12	12
3	8	18
4	36	15
5	20	18

a) 计算两个地区的满意度评分均值.
b) 计算每个分布的标准差.
c) 从结果中你可以得出什么结论？

5.7 下表是某社区每栋房子所包含房间数的离散型概率分布：

房间数	概率
3	0.23
4	0.57
5	0.14
6	0.06

a) 计算每栋房子房间数均值.
b) 计算每栋房子房间数标准差.

5.8 柯尔糖果公司开发了一种新产品，如果顾客需求比较低，那么年利润为4000美元；如果顾客需求中等，那么年利润为20 000美元；如果顾客需求很高，那么年利润为36 000美元. 客户需求为低、中、高的概率分别为30％、45％、和25％. 计算这种新产品的预期货币价值 EMV.

5.9 阿瓦隆面包房请你建议每天早上需要准备多少块招牌面包——大理石黑麦面包. 每块面包的成本为3美元，售价是6美元. 每天卖剩下的面包都会捐赠给慈善机构. 研究显示能卖掉25块、50块和75块的概率分别是35％、25％和40％. 给阿瓦隆提建议，每天早上做25块、50块或者75块面包.

5.2 二项分布

我们现在要学习一种特殊的离散型概率分布，称之为二项分布. 在之前的学习中，我们把试验定义成测量或者观察某活动的过程，目的是收集数据. 假设我们的试验是数出在某 AT&T 公司门店签合约机的顾客人数. 每位顾客都可以被当作该试验的一次尝试. 对该试验来说，每次尝试都只可能有两个可能的结果：顾客签订合约（成功）或者顾客未签合约（失败）. 因为每次尝试都只能有两个可能的结果，这种试验被叫作**二项试验**.

5.2.1 二项试验的特征

我们假设，从历史数据上来看，光顾 AT&T 门店的顾客中有10％签订了手机合约. 因此，对任意给定的顾客来说，成功的概率 p 为0.10. 因为只有两种可能的结果，那么对任意给定的顾客来说，失败的概率是 0.90. 二项试验中所有尝试的成功概率 p 和失败概率 q 都应该是一样的. 因为每个二项试验都只有两个结果，$p=1-q$ 永远成立.

这个词"成功"不一定代表正结果，而"失败"也不必须就是负结果. 它们就是两种试验结果的标签而已. 只需要确认下面的陈述就可以了：⊖

$$p = 成功的概率$$
$$q = 失败的概率$$

二项试验的另一个特征是每一次尝试都与其他尝试独立. 换句话说，第二位顾客是否签下合约机不受第一位顾客是否签合约机的影响.

最后，二项试验由固定个数的尝试构成，个数用 n 来表示. 我们计算这些尝试中成功的个数，将其记作 x. 例如，如果我们的试验随机选取 6 位顾客，其中一位签下了合约机，得到的参数如下：

$$n = 6$$
$$x = 1$$

之前我们建立了成功的概率 p 和失败的概率 q，如下所示：

$$p = 0.10$$
$$q = 0.90$$

根据这些信息，我们能计算出每 6 位顾客中有一位签合约机的概率.

其他二项试验的例题有：
- 测试制作好的零部件是残次品还是非残次品.
- 观察顾客购买或者不购买延长笔记本保修期.
- 记录家庭收看或者没有收看 ABC 电视台的《迷失》大结局.

👉 二项分布是根据瑞士数学家詹姆斯·伯努利来命名的，他生活在 17 世纪.

5.2.2 二项分布的应用

对于一个尝试来说，我们可以用二项分布计算出现某个具体次数的成功的概率是多少. 这个分布的随机变量就是要观察的成功个数. 我们用下面的例子来示范二项分布的应用.

佛罗里达奥兰多的橙色湖度假村周一为宾客提供一次免费的高尔夫诊所服务. 从历史数据来看，有 20% 参加了诊所服务的宾客注册了这星期后面的高尔夫课程.

我一直怀疑这就是他们提供免费"诊所"的目的. 随机选取 3 名参与者——鲍伯、凯特和罗杰——他们当中有 1 名参加这星期高尔夫课程的概率是多少？这可以用二项分布来完成.

我们定义事件 A：

事件 A = 鲍伯付费参加课程,凯特和罗杰没有

根据如下定义的简单概率，我们计算出事件 A 的概率：

⊖ 将成功和失败分别指派给试验结果是非常随意的一种方式. 我也可以很容易地说"成功"表示顾客没有签合约机而失败是顾客签下合约机. 所以，一定要明确定义哪个结果是成功，哪个结果是失败.

$P(鲍伯 = 是) = 0.20$　　$P(凯特 = 否) = 0.80$　　$P(罗杰 = 否) = 0.80$

若把成功定义为宾客付费参加课程,失败定义为宾客没有付费参加课程,则 $p=0.20$, $q=0.80$. 在本次试验中,有 3 次尝试 $(n=3)$,因为三人当中的任何一个都可以付费或者不付费. 这三个简单事件同时发生的概率(事件 A)用第 4 章的等式 4-12 计算如下:⊖

$$P(A) = pqq = pq^2 = (0.2)(0.8)^2 = 0.128$$

不过,这里计算的只有鲍伯付费参加课程,不是三个人中任意一个付费参加课程. 如果凯特付费参加课程,而鲍伯和罗杰没有(我们称为事件 B),计算概率和顺序如下:

$P(鲍伯 = 否) = 0.80$　　$P(凯特 = 是) = 0.20$　　$P(罗杰 = 否) = 0.80$

$$P(B) = qpq = pq^2 = (0.2)(0.8)^2 = 0.128$$

最后,如果罗杰是这三个人中唯一一个付费参加课程的(事件 C),我们有如下计算:

$P(鲍伯 = 否) = 0.80$　　$P(凯特 = 否) = 0.80$　　$P(罗杰 = 是) = 0.20$

$$P(B) = qqp = pq^2 = (0.2)(0.8)^2 = 0.128$$

一共有三种情况,分别表示组内一人付费上课,每种情况发生的可能性都是 12.8%. 因此,这三人组中只有一个人付费参加高尔夫课程的概率是事件 A 发生,或者事件 B 发生,或者事件 C 发生. 我们用加法法则计算这些互斥事件的概率,根据第 4 章等式 4-4. ⊖

$$P(A 或 B 或 C) = P(A) + P(B) + P(C)$$
$$= 0.128 + 0.128 + 0.128 = (3)(0.128) = 0.384$$

分析中出现的数值"3"表示方法数,也就是三个人每次只能选一个. 我们在第 4 章中研究过这个概念. 一般来说,从 n 个对象中一次选出 x 个的方法数如等式 5-5 所示.

从 n 个对象中选出 x 个的组合公式

$$_nC_x = \frac{n!}{(n-x)!x!} \tag{5-5}$$

其中

$$n! = n(n-1)(n-2)(n-3)\cdots(4)(3)(2)(1)$$

对橙色湖的例子来说,$n=3$,$x=1$.

$$_nC_x = \frac{n!}{(n-x)!x!} = \frac{3!}{(3-1)!1!} = \frac{(3)(2)(1)}{(2)(1)(1)} = 3$$

到目前为止,我们用了一种比较艰难的方法计算二项概率,通过分解计算一步一步求解. 下面让我教大家一种比这个简单得多的方法,用二项分布通用公式,即等式 5-6. 这个等式计算从 n 次尝试中选出 x 次成功的概率.

二项概率分布公式

$$P(x,n) = \frac{n!}{(n-x)!x!} p^x q^{n-x} \tag{5-6}$$

其中　$P(x, n)$=在 n 次尝试中观察到 x 次成功的概率

　　　n=尝试的次数

⊖ 这三个简单事件是独立的,因为我们认为,如果鲍伯决定付费参加课程,那么凯特和罗杰付费参加课程的概率依然是 20%. 每个人的决定不会影响其他人的决策.

⊖ 事件 A、B 和 C 是互斥事件,因为其中任何一个事件发生时,另外两个不会发生.

离散型概率分布

$x=$ 成功的个数
$p=$ 成功的概率
$q=$ 失败的概率

我们用等式 5-6 计算度假村里 3 名宾客中恰好有 1 名付费参加课程的概率,一步即可:

$$P(x,n)=\frac{n!}{(n-x)!x!}p^x q^{n-x}$$

$$P(1,3)=\frac{3!}{(3-1)!1!}(0.20)^1(0.80)^{3-1}$$

$$=\frac{(3)(2)(1)}{(2)(1)(1)}(0.20)(0.80)^2$$

$$=(3)(0.20)(0.64)=0.384$$

☞ 在二项试验中,成功的次数 x 永远都不会超过总的尝试的次数 n.

在这道例题中,随机变量 x 的值除了取 1,还有其他选择吗?因为本例中只有鲍伯、凯特和罗杰,成功的次数只能是 0、1、2 和 3.一般来说,二项试验中成功的次数必须在 0 到 n 之间.成功的次数永远都不会比试验总次数大.我们先来看看三人都没有付费参加课程的概率.

$$P(x,n)=\frac{n!}{(n-x)!x!}p^x q^{n-x}$$

$$P(0,3)=\frac{3!}{(3-0)!0!}(0.20)^0(0.80)^{3-0}$$

$$=\frac{(3)(2)(1)}{(3)(2)(1)(1)}(0.20)^0(0.80)^3$$

$$=(1)(1)(0.512)=0.512$$

☞ 记住 $0!=1$,对任意 x 值 $x^0=1$.

三人中有 2 人付费参加课程呢?

$$P(2,3)=\frac{3!}{(3-2)!2!}(0.20)^2(0.80)^{3-2}$$

$$=\frac{(3)(2)(1)}{(1)(3)(2)(1)}(0.20)^2(0.80)^1$$

$$=(3)(0.04)(1)=0.096$$

最后,三人全部付费参加课程的概率是多少?

$$P(3,3)=\frac{3!}{(3-3)!3!}(0.20)^3(0.80)^{3-3}$$

$$=\frac{(3)(2)(1)}{(1)(3)(2)(1)}(0.20)^3(0.80)^0$$

$$=(1)(0.008)(1)=0.008$$

注意,因为本试验中有三次尝试,所以 0 次成功、1 次成功、2 次成功和 3 次成功的概率相加等于 1.0,如下面的等式所示.

$$P(x=0 \text{ 或者 } 1 \text{ 或者 } 2 \text{ 或者 } 3) = 0.512 + 0.384 + 0.096 + 0.008 = 1.0$$

当我们进行试验时，随机变量 x 必须等于 0、1、2 或 3. 这与离散型概率分布规则相一致，分布中所有随机变量的概率和相加必须等于 1.

图 5-3 用图形展示了二项分布.

我们再看一遍 AT&T 商店的例子，计算每 6 位顾客中有 1 位签下合约机的概率. 记住，10% 的进店顾客会签合约机. 这回，变量如下：

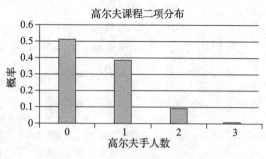

图 5-3　高尔夫课程二项分布

$$n = 6 \quad x = 1 \quad p = 0.10 \quad q = 0.90$$

代入等式 5-6，有如下计算：

$$P(x, n) = \frac{n!}{(n-x)! \, x!} p^x q^{n-x}$$

$$P(1, 6) = \frac{6!}{(6-1)! \, 1!} (0.10)^1 (0.90)^{6-1}$$

$$= \frac{(6)(5)(4)(3)(2)(1)}{(5)(4)(3)(2)(1)(1)} (0.10)(0.90)^5$$

$$= (6)(0.10)(0.5905) = 0.3543$$

每 6 位顾客中有 1 位顾客签合约机的概率是 35.4%. 6 人中没人签合约机的概率是多少？

$$P(0, 6) = \frac{6!}{(6-0)! \, 0!} (0.10)^0 (0.90)^{6-0}$$

$$= \frac{(6)(5)(4)(3)(2)(1)}{(6)(5)(4)(3)(2)(1)(1)} (0.10)^0 (0.90)^6$$

$$= (1)(1)(0.5314) = 0.5314$$

这里有个很有趣的问题，可能会让你们当中某些人觉得很纠结. 每 6 个人中签合约机的人数大于 1 人的概率是多少？这个事件包括 2、3、4、5 和 6 位顾客签下合约机. 用符号 $P(X) = x$ 个成功的概率，那么我要计算的是

$$P(2) + P(3) + P(4) + P(5) + P(6)$$

如果直接计算这个概率，我可以使用 5 次等式 5-6，把结果相加. 不过相对简单的做法（至少是计算量减少）是利用第 4 章的补集规则. 根据之前关于离散型概率分布的讨论，我们知道下面的表达是正确的：⊖

$$P(0) + P(1) + P(2) + P(3) + P(4) + P(5) + P(6) = 1.0$$

用代数方法将上述算式简单重组，便可以用更少的计算来回答问题了.

$$P(2) + P(3) + P(4) + P(5) + P(6) = 1.0 - P(0) - P(1)$$

$$= 1.0 - 0.5314 - 0.3543 = 0.1143$$

所以，每 6 人中有超过 1 人签下合约机的概率是 11.4%.

⊖ 第 4 章等式 4-3 说 $P(A) = 1 - P(A')$，事件 A 的概率等于 1 减去事件 A 不发生的概率（补集）.

5.2.3 二项分布的均值和标准差

本章开头部分我们计算过离散型概率分布的均值和标准差. 计算二项概率分布的均值用等式 5-7.

计算二项分布的均值的公式

$$\mu = np \tag{5-7}$$

其中 μ＝二项分布均值

n＝试验次数

p＝成功概率

对于 AT&T 商店的例子，分布的均值计算如下：

$$\mu = np = (6)(0.1) = 0.6 \text{ 位顾客}$$

换句话说，随机选取的 6 位顾客，我们期望平均有 0.6 位（其中 10%）会签合约机. 二项分布均值的含义是基于多次试验、我们期望得到的成功个数的长期平均数.

演示一下二项分布均值，我们考虑 5 个不同的顾客组，每组 6 位顾客. 假设第一组有 0 位顾客签合约机. 第二组有 2 位顾客签合约机，而第三组和第四组都是有 0 位顾客签合约机. 最后一组（第五组）由 6 位顾客组成的组中有 2 位顾客签下了合约机. 那么签了合约机的顾客数均值计算如下：

$$\frac{0+1+0+0+2}{5} = 0.6 \text{ 位顾客}$$

二项概率分布的标准差用等式 5-8 计算.

计算二项分布的标准差的公式

$$\sigma = \sqrt{npq} \tag{5-8}$$

其中 σ＝二项分布的标准差

n＝试验次数

p＝成功的概率

q＝失败的概率

对于 AT&T 商店的例子，概率的标准差计算如下：

$$\sigma = \sqrt{npq} = \sqrt{(6)(0.1)(0.9)}$$
$$= \sqrt{0.54} = 0.735 \text{ 位顾客}$$

这个值表示在假设成功概率是 10% 的前提下，我们在 6 次试验中得到成功数的方差. 标准差值越大，我们看到的成功数的方差就越大.

☞ 二项分布标准差表示在 n 次尝试里，我们可能得到的成功数的差异，假定成功的概率是 p.

在下面的思考题中，用几分钟来看你是否能正确判断科比·布莱恩特将命中罚球.

思考题 3 假设最近那不勒斯咖啡进行的一项调查显示，顾客中 84% 对目前的餐点满意.

a) 计算下面 5 位顾客中恰好有 4 位对餐点满意的概率.

b) 计算下面 5 位顾客中对餐点满意的少于 4 位的概率.
c) 计算这个分布的均值.
d) 计算这个分布的标准差.
e) 你的计算结果在什么前提下有效?

5.2.4 二项概率表

当二项试验中尝试的次数增加时,再使用等式 5-6 来计算概率一定会耗尽你的计算器电池,还有你的脑细胞. 简单的方法就是查二项概率表,本书后面附录 A 表 1 即是. 表 5-13 摘录了附录的其中一部分.

表 5-13 二项概率表(摘录自附录 A 表 1)

n	x	p								
		0.10	0.15	0.20	0.25	0.30	0.35	0.40	0.45	0.50
2	0	0.8100	0.7225	0.6400	0.5625	0.4900	0.4225	0.3600	0.3025	0.2500
	1	0.1800	0.2550	0.3200	0.3750	0.4200	0.4550	0.4800	0.4950	0.5000
	2	0.0100	0.0225	0.0400	0.0625	0.0900	0.1225	0.1600	0.2025	0.2500
3	0	0.7290	0.6141	0.5120	0.4219	0.3430	0.2746	0.2160	0.1664	0.1250
	1	0.2430	0.3251	0.3840	0.4219	0.4410	0.4436	0.4320	0.4084	0.3750
	2	0.0270	0.0574	0.0960	0.1406	0.1890	0.2389	0.2880	0.3341	0.3750
	3	0.0010	0.0034	0.0080	0.0156	0.0270	0.0429	0.0640	0.0911	0.1250

注:阴影部分的值表示橙色湖度假村里随机选出的 3 名宾客中有 0、1、2 和 3 名宾客付费参加课程.

概率表用 n 的值组织,也就是总尝试次数. 成功数 x 构成每段的行,成功概率 p 构成列. 注意,对一个特定 p 值的每块区域,所有概率相加求和为 1.0.

我们再回头看橙色湖度假村的例子,有 3 名宾客参加了星期一的免费高尔夫诊所. 还记得参加高尔夫诊所的宾客参加了那个星期付费课程的概率是 20%. 我们先前计算过的对于不同的 x 值的概率在表 5-13 中用阴影表示出来了.

现在是时候回顾我在本章一开始提出的问题了:如果学生靠猜测完成由 10 道选择题构成的小测验,通过的概率是多少?我们设每道题目有 4 个选项,所以如果靠猜测来完成题目,答对问题的概率是 25%. 因此 $p=0.25$,也就是 $q=0.75$. 每道题目是一次尝试,所以本题中尝试的次数 n 等于 10. 我们同时规定 70% 为通过分,也就是学生需要答对 7、8、9 或 10 道题目.

表 5-14 是附录 A 的一部分,是我们用来回答这道题目所需的部分. 得到 70% 或以上的概率是在 $p=0.25$ 列中浅色阴影部分的和.

表 5-14 二项概率表(摘录自附录 A 表 1)

n	x	p								
		0.10	0.15	0.20	0.25	0.30	0.35	0.40	0.45	0.50
10	0	0.3487	0.1969	0.1074	0.0563	0.0282	0.0135	0.0060	0.0025	0.0010
	1	0.3874	0.3474	0.2684	0.1877	0.1211	0.0725	0.0403	0.0207	0.0098
	2	0.1937	0.2759	0.3020	0.2816	0.2335	0.1757	0.1209	0.0763	0.0439
	3	0.0574	0.1298	0.2013	0.2503	0.2668	0.2522	0.2150	0.1665	0.1172

离散型概率分布

(续)

n	x	p								
		0.10	0.15	0.20	0.25	0.30	0.35	0.40	0.45	0.50
10	4	0.0112	0.0401	0.0881	0.1460	0.2001	0.2377	0.2508	0.2384	0.2051
	5	0.0015	0.0085	0.0264	0.0584	0.1029	0.1536	0.2007	0.2340	0.2461
	6	0.0001	0.0012	0.0055	0.0162	0.0368	0.0689	0.1115	0.1596	0.2051
	7	0.0000	0.0001	0.0008	0.0031	0.0090	0.0212	0.0425	0.0746	0.1172
	8	0.0000	0.0000	0.0001	0.0004	0.0014	0.0043	0.0106	0.0229	0.0439
	9	0.0000	0.0000	0.0000	0.0000	0.0001	0.0005	0.0016	0.0042	0.0098
	10	0.0000	0.0000	0.0000	0.0000	0.0000	0.0000	0.0001	0.0003	0.0010

根据表 5-14，注意到答对 9 道题的概率是 0.0000. 如果我们使用等式 5-6，该事件的概率为 0.000 029. 但是，在这张表中我们只保留小数点后四位，概率四舍五入为 0.0000. 表中对应的答对 10 道题的概率那部分也同此处解释.

用表 5-14 中浅色阴影的数字计算，靠猜测通过选择题考试的概率如下：
$$P(通过选择题考试) = 0.0031 + 0.0004 = 0.0035$$
注意这就是我在表 5-2 中给出的概率.

表 5-14 也用深色阴影标出了靠猜测通过 10 道是非题的概率，在 $p=0.50$ 一列.
$$P(通过是非题考试) = 0.1172 + 0.0439 + 0.0098 + 0.0010$$
$$= 0.1719$$

这个概率比通过选择题考试的概率大多了，因为成功的概率大了（$p=0.50$），每道题目只有 2 个选择. 换句话说，仅靠猜测时，学生有 50% 的概率答对是非题，但是只有 25% 的概率答对选择题.

上一个例题，比起采用等式 5-6，使用附录 A 表 1 节省很多工作. 然而，这个概率表只包含 n、x 和 p 一些特定组合的二项概率. 因此，某些二项概率还是无法查表求.

用下个思考题测试一下你对二项概率表的理解吧.

思考题 4 据估计，有 40% 的司机通过收费站时用 E 通卡，一个电子不停车收费系统. 用附录 A 中的二项概率表计算概率：

a) 接下来 7 辆车中恰好有 3 辆车用 E 通卡.

b) 接下来 7 辆车中至少有 5 辆车用 E 通卡.

5.2.5 用 Excel 和 PHStat2 计算二项概率

另一种方便的计算二项概率的方法要用到 Excel 的 BINOMDIST 函数. BINOMDIST 函数有下面的特征：
$$\text{BINOMDIST}(x, n, p, \text{cumulative})$$

其中　$x=$ 成功的个数

　　　$n=$ 尝试的次数

　　　$p=$ 成功的概率

cumulative=FALSE，如果你想计算恰好有 x 个成功

cumulative=TRUE，如果你想计算恰好有 x 个或少于 x 个成功

考虑下面的例子，根据美国地产数据公司 First American CoreLogic 统计，佛罗里达有 45% 的抵押贷款都处在溺水状态. 溺水是个专有名词，表示一种状态，贷款人所欠的贷款值高于他们目前的资产值. 如果我们随机选取 3 个贷款人，那么恰好有 2 人溺水抵押贷款的概率是多少？

我们用表 5-13 计算到的概率等于 0.3341. 图 5-4 演示了如何用 BINOMDIST 函数计算，结果相同.

单元格 A1 含有 Excel 公式＝BINOMDIST(2, 3, 0.45, FALSE). 指定 FALSE 是因为我们想要计算恰好有 2 个贷款人溺水. Excel 也能计算 2 个或 2 个以下贷款人溺水，如图 5-5 所示.

单元格 A1 含有 Excel 公式＝BINOMDIST(2, 3, 0.45, TRUE). 指定 TRUE 是因为我们想要计算有 2 个或少于 2 个的贷款人溺水. 该事件概率是 0.9089，也可以用表 5-13 查表计算：

$$P(x \leqslant 2) = P(0) + P(1) + P(2)$$
$$= 0.1664 + 0.4084 + 0.3341$$
$$= 0.9089$$

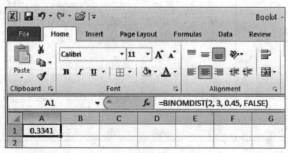

图 5-4 用 Excel 的 BINOMDIST 函数计算两个成功

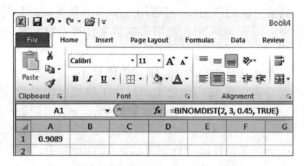

图 5-5 用 Excel 的 BINOMDIST 函数计算两个或两个以下成功

换句话说，3 个佛罗里达贷款人中 0 个、1 个或者 2 个溺水抵押贷款的概率接近 91%. 这也是累积概率，因为结果是把 2 个以及 2 个以下的概率相加.

最后，我们用 Excel 加载项 PHStat2 计算二项概率. 下面的步骤用佛罗里达抵押贷款的例子演示了这种方法.

1. 如图 5-6 所示，选择 Add-Ins＞PHSTat＞Probability & Prob. Distributions＞Binomial.

2. 如图 5-7 所示，填写 Binomial Probability Distribution 对话框. 点击 OK.

图 5-8 是从表 5-13 中计算的二项概率，还有此分布的均值和标准差. 注意，累积概率也在结果中显示出来了. 例如，3 个贷款人中有 1 个或者更少溺水的概率如下计算：

$$P(x \leqslant 1) = P(0) + P(1) = 0.574\ 75$$

从这个信息，我们很容易得到例题 3 人中有超过 1 人是溺水抵押贷款的概率，就是上面计算结果的补集：

$$P(x > 1) = 1 - P(x \leqslant 1)$$
$$= 1 - 0.574\ 75 = 0.425\ 25$$

这个概率值在图 5-8 单元格 F15 中.

离散型概率分布

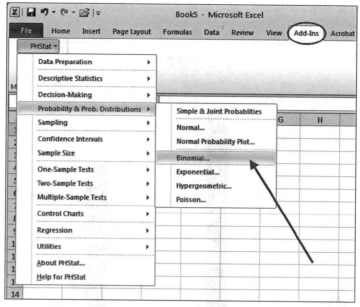

图 5-6 用 PHStat2 的函数计算二项分布(第 1 步)

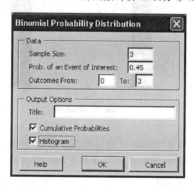

图 5-7 用 PHStat2 的函数计算二项分布(第 2 步)

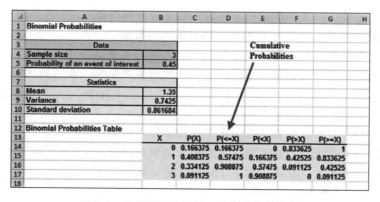

图 5-8 用 PHStat2 计算二项概率的最终版

作为一个附加奖励，PHStat2 也可以展示二项分布的直方图．图 5-9 是佛罗里达贷款人一例的直方图．

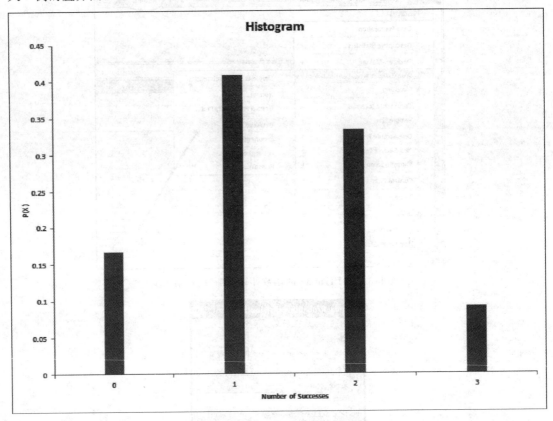

图 5-9　用 PHStat2 计算二项概率的最终版：直方图

注：坐标轴 x 显示的是溺水抵押贷款的人数（成功），坐标轴 y 表示例题恰好有指定成功数的概率．

用 Excel 和 PHStat2 计算二项概率的一个好处就是你将不会受到附录 A 中二项概率表中对 n、x 和 p 值的限制．Excel 的 BINOMDIST 函数可以让你计算任意 0 到 1 的 p 值和任意 n 值．当然，x 值——成功次数——肯定是从 0 到 n 的整数值．

利用下面的思考题来确定顾客为手机购买保险的概率．

思考题 5　手机经销商提供一种保险计划，为手机丢失或者意外损坏提供保护．莎拉是 Verizon 无线的销售代表，从历史数据来看，她的客户中购买新手机之后有 53% 会购买这种保险计划．假设上周莎拉向 16 位顾客售出了手机．用 Excel 和 PHStat2 来计算下面的问题．

a) 恰好有 10 位顾客从莎拉这里购买了保险计划的概率是多少？

b) 少于 10 位顾客从莎拉这里购买了保险计划的概率是多少？

c) 多于 10 位顾客从莎拉这里购买了保险计划的概率是多少？

d) 构造这个二项概率分布的直方图．

习题 5.2

基础题

5.10 考虑 $p=0.60$ 和 $n=7$ 的二项概率分布. 计算下面的概率值:
a) $P(x=2)$
b) $P(x<=1)$
c) $P(x>5)$

5.11 考虑 $p=0.35$ 和 $n=8$ 的二项概率分布. 计算下面的概率值:
a) 成功数恰好 3 次
b) 成功数少于 3 次
c) 成功数 6 次或者更多次

5.12 考虑 $p=0.25$ 的二项概率分布. 在下面的条件下计算成功数恰好等于 4 的概率.
a) $n=5$
b) $n=7$
c) $n=10$
d) 从二项分布样本大小不同的计算中, 能得出什么结论?

5.13 考虑 $p=0.65$ 和 $n=15$ 的二项概率分布. 计算该分布的均值和标准差.

应用题

5.14 如果某学生估计正确回答每道选择题的概率是 80%, 用二项概率表计算该学生在 20 道题目的选择题考试中答对至少 70% 的概率.

5.15 艺珂公司在 2009 年对 1047 名雇员进行的调查显示, 他们中有 28% 想解雇他们的老板, 如果可能的话. 基于随机选取的 10 名雇员的前提回答下面的问题:
a) 恰好有 3 名雇员想解雇他们的老板的概率是多少?
b) 有 3 名或者少于 3 名雇员想解雇他们的老板的概率是多少?
c) 有 5 名或者更多名雇员想解雇他们的老板的概率是多少?
d) 该分布的均值和标准差是多少?
e) 构造该分布的直方图.

5.16 一家酒店称他们的顾客中 90% 对酒店服务非常满意. 基于随机选取的 8 位顾客的前提回答下面的问题:
a) 恰好有 7 位顾客对酒店服务非常满意的概率是多少?
b) 有 7 位以上的顾客对酒店服务非常满意的概率是多少?
c) 有 6 位以下的顾客对酒店服务非常满意的概率是多少?
d) 假设选出的 8 位顾客中, 有 4 位说他们对酒店服务非常满意. 从酒店的声明中可以得出什么结论?

5.17 根据《华尔街日报》, 2009 年 20% 的唱片销售都是数字唱片. 考虑随机选择 11 张唱片:
a) 恰好有 2 张是数字唱片的概率是多少?
b) 少于 3 张是数字唱片的概率是多少?
c) 多于 5 张是数字唱片的概率是多少?
d) 该分布的均值和标准差是多少?
e) 构造该分布的直方图.

5.18 据尼尔森公司对 25 000 户家庭进行的一项调查, 观看 2010 年超级碗的观众有 51% 对广告的喜爱大于比赛本身. 考虑随机选取的观看超级碗的 9 名观众:
a) 恰好有 3 人喜欢广告多于比赛的概率是多少?
b) 少于 4 人喜欢广告多于比赛的概率是多少?
c) 有 6 人或者 7 人喜欢广告多于比赛的概率是多少?
d) 该分布的均值和标准差是多少?
e) 构造该分布的直方图.

5.19 根据 Catalyst 公司对财富 500 强公司进行的调查, 在 2008 年有 16% 的公司高管是女性. 基于随机选取 12 名公司高管的前提回答下面的问题:
a) 有 1 名公司高管是女性的概率是多少?
b) 少于 4 名公司高管是女性的概率是多少?
c) 多于 2 名公司高管是女性的概率是多少?
d) 该分布的均值和标准差是多少?
e) 构造该分布的直方图.

5.20 一家电子商务网站宣传访问该网站的人群中有 6% 发生了购买行为. 随机选取 15 位访问该网站的用户, 回答以下问题:
a) 没有人发生购买行为的概率是多少?
b) 有少于 3 人发生购买行为的概率是多少?

c) 有大于 1 人发生购买行为的概率是多少？
d) 构造该分布的直方图．
e) 假设 15 位用户中有 4 位发生了购买行为．从这家公司的声明中可以得出什么结论？

5.21 翰威特咨询公司在 2009 年的一项调查显示，有 60% 年龄在 20 到 29 的美国工人会在他们失业或者换工作时兑现他们的 401(k) 退休账户．随机选取 15 名年龄在 20 到 29 岁之间的美国工人，在他们失业或者换工作时，基于这个前提回答下面的问题：

a) 恰好有 5 名工人兑现他们的退休账户的概率是多少？
b) 恰好有 12 名工人兑现他们的退休账户的概率是多少？
c) 有 6 名或者 7 名工人兑现他们的退休账户的概率是多少？
d) 该分布的均值和标准差是多少？
e) 构造该分布的直方图．

5.3 泊松分布

现在我们已经掌握了二项概率分布，我们已经准备好学习下一个离散分布——泊松分布．[注]

泊松分布可以计算特定个数的事件在一段时间或者空间发生的概率．例如，我们可以用泊松分布计算在下一小时内有 10 位顾客进店的可能性，或者当月中某繁忙的十字路口发生两起车祸的概率．接下来，我们拿点可丽薄饼和牛角面包，学习一下法国人整理的数学．

5.3.1 泊松过程的特征

在上一小节，我们定义了二项试验，即在一定数量的尝试中对成功的次数计数．每次尝试的结果或者是成功或者是失败．泊松过程计算在一段时间、距离、空间或其他类型度量内事件发生的频率．[注]

在二项试验中，随机变量的取值（成功的个数）受限于尝试的次数．而泊松过程的结果可以是任意数．例如，在下一小时光顾便利店的顾客数可以是 0、1、2、3 等．泊松分布的随机变量结果可能是事件发生的实际数字——在本例中，就是下一小时中到店的顾客数．

泊松分布的均值是单位测量时间内事件发生数目的平均数．对于一个泊松过程的所有测量区间来说，均值必须是相同的．例如，如果每小时到店的顾客数是 11，那么这个平均数必须对于每个一小时区间都成立．

泊松过程的另一个特征是每个区间内事件的发生数独立于其他区间内的事件发生数．换句话说，6 位顾客在营业的第一个小时内光顾便利店不会影响下一个小时光顾便利店的顾客数．

最后，泊松过程定义的区间不可以有重叠．用之前的例子解释，如果我们要计数每个小时到店的顾客数，那么时间间隔彼此之间不能有重叠．例如，用一小时区间 1:00—2:00pm 和 1:30—2:30pm 就违反了这个原则．

下面是可以应用泊松概率分布的几个随机变量的例子．

- 某段时间内通过收费站的汽车数．
- 手稿上发现的书写错误数．

[注] 这个概率分布是用法国数学家西蒙·泊松的名字来命名的，他在 19 世纪早期发现了这个分布．
[注] 泊松过程不像二项分布一样计算成功和失败的个数．相反，泊松过程计数的对象是指定时间或者空间间隔中特定事件的发生次数．

- 本月电话投诉服务问题的顾客数.
- 今天大联盟棒球赛中全垒打的总数.

现在你已经了解泊松过程的基础知识,我们来计算一些概率分布吧.

5.3.2 泊松概率分布的应用

如果某随机变量满足泊松概率分布,我们可以计算给定区间内发生次数的概率. 要计算的话,我们需要知道事件在这个区间发生的平均次数. 我用这个例子来演示泊松概率分布.

下面是一个真实的故事,名字也没有修改,因为所有人都不年轻了. 当我的儿子布莱恩和约翰还十几岁的时候,他们会陪我去南卡罗来纳州的美特尔海滩参加高尔夫朝圣之旅. 某一年的最后一个晚上,我们逛了马丁高尔夫超市. 不知什么原因布莱恩劝我买一个二手的很炫的品牌高尔夫球杆,他发誓他绝对会用这个球杆发挥他作为高尔夫球手的全部潜能. 即使是二手的,这套球杆比我曾经买过的全新的都贵.

第二天早上,我们打包行李,退房离开酒店,驾车驶向我们最后一场高尔夫球比赛,我已经很巧妙地规划好了行程,这已经在回家的路上了. 在第一洞发球时,布莱恩拿出了他的崭新的二手珍藏品,打出了一个"左勾下坠球",这是一个高尔夫术语,描述的是球走得很近而且偏左,经常到一堆树里面了,很少再见到了. 我很紧张地朝布莱恩笑了笑,努力说服自己他下一个洞会打得很好. 当"左勾下坠球"再次出现在第二个洞、第三个和第四个洞时,我已经发现我自己正在阻止布莱恩把他崭新的二手珍藏品扔向湖心.

比赛结束后,我极有耐心地开车回到美特尔海滩去退高尔夫球杆,在原有 10 小时车程上又增加了一小时. 在马丁高尔夫超市里,那个女人很高兴地说如果我能找到收据(提示音恐怖音乐)就给我退货. 我依稀记得我把收据放到了一个特殊的地方以防我会再用到它,但是打包、退房、打高尔夫球之后,如果我还能记得我把它放到哪里去了,那么我研制出癌症解药的概率一定会增加.

作为一个不轻易放弃的人,我奔跑回车内,开始把所有的东西都拆包. 很快,就在我把脏兮兮的内衣和袜子摊开在停车场的时候,那个女人走出来告诉我说超市愿意给我退货即使我没有找到收据,条件就是我把刚刚拆包的东西再重新打包装回车里. 很明显,我吓走了一部分顾客.(我建议你也考虑一下这个策略,如果你正想退货但是找不到那该死的收据.)

不管怎么样,我们假设在布莱恩作为高尔夫球手的短暂职业生涯中,每场比赛他丢失高尔夫球的均值是 4.2 个. 因为这个值是平均数,所以不一定必须是整数. 我们也假设布莱恩每场高尔夫球比赛的丢球数遵循泊松分布.⊖

我们可以用泊松概率分布计算布莱恩下一场比赛中丢掉 x 个高尔夫球的概率,用等式 5-9.

泊松概率分布公式

$$P(x) = \frac{\lambda^x e^{-\lambda}}{x!} \tag{5-9}$$

⊖ 要想证实布莱恩每场高尔夫球比赛的输球数遵循泊松分布,我们得用检验拟合优度的测试,这个过程我们在第 12 章中详细描述.

其中　$x=$在区间内事件发生的次数

$\lambda=$区间内事件发生次数的均值

$e \approx 2.71828$

$P(x)=$区间内事件恰好发生 x 次的概率

我们现在计算布莱恩在下一场比赛中恰好丢 2 个球的概率. 代入 $\lambda=4.2$ 和 $x=2$ 到等式 5-9 中, 得到如下:

$$P(2) = \frac{\lambda^x e^{-\lambda}}{x!} = \frac{(4.2^2)(2.71828^{-4.2})}{2!}$$

$$= \frac{(17.64)(0.014996)}{2} = 0.1323^{\ominus}$$

换句话说, 布莱恩有 13.2% 的概率在下一次比赛中恰好丢 2 个球. 我们也可以用下面的计算来求布莱恩丢球不超过 2 个的概率:

$$P(x \leqslant 2) = P(0) + P(1) + P(2)$$

$$P(0) = \frac{(4.2^0)(2.71828^{-4.2})}{0!} = \frac{(1)(0.014996)}{1} = 0.0150$$

$$P(1) = \frac{(4.2^1)(2.71828^{-4.2})}{1!} = \frac{(4.2)(0.014996)}{1} = 0.0630$$

$$P(x \leqslant 2) = 0.0150 + 0.0630 + 0.1323 = 0.2103$$

有 21% 的概率布莱恩在下一场比赛中丢失高尔夫球不超过 2 个.

我还有最后一个问题: 布莱恩在下一场比赛中, 丢 4 个球或者以上的概率是多少? 你可以用下面的概率描述:

$$P(x \geqslant 4) = P(4) + P(5) + \cdots ^{\ominus}$$

注意在这个等式中, x 等于或者大于 4 的概率包括了该事件发生无穷次的计算. 在数学上, 泊松分布里任意区间内事件发生的次数是没有上限的. 如果布莱恩打了一场非常糟糕的比赛, 他可能失掉的除了耐心还有很多球. (很不幸, 我个人亲见过这样的场景.)因为我们无法把无穷次数的概率相加, 所以我们需要用另外一种方法来解决问题. 从离散型概率分布原则来看, 我们知道下面的等式成立:

$$P(0) + P(1) + P(2) + P(3) + P(4) + P(5) + \cdots = 1.0$$

用简单代数, 我们可以把上述等式重新组合得到:

$$P(4) + P(5) + \cdots = 1.0 - P(0) - P(1) - P(2) - P(3)$$

因此, 布莱恩丢 4 个或者 4 个以上球的概率就可以用下面的方式表达出来:

$$P(x \geqslant 4) = 1.0 - P(0) - P(1) - P(2) - P(3)$$

我们前面在第 4 章学到的概率补集法则曾经用来解决求解无限次数的概率相加. 注意在等式右边, 我们已经求过那些概率, 除了 $P(3)$. 和之前一样, 我们用泊松概率分布求解 $P(3)$:

$$P(3) = \frac{(4.2^3)(2.71828^{-4.2})}{3!} = \frac{(74.088)(0.014996)}{(3)(2)(1)} = 0.1852$$

⊖　我建议把泊松计算的这个中间值保留小数点后 6 位, 用来避免四舍五入给最终结果带来的错误. 和老师确认一下你四舍五入之后的结果.

⊖　泊松分布对事件发生次数的上限没有要求. 数学上来说, 这个等式有无穷多个项.

现在我们代入这些概率值计算结果：
$$P(x \geqslant 4) = 1.0 - P(0) - P(1) - P(2) - P(3)$$
$$= 1.0 - 0.0150 - 0.0630 - 0.1323 - 0.1852 = 0.6045$$

布莱恩有 60.45% 的可能性在他的下一场比赛中丢掉 4 个或 4 个以上的高尔夫球。我看我们需要再去高尔夫商店多买些高尔夫球了。但是，绝对不是马丁高尔夫超市。很明显，在旅行箱事件后，唐纳利家族已经被终身禁止踏入了。

泊松分布这有一个非常酷的特点：如等式 5-10 所示，该分布的方差等于均值。

泊松分布方差公式

$$\sigma^2 = \lambda \tag{5-10}$$

所以，对于这个分布来说，没有诸如前几个章节那些讨人烦的方差计算。高尔夫例题的方差计算如下：

$$\sigma^2 = \lambda = 4.2 ^{\ominus}$$

标准差计算如下：

$$\sigma = \sqrt{\lambda} = \sqrt{4.2} = 2.05$$

5.3.3 用泊松分布计算到达概率

泊松分布最常见的应用就是计算顾客到达概率。例如，当地一家 PNC 银行分行有免下车窗口。平均来说，每小时有 12 位顾客选择使用免下车窗口，我们假设这些到达符合泊松分布。接下来的 30 分钟中恰好有 4 位顾客选择使用免下车窗口的概率是多少？

为了回答这个问题，我们首先要做调整，把每小时到达的平均数调整为每 30 分钟到达。如果银行把 12 位顾客平均到一个小时，那么每 30 分钟就 6 位顾客，所以 $\lambda = 6.0$。计算接下来 30 分钟内恰好有 4 位顾客到达的概率，我们将 $x = 4$ 代入等式 5-9：

$$P(x) = \frac{\lambda^x e^{-\lambda}}{x!}$$

$$P(4) = \frac{(6^4)(2.71828^{-6})}{4!} = \frac{(1296)(0.002479)}{(4)(3)(2)(1)} = 0.1339$$

在接下来的 15 分钟恰好有 2 位顾客到达的概率是多少呢？有些学生会告诉我这个概率和上面的例题一样，也就是 30 分钟内恰好 4 位顾客到达的概率(0.1339)。我来告诉你不是这样的。首先，我们需要把时间间隔转换成 15 分钟，然后我们将顾客平均划分，得到每 15 分钟 3 位顾客，也就是 $\lambda = 3.0$。计算接下来 15 分钟内恰好有 2 位顾客(是 30 分钟内有 4 位顾客到达的一半)到达的概率，用如下步骤：

$$P(2) = \frac{(3^2)(2.71828^{-3})}{2!} = \frac{(9)(0.049787)}{(2)(1)} = 0.2240$$

你可以从这里看出这和我们之前的例题并不一样。我确信你已经跃跃欲试要看看如何计算泊松概率分布了——就用下面的思考题吧。

思考题 6 在 2009 年全美橄榄球大联盟赛中，绿湾包装工队是罚球最多的球队，平均

$\ominus$ 泊松分布的方差等于均值。

每场 7.4 个罚球．在我的（非）公正的观点下，大部分罚球都是由于裁判差．假设每场比赛包装工队的罚球数遵守泊松分布，计算下面的概率．

a) 一场比赛中恰好有 3 个罚球．
b) 一场比赛中有 3 个或者更少的罚球．
c) 一场比赛中有 5 个或者更多的罚球．
d) 一场比赛的前半场中恰好有 3 个罚球．

5.3.4 泊松概率表

和二项分布一样，对于某些均值来说，泊松概率分布可以通过查表求得．你可以在本书附录 A 的表 2 中找到泊松分布表．下表就是从附录中摘录出来的一部分，可以回答我们的高尔夫球例题．

这个概率表是用 λ 值来组织的，也就是事件发生的平均次数．在布莱恩平均每场比赛丢失 4.2 个高尔夫球的前提下，他下场比赛中会丢掉 2 个高尔夫球的概率已经用浅色阴影标出（0.1323）．这个值我们前面用泊松分布等式计算过．如果你把某 λ 值对应一列的概率相加，求和会得到 1．和二项概率表一样，使用泊松概率表的一个局限就是你只能查找表中收录了的 λ 值对应的概率．

在下面的思考题中练习一下查泊松概率表．

思考题 7 回到石器时代，那时的我在写博士论文，我在纽约布法罗的杜邦工厂待了一段时间，那家工厂就是生产 Tedlar 的．Tedlar 是一种薄膜，可以用来保护很多产品的表面，片状，类似塑料保鲜膜．检查 Tedlar 薄膜是否有缺陷时，将 3 英尺见方的薄膜放在光板上再检查．假设 3 平方英尺的 Tedlar 薄膜缺陷数符合泊松分布．每平方的缺陷平均数是 0.05．用附录 A 中的泊松概率回答以下问题．

a) 在这个平方中恰好发现一个缺陷的概率是多少？
b) 在这个平方中有缺陷的概率是多少？

用泊松分布估计漏油事件的概率

这件事，是在一百万次中发生一次吗？还是上千次中发生一次？还是每 5000 次发生一次？究竟风险有多大？

——美国总统巴拉克·奥巴马，继墨西哥湾 BP 公司石油泄漏事件

奥巴马总统的问题一直萦绕在很多人心中，大家关注的重点就是 BP 公司 2010 年春在墨西哥湾漏油事件．过去十年的油价上涨使深水钻探变得经济上可行了．这段时间墨西哥湾的深水油井从 17 个增加到了 130 个．但是，深水钻井到底有多安全呢？
我们可以用泊松分布判断未来的石油泄漏概率．为了解决这个问题，我们要赋一个值给 λ，表示每年大的石油泄漏次数．事实是在深水钻井普及之后的 10 年内我们经历了一次大的石油泄漏事件，粗略估计可以设定 λ 为每年 0.1 次．用这个假设，接下来的 20 年内有一次大的石油泄漏的概率是多少？首先，我们要把 λ 转换为 20 年区间，用

0.1 乘以 20. 代入 $\lambda=2.0$ 次泄漏每 20 年和 $x=1$，我们得到：

$$P(1) = \frac{\lambda^x e^{-\lambda}}{x!} = \frac{(2.0^1)(2.71828^{-2.0})}{1!}$$

$$= \frac{(2.0)(0.135\,335)}{1} = 0.2707$$

基于我们的假设，有 27% 的概率另一次大的石油泄漏事件在下面的 20 年中发生. 我必须承认这个结论是建立在很少量的数据基础上的；不过，我可以想象这不是一个奥巴马总统听到会为之兴奋的统计数据.

5.3.5 用 Excel 和 PHStat2 计算泊松概率

你可以很方便地用 Excel 计算泊松概率. 内置的 POISSON 函数有如下特征：

$$\text{POISSON}(x, \lambda, \text{cumulative})$$

其中 cumulative=FALSE，计算事件恰好发生 x 次时的概率

cumulative=TRUE，计算事件恰好发生 x 次或者少于 x 次时的概率

例如，图 5-10 演示了用 POISSON 函数计算布莱恩在下一场高尔夫球比赛中恰好丢失 2 个高尔夫球的概率，他平均每场丢失 4.2 个球.

单元格 A1 里面是 Excel 公式=POISSON(2，4.2，FALSE)，结果是 0.1323. 这个概率在表 5-15 中用浅色阴影显示了.

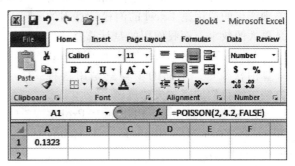

图 5-10 Excel 的 POISSON 函数计算事件恰好发生 2 次

表 5-15 泊松概率表（附录 A）

x	λ									
	4.10	4.20	4.30	4.40	4.50	4.60	4.70	4.80	4.90	5.00
0	0.0166	0.0150	0.0136	0.0123	0.0111	0.0101	0.0091	0.0082	0.0074	0.0067
1	0.0679	0.0630	0.0583	0.0540	0.0500	0.0462	0.0427	0.0395	0.0365	0.0337
2	0.1393	0.1323	0.1254	0.1188	0.1125	0.1063	0.1005	0.0948	0.0894	0.0842
3	0.1904	0.1852	0.1798	0.1743	0.1687	0.1631	0.1574	0.1517	0.1460	0.1404
4	0.1951	0.1944	0.1933	0.1917	0.1898	0.1875	0.1849	0.1820	0.1789	0.1755
5	0.1600	0.1633	0.1662	0.1687	0.1708	0.1725	0.1738	0.1747	0.1753	0.1755
6	0.1093	0.1143	0.1191	0.1237	0.1281	0.1323	0.1362	0.1398	0.1432	0.1462
7	0.0640	0.0686	0.0732	0.0778	0.0824	0.0869	0.0914	0.0959	0.1002	0.1044
8	0.0328	0.0360	0.0393	0.0428	0.0463	0.0500	0.0537	0.0575	0.0614	0.0653
9	0.0150	0.0168	0.0188	0.0209	0.0232	0.0255	0.0281	0.0307	0.0334	0.0363
10	0.0061	0.0071	0.0081	0.0092	0.0104	0.0118	0.0132	0.0147	0.0164	0.0181
11	0.0023	0.0027	0.0032	0.0037	0.0043	0.0049	0.0056	0.0064	0.0073	0.0082

(续)

x	λ									
	4.10	4.20	4.30	4.40	4.50	4.60	4.70	4.80	4.90	5.00
12	0.0008	0.0009	0.0011	0.0013	0.0016	0.0019	0.0022	0.0026	0.0030	0.0034
13	0.0002	0.0003	0.0004	0.0005	0.0006	0.0007	0.0008	0.0009	0.0011	0.0013
14	0.0001	0.0001	0.0001	0.0001	0.0002	0.0002	0.0003	0.0003	0.0004	0.0005
15	0.0000	0.0000	0.0000	0.0000	0.0001	0.0001	0.0001	0.0001	0.0001	0.0002

Excel 也可以计算累积概率，比如图 5-11 是布莱恩丢失 2 个或者少于 2 个球的概率。

单元格 A1 里面是 Excel 公式 = POINSSON（2，4.2，TRUE），结果是 0.2102。本章前面部分，我们计算过这个概率结果是 0.2103。这个（很）细微的差别产生的原因是 Excel 的泊松计算用的是更大的数字，而我们用的是计算器。

我们还可以用 Excel 加载项 PHStat2 计算泊松概率。下面的步骤就是用这种方法求解我们的高尔夫球例题。

1. 选择 Add-Ins＞PHStat＞Probability & Prob. Distributions＞Poisson，如图 5-6 所示。

2. 在 Poisson Probability Distribution 对话框中按图 5-12 所示填写。点击 OK。

图 5-13 是我们在表 5-15 中看到的泊松概率。这种方法是不是很棒？

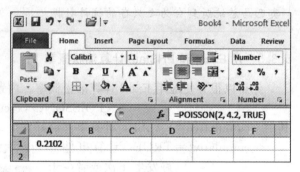

图 5-11　Excel 的 POISSON 函数计算事件恰好发生 2 次或少于 2 次

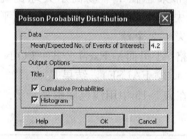

图 5-12　PHStat2 计算泊松分布的函数

注意到图 5-13 的 D 列中还有累积概率。例如，我们先前计算布莱恩在下一场比赛中丢失 2 个或少于 2 个高尔夫球的概率如下：

$$P(x \leqslant 2) = P(0) + P(1) + P(2)$$
$$= 0.0150 + 0.0630 + 0.1323 = 0.2103$$

这个结果在图 5-13 单元格 D10 中展示。细微的差别来自于四舍五入。

我们还可以计算布莱恩下场比赛中丢失 4 个或者 4 个以上球的概率，即 0.6045。这个值能在图 5-13 单元格 G12 中找到。

和我们之前的研究发现一样，PHStat2 还能展示泊松分布的直方图；图 5-14 就是我们高尔夫球例题的直方图。

用 Excel 计算泊松概率的好处就是你不必再受附录 A 中泊松概率表里 λ 值的限制。Excel 的 POISSON 函数可以让你使用任意 λ 值。

Poisson Probabilities

Data	
Mean/Expected number of events of interest:	4.2

Poisson Probabilities Table

X	P(X)	P(<=X)	P(<X)	P(>X)	P(>=X)
0	0.014996	0.014996	0.000000	0.985004	1.000000
1	0.062981	0.077977	0.014996	0.922023	0.985004
2	0.132261	0.210238	0.077977	0.789762	0.922023
3	0.185165	0.395403	0.210238	0.604597	0.789762
4	0.194424	0.589827	0.395403	0.410173	0.604597
5	0.163316	0.753143	0.589827	0.246857	0.410173
6	0.114321	0.867464	0.753143	0.132536	0.246857
7	0.068593	0.936057	0.867464	0.063943	0.132536
8	0.036011	0.972068	0.936057	0.027932	0.063943
9	0.016805	0.988873	0.972068	0.011127	0.027932
10	0.007058	0.995931	0.988873	0.004069	0.011127
11	0.002695	0.998626	0.995931	0.001374	0.004069
12	0.000943	0.999569	0.998626	0.000431	0.001374
13	0.000305	0.999874	0.999569	0.000126	0.000431
14	0.000091	0.999966	0.999874	0.000034	0.000126
15	0.000026	0.999991	0.999966	0.000009	0.000034
16	0.000007	0.999998	0.999991	0.000002	0.000009
17	0.000002	1.000000	0.999998	0.000000	0.000002
18	0.000000	1.000000	1.000000	0.000000	0.000000
19	0.000000	1.000000	1.000000	0.000000	0.000000
20	0.000000	1.000000	1.000000	0.000000	0.000000

Cumulative Probabilities

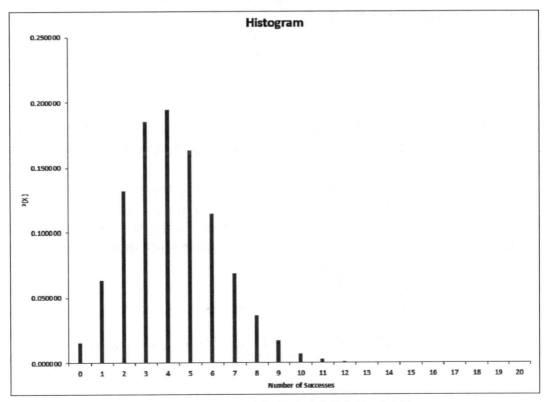

图 5-13　用 PHStat2 计算泊松分布的最终版

图 5-14　用 PHStat2 计算泊松概率的最终版：直方图

用下面的思考题测试一下你是否会使用 Excel 和 PHStat2 计算泊松概率.

思考题 8 作为一名年轻的工程师,我曾经在钻石三叶草公司工作了几年,在特拉华州市的氯工厂. 根据职业安全与健康管理局的要求,每个月我们都要跟踪可记录的受伤人数,因为受伤员工所需的医疗处理超过了常规急救医疗. 假设每个月可记录的受伤人数遵循泊松分布,每个月受伤人员数均值为 1.4. 用 Excel 来回答下面的问题.

a) 下个月恰好出现 1 名可记录受伤雇员的概率是多少?
b) 下个月恰好出现少于 2 名可记录受伤雇员的概率是多少?
c) 下个月恰好出现 4 名以及 4 名以上可记录受伤雇员的概率是多少?
d) 用 PHStat2 为这个泊松分布的概率构造直方图.

5.3.6 用泊松分布近似二项分布

当满足下面的条件时,我们可以用泊松分布计算二项概率:
- 当尝试的次数 n 大于等于 20 时

并且
- 当成功的概率 p 小于等于 0.05 时.

换句话说,如果一个二项分布的尝试次数很多,而成功概率很小,那么这个分布可以被看作泊松分布. 在这样的条件下二项概率能用等式 5-11 来计算.

用泊松分布计算二项概率的公式

$$P(x) = \frac{(np)^x \, 2.718\,28^{-(np)}}{x!} \qquad (5\text{-}11)$$

其中　$x=$ 成功的个数
　　　$n=$ 尝试的次数
　　　$p=$ 成功的概率

此时你可能会问自己为什么要这样做. 答案是泊松分布需要的计算量小于二项公式,在这样的前提下,这两个分布彼此相似. 当我可以选择的时候,我完全赞同选一种简单的方法.

我用一道例题来说明这一点. 雅芳公司将产品装箱运输给销售代表,箱子应该是销售代表所订购的产品. 从历史数据来看,有 2% 的箱子没有装对产品. 随机选取 20 只箱子,检查它们是否装有正确的产品. 我们要计算恰好有 2 只箱子没有装对产品的概率. 这是一个二项分布,$n=20$,$x=2$,$p=0.02$. 用等式 5-6,我们计算二项概率,步骤如下:

$$P(x,n) = \frac{n!}{(n-x)!\,x!} p^x q^{n-x}$$

$$P(2,20) = \frac{20!}{(20-2)!\,2!} (0.02)^2 (0.98)^{20-2}$$

$$= \frac{(20)(19)(18)(17)\cdots(3)(2)(1)!}{(18)(17)\cdots(3)(2)(1)(2)(1)} (0.02)^2 (0.98)^{18}$$

⊖ 当你需要计算的二项分布满足尝试次数 n 大于等于 20,而成功概率 p 小于等于 0.05 时,可以用这个泊松分布等式近似计算二项概率.

$$= \frac{(20)(19)}{(2)(1)}(0.0004)(0.695\,135) = 0.0528$$

现在,我要用等式 5-11 来证明我的观点,用泊松近似估计二项分布:

$$np = (20)(0.02) = 0.4$$

$$P(x) = \frac{(np)^x\, 2.718\,28^{-(np)}}{x!}$$

$$P(2) = \frac{(0.4)^2\, 2.718\,28^{-(0.4)}}{2!} = \frac{(0.16)(0.670320)}{2} = 0.0536$$

我的观点就是这两个概率非常接近(5.3%和5.4%),而且用等式 5-11 的计算量减少.如果你需要证据,图 5-15 和图 5-16 是每个分布的直方图.

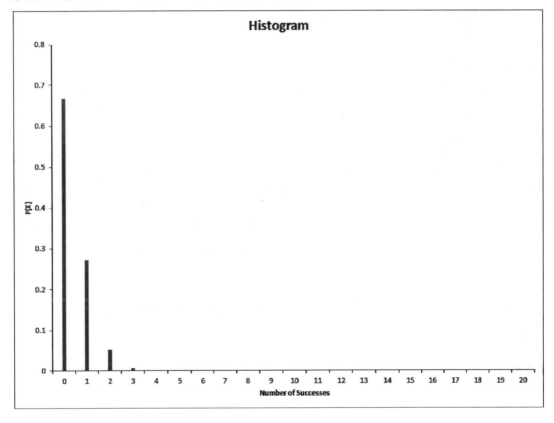

图 5-15　$n=20$、$p=0.02$ 时的二项概率分布

即使是对一个持怀疑态度的人来说,这两个分布看起来也是非常相似.所以,我对大家的建议就是当你面对的二项分布是 $n \geqslant 20$ 或者 $p \leqslant 0.05$ 时,用泊松分布近似估计计算.

下面的思考题中你可以练习一下近似估计的技能,预测你下一次快餐订单出错了的概率.

思考题 9　一家快餐店的经理宣称,他们的订单中只有 3% 会填错.用一天中前 20 份订单来回答下面的问题.

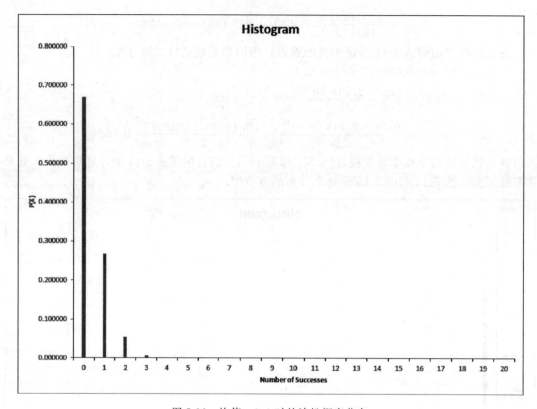

图 5-16 均值＝0.4 时的泊松概率分布

a) 用等式 5-6 计算前 20 份订单中恰好有 3 份填错的概率是多少？
b) 用等式 5-11 计算前 20 份订单中恰好有 3 份填错的概率是多少？
c) 这两个概率比较起来如何？
d) 假设那天中前 20 份订单有 4 份填错了. 关于快餐店经理的声明,可以得出什么结论？

习题 5.3

基础题

5.22 考虑 $\lambda=3.0$ 的泊松分布. 计算下列概率.
  a) $P(x=3)$
  b) $P(x<=2)$
  c) $P(x>4)$

5.23 考虑 $\lambda=4.7$ 的泊松分布. 计算下列概率.
  a) 事件恰好发生 5 次
  b) 事件发生 6 次以上
  c) 事件发生 3 次或以下

5.24 考虑一个泊松概率分布. 计算在下面的条件下恰好事件发生 4 次的概率：
  a) $\lambda=2.0$
  b) $\lambda=3.0$
  c) $\lambda=4.0$
  d) 当 λ 改变时,从这些概率值的变化中可以得出什么结论？

5.25 考虑 $\lambda=8.5$ 的泊松概率分布. 计算这个分布的均值和标准差.

应用题

5.26 假设某社区医院婴儿出生数满足泊松分布,均值是每天 2.6.
  a) 今天没有婴儿出生的概率是多少？

b) 今天婴儿出生数为 4 或者更少的概率是多少？
c) 今天婴儿出生数大于 1 的概率是多少？

5.27 在 2009 年美国职业棒球大联盟赛季中，每场比赛全垒打的均值是 2.1 个。假设每场比赛全垒打个数符合泊松分布。
a) 随机选取一场比赛出现 5 个全垒打的概率是多少？
b) 随机选取一场比赛没有全垒打的概率是多少？
c) 随机选取一场比赛有超过 2 个全垒打的概率是多少？
d) 这个分布的标准差是多少？

5.28 在特拉华州某个路口装有监控摄像头。通过该路口的司机收到交通罚单的人数满足泊松分布，均值是每月 4.5。
a) 下个月在这个路口恰好开出 7 张交通罚单的概率是多少？
b) 下个月在这个路口开出少于 3 张交通罚单的概率是多少？
c) 下个月在这个路口开出 5 张或者 5 张以上交通罚单的概率是多少？

5.29 某电脑制造商的客户支持中心每 5 分钟接电话的均值是 1.5 通。假设接到的电话数满足泊松分布。
a) 在下一个 5 分钟内没有电话接入的概率是多少？
b) 在下一个 5 分钟内有 3 通及以上电话接入的概率是多少？
c) 在下一个 10 分钟内有 3 通电话接入的概率是多少？
d) 在下一个 10 分钟内有不超过 2 通电话接入的概率是多少？

5.30 生产记录显示某工厂生产的灯泡有 1.5% 是瑕疵品。随机选取 22 只灯泡做样本。
a) 用二项分布计算有 2 只瑕疵品的概率。
b) 用泊松分布计算有 2 只瑕疵品的概率。
c) 这两个概率比较起来如何？

5.31 根据美国人口普查，大约有 5% 的美国公民 2008 年的收入在 $75 000 到 $100 000 之间。随机选取 25 名美国公民做样本。
a) 用二项分布计算有少于 3 人在 2008 年的收入在 $75 000 到 $100 000 之间的概率。
b) 用泊松分布计算有少于 3 人在 2008 年的收入在 $75 000 到 $100 000 之间的概率。
c) 将这两个概率做比较。

5.4 超几何分布

二项分布和泊松分布的一个关键特征就是在这两类分布中事件彼此之间相互独立。潜在的假设就是对这两个分布，你从很大总体中抽样时还会放回，从而使成功概率以及事件发生次数保持为常量。然而，有时候样本是从一个有限总体中抽样并且不再放回。在这些情况下，成功的概率会一直发生改变，因为样本空间在每次取样之后会变得越来越小。当你们面对这样的怪事时，不要怕，忧虑的学生们。这是**超几何分布的工作**（提示音乐超级英雄）！

5.4.1 计算超几何分布的概率

解释超几何分布的"超能力"的最好办法就是用一道例题：某宾夕法尼亚零售商目前聘用 22 名销售人员，其中 8 名的年龄超过 55 岁。（在本例中，以后我们就用"老年雇员"来代表年龄超过 55 岁的雇员，用以区分其他年轻雇员。）由于最近经济形势低迷，这家零售商决定从销售人员队伍中解雇 7 人。在被解雇的 7 人中，有 5 名是老年雇员。如果被解雇的人员都是随机选取的，那么其中有 5 名是老年雇员的概率是多少？这个信息对律师来说非常重要，因为他们可能正在调查一桩可能的年龄歧视案件。

我将成功定义为老年雇员被选出来解雇。本道例题是抽样之后不再放回，因为一旦某名雇员被选中解雇，他/她就不会再被选中而解雇了。因此，后续被选中员工的概率会根据样本空间减少而变化。为了说明这一点，我们定义如下事件：⊖

事件 $A =$ 随机选取的被解雇雇员年龄大于 55 岁

因为 22 名员工中有 8 名大于 55 岁，所以成功的概率计算如下：

$$P(A) = \frac{8}{22} = 0.364$$

然而，这个概率并不是在整个抽样过程中保持不变的。让我们假设第一名被解雇的员工年龄大于 55 岁。那么下一个被解雇的员工年龄大于 55 岁的概率是多少？这时，因为我们抽样时并不放回，所以样本空间从 22 变成了 21。因为已经有一名老年雇员之前被抽中，所以剩下的老年雇员的个数变成了 7。因此，这时又一位老年雇员被选中并解雇的概率（成功）计算如下：⊖

$$P(A) = \frac{7}{21} = 0.333$$

能意识到这一点是非常重要的，在我们的例题中，成功的概率随着抽样的过程在发生变化，这不符合二项概率分布的要求。因此，二项概率分布在这里不适用，我们需要超几何分布的介入来扭转情况（就像超能特工狗）。

对于只有两种可能结果的事件，比如成功和失败，用等式 5-12 计算超几何分布。

超几何分布公式

$$P(x) = \frac{_{N-R}C_{n-x} \cdot {_R}C_x}{_N C_N} \tag{5-12}$$

其中　$N =$ 总体大小
　　　$R =$ 总体中成功个数
　　　$n =$ 样本大小
　　　$x =$ 样本中成功个数

我们在这里和第 4 章都看到了这一项 $_nC_x$。它表示的是从 n 个对象中选出 x 个的组合个数。在这道例题中，对象是雇员。在第 4 章中，我曾给大家演示计算组合的简便方法（等式 4-19）：

$$_nC_x = \frac{n!}{(n-x)!x!} = \frac{n(n-1)((n-2))\cdots(n-x+1)}{x!}$$

根据我们对成功的定义，本例中的变量如下：

$$N = 雇员总数 = 22$$
$$R = 老年雇员数 = 8$$
$$n = 裁员数 = 7$$
$$x = 老年雇员裁员数 = 5$$

如果我们将这些数据代入等式 5-12，我们可以得到随机选取 7 名被裁雇员中有 5 名老年雇员的概率。

⊖ 记住，成功不一定被定义为正向的结果。
⊖ 因为第一个选出来的雇员是老年雇员而且我们取样之后不再放回，剩下 21 名雇员中只有 7 名是老年雇员了。

离散型概率分布

$$P(x) = \frac{_{N-R}C_{n-x} \cdot {_R}C_x}{_NC_n}$$

$$P(5) = \frac{_{22-8}C_{7-5} \cdot {_8}C_5}{_{22}C_7} = \frac{_{14}C_2 \cdot {_8}C_5}{_{22}C_7}$$

我们还需要计算这三个组合的值. 用等式 4-19,我们从计算 $_{14}C_2$ 开始:

$$_nC_x = \frac{n!}{(n-x)!\,x!} = \frac{n(n-1)(n-2)\cdots(n-x+1)}{x!}$$

$$_{14}C_2 = \frac{14!}{(14-2)!\,2!}$$

$$(n-x+1) = (14-2+1) = 13$$

$$_{14}C_2 = \frac{(14)(13)}{(2)(1)} = \frac{182}{2} = 91^{\ominus}$$

从 14 人构成的总体中选出 2 名,一共有 91 种方式. 在本例中,有 14 名雇员年龄不到 55 岁,2 名被解雇.

下面我们要计算 $_8C_5$:

$$_8C_5 = \frac{8!}{(8-5)!\,5!}$$

$$(n-x+1) = (8-5+1) = 4$$

$$_8C_5 = \frac{(8)(7)(6)(5)(4)}{(5)(4)(3)(2)(1)} = \frac{6720}{120} = 56^{\ominus}$$

从 8 人构成的总体中选出 5 名,一共有 56 种方式. 在本例中,有 8 名雇员年龄大于 55 岁,其中 5 名被解雇.

最后,我们如下计算 $_{22}C_7$ 值:

$$_{22}C_7 = \frac{22!}{(22-7)!\,7!}$$

$$(n-x+1) = (22-7+1) = 16$$

$$_{22}C_7 = \frac{(22)(21)(20)(19)(18)(17)(16)}{(7)(6)(5)(4)(3)(2)(1)} = \frac{859\,541\,760}{5040} = 170\,544^{\ominus}$$

从 22 人组中一次选出 7 人,我们一共有 170 544 种方法. 在本例中,总体中包含 22 名雇员,其中 7 人被解雇.

我们现在准备好要计算最后的结果了(鼓声响起来). 随机选取的被解雇 7 人当中有 5 名是老年雇员的概率是:

$$P(5) = \frac{_{14}C_2 \cdot {_8}C_5}{_{22}C_7} = \frac{(91)(56)}{(170\,544)} = 0.0299$$

我们从这里了解到,如果随机选取被解雇的人,那么被解雇的 7 人中有 5 名老年雇员的概率小于 3%. 听起来如果律师想要就年龄歧视立案,他们可能要在这里大做文章了.

⊖ 这个值代表解雇年轻雇员的方法数.
⊜ 这个值代表解雇老年雇员的方法数.
⊜ 这个值代表的是从 22 名雇员中一次选出 7 名的方法数. 换句话说,这是整个样本空间.

这样的结果经常在法庭上用来帮助证实原告的诉讼请求.

就像我们在这章之前讨论过的分布一样,超几何分布也有均值和标准差,分别为等式 5-13 和等式 5-14.

超几何分布均值公式

$$\mu = \frac{nR}{N} \tag{5-13}$$

超几何分布标准差公式

$$\sigma = \sqrt{\frac{nR(N-R)}{N^2}} \sqrt{\frac{N-n}{N-1}} \tag{5-14}$$

其中　$N=$ 总体大小

　　　$R=$ 总体中成功个数

　　　$n=$ 样本大小

对于零售商这道例题,分布的均值代表被解雇的老年雇员的期望值,从而让被解雇员工中老年雇员比例与老年雇员在所有销售人员中所占比例一致. 用等式 5-13,计算如下:

$$\mu = \frac{nR}{N} = \frac{(7)(8)}{22} = 2.55$$

如果 7 名随机选取的雇员被解雇,基于整个销售队伍中老年雇员的数目,我们期望其中 2.55 名为老年雇员. ⊖

用等式 5-14 可以求此分布的标准差:

$$\sigma = \sqrt{\frac{nR(N-R)}{N^2}} \sqrt{\frac{N-n}{N-1}} = \sqrt{\frac{(7)(8)(22-8)}{(22)^2}} \sqrt{\frac{22-7}{22-1}}$$

$$= \sqrt{\frac{784}{484}} \sqrt{\frac{15}{21}} = \sqrt{1.6198} \sqrt{0.7143} = (1.273)(0.845)$$

$$= 1.076$$

如果我们一直不停地随机选 7 名雇员来解雇,$\sigma=1.076$ 表示我们期望的被解雇的员工里老年员工的数量差.

现在这些组合的计算已经让我们把计算器里面的电用完了,让我教大家简单方法,用 Excel 求解问题吧.

5.4.2　用 Excel 和 PHStat2 计算超几何概率

一个更为方便的计算超几何分布概率的方法就是用 Excel 的 HYPGEOMDIST 函数. HYPGEOMDIST 函数有如下参数:

$$\text{HYPGEOMDIST}(x,n,R,N)$$

其中　$N=$ 总体大小

　　　$R=$ 总体中成功个数

⊖ 被解雇的员工中有 5 名老年雇员(这大约是我们期望的 2 倍),这个事实证明随机选择雇员的可能性很小(5%).

n＝样本大小

x＝样本中成功个数

图 5-17 解释了如何使用这个 Excel 函数.

单元格 A1 是 Excel 公式＝HYPGEOMDIST(5，7，8，22)，返回结果值为 0.0299，与我们手动计算的结果一样，但是工作量减少了不少!

最后，我们也能用 Excel 加载项 PHStats2 计算超几何分布. 下面的步骤用零售商的例题演示：

1. 选择 Add-Ins＞PHStat＞Probability & Prob. Distributions＞Hypergeometric，如图 5-6 所示.

2. 按图 5-18 所示在 Hypergeometric Pro-bability Distribution 对话框中填写，点击 OK.

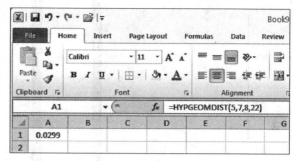

图 5-17　Excel 的 HYPGEOMDIST 函数

图 5-19 展示了对所有可能的 x 值(从 0 到 n)的超几何概率. 记住，x 表示样本中成功的个数，n 代表样本的大小. 这些概率相加的和应该等于 1.0，如图 5-19 所示. 注意单元格 C15 是样本中包含 5 名老年雇员($x=5$)的概率，这与之前我们手动计算的结果(0.0299)相一致.

PHStat2 也可以显示超几何分布的直方图. 图 5-20 就是这个零售商例题的直方图.

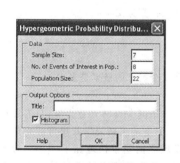

图 5-18　用 PHStat2 计算超几何分布

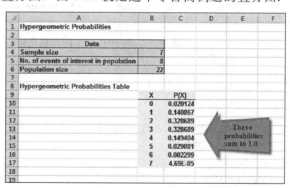

图 5-19　用 PHStat2 计算超几何分布的最终版

现在轮到你看看这一章你学到的内容了. 把你的注意力完全放到下面的思考题中，一定确认你已经掌握了超几何概率分布.

思考题 10　组装线上刚刚完成了 16 台笔记本电脑. 这里面有 3 台瑕疵品，然而制造商却没发现. 一所学校刚刚下了订单购买这 16 台电脑中的 5 台.

a) 计算送到学校的电脑中有 2 台是瑕疵品的概率是多少.

b) 计算这个分布的均值和标准差.

c) 用 Excel 和 PHStat2 验证 a)中的答案.

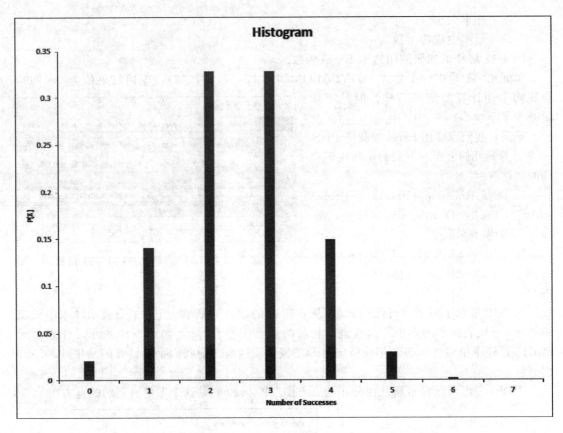

图 5-20 用 PHStat2 计算超几何分布的最终版：直方图

习题 5.4

基础题

5.32 考虑 $n=5$，$R=6$ 和 $N=12$ 的超几何分布，计算下面的概率：
a) $P(x=3)$.
b) $P(x=2)$.
c) $P(x \leqslant 1)$.
d) 计算这个分布的均值和标准差.

5.33 考虑 $n=3$，$R=5$ 和 $N=9$ 的超几何分布，计算下面的概率：
a) $P(x=0)$.
b) $P(x \geqslant 1)$.
c) $P(x<1)$.
d) 计算这个分布的均值和标准差.

5.34 坛子里有 6 个蓝球和 8 个黄球. 随机选出 4 个球而不放回，那么选出的 4 个球中有 3 个蓝球和 1 个黄球的概率是多少？

应用题

5.35 我有一碗圣诞 M&M 巧克力豆（只有红色和绿色），那是黛比某天瞒着我藏起来的. 在被她发现之前我很快地抓了一把. 为了不留证据，我把巧克力豆送进嘴里之前，我发现我抓了 6 颗红色的但是没有绿色的. 假设在我发现时，碗里面有 8 颗绿色的和 10 颗红色的 M&M 巧克力豆. 该事件发生的概率是多少？

5.36 白色拳师犬有一种遗传倾向，它们可能在出生 年内失聪. 假设 窝 0 只白色拳师犬中最后有 2 只会失聪. 一家人随机从这窝小狗中选出 2 只带回家当宠物. 计算下面的概率：

a) 这两只拳师犬都没有失聪的概率是多少？
b) 两只小狗中有一只失聪了的概率是多少？
c) 两只小狗都失聪了的概率是多少？
d) 计算这个分布的均值和标准差.
e) 用 Excel 验证结果.

5.37 政治委员会由 7 名民主党人和 5 名共和党人构成. 小组委员会由这里面选出 6 人组成. 计算小组委员会的构成如下时的概率:
a) 2 名民主党人和 4 名共和党人.
b) 4 名民主党人和 2 名共和党人.
c) 3 名民主党人和 3 名共和党人.

d) 计算这个分布的均值和标准差.
e) 用 Excel 验证结果.

5.38 我的一个统计课堂有 20 名学生, 其中 12 名女生. 我随机选出 3 名随堂演讲. 下述事件发生的概率是多少？
a) 小组中所有同学都是男生.
b) 小组中有 1 名同学是男生.
c) 小组中有 2 名同学是男生.
d) 小组中全部 3 名都是女生.
e) 计算这个分布的均值和标准差.
f) 用 Excel 验证结果.

本章主要公式

离散型概率分布均值公式
$$\mu = \sum_{i=1}^{n} x_i P(x_i) \qquad (5\text{-}1)$$

离散型概率分布期望值公式
$$E(x) = \mu = \sum_{i=1}^{n} x_i P(x_i) \qquad (5\text{-}2)$$

离散型概率分布的方差公式
$$\sigma^2 = \sum_{i=1}^{n} (x_i - \mu)^2 P(x_i) \qquad (5\text{-}3)$$

离散型概率分布方差的计算公式（快捷方法）
$$\sigma^2 = \left(\sum_{i=1}^{n} x_i^2 P(x_i) \right) - \mu^2 \qquad (5\text{-}4)$$

从 n 个对象中选出 x 个的组合公式
$$_nC_x = \frac{n!}{(n-x)!x!} \qquad (5\text{-}5)$$

二项概率分布公式
$$P(x,n) = \frac{n!}{(n-x)!x!} p^x q^{n-x} \qquad (5\text{-}6)$$

计算二项分布的均值的公式
$$\mu = np \qquad (5\text{-}7)$$

计算二项分布的标准差的公式
$$\sigma = \sqrt{npq} \qquad (5\text{-}8)$$

泊松概率分布公式
$$P(x) = \frac{\lambda^x e^{-\lambda}}{x!} \qquad (5\text{-}9)$$

泊松分布方差公式
$$\sigma^2 = \lambda \qquad (5\text{-}10)$$

用泊松分布计算二项概率的公式
$$P(x) = \frac{(np)^x \, 2.71828^{-(np)}}{x!} \qquad (5\text{-}11)$$

超几何分布公式
$$P(x) = \frac{_{N-R}C_{n-x} \cdot {}_RC_x}{_NC_n} \qquad (5\text{-}12)$$

超几何分布均值公式
$$\mu = \frac{nR}{N} \qquad (5\text{-}13)$$

超几何分布标准差公式
$$\sigma = \sqrt{\frac{nR(N-R)}{N^2}} \sqrt{\frac{N-n}{N-1}} \qquad (5\text{-}14)$$

复习题

5.39 国际性保险及金融服务机构美国国际集团在 2010 年 1 月称他们的员工绩效按 1 至 4 级来评分. 最前面 10% 的员工得 1 级, 接下来 20% 得 2 级, 接下来的 50% 得 3 级. 剩下的得 4 级. 这种评级系统就是所谓的强制排名系统. 这件事情发生在政府救助该公司之后, 该公司被迫将绩效与薪酬挂钩. 假如设于特拉华州威明顿的美国国际集团共有 450 名员工. 计算在该评级系统下各级员工的人数.

5.40 下面的分布表是西南航空公司某次航班中订票但未登机的顾客数目, 以及每个未登机数目出现的概率.

订票但未登机	概率	订票但未登机	概率
0	0.23	3	0.15
1	0.32	4	0.08
2	0.22		

a) 计算这次航班中订票但未登机的平均值.
b) 计算这次航班中订票但未登机的标准差.

5.41 一项调查的内容是每户家庭养猫的只数. 结果总结在下表.

猫的只数	概率	猫的只数	概率
0	0.37	3	0.10
1	0.28	4	0.04
2	0.21		

c) 计算每户家庭养猫只数的平均值.
d) 计算每户家庭养猫只数的标准差.

5.42 我现在教2堂统计课, 一堂在早上8点, 另一堂在早上10点. 下表是两堂课学生的出勤记录总结, 其中分课堂列出了缺勤人数的概率:

缺勤学生数	概率	
	8点课堂	10点课堂
0	0.06	0.16
1	0.19	0.32
2	0.25	0.25
3	0.20	0.16
4	0.21	0.06
5	0.09	0.05

a) 计算每堂课学生缺勤数的均值.
b) 计算每堂课学生缺勤数的标准差.
c) 这些结果是我们期望的吗?

5.43 如果游客的旅行由于某种原因被取消, 旅行险会为他们报销旅行开支. 如果一张$10 000的保单需要花$400购买, 而你估计你的旅行有3%的可能性被取消, 你应该投这份保险吗?

5.44 某投资人有两种投资组合可选. 组合A更多地投资在债券, 而组合B中股票较多. 下表中的信息包含在3种不同的市场条件下两种投资组合的年回报以及未来一年每种市场条件可能出现的概率. 那么这个投资人选择哪种投资组合可以最大化她明年的收益

投资组合	市场条件		
	弱	正常	强
A	−$1500	$2500	$4000
B	−$4000	$3000	$6000
概率	25%	60%	15%

5.45 服装公司 Tees R Us 主要为运动会制作T恤, 公司马上要为接下来的联赛提供T恤. 每件T恤成本为$10, 售价$16. 联赛结束后尚未售出的T恤将以$5售出. 这家公司假设T恤的需求可能是1000、2000、3000或者4000件. 公司也预测了这些需求的概率分别是15%、25%、30%和30%. 如果公司决定生产3000件T恤, 该项目的预期货币价值是多少?

5.46 下表是鲍伯书店对新年日历需求的预测. 书店需要判断为新年预订多少本日历——100本、200本还是300本. 每本日历成本$6, 售价$14. 书店可以把未售出的日历以每本$2的价格返回供应商. 计算鲍伯书店订多少本日历可以最大化预期货币价值.

需求	概率
100	0.25
200	0.40
300	0.35

5.47 每次超级碗(在 NFC 和 AFC 冠军之间的 NFL 联盟冠军赛开赛之前, 总是会用投掷一枚硬币决定开球的球队. 其中, NFC 从 1998 年到 2010 年连续 13 次获得开球权. 计算这支球队连续 13 年获得开球权的概率.

5.48 2009 年底的一项调查显示有45%的美国人对他们目前的工作很满意. 随机选取 15 名美国工人, 回答下面的问题.
a) 恰好有 6 人对他们现在的工作满意的概率是多少?
b) 恰好有 9 人对他们现在的工作满意的概率是多少?

c) 有 4 人或者 5 人对他们现在的工作满意的概率是多少?
d) 这个分布的均值和标准差是多少?
e) 为这个分布构造直方图.

5.49 昆尼皮亚克大学在 2009 年 12 月 15～20 日进行了一项调查, 在 1849 个成年人中有 63% 称他们赞成取消目前的大学生橄榄球冠军杯系列赛(BCS). 假设随机选取 5 个美国人.
a) 这 5 个人全部赞成取消大学生橄榄球冠军杯系列赛的概率是多少?
b) 恰好有 4 个人赞成取消大学生橄榄球冠军杯系列赛的概率是多少?
c) 有 2 人或者少于 2 人赞成取消大学生橄榄球冠军杯系列赛的概率是多少?
d) 构造这个分布的直方图.

5.50 2009 年 $1000 以上苹果笔记本和台式机在美国零售店所占份额为 89%. 随机选取 7 台 $1000 以上的笔记本和台式机作为样本, 回答下面的问题.
a) 所有这些电脑都是苹果的概率是多少?
b) 这些电脑中苹果少于 5 台的概率是多少?
c) 这个分布的均值和标准差是多少?
d) 构造这个分布的直方图.

5.51 一个高尔夫球手宣称他正常比赛时有 80% 的时候得分在 90 以下. 考虑他接下来的 10 场比赛.
a) 所有 10 场比赛他得分都在 90 分以下的概率是多少?
b) 有 8 场或者 8 场以上比赛他的得分在 90 分以下的概率是多少?
c) 有 6 场或者 7 场比赛他的得分在 90 分以下的概率是多少?
d) 构造这个分布的直方图.
e) 假设这 10 场比赛中他有 5 场得分在 90 以下. 从这个高尔夫球手的声明中, 可以得出什么结论?

5.52 2009 年有 83% 的西南航空公司的航班正点到达. 假设从西南航空公司中随机选取 12 次航班.
a) 12 次航班全部正点到达的概率是多少?
b) 9 次以上的航班正点到达的概率是多少?

c) 7 次或者 7 次以下航班正点到达的概率是多少?
d) 这个分布的均值和标准差是多少?
e) 构造这个分布的直方图.

5.53 美国 NPD 集团的调查显示 2009 年美国男性购买的篮球鞋有 70% 从未在篮球场上穿过. 随机选取 13 名购买了篮球鞋的男性作为样本.
a) 有 12 名男性不会在篮球场穿购买的篮球鞋的概率是多少?
b) 有 10 名以上男性不会在篮球场穿购买的篮球鞋的概率是多少?
c) 有 12 名以下男性不会在篮球场穿篮球鞋的概率是多少?
d) 这个分布的均值和标准差是多少?
e) 假设这 13 个人中, 有 5 个不会在篮球场穿这双篮球鞋. 那么从 NPD 集团公司的声明中可以得出什么结论?

5.54 根据学生贷款市场协会的数据, 2008 年有 84% 的大学生拥有信用卡. 随机选取 6 名大学生做样本回答下面的问题.
a) 6 名大学生全部都有信用卡的概率是多少?
b) 4 名及以上的大学生拥有信用卡的概率是多少?
c) 不到 5 名大学生拥有信用卡的概率是多少?
d) 这个分布的均值和标准差是多少?
e) 构造这个分布的直方图.

5.55 美国人口普查数据显示 2008 年有 76% 的工人独自开车上班. 随机选取 10 名美国工人作为样本, 回答下面的问题:
a) 有 9 名工人独自开车上班的概率是多少?
b) 有 7 名以上的工人独自开车上班的概率是多少?
c) 有 10 名以下的工人独自开车上班的概率是多少?
d) 这个分布的均值和标准差是多少?
e) 构造这个分布的直方图.

5.56 根据美国药物滥用和精神健康服务管理局的宣称, 吸烟者比例最高的职业包括食品准备和服务. 这里的员工有 45% 吸烟. 随机选取 20 名从事食品准备和服务的员工，用二项概率表回答下面的问题.
a) 样本中有 12 名吸烟者的概率是多少？
b) 样本中有 12 名以上的吸烟者的概率是多少？
c) 样本中有不到 10 名的吸烟者的概率是多少？
d) 这个分布的均值和标准差是多少？
e) 构造这个分布的直方图.

5.57 一份 400 页手稿的初稿有 36 个拼写错误，这些笔误随机出现在各页上. 假设每页的笔误数符合泊松分布.
a) 前 10 页中有 1 个笔误的概率是多少？
b) 前 20 页中有 1 个笔误的概率是多少？
c) 前 50 页中有 4 个笔误的概率是多少？
d) 前 110 页中有 12 个笔误的概率是多少？

5.58 据矿产管理服务称，2000 年到 2009 年间，超过 2100 加仑的石油泄漏事件平均为每年 17.2 次. 假设每年石油泄漏次数符合泊松分布. 用 Excel 回答下面的问题.
a) 在 2010 年有 13 次石油泄漏超过 2100 加仑的概率是多少？
b) 在 2010 年有 12 次、13 次、14 次或者 15 次石油泄漏超过 2100 加仑的概率分别是多少？
c) 在 2010 年前 6 个月中有 9 次石油泄漏超过 2100 加仑的概率是多少？

5.59 在大学生篮球赛中，一个失误是指失去控球权而对方控球. 在 2008—2009 年篮球赛季，维拉诺瓦大学野猫队平均每场比赛有 13 次失误. 假设每场比赛失误的次数符合泊松分布.
a) 一场比赛中维拉诺瓦大学野猫队失误 8 次的概率是多少？
b) 一场比赛中维拉诺瓦大学野猫队失误 10 次以下的概率是多少？（我建议用 Excel 完成.）
c) 一场比赛中维拉诺瓦大学野猫队失误 15 次以上的概率是多少？（我建议用 Excel 完成.）
d) 一场比赛的上半场维拉诺瓦大学野猫队失误 4 次的概率是多少？

5.60 某当地冰淇淋店每小时平均接待 16 位顾客，来店的顾客数遵守泊松分布.
a) 接下来 15 分钟有 2 位顾客光顾的概率是多少？
b) 接下来 15 分钟有 4 位顾客光顾的概率是多少？
c) 接下来 30 分钟有 6 位顾客光顾的概率是多少？
d) 接下来 45 分钟有 6 位顾客光顾的概率是多少？

5.61 据 FlightStats.com 分析，全美航空公司在 2009 年撞到乘客的平均数是每 10 000 人中有 4.49 个. 假设被撞到的乘客数满足泊松分布.
a) 在下一个 10 000 名乘客中，没有人会被撞到的概率是多少？
b) 在下一个 10 000 名乘客中，有少于 3 人被撞到的概率是多少？
c) 在下一个 5000 名乘客中，没有人会被撞到的概率是多少？
d) 在下一个 5000 名乘客中，有少于 3 人被撞到的概率是多少？

5.62 据美国国家飓风中心报道，在大西洋飓风季节，也就是每年的 6 月 1 日到 11 月 30 日，从 1982 年到 2009 年，每年平均发生 6.2 次飓风. 假设每年发生的飓风数满足泊松分布，而且这个平均数也适用于 2010 年.
a) 2010 年大西洋发生 1 次飓风的概率是多少？
b) 2010 年大西洋发生 3 次以下飓风的概率是多少？
c) 2010 年大西洋发生 4 次以上飓风的概率是多少？
d) 这个分布的标准差是多少？

5.63 2009 年全美橄榄球大联盟赛季中，达拉斯牛仔队的四分卫托尼·罗莫掷出了 55 个截断，在他的职业生涯中共有 1857 次传球. 他的传球中被截断的比例是.
$$55/1857 = 0.030$$
如果我们定义成功是掷出一个截断，通过下面的问题，证实用泊松分布可以近似估计二项分布.（记住,成功不一定总是正向的结果.）
  a) 用二项分布计算托尼·罗莫在之后 20 次传球中不会掷出一个截断的概率.
  b) 用泊松分布计算托尼·罗莫在之后 20 次传球中不会掷出一个截断的概率.
  c) 这两个概率比较如何?
  d) 二项分布的哪个原则在本例中可能被违反?

5.64 美国人口普查报告说有 3.5% 的家庭至少三代同住. 考虑随机选取的 24 户家庭.
  a) 用二项分布计算有 3 户家庭三代同住的概率是多少.
  b) 用泊松分布计算有 3 户家庭三代同住的概率是多少.
  c) 这两个概率比较如何?

5.65 一家商店货架上有 18 瓶两升装健怡可乐,其中有 4 瓶已经过期. 你随机拿 3 瓶可乐但是没有注意到保质期. 计算下述命题的概率:
  a) 这 3 瓶可乐都没有过保质期.
  b) 至少两瓶可乐已经过保质期.
  c) 计算这个分布的均值和标准差.
  d) 用 Excel 验证你的答案.

5.66 一个美国税收署代理人桌上有 19 份纳税申报, 其中 14 份用简短形式写的 (1040A). 她随机选了 8 份做审计. 计算下述命题的概率:
  a) 所有 8 份都是用简短形式写的.
  b) 至少 6 份是简短形式的.
  c) 说明为什么这 8 份没有一份是用简短形式写的是不可能的.
  d) 计算这个分布的均值和标准差.
  e) 用 Excel 验证你的答案.

5.67 我的学院由 10 名教师和 6 名行政人员构成. 我要组织 6 个人成立委员会. 如果我随机选委员会成员, 计算当委员会成员组成如下面陈述时的概率.

  a) 2 名教师和 4 名行政人员.
  b) 4 名教师和 2 名行政人员.
  c) 全部是教师没有行政人员.
  d) 计算这个分布的均值和标准差.
  e) 用 Excel 验证你的答案.

5.68 王者汽车目前库存有 14 辆二手小汽车和 8 辆二手卡车. 管理人员想从中选出 10 辆二手车参加当地购物中心举行的特殊二手车交易. 如果这些二手车都是随机选出来的, 计算下面事件发生的概率.
  a) 4 辆卡车被选中.
  b) 4 辆小汽车被选中.
  c) 解释上面两种概率会不同的原因.
  d) 计算这个分布的均值和标准差.
  e) 用 Excel 验证你的答案.

5.69 包装工球迷旅行是国家橄榄球大联盟球队绿湾包装工队的官方旅游公司. 其中一项要策划的活动就是在比赛前组织一场酒会, 并且邀请球队中的 3 名球员参加. 绿湾包装工花名册上一共有 53 名球员, 其中 22 名为首发球员. 假设本周出席酒会的球员是随机邀请的. 那么计算下面事件发生的概率.
  a) 没有一名参加酒会的球员是首发球员.
  b) 所有参加酒会的球员都是首发球员.
  c) 2 名参加酒会的球员是首发球员.
  d) 计算这个分布的均值和标准差.
  e) 用 Excel 验证你的答案.

5.70 在一副标准 52 张牌的扑克里, 有 12 张脸牌: 4 张 J、4 张 Q 和 4 张 K. 你随机从一副牌中选出 5 张. 你手上的牌如下描述时的概率是多少?
  a) 没有脸牌.
  b) 1 张脸牌.
  c) 2 张脸牌.
  d) 4 张脸牌.
  e) 计算这个分布的均值和标准差.
  f) 用 Excel 验证你的答案.

第6章 连续型概率分布

第5章的重点是离散型数据。离散型数据通常是整数，如0、1或2，它们由对观察试验结果计数得出。相比来说，连续型数据可以是任意数值，包括分数，它们通常由测量得出而非计数得来。连续型数据的例子包括时间、距离和重量等。本章研究连续型数据值发生的概率。如果观察值个数不多的话，用离散型概率分布比较合适。不过商业应用中的数据通常都是大量、庞杂的，而且需要测量——因此，需要连续型概率分布。

看看这个问题：在2009~2010年的冬天，费城地区——距离我家特拉华州最近的大都市——降雪量破了历史纪录。因为我们测量降雪量的时候用到小数点，所以该数据为连续型数据。自1884年第一次有降雪量记录以来，到2010年，费城地区平均降雪量为每个冬天22.3英寸。而2009~2010年的冬季，费城地区降雪量为78.7英寸。单是二月份的两场大雪的降雪量就前所未有，严重破坏了东北地区政府工作和商业活动。

费城地区清理如此大量的积雪所需成本必然导致预算短缺。据航空公司估计，因东北走廊地带的暴风雪而导致航班延误及取消的成本达1亿美元。通用汽车宣布2010年冬季美国东北地区的汽车销量下降了22%，原因是天气。很明显，要把埋在3英尺积雪下面的汽车卖出去比较困难。在本章后面的学习中，你要掌握如何根据历史数据来计算出现某特定降雪量的概率。

我在写这一章的时候，研究了126年来费城地区降雪量的数据，我的注意力又回到了一个没有雪的冬季：1972~1973年。凑巧的是，1972年的秋天，还是个大学生的我决定用全部积蓄投资一辆二手卡汽车并配上扫雪机。但是那个冬天，我的发财梦在一个接一个没有雪的星期过去之后渐行渐远。

在费城降雪创纪录的冬季之后，我曾建议我的太太黛比为我们明年购置一辆吹雪机。她笑了，提起上一次我投资清雪设备的往事。(尽管我一再向她解释不下雪的概率有多低，并且清楚地说明了概率是没有记忆的(第4章的一个概念)但是最近我是不会再拥有一辆吹雪机了。)

6.1 连续型随机变量

试验如果采用连续型数据，那么将产生**连续型随机变量**，这类变量可以取区间内的任意数值，包括有小数点的数值。比如说，记录某深夜还奋战在连续型概率一章的中年统计书作者他每天消耗的卡路里数就是这样一个试验。还有如下一些商业环境中的实例，也能产生连续型随机变量。

- 测量在工厂里随机选一盒Cheez-It奶酪饼干的重量。
- 记录从费城到奥兰多的全美航空公司航班飞行时间。
- 记录某客户与有线电视公司电话客服代表的通话时长。

这些试验能够产生如下连续型随机变量。

- 选到的那盒Cheez-It奶酪饼干重量为16.12盎司。
- 从费城到奥兰多的全美航空公司航班飞行时间为2.4小时。

连续型概率分布

- 该客户和有线电视公司电话客服代表的通话时长是 6.49 分钟.

一盒 Cheez-It 奶酪饼干的盎司数和航班飞行小时是连续型 "随机" 变量的例子, 因为在试验进行之前无法确切了解. 数值 16.12 和 2.4 是试验过程中得到的随机变量值. 本章的目的是找出指定连续型随机变量在连续型概率分布中的概率.

随机变量的值通常用 x 来表示. 在第 5 章中我们讨论的是离散型随机变量, 计算当 x 等于某特定值时的概率. 例如, 我们投掷一次一枚硬币, 得到一个正面的概率是 $P(x=1) = 0.5$. 连续型随机变量的取值可以是无限个. 例如, 从费城到奥兰多的飞行时间可以是 2.4、2.45、2.451 或者 2.4519 小时. ⊖

连续型随机变量的值取决于测量它的精度. 记住我们不会和第 5 章离散概率分布一样计数, 计算延误或正点到达的航班个数. 在这里我们测量区间. 因为有无限个可能的时间, 所以每个特定的飞行时间发生的概率在理论上都等于 0, 或者说 $P(x=2.4) = 0$. 有些同学在这里会很纠结, 那么我进一步解释一下. 因为有无限个可能的时间, 所以每个特定的飞行时间发生的概率非常小, 实际上等于 0. 用第 4 章等式 4-2 计算概率如下:

$$P(x=2.4) = \frac{\text{此区间内 } x = 2.4 \text{ 发生的频率}}{\text{此区间内所有可能的 } x \text{ 的个数}}$$

$$= \frac{1}{\infty} \approx 0.000$$

这对于所有特定的飞行时间都是正确的, 不仅只对 $x=2.4$. 不过我们能计算的是在某指定区间内的连续随机变量的概率, 比如 $P(x \leqslant 2.4)$. 本章的大部分将计算这种类型的概率.

同时, 因为 $P(x=2.4) = 0$, 我们也可以说:

$$P(x \leqslant 2.4) = P(x=2.4) + P(x<2.4)$$
$$= 0 + P(x<2.4)$$
$$= P(x<2.4)$$

对连续型分布来说, x 小于或者等于某数值的概率等价于 x 小于该数值的概率.

👆 连续型随机变量等于某特定值的概率永远为 0.

连续型概率分布的形状很多, 取决于它们的数值. 图 6-1 是本章中要讨论的三种常见分布.

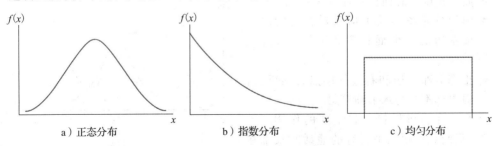

a) 正态分布　　b) 指数分布　　c) 均匀分布

图 6-1　常见的连续型概率分布

注: 正态分布十分常见, 是统计学家的一种工具. 它可以作为计算多种类型推理统计的工具. 我们在本书后面会继续用到正态分布.

⊖　连续型变量的取值可以是整数之间带有小数点的任意数值.

图 6-1 的正态概率分布常用在如下这种情况,当分布的大部分数值都在区间中部,而且特别高和特别低的数值很少. 这种分布类型在质量控制中很常见,比如糖霜麦片的填充包装.

指数分布常用于数据中大部分为较低的数值,而较高数值不常出现时. 常见的例子如客户到达时间间隔.

最后,均匀分布描述的数据特征如下,所有数值发生的可能性都一致. 网络下载时间是均匀分布的应用实例.

要记住,连续型分布无法完全穷尽地列出. 商业环境还有很多其他类型的分布. 下面的小节将介绍正态分布,一种最常见的连续型概率分布.

6.2 正态概率分布

如图 6-1 所示,正态概率分布用在大部分数据集中在分布中间时. 因为我们在课本中会重复使用正态分布,所以对你来说用这一节掌握正态概率分布非常有必要.

6.2.1 正态概率分布的特征

满足正态概率分布的连续型随机变量有几个鲜明的特点. 假设客户和有线电视公司的通话时长满足正态分布,均值 12 分钟(μ),标准差 2 分钟(σ). 这个随机变量的正态分布如图 6-2 所示.

从图 6-2 中,我们可以观察到有关正态概率分布如下特征.

- 分布呈钟形,关于均值对称.
- 因为分布图形对称,所以均值和中位数相等,在本例中为 12 分钟(参见第 2 章).
- 图形中最高的部分(就是均值周围的随机变量)相对于分布中靠近两端点的数值(就是图形中矮的部分)发生的概率较高.
- 曲线包围的总面积永远等于 1.0.
- 因为分布图形关于均值对称,所以均值左边的图形面积等于 0.5,右边也一样.
- 正态分布左边和右边的端点无限延长,但永远不会与水平轴接触.

标准差在图形形状上起重要的作用. 见图 6-2,我们观察到几乎所有的通话时长都在 6 到 18 分钟之间. 现在看图 6-3,这张图显示了当标准差从 2 分钟(灰色线)变成了 3 分钟(黑色线)时正态分布图形的变化. 这两个正态分布的均值都是 12 分钟.

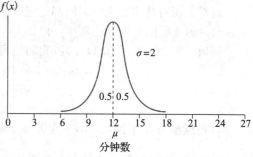

图 6-2 均值为 12、标准差为 2 的正态分布

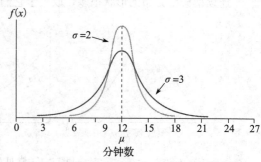

图 6-3 标准差从 2 变到 3 时对正态分布的影响(均值保持 12 不变)

注:标准差较小的图形较窄,围绕均值更紧凑更高. 相对来说,较大的 σ(标准差)会使图形更宽,较分散而且没那么高.

图中黑色曲线的标准差为 3($\sigma=3$). 注意它比标准差为 2($\sigma=2$)的灰色曲线关于均值更为发散. 黑色曲线表示几乎所有的通话时长都在 3 到 21 分钟之间. 这告诉我们, 标准差较小的图形较窄, 围绕均值更紧凑更高. 相对来说, 较大的 σ(标准差)会使图形更宽, 较分散而且没那么高.

图 6-4 显示如果保持标准差 2 分钟不变, 均值变化对图形产生的影响, 从 12 分钟到 21 分钟. 注意, 图形仅向右平移.

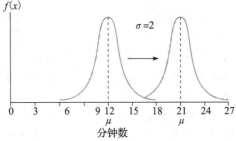

图 6-4　均值为 12 和 21 以及标准差为 2 的正态分布

对上述的每个图形来说, 正态概率分布的特征均得到满足. 各图的均值 μ 和标准差 σ 完全可以描述分布形状.

☞ 分布的均值(μ)和标准差(σ)可以完全描述正态分布的形状.

描述上述 3 幅图所示的正态曲线形状的数学名词, 叫作**正态概率密度函数**, 即公式 6-1.

正态概率密度函数公式

$$f(x) = \frac{1}{\sigma\sqrt{2\pi}} e^{-(1/2)[(x-\mu)/\sigma]^2} \tag{6-1}$$

其中　e＝2.718 28
　　　π＝3.141 59
　　　μ＝分布均值
　　　σ＝分布标准差
　　　x＝任意连续型数值

幸运的是, 我们不用这个吓人的公式计算概率, 我们查表或者用 Excel 计算正态分布的概率. 下一小节我来教计算方法. 提示: 将任意正态分布转换成标准正态分布.

6.2.2　用标准正态概率表计算正态分布的概率

让我们回到前面那个客户拨打客服电话通话时长的例题上, 即均值为 12 分钟, 标准差为 3 分钟的正态分布. 下一个客户通话时长为 14 分钟及以下的概率是多少? 要回答这个问题, 我们回忆一个第 3 章里学过的概念. **z 值**, 见公式 6-2, 它计算某特定值 x 距离分布均值的标准差个数.

z 值公式

$$z = \frac{x-\mu}{\sigma} \tag{6-2}$$

其中　x＝任意连续型数值
　　　μ＝分布均值
　　　σ＝分布标准差

用公式 6-2, 计算当 $x=14$ 时的 z 值:

$$z_{14} = \frac{x-\mu}{\sigma} = \frac{14-12}{3} = 0.67 \ominus$$

换句话说，14 分钟的通话时长与分布均值 12 分钟的距离是 0.67 个标准差. z 值的概念类似于用不同的单位描述原始数据，比如把 2 英尺转换成 24 英寸. 在本例中，14 分钟转换成了 0.67 的 z 值. 但是，z 值本身没有单位，尽管原始数据 x 通常有单位，如分钟、美元、年、磅等. 表 6-1 是本例中不同通话时长的 z 值.

表 6-1 强调了 z 值的如下特征.

- 如果 x 小于分布均值，z 值为负.
- 如果 x 大于分布均值，z 值为正.
- 分布均值的 z 值为 0.

初始随机变量 x 满足 $\mu=0$ 和 $\sigma=1$ 的正态分布，z 值也满足该正态分布，如图 6-5 所示. 这种分布被称为**标准正态分布**.

这时你可能在思考：标准正态分布与满足正态概率分布的随机变量有什么关系？其实，我们就是要把正态随机变量的值转换成满足标准正态分布的 z 值（好比把英尺转换成英寸）. 一旦我们把正态随机变量转换为 z 值，其均值就等于 0，如图 6-5，标准差就等于 1. 我们便可以用本书后面附录 A 中的标准正态概率表计算正态分布的概率.（查表找概率值比用公式 6-1 计算容易得多，但需要更高的数学水平.）记住，这对任意正态分布都适用. 任意正态分布值都可以标准化到 z 值.

表 6-1 与客服通话时长的 z 值

分钟数 x	μ	$x-\mu$	σ	$z=(x-\mu)/\sigma$
6	12	-6	3	-2.00
8	12	-4	3	-1.33
10	12	-2	3	-0.67
12	12	0	3	0.00
14	12	2	3	0.67
16	12	4	3	1.33
18	12	6	3	2.00

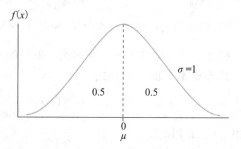

图 6-5 标准正态分布（均值=0，标准差=1）

现在回到原来的问题. 用标准正态分布表计算通话时长为 14 分钟的概率. 表 6-2 是附录 A 表 4 的一部分. 表内数据是标准正态分布曲线中 z 值左侧面积的累积和. 因为与 14 分钟关联的 z 值是 0.67，所以我们要 0.6 行（也就是关联 z 值的第一位）以及 0.07 列（关联 z 值的第二位）. 在这两列的交点，我们得到 0.7486，加底色标出. 这个值 0.7486（74.86%）表示通话时长在 14 分钟及以下的概率. 图 6-6 中阴影部分的面积用图形说明了这个数值.

表 6-2 累积标准正态分布表，摘自附录 A 中正 z 值的部分

z 的第一位	z 的第二位									
z	**0.00**	**0.01**	**0.02**	**0.03**	**0.04**	**0.05**	**0.06**	**0.07**	**0.08**	**0.09**
0.0	0.5000	0.5040	0.5080	0.5120	0.5160	0.5199	0.5239	0.5279	0.5319	0.5359
0.1	0.5398	0.5438	0.5478	0.5517	0.5557	0.5596	0.5636	0.5675	0.5714	0.5753
0.2	0.5793	0.5832	0.5871	0.5910	0.5948	0.5987	0.6026	0.6064	0.6103	0.6141

⊖ z 值计算的是某特定数值 x 距离分布均值的标准差个数.

(续)

z 的第一位	z 的第二位									
z	0.00	0.01	0.02	0.03	0.04	0.05	0.06	0.07	0.08	0.09
0.3	0.6179	0.6217	0.6255	0.6293	0.6331	0.6368	0.6406	0.6443	0.6480	0.6517
0.4	0.6554	0.6591	0.6628	0.6664	0.6700	0.6736	0.6772	0.6808	0.6844	0.6879
0.5	0.6915	0.6950	0.6985	0.7019	0.7054	0.7088	0.7123	0.7157	0.7190	0.7224
0.6	0.7257	0.7291	0.7324	0.7357	0.7389	0.7422	0.7454	0.7486	0.7517	0.7549
0.7	0.7580	0.7611	0.7642	0.7673	0.7704	0.7734	0.7764	0.7794	0.7823	0.7852
0.8	0.7881	0.7910	0.7939	0.7967	0.7995	0.8023	0.8051	0.8078	0.8106	0.8133
0.9	0.8159	0.8186	0.8212	0.8238	0.8264	0.8289	0.8315	0.8340	0.8365	0.8389
1.0	0.8413	0.8438	0.8461	0.8485	0.8508	0.8531	0.8554	0.8577	0.8599	0.8621
1.1	0.8643	0.8665	0.8686	0.8708	0.8729	0.8749	0.8770	0.8790	0.8810	0.8830
1.2	0.8849	0.8869	0.8888	0.8907	0.8925	0.8944	0.8962	0.8980	0.8997	0.9015
1.3	0.9032	0.9049	0.9066	0.9082	0.9099	0.9115	0.9131	0.9147	0.9162	0.9177
1.4	0.9192	0.9207	0.9222	0.9236	0.9251	0.9265	0.9279	0.9292	0.9306	0.9319
1.5	0.9332	0.9345	0.9357	0.9370	0.9382	0.9394	0.9406	0.9418	0.9429	0.9441
1.6	0.9452	0.9463	0.9474	0.9484	0.9495	0.9505	0.9515	0.9525	0.9535	0.9545
1.7	0.9554	0.9564	0.9573	0.9582	0.9591	0.9599	0.9608	0.9616	0.9625	0.9633
1.8	0.9641	0.9649	0.9656	0.9664	0.9671	0.9678	0.9686	0.9693	0.9699	0.9706
1.9	0.9713	0.9719	0.9726	0.9732	0.9738	0.9744	0.9750	0.9756	0.9761	0.9767
2.0	0.9772	0.9778	0.9783	0.9788	0.9793	0.9798	0.9803	0.9808	0.9812	0.9817
2.1	0.9821	0.9826	0.9830	0.9834	0.9838	0.9842	0.9846	0.9850	0.9854	0.9857
2.2	0.9861	0.9864	0.9868	0.9871	0.9875	0.9878	0.9881	0.9884	0.9887	0.9890
2.3	0.9893	0.9896	0.9898	0.9901	0.9904	0.9906	0.9909	0.9911	0.9913	0.9916
2.4	0.9918	0.9920	0.9922	0.9925	0.9927	0.9929	0.9931	0.9932	0.9934	0.9936
2.5	0.9938	0.9940	0.9941	0.9943	0.9945	0.9946	0.9948	0.9949	0.9951	0.9952
2.6	0.9953	0.9955	0.9956	0.9957	0.9959	0.9960	0.9961	0.9962	0.9963	0.9964
2.7	0.9965	0.9966	0.9967	0.9968	0.9969	0.9970	0.9971	0.9972	0.9973	0.9974
2.8	0.9974	0.9975	0.9976	0.9977	0.9977	0.9978	0.9979	0.9979	0.9980	0.9981
2.9	0.9981	0.9982	0.9982	0.9983	0.9984	0.9984	0.9985	0.9985	0.9986	0.9986
3.0	0.9987	0.9987	0.9987	0.9988	0.9988	0.9989	0.9989	0.9989	0.9990	0.9990

即有 74.86% 的可能性下一位客户通话时长为 14 分钟或更少,我们可以用下面的方式表达:

$$P(x \leqslant 14) = 0.7486$$

记住,因为 $P(x=14)=0$,所以通话时长少不超过 14 分钟的概率也一样.

那么,下一位客户通话时长大于 14 分钟的概率是多少呢?因为我们知道正态曲线所包含的曲线下面积为 1.0,所以

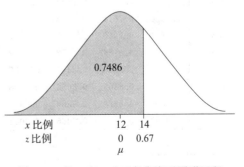

图 6-6 当 $x \leqslant 14$ 时正态曲线下图形面积

$$P(x > 14) = P(z > 0.67) = 1.0 - 0.7486 = 0.2514 \ominus$$

换句话说,有 25.14% 的概率下一位客户通话时长大于 14 分钟. 图 6-7 中阴影部分的面积用图形说明了这个概率.

假设有线电视公司管理层的目标是 95% 的客户与客服的通话时长小于 18 分钟. 这个目标满足目前的概率分布吗,也就是均值为 12 而标准差为 3 的概率? 为了回答这个问题,我们要计算为了把 95% 的图形都包含进来,在均值右边需要有多少个标准差. 我们用图 6-8 计算,步骤如下.

- 首先,我们确定一点,该点左边应包含整个曲线下面积的 95%.
- 第二,查表 6-2,我们在这里又重复了一次,要找到表内最接近 0.95 的部分. 这个值在 0.9495 和 0.9505 中间,我已经加底色表示. 这两个数值在 1.6 行和 0.04 及 0.05 列. 表示我们想求的值在这两列中间,为 1.6 + 0.045,也就是均值右边 1.645 个标准差的位置. 换句话说,$z = 1.645$.

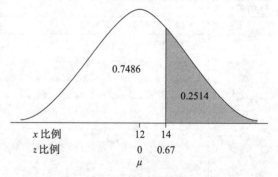

图 6-7 当 $x > 14$ 时正态曲线图形面积

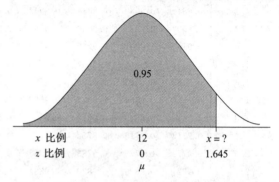

图 6-8 计算与 95% 的正态曲线图形面积关联的 x 值

z 的第一位	z 的第二位									
z	0.00	0.01	0.02	0.03	0.04	0.05	0.06	0.07	0.08	0.09
0.0	0.5000	0.5040	0.5080	0.5120	0.5160	0.5199	0.5239	0.5279	0.5319	0.5359
0.1	0.5398	0.5438	0.5478	0.5517	0.5557	0.5596	0.5636	0.5675	0.5714	0.5753
0.2	0.5793	0.5832	0.5871	0.5910	0.5948	0.5987	0.6026	0.6064	0.6103	0.6141
0.3	0.6179	0.6217	0.6255	0.6293	0.6331	0.6368	0.6406	0.6443	0.6480	0.6517
0.4	0.6554	0.6591	0.6628	0.6664	0.6700	0.6736	0.6772	0.6808	0.6844	0.6879
0.5	0.6915	0.6950	0.6985	0.7019	0.7054	0.7088	0.7123	0.7157	0.7190	0.7224
0.6	0.7257	0.7291	0.7324	0.7357	0.7389	0.7422	0.7454	0.7486	0.7517	0.7549
0.7	0.7580	0.7611	0.7642	0.7673	0.7704	0.7734	0.7764	0.7794	0.7823	0.7852
0.8	0.7881	0.7910	0.7939	0.7967	0.7995	0.8023	0.8051	0.8078	0.8106	0.8133
0.9	0.8159	0.8186	0.8212	0.8238	0.8264	0.8289	0.8315	0.8340	0.8365	0.8389
1.0	0.8413	0.8438	0.8461	0.8485	0.8508	0.8531	0.8554	0.8577	0.8599	0.8621
1.1	0.8643	0.8665	0.8686	0.8708	0.8729	0.8749	0.8770	0.8790	0.8810	0.8830
1.2	0.8849	0.8869	0.8888	0.8907	0.8925	0.8944	0.8962	0.8980	0.8997	0.9015
1.3	0.9032	0.9049	0.9066	0.9082	0.9099	0.9115	0.9131	0.9147	0.9162	0.9177

⊖ 你只需要计算 z 值到小数点后 2 位,因为这是表 6-2 可以提供的精度.

z 的第一位	z 的第二位									
z	0.00	0.01	0.02	0.03	0.04	0.05	0.06	0.07	0.08	0.09
1.4	0.9192	0.9207	0.9222	0.9236	0.9251	0.9265	0.9279	0.9292	0.9306	0.9319
1.5	0.9332	0.9345	0.9357	0.9370	0.9382	0.9394	0.9406	0.9418	0.9429	0.9441
1.6	0.9452	0.9463	0.9474	0.9484	0.9495	0.9505	0.9515	0.9525	0.9535	0.9545
1.7	0.9554	0.9564	0.9573	0.9582	0.9591	0.9599	0.9608	0.9616	0.9625	0.9633

- 第三，我们要计算与 $z=1.645$ 关联的 x 值，重组公式 6-2，得到：

$$z = \frac{x-\mu}{\sigma}$$

$$x = \mu + z\sigma$$

$$= 12 + (1.645)(3) = 12 + 4.94 = 16.94 \text{ 分钟}$$

- 最后，我们可以推论出，有 95% 的客户与客服通话时长小于 16.94 分钟．因为这个时间少于 18 分钟，所以管理层的目标已经达成．这个数值 16.94 也可以描述为第 95 百分位数，因为分布中有 95% 的数值在其之下．

现在来研究分布均值左侧的情况．我们要计算通话时长在 8.5 分钟或更少的概率．首先，我们计算 $x=8.5$ 时的 z 值，用公式 6-2，得到：

$$z_{8.5} = \frac{x-\mu}{\sigma} = \frac{8.5-12}{3} = -1.17$$

表 6-3 是从附录 A 表 3 中摘录的一部分．表中数据是负 z 值的累积正态概率，它们永远在标准正态分布的左侧(记住，分布均值等于 0)．

表 6-3 累积标准正态分布表，摘自附录 A 中负 z 值部分

z 的第一位	z 的第二位									
z	0.00	0.01	0.02	0.03	0.04	0.05	0.06	0.07	0.08	0.09
−3.0	0.0013	0.0013	0.0013	0.0012	0.0012	0.0011	0.0011	0.0011	0.0010	0.0010
−2.9	0.0019	0.0018	0.0018	0.0017	0.0016	0.0016	0.0015	0.0015	0.0014	0.0014
−2.8	0.0026	0.0025	0.0024	0.0023	0.0023	0.0022	0.0021	0.0021	0.0020	0.0019
−2.7	0.0035	0.0034	0.0033	0.0032	0.0031	0.0030	0.0029	0.0028	0.0027	0.0026
−2.6	0.0047	0.0045	0.0044	0.0043	0.0041	0.0040	0.0039	0.0038	0.0037	0.0036
−2.5	0.0062	0.0060	0.0059	0.0057	0.0055	0.0054	0.0052	0.0051	0.0049	0.0048
−2.4	0.0082	0.0080	0.0078	0.0075	0.0073	0.0071	0.0069	0.0068	0.0066	0.0064
−2.3	0.0107	0.0104	0.0102	0.0099	0.0096	0.0094	0.0091	0.0089	0.0087	0.0084
−2.2	0.0139	0.0136	0.0132	0.0129	0.0125	0.0122	0.0119	0.0116	0.0113	0.0110
−2.1	0.0179	0.0174	0.0170	0.0166	0.0162	0.0158	0.0154	0.0150	0.0146	0.0143
−2.0	0.0228	0.0222	0.0217	0.0212	0.0207	0.0202	0.0197	0.0192	0.0188	0.0183
−1.9	0.0287	0.0281	0.0274	0.0268	0.0262	0.0256	0.0250	0.0244	0.0239	0.0233
−1.8	0.0359	0.0351	0.0344	0.0336	0.0329	0.0322	0.0314	0.0307	0.0301	0.0294
−1.7	0.0446	0.0436	0.0427	0.0418	0.0409	0.0401	0.0392	0.0384	0.0375	0.0367
−1.6	0.0548	0.0537	0.0526	0.0516	0.0505	0.0495	0.0485	0.0475	0.0465	0.0455
−1.5	0.0668	0.0655	0.0643	0.0630	0.0618	0.0606	0.0594	0.0582	0.0571	0.0559

z 的第一位	z 的第二位									
z	0.00	0.01	0.02	0.03	0.04	0.05	0.06	0.07	0.08	0.09
−1.4	0.0808	0.0793	0.0778	0.0764	0.0749	0.0735	0.0721	0.0708	0.0694	0.0681
−1.3	0.0968	0.0951	0.0934	0.0918	0.0901	0.0885	0.0869	0.0853	0.0838	0.0823
−1.2	0.1151	0.1131	0.1112	0.1093	0.1075	0.1056	0.1038	0.1020	0.1003	0.0985
−1.1	0.1357	0.1335	0.1314	0.1292	0.1271	0.1251	0.1230	0.1210	0.1190	0.1170
−1.0	0.1587	0.1562	0.1539	0.1515	0.1492	0.1469	0.1446	0.1423	0.1401	0.1379

表中数据是标准正态分布曲线中 z 值为负时图形左边面积的累积和. 因为与 8.5 分钟关联的 z 值是 −1.17, 我们看 −1.1 行, 和 z 值的第一位关联. 接下来看 0.07 一列, 和 z 值的第二位关联. 在交点处, 我们得到数值 0.1210, 表中加底色标出. 数值 0.1210（12.10%）就是客户通话时间在 8.5 分钟或以内. 图 6-9 中的阴影部分是该数值的图形表示.

我们用最后一个概率来总结这一节. 客户通话时间超过 8.5 分钟的概率是多少？答案可以从图 6-10 的阴影部分面积中得出.

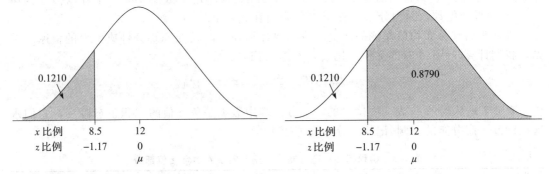

图 6-9　当 $x \leqslant 8.5$ 时正态曲线图形面积　　图 6-10　当 $x > 8.5$ 时正态曲线下图形面积

从图 6-10 中我们可以看到概率为：
$$P(x > 8.5) = P(z > -1.17) = 1.0 - 0.1210 = 0.8790 ^{\ominus}$$

因此, 有 87.9% 的概率下一位客户拨打客服电话时的通话时间超过 8.5 分钟.

思考题 1　当地加油站等了 4 天收到交付的普通汽油来补充库存. 等待的这 4 天被称为 "备货周期". 在备货周期期间普通汽油的需求遵循正态分布, 单位加仑, 均值为 930 加仑, 标准差为 140 加仑.

a) 在下一个备货周期, 普通汽油需求量少于 800 加仑的概率是多少？

b) 在下一个备货周期, 普通汽油需求量少于 1000 加仑的概率是多少？

c) 在下一个备货周期, 普通汽油需求量等于 900 加仑的概率是多少？

d) 当库存剩下 1200 加仑时, 加油站经理会下订单. 这个 1200 加仑就是再订货点. 在收到订单之前加油站库存用光的概率是多少？

e) 计算一个再订货点, 能够让加油站有 90% 的概率在下一个订单到达之前有足够的库存.

$\ominus$　记住, 正态曲线下总面积等于 1.

☞ 回答这类问题时,我强烈建议大家花点时间画出分布图形,就像我在课堂上给大家画的图形一样. 这会帮助你正确定义想求解的区域.

6.2.3 重温经验法则

回忆第 3 章,我们介绍了经验法则,这是一种对称的钟形分布,大约有 68%、95% 和 99.7% 的数据分布在距离均值上下各 1 个、2 个和 3 个标准差的范围内. 我们现在可以用表 6-2 作为工具验证这些百分比.

图 6-11 用上一个例题描述了经验法则. 回想客户与客服代表的通话时长平均 12 分钟,标准差 3 分钟. 图 6-11 的每条竖直线代表距离均值一个标准差的增量. 因为每个标准差为 3 分钟,所以每条竖直线之间的时间间隔表示通话时长 3 分钟.

让我们看图 6-11 的阴影区域,为均值周围 ±1 个标准差. 据表 6-2,在 $z=1.0$ 左边的面积是 0.8413. 从中减去 0.5(均值左边区域的面积),得到 0.3413(均值右边阴影部分的面积). 把两部分阴影部分的面积相加,得到大约 68%,正如经验法则所述. 我们期望有 68% 的通话时长在 9 到 15 分钟之间.

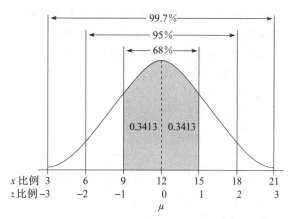

图 6-11 通话时长的经验法则

我们用相同的逻辑思路求解均值周围 ±2 个标准差的情况. 据表 6-2,在 $z=2.0$ 曲线左边的面积是 0.9772. 从中减去 0.5,得到 0.4772(均值右边阴影部分的面积). 把均值两边两部分阴影的面积相加(0.4772+0.4772),得到约 95%,同经验法则. 我们期望有 95% 的通话时长在 6 到 18 分钟之间.

最后,表 6-2 显示在 $z=3.0$ 时曲线左边区域的面积为 0.9987. 从中减去 0.5 得到 0.4987. 把均值两边两部分面积相加(0.4987+0.4987)约得到经验法则所述的 99.7%. 我们期望实际上所有客服电话的通话时长均在 3 到 21 分钟之间.

用下面的思考题检验你是否掌握了经验法则.

思考题 2 最近在金融危机中一个很大的争议就是华尔街员工的奖金金额. 2009 年,华尔街的平均应纳税奖金为 \$123 850. 假设这个奖金数额遵循正态分布,标准差为 \$32 400. 计算分别满足下列条件的在均值周围的三个奖金区间.

a) 大于 68% 的 2009 年发放的奖金金额.
b) 大于 95% 的 2009 年发放的奖金金额.
c) 大于 99.7% 的 2009 年发放的奖金金额.

6.2.4 其他正态概率区间

我们也可以用正态分布校验其他类型的概率区间. 再看本章开头提到的有关降雪的例题. 我调研了美国的很多城市,发现明尼苏达州的明尼阿波利斯市从 1884 年到 2009 年的年降雪量遵循正态分布，均值为 45.7 英寸，标准差为 18.1 英寸．图 6-12 是这些数据的直方图．正如你所看到的，数据有轻微右偏，但是按照我们的目的这已经足够接近正态分布．（在第 12 章里，我将教大家一个分布测试方法，来看它的数据是否可以归类为正态分布.）

如果图中的历史数据可以看作预测未来事件的好指标，那么明年明尼阿波利斯市降雪量在 30 到 70 英寸之间的概率是多少？想要求解的面积跨越了分布均值 45.7 英寸．对此，我们需要用公式 6-2 计算 $x=30$ 和 $x=70$ 的 z 值．（记住，$\mu=45.7$，$\sigma=18.1$.）

$$z_{30} = \frac{x-\mu}{\sigma} = \frac{30-45.7}{18.1} = -0.87$$

$$z_{70} = \frac{x-\mu}{\sigma} = \frac{70-45.7}{18.1} = 1.34$$

根据图 6-13，明尼阿波利斯市降雪量在 70 英寸以下的概率是：

$$P(x \leqslant 70) = P(z \leqslant 1.34) = 0.9099 ^{\ominus}$$

然而，这个概率包含降雪量少于 30 英寸时的概率，所以我们要把这个数值减去才能得到最后的结果，也就是图 6-13 中阴影区域．

$$P(x \leqslant 30) = P(z \leqslant -0.87) = 0.1922 ^{\ominus}$$
$$P(30 \leqslant x \leqslant 70) = 0.9099 - 0.1922$$
$$= 0.7177$$

换句话说，明年的降雪量在 30 到 70 英寸之间有大于 71% 的概率．

下一道例题出现在考卷上时曾导致一些学生指责我蒙了他们．（好吧，这和我们之前看过的例题有些不一样，但是是蒙吗？你自己判断.）明年明尼阿波利斯市降雪量在 60 到 75 英寸之间的概率是多少？当你看图 6-14 的时候，你会发现整个阴影部分都在分布均值 45.7 英寸的右边．如刚才的例题一样，我们需要用公式 6-2 计算 $x=60$ 和 $x=75$ 的 z 值．

$$z_{60} = \frac{x-\mu}{\sigma} = \frac{60-45.7}{18.1} = 0.79$$

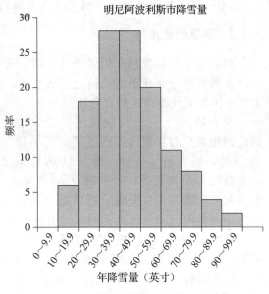

图 6-12　明尼阿波利斯市的年降雪量直方图

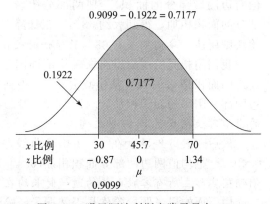

图 6-13　明尼阿波利斯市降雪量在 30 到 70 英寸之间的概率

⊖　你可以从表 6-2 中 1.3 行和 0.04 列查到这个数值.
⊖　你可以从附录 A 表 3 中 -0.8 行和 0.07 列查到这个数值.

$$z_{75} = \frac{x-\mu}{\sigma} = \frac{75-45.7}{18.1} = 1.62$$

根据图 6-14，明尼阿波利斯市降雪量在 75 英寸以下的概率是：
$$P(x \leqslant 75) = P(z \leqslant 1.62) = 0.9474$$

然而，这个概率包含降雪量少于 60 英寸时的概率，所以我们要把这个数值减去才能得到最后的结果，也就是图 6-14 中阴影区域.
$$P(x \leqslant 60) = P(z \leqslant 0.79) = 0.7852$$
$$P(60 \leqslant x \leqslant 75) = 0.9474 - 0.7852 = 0.1622 \ominus$$

换句话说，这些降雪量的概率相当少——只比 16% 多一点．再说一次，你就不会迷糊（或者被蒙），画出分布图，更清楚地显示出概率面积.

让我用计算均值左边的阴影区域来结束这一小节的学习吧．（我不是想区分左撇子们．）图 6-15 画的是明年明尼阿波利斯市降雪量在 12 到 35 英寸之间的概率．首先，我们用公式 6-2 计算 $x=12$ 和 $x=35$ 时的 z 值：
$$z_{12} = \frac{x-\mu}{\sigma} = \frac{12-45.7}{18.1} = -1.86$$
$$z_{35} = \frac{x-\mu}{\sigma} = \frac{35-45.7}{18.1} = -0.59$$

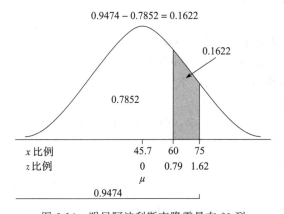

图 6-14　明尼阿波利斯市降雪量在 60 到 75 英寸之间的概率

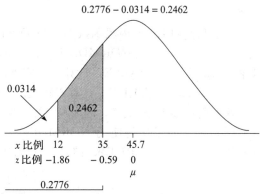

图 6-15　明尼阿波利斯市降雪量在 12 到 35 英寸之间的概率

注：这是明年降雪量小于 35 英寸的概率．

按照前面两道例题的逻辑，继续查附录 A 表 3，得到
$$P(x \leqslant 35) = P(z \leqslant -0.59) = 0.2776$$
$$P(x \leqslant 12) = P(z \leqslant -1.86) = 0.0314$$
$$P(12 \leqslant x \leqslant 35) = 0.2776 - 0.0314 = 0.2462$$

此刻，我已经用各种正态分布可能出现的区间折磨过大家了．用下面的思考题练习如何解决这类问题吧.

⊖　降雪量小于 75 英寸的概率包含降雪量小于 60 英寸的概率.因此,我们要把这个概率值(0.7852)减去从而得到结果.

思考题 3 《华尔街日报》为了说明在一场 3 个小时的比赛中实际上场的分钟数,研究了 2009 年国家橄榄球大联盟四个赛季的比赛. 让人惊讶的是(至少对我来说),每场比赛实际上场时间仅为 10.7 分钟!假设每场比赛实际上场时间遵循正态分布,标准差为 0.8 分钟. 判断下一场比赛实际上场时间发生区间的概率.

a) 9.8 到 11.9 分钟.
b) 11.0 到 12.1 分钟.
c) 9.7 到 10.3 分钟.

6.2.5 用 Excel 计算正态概率

Excel 是计算正态概率的极佳工具. 我用加州大学 2009 年的一项研究来证明这一点. 研究报告称美国人每天平均要消耗掉 34G 的数据和信息. 假设每人日消耗数据量遵循正态分布,标准差为 10G. 如果这样的话,随机选一名美国人,每天消耗的数据量小于 46G 的概率是多少?

首先,我们用图 6-16 和公式 6-2 计算概率:

$$z_{46} = \frac{x-\mu}{\sigma} = \frac{46-34}{10} = 1.20$$

$$P(x \leqslant 46) = P(z \leqslant 1.20) = 0.8849$$

概率是 88.49%.

现在我们用 Excel 内置函数 NORMDIST 来证实,参数如下:

$$= \text{NORMDIST}(x, \text{mean}, \text{standard\_dev}, \text{cumulative})$$

其中 cumulative=FALSE,计算概率密度函数(我们不求这个)
cumulative=TRUE,计算累积概率(我们想求解的)

这里我们选择累积概率,因为我们要计算 46G 及以下的概率,即图 6-16 阴影部分的面积.

图 6-17 演示了如何使用 NORMDIST 函数. 单元格 A1 内容是 Excel 公式 =NORMDIST(46,34,10,TRUE),结果是 0.8849,与先前的计算结果一致.

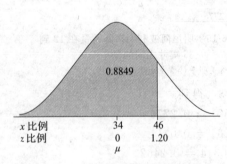

图 6-16 美国人每天消耗掉的数据少于 46G 时的概率

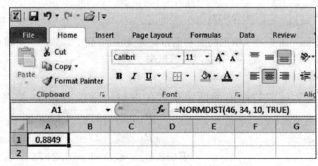

图 6-17 Excel 的 NORMDIST 函数

我们还可以应用 NORMDIST 函数求解均值左边的问题,计算随机选到一名美国人今天消耗数据量小于 27G 的概率. 用附录 A 表 3 和图 6-18,计算概率:

$$z_{27} = \frac{x-\mu}{\sigma} = \frac{27-34}{10} = -0.70$$

$$P(x \leqslant 27) = P(z \leqslant -0.70) = 0.2420$$

概率只有 24.2%.

图 6-19 用 NORMDIST 函数验证这个概率结果.

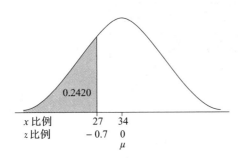

图 6-18 美国人每天消耗的数据量少于 27G 的概率

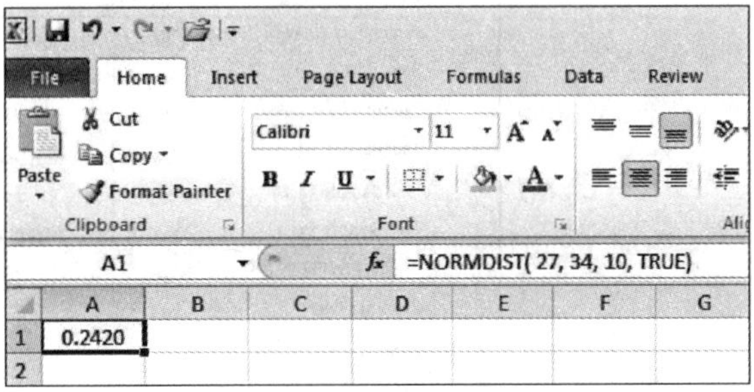

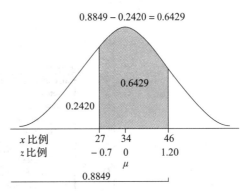

图 6-19 Excel 的 NORMDIST 函数

有时候,用附录 A 表 3 和表 4 计算出来的概率和 Excel 计算出来的会略有出入. 这是因为表 3 和表 4 中的 z 值只有两位小数值,而 Excel 的精度更高. 不过这两种方法四舍五入的差异很小足可以忽略.

PHStat2 不仅可以将累积概率显示出来,还可以显示区间概率. 例如,我用 PHStat2 计算随机选一名美国人今天消耗数据在 27G 到 46G 之间的概率. 用图 6-16 和图 6-18 的概率,我们可以构造出要求解的区域,如图 6-20 所示.

图 6-20 美国人一天消耗掉的数据量在 27G 到 46G 之间的概率

根据图 6-20,

$$P(x \leqslant 46) = P(z \leqslant 1.20) = 0.8849$$
$$P(x \leqslant 27) = P(z \leqslant -0.70) = 0.2420$$
$$P(27 \leqslant x \leqslant 46) = 0.8849 - 0.2420 = 0.6429$$

我们用 PHStat2 计算这个概率的话,只需 2 个步骤.

1. 如图 6-21a 所示,到加载项 Add-Ins＞PHStat＞Probability & Prob. Distribution＞Normal.

2. 如图 6-21b 所示,填写 Normal Probability Distribution 对话框,点击 OK.

图 6-21c 是图 6-20 的正态分布. 小差异来自于四舍五入.

下面的思考题能帮你磨炼计算正态概率的技能.

思考题 4 某减肥项目宣称平均每人前两周减重 5.0 磅. 假设减去的重量遵循正态分布,标准差为 3.0 磅,用 Excel 和 PHStat2 回答下面的问题.

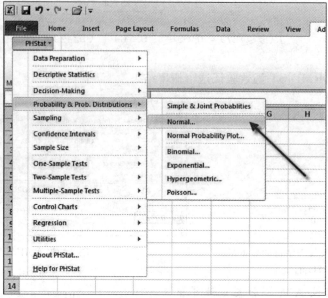

a) 用 PHStat2 构造正态概率(第 1 步)

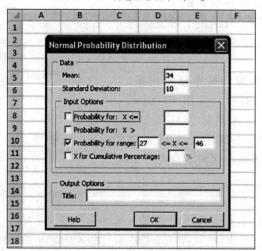

b) 用 PHStat2 构造正态概率(第 2 步)

c) 用 PHStat2 计算正态概率最终结果

图 6-21

a) 两周之后某个参与减肥项目的人减重少于 7.0 磅的概率是多少？

b) 两周之后某个参与减肥项目的人增重的概率是多少？（提示：例如，减 2 磅意味着 $x=2$. 增 3 磅就是 $x=-3$. 连续型随机变量可以取负值.）

c) 两周之后某个参与减肥项目的人减重在 1.0 磅到 4.0 磅之间的概率是多少？

6.2.6 用正态分布近似二项分布

在合适的条件下，我们可以用正态分布来近似二项分布．第 5 章中的二项概率分布是一种离散型概率分布，它只有两个结果——成功或者失败（所以称为"二项"）．二项等式计算 n 次尝试中有 r 个成功的概率时，用到 $p=$ 每次尝试时成功的概率和 $q=$ 失败的概率．

问题是用第 5 章的二项公式计算很大数目的试验非常烦琐．这时正态分布可以很方便地近似估计二项分布．如果 $np \geqslant 5$ 和 $nq \geqslant 5$ 时，我们可以用正态分布近似二项分布，即使正态分布是连续型分布而二项分布不是连续型分布．换句话说，当出现相当大数量的成功和失败次数时（比如 $np \geqslant 5$ 和 $nq \geqslant 5$），正态分布的计算（稍加修改）适用于二项分布．

☞ 当 $np \geqslant 5$ 和 $nq \geqslant 5$ 时，我们可以用正态分布近似二项分布．

在商业环境中，二项分布经常用在质量控制上．用快餐连锁店卡乐星汉堡来举例，它有 1000 多家餐厅，2007 年时，免下车窗口点错单的概率是 10%．卡乐星将成功定义为未能正确处理的订单，失败定义为正确处理的订单．⊖

2008 年，点错单比例下降到 6%．下降的原因是那段时间失业率上升，卡乐星连锁店可以雇佣到语言能力较好的员工．也就是说，卡乐星可以从较大的劳动力市场中选择申请人．

假设卡乐星连锁店的订单点错率为 6%，那么接下来免下车窗口收到的 120 个订单中恰好有 7 个订单点错的概率是多少？

用第 5 章的知识，BINOMIDIST 函数有如下参数：
$$= \text{BINOMDIST}(x, n, p, \text{cumulative})$$

其中 cumulative＝FALSE，计算恰好有 x 个成功的概率

cumulative＝TRUE，计算有 x 个或者少于 x 个成功的概率

因为计算的是顾客人数，所以用离散数据而不是连续数据．用 Excel 计算二项概率的方法如下：
$$x = 7 \quad n = 120 \quad p = 0.06^{\ominus}$$
$$= \text{BINOMDIST}(7, 120, 0.06, \text{FALSE}) = 0.1531$$

在 BINOMDIST 函数中代入 FALSE，因为我们要计算有 7 个订单点错的概率．

从第 5 章中得到该分布的均值和标准差：
$$\mu = np = (120)(0.06) = 7.2$$
$$\sigma = \sqrt{npq} = \sqrt{(120)(0.06)(1-0.06)} = \sqrt{6.768} = 2.60$$

⊖ 记得"成功"这个词在二项分布中不一定和正向结果关联．

⊜ x 表示 120 名顾客中没有正确填写的人数．

用正态分布近似计算二项概率，因为满足下面的条件：
$$np = (120)(0.06) = 7.2 \geqslant 5$$
$$nq = (120)(1-0.06) = 112.8 \geqslant 5$$

我们想用正态分布近似计算接下来 120 个顾客中恰好有 7 名点错单的概率。然而，在本章开头我们知道因为正态分布是连续型分布，所以 $p(x=7)=0$。

对正态分布来说，我们只能计算区间的概率，所以我们需要做点改动。通过对 7.0 加上或减去数值 0.5 可以构造我们所关注的区间，这也被称为**连续性修正因子**。

下面计算当 $x=6.5$ 和 $x=7.5$ 时的 z 值。

$$z_{6.5} = \frac{x-\mu}{\sigma} = \frac{6.5-7.2}{2.6} = -0.27$$

$$z_{7.5} = \frac{x-\mu}{\sigma} = \frac{7.5-7.2}{2.6} = 0.12$$

👉 连续性修正因子可以让我们用正态分布近似二项分布，也就是用加上或减去数值 0.5 来构造我们所关注的区间。

用表 6-2，图 6-22 和正态近似，我们可以计算出恰好有 7 个点错单的概率，计算如下：

$$P(x=7) = P(6.5 \leqslant x \leqslant 7.5)$$
$$P(x \leqslant 7.5) = P(z \leqslant 0.12) = 0.5478$$
$$P(x \leqslant 6.5) = P(z \leqslant -0.27) = 0.3936$$
$$P(6.5 \leqslant x \leqslant 7.5) = 0.5478 - 0.3936$$
$$= 0.1542$$

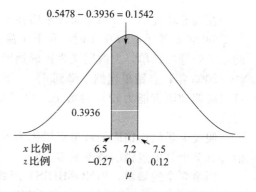

图 6-22　120 个订单中有 7 个点错的概率
注：0.5478 是 120 个顾客中少于 7.5 个点错单的概率。

注意，这和 Excel 函数 BINOMDIST 的计算结果 0.1531 非常接近。如果我们把例题扩展，计算有 7、8 或者 9 个点错单的概率时，我们只需要计算正态曲线中 6.5 和 9.5 之间的面积。我会给你机会试解此类问题，就是下面的思考题。

让我们来讨论 120 个订单中有 4 个或者更少点错单的概率。用 Excel 计算二项概率，过程如下：

$$= \text{BINOMDIST}(4, 120, 0.06, \text{TRUE}) = 0.1473$$

在 BINOMDIST 函数中用 TRUE 的原因是，我们求解的不是有 4 个订单点错的概率，而是 0 个、1 个、2 个、3 个或者 4 个订单被点错的概率。

我们给区间的右边界 4 加上 0.5，即连续性修正因子计算正态概率。因为正态分布的左边是 $-\infty$，所以不需要修正因子。下面我们计算当 $x=4.5$ 时的 z 值：

$$z_{4.5} = \frac{x-\mu}{\sigma} = \frac{4.5-7.2}{2.6} = -1.04$$

图 6-23 演示的是用正态近似计算卡乐星兔下车点餐后面 120 个订单中有 4 个或更少点错的概率。

$$P(x \leqslant 4.5) = P(z \leqslant -1.04) = 0.1492$$

注意，这和 Excel 函数 BINOMDIST 的计算结果 0.1473 非常接近.

最后，我们再来计算 120 个免下车订餐顾客中有 8 个以上点错单的二项概率. 因为这个问题包含离散数值 9、10、11、12，等等直至 120，用 Excel，过程如下：

$$P(x \geqslant 9) = 1 - P(x \leqslant 8)$$
$$= \text{BINOMDIST}(8, 120, 0.06, \text{TRUE}) = 0.7061$$
$$P(x > 8) = P(x \geqslant 9) = 1 - 0.7061 = 0.2939$$

现在我们用连续性修正因子构造正态近似的区间. 数值 9 是区间的左边界，从 9 中减去 0.5. 因为区间右边界是 $+\infty$，所以不需要连续性修正因子. 现在计算 $x = 8.5$ 时的 z 值：

$$z_{8.5} = \frac{x - \mu}{\sigma} = \frac{8.5 - 7.2}{2.6} = 0.5$$

图 6-24 说明的是 120 个免下车点餐的顾客订单中有超过 8 个点错的概率.

$$P(x > 8.5) = P(z > 0.5) = 1.0 - 0.6915 = 0.3085$$

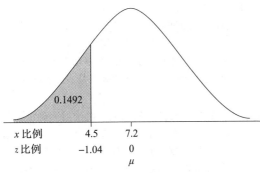

图 6-23 120 个订单中有 4 个或更少点错的概率

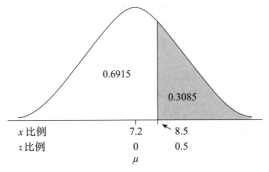

图 6-24 120 个订单中点错超过 8 个的概率

这个概率和 Excel 函数 BINOMDIST 的计算结果 0.2939 相当接近.

有时候我的学生在判断连续性修正因子是应该加还是应该减的时候很困惑. 通常来说，原则如下.

- 向左稍微偏移的时候，从左边界减去 0.5.
- 向右稍微偏移的时候，在右边界加上 0.5.
- 如果左边界是 $-\infty$，或者右边界是 $+\infty$ 的时候，不需要应用连续性修正因子.

表 6-4 总结了这些原则，并且举例说明.

按照承诺，下面的思考题会帮你检验是否掌握了这项技能.

表 6-4 近似二项分布时加减连续性修正因子的原则

概率说明	离散数值	正态分布
小于 3	0, 1, 2	$P(x \leqslant 2.5)$
3 或者更少	0, 1, 2, 3	$P(x \leqslant 3.5)$
等于 5	5	$P(4.5 \leqslant x \leqslant 5.5)$
等于 7、8 或者 9	7, 8, 9	$P(6.5 \leqslant x \leqslant 9.5)$
6 或者更多	6, 7, 8, …, n	$P(x \geqslant 5.5)$
多于 6	7, 8, …, n	$P(x \geqslant 6.5)$

注：注意概率说明的措辞方式，这样你就不会被这些词迷惑，比如"小于 3"和"3 或者更少"、它们指的是不同的离散数值.

思考题 5 据《华尔街日报》2010 年 3 月 13 日一篇报道，让微软公司管理层十分懊恼的是，有 10% 的微软员工使用 iPhone 手机. 当然 iPhone 是苹果公司的产品，是微软最大的竞争对手．下面这段话是这篇文章的一段摘录，题目是"禁果：微软员工隐匿他们的iPhone手机"，突出强调了2009年9月份在微软公司作为一个iPhone手机用户的风险．

"据在场的人讲，在西雅图体育馆的全公司会议上，一个倒霉员工正用他的iPhone手机给微软首席运营官史蒂夫·鲍尔默拍照．鲍尔默先生从这位员工手中夺下了手机，放到地上，当着上千名微软员工的面假装踩了上去．"

如果随机选60名微软员工．用正态分布近似二项分布来计算下列概率．
a) 少于5名员工是iPhone用户．
b) 恰好有6、7、8或者9名员工是iPhone用户．
c) 9名或以上的员工是iPhone用户．

来源：尼克·温菲尔德，"禁果：微软员工隐匿他们的iPhone手机"，华尔街日报，2010年3月12日．

习题 6.2

基础题

6.1 对于标准正态分布，计算
  a) $P(z \leqslant 1.50)$
  b) $P(z \leqslant -1.22)$
  c) $P(-0.86 \leqslant z \leqslant 1.76)$
  d) $P(0.32 \leqslant z \leqslant 2.15)$

6.2 对于标准正态分布，计算
  a) $P(z > 1.35)$
  b) $P(z > -0.42)$
  c) $P(-1.70 \leqslant z \leqslant -0.65)$
  d) $P(-1.69 \leqslant z \leqslant 0.20)$

6.3 某随机变量遵循正态概率分布，均值为80，标准差为20．随机从总体中选出下述值的概率是多少？
  a) 小于90？
  b) 小于65？
  c) 大于110？
  d) 大于40？

6.4 某随机变量遵循正态概率分布，均值为124，标准差为27．随机从总体中选出下述值的概率是多少？
  a) 在100到140之间？
  b) 在130到170之间？
  c) 在65到90之间？
  d) 在120到180之间？

6.5 二项分布的 $p=0.60$ 和 $n=40$．
  a) 该分布的均值和标准差是多少？
  b) 恰好有27个成功的概率是多少？
  c) 有少于30个成功的概率是多少？
  d) 有多余20个成功的概率是多少？

6.6 二项分布的 $p=0.22$ 和 $n=75$．
  a) 该分布的均值和标准差是多少？
  b) 恰好有11个成功的概率是多少？
  c) 有10到18个成功的概率是多少？
  d) 有8到15个成功的概率是多少？

应用题

6.7 一辆现代维拉克斯加满一缸油后，到低燃油指示灯报警的平均行驶里程是320英里．假设该里程数遵循正态分布，标准差是30．那么在低燃油指示灯报警之前，汽车能够行驶如下里程的概率是多少？
  a) 下一缸油行驶少于330英里？
  b) 下一缸油行驶大于308英里？
  c) 下一缸油行驶305到325英里？
  d) 下一缸油恰好行驶340英里？

6.8 根据史密斯旅游研究2010年1月的一项调查，美国豪华酒店每日平均房价为$237.22．假设每日房价遵循正态概率分布，标准差是$21.45．
  a) 随机选到一家豪华酒店每日房价如下时的概率是多少？
    1) 低于$250？
    2) 高于$260？
    3) 在$210和$240之间？
  b) 某当地豪华酒店经理想把该酒店每日房价设置为第80百分位数，也就是低于80%的酒店日房价．应该将酒店每日房价设置为多少？

6.9 最近，大联盟棒球队开始关注比赛时长．在 2009 年赛季，比赛平均耗时 2 小时 52 分钟（172 分钟）．假设比赛时长遵循正态分布，标准差是 16 分钟．
   a) 随机选到的一场比赛在下面时间内完成的概率是多少？
      1) 200 分钟或者更少？
      2) 长于 200 分钟？
      3) 150 分钟或更少？
      4) 长于 150 分钟？
      5) 恰好 150 分钟？
   b) 在哪个完成时间，有 90% 的比赛都会完成？

6.10 好时公司的调查显示，美国人平均每年吃掉巧克力 11.4 磅（对我来说有点低）．假设每年巧克力消耗量遵循正态分布，标准差是 3.6 磅．
   a) 我会吃掉如下巧克力的概率是多少？
      1) 明年少于 7 磅？
      2) 明年超过 9 磅？
      3) 明年在 8 到 12 磅之间？
      4) 明年恰好 10 磅？
   b) 代表第 60 百分位数的年巧克力消耗量是多少？

6.11 据美国国税局，截至 2010 年 3 月，2009 纳税年度个人收入平均退税为 $3036．假设每人退税金额遵循正态分布，标准差为 $950．
   a) 随机选一个退税金额为如下所述的概率是多少？
      1) 大于 $2000．
      2) 在 $1600 和 $2500 之间．
      3) 在 $3200 和 $4000 之间．
   b) 用 Excel 或者 PHStat 确认 a 部分的答案
   c) 代表第 35 百分位数的退税金额是多少？

6.12 假设对于某款 SUV 来说，延长 100 000 英里质保的花费遵循正态分布，均值为 $1600，标准差为 $75．
   a) 计算不同公司收取的保险费用的区间．
      1) 距离均值 1 个标准差．
      2) 距离均值 2 个标准差．
      3) 距离均值 3 个标准差．
   b) 你看到一则为这款汽车延长质保的广告，收费为 $1900．基于之前的结果，你能得出什么结论？

6.13 百思买网站上 42 英寸电视机均价是 $790．假设该价格遵循正态分布，标准差是 $160．
   a) 从网站上随机选一位卖家售价如下的概率是多少？
      1) 低于 $700？
      2) 在 $400 到 $500 之间？
      3) 在 $900 到 $1000 之间？
   b) 用 Excel 或者 PHStat 确认 a 部分的答案
   c) a2 和 a3 之间的价格差是一样的（$100）．为什么概率差别这么大？
   d) 假设我正在百思买网站上选购一台 42 英寸电视机，我太太（可以对所有电子采购行使否决权）建议我们本次采购的预算是 $750．网站上一共有 15 台 42 英寸的电视机．在我们预算范围内的有几台？

6.14 信用分数衡量个人信用．据信用评分公司益百利，美国人 2009 年 11 月的平均信用得分是 692 分．假设这个分值是正态分布，标准差是 50．计算信用评分的区间．
   a) 距离均值 1 个标准差．
   b) 距离均值 2 个标准差．
   c) 距离均值 3 个标准差．

6.15 2010 年美国人口普查时，通过邮寄收集数据的成本是每户 $0.44，成本是一张邮票的价格．如果某户人家没有用信件回复人口普查，政府就会差人拜访这户人家来收集数据，平均成本是 $56．假设每户人家成本 $56 遵循正态分布，标准差是 $7．
   a) 对于没有回复信件的人家，收集数据的成本满足如下条件的概率是多少？
      1) 大于 $50？
      2) 在 $40 到 $52 之间？
      3) 在 $50 到 $60 之间？
   b) 用 Excel 或者 PHStat 确认 a 部分的答案．
   c) 代表第 35 百分位数的退税金额是多少？

6.16 冬季奥林匹克运动会有冰壶比赛，运动员擦刷冰面使冰壶抵达目的地．这项运动和沙狐球有点类似．两名刷冰员拿着毛刷在冰面上引导冰壶滑行，目的在于影响冰壶轨迹而到达终点．根据《运动科学和医学期刊》，刷冰员的平均心率是每分钟 185 下，而对正常成年人来说，这个数字是 80．假设刷冰员的心率符合正态分布，标准差是 5 下每分钟．

a) 刷冰员心率如下面所列举的情况时概率是多少？
　1) 每分钟超过 187 下？
　2) 每分钟少于 181 下？
　3) 每分钟在 180 到 183 之间？
　4) 每分钟在 188 到 193 之间？

b) 用 Excel 或者 PHStat 确认 a 部分的答案

6.17 人口普查数据显示有 67% 的美国学生在高中毕业后一年内进入大学或者职业学校．选 20 名高中毕业生作为随机样本．用正态近似计算二项分布，回答下面的问题．

a) 这个分布的均值和标准差是多少？
b) 这 20 名学生中继续进入学校学习的少于 16 名的概率是多少？
c) 这 20 名学生中继续进入学校学习的恰好有 16 名的概率是多少？
d) 这 20 名学生中继续进入学校学习的多于 14 名的概率是多少？
e) 这 20 名学生中恰好有 10、11、12、13 或者 14 名继续进入学校学习的概率是多少？

6.18 阿尔伯特·普荷斯是美国职业棒球大联盟圣路易斯红衣主教队球员，他在 2001 年到 2009 年赛季的安打率是 0.334．用正态分布近似二项分布计算概率，阿尔伯特·普荷斯接下来的 24 个正式比赛中上场击打时：

a) 安打少于 10 个．
b) 6、7、8、9 或者 10 个安打．
c) 11、12、13 或者 14 个安打．

d) 恰好 7 个安打．

6.19 根据 Flightstars.com 在 2009 年的调查，西南航空是所有航空业中航班准时到达比例最高的，为 82.5%．假设这个百分比对西南航空来说正确．用正态分布近似二项分布，计算接下来 30 次西南航空航班的如下事件概率．

a) 准点到达的航班少于 22 次．
b) 恰好有 26 次航班准点到达．
c) 准点到达的航班有 21、22、23 或者 24 次．
d) 准点到达的航班有 24、25、26、27 或者 28 次．

6.20 预计在下个 10 年美国邮政将要处理的邮件数量会急剧下降，因为人们已经用在线系统来支付费用并与他人交流．据《今日美国》2010 年 3 月的一项调查，18 岁到 34 岁的美国人中有 37% 在之前的两个星期没有通过美国邮政发信或者缴费了．随机选取 30 名在这个年龄段的美国人．用正态分布近似二项分布回答下面的问题．

a) 计算这个分布的均值和标准差．
b) 在之前的两个星期内，30 人中有 13 人或者更多人没有通过美国邮政发信或者缴费的概率是多少？
c) 在之前的两个星期内，30 人中恰好有 14 人没有通过美国邮政发信或者缴费的概率是多少？
d) 在之前的两个星期内，30 人中有 7 人、8 人或者 9 人没有通过美国邮政发信或者缴费的概率是多少？
e) 在之前的两个星期内，30 人中有 14 人、15 人或者 16 人没有通过美国邮政发信或者缴费的概率是多少？

6.3 指数概率分布

指数概率分布是一种连续型分布，通常用来度量所关注的事件之间的间隔时间，比如顾客相继到达的间隔时间或者在某个商业过程中失败的间隔时间．描述这种分布曲线形状的数学表达叫作**指数概率密度函数**．该函数如公式 6.3 所示．

指数概率密度函数公式

$$f(x) = \lambda e^{-\lambda x} \tag{6-3}$$

其中　e＝2.718 28
　　　λ＝区间内事件发生的平均次数
　　　x＝所关注的任意连续型数值

你第一次接触到 λ(lambda) 是在第 5 章讨论泊松分布的时候. 第 5 章的那道例题里, λ 表示某银行免下车通道每小时平均通过的客户人数. 如果 λ＝12 位顾客/小时, 那么客户相继到达的间隔时间, 即 μ, 计算如下:

$$\mu = \frac{1}{\lambda} = \frac{1\text{ 小时}}{12\text{ 位客户}} \times \frac{60\text{ 分钟}}{1\text{ 小时}} = 5\text{ 分钟 / 每位客户}$$

如果每小时到达的客户数满足泊松分布, 那么客户到达的平均间隔时间就满足指数分布. 换句话说, 如果某离散型随机变量遵循均值等于 λ 的泊松分布, 那么它也有一个相应的连续型随机变量满足均值为 μ＝1/λ 的指数分布.

👉 一个离散型随机变量满足均值等于 λ 的泊松分布, 相对应地, 有一个连续型随机变量满足均值为 μ＝1/λ 的指数分布.

指数分布的图形如图 6-25 所示. 正如你所看到的, 每个曲线形状都是右偏的, 取决于均值 μ. 回忆第 3 章中, 右偏态分布的数据大部分都集中在分布的右端, 就像"顺着斜坡滑雪"一样, 往右端移动.

指数分布和正态分布之间有三个大的区别:
- 指数分布是右偏的, 而正态分布是钟形、对称的.
- 指数分布的形状由一个参数完全决定, 即 μ. 而决定正态分布的形状需要两个参数, μ 和 σ.
- 指数分布中随机变量的取值不能为负数. 比如, 下一名顾客到达的时间距离前一名顾客是 －2 分钟. 对正态分布的随机变量就没有这样的限制.

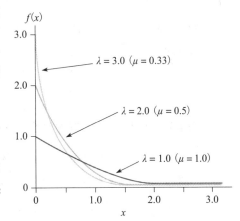

图 6-25　三个指数概率分布, 分别是 λ＝3.0, λ＝2.0, 和 λ＝1.0

正如我在前面提到的, 指数分布在描述这种随机变量时非常有用, 比如顾客相继到达的间隔时间, 分布中数据值的大部分都趋向于集中在左侧, 就是低端.

6.3.1　计算指数概率

我们用下面的例题学习指数分布. 假设相继到达扭扭猪超市(名字取的真棒)熟食品柜台顾客的平均间隔时间是 4 分钟. 那么接下来 2 分钟内有下一位顾客到达的概率是多少? 图 6-26 是该熟食品柜台顾客到达的指数分布. 我们要计算阴影部分的曲线面积, 用 $P(x \leqslant 2)$ 标记.

要计算这个区域的面积，我们用公式 6-4，即**指数累积分布函数**.

指数累积分布函数公式

$$P(x \leqslant a) = 1 - e^{-a\lambda} \qquad (6\text{-}4)$$

其中 $e = 2.71828$

$\lambda =$ 区间内事件发生的平均次数

$a =$ 所关注的任意数值

首先，我们需要确定 λ 值，坦白说，这让我的一些学生很纠结. 一个能帮你记忆的方法就是记住 λ 永远是一个可计数比率，比如每小时到达的顾客人数. 对比而言，μ 则永远都是一个可测量区间，比如顾客到达时间间隔的分钟数. 在我们的例题中，已知 $\mu = 4$ 分钟每位顾客，所以，我们如下计算 λ：

$$\lambda = \frac{1}{\mu} = \frac{1 \text{ 位顾客}}{4 \text{ 分钟}} = 0.25 \text{ 顾客每分钟}$$

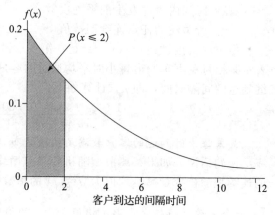

图 6-26　$P(x \leqslant 2)$ 时客户到达间隔时间的指数分布

要记住 λ 和 μ 的单位相同（本例中都是分钟），这点很重要. 用公式 6-4 解答例题，代入 $a = 2$ 分钟，计算如下：

$$P(x \leqslant a) = 1 - e^{-a\lambda}$$
$$P(x \leqslant 2) = 1 - e^{-(2)(0.25)} = 1 - (2.71828)^{-0.5}$$
$$= 1 - 0.6065 = 0.3935$$

有约 39% 的机会下一位顾客会在 2 分钟内到达.

参数 λ 永远是一个可计数比率，比如每小时到达的顾客人数. 对比而言，μ 则永远是一个可测量区间，比如客户到达时间间隔的分钟数.

下一位顾客在 4 分钟到 8 分钟之间到达的概率是多少？我们仍可以用公式 6-4 计算，过程如下：

$$P(4 \leqslant x \leqslant 8) = P(x \leqslant 8) - P(x \leqslant 4)$$

$$\begin{aligned}P(x \leqslant 8) &= 1 - e^{-(8)(0.25)} & P(x \leqslant 4) &= 1 - e^{-(4)(0.25)} \\ &= 1 - 0.1353 & &= 1 - 0.3679 \\ &= 0.8647 & &= 0.6321\end{aligned}$$

$$P(4 \leqslant x \leqslant 8) = 0.8647 - 0.6321 = 0.2326$$

图 6-27 阴影区域的面积就是用 $P(4 \leqslant x \leqslant 8)$ 标记.

因此，有 23.26% 的概率下一位顾客到达扭扭小猪熟食柜台的时间在 4 到 8 分钟之间. 指数分布的方差和均值相等，计算如公式 6-5 所示.

指数分布的方差公式

$$\sigma^2 = \mu = \frac{1}{\lambda} \qquad (6\text{-}5)$$

所以不用再像前几章那样为指数分布计算恼人的方差. 以扭扭小猪来说，方差就是：

所以标准差是

$$\sigma^2 = \mu = 4$$

$$\sigma = \sqrt{\mu} = \sqrt{4} = 2.0 \text{ 分钟}$$

与之前的分布一样，指数分布的标准差度量的是该分布在均值周围的平均差异.

6.3.2 用 Excel 计算指数概率

我们可以用 Excel 的内置函数 EXPONDIST 验证上一道例题，扭扭小猪熟食柜台的下一位顾客在 2 分钟内到达的概率，该函数参数如下：

= EXPONDIST(x, lambda, cumulative)

其中 cumulative=FALSE，计算概率密度函数

cumulative=TRUE，计算累积概率

我们用 TRUE，因为要计算的是下一位顾客在 2 分钟或者更少时间到达的概率. 参

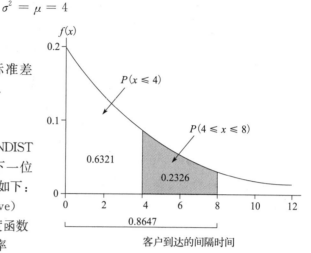

图 6-27 $P(4 \leqslant x \leqslant 8)$ 时客户到达间隔时间的指数分布

数 λ 表示在某特定区间内到达的平均速率. 在扭扭小猪例题里，顾客平均到达时间的间隔是 4 分钟(μ). 我们把这个平均值转换成速率(λ)，计算如下：

$$\mu = 4 \text{ 分钟/顾客}$$

$$\lambda = \frac{1}{\mu} = \frac{1 \text{ 位顾客}}{5 \text{ 分钟}} = 0.25 \text{ 顾客每分钟}$$

平均每分钟有 0.25 名顾客到达等价于

$$\left(\frac{0.25 \text{ 位顾客}}{\text{分钟}}\right)\left(\frac{60 \text{ 分钟}}{\text{小时}}\right) = 15 \text{ 位顾客每小时}$$

换句话说，如果顾客到达的间隔时间是 4 分钟，那么每小时有 15 名顾客到达(1 小时有 15 个时间间隔). 这就是用两种方式解释同一个事件. 然而，条件 μ 和 λ 的单位必须相同. 如果 μ 用分钟/顾客表示，那么 λ 也必须用分钟/顾客表示.

图 6-28 演示了如何用 Excel 的指数分布函数. 单元格 A1 包含下面的 Excel 公式，可以计算当 $\lambda = 0.25$ 时，$P(x \leqslant 2)$ 的值.

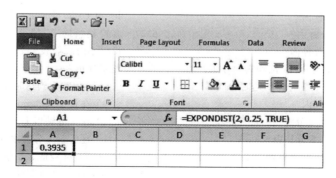

图 6-28 Excel 的 EXPONDIST 函数

$$= \text{EXPONDIST}(x, \text{lambda}, \text{cumulative})$$
$$= \text{EXPONDIST}(2, 0.25, \text{TRUE})$$

正如你所看到的，$P(x\leqslant 2)=0.3935$ 和我们用公式 6-4 计算的结果一致.

解决下面的思考题，题目是全国曲棍球联盟的指数分布.

思考题6 在全国曲棍球联盟 2008-2009 年赛季，底特律红翼队赢得了大联盟，平均每 60 分钟的比赛射门 36.2 次. 假设每两次射门之间的时间间隔分钟数遵循指数分布.

a) 用公式 6-4 和 6-5 计算下面的概率并且用 Excel 验证.
　　1) 下一次射门在接下来 1 分钟内发生的概率是多少.
　　2) 下一次射门在从现在起 2 到 3 分钟内发生的概率是多少.
b) 用 Excel 验证 a 部分的答案.
c) 这个分布的标准差是多少？

(提示：你需要把每小时 36.2 次射门转换成射门之间的间隔时间.)

习题 6.3

基础题

6.21 某指数概率分布的均值等于 10 分钟每位顾客. 计算该分布在如下条件时的概率：
　　a) $P(x\leqslant 12)$
　　b) $P(x\leqslant 2)$
　　c) $P(x\leqslant 10)$
　　d) $P(x\leqslant 5)$

6.22 某指数概率的分布均值等于 7 分钟每位顾客. 计算该分布在如下条件时的概率：
　　a) $P(x>12)$
　　b) $P(x>3)$
　　c) $P(7\leqslant x\leqslant 10)$
　　d) $P(1\leqslant x\leqslant 5)$

6.23 某指数概率的 λ 等于 24 位顾客每小时. 计算下一位顾客在如下时间到达时的概率.
　　a) 在接下来 1 分钟内？
　　b) 在接下来 30 秒内？
　　c) 在接下来 5 分钟内？
　　d) 在接下来 10 分钟内？

6.24 某指数概率的 λ 等于 18 位顾客每小时. 计算下一位顾客在如下时间到达时的概率.
　　a) 在接下来 45 秒内？
　　b) 在接下来 1 到 3 分钟内？
　　c) 在接下来 2 到 5 分钟内？
　　d) 在接下来 4 到 10 分钟内？

应用题

6.25 假设一台充满电的 6 伏笔记本电池能让电脑工作的时间平均为 3.2 小时，并且这个数值满足指数概率分布.
a) 计算下一次充电能持续的时间的概率.
　　1) 不足 2 小时.
　　2) 在 2.5 到 4.0 小时之间.
　　3) 超过 3.5 小时.
b) 用 Excel 验证 a 部分的答案.

6.26 假设统计学考试中的同学会走到我面前，绝望地想问个问题以获取解题思路，时间间隔是 8 分钟，并且满足指数概率分布.
a) 下一个走到我面前的绝望同学在如下时间到达的概率是多少？
　　1) 在接下来 2 分钟之内？
　　2) 在接下来 4 分钟之内？
　　3) 在接下来 3 到 6 分钟？
　　4) 在 10 分钟以上？
b) 用 Excel 验证 a 部分的答案.

6.27 客户到当地 ATM 提款机的平均速率是 15 位每小时. 假设到达的时间间隔满足指数概率分布.
a) 下一位客户到达时间如下的概率是多少？
　　1) 在接下来 3 分钟内？
　　2) 在 7 分钟以上？
　　3) 在 4 到 8 分钟之内？
b) 用 Excel 验证 a 部分的答案.

6.28 午餐时间，经过某快餐店免下车窗口的顾客到达时间平均为 2.5 分钟. 假设该时间间隔遵循指数概率分布.

a) 下一位顾客在如下时间到达的概率是多少?
1) 在接下来 2 分钟内?
2) 在 5 分钟以上?
3) 在 1 到 4 分钟之内?

b) 用 Excel 验证 a 部分的答案.

6.4 均匀概率分布

第三个也是最后一个连续型分布是**连续均匀分布**,其任意区间的概率与其他区间的概率都相等,即等宽. 我用下面的例题来解释这种分布. 我一直认为我是个极其幸运的男人,因为我的太太和我一样热爱高尔夫. 事实上,黛比上个生日礼物就是高尔夫球杆. (我的选择总是高尔夫装备优先于珠宝!)

打球节奏是高尔夫球场管理的一项很重要的统计数据. 有的高尔夫球场的特色是打球慢,存在的风险是可能失去一些客户,这些客户不愿意花一轮高尔夫的时间等待他们前面的人打完. 假设在迪尔菲尔德高尔夫俱乐部打一轮高尔夫的时间满足均匀分布,最短是 4 小时(240 分钟)而最长是 4 小时 50 分钟(290 分钟). 这意味着在此范围内任何 1 分钟的区间里事件发生的概率是一样的. 让我们来探索下一次在迪尔菲尔德高尔夫俱乐部打一轮高尔夫的时间低于 4 小时 12 分钟(252 分钟)的概率. ⊖

这个数学表达描述的是均匀分布的形状,通常被称为**连续型均匀概率密度函数**. 该函数公式用公式 6-6 表示.

连续型均匀概率密度函数公式

$$f(x) = \frac{1}{b-a}, \quad \text{如果 } a \leqslant x \leqslant b$$
$$f(x) = 0, \quad \text{其他} \tag{6-6}$$

其中 a=最小可允许的连续型随机变量

b=最大可允许的连续型随机变量

迪尔菲尔德高尔夫俱乐部计算如下:

a= 240(4 小时)

b= 290(4 小时 50 分钟)

$$f(x) = \frac{1}{b-a} = \frac{1}{290-240} = \frac{1}{50} = 0.02$$

均匀概率分布的曲线如图 6-29 所示,是长方形的. 这种特殊的均匀分布在 a=240 到 b=290 之间满足高 $f(x)$=0.02.

图 6-29 中 $f(x)$ 的值指的是该分布事件在一个单位时间内发生的概率. 比如说,下一轮高尔夫在第 240 分钟和第 241 分钟之间完成的概率是 2%. 下一轮高尔夫在第 241

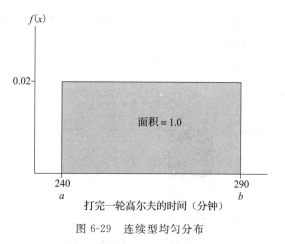

图 6-29 连续型均匀分布

⊖ 例如,在 240 分钟到 250 分钟之间打完一轮高尔夫的概率与在 260 分钟到 270 分钟之间打完一轮高尔夫的概率是一样的. 两个区间长度都是 10 分钟.

分钟和第 242 分钟之间完成的概率也是 2%，如此等等．因为分布中一共有 50 个这样的 1 分钟的区间，所以该分布总的概率值等于

$$(0.02)(50) = 1.0$$

我们用**均匀累积分布函数**，即公式 6-7 计算某连续型均匀随机变量落入某两个特定值之间的概率，这两个值用 x_1 和 x_2 表示．

均匀累积分布函数公式

$$P(x_1 \leqslant x \leqslant x_2) = \frac{x_2 - x_1}{b - a} \tag{6-7}$$

这个公式本质上来说是计算 x_1 和 x_2 之间分布的面积．计算下一轮高尔夫在迪尔菲尔德球场 252 分钟之内打完的概率，我们采用公式 6-7，步骤如下：

$$x_1 = 240 \quad x_2 = 252$$

$$P(x_1 \leqslant x \leqslant x_2) = \frac{x_2 - x_1}{b - a}$$

$$P(240 \leqslant x \leqslant 252) = \frac{252 - 240}{290 - 240} = \frac{12}{50} = 0.24$$

有 24% 的可能性下一轮迪尔菲尔德球场的高尔夫在 4 小时 12 分钟（252 分钟）之内打完．图 6-30 中阴影区域的面积解释了这个概率．

接下来，我们用公式 6-7 计算下一轮迪尔菲尔德球场的高尔夫在 4 小时 10 分钟（250 分钟）到 4 小时 45 分钟（285 分钟）之内打完的概率．

$$x_1 = 250 \quad x_2 = 285$$

$$P(x_1 \leqslant x \leqslant x_2) = \frac{x_2 - x_1}{b - a}$$

$$P(250 \leqslant x \leqslant 285) = \frac{285 - 250}{290 - 240} = \frac{35}{50} = 0.70$$

有 70% 的可能性下一轮迪尔菲尔德球场的高尔夫在该区间内打完．图 6-31 中阴影区域的面积解释了这个概率．

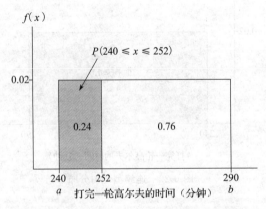

图 6-30　$P(240 \leqslant x \leqslant 252)$ 时的连续均匀分布

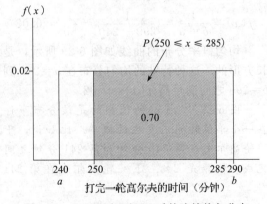

图 6-31　$P(250 \leqslant x \leqslant 285)$ 时的连续均匀分布

如果我们要计算下一轮高尔夫恰好是 250 分钟的概率会如何？用这个例题来说，x_1 和

x_2 都等于 250. 代入公式 6-7，得到如下计算：

$$P(x_1 \leqslant x \leqslant x_2) = \frac{x_2 - x_1}{b - a}$$

$$P(250 \leqslant x \leqslant 250) = \frac{250 - 250}{290 - 240} = \frac{0}{50} = 0^{\ominus}$$

真的，我没有算错. 这个结果和本章开头我们的声明也一致，对连续型分布来说我们只能讨论事件在某指定区间内发生的概率. 这种类型的分布中某个精确数值的概率永远等于 0.

迪尔菲尔德球场经理的目标是 80% 的球都会在 4 小时 30 分钟（270 分钟）内打完. 在当前的均匀分布下，迪尔菲尔德球场经理的这个目标达成了么？为了回答这个问题，我们用公式 6-7 计算覆盖此分布面积 80% 时 x_2 的值，也就是所谓的分布的第 80 百分位数. 图形显示如图 6-32 所示.

已知 $x_1 = 240$ 和 $b - a = 290 - 240 = 50$，根据 x_2 重新排列公式 6-7，得到

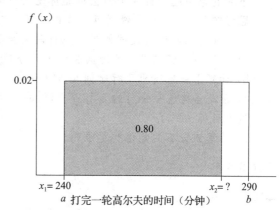

图 6-32　连续均匀分布的第 80 百分位数

注：百分位数是第 3 章中介绍的，表示低于所关注数值的近似百分比.

$$P(x_1 \leqslant x \leqslant x_2) = \frac{x_2 - x_1}{b - a} = 0.80$$

$$\frac{x_2 - 240}{50} = 0.80$$

$$x_2 = (0.80)(50) + 240 = 280 \text{ 分钟}$$

80% 的高尔夫球会在 4 小时 40 分钟（280 分钟）之内完成. 因为这个数值大于 270 分钟，所以迪尔菲尔德球场经理的目标没有达到. 他们得考虑改进球场以加速打球速度.（听起来对我是个好主意.）

计算均匀连续概率分布的均值和方差公式如公式 6-8 和公式 6-9 所示.

连续型均匀分布均值公式

$$\mu = \frac{a + b}{2} \tag{6-8}$$

连续型均匀分布的标准差公式

$$\sigma = \frac{b - a}{\sqrt{12}} \tag{6-9}$$

迪尔菲尔德球场例题中的均值和标准差计算如下：

$$\mu = \frac{a + b}{2} = \frac{240 + 290}{2} = 265$$

㊀　连续随机变量等于某个特定值的概率永远为 0，比如本例中的 250.

$$\sigma = \frac{b-a}{\sqrt{12}} = \frac{290-240}{\sqrt{12}} = \frac{50}{3.46} = 14.45$$

根据我们的分布，在迪尔菲尔德球场打完一场高尔夫的平均时间是 265 分钟，标准差是 14.45 分钟．

下面的思考题给你一个机会检验你是否掌握了均匀概率分布．

思考题 7 假设从费城到奥兰多的全美航空公司直飞航班实际飞行时间满足均匀概率分布．假设这两座城市之间的最短飞行时间是 140 分钟，最长飞行时间 170 分钟．

a) 计算下一班飞机飞行时间少于 145 分钟的概率．
b) 计算下一班飞机飞行时间在 148 分钟到 165 分钟之间的概率．
c) 假设全美航空公司的目标是 75% 的航班飞行时间少于 165 分钟．在当前概率分布下，这个目标达成了吗？
d) 计算该分布的均值和标准差．

习题 6.4

基础题

6.29 某随机变量在 20 到 50 之间满足连续型均匀分布．
　a) 计算此分布在如下条件时的概率：
　　1) $P(x \leqslant 25)$
　　2) $P(x \leqslant 30)$
　　3) $P(x \leqslant 45)$
　　4) $P(x = 28)$
　b) 此分布的均值和标准差是多少？

6.30 某随机变量在 60 到 95 之间满足连续型均匀分布．
　a) 计算此分布在如下条件时的概率：
　　1) $P(x > 63)$
　　2) $P(x > 70)$
　　3) $P(x > 88)$
　　4) $P(x = 75)$
　b) 此分布的均值和标准差是多少？

6.31 某随机变量在 20 到 120 之间满足连续型均匀分布．
　a) 计算此分布在如下条件时的概率：
　　1) $P(40 \leqslant x \leqslant 60)$
　　2) $P(55 \leqslant x \leqslant 100)$
　　3) $P(80 \leqslant x \leqslant 110)$
　b) 此分布的均值和标准差是多少？

6.32 某随机变量在 130 到 300 之间满足连续型均匀分布．
　a) 计算此分布在如下条件时的概率：
　　1) $P(180 \leqslant x \leqslant 260)$
　　2) $P(130 \leqslant x \leqslant 200)$
　　3) $P(x > 150)$
　b) 此分布的均值和方差是多少？

应用题

6.33 内务部打扫酒店里一个房间所需要的时间从 25 分钟到 45 分钟不等，这个时间满足连续型均匀分布．
　a) 计算 $f(x)$ 的值．
　b) 此分布的均值和标准差是多少？
　c) 下一个房间的打扫时间恰好是 30 分钟的概率是多少？
　d) 下一个房间的打扫时间少于 32 分钟的概率是多少？
　e) 下一个房间的打扫时间多于 36 分钟的概率是多少？
　f) 下一个房间的打扫时间在 28 分钟到 34 分钟之间的概率是多少？
　g) 代表这个分布的第 70 百分位数的时间是多少？

6.34 假设某机场通过安检的时间满足连续型均匀分布，最短时间 5 分钟，最长 30 分钟．
　a) 计算 $f(x)$ 的值．
　b) 此分布的均值和标准差是多少？
　c) 下一位顾客通过安检的时间小于 25 分钟的概率是多少？
　d) 下一位顾客通过安检的时间超过 20 分钟

的概率是多少?
e) 下一位顾客通过安检的时间在 8 到 15 分钟之间的概率是多少?
f) 代表这个分布的第 75 百分位数的时间是多少?

6.35 某雇员上班的通勤时间满足连续型均匀分布,最短 10 分钟,最长 22 分钟.
a) 计算 $f(x)$ 的值.
b) 此分布的均值和标准差是多少?
c) 该雇员下次通勤的时间少于 12.5 分钟的概率是多少?
d) 该雇员下次通勤的时间多于 14.5 分钟的概率是多少?
e) 该雇员下次通勤的时间在 11 分钟到 20 分钟之间的概率是多少?
f) 代表这个分布的第 40 百分位数的通勤时间是多少?

6.36 当地一家咖啡厅的自助贩卖机能注入的咖啡量从 7.4 到 8.2 盎司. 注入的咖啡量满足连续型均匀分布.
a) 计算 $f(x)$ 的值.
b) 此分布的均值和标准差是多少?
c) 下一杯自动贩卖的咖啡量多于 8.0 盎司的概率是多少?
d) 下一杯自动贩卖的咖啡量恰好有 7.5 盎司的概率是多少?
e) 下一杯自动贩卖的咖啡少于 8.1 盎司的概率是多少?
f) 下一杯自动贩卖的咖啡量在 7.5 到 8.0 盎司之间的概率是多少?
g) 代表这个分布的第 15 百分位数的咖啡量是多少?

本章主要公式

正态概率密度函数公式
$$f(x) = \frac{1}{\sigma\sqrt{2\pi}} e^{-(1/2)[(x-\mu)/\sigma]^2} \quad (6\text{-}1)$$

z 值公式
$$z = \frac{x-\mu}{\sigma} \quad (6\text{-}2)$$

指数概率密度函数公式
$$f(x) = \lambda e^{-\lambda x} \quad (6\text{-}3)$$

指数累积分布函数公式
$$P(x \leq a) = 1 - e^{-a\lambda} \quad (6\text{-}4)$$

指数分布的方差公式
$$\sigma^2 = \mu = \frac{1}{\lambda} \quad (6\text{-}5)$$

连续型均匀概率密度函数公式
$$f(x) = \frac{1}{b-a}, \quad \text{如果 } a \leq x \leq b$$
$$f(x) = 0, \quad \text{其他} \quad (6\text{-}6)$$

均匀累积分布函数公式
$$P(x_1 \leq x \leq x_2) = \frac{x_2 - x_1}{b - a} \quad (6\text{-}7)$$

连续型均匀分布均值公式
$$\mu = \frac{a+b}{2} \quad (6\text{-}8)$$

连续型均匀分布的标准差公式
$$\sigma = \frac{b-a}{\sqrt{12}} \quad (6\text{-}9)$$

复习题

6.37 根据国家托儿资源和转介机构协会的数据,2008 年特拉华州托儿中心照顾一名婴儿的平均费用是每年 $8769. 假设此费用满足正态分布,标准差是 $925.
a) 随机选一所特拉华州托儿中心,满足下列条件时的概率是多少?
1) 照顾婴儿的费用每年超过 $8000?
2) 照顾婴儿的费用每年超过 $9000?
3) 照顾婴儿的费用每年在 $8500 到 $9500 之间?
b) 用 Excel 或者 PHStat2 确认 a 部分的答案.
c) 计算特拉华州第 60 百分位数的托儿中心需要收取照顾婴儿的费用是多少.

6.38 根据市场调研公司 Centris,2009 年美国月均有线电视费用是 $75 元. 假设每月有线电视费满足正态分布,标准差是 $9.50 元.
a) 随机选一个账单,满足下列条件时的概率是多少?
1) 不到 $70?
2) 不到 $80?
3) 恰好是 $75?
4) 在 $65 到 $85 之间?

b) 用 Excel 或者 PHStat2 确认 a 部分的答案.

c) 计算月账单费用第 75 百分位数的费用是多少.

6.39 假设某品牌轮胎在更换之前能够行驶的里程数满足正态分布, 均值 45 600 英里, 标准差是 5800 英里.

a) 随机选一个该品牌售出的轮胎, 满足下列条件时的概率是多少?
1) 更换之前行驶超过 36 000 英里.
2) 更换之前行驶不足 42 000 英里.
3) 更换之前行驶英里数在 45 000 到 55 000 英里之间.

b) 用 Exccl 或者 PHStat2 确认 a 部分的答案.

c) 在更换之前, 90% 该品牌轮胎能够行驶的里程数是多少?

6.40 假设巴黎的三星级酒店房价满足正态分布, 均值是 175 欧元, 标准差是 16 欧元.

a) 随机选一间三星级酒店的房间, 满足下列条件时的概率是多少?
1) 低于 195 欧元?
2) 高于 180 欧元?
3) 恰好是 170 欧元?
4) 在 150 到 182 欧元之间?

b) 用 Excel 或者 PHStat2 确认 a 部分的答案.

c) 某酒店想将其房间定价为在巴黎只有 20% 的房价比他们的低. 这家酒店应该把房价定为多少?

6.41 工作日时, 55 岁到 84 岁的成年人每晚平均睡眠 7.0 小时. 假设这个随机变量遵循正态分布, 标准差是 1.1 小时.

a) 从这个年龄段随机选一名成年人, 满足如下条件时的概率是多少?
1) 今晚睡眠时间多于 6.0 小时?
2) 今晚睡眠时间少于 5.0 小时?
3) 今晚睡眠时间在 6.3 到 8.0 小时之间?
4) 今晚睡眠时间在 5.6 到 6.5 小时之间?

b) 用 Excel 或者 PHStat2 确认 a 部分的答案.

c) 这个年龄段成年人睡眠时间的第 35 百分位数是多少小时的睡眠?

6.42 假设某社区房屋售价满足正态分布, 均值是 $285 700, 而标准差是 $46 000. 计算如下条件时该社区房屋售价的范围.
a) 距离均值 1 个标准差.
b) 距离均值 2 个标准差.
c) 距离均值 3 个标准差.

6.43 汤姆是一家 GPS 设备生产商, 他们报道说全美车速最快的车手在密西西比州. 密西西比州州际公路上的司机平均车速是 70.1 英里. 假设在密西西比州际公路上行驶的汽车速度满足正态分布, 标准差是 7.2 英里每小时.

a) 随机选一辆密西西比州际公路上行驶的汽车, 满足下列条件时的概率是多少?
1) 车速高于 65 英里每小时?
2) 车速低于 72 英里每小时?
3) 车速在 60 到 66 英里每小时之间?
4) 车速在 78 到 85 英里每小时之间?

b) 用 Excel 或者 PHStat2 确认 a 部分的答案.

c) 我应该以什么样的速度开车才超过这条州际公路上 70% 的司机?

6.44 根据经济合作与发展组织 (OECD), 韩国工人 2007 年平均工作时间是 2316 小时 (相比较美国工人工作时间是 1794 小时). 假设这个随机变量满足正态分布, 标准差是 460 小时.

a) 随机选一名韩国工人, 工作如下时间的概率是多少?
1) 少于 2000 小时?
2) 在 2200 到 2400 小时之间?
3) 在 1400 到 1800 小时之间?
4) 在 2500 到 2700 小时之间?

b) 用 Excel 或者 PHStat2 确认 a 部分的

答案.

c) 根据这些数据，平均工作多少小时的韩国人是此分布的第 90 百分位数？

6.45 据《今日美国》2010 年 3 月 2 日一篇题为"消费者卷入糖人糖的战争"的文章指出，美国人每天吃掉 22.2 茶匙糖．假设每日摄入的糖量满足正态分布，标准差为 6.5 茶匙．

a) 随机选取一名美国人，摄入糖量如下的概率是多少？
   1) 今天超过 25 茶匙糖？
   2) 今天吃糖 20 到 27 茶匙之间？
   3) 今天吃糖 10 到 18 茶匙之间？
   4) 今天吃糖 28 到 35 茶匙之间？

b) 用 Excel 或者 PHStat2 确认 a 部分的答案.

c) 摄入糖量在第 65 百分位数的人吃掉多少茶匙的糖？

6.46 据美国劳工部的数据，2009 年的周平均工资是 \$624.16．假设美国人的周工资数满足正态分布，标准差是 \$180．

a) 随机选的一名美国工人赚取如下工资的概率是多少？
   1) 每周低于 \$700？
   2) 每周在 \$600 到 \$720 之间？
   3) 每周在 \$350 到 \$500 之间？
   4) 每周在 \$750 到 \$900 之间？

b) 用 Excel 或者 PHStat2 确认 a 部分的答案.

c) 周工资在第 45 百分位数的工人工资数是多少？

6.47 RAD 建筑公司获得了特拉华州合同，更换 Pike Creek 路上的一座桥．基于之前的项目经验，RAD 公司认为项目的完成时间满足正态分布，均值 92 天，标准差 9 天．RAD 公司预计完成项目的净利润是 \$125 000．如果公司能提前 84 天完成，则能获得特拉华州 \$20 000 的奖金．如果项目超过 106 天完成，则特拉华州会收取 \$15 000 罚款．RAD 公司预计利润是多少？

6.48 根据市场调研公司 Centris，美国已经有 4600 万户家庭有高清电视，并且有 3400 万户（74%）购买了高清电视服务．随机选取有高清电视的美国家庭 20 户作为样本．用正态分布近似二项分布的方法来回答下面的问题．

a) 计算该分布的均值和标准差.

b) 样本中有 12 户或者更多购买了高清电视服务的概率是多少？

c) 样本中恰好有 16 户购买了高清电视服务的概率是多少？

d) 样本中有 11、12 或者 13 户购买了高清电视服务的概率是多少？

e) 样本中有 17 或者 18 户购买了高清电视服务的概率是多少？

6.49 根据过往经验，制作圣诞树灯串过程的不良率是 4%．某客户所下的订单有 150 个圣诞树灯串．用正态分布近似二项分布的方法来回答下面的问题.

a) 计算该分布的均值和标准差.

b) 订单中不良产品的个数少于 2 个的概率是多少？

c) 订单中不良产品的个数恰好是 7 个的概率是多少？

d) 订单中不良产品的个数是 3、4 或者 5 个的概率是多少？

e) 订单中不良产品的个数是 8、9 或者 10 个的概率是多少？

6.50 美国好事达基金会 2009 年的一项调查显示，有 68% 的青少年承认他们开车的时候会发信息．随机选 40 名青少年作为样本．用正态分布近似二项分布的方法来回答下面的问题.

a) 计算该分布的均值和标准差.

b) 这 40 个青少年中，承认他们开车时发信息的人数不到 29 个的概率是多少？

c) 这 40 个青少年中，承认他们开车时发信息的人数恰好是 24 个的概率是多少？

d) 这 40 个青少年中，承认他们开车时发信息的人数超过 32 个的概率是多少？

e) 这 40 个青少年中，承认他们开车时发信息的人数有 26、27 或者 28 个的概率是多少？

6.51 NCAA 全美大学生篮球联赛，也就是疯狂三月，一般都在工作日举行．根据尼尔森网络评级公司的数据,在线观看2008年联赛的人里面有92%使用工作电脑看的. 从在线观赛的粉丝中选出100个作为样本. 用正态分布近似二项分布的方法来回答下面的问题.
- a) 计算该分布的均值和标准差.
- b) 这100个人里面用工作电脑观赛的少于89个的概率是多少?
- c) 这100个人里面用工作电脑观赛的恰好是95个的概率是多少?
- d) 这100个人里面用工作电脑观赛的超过93个的概率是多少?
- e) 这100个人里面用工作电脑观赛的是90、91或者92个的概率是多少?

6.52 根据美国人口普查局的数据,美国总人口的47.5%住在东部时区. 随机选取50名美国居民作为样本. 用正态分布近似二项分布的方法来回答下面的问题.
- a) 计算该分布的均值和标准差.
- b) 样本中居住在东部时区的少于20人的概率是多少?
- c) 样本中居住在东部时区的恰好有27人的概率是多少?
- d) 样本中居住在东部时区的多于22人的概率是多少?
- e) 样本中居住在东部时区的有26、27或者28人的概率是多少?

6.53 2010年1月,犹他州卡什郡房屋在市场上的挂牌时间是171天. 假设挂牌时间遵循指数分布.
- a) 随机选取的一座房子挂牌时间少于150天的概率是多少?
- b) 随机选取的一座房子挂牌时间在70天到100天的概率是多少?
- c) 随机选取的一座房子挂牌时间恰好是180天的概率是多少?
- d) 用Excel验证a和b部分的答案.
- e) 这个分布的标准差是多少?

6.54 在2009—2010年男子大学生篮球赛赛季,维拉诺瓦大学野猫队每场40分钟的比赛平均个人犯规次数是22.1次. 假设这个时间满足指数分布.
- a) 维拉诺瓦下一次个人犯规在比赛第1分钟内发生的概率是多少?
- b) 维拉诺瓦下一次个人犯规在比赛第2到4分钟内发生的概率是多少?
- c) 维拉诺瓦下一次个人犯规在比赛开始第3分钟后发生的概率是多少?
- d) 用Excel验证a和b部分的答案.
- e) 这个分布的标准差是多少?

6.55 当地一家医院到急诊室就诊的病人数为平均每小时6.5个. 假设病人到诊之间的时间满足指数分布.
- a) 下一位病人在接下来3分钟以内到急诊室就诊的概率是多少?
- b) 下一位病人在接下来10到15分钟以内到急诊室就诊的概率是多少?
- c) 下一位病人在接下来12分钟以后到急诊室就诊的概率是多少?
- d) 下一位病人恰好在第12分钟到急诊室就诊的概率是多少?
- e) 用Excel验证a和b部分的答案.
- f) 这个分布的标准差是多少?

6.56 特拉华州一个繁忙的路口平均每32天发生一起交通事故. 假设事故发生之间的时间遵循指数分布.
- a) 下一起事故在接下来10天以内发生的概率是多少?
- b) 下一起事故在接下来15到25天以内发生的概率是多少?
- c) 下一起事故在接下来40天以后发生的概率是多少?
- d) 用Excel验证a和b部分的答案.
- e) 这个分布的标准差是多少?

6.57 观看NBA球队费城76人队比赛的观众人数满足正态分布,每场最少11 400人,最多20 200人.
- a) 计算下一场比赛观众人数少于15 000人的概率.
- b) 计算下一场比赛观众人数在14 000到17 000人之间的概率.
- c) 计算下一场比赛观众人数恰好是16 000人的概率.
- d) 计算这个分布的均值和标准差.

6.58 假设从当地某餐厅网站下一个比萨订单到收到比萨的时间满足正态分布，最短时间是 4 分钟，最长 18 分钟．
a) 计算下一个订单完成时间少于 12 分钟的概率．
b) 计算下一个订单完成时间在 6 到 10 分钟的概率．
c) 计算下一个订单完成时间超过 7 分钟的概率．
d) 计算下一个订单完成时间恰好是 15 分钟的概率．
e) 计算这个分布的均值和标准差．

6.59 飞机的周转时间指的是飞机到达一个终端后为下一次飞行做准备的时间．假设美联航的周转时间满足正态分布，最短时间 24 分钟，最长时间 56 分钟．
a) 计算下一班美联航飞机所需的周转时间不到 30 分钟的概率．
b) 计算下一班美联航飞机所需的周转时间在 30 到 40 分钟之间的概率．
c) 计算下一班美联航飞机所需的周转时间超过 40 分钟的概率．
d) 计算这个分布的均值和标准差．
e) 美联航希望在 90% 的时候周转时间都小于 50 分钟．这个目标达成了吗？

6.60 等待供货商发货的时间（称为备货周期），一家当地迪克体育用品商店的高尔夫部门经理在备货周期平均售出 60 盒 Titleist 牌高尔夫球．假设在此期间中对高尔夫球的需求量满足正态分布，标准差是 12 盒球．计算一个再订货点，使其满足在下一个订单到达时有 95% 的概率高尔夫球的库存足够．

第7章 抽样和抽样分布

超级碗冠军赛：历史收视率最高

千真万确！2011年2月6日在得克萨斯州达拉斯举行的NFL（美国橄榄球联盟）冠军赛中，绿湾包装工队31-25大胜匹兹堡钢人队比赛的收视率达到了历史最高，平均拥有111.0百万的观众。拥有最大铁杆粉丝群的两支球队在最近刚开放的世界最大球形体育场——牛仔体育场的这场比赛，创造了这个收视纪录．（作为包装工队的铁杆球迷，无论在哪比赛我都很开心！）前一个记录的保持者是2010年的超级碗，新奥尔良圣徒队在平均106.5百万观众面前击败了印第安纳波利斯小马队．超级碗圣徒队——小马队的这场比赛打破了保持27年的观众纪录．没人猜测这些数据怎么来的吗？这要追溯到1983！

在这些数据面前，可能会有人问："他们怎么知道2011年的超级碗有111百万观众呢？我观看了这场比赛，怎么没发现被计数呢？"为了回答这个重要的问题，我们需探究一下统计抽样这个话题．回想第1章，我们定义了总体代表所有可能结果或度量，样本是总体的子集．尼尔森媒体研究是一家从事抽样商务的公司，他们通过对美国129百万家庭中的5000家庭进行调查从而为电视网络和广告商提供全美电视观众数量．对调查家庭的选择要非常的小心以保证所选家庭能够代表全美这个总体．被调查家庭的每个人都会收到一个"收视仪"，就是一个用于记录个人观看电视起始时间的小盒子．以这个较小的样本为基础，尼尔森可以准确地估计整个国家的收视习惯．

尼尔森收集到的信息为电视网络确定广告商在节目中投放广告的费率起到了非常关键的作用．一般说来，某节目的观众数量越多，对节目期间投放的商业广告的收费就越高．例如，2011年收视率最高的超级碗，投放一个30秒的商业广告的费用约为3百万美元．

除了可以知道某节目有多少收视观众之外，广告商还想知道是什么人在收看．收视仪记录了观众的年龄和性别．比如，尼尔森的数据显示观看超级碗的男性观众数量一般都超过了女性观众的数量．这可以解释为什么在超级碗比赛中啤酒广告的数量远远超过了香水广告的数量．相反地，奥运收视则以女性居多．图7-1显示了超级碗XLV和2010年冬季奥运会的收视观众性别比．

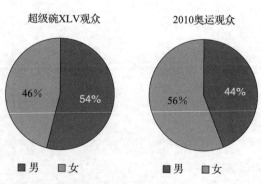

图7-1 超级碗XLV和2010年冬季奥运会的收视观众性别比

7.1 为什么抽样

为什么不直接度量总体而是仅仅依赖于样本呢？这个问题不错！根据实际情况，度量总体的费用太高，有时还不可行．我们以商业中的质量控制为例．假设家乐氏芝士饼干的目标含盐量为1%．过高或过低的含盐量都会影响产品的口感．

家乐氏怎么知道今天生产的芝士产品是否都达标了呢？检验从生产线下来的每一块饼干的含盐量是不实际的，因为被检验过的饼干是不适合销售的．更好的解决方案是常规地选择一个具有代表性的小样本检测含盐量．这些样本结果将用来确定生产流程是否生产合格的饼干．更具体地说，我们可以用样本的含盐量推断出整个生产过程的含盐量，即总体的含盐量．通过收集足够有代表性的数据，我们能推断出整体的情况．这段话就是推断统计学的概念．

即使度量总体是可行的，这样做通常也是对如今社会极具价值的商业资源——时间和金钱的浪费．如果对样本的选择合理且分析正确，所获信息可用于对整个总体的准确评估．凌驾于样本之外的总体度量基本不会有额外的受益．

最近我做的一个抽样决策实例是在我目前任教的 Goldey-Beacom 学院．我是学院学术荣誉委员会的主席，委员会发起一项收集学院里学生对学术诚信的态度信息的项目．让学院里每位学生都参加调查本来是可能的，但推断统计学的应用使其变得没有必要．委员会最终做出英明的决定，只用一小部分学生样本推断总体的态度．以我们的样本为基础，我们推断出我院大部分学生对学术诚信的态度还是很认真的．

年龄确有影响

吸引梦寐以求的 18～49 岁年龄段观众也能增加广告收入．例如，2010 季美国偶像的广告时间价值每 30 秒 \$642 000．与美国偶像观众数量齐平的与明星共舞节目，只需每则广告 \$209 000．这种区别可以用观众的平均年龄解释，偶像节目的观众年龄低于 50 岁而共舞节目的观众年龄高于 50 岁．这是因为我们 50 岁以上的消费者已经固定自己的生活方式，比起你们年轻人来说更不易被广告影响．

参考文献：比尔·卡特(Bill Carter)，"美国偶像收视率触底，"纽约时报，2010.4.7．

然而，以抽样为基础的决策制定是有风险的．通过抽样，我们将置身于导致不良决策的错误中．我们将在本章后续小节对这些错误发生的概率进行定量讨论．在本书的后续章节，你会发现这些概率的值通常都非常小，因此抽样仍是可行的．

7.2 抽样类型

从总体中抽取样本有很多选择．本章将讨论的两个主要类型是概率抽样和非概率抽样．

7.2.1 概率抽样

概率样本是总体中的每个成员都有一个已知的非零概率被选入其中的样本．不过，这里并不是指每个成员必须以相同的概率被选中．利用概率样本，我们可以进行各种统计推断检验，从而得到关于总体的可信结论．这些检验是本书其余很多章节的主要论题．

统计学家使用的概率抽样技术主要有 5 种：简单随机、系统、分层、聚类和重复抽样．我将在接下来的各节依次讨论这些技术．

简单随机抽样

简单随机样本是一个总体中每个成员均有相同概率被选入其中的样本．实现简单随机抽样的一种方法是利用 Excel 数据分析工具包中的抽样工具。为了说明该方法，我们回到我们学校的学术诚信度调查。假设我想从 1800 学生中抽取一个 10 名学生的简单随机样本参与调查。在图 7-2 中，标题为 GBC Students.xlsx 的 Excel 文件中，列 A 给出了 1800 名学生的学生证号。这些号码按升序排列。（为节省空间，我隐藏了 13 行到 1796 行。）为随机选取 10 名学生的样本，我采用下列步骤：

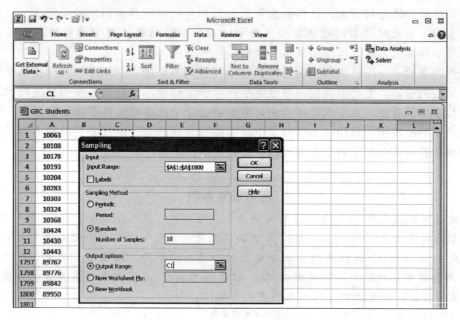

图 7-2 用 Excel 生成简单随机样本

注：无放回抽样是指一旦总体中的某成员被选入样本，它将不再被放入总体中去。因此，该成员将不能被二次选入样本。

1. 打开 Excel 文件 GBC Students.xlsx。
2. 选择 Data>Data Analysis。
3. 在 Data Analysis 对话框中，选择 Sampling 并点击 OK。
4. 在 Sampling 对话框中，点击文本框 Input Range 并选取如图 7-2 所示的单元 A1：A1800。
5. 在 Sampling Method 下面选择 Random。
6. 在 Number of Samples：输入文本 10。
7. 点击 Output Range 的文本框：选择单元 C1，并点击 OK。

图 7-3 的列 C 给出了从总体中选出的 10 名学生简单随机样本。

学生证号为 36042 的学生是我样本中的第一位成员，后一位学生证号为 52507，依次类推。这种方法保证了 1800 名学生被选入调查的机会是相同的。同样，Excel 随机抽样工具使用的是有放回抽样。这就意味着当总体中的某个成员被选

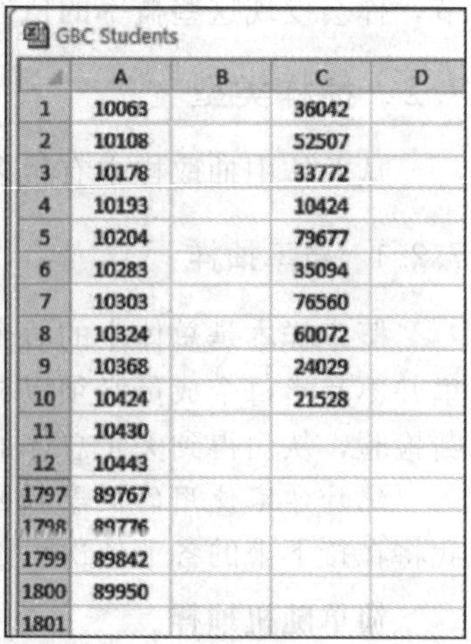

图 7-3 生成的简单随机样本

入样本后,他(或她)将被放回总体,在之后的抽样中可能会被再次选中. 因此,某个学生不止一次被选入样本是可能的. 如果这样不合要求,可以通过替换样本中的重复成员来调整.

系统抽样

另一种可以保证样本被随机选取的方法是**系统抽样**. 这种方法将总体中的每第 k 个成员选入样本. 可以选取每第二个,每第三个,依次类推.(想一想在你的体育课上,当在一排学生中报数选取队员组成小队时的情形,系统抽样也类似.)

但是你怎么知道选择哪个 k 值呢?系统抽样中的常数 k 值,通过公式 7-1 确定.

系统抽样常数公式

$$k = \frac{N}{n} \tag{7-1}$$

其中　$N=$总体容量

$n=$样本容量

在我的学术诚信度调查中,总体 1800 名学生,样本容量为 10,

$$k = \frac{N}{n} = \frac{1800}{10} = 180$$

从整个总体列表中,我将每第 180 名学生选入样本. 运用刚才介绍的抽样工具 I,Excel 也可以实现系统抽样:

1. 用 C 列为黑色的 GBC Students.xlsx 文件,在 Sampling 对话框中选择 Periodic,如图 7-4 所示.

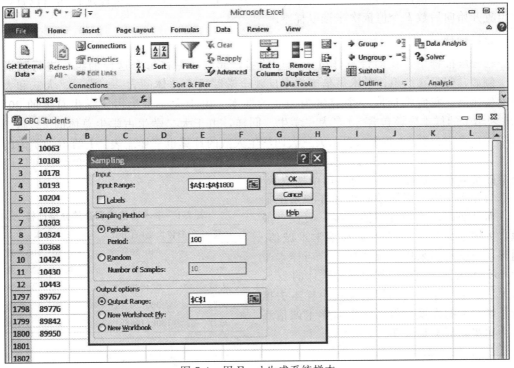

图 7-4　用 Excel 生成系统样本

2. 在 Period 中：文本框输入 k 的值 180.

3. 点击 Output Range 对话框：选择单元 C1，并点击 OK.

图 7-5 的列 C 给出了从总体中选出的 10 名学生系统样本. 该列表包含我们列表中的第 180 名学生，后面是第 360 名，依次类推.

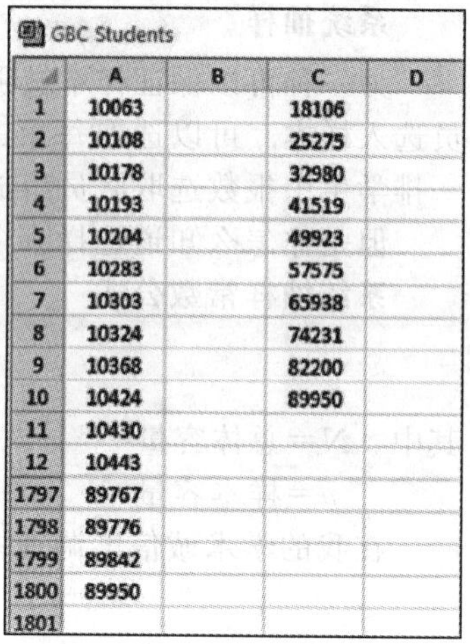

GBC Students

	A	B	C	D
1	10063		18106	
2	10108		25275	
3	10178		32980	
4	10193		41519	
5	10204		49923	
6	10283		57575	
7	10303		65938	
8	10324		74231	
9	10368		82200	
10	10424		89950	
11	10430			
12	10443			
1797	89767			
1798	89776			
1799	89842			
1800	89950			
1801				

图 7-5 生成的系统样本

人工选取系统样本比选取简单随机样本要容易些. 例如，如果在学校的第一个小时内有 500 名学生走进了教学楼，我需要一个 100 名学生的样本，利用公式 7-1，我可以非常轻松地确定 k 值：$k=500/100$，即 5. 我可以选择早上每第 5 名进入教学楼的学生参加调查. 系统抽样比仅仅随机选择经过的学生更好，因为我可能在选择某些学生而不选择某些学生上产生偏差(如，选择我班上熟悉的学生).

系统抽样的一个关注点是**周期性**，即在总体中与 k 值一致的模式. 例如，我正在校园里实行一个调查，询问学生一周之中学习的小时数，我选择每四周收集一次数据. 由于 Goldey-Beacom 实行的是 8 周学期制，每四周末要么是期中周，要么是期末周，正好是学生学习时间比平时多的时候(至少我是这么希望的). 周期性的存在导致产生的样本不能代表整个总体. 当使用系统抽样时，一定要小心，确保周期性不影响数据的收集.

最后，系统抽样的起点并不一定是第一个数据值. 我们可以随机地选择起始位置，以此位置开始向后数 k 个值依次来选取样本.

分层抽样

在**分层抽样**中，我们将总体分成互斥的组，或层，并在每个这样的组中进行随机抽样. 例如，假设我们想让学术诚信度样本反映全学院这个总体的大一、大二、大三和大四的学生比例，我们将选取一个容量为 100 的样本. 由于大一学生占了学生总体的 30%，100 名学生的样本应该包含 30 名大一学生. 同样，由于大二学生占学生总体的 22%，100 名学生样本应包含 22 名大二生. 大三大四学生人数的计算也一样. 表 7-1 给出了所需的大一、大二、大三和大四人数以及样本的每一层在总体中的百分比. 然后，我们就可以应用简单随机或系统抽样方法在每一组中选取学生. ⊖

为什么我们不用简单随机抽样和系统抽样，而是费力地选择分层抽样呢？假设一般地，大四学生比大一学生更看重学术诚信. 同样，假设我们采用系统抽样，恰巧样本中的 40%为大四学生. 要知道学生群体的 20%为大四学生. 如果我们用这样一个样本去推断总体学生的态度，得到学生对学术诚信态度会比实际情况要认真.

表 7-1 学术诚信度调查的分层抽样

层	总体大小(百分比)	样本
大一	540(30%)	$0.30\times100=30$
大二	396(22%)	$0.22\times100=22$
大三	504(28%)	$0.28\times100=28$
大四	360(20%)	$0.20\times100=20$
总计	**1800(100%)**	**100**

⊖ 回想第 4 章学习了两事件互斥，指的是在同一次实验中两事件不能同时发生.

我们使用分层抽样是因为学生所在的年级，大一、大二、大三或大四是影响调查结果的重要因素．分层可以帮助确保样本对总体的代表性．

聚类抽样

类集被定义为互斥的组，每一组均能够代表总体．**聚类抽样**包含随机抽取类集作为最终样本的一部分．这些类集通常以地理空间为基础选取以简化抽样过程．以学术诚信度调查为例，类集可被定义为一天中某特定时间使用的教室．我们可以随机选取不同的教室参与调查．然后以教室中的每一个学生作为调查的参与者，或者在每个教室内进行简单随机抽样选取学生．

我的学生经常拒绝使用分层和聚类．各层内的所有成员都具有某种共性，比如之前例子中学生均为大一学生．因此，层是具有特定特征的同质集合．相反，类集是较大总体的"迷你子集"，因而是各种特征的大熔炉．例如，特定的教室（类集）可以同时有大一、大二、大三和大四学生．

☝ 聚类抽样的目的是使抽样过程更经济．分层抽样的目的是使抽样过程更准确．

聚类抽样经常用于新产品的试销．试销城市被确定后，这些区域的消费者被抽样来调查他们对这些产品的意见．如果聚类抽样能被合理地应用以保证抽取的样本对总体具有代表性，聚类抽样会是概率抽样中最划算的方法．

哪个城市最能代表美国消费者？答案是纽约州奥尔巴尼[一]

各公司若要检测他们在美国市场中的产品或服务，将会选择最能代表典型美国消费者的地方．为了确定这些地方，艾克希姆公司根据对美国消费者的代表程度将前150大都市统计区域（MSA）这个总体进行了排序．居于榜首的是纽约州的奥尔巴尼．

"奥尔巴尼拥有至今与全国几乎一样的消费者比例——从刚离开家庭或学校的人群，正在购房的人群，养小孩的人群，即将退休的人群，着手让孩子独立的人群，到完全退休的人群．"负责该项目研究的艾克希姆员工蒂凡尼威德里如是说．

下列是至今最能代表美国消费者的MSA前10名：
1. 纽约州奥尔巴尼
2. 纽约州罗契斯特
3. 北卡罗来纳州格林斯博罗
4. 亚拉巴马州伯明翰
5. 纽约州锡拉丘兹
6. 北卡罗来纳州夏洛特
7. 田纳西州纳什维尔
8. 俄勒冈州尤金
9. 堪萨斯州威奇托

一 该实践中的统计学展现了市场中的聚类抽样．

10. 弗吉尼亚州里士满

公司同样也想知道哪些地方不适合进行市场调研而要避开的。下列是艾克希姆 MSA 后 10 名：

1. 得克萨斯州埃尔帕索
2. 密苏里州哥伦比亚
3. 佛罗里达州塔拉哈希
4. 得克萨斯州布朗斯维尔
5. 犹他州普洛佛
6. 佛罗里达州奥卡拉
7. 得克萨斯州麦卡伦
8. 夏威夷州檀香山
9. 加利福尼亚州旧金山
10. 纽约州纽约城

源自：乔纳森·波提斯(Jonathan Portis)，"哪个城市最适合消费者市场调研？"艾克希姆公司通讯社，2004，5，24，http://www.nylovesnano.com/newsevents.php? newwID=72。

重复抽样[○]

重复抽样是很多样本重复抽自总体的统计方法。重复抽样的一种方法是自助法，该方法由斯坦福大学统计系教师布拉德利·埃弗龙(Bradley Efron)提出。**自助法**(bootstrap method)用计算机软件通过有放回抽样提取多个样本以估计如均值、比例的总体参数。

为了说明自助法，考虑下面的简单例子。假设沃尔玛某销售区的经理要估计她们店里女性消费者的比例。她随机抽取了 100 笔交易，发现其中有 58 笔的交易对象是女性消费者。现在我们知道样本比例是女性 58%，但女性消费者的总体比例还未知。

在 Excel 文件中，我们将单元格 A1 到 A58 填为 "1" 表示女性消费者。单元格 A59 到 A100 填为 "0" 表示男性。用 Excel 的抽样工具 Data Analysis，如图 7-2 所示，可生成容量为 100 的样本并计算该样本的女性消费者比例。借助自助法软件，我们可以重复该抽样过程，比如 10 000 次或更多(即重复抽样)。这些样本中某些比例将小于 58%，某些将大于 58%。这些比例值将提供以之前 100 个消费者样本为基础的总体比例算法。这个概念与置信区间相关，将在第 8 章具体讨论。要记住，Excel 随机抽样工具使用的是有放回抽样。这意味着当总体中某成员被选入样本后，将被重新放回总体且可能会被再次选入相同的样本中。这是自助法的重要特征。

如本例所见，自助法可用于如比例、均值、中位数或方差这些总体参数的估计。自助法还可用于样本标准差或样本比例的估计，且这些估计不受许多统计分析所需假设的限制。

依据埃弗龙[○]的说法："自助法(bootstrap)源自短语拎着靴带把自己提起来。这个短语来

○ 特别感谢加州大学的苏尼尔·斯巴乐(Sunil Sapra)博士为本章提供的这节内容。
○ Bradley Efron, R. J. Tibshirani.《An Introduction to the Bootstrap》(波卡拉顿，佛罗里达州：Chapman and Hal/CRC, 1994)，p.5.

自德裔孟乔森男爵讲述的吹牛故事，讲其服役于俄国军队时的军事行动．（其中一个故事中说道，男爵掉入一个很深的湖中，在发现所有东西都丢了之后，男爵用自己的靴带把自己提出了湖面．）"

7.2.2 非概率抽样

非概率样本是总体成员被选入样本的概率未知的样本．非概率样本最常见的类型之一是**方便样本**．

使用方便样本将成员从总体中选入作为样本的一部分只是因为它们方便获得．当仅仅要收集总体的一般信息时，这种抽样比较有用．例如，假设你想尽快得到顾客对你最新研制的烘焙产品的反馈信息．免费发放小样，让正好经过你商店的顾客对产品进行打分就是一个方便样本的例子．在多数情况下，用这些数据进行如概率抽样的统计推断是不合适的．

例如，如果我想让一些学生对本书进行评价，我可以选择我们目前统计班的学生作为样本．这是一个方便样本，因为它非常有可能不能代表全国读过本书的学生；因此，解释结果时我要非常小心．⊖

方便样本的一个最为常见类型是网络投票．多数参与网络投票的个人基本没有参加过统计培训．他们受到成千上万实时回答记录的影响，倾向于相信这些结果．他们看不到的是这是一个方便样本，投票的发起者基本不能控制参与人．一般地，任何一个有网络连接的人都可以参与，人们可以通过在不同日期、不同浏览器或不同计算机重新访问投票网页来多次回答．当然这就减少了结果的信度．只要是不能控制参与调查的人的抽样方法就不是概率抽样．

在总统竞选中的抽样⊖

回想第 1 章，我讨论了历史上著名的方便样本之一，它将民意调查发起人置于非常尴尬的境地．在 1936 年美国总统大选期间，在成功预测了之前 5 位总统赢家后，文摘杂志预测阿尔夫·兰登将击败实际赢家富兰克林·罗斯福在大选中胜出．问题出在文摘杂志只是图方便在电话簿和机动车登记簿上抽取了样本．在 1936 年，拥有电话和汽车的人群主要是较富裕的共和党，不能代表整个选民总体．尽管文摘杂志在这些数据源中随机选取名字，但没有在合适的总体中进行抽样．相较之下，1968 年盖洛普民意调查用了概率样本预测理查德·尼克松将在 1968 年的总统大选中获得 43% 的选票，实际赢得了 42.9%．这个盖洛普民意调查只用了 2000 人的样本容量，而 1936 年文摘杂志的民意调查灾难抽取了 2 000 000 人．当合理实行时，概率样本起着统治性的作用．⊜

动手试试下面这个思考题，确保你已经理解了我们讨论过的抽样方法之间的区别．

⊖ 这个尤其可能是真的，因为我班上的学生知道本书的作者是我，我就要非常小心他们不是因为要通过我的考试而故意讲好听的．

⊜ 方便抽样要小心．由于没有做任何可确保样本代表性的努力，这种样本产生的结果不可信．

⊜ 据我岳父讲，竞选时琳赛（Lindsay Greenplate）只有 12 岁，当时流言说竞选中罗斯福不会崛起，因为他害怕 "Landon"．这可不是我捏造的．

思考题 1 确定下列各题的抽样方法.

a) 每月的第一个周一，我都让来我店里的顾客填一份满意度调查表.
b) 我随机抽取了某商场的四家店，询问这些店里的顾客对最近实施的医改法的意见.
c) 我站在繁忙的城市街道十字路口，问人们对当地体育队的看法.
d) 我们学院 60% 的学生为女生. 我构造了一个随机样本，其中 60% 为来自学生总体的女生，询问她们对学院食堂的意见.
e) 利用计算机软件，我随机选取了 20 名员工参与工作满意度调查.

7.3 抽样误差和非抽样误差

本章进行到现在，我意识到自己一直在滔滔不绝地讲抽样的种种好处，以及没有统计学家的这项奇妙(某种程度上)发明，这颗星球上的生命将不会是这样的存在. 可能我有点夸张，但抽样的确是已经使我们生活更好的非常酷的想法. 不过，我也告诉我的学生，世上没有免费的午餐，抽样也是要付出代价的. 当我们依赖相对小的样本去推断较大样本时，我们将面临抽样误差(此处惊悚音乐).

在讨论抽样误差之前，我需要介绍两个新术语：参数和统计量. **参数**是描述总体某些特征的值，如总体均值或中位数. 多数情况下参数是未知的，因为我们很少观测或度量整个总体. **统计量**是样本计算出的值，如样本均值或中位数. 统计量用于估计参数的值. 如用样本均值(统计量)估计总体均值(参数)的值是常见的做法.

由于统计量仅以总体的一部分为基础，所以希望样本均值和总体均值相等是不合理的. 这两个值之间的差被称为**样本均值的抽样误差**. 抽样误差公式如公式 7-2 所示.

样本均值的抽样误差公式

$$\text{抽样误差} = \bar{x} - \mu \tag{7-2}$$

其中 $\bar{x}$ = 样本均值
μ = 总体均值

为了说明抽样误差以及它们的典型表现，考虑下面的例子. 假设我教的是只有 10 个学生的研究生小班统计学，学生年龄如下.

$$24 \quad 33 \quad 28 \quad 41 \quad 38 \quad 30 \quad 24 \quad 33 \quad 37 \quad 32$$

如果我考虑这个班为总体，总体均值可用第 3 章的公式 3-2 计算.

$$\mu = \frac{\sum_{i=1}^{N} x_i}{N} = \frac{24+33+28+\cdots+37+32}{10} = \frac{320}{10} = 32.0$$

我班的平均年龄为 32.0，是总体参数. 接下来，我要选取两个学生的样本来估计这个参数. 我意识到我们已经知道总体参数的值了，不过你就随我再玩下去吧. 这个愚蠢做法的方法很快会显现出来的.

比如随机样本包含前面列表中前两个学生($n=2$)，是 24 岁和 33 岁. 样本均值可用第 3 章的公式 3-1 算出：

$$\bar{x} = \frac{\sum_{i=1}^{n} x_i}{n} = \frac{24+33}{2} = 28.5$$

我用公式 7-2 计算抽样误差:
$$\text{抽样误差} = \bar{x} - \mu = 28.5 - 32.0 = -3.5$$

负抽样误差说明样本统计量比总体参数少 3.5. 正抽样误差是样本均值大于总体均值的结果. 现在,假设我选了另一个两个学生的随机样本,正好是前面年龄列表中的最后两个学生,为 37 岁和 32 岁. 这个样本均值算出来为

$$\bar{x} = \frac{\sum_{i=1}^{n} x_i}{n} = \frac{37 + 32}{2} = 34.5$$

我再用公式 7-2 计算上一个抽样误差.
$$\text{抽样误差} = \bar{x} - \mu = 34.5 - 32.0 = 2.5$$

这个样本统计量比总体参数大 2.5 岁. 这说明了抽样误差的第一课:抽样误差会随着样本不同而改变. 抽样误差也可取正值或负值,取决于它们比总体均值大或小.

👉 抽样误差会随着样本不同而改变. 抽样误差也可取正值或负值.

在前面一个例子中,我用两个学生的样本容量. 当我将样本容量增大到 $n=5$ 会怎样呢?如果这个随机样本包含原年龄列表的前 5 个学生,新的样本均值为

$$\bar{x} = \frac{\sum_{i=1}^{n} x_i}{n} = \frac{24 + 33 + 28 + 41 + 38}{5} = 32.8$$

产生的抽样误差为
$$\text{抽样误差} = \bar{x} - \mu = 32.8 - 32.0 = 0.8$$

显然,最近的样本对统计班上真实平均年龄的估计要好得多. 一般地,我们用较大的样本容量获得较小的抽样误差. 较大的样本容量不一定保证对每一个选取的样本都能得到较小的抽样误差,这点非常重要. 例如,如果 5 名学生的随机样本正好是班上年龄最大的 5 个学生,样本均值和对应的抽样误差为

$$\bar{x} = \frac{\sum_{i=1}^{n} x_i}{n} = \frac{41 + 38 + 37 + 33 + 33}{5} = 36.4$$

$$\text{抽样误差} = \bar{x} - \mu = 36.4 - 32.0 = 4.4$$

这个样本的误差比之前样本容量为两个学生的例子都大. 大样本仅仅增大了抽样误差变小的可能,但对于统计抽样,基本没保证.

如今,在多数统计问题中,通常由于不能观测或度量整个总体,总体参数是未知的. 因此,我们基本不知道所选样本的实际抽样误差值. 不过,在下一章,我将告诉你如何确定抽样误差产生的概率. 继续收看吧!

👉 增加样本容量易于减少抽样误差. 然而,不能保证每一个样本容量较大的样本抽样误差都一定小.

在总结本小节之前,我一定要说抽样误差并不是在统计学上会遇到的唯一陷阱. **非抽**

样误差的产生有多种原因．常见的一种来源是调查问题在被调查者眼中模棱两可，导致他们不能给出可信的回答．其他的调查问题可能会引导被调查者做出某个"正确"的答案，从而影响结论．

数据收集误差也是非抽样误差的一种．当负责记录收集到的信息的人员产生录入错误时，就会产生数据收集误差．或者度量装置有错时，比如称量谷物盒的天平．与抽样误差不同，增大样本容量就会减小非抽样误差．减小非抽样误差需要对调查者的设计和数据的收集进行深入分析．

下面的思考题部分将检验抽样误差的计算．

思考题 2 假设你有一个包含 16 只股票的投资组合，今日的收盘股价如下：

$21 $24 $36 $23 $26 $31 $26 $28
$17 $30 $34 $27 $21 $36 $48 $33

分别计算包含下列股票样本的抽样误差．
a) 前两只($21，$24)．
b) 前四只($21，$24，$36，$23)．
c) 前六只($21，$24，$36，$23，$26，$31)．
对于该总体的样本容量和样本误差，你能得到什么结论？

习题 7.3

应用题

7.1 假设 Goldey-Beacom 学院的本科学生平均分（GPA）为 3.10．下列是该学院 5 名学生 GPA 的随机样本．计算抽样误差．
2.45 3.76 3.48 2.81 3.34

7.2 Prudential 房地产公司的 Jeff Bollinger 有 20 套已签约的房子．下表给出了这 20 套房在市场上的挂牌时间．

20 21 2 17 35 21 40 54 52 24
40 53 46 10 42 11 37 62 21 76

a) 计算总体均值．
b) 用第一行的前 5 套房作为样本，计算抽样误差．
c) 用第一行的 10 套房作为样本，计算抽样误差．
d) 增大样本容量将如何影响抽样误差．
e) 以 5 为样本容量，该总体的最大抽样误差是多少？

7.3 下列给出的是 2010 赛季首周全国橄榄球联赛 16 支球队的总得分．

23 25 33 51 62 49 24 31
41 58 37 47 30 20 19 35

a) 计算总体均值．
b) 用第一行的前 4 场比赛作为样本，计算抽样误差．
c) 用第一行的所有 8 场比赛作为样本，计算抽样误差．
d) 增大样本容量将如何影响抽样误差．
e) 以 4 为样本容量，该总体的最大抽样误差是多少？

7.4 阿拉斯加惠蒂尔的阿维斯汽车出租公司最近出租了 15 辆汽车，每辆车里程数如下：

19 871   11 483   18 519   10 977   8325
 6514   14 394   6225   4702   11 145
 4768   16 329   15 094   13 317 19 537

a) 计算总体均值．
b) 用第一行的 5 辆车作为样本，计算抽样误差．
c) 用前两行的 10 辆车作为样本，计算抽样误差．
d) 增大样本容量将如何影响抽样误差．

7.5 标题为 state.xlsx 的 Excel 文件包含了 2008 年所有 50 个州以及哥伦比亚地区的中位数收入．
a) 用 Excel 生成一个含 4 个州的简单随机样本，计算该样本的抽样误差．

b) 用 Excel 生成一个含 8 个州的简单随机样本，计算该样本的抽样误差.
c) 用 Excel 生成一个含 12 个州的简单随机样本，计算该样本的抽样误差.
d) 比较 a，b，c 部分的抽样误差并解释产生差异的原因.

7.6 名为 verizon.xlsx 的 Excel 文件包含了特拉华州当地一家威瑞森零售店过去几年中手机配件（蓝牙耳机、存储卡等）的日收入额.

a) 用 Excel 生成一个含 10 天的系统样本，计算该样本的抽样误差.
b) 用 Excel 生成一个含 25 天的系统样本，计算该样本的抽样误差.
c) 用 Excel 生成一个含 50 天的系统样本，计算该样本的抽样误差.
d) 比较 a，b，c 部分的抽样误差并解释产生差异的原因.
e) 对于 c 中的样本，会遇到什么问题？

7.4 中心极限定理

当学生遇到定理这个词的时候，他们目光呆滞的表情告诉我，他们的思想不知道飘到哪个地方去了. 但是一定要相信我，中心极限定理（CLT）是"所有定理的鼻祖"，它值得引起你的注意. **中心极限定理**说的是无论总体分布情况如何，大样本的样本均值为正态分布. 缺失了这块珍宝，恐怕统计学领域将不会被纳入大学必修课程. 所以现在学的也正是你读此书的原因.⊖

下例是对 CLT 的最好描述. 我妻子 Deb 和我要到一中等价位的餐馆（毕竟我只是一名教师）吃晚饭，该餐馆提供的 4 道主菜如表 7-2 所示. 如果随机选取其中一道主菜，价位为 \$12 的概率为 25%. 其他三道主菜的价格概率也一样. 该概率分布图如图 7-6 所示.

由于表 7-2 包含可供选择的所有主菜类型，这些数据考虑为总体. 该总体的均值用公式 5-1 计算：

表 7-2 主菜、价位以及被随机选中的概率

主菜类型	价位	被随机选中的概率
蔬菜(V)	\$12	0.25
鸡肉(C)	\$14	0.25
鱼(F)	\$16	0.25
牛排(S)	\$18	0.25

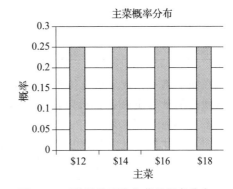

图 7-6 四道随机选取主菜的概率分布

$$\mu = \sum_{i=1}^{N} x_i P(x_i)$$

$\mu = (\$12)(0.25) + (\$14)(0.25) + (\$16)(0.25) + (\$18)(0.25)$

$= \$3.00 + \$3.50 + \$4.00 + \$4.50$

$= \$15.00$

换言之，该总体的平均价位是 \$15. 下面，我想用表 7-3 和公式 5-4 计算该总体的标准差.

⊖ 我一定要强调 CLT 的重要性. 我们将在本书的后续章节多次用到样本均值的这种表现.

$$\sum_{i=1}^{n} x_i^2 P(x_i) = 230$$

$$\sigma^2 = \left(\sum_{i=1}^{n} x_i^2 P(x_i) \right) - \mu^2 ^{\ominus}$$

$$= 230 - (15)^2 = 230 - 225 = 5$$

$$\sigma = \sqrt{\sigma^2} = \sqrt{5} = \$\,2.24$$

表 7-3 主菜价位总体的标准差计算

x_i	x_i^2	$P(x_i)$	$x_i^2 P(x_i)$
12	144	0.25	36
14	196	0.25	49
16	256	0.25	64
18	324	0.25	81
			总计 = 230

至此,我们已经用下面的参数描述了总体:

$$\mu = \$\,15.00$$
$$\sigma = \$\,2.24$$

现在我将向你介绍中心极限定理的精彩之处. 假设 Deb 和我每人都随机选择了我们的主菜. (事实上,我从没有这样做过. 如果我被迫吃蔬菜的话,将会沮丧异常. 鱼类菜品也会让我很紧张不安. 两者结合起来,我会有 50% 的概率饿着走出餐馆.) 如果我俩都随机点餐的话,所有可能的组合是什么呢?表 7-4 给出了所有 16 种组合的主菜价位. 左上角的 12,12 表示 Deb 和我 (Bob) 各点了一个价位为 \$12 的蔬菜(V). 旁边的 (12, 14) 表示的是我点了一个价位 \$12 的蔬菜(V),Deb 点了价位 \$14 的鸡肉(C)——表中其他数据依此类推. 我点的主菜在表中不加底色,Deb 点的主菜在表中用加底色标注.

表 7-4 可能的主菜组合(\$)

	Deb(V)	Deb(C)	Deb(F)	Deb(S)
Bob(V)	12, 12	12, 14	12, 16	12, 18
Bob(C)	14, 12	14, 14	14, 16	14, 18
Bob(F)	16, 12	16, 14	16, 16	16, 18
Bob(S)	18, 12	18, 14	18, 16	18, 18

现在我们基本完成了从总体中有放回地选择容量为 2 的简单随机样本的所有可能. 这里有放回指的是 Deb 和我都可以点相同的主菜. 无放回抽样意思是如果 Deb 点了蔬菜,我就不得不点其他 3 种主菜.

下面,我计算了表 7-4 中每对主菜的样本均值. 所有 16 个均值如表 7-5 所示. 例如,如果我点鸡肉而 Deb 点蔬菜(表 7-4 第一列的第二组数据),则样本均值为

$$\bar{x} = \frac{\$\,14 + \$\,12}{2} = \$\,13$$

该值位于表 7-5 的首列第二个数据.

表 7-5 Bob 和 Deb 随机所点两道主菜平均价位的总体

	Deb(V)	Deb(C)	Deb(F)	Deb(S)
Bob(V)	12	13	14	15
Bob(C)	13	14	15	16
Bob(F)	14	15	16	17
Bob(S)	15	16	17	18

注:该表中的每一个数值代表了表 7-4 中数对的样本均值,这个值是 14 和 12 的平均值.

⊖ 这是第 5 章计算离散概率分布的方差的公式 5-4.

最后，我列出了表 7-5 中样本均值的频率和相对频率分布，如表 7-6 所示.

表 7-6 的分布有一个非常特殊的名字——均值的抽样分布. 该表描述了从总体中随机抽取样本的样本均值遵循的形式. 图 7-7 给出了分布的图像.

现在，比较图 7-6 均值的抽样分布形状和总体概率分布. 尽管总体是均匀分布(所有 4 道主菜有 25% 的概率被随机选中)，样本均值的分布围绕总体均值呈钟形、对称分布，类似第 6 章的正态概率分布. 这是因为样本均值 $15 的发生有 4 种途径，如表 7-7 所示，其实是表 7-6 的重复.

表 7-6 表 7-5 的频率和相对频率：平均主菜价格

样本均值 $\overline{x}_i$	频率	相对频率
$12	1	0.0625
$13	2	0.125
$14	3	0.1875
$15	4	0.25
$16	3	0.1875
$17	2	0.125
$18	1	0.0625
总计	16	1.00

注：2/14=0.125

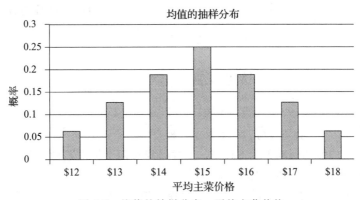

图 7-7 均值的抽样分布：平均主菜价格

表 7-7 主菜价格的样本均值

	Deb(V)	Deb(C)	Deb(F)	Deb(S)
Bob(V)	12	13	14	15
Bob(C)	13	14	15	16
Bob(F)	14	15	16	17
Bob(S)	15	16	17	18

通过比较，样本均值 $12 和 $18 在抽样分布中都只出现了一次.

一般地，CLT 告诉我们：对任何总体分布，只要样本足够大，样本均值都将呈正态分布. 多数情况下，无论总体分布情况如何，样本容量大于或等于 30 的样本均值为正态分布. 如果总体恰为正态分布，则不管样本容量大小如何，样本均值也为正态分布.

我们可以通过计算样本均值的均值 $\mu_{\overline{x}}$ 来证明总体均值，用表 7-6：

$$\mu_{\overline{x}} = \sum_{i=1}^{n} \overline{x}_i P(\overline{x}_i)$$

$$= (\$12)(0.0625) + (\$13)(0.125) + (\$14)(0.1875) + (\$15)(0.25)$$

$$+ (\$16)(0.1875) + (\$17)(0.125) + (\$18)(0.0625)$$

$$\mu_{\overline{x}} = \$0.75 + \$1.625 + \$2.625 + \$3.75 + \$3.00 + \$2.125 + \$1.125$$
$$= \$15.00$$

注意到这里我对两个不同的均值进行了区分.

$\mu =$ 总体均值

$\mu_{\overline{x}} =$ 样本均值的均值

这里不确信 $\mu = \mu_{\overline{x}} = \$15.00$. 就像主菜例子中的结果一样,从某个总体抽取的诸多样本均值的平均值可以非常接近或等于总体均值.⊖

表 7-8 样本均值(平均主菜价格)标准差的计算

$\overline{x}_i$	$\overline{x}_i^2$	$P(\overline{x}_i)$	$\overline{x}_i^2 P(\overline{x}_i)$
12	144	0.0625	9
13	169	0.125	21.125
14	196	0.1875	36.75
15	225	0.25	56.25
16	256	0.1875	48
17	289	0.125	36.125
18	324	0.0625	20.25
		总计	**227.5**

请耐心跟我看最后一个重点. 我们用表 7-6 计算一下样本均值的标准差 $\sigma_{\overline{x}}$. 我们再次运用公式 5-4,将 x 代换为 $\overline{x}$,将 μ 代换为 $\mu_{\overline{x}}$. 表 7-8 给出了计算过程.

$$\sum_{i=1}^{n} \overline{x}_i^2 P(\overline{x}_i) = 227.5$$

$$\sigma_{\overline{x}}^2 = \left(\sum_{i=1}^{n} \overline{x}_i^2 P(\overline{x}_i) \right) - \mu_{\overline{x}}^2$$

$$= 227.5 - (15)^2 = 227.5 - 225 = 2.5$$

$$\sigma_{\overline{x}} = \sqrt{\sigma_{\overline{x}}^2} = \sqrt{2.5} = \$1.58$$

也就是说样本均值的标准差为 $1.58. 注意到我对两个标准差做了区分.

$\sigma =$ 总体标准差,度量总体均值的变异性

$\sigma_{\overline{x}} =$ 样本均值的标准差,度量容量为 n 的样本均值的平均变异性. 也被称为**均值的标准差**.

☞ 均值的标准差越大,来自总体的样本均值间变异性越大.

我们停下来先做个小结.

如果我们知道总体的标准差 σ,可以用公式 7-3 计算均值的标准误差 $\sigma_{\overline{x}}$.

均值的标准误差公式

$$\sigma_{\overline{x}} = \frac{\sigma}{\sqrt{n}} \quad (7\text{-}3)$$

	总体	样本均值
	$\mu = \$15.00$	$\mu_{\overline{x}} = \$15.00$
	$\sigma = \$2.24$	$\sigma_{\overline{x}} = \$1.58$

其中 $\sigma =$ 总体标准差

$n =$ 样本容量

这是一个非常重要的公式,在后面章节中会经常看到. 现在我们将其用于主菜例题.

$$\sigma_{\overline{x}} = \frac{\sigma}{\sqrt{n}} = \frac{\$2.24}{\sqrt{2}} = \$1.58$$

在我们的例题中,由于我们随机点了两道主菜(见表 7-4)来构造抽样分布,故 $n = 2$.

⊖ 由于存在抽样误差,样本均值的均值($\mu_{\overline{x}}$)并不总是等于总体均值. 本例中二者相等是因为包含了总体中 $n = 2$ 的所有可能的样本均值.

公式 7-3 的结果与用表 7-8 和公式 5-4 计算的结果相同，但要简单得多！

现在我们再来做个小结.
- 无论样本容量多大，总体为正态分布的样本均值也呈正态分布.
- 若总体不是正态分布，CLT 告诉我们样本容量足够大的样本均值服从正态分布. 通常，无论总体分布情况如何，样本容量大于等于 30 的样本均值服从正态分布.

$$\mu = \mu_{\bar{x}}$$
$$\sigma_{\bar{x}} = \frac{\sigma}{\sqrt{n}}$$

这些性质开启了多种统计过程，并对决策的制定做出了重大贡献. 下一节我们将讨论如何将 CLT 应用到商业世界. 不过，首先我建议你先解一下下面的思考题以检验对该定理的理解.

思考题 3 Debbie 和 Katie 打算到优雅一天 SPA 去享受该 SPA 提供的三种服务之一.

定义 3 种服务为总体，Debbie 选择的服务和 Katie 选择的服务是容量为 2 的样本.

a) 确定总体的频率分布.

b) 确定 Debbie 和 Katie 选择的服务组样本均值的频率分布.

服务	价格
美容(F)	$40
足疗(P)	$30
美甲(M)	$20

c) 证明总体均值和所有可能的样本均值的均值相等.

d) 用公式 5-4 和公式 7-3 两种方法分别计算均值的标准误差.

7.4.1 中心极限定理的应用

本节的目的就是让你相信 CLT 是我使用过的最有用的工具，它值得一切赞誉. 我将用 2009 年皮尤研究中心的一项调查数据，该调查发现年龄在 14～17 岁之间的女孩每天平均发送 100 条文本信息. （我必须承认，这个统计量很难参透.）我对这个总体的概率分布知之甚少，所以不能回答下面的问题：对于随机选取的一个 14 岁至 17 岁间的女孩，她今天发送的文本短信量大于 110 的概率是多少？

然而，用 CLT，我能回答这个问题：对于随机选取的容量为 30 的 14 岁至 17 岁女孩样本，今天平均发送文本信息量大于 110 的概率是多少？

对于这个足够大的样本（$n \geqslant 30$），我可以回答第二个问题，因为我知道样本均值服从正态概率分布，其中分布的均值为：

$$\mu_{\bar{x}} = \mu = 100$$

下一步是用公式 7-3 计算均值的标准误差 $\sigma_{\bar{x}}$. 不过，这个公式要求知道总体标准差 σ，而这个量并不是总是已知的. 后续章节会有估计 σ 的方法的讨论. 同时，我们假设该值可从历史数据中获得. 在文本例题中，我假设总体标准差为每天 40 条文本信息，这样就可以计算均值的标准误差了.

$$\sigma = 40$$
$$n = 30$$

$$\sigma_{\bar{x}} = \frac{\sigma}{\sqrt{n}} = \frac{40}{\sqrt{30}} = \frac{40}{5.48} = 7.30$$

要计算正态概率,需用公式 7-4 所示的样本均值的 z 得分.

样本均值的 z 得分公式

$$Z_{\bar{x}} = \frac{\bar{x} - \mu_{\bar{x}}}{\sigma_{\bar{x}}} \tag{7-4}$$

其中 $\bar{x}$=样本均值

$\mu_{\bar{x}}$=样本均值的均值

$\sigma_{\bar{x}}$=均值的标准误差

这个公式是第 6 章讨论的 z 得分变形. 在这个 z 得分的样本均值变形中:
- $\bar{x}$ 代换了 x
- $\sigma_{\bar{x}}$ 代换了 σ
- $\mu_{\bar{x}}$ 代换了 μ

用公式 7-4,$\bar{x}=110$ 的 z 得分为

$$z_{110} = \frac{\bar{x} - \mu_{\bar{x}}}{\sigma_{\bar{x}}} = \frac{110 - 100}{7.30} = 1.37^{\ominus}$$

也就是说样本均值 110 在抽样分布均值 $\mu_{\bar{x}}$ 右侧 1.37 个标准差处,见图 7-8.

用附录 A 表 4,可求得 $z=1.37$ 左侧的面积等于 0.9147. 因此,

$$P(\bar{x} > 110) = P(z > 1.37)$$
$$= 1.0 - 0.9147 = 0.0853$$

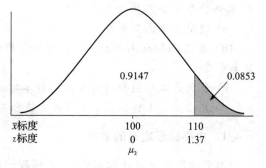

图 7-8 均值的抽样分布:文本信息例题

注:别忘了画曲线!

图 7-8 中阴影部分面积显示 30 名 14~17 岁女孩样本均值大于每天 110 条文本信息的概率为 8.5%. 令我觉得不可思议的是这是在我们不知道总体概率分布的情况下得出的结论. 反正我真觉得这事挺酷的,随便你们说我白痴吧. 像威瑞森和美国电话电报这样的公司就可以用这条信息来帮助他们设计针对年轻客户服务计划的价格水平.

在继续往下学习之前,请先做一做下面的思考题以确保理解了 CLT.

思考题 4 根据美国劳工部的信息,2009 年 12 月私企非监制工人的时薪为 \$18.80. 假设该总体的标准差是每小时 \$4.00. 选取该群体的一个 35 名工人随机样本. 该样本均值小于 \$18 的概率是多少?

7.4.2 中心极限定理在检验断言中的应用

等一下——还有呢. CLT 还可用于证明个人或组织断言的正确性. 我宣称自己高尔夫的开球平均距离长达 240 码(想象 Deb 怀疑地看我的表情). 你知道的,Deb 校对了这本统计学的全部章节,她知道怎么去检验我的言论. 她可以随机抽取我的 45 个开球以达到

$\ominus$ 我的学生常犯的一个错误是在公式 7-4 中用 σ 而不是 $\sigma_{\bar{x}}$. 小心成为这样倒霉的统计学家哦!

CLT 的要求(我们不知道总体的分布). 假设该样本的平均开球距离为 233 码,开球总体的标准差为 20 码. 有证据支持我的断言吗?

表面上,你可能会认为 233 码比 240 小,我的断言不被支持. 但是 233 码这个均值以样本为基础. 我们在本章开篇时讨论过,当样本用于估计总体参数时会产生抽样误差. 支持我的断言不一定非要样本均值等于 240,略小于 240 也可以. 不过,要想彻底地回答这个问题,Deb 需要引用 CLT. 她的目的是在抽样分布的均值为 240 码的条件下,确定得到小于等于 233 样本均值的概率. 静观其变吧.

首先,Deb 通过假设均值确为 240 码来设置抽样分布. 此时尽管我们不知道断言的真假,我们假设它为真以检验我的断言.

$$\mu_{\bar{x}} = \mu = 240 \text{ 码}$$

下面,Deb 计算均值的标准误差:

$$\sigma = 20 \text{ 码}$$
$$n = 45$$
$$\sigma_{\bar{x}} = \frac{\sigma}{\sqrt{n}} = \frac{20}{\sqrt{45}} = \frac{20}{6.71} = 2.98$$

现在,Deb 计算 $\bar{x} = 233$ 的 z 得分:

$$z_{233} = \frac{\bar{x} - \mu_{\bar{x}}}{\sigma_{\bar{x}}} = \frac{233 - 240}{2.98} = -2.35$$

最后,她计算了抽样分布均值为 240 码时,样本均值小于等于 233 码的概率. 由附录 A 的表 3,有

$$P(\bar{x} \leqslant 233) = P(Z \leqslant -2.35) = 0.0094$$

该概率如图 7-9 阴影部分所示.

这对我是个坏消息. 如果我开球总体的均值真如我所说为 240 码,Deb 抽取的样本均值小于等于 233 的概率仅为 1%. 总体均值看来小于 240 码. 看起来在高尔夫课上,我眼中的开球距离比实际值远.

什么样本均值会支持我开球平均距离 240 码的断言呢? 显然,应该是比 233 更靠近 240 的值,所以比 240 码略大 ($\bar{x}_U$) 或略小 ($\bar{x}_L$) 的样本均值即可. 图 7-10 的阴影部分显示了如何求这两个值. 多数统计学家认为若总体均值为 240 码,这些值落在包含 95% 样本均值的对称区间里.㊀

要求 $\bar{x}_U$ 和 $\bar{x}_L$,我们需确定定义图 7-10

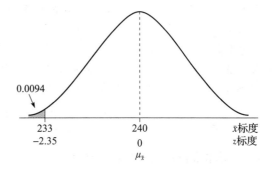

图 7-9 均值的抽样分布:高尔夫例题

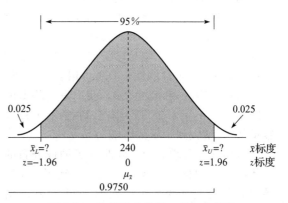

图 7-10 95% 样本均值:高尔夫例题

㊀ 介于 $\bar{x}_L$ 和 $\bar{x}_U$ 之间的样本均值支持我的断言!

中阴影区域的 z 得分. 如果 95% 区域在抽样分布的中间, 我们有 2.5% 的面积在阴影部分右侧, 2.5% 在左侧.

这就意味着 $\bar{x}_U$ 左侧的面积为 $0.95+0.025=0.975$, 如图 7-10 所示. 在附录 A 的表 4 中查得与 0.975 接近的值为 $z=1.96$. 我们要求的是 240 右侧距其 1.96 个标准差的样本均值. 由于抽样分布对称且 95% 区域位于曲线中间, 与 $\bar{x}_L$ 对应的 z 得分为 -1.96. 也就是求得的样本均值位于 240 码左侧 1.96 个标准差. 将公式 7-4 变形可算得:

$$z = \frac{\bar{x} - \mu_{\bar{x}}}{\sigma_{\bar{x}}}$$

$$\bar{x}_U = \mu_{\bar{x}} + z\sigma_{\bar{x}}$$
$$= 240 + (1.96)(2.98) = 245.8 \text{ 码}$$
$$\bar{x}_L = \mu_{\bar{x}} - z\sigma_{\bar{x}}$$
$$= 240 - (1.96)(2.98) = 234.2 \text{ 码}$$

要与我的平均开球距离为 240 码的断言相符, 45 次开球样本的均值应该介于 234.2 码和 245.8 码之间. 若样本均值小于 234.2 码, 就有证据说明总体均值小于 240 码. 大于 245.8 码的样本均值说明平均开球距离大于 240 码.

下一节将讨论样本容量对抽样分布的作用, 不过一定要先做一做下面的检验家乐氏断言的思考题.

思考题 5 CLT 可用于质量控制, 比如谷物装箱生产线. 假设家乐氏声称每盒霜片的平均重量为 18 盎司. 为了验证装箱生产线正常与否, 抽取一个 30 盒的样本, 样本均值为 18.2 盎司. 历史数据显示装箱生产线的标准差为 0.32 盎司.

a) 霜片装箱生产线如家乐氏预计的那样正常工作吗?
b) 如果总体均值为 18 盎司, 确定样本均值 95% 的对称区间.

7.4.3 样本容量对抽样分布的作用

本章开篇时我提到了样本容量对 CLT 有非常重要的作用. 当增大样本容量时, 均值的标准误差变小, 从而减小了抽样误差. 让我们回到我高尔夫课程平均开球距离 240 码这个被揭穿的言论. (非常感谢, Deb.) 用 $\sigma=20$ 码、$n=45$(样本容量)和公式 7-3, 我们发现均值的标准误差为 $\sigma_{\bar{x}}=2.98$ 码. 图 7-11 显示了样本容量从 45 增大到 100 的影响.

将样本容量增大到 100 改变了抽样分布的形状. 均值的标准误差从 2.98 降到了 2.00, 导致分布图变高变窄了, 如图 7-11 所示. 增大样本容量减小了标准误差, 从而样本均值更

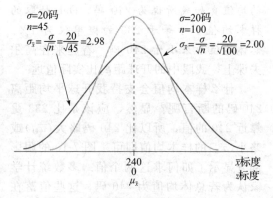

图 7-11 改变样本容量对抽样分布的作用: 高尔夫例题

趋近于分布的均值, 本例中更趋近 240. 我们可以通过计算 $n=100$ 的样本均值 95% 区间看到这种现象.

增大样本容量减小了标准误差,从而样本均值更趋近于分布的均值.

$$\overline{x}_U = \mu_{\overline{x}} + z\sigma_{\overline{x}}$$
$$= 240 + (1.96)(2.00) = 243.9 \text{ 码}$$
$$\overline{x}_L = \mu_{\overline{x}} - z\sigma_{\overline{x}}$$
$$= 230 - (1.96)(2.00) = 236.1 \text{ 码}$$

表 7-9 将此结果和前面计算过的 $n=45$ 区间进行了比较. 如你所见,$n=100$ 的样本均值区间比 $n=45$ 窄.

增大样本容量同样有效地减小了我们在公式 7-2 定义中的抽样误差 $\overline{x}-\mu$. 这样想:当逐渐将样本容量增大到总体大小时,样本均值将接近总体均值. 若整个总体被"抽样",则该样本均值就是总体均值. 这就是**普查**. 一旦整个总体被度量,则 $\overline{x}=\mu$,抽样误差为 0. 可作如下总结:

表 7-9 样本容量从 45 变为 100 后包含 95% 样本均值的区间:高尔夫例题

n	$\overline{x}_L$	$\overline{x}_U$
45	234.2	245.8
100	236.1	243.9

当 $n \to N$
则 $\overline{x} \to \mu$
最终 $\overline{x} = \mu$
使得 $\overline{x} - \mu = 0$(抽样误差)

多数情况下,抽样仍是比普查更好的方法(除非你是美国政府). 当美国政府统计国家人口数量时,尽量统计到每一个人——尽管会有像无家可归的人这样难以统计到的. 然而,对于多数人和机构而言,总体通常都太大或不能完全获得. 这个概念说明样本容量可以控制用样本描述较大总体时发生的内部误差.

总体的分布形状与样本容量一样,也会影响抽样分布的形状. 图 7-12 给出了 3 个总体和其对应的抽样分布直方图.

在所有 3 种情形中,$n=30$ 的抽样分布比较小容量的样本分布更高更窄,具有正态分布的形状. 还可以看到,中间正态分布总体的所有容量的样本都为正态抽样分布. 总体 1 和总体 3 显然不是正态的,则没有相同结论. 图 7-12 从图形上显示了当样本足够大时,无论总体分布如何,它们的均值服从正态分布. 这正是 CLT 所预言.

我希望已经令你相信 CLT 的重要性了. 如果我是你的老师,你会在考试中看到这部分的各种考题,试试下面这个思考题吧.

思考题 6 经美国环境保护局(EPA)检测,2010 版丰田普锐斯城市道路和高速路的综合油耗为每加仑 50 公里(MPG). 普锐斯是 EPA 检测的达到 50mpg 的第一种车型. 假设总体标准差是 7MPG. 确定包含 95% 样本均值的区间,样本容量分别为:

a) 40 辆车
b) 80 辆车

7.4.4 有限总体均值的抽样分布

本章到此为止,我们所有样本均假设来自非常大或无穷总体. 在这些情形中,样本容

量与总体大小之比 n/N 都很小. 相比之下，当总体较小或有限时，该比值就会很大. 如果比值 n/N 大于 5%，较小的总体同样要求我们调整均值计算的标准误差. 因此，如果总体有 100 个人，从中抽取多于 5 个人，将需用公式 7-5 调整均值的标准误差.

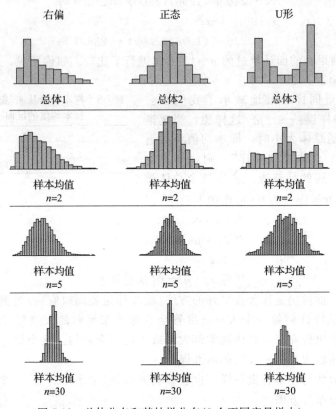

图 7-12　总体分布和其抽样分布（3 个不同容量样本）

均值的标准误差公式（有限总体）

$$\sigma_{\bar{x}} = \frac{\sigma}{\sqrt{n}} \sqrt{\frac{N-n}{N-1}} \tag{7-5}$$

其中　σ＝总体标准差

n＝样本容量

N＝总体大小

公式 7-5 中的 $\sqrt{\frac{N-n}{N-1}}$ 被称为**有限总体修正因子**. 为了说明从有限总体的抽样，考虑拥有 100 住户的特拉华州泳池服务公司 Sum-R-Fun. 历史数据显示，Sum-R-Fun 客户对该公司服务打分的平均值为 7.2（打分标准 1～10 分），标准差为 0.7. 但是最近的一份 40 客户样本平均分为 7.5. 有证据显示全体客户对客服的打分平均值与 7.2 不同吗？也就是如果所有客户都参与调查，7.5 分会显示该公司的平均得分大于 7.2 吗？如果是这样，将说明客户对该公司的满意度越来越高了. 或者较高的 7.5 分也可能仅仅是抽样误差的结果. 让我们来看看到底是哪种.

👉 当样本容量与总体大小之比 n/N 大于 5%，有限总体修正因子将被用于调整均值的标准误差.

因为从 100 客户中抽取 40，比值 $n/N = 40/100 = 40\%$. 该值大于 5%，所以认为是从有限总体抽样，需用公式 7-5.

$$\sigma_{\bar{x}} = \frac{\sigma}{\sqrt{n}}\sqrt{\frac{N-n}{N-1}} = \frac{0.7}{\sqrt{40}}\sqrt{\frac{100-40}{100-1}}$$

$$= \frac{0.7}{6.32}\sqrt{\frac{60}{99}} = (0.111)\sqrt{0.606}$$

$$= (0.111)(0.778) = 0.086$$

现在计算 $\bar{x} = 7.5$ 的 z 得分：

$$z_{7.5} = \frac{\bar{x} - \mu_{\bar{x}}}{\sigma_{\bar{x}}} = \frac{7.5 - 7.2}{0.086} = 3.49$$

由于附录 A 的表 4 只显示了到 $z = 3.0$ 的正态概率，这里我们将用 Excel 的 NORMSDIST 函数功能. 这个重要的函数有下面特征：

$$= \text{NORMSDIST}(z)$$

其中 $z =$ 前面计算的 z 得分. NORMSDIST 给出了 z 值左侧面积，如图 7-13 所示.

根据图 7-13，

$$P(z \leqslant 3.49) = 0.9998$$

然而，我们求的是

$$P(z > 3.49) = 1 - 0.9998 = 0.0002$$

当总体均值为 7.2 时，样本均值大于等于 7.5 的概率很小（仅为 0.02%）. 因而总体均值似乎大于 7.2. 显然，最近 Sum-R-Fun 的客服有所提升.

我确信你一定会问为什么有限总体要用不同的标准误差. 要解释这个问题，见表 7-10，该表给出了 Sum-R-Fun 样本容量为 40、60、80 和 100 的标准误差. 注意到容量为 100 的样本考虑为普查，因为总体包含 100 客户.

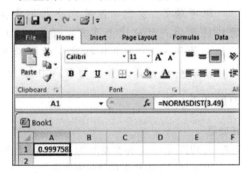

图 7-13 Excel 的 NORMSDIST 函数

表 7-10 总体有限（$N = 100$）的 Sum-R-Fun 样本容量抽样误差

样本容量 n	标准误差 $\sigma_{\bar{x}} = \frac{\sigma}{\sqrt{n}}$	有限修正因子 $\sqrt{\frac{N-n}{N-1}}$	含有限修正因子的标准误差 $\sigma_{\bar{x}} = \frac{\sigma}{\sqrt{n}}\sqrt{\frac{N-n}{N-1}}$
40	0.111	0.778	0.086
60	0.090	0.636	0.057
80	0.078	0.449	0.035
100	0.07	0	0

表 7-10 的首列是样本容量. 第二列为无修正因子的标准误差，这里与样本容量相比

较，假设总体足够大(无限)．第 3 列是各样本容量的有限总体修正因子．最后一列给出了各样本容量含修正因子的标准误差．

回想本节开始部分对抽样误差的讨论．我们知道样本容量趋近于总体大小时，抽样误差趋近于 0．当样本均值等于总体均值时，两者之间无差别．也就是 $\sigma_{\bar{x}}$ 等于 0．但是，请看表 7-10 第 2 列：当 n 趋近于 100 时，标准误差值仅降到了 0.07．这是因为第 2 列标准误差的计算假设总体无限．这时就要有限总体修正因子来援助．当 $n=N$ 时，修正因子等于 0，得到正确的标准误差也为 0．

一般地，减小标准误差的修正因子反映了有限总体的抽样误差较小．如果在总体有限时对第 2 列使用无限总体标准误差，将会增大抽样误差，从而对概率的计算产生不利影响．

☞ 我们用修正因子减小标准误差是因为有限总体的抽样误差较小．

当总体大小比样本容量大很多时，有限修正因子会怎样呢？让我们代入总体大小 10 000、样本容量 30 计算：

$$N = 10\ 000 \quad n = 30$$

$$\sqrt{\frac{N-n}{N-1}} = \sqrt{\frac{10\ 000-30}{10\ 000-1}} = \sqrt{\frac{9970}{9999}} = \sqrt{0.997} = 0.998 \approx 1.0$$

如计算结果所示，对 n/N 小于 5% 的无限总体，修正因子约等于 1.0，基本上脱离了标准误差的计算．下面这个关于保留我工作的思考题显示了有限总体的概念．

思考题 7 我们学院要求老师的学生评教分数不得低于 9 分(1~10 分制)，以此作为聘任的条件．目前这个学期，我的 120 名学生中有 30 名已完成了对老师的评教．我的平均分数是 8.8．历史数据显示学院学生评教的标准差为 3.2．我们院长约我今天见面讨论今后的去留问题．你能帮我保住这份工作吗？

习题 7.4

基础题

7.7 对均值为 150，标准差为 30 的总体，计算具有下列容量的样本均值的标准误差：
a) 10
b) 20
c) 50

7.8 对均值等于 80，标准差等于 15 的正态总体，确定容量为 10 的样本均值小于等于 85 的概率．

7.9 对于均值为 24，标准差为 15 的左偏总体，确定容量为 32 的样本均值大于等于 23 的概率．

7.10 确定包含 95% 样本均值的对称区间，其中总体均值等于 45，总体标准差等于 9，样本容量为 36．

7.11 考虑大小为 250 的总体，均值为 60，标准差为 23．样本容量为 45 的样本均值小于等于 62 的概率是多少？

应用题

7.12 根据国家剧院业主协会消息，美国 2009 年一场电影的平均价格是 \$7.50．假设总体标准差为 \$0.50，随机抽取了 30 家剧院．
a) 计算均值的标准误差．
b) 样本均值小于 \$7.65 的概率是多少？
c) 样本均值小于 \$7.45 的概率是多少？
d) 样本均值大于 \$7.60 的概率是多少？

7.13 为缩短比赛时长，职业棒球大联盟制定了一条新规，投球手有 12 秒的时间将球投给击球手．不幸的是，这项新规并未被裁判经常执行．《华尔街日报》最近对投球手进行了一项调查以确定将球投回本垒所需的时间(SLOTH). 在参与调查的30名投球手中, 波士顿红袜队的 Josh Beckett 平均 SLOTH 最高, 为14.88秒. 假设 Beckett 单次投球的 SLOTH 值服从标准差为2.5秒的正态概率分布.
  a) Josh Beckett 10 次投球的随机样本均值小于14秒的概率为多少?
  b) Josh Beckett 20 次投球的随机样本均值小于14秒的概率为多少?
  c) Josh Beckett 30 次投球的随机样本均值小于14秒的概率为多少?
  d) 解释这3个概率值的区别.

7.14 根据史密斯旅游研究, 美国2009年旅馆的均价为 $97.68. 假设总体标准差为 $18.00, 随机选取了35家旅馆样本.
  a) 计算均值的标准误差.
  b) 样本均值小于 $100 的概率是多少?
  c) 样本均值大于 $102 的概率是多少?
  d) 样本均值介于 $96 和 $98 之间的概率是多少?

7.15 加州大学圣地亚哥分校的研究人员发现2008年美国人均日看电视时间为5小时. 假设总体标准差为每天1.6小时. 32人样本的日均看电视时间为5.3小时. 这个结论支持研究结果吗?

7.16 通腾公司2009年的一项研究发现夏威夷拥有全国车速最慢的高速公路司机. 驾驶员的平均时速为52.7公里(MPH). 假设总体标准差为6.0MPH.
  a) 30名驾驶员样本的均值小于51MPH的概率是多少?
  b) 45名驾驶员样本的均值小于51MPH的概率是多少?
  c) 60名驾驶员样本的均值小于51MPH的概率是多少?
  d) 解释这3个概率值的区别.

7.17 美国零售联合会数据显示, 男性在2009年情人节礼物的平均消费为 $135.35(女性为 $72.28). 假设该总体为正态分布, 且标准差为 $40. 庆祝情人节的10名男士被随机取样.
  a) 计算均值的标准误差.
  b) 样本均值小于 $125 的概率是多少?
  c) 样本均值大于 $140 的概率是多少?
  d) 样本均值介于 $120 和 $160 之间的概率是多少?
  e) 若总体均值为 $135.35, 确定包含95%样本均值的对称区间.

7.18 据凯瑟家庭基金会称, 2009年8岁到18岁年龄段儿童每天使用电子媒介的平均时间为7.5小时. (比1999年的6小时多). 假设总体标准差是每天2.4小时. 该年龄群的30名儿童被随机选取, 样本电子媒介使用的日均时长为8.8小时.
  a) 运用前面讨论的准则, 该言论可否被支持?
  b) 如果总体均值为电子媒介日均使用时长7.5小时, 确定包含95%样本均值的对称区间.

7.19 据娱乐体育节目电视网称, 2009年全国橄榄球联盟(NFL)球员的平均体重为252.8磅. 假设总体标准差为25磅. 随机选取38名 NFL 球员样本.
  a) 计算均值的标准误差.
  b) 样本均值小于246磅的概率是多少?
  c) 样本均值大于249磅的概率是多少?
  d) 样本均值介于254磅和258磅之间的概率是多少?
  e) 若总体均值为252.8磅, 确定包含95%样本均值的对称区间.

7.20 本地一家比萨店称其外卖平均送货时间为30分钟. 40份外卖样本的平均时间为33分钟. 假设该店外卖总体的标准差是6.5分钟.
  a) 运用前面讨论的准则, 该店言论可否被支持?
  b) 如果总体均值为30分钟, 确定包含95%样本均值的对称区间.

7.21 据经济合作与发展组织(OECD)称, 2007年美国成人平均工作市场为1794小时. 假设总体标准差为400小时, 随机选取50名美国成人样本.
  a) 计算均值的标准误差.
  b) 样本均值大于1800小时的概率是多少?
  c) 样本均值介于1750小时和1780小时之间的概率是多少?

d) 1825 小时的样本均值支持 OECD 的言论吗?
e) 若总体均值为 1794 小时,确定包含 95% 样本均值的对称区间.

7.22 我某学期统计课的学生人数为 80. 最后一次考试平均分是 85.4,标准差为 4.9.32 名学生样本被随机选取.
a) 计算均值的标准误差.
b) 样本均值小于 87 的概率是多少?
c) 样本均值大于 86 的概率是多少?
d) 样本均值介于 84.5 和 86.5 之间的概率是多少?

7.23 纽瓦克学院有 240 名全职员工最近被选入学校的医疗保险计划. 员工自付部分的平均值为 $1880,标准差为 $515. 纽瓦克学院正在对其医疗保险进行审计,随机抽取了 30 名雇员来分析自付金.
a) 计算均值的标准误差.
b) 样本均值小于 $1825 的概率是多少?
c) 样本均值大于 $1840 的概率是多少?
d) 样本均值介于 $1900 和 $1950 之间的概率是多少?

7.24 标题为 NBA.xlsx 的 Excel 文件包含了 2007—2008 赛季国家篮球协会球员身高的频率分布.
a) 计算总体的均值和标准差.
b) 45 名球员样本均值小于 78 英寸的概率是多少?
c) 45 名球员样本均值大于 79.5 英寸的概率是多少?
d) 45 名球员样本均值介于 78.5 英尺和 80 英尺之间的概率是多少?

7.5 比例的抽样分布

至此,我们已经主要讨论了样本均值和其在抽样分布中的表现. 然而,很多时候我们要对样本的观测值进行计数,依赖的是样本百分比而非样本均值. 我将用下面的假想例题来说明. 假设播放 2011 超级碗的福克斯网络估计,当他们确定了赛前 30 秒广告价格后,45% 的美国家庭将收看比赛. 同样,假设比赛的广告商之一,可口可乐公司想独立证实这个言论. 比赛之后,可口可乐随机抽取了 200 个家庭,发现其中 84 个家庭收看了超级碗. 以该样本为基础,可口可乐能证实福克斯的言论吗?

为了回答这个问题,我们需要认出这是第 5 章讨论的二项概率分布,对 n 次试验的成功次数 x 进行了计数. 然后可以用公式 7-6 确定样本比例 p.

样本比例公式

$$p = \frac{x}{n} \tag{7-6}$$

其中 x = 样本中研究对象(成功)的观测次数
n = 样本容量(试验)

针对福克斯例题,样本比例为

$$p = \frac{x}{n} = \frac{84}{200} = 0.42$$

在第 6 章,我们学习了当 $np \geq 5$ 且 $nq \geq 5$ 时,可用正态分布近似二项概率分布. 回想 $q = 1 - p$. 这个条件在该例中是满足的,因为

$$np = (200)(0.42) = 84 \geq 5$$
$$nq = (200)(1 - 0.42) = 116 \geq 5$$

如果可口可乐已经从美国家庭总体中收集了很多随机样本,每个的容量为 200,并计算了每个的样本比例,样本比例的分布将服从正态分布. 此被称为比例的抽样分布. 这些

样本比例的均值一定约等于总体比例 π. 比例的抽样分布描述了来自总体的随机样本的样本比例服从的形式.[⊖]

该分布的标准差 σ_p 被称为**比例的标准误差**，见公式 7-7. 这个公式与前一节均值的标准误差类似.

比例的标准误差公式

$$\sigma_p = \sqrt{\frac{\pi(1-\pi)}{n}} \tag{7-7}$$

其中　π＝总体比例

　　　n＝样本容量

将此公式应用到福克斯例题中：

$$\pi = 0.45 \quad n = 200^{⊜}$$

$$\sigma_p = \sqrt{\frac{\pi(1-\pi)}{n}} = \sqrt{\frac{(0.45)(1-0.45)}{200}}$$

$$= \sqrt{\frac{0.2475}{200}} = \sqrt{0.001238} = 0.0352$$

为了计算正态概率，需引用样本比例的 z 得分，见公式 7-8.

样本比例的 z 得分公式

$$z_p = \frac{p - \pi}{\sigma_p} \tag{7-8}$$

其中　p＝样本比例

　　　π＝总体比例

　　　σ_p＝比例的标准误差

这个公式是本章前面使用的样本均值 z 得分公式的变形. 在样本比例的 z 得分中：

- p 代换了 $\bar{x}$
- σ_p 代换了 $\sigma_{\bar{x}}$
- π 代换了 μ

用公式 7-8，$p=0.42$ 的 z 得分为

$$z_{0.42} = \frac{p - \pi}{\sigma_p} = \frac{0.42 - 0.45}{0.0352} = -0.85$$

本例样本比例距福克斯声称的总体比例 π 左侧 0.85 个标准差，见图 7-14.

用附录 A 的表 3，求得 $z=-0.85$ 左侧的面积为

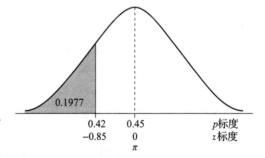

图 7-14　福克斯例题比例的抽样分布

$$P(p \leqslant 0.42) = P(z \leqslant -0.85) = 0.1977$$

图 7-14 阴影部分的面积显示可口可乐的美国 200 家庭样本中小于等于 84 个家庭收看

⊖　不要将参数 π 与几何上的常数 pi(3.141 592)混淆.

⊜　我们令总体比例为 $\pi=0.45$，因为福克斯声称收看超级碗的家庭占总体的百分比为 45％.

2011 超级碗的概率差不多是 20%. 这个概率假设总体比例为福克斯声称的 0.45. 从统计学家的角度来看,20% 足以支持福克斯的言论. 我们下一章将学习到,若这个百分比为 5% 或更少,可口可乐将有证据说明总体比例的真实值多半小于 0.45.

下面的思考题将给你一个检验新学的比例问题的机会.

思考题 8 FindLaw.com 2009 年一项对 18 岁及以上成人的调查发现 29% 的人边开车边发短信. 125 成人样本被选取. 该样本大于 30 人开车时发短信的概率是多少?

有限总体比例的抽样分布

如果 n/N 大于 5%, 有限修正因子 $\sqrt{\frac{N-n}{N-1}}$ 需包含在比例的标准误差中, 如公式 7-9 所示.

比例的标准误差公式(有限总体)

$$\sigma_p = \sqrt{\frac{\pi(1-\pi)}{n}}\sqrt{\frac{N-n}{N-1}} \tag{7-9}$$

其中　π = 总体比例

　　　n = 样本容量

　　　N = 总体大小

应用该比例标准误差的原因与使用均值的标准误差一样. 减小标准误差的修正因子反映了有限总体的抽样误差较小.

我将用下面的例题来说明这个方法. Goldey-Beacom 学院本学年毕业学生人数为 770, 学院称有 70% 的学生已经找到了与专业相关的全职工作. 为了检验这种说法, 120 名学生被进行了随机调查, 其中有 97 人找到了与专业相关的工作. 学院的这种说法准确吗?

首先, 我们将验证正态分布近似二项分布的条件是否满足:

$$p = \frac{x}{n} = \frac{97}{120} = 0.808$$

$$np = (120)(0.808) = 97 \geqslant 5$$

$$nq = (120)(1-0.808) = 23 \geqslant 5$$

因为 770 人的 120 人被抽样, 比值 $n/N = 120/770 = 16\%$. 此值大于 5%, 可以考虑为有限总体抽样, 采用公式 7-9:

$$\pi = 0.70 \quad n = 120 \quad N = 770$$

$$\sigma_p = \sqrt{\frac{\pi(1-\pi)}{n}}\sqrt{\frac{N-n}{N-1}} = \sqrt{\frac{(0.70)(1-0.70)}{120}}\sqrt{\frac{770-120}{770-1}}$$

$$= \sqrt{\frac{0.21}{120}}\sqrt{\frac{650}{796}} = \sqrt{0.00175}\sqrt{0.8453}$$

$$= (0.0418)(0.9194) = 0.0384$$

现在计算 $p = 0.808$ 的 z 得分:

$$z_{0.825} = \frac{p-\pi}{\sigma_p} = \frac{0.808-0.70}{0.0384} = 2.81$$

用附录 A 的表 4, 计算总体比例为 0.70 时, 样本比例大于等于 0.808 的概率:

$$P(p \geqslant 0.808) = P(z \geqslant 2.81) = 1.0 - 0.9975 = 0.0025$$

☝ 当样本容量与总体容量之比 n/N 大于 5% 时，有限总体修正因子将用于调整比例的标准误差．

当总体比例为 0.70 时，样本比例大于等于 0.808 的这个概率非常小（0.0025）．因此，总体比例似乎应大于 0.70．显然，根据这个样本，毕业学生中找到与专业相关工作的学生比例为 70%．

最后一点：回想第 6 章，我们用连续修正因子使得正态分布能够近似二项分布，通过在研究区间内加减 0.5 来实现．本章并未使用这个因子，这是因为这类问题中的样本容量和成功次数足够大，这样修正在概率的计算中就不重要了．因此，本章后面的习题不需要使用连续修正因子．

用下面这个最后的思考题对所学抽样技术做个总结．

思考题 9 Crossan Pointe 是特拉华州一家拥有 96 套住房的住房开发公司．据说这些住宅中有 75% 已完成了年度房屋维护费和除雪费的缴纳．随机选取了 50 套住宅作为随机样本，发现有 31 套已经缴费．有证据支持 75% 已完成缴费的言论吗？

习题 7.5

基础题

7.25 对于比例为 0.30 的总体，计算下列样本容量的比例的标准误差：
 a) 50
 b) 100
 c) 150

7.26 由比例为 0.65 的总体抽取 125 容量的样本．确定下列概率：
 a) 成功次数小于等于 80
 b) 成功次数小于等于 82
 c) 成功次数大于等于 75

7.27 由比例为 0.40 的总体抽取 150 容量的样本．确定下列概率：
 a) 成功次数介于 50 和 54 之间
 b) 成功次数介于 55 和 62 之间
 c) 成功次数介于 53 和 70 之间

7.28 由比例为 0.40 的总体抽取 150 容量的样本，总体大小为 400．确定下列概率：
 a) 成功次数介于 50 和 54 之间
 b) 成功次数介于 55 和 62 之间
 c) 成功次数介于 53 和 70 之间

应用题

7.29 Y 一代指的是生于 1981 年至 1991 年间的人．2010 年国家信贷咨询基金会（NFCC）的一项研究发现 Y 一代年轻人中有 58% 会按时还月供．假设我们从 Y 一代中选取 200 人的随机样本．
 a) 计算比例的标准误差．
 b) 样本中按时还月供人数小于 125 的概率是多少？
 c) 样本中按时还月供人数小于 100 的概率是多少？
 d) 样本中按时还月供人数大于 120 的概率是多少？
 e) 样本中按时还月供人数介于 112 和 122 之间的概率是多少？

7.30 据美国房地产协会消息，2010 年 3 月售出的住房中，44% 的购买人为首次购房．随机抽取了其中 175 名购房人．
 a) 计算比例的标准误差．
 b) 首次购房人数小于 80 的概率是多少？
 c) 首次购房人数大于 84 的概率是多少？
 d) 首次购房人数大于 75 的概率是多少？
 e) 首次购房人数介于 66 和 72 之间的概率是多少？

7.31 据皮尤研究中心的互联网与美国生活计划调查，2009 年美国 12～17 岁青少年中 73% 使用社交网络．该群体的 130 名青少年被进行了随机抽样．
 a) 计算比例的标准误差．
 b) 小于 75% 青少年使用社交网络的概率是多少？

c) 70%到80%的青少年使用社交网络的概率是多少?
d) 样本容量变为200对a,b,c的答案有何影响?

7.32 社会媒体和个人责任调查在2010年发现69%的父母在Facebook上是他们孩子的"朋友"。140名父母被随机选择.
a) 计算比例的标准误差.
b) 样本中大于100名父母是他们孩子的Facebook"朋友"的概率是多少?
c) 样本中96到105名父母是他们孩子的Facebook"朋友"的概率是多少?
d) 如果有81名父母说他们是孩子的Facebook"朋友",这个结果支持社会媒体和个人责任调查的发现吗?

7.33 据校园研究报道,2009年46%的18~24岁大学生会选择在家休闲的方式度过春假. 155名大学生被抽样.
a) 计算比例的标准误差.
b) 样本中小于40%的大学生选择在家休闲的方式度春假的概率是多少?
c) 样本中大于50%的大学生选择在家休闲的方式度春假的概率是多少?
d) 样本中48%到58%的大学生选择在家休闲的方式度春假的概率是多少?

7.34 据国家零售联合会报道,2009纳税年度,34%的纳税人选择用计算机软件缴税. 抽取125纳税人样本.
a) 计算比例的标准误差.
b) 小于30%的纳税人选择用计算机软件缴税的概率是多少?

c) 28%到40%的纳税人选择用计算机软件缴税的概率是多少?
d) 纳税人样本容量改为225对a,b,c的答案有何影响?

7.35 Pike Greek高尔夫俱乐部最近有375名会员缴纳了课程年费. 历史记录显示夏季每周至少上一次课的会员占38%. 为了验证这个结论,100名会员被随机抽取.
a) 计算比例的标准误差.
b) 每周至少上一次课的会员人数大于32的概率是多少?
c) 每周至少上一次课的会员人数在30到40人之间的概率是多少?
d) 如果该样本中有50名会员每周至少上一次课,这个现象支持课程使用的历史记录吗?

7.36 在Goldey-Beacom学院,56%的员工会将他们的家属纳入自己的医保. 最近,学院有200员工. 50名员工样本被抽取.
a) 员工将其家属纳入自己的医保的比例小于60%的概率是多少?
b) 用样本容量100和150回答问题a. 解释这些概率值的不同.
c) 不用有限修正因子,回答问题a. 解释概率值的不同.

7.37 本地一家美国电话电报公司零售点经理有一个目标,75%的客户在等待服务过程中的时间要少于5分钟. 名为AT&T.xlsx的Excel文件显示了160名客户随机样本的等待时间(以分钟计). 用Excel的COUNTIF函数计算成功的次数. 该样本能证明经理达到目标吗?

本章主要公式

系统抽样常数公式
$$k = \frac{N}{n} \tag{7-1}$$

样本均值的抽样误差公式
$$\text{抽样误差} = \bar{x} - \mu \tag{7-2}$$

均值的标准误差公式
$$\sigma_{\bar{x}} = \frac{\sigma}{\sqrt{n}} \tag{7-3}$$

样本均值的z得分公式
$$z_{\bar{x}} = \frac{\bar{x} - \mu_{\bar{x}}}{\sigma_{\bar{x}}} \tag{7-4}$$

均值的标准误差公式(有限总体)
$$\sigma_{\bar{x}} = \frac{\sigma}{\sqrt{n}} \sqrt{\frac{N-n}{N-1}} \tag{7-5}$$

样本比例公式
$$p = \frac{x}{n} \tag{7-6}$$

比例的标准误差公式

$$\sigma_p = \sqrt{\frac{\pi(1-\pi)}{n}} \qquad (7\text{-}7)$$

样本比例的 z 得分公式

$$z_p = \frac{p-\pi}{\sigma_p} \qquad (7\text{-}8)$$

比例的标准误差公式（有限总体）

$$\sigma_p = \sqrt{\frac{\pi(1-\pi)}{n}}\sqrt{\frac{N-n}{N-1}} \qquad (7\text{-}9)$$

复习题

7.38 在 2008 年，私企联邦工人的平均薪资为 \$67 691. 从事类似工作的私企员工平均薪资为 \$60 046. 假设总体标准差为 \$15 300. 有 34 名联邦工人被随机选取.
a) 样本均值小于 \$64 000 的概率是多少？
b) 样本均值大于 \$70 000 的概率是多少？
c) 样本均值小于私企工作的平均薪资的概率是多少？

7.39 据劳工统计局消息，2010 年 3 月份 16 岁至 29 岁年龄段工人的失业率为 15.2%. 考虑该群体的 110 名工人的随机样本.
a) 失业人数小于 20 的概率是多少？
b) 失业人数小于 15 的概率是多少？
c) 失业人数在 10 到 16 之间的概率是多少？

7.40 宾夕法尼亚的一家超级巨人杂货店平均每周销售 1120 箱百事可乐，标准差为 146 箱. 如果该店一个月中的四周连续销售数量多于 1200 箱，则该店的百事可乐客户经理 Josh Nelson 将获得奖金.
a) Josh 下个月获得奖金的概率是多少？
b) 回答问题 a 需要哪些假设？

7.41 据美国饮料调查公司称，2009 年瓶装水的人均消耗为每月 2.3 加仑. 假设该总体的标准差是每月 0.75 加仑. 考虑一个 36 人的随机样本.
a) 样本均值小于每月 2.1 加仑的概率是多少？
b) 样本均值大于每月 2.2 加仑的概率是多少？
c) 如果总体均值为每月 2.3 加仑，确定含 95% 样本均值的对称区间.

7.42 众所周知约有 10% 的人是左撇子. 为了制定高尔夫俱乐部的产品计划，Nike Golf 想要估计打高尔夫的人中左撇子的比例. 假设 Nike 选取了 200 个打高尔夫的人作为样本.
a) 样本中，大于 12% 的人是左撇子的概率是多少？
b) 样本中，小于 14% 的人是左撇子的概率是多少？
c) 样本中，6% 至 9% 的人是左撇子的概率是多少？
d) 假设 Nike 选取的样本里有 9 个人是左撇子. 对于打高尔夫的左撇子这个总体，Nike 可得出什么结论.

7.43 据美国汽车协会消息，2010 年 3 月美国普通汽油的均价为每加仑 \$2.75. 假设汽油价格的标准差为每加仑 \$0.08. 一个包含 30 家加油站的随机样本被选取.
a) 样本均值小于 \$2.77 的概率是多少？
b) 样本均值大于 \$2.76 的概率是多少？
c) 样本均值在 \$2.72 和 \$2.78 之间的概率是多少？
d) 假设样本均值是 \$2.79. 这个结果支持美国汽车协会的发现吗？解释原因.

7.44 Y 一代指的是生于 1981 年至 1991 年间的人. 据学生债务项目发现，2009 年，Y 一代大学毕业生的平均债务为 \$23 200. 假设债务的标准差为每生 \$7500.
a) 对于有 30 名学生的样本，样本均值小于 \$24 000 的概率是多少？
b) 如果总体均值为每生 \$23 200，确定包含 95% 样本均值的对称区间.
c) 用样本容量 60 回答问题 a. 解释 3 个概率的不同.

7.45 美国大学健康期刊发现男女混合宿舍的学生有 56.4% 每周酗酒.（单性宿舍学生酗酒率为 26.5%）. 混合宿舍的 160 名学生被随机抽样.
a) 样本中大于 50% 的学生每周酗酒的概率

为多少？

b) 样本中小于 65% 的学生每周酗酒的概率为多少？

c) 将样本容量变为 100 名学生后，对问题的答案有何影响？

d) 假设每周酗酒的混合宿舍学生占 56.4%，确定包含 95% 样本比例的对称区间，样本容量为 160。

7.46 某统计教师要为 90 场考试阅卷。该教师称这些考试试卷的评阅平均需要 12 分钟。标准差为 3 分钟。随机选取了 15 场考试的样本。

a) 样本均值大于每场 11 分钟的概率是多少？

b) 样本均值大于每场 12.5 分钟的概率是多少？

c) 假设样本均值为 10 分钟。根据该样本，这位教师的说法对吗？

d) 本题所需的假设是什么？

7.47 在 2010 年 4 月的墨西哥湾油井爆炸事件发生不久，拉斯穆森一项民意调查发现 23% 的被调查人反对近海石油钻井。为了验证这个结论，某环境组织随机选取了 200 个成人询问他们对近海石油钻井的意见。

a) 样本中大于 40 人反对近海石油钻井的概率是多少？

b) 样本中大于 50 人反对近海石油钻井的概率是多少？

c) 如果样本中有 62 人表示反对近海石油钻井，该环境组织可得出什么结论？

7.48 据旅游城网站消息，2010 年夏季国内旅馆房费的平均值为 $144。假设这些房费的标准差是每晚 $20。随机选取 30 家旅馆样本。

a) 样本均值小于每晚 $150 的概率是多少？

b) 样本均值在每晚 $140 和 $146 之间的概率是多少？

c) 如果总体均值为每晚 $144，确定包含 95% 样本均值的对称区间。

d) 假设样本均值为 $135。这个数值支持旅游城网站的发现吗？

7.49 假设我为一所女生占 62% 的学院工作。本学期给 135 名学生上统计课。我想在这群学生中随机选取 50 名学生来参与我的一项研究。

a) 我选择的样本中女生人数大于 30 的概率是多少？

b) 我选择的样本中女生人数大于 27 的概率是多少？

c) 我选择的样本中女生人数在 28 和 36 之间的概率是多少？

d) 如果性别是这项研究的一个重要因素，4 种概率抽样方法的哪个最适用？

7.50 质量控制程序常设置生产线中在目标均值上下的 3 个标准误差作为控制限度。从生产线上抽取一个样本，若样本均值落在控制限度内，则认为达标。某生产线用于灌装 16 盎司的苏打水，标准差为 0.5 盎司。

a) 用容量为 30 的样本确定该生产线在均值上下的控制限度。

b) 如果生产线运转达标，百分之多少的样本均值会落在这些限度范围内。

7.51 据国家卫生统计中心报道，2006 年有 34% 的美国人肥胖。疾病控制中心估计，2006 年肥胖人士比普通人在药品上的花费平均多 $1429。肥胖由体重指数（BMI）公式确定，计算公式如下：

$$BMI = \frac{体重（磅）\times 703}{(身高（英寸）)^2}$$

BMI 值在 25 与 29 之间被称为超重，大于等于 40 被称为病态肥胖。名为 BMI.xlsx 的 Excel 文件列出了 2006 年 80 名成人样本的身高和体重，该样本支持总体有 34% 人肥胖的发现吗？

7.52 瓦瓦公司在特拉华、马里兰、新泽西、宾夕法尼亚以及弗吉尼亚经营着 570 家食品便利店。假设该公司经理的目标是消费者满意度调查的平均分数至少为 8.0（10 分制）。随机选取 60 家店作为样本，这些店的平均满意度分数为 7.75。假设满意度评分的历史标准差为 0.9。经理的目标达到了吗？

第8章 置信区间

用置信区间报道失业数字

2010年4月,《华尔街日报》的一篇题为"90%确定失业人数上升——或下降"文章作者卡尔·比亚历克(Carl Bialik)称,据劳工统计局(BLS)消息,2010年2月至3月间的失业人数增长了134 000. 但很多读过该统计数值的人并未意识到该数字具有不确定性. 在比亚历克的文章中有这样一段,"事实上,当高失业率使很多人对经济复苏陷入极度忧虑时,BLS只能说有90%的可能性3月份的真实失业数字在下降243 000和上升511 000之间". 也就是,政府部门不能确定上个月的失业人数是增加了还是减少了. 据比亚历克称,这种不确定的结论在过去10年发生的次数不少于75%.

《华尔街日报》这篇文章描述的就是本章的话题,90%置信区间. 对失业人数上升还是下降的不确定性并不是BLS的错误,而是被称为统计学的野兽本性. 因为失业人数的变化以样本数据为基础而非每个美国公民,故报道的数值仅是估计值,存在一个抽样误差,这个概念我们在第7章讨论过.

我们可以通过增加样本容量来获得对失业人数更准确的估计. 但是如果这么做,就需要权衡增加抽样的成本. 比如,若想将置信区间宽度减一半,就需将样本容量增大到原来的4倍. 上述这些概念以及其他的相关知识将在本章详细讨论.

参考文献:卡尔·比亚历克(Carl Bialik),"90%确定失业人数上升或下降",华尔街日报,2010,4月17~18日.

我们已学习了如何抽取随机样本以及在特定条件下样本均值和样本比例的表现,现在已经做好了用置信区间发挥这些样本作用的准备. 如今社会统计学的重要角色之一就是收集样本信息并利用这些信息对相应总体做出表述. 我们将样本作为总体的估计. 如何评价样本提供的估计呢?就像《华尔街日报》上的文章表明的那样,这个问题的答案非常重要. 置信区间的概念将会给予我们解答.

8.1 点估计

对总体最简单的估计是**点估计**,最常见的点估计是样本均值和样本比例. 点估计是最能描述总体的一个数值.

我一度担心我妻子黛比被人绑架了,秘密换回来的是一个沉迷于家庭购物频道QVC的黛比替身. 我家各个屋子无一幸免,到处都是黛比最爱的电视频道上的商品. 她为汽车、厨房地板、狗、她的皮肤、她的头发,还有我的背(让我像蝙蝠一样倒挂的倒挂机!)买了各种商品.

突然间"表演周"成了我家的主要节日. 我并不确定表演者究竟是什么,但猜想它"存在的时间有限". 每当我打开家里的任何电视时,似乎频道都被锁定成了极具说服力的购物频道——某个人恳求道"现在就打电话!只剩三件!"尽管并不知道这个人卖的是什么,我还是开始四处寻找电话机.

不管怎样,我们要估计家庭购物频道总体平均每张订单上的美元数. 首先,我们需选择一个随机样本,该过程已在第7章讨论过. 如果我的样本均值为$129.20,我可以将其作为家庭购物顾客总体的点估计。

点估计的优点是它易于计算且易于理解。点估计的缺点是没有任何信息能够衡量它的准确性。还记得我们在第 7 章怎样讨论了样本均值等于总体均值这个假设的不现实性？每一个随机样本都存在抽样误差，即样本均值和总体均值之差。

👉 点估计易于计算但不能衡量其准确性。

对于这样的不确定性，我们可以用区间估计处理。区间估计提供了最能描述总体的一些值。下面，我们将讨论区间估计的最常见类型——置信区间。

8.2 总体标准差 σ 已知时均值的置信区间计算

均值的置信区间是围绕样本均值的一个区间估计，它给出了总体均值所在的范围。实际上，总体均值鲜为人知，因此置信区间常常是我们掌握的总体均值的唯一证据。

本节，我们主要研究样本容量至少为 $30(n \geqslant 30)$ 的情况。这样我们可以应用第 7 章的中心极限定理。回顾中心极限定理的内容，无论总体分布的形状如何，样本容量大于等于 30 的样本均值服从正态分布。本节我们还假设总体的标准差 σ 已知。然而，现实情况是标准差常常未知。想一想：在第 3 章，我们学习了计算标准差需知道均值。（σ 度量了数据与其均值的平均变异性。）本章后面，将学习 σ 未知时如何构造置信区间。同时，我们将假设总体标准差已知。

为了做出总体的区间估计，我们需要学习置信水平。本章开头部分的《华尔街日报》称政府 90% 确定美国人口的失业人数变化介于增加 511 000 和减少 243 000 之间。在该例中，90% 表示**置信水平**，定义为区间估计包含如均值或比例这样的总体参数的概率。特别地，置信水平被统计学家设为 90% 或 95%，偶尔高达 99%。本章稍后我将讨论这些置信水平对置信区间的影响。

现在我们已经准备好钻研置信区间的计算了。要知道在第 7 章我们学习了称为均值的标准误差的样本均值变异性表示为 $\sigma_{\bar{x}}$，可以用公式 8-1 求得。

均值的标准误差公式

$$\sigma_{\bar{x}} = \frac{\sigma}{\sqrt{n}} \tag{8-1}$$

其中 σ＝总体标准差

n＝样本容量

我们想构造家庭购物总体平均订单额的置信区间，样本均值为 \$129.20，置信水平为 90%。要确定该区间，我们还需另外两条信息：样本容量和总体标准差。假设我的样本均值来自 32 张订单数据，也就是 $n=32$。（我不由自主地想这些订单有多少来自黛比。）同样，我们还将假设总体标准差等于 \$40.60（$\sigma=40.60$）。

我们现在可以用公式 8-1 计算家庭购物例题均值的标准误差：

$$\sigma_{\bar{x}} = \frac{\sigma}{\sqrt{n}} = \frac{\$40.60}{\sqrt{32}} = \frac{\$40.60}{5.66} = \$7.173$$

图 8-1 给出了家庭购物例题均值的抽样分布（第 7 章的另外一个话题——希望你注意到了！）。该分布具有下列参数：

置 信 区 间

阴影区域表示面积，从家庭购物总体抽取的容量为 32 的所有样本中，我们能在这个区域观测到 90% 的样本均值．我们需求得与阴影区域对应的边界，临界 z 得分 $z_{\alpha/2}$⊖ 可以通过右边界左侧的面积 $0.90+0.05=0.95$ 求得．变量 α 被称为**显著水平**，表示图 8-1 曲线下方的非阴影（白色）面积．对于 90% 的置信水平，$\alpha=1-0.90=0.10$，从而每个非阴影面积等于 0.05．本章稍后将详细讨论显著水平．要求 $z_{\alpha/2}$，见附录 A 表 4，在表内找到最接近 0.95 的值．你会发现 1.6 行和 0.04 列的 0.9495

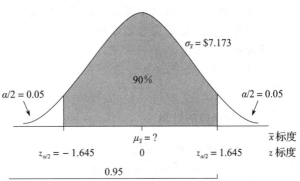

$\mu_{\bar{x}}$ = 样本均值的均值
$\sigma_{\bar{x}}$ = 样本均值的标准差

图 8-1 90% 置信区间的临界 z 得分

注：我们在第 7 章学过，我们希望总体均值 μ 等于样本均值 $\mu_{\bar{x}}$，两个在图 8-1 均未知）

以及 0.05 列的 0.9505．要求的临界 z 得分介于这两个值之间，告诉我们均值右侧的 $z_{\alpha/2}=z_{0.05}=1.645$，均值左侧的 $z_{\alpha/2}=z_{0.05}=-1.645$．这些就是所有 90% 置信区间临界 z 得分．

注意到图 8-1 抽样分布的均值未知．这是因为至今我们只观测了一个样本，家庭购物订单额的总体均值未知．构造置信区间的目的是提供总体均值的一个估计．

均值的置信区间有一个置信上限（$UCL_{\bar{x}}$）和一个置信下限（$LCL_{\bar{x}}$）．上下限描述了我们有一定程度的信心认为总体均值存在的区间范围．公式 8-2 和 8-3 给出了计算特定样本均值的置信区间的上下限公式．

均值的置信区间公式（σ 已知）

$$UCL_{\bar{x}} = \bar{x} + z_{\alpha/2}\sigma_{\bar{x}} \qquad (8\text{-}2)$$
$$LCL_{\bar{x}} = \bar{x} - z_{\alpha/2}\sigma_{\bar{x}} \qquad (8\text{-}3)$$

其中　$\bar{x}$＝样本均值

　$z_{\alpha/2}$＝临界 z 得分

　$\sigma_{\bar{x}}$＝均值的标准误差

现在可以用公式 8-2 和 8-3 计算家庭购物例题的 90% 置信区间了．首先，计算上限：

$$UCL_{\bar{x}} = \bar{x} + z_{\alpha/2}\sigma_{\bar{x}}$$
$$= (\$129.20) + (1.645)(\$7.173)$$
$$= \$129.20 + \$11.80 = \$141.00$$

现在计算下限：

$$LCL_{\bar{x}} = \bar{x} - z_{\alpha/2}\sigma_{\bar{x}}$$
$$= (\$129.20) - (1.645)(\$7.173)$$
$$= \$129.20 - \$11.80 = \$117.40$$

⊖ 我用 α/2 作为临界 z 得分的角标，表示 α 的总面积被平分在抽样分布的两边．

对于样本均值 $129.20，我们有 90% 的信心认为家庭购物总体的平均订单额在 $117.40 和 $141.00 之间．我们将此区间表示为 ($117.40, $141.00)．我不能让黛比知道这个信息以免她觉得有责任按着这个置信区间进行购物．

一定要做做下面的思考题以检测你对置信区间构造方法的理解．

思考题 1 2010 年第一季度，美国一个包含 35 家豪华酒店的样本的平均房费为每晚 $247.80．构造一个 90% 置信区间来估计美国豪华酒店的单晚平均房费，假设总体标准差为每晚 $39．

8.2.1 边际误差的计算

图 8-2 给出了 90% 家庭购物置信区间，并显示了边际误差 $ME_{\bar{x}}$．**边际误差**是样本均值和上限之间或样本均值和下限之间的区间宽度．该置信区间表示为 $129.20 加减 $11.80，其中的 $11.80 即为边际误差．

一般地，可用公式 8-4 计算均值置信区间的边际误差．

均值置信区间的边际误差公式

$$ME_{\bar{x}} = z_{\alpha/2} \sigma_{\bar{x}} \qquad (8\text{-}4)$$

对于家庭购物例题，边际误差计算为：

$ME_{\bar{x}} = z_{\alpha/2} \sigma_{\bar{x}} = (1.645)(\$7.173) = \$11.80$

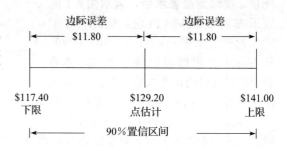

图 8-2　家庭购物例题的边际误差

注：**边际误差**表示样本均值和上限之间或样本均值和下限之间的区间宽度．注意到置信区间关于样本均值对称．

对给定的置信水平 90%，较小的边际误差比较大的边际误差提供的估计更准确．当置信水平不变时，我们可以仅通过将现有样本容量 32 增大来降低边际误差．为了进行说明，我们假设 $129.20 的样本均值来自容量为 50 的样本．该样本容量下的边际误差为：

$$\sigma_{\bar{x}} = \frac{\sigma}{\sqrt{n}} = \frac{\$40.60}{\sqrt{50}} = \frac{\$40.60}{7.07} = \$5.74$$

$$ME_{\bar{x}} = z_{\alpha/2} \sigma_{\bar{x}} = (1.645)(\$5.74) = \$9.44$$

当我们将样本容量从 32 增大到 50 时，边际误差从 $11.80 降到了 $9.44．因此，新改进了的 90% 置信区间变为：

$$UCL_{\bar{x}} = \$129.20 + \$9.44 = \$138.64 ^{\ominus}$$
$$LCL_{\bar{x}} = \$129.20 - \$9.44 = \$119.76$$

如你所见，将样本容量从 32 增大至 50 使得 90% 置信区间从 ($117.40, $141.00) 变为 ($119.76, $138.64)．这个新的区间是对家庭购物总体平均订单额更准确（更窄）的估计．希望这样你能够理解．较大的样本容量提供了总体的更多信息，从而提供了总体均值的更准确估计．

下面这道检验边际误差计算的思考题非常值得花几分钟做一做．

思考题 2 最近市面上笔记本电脑的一个随机样本平均价格为 $803．假设笔记本电脑

⊖ 保持置信水平常数不变，增大样本容量将减少边际误差，产生一个变窄了（更准确）的置信区间．

总体的标准差为 $125. 计算下列样本的 90% 的置信区间以及样本的边际误差, 样本容量分别为:

a) 30 台电脑.
b) 60 台电脑.
c) 增大样本容量对这些估计的精确性有何影响?

8.2.2 置信区间的解释

置信区间的解释没有你所认为的那样简单. 一个常见的错误是这样的说法: "家庭购物总体的平均订单额介于 $117.40 和 $141.00 之间的概率是 90%."

该说法看似合情合理. 不幸的是, 它不被我们的置信区间计算所支持. 要想完整解释置信区间的含义, 我们需要另选一些家庭购物总体的随机样本, 每个样本的容量均为 32, 并计算它们的样本均值. 表 8-1 给出了本章开始部分我们抽取的第一个样本以及其他 9 个随机样本和样本均值.

表 8-1 家庭购物总体的样本均值

样本	样本均值	边际误差	90%置信区间	
			下限	上限
1	$129.20	$11.80	$117.40	$141.00
2	$132.00	$11.80	$120.20	$143.80
3	$117.50	$11.80	$105.70	$129.30
4	$128.20	$11.80	$116.40	$140.00
5	$108.80	$11.80	$97.00	$120.60
6	$130.10	$11.80	$118.30	$141.90
7	$117.90	$11.80	$106.10	$129.70
8	$120.10	$11.80	$108.30	$131.90
9	$133.80	$11.80	$122.00	$145.60
10	$119.00	$11.80	$107.20	$130.80

注: 注意每个样本都有以样本均值为中心的置信区间.

这里重要的一点是来自总体的任一样本都有其自己的置信区间, 如表 8-1 所示. 注意这些样本均有相同的边际误差($11.80), 因为样本容量和总体标准差未变, 且都代表 90% 置信水平.

图 8-3 给出了家庭购物例题中表 8-1 所给 10 个置信区间的抽样分布. 为了方便说明, 我们假设家庭购物总体的平均订单额已知等于 $125($\mu=$ $125), 见图 8-3 中间竖线表示部分. 10 个样本的置信区间位于分布的下方.

注意到本章开始的第一个随机样本(图 8-3 中的样本 1)有一个包含总体均值 $\mu=$ $125 的 90% 置信区间, 因为中间竖线穿过了该区间. 这个区间正确地构造了包含总体平均订单额的范围值. 现在, 看样本 5 的置信区间. 如果样本 5 已经是我们的一个随机样本, 我们会说我们有 90% 的信心认为家庭购物总体的平均订单额在 $97 和 $120.60 之间, 我们全然不知这是错的, 因为 $\mu=$ $125. 由此可见, 不能保证每一个置信区间都包含总体均值. 事实上, 表 8-3 显示 10 个样本均值中有 9 个的置信区间包含总体均值. 这是 90% 置信区间的定义. 我们希望约有 90% 来自总体的样本均值产生的置信区间包含总体均值. 但是, 这并不意味着我们能保证每 10 个区间中有 9 个包含总体均值. 95% 和 99% 置信区间说法也一样.

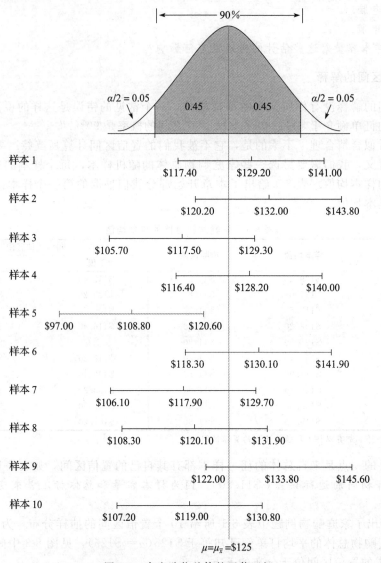

图 8-3 家庭购物总体的置信区间

注: 1. 哎! 收集这些样本的人是怎么回事, 样本的置信区间不包含总体均值 (中间竖线).
2. 中间竖线表示总体均值, 样本收集人并不知道该值.

90% 置信区间定义为约有 90% 来自总体的样本均值产生的置信区间包含总体均值.

用下面的思考题来检验一下你对置信区间解释的理解.

思考题 3 假设位于新泽西阿瓦隆的普林斯顿酒馆要估计周六晚上就餐顾客的平均等餐时间. 假设等餐时间的总体标准差为 4.1 分钟. 分别包含 30 个等餐时间的 5 个随机样本

被选取，样本均值（单位分钟）如下：

$$12.4 \quad 11.3 \quad 13.1 \quad 13.7 \quad 12.7$$

a) 确定每个样本的 89% 置信区间.

b) 假设所有顾客的平均等餐时间为 13 分钟，你的结果与 80% 置信区间定义一致吗？

提示：用附录 A 的表 4 确定 80% 置信水平 $z_{\alpha/2}=1.28$.

8.2.3 置信水平的改变

到目前为止，我们只处理了家庭购物例题的 90% 置信区间. 如果我们将置信水平变为 95% 会怎样呢？图 8-4 显示用与 90% 置信区间相同的逻辑，95% 置信区间的临界 z 得分为 $z_{\alpha/2}=z_{0.025}=\pm 1.96$. 首先，由图 8-4 可知，右边界左侧的面积为 $0.95+0.025=0.975$. 要求 $z_{\alpha/2}$ 的值，在附录 A 表 4 的内部查找与 0.975 最接近的值. 你会发现这个值在 1.9 行和 0.06 列，因此 $z_{\alpha/2}=z_{0.025}=\pm 1.96$. 这些是所有 95% 置信区间的临界 z 得分.

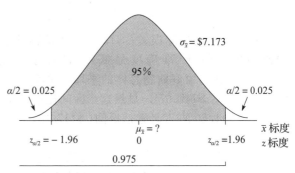

图 8-4 95% 置信区间的 z 得分

注：$z_{\alpha/2}=1.96$ 左侧的面积等于整个阴影区域加上左边小非阴影区域的面积和，等于 0.975.

由于在目前这个例题中，任何给定的置信区间包含总体均值的概率为 95%，我们有 5% 的概率给定的置信区间不包含总体均值. 如前面提到的，5% 被称为**显著水平** α，表示图 8-4 中两侧白色区域的面积. 注意这个 5% 面积被平分在抽样分布的两侧.

一个区间的置信水平与显著水平互补. 例如，90% 置信区间的显著水平为 10%，99% 置信区间的显著水平为 1%. 一般地，$100(1-\alpha)$% 置信区间的显著水平等于 α. 我们将在后面几章中更详细的讨论显著水平.

观察到图 8-4 中 95% 置信区间中，均值的标准误差仍为 $\sigma_{\bar{x}}=\$7.173$，因为样本容量和总体标准差未变，仍为 32 和 \$40.72. 样本均值为 \$129.20 的 95% 置信区间计算如下：

$$UCL_{\bar{x}} = \bar{x} + z_{\alpha/2}\sigma_{\bar{x}}$$
$$= (\$129.20)+(1.96)(\$7.173)$$
$$= \$129.20+\$14.06=\$143.26$$
$$LCL_{\bar{x}} = \bar{x} - z_{\alpha/2}\sigma_{\bar{x}}$$
$$= (\$129.20)-(1.96)(\$7.173)$$
$$= \$129.20-\$14.06=\$115.14$$

注意到 95% 置信区间比 90% 置信区间

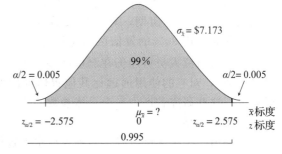

图 8-5 99% 置信区间的临界 z 得分

宽. 为了提高"捕捉"到总体均值的信度，我们需将置信区间从(\$117.40, \$141.00)增大到(\$115.14, \$143.26).

最后，我们用图 8-5 看一下家庭购物例题的 99% 置信区间.

值 0.995(0.99+0.005)是附录 A 表 4 中 2.5 行 0.7 列和 0.8 列中间值. 因此 99% 置信

水平的临界 z 得分为 $z_{\alpha/2}=z_{0.005}=\pm 2.575$. 这些是所有 99% 置信区间的临界 z 得分.

样本容量为 32，σ 为 \$40.60，样本均值 \$129.20 的 99% 置信区间计算如下：

$$UCL_{\bar{x}} = \bar{x} + z_{\alpha/2}\sigma_{\bar{x}}$$
$$= (\$129.20) + (2.575)(\$7.173)$$
$$= \$129.20 + \$18.47 = \$147.67$$

$$LCL_{\bar{x}} = \bar{x} - z_{\alpha/2}\sigma_{\bar{x}}$$
$$= (\$129.20) - (2.575)(\$7.173)$$
$$= \$129.20 - \$18.47 = \$110.73$$

99% 置信区间的边际误差(\$18.47)是我们讨论过的三个区间中最大的. 它产生了总体均值的最宽估计(准确度最低). 我们有 99% 的信心认为家庭购物总体的平均订单额为(\$110.73, \$147.67). 显然这个区间比边际误差为 \$11.80 的 90% 置信区间(\$117.40, \$141.00)宽.

如该例题所示，当在给定样本容量下选择置信水平时，要权衡考虑. 你可以使区间包含总体均值的信度提高，但这个区间将会变宽且准确性变低. 如果你要获得更窄、更准确的区间，将会降低置信水平，意味着区间捕获到总体均值的确定性降低. 换句话说，在第二种情况中，你需要更大的靶子以提高区间命中总体均值的信度. 图 8-6 说明了此权衡.

表 8-2 归纳了统计学中常见置信区间的临界 z 得分.

置信水平的选择取决于构造置信区间的目的. 项目研究初期，对总体参数知之甚少，此时选用 90% 的置信区间比较合适.

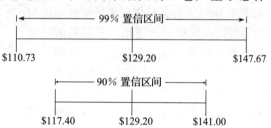

图 8-6　置信水平权衡：家庭购物例题

注：其他不变，增大置信水平将会产生变宽且准确性降低的置信区间. 为了提高区间"捕获"总体均值的信度，我们需要较宽的网.

表 8-2　几种置信区间的临界 z 得分

置信水平 $100(1-\alpha)$	显著水平 (α)	临界 z 得分 $z_{\alpha/2}$
80%	20%	$z_{0.10}=\pm 1.28$
90%	10%	$z_{0.05}=\pm 1.645$
95%	5%	$z_{0.025}=\pm 1.96$
98%	2%	$z_{0.001}=\pm 2.33$
99%	1%	$z_{0.005}=\pm 2.575$

此时，项目研究人员可能仍在测量这些参数，所需准确度不高. 95% 置信区间是统计学中的"主力"，对它的使用远远比其他置信区间要多得多. 99% 置信区间常被用于科学或医学研究，这些研究若产生一个总体参数的错误结论，代价不菲. 我们将在第 9 章讨论可能产生的误差类型.

这是另一个帮你练习确定多种置信水平置信区间的思考题.

思考题 4　据商业房地产服务公司世邦魏理仕称，伦敦西区是 2009 年 9 月世界写字楼租赁市场最贵的地方. 假设伦敦 40 家办公场所随机样本的平均租金为每平方英尺 \$184.85. 假设办公场所租金总体的标准差为每平方英尺 \$47.

　　a) 确定该样本的 80% 置信区间.
　　b) 确定该样本的 95% 置信区间.

c) 确定该样本的 98% 置信区间.
d) 解释这些置信区间的区别.

8.2.4 置信区间在商务中的应用

商务上，可用置信区间检验关于某产品或服务的断言. 例如，电脑世界检测中心最近称 3G iPhone 手机电池的通话时长平均为 5 小时 38 分钟(338 分钟). 为了验证该说法，假设我们测量了 38 部 iPhone 手机的通话时长并发现样本均值为 324.6 分钟. 假设通话时长的总体标准差一般为 32 分钟. 我们的样本与电脑世界的发现一致吗？

为了回答这个问题，我们对该样本均值构造一个 95% 置信区间. 首先，计算均值的标准误差：

$$\sigma_{\bar{x}} = \frac{\sigma}{\sqrt{n}} = \frac{32}{\sqrt{35}} = \frac{32}{5.92} = 5.41$$

不要忘记，对于 95% 置信区间，$z_{\alpha/2} = z_{0.025} = \pm 1.96$. 因此，区间的上下限如下：

$$UCL_{\bar{x}} = \bar{x} + z_{\alpha/2}\sigma_{\bar{x}}$$
$$= (324.6) + (1.96)(5.41) = 335.2$$
$$LCL_{\bar{x}} = \bar{x} - z_{\alpha/2}\sigma_{\bar{x}}$$
$$= (324.6) - (1.96)(5.41) = 314.0$$

根据我们的例题，我们有 95% 信心认为 3G iPhone 手机电池的平均通话时长在区间 (314.0, 335.2)⊖ 内. 由于该区间不包含声称的 338 分钟，我们的样本不能证实电脑世界检测中心的结论. 为了确保你掌握了这个重要概念，完成下面这个思考题，一个关于环境保护局(EPA)言论的问题.

思考题 5 假设 EPA 称在 2009 年美国客车的平均油耗为每加仑 20.3 英里(mpg). 为了检验该言论，随机选取一个 34 辆客车的样本并小心地测量它们的油耗. 该样本的平均油耗为 21.2mpg. 假设客车油耗的总体标准差为 3.9mpg. 用 98% 置信区间检验 EPA 言论的正确性.

8.2.5 用 Excel 和 PHStat2 确定 σ 已知时均值的置信区间

Excel 有一个计算置信区间边际误差非常酷的嵌入函数，CONFIDENCE 函数具有下列特点：
CONFIDENCE(alpha, standard_dev, size)
其中 alpha＝置信区间的显著水平
standard_dev＝总体的标准差
size＝样本容量

例如，图 8-7 给出了 CONFIDENCE 函数如何用于家庭购物例子中 90% 置信区间的边际误差计算，其中 $\alpha=0.1$，$\sigma=40.60$，$n=32$.

单元格 A1 包含 Excel 公式＝CONFIDENCE(0.1, 40.6, 32)，结果为 11.81. 该值表示置信

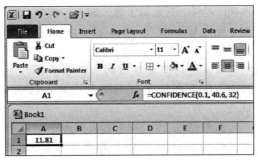

图 8-7 用 Excel 计算 90% 置信区间的边际误差

⊖ 如果该置信区间包含声称的平均 338 分钟，我们的样本就证实了电脑世界的结论.

区间的边际误差．注意到该边际误差与我们之前计算的值(11.80)略有不同，这是源于舍入误差．Excel 所得数值比我们手算的小数位要多．用表或计算器的开平方根函数肯定会这样．

PHStat2 同样具有构造置信区间的功能，用下列步骤：

1. 进入 Add-Ins＞PHStat＞Confidence Intervals＞Estimate for the Mean，sigma known，如图 8-8 所示．

2. 在"Estimate for the Mean，sigma known"对话框输入"Data"和"Input Options"值，见图 8-9．点击 OK．

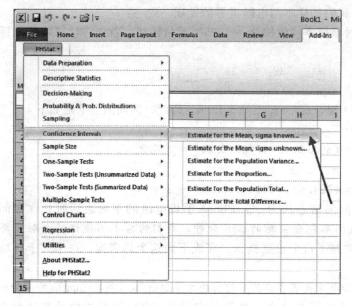

图 8-8 用 PHStat2 计算 90％置信区间(第 1 步)

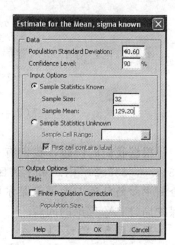

图 8-9 用 PHStat2 计算 90％置信区间(第 2 步)

结果是什么？90％置信区间显示在图 8-10 的下方浅灰底单元格中．注意到这些值与我们前面手算的 90％置信区间($117.40，$141.00)略有不同．同样，这是源于舍入误差．同样，PHStat2 在单元格 B12 的"Interval Half Width"给出了边际误差．

我知道这些工作看起来都很简单，所以我鼓励你用下面这个思考题来检验自己的 Excel 技能．

思考题 6 一个 45 所公立大学的随机样本在 2009～2010 学年的平均学费为 $7020．假设总体标准差为 $1150．

a) 用 Excel 计算该样本 99％置信区间的边际误差．

	A	B
1	Confidence Interval Estimate for the Mean	
2		
3	Data	
4	Population Standard Deviation	40.6
5	Sample Mean	129.2
6	Sample Size	32
7	Confidence Level	90%
8		
9	Intermediate Calculations	
10	Standard Error of the Mean	7.177133829
11	Z Value	-1.64485363
12	Interval Half Width	11.80533461
13		
14	Confidence Interval	
15	Interval Lower Limit	117.3946654
16	Interval Upper Limit	141.0053346
17		

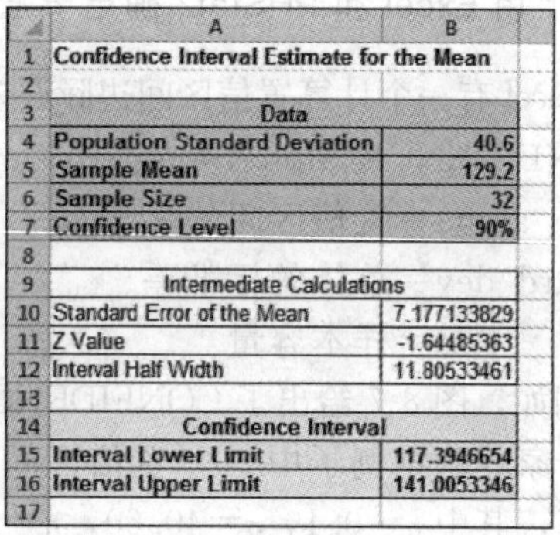

图 8-10 用 PHStat2 计算 90％置信区间(最后结果)

注：你可以改变上方深灰底部分的值用不同的输入来计算其他的置信区间．这样可以节省为其他问题而重新运行 PHStat2 的时间．

b) 用 PHStat2 构造该样本 99% 置信区间.

8.2.6 总体标准差 σ 已知时小样本均值的置信区间计算

目前为止,本章讨论过的所有样本的容量都大于等于 30. 如第 7 章所述,此条件下的样本均值与总体形状无关,都服从正态概率分布. 但当样本容量小于 30(假设 σ 仍已知)时会怎样呢? 我们将不能依赖中心极限定理. 为了构造这些条件下的置信区间,总体必须为正态分布. 本书稍后将讨论一种方法来判断总体数据是否服从正态分布. 不过,如果我们知道总体为正态分布,且使用的样本容量小于 30,构造 σ 已知的置信区间过程与前面讨论的过程一样.

当样本容量小于 30 且 σ 已知时,计算置信区间必须总体为正态分布.

我将用下面这个例题来说明该过程. 2010 年 5 月 4 日,今日美国发表了一篇题为"为全垒打跑计时"的文章. 该文讨论了如何为职业棒球大联盟一些球员从击球至跑至本垒这段时间计时. (在网上搜索"Tater Trot Tracker"可找到相关数据的网址.) 该文报道了从球离开球棒到球员触到本垒的平均时间为 21.87 秒. 我们将做下面的假设:

- 样本均值以 15 名球员的样本为基础
- 总体标准差为 2.5 秒
- 总体服从正态分布

我们来构造围绕该均值的 99% 的置信区间来估计大联盟全垒打击出之后跑至本垒的平均时间. 首先,我们从公式 8-1 中均值标准误差的计算开始:

$$\sigma_{\bar{x}} = \frac{\sigma}{\sqrt{n}} = \frac{2.5}{\sqrt{15}} = \frac{2.5}{3.87} = 0.646$$

不要忘记,对 99% 置信区间,$z_{a/2} = \pm 2.575$. 因此,该区间的上下限如下:

$$UCL_{\bar{x}} = \bar{x} + z_{a/2}\sigma_{\bar{x}}$$
$$= (21.87) + (2.575)(0.646) = 23.53 \text{ 秒}$$
$$LCL_{\bar{x}} = \bar{x} - z_{a/2}\sigma_{\bar{x}}$$
$$= (21.87) - (2.575)(0.646) = 20.21 \text{ 秒}$$

我们有 99% 的信心认为职业棒球大联盟球员本垒打击出后跑至本垒的平均之间在 20.21 秒和 23.53 秒之间.

看一看下面这个思考题,检验宝洁公司关于洗衣的言论(我最爱的话题之一——想象一下黛比读到这里皱眉的样子).

思考题 7 家居用品包括洗衣粉的主要生产商宝洁公司估计每户家庭每月平均洗衣量为 25 桶. 18 户家庭的随机样本每月平均洗衣量为 22.8 桶. 假设总体标准差为每月洗衣量 6.1 桶.

a) 围绕该样本均值构造 95% 置信区间.
b) 实行该计算需要哪些假设?
c) 这个结果支持宝洁公司的估计吗?

习题 8.2

基础题

8.1 用下列数据构造90%置信区间来估计总体均值：
$\bar{x}=75$ $\sigma=20$ $n=36$

8.2 用下列数据构造99%置信区间来估计总体均值：
$\bar{x}=45$ $\sigma=30$ $n=40$

8.3 用 $\bar{x}=110$ 和 $\sigma=30$ 以及下列样本容量构造95%置信区间来估计总体均值：
a) $n=30$
b) $n=45$
c) $n=60$

8.4 用 $\bar{x}=60$ 和 $\sigma=12$ 以及下列样本容量构造98%置信区间来估计总体均值：
a) $n=35$
b) $n=45$
c) $n=55$

8.5 确定估计总体均值的置信区间的边际误差，其中 $n=35$，$\sigma=40$，置信水平如下：
a) 90%
b) 95%
c) 96%

8.6 确定估计总体均值的80%置信区间的边际误差，其中 $\sigma=50$，样本容量如下：
a) $n=30$
b) $n=45$
c) $n=60$

8.7 用下列数据构造90%置信区间来估计总体均值：
$\bar{x}=85$ $\sigma=20$ $n=10$
构造该区间所需假设有哪些？

8.8 用下列数据构造99%置信区间来估计总体均值：
$\bar{x}=60$ $\sigma=17$ $n=12$
构造该区间所需假设有哪些？

应用题

8.9 近来的经济衰退使得银行开始寻找缓解危机的方法，银行手续费引起了极大的关注。30名客户样本每月为活期存款账户交付的平均手续费为 $12.55。假设总体标准差为 $1.75。
a) 构造估计总体平均费率的95%置信区间。
b) 该区间的边际误差是多少？

8.10 2010年，35名顾客随机样本购买的黑莓智能手机的平均售价为 $311。假设总体标准差为 $35。
a) 构造估计该样本总体平均售价的90%置信区间。
b) 该区间的边际误差是多少？

8.11 2009年，调整后的总收益在 $100 000 和 $200 000 之间的40名纳税人随机样本被抽取。这些纳税人在该年度医疗上的花费平均为 $9922。假设这些减除额的标准差为 $2400。用下列显著水平构造估计总体平均减除额的置信区间：
a) 2%
b) 5%
c) 10%

8.12 对32名美国成人热量消耗进行测量，其均值为2157。假设总体标准差为每天260卡路里。用下列置信水平构造估计美国人总体日平均卡路里消耗量的置信区间。
a) 95%
b) 99%
c) 92%

8.13 假设苹果公司宣称客户拨打其售后电话的平均等待时间为175秒。一个40名客户随机样本的平均等待时间为187秒。假设等待时间的总体标准差为50秒。
a) 用95%置信区间，该样本支持苹果的言论吗？
b) 用Excel证明你的结果。

8.14 喷墨打印机的墨盒费用大大超过了打印机。为了吸引顾客，打印机生产商公布了墨盒的打印张数。惠普称 C6615DN25mL 黑色墨盒平均印张为495页。为了检验该说法，一个独立实验室测量了45个 C6615DN 墨盒发现平均印张为488.9页。假设该总体的标准差为45页。
a) 用95%置信区间，该样本支持惠普的言论吗？
b) 用Excel证明你的结果。

8.15 某本地乡村俱乐部的高尔夫球车服务员常常收到所服务的高尔夫会员的小费. 为了招募新员工, 乡村俱乐部想确定一个乘务员一天收到的平均小费额. 一个 16 名服务员样本每天的平均小费收入为 $42.60. 假设日小费收入的总体标准差为 $9.00.
a) 构造 98% 置信区间来估计一个服务员日小费收入的平均值.
b) 该计算过程所需假设有哪些?
c) 用 Excel 证明你的结果.

8.16 丰田汽车公司发展了塞恩汽车模型来吸引年轻客户. 丰田称车手的平均年龄为 26 岁. 假设一个 18 名塞恩车手随机样本的车手平均年龄为 27.5 岁. 假设塞恩车手年龄的标准差为 2.3 岁.
a) 构造 95% 置信区间估计塞恩车手的平均年龄.
b) 该结果支持丰田言论吗?
c) 该计算过程所需假设有哪些?
d) 用 Excel 证明你的结果.

8.3 总体标准差 σ 未知时均值的置信区间计算

直到现在, 我们已经假设了总体标准已知的情况. 但是, 多数情况下, 我们并不知道该值大小. 在这些情况下, 我们用样本标准差 s 代换 σ. 由于我们已经完成了样本信息, 样本标准差可用下面公式计算, 该公式在第 3 章讨论过, 这里作为公式 8-5 重现.

样本标准差公式

$$s = \sqrt{\frac{\sum_{i=1}^{n}(x_i - \bar{x})^2}{n-1}} \quad (8\text{-}5)$$

其中 $\bar{x}$ = 样本均值

n = 样本容量(数据个数)

$(x_i - \bar{x})$ = 数据与样本均值之差

我们还可以用 Excel 的 STDEV 函数计算该值, 这个也在第 3 章讨论过.

如果你认为这样简单的代换难以让人相信它的正确性, 我可以告诉你, 你是对的. 就像我原来说的那样, 统计学没有免费的午餐. 当用样本标准差 s 代换 σ 时, 我们不能再依赖正态分布计算置信区间的临界 z 得分. 这里, 我要向你介绍学生 t 分布(为了向学生致敬而命名). 下面将进行讨论.

8.3.1 学生 t 分布的使用

学生 t 分布或简称为 t 分布是具有下列性质的连续概率分布:
- 钟形且关于均值对称.
- 曲线的形状取决于**自由度**(df), 即可自由变换的数值个数. 当针对样本均值时, 自由度等于 $n-1$.
- 曲线下方面积等于 1.0.
- t 分布比正态分布扁平且宽. 因此在相同的置信水平下, t 分布的临界得分比临界 z 得分高. t 分布产生的置信区间较宽(精确度低). 考虑总体标准差未知, 用样本标

⊖ 当总体标准差未知时, 我们用样本标准差 s 代换 σ 计算标准误差.

准差代替总体标准差的代价.
- t 分布其实是一族分布. 当自由度递增时,t 分布的形状与正态分布类似,如图 8-11 所示. 对于大于 100 的自由度(样本容量大于 100),两分布几乎相同.

学生们常常挣扎于自由度的概念,自由度表示的是当某些信息确定后,比如样本均值(总是已知的),剩下的可自由选择的数值个数. 回想当面对已知的样本均值时,我们说自由度等于 $n-1$(样本容量减 1). 假设我知道容量 $n=3$ 的样本均值为 10,这是一个易于计算的值. 我只能变换 2 个值,因为 $n-1=3-1=2$. 在我设置好这两个值之后,我将不能控制第 3 个值,因为样本均值必须为 10. 因此,该样本的自由度为 2.

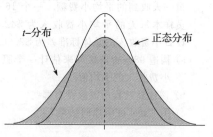

图 8-11 学生 t 分布与正态分布

☞ 当用 s 代替 σ 后,我们不能再依赖正态分布计算置信区间的 z 得分. 这里采用学生 t 分布.

为了进一步说明,假设我样本中知道的两个值为 14 和 12. 在知道样本均值为 10 的条件下,样本中的第 3 个值没有自由. 它必须为 4,如下:

$$\bar{x} = \frac{14+12+4}{3} = 10^{\ominus}$$

因此,当总体标准差未知,构造均值的置信区间时,t 分布的自由度均为 $n-1$.

当我们使用 t 分布时,我们需要假设总体服从正态概率分布. 不过,如果样本容量不是完美的正态分布,而是稍稍偏向一边. 随着样本容量的增大,即使用 s 代替 σ,对总体正态性的假设开始变得不那么重要. 这是因为当样本容量增大时,t 分布的形状将类似正态分布. 但是,对于小样本,对总体分布正态性的假设对于置信区间的正确计算非常关键. 尽管如此,如果下列两条件存在,当用 s 代替 σ 时,这个假设也不是很关键:
- 样本容量大于 30.
- 分布形状偏度不高.

这是因为当样本容量增大时,t 分布的形状将类似正态分布. 不过,当样本容量较小时,你必须能够正确假设总体服从正态分布. 为了简便,本节我们假设总体服从正态分布.

为了说明如何用学生 t 分布计算置信区间,我们用下面的例子. 我的朋友格雷格医生是一名非常成功的脊椎按摩师,为了达到自己生意的财务目标,他每周平均至少要医治 90 名病人. 表 8-3 给出了 18 个随机选取星期的周病人数,同见 Excel 文件 chiropractor.xlsx. 这些数据有足够的证据说明格雷格医生通常每周平均至少医治

表 8-3 格雷格医生诊疗室每周的病人数

116	83	89
87	81	109
114	123	102
131	96	74
109	106	118
78	91	98

⊖ 如果我们知道容量为 3 的样本均值为 10,那么我们同样知道样本的和必为 30,因为 30/3=10. 如果前两个值(14 和 12)的和为 26,则第 3 个值一定等于 4(30-26=4).

90 名病人吗？为了回答这个问题，我将围绕样本均值构造 95% 置信区间.

首先我们需要计算数据的样本均值($\bar{x}$)和样本标准差(s). 针对我们的样本，用 Excel 的 AVERAGE 和 STDEV 函数，有：

$$\bar{x} = 每周治疗 100.3 名病人$$
$$s = 每周治疗 16.6 名病人$$

接下来，我们需计算均值的标准误差. 然而，由于 σ 未知，我们用公式 8-6 中的 s 计算均值的近似标准误差 $\hat{\sigma}_{\bar{x}}$.

均值的近似标准误差公式

$$\hat{\sigma}_{\bar{x}} = \frac{s}{\sqrt{n}} \ominus \tag{8-6}$$

其中 $\hat{\sigma}_{\bar{x}}$ = 均值的近似标准误差
  s = 样本标准差
  n = 样本容量

对于格雷格医生例子，均值的近似标准误差计算如下：

$$\hat{\sigma}_{\bar{x}} = \frac{s}{\sqrt{n}} = \frac{16.6}{\sqrt{18}} = 3.92 \text{ 病人每周}$$

我们下一步是确定置信区间的临界 t 得分 $t_{\alpha/2}$，临界 t 得分与前面一章中的临界 z 得分类似. 求该值的一种方法是用附录 A 的表 5，该表给出了自由度从 1 到 100 的特定置信水平的临界 t 得分.

👆 威廉姆·古塞(1876—1937)在为爱尔兰的吉尼斯酿造公司工作时发现了学生 t 分布. 他在发表自己发现时使用了"学生"这个笔名，因为吉尼斯公司禁止员工发表文章.

为了确定本例的 $t_{\alpha/2}$ 值，我需要计算自由度(df). 因为 $n=18$，自由度为 $n-1=17$. 该值明确了表 8-4 的对应行，表 8-4 摘自附录 A 表 5 的一部分. 为了明确表的对应列，我需要找到置信水平，本例为 0.95. 自由度对应的行和 0.950 置信水平对应的列的相交部分引导我找到了 $t_{\alpha/2} = t_{0.025} = \pm 2.110$，如表 8-4 中阴影部分所示.

表 8-4 附录 A 临界 t 得分摘录

单尾	0.200	0.100	0.050	0.025	0.010	0.005
双尾	0.400	0.200	0.100	0.050	0.020	0.010
置信水平	0.600	0.800	0.900	0.950	0.980	0.990
自由度 df						
1	1.376	3.078	6.314	12.706	31.821	63.657
2	1.061	1.886	2.920	4.303	6.965	9.925
3	0.978	1.638	2.353	3.182	4.541	5.841
4	0.941	1.533	2.132	2.776	3.747	4.604
5	0.920	1.476	2.015	2.571	3.365	4.032

$\ominus$ 我在 σ 上加了"^"符号是为了说明这是均值标准误差的近似.

(续)

单尾	0.200	0.100	0.050	0.025	0.010	0.005
双尾	0.400	0.200	0.100	0.050	0.020	0.010
置信水平	0.600	0.800	0.900	0.950	0.980	0.990
自由度 df						
6	0.906	1.440	1.943	2.447	3.143	3.707
7	0.896	1.415	1.895	2.365	2.998	3.499
8	0.889	1.397	1.860	2.306	2.896	3.355
9	0.883	1.383	1.833	2.262	2.821	3.250
10	0.879	1.372	1.812	2.228	2.764	3.169
11	0.876	1.363	1.796	2.201	2.718	3.106
12	0.873	1.356	1.782	2.179	2.681	3.055
13	0.870	1.350	1.771	2.160	2.650	3.012
14	0.868	1.345	1.761	2.145	2.624	2.977
15	0.866	1.341	1.753	2.131	2.602	2.947
16	0.865	1.337	1.746	2.120	2.583	2.921
17	0.863	1.333	1.740	2.110	2.567	2.898
18	0.862	1.330	1.734	2.101	2.552	2.878
19	0.861	1.328	1.729	2.093	2.539	2.861
20	0.860	1.325	1.725	2.086	2.528	2.845

☞ 一般地,我们在使用 t 分布时,需要假设总体服从正态概率分布.

图 8-12 给出了均值的抽样分布和格雷格医生的临界 t 得分.

现在我们已经准备好用公式 8-7 和公式 8-8 的上下限构造均值的置信区间.

均值的置信区间公式(σ 未知)

$$UCL_{\bar{x}} = \bar{x} + t_{\alpha/2}\,\hat{\sigma}_{\bar{x}} \quad (8\text{-}7)$$
$$LCL_{\bar{x}} = \bar{x} - t_{\alpha/2}\,\hat{\sigma}_{\bar{x}} \quad (8\text{-}8)$$

其中 $\bar{x}$＝样本均值

$t_{\alpha/2}$＝临界 t 得分

$\hat{\sigma}_{\bar{x}}$＝均值的近似标准误差

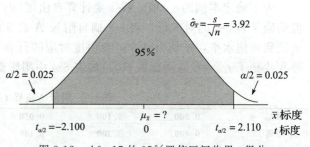

图 8-12 $df=17$ 的 95% 置信区间临界 t 得分

用公式 8-5 可计算 95% 置信区间的上限:

$$UCL_{\bar{x}} = \bar{x} + t_{\alpha/2}\,\hat{\sigma}_{\bar{x}}$$
$$= 100.3 + (2.110)(3.92)^{\ominus}$$
$$= 100.3 + 8.27 = 108.57$$

用公式 8-6 可计算 95% 置信区间的下限:

⊖ 该置信区间的边际误差为 8.27.

$$LCL_{\bar{x}} = \bar{x} + t_{a/2}\hat{\sigma}_{\bar{x}}$$
$$= 100.3 - (2.110)(3.92)$$
$$= 100.3 - 8.27 = 92.03$$

根据我们的结果,格雷格医生有 95% 的信心认为他每周治疗的病人数的总体均值在 92.03 和 108.57 之间. 由于整个区间的值都超过了每周 90 人,看来格雷格医生达到了他的财务目标.

用 t 分布构造的置信区间与用正态分布构造的置信区间性质相同:
- 增大置信水平将增宽(准确性减小)置信区间.
- 增大样本容量将变窄(更准确)置信区间.
- 边际误差等于 $t_{a/2}\hat{\sigma}_{\bar{x}}$.

8.3.2 用 Excel 和 PHStat2 确定 σ 未知时均值的置信区间

确定临界 t 得分的另一种方法是用 Excel 的 TINV 函数,该函数具有下列特征:
$$\text{TINV(alpha, degrees of freedom)}$$
其中 alpha(α) = 置信区间的显著水平

degrees of freedom = $n-1$

n = 样本容量

例如,图 8-13 显示了用 TINV 函数确定格雷格医生 $\alpha = 0.05$(95% 置信区间),$df = 17$ 的临界 t 得分.

单元格 A1 包含 Excel 公式 = TINV(0.05,17),结果为 2.110,与附录 A 表 5 确定的值一致.

PHStat2 也能构造 σ 未知时均值的置信区间,用下列步骤:

1. 进入 Add-Ins > PHStat > Confidence Intervals > Estimate for the Mean, sigma unknown, 如图 8-14 所示.

2. 用格雷格医生例题的信息填写"Estimate for the Mean, sigma unknown"对话框,如图 8-15 所示. 点击 OK.

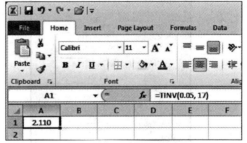

图 8-13 用 Excel 计算 95% 置信水平

95% 置信区间显示在图 8-16 下方浅灰底单元格部分. 注意到这些值与我们手算的 95% 置信区间(92.03, 108.57)略有不同. 同样,这是源于舍入误差.

这个话题要求掌握一些练习. 下面这个思考题是关于高尔夫分数的,不要错过用它构造置信区间的机会哦!

思考题 8 某统计学作者想让你为下面某高尔夫课程的分数随机样本构造 90% 置信区间,这样他就可以确定该课程的平均分(总体). (我建议你用 Excel 计算样本均值 = AVERAG,标准差 = STDEV.)

95　92　95　99　92　84　95　94　95　86

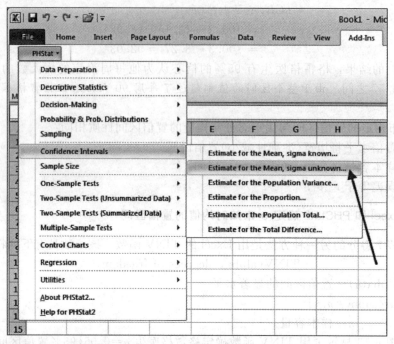

图 8-14 用 PHStat2 计算 90% 置信区间(第 1 步)

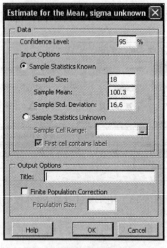

图 8-15 用 PHStat2 计算 90%
置信区间(第 2 步)

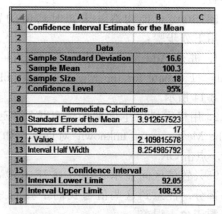

图 8-16 用 PHStat2 计算 90%
置信区间(最后结果)

习题 8.3

基础题

8.17 用下列数据构造 90% 置信区间来估计总体均值：

$\bar{x}=25$　$s=5.2$　$n=21$

构造该区间所需假设有哪些？

8.18 用下列数据构造 95% 置信区间来估计总体

均值：

$\bar{x}=38$ $s=8.5$ $n=25$

构造该区间所需假设有哪些？

8.19 当 $\bar{x}=60$ 以及 $s=12.2$ 时，用下列样本容量构造 98% 置信区间来估计总体均值：

a) $n=20$
b) $n=40$
c) $n=60$

8.20 当 $\bar{x}=125$ 以及 $s=32$ 时，用下列样本容量构造 80% 置信区间来估计总体均值：

a) $n=30$
b) $n=60$
c) $n=90$

8.21 确定估计总体均值的置信区间的边际误差，其中 $n=20$，$s=16$，置信水平如下：

a) 80%
b) 90%
c) 99%

8.22 确定估计总体均值的 95% 置信区间的边际误差，其中 $s=40$，样本容量如下：

a) $n=10$
b) $n=30$
c) $n=50$

应用题

8.23 能容纳 6300 人的皇家加勒比海上绿洲号是世界上最大的游轮。随机选取该船 15 个七日游样本，样本的平均啤酒消耗量为 81 740 瓶，样本标准差为 4590 瓶。皇家加勒比想要估计平均啤酒消耗量以计划未来巡游的存货量。（该船肯定不想在大海之上啤酒断货！）

a) 构造 95% 置信区间估计单次巡游的平均啤酒消耗量。
b) 对该总体需做哪些假设？

8.24 2009—2010 赛季，全美大学体育联盟第一级男子篮球赛一个 21 场比赛随机样本的平均出席人数为 5038，样本标准差为 1755。

a) 构造 90% 置信区间估计 2009—2010 赛季全美大学体育联盟第一级男子篮球赛的平均出席人数。
b) 对该总体需做哪些假设？

8.25 在 2010 年随机选取的 30 天中，美国空中交通管制系统平均处理 47 529 架班机。该样本的标准差为每天 6210 架班机。

a) 构造 99% 置信区间估计该系统每天处理的平均架次。
b) 假设目前的系统每天可以安全处理 50 000 架班机。用这些结果可得出什么结论？
c) 对该总体需做哪些假设？

8.26 下列数据给出了 12 名成人每天收看电视节目的小时数：

1.3 4.9 4.2 4.8 7.6 6.9 5.4
2.2 5.3 1.8 2.4 8.3

a) 构造 95% 置信区间估计成人收看电视节目的平均小时数。
b) 对该总体需做哪些假设（除了总体中一些人看电视过多）？

8.27 根据 Expedia.com，意大利工人是世界上带薪休假天数最多的人，平均每年 42 天。下列数据给出了 20 名意大利工人随机样本的带薪休假天数：

48 40 30 58 20 40 55 70 20 41
30 30 60 35 25 37 15 30 64 55

a) 构造 95% 置信区间估计意大利工人的平均带薪休假天数。
b) 该样本的结果能够证明 Expedia.com 的发现吗？
c) 对该总体需做哪些假设？

8.28 据美国汽车协会报道，2010 年美国阵亡将士纪念日期间，宾夕法尼亚州普通汽油的平均油价为每加仑 \$2.65。下列数据给出了该州 15 家加油站随机样本普通汽油的每加仑油价：

\$2.73 \$2.59 \$2.74 \$2.65 \$2.71
\$2.73 \$2.51 \$2.71 \$2.61 \$2.64
\$2.58 \$2.46 \$2.64 \$2.74 \$2.58

a) 构造 90% 置信区间估计该州的每加仑平均油价。
b) 该样本的结果能够证明美国汽车协会的发现吗？
c) 对该总体需做哪些假设？

8.4 比例的置信区间计算

我们还可以通过样本构造置信区间估计总体比例. 回想第 7 章, 二项分布的比例数据在下列条件下可用正态分布近似:

$$n\pi \geqslant 5 \quad \text{且} \quad n(1-\pi) \geqslant 5$$

其中　$\pi=$总体中成功的概率[1]

　　　$n=$样本容量

假设家庭购物频道要估计女性顾客的比例以改进该频道广告效果. 在一个 175 名顾客的随机样本中, 116 人为女性. 在第 7 章, 我们学习了可用公式 8-9 计算样本比例 p.

样本比例公式

$$p = \frac{x}{n} \tag{8-9}$$

其中　$x=$样本中目标观测值的个数(成功)

　　　$n=$样本容量

我们的样本比例为:

$$p = \frac{x}{n} = \frac{116}{175} = 0.663$$

为了估计总体中女性顾客的比例, 我需要围绕该样本比例构造 99% 置信区间. 我们需用到第 7 章比例的标准误差, 见公式 8-10. 回想该值度量了家庭购物顾客总体中围绕样本比例均值的平均变异性.

比例的标准误差公式

$$\sigma_p = \sqrt{\frac{\pi(1-\pi)}{n}} \tag{8-10}$$

其中　$\pi=$总体比例

　　　$n=$样本容量

谁能发现这里的问题有额外的奖励哦! 我们的挑战是要估计总体比例 π, 但我们需要 π 值来设置置信区间. 解答: 用样本比例 p 代替总体比例 π 来近似标准误差, 如公式 8-11 所示.

比例的近似标准误差公式

$$\hat{\sigma}_p{}^{[2]} = \sqrt{\frac{p(1-p)}{n}}{}^{[3]} \tag{8-11}$$

其中　$p=$样本比例

　　　$n=$样本容量

将公式 8-11 应用到家庭购物例题, 我们有:

$$\hat{\sigma}_p = \sqrt{\frac{p(1-p)}{n}} = \sqrt{\frac{(0.663)(1-0.663)}{175}} = \sqrt{\frac{(0.663)(0.337)}{175}}$$

---

[1] 不要将总体中成功概率与等于 3.14159… 的常数 π 混淆.
[2] 我在 σ 上面加了 "^" 符号是为了说明这是比例标准误差的近似值.
[3] 我们可以用样本比例 p 代替总体比例 π 来近似比例的标准误差.

$$= \sqrt{\frac{0.223}{175}} = \sqrt{0.001\,274} = 0.0357$$

公式 8-12 和 8-13 给出了特定样本比例置信区间的上下限.

比例的置信区间公式

$$UCL_p = p + z_{\alpha/2}\,\hat{\sigma}_p \tag{8-12}$$

$$LCL_p = p - z_{\alpha/2}\,\hat{\sigma}_p \tag{8-13}$$

其中　$p=$样本比例

　　　$z_{\alpha/2}=$临界 z 得分[⊖]

　　　$\hat{\sigma}_p=$比例的近似标准误差

我们现在已经准备好了用公式 8-12 和 8-13 计算家庭购物顾客中女性比例的 99% 置信区间. 根据表 8-2,99% 置信区间的临界 z 得分为 $z_{\alpha/2}=\pm 2.575$. 首先从上限开始：

$$\begin{aligned} UCL_p &= p + z_{\alpha/2}\,\hat{\sigma}_p \\ &= 0.663 + (2.575)(0.0357) \\ &= 0.663 + 0.092 = 0.755 \end{aligned}$$

现在，计算下限：

$$\begin{aligned} LCL_p &= p - z_{\alpha/2}\,\hat{\sigma}_p \\ &= 0.663 - (2.575)(0.0357) \\ &= 0.663 - 0.092 = 0.571 \end{aligned}$$

以样本比例 0.663 为基础，我们有 99% 的信心认为女性顾客的比例在 0.571 和 0.755 之间. 黛比肯定是其中一员！

这个区间从 0.571 到 0.755 对你来说似乎太宽. 我同意. 因为我们想以 99% 信心捕获总体比例，我们需要宽一点的区间，这就引出了下一个话题——边际误差.

比例的置信区间有一个与前面讨论的样本均值类似的边际误差. 比例的边际误差 ME_p 表示置信区间样本比例与其上限或样本比例与其下限之间的宽度. 计算比例的边际误差公式见公式 8-14.

比例置信区间的边际误差公式

$$ME_p = z_{\alpha/2}\,\hat{\sigma}_p \tag{8-14}$$

对于我们女性顾客的样本比例，边际误差计算如下：

$$ME_p = z_{\alpha/2}\,\hat{\sigma}_p = (2.575)(0.0357) = 0.092\,[⊖]$$

较大的边际误差对总体比例估计精确度较低，反之亦然. 下面这个说法给出了关于边际误差的常见报道："美国总统支持率为 46%±3%." 在该例中，置信区间为 (0.43, 0.49), 边际误差为 3%. 多数情况下，类似说法的置信水平为 95%.

用 PHStat2 确定比例的置信区间

PHStat2 能够构造比例的置信区间，用下面步骤：

[⊖] 这与附录 A 表 4 的临界 z 得分一样. 该题可在表 8-2 找到.

[⊖] 比例的边际误差 ME_p 表示置信区间样本比例与其上限或样本比例与其下限之间的宽度.

1. 进入 Add-Ins＞PHStat＞Confidence Intervals＞Estimate for the Proportion，如图 8-17 所示.

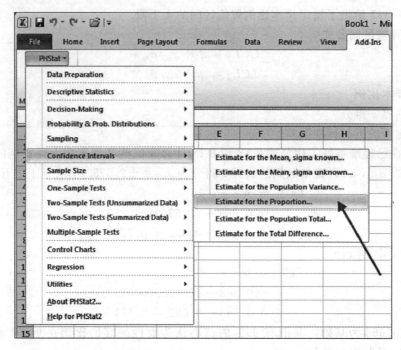

图 8-17 用 PHStat2 计算比例的 99% 置信区间(第 1 步)

2. 用女性家庭购物顾客例子填写 Estimate for the Proportion 对话框，如图 8-18. 点击 OK. 99% 置信区间显示在图 8-19 下方浅灰底单元格部分. 注意到这些值与手算的 99% 置信区间 (0.571，0.755) 略有不同. 同样源于舍入误差.

图 8-18 用 PHStat2 计算比例的 99% 置信区间(第 2 步)

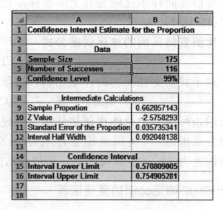

图 8-19 用 PHStat2 计算比例的 99% 置信区间(最后结果)

在进入下一节之前，要确保学会了如何计算此类置信区间.

思考题 9 在最近一次经济衰退中，汽车工业在很大程度上依赖零利率购车来吸引客户购买汽车．Edmunds.com 估计 2010 年 3 月财务上 22.4% 的汽车交易包含零利率购车．500 单入账汽车交易随机样本被随机选取，发现其中的 98 单为零利率购车．

a) 围绕样本比例构造 98% 置信区间．该区间支持 Edmunds.com 的发现吗？
b) 计算该区间的边际误差．
c) 用 PHStat2 证明你的结果．

习题 8.4

基础题

8.29 构造 90% 置信区间估计总体比例，样本比例等于 0.36，样本容量等于 125．

8.30 构造 95% 置信区间估计总体比例，样本比例等于 0.60，样本容量等于 150．

8.31 用下列置信水平确定估计总体比例的置信区间的边际误差，样本比例等于 0.40，$n=100$：
a) 90%
b) 95%
c) 97%

8.32 确定估计总体比例的 95% 置信区间的边际误差，样本比例等于 0.70，样本容量如下：
a) $n=125$
b) $n=200$
c) $n=250$

应用题

8.33 美国教育部称 2007 年，进入大学或职业学校的学生中有 67% 高中毕业不满 12 个月．在 2010 年，12 个月前高中毕业的 160 名学生样本被随机选取．在该样本中，102 名学生进入了大学或职业学校．
a) 构造 90% 置信区间估计 2010 年 12 个月前高中毕业的学生中进入大学或职业学校的学生比例．
b) 该样本的边际误差是多少？
c) 以此样本为基础，有证据说明 2007 年以来，这个比例发生了变化吗？
d) 用 PHStat2 证明你的结果．

8.34 美国国税局称 2008 年的纳税申报单中有 62% 为网络申报．2010 年，225 份纳税申报单随机样本被选取．该样本中有 163 分为网络申报．
a) 构造 95% 置信区间估计 2010 年网络申报的纳税人比例．

b) 该样本的边际误差是多少？
c) 以此样本为基础，有证据说明 2008 年以来，这个比例发生了变化吗？
d) 用 PHStat2 证明你的结果．

8.35 据 FindLaw.com 报道，2009 年 18 岁及以上驾驶员中有 29% 承认曾开车时发短信．在 2010 年的一个 400 名 18 岁及以上驾驶员随机样本中，93 人说他们曾在开车时发短信．
a) 构造 98% 置信区间估计 2010 年开车发短信驾驶员比例．
b) 该样本的边际误差是多少？
c) 以此样本为基础，有证据说明 2009 年以来，这个比例发生了变化吗？
d) 用 PHStat2 证明你的结果．

8.36 据人口统计据称，12.5% 的美国人口在 2008 值 2009 年间改变了住址．2010 年，500 名美国人随机样本中的 39 人在前一年（2009）变换了住址．
a) 构造 95% 置信区间估计 2009 至 2010 年间变换住址的人的比例．
b) 该样本的边际误差是多少？
c) 以此样本为基础，有证据说明 2009 年以来，这个比例发生了变化吗？
d) 用 PHStat2 证明你的结果．

8.37 据疾病控制和预防中心称，2008 年 20.6% 的美国人抽烟．在 2010 年，650 名美国人被随机选取，其中 124 人抽烟．
a) 构造 90% 置信区间估计 2010 年美国人抽烟的比例．
b) 该样本的边际误差是多少？
c) 以此样本为基础，有证据说明 2008 年以来，这个比例发生了变化吗？
d) 用 PHStat2 证明你的结果．

8.5 样本容量的确定

本章的重点是用下列信息计算总体的置信区间和边际误差：
- 置信水平
- 样本容量
- 标准差

本节，我们将反过来用下面的信息计算得到某边际误差所需的样本容量：
- 置信水平
- 总体标准差

这是一个常见过程，因为通常统计学家遇到的第一个问题就是选择样本容量。一方面，由于抽样是费用很高的过程，采用大于所需的样本非常浪费。我们将首先审视用样本均值选择足够大样本的过程。之后我们将用样本比例做相同的讨论。

☞ 回想本章前面学习过了增大样本容量，其他量不变，将降低边际误差，产生一个变窄的更精确的置信区间。

8.5.1 估计总体均值时样本容量的计算

为了显示如何在估计总体均值时计算样本容量，我们首先看下面这个例子。2007年至2011年间，美国电话电报公司（AT&T）作为苹果公司最成功产品iPhone的独家运营商受益匪浅。两家公司的协议也让AT&T出现了网络容量问题，因为iPhone手机用户使用的多为大数据量的应用，比如视频和网络浏览。据估计AT&T 3%的客户占用了40%的带宽。苹果客户每月平均使用250MB的数据。

为了应对这种状况，2010年AT&T取消了无限制数据计划。为了建立数据使用价格计划，假设AT&T想用一个样本来估计手机用户的月均数据使用量。AT&T要构造边际误差为±15MB的样本均值的95%置信区间，想知道所需样本容量是多少。图8-20说明了AT&T想要的精确度。

为了确定AT&T所需的样本容量，我们需回到公式8-4，我们曾用它计算样本均值构造置信区间时的边际误差：

$$ME_{\bar{x}} = z_{\alpha/2} \sigma_{\bar{x}}$$

我们仍用公式8-1确定均值的标准误差：

$$\sigma_{\bar{x}} = \frac{\sigma}{\sqrt{n}}$$

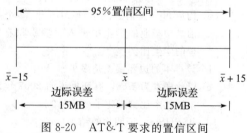

图8-20 AT&T要求的置信区间

我们可将两公式组合在一起，得到下面的边际误差表达式：

$$ME_{\bar{x}} = z_{\alpha/2} \frac{\sigma}{\sqrt{n}}$$

稍作代数变换，可得：

$$\sqrt{n} = \frac{z_{\alpha/2}\sigma}{ME_{\bar{x}}}$$

两边平方,得到所需样本容量公式,如公式 8-15 所示.

估计总体均值所需的样本容量公式

$$n = \frac{(z_{\alpha/2})^2 \sigma^2}{(ME_{\bar{x}})^2} \tag{8-15}$$

我们基本上可以得到 AT&T 所需样本容量了,但还需要最后一条信息——总体标准差. 在该例中,通过以往经验,我们假设 AT&T 估计 $\sigma=71\text{MB}/$月. 该值表示数据使用量与抽样分布的均值间的平均变异性.

我们在本章前面学了 95% 置信区间的 $z_{\alpha/2}=1.96$. 用公式 8-15,我们有:

$$n = \frac{(z_{\alpha/2})^2 \sigma^2}{(ME_{\bar{x}})^2} = \frac{(1.96)^2 (71)^2}{(15)^2} = \frac{(3.842)(5041)}{225} = 86.08 \approx 87$$

我们发现 AT&T 应该抽取 87 名客户样本来估计所有客户的平均数据使用量. 该样本将为 AT&T 产生一个 95% 置信水平,平均数据使用量在样本均值±15MB 范围里.

注意到前面的计算中,近似值取到 87 而非 86,尽管结果与 86 更接近. 我建议样本容量值要向上取近似值,因为如果向下取近似将达不到要求的边际误差. 最好把给定的边际误差看成最低要求. 较小的样本容量将会产生给定置信水平下较大边际误差. 表 8-5 用 95% 置信水平说明了这个概念.

表 8-5 95% 置信水平的样本容量和边际误差:AT&T 例题

边际误差	需要的样本容量
20MB	49
15MB	87
10MB	194

表 8-5 说明要得到小一点的边际误差(更精确的置信区间)就需要更大的样本容量. 边际误差减小一半(20MB 到 10MB),样本容量需增大 4 倍(49 到 194).

本节开始部分,我曾提到 AT&T 估计 $\sigma=71$,即客户间数据使用量差异的度量. 实际上,该值可能未知. 在这种情况下,可用其他方法估计总体标准差,比如选一个总体的小试验样本. 然后,我们用这个样本的标准差 s 估计 σ.

☞ 注意到在公式 8-15 中,分母中的边际误差项进行了平方运算. 这个平方项使得 $ME_{\bar{x}}$ 减小一半所需的样本容量增大 4 倍.

你可能想起了我们在本章前面用 s 代替了 σ. 作为结果,我们用学生 t 分布替换了正态分布的临界 z 得分. 不幸的是,这里我们不能用 t 分布确定样本容量. 这是因为我们需用样本容量确定用于查找 t 得分的自由度. 幸好,当样本容量如 AT&T 一样,足够大时,这就不是主要问题了. 要知道,大样本的 t 分布与正态分布非常相似.

8.5.2 用 PHStat2 计算估计总体均值时的样本容量

你可用 PHStat2 计算样本容量,步骤如下:

1. 进入 Add-Ins＞PHStat＞Sample Size＞Determination for the Mean，如图 8-21 所示.

2. 填写 Sample Size Determination for the Mean 对话框，如图 8-22 所示. 点击 OK. AT&T 所需样本容量如图 8-23 单元格 B13 所示. 这与我们手算的结果一致.

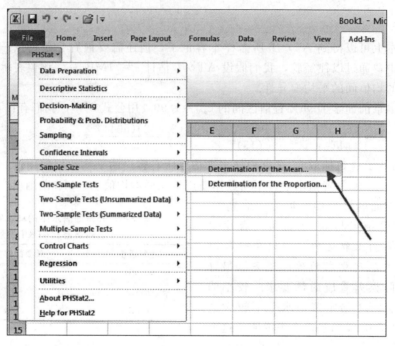

图 8-21　用 PHStat2 计算置信水平为 95％时均值估计的样本容量（第 1 步）

图 8-22　用 PHStat2 计算置信水平为 95％时均值估计的样本容量（第 2 步）

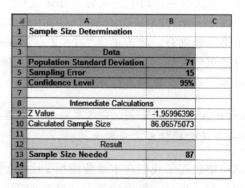

图 8-23　用 PHStat2 计算置信水平为 95％时均值估计的样本容量（最后结果）

哦，已经过了我的睡觉时间了，不过小熬夜一下吧，试着完成下面这道思考题.

思考题 10　大烟山国家公园的园区管理员想估计游人沿艾布拉姆斯瀑布步道徒步一圈的平均时间，该步道是园区的一个 5 英里闭合徒步道. 这条信息可帮助游人合理分配步道徒步的时间. 假设步道徒步的总体标准差为32分钟.

a) 边际误差为±5分钟内, 确定构造平均徒步时间估计的90%置信区间所需样本容量.

b) 用PHStat2证明此结果.

黛比和我在2010年曾在这个漂亮的步道上徒步过.

8.5.3 估计总体比例时样本容量的计算

我们可以用与前一节相同的逻辑来确定估计总体比例所需样本容量. 为了说明这个过程, 我们用下面这个例子. 2010年6月16日,《华尔街日报》发表了题为"百思买寻求女消费者"的文章. 显然, 百思买的主要消费群体为男性, 经理感到要缩小性别差距. 假设百思买想知道在真实值5%范围内构造估计女性比例的98%置信区间所需的样本容量. 图8-24说明了百思买想要的精度.

为了确定百思买所需的样本容量, 我们需从本章前面出现的公式8-4开始. 我们之前用它来计算构造围绕样本比例的置信区间的边际误差.

$$ME_p = z_{\alpha/2}\, \hat{\sigma}_p$$

我们还需用公式8-11近似比例的标准误差:

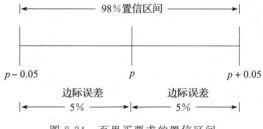

图8-24 百思买要求的置信区间

$$\hat{\sigma}_p = \sqrt{\frac{p(1-p)}{n}}$$

跟之前一样, 我们将两个公式组合在一起, 得到如下比例的边际误差表达式:

$$ME_p = z_{\alpha/2}\sqrt{\frac{p(1-p)}{n}}$$

我们再次将上式转换如下:

$$\sqrt{n} = \frac{z_{\alpha/2}\sqrt{p(1-p)}}{ME_p}$$

将两边平方, 我们得到所需的样本容量公式, 见公式8-16.

估计总体比例所需样的本容量公式

$$n = \frac{(z_{\alpha/2})^2\, p(1-p)}{(ME_p)^2} \tag{8-16}$$

可能你注意到了这里有个小问题. 为了计算估计总体比例 π 所需的样本容量, 我们需要知道样本比例 p. 对该问题, 我们有两个解答方案:

1) 选取一个试验样本, 将样本比例 p 代入公式8-16.

2) 如果选取试验样本不可行, 令公式8-16 的 $p=0.5$. 我将简短地解释这种选择的原因.

我们假设百思买选取了50名客户的试验样本, 发现其中有8为女性. 女性消费者的样本比例为:

$$p = \frac{8}{50} = 0.16$$

对于百思买例题的98%置信区间(见表8-2), $z_{\alpha/2} = 2.33$, 要求的边际误差为0.05. 用公式8-16可计算所需样本容量:

$$n = \frac{(z_{\alpha/2})^2 p(1-p)}{(ME_p)^2} = \frac{(2.33)^2 (0.16)(1-0.16)}{(0.05)^2}$$

$$= \frac{(5.429)(0.16)(0.84)}{(0.0025)} = 291.9 \approx 292$$

为了在5%边际误差内构造98%置信区间估计女性消费者比例, 百思买需抽取292名客户样本.

如果不能得到试验样本, 我推荐令$p = 0.5$计算所需样本容量. 原因为: 如果我们不知道p值, 令其等于0.5将得到样本容量的最保守估计值. 保守的意思是样本容量大小至少满足边际误差要求. 我感觉到你们有些人此刻正在挠头, 好吧, 我解释一下. 表8-6给出了p值对百思买例题样本容量的影响.

如表8-6所示, $p = 0.5$使得$p(1-p)$达到最大, 从而使样本容量取得最大值.

表8-6 p值对百思买例题样本容量的影响

p	$p(1-p)$	n
0.16	0.1344	292
0.25	0.1875	408
0.50	0.2500	543
0.75	0.1875	408

注: 如果不能得到试验样本, 我推荐令$p = 0.5$计算所需样本容量. 这样给出了样本容量达到所需边际误差的最大值(最保守).

通过选择543名客户的样本容量, 百思买可以确定估计女性消费者的比例时, 边际误差将不大于5%.

8.5.4 用PHStat2计算估计总体比例时的样本容量

PHStat2能够计算样本容量, 步骤如下:

1. 进入Add-Ins>PHStat>Sample Size>Determination for the Proportion, 如图8-25所示.
2. 填写Sample Size Determination for the Proportion对话框, 如图8-26所示. 点击OK.

百思买所需样本容量如图8-27单元格B13所示. 由于舍入误差, 这与我们手算的结果略有不同.

下面的思考题可练习估计总体比例时的样本容量计算.

思考题11 当前的经济衰退对拥有自己住房的美国人比例产生了巨大影响. 联邦政府想估计整个美国总体的这个比例.

a) 60名美国人试验样本发现有42人有房. 当边际误差为6%时, 确定构造估计有房人比例的95%置信区间所需样本容量.

b) 如果没有试验样本, 当边际误差为6%时, 确定构造估计有房人比例的95%置信区间所需样本容量.

c) 用PHStat2证明a的结果.

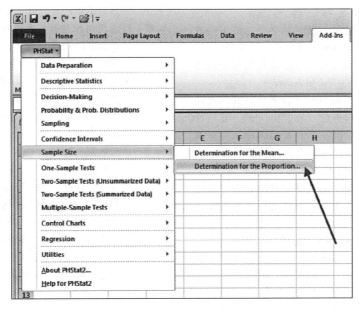

图 8-25　用 PHStat2 计算置信水平为 98%时总体比例估计的样本容量(第 1 步)

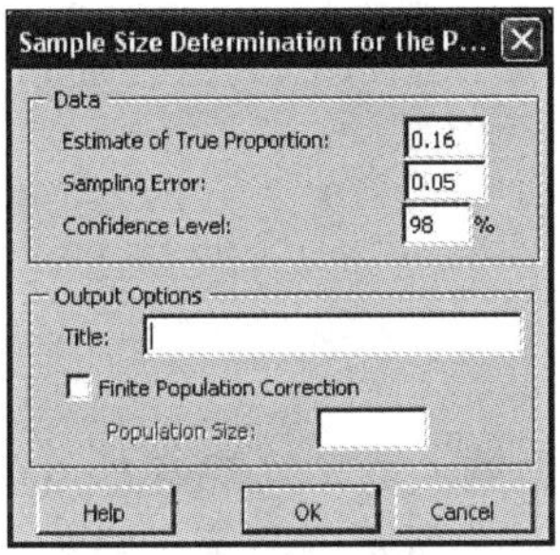

图 8-26　用 PHStat2 计算置信水平为 98%时总体比例估计的样本容量(第 2 步)

	A	B	C
1	Sample Size Determination		
2			
3	Data		
4	Estimate of True Proportion	0.16	
5	Sampling Error	0.05	
6	Confidence Level	98%	
7			
8	Intermediate Calculations		
9	Z Value	-2.32634787	
10	Calculated Sample Size	290.9434446	
11			
12	Result		
13	Sample Size Needed	291	
14			

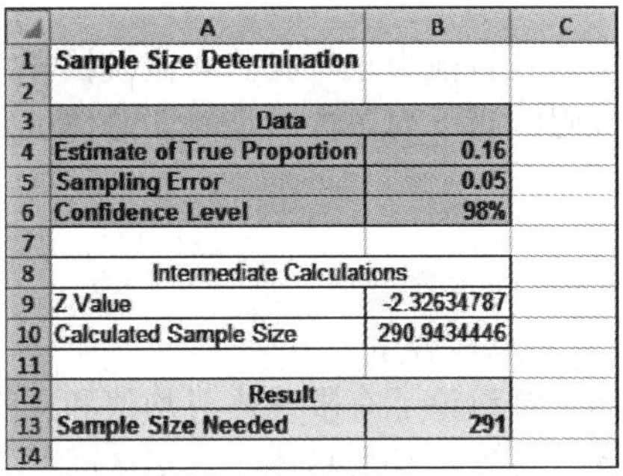

图 8-27　用 PHStat2 计算置信水平为 98%时总体比例估计的样本容量(最后结果)

习题 8.5

基础题

8.38　当 $\sigma=75$，边际误差等于 12 时，确定构造估计总体均值的 90%置信区间所需样本容量.

8.39　当 $\sigma=40$，边际误差等于 6 时，确定构造估计总体均值的 95%置信区间所需样本容量.

8.40　确定构造估计总体均值的 95%置信区间所需样本容量. 其中 $\sigma=80$，边际误差如下：

a) 10

b) 15

c) 20

8.41　当 $p=0.40$，边际误差等于 5%时，确定构造估计总体比例的 99%置信区间所需样本容量.

8.42　当 $p=0.65$，边际误差等于 6%时，确定构造估计总体比例的 90%置信区间所需样本容量.

8.43　确定构造估计总体比例的 95%置信区间所需样本容量. 其中边际误差等于 4%，样本比例如下：

a) $p=0.30$

b) $p=0.40$

c) $p=0.50$

应用题

8.44 为了构造估计威明顿学院学生总体平均成绩的 95% 置信区间，确定边际误差等于 0.2 所需样本容量．假设学生成绩的标准差为 1.0．用 PHStat2 证明你的结果．

8.45 米其林轮胎想用行驶里程来估计其纬度环游轮胎的平均寿命．为了构造 98% 置信区间，确定边际误差等于 2000 英里所需样本容量．假设该牌轮胎寿命的标准差为 8000 英里．用 PHStat2 证明你的结果．

8.46 生产各类咸味小吃的赫尔食品公司想估计其宾夕法尼亚诺丁汉分公司包装生产线每包烧烤味土豆片的平均重量．为了构造 95% 置信区间，确定边际误差等于 0.005 盎司所需的样本容量．假设土豆片包装生产线的标准差为 0.02 盎司．用 PHStat2 证明你的结果．

8.47 新泽西州想估计打算在将要举行的全州大选中投票的选民比例．50 名选民的试验样本发现其中有 36 人打算在大选中投票．为了构造 95% 置信区间，确定估计总体比例的边际误差等于 0.05 时，还需增加的选民数．用 PHStat2 证明你的结果．

8.48 红焰烤肉想估计小费金额超过晚餐账单额 18% 的账单比例．总体比例未知，为构造 90% 置信区间，确定边际误差不大于 4% 时所需样本容量．用 PHStat2 证明你的结果．

8.49 联邦政府想估计拥有住房家庭比例．40 个家庭的试验样本发现其中的 24 个家庭有自己的住房．为构造估计总体比例的 95% 置信区间，确定边际误差等于 3% 时还需增加的家庭个数．用 PHStat2 证明你的结果．

8.6 有限总体置信区间的计算

本章到目前为止，我们均假设抽样总体非常大，可被认为是无限大．但如果总体有限会怎样呢？当下列条件满足时，总体被定义为有限：

$$\frac{n}{N} > 0.05$$

其中 n＝样本容量

N＝总体容量

第 7 章讨论了有限总体对均值和比例的抽样分布的影响．我们发现有限总体高估了标准误差．当确定有限总体的置信区间时，我们需用公式 8-17 所示的与第 7 章相同的有限总体修正因子调整标准误差．

有限总体修正因子公式

$$\sqrt{\frac{N-n}{N-1}} \tag{8-17}$$

如果对于有限总体，我们不用这个修正因子，计算出的置信区间将比真实值宽．将该因子应用到前面的置信区间公式将得到下面的公式．

有限总体均值的置信区间公式（σ 已知）

$$UCL_{\bar{x}} = \bar{x} + z_{a/2}\sigma_{\bar{x}}\left(\sqrt{\frac{N-n}{N-1}}\right)^{\ominus} \tag{8-18}$$

$\ominus$ 要知道 $\sigma_{\bar{x}} = \frac{\sigma}{\sqrt{n}}$．

置信区间

$$LCL_{\bar{x}} = \bar{x} - z_{\alpha/2}\sigma_{\bar{x}}\left(\sqrt{\frac{N-n}{N-1}}\right) \qquad (8\text{-}19)$$

有限总体均值的置信区间公式（σ 未知）

$$UCL_{\bar{x}} = \bar{x} + t_{\alpha/2}\,\hat{\sigma}_{\bar{x}}\left(\sqrt{\frac{N-n}{N-1}}\right)^{\ominus} \qquad (8\text{-}20)$$

$$LCL_{\bar{x}} = \bar{x} - t_{\alpha/2}\,\hat{\sigma}_{\bar{x}}\left(\sqrt{\frac{N-n}{N-1}}\right) \qquad (8\text{-}21)$$

有限总体比例的置信区间公式

$$UCL_p = p + z_{\alpha/2}\,\hat{\sigma}_p\left(\sqrt{\frac{N-n}{N-1}}\right) \qquad (8\text{-}22)$$

$$LCL_p = p - z_{\alpha/2}\,\hat{\sigma}_p\left(\sqrt{\frac{N-n}{N-1}}\right) \qquad (8\text{-}23)$$

我将用下面的例题来说明该过程. 田纳西大学的研究人员发现，2010 年美国人平均每天步行 5117 步.（澳大利亚人平均每天 9695 步，瑞士人平均每天 9650 步！我们需要多走走了. 当然我坐在这打字说这话很容易.）假设佐治亚大学特里商学院用该学院学生总体 1600 个商学专业学生实行了一个类似的研究. 他们对 100 名学生样本每天步行步数进行了测量. 样本均值为每天 5530 步，样本标准差为每天 1480 步. 我们来计算 95% 置信区间以估计学生总体每天的平均步数. 我们还可以看到特里学院的学生与田纳西大学研究人员报道的全国情况比较.

我们估计的是总体均值，但不知道总体标准差，所以要用到公式 8-20 $^{\ominus}$ 和公式 8.21. 该例可考虑为有限总体，因为

$$\frac{n}{N} = \frac{100}{1600} = 0.0625 > 0.05$$

用公式 8-17，有限总体修正因子为：

$$\sqrt{\frac{N-n}{N-1}} = \sqrt{\frac{1600-100}{1600-1}} = \sqrt{\frac{1500}{1599}} = \sqrt{0.9381} = 0.9686$$

然后我们用公式 8-6 计算均值的近似标准误差：

$$\hat{\sigma}_{\bar{x}} = \frac{s}{\sqrt{n}} = \frac{1480}{\sqrt{100}} = 148\ 步/天$$

临界 t 得分可在附录 A 的表 5 中找到，自由度为 $n-1=100-1=99$，位于 95% 置信区间对应列. 结果为 $t_{\alpha/2}=\pm 1.984$. 现在我们可将这些值代入公式 8-20 和 8-21 中：

$$\begin{aligned}
UCL_{\bar{x}} &= \bar{x} + t_{\alpha/2}\,\hat{\sigma}_{\bar{x}}\left(\sqrt{\frac{N-n}{N-1}}\right) \\
&= 5530 + (1.984)(148)(0.9686) \\
&= 5530 + 284.4 = 5814.4\ 步/天
\end{aligned}$$

$\ominus$ 要知道 $\hat{\sigma}_{\bar{x}} = \frac{s}{\sqrt{n}}$. 我们用 s 代替 σ.

$\ominus$ 这些公式用样本标准差估计总体标准差. 因此，我们用 t 分布计算置信区间.

$$LCL_{\bar{x}} = \bar{x} - t_{\alpha/2}\ \hat{\sigma}_{\bar{x}}\left(\sqrt{\frac{N-n}{N-1}}\right)$$
$$= 5530 - (1.984)(148)(0.9686)$$
$$= 5530 - 284.4 = 5245.6\ 步/天$$

我们有 95%的信心认为佐治亚大学的学生平均每天步行的步数在 5245.6 步和 5814.4 步之间．由于该范围不包含田纳西研究报道的平均 5117 步，看来佐治亚大学的学生平均步行步数比全国的平均值高．

我们可用 PHStat2 证明这些结果，步骤如下：

1. 进入 Add-Ins>PHStat>Confidence Intervals>Estimate for the Mean，sigma unknown，如图 8-14 所示．

2. 用步行例题的信息填写"Estimate for the Mean，sigma unknown"对话框，如图 8-28 所示．确保勾选了 Finite Population Correction 框并输入了 Population Size. 点击 OK.

图 8-29 给出了结果，与我们用 8.20 和 8.21 计算的一样．注意到 PHStat2 还给出了无修正因子的置信区间．这就证实了我前面提出的一点．没有修正因子，计算出的置信区间将变宽，且会高估真实值．

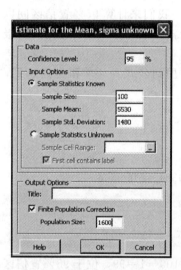

图 8-28 用 PHStat2 计算有限总体的 95%置信水平

	A	B
1	Confidence Interval Estimate for the Mean	
2		
3	Data	
4	Sample Standard Deviation	1480
5	Sample Mean	5530
6	Sample Size	100
7	Confidence Level	95%
8		
9	Intermediate Calculations	
10	Standard Error of the Mean	148
11	Degrees of Freedom	99
12	*t* Value	1.984216952
13	Interval Half Width	293.6641088
14		
15	Confidence Interval	
16	Interval Lower Limit	5236.34
17	Interval Upper Limit	5823.66
18		
19		
20	Finite Populations	
21	Population Size	1600
22	FPC Factor	0.968548555
23	Interval Half Width	284.4279484
24	Interval Lower Limit	5245.57
25	Interval Upper Limit	5814.43
26		

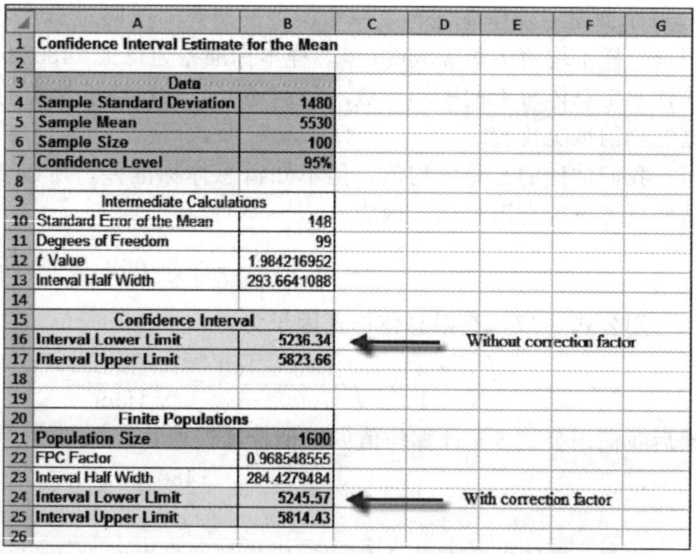

图 8-29 用 PHStat2 计算有限总体的 95%置信水平(最后结果)

我承诺这是最后一个折磨人的思考题(本章内)．充分利用这个构造有限总体比例的置信区间的机会吧！

思考题 12 迈克尔·史密斯正向特拉华州第 12 区的州议员迈进．该区共有 700 名注册选民．迈克尔抽取了 120 名选民样本，发现有 72 人打算选他．

a) 用该样本比例构造一个 95%置信区间．

b) 用 PHStat2 证明你的结果．

c) 迈克尔有把握在大选那天获得多数选票吗？

习题 8.6

基础题

8.50 用下列数据构造 90% 置信区间来估计总体均值：

$\bar{x}=70 \quad \sigma=20 \quad n=40 \quad N=400$

8.51 用下列数据构造 99% 置信区间来估计总体均值：

$\bar{x}=22 \quad s=4.5 \quad n=20 \quad N=180$

8.52 用下列数据构造 95% 置信区间来估计总体比例：

$x=22 \quad n=75 \quad N=500$

应用题

8.53 特拉华大学想估计新赛季购买第一场篮球赛特惠票的球迷比例。篮球场可容纳 3500 人，照例门票全部售罄。400 名球迷随机样本中有 260 人购买特惠票。

a) 构造 95% 置信区间来估计比赛期间购买特惠票的球迷比例。

b) 用 PHStat2 证明你的结果。

8.54 氡是可以积聚在住宅中的无色无味放射性气体。暴露在空气中的浓度达到较高水平时将引起如肺癌这样的健康问题。氡水平的计量单位是微微居里/升(pCi/L)。环境保护局建议的氡水平为小于 4pCi/L。泰勒工厂是拥有 105 套住房的住宅开发商。该开发商的业主委员会想估计该开发住宅的平均氡水平。由于测量每一所房子的费用太高，一个 32 所房子的随机样本被选取，发现平均氡水平为 1.4pCi/L。假设根据历史研究，住宅氡水平总体标准差为 0.5pCi/L。

a) 构造 95% 置信区间来估计泰勒工厂开发商的平均氡水平。

b) 结果显示平均氡水平低于环保局的建议值吗？

c) 用 PHStat2 证明你的结果。

8.55 托马斯·比尔斯基是一个初级护理医师，最近的一次见习共服务了 280 名病人。比尔斯基想对他的病人进行一个调查，看看病人对他见习期的满意度。一个 24 名病人的随机样本平均满意度为 8.4，分值范围 1~10。样本标准差为 1.9。

a) 构造一个 90% 置信区间来估计比尔斯基医生见习期的平均满意度。

b) 该分析需做哪些假设？

c) 用 PHStat2 证明你的结果。

本章主要公式

均值的标准误差公式

$$\sigma_{\bar{x}} = \frac{\sigma}{\sqrt{n}} \quad (8\text{-}1)$$

均值的置信区间公式（σ 已知）

$$UCL_{\bar{x}} = \bar{x} + z_{\alpha/2}\sigma_{\bar{x}} \quad (8\text{-}2)$$

$$LCL_{\bar{x}} = \bar{x} - z_{\alpha/2}\sigma_{\bar{x}} \quad (8\text{-}3)$$

均值置信区间的边际误差公式

$$ME_{\bar{x}} = z_{\alpha/2}\sigma_{\bar{x}} \quad (8\text{-}4)$$

样本标准差公式

$$s = \sqrt{\frac{\sum_{i=1}^{n}(x_i - \bar{x})^2}{n-1}} \quad (8\text{-}5)$$

均值的近似标准误差公式

$$\hat{\sigma}_{\bar{x}} = \frac{s}{\sqrt{n}} \quad (8\text{-}6)$$

均值的置信区间公式（σ 未知）

$$UCL_{\bar{x}} = \bar{x} + t_{\alpha/2}\hat{\sigma}_{\bar{x}} \quad (8\text{-}7)$$

$$LCL_{\bar{x}} = \bar{x} - t_{\alpha/2}\hat{\sigma}_{\bar{x}} \quad (8\text{-}8)$$

样本比例公式

$$p = \frac{x}{n} \quad (8\text{-}9)$$

比例的标准误差公式

$$\sigma_p = \sqrt{\frac{\pi(1-\pi)}{n}} \quad (8\text{-}10)$$

比例的近似标准误差公式

$$\hat{\sigma}_p = \sqrt{\frac{p(1-p)}{n}} \quad (8\text{-}11)$$

比例的置信区间公式

$$UCL_p = p + z_{\alpha/2}\hat{\sigma}_p \quad (8\text{-}12)$$

$$LCL_p = p - z_{\alpha/2}\hat{\sigma}_p \quad (8\text{-}13)$$

比例置信区间的边际误差公式
$$ME_p = z_{\alpha/2}\, \hat{\sigma}_p \qquad (8\text{-}14)$$

估计总体均值所需的样本容量公式
$$n = \frac{(z_{\alpha/2})^2 \sigma^2}{(ME_{\bar{x}})^2} \qquad (8\text{-}15)$$

估计总体比例所需的样本容量公式
$$n = \frac{(z_{\alpha/2})^2 \, p(1-p)}{(ME_p)^2} \qquad (8\text{-}16)$$

有限总体修正因子公式
$$\sqrt{\frac{N-n}{N-1}} \qquad (8\text{-}17)$$

有限总体均值的置信区间公式（σ 已知）
$$UCL_{\bar{x}} = \bar{x} + z_{\alpha/2}\, \sigma_{\bar{x}} \left(\sqrt{\frac{N-n}{N-1}}\right) \qquad (8\text{-}18)$$

$$LCL_{\bar{x}} = \bar{x} - z_{\alpha/2}\, \sigma_{\bar{x}} \left(\sqrt{\frac{N-n}{N-1}}\right) \qquad (8\text{-}19)$$

有限总体均值的置信区间公式（σ 未知）
$$UCL_{\bar{x}} = \bar{x} + t_{\alpha/2}\, \hat{\sigma}_{\bar{x}} \left(\sqrt{\frac{N-n}{N-1}}\right) \qquad (8\text{-}20)$$

$$LCL_{\bar{x}} = \bar{x} - t_{\alpha/2}\, \hat{\sigma}_{\bar{x}} \left(\sqrt{\frac{N-n}{N-1}}\right) \qquad (8\text{-}21)$$

有限总体比例的置信区间公式
$$UCL_p = p + z_{\alpha/2}\, \hat{\sigma}_p \left(\sqrt{\frac{N-n}{N-1}}\right) \qquad (8\text{-}22)$$

$$LCL_p = p - z_{\alpha/2}\, \hat{\sigma}_p \left(\sqrt{\frac{N-n}{N-1}}\right) \qquad (8\text{-}23)$$

复习题

8.56 据美国劳工统计局消息，2010年5月美国的平均时薪为$22.57. 为了验证该数据，5月份的36名小时工样本被随机选取. 该样本的平均时薪为$21.32. 假设全国时薪的标准差为$4.30.
a) 用95％置信区间说明样本结果与美国劳工统计局的言论是否一致.
b) 该样本的边际误差是多少？
c) 用PHStat2证明你的结果.

8.57 2010年6月2日，当裁判员吉姆·乔伊斯在第9局错判了一名队员一垒跑安全，另两个队员下场后，底特律老虎队的大联盟投手阿曼多·贾拉雷加错失全胜赛的机会. （全胜赛指当投手面对比赛的27次击球时，对手均不能够触垒. 在棒球过去110年的发展历史中，只有18次投手全胜.）这个不幸事件引起了公众对棒球比赛即时重放的强烈呼吁，这样裁判可以改判. 该事件后，今日美国一项盖洛普民意调查发现78％的棒球球迷希望在棒球大联盟赛中应用即时重放. 假设民意调查的样本容量为600人.
a) 用95％置信区间估计希望扩大即时重放应用的球迷比例.
b) 该样本的边际误差是多少？
c) 用PHStat2证明你的结果.

8.58 题8.57今日美国的盖洛普民意调查还问及是否应推翻吉姆乔伊斯的判决，授予投手全胜奖. 假设600名棒球球迷样本中，有384名同意推翻裁判判决.
a) 用99％置信区间估计支持推翻吉姆乔伊斯判决的棒球球迷比例.
b) 该样本的边际误差是多少？
c) 用PHStat2证明你的结果.

8.59 下列是一个15份纳税申报单随机样本的税收筹划服务费：
$135 $120 $150 $110 $90
$115 $130 $200 $180 $200
$140 $150 $100 $75 $70

a) 用98％置信区间估计客户准备纳税申报单的平均服务费用.
b) 该样本的边际误差是多少？
c) 用PHStat2证明你的结果.
d) 该分析所需假设有哪些？

8.60 航空公司认识到空座代表无法追回的收益损失. 为了避免这部分损失，航空公司常常预订给乘客比实际座位多的座位票. 当航班预期的座位不够时，一些乘客的座位会被"挤掉"（被拒绝登机）. 航空公司将提供一些激励来鼓励乘客自动放弃预订的座位，不过有时一些乘客不会自愿被从航班上挤掉. 显然，这些事情使乘客的满意度大打折扣. 假设西南航空公司想估计国内航空业中不自愿被挤掉的乘客比例. 在一个 55 名国内乘客的试验样本中, 5 人不会自愿被从自己航班上挤掉.
  a) 当边际误差不大于 5% 时, 构造估计不自愿被挤掉乘客比例的 98% 置信区间, 确定所需样本容量.
  b) 用 PHStat2 证明你的结果.

8.61 紧凑型节能灯(CFL)制造商称该种灯泡比白炽灯泡节约 75% 能源, 且使用寿命是白炽灯泡的 10 倍. 一个 16W CFL(等同于一个 60W 的白炽灯)平均寿命为 8000 小时. 为了检验这种说法, 随机选取了 50 个 CFL 的样本, 灯泡的平均寿命为 7960W. 假设 CFL 灯泡寿命的标准差为 240 小时.
  a) 在 95% 信度下, 该样本有足够的证据支持 CFL 平均寿命 8000 小时的说法吗?
  b) 该样本的 95% 置信区间的边际误差是多少?
  c) 用 PHStat2 证明你的结果.

8.62 健康保险公司 Aetna 想估计寻求急诊室服务的病人的平均等候时间. 一个 33 名急诊室病人的随机样本平均等候时间为 222 分钟, 样本标准差为 76 分钟. 对于下列置信水平, 分别确定估计平均等候时间的置信区间:
  a) 90%
  b) 95%
  c) 99%
  d) 置信水平如何影响估计的精确性?
  e) 该分析所需假设有哪些?

8.63 某些广告商想估计多数时间独自看电视的观众比例. 对此的共识是随着美国家庭拥有电视数量的增加, 该比例也在增加.
  a) 确定当边际误差不大于 5% 时, 构造估计独自看电视观众比例的 90% 置信区间所需样本容量.
  b) 当试验样本显示多数时间独自看电视的观众比例为 38% 时, 该结论对你的结果有何影响?
  c) 用 PHStat2 证明你的结果.

8.64 劳工部想估计美国成人的平均周薪, 边际误差等于 $20. 确定用下列置信水平构造此估计的置信区间所需样本容量. 假设周薪的总体标准差为 $160.
  a) 90%
  b) 95%
  c) 98%
  d) 解释为什么置信水平会影响达到给定边际误差所需的样本容量.

8.65 为了设计一个新的广告活动, 大众汽车想估计大众甲壳虫司机中的女性比例. 在 250 名大众甲壳虫车主中, 140 人为女性.
  a) 构造 95% 置信区间估计该比例.
  b) 该样本的边际误差是多少?
  c) 用 PHStat2 证明你的结果.

8.66 2010 席卷欧洲的欧元货币危机主要归因于希腊的经济. 2010 年 3 月 1 日, 希腊总理乔治·帕潘德里欧称腐败是危机的核心. 透明国际组织是一个报道世界范围腐败的全球民间组织. 该组织的研究表明 2009 年希腊平均每户用于行贿的总金额为 $1708. 为了证明该发现, 20 户居民随机样本被选取, 每户要给出 2009 年用于行贿的金额. 数据如下:

$560	$0	$3100	$0	$1100
$0	$1800	$2350	$2800	$1900
$2400	$2070	$2300	$3000	$2800
$2060	$2000	$250	$2350	$2750

  a) 用这些数据构造 95% 置信区间来估计 2009 年希腊家庭的平均行贿金额.
  b) 该结果能证明透明国际组织的发现吗?
  c) 该样本的边际误差是多少?
  d) 为什么边际误差会这么大?
  e) 用 PHStat2 证明你的结果.

8.67 威瑞森无线想估计美国青少年每月收到的短信的平均数量. 60 名青少年随机样本被选取. 样本均值为 2272 条/月, 样本标准差为 953 条/月. 用下列置信水平构造置信区间:
  a) 90%
  b) 95%
  c) 99%
  d) 用 PHStat2 证明你的结果.

8.68 通用汽车金融服务公司报道, 85% 的司机对接近黄灯时应该做什么的回答是错误的.

（正确答案是减速并在安全的情况下通过黄灯．不过我确信你肯定早就知道．）为了证明这个出人意料的结果，随机样本中的 330 名司机被问了相同的问题．在该样本中，274 人的答案不正确．运用 90% 置信区间，所得结果能证明通用汽车金融服务公司的报道吗？

8.69 美国人口普查局想估计 Y 一代（美国生于 1981 年和 1991 年之间的人）平均年慈善捐款额．下列数据是 18 名该年龄群体的随机样本年慈善捐款额：

$25　$270　$60　$750　$415　$595
$390　$450　$400　$160　$192　$155
$200　$460　$650　$510　$330　$225

a) 用这些数据构造 95% 置信区间来估计该年龄群体的平均年慈善捐款额．
b) 该样本的边际误差是多少？
c) 用 PHStat2 证明你的结果．

8.70 据抵押贷款银行家协会消息，2010 年第一季度，美国 10.73% 的优质固定利率按揭丧失赎回权或拖欠账款．为了证明该说法，700 笔抵押贷款随机样本被选取，其中的 98 笔丧失赎回权或拖欠账款．
a) 运用 90% 置信区间说明该样本支持抵押贷款银行家协会的说法吗？
b) 该样本的边际误差是多少？
c) 用 PHStat2 证明你的结果．

8.71 2010 年 3 月，美国银行报道了其 7.1% 的信用卡持有人还款日期至少超过月度还款日 30 天．2010 年 7 月，450 张信用卡客户的随机样本发现其中 20 张至少超过月度还款日 30 天．用 90% 置信区间，能得到欠账信用卡持有人比例较之 3 月份有所改变的结论吗？

8.72 旅游城想估计目前平均国内机票价格．下列数据给出了 24 张随机选取的美国境内游票价：

$356　$275　$371　$384　$457　$326
$414　$367　$362　$286　$104　$136
$320　$244　$370　$215　$322　$409
$303　$489　$251　$361　$337　$265

a) 用这些数据构造 99% 置信区间来估计平均国内机票价格．
b) 该样本的边际误差是多少？
c) 用 PHStat2 证明你的结果．

8.73 运用 95% 的置信水平，美国劳工部想估计美国成人中私企员工的平均周薪．假设工作小时数的标准差为 7 小时．根据下列边际误差，确定构造置信区间所需的样本容量：
a) 2 小时
b) 1 小时
c) 30 分钟
d) 为了达到特定置信水平，解释为什么边际误差会影响所需样本容量．

8.74 迈克尔史密斯正在向特拉华州地 12 区州议员迈进．该区有 310 名注册的共和党选民．为了计划他的竞选策略，迈克尔想估计该区共和党选民的平均年龄．下列是 27 名注册共和党选民的随机样本，选民的平均年龄为 38.7 岁，样本标准差为 6.8 岁．
a) 构造 95% 置信区间来估计第 12 区注册共和党选民的平均年龄．
b) 该分析所需假设有哪些？
c) 用 PHStat2 证明你的结果．

8.75 当地一家教堂有一个 362 名成员的教会．教会委员想发现如果教堂将服务时间从早 11:00 改到早 10:00，会众将有何反应．115 名成员随机样本被选取，其中的 46 人赞同这个变动．
a) 构造 95% 置信区间来估计赞同时间变动的成员比例．
b) 基于这些结果，可得到什么结论？
c) 用 PHStat2 证明你的结果．

8.76 标题为 Lowes.xlsx 的 Excel 文件列出了家居装饰连锁公司 Lowe's 350 名顾客随机样本的收据总额．
a) 用这些数据构造 95% 置信区间来估计 Lowe's 客户的平均收据总额．
b) 该样本的边际误差是多少？
c) 用 PHStat2 证明你的结果．

8.77 夏威夷岛商会收集海洋温度数据以促进本地旅游业．题为 Hawaii ocean temps.xlsx 的 Excel 文件列出了过去 125 天的日海洋温度．
a) 用这些数据构造 90% 置信区间来估计夏威夷的平均海洋温度．
b) 该样本的边际误差是多少？
c) 用 PHStat2 证明你的结果．

第9章 单个总体的假设检验

在第8章，我们学习了如何用样本和置信区间来估计像均值这样的总体参数. 现在我们将进入推断统计学的灵魂：假设检验.

在统计世界里，**假设**是对特定总体参数的假设，比如均值、比例或标准差. 我们统计学家要做的一件事就是对总体参数做出假设，从总体中收集样本进行度量，然后从学术的角度说明样本是否支持原始假设. 这就是对假设检验的简单概括. 我们将在本章和下一章解释如何进行假设检验. 本章的重点是对单个总体均值或总体比例进行检验. 在掌握了本章的方法后，第10章将进行两总体的假设检验.

当今商业环境中充满了假设检验的例子，比如：

- 由于最近的经济衰退，金融机构正在努力弥补损失，银行收费受到了密切关注. 在衰退之前，信用卡延期还款的费用为平均40美元. 某政府机关想检验现在平均收费高于40美元的假设.
- 促进紧凑型节能灯（CFL）发展的产业部门称CFL灯泡比白炽灯节约75%能源，且寿命是白炽灯的10倍. 某独立实验室想用假设检验来检验这种说法.
- 2010年6月5日，《华尔街日报》的一篇题为"网络让你更聪明还是更愚蠢？"的文章提出了网络活动使得我们思想浅薄的可能性. 该文章引用了统计说法，美国人浏览一张网页的平均时间是56秒. 当地一家大学的研究人员想用假设检验来检验该说法.

假设检验是现今应用最为广泛的过程之一. 在本章，你将会看到设置合理检验和得出合理结论时需特别注意. 首先，我将介绍假设检验，然后讨论总体均值和总体比例的假设检验.

9.1 假设检验简介

本节的目的是讨论如何设置合理的假设检验，从建立原假设和备择假设开始.

9.1.1 假设的设定

每一个假设检验都有原假设和备择假设. **原假设**表示为 H_0，代表现状并包含对总体参数 ≤（小于等于）、= 或 ≥（大于等于）特定值的表述.（回想第1章我们定义了参数是描述如均值或比例这样的总体特征的数据.）原假设被认为真，除非对立面的证据足够.

备择假设表示为 H_1，代表原假设的对立面且如果原假设被发现是假的，备择假设被认为真. 备择假设的表述常常为总体参数 >（大于）、≠（不等于）或 <（小于）特定值.

在设立原假设和备择假设时要小心. 你的决定取决于检验的性质以及假设检验实行人的动机. 假设检验的目的是确定总体均值是否等于特定值，即我们在《华尔街日报》文章中想要检验的值. 我们需设立原假设，结果如下式：

$$H_0: \mu = 56 \text{ 秒（现状）}$$

在该例中,我们对现状的假设是网络用户花在一张网页上的平均时间 56 秒. 因此,该陈述被设为原假设.

备择假设反映对立条件,即平均时间不等于 56 秒.

$$H_1: \mu \neq 56 \text{ 秒}$$

假设的表述只能用于总体参数(比如 μ),而非样本统计量(比如 $\bar{x}$). 下面的表述是不合适的:

$$H_0: \bar{x} = 56 \text{ 秒}$$
$$H_1: \bar{x} \neq 56 \text{ 秒}$$

这些表述不合适的原因是我们能够计算样本均值或样本比例. 因此,没必要对样本统计量的表述进行假设检验. 假设表述的目的是对我们认识不全的总体参数得出结论.

通常,假设检验被研究人员用于证明他们的发现是对现有产品或工艺的改进. 假设紧凑型节能灯生产商 Edalight 公司声称其开发的新灯泡平均寿命超过了现有的平均 8000 小时. 为了检验该言论,Edalight 设立如下的假设检验:

$$H_0: \mu \leqslant 8000 \text{ 小时(现状)}$$
$$H_1: \mu > 8000 \text{ 小时(制造商的声称)}$$

注意到备择假设用于表示 Edalight 想在统计上证明的声称. 由此,备择假设常被称为研究假设. 它表示研究人员的立场. Edalight 新产品之前的平均 8000 小时被认为是现状,设为原假设.

注意,即使现状表述了灯泡平均寿命等于 8000 小时,我们也将原假设写为 $H_0: \mu \leqslant 8000$ 而不是 $H_0: \mu = 8000$. 坦率地说,两个表述都可接受. 在本文中,我使用 $\leqslant$ 的惯例. 不过,有些教材使用 = 的惯例. 各有所好.

表 9-1 给出了《华尔街日报》文章的 3 种原假设和备择假设的合理组合.

表 9-1 原假设和备择假设的合理组合:《华尔街日报》例子

原假设	$H_0: \mu = 56$	$H_0: \mu \geqslant 56$	$H_0: \mu \leqslant 56$
备择假设	$H_1: \mu \neq 56$	$H_1: \mu < 56$	$H_1: \mu > 56$

注:等号总在原假设中,备择假设中不会出现.

备择假设(H_1)只与 ≠、< 和 > 有关. 因此,原假设(H_0)只用 =、$\geqslant$ 或 $\leqslant$ 表示.

9.1.2 双尾假设检验

当备择假设表示为 ≠ 时,用**双尾假设检验**.《华尔街日报》例子有下面的原假设和备择假设:

$$H_0: \mu = 56$$
$$H_1: \mu \neq 56 ^{\ominus}$$

这是一个双尾假设检验,因为备择假设的表述为 $H_1: \mu \neq 56$. 这里的假设为 $\mu = 56$,除非样本均值高于或低于 56. 该检验如图 9-1 所示.

图 9-1 的曲线表示美国人浏览一张网页所需秒数的均值的抽样分布. 根据原假设,总

⊖ 当备择假设表示为 ≠ 时,用双尾假设检验.

体均值为 56 秒，该值是抽样分布的均值，表示为 μ_{H_0}。

双尾假设检验过程如下：
- 收集容量为 n 的样本，并计算样本均值。对于该例，我们的样本将用于计算每张网页的平均浏览时间。
- 在如图 9-1 所示的抽样分布曲线的 x 轴上标出样本均值。
- 如果样本均值落在图 9-1 的白色区域里，不拒绝 H_0。即，我们没有足够的证据支持总体均值不等于 56 秒的备择假设 H_1。
- 如果样本均值落在任一阴影区域，或称为拒绝域，我们拒绝 H_0。即，我们有足够的证据支持 H_1，这使我们认为总体均值不等于 56 秒。

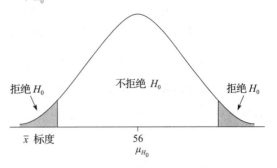

图 9-1 双尾假设检验的例子

由于图 9-1 有两个拒绝域，这是一个双尾假设检验。我们将马上讨论如何确定拒绝域的边界。

9.1.3 单尾假设检验

单尾假设检验 包含备择假设形如 $<$ 或 $>$ 的表述。Edalight 公司称新 CFL 灯泡的平均寿命超过了目前的平均值，这是一个单尾假设检验。回想该公司称他们的新灯泡平均寿命超过了 8000 小时。原假设和备择假设可表示为：

$$H_0: \mu \leq 8000 \text{ 小时}$$
$$H_1: \mu > 8000 \text{ 小时}$$

该检验如图 9-2 所示。

这里，只有一个拒绝域，即抽样分布右尾阴影区域。我们用双尾检验列出的步骤，画出代表新 CFL 灯泡平均寿命的样本均值。存在两个可能情况：

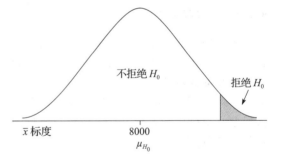

图 9-2 单尾假设检验（上侧）例子

1. 若样本均值落在白色区域，我们不拒绝 H_0。即，我们没有足够证据支持备择假设 H_1。我们的结论为：没有证据说明新 CFL 灯泡的平均寿命超过 8000 小时。

2. 若样本均值落在阴影区域，我们拒绝 H_0。也就是我们有足够的证据支持 H_1，即支持 Edalight 新 CFL 灯泡平均寿命超过 8000 小时的言论。

9.1.4 假设检验的逻辑

我们对原假设只能做两个陈述：
- 拒绝原假设。
- 不拒绝原假设。

我们只限于这两个结论的原因是假设检验依赖"反证法"。也就是我们假设原假设为真，然后通过寻找对立面证据来对其反驳．通过运用这种方法，我们只能得出原假设可能为真的结论，但我们没有足够的证据说明原假设一定为真．鉴于这种限制，我们一定不能说接受原假设．我们最多只能说没有足够的证据拒绝原假设．

☞ 永远不能接受原假设．可选的两种说法是：(1)拒绝原假设，(2)不拒绝原假设．

我们可类比法律体系进一步阐述这一点．由于美国的法律体系假设一个人无辜，直到有证据证明其有罪，假设检验表示如下：

$$H_0:被告人无罪（现状）$$
$$H_1:被告人有罪$$

法律体系可得出的两个结论如下：
1. 拒绝原假设→被告有罪
2. 不拒绝原假设→被告无罪

如果陪审团的成员发现被告"无罪"，他们并非指被告无辜，而是说没有足够证据证明有罪．"无罪"的裁定是不能拒绝原假设．得出被告无辜的结论比确定被告无罪要强有力得多．不过，法律体系不能推出无辜，因为这是要接受原假设．总之，有两件事不能做：
1. 手持锋利的东西跑动．（一旦做了父母，就总是扮演父母的角色．）
2. 接受原假设．

9.1.5 假设表述的设定总结

我必须告诉你实情——设立合适的假设表述是很多学生发怵的问题．为了帮助你掌握这个重要过程，我用下面这几点来总结所学过的假设检验知识．

如果假设检验的目的是建立总体参数等于或不等于一个特定值，原假设常被设为等号，"不等于"的表述放在备择假设部分．例如，白宫想检验在看了总统奥巴马处理埃及人民起义事件的方式后，其支持率与前月的48%相比是否发生了变化．这里我们是对总体比例 π 进行检验，假设表述如下：

$$H_0:\pi=0.48$$
$$H_1:\pi\neq0.48$$

由于备择假设没有明确特定的方向（白宫只想检验支持率改变与否，并没有明确增加或减少），我们进行的是双尾检验．

假设检验常被用于调查研究．通常，研究人员想证明开发的东西与现状不同．在这种情况下，现状被设为原假设，研究人员想证明的条件设在备择（研究）假设中．例如，假设14英寸笔记本电脑的平均电池续航时间为 3.0 小时．我们公司新开发的新型电池的平均电池续航时间大于 3.0 小时．为了检验该说法，我们用下面的假设：

$$H_0:\mu\leqslant3.0 \text{ 小时（现状）}$$
$$H_1:\mu>3.0 \text{ 小时（研究声明）}^\ominus$$

在本例中，我们关注的是检验电池续航时间是否增加，要用单尾假设检验．这里如果

⊖ 这是上侧（右尾）假设检验，因为备择假设为>3.0．

只是说电池续航时间与3.0不同(双尾检验),则不能引起消费者关注!

质量控制是得益于假设检验的另一个领域. 这里, 原假设是符合要求的工艺运作, 即现状. 备择假设的立场是工艺与应有表现不符, 需引起一定注意. 例如, 玻璃生产商某种产品的平均厚度需为4.0mm. 如果平均厚度大于或小于4.0mm, 该产品不被认可. 我们可对该应用采用下列的假设:

$$H_0: \mu = 4.0\text{mm}(工艺符合要求)$$
$$H_1: \mu \neq 4.0\text{mm}(工艺不符合要求)^{\ominus}$$

由于工艺的平均厚度大于或小于4.0mm都不能接受, 这是一个双尾检验.

假设检验也可尝试证明某种观点. 作为假设检验的使用者, 你可用备择假设来建立你支持的观点. 例如, 美国橄榄球联盟(NFL)的理事罗杰·古德尔称多数球迷希望将NFL的时间表从16场扩充到18场常规赛. 不希望做此扩充的NFL球员联盟想用下面的假设检验反驳该理事的言论:

$$H_0: \pi \geq 0.50(理事言论)$$
$$H_1: \pi < 0.50(球员联盟立场)^{\ominus}$$

如你所见, 这也是一个单尾检验. 球员联盟特别想说明希望18场比赛的NFL球迷比例小于50%.

鉴于表述的设立是假设检验中如此重要的一步, 完成下面这道思考题将受益匪浅. 我想没必要再用假设检验证明这个重要性了吧!

思考题1 确定下列各种情况的原假设和备择假设:

1. 为了增加填报电子申报单的人数, 假设美国国税局(IRS)推出了一个促进该填报方法的优惠活动. 作为该促进活动的后续跟进, IRS想检验下一税季打算"电子申报"的人数比例是否超过70%.

2. 为了合理计划新一年的服务设备, 康卡斯特公司想检验其客户家庭电视的平均数量为2.9台的假设.

3. 联邦政府想确定新推出的免税项目对首次购房人的效力. 在免税之前, 房子面市的平均时间为60天, 政府想检验目前房子面市的平均时间小于60天的言论.

既然我们已经讨论了假设检验的基础, 我们需考虑抽样可能造成的错误.

9.1.6 Ⅰ型错误和Ⅱ型错误的区别

假设检验的目的是用单个样本来证明对总体断言的正确性. 由于我们依赖于样本, 我们将置身于因抽样误差而得出关于总体的错误结论的危险中. 例如, 可能原假设为真, 不幸的是我们得到的样本不能代表总体. 或者, 可能样本太小或调查设计得不好. 有很多情况会导致错误的结论.

回想第7章我们定义的抽样误差为样本均值和总体均值的差.

⊖ 这是一个双尾假设检验, 因为备择假设为不等于4.0.
⊜ 这是一个下侧(左尾)假设检验, 因为备择假设为<0.50.

我们用前面的紧凑型节能灯（CFL）例子来说明这些错误．假设 Edalight 样本落在图 9-2 的"拒绝 H_0"区域．也就是说，根据样本信息，新灯泡的平均寿命超过了 8000 小时．但是，如果总体均值的真实值远远小于 8000 小时呢？发生这种情况的主要原因是第 7 章讨论过的抽样误差．当原假设为真，我们拒绝 H_0 的错误被称为 **Ⅰ型错误**．犯Ⅰ型错误的概率为 α．这个 α 与我们第 8 章讨论过的**显著水平** α 是一个值．作为假设的检验者，你可以自己决定所能接受的错误拒绝原假设的风险水平，即 α．

一般地，假设检验的 α 在 0.01(1%) 到 0.10(10%) 间取值．选择哪个水平取决于不犯Ⅰ型错误的重要性．例如，如果 Edalight 非常关心做出 CFL 灯泡平均寿命超过 8000 小时的错误断言，而实际情况并非如此，Edalight 会选择较小的 α 值，比如 0.01．无论 α 取何值，都要在收集数据之前确定．

我们还会经历假设检验的另一种错误．CFL 灯泡样本落在图 9-2 的"不拒绝 H_0"区域．即，根据样本信息，没有证据说明新 CFL 灯泡的平均寿命超过 8000 小时．但是，如果真正总体均值远远大于 8000 小时呢？当原假设为假，我们不拒绝 H_0 的错误被称为**Ⅱ型错误**．犯Ⅱ型错误的概率为 β．本章稍后会介绍 β 值取决于所选择的 α 值．

表 9-2 总结了两类假设错误．

我们回到玻璃制造商的例子来强调Ⅰ型错误和Ⅱ型错误的区别．回想该例中玻璃产品的平均厚度需达到 4.0mm．如果工艺产品的平均厚度大于或小于 4.0mm，产品不合格．我们对此应用做下列假设表述：

$H_0: \mu = 4.0$mm（工艺符合要求）

$H_1: \mu \neq 4.0$mm（工艺不符合要求）

表 9-2　两类假设错误的决策规则

	H_0 为真	H_0 为假
拒绝 H_0	Ⅰ型错误 $P(\text{Ⅰ型错误}) = \alpha$	正确结果
不拒绝 H_0	正确结果	Ⅱ型错误 $P(\text{Ⅱ型错误}) = \beta$

当拒绝原假设推出工艺流程有问题的结论，而实际工艺流程没问题时，发生Ⅰ型错误．换句话说，我们推出玻璃平均厚度不等于 4.0mm 的结论，而真实值等于 4.0mm．我们称Ⅰ型错误是**生产商的风险**，因为当其发生在质量控制设置中时，生产商将会试图寻找生产工艺中不存在的问题．也就是生产商正试图拒绝合格产品．

当未能拒绝原假设，推出生产工艺正常的结论，而实际生产工艺出现问题时，发生Ⅱ型错误．这里，我们得出平均玻璃厚度等于 4.0mm 的结论，而实际情况不是这样．我们称Ⅱ型错误是**消费者的风险**，因为当其发生在质量控制设置中时，消费者获得的是工作不正常的生产工艺生产出来的产品．

对于假设检验，我们在选取样本前确定 α 值．一旦设定了 α 值，β 可被计算出来，计算方法将在本章后面介绍．理想状态下，α 和 β 的值越小越好．但是，对于给定的样本容量，减小 α 值将导致 β 增大．反之亦然．同时减小 α 和 β 值的唯一方法是增大样本容量．一旦样本容量增大到总体容量大小，α 和 β 值将趋近于 0．尽管如此，如我们第 7 章讨论过的那样，不推荐这种方法，因为度量总体既不现实也不经济．

9.2　σ 已知时总体均值的假设检验

假设检验的第一种情况是总体标准差 σ 已知时的单尾检验．就像我们在第 8 章学过的，

单个总体的假设检验

总体标准差常常未知,但我们可以估计其值. 我们将在本章的后续小节讨论这种情况.

当 σ 已知时,我们需考虑两种不同情况:

1. 如果样本容量较小($n<30$),实行假设检验的总体必须为正态分布.
2. 如果样本容量较大($n\geq 30$),由中心极限定理知,抽样分布服从正态分布. 在此背景下,我们对总体分布没有限制.

在下面的小节中,我们将讨论单尾假设检验和双尾假设检验.

9.2.1 一个对 σ 已知时总体均值单尾假设检验的例子

为了举例说明总体标准差已知时的单尾假设检验,我将用 Edalight 的言论,称其新型 CFL 灯泡平均寿命超过了 8000 小时. 假设 36 只新型灯泡随机样本的平均寿命为 8120 小时. 假设 CFL 灯泡寿命的标准差为 500 小时. 下面的步骤描述了假设检验过程.

第 1 步:确定原假设和备择假设.

$$H_0: \mu \leq 8000 \text{ 小时}$$
$$H_1: \mu > 8000 \text{ 小时}^{\ominus}$$

第 2 步:设定显著水平 α.

前面提过,显著水平代表犯 I 型错误的概率. 当原假设为真而被拒绝时,I 型错误发生. 例如,令 $\alpha = 0.05$,这是假设检验中常见的取值. 后面我将讨论这个选择对结果的影响.

第 3 步:确定临界值.

由于总体标准差已知,z 得分是这种情况下临界值的合理选择. 这与第 8 章在类似条件下构造置信区间所使用的方法一致. 临界 z 得分确定了图 9-1 和图 9-2 所示的拒绝域.

☞ 如果样本容量大于等于 30,根据中心极限定理(如第 7 章所学),无论总体概率分布如何,样本均值都服从正态分布.

由于这是一个单尾检验且备择假设为 $H_1: \mu > 8000$ 小时,$\alpha = 0.05$ 的整个面积位于抽样分布的右边(上侧),见图 9-3 阴影部分. 我们从附录 A 表 4 中查找与 0.95 最接近的值,可得临界 z 得分 z_α. 该值位于 1.6 行,0.04 列 0.9495 和 0.05 列 0.9505 之间,故 $z_\alpha = 1.645$.

第 4 步:计算检验统计量.

由于 σ 已知,检验统计量为 z 检验统计量,在第 8 章讨论过. z 检验统计量 $z_{\bar{x}}$ 表示样本均值和原假设中总体均值 μ_{H_0} 间相差的标准差数. 而第 3 步的临界 z 得分 z_α 基于显著水平 α,确定了拒绝域的边界. 可用公式 9-1 计算 z 检验统计量.

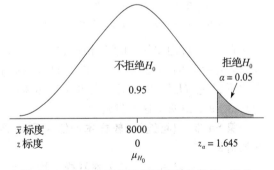

图 9-3 $\alpha = 0.05$ 时单尾假设检验的临界 z 得分

注:我用 z_α 符号表示单尾假设检验的临界 z 得分,因为与 α 对应的面积位于分布的一侧.

$\ominus$ 记住,当备择假设为 < 或 > 时,应用单尾假设检验.

总体均值假设检验的 z 检验统计量公式(α 已知)

$$z_{\bar{x}} = \frac{\bar{x} - \mu_{H_0}}{\frac{\sigma}{\sqrt{n}}} \tag{9-1}$$

其中 $z_{\bar{x}}=z$ 检验统计量

$\bar{x}=$ 样本均值

$\mu_{H_0}=$ 假定原假设为真,抽样分布均值

$\sigma=$ 总体标准差

$n=$ 样本容量

对 CFL 灯泡例子应用公式 9-1,z 检验统计量如下:

$$z_{\bar{x}} = \frac{\bar{x} - \mu_{H_0}}{\frac{\sigma}{\sqrt{n}}} = \frac{8120 - 8000}{\frac{500}{\sqrt{36}}} = \frac{120}{83.33} = 1.44$$

第 5 步:比较 z 检验统计量 $z_{\bar{x}}$ 和临界 z 得分 z_α.

该比较用于决定是否拒绝原假设. 我们用表 9-3 的决策规则来进行比较. $|z_{\alpha/2}|$ 意为"临界 z 得分的绝对值". 换句话说,变负值为正值. 因此,$|-1.645|$ 等于 1.645. 同样,$|z_{\bar{x}}|$ 意为"z 检验统计量的绝对值". 所以,例如 $|1.44|$ 等于 1.44.

表 9-3 比较 z 检验统计量($z_{\bar{x}}$)和临界 z 得分(z_α)的假设检验决策规则

检验	假设	条件		结论
双尾	$H_0:\mu=\mu_0$	$\lvert z_{\bar{x}} \rvert > \lvert z_{\alpha/2} \rvert$	→	拒绝 H_0
	$H_1:\mu\neq\mu_0$	$\lvert z_{\bar{x}} \rvert \leq \lvert z_{\alpha/2} \rvert$	→	不拒绝 H_0
单尾	$H_0:\mu\leq\mu_0$	$z_{\bar{x}} > z_\alpha$	→	拒绝 H_0
(上侧)	$H_1:\mu>\mu_0$	$z_{\bar{x}} \leq z_\alpha$	→	不拒绝 H_0
单尾	$H_0:\mu\geq\mu_0$	$z_{\bar{x}} < z_\alpha$	→	拒绝 H_0
(下侧)	$H_1:\mu<\mu_0$	$z_{\bar{x}} \geq z_\alpha$	→	不拒绝 H_0

注:要确保区分 z 检验统计量和临界 z 得分. z 检验统计量 $z_{\bar{x}}$ 表示样本均值和原假设中总体均值 μ_{H_0} 间相差的标准差数. 临界 z 得分 z_α 基于显著水平 α,确定了拒绝域的边界.

在 CFL 灯泡单尾(上侧)检验例子中,$z_{\bar{x}}=1.44$,$z_\alpha=1.645$. 由于 $1.44 \leq 1.645$,我们得出"不拒绝 H_0"的结论(表 9-3 灰底标注部分). 图 9-4 说明了这个发现.

第 5a 步:(可选)比较样本均值 $\bar{x}$ 和临界样本均值 $\bar{x}_\alpha$. ⊖

我们也可以用另一种含临界样本均值 $\bar{x}_\alpha$ 的方法得到相同结论. 这是标注图 9-3 拒绝域边界的样本均值. 我们这里提到的边界与图 9-3

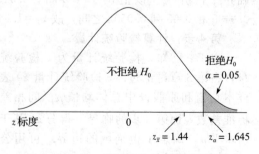

图 9-4 比较 z 检验统计量和临界 z 得分

⊖ 我将 5a 步标为"可选",因为它与第 5 步的任务一样,只是用临界样本均值而非临界 z 得分来确定拒绝域.

所示边界相同，只是用的是不同的度量标度——样本均值而非 z 得分（与用英尺而非英寸道理一样）。公式 9-2 给出了临界样本均值的计算公式.

总体均值假设检验的临界样本均值公式

$$\overline{x}_\alpha = \mu_{H_0} + (z_\alpha)\left(\frac{\sigma}{\sqrt{n}}\right) \tag{9-2}$$

对 CFL 灯泡例子应用公式 9-2，临界样本均值计算如下：

$$\overline{x}_\alpha = \mu_{H_0} + (z_\alpha)\left(\frac{\sigma}{\sqrt{n}}\right)$$

$$= 8000 + (1.645)\left(\frac{500}{\sqrt{36}}\right)$$

$$= 8000 + 137.1 = 8137.1$$

我们可以用临界均值来确定是否拒绝原假设，见图 9-5.

在 CFL 灯泡例子中，$\overline{x}=8120$，$\overline{x}_\alpha=8137.1$. 用图 9-5，这两个结果可推出"不拒绝 H_0"的决策，这与第 5 步的结果一致.

第 6 步(最后一步)：给出结论.

现在是最重要的一步——我们需给出结论. 可悲的是，我的一些学生过程写得非常棒，就在最后这一步犯错，给出一个错误的结论. 最好能回到第 1 步再读一下原始假设. 在本例中，原假设(H_0)为新型 CFL 灯泡的平均寿命小于等于 8000 小时. 如果拒绝原假设失败，正确的结论如下：

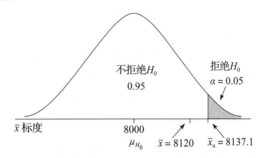

图 9-5 比较临界样本均值和计算所得样本均值

注：临界均值法将在后面计算Ⅱ型错误概率时用到.

"根据 36 只新型 CFL 灯泡的样本，我们没有足够的证据支持 Edalight 的言论，说这些灯泡的平均寿命超过了 8000 小时."⊖

由于我们不能接受原假设，我们不能说灯泡真正的平均寿命小于等于 8000 小时. 我们的证据显示灯泡的平均寿命可能小于等于 8000 小时，但没有足够的证据在一定确定度上证实.

我还有一部分学生有这样错误的说法，由于样本均值为 8120 ⊖小时，我们有足够的证据拒绝原假设且能证实 Edalight 关于灯泡平均寿命大于 8000 小时的言论. 我们一定要知道这是以 36 只灯泡样本的均值为基础的，存在抽样误差. 为了使 36 只灯泡的样本有足够的证据拒绝原假设，我们需要样本均值大于等于 8137.1 小时，这可用图 9-5 的拒绝域证实.

对于样本容量还有最后一点要提醒. 由于我们抽取了大于 30 只灯泡的样本，中心极限定理使得我们能够在进行假设检验时对总体分布不加限制. 如果样本容量小于 30，进行假设检验需总体为正态分布.

如果你的老师跟我一样，你可以求他给你们出一个与下面的思考题类似的考题. 帮自

⊖ 在做最后结论时，我建议再读一下原假设.
⊖ 只是因为该样本均值大于假设的均值 8000，不足以拒绝原假设.

己一个忙，在进行下一个话题前，花点时间练习一下假设检验技术吧．

思考题 2 我在本章开始部分提过，最近银行收费引起了关注．在经济衰退之前，信用卡延期还款的平均收费为 40 美元．某政府机构想检验现在平均收费大于 40 美元的假设．在选取了 45 家银行随机样本后，发现样本的延期还款平均收费为 44 美元．假设这些延期费用的总体标准差为 12.00 美元．用前一节的步骤检验政府的言论，$\alpha=0.05$．

9.2.2 假设检验的 p 值法：单尾检验

在上一节中，我们学习了如何用临界 z 得分或临界样本均值进行假设检验．本节介绍是否拒绝原假设的第 3 种方法．p 值是假定原假设为真时，观测到的样本均值至少与假设检验所选样本均值一样极端的概率．为此，p 值有时也称为**观测的显著水平**．我知道这听起来莫名其妙，不过下面用 CFL 灯泡例子进行的说明将会帮你厘清这个概念．

我们例子中灯泡的平均寿命为 8120 小时，用公式 9-1 可得 z 检验统计量为 $z_{\bar{x}}=1.44$．p 值表示若总体真实均值为 8000 小时，获得的样本均值大于等于 8120 小时的概率．如果该概率很低，则有理由怀疑总体均值的真实值的确为 8000 小时．由此，p 值如下：

$$P(\bar{x}>8120)=P(z_{\bar{x}}>1.44)=1.0-0.9251$$
$$=0.0749$$

该 p 值是图 9-6 所示的抽样分布的右侧阴影面积．

我们用这个值做什么呢？可以通过比较 p 值和显著水平 α 得出结论，如表 9-4 所示．

如果 p 值小于 α，原假设为真时，来自总体的样本中观测到此样本均值的概率非常小．因此在该条件下，我们拒绝原假设．当 p 值

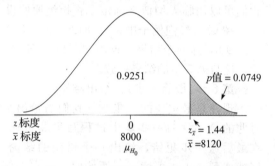

图 9-6 对单尾假设检验应用 p 值法

表 9-4 假设检验 p 值法的决策规则

条件		结论
p 值 $\geqslant \alpha$	→	不拒绝 H_0
p 值 $< \alpha$	→	拒绝 H_0

大于等于 α 时，结论相反．在 CFL 例子中，p 值 $=0.0749$，$\alpha=0.05$．由于 p 值大于 α，我们的结论为"不拒绝 H_0"，这与前一节的发现一致．p 值法与前面讨论的临界 z 得分法或临界样本均值法所得结论一致．

描述 p 值法的另一种方式是以学术的语气，"我们的结果在 0.0749 水平下显著"．这意味着，只要 α 值大于等于 0.0749，我们就拒绝 H_0．多数研究人员在总结自己的发现时会给出 p 值．p 值越小，研究人员越有信心拒绝原假设，这使得他们非常高兴．要知道备择假设常常支持研究人员试图建立的言论．在这些条件下，对原假设的拒绝就是成功的研究结果．低 p 值对这类问题来说是件好事．

我们刚才计算的 p 值适合单尾检验．双尾假设检验的 p 值计算略有不同——下一节将讨论．同样注意到用正态分布的 z 得分可以直接计算 p 值．当对假设检验应用学生 t 分布时，方法有所不同，该话题我们将在本章后面讨论．

本节我已经给出了是否拒绝原假设的 3 种不同方法：

1. p 值法
2. 临界值法
3. 临界样本均值法(与前两种方法相比用得不多,但在计算Ⅱ型错误的发生概率时非常有用,这个话题在本章后面讨论)

在进行下一个思考题之前,让我们用 CFL 灯泡例子快速总结一下如何应用假设检验.

第1步:确定原假设和备择假设.
$$H_0: \mu \leq 8000 \text{ 小时}$$
$$H_1: \mu > 8000 \text{ 小时}$$

第2步:设定显著水平 α.
在 CFL 灯泡例子中,$\alpha = 0.05$.

第3步:确定临界值.
对 $\alpha = 0.05$ 的单位检验,$z_\alpha = 1.645$.

第4步:计算检验统计量.
用公式 9-1,
$$z_{\bar{x}} = \frac{\bar{x} - \mu_{H_0}}{\frac{\sigma}{\sqrt{n}}} = \frac{8120 - 8000}{\frac{500}{\sqrt{36}}} = \frac{120}{83.33} = 1.44$$

第5步:比较 z 检验统计量($z_{\bar{x}}$)和临界 z 得分(z_α).
由于 $1.44 < 1.645$,我们得出"不拒绝 H_0"的结论.

第5a步(可选):比较样本均值 $\bar{x}$ 和临界样本均值 $\bar{x}_\alpha$.
用公式 9-2,
$$\bar{x}_\alpha = \mu_{H_0} + (z_\alpha)\left(\frac{\sigma}{\sqrt{n}}\right) = 8000 + (1.645)\left(\frac{500}{\sqrt{36}}\right) = 8137.1$$

由于 $8120 < 8137.1$,我们得出"不拒绝 H_0"的结论.
注意:p 值法可代换第5步和第5a步.CFL 灯泡例子的 p 值法计算如下:
$$P(\bar{x} > 8120) = P(z_{\bar{x}} > 1.44) = 1.0 - 0.9251 = 0.0749$$
或由于 $0.0749 > 0.05(\alpha$ 值),我们得出"不拒绝 H_0"的结论.

第6步:给出结论.
根据 36 只新型 CFL 灯泡的样本,我们没有足够证据支持 Edalight 关于这些灯泡平均寿命超过 8000 小时的言论.

下一个思考题将给你一个对银行问题应用这个过程的机会.

思考题3 用 p 值法重新完成思考题 2 中的银行收费问题,检验政府的言论,$\alpha = 0.05$.

9.2.3 一个对 σ 已知时总体均值双尾假设检验的例子

为了说明 σ 已知的双尾假设检验,我将用《华尔街日报》文章中的统计学,文章称美国人浏览一张网页的平均时间是 56 秒⊖.当地一所大学的研究人员想用假设检验来检验该言

⊖ 由于我们调查的是时间是否等于 56 秒(而不是大于或小于 56 秒),这是一个双尾检验.

论. 假设 60 名网络用户的样本浏览一张网页的平均时间为 47.3 秒. 假定根据先前研究，该总体的标准差估计为 32 秒.

我们将应用上节所列的 6 步来进行双尾假设检验.

第 1 步：确定原假设和备择假设.

$$H_0: \mu = 56$$
$$H_1: \mu \neq 56$$

记住，当备择假设为 $\neq$ 时，用双尾假设检验. 由于我们正在检验的是总体均值等于 56 秒的假设，这个前提被设为原假设.

第 2 步：设定显著水平 α.

对于本例，我们令 $\alpha = 0.05$. 记住，这个值需在检验之前由实行假设检验的人选择.

第 3 步：确定临界值.

由于这是一个双尾检验，$\alpha = 0.05$ 的面积被平分在抽样分布的左右两边；如图 9-7 阴影部分所示. 因为我们将 α 的面积平分成两部分，我将临界 z 得分写为 $z_{\alpha/2}$（而不是单尾检验的 z_α）. 在这个图中的每个拒绝域都有相同的面积 $0.05/2 = 0.025$. 这样标为"非拒绝域"的白色区域面积为 0.95. 双尾假设检验有两个临界 z 得分，分别位于抽样分布的两端. 分布在旁边的 z 得分 $z_{\alpha/2}$ 可以通过附录 A 表 3 中查找与 0.025 最接近的值获得. 你会发现 0.025 位于 -1.9 行和 0.06

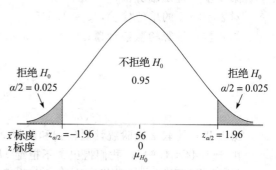

图 9-7 $\alpha = 0.05$ 时双尾假设检验的临界 z 得分
注：$z_{\alpha/2}$ 左侧的总面积为 $0.95 + 0.025 = 0.975$.

列，可得分布左侧的 $z_{\alpha/2} = -1.96$. 由于抽样分布对称，分布右侧的 z 得分也等于 1.96，如图 9-7 所示.

第 4 步：计算检验统计量.

对网页例子应用公式 9-1，z 检验统计量计算如下：

$\bar{x} = 47.3 \quad \mu_{H_0} = 56 \quad \sigma = 32 \quad n = 60$

$$z_{\bar{x}} = \frac{\bar{x} - \mu_{H_0}}{\frac{\sigma}{\sqrt{n}}} = \frac{47.3 - 56}{\frac{32}{\sqrt{60}}}$$

$$= \frac{-8.7}{4.13} = -2.11$$

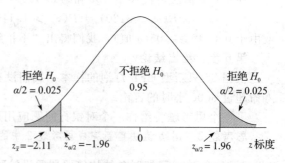

图 9-8 在双尾假设检验中比较 z 检验统计量和临界 z 得分

第 5 步：比较 z 检验统计量 ($z_{\bar{x}}$) 和临界 z 得分 ($z_{\alpha/2}$).

因为我们的 z 检验统计量 $z_{\bar{x}}$ 为负 (-2.11)，我们用抽样分布左侧的拒绝域，临界 z 得分取负值 (-1.96). 各取绝对值，有 $|z_{\bar{x}}| = 2.11$，大于 $|z_{\alpha/2}| = 1.96$. 根据表 9-3，我们拒绝原假设. 图 9-8 说明了这个发现.

第 5a 步 (可选): 比较样本均值 $\bar{x}$ 和临界样本均值 $\bar{x}_{\alpha/2}$.

双尾假设检验有两个临界均值，分别位于分布的两侧. 如果样本均值落于两值之内，拒绝原假设失败. 我们可用公式 9-2 通过将两个临界 z 得分代换为 $z_{\alpha/2}$ 来计算两个临界均值：

$$\bar{x}_{\alpha/2} = \mu_{H_0} + (z_{\alpha/2})\left(\frac{\sigma}{\sqrt{n}}\right)$$

$$\text{Upper } \bar{x}_{\alpha/2} = 56 + (1.96)\left(\frac{32}{\sqrt{60}}\right) = 64.1 \text{ 秒}$$

$$\text{Lower } \bar{x}_{\alpha/2} = 56 + (-1.96)\left(\frac{32}{\sqrt{60}}\right) = 47.9 \text{ 秒}$$

如果样本均值落于这些值之间，我们不拒绝原假设. 否则，拒绝原假设. 如果在网页例子中，$\bar{x} = 47.3$ 不在区间 (47.9, 64.1) 之间，可得 "拒绝 H_0" 的结论. 图 9-9 说明了这个发现.

第 6 步: 给出结论.

由于我们拒绝了原假设，我们支持浏览一张网页的平均时间不等于 56 秒的备择假设.

下面的思考题是一次处理双尾假设检验的机会.

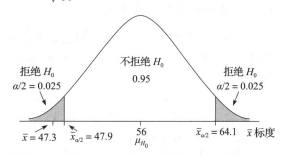

图 9-9　在双尾假设检验中比较计算所得样本均值和临界样本均值

思考题 4　家乐氏有一个冻麦片包装生产线，正常情况下，每箱分装 18 盎司⊖产品. 装多了对于家乐氏是一种浪费，而装少了会引起消费者的投诉. 为了确定包装生产线工作是否正常，一个 40 包的随机样本被进行了检查，发现每包均重为 18.06 盎司. 根据历史数据，包装生产线的标准差为 0.25 盎司. 用实行双尾假设检验的 6 步来确定装箱生产线工作是否正常，$\alpha = 0.05$.

9.2.4　假设检验的 p 值法：双尾检验

我们前面定义了 p 值为原假设为真时，观测的样本均值至少与假设检验所选样本均值一样极端的概率. 我用单尾检验说明了 p 值法. 双尾情况略有不同，本节将用网页例子进行阐述.

在该例中，我们的样本均值为 47.3 秒，用公式 9-1 可得 z 检验统计量为 $z_{\bar{x}} = -2.11$. 因为这是一个双尾假设检验，p 值为 $z_{\bar{x}} = -2.11$ 左侧的面积与 $z_{\bar{x}} = 2.11$ 右侧面积之和，如图 9-10 所示.

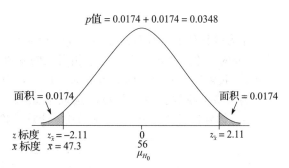

图 9-10　双尾假设检验的 p 值法
注：由于是双尾检验，p 值为两阴影区域面积之和.

⊖　1 盎司 = 28.3495 克.

可确定双尾 p 值如下：
$$p \text{ 值} = 2 \times P(\overline{x} < 47.3) = 2 \times P(z_{\overline{x}} < -2.11)$$
$$= (2)(0.0174) = 0.0348 \ominus$$

换句话说，如果总体真正均值为 56 秒，我们收集到的样本均值位于阴影区域的概率为 3.48%。根据表 9-4，因为 p 值 $= 0.0348$ 小于 $\alpha = 0.05$，我们拒绝原假设并得出平均花费在一张网页上的时间不等于 56 秒。我们的结果在 0.0348 水平下显著。

下面的思考题用冻麦片假设检验复习了双尾 p 值法。

思考题 5 对思考题 4 冻麦片例子中的数据，用 p 值法进行假设检验。

9.2.5 假设检验中 α 的作用

本章的所有例子我都给出了显著水平 α 的值。α 是发生 I 型错误的概率，即原假设为真时，错误的拒绝原假设的概率。我确信你一定在想改变 α 值对假设检验有何影响。问得好！

改变 α，本质上改变了假设检验中临界 z 得分的值，从而改变了抽样分布的拒绝域。表 9-5 给出了不同 α 对应的临界 z 得分（z_α 或 $z_{\alpha/2}$）。这些值可用本章前面描述的方法在附录 A 的表 3 和表 4 中查得。

回想，我们在讨论第 8 章的置信区间时见过表 9-5 中双尾假设检验的临界 z 得分。这是因为置信区间与双尾假设检验对应。实际上，我们在第 8 章讨论的一些问题就是伪装了的双尾假设检验！

表 9-5 不同 α 的临界 z 得分

α	尾	临界 z 得分
0.01	单尾	$+2.33$ or -2.33
0.01	双尾	± 2.575
0.02	单尾	$+2.05$ or -2.05
0.02	双尾	± 2.33
0.05	单尾	$+1.645$ or -1.645
0.05	双尾	± 1.96
0.10	单尾	$+1.28$ or -1.28
0.10	双尾	± 1.645

为了说明所选的 α 值对假设检验的影响，我将用下面的例子。假设我说使用本书的人的平均成绩将高于 87 分。（我可不是真的这么说，不要激动！）那么假设检验设置如下：

$$H_0: \mu \leq 87$$
$$H_1: \mu > 87$$

作为教材作者，我对能够拒绝 H_0 相当感兴趣，这样将会证实读者的平均成绩将会高于 87 分的言论。我可以选择一个相当大的 α 值（0.10），以此来提高拒绝原假设的概率。用表 9-5，我可以看到对应的 z 得分为 $+1.28$，因为我们用的是单尾假设检验的上侧（右尾）。

为了检验我的言论，我随机选取了 32 名使用本书的学生并确定了他们的平均分为 88.9。总体标准差为 7.0。用公式 9-1，计算 z 检验统计量如下：

$$z_{\overline{x}} = \frac{\overline{x} - \mu_{H_0}}{\frac{\sigma}{\sqrt{n}}} = \frac{88.9 - 87}{\frac{7.0}{\sqrt{32}}} = \frac{1.9}{1.24} = 1.53$$

$\ominus$ 为了求出与 $z_{\overline{x}} < -2.11$ 对应的面积，见附录 A 表 3。可在 -2.1 行和 0.01 列发现该面积值（0.0174）。因为是双尾检验，该面积值乘 2 得到 p 值。

根据图 9-11，我达到了拒绝 H_0 的目的，因为 z 检验统计量位于阴影区域内。看来我的书很成功！

不过，我必须承认我选择了一个相当"弱"的值 $\alpha=0.10$ 以增加证明自己言论的概率。在这种情况下，当我声称自己的书帮助学生平均获得大于 87 分时，有 10% 的概率并非如此（Ⅰ型错误），我愿意接受这个事实。更令人印象深刻的检验是令 α 的值更小，$\alpha=0.01$。就我个人而言，这是真的显著。据表 9-5，该显著水平对应的临界 z 得分为 $+2.33$。图 9-12 显示了这个改变的影响。

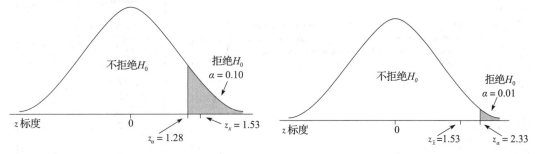

图 9-11　$\alpha=0.10$ 的单尾假设检验　　　　图 9-12　$\alpha=0.01$ 的单尾假设检验

如你所见，让我惊恐的是，阴影部分不再包含我的 z 检验统计量值 1.53。因此，我不拒绝 H_0，从而不能说使用我的书的人的平均分高于 87。我同样将发生Ⅰ型错误的概率减少到了 1%。一般地，低 α 值拒绝 H_0 的假设检验最令人印象深刻。

问题是，我应该公布哪个 α 值呢？一种解决这个问题的方法是仅公布检验统计量的 p 值，让其他人决定你工作的显著性。对于我的分数例子，p 值计算如下：
$$P(\overline{x}>88.9)=P(z_{\overline{x}}>1.53)=1.0-0.9370=0.0630$$
如果使用我书的学生的实际平均分小于等于 87（原假设），则看到样本均值大于 88.9 的概率为 6.3%。由于该概率相对较高（与 0.05 或 0.01 的 α 值相比），多数人认为说使用本书的学生平均分大于 87 分证据不足。

根据我们的议程，下面该到用 PHStat2 实现这项工作了。

☞ 多数公开的研究论文使用 p 值法来公布发现。

9.2.6　用 PHStat2 进行 σ 已知时总体均值的假设检验

用 PHStat2 可以进行 σ 已知时均值的假设检验。我将用统计分数的例子对相应过程进行说明：

1. 进入 Add-Ins＞PHStat＞One-Sample Tests＞Z Test for the Mean, sigma known, 如图 9-13a 所示。

2. 填写如图 9-13b 所示的"Z Test for the Mean, sigma known"对话框。点击 OK。注意到我选的显著水平为 0.05。

图 9-13c 给出了该假设检验的输出。用 $\alpha=0.05$，我们不拒绝原假设，因为 z 检验统计量 $z_{\overline{x}}$ 等于 1.53。

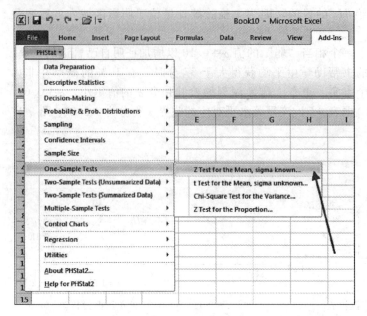
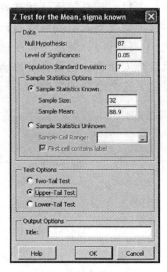

a) 用 PHStat2 计算总体均值的 z 检验统计量：σ 已知（第 1 步）

b) 用 PHStat2 计算总体均值的 z 检验统计量：σ 已知（第 2 步）

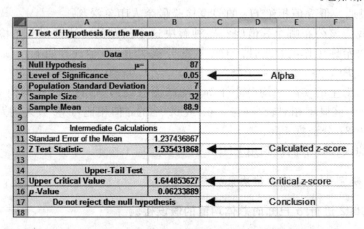

c) 用 PHStat2 计算总体均值的 z 检验统计量：σ 已知（最后结果）

图 9-13

这个结果击破了我关于使用本书的学生平均成绩大于 87 的言论．可用下面的思考题练习一下 PHStat2 的操作．

思考题 6　高校入学和学业成功协会报道，2008 毕业生四年大学的平均学生债务为 23 200 美元．假设一个毕业于 2010 年的 45 名学生样本被选取，发现他们的债务均值为 24 500 美元．对于 $\alpha=0.10$ 和总体标准差 7500 美元，用 PHStat2 进行假设检验来确定 2008 年到 2010 年的平均学生债务是否发生了变化．

习题 9.2

基础题

9.1 计算下列条件下的 p 值并确定是否拒绝原假设：
a) 单尾检验，$z_{\bar{x}}=1.50$，$\alpha=0.05$
b) 单尾检验，$z_{\bar{x}}=-2.25$，$\alpha=0.02$
c) 双尾检验，$z_{\bar{x}}=2.10$，$\alpha=0.05$
d) 双尾检验，$z_{\bar{x}}=-1.37$，$\alpha=0.10$

9.2 计算下列条件下的 p 值并确定是否拒绝原假设：
a) 单尾检验，$z_{\bar{x}}=1.46$，$\alpha=0.10$
b) 单尾检验，$z_{\bar{x}}=-2.48$，$\alpha=0.01$
c) 双尾检验，$z_{\bar{x}}=-1.92$，$\alpha=0.01$
d) 双尾检验，$z_{\bar{x}}=2.76$，$\alpha=0.02$

9.3 考虑下面的假设：
$$H_0: \mu \leq 50$$
$$H_1: \mu > 50$$
给定 $\bar{x}=52$，$\sigma=12$，$n=36$，以及 $\alpha=0.05$，回答下列问题：
a) 可得到什么结论？
b) 确定该检验的 p 值。

9.4 考虑下面的假设：
$$H_0: \mu = 120$$
$$H_1: \mu \neq 120$$
给定 $\bar{x}=111$，$\sigma=26$，$n=40$，以及 $\alpha=0.05$，回答下列问题：
a) 可得到什么结论？
b) 确定该检验的 p 值。

应用题

9.5 假设孟菲斯大学宣称其平均班容量小于等于35人。认为预算的削减导致了班容量增大的某学生组织想检验该大学的言论。一个38个班级的随机样本被选取，平均班容量为36.9人。假设该大学班容量的标准差为8人。用 $\alpha=0.05$，回答下列问题：
a) 学生组织有足够证据反驳该大学的言论吗？
b) 确定该检验的 p 值。
c) 确定并解释临界样本均值或本题的均值。
d) 用 PHStat2 证明你的结论。

9.6 假设咖啡业称美国成人每天平均喝掉 1.7 杯咖啡。为了检验该说法，一个 34 名成人随机样本被选取，且他们平均每天消费的咖啡量为 1.95 杯。假设咖啡日消费量的标准差为每天 0.5 杯。用 $\alpha=0.10$，回答下列问题：
a) 该样本支持咖啡业的说法吗？
b) 确定该检验的 p 值。
c) 确定并解释临界样本均值或本题的均值。
d) 用 PHStat2 证明你的结论。

9.7 四季比萨店最近新雇了一批司机，故而称其平均送餐时间小于 45 分钟。一个 30 名客户的送餐样本被进行了检查，发现平均送餐时间为 42.3 分钟。历史数据显示，送餐时间的标准差为 11.6 分钟。用 $\alpha=0.05$，回答下列问题：
a) 该样本提供了足够证据来反驳四季比萨店关于送餐时间的说法吗？
b) 确定该检验的 p 值。
c) 确定并解释临界样本均值或本题的均值。
d) 用 PHStat2 证明你的结论。

9.8 鲍伯体育用品店认为其客户的平均年龄小于等于 40。一个 60 名客户的随机样本被进行了调查，发现客户的平均年龄为 42.7 岁。假设客户年龄的标准差为 8.0 岁。用 $\alpha=0.02$，回答下列问题：
a) 该样本提供了足够证据来反驳鲍伯体育用品店关于客户年龄的说法吗？
b) 确定该检验的 p 值。
c) 确定并解释临界样本均值或本题的均值。
d) 用 PHStat2 证明你的结论。

9.9 据政府贷款协会萨利美称，毕业于高校的学生平均信用卡债务为 4100 美元。一个 50 名大四毕业生随机样本被选取，发现他们的平均信用卡债务为 4360 美元。假设学生信用卡债务的标准差为 1200 美元。用 $\alpha=0.05$，回答下列问题：
a) 该样本提供了足够证据来挑战萨利美的发现吗？
b) 确定该检验的 p 值。
c) 确定并解释临界样本均值或本题的均值。
d) 用 PHStat2 证明你的结论。

9.10 利多卡因百货商店称顾客在其熟食柜台前等候的平均时间为 5 分钟. 计算熟食柜台前一个 45 名顾客的随机样本时,发现平均服务时间为 5.5 分钟. 假设总体标准差为 1.7 分钟/人. 用 $\alpha=0.02$,回答下列问题:

a) 该样本提供了足够证据来对抗利多卡因管理层的言论吗?
b) 确定该检验的 p 值.
c) 确定并解释临界样本均值或本题的均值.
d) 用 PHStat2 证明你的结论.

9.3 σ 未知时总体均值的假设检验

本章到目前为止,我们均假设总体标准差 σ 已知. 坦率地说,在多数假设检验应用中,情况并不是这样. 想一想——如果我们知道总体标准差,多半也知道了总体均值,而这恰恰是假设检验的目的. 这里对于总体标准差未知的情况,我们用与第 8 章相同的方法处理. 用样本标准差 s 代替 σ. 一旦我们收集到了样本,就可以获得样本标准差. 此时,我们用学生 t 分布而不是正态分布做检验统计量.

当用 t 分布时,我们需要假设总体服从正态概率分布. 若样本较大且总体形状未偏向一侧,s 代替 σ 时,对总体正态性的假设就不是很重要了. 这是因为当样本容量递增时,t 分布的形状趋近于正态分布. 对于这些条件下的小样本,你必须能假设总体为正态分布. 为了简便起见,本节总体均被假设为正态分布. 首先我们将讨论单尾假设检验,然后再讨论双尾情况.

9.3.1 一个对 σ 未知时总体均值单尾假设检验的例子

为了说明 σ 未知时均值的假设检验,我们用下面的例子. 很多人都有对某事物的恐惧症,比如对蜘蛛、蛇、高度甚至小丑的恐惧. 我可以不怎么费劲地搞定多数这种恐惧. 然而,最近我对一种看似无辜的过程产生了非理性恐惧(至少我妻子黛比是这么说的). 我已经学会了像躲瘟疫一样躲避这种设备以防自己彻底崩溃. 我说的就是我们当地百货商店的自助结账系统.

我确信那个设计该系统的人一定是想对像我这样无辜的人搞个恶作剧. 当这种系统首次出现在商店里时,我感觉自己肯定可以搞定它. 毕竟我教育良好,且愿意接受新技术. 没多久,我就意识到自己想错了. 在为第一件商品扫码后,我试图将那包商品放在自己的购物车上. 放错了. 突然我被一声严厉的机器声音"请把商品放回装袋区"打断了,好像我在偷东西似的. 在几次试图移动商品失败后,站台上方一个与应急车辆灯无异的灯开始闪烁. 此时,引来了"自助服务警察",就是一个十几岁的员工,由于资历不够只能帮助像我这样还没发现如何将扫码过的商品移出装袋区的人. 嫌恶地摇了摇头后,这个员工按了几个按钮,终止了机器对我的吼叫.

在再次关掉声音和闪灯后,我最终承认被打败了. 我将还未付款的商品放回自己的购物车,踏上了经过我后面等待付账的长队的"丢脸之路",走向最近的收银员. 我的出版商不允许我写出最后一次机器发出的声音的内容,但我保证,反正不愉快. 在又一次尝试使用自助付账系统失败后,我感觉自己经历了一生足够的心理创伤. 自助服务警察是最后一次看到我了.

假设这个自助付账系统是试用品,用于检验最大百货连锁小猪店在其他分店安装该系统的可行性. 最近, 一个付账台自助付账的平均时间是 5 分钟. 小猪店决定如果试用系统的平均付账时间小于 5 分钟, 将会多装几个自助服务系统以减轻结账人员的劳动负荷. 为了检验这个前提是否存在, 12 名随机选择的消费者自助付款时间被进行了记录 (我猜记录人是自助服务警察). 时间见表 9-6.

表 9-6 自助付账顾客的结账时间 (分钟)

| 3.3 | 1.3 | 2.8 | 4.6 | 5.5 | 3.4 |
| 5.0 | 5.1 | 3.1 | 4.5 | 6.0 | 5.8 |

为了进行该假设检验, 采取下列步骤:

第 1 步: 确定原假设和备择假设.

$H_0: \mu \geq 5$ 分钟 (现状)

$H_1: \mu < 5$ 分钟 ⊖

第 2 步: 设定显著水平 α.

对于这个过程, 显著水平仍代表 I 型错误发生的概率, 即原假设为真时拒绝原假设的概率. 本例, 我们令 $\alpha = 0.05$.

第 3 步: 确定临界值.

由于我们用样本标准差代替总体标准差, 这里用 t 分布确定拒绝域边界. 换言之, 本例中的临界值是临界 t 得分 t_α (单尾检验) 而不是临界 z 得分. 截取自附录 A 的表 5 的表 9-7 列出了这些值.

表 9-7 截取自附录 A 的表 5 的临界 t 得分

单尾	0.200	0.100	0.050	0.025	0.010	0.005
双尾	0.400	0.200	0.100	0.050	0.020	0.010
置信水平	0.600	0.800	0.900	0.950	0.980	0.990
自由度 df						
1	1.376	3.078	6.314	12.706	31.821	63.657
2	1.061	1.886	2.920	4.303	6.965	9.925
3	0.978	1.638	2.353	3.182	4.541	5.841
4	0.941	1.533	2.132	2.776	3.747	4.604
5	0.920	1.476	2.015	2.571	3.365	4.032
6	0.906	1.440	1.943	2.447	3.143	3.707
7	0.896	1.415	1.895	2.365	2.998	3.499
8	0.889	1.397	1.860	2.306	2.896	3.355
9	0.883	1.383	1.833	2.262	2.821	3.250
10	0.879	1.372	1.812	2.228	2.764	3.169
11	0.876	1.363	1.796	2.201	2.718	3.106
12	0.873	1.356	1.782	2.179	2.681	3.055
13	0.870	1.350	1.771	2.160	2.650	3.012
14	0.868	1.345	1.761	2.145	2.624	2.977

⊖ 这是一个下侧单尾检验, 因为我们关注的是平均时间小于 5 分钟.

要查找临界 t 得分，先定位单尾假设检验对应 $\alpha=0.05$ 的列以及与 $n-1$ 自由度对应的行，其中 $n=$ 样本容量．因为我们已经记录了 12 名顾客的时间，本例的自由度为 11．表 9-7 中的浅色阴影标注部分显示 $t_\alpha=1.796$．

第 4 步：计算检验统计量．

t 检验统计量是第 8 章介绍的计算出来的 t 得分，如公式 9-3 所示．

总体均值假设检验的 t 检验统计量公式（σ 未知）

$$t_{\bar{x}} = \frac{\bar{x} - \mu_{H_0}}{\frac{s}{\sqrt{n}}} \ominus \tag{9-3}$$

其中　　$t_{\bar{x}}=$ 样本均值的 t 检验统计量

　　　　$\bar{x}=$ 样本均值

　　　　$\mu_{H_0}=$ 抽样分布的均值，原假设中被假设为真

　　　　$s=$ 样本标准差

　　　　$n=$ 样本容量

要应用公式 9-3，需计算样本均值和样本标准差．我们既可以用公式 3-1 和公式 3-7 进行手算，也可以用第 3 章介绍的 Excel AVERAGE 函数和 STDEV 函数计算，得到下面的结果：

$$\bar{x} = 4.2 \text{ 分钟} \quad s = 1.42 \text{ 分钟}$$

$$t_{\bar{x}} = \frac{\bar{x} - \mu_{H_0}}{\frac{s}{\sqrt{n}}} = \frac{4.2 - 5}{\frac{1.42}{\sqrt{12}}} = \frac{-0.8}{0.410} = -1.95$$

第 5 步：比较 t 检验统计量（$t_{\bar{x}}$）和临界 t 得分（t_α）．

应用与表 9-3 单尾（下侧）检验相同的方法．$t_{\bar{x}}=-1.95$，$t_\alpha=-1.796$．因为 $-1.95<-1.796$，我们得到"拒绝 H_0"的结论．图 9-14 说明了这个发现．

第 5a 步（可选）：比较样本均值 $\bar{x}$ 和临界样本均值 $\bar{x}_\alpha$．

我们可用公式 9-4 来确定 σ 未知时的临界样本均值．

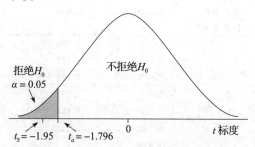

图 9-14　比较 t 检验统计量和临界 t 得分

总体均值假设检验的临界样本均值公式

$$\bar{x}_\alpha = \mu_{H_0} + (t_\alpha)\left(\frac{s}{\sqrt{n}}\right) \tag{9-4}$$

对我们的自助付账例子应用公式 9-4，临界样本均值计算如下：

$$\bar{x}_\alpha = \mu_{H_0} + (t_\alpha)\left(\frac{s}{\sqrt{n}}\right)$$

⊖　由于我们用样本标准差代替未知的总体标准差，该检验用 t 分布．

$$\overline{x}_a = 5.0 + (-1.796)\left(\frac{1.42}{\sqrt{12}}\right)$$
$$= 5.0 - 0.7 = 4.3 \text{ 分钟}$$

由于样本均值小于 4.3 分钟,我们有足够的证据拒绝原假设.

第 6 步:给出结论.

拒绝原假设说明我们支持了备择假设 $H_1: \mu < 5$ 分钟. 因此,我们可知试验系统的平均自助付账时间小于 5 分钟. 看来在不久的将来我会见到更多这种折磨人心理的设备.

记住,本例我们确实有一个需要记住的重要假设——总体服从正态概率分布. 在第 12 章我将介绍一个检验该假设是否成立的方法. 如果我们发现总体不是正态分布的,我们可将样本容量增大到大于 30,此时,t 分布可用于近似正态分布.

9.3.2 用学生 t 分布估计 p 值

我们在假设检验时用 t 分布的一个局限性是,我们不再像正态分布一样,能用附录 A 的表 5 确定精确的 p 值. 这是因为表 5 的 t 表结构与样本容量有关(或自由度). 不过,不用着急. 我们仍可在使用 t 分布时近似 p 值,如表 9-8 所示.

表 9-8 摘自附录 A 表 5 的临界 t 得分

p 值在这个范围

单尾	0.200	0.100	0.050	0.025	0.010	0.005
双尾	0.400	0.200	0.100	0.050	0.020	0.010
置信水平	0.600	0.800	0.900	0.950	0.980	0.990
自由度 df						
1	1.376	3.078	6.314	12.706	31.821	63.657
2	1.061	1.886	2.920	4.303	6.965	9.925
3	0.978	1.638	2.353	3.182	4.541	5.841
4	0.941	1.533	2.132	2.776	3.747	4.604
5	0.920	1.476	2.015	2.571	3.365	4.032
6	0.906	1.440	1.943	2.447	3.143	3.707
7	0.896	1.415	1.895	2.365	2.998	3.499
8	0.889	1.397	1.860	2.306	2.896	3.355
9	0.883	1.383	1.833	2.262	2.821	3.250
10	0.879	1.372	1.812	2.228	2.764	3.169
11	0.876	1.363	1.796	2.201	2.718	3.106
12	0.873	1.356	1.782	2.179	2.681	3.055
13	0.870	1.350	1.771	2.160	2.650	3.012
14	0.868	1.345	1.761	2.145	2.624	2.977

$|t_{\overline{x}}| = 1.95$

回想我们的 t 检验统计量 $t_{\overline{x}}$ 等于 -1.95. 我们需在附录 A 表 5 的 $n-1=12-1=11$ 行找到包含 $|t_{\overline{x}}| = |-1.95| = 1.95$ 的临界 t 得分. 表 9-8 给出了这些值 1.796 和 2.201,见

浅色阴影标注部分. 为了找到对应的 p 值,见 1 尾行,找到 0.025 和 0.05,同样用浅色阴影进行了标注.

根据表 9-8,假设检验的 p 值在 0.025 和 0.05 之间. 即使我们没有精确的 p 值,用 $\alpha=0.05$,我们也能拒绝原假设.

如果在假设检验中需要精确的 p 值,像 Excel 这样的计算机软件可以求得. 本章后面,我们将见到类似的例子. 同时,看看下面这道检验我的新高尔夫球的思考题.

思考题 7 在 2010 年,美国职业高尔夫协会(PGA)球员的平均击球距离为 284 码. 假设我设计了一款新的高尔夫球,称此球的击球距离比 290 码大. 为了检验我的新发明,我随机选取了 15 名高尔夫球手用此球进行击球. 相应的击球距离(码)如下:

279	295	326	294	284
295	278	308	290	283
288	314	278	280	310

a) 为了检验我的言论,用我们讨论的步骤构造假设检验,$\alpha=0.10$.
b) 确定 p 值的范围.

9.3.3 一个对 σ 未知时总体均值双尾假设检验的例子

σ 未知时的双尾假设检验与前面单尾例子的 6 步一样. 为了进行说明,我们检验一下尼尔森关于美国人每周平均收看 34.5 小时电视的言论. 10 人每周看电视的小时数被记录了下来,结果见表 9-9.

表 9-9 10 人每周收看电视的小时数

30	64	49	40	21	58	9	43	39	43

我将用下面的步骤进行假设检验:
第 1 步:确定原假设和备择假设.
$$H_0: \mu=34.5 \text{ 小时(现状)}^{\ominus}$$
$$H_1: \mu \neq 34.5 \text{ 小时}$$

第 2 步:设定显著水平 α.
我们将该假设检验的条件提高一下,令 $\alpha=0.02$.

第 3 步:确定临界值.
我们可在表 9-8 深色阴影标注部分查得临界 t 得分. 定位在双尾检验 $\alpha=0.02$ 所在列以及 $10-1=9$ 自由度所在行,因为样本容量为 10. 表 9-8 显示 $t_{\alpha/2}^{\ominus}=\pm 2.821$. 要记住,双尾检验的临界得分位于抽样分布两边.

第 4 步:计算检验统计量.
在我们用 Excel 计算表 9-9 中数据的样本均值($\bar{x}$)和样本标准差(s)后,我们可用公式 9-3 计算 t 检验统计量.

⊖ 由于我们检验的是总体均值等于每周 34.5 小时的断言,该说法需放在原假设中. 备择假设不能有等号.
⊜ 由于这是一个双尾检验,α 对应的面积被分成两份. 因此我们用 $t_{\alpha/2}$ 表示临界 t 得分.

单个总体的假设检验

$$\bar{x} = 39.6 \text{ 小时} \quad s = 16.4 \text{ 小时}$$

$$t_{\bar{x}} = \frac{\bar{x} - \mu_{H_0}}{\frac{s}{\sqrt{n}}} = \frac{39.6 - 34.5}{\frac{16.4}{\sqrt{10}}} = \frac{5.1}{5.19} = 0.98$$

第 5 步：比较 t 检验统计量 ($t_{\bar{x}}$) 和临界 t 得分 ($t_{\alpha/2}$).

对双尾检验用表 9-3 显示的逻辑，$|t_{\bar{x}}| = 0.98$，$|t_{\alpha/2}| = 2.821$. 由于 $0.98 < 2.821$，我们不拒绝 H_0. 图 9-15 说明了这个发现.

第 5a 步 (可选)：比较样本均值 $\bar{x}$ 和临界样本均值 $\bar{x}_{\alpha/2}$.

对我们收看电视的例子应用公式 9-4，临界样本均值计算如下：

$$\bar{x}_{\alpha/2} = \mu_{H_0} + (t_{\alpha/2}) \left(\frac{s}{\sqrt{n}} \right)$$

$$= 34.5 + (2.821) \left(\frac{16.4}{\sqrt{10}} \right) = 49.1 \text{ 小时}$$

$$= 34.5 + (-2.821) \left(\frac{16.4}{\sqrt{10}} \right) = 19.9 \text{ 小时}$$

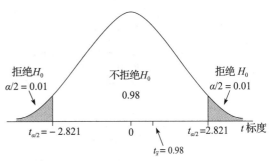

图 9-15　比较 t 检验统计量和临界 t 得分

记住，双尾检验有两个临界样本均值. 如果我们的样本均值在 19.9 小时和 49.1 小时之间，我们没有足够的证据拒绝原假设. 否则，拒绝原假设. 因为样本均值 (39.6 小时) 在该范围之内，我们不拒绝 H_0. 我们的结果与第 5 步一致.

第 6 步：给出结论.

不能拒绝原假设说明我们不支持备择假设 $H_1: \mu \neq 34.5$ 小时. 不过，我们这里需要谨慎. 我们不能说平均小时数等于 34.5，因为这将接受原假设. 我们只能说我们没有证据得出平均时间不等于 34.5 小时. ⊖

9.3.4　用 PHStat2 进行 σ 未知时总体均值的假设检验

PHStat2 也可以进行总体标准差未知时均值的假设检验. 我将用前一节电视收看例子对这个过程进行说明.

1. 将表 9-9 中的数据输入电子表格的 A1 至 A10 单元格 (见图 9-16b).
2. 进入 Add-Ins>PHStat>One-Sample Tests>t Test for the Mean, sigma unknown, 如图 9-16a 所示.
3. 如图 9-16b 所示填写 "t Test for the Mean, sigma unknown" 对话框. 点击 OK.

图 9-16c 显示了该假设检验的输出. 用 $\alpha = 0.02$，我们不拒绝原假设，因为 t 检验统计量 $t_{\bar{x}}$ 等于 0.98.

⊖ 很多学生以这些结果为基础会得出这样的结论，总体每周看电视的平均小时数等于 34.5. 这是不正确的说法，因为这种说法接受了原假设.

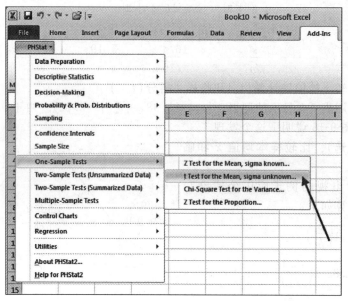

a) 用 PHStat2 计算总体均值的 t 检验统计量：σ 未知（第 1～2 步）

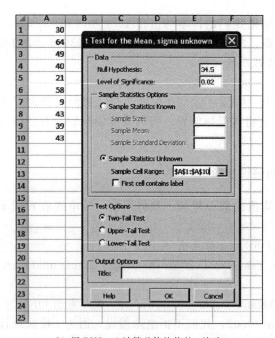

b) 用 PHStat2 计算总体均值的 t 检验
统计量：σ 未知（第 3 步）

c) 用 PHStat2 计算总体均值的 t 检验
统计量：σ 未知（最后结果）

图 9-16

注意到 PHStat2 在单元格 B18 给出了 p 值为 0.351. 由于该 p 值$>\alpha$，我们同样得出不拒绝原假设的结论.

为了确保你在接下来的统计考试中理解了如何进行 t 检验,我们以下面的思考题结束本节.

思考题 8 某统计教材作者的妻子无意中听到他说他每周末平均做一个小时的家务(是的,即使作者有自己的工作安排).该作者的妻子对此结果有所怀疑,因为她校对过老公的教材,对假设检验有所了解,所以秘密地记录了 11 个随机选择的周末老公做家务的分钟数(笔记板和秒表引起了我,我的意思是他的注意).结果如下:

        70   22   54   57   56   47   12   60   43   10   56

a) 作者的妻子有足够的证据挑战他的言论吗?$\alpha=0.05$.
b) 用附录 A 表 5,确定 p 值的范围并给出结论.
c) 用 PHStat2 证明这些结果并确定该检验的 p 值.
d) 为了进行该分析,作者的妻子需要做哪些假设(除了她丈夫夸大的部分)?

习题 9.3

基础题

9.11 对下列条件,分别确定临界 t 得分:
    a) 单尾检验,$\alpha=0.05$,$n=21$
    b) 双尾检验,$\alpha=0.02$,$n=10$
    c) 双尾检验,$\alpha=0.05$,$n=28$
    d) 双尾检验,$\alpha=0.01$,$n=40$

9.12 考虑下面的假设:
$$H_0: \mu \geq 65$$
$$H_1: \mu < 65$$
给定 $\bar{x}=58.8$,$s=10.4$,$n=25$,$\alpha=0.05$,回答下列问题:
    a) 能得出什么结论?
    b) 用 PHStat2 确定该检验的 p 值.

9.13 考虑下面的假设:
$$H_0: \mu = 140$$
$$H_1: \mu \neq 140$$
给定 $\bar{x}=148.1$,$s=37.5$,$n=20$,$\alpha=0.02$,回答下列问题:
    a) 能得出什么结论?
    b) 用 PHStat2 确定该检验的 p 值.

9.14 考虑下面的假设和样本数据,并用 $\alpha=0.05$ 回答下面的问题:
$$H_0: \mu \leq 16$$
$$H_1: \mu > 16$$
   19 19 12 18 22 21 14 21 17 15
    a) 能得出什么结论?
    b) 用 PHStat2 确定该检验的 p 值.

9.15 考虑下面的假设和样本数据,并用 $\alpha=0.05$ 回答下面的问题:
$$H_0: \mu = 10$$
$$H_1: \mu \neq 10$$
   8 9 9 8 6 7 10 10
  12 7 5 9 10 9 10
    c) 能得出什么结论?
    d) 用 PHStat2 确定该检验的 p 值.

应用题

9.16 在 2008—2009 冬季,特拉华州居民的月平均物业费为 186 美元.2009—2010 冬季,一个 40 名客户随机样本被选取,发现平均费用为 178.10 美元,样本标准差为 22.40 美元.
    a) 用 $\alpha=0.05$,该样本提供了足够的证据得出 2009—2010 冬季特拉华州的平均物业费比 2008—2009 低吗?
    b) α 值从 0.05 变成 0.01 会影响你的结论吗?为什么?
    c) 用 PHStat2 证明这些结果并确定该检验的 p 值.

9.17 假设 2006 年某县新建房屋的平均面积为 2272 平方英尺.2010 年,该县一个 25 所新建房屋随机样本被选取.平均面积为 2195 平方英尺,样本标准差为 225 平方英尺.
    a) 用 $\alpha=0.02$,该样本提供了足够证据推出该县新建房屋的平均大小自 2006 年发生了变化吗?
    b) 确定并解释该题的临界样本均值或均值.
    c) 用 PHStat2 证明这些结果并确定该检验

的 p 值.

9.18 据调查机构 BIGresearch 称，2008 年感恩节周末，假日消费者平均花费 373 美元. 下列数据是 2009 年相同周末假日消费者随机样本的花费(美元):

427 274 370 238 222 215
360 434 387 395 323   63
415 429 337 279

零售商担心最近的经济衰退会影响假日销售.

a) 该样本支持这些担心吗？$\alpha=0.05$.
b) 确定并解释该题的临界样本均值或均值.
c) 用 PHStat2 证明这些结果并确定该检验的 p 值.

9.19 市场调查公司 NPD 集团称，2001 年，美国人平均在餐馆要吃掉 211 餐. 下列是 2009 年，一个美国人随机样本在餐馆的进餐数:

212 128 197 344 143   79 180 313
 57 200 161 320   90 224 266 284
231 322 200 173

a) 用 $\alpha=0.05$，检验自 2001 年来，美国人在餐馆的进餐数没有发生变化的假设.
b) 确定并解释该题的临界样本均值或均值.
c) 用 PHStat2 证明这些结果并确定该检验的 p 值.

d) 进行该分析需做哪些假设？

9.20 2010 年 2 月，消费者报道的一项研究发现，iPhone 消费者每月平均使用 273 兆的数据. 2010 年夏季，在发布 iPhone 4 之前，美国电话电报公司(AT&T)担心每位客户的平均数据使用量会增加. 一个 35 名 iPhone 4 用户随机样本被选取，发现每月数据的平均使用量为 286 兆，样本标准差为 70 兆.

a) 用 $\alpha=0.05$，该样本有足够的证据让 AT&T 推出 iPhone 4 发布后，每位客户的数据使用量增加了吗？
b) 确定并解释该题的临界样本均值或均值.
c) 用 PHStat2 证明这些结果并确定该检验的 p 值.
d) 进行该分析需做哪些假设？

9.21 2008 年，在线旅游机构旅游城报道称，夏季旅游者平均提前 73.3 天登记他们的机票预订. 2010 年，一个 40 名夏季旅游者的随机样本被选取，这些旅游者登记预订机票的提前天数被记录. 这些数据可在 Travelocity.xlsx Excel 文件中查到.

a) 用 $\alpha=0.05$ 进行假设检验来确定 2008 年登记预订机票的提前天数发生了变化.
b) 用 PHStat2 证明这些结果.
c) 用 PHStat2 的 p 值证明 a 部分的结论.

9.4 总体比例的假设检验

有些时候，我们对检验总体比例比检验总体均值更感兴趣. 比如，我们可能实行一个假设检验来确定在将要举行的大选中，打算为民主党候选人投票的公民比例. 如第 7 章所述，比例数据服从二项分布，在下列条件下可用正态分布近似:

$$n\pi \geqslant 5 \quad 且 \quad n(1-\pi) \geqslant 5$$

其中　$\pi=$ 总体中成功的概率
　　　　$n=$ 样本容量

我们还在第 7 章学习了用公式 9-5 计算样本比例 p.

样本比例公式

$$p = \frac{x}{n} \tag{9-5}$$

其中　$x=$ 样本中观测的数量(成功)
　　　　$n=$ 样本容量

如果这些条件均被满足，用公式 9-6 计算检验统计量.

比例假设检验的 z 检验统计量公式

$$z_p = \frac{p - \pi_{H_0}}{\sqrt{\dfrac{\pi_{H_0}(1-\pi_{H_0})}{n}}} \tag{9-6}$$

其中　$z_p=$ 比例的 z 检验统计量

$p=$ 样本比例

$\pi_{H_0}=$ 总体比例，在原假设中被假定为真

$n=$ 样本容量

下面一节我将讨论比例的单尾假设检验。

9.4.1 一个对比例单尾假设检验的例子

2010 年 1 月，法国国会下议院通过了要求企业董事会女性成员比例为 40% 的法案。法国参议院已经表决了该议案。在表决之前，国际治理标准公司报道了 9.5% 法国董事由女性组成。假设法国政府想检验，鉴于此未表决法案，目前女性董事会成员比例大于 9.5% 的假设。在 240 名法国董事会成员随机样本中，32 人为女性。我们将用 $\alpha=0.05$ 检验该假设。

比例的假设检验遵从本章前面讨论的 6 步：

第 1 步：确定原假设和备择假设。

$$H_0: \pi \leqslant 0.095 \text{（现状）}$$
$$H_1: \pi > 0.095 \text{ }^{\ominus}$$

注意到本例假设表述中用的是 π 而不是 μ。

第 2 步：设定显著水平 α。

对本例，我们令 $\alpha=0.05$。

第 3 步：确定临界值。

由于比例数据服从二项分布，我们可用正态分布近似，可用表 9-5 来确定临界 z 得分。一个 $H_1:\pi>0.095$，$\alpha=0.05$ 的单尾检验得到 $z_\alpha=1.645$。

第 4 步：计算检验统计量。

公式 9-6 给我们提供了计算检验统计量的过程。但是，对于本例，我们首先需用公式 9-5 计算样本比例：

$$p = \frac{x}{n} = \frac{32}{240} = 0.133$$

$$z_p = \frac{p - \pi_{H_0}}{\sqrt{\dfrac{\pi_{H_0}(1-\pi_{H_0})}{n}}} = \frac{0.133 - 0.095}{\sqrt{\dfrac{0.095(1-0.095)}{240}}}^{\ominus}$$

$$= \frac{0.038}{\sqrt{0.000\,358}} = \frac{0.038}{0.0189} = 2.01$$

㊀ 因为我们检验的是目前董事会女性成员的比例大于 9.5%，这是一个单尾（上侧）检验的例子。

㊁ 注意到 $\pi_{H_0}=0.095$，因为我们在有其他证据之前先假设现状（公司董事会的 9.5% 为女性）没改变。

第 5 步：比较 z 检验统计量 (z_p) 和临界 t 得分 (z_α).

用与表 9-3 列出的单尾（上侧）检验相同的逻辑，可得 $z_p=2.01$，$z_\alpha=1.645$. 由于 $2.01>1.645$，我们拒绝 H_0. 图 9-17 说明了这个发现.

第 5a 步（可选）：比较样本比例 p 和临界样本比例 p_α. ⊖

我们可用公式 9-7 确定临界样本比例 p_α. 临界样本比例表示标明拒绝域的样本比例.

比例假设检验的临界比例公式

$$p_\alpha = \pi_{H_0} + (z_\alpha)\sqrt{\frac{\pi_{H_0}(1-\pi_{H_0})}{n}} \ominus \quad (9\text{-}7)$$

对法国董事会例子应用公式 9-7，临界样本比例计算如下：

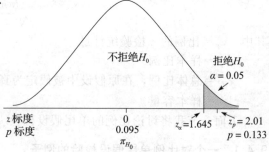

图 9-17 比较 z 检验统计量和临界 z 得分

$$p_\alpha = \pi_{H_0} + (z_\alpha)\sqrt{\frac{\pi_{H_0}(1-\pi_{H_0})}{n}}$$

$$= 0.095 + (1.645)\sqrt{\frac{0.095(1-0.095)}{240}}$$

$$= 0.095 + 0.031 = 0.126$$

如果样本比例大于 0.126，我们有足够的证据拒绝原假设. 由于 $p=0.133$，我们的结果与第 5 步一致.

第 6 步：给出结论.

拒绝原假设说明了我们支持备择假设 $H_1:\pi>0.095$. 因此，我们可推出法国女性董事会成员比例大于 9.5% 的结论.

9.4.2 对比例假设检验的 p 值法

比例假设检验的 p 值法与均值情况一样. 对于法国董事会例子（单尾检验），p 值是总体比例为 0.095 时，获得的样本比例大于 0.133 的概率. 因此，p 值如下：

$$P(p>0.133) = P(z_p>2.01)$$
$$= 1.0 - 0.9778$$
$$= 0.0222$$

该 p 值表示为图 9-18 的抽样分布中右尾阴影面积.

由于 p 值 $=0.0222$，小于 $\alpha=0.05$，我们拒绝原假设.

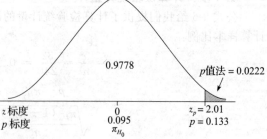

图 9-18 对比例的单尾假设检验应用 p 值法

⊖ p_α 与本章前面的临界样本均值类似.
⊖ 我们在公式 9-7 中用 z_α 是因为图 9-20 显示了这是一个单尾检验. 对于双尾检验，我们将会采用 $z_{\alpha/2}$.

9.4.3 用 PHStat2 进行比例的假设检验

PHStat2 提供了比例的假设检验的一种方法．我将用法国董事会例子对相应过程进行说明．
1. 进入 Add-Ins>PHStat> One-Sample Tests>Z Test for the Proportion，如图 9-19a 所示．
2. 如图 9-19b 所示填写 Z Test for the Proportion 对话框．点击 OK．

图 9-19c 显示了该假设检验的输出．用 $\alpha=0.05$，我们拒绝原假设，因为 z 检验统计量 z_p 等于 2.03．这与我们前一节的结果略有不同，图 9-19c 给出的数字是源于计算的舍入．Excel 在计算中使用的小数位比手算多．

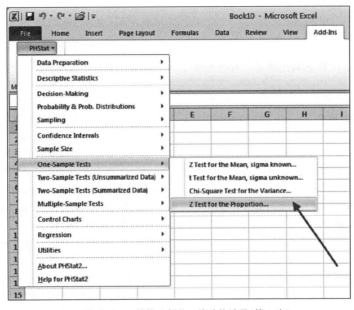

a) 用 PHStat2 计算比例的 z 检验统计量（第 1 步）

b) 用 PHStat2 计算比例的 z 检验
统计量（第 2 步）

c) 用 PHStat2 计算比例的 z 检验
统计量（最后结果）

图 9-19

注意到 PHStat2 在 B16 单元格给出了 p 值 0.0214. 由于该 p 值 $<\alpha$，我们拒绝原假设. 为了确保你理解了如何进行比例的假设检验，我们以下面的思考题结束本节.

思考题9 嘉信理财 2010 年一份调查发现 41% 的父母承认为他们的成年儿女提供一定财政资助. 为了检验该发现，选取了一个 150 名父母的随机样本，发现 54 名父母为他们的成年儿女提供支持.
 a) 用样本数据以及 $\alpha=0.01$ 进行假设检验来挑战该调查的结果.
 b) 计算该样本的 p 值并给出结论.
 c) 用 PHStat2 验证这些结果.

习题 9.4

基础题

9.22 对下列条件，计算 p 值并确定是否拒绝原假设：
 a) 单尾（下侧）检验，$z_p=-1.36$，$\alpha=0.05$.
 b) 单尾（上侧）检验，$z_p=1.28$，$\alpha=0.10$.
 c) 双尾检验，$z_p=2.29$，$\alpha=0.05$.
 d) 双尾检验，$z_p=-0.90$，$\alpha=0.01$.

9.23 对下列条件，计算 p 值并确定是否拒绝原假设：
 a) 单尾（上侧）检验，$z_p=2.15$，$\alpha=0.10$.
 b) 单尾（下侧）检验，$z_p=-0.66$，$\alpha=0.05$.
 c) 双尾检验，$z_p=-1.69$，$\alpha=0.05$.
 d) 双尾检验，$z_p=1.44$，$\alpha=0.02$.

9.24 考虑下面的假设：
$$H_0: \pi \leq 0.24$$
$$H_1: \pi > 0.24$$
给定 $p=0.277$，$n=130$，$\alpha=0.05$，回答下列问题：
 a) 能得到什么结论？
 b) 确定该检验的 p 值.

9.25 考虑下面的假设：
$$H_0: \pi = 0.69$$
$$H_1: \pi \neq 0.69$$
给定 $p=0.606$，$n=160$，$\alpha=0.05$，回答下列问题：
 c) 能得到什么结论？
 d) 确定该检验的 p 值.

应用题

9.26 调查机构 BIGresearch 2009 年 10 月的一份调查发现 34% 的美国人说希望手机能够联网. 假设威瑞森无线怀疑此比例值已经上升了，想检验该假设. 100 名美国人随机样本发现，44 人希望手机能够联网. 用 $\alpha=0.05$ 回答下列问题：
 a) 对于威瑞森关于 2009 年来希望手机联网的人数比例上升的假设，该样本支持吗？
 b) 确定该检验的 p 值.
 c) 确定并解释本题的临界样本比例或比例.
 d) 用 PHStat2 验证你的结果.

9.27 信用评分低于 600 的消费者很难获得车贷或抵押贷款批准. 2008 年 4 月，24% 的美国人信用评分低于 600. 由于最近的经济危机，联邦政府担心该比例已经上升了. 为了检验这个假设，一个 250 名美国人的随机样本被选取. 在该样本中，67 人信用评分低于 600. 用 $\alpha=0.10$ 回答下列问题：
 a) 对于政府关于信用评分低于 600 的美国人比例在 2008 年来已经上升的担心，该样本支持吗？
 b) 确定该检验的 p 值.
 c) 确定并解释本题的临界样本比例或比例.
 d) 用 PHStat2 验证你的结果.

9.28 2010 年 CarMD.com 的一项调查发现 64% 的机动车主没有进行汽车保养和维修. 假设西尔斯汽车想实行一个假设检验来挑战该发现. 在 170 名机动车主的随机样本中，发现 103 人没进行汽车保养和维修. 用 $\alpha=0.02$ 回答下列问题：
 a) 对于没有进行汽车保养和维修的机动车主比例，可得出什么结论？
 b) 确定该检验的 p 值.
 c) 确定并解释本题的临界样本比例或比例.

d) 用 PHStat2 验证你的结果.

9.29 最近，提供机舱无线上网服务的航空公司越来越多. 但是，据估计只有 10% 的乘客愿意为此服务付费. 假设最大的航空无线服务供应商 Gogo 想检验一下该假设，随机选取了一个 125 名乘客的样本并询问这些乘客是否愿意为 90 分钟的机舱联网付费 4.95 美元. 假设有 20 名乘客愿为此服务付费. 用 $\alpha=0.05$ 回答下列问题：
a) 对于愿意为机舱无线服务付费的乘客比例，可得到什么结论？
b) 确定该检验的 p 值.
c) 确定并解释本题的临界样本比例或比例.
d) 用 PHStat2 验证你的结果.

9.30 2010 年初，美国 33% 的次级房贷陷入了困境，即房贷持有人要么取消了抵押品赎回权，要么还贷时间至少拖延了 90 天. 联邦政府期望通过当年的抵押贷款帮扶项目，已经降低了此比例值. 为了检验该假设，2010 年末，一个 200 份次级贷款随机样本被选取，发现其中有 50 份抵押贷款陷入困境. 用 $\alpha=0.01$ 回答下列问题：
a) 对于 2010 年末陷入困境的抵押贷款比例，可得到什么结论？
b) 确定该检验的 p 值.
c) 确定并解释本题的临界样本比例或比例.
d) 用 PHStat2 验证你的结果.

9.31 2010 年美国的高失业率是对经济复苏的沉重打击. 2010 年 4 月，46% 的失业人员离岗时间超过了 6 个月. 决策者感觉随着就业市场的改善，该比例值自 2010 年来有所下降. 为了检验这个理论，一个 300 名失业人员随机样本被选取，发现其中 130 人离岗时间超过了 6 个月. 用 $\alpha=0.10$，回答下列问题：
a) 对于离岗时间超过 6 个月的失业人员比例，可得到什么结论？
b) 确定该检验的 p 值.
c) 对本检验所选 α 值进行讨论.
d) 确定并解释本题的临界样本比例或比例.
e) 用 PHStat2 验证你的结果.

9.5 Ⅱ型错误

本章进行到现在，我们已经对每个假设检验设定了 α 的值，即所得结论犯Ⅰ型错误的概率. 当原假设为真且样本均值或样本比例落入"拒绝原假设"区域时，发生Ⅰ型错误. 同样，我们也会忌讳Ⅱ型错误，这个错误在原假设为假而未被拒绝时发生. Ⅱ型错误概率表示为 β.

一旦我们设定了 α 的值，β 也被确定了. 本节我们将发现在恒定样本容量下 α 和 β 负相关. 当一个值增大时，另一个值减小，反之亦然. 多数情况下，我们要求假设检验的 α 和 β 概率较小. 同时降低两种错误概率的唯一方法是增大样本容量.

9.5.1 计算Ⅱ型错误发生的概率

我将用下面的例子说明对特定的 α 值，如何计算 β 值. 2011 年开始在美国销售的日产绿叶是 5 门 100% 电动车. 在该车开发过程中，日产预期绿叶全充电蓄电池的平均续航里程为 100 英里. 假设最近日产在电池技术上有所突破，称新电池的平均续航里程将超过 100 英里. 为了检验该断言，一个 50 辆装有新技术电池的汽车随机样本被选取，并测量了这些样本的续航里程. 我们假设这些车续航里程的总体标准差为 12 英里. 本检验，我们令 $\alpha=0.05$.

原假设和备择假设如下：

$$H_0: \mu \leqslant 100 \text{ 英里（现状）}$$
$$H_1: \mu > 100 \text{ 英里（研究声明）}^{\ominus}$$

㊀ 由于日产想证明绿叶的平均续航里程大于 100 英里，这是一个单尾（上侧）检验.

下一步，我们需用公式 9-2 计算临界均值：

$$\overline{x}_\alpha = \mu_{H_0} + (z_\alpha)\left(\frac{\sigma}{\sqrt{n}}\right)$$

$$= 100 + (1.645)\left(\frac{12}{\sqrt{50}}\right) = 102.8 \text{ 英里}$$

如果样本均值超过了 102.8 英里，我们拒绝原假设并得出如日产所说那样，新技术每次充电的平均续航里程大于 100 英里的结论.

我们来看两个不同的情况. 第一，假设来自 50 辆汽车的样本平均续航里程超过了 102.8 英里. 如果我是日产的经理，我将开香槟庆祝. 但是，作为统计学家，我必须意识到我的结论有 5% 的机率（$\alpha=0.05$）是错误的. 如果总体均值没超过 100 英里，会发生这种错误，即 I 型错误. ⊖

现在，假设 50 辆汽车样本的平均行驶路程小于 102.8 英里. 该结果将使我们拒绝原假设并得出新技术无用的结论. 但在我们把香槟放一边之前，我们需问自己，"我们的结论错误的概率是多少？"我们这里要求的就是 β，即我们本应该拒绝原假设庆祝成功地改进了行驶路程，而未能拒绝原假设的概率. 这个错误的结论被定义为 II 型错误. ⊖

就像你所看见的那样，β 的计算是在原假设不真应被拒绝的前提下进行的. 换句话说，新电池技术是有效的，平均续航里程超过 100 英里. 所以，β 值取决于总体均值 μ（电池平均续航里程）. 尽管我们不知道 μ，我们依然可以针对一个特定的总体均值计算 β 值.

我们说，假设新电池有效，总体平均路程为 105 英里. 错误的推出新电池无效结论的概率（β）是多少？当该总体的样本均值小于 102.8 英里时该错误将发生. 图 9-20 说明了这种情况. 不要被这个图吓到——我将把它分成易理解的小块讲解！

图 9-20 的上半部分没什么新东西. 本章已经见过很多次了. 它就是原假设的抽样分布，在本例中是总体均值等于 100 英里断言. 上半部分还给出了用公式 9-2 计算所得的临界均值（102.8）. I 型错误的概率为浅阴影部分.

两曲线间的虚线表示临界均值的位置，即在两图中标注拒绝域的位置. 如果样本均值位于该虚线的左侧，我们不拒绝原假设. 如果均值位于右侧，拒绝原假设. 记住，新电池有效，所以拒绝原假设是正确的假设决策，拒绝原假设失败是 II 型错误.

图 9-20 下半部分曲线表示真实均值为 105 英里的总体抽样分布. 如果总体真实均值等于 105 英里，看到 50 辆汽车样本的均值小于 102.8 英里的概率是多少？该概率为 β，并可在图 9-20 下半部分的阴影区域求得. 我们用公式 9-1 和附录 A 表 3 求此面积.

$$z = \frac{\overline{x}_\alpha - \mu}{\frac{\sigma}{\sqrt{n}}} = \frac{102.8 - 105}{\frac{12}{\sqrt{50}}} = \frac{-2.2}{1.697} = -1.30$$

$$\beta = P(\overline{x}_\alpha \leqslant 102.8) = P(z \leqslant -1.30) = 0.0968$$

⊖ 记住，当我们决定拒绝原假设时，我们不能保证自己是正确的. 总是存在概率为 α 的错误概率！在日产绿叶例子中，α 是总体均值没超过 100 英里时，得出平均行驶路程超过 100 英里结论的概率.

⊖ 当我们决定不拒绝原假设时，同样不能保证我们是正确的. 总是存在概率为 β 的错误概率！在日产绿叶例子中，β 是总体均值超过 100 英里时，得出平均行驶路程没超过 100 英里结论的概率.

单个总体的假设检验

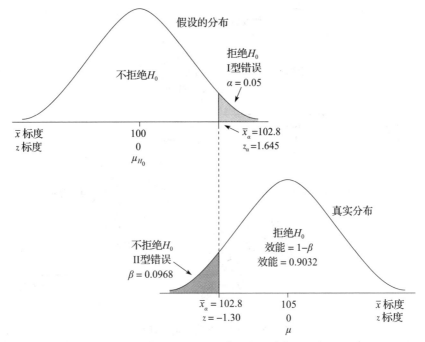

图 9-20　$u=105$ 英里的 β 计算

注：β 的值以总体真实均值 μ 为基础.

如果总体真实均值等于 105 英里，我们未能意识到新电池有效的概率为 9.68%。该概率值基于 $\alpha=0.05$ 和 50 辆车的随机抽样.

假设检验的**效能**是正确拒绝原假设的概率. 用公式 9-8 求效能.

假设检验的效能公式

$$\text{效能} = 1 - \beta \tag{9-8}$$

该假设检验的效能计算如下：

$$\text{效能} = 1 - 0.0968 = 0.9032$$

换言之，若总体真实均值等于 105 英里，且令 $\alpha=0.05$，我们有 90.32% 的概率能正确得出新电池有效的结论. 该值也在图 9-20 的下半部分曲线中也给出.

如果总体真实均值为 106 英里而不是 105 英里时，β 会怎样呢？图 9-21 给出了这个变化的作用.

上部分的假设分布与前一个图相比没发生变化. 但是，下部分的真实分布略向右移动，反映总体均值从 105 英里移到了 106 英里. β 是从均值为 106 英里的总体中获得的样本均值小于等于 102.8 的概率. β 和效能计算如下：

$$z = \frac{\overline{x}_a - \mu}{\frac{\sigma}{\sqrt{n}}} = \frac{102.8 - 106}{\frac{12}{\sqrt{50}}} = \frac{-3.2}{1.697} = -1.89$$

$$\beta = P(\overline{x}_a \leqslant 102.8) = P(z \leqslant -1.89) = 0.0294$$

$$\text{效能} = 1 - \beta = 1 - 0.0294 = 0.9706$$

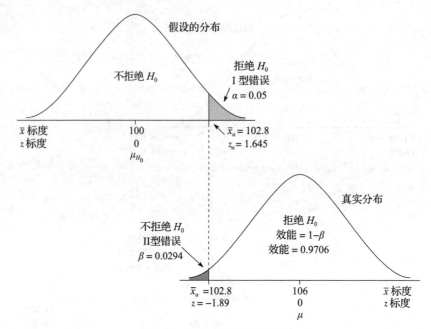

图 9-21　$u=106$ 英里的 β 计算

注：本例中将真实分布向右移动时的下方阴影区域变小．变小了的阴影区域意味着 β 值变小（犯Ⅱ型错误的概率变小）．

如果真实总体均值等于 106 英里，现在我们有 97.06% 的概率正确得出新电池有效的结论．换句话说，当真实总体均值远离假设的均值 100 英里时，检验的效能增大，β 减小．这是因为当真实总体均值与假设的均值相差很大时，正确地拒绝原假设相对容易一些．表 9-10 给出了电池例子中不同总体均值对应的效能．

☞ 随着真实总体均值远离假设的均值，检验的效能增大，因为正确地拒绝原假设相对容易一些．

表 9-10　对应不同总体均值的效能：电池例子

真实总体均值 μ	z 得分	效能 $1-\beta$	真实总体均值 μ	z 得分	效能 $1-\beta$
100	1.65	0.0495	105	−1.30	0.9032
101	1.06	0.1446	106	−1.89	0.9706
102	0.47	0.3192	107	−2.47	0.9932
103	−0.12	0.5478	108	−3.06	0.9989
104	−0.71	0.7611	109	−3.65	0.9999

注意到表 9-10 中，当真实总体均值接近假设的均值 100 英里时，该假设检验的效能非常低．典型地，当假设的均值和真实总体均值相差不大时，假设检验正确的拒绝原假设很难．我强烈推荐你花几分钟证实自己能够计算表 9-10 中一些总体均值的效能．

☞ 当真实总体均值与假设的均值非常接近时，检验的效能变得很小，因为假设检验正确拒绝原假设很难．

图 9-22 画出了效能的值以及与之相应的总体均值. 该图被称为**效能曲线**. 效能曲线可以帮你看到当真实总体均值离开假设的均值时,假设检验的效能如何改变. 所以,随着真实总体均值不断增大,就像本例,检验的效能变得越来越强. 由此,未能拒绝原假设(日产绿叶的行驶里程小于等于100英里)的错误概率就会越来越低.

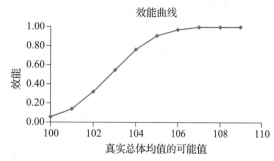

图 9-22 电池假设检验的效能曲线

注:该效能曲线基于 $H_0: \mu \leqslant 100$ 英里,$\alpha=0.05$,$n=50$ 辆车,$\sigma=12$ 英里.

9.5.2 α 对 β 的作用

本节到目前为止,我们令 α 保持为 0.05,然后计算 β. 如果我们决定通过将 α 减少到 0.01 来减小犯Ⅰ型错误的概率,会怎样呢? 就像我在本章开头说的那样,统计学没有免费的午餐. 样本容量不变,减小 α 将导致 β 增加. 我将通过将 α 从图 9-21 中的 0.05 改至 0.01 说明这个形式.

我们用下面的条件计算 β:

$$H_0: \mu \leqslant 100 \text{ 英里}$$
$$H_1: \mu > 100 \text{ 英里}$$
$$\mu = 106 \quad n = 50 \quad \alpha = 0.01$$

β 和效能计算如下:

$$\overline{x}_a = \mu_{H_0} + (z_a)\left(\frac{\sigma}{\sqrt{n}}\right)$$
$$= 100 + (2.33)\left(\frac{12}{\sqrt{50}}\right) = 104 \text{ 英里}$$
$$z = \frac{\overline{x}_a - \mu}{\frac{\sigma}{\sqrt{n}}} = \frac{104 - 106}{\frac{12}{\sqrt{50}}} = \frac{-2.0}{1.697} = -1.18$$
$$\beta = P(\overline{x}_a \leqslant 104) = P(z \leqslant -1.18) = 0.1190$$
$$\text{效能} = 1 - \beta = 1 - 0.1190 = 0.8810$$

图 9-23 给出了将假设检验中的 α 减小到 0.01 对 β 的影响.

注意到虚线表示拒绝域的边界向右平移,临界样本均值 $\overline{x}_a$ 从 102.8 英里移到了 104 英里. 两个分布均与图 9-21 所示位置相同,因为假设的总体均值(100)和真实的总体均值(106)均没变. 将虚线平移到右边减小了假设的分布中上方阴影面积,将 α 从 0.05 减小到了 0.01. 该移动也增大了实际总体分布中的下方阴影面积(底部曲线),使得 β 从 0.0294 增大到了 0.1190. 在降低犯Ⅰ型错误概率(α)的同时,我们增大了犯Ⅱ型错误的概率(β). 如图所示. 降低 α 使得下部图像的 "不拒绝 H_0" 面积增大. 结果是,犯Ⅱ型错误并未能拒绝原假设(电池行驶里程小于等于100英里的假设)的概率增大.

在权衡Ⅰ型错误和Ⅱ型错误中,如何选择呢? 一种方法是考虑每种错误的代价. 在日产绿叶例子中,当日产称其新电池的平均续航里程大于 100 英里而实际不是如此时,发生

Ⅰ型错误(概率等于 α). 该错误的代价是令没有经历预期续航里程的客户失望. 相比之下, 当日产得出新电池平均续航里程没达到 100 英里的结论, 而实际情况却是达到了时, 发生Ⅱ型错误(概率等于 β). 该错误的代价是失去推销电池实际表现的机会, 可能失去电动汽车竞争市场的份额. 日产需在确定可接受的 α 和所得 β 时考虑这些结果的代价.

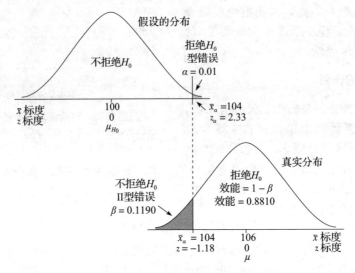

图 9-23　$u=106$ 英里, $\alpha=0.01$ 的 β 计算

注: 通过将虚线向右移动可减小 α. 将上方阴影区域变小可增大下方阴影区域. 可得到较大的 β 值(犯Ⅱ型错误的概率增大).

日产的另一种方法是令 $\alpha=0.05$(非常普遍), 通过增大样本容量减小 β 的水平. 增大样本容量使得图 9-23 的两个抽样分布均变窄, 从而减小代表 α 和 β 的阴影面积.

计算效能有点棘手, 所以我鼓励你花些时间来试一下最后这道思考题, 看看是否掌握了计算方法.

思考题 10　据调查公司 Centris 发现, 2009 年有线数字电视的月均收费为 \$75. 由于美国经济低迷, 康卡斯特想检验 2010 年月均收费低于 \$75 的假设. 一个 41 户家庭随机样本被选取. 假设国家的月有线电视收费标准差为 \$10. 用 $\alpha=0.10$ 计算该假设检验的效能, 假定真实总体均值为 \$74.

提示: 由于这是一个下侧单尾检验($H_1: \mu < \$75$), "拒绝原假设"区域将在图 9-23 所示的虚线左侧. 同样, 假设的分布将在真实分布的右侧, 与图 9-23 相反.

习题 9.5

基础题

9.32　考虑下面的假设:

$H_0: \mu \leqslant 30$
$H_1: \mu > 30$

给定 $\sigma=6$, $n=42$, $\alpha=0.05$, 对下列条件计算 β 值:

a) $\mu=31$
b) $\mu=32$

9.33　考虑下面的假设:

$H_0: \mu \geqslant 75$
$H_1: \mu < 75$

给定 $\sigma=15$, $n=36$, $\alpha=0.01$, 对下列条件

计算 β 值：
a) $\mu=73$
b) $\mu=66$

9.34 考虑下面的假设：
$$H_0: \pi \geqslant 0.72$$
$$H_1: \pi < 0.72$$
给定 $n=100$，$\alpha=0.05$，对下列条件计算 β 值．提示：计算比例的 II 型错误步骤与计算均值的 II 型错误步骤一样．
a) $\pi=0.66$
b) $\pi=0.62$

9.35 考虑下面的假设：
$$H_0: \pi \leqslant 0.15$$
$$H_1: \pi > 0.15$$
给定 $n=150$，$\alpha=0.10$，对下列条件计算 β 值．提示：计算比例的 II 型错误步骤与计算均值的 II 型错误步骤一样．
a) $\pi=0.16$
b) $\pi=0.22$

9.36 考虑下面的假设：
$$H_0: \mu=120$$
$$H_1: \mu \neq 120$$
给定 $\sigma=27$，$n=60$，$\alpha=0.05$，对下列条件计算 β 值：
a) $\mu=131$
b) $\mu=115$
提示：对双尾假设检验，β 是真实分布下方两临界均值之间的面积，如下图所示．

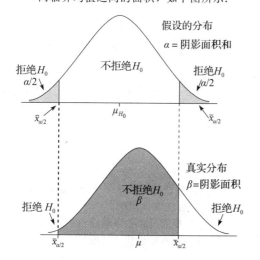

应用题

9.37 据世界经济合作与发展组织（致力于促进贸易和经济增长的国际组织）报道，2009 年法国公民的平均退休年龄为 58.7 岁．鉴于法国养老金体系的运转赤字，政府在 2010 年夏季引入了新的议案，将最低退休年龄从 60 岁提高到 62 岁．假设一个对 40 名退休法国公民的调查被实施，目的是调查新法案是否提高了人们真正退休的平均年龄．假设退休年龄的标准差为 5 年．用 $\alpha=0.05$，回答下列问题：
a) 用自己的语言解释 I 型错误和 II 型错误的发生．
b) 如果真实总体年龄为 60 岁，计算 II 型错误发生的概率．
c) 如果真实总体年龄为 61.5 岁，计算 II 型错误发生的概率．

9.38 房地产市场危机引起了奥兰多、佛罗里达等地上市房价的下降．某房地产公司想抽取一个 50 所新上市房屋随机样本以检验目前上市房价的平均值小于 243 000 美元的假设．假设该市场房屋价格的标准差为 45 000 美元．
a) 用自己的语言解释 I 型错误和 II 型错误的发生．
b) 如果真实平均市价为 225 000 美元，用 $\alpha=0.10$ 计算 II 型错误发生的概率．
c) 如果真实平均市价为 225 000 美元，用 $\alpha=0.05$ 计算 II 型错误发生的概率．
d) 解释 b 问和 c 问结果的区别．

9.39 据尼尔森公司称，2009 年，21% 的美国家庭不用固话，仅依赖手机提供的电话服务．尼尔森还报道了此百分比相较前几年在稳定增长．美国电话电报公司（AT&T）想抽取 125 家庭随机样本来检验 2010 年只用手机的家庭比例又一次增长的假设．
a) 用自己的语言解释 I 型错误和 II 型错误的发生．
b) 如果只用手机家庭的真实比例为 0.30，用 $\alpha=0.05$ 计算 II 型错误发生的概率．
c) 如果只用手机家庭的真实比例为 0.30，用 $\alpha=0.01$ 计算 II 型错误发生的概率．

d) 解释 b 问和 c 问结果的区别.

9.40 特拉华州的圆顶餐厅正在实行新管理. 在实行原来的管理时，15%的顾客对圆顶就餐体验的评价为"不满意". 该餐厅目前的经理想检验新培训后这个百分比会有所下降的假设. 假设75名顾客被随机选取并被询问就餐体验. 用 $\alpha=0.05$，回答下列问题：
 a) 用自己的语言解释Ⅰ型错误和Ⅱ型错误的发生.
 b) 如果不满意客户的真实比例为 11%，计算Ⅱ型错误发生的概率.
 c) 如果不满意客户的真实比例为 6%，计算Ⅱ型错误发生的概率.

9.41 据美国劳工部消息，年龄在 15 岁及以上的美国人群平均每晚睡眠 8 小时 23 分钟（503 分钟）. 为了检验最近这个平均值是否发生变化，一个 55 名 15 岁及以上美国人随机样本被选取，他们睡眠的时长被记录了下来. 假设睡眠时长的标准差为 60 分钟. 用 $\alpha=$ 0.02，回答下列问题：
 a) 用自己的语言解释Ⅰ型错误和Ⅱ型错误的发生.
 b) 如果真实平均睡眠时长为 524 分钟，计算Ⅱ型错误发生的概率.
 c) 如果真实平均睡眠时长为 500 分钟，计算Ⅱ型错误发生的概率.

9.42 触球率指的是大联盟棒球手打席数的活球（与击出球不同）百分比. 历史上，大联盟的平均值为 80%. 假设我们想检验该触球率在 2010 赛季发生了变化，随机选取了球员的 250 个打席数并记录了球员的活球百分比. 用 $\alpha=0.05$，回答下列问题：
 a) 用自己的语言解释Ⅰ型错误和Ⅱ型错误的发生.
 b) 如果真实触球率为 77%，计算Ⅱ型错误发生的概率.
 c) 如果真实触球率为 88%，计算Ⅱ型错误发生的概率.

本章主要公式

总体均值假设检验的 z 检验统计量公式（σ 已知）

$$z_{\bar{x}} = \frac{\bar{x} - \mu_{H_0}}{\frac{\sigma}{\sqrt{n}}} \tag{9-1}$$

总体均值假设检验的临界样本均值公式

$$\bar{x}_\alpha = \mu_{H_0} + (z_\alpha)\left(\frac{\sigma}{\sqrt{n}}\right) \tag{9-2}$$

总体均值假设检验的 t 检验统计量公式（σ 未知）

$$t_{\bar{x}} = \frac{\bar{x} - \mu_{H_0}}{\frac{s}{\sqrt{n}}} \tag{9-3}$$

总体均值假设检验的临界样本均值公式

$$\bar{x}_\alpha = \mu_{H_0} + (t_\alpha)\left(\frac{s}{\sqrt{n}}\right) \tag{9-4}$$

样本比例公式

$$p = \frac{x}{n} \tag{9-5}$$

比例假设检验的 z 检验统计量公式

$$z_p = \frac{p - \pi_{H_0}}{\sqrt{\frac{\pi_{H_0}(1 - \pi_{H_0})}{n}}} \tag{9-6}$$

比例假设检验的临界比例公式

$$p_\alpha = \pi_{H_0} + (z_\alpha)\sqrt{\frac{\pi_{H_0}(1 - \pi_{H_0})}{n}} \tag{9-7}$$

假设检验的效能公式

$$\text{效能} = 1 - \beta \tag{9-8}$$

复习题

9.43 据《华尔街日报》文章报道，2010 年 6 月，纽约市宾馆的平均房费为 231 美元. 为了证明这种说法，假设纽约市商会随机选取了 40 个房费数据，发现样本均值为 239.20 美元. 假设总体标准差为 35 美元. 用 $\alpha=$ 0.05，回答下列问题：
 a) 给出原假设和备择假设.
 b) 该检验可得出什么结论？

c) 确定该检验的 p 值, 并解释其含义.
d) 确定并解释本题的临界样本均值或均值.
e) 用 PHStat2 证明你的结果.

9.44 2010 年夏, 在 iPhone 4 上市之前, 苹果公司在智能手机市场所占份额为 24%. 假设苹果公司认为 iPhone 4 的上市将增加其市场份额. 为了检验该假设, 一个 275 名智能手机用户随机样本被选取, 其中有 82 人持有 iPhone 手机. 用 $\alpha=0.05$, 回答下列问题:
a) 给出原假设和备择假设.
b) 以此样本为基础, 该检验可得出什么结论?
c) 确定该检验的 p 值, 并解释其含义.
d) 用 PHStat2 证明你的结果.

9.45 2009 年 12 月, 总统奥巴马的支持率为 52%. 假设该宫工作人员担心, 由于办公室对 2010 年春墨西哥湾漏油事故的处理不当, 该支持率已经下降了. 我们说在 300 名成人随机样本中, 145 人赞同奥巴马总统在 2010 年夏的表现. 用 $\alpha=0.05$, 回答下列问题:
a) 给出原假设和备择假设.
b) 以此样本为基础, 该检验可得出什么结论?
c) 确定该检验的 p 值, 并解释其含义.
d) 用 PHStat2 证明你的结果.
e) 如果白宫选择 $\alpha=0.10$, 而不是 $\alpha=0.05$, 会对结论有何影响.

9.46 最近, 四季比萨已经收到顾客对比萨送餐时间的一些投诉. 针对这个问题, 四季比萨店做了一些操作上的改变, 并增加了送餐人员的数量. 该餐馆想检验目前平均送餐时间小于 30 分钟的假设. 下列数据表示送餐时间的随机样本:

23 24 23 36 30 40 34 24 28
29 15 27

用 $\alpha=0.10$, 回答下列问题:
a) 给出原假设和备择假设.
b) 该样本提供了足够的证据支持四季比萨店的送餐时间言论吗?
c) 用 PHStat2 证明你的结果.
d) 用 PHStat2 给出 p 值并解释其含义.

e) 对本检验中四季比萨店选择的 α 做出评论.
f) 该检验需考虑哪些假设?

9.47 据美国医学会杂志, 2006~2008 年, 住院医师平均每周在医院工作 59.3 小时. 认证医院住院医师项目的毕业后医学教育认证委员会实行了一个计划, 用以减少住院医师的工作时间. 为了调查该计划的作用, 一个 20 名住院医师每周工作时长的随机样本被选取. 分别为:

53 57 52 65 70 51 55 61 49
61 54 64 44 57 55 60 53 61
51 56

用 $\alpha=0.05$, 回答下列问题:
a) 给出原假设和备择假设.
b) 该样本提供了足够的证据说明新住院医师计划有效吗?
c) 用 PHStat2 证明你的结果.
d) 用 PHStat2 给出 p 值并解释其含义.
e) 该检验需考虑哪些假设?

9.48 2010 年 7 月, 软件安全公司 Webroot 实行的一项调查发现有 32% 的被调查人对所有的社交网络站点使用相同的登录口令(不是最好的做法). 假设 2010 年, 一项跟进调查被实行以调查该比例是否发生了变化. 在 225 个网络用户中, 发现 86 人对自己的社交网络站点使用相同的登录口令. 用 $\alpha=0.10$, 回答下列问题:
a) 给出原假设和备择假设.
b) 对于对所有社交网络使用相同登录口令的网络用户比例, 可得出什么结论?
c) 确定该检验的 p 值并解释其含义.
d) 确定并解释本题的临界样本比率或比例.
e) 用 PHStat2 证明你的结果.

9.49 据《华尔街日报》的一篇文章报道, NBA 30 个球队中有 15 个球队有专门负责分析数据的员工. 由这些"统计巨头"编辑的信息将用于协助赛期决策的制定, 以及评估潜在交易. 在该文写作之时, 15 个球队已经打了共 962 场比赛, 赢了其中的 570 场.
a) $\alpha=0.01$, 可得出雇有"统计巨头"的球队比那些没雇这些员工的球队有优势吗?

b) 用PHStat2证明你的结果.
c) 在对此情形应用假设检验时, 你需考虑什么?

9.50 据2010年《商业周刊》的一篇文章报道, 接近退休人员的401(k)账户结余平均为60 000美元. 为了检验该平均值最近发生变化的假设, 假设一个30名开始退休人员样本被选取, 发现401(k)账户结余平均为67 900美元. 假设总体标准差为21 000美元. 用 $\alpha=0.02$, 回答下列问题:
a) 给出原假设和备择假设.
b) 关于接近退休人员的平均401(k)账户结余, 可得出什么结论?
c) 确定该检验的 p 值并解释其含义.
d) 确定并解释本题的临界样本均值或均值.
e) 用PHStat2证明你的结果.
f) 若采用的是 $\alpha=0.05$, 而不是 $\alpha=0.02$, 结论会有所不同吗? 对 α 的这个选择做出评论.

9.51 苹果CEO史蒂夫·乔布斯称, 2010年6月7日, 苹果公司的在线书店iBookstore已经占据了美国电子书市场的22%份额. 为了证明这个言论, 一个200本最近购买的电子书随机样本被选取, 发现其中49本来自iBookstore. 用 $\alpha=0.05$, 回答下列问题:
a) 给出原假设和备择假设.
b) 该样本提供了足够证据支持乔布斯的言论吗?
c) 确定该检验的 p 值并解释其含义.
d) 确定并解释本题的临界样本比例或比例.
e) 用PHStat2证明你的结果.

9.52 假设运输部想检验美国每辆车的平均油耗为6升/天(公制单位)的假设. 下列数据表示25辆随机选取汽车每天消耗的升数. 这些数据也可在 liters.xlsx Excel 文件中获得.

```
 9.2   2.9  12.0   2.4   5.3
16.4   6.1   7.6   9.6   1.3
 9.4   8.9   6.7  11.9   9.0
11.3   8.0   9.3   4.0   7.2
 6.1  10.7   0.4   6.6   5.4
```

用 $\alpha=0.05$, 回答下列问题:
a) 给出原假设和备择假设.
b) 以此样本为基础, 可得出什么结论?
c) 用PHStat2证明你的结果.
d) 用PHStat2给出 p 值并解释其含义.
e) 该检验需考虑什么假设?

9.53 2009年, 纳税人拨打美国国税局电话的平均等待时长为526秒. 2010年, 为了减少等待时长, 假设(如果你能利用自己的想象)美国国税局在操作上做了一些改变. 为了检验这些改变的作用, 一个50个电话的随机样本被选取, 每个电话的等待时长被进行了记录. 假设等待时长的标准差为150秒.
a) 用自己的语言解释该假设中可能发生的 Ⅰ 型错误和 Ⅱ 型错误.
b) 如果每个电话的真实平均等待时长为486秒, 计算 Ⅱ 型错误发生的概率.
c) 如果每个电话的真实平均等待时长为446秒, 计算 Ⅱ 型错误发生的概率.
d) 解释 b 和 c 结果的不同.

9.54 假设6伏笔记本电池的平均续航时间为4.0小时. SWET电子技术公司称其发明了一种新的6伏电池, 平均续航时间超过了4.0小时. 为了检验该新技术的作用, 一个45块电池随机样本被选取, 每块电池的平均续航时间被记录. 假设标准差为0.7小时.
a) 用自己的语言解释该假设中 Ⅰ 型错误和 Ⅱ 型错误的发生.
b) 如果每块电池的平均续航时间为4.4小时, 用 $\alpha=0.05$ 计算 Ⅱ 型错误发生的概率.
c) 如果每块电池的平均续航时间为4.4小时, 用 $\alpha=0.01$ 计算 Ⅱ 型错误发生的概率.
d) 解释 b 和 c 结果的不同.

9.55 据美国劳工部消息, 2009年, 12.3%的劳动力加入了工会. Ⅱ次世界大战后, 该百分比持续下降, 大战期间三分之一的工人加入了工会. 假设劳工部想检验2010年工会工人比例再次下降的假设, 随机选取了160工人.
a) 用自己的语言解释该假设中 Ⅰ 型错误和 Ⅱ 型错误的发生.

b) 如果真实工会职工比例为 10%，用 $\alpha=0.05$ 计算 II 型错误发生的概率。

c) 如果真实工会职工比例为 5%，用 $\alpha=0.05$ 计算 II 型错误发生的概率。

d) 解释 b 和 c 结果的不同。

9.56 假设特拉华州房地产委员会想检验纽卡斯尔县 2010 年上市房屋的平均挂牌天数为 60 的假设。为了检验该假设，该年卖出的 32 所房屋随机样本被选取，房子上市挂牌的平均时间被进行了记录。假设上市时间的标准差为 25 天。

a) 用自己的语言解释该假设中 I 型错误和 II 型错误的发生。

b) 如果房屋上市时间的真实平均时间为 54 天，用 $\alpha=0.05$ 计算 II 型错误发生的概率。

c) 如果房屋上市时间的真实平均时间为 78 天，用 $\alpha=0.05$ 计算 II 型错误发生的概率。

d) 解释 b 和 c 结果的不同。

9.57 在过去 10 年中，苹果 iPod 几乎一直霸占着便携式媒体播放器市场。但在 2010 年 iPad 和 iPhone 上市后，iPod 成为人们心中的第二选择。假设苹果公司想掀起一场新的促销活动以重新激起人们对 iPod 的兴趣。为了设计这次活动，苹果公司向估计目前 iPod 用户的平均年龄。过去，平均年龄被假定小于等于 25 岁。iPod.xlsx Excel 文件给出了 100 名随机选取的 iPod 用户。用 $\alpha=0.05$，回答下列问题：

a) 假设苹果公司想确定 iPod 用户的平均年龄是否增加并超过了 25 岁。用假设检验回答该问题。

b) 确定该检验的 p 值并解释其含义。

c) 用 PHStat2 证明你的结果。

9.58 为了恢复大家对 iPod 的兴趣（见习题 9.57），苹果公司想检验 iPod 男性用户比例为 50% 的假设。iPod.xlsx Excel 文件给出了 100 名随机选取的 iPod 用户的性别。用 $\alpha=0.05$，回答下列问题：

a) 对 iPod 男性用户的比例，可得出什么结论？可用下面的 Excel 函数计算数据文件中的男性人数：
$=$ COUNTIF(B2:B101,"male")

b) 确定该检验的 p 值并解释其含义。

c) 用 PHStat2 证明你的结果。

9.59 《华尔街日报》一篇文章讨论了最近的经济衰退对神职人员工作市场的影响。很多教堂都大量减少了神职人员的薪水和福利，因为做礼拜的人的捐款减少了。该文报道了具有 10 年经验的堂区助理神父的平均薪水为 $64 000。假设为了调查最近该平均值是否发生了变化，国家教会事务管理协会实行了一个神父薪水调查。结果在 Pastor.xlsx Excel 文件中。用 PHStat，$\alpha=0.05$，回答下列问题：

a) 给出原假设和备择假设。

b) 这些数据提供了足够的证据推出神父平均薪水发生了变化吗？

c) 给出该检验的 p 值并解释其含义。

9.60 最近，各手机公司在非洲大陆均投入了巨资。只有一半人口拥有手机的尼日利亚被认为是最有潜力增长的市场。但是，最近的竞争已经拉低了该国手机的价格。据报道，尼日利亚客户的平均月收入自 2006 年来一直在持续下降，目前为 $11。英国企业沃达丰已经聘你帮助决定是否进军尼日利亚。如果有统计证据说明月收入低于 $11，沃达丰将不在该市场投资；否则该公司将投资。Nigeria.xlsx Excel 文件包含一个 65 名尼日利亚手机客户随机样本的月收入数据。用 PHStat，$\alpha=0.05$，回答下列问题：

a) 给出原假设和备择假设。

b) 以此样本为基础，你会为沃达丰提供什么建议？

c) 给出该检验的 p 值并解释其含义。

第10章 比较两总体的假设检验

既然你已经掌握了单样本假设检验的艺术,是时候进一步研究双样本检验了. 坦率地讲,这个台阶并不大. 你可以应用第9章学过的很多方法. 希望那会儿你好好学了!

2010年,在苹果公司的 iPhone 4 上市后不久,就迎来了大批消费者对话机掉话的投诉. 问题最终归结到该设备的天线设计,该问题之争被迅速称为"天线门". 这个问题也引起了对美国电话电报公司(AT&T)网络和威瑞森网络的 iPhone 掉话率之争.

解决该争论的一条途径是应用双样本假设检验来确定两总体的掉话率是否显著不同. 每家网络公司可通过在随机选择区域拨打测试电话进行抽样. 计算每家网络公司的掉话比例,双样本假设检验将告诉我们两总体比例是否显著不同. (熟悉吗?)

如果我家被选为测试点,我基本可以担保会发生掉话,因为我住在手机来电的盲区. 当我在家听到手机响起时,我一般都冲到楼上的前卧室里并探出窗口才能接到电话,因为这是我能接收到信号的唯一途径. 每当这时,我的邻居都会担心住在他们中间的作家要从二楼跳下来自杀.

商务世界充满了像下列这样比较两总体的例子:

- 美国政府想调查联邦工人和从事相同类型工作的私企员工的平均薪酬是否存在差异.
- 某大银行想确定使用网上银行的客户中,青年客户和老年客户比例是否不同.
- 某消费者群体想调查对于某汽车型号,关窗运转空调是否比开窗关闭空调的油耗低.

在本章比较两总体的讨论中,我们将用到这些例子以及其他的例子. 你会发现本章的话题与第9章的类似.

- 我们将从简单的假设检验开始,在总体标准差已知时比较均值.
- 就像第8章和第9章讨论的,总体标准差并不总是已知. 为了应对这种情况,我们将用样本标准差来近似总体标准差,并将依赖学生 t 分布. (熟悉吗?我当然希望如此.)
- 我们还会研究两样本相关的情况(我们称为相关样本). 听到这种关系实际上简化了假设检验过程,你一定会很高兴.
- 我们将在本章的最后完成对两不同总体比例的比较.

如你所见,本章的内容不少,我们开始吧.

10.1 比较两总体均值:独立样本,总体标准差 σ_1 和 σ_2 已知

为了回答前一节提出的问题,我们需要开发一个新的抽样分布. 这个分布的名字最引人注目——均值之差的抽样分布(暗示:想象戏剧性的背景音乐中刺耳的小提琴音响起,脖子后面的头发瞬间竖了起来). 为了说明这个分布并安抚你的神经,考虑刚刚提过的联邦工人例子,见图 10-1.

比较两总体的假设检验

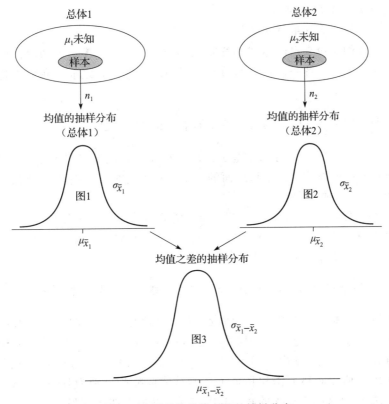

图 10-1 两总体均值之差的抽样分布

随意定义联邦工人为总体 1，私企工人为总体 2. 图 10-1 中的图 1 显示了来自联邦工人容量为 n_1 薪酬随机样本的抽样分布. 根据第 7 章的中心极限定理，只要 $n_1 \geqslant 30$，该抽样分布将服从均值为 $\mu_{\bar{x}_1}$ 的正态概率分布. 图 2 表示了私企薪酬的相同信息.

图 10-1 的图 3 给出了表示联邦薪酬和私企薪酬样本均值所有可能组合之差的分布. 该图被称为**均值之差的抽样分布**. 该分布的均值表示为 $\mu_{\bar{x}_1-\bar{x}_2}$，可由公式 10-1 计算得到.

均值之差抽样分布的均值公式

$$\mu_{\bar{x}_1-\bar{x}_2} = \mu_{\bar{x}_1} - \mu_{\bar{x}_2} \tag{10-1}$$

其中 $\mu_{\bar{x}_1}$ = 总体 1 抽样分布的均值

$\mu_{\bar{x}_2}$ = 总体 2 抽样分布的均值

换言之，图 3 分布的均值是图 1 和图 2 所示均值之差. 本章中，脚标 $\bar{x}_1 - \bar{x}_2$ 均表示总体 1 和 2 的样本均值之差.

图 3 的标准差被称为**两均值之差的标准误差**. 它描述了两样本均值之差的变异性，可由公式 10-2 计算得到.

两均值之差的标准误差公式

$$\sigma_{\bar{x}_1-\bar{x}_2} = \sqrt{\frac{\sigma_1^2}{n_1} + \frac{\sigma_2^2}{n_2}} \tag{10-2}$$

其中　σ_1 和 σ_2 = 总体 1 和 2 的标准差

n_1 和 n_2 = 总体 1 和 2 的样本容量

在本节中，我们假设来自两总体的样本为独立样本⊖．当样本互相独立时，从一个总体抽样观测的结果不受从另一总体观测的结果影响．在你抓狂之前，我们先将该信息用到下面这节．

10.1.1　比较两均值之差的假设检验：独立样本，σ_1 和 σ_2 已知

本节我们将讨论每个总体的标准差 σ 已知的双样本假设检验．如第 8 章学过的一样，这些值常常未知，但可被估计．本章后面的一节，我们将估计这些值．当总体标准差已知时，我们需考虑两个不同的情形：

1. 若样本容量较小（$n<30$），则该假设检验需要总体服从正态分布．
2. 若样本容量较大（$n \geqslant 30$），从中心极限定理知，抽样分布服从正态分布．在此情形下，我们对总体分布没有限制．

☞ 如果我们从正态分布中抽样，则抽样分布仍是正态分布，与样本容量无关．

为了说明每个总体的标准差已知的假设检验，我将用前面的例子，美国政府想调查联邦工人的平均薪酬与对应私企工人平均薪酬之间是否存在差异．一个 35 份同样存在于私企的联邦工作随机样本的平均薪酬为 \$66 700．一个 32 份相似类型的私企工作随机样本的平均薪酬为 \$60 400．假设联邦工作和私企工作的总体标准差分别为 \$12 000 和 \$11 000．用 $\alpha=0.05$，我们能得出这两个总体的联邦薪酬与私企薪酬存在差异吗？

双样本假设检验的步骤与第 9 章的单样本检验非常类似．

第 1 步：确定原假设和备择假设．

这是一个双尾检验，因为我们检验的是薪酬均值是否存在差异，而不是一个总体的均值是否高于或低于另一个的均值．该双尾检验的原假设 H_0 为联邦工人和私企工人的平均薪酬没有差异．另一种表达方式为两总体均值之差等于 0．备择假设 H_1 为这两个总体的平均薪酬存在差异．

在检验的开始一定要清楚地定义总体．我定义总体 1 和 2 如下：

总体 1 = 联邦工人薪酬

总体 2 = 私企工人薪酬

☞ 在检验之前清楚地定义每个总体可避免在后面的分析中混淆．

这个指派是任意的，在开始时清楚地定义消除了后面分析中可能的混淆．

该例的假设表述如下：

⊖ 这是一个两独立样本的例子：随机选取拥有 iPad2 的男性和女性，并询问其年龄．男回答者的年龄不受任何女回答者年龄的影响．

$$H_0: \mu_1 - \mu_2 = 0 (私企和联邦薪酬无差异)$$
$$H_1: \mu_1 - \mu_2 \neq 0 (私企和联邦薪酬不同)^{\ominus}$$

第 2 步：设定显著水平 α.

与我们在单个总体的假设检验(第 9 章)中的做法一样，α 的值在检验数据之前就应该被选定．对于我们的薪酬例子，我们选 $\alpha=0.05$．

第 3 步：计算检验统计量.

σ_1 和 σ_2 均已知时，总体均值之差的检验统计量如公式 10-3 所示．

两均值之差假设检验的 z 检验统计量公式(σ_1 和 σ_2 已知)

$$z_{\bar{x}} = \frac{(\bar{x}_1 - \bar{x}_2) - (\mu_1 - \mu_2)_{H_0}}{\sigma_{\bar{x}_1 - \bar{x}_2}} \tag{10-3}$$

其中 $(\mu_1 - \mu_2)_{H_0}$ = 假设的总体均值之差

$\sigma_{\bar{x}_1 - \bar{x}_2}$ = 两均值之差的标准误差

$\bar{x}_1 - \bar{x}_2$ = 总体 1 和 2 的样本均值之差

首先，我们将用公式 10-2 计算两均值之差的标准误差，如下：

$$\sigma_{\bar{x}_1 - \bar{x}_2} = \sqrt{\frac{\sigma_1^2}{n_1} + \frac{\sigma_2^2}{n_2}} = \sqrt{\frac{12\,000^2}{35} + \frac{11\,000^2}{32}}$$

$$\sigma_{\bar{x}_1 - \bar{x}_2} = \sqrt{4\,114\,285.7 + 3\,781\,250} = \$2809.90$$

现在，我们可以用公式 10-3 计算 z 检验统计量：

$$z_{\bar{x}} = \frac{(\bar{x}_1 - \bar{x}_2) - (\mu_1 - \mu_2)_{H_0}^{\ominus}}{\sigma_{\bar{x}_1 - \bar{x}_2}} = \frac{(\$66\,700 - \$60\,400_1) - (0)_{H_0}}{\$2809.90}$$

$$= \frac{(\$66\,700 - \$60\,400) - (0)_{H_0}}{\$2809.90} = \frac{\$6300}{\$2809.90} = 2.24$$

第 4 步：确定临界值.

记住，临界值定义了原假设的拒绝域．公式 10-3 所示的检验统计量服从正态概率分布．为方便起见，我给出了表 10-1，显示标准正态表中不同水平的 α 对应的临界 z 得分．

表 10-1　不同 α 的临界 z 得分

ALPHA(α)	尾	临界 z 得分
0.01	单尾	$+2.33$ 或 -2.33
0.01	双尾	± 2.575
0.02	单尾	$+2.05$ 或 -2.05
0.02	双尾	± 2.33
0.05	单尾	$+1.645$ 或 -1.645
0.05	双尾	± 1.96
0.10	单尾	$+1.28$ 或 -1.28
0.10	双尾	± 1.645

$\ominus$ 由于检验的目的是确定私企和联邦薪酬是否存在不同，这是一个双尾检验．若目的是确定是否联邦工人的薪酬比私企工人高，这是一个单尾(上侧)检验．

$\ominus$ $(\mu_1 - \mu_2)_{H_0}$ 表示假设的两总体均值之差．由于原假设检验的是总体均值无差异，故 $(\mu_1 - \mu_2)_{H_0}$ 设为 0．

回想在第 9 章，我用 $z_{\alpha/2}$ 表示双尾假设检验的临界 z 得分，因为与 α 对应的面积被平分在分布的两侧.

对 $\alpha=0.05$ 的双尾检验，临界 z 得分为 $z_{\alpha/2}=\pm 1.96$.

第 5 步：比较 z 检验统计量($z_{\bar{x}}$)和临界 z 得分($z_{\alpha/2}$).

该比较用于决定是否拒绝原假设. 为了做这个比较，我们用下面的决策规则，该规则在第 9 章介绍过，如表 10-2 所示.

表 10-2 比较 z 检验统计量和临界 z 得分的假设检验决策规则

检验	假设	条件		结论
双尾	$H_0:\mu=\mu_0$	$\|z_{\bar{x}}\| > \|z_{\alpha/2}\|$	→	拒绝 H_0
	$H_1:\mu\neq\mu_0$	$\|z_{\bar{x}}\| \leqslant \|z_{\alpha/2}\|$	→	不拒绝 H_0
单尾	$H_0:\mu\leqslant\mu_0$	$z_{\bar{x}} > z_{\alpha}$	→	拒绝 H_0
（上侧）	$H_1:\mu>\mu_0$	$z_{\bar{x}} \leqslant z_{\alpha}$	→	不拒绝 H_0
单尾	$H_0:\mu\geqslant\mu_0$	$z_{\bar{x}} < z_{\alpha}$	→	拒绝 H_0
（下侧）	$H_1:\mu<\mu_0$	$z_{\bar{x}} \geqslant z_{\alpha}$	→	不拒绝 H_0

在薪酬例子中，这是一个双尾检验，$|z_{\bar{x}}|=2.24$，$|z_{\alpha/2}|=1.96$. 由于 $2.24>1.96$，我们得到"拒绝 H_0"的结论. 换句话说，我们不能说两总体的平均薪酬无差异. 图 10-2 说明了这个发现. 注意到 $z_{\bar{x}}$ 在阴影"拒绝 H_0"区域内.

第 6 步：计算 p 值.

在第 9 章，我们学习了 p 值是观测的样本均值至少与假设检验所选均值一样极端的概率，假设原假设为真. 我们也可将该概念应用在双样本假设检验中.

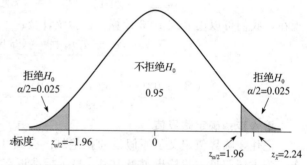

图 10-2 比较 z 检验统计量和临界 z 得分

薪酬例子的双尾 p 值计算如下：

$$p \text{ 值} = 2\times P(z_{\bar{x}}>2.24)$$
$$=(2)(1-0.9875)=(2)(0.0125)$$
$$=0.025$$

图 10-3 中两阴影区域的总面积表示 p 值.

用表 10-3，我们可以在决定是否拒绝原假设时比较 p 值和 α.

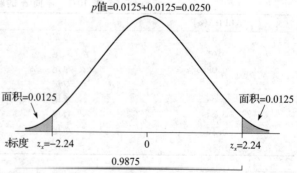

图 10-3 双尾假设检验的 p 值

注：为了求 $z_{\bar{x}}>2.24$ 对应的面积，我们首先要求 $z_{\bar{x}}\leqslant 2.24$ 的面积. 用附录 A 表 4，我们确定了该面积等于 0.9875. 因此，$1.0-0.9875=0.0125$.

根据表10-3，由于 p 值$=0.025$ 小于 $\alpha=0.05$，我们拒绝原假设.

第7步：给出结论.

该过程的最后一步是得出结论，通过拒绝原假设，我们支持备择假设. 根据这两个样本，我们有证据得出平均联邦薪酬不等于对应的私企平均薪酬. 在考虑这些样本均值之后，我应该给山姆大叔发封简历.

表 10-3 用 p 值的假设检验决策规则

条件		结论
p 值$\geq\alpha$	→	不拒绝 H_0
p 值$<\alpha$	→	拒绝 H_0

10.1.2 用 PHStat2 进行比较两均值之差的假设检验：独立样本，σ_1 和 σ_2 已知

我们可以用 PHStat2 下面的步骤来进行相同的过程：

1. 进入 Add-Ins>PHStat>Two-Sample Tests(Summarized Data)>Z Test for Differences in Two Means，如图10-4a所示.

2. 填写 Z Test for Differences in Two Means 对话框，如图10-4b所示. 点击 OK.

图10-4c 给出了该假设检验的输出，与我们手算的结果一致.

一直在看我做. 下面的思考题是检验你到目前为止对本章所学知识的掌握程度.

思考题 1 大联盟棒球官方(以及很多球迷)最近一直在关注比赛的时长，尤其是季后赛. 假设官方想检验季后赛的平均时长比常规赛季比赛的平均时长长的假设. 过去10年中一个30场季后赛随机样本的平均时长为189.3分钟，过去10年中一个32场常规赛随机样本的平均时长为175.8分钟. 假设季后赛和常规赛的标准差分别为25分钟和21分钟. 用$\alpha=0.02$，我们能得出季后赛平均比常规赛时间长的结论吗？用前面一节的7步完成，并用PHStat2证明你的结果.

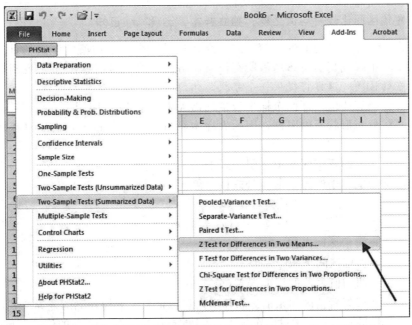

a) 用PHStat2进行比较两均值之差的假设检验：独立样本，σ_1 和 σ_2 已知(第1步)

图 10-4

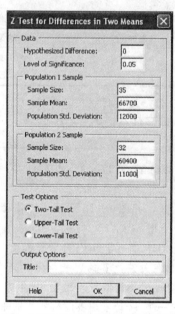

	A	B	C
1	Z Test for Differences in Two Means		
2			
3	Data		
4	Hypothesized Difference	0	
5	Level of Significance	0.05	
6	Population 1 Sample		
7	Sample Size	35	
8	Sample Mean	66700	
9	Population Standard Deviation	12000	
10	Population 2 Sample		
11	Sample Size	32	
12	Sample Mean	60400	
13	Population Standard Deviation	11000	
14			
15	Intermediate Calculations		
16	Difference in Sample Means	6300	
17	Standard Error of the Difference in Means	2809.9	
18	Z-Test Statistic	2.242073	
19			
20	Two-Tail Test		
21	Lower Critical Value	-1.95996	
22	Upper Critical Value	1.959964	
23	p-Value	0.024957	
24	Reject the null hypothesis		
25			

b) 用PHStat2进行比较两均值之差的假设检验：独立样本，σ_1 和 σ_2 已知（第2步）

c) 用PHStat2进行比较两均值之差的假设检验：独立样本，σ_1 和 σ_2 已知（最后结果）

图 10-4 （续）

10.1.3 用置信区间比较两均值之差：独立样本，σ_1 和 σ_2 已知

在第8章，我介绍了均值的置信区间概念，这是一个样本均值的区间估计。置信区间为我们提供了一个寻找真实总体均值所在位置的方法。我们可将该概念扩展到估计两样本均值之差所在的区间。这样将提供一个寻找总体均值之差所在位置的方法。

对样本容量仍有要求，即两个样本容量均需大于等于30以应用中心极限定理。在这些情况下，对总体分布形状不做限制，因为大样本容量的抽样分布为正态。对于较小的样本容量，总体需为正态分布。

确定两均值之差的置信区间上下限公式如公式10-4和10-5所示。

两独立总体均值之差的置信区间公式（σ_1 和 σ_2 已知）

$$UCL_{\overline{x}_1-\overline{x}_2} = (\overline{x}_1 - \overline{x}_2) + z_{\alpha/2}\sigma_{\overline{x}_1-\overline{x}_2} \tag{10-4}$$

$$LCL_{\overline{x}_1-\overline{x}_2} = (\overline{x}_1 - \overline{x}_2) - z_{\alpha/2}\sigma_{\overline{x}_1-\overline{x}_2} \tag{10-5}$$

其中 $UCL_{\overline{x}_1-\overline{x}_2}$ =置信区间上限

$LCL_{\overline{x}_1-\overline{x}_2}$ =置信区间下限

$\sigma_{\overline{x}_1-\overline{x}_2}$ =两均值之差的标准误差（公式10-2）

我们构造一个95%置信区间来估计联邦工人和私企工人平均薪酬的差异。我们可以用表10-1寻找合适的临界z得分，通过确定包含0.05的行作为$\alpha(1-0.95)$的值，双尾是尾数⊖。

⊖ 由于同时包含上下限，所有的置信区间都有双尾。

因此，该区间的临界 z 得分设在 $z_{\alpha/2}$ 处。在前一节，我们已经知道：

$$\overline{x}_1 = \$66\,700 \quad \overline{x}_2 = \$60\,400 \quad \sigma_{\overline{x}_1-\overline{x}_2} = \$2809.90$$

将这些值代入公式 10-4 和 10-5 得到所需的置信区间：

$$\begin{aligned}
UCL_{\overline{x}_1-\overline{x}_2} &= (\overline{x}_1 - \overline{x}_2) + z_{\alpha/2}\sigma_{\overline{x}_1-\overline{x}_2} \\
&= (\$66\,700 - \$60\,400) + (1.96)(\$2809.90) \\
&= \$6300 + \$5507.40 = \$11\,807.40
\end{aligned}$$

$$\begin{aligned}
LCL_{\overline{x}_1-\overline{x}_2} &= (\overline{x}_1 - \overline{x}_2) - z_{\alpha/2}\sigma_{\overline{x}_1-\overline{x}_2} \\
&= (\$66\,700 - \$60\,400) - (1.96)(\$2809.90) \\
&= \$6300 - \$5507.40 = \$792.60
\end{aligned}$$

95%置信区间是($792.60，$11 807.40)。这意味着我们有95%的信心认为联邦工人和私企工人的平均薪酬差介于 $792.60 和 $11 807.40 之间。

☝ 当两均值之差的置信区间不包含0时，我们已经支持了两总体均值存在显著差异。当区间包含0时，我们得不到这样的支持。

注意到该置信区间不包含$0。这很重要(提示：现在是关注的好时机)，因为它提供了总体均值的真实差异不等于0的证据支持。这与我们前面拒绝原假设的结论一致。

为了进一步阐明，现在我们假设薪酬例子的置信区间为(−$792.60，$11 807.40)。要知道，我们定义总体 1 为联邦工人，总体 2 为私企工人。当 $\mu_1 - \mu_2$ (总体均值之差)为正时，联邦工人有较高的平均薪酬。当 $\mu_1 - \mu_2$ 为负时，私企工人有较高的平均薪酬。如果置信区间从负差值到正差值，我们没有足够的证据说明差值不能等于0。换句话说，我们将不能拒绝原假设。

☝ 当比较两个均值时，差值为负说明平均来说，第一组的均值小于第二组的均值。同样，正值说明平均来说，第一组的均值大于第二组的均值。

本节，我们讨论了比较两总体均值的假设检验的"基本情况"。也就是说，我们例子中使用的两个样本互相独立且两总体标准差已知。在这些条件下，我们的样本检验统计量服从正态概率分布。试一试下面的思考题，确保你有信心用新的置信区间方法解决问题。

思考题 2 用思考题 1 的数据构造 90% 置信区间来估计大联盟棒球季后赛和常规赛平均比赛时长的差异。

习题 10.1

基础题

10.1 考虑下面的假设表述，$\alpha = 0.05$，且数据来自独立样本：

$$H_0: \mu_1 - \mu_2 = 0$$
$$H_1: \mu_1 - \mu_2 \neq 0$$
$$\overline{x}_1 = 237 \quad \overline{x}_2 = 218$$
$$\sigma_1 = 54 \quad \sigma_2 = 63$$
$$n_1 = 42 \quad n_2 = 35$$

a) 计算检验统计量并解释结果。
b) 计算 p 值并解释结果。
c) 用 PHStat2 证明你的结果。

10.2 考虑下面的假设表述，$\alpha = 0.10$，且数据来

自独立样本:

$$H_0: \mu_1 - \mu_2 \leqslant 0$$
$$H_1: \mu_1 - \mu_2 > 0$$
$$\bar{x}_1 = 86 \quad \bar{x}_2 = 78$$
$$\sigma_1 = 24 \quad \sigma_2 = 18$$
$$n_1 = 50 \quad n_2 = 55$$

a) 计算检验统计量并解释结果.
b) 计算 p 值并解释结果.
c) 用 PHStat2 证明你的结果.

10.3 考虑下面的假设表述, $\alpha = 0.01$, 且数据来自独立样本:

$$H_0: \mu_1 - \mu_2 \geqslant 0$$
$$H_1: \mu_1 - \mu_2 < 0$$
$$\bar{x}_1 = 122 \quad \bar{x}_2 = 139$$
$$\sigma_1 = 39 \quad \sigma_2 = 33$$
$$n_1 = 40 \quad n_2 = 45$$

a) 计算检验统计量并解释结果.
b) 计算 p 值并解释结果.
c) 用 PHStat2 证明你的结果.

10.4 考虑下面来自独立样本的数据. 构造 95% 置信区间来估计总体均值之差.

$$\bar{x}_1 = 24 \quad \bar{x}_2 = 21$$
$$\sigma_1 = 6 \quad \sigma_2 = 5$$
$$n_1 = 38 \quad n_2 = 32$$

10.5 考虑下面来自独立样本的数据. 构造 90% 置信区间来估计总体均值之差.

$$\bar{x}_1 = 46 \quad \bar{x}_2 = 53$$
$$\sigma_1 = 10 \quad \sigma_2 = 12$$
$$n_1 = 30 \quad n_2 = 36$$

应用题

10.6 下列数据显示了巴尔的摩家庭随机样本以及休斯敦家庭随机样本的月平均费用账单. (账单包括电话费、电视费、网费、电费以及天然气费.)

	巴尔的摩	休斯敦
样本均值	$390.44	$359.52
样本容量	33	36
总体标准差	$64	$58

a) 用 $\alpha = 0.05$ 进行假设检验来确定这两个城市的平均费用账单是否不同.
b) 确定 p 值并解释结果.
c) 用 PHStat2 证明你的结果.

10.7 下列数据给出了一个美国的工人随机样本和一个日本的工人随机样本的平均退休年龄.

	美国	日本
样本均值	64.6 岁	67.5 岁
样本容量	30	30
总体标准差	4.0 岁	4.5 岁

a) 用 $\alpha = 0.05$ 进行假设检验来确定日本的平均退休年龄是否比美国高.
b) 确定 p 值并解释结果.
c) 用 PHStat2 证明你的结果.

10.8 沃尔玛每年都在监测小学生的平均返校支出. 下表给出了随机抽取的家庭在 2009 年和 2010 年的平均返校支出, 以及总体标准差和每个样本的样本容量.

	2009	2010
样本均值	$606.40	$548.72
样本容量	35	38
总体标准差	$160	$150

a) 用 $\alpha = 0.10$ 进行假设检验来确定 2009 年的家庭平均返校支出是否与 2010 年不同.
b) 确定 p 值并解释结果.
c) 用 PHStat2 证明你的结果.

10.9 Expedia.com 想估计伦敦希思罗机场的自动挡汽车的平均租价与手动挡汽车之间的差异. 下表给出了两个随机样本的单周平均租价, 以及两种汽车的总体标准差和样本容量.

	自动	手动
样本均值	$405.80	$339.20
样本容量	50	36
总体标准差	$23	$26

a) 构造 95% 置信区间来估计希思罗机场两种汽车的单周平均租价之差.
b) 根据 a 的答案, 你能得出两种汽车的平均租价存在不同吗?

10.10 下列是两个宾夕法尼亚和俄亥俄高中教师随机样本的薪酬数据. 同时还给出了这些总体的总体标准差.

	宾夕法尼亚	俄亥俄
样本均值	$53 289	$49 945
样本容量	40	46
总体标准差	$6433	$7012

a) 构造 90% 置信区间来估计这两个州的高中教师平均薪酬之差.
b) 根据 a 的答案,你能得出平均薪酬不同吗?

10.2 比较两总体均值:独立样本,总体标准差 σ_1 和 σ_2 未知

当总体标准差未知时,这是一种常见情形,我们用样本标准差代替总体标准差. 这种代换从两方面影响假设检验:
1. 学生 t 分布代替正态分布来确定拒绝域.
2. 两个总体需为正态分布,除非两个样本容量都大于等于 30.

当总体标准差(σ_1 和 σ_2)未知时,我们用样本标准差(s_1 和 s_2)代替. 当我们做此代换时,我们依赖学生 t 分布进行假设检验.

如果总体不是正态分布,当两个样本容量都大于等于 30 时,仍可用 t 分布来确定拒绝域. 这是因为当样本容量递增时,t 分布接近正态分布.

当总体标准差未知时,本章有两种情形需考虑:
- 情形 1:总体方差相等($\sigma_1^2 = \sigma_2^2$).
- 情形 2:总体方差不等($\sigma_1^2 \neq \sigma_2^2$).

在第 13 章,我将阐述检验两总体方差是否相等的方法. 届时,我们只呈现其中的一种方法.

10.2.1 比较两均值之差的假设检验:独立样本,σ_1 和 σ_2 未知,总体方差相等

医疗行业常常用双样本假设检验进行研究. 比如,进行研究来调查模拟对老鼠大脑发育的作用. (我猜这背后的逻辑是对老鼠好的对人类也不可能糟糕.)

假设从相同的老鼠总体中随机抽取两个样本. 第一个样本中的老鼠——我们称其为"幸运鼠"——被老鼠所能想象到的任何奢华包围. 我可以想象一个乡间俱乐部的氛围,完备的高尔夫课程(还有小高尔夫球车)、网球场,以及五星级宾馆,在那里我们的幸运鼠可以享受进口奶酪和法国酒,讨论老鼠经济的现状.

第二个样本,我们称之为"不太幸运的老鼠",并没有受到如此好的待遇. 这些可怜的家伙被锁在冰冷的笼子里并被迫吃罐子里有限的奶酪,收看电视真人秀节目. 动物权利激进分子反对这项实验,称被迫吃有限的奶酪没有人性.

老鼠们在各自的环境中生活 3 个月之后,测量它们的大脑重量来估计其发育. (这里我省略了具体的操作过程,但我会告诉你哈维原定在上午 8:00 的直播被神秘取消了,他的团队抛弃了他.)表 10-4 总结了测量结果.

表 10-4 老鼠实验数据

总体	平均脑重量(克) $\bar{x}$	样本标准差 s	样本容量 n
幸运鼠	2.6	0.6	20
不太幸运的老鼠	2.1	0.8	25

由于样本容量小于 30，我们需要假设这两个总体的脑重量均服从正态概率分布．

假设研究人员想用 $\alpha=0.05$ 建立更多模拟会导致脑重增加的结论．对该假设检验，我们需假设两样本相互独立．换句话说，幸运鼠的脑重对不太幸运的老鼠的脑重没有影响．

我将用下述步骤说明假设检验的过程：

第 1 步：确定原假设和备择假设．

首先定义总体如下：

$$总体1 = 幸运鼠$$
$$总体2 = 不太幸运的老鼠$$

该例的假设表述如下：

$$H_0: \mu_1 - \mu_2 \leqslant 0 （总体1脑重小于等于总体2）$$
$$H_1: \mu_1 - \mu_2 > 0 （总体1脑重大于总体2）$$

其中　μ_1 = 幸运鼠总体的平均脑重

μ_2 = 不太幸运老鼠总体的平均脑重

这是一个单尾（上侧）检验，因为研究人员调查的是总体 1 的脑重是否比总体 2 大，如备择假设 H_1 所述（也被称为研究假设）．

☞ 如果我们把对总体的定义反过来，原假设和备择假设的符号也反过来，得到的将是下尾检验．两种情况均可．

第 2 步：设定显著水平 α．

对于我们的鼠脑研究，我们决定用 $\alpha=0.05$．

第 3 步：计算检验统计量．

σ_1 和 σ_2 未知且被假设相等，两总体均值之差的检验统计量如公式 10-6 所示．

两均值之差假设检验的 t 检验统计量公式（σ_1 和 σ_2 未知但相等）

$$t_{\overline{x}} = \frac{(\overline{x}_1 - \overline{x}_2) - (\mu_1 - \mu_2)_{H_0}}{\sqrt{s_p^2 \left(\frac{1}{n_1} + \frac{1}{n_2}\right)}} \tag{10-6}$$

其中　$(\mu_1 - \mu_2)_{H_0}$ = 假设的总体均值之差

s_p^2 = 合并方差（见公式 10-7）

合并方差就是来自两总体的两样本方差的加权平均．合并方差 s_p^2 的计算见公式 10-7．

合并方差公式

$$s_p^2 = \frac{(n_1 - 1)s_1^2 + (n_2 - 1)s_2^2}{(n_1 - 1) + (n_2 - 1)} \tag{10-7}$$

其中　s_1^2 = 来自总体 1 的样本方差

s_2^2 = 来自总体 2 的样本方差

n_1 和 n_2 = 来自总体 1 和总体 2 样本的容量

对老鼠例子应用表 10-4 的数据，合并方差计算如下：

$$s_p^2 = \frac{(n_1 - 1)s_1^2 + (n_2 - 1)s_2^2}{(n_1 - 1) + (n_2 - 1)}$$

$$= \frac{(20-1)(0.6)^2 + (25-1)(0.8)^2}{(20-1)+(25-1)} = \frac{(19)(0.36)+(24)(0.64)}{19+24} = 0.5163^{\ominus}$$

将此结果应用到公式 10-6，t 检验统计量计算如下：

$$t_{\bar{x}} = \frac{(\bar{x}_1 - \bar{x}_2) - (\mu_1 - \mu_2)_{H_0}}{\sqrt{s_p^2 \left(\dfrac{1}{n_1} + \dfrac{1}{n_2}\right)}}$$

$$= \frac{(2.6-2.1) - (0)}{\sqrt{(0.5163)\left(\dfrac{1}{20} + \dfrac{1}{25}\right)}} = \frac{0.5 - 0}{\sqrt{(0.5163)(0.09)}} = \frac{0.5}{0.2156} = 2.32$$

☞ 我的学生常犯的一个错误是混淆 s_1 和 s_1^2。s_1 表示来自总体 1 的样本标准差，s_1^2 表示来自总体 1 的样本方差，即样本标准差的平方。

第 4 步：确定临界值。

公式 10-6 显示的检验统计量服从自由度为 $n_1 + n_2 - 2$ 的学生 t 分布。自由度 (df) 在第 8 章置信区间估计中介绍过。对于老鼠例子，我们有下面的自由度：

$$df = n_1 + n_2 - 2 = 20 + 25 - 2 = 43$$

用附录 A 表 5 的单尾（上侧）检验，自由度为 43，$\alpha = 0.05$，临界 t 得分为 $t_\alpha = 1.681$。

☞ 回想第 9 章介绍过单样本检验的自由度为 $n - 1$。

第 5 步：比较 t 检验统计量 $(t_{\bar{x}})$ 和临界 t 得分 (t_α)。

该比较用于决定是否拒绝原假设。我们用下面的决策规则来实现这个操作，这个决策规则在第 9 章介绍过，如表 10-5 所示。

表 10-5 比较 t 检验统计量和临界 t 得分的假设检验决策规则

检验	假设	条件		结论
双尾	$H_0: \mu = \mu_0$	$\lvert t_{\bar{x}} \rvert > \lvert t_{\alpha/2} \rvert$	→	拒绝 H_0
	$H_1: \mu \neq \mu_0$	$\lvert t_{\bar{x}} \rvert \leqslant \lvert t_{\alpha/2} \rvert$	→	不拒绝 H_0
单尾	$H_0: \mu \leqslant \mu_0$	$t_{\bar{x}} > t_\alpha$	→	拒绝 H_0
（上侧）	$H_1: \mu > \mu_0$	$t_{\bar{x}} \leqslant t_\alpha$	→	不拒绝 H_0
单尾	$H_0: \mu \geqslant \mu_0$	$t_{\bar{x}} < t_\alpha$	→	拒绝 H_0
（下侧）	$H_1: \mu < \mu_0$	$t_{\bar{x}} \geqslant t_\alpha$	→	不拒绝 H_0

对于我们的老鼠例子，这是一个单尾（上侧）检验，$t_{\bar{x}} = 2.32$，$t_\alpha = 1.681$。由于 $2.32 > 1.681$，根据表 10-5 所示的决策规则，我们拒绝原假设。图 10-5 清楚地显示了 $t_{\bar{x}}$ 在"拒绝 H_0"的阴影区域。

⊖ 我建议计算合并方差时保留 4 位小数以避免最终结果的舍入误差。

第 6 步：近似 p 值.

回想第 9 章我们在假设检验中使用 t 分布面临的限制：我们不能像在正态分布中那样确定 p 值的精确值. 这是因为附录中 t 表的结果与样本容量有关（或自由度），不过，我们仍可以在使用 t 分布时近似 p 值，如表 10-6 所示.

我们的 t 检验统计量等于 2.32. 我们需在附录 A 表 5 的 $n-1=44-1=43$ 行找到包含 $t_{\bar{x}}=2.32$ 的临界 t 得分. 表 10-6 显示了这些值为 2.017 和 2.416. 为了找到对应的 p 值，在单尾行找到 0.025 和 0.010.

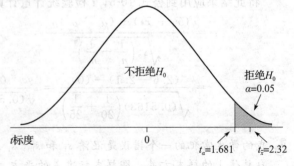

图 10-5 比较 t 检验统计量和临界 t 得分

表 10-6 摘自附录 A 表 5 的临界 t 得分

				p 值在该范围内		
单尾	0.200	0.100	0.050	0.025	0.010	0.005
双尾	0.400	0.200	0.100	0.050	0.020	0.010
置信水平	0.600	0.800	0.900	0.950	0.980	0.990
自由度 df						
41	0.850	1.303	1.683	2.020	2.421	2.701
42	0.850	1.302	1.682	2.018	2.418	2.698
43	0.850	1.302	1.681	2.017	2.416	2.695
44	0.850	1.301	1.680	2.015	2.414	2.692
45	0.850	1.301	1.679	2.014	2.412	2.690
46	0.850	1.300	1.679	2.013	2.410	2.687

$t_{\bar{x}}=2.32$

根据表 10-6，我们假设检验的值在 0.010 和 0.025 之间. 即使我们找不到精确的 p 值，因 $\alpha=0.05$ 在这个范围之外，我们仍能够拒绝原假设.

第 7 步：给出结论.

拒绝原假设意味着支持备择假设. 根据这些样本，我们有证据得出幸运鼠总体的平均脑容量大于不太幸运老鼠总体的平均脑容量.

老鼠研究的结果能大大改善很多人的生活. 当你的另一半或恋人在周六的早上撞到你没有收拾家务就偷偷溜去上高尔夫课时，你可以严肃地告诉他或她，你只是试图改善自己的脑子. 我们现在有统计学支持你. 但我要警告你，带着多出来的脑重到处晃荡可能会脖子痛哦！

10.2.2 用置信区间比较两均值之差：独立样本，σ_1 和 σ_2 未知，总体方差相等

我们还可以在总体标准差未知时，围绕样本均值之差构造置信区间来估计总体的真实

差异. 确定该置信区间上下限的公式见公式 10-8 和 10-9.

两独立总体均值之差的置信区间公式(σ_1 和 σ_2 未知但相等)

$$UCL_{\overline{x}_1-\overline{x}_2} = (\overline{x}_1 - \overline{x}_2) + t_{\alpha/2}\sqrt{s_p^2\left(\frac{1}{n_1}+\frac{1}{n_2}\right)} \tag{10-8}$$

$$LCL_{\overline{x}_1-\overline{x}_2} = (\overline{x}_1 - \overline{x}_2) - t_{\alpha/2}\sqrt{s_p^2\left(\frac{1}{n_1}+\frac{1}{n_2}\right)} \tag{10-9}$$

我们来构造 95% 的置信区间来估计两个老鼠总体平均脑重的真实差异. 针对 95% 置信区间和 $df=43$, 用附录 A 表 5 查得 t 得分为 $t_{\alpha/2}=2.017$. 在前一节中, 我们确定了下列值:

$$\overline{x}_1 = 2.6 \quad n_1 = 20$$
$$\overline{x}_2 = 2.1 \quad n_2 = 25 \quad s_p^2 = 0.5163$$

在公式 10-8 和 10.9 中应用这些值, 我们得到表 10-4 中样本数据的 95% 置信区间:

$$UCL_{\overline{x}_1-\overline{x}_2} = (\overline{x}_1 - \overline{x}_2) + t_{\alpha/2}\sqrt{s_p^2\left(\frac{1}{n_1}+\frac{1}{n_2}\right)}$$

$$= (2.6-2.1) + (2.017)\sqrt{(0.5163)\left(\frac{1}{20}+\frac{1}{25}\right)}$$

$$= (0.5) + (2.017)\sqrt{0.0465} = 0.5 + 0.4349 = 0.9349$$

$$LCL_{\overline{x}_1-\overline{x}_2} = (\overline{x}_1 - \overline{x}_2) - t_{\alpha/2}\sqrt{s_p^2\left(\frac{1}{n_1}+\frac{1}{n_2}\right)}$$

$$= (2.6-2.1) - (2.017)\sqrt{(0.5163)\left(\frac{1}{20}+\frac{1}{25}\right)}$$

$$= (0.5) - (2.017)\sqrt{0.0465} = 0.5 - 0.4349 = 0.0651$$

95% 置信区间为 (0.0651, 0.9349). 这意味着我们有 95% 的信心认为两老鼠总体的平均脑重之差在 0.0651 克和 0.9349 克之间. 该区间不包含 0 的事实为这两个总体平均脑重存在差异提供了更有力的证据.

10.2.3 用 PHStat2 进行比较两均值之差的假设检验: 独立样本, σ_1 和 σ_2 未知, 总体方差相等

该过程在 PHStat2 中称为合并方差 t 检验, 可用下列步骤完成:

1. 进入 Add-Ins>PHStat>Two-Sample Tests(Summarized Data)>Pooled-Variance t Test, 如图 10-6a 所示.

2. 填写 Pooled-Variance t Test 对话框, 如图 10-6b 所示. 点击 OK.

图 10-6c 给出了该假设检验的输出, 与我们手算的结果一致.

注意到图 10-6c 单元格 B26 内的 p 值 $=0.0126$. 由于该值小于 $\alpha=0.05$, 我们有证据拒绝原假设. 同样, 我们在前一节计算得到的 95% 置信区间显示在单元格 E15 和 E16 内.

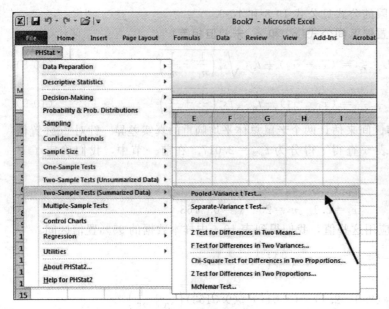
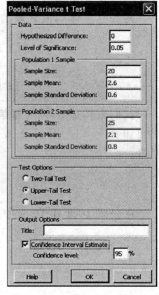

a) 用 PHStat2 实行比较均值之差的假设检验：独立样本，σ_1 和 σ_2 未知，总体方差相等（第 1 步）

b) 用 PHStat2 实行比较均值之差的假设检验：独立样本，σ_1 和 σ_2 未知，总体方差相等（第 2 步）

c) 用 PHStat2 实行比较均值之差的假设检验：独立样本，σ_1 和 σ_2 未知，总体方差相等（最后结果）

图 10-6

注：注意到图 10-6c 显示的 p 值与我们用表 10-4 求得的值一致．这里我们得出 p 值在 0.01 和 0.025 之间的区间内．

试试下面的思考题来帮我赢得与另一半的争论．

思考题 3 我妻子和我一直在"讨论"从特拉华州的威明顿到新泽西的阿瓦隆 80 英里路程的最快线路. 我们打算夏季的周末去阿瓦隆参观. 黛比倾向于风景优美的乡村小道, 有很多烦人的弯路. 我喜欢主路, 这样就可以开到每小时 75 英里的速度. 每条线路行驶随机样本的行驶时间被进行了记录, 显示如下. 黛比一直在指责我在行驶她的路线时开得过慢, 严重犯规. 我全指望你来帮我赢得这次争论了. (我都没怎么赢过, 求你千万别让我失望啊.) 假设每条路线行驶时间的总体方差相等. 我建议用 Excel 来计算样本统计量.

黛比的路线
100 115 109 112 107 111 112 119 93 126

鲍伯的路线
99 110 104 112 94 86 120 105 115 93 117 114

a) 用假设检验来证明我选择的路线比黛比的路线行驶时间短, 用 $\alpha=0.05$.
b) 用附录 A 表 5 近似 p 值, 并解释结果.
c) 用这些样本数据构造 95% 置信区间.
d) 用 PHStat2 证明你的结果.
e) 解释 PHStat2 报道的 p 值结果.
f) 证明这些结果需做哪些假设?

10.2.4 比较两均值之差的假设检验: 独立样本, σ_1 和 σ_2 未知, 总体方差不相等

有许多总体方差不相等或我们不能证明它们相等的情况. 在这些条件下, 前一节的过程会有稍许变化. 为了说明, 我们用下面的例子.

某消费群体想调查下列两种情形在燃料经济性上是否不同, 用 $\alpha=0.05$.

1. 夏季驾驶某型号汽车时开空调关窗户.
2. 夏季驾驶相同型号汽车时关闭空调开窗户.

运行空调会使发动机运转困难, 从而减少燃料经济性. 然而, 开车开窗增加阻力——尤其高速时——同样会减少燃油经济性.

为了收集该检验的数据, 10 名随机选取的司机被要求在高速上加满油箱, 关窗开着空调驾驶 2010 版尼桑千里马. 11 名司机被要求做相同的事, 但要关闭空调开窗户. 数据显示在表 10-7 中, 在 Excel 文件 Maxima.xlsx 中也可找到. 假设我们对总体方差一无所知, 因此不能假设它们相等.

表 10-7 燃料经济性数据

总体 1(开空调, 关窗户)					
24.2	26.1	28.8	30.1	24.6	
29.1	28.2	27.4	28.3	27.9	
总体 2(关空调, 开窗户)					
23.0	21.7	32.7	20.7	31.1	19.6
26.5	21.1	20.6	27.2	26.8	

我将用下列步骤来说明总体方差不等的假设检验过程.

第 1 步：确定原假设和备择假设.

我从定义如下总体开始：

总体 1＝开空调，关窗户
总体 2＝关空调，开窗户

该例的假设表述如下：

$H_0: \mu_1 - \mu_2 = 0$（两个总体的燃料经济性相同）
$H_1: \mu_1 - \mu_2 \neq 0$（两个总体的燃料经济性不同）[⊖]

其中　μ_1＝总体 1 的平均燃料经济性
　　　μ_2＝总体 2 的平均燃料经济性

第 2 步：设定显著水平 α.

这两种情况的燃料经济性之差将用 $\alpha = 0.05$ 检验.

第 3 步：计算检验统计量.

σ_1 和 σ_2 未知且不等，总体均值之差的检验统计量计算见公式 10-10.

两均值之差假设检验的 t 检验统计量公式（σ_1 和 σ_2 未知且不等）

$$t_{\bar{x}} = \frac{(\bar{x}_1 - \bar{x}_2) - (\mu_1 - \mu_2)_{H_0}}{\sqrt{\left(\dfrac{s_1^2}{n_1} + \dfrac{s_2^2}{n_2}\right)}} \tag{10-10}$$

我们可用 Excel 计算本例的下列样本统计量：

$\bar{x}_1 = 27.47 \quad s_1 = 1.931 \quad n_1 = 10$
$\bar{x}_2 = 24.64 \quad s_2 = 4.500 \quad n_2 = 11$

将此应用到公式 10-10，t 检验统计量计算如下：

$$t_{\bar{x}} = \frac{(\bar{x}_1 - \bar{x}_2) - (\mu_1 - \mu_2)_{H_0}}{\sqrt{\left(\dfrac{s_1^2}{n_1} + \dfrac{s_2^2}{n_2}\right)}}$$

$$= \frac{(27.47 - 24.64) - 0}{\sqrt{\left(\dfrac{(1.931)^2}{10} + \dfrac{(4.5)^2}{11}\right)}} = \frac{2.83}{\sqrt{0.3729 + 1.8409}} = \frac{2.83}{1.488} = 1.90$$

第 4 步：确定临界值.

公式 10-10 给出的检验统计量服从学生 t 分布，自由度由公式 10-11 计算可得.

两均值之差检验的 t 分布自由度公式（σ_1 和 σ_2 未知且不等）

$$df = \frac{\left(\dfrac{s_1^2}{n_1} + \dfrac{s_2^2}{n_2}\right)^2}{\dfrac{\left(\dfrac{s_1^2}{n_1}\right)^2}{n_1 - 1} + \dfrac{\left(\dfrac{s_2^2}{n_2}\right)^2}{n_2 - 1}} \tag{10-11}$$

我们可用下面的项来化简，这些项已在公式 10-10 中计算得到：

[⊖] 由于我们只是检验总体均值是否不同，而不是一个总体是否大于另一个，这是一个双尾假设检验.

$$\frac{s_1^2}{n_1} = \frac{(1.931)^2}{10} = 0.3729 \quad \frac{s_2^2}{n_2} = \frac{(4.50)^2}{11} = 1.8409$$

现在我们将这些值代入公式 10-11：

$$df = \frac{\left(\frac{s_1^2}{n_1} + \frac{s_2^2}{n_2}\right)^2}{\frac{\left(\frac{s_1^2}{n_1}\right)^2}{n_1 - 1} + \frac{\left(\frac{s_2^2}{n_2}\right)^2}{n_2 - 1}} = \frac{(0.3729 + 1.8409)^2}{\frac{(0.3729)^2}{10 - 1} + \frac{(1.8409)^2}{11 - 1}}$$

$$= \frac{(2.2138)^2}{\frac{(0.1391)}{9} + \frac{3.3889}{10}} = \frac{4.9009}{0.0155 + 0.3389} = 13.8 \approx 13 ^{\ominus}$$

为了获得最保守的假设检验，公式 10-11 的自由度应向下舍入。这样我们得到的是较大的临界 t 得分，使得拒绝原假设更具挑战性。如果在前面的计算中向上舍入，你可能会在原假设不应该被拒绝时拒绝原假设。这是 Ⅰ 型错误，在第 9 章讨论过。用附录 A 表 5 的双尾检验，$df = 13$，$\alpha = 0.05$，我们的临界 t 得分为 $t_{\alpha/2} = \pm 2.160$。

第 5 步：比较 t 检验统计量 ($t_{\bar{x}}$) 和临界 t 得分 ($t_{\alpha/2}$)。

在我们的燃料经济性例子中，这是一个双尾检验，$|t_{\bar{x}}| = 1.90$，$|t_{\alpha/2}| = 2.16$。由于 1.90 > 2.16，根据表 10-5 的决策规则，我们不能拒绝原假设。图 10-7 给出了"不拒绝 H_0"区域中的 $t_{\bar{x}}$。

第 6 步：近似 p 值。

运用附录 A 表 5，进入自由度为 13 的行，并找到包含 $t_{\bar{x}} = 1.90$ 的值。这些值为 1.771 和 2.160。进入双尾行，找到 p 值介于 0.05 和 0.10 之间。由于 $\alpha = 0.05$ 在此范围之外，不能拒绝原假设。

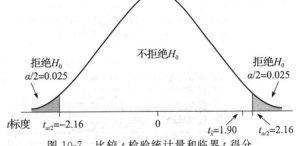

图 10-7 比较 t 检验统计量和临界 t 得分

第 7 步：给出结论。

不能拒绝原假设意味着我们不能支持备择假设。根据这些样本，没有足够的证据说明两总体的燃料经济性不同。

当不能确定总体方差是否相等时，最好的方法就是采用不等方差检验。（安全第一！）即使总体方差结果为相等，该方法得到的仍是准确的结果。然而，如果你错误地假设了总体方差相等，你的结果可能不可靠。

10.2.5 用 PHStat2 进行比较两均值之差的假设检验：独立样本，σ_1 和 σ_2 未知，总体方差不相等

该过程在 PHStat2 中被称为独立方差 t 检验，可用下列步骤实现：

1. 进入 Add-Ins > PHStat > Two-Sample Tests (Summarized Data) > Separate-Variance t Test，如图 10-8a 所示。

㊀ 公式 10-11 计算得到的自由度要向下舍入。这使得拒绝原假设更有挑战性，是更保守的方法。

2. 填写 Separate-Variance t Test 对话框，如图 10-8b 所示．点击 OK．

图 10-8c 给出了该假设检验的输出，与我们手算的结果一致．

注意到图 10-8c 的单元格 B27 给出了 p 值＝0.0796．由于该值大于 α＝0.05，不能拒绝原假设．

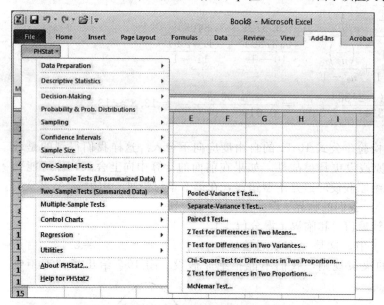
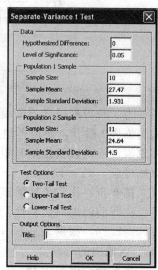

a) 用 PHStat2 进行比较两均值之差的假设检验：独立样本，σ_1 和 σ_2 未知，总体方差不相等（第 1 步）

b) 用 PHStat2 进行比较两均值之差的假设检验：独立样本，σ_1 和 σ_2 未知，总体方差不相等（第 2 步）

c) 用 PHStat2 进行比较两均值之差的假设检验：独立样本，σ_1 和 σ_2 未知，总体方差不相等（最后结果）

图 10-8

10.2.6 用 Excel 进行比较两均值之差的假设检验：独立样本，σ_1 和 σ_2 未知，总体方差不相等

Excel 的数据分析函数可进行各种双样本假设检验，包括总体方差不相等的情况．与 PHStat2 用汇总的数据作为输入不同，Excel 的数据分析工具要求每个样本的原始数据．下列步骤给出了燃料经济性例子的实现过程：

1. 在列 A 和列 B 输入燃料经济性数据值，如图 10-9a 所示，或打开 Excel 文件 Maxima.xlsx．

2. 进入 Data 并点击右边的 Data Analysis，如图 10-9a 所示．这样就打开了 Data Analysis 对话框．

3. 选择"t-test：Two-Sample Assuming Unequal Variances."点击 OK．

4. 填写"t-test：Two-Sample Assuming Unequal Variance"对话框，如图 10-9b 所示．点击 OK．

图 10-9c 给出了燃料经济性例子的 Excel 输出．

Excel 同时给出了单尾假设和双尾假设的结果．图 10-9c 圈出了双尾输出．该输出结果与图 10-8C 给出的 PHStat2 给出的输出结果的轻微不同是由于样本统计量的计算进行了舍入．Excel 使用的是例子的原始数据，而 PHStat2 则依赖于归纳的数据．同样，注意到 Excel 将自由度的值从 13.8 舍入为 14，与我前面的建议相反．或许微软的某些人需要上一下商务统计课！

下面的思考题为你提供了一个检验自己进行该种假设检验技能的机会．

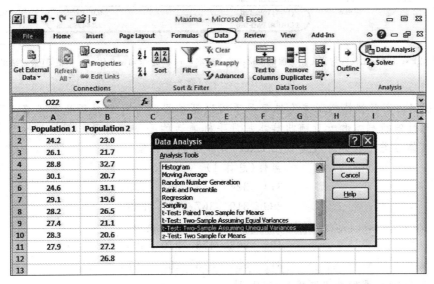

a) 用 Excel 进行比较两均值之差的假设检验：独立样本，σ_1 和 σ_2 未知，总体方差不相等（第 1~3 步）

图 10-9

b) 用 Excel 进行比较两均值之差的假设检验：独立样本，σ_1 和 σ_2 未知，总体方差不相等（第 4 步）

	A	B	C	D	E	F
1	Population 1	Population 2		t-Test: Two-Sample Assuming Unequal Variances		
2	24.2	23.0				
3	26.1	21.7			Population 1	Population 2
4	28.8	32.7		Mean	27.47	24.63636364
5	30.1	20.7		Variance	3.729	20.24854545
6	24.6	31.1		Observations	10	11
7	29.1	19.6		Hypothesized Mean Difference	0	
8	28.2	26.5		df	14	
9	27.4	21.1		t Stat	1.904526432	
10	28.3	20.6		P(T<=t) one-tail	0.038797843	
11	27.9	27.2		t Critical one-tail	1.761310136	
12		26.8		P(T<=t) two-tail	0.077595685	
13				t Critical two-tail	2.144786688	
14						

c) 用 Excel 进行比较两均值之差的假设检验：独立样本，σ_1 和 σ_2 未知，总体方差不相等（最后结果）

图 10-9 （续）

思考题 4 斯普林特想调查女性每月手机通话的平均分钟数是否比男性多．下面的数据给出了男性随机样本和女性随机样本每月手机通话的平均分钟数．假设男性与女性每月分钟数的总体方差不相等．我建议用 Excel 计算样本统计量．

男性(总体 1)
314 324 288 561 295
299 319 367 207 333

女性(总体 2)
492 803 476 370 525
317 625 373 263 367

a) 用假设检验来检验该言论，$\alpha = 0.01$．
b) 如果正确地实行该分析，你将不能拒绝原假设．你能解释为什么会产生这样意外的结果吗？

c) 用 PHStat2 和 Excel 数据分析证明你的结果.
d) 确定 p 值并解释结果.
e) 证明这些结果需要哪些假设?

10.2.7 对总体均值之差不为 0 的检验

至此,本章所有的例子检验了两总体是否存在差异. 但是有时我们需检验差异值是否超过了特定的数值. 例如,假设露比星期二餐厅的经理想知道餐厅播放的音乐类型是否会影响人均消费. 背后的理论是慢节奏的音乐与快节奏的音乐相比,将使主顾待的时间变长并消费更多. 表 10-8 给出了晚上播放慢节奏和快节奏音乐的人均消费,以及样本容量和标准差.

表 10-8 露比星期二餐厅的汇总数据

总体	慢音乐	快音乐
样本均值	$45.90	$39.25
样本标准差	$5.60	$5.20
样本容量	23	19

经理想进行假设检验来确定播放慢节奏音乐时的人均消费是否超过了播放快节奏音乐时的人均消费 $3.00. 我们假设总体方差相等,采用 $\alpha = 0.05$.

我将定义慢音乐为总体 1,快音乐为总体 2,得到下面的假设表述:

$H_0: \mu_1 - \mu_2 \leqslant \$3.00$(慢音乐账单额平均超过快音乐少于等于 $3.00)⊖

$H_1: \mu_1 - \mu_2 > \$3.00$(慢音乐账单额平均超过快音乐多于 $3.00)

用公式 10-7 计算合并方差:

$$s_p^2 = \frac{(n_1-1)s_1^2 + (n_2-1)s_2^2}{(n_1-1)+(n_2-1)}$$

$$= \frac{(23-1)(5.60)^2 + (19-1)(5.20)^2}{(23-1)+(19-1)} = \frac{(22)(31.36)+(18)(27.04)}{22+18} = 29.4160$$

将此应用到公式 10-6, t 检验统计量计算如下:

$$t_{\bar{x}} = \frac{(\bar{x}_1 - \bar{x}_2) - (\mu_1 - \mu_2)_{H_0}}{\sqrt{s_p^2\left(\frac{1}{n_1}+\frac{1}{n_2}\right)}}$$

$$t_{\bar{x}} = \frac{(45.90-39.25)-(3.00)^{\ominus}}{\sqrt{(29.416)\left(\frac{1}{23}+\frac{1}{19}\right)}} = \frac{6.65-3.00}{(24.4160)(0.0961)} = \frac{3.65}{1.681} = 2.17$$

由于我们假设该检验的方差相等,自由度如下:

$$df = n_1 + n_2 - 2 = 23 + 19 - 2 = 40$$

用附录 A 表 5 的单尾(上侧)检验, $df=40$, $\alpha=0.05$,我们的临界 t 得分为 $t_\alpha=1.684$. 因为 $t_{\bar{x}}=2.17 > t_\alpha=1.684$,根据表 10-5 的决策规则,我们拒绝原假设. 通过拒绝原假设,我们得出播放慢音乐的平均账单比播放快音乐超过的金额多于 $3.00.

⊖ 这是一个单尾(上侧)检验,因为经理想检验知道慢音乐的账单额是否比快音乐多. 如果经理只想检验两种音乐的账单额之差,我们需用双尾检验.

⊖ 因为我们检验的是确定是否慢音乐账单平均比快音乐账单多 $3.00,我们需将 t 统计量减少 $3.00.

我们在本节已经讲了很多,现在来快速总结一下这些内容.我们集中讨论了总体标准差未知时独立样本的假设检验.我们用样本标准差代替总体标准差来处理了这个条件.作为结果,样本检验统计量服从学生 t 分布.此种情况下有两种情形要考虑:

1. 当总体方差相等时,我们用合并方差来计算检验统计量.
2. 当总体方差不相等时,我们用公式 10-11 来确定自由度以确定临界值.

采用这些方法,帮我解决下面这个有关黛比的假设检验思考题.

思考题 5 在我们周末去阿瓦隆的旅行中(见思考题 3),黛比让我等到新泽西再加油.她确信新泽西的油价至少比特拉华要便宜 \$0.20/加仑.尽管我在上一个假设检验中受阻(同样,见思考题 3),我还是勇敢地收集了下列两个州随机选取加油站的每加仑价格数据.假设总体方差相等.

a) 用假设检验来检验黛比的言论,采用 $\alpha=0.05$.

b) 用附录 A 近似 p 值并解释结果.

c) 用 PHStat2 证明你的结果.

d) 用 Excel 确定 p 值并解释结果.

e) 证明这些结果需做哪些假设?

总体	特拉华	新泽西
样本均值	\$2.75	\$2.52
样本标准差	\$0.12	\$0.15
样本容量	13	10

习题 10.2

基础题

10.11 考虑下面的假设表述,$\alpha=0.05$,数据来自两独立样本.假设总体方差相等且总体为正态分布.

$$H_0: \mu_1 - \mu_2 = 0$$
$$H_1: \mu_1 - \mu_2 \neq 0$$
$$\bar{x}_1 = 14.3 \quad \bar{x}_2 = 12.8$$
$$s_1 = 2.7 \quad s_2 = 3.3$$
$$n_1 = 20 \quad n_2 = 18$$

a) 计算检验统计量并解释结果.

b) 用 PHStat2 证明你的结果.

c) 确定 b 问的 p 值并解释结果.

10.12 考虑下面的假设表述,$\alpha=0.05$,数据来自两独立样本.假设总体方差相等且总体为正态分布.

$$H_0: \mu_1 - \mu_2 \leqslant 10$$
$$H_1: \mu_1 - \mu_2 > 10$$
$$\bar{x}_1 = 76.3 \quad \bar{x}_2 = 61.5$$
$$s_1 = 18.4 \quad s_2 = 18.7$$
$$n_1 = 16 \quad n_2 = 20$$

a) 计算检验统计量并解释结果.

b) 用 PHStat2 证明你的结果.

c) 确定 b 问的 p 值并解释结果.

10.13 考虑下面的假设表述,$\alpha=0.05$,数据来自两独立样本.假设总体方差不相等且总体为正态分布.

$$H_0: \mu_1 - \mu_2 = 0$$
$$H_1: \mu_1 - \mu_2 \neq 0$$
$$\bar{x}_1 = 114.7 \quad \bar{x}_2 = 122.0$$
$$s_1 = 24.6 \quad s_2 = 14.3$$
$$n_1 = 14 \quad n_2 = 20$$

a) 计算检验统计量并解释结果.

b) 用 PHStat2 证明你的结果.

c) 确定 b 问的 p 值并解释结果.

10.14 考虑下面的假设表述,$\alpha=0.10$,数据来自两独立样本.假设总体方差不相等且总体为正态分布.

$$H_0: \mu_1 - \mu_2 \geqslant 0$$
$$H_1: \mu_1 - \mu_2 < 0$$
$$\bar{x}_1 = 144.0 \quad \bar{x}_2 = 156.3$$
$$s_1 = 16.8 \quad s_2 = 27.0$$
$$n_1 = 27 \quad n_2 = 21$$

a) 计算检验统计量并解释结果.

b) 用 PHStat2 证明你的结果.

c) 确定 b 问的 p 值并解释结果.

10.15 考虑下面来自两独立样本的数据，总体方差相等. 构造一个 95% 置信区间来估计总体均值之差. 假设总体方差相等且总体为正态分布.

$$\bar{x}_1 = 37.2 \quad \bar{x}_2 = 32.5$$
$$s_1 = 8.9 \quad s_2 = 9.3$$
$$n_1 = 15 \quad n_2 = 16$$

10.16 考虑下面来自两独立样本的数据，总体方差相等. 构造一个 90% 置信区间来估计总体均值之差. 假设总体方差相等且总体为正态分布.

$$\bar{x}_1 = 68.7 \quad \bar{x}_2 = 75.1$$
$$s_1 = 12.5 \quad s_2 = 11.8$$
$$n_1 = 10 \quad n_2 = 14$$

应用题

10.17 美国交通安全管理局(TSA)想比较高峰时期，费城和奥兰多机场乘客通过安检花费的平均时间. 下表汇总了每个机场随机样本的结果，以分钟计：

	费城	奥兰多
样本均值	14.6	11.5
样本标准差	5.8	4.9
样本容量	25	27

a) 用 $\alpha = 0.05$ 进行假设检验来确定费城通过安检的平均时间是否比奥兰多通过安检的平均时间多. 假设这两个地区通过安检花费时间的总体方差相等.
b) 用 PHStat2 证明你的结果.
c) 确定 b 问的 p 值并解释结果.
d) 实行该过程需做哪些假设？

10.18 下表给出了美国东北和中西部地区两个关于日托所随机样本的平均时薪：

	东北	中西
样本均值	$9.60	$8.60
样本标准差	$1.25	$1.20
样本容量	26	31

a) 用 $\alpha = 0.05$ 进行假设检验来确定东北部地区的日托所平均时薪是否比中西部高 $0.50. 假设这两个地区时薪的总体方差相等.
b) 用 PHStat2 证明你的结果.
c) 确定 b 问的 p 值并解释结果.
d) 实行该过程需做哪些假设？

10.19 下表给出的是度量 AA 可充电锂电池和镍氢可充电电池随机样本的单次充电平均持续使用分钟数结果：

	锂电池	镍氢电池
样本均值	96.5	82.9
样本标准差	6.5	11.2
样本容量	14	18

a) 用 $\alpha = 0.05$ 进行假设检验来确定这两种电池的单次充电平均使用分钟数是否不同. 假设单次充电使用分钟数总体方差不相等.
b) 用 PHStat2 证明你的结果.
c) 确定 b 问的 p 值并解释结果.
d) 实行该过程需做哪些假设？

10.20 假设马里兰大学某学生组织为一项研究收集的数据包含不同系的班容量. 下表给出了商学院和工程学院随机样本的平均班容量. 同时还给出了样本容量和样本标准差数据.

	商学院	工程学院
样本均值	38.1	32.6
样本标准差	10.6	13.2
样本容量	11	12

a) 用 $\alpha = 0.05$ 进行假设检验来确定这两个学院的平均班容量是否不同. 假设每班学生人数的总体方差不相等.
b) 用 PHStat2 证明你的结果.
c) 确定 b 问的 p 值并解释结果.
d) 实行该过程需做哪些假设？

10.21 某以邮轮旅游为特色的在线旅游机构想比较对应不同目的地的不同航线价格. 下表的随机样本数据给出了开往阿拉斯加的 7 日航行和开往加勒比的 7 日航行标间的平均价格. 假设这些目的地的邮轮费用总体方差相等.

	阿拉斯加	加勒比
样本均值	$994	$925
样本标准差	$135	$128
样本容量	9	12

a) 构造 95% 置信区间来估计开往阿拉斯加的邮轮和开往加勒比的邮轮平均费率之差.

b) 关于这些目的地的费率之差能得出什么结论?

c) 为了实行该过程需做出哪些假设?

10.22 下表给出了两个来自头胎和非头胎一岁儿童随机样本的平均识字数量. 假设识字数量的总体方差相等.

	头胎	非头胎
样本均值	430.2	552.0
样本标准差	130.8	133.7
样本容量	12	12

a) 构造 98% 置信区间来估计头胎和非头胎一岁儿童的平均识字数量之差.

b) 关于两个总体之差能得出什么结论?

c) 为了实行该过程需做出哪些假设?

10.3 相关样本的假设检验

目前为止, 本章应用的样本均为独立样本. 如果样本不以任何形式相关联, 则样本相互独立. 比较之下, 对于**相关样本**, 一个样本的每个观测值都与另一个样本的一个观测值相关联.

相关样本的一个经典例子是减肥研究. 每个人都会在项目开始(总体 1)和结束时(总体 2)被称重. 每个人的体重变化由总体 1 重量减去总体 2 重量得到. 换句话说, 总体 1 的每个观测均与总体 2 的一个观测对应. 关于相关样本的假设检验被称为**配对检验**, 因为你在本节会发现, 我们在分析中将来自每个总体的相关观测匹配了起来.

其他配对检验的例子包含下面的情况:

- 考试培训公司 Kaplan 想测量其针对申请医学院学生开设的 MCAT 复习课程的有效性. 每个学生在开课前均有一个预测考试, 然后与课程结束后的后续测试分数进行比较.
- 花旗银行想检验其为了鼓励客户使用信用卡而设计的促销活动的有效性. 被选定客户在促销前后的当前信用卡余额被进行了比较.
- 辉瑞制药公司想检验胆固醇药物立普妥的有效性. 病人在开药前后的胆固醇水平被进行了比较.

回想表 10-7 描述的例子. 因为每个总体使用的汽车不同, 样本独立. 然而, 如果对相同的汽车在两种条件下测量燃料经济性, 样本应考虑为相关.

10.3.1 比较相关样本两均值之差的假设检验

相关样本的假设检验与独立样本的检验不同. 为了说明这种方法, 我用下面的例子. 摇滚歌星是百事可乐公司推出的能量饮料, 在杂货店有售. 乔什是百事可乐公司负责 9 家不同商店的客户经理, 他负责产品销售和存货. 乔什想检验将商品放在过道末尾比放在过道中间货架上的销售量大的假设, 采用 $\alpha = 0.05$. 对于他负责的 9 家店, 乔什将摇滚歌星存货放在过道末尾一个星期, 然后再放在过道中间的货架上一个星期. 表 10-9 给出了 9 家店每个过道位置的摇滚歌星销售单位. 这些数据还可在 Excel 文件 Rockstar.xlsx 中获得.

表 10-9　摇滚歌星周销售量

店面	1	2	3	4	5	6	7	8	9
过道末尾	64	54	126	97	37	74	117	90	81
过道中间	72	41	100	62	40	60	122	62	78

我希望你能意识到这是一个两相关样本的例子. （我能想象到你疑惑地看着我的样子.）取前两个数据点 64 和 72. 它们相关，因为它们都是店面 1 的记录，因此考虑为配对. 店面 2 到 9 的 8 对销售数据道理一样.

就像在前面例子中的做法一样，我们需定义总体：

总体 1：过道末尾销售量⊖

总体 2：过道中间销售量

我将用下面的步骤完整地将配对 t 检验走一遍，采用 $\alpha=0.05$.

第 1 步：计算配对差.

我们的摇滚歌星例子中的配对差可通过用每家店的过道末尾销售量减去过道中间销售量获得，用公式 10-12.

配对差公式

$$d = x_1 - x_2 \qquad (10\text{-}12)$$

其中　$d=$ 配对差

x_1 和 $x_2 =$ 分别来自总体 1 和总体 2 的配对值

表 10-10 给出了摇滚歌星例子的配对差计算.

表 10-10　摇滚歌星配对差

过道末尾	过道中间	d
64	72	−8
54	41	+13
126	100	+26
97	62	+35
37	40	−3
74	60	+14
117	122	−5
90	62	+28
81	78	+3

注：一定要记录配对差的正负值，为下一步做准备.

第 2 步：计算配对差的均值和标准差.

配对差的均值 $\bar{d}$ 可用公式 10-13 计算得到.

配对差的均值公式

$$\bar{d} = \frac{\sum_{i=1}^{n} d_i}{n} \qquad (10\text{-}13)$$

其中　$\bar{d}=$ 配对差的均值

$d_i =$ 第 i 个配对差

$n=$ 配对差的个数

将表 10-7 中的数据代入公式 10-13，得到下面的结果：

$$\bar{d} = \frac{\sum_{i=1}^{n} d_i}{n} = \frac{(-8)+13+26+35+(-3)+14+(-5)+28+3}{9} = \frac{103}{9} = 11.44 ⊖$$

⊖　这里对总体的设定是任意的. 我可以很容易地对调这些定义. 然而，一旦总体设定好了，后面的分析一定要与设定一致.

⊖　如果过道中间陈列的平均销售量大于过道末尾,得到的平均差将为负. 这与我们在开始时如何定义总体 1 和总体 2 有关.

该结果告诉我们，综观 9 家店面，过道末尾平均比过道中间多陈列 11.44 个销售单位。下面我们计算配对差的标准差。这里我们可以用公式 10-14 或公式 10-15，公式 10-15 是快捷版的公式 10-14. 这些公式最先在第 3 章介绍过。

配对差的标准差公式

$$s_d = \sqrt{\frac{\sum_{i=1}^{n}(d_i - \overline{d})^2}{n-1}} \quad (10\text{-}14)$$

或

$$s_d = \sqrt{\frac{\sum_{i=1}^{n} d_i^2 - \frac{\left(\sum_{i=1}^{n} d_i\right)^2}{n}}{n-1}} \quad (10\text{-}15)$$

其中 s_d＝配对差的标准差

表 10-11 给出了使用公式 10-15 的计算。

表 10-11 配对差的标准差计算：摇滚歌星例子

d_i	d_i^2
−8	64
13	169
26	676
35	1225
−3	9
14	196
−5	25
28	784
3	9

差的和：$\sum_{i=1}^{9} d_i = 103$ 差的平方和：$\sum_{i=1}^{9} d_i^2 = 3157$

差和的平方：$\left(\sum_{i=1}^{9} d_i\right)^2 = (103)^2 = 10\,609$

现在，小心地将表 10-11 的值代入公式 10-15. 注意到 $n=9$，因为我们的例子中有 9 个配对（商店）。

$$s_d = \sqrt{\frac{\sum_{i=1}^{n} d_i^2 - \frac{\left(\sum_{i=1}^{n} d_i\right)^2}{n}}{n-1}} = \sqrt{\frac{3157 - \frac{10\,609}{9}}{9-1}} = \frac{\sqrt{3157 - 1178.78}}{8} = 15.73$$

你也可以用 Excel 来计算配对差的均值（＝AVERAGE）和标准差（＝STDEV）。

第 3 步：确定原假设和备择假设。

这就是配对 t 检验的漂亮之处。不用进行过道末尾和过道中间销售量的双样本检验，配对检验针对配对差采用单样本检验。在摇滚歌星例子中，如果差值总体均值为正，我们支持过道末尾的销售量比过道中间高的说法。相反，如果该差为负，我们有证据说明过道中间销售量大于过道末尾销售量。

因为乔什想检验过道末尾的销售量是否更高，该例的假设表述如下：

$H_0: \mu_d \leqslant 0$（过道末尾销售量小于等于过道中间销售量）

$H_1: \mu_d > 0$（过道末尾的销售量比过道中间高）⊖

其中 μ_d＝总体平均配对差

第 4 步：为显著水平 α 设值。

在本例开放性的描述中，我们令 $\alpha=0.05$. 在开始分析之前要记得选这个值。

第 5 步：计算检验统计量。

配对差的检验统计量如公式 10-16 所示。

⊖ 配对检验对配对差进行单样本假设检验。

均值配对假设检验的 t 检验统计量公式

$$t_{\bar{x}} = \frac{\bar{d} - (\mu_d)_{H_0}}{\frac{s_d}{\sqrt{n}}} \tag{10-16}$$

其中　$(\mu_d)_{H_0}$＝原假设的总体平均配对差

将第 1 步和第 2 步的结果应用到公式 10-16，t 检验统计量计算如下：

$$t_{\bar{x}} = \frac{\bar{d} - (\mu_d)_{H_0}}{\frac{s_d}{\sqrt{n}}} = \frac{11.44 - 0^{\ominus}}{\frac{15.73}{\sqrt{9}}} = \frac{11.44}{5.24} = 2.18$$

第 6 步：确定临界值.

由于样本标准差 s_d 用于代替未知的总体标准差，公式 10-16 给出的检验统计量服从自由度为 $n-1$ 的学生 t 分布. 对于摇滚歌星例子，$df = n-1 = 9-1 = 8$.

用附录 A 表 5 的单尾（上侧）检验，$df = 8$，$\alpha = 0.05$，临界 t 得分为 $t_\alpha = 1.860$.

第 7 步：比较 t 检验统计量($t_{\bar{x}}$)和临界 t 得分(t_α).

在摇滚歌星例子中，这是一个单尾（上侧）检验，$t_{\bar{x}} = 2.18$，$t_\alpha = 1.860$. 由于 $2.18 > 1.860$，根据表 10-5 的决策规则，我们拒绝原假设. 图 10-10 说明了这个发现. 注意到 $t_{\bar{x}}$ 位于"拒绝 H_0"区域.

第 8 步：近似 p 值.

运用附录 A 表 5，进入 $df = 8$ 的行，查找包含 $t_{\bar{x}} = 2.18$ 的值. 这些值为 1.860 和 2.306. 进入单尾行，查得 p 值在 0.025 和 0.050 之间. 由于 $\alpha = 0.05$ 在这个范围内，我们可以拒绝原假设.

图 10-10　比较 t 检验统计量和临界 t 得分

第 9 步：给出结论.

通过拒绝原假设，我们有足够的证据得出过道末尾的平均周销售量大于过道中间. 这些结果会鼓励乔什说服商店经理将他的摇滚歌星存货放在过道末尾而不是中间.

10.3.2　用 Excel 进行比较相关样本两均值之差的假设检验

Excel 的数据分析函数可以在很短的时间里用下列步骤进行相同的过程：

1. 在列 A 到列 C 输入摇滚歌星销售数据，如图 10-11a 所示，或打开 Excel 文件 Rockstar.xlsx.

2. 进入 Data 并点击右侧的 Data Analysis，如图 10-11a 所示. 这样就打开了 Data Analysis 对话框.

3. 选择"t-Test：Paired Two Sample for Means."点击 OK.

4. 填写"t-Test：Paired Two Sample for Means"对话框，如图 10-11b 所示. 点击 OK.

图 10-11c 给出了摇滚歌星例子的数据分析输出结果.

　㊀　由于原假设为过道末尾和过道中间的平均销售量没有差异，该值为 0.

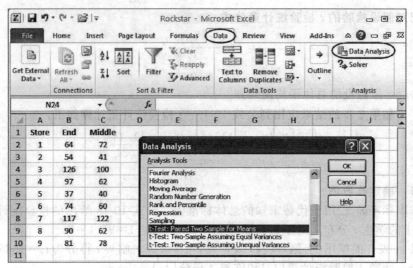

a) 用 Excel 进行比较均值之差的假设检验：相关样本（第 1~3 步）

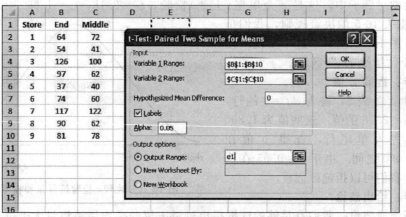

b) 用 Excel 进行比较均值之差的假设检验：相关样本（第 4 步）

c) 用 Excel 进行比较均值之差的假设检验：相关样本（最后结果）

图 10-11

注意到该检验的 p 值在单元格 E11 中显示为 0.03027. 由于该值小于 α=0.05, 我们拒绝原假设. 该值与使用附录 A 表 5 得到的介于 0.025 和 0.05 之间的 p 值近似.

如果我们考虑过道末尾和过道中间的数据相互独立会怎样呢？我们来看看. 非常简单, 只需利用 Excel 回到原始摇滚歌星数据文件. 在图 10-11a 中, 不要选择 "t-Test: Paired Two Sample for Means", 而是选择 "t-Test: Two-Sample Assuming Unequal Variances" (下面两条选择). 我做出这个选择是因为我们对总体方差是否相等一无所知. 在完成对话框的填写后, 你将得到图 10-12 显示的结果.

	A	B	C	D	E	F	G
1	Store	End	Middle		t-Test: Two-Sample Assuming Unequal Variances		
2	1	64	72				
3	2	54	41			End	Middle
4	3	126	100		Mean	82.22222222	70.77777778
5	4	97	62		Variance	830.9444444	704.4444444
6	5	37	40		Observations	9	9
7	6	74	60		Hypothesized Mean Difference	0	
8	7	117	122		df	16	
9	8	90	62		t Stat	0.876207111	
10	9	81	78		P(T<=t) one-tail	0.196941249	
11					t Critical one-tail	1.745883676	
12					P(T<=t) two-tail	0.393882497	
13					t Critical two-tail	2.119905299	
14							

图 10-12　比较均值之差的假设检验: 独立样本 (最后结果)

该检验显示在单元格 F10 的 p 值为 0.1969, 大于 α=0.05. 根据这个检验, 我们不能拒绝原假设! 究竟发生了什么? 注意到商店之间的销售数据有很大的变异性. 例如, 如果看图 10-12 的话, 店面 3 的销售数据比店面 5 要大得多. 各样本内如此高的变异性使得很难找到能够证明一个总体均值大于另一个的证据. 从而, 使得拒绝原假设更难了. 参见公式 10-10, 这是独立样本的一个检验统计量.

$$t_{\bar{x}} = \frac{(\bar{x}_1 - \bar{x}_2) - (\mu_1 - \mu_2)_{H_0}}{\sqrt{\left(\frac{s_1^2}{n_1} + \frac{s_2^2}{n_2}\right)}} \ominus$$

随着 s_1 和 s_2 的值变大 (变异性变大), 检验统计量 $t_{\bar{x}}$ 变得接近于 0, 而 0 位于图 10-10 的 "不拒绝 H_0" 区域. 当我们把这两个样本看作独立时, 店面之间的高变异性使得 $t_{\bar{x}}$ 难以落在 "拒绝 H_0" 区域.

通过将样本看作配对样本, 取它们的差, 我们减少了店面间的变异性的影响. 这给我们提供了更有力的假设检验. 如果乔什只是随机地收集过道末尾和过道之间的销售数据, 不去记录数据来自哪个店面, 他可能没有证据能得出过道末尾比过道中间卖得多这个结论. 通过运用配对相关样本, 乔什能够拒绝原假设并得到一个重要的发现. 下一次, 你路过杂货店过道末尾的货架时可留意一下.

这里还有最后重要的一点. 在本例中, 我们的样本容量较小并用样本标准差代替未知

$\ominus$　各样本内的高变异性 (较大的 s_1 或 s_2 值) 产生了较小的 $t_{\bar{x}}$ 值, 从而使得拒绝 H_0 的可能变小.

的总体标准差. 在这些条件下, 配对差需服从正态概率分布. 但是, 如果我们有大于等于 30 个配对差时, 根据中心极限定理, 可放松该要求.

糟糕的是这会儿你没时间放松. 趁刚学完这个方法, 试试下面这道独立样本的思考题吧.

思考题 6 假设我闲暇时发明了一种新的高尔夫球, 声称这种新球可以使球离开球座的距离增加 15 码. 为了检验我的言论, 我让 8 名高尔夫球手用我的球和他们自己的球都击了一下. 每位球手击的每个球运行码数显示如下:

高尔夫球手	1	2	3	4	5	6	7	8
我的球	201	228	256	233	248	255	239	220
他们的球	204	213	231	241	223	226	212	186

a) 用假设检验来检验该言论, 采用 $\alpha = 0.10$.
b) 用附录 A 表 5 近似 p 值并解释结果.
c) 用 Excel 数据分析证明你的结果.
d) 用 Excel 确定 p 值并解释结果.
e) 证明这些结果需做哪些假设?

10.3.3 用置信区间比较相关样本的两均值之差

针对相关样本, 也可以围绕配对差 $\bar{d}$ 的均值构造置信区间. 该区间的上下限可分别用公式 10-17 和 10-18 求得.

相关样本均值之差的置信区间公式

$$UCL_{\bar{d}} = \bar{d} + t_{\alpha/2} \frac{s_d}{\sqrt{n}} \tag{10-17}$$

$$LCL_{\bar{d}} = \bar{d} - t_{\alpha/2} \frac{s_d}{\sqrt{n}} \tag{10-18}$$

其中 $UCL_{\bar{d}}$ = 置信区间的上限
　　　$LCL_{\bar{d}}$ = 置信区间的下限

我们来构造 90% 置信区间以估计摇滚歌星能量饮料过道末尾和过道中间销售量的真实配对差. 对 90% 置信区间和 $df = n - 1 = 9 - 1 = 8$, 应用附录 A 表 5, 得到临界 t 得分为 $t_{\alpha/2} = 1.860$. 在前面一节中, 我们确定了下面的值:

$$\bar{d} = 11.44 \quad s_d = 15.73 \quad n = 9$$

将这些值应用到公式 10-17 和 10-18, 我们得到 90% 置信区间的上下限:

$$UCL_{\bar{d}} = \bar{d} + t_{\alpha/2} \frac{s_d}{\sqrt{n}}$$

$$= 11.44 + (1.860) \frac{15.73}{\sqrt{9}} = 11.44 + 9.75 = 21.19$$

$$LCL_{\bar{d}} = \bar{d} - t_{\alpha/2} \frac{s_d}{\sqrt{n}}$$

$$= 11.44 - (1.860)\frac{15.73}{\sqrt{9}} = 11.44 - 9.75 = 1.69$$

我们的90%置信区间为(1.69，21.19)．这意味着我们有90%的信心认为过道末尾和多道中间的周销售量之差在1.69和21.19个销售单位之间．该区间未包含0的事实为这两个位置的差异不等于0提供了更多证据．

下面这到思考题为你提供了一个围绕相关样本构造置信区间的机会．

思考题7 用思考题6的高尔夫球数据围绕配对差的均值构造95%置信区间．解释结果．

总而言之，本小节讨论了样本相关且为配对——一个样本每个观测值与另一个样本的一个观测值相关的情况．该双样本假设检验通过取配对差简化成了单样本的假设检验．

习题 10.3

基础题

10.23 下列两个样本为配对样本：

对	1	2	3	4	5	6	7
样本1	5	6	9	4	6	7	8
样本2	4	2	6	6	5	9	6

a) 给出检验样本1和2的总体均值是否存在差异的原假设和备择假设．
b) 计算该假设检验的检验统计量并解释结果，采用 $\alpha=0.05$．
c) 用附录A表5近似 p 值并解释结果．
d) 用Excel数据分析证明你的结果．
e) 用Excel确定 p 值并解释结果．
f) 进行该过程需做哪些假设？

10.24 下列两个样本为配对样本：

对	1	2	3	4	5	6
样本1	7	6	9	5	6	8
样本2	4	2	6	6	1	8

a) 给出检验样本1的总体均值大于样本2的总体均值的原假设和备择假设．
b) 计算该假设检验的检验统计量并解释结果，采用 $\alpha=0.05$．
c) 用附录A表5近似 p 值并解释结果．
d) 用Excel数据分析证明你的结果．
e) 用Excel确定 p 值并解释结果．
f) 进行该过程需做哪些假设？

10.25 下列两个样本为配对样本：

对	1	2	3	4	5	6	7	8
样本1	8	4	6	9	9	7	9	8
样本2	4	2	6	6	1	8	1	4

a) 给出检验样本1的总体均值比样本2的总体均值大 2.0 个单位的原假设和备择假设．
b) 计算该假设检验的检验统计量并解释结果，采用 $\alpha=0.10$．
c) 用附录A表5近似 p 值并解释结果．
d) 用Excel数据分析证明你的结果．
e) 用Excel确定 p 值并解释结果．
f) 进行该过程需做哪些假设？

10.26 下列两个样本为配对样本：

对	1	2	3	4	5	6	7
样本1	8	4	6	9	9	7	9
样本2	4	2	6	5	1	8	1

a) 构造95%置信区间以估计样本1和样本2的总体之差．
b) 根据这些结果，可得出什么结论？

10.27 下列两个样本为配对样本：

对	1	2	3	4	5	6	7	8
样本1	8	4	6	9	9	7	9	8
样本2	5	7	6	5	6	9	7	6

a) 构造90%置信区间以估计样本1和样本2的总体之差．
b) 根据这些结果，可得出什么结论？

应用题

10.28 滑动输入法是一种触屏设备允许用户通过手指在字母间滑动输入文字的输入技术。用户的手指只需在键盘的字母间滑动。发明者称滑动输入法比传统的触屏键盘的输入速度要快。下表给出了 10 人运用两种方法的输入速度：

人	1	2	3	4	5	6	7	8	9	10
滑动输入法	48	52	42	36	53	40	37	32	54	46
传统输入法	40	45	36	27	44	40	42	38	46	37

a) 用假设检验确定这两种输入法的平均打字速度是否不同，采用 $\alpha=0.05$。
b) 用附录 A 表 5 近似 p 值并解释结果。
c) 用 Excel 数据分析证明你的结果。
d) 用 Excel 确定 p 值并解释结果。
e) 进行该过程需做哪些假设？

10.29 MCAT 是用于医学院入学选拔的标准化考试。该考试的分值范围为 3 到 45。某培训公司开发了针对 MCAT 的新型复习课程，下表给出了 9 名学生在参加复习培训课程前后的 MCAT 分数：

学生	1	2	3	4	5	6	7	8	9
培训前	26	21	20	31	18	33	25	23	30
培训后	28	26	17	34	20	31	26	22	32

a) 用假设检验确定学生在参加复习课程后的 MCAT 平均分是否比没参加之前高，采用 $\alpha=0.05$。
b) 用附录 A 表 5 近似 p 值并解释结果。
c) 用 Excel 数据分析证明你的结果。
d) 用 Excel 确定 p 值并解释结果。
e) 进行该过程需做哪些假设？

10.30 某新的减肥计划负责人称参加者在完成该计划后，平均减重多于 10 磅。下表给出了 8 人在参加该计划前后的体重：

人	1	2	3	4	5	6	7	8
参加前	227	214	207	186	203	198	243	190
参加后	202	194	194	172	195	180	231	192

a) 用假设检验确定该减肥计划参与者的平均减重是否多于 10 磅，采用 $\alpha=0.10$。
b) 用附录 A 表 5 近似 p 值并解释结果。
c) 构造 80% 置信区间以估计该计划参与者的平均减重。解释结果。
d) 用 Excel 数据分析证明你的结果。
e) 用 Excel 确定 p 值并解释结果。
f) 进行该过程需做哪些假设？

10.31 下表是 9 人在参加派克河高尔夫俱乐部的高尔夫专家课程前后的高尔夫分数：

高尔夫球手	1	2	3	4	5	6	7	8	9
上课前	96	88	94	86	102	90	100	90	99
上课后	88	81	95	95	95	85	101	85	95

a) 检验专家所说的参加课程后球员平均分数比之前至少低两击，采用 $\alpha=0.05$。
b) 用附录 A 表 5 近似 p 值并解释结果。
c) 构造 90% 置信区间以估计参加课程后的高尔夫分数减少量。解释结果。
d) 用 Excel 数据分析证明你的结果。
e) 用 Excel 确定 p 值并解释结果。
f) 进行该过程需做哪些假设？

10.4 独立样本的两总体比例比较

我们已经彻底讨论了比较总体均值各种可能的假设检验（是的，我已经穷尽所能了），现在该讨论比例了，这就是本章的重点。比较两个总体比例的假设检验有很多有趣的应用，比如：

- 某保险公司想知道年轻男司机发生车祸的比例是否与年轻女司机发生车祸的比例不同。
- 某银行想比较网络付费的客户中，青年客户和老年客户的比例。

我们在第 9 章讨论了比例的单样本检验。本节将通过讨论两个总体的情况扩展这个概念，见图 10-13。

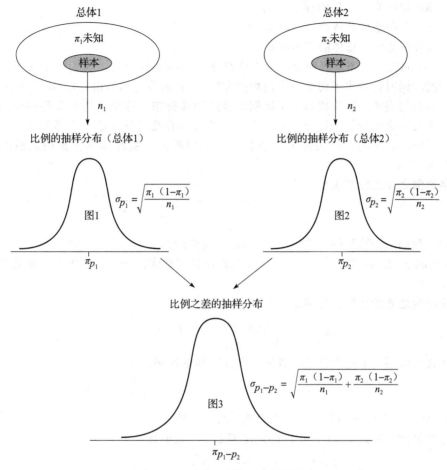

图 10-13 总体比例之差的抽样分布

为了说明这种方法,我们用下面的例子. 最近的经济衰退对于国家的住宅自有率(自有住房数除以总住房数)产生了负面影响,假设政府想比较美国东北部地区和东南部地区的该比率值. 一个包含 150 个东南地区家庭的随机样本被选取,发现其中的 105 个家庭为业主自住. 一个包含 125 个东北地区家庭的随机样本被选取,发现其中的 80 个家庭为业主自住. 总体设定如下:

总体 1:东南[⊖]
总体 2:东北
图 10-13 使用了下列符号表示:
π_1 = 东南地区自有住房的真实比例
π_2 = 东北地区自有住房的真实比例
p_1 = 东南地区自有住房的样本比例

⊖ 同以前一样,总体的设定随意.

p_2 = 东北地区自有住房的样本比例
n_1 = 来自东南地区总体的样本容量
n_2 = 来自东北地区总体的样本容量

图 10-13 的图 1 和图 2 分别给出了两个总体比例的抽样分布. 我们在第 9 章已经讨论了这些情况. 同时也给出了两个分布的均值和标准差(也称为标准误差). 这里没有新知识.

图 3 是新的突破. 这里我给出了**比例之差的抽样分布**. 这个新的分布是一个比例的抽样分布减去另一个比例的抽样分布的结果. 这里我们的做法与本章开始部分估计总体均值时的做法类似. 该图的一个关键公式是新分布的标准差, 被称为**总体比例之差的标准误差**, 见公式 10-19.

总体比例之差的标准误差公式

$$\sigma_{p_1-p_2} = \sqrt{\frac{\pi_1(1-\pi_1)}{n_1} + \frac{\pi_2(1-\pi_2)}{n_2}} \quad (10\text{-}19)$$

然而, 我们试图估计的是未知的 π_1 和 π_2. 我们的解决方法? 我们用来自总体 1 和总体 2 的样本比例 p_1 和 p_2 代换 π_1 和 π_2. 这样我们得到了**总体比例之差的近似标准误差** $\hat{\sigma}_{p_1-p_2}$, 见公式 10-20.

总体比例之差的近似标准误差公式

$$\hat{\sigma}_{p_1-p_2} = \sqrt{\frac{p_1(1-p_1)}{n_1} + \frac{p_2(1-p_2)}{n_2}} \quad (10\text{-}20)$$

现在我们应用一下这个公式. 首先, 需计算样本比例, 如下:

$$p_1 = \frac{x_1}{n_1} = \frac{105}{150} = 0.70 \quad p_2 = \frac{x_2}{n_2} = \frac{80}{125} = 0.64$$

其中 x_1 和 x_2 = 东南部和东北部样本的业主自住房数

将这些值代入公式 10-20, 我们得到比例之差的近似标准误差:

$$\hat{\sigma}_{p_1-p_2} = \sqrt{\frac{p_1(1-p_1)}{n_1} + \frac{p_2(1-p_2)}{n_2}}$$

$$= \sqrt{\frac{(0.70)(1-0.70)}{150} + \frac{(0.64)(1-0.64)}{125}}$$

$$= \sqrt{0.001\,400 + 0.001\,843} = \sqrt{0.003\,243} = 0.056\,947 \,{}^{\ominus}$$

将该值放在随手可及的地方, 我们将在下一节用到.

注意到图 10-13 的这 3 个抽样分布与正态概率分布很像. 回想第 7 章, 比例数据服从二项分布, 但下列 4 个条件存在时, 二项分布可被正态分布近似:

$$n_1 p_1 \geqslant 5 \quad n_2 p_2 \geqslant 5 \quad n_1(1-p_1) \geqslant 5 \quad n_2(1-p_2) \geqslant 5$$

下列计算证明了我们的样本满足正态分布的假设:

$$n_1 p_1 = (150)(0.70) = 105 \geqslant 5$$
$$n_2 p_2 = (125)(0.64) = 80 \geqslant 5$$

$\ominus$ 为了避免舍入误差, 我建议在计算总体比例之差的标准误差时保留 6 位小数. 我知道这很痛苦, 不过我是帮你在后面不那么痛苦.

$$n_1(1-p_1) = (150)(1-0.70) = 45 \geqslant 5$$
$$n_2(1-p_2) = (125)(1-0.64) = 45 \geqslant 5$$

现在我们可以开始比较这两个总体了。我们从构造置信区间开始，然后用最后一个假设检验结束本章的学习。

10.4.1 用置信区间比较两比例之差

总体比例之差的点估计只是两个样本比例的差 $p_1 - p_2$。在我们的例子中，东南部和东北部地区住宅自有率之差的估计如下：

$$p_1 - p_2 = 0.70 - 0.64 = 0.06^{\ominus}$$

两比例之差的置信区间公式

$$UCL_{p_1-p_2} = (p_1 - p_2) + z_{\alpha/2}\,\hat{\sigma}_{p_1-p_2} \tag{10-21}$$
$$LCL_{p_1-p_2} = (p_1 - p_2) - z_{\alpha/2}\,\hat{\sigma}_{p_1-p_2} \tag{10-22}$$

其中 $UCL_{p_1-p_2}$ ＝置信区间上限
$LCL_{p_1-p_2}$ ＝置信区间下限
$\hat{\sigma}_{p_1-p_2}$ ＝两比例之差的近似标准误差（公式10-20）

现在构造 95% 置信区间来估计东南部和东北部地区住宅自有率的真实差异。我们可用表 10-1 找到对应的临界 z 得分，通过确定 α 值为 0.05 的行和两个尾端（记住，所有的置信区间都有两个尾端）。本例区间的临界 z 得分为 $z_{\alpha/2} = 1.96$。在前面一节中，我们知道 $\hat{\sigma}_{p_1-p_2} = 0.056\,947$。利用公式 10-21 和 10.22，得到：

$$UCL_{p_1-p_2} = (p_1 - p_2) + z_{\alpha/2}\,\hat{\sigma}_{p_1-p_2}$$
$$= 0.06 + (1.96)(0.056\,947) = 0.172$$
$$LCL_{p_1-p_2} = (p_1 - p_2) - z_{\alpha/2}\,\hat{\sigma}_{p_1-p_2}$$
$$= 0.06 - (1.96)(0.056\,947) = -0.052$$

95% 置信区间为 (−0.052, 0.172)。这意味着我们有 95% 的信心认为东南部和东北部地区的住宅自有率之差在 −5.2% 和 17.2% 之间。−5.2% 指的是东北部地区（总体 2）的住宅自有率比东南部地区（总体 1）大 5.2%。因为该置信区间包含 0 百分率，我们没有证据说明这两个地区的住宅自有率存在差异。

10.4.2 比较两比例之差的假设检验

当进行两比例之差的假设检验时，原假设假定两个总体的比例相等（$\pi_1 = \pi_2$）。因此，我们有 3 个可能的假设表述：

双尾	单尾	单尾
$H_0: \pi_1 - \pi_2 = 0$	$H_0: \pi_1 - \pi_2 \leqslant 0$	$H_0: \pi_1 - \pi_2 \geqslant 0$
$H_1: \pi_1 - \pi_2 \neq 0$	$H_1: \pi_1 - \pi_2 > 0$	$H_1: \pi_1 - \pi_2 < 0$

假设政府想实行一个假设检验来确定是否有足够的证据得出东南部和东北部地区的住宅自

$\ominus$ 如果总体的定义反过来，该值将为 −0.06，同样可以接受。

有率存在差异，采用 $\alpha=0.05$. 我用下面的步骤说明该过程.

第 1 步：确定原假设和备择假设.

由于我们检验的是比率的差异，而不是一个地区比另一个地区大，我们有下面的双尾假设表述：

$$H_0: \pi_1 - \pi_2 = 0 （两地区的自有率没有差异）$$
$$H_1: \pi_1 - \pi_2 \neq 0 （两地区的自有率不同）^{\ominus}$$

其中 $\pi_1 = $ 东南部地区业主自住的真实比例

$\pi_2 = $ 东北部地区业主自住的真实比例

第 2 步：设定显著水平 α.

本例，我们已设定 $\alpha=0.05$.

第 3 步：计算检验统计量.

当原假设假定 $\pi_1 = \pi_2$ 时，我们可以用公式 10-23 估计两个总体的总体比例. 我们称其为总体比例 $\hat{p}$ 的合并估计. 这与我们前面假定总体方差相等时，均值之差的合并方差类似.

总体比例的合并估计公式

$$\hat{p} = \frac{x_1 + x_2}{n_1 + n_2} \tag{10-23}$$

这只是来自总体的样本比例的加权平均. 运用我们的自有住房数据，我们有下面的：

$$\hat{p} = \frac{x_1 + x_2}{n_1 + n_2} = \frac{105 + 80}{150 + 125} = \frac{185}{275} = 0.673$$

我们对两个地区的联合住宅自有率估计为 67.3%.

现在，我们可用公式 10-24 计算总体比例之差的检验统计量 z_p.

两比例之差假设检验的 z 检验统计量公式

$$z_p = \frac{(p_1 - p_2) - (\pi_1 - \pi_2)_{H_0}^{\ominus}}{\sqrt{\hat{p}(1-\hat{p})\left(\dfrac{1}{n_1} + \dfrac{1}{n_2}\right)}} \tag{10-24}$$

其中 $(\pi_1 - \pi_2)_{H_0} = $ 假设的总体比例之差

自有住宅例子的检验统计量如下：

$$z_p = \frac{(p_1 - p_2) - (\pi_1 - \pi_2)_{H_0}}{\sqrt{\hat{p}(1-\hat{p})\left(\dfrac{1}{n_1} + \dfrac{1}{n_2}\right)}} = \frac{(0.70 - 0.64) - (0)}{\sqrt{(0.673)(1-0.673)\left(\dfrac{1}{150} + \dfrac{1}{125}\right)}}$$

$$= \frac{0.06}{\sqrt{(0.673)(0.327)0.014\ 667}} = \frac{0.06}{\sqrt{0.003\ 228}} = \frac{0.06}{0.056\ 815} = 1.06$$

第 4 步：确定临界值.

由于公式 10-24 的检验统计量服从正态分布，我们可用表 10-1 确定临界值 $z_{\alpha/2}$. 对于 $\alpha=0.05$ 的双尾检验，临界 z 得分为 $z_{\alpha/2} = \pm 1.96$.

$\ominus$ 由于政府检测的只是自有率的差异（而不是一个地区比另一个地区的比率高），这是一个双尾检验.

$\ominus$ $(\pi_1 - \pi_2)_{H_0}$ 表示假设的两总体比例之差. 但原假设检验的是总体比例无差异时，$(\pi_1 - \pi_2)_{H_0}$ 的值设为 0.

第5步：比较 z 检验统计量（z_p）和临界 z 得分（$z_{\alpha/2}$）.

在我们的自有住宅例子中，这是一个双尾检验，$|z_p|=1.06$，$|z_{\alpha/2}|=1.96$. 由于 $1.06<1.96$，我们不拒绝原假设. 图 10-14 说明了这个发现. 注意到 z_p 位于"不拒绝 H_0"区域.

第6步：计算 p 值.

自有住宅例子的双尾 p 值如下：

$$p \text{ 值} = 2 \times P(z_p > 1.06)$$
$$= (2)(1-0.8554)=(2)(0.1446)$$
$$=0.2892$$

图 10-15 阴影部分的总面积表示该 p 值.

由于我们的 p 值 $=0.2892$，大于 $\alpha=0.05$，我们不拒绝原假设.

第7步：给出结论.

通过不拒绝原假设，我们得出没有足够的证据支持备择假设，$H_1: \pi_1 - \pi_2 \neq 0$. 我们不能说东南部地区和东北部地区的住宅自有率不同. 该结果与前面构造的置信区间一致.

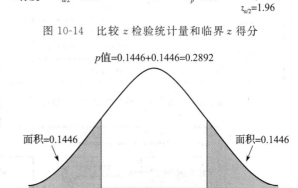

图 10-14 比较 z 检验统计量和临界 z 得分

图 10-15 双尾假设检验的 p 值

注：为了求得对应 $z_p > 1.04$ 的面积，我们首先需求得 $z_p \leqslant 1.06$ 的面积. 用附录 A 的表 4，我们确定了该面积等于 0.8554. 因此，$z_p > 1.06 = 1.0 - 0.8554 = 0.1446$.

10.4.3 用 PHStat2 比较两总体比例

现在是用 PHStat2 进行这些过程的时候了，步骤如下：

1. 进入 Add-Ins > PHStat > Two-Sample Tests(Summarized Data) > Z Test for Differences in Two Proportions，如图 10-16a 所示.

2. 填写 Z Test for Differences in Two Proportions 对话框，如图 10-16b 所示. 点击 OK.

图 10-16c 给出了该假设检验的输出，包括置信区间，与我们手算的结果一致.

在这最后一节中，我们比较了两个总体比例. 比例服从二项概率分布，在合适的条件下可用正态概率分布近似. 检验统计量的标准误差，如公式 10-20 所示，用样本比例作为总体比例的估计. 为什么不将此方法应用到最后这道思考题来完成对第 10 章的理解呢？

思考题 8 美国银行想检验网络银行的青年客户比老年客户的百分比高的假设. 在对年龄小于 40 岁的 80 名客户调查中，发现其中的 68 人使用网络银行的多数服务. 对大于等于 40 岁的 100 名客户，其中 72 人使用网络银行的多数服务.

a) 用 $\alpha=0.05$ 以及本节列出的 7 步，进行假设检验来检验使用网络银行的青年客户比例较高的言论.

b) 围绕这些数据构造 95% 置信区间.

c) 用 PHStat2 证明你的结果.

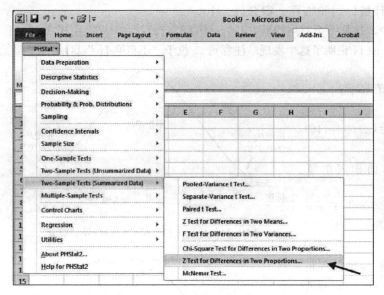
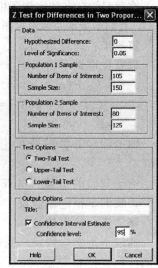

a) 用 PHStat2 比较两总体比例之差的假设检验(第1步)　　b) 用 PHStat2 比较两总体比例之差的假设检验(第2步)

c) 用 PHStat2 比较两总体比例之差的假设检验(最后结果)

图 10-16

对好学生折扣应用的假设检验

利宝互助保险公司是美国第 5 大汽车和房屋保险商. 因此, 该公司很大程度上依赖统计学来确定投保人的保费. 例如, 如果驾驶员是好学生的话, 利宝互助为具有 0~6 年驾龄的驾驶员碰撞险提供 10% 的折扣. 这里的好学生定义为进入高中或大学后 GPA

至少保持在3.0的人. 与其他年轻驾驶员相比，好学生发生事故次数比不是好学生的人少吗?

为了回答这个问题，下列数据来自某州2009年的0~6年驾龄投保人样本：

	投保人数	事故数	比例
好学生	1207	167	0.138
其他人	4963	799	0.161

我们用 $\alpha=0.05$，设定下列的假设检验为，好学生是总体1，其他人为总体2.

第1步：确定原假设和备择假设.

$H_0:\pi_1-\pi_2\geqslant 0$(好学生的事故比例等于或大于其他人)

$H_1:\pi_1-\pi_2<0$(好学生的事故比例小于其他人)

运用PHStat2，我们得到图10-17所示的结果.

第2步：设定显著水平 α.

对于这个分析，我们用 $\alpha=0.05$.

第3步：确定检验统计量.

根据PHStat2的输出，$z_p=-1.94$.

第4步：确定临界值.

根据PHStat2的输出，$z_\alpha=-1.645$.

第5步：比较 z 检验统计量(z_p)和临界 z 得分(z_α).

由于 $z_p=-1.94<z_\alpha=-1.645$，我们拒绝原假设.

第6步：确定 p 值.

根据PHStat2的输出，p 值 $=0.0262$. 由于该值小于 $\alpha=0.05$，我们拒绝原假设.

	A	B	C
1	Z Test for Differences in Two Proportions		
2			
3	Data		
4	Hypothesized Difference	0	
5	Level of Significance	0.05	
6	Group 1		
7	Number of Items of Interest	167	
8	Sample Size	1207	
9	Group 2		
10	Number of Items of Interest	799	
11	Sample Size	4963	
12			
13	Intermediate Calculations		
14	Group 1 Proportion	0.138359569	
15	Group 2 Proportion	0.160991336	
16	Difference in Two Proportions	-0.022631767	
17	Average Proportion	0.156564019	
18	Z Test Statistic	-1.940571305	
19			
20	Lower-Tail Test		
21	Lower Critical Value	-1.644853627	
22	p-Value	0.026155149	
23	Reject the null hypothesis		
24			

图 10-17

第7步：给出结论.

根据这个样本，我们可得出这个年龄段的好学生比其他驾驶员发生事故的次数少. 该分析支持利宝互助为年轻好学生提供折扣的决定.

注：特别感谢利宝互助保险公司提供该资料.

习题 10.4

基础题

10.32 考虑下面的假设检验陈述，用 $\alpha=0.10$ 以及下面来自两独立样本的数据.

$$H_0:\pi_1-\pi_2\geqslant 0$$
$$H_1:\pi_1-\pi_2<0$$
$$x_1=60 \quad x_2=72$$
$$n_1=150 \quad n_2=160$$

a) 计算检验统计量并解释结果.

b) 计算 p 值并解释结果.

c) 用PHStat2证明你的结果.

10.33 考虑下面的假设检验陈述，用 $\alpha=0.02$ 以及下面来自两独立样本的数据.

$$H_0:\pi_1-\pi_2\leqslant 0.20$$
$$H_1:\pi_1-\pi_2>0.20$$

$x_1 = 190$ $x_2 = 118$
$n_1 = 225$ $n_2 = 200$

a) 计算检验统计量并解释结果.
b) 计算 p 值并解释结果.
c) 用 PHStat2 证明你的结果.

10.34 考虑下面的假设检验陈述，用 $\alpha = 0.05$ 以及下面来自两独立样本的数据.

$$H_0: \pi_1 - \pi_2 = 0$$
$$H_1: \pi_1 - \pi_2 \ne 0$$

$x_1 = 18$ $x_2 = 24$
$n_1 = 85$ $n_2 = 105$

a) 计算检验统计量并解释结果.
b) 计算 p 值并解释结果.
c) 用 PHStat2 证明你的结果.

10.35 考虑下列来自两独立样本的数据. 构造 90% 置信区间来估计两总体比例之差.

$x_1 = 46$ $x_2 = 48$
$n_1 = 90$ $n_2 = 80$

10.36 考虑下列来自两独立样本的数据. 构造 90% 置信区间来估计两总体比例之差.

$x_1 = 92$ $x_2 = 76$
$n_1 = 130$ $n_2 = 150$

应用题

10.37 经济学家推理最近的经济衰退对男性的影响比女性更大，因为男性通常受雇于像制造业和建筑业这样遭受衰退打击最重的工业. 而女性通常受雇于像医疗和教育这样的服务业，这些服务业对衰退更有抵抗力. 175 名男性样本和 140 名女性样本被随机抽取. 男性群体中的 18 人处于失业状态；女性群体中的 12 人处于失业状态.

男性	女性
$x_1 = 18$	$x_2 = 12$
$n_1 = 175$	$n_2 = 140$

a) 用 $\alpha = 0.05$ 进行假设检验来确定男性的失业率是否比女性高.
b) 确定 p 值并解释结果.
d) 用 PHStat2 证明你的结果.

10.38 在过去的两年中，美国银行协会（ABA）进行了调查来确定由于消费者网络账户被网络攻击而遭受损失的银行数量. 下列数据给出了 2009 年和 2010 年受到这样攻击的银行数量以及每个样本中的银行数量.

2009	2010
$x_1 = 144$	$x_2 = 132$
$n_1 = 170$	$n_2 = 150$

a) 用 $\alpha = 0.10$ 进行假设检验来确定 2009 年到 2010 年，因网络攻击而遭受损失的银行比例是否增加了.
b) 确定 p 值并解释结果.
c) 用 PHStat2 证明你的结果.

10.39 当人的体重超过健康体重 30 磅时，将被考虑为极度肥胖. 极度肥胖能够增加患心脏病和糖尿病的风险，这样会增加医疗系统的成本. 两个成人随机样本被选取. 其中一个样本中的人没有高中文凭. 另一个样本中的人持有大学学位. 抽取的人数以及每个样本中的极度肥胖人数如下：

无高中文凭	大学学位
$x_1 = 70$	$x_2 = 37$
$n_1 = 205$	$n_2 = 180$

a) 用 $\alpha = 0.05$ 进行假设检验来确定无高中文凭的极度肥胖人数比例与拥有大学学位的极度肥胖人数比例是否不同.
b) 确定 p 值并解释结果.
c) 用 PHStat2 证明你的结果.

10.40 一个城市的办公用房是所在城市经济健康的象征. 波士顿和芝加哥的办公室随机样本被选取，闲置办公房数被进行了记录. 数据如下：

波士顿	芝加哥
$x_1 = 24$	$x_2 = 17$
$n_1 = 165$	$n_2 = 145$

a) 构造 95% 置信区间来估计这两个城市空置率之差. 能得到什么结论？
b) 用 PHStat2 证明你的结果.

10.41 足球运动中两个运动员之间的传球是球队胜利的关键技术. 英国球队和德国球队在 2010 世界杯上的传球随机样本被选取，每个样本中成功传球的个数被进行了计数. 数据如下：

德国队	英国队
$x_1 = 69$	$x_2 = 71$
$n_1 = 76$	$n_2 = 91$

a) 构造 90% 置信区间来估计德国队和英国队传球的准确性之差. 能得到什么结论?

b) 用 PHStat2 证明你的结果.

本章主要公式

均值之差抽样分布的均值公式

$$\mu_{\bar{x}_1 - \bar{x}_2} = \mu_{\bar{x}_1} - \mu_{\bar{x}_2} \quad (10\text{-}1)$$

两均值之差的标准误差公式

$$\sigma_{\bar{x}_1 - \bar{x}_2} = \sqrt{\frac{\sigma_1^2}{n_1} + \frac{\sigma_2^2}{n_2}} \quad (10\text{-}2)$$

两均值之差假设检验的 z 检验统计量公式(σ_1 和 σ_2 已知)

$$z_{\bar{x}} = \frac{(\bar{x}_1 - \bar{x}_2) - (\mu_1 - \mu_2)_{H_0}}{\sigma_{\bar{x}_1 - \bar{x}_2}} \quad (10\text{-}3)$$

两独立总体均值之差的置信区间公式(σ_1 和 σ_2 已知)

$$UCL_{\bar{x}_1 - \bar{x}_2} = (\bar{x}_1 - \bar{x}_2) + z_{\alpha/2} \sigma_{\bar{x}_1 - \bar{x}_2} \quad (10\text{-}4)$$

$$LCL_{\bar{x}_1 - \bar{x}_2} = (\bar{x}_1 - \bar{x}_2) - z_{\alpha/2} \sigma_{\bar{x}_1 - \bar{x}_2} \quad (10\text{-}5)$$

两均值之差假设检验的 t 检验统计量公式(σ_1 和 σ_2 未知但相等)

$$t_{\bar{x}} = \frac{(\bar{x}_1 - \bar{x}_2) - (\mu_1 - \mu_2)_{H_0}}{\sqrt{s_p^2 \left(\frac{1}{n_1} + \frac{1}{n_2}\right)}} \quad (10\text{-}6)$$

合并方差公式

$$s_p^2 = \frac{(n_1 - 1)s_1^2 + (n_2 - 1)s_2^2}{(n_1 - 1) + (n_2 - 1)} \quad (10\text{-}7)$$

两独立总体均值之差的置信区间公式(σ_1 和 σ_2 未知但相等)

$$UCL_{\bar{x}_1 - \bar{x}_2} = (\bar{x}_1 - \bar{x}_2) + t_{\alpha/2} \sqrt{s_p^2 \left(\frac{1}{n_1} + \frac{1}{n_2}\right)} \quad (10\text{-}8)$$

$$LCL_{\bar{x}_1 - \bar{x}_2} = (\bar{x}_1 - \bar{x}_2) - t_{\alpha/2} \sqrt{s_p^2 \left(\frac{1}{n_1} + \frac{1}{n_2}\right)} \quad (10\text{-}9)$$

两均值之差假设检验的 t 检验统计量公式(σ_1 和 σ_2 未知且不等)

$$t_{\bar{x}} = \frac{(\bar{x}_1 - \bar{x}_2) - (\mu_1 - \mu_2)_{H_0}}{\sqrt{\frac{s_1^2}{n_1} + \frac{s_2^2}{n_2}}} \quad (10\text{-}10)$$

两均值之差检验的 t 分布自由度公式(σ_1 和 σ_2 未知且不等)

$$df = \frac{\left(\frac{s_1^2}{n_1} + \frac{s_2^2}{n_2}\right)^2}{\frac{\left(\frac{s_1^2}{n_1}\right)^2}{n_1 - 1} + \frac{\left(\frac{s_2^2}{n_2}\right)^2}{n_2 - 1}} \quad (10\text{-}11)$$

配对差公式

$$d = x_1 - x_2 \quad (10\text{-}12)$$

配对差的均值公式

$$\bar{d} = \frac{\sum_{i=1}^{n} d_i}{n} \quad (10\text{-}13)$$

配对差的标准差公式

$$s_d = \sqrt{\frac{\sum_{i=1}^{n}(d_i - \bar{d})^2}{n - 1}} \quad (10\text{-}14)$$

或

$$s_d = \sqrt{\frac{\sum_{i=1}^{n} d_i^2 - \frac{\left(\sum_{i=1}^{n} d_i\right)^2}{n}}{n - 1}} \quad (10\text{-}15)$$

均值配对假设检验的 t 检验统计量公式

$$t_{\bar{x}} = \frac{\bar{d} - (\mu_d)_{H_0}}{\frac{s_d}{\sqrt{n}}} \quad (10\text{-}16)$$

相关样本均值之差的置信区间公式

$$UCL_{\bar{d}} = \bar{d} + t_{\alpha/2} \frac{s_d}{\sqrt{n}} \quad (10\text{-}17)$$

$$LCL_{\bar{d}} = \bar{d} - t_{\alpha/2} \frac{s_d}{\sqrt{n}} \quad (10\text{-}18)$$

总体比例之差的标准误差公式

$$\sigma_{p_1 - p_2} = \sqrt{\frac{\pi_1(1 - \pi_1)}{n_1} + \frac{\pi_2(1 - \pi_2)}{n_2}} \quad (10\text{-}19)$$

总体比例之差的近似标准误差公式

$$\hat{\sigma}_{p_1 - p_2} = \sqrt{\frac{p_1(1 - p_1)}{n_1} + \frac{p_2(1 - p_2)}{n_2}} \quad (10\text{-}20)$$

两比例之差的置信区间公式

$$UCL_{p_1-p_2} = (p_1 - p_2) + z_{\alpha/2}\,\hat{\sigma}_{p_1-p_2} \quad (10\text{-}21)$$

$$LCL_{p_1-p_2} = (p_1 - p_2) - z_{\alpha/2}\,\hat{\sigma}_{p_1-p_2} \quad (10\text{-}22)$$

总体比例的合并估计公式

$$\hat{p} = \frac{x_1 + x_2}{n_1 + n_2} \quad (10\text{-}23)$$

两比例之差假设检验的 z 检验统计量公式

$$z_p = \frac{(p_1 - p_2) - (\pi_1 - \pi_2)_{H_0}}{\sqrt{\hat{p}(1-\hat{p})\left(\dfrac{1}{n_1} + \dfrac{1}{n_2}\right)}} \quad (10\text{-}24)$$

比较两总体的假设检验总结

类型	样本	σ_1, σ_2	检验统计量	其他要求的公式
均值	独立样本	已知	$z_{\bar{x}} = \dfrac{(\bar{x}_1 - \bar{x}_2) - (\mu_1 - \mu_2)_{H_0}}{\sigma_{\bar{x}_1-\bar{x}_2}}$	$\sigma_{\bar{x}_1-\bar{x}_2} = \sqrt{\dfrac{\sigma_1^2}{n_1} + \dfrac{\sigma_2^2}{n_2}}$
均值	独立样本	未知且相等	$t_{\bar{x}} = \dfrac{(\bar{x}_1 - \bar{x}_2) - (\mu_1 - \mu_2)_{H_0}}{\sqrt{s_p^2\left(\dfrac{1}{n_1} + \dfrac{1}{n_2}\right)}}$	$s_p^2 = \dfrac{(n_1-1)s_1^2 + (n_2-1)s_2^2}{(n_1-1)+(n_2-1)}$ $df = n_1 + n_2 - 2$
均值	独立样本	未知且不相等	$t_{\bar{x}} = \dfrac{(\bar{x}_1 - \bar{x}_2) - (\mu_1 - \mu_2)_{H_0}}{\sqrt{\left(\dfrac{s_1^2}{n_1} + \dfrac{s_2^2}{n_2}\right)}}$	$df = \dfrac{\left(\dfrac{s_1^2}{n_1} + \dfrac{s_2^2}{n_2}\right)^2}{\dfrac{\left(\dfrac{s_1^2}{n_1}\right)^2}{n_1 - 1} + \dfrac{\left(\dfrac{s_2^2}{n_2}\right)^2}{n_2 - 1}}$
均值	相关样本	未知	$t_{\bar{x}} = \dfrac{\bar{d} - (\mu_d)_{H_0}}{\dfrac{s_d}{\sqrt{n}}}$	$s_d = \sqrt{\dfrac{\sum\limits_{i=1}^{n} d_i^2 - \dfrac{\left(\sum\limits_{i=1}^{n} d_i\right)^2}{n}}{n-1}}$
比例	独立样本	不适用	$z_p = \dfrac{(p_1 - p_2) - (\pi_1 - \pi_2)_{H_0}}{\sqrt{\hat{p}(1-\hat{p})\left(\dfrac{1}{n_1} + \dfrac{1}{n_2}\right)}}$	$\hat{p} = \dfrac{x_1 + x_2}{n_1 + n_2}$

比较两总体的置信区间总结

类型	样本	σ_1, σ_2	置信区间	公式
均值	独立样本	已知	$UCL_{\bar{x}_1-\bar{x}_2} = (\bar{x}_1 - \bar{x}_2) + z_{\alpha/2}\sigma_{\bar{x}_1-\bar{x}_2}$	10-4
			$LCL_{\bar{x}_1-\bar{x}_2} = (\bar{x}_1 - \bar{x}_2) - z_{\alpha/2}\sigma_{\bar{x}_1-\bar{x}_2}$	10-5
均值	独立样本	未知	$UCL_{\bar{x}_1-\bar{x}_2} = (\bar{x}_1 - \bar{x}_2) + t_{\alpha/2}\sqrt{s_p^2\left(\dfrac{1}{n_1} + \dfrac{1}{n_2}\right)}$	10-8
			$LCL_{\bar{x}_1-\bar{x}_2} = (\bar{x}_1 - \bar{x}_2) - t_{\alpha/2}\sqrt{s_p^2\left(\dfrac{1}{n_1} + \dfrac{1}{n_2}\right)}$	10-9
均值	相关样本	未知	$UCL_{\bar{d}} = \bar{d} + t_{\alpha/2}\dfrac{s_d}{\sqrt{n}}$	10-17
			$LCL_{\bar{d}} = \bar{d} - t_{\alpha/2}\dfrac{s_d}{\sqrt{n}}$	10-18
比例	独立样本	不适用	$UCL_{p_1-p_2} = (p_1 - p_2) + z_{\alpha/2}\hat{\sigma}_{p_1-p_2}$	10-21
			$UCL_{p_1-p_2} = (p_1 - p_2) - z_{\alpha/2}\hat{\sigma}_{p_1-p_2}$	10-22

复习题

10.42 联邦政府开始关心营利性学校的学生贷款的违约率。两个学生贷款的随机样本被选取：一个来自营利性学校的学生，另一个来自非营利性学校的学生。下列数据给出样本容量和每个样本违约的贷款笔数：

营利性	非营利性
$x_1 = 23$	$x_2 = 7$
$n_1 = 220$	$n_2 = 200$

a) 用 $\alpha = 0.05$ 进行假设检验来确定营利性贷款的违约比例是否比非营利性贷款的违约比例大。
b) 确定 p 值并解释结果。
c) 构造 95% 置信区间来估计这两种类型学校的贷款违约比例之差。
d) 用 PHStat2 证明你的结果。

10.43 航空公司收取的行李费最近受到了广泛关注，因为航空工业一直在寻找不直接涨价而增加收入的途径。美国航空公司想调查在实行安检收费后，每架航班安检过的行李数量是否有所下降。下表给出了波音 737 国内航班随机样本在实行收费前后每架航班安检的行李数量。同时还给出了总体标准差和样本容量。

	之前	之后
样本均值	112.4	109.7
样本容量	42	50
总体标准差	10.7	9.4

a) 用 $\alpha = 0.05$ 进行假设检验来确定实行行李安检收费后，安检行李的平均数量是否下降了。
b) 确定 p 值并解释结果。
c) 构造 90% 置信区间来估计行李安检收费前后每架航班安检行李的平均数量之差。
d) 用 PHStat2 证明你的结果。

10.44 某调查询问被调查人在诸如 Facebook、MySpace、Twitter 这样的交友网站上有几个网络"朋友"。下表给出了男性和女性的朋友平均数量以及样本标准差和样本容量。假设每个人朋友数量的总体方差不相等。

	男性	女性
样本均值	178.3	144.6
样本容量	26	23
样本标准差	72.3	56.9

a) 用 $\alpha = 0.05$ 进行假设检验来确定是否男性比女性平均多 10 个以上网络朋友。
b) 用附录 A 表 5 近似 p 值并解释结果。
c) 用 PHStat2 证明你的结果。
d) 为了进行该过程，需做哪些假设？

10.45 在最近的经济衰退期间，新建住宅的平均面积似乎有所下降。为了调查这种趋势，建于 2005 年住宅随机样本的建筑面积被进行了记录。对于 2010 年的新建住宅也做了相同抽样。样本统计量如下。假设这两年建造的住宅建筑面积的总体方差相等。

	2005	2010
样本均值	2419.0	2202.5
样本容量	45	40
样本标准差	754.8	740.1

a) 用 $\alpha = 0.05$ 进行假设检验来确定 2005 年建造的住宅是否平均比 2010 年建造的住宅大。
b) 构造 90% 置信区间来估计这两年新建住宅建筑面积的平均差，解释你的结果。
c) 用 PHStat2 证明你的结果。
d) 确定 p 值并解释结果。
e) 为了实行该过程，需做哪些假设？

10.46 击球手挥棒次数与击中次数之比被称为"触球率"。下面的数据显示了大联盟球员面对华盛顿国家队的史蒂芬·史特拉斯堡投球样本的触球次数以及面对旧金山巨人队的蒂姆·林斯肯投球样本的触球次数。

斯特拉斯堡	林斯肯
$x_1=46$	$x_2=62$
$n_1=75$	$n_2=85$

a) 用 $\alpha=0.05$ 进行假设检验来确定这两个投球手的触球率是否不同.
b) 确定 p 值并解释结果.
c) 构造 95% 置信区间来估计这两个投球手的触球率之差.
d) 用 PHStat2 证明你的结果.

10.47 作家沃尔特·莫斯伯格检测了苹果 iPhone 4 在美国电话电报局 3G 网络以及谷歌的安卓 My-Touch Slide 在德国电信公司 3G 网络的下载速度. 在《华尔街日报》2010 年的题为 "无线网络之战" 的文章中, 莫斯伯格用下面的样本均值(兆/秒)和样本容量报道了他的结果. 这里我擅自设定了样本标准差, 因为文章中没提到. 假设这两个网络下载速度的总体方差相等.

	德国电信公司	美国电话电报局
样本均值	4.26	3.65
样本容量	10	10
样本标准差	1.5	1.5

a) 用 $\alpha=0.05$ 进行假设检验来确定这两个网络的平均下载速度是否不同.
b) 构造 95% 置信区间来估计这两个网络下载速度的平均差. 解释你的结果.
c) 用 PHStat2 证明你的结果.
d) 确定 p 值并解释结果.
e) 实行该过程需做哪些假设?

10.48 麦当劳想比较其得来速顾客的平均等餐时间和堂食顾客的平均等餐时间. 下列数据表示随机选取的这两种顾客样本的等餐时间(分钟). 这些数据也可在 Excel 文件 wait times.xlsx 中发现. 假设两种位置等餐时间的总体方差相等.

得来速		堂食	
3.2	1.7	3.0	1.7
5.0	4.0	2.8	5.0
0.9	4.9	3.4	1.9
6.4	3.0	3.3	4.5

(续)

得来速		堂食	
3.6	3.2	2.4	5.9
3.5	3.4	4.5	4.0
3.9	6.3	1.1	3.3
3.3	0.0	2.0	2.8
2.1	3.3	0.0	5.3
		4.9	2.4

a) 用 $\alpha=0.05$ 进行假设检验来确定两种位置的平均等餐时间是否不同.
b) 用附录 A 表 5 近似 p 值并解释结果.
c) 构造 95% 置信区间来估计这两个位置的平均等餐时间差. 解释你的结果.
d) 用 PHStat2 或 Excel 证明你的结果.
e) 用 Excel 确定 p 值并解释结果.
f) 实行该过程需做哪些假设?

10.49 航空工业的航班准时表现是帮助吸引客户的重要度量. 下列数据给出了联合航空公司和西南航空公司的随机样本的晚点航班数:

联合航空	西南航空
$x_1=130$	$x_2=119$
$n_1=175$	$n_2=140$

a) 用 $\alpha=0.05$ 进行假设检验来确定这两个航空公司的准时表现是否不同.
b) 确定 p 值并解释结果.
c) 构造 95% 置信区间来估计这两个航空公司准时表现之差.
d) 用 PHStat2 证明你的结果.

10.50 辉瑞制药想检验其新开发的胆固醇药物的作用. 为了检验药的作用, 12 个随机选取个体的低密度脂蛋白胆固醇水平在用药前后被进行了测量. 数据显示如下, 也可在 Excel 文件 cholesterol.xlsx 中获得.

人	用药前	用药后	人	用药前	用药后
1	187	144	7	184	105
2	196	146	8	185	104
3	184	117	9	212	138
4	180	104	10	206	125
5	208	114	11	192	120
6	203	135	12	175	121

a) 用 $\alpha=0.05$ 进行假设检验来确定用新药病人的低密度子脂蛋白水平是否比没用的病人低得多于 60 点.
b) 用附录 A 表 5 近似 p 值并解释结果.
c) 构造 90% 置信区间来估计病人用药前后的低密度脂蛋白水平的平均差.
d) 用 Excel 证明你的结果.
e) 用 Excel 确定 p 值并解释结果.
f) 实行该过程需做哪些假设?

10.51 联邦政府最近实行的新医保计划使得人们开始担心初级护理医师的短缺,尤其是服务水平低下的农村地区. 就诊初级护理医师的农村和城市病人的随机样本被选取. 病人为预约等待的天数被进行了记录. 每个样本汇总的数据显示如下表:

	农村	城市
样本均值	11.7	8.6
样本容量	32	30
总体标准差	5.0	3.5

a) 用 $\alpha=0.01$ 进行假设检验来确定城市病人等待就诊初级护理医师的平均天数是否与农村病人等待天数不同.
b) 确定 p 值并解释结果.
c) 构造 99% 置信区间来估计城市病人等待就诊初级护理医师的平均天数与农村病人等待就诊的平均天数之差.
d) 用 PHStat2 证明你的结果.

10.52 航空工业通过计算一个座位在每加仑喷气燃料下所能飞行的公里数来衡量燃料效率,这里座位被占与否不重要. 下列数据给出了达美航空公司和全美航空公司随机选取的 15 次航班的燃料经济性(英里/座). 假设这两个航空公司燃料效率的总体方差不相等.

达美航空公司			全美航空公司		
82.1	68.4	52.7	60.8	68.3	77.2
58.8	52.0	71.4	76.4	71.4	63.0
60.0	59.6	44.9	58.9	72.1	81.1
57.9	67.6	55.9	68.6	63.1	83.5
45.2	61.0	86.7	58.2	73.3	69.0

a) 用 $\alpha=0.05$ 进行假设检验来确定这两家航空公司的平均燃料效率是否不同.
b) 用附录 A 表 5 近似 p 值并解释结果.
c) 用 PHStat2 或 Excel 证明你的结果.
d) 用 Excel 确定 p 值并解释结果.
e) 实行该过程需做哪些假设?

10.53 最近大家一直在关注高校男子篮球赛罚球得分百分比以及投手罚球前运球次数. 罚球前运球 2 次和 4 次的球员样本被随机选取,两组球员罚球得分的次数被进行了记录:

运球 2 次	运球 4 次
$x_1=79$	$x_2=112$
$n_1=120$	$n_2=145$

a) 用 $\alpha=0.10$ 进行假设检验来确定投罚球前运球 2 次和 4 次的罚球得分比例是否不同.
b) 确定 p 值并解释结果.
c) 构造 90% 置信区间来估计球员投球前运球 2 次和 4 次罚球得分比例之差.
d) 用 PHStat2 证明你的结果.

10.54 半高轮胎是一种具有较短轮胎壁高度的汽车轮胎,这里的轮胎壁高度指的是轮辋到路面的距离. 这些轮胎在汽油里程数的花费上有较好的表现. 福特金牛被选中来测量这种轮胎对汽油里程数的作用. 该车型的 10 辆车被选中,使用标准轮胎的一箱油的汽油里程数被进行了测量. 然后在相同的车上换上半高轮胎. 用相同的司机,再次记录了汽油里程数. 结果显示如下,也可在 Excel 文件 low profile.xlsx 中获得. 假设总体方差相等.

汽车	标准轮胎	半高轮胎	汽车	标准轮胎	半高轮胎
1	21.5	22.4	6	26.5	19.0
2	22.3	20.1	7	25.5	19.7
3	25.6	24.0	8	19.5	16.2
4	19.3	19.5	9	23.9	21.4
5	22.3	21.7	10	22.9	22.4

a) 用 $\alpha=0.05$ 进行假设检验来确定标准轮胎的平均汽油里程数是否比半高轮胎的平均汽油里程数高.
b) 用附录 A 近似 p 值并解释结果.
c) 构造 90% 置信区间来估计使用这两种轮胎汽油里程数的平均差. 解释结果.
d) 用 Excel 和 PHStat2 证明你的结果.
e) 用 Excel 确定 p 值并解释结果.
f) 实行该过程需做哪些假设?

10.55 在大联盟棒球赛中,站在本垒后方的裁判用他最佳判断来决定投的球落在好球区里还是区外. 一个长久以来的问题是全国联盟的好球区是否跟美国联盟的好球区一样. 解决这个问题的一种方法是比较两个联盟中被三振的百分比. 背后的逻辑当是击球手看向被三振而不挥棒时,他认为球落在好球区之外,而裁判认为球被投入了好球区. 为了检验该假设,每个联盟的打席数随机样本被进行了选取,被三振数也被记录了下来. 数据如下:

美国联盟	全国联盟
$x_1=46$	$x_2=37$
$n_1=170$	$n_2=160$

a) 用 $\alpha=0.10$ 进行假设检验来确定这两个联盟的被三振比例是否不同.
b) 确定 p 值并解释结果.
c) 构造 90% 置信区间来估计两个联盟的被三振比例之差.
d) 用 PHStat2 证明你的结果.

10.56 零售商对每年感恩节周末的假日销售倍加关注. 为了监控这些销售,购物者随机样本在 2009 年和 2010 年被进行了选取. 每个购物者在商店和网站花费的钱数被进行了记录. 这些数据可在 Excel 文件 holiday sales.xlsx 中获得. 假设两年中该周末花费的总体方差相等.
a) 用 $\alpha=0.10$ 进行假设检验来确定这两年感恩节周末的平均假日消费金额是否不同.
b) 构造 90% 置信区间来估计这两年假日购物者花费金额的平均差.
c) 用 Excel 和 PHStat2 证明你的结果.
d) 确定 p 值并解释结果.
e) 实行该过程需做哪些假设?

10.57 花旗银行拥有一个主信用卡事业部,该部发起一项促销以鼓励其客户增加目前的信用卡使用. 为了检验该促销活动的作用,花旗银行监控了 25 名客户在促销前后的月信用卡当前余额. 结果可在 Excel 文件 Citibank 1.xlsx 中获得.
a) 用 $\alpha=0.05$ 进行假设检验来确定促销后的平均信用卡当前余额是否比促销前高.
b) 构造 90% 置信区间来估计促销前后客户当前信用卡余额的平均差.
c) 用 Excel 和 PHStat2 证明你的结果.
d) 确定 p 值并解释结果.
e) 实行该过程需做哪些假设?

10.58 花旗银行拥有主信用卡事业部,该部设计了一个促销以期鼓励客户增加目前的信用卡使用. 为了检验该促销的作用,花旗银行监控了 25 名被通知促销的客户月份余额,以及 25 名不知道促销的客户月份余额. 假设信用卡当前余额的总体方差相等. 结果可在 Excel 文件 Citybank2.xlsx 中获得.
a) 用 $\alpha=0.05$ 进行假设检验来确定知道促销活动的客户平均信用卡当前余额是否比不知道促销活动的客户余额高.
b) 构造 90% 置信区间来估计促销前后信用卡当前余额的平均差.
c) 用 PHStat2 证明你的结果.
d) 确定 p 值并解释结果.
e) 实行该过程需做哪些假设?

10.59 Excel 文件 golf scores.xlsx 包含某统计学作者两个极具竞争性的儿子的高尔夫分数. 每个儿子都说他是较好的那个高尔夫球员. 假设每个儿子高尔夫分数的总体方差相等.
a) 用 $\alpha=0.05$ 进行假设检验来确定两个儿子的平均高尔夫分数是否存在差异.
b) 确定 p 值并解释结果.
c) 构造 95% 置信区间来估计两个儿子的

平均高尔夫分数之差.

d) 用 Excel 和 PHStat2 证明你的结果.

10.60 可口可乐公司想对其旗下的可乐和其最大竞争对手百事可乐进行一次盲饮测试. 为了进行这次检验, 24 人被随机选取并被要求品尝没有标签的可乐, 为所尝饮料按 1~10 进行打分. 然后这些人被要求品尝另一种没有标签的可乐并打分. 测试结果在 Excel 文件 taste test.xlsx 中.

a) 用 $\alpha = 0.10$ 进行假设检验来确定两种可乐的平均得分是否存在差异.

b) 构造 90% 置信区间来估计这两种可乐得分的平均差.

c) 用 Excel 和 PHStat2 证明你的结果.

d) 确定 p 值并解释结果.

e) 实行该过程需做哪些假设?

第 11 章 方差分析过程

在第 9 章，我们学习了如何实行假设检验来估计单个总体如均值或比例这样的参数. 第 10 章将此概念扩展到对两个总体参数之差的估计. 本章将用一种称为**方差分析（ANOVA）** 的方法通过比较 3 个及以上的总体均值将假设检验更推进一步. 这种过程非常特别，它还有自己的缩写词：ANOVA. 听起来像某个恐怖的科幻电影的名字.（ANOVA：Revenge of the Aliens. 外星人的复仇. 到附近的剧院去看看！）

这个技术在商务上有很多有用的应用，比如确定下面的情形：
- 不同年龄段人群平均每月花在 Facebook（脸谱）网站上的时间是否不同.
- 各航空公司从费城飞往巴黎的双程平均票价是否不同.
- 各销售代表平均每天打出的销售电话数量是否不同.

我们用下面的例子开始本章. 在 2009 年，研究客户满意度的科罗斯咨询集团公司进行了一个测量客户对几种智能手机满意度的调查. 表 11-1 给出了该公司报道的某用户样本满意度的平均分数.

表 11-1 智能手机的平均满意度分数

总体	手机	平均分
1	苹果	83
2	安卓	77
3	黑莓	73
4	诺基亚	66

我们可以用 ANOVA 过程来检验我们是能否从样本得到足够的证据推出这些智能手机用户总体的满意度分数是否互不相同. 换言之，ANOVA 过程的目的是确定满意度分数的变异性源于智能手机的类型还是仅仅源于随机性. 为了进行该过程，我们需确定分析中的因素和水平. ANOVA 检验中的**因素**描述了数据中的变异性起因. 本例中，因素为智能手机，它导致了其用户的多种满意度. ANOVA 检验中的**水平**描述了目标因素内的分类. 对于本例，有 4 个水平，因为我们的满意度分数来自于 4 个不同的智能手机.

方差分析方法有 3 种不同的类型，称为设计. 每一种设计将数据组织成有利于所需分析类型的形式，这些设计如下：
- 单因素 ANOVA. 单因素 ANOVA 设计是 3 种设计中最简单的，它比较的是单个因素中不同水平的均值. 比较 4 种不同智能手机品牌的满意度水平就是一个例子. 将单因素 ANOVA 看成是香草味型的 ANOVA——最基础的过程但非常可靠.
- 随机化区组 ANOVA. 随机化区组 ANOVA 设计是单因素 ANOVA 的变形，我们像第 10 章的配对那样运用配对样本. 例如，假设我们认为智能手机的月消费额影响满意度分数. 我们会在每个品牌内将月消费额类似的智能手机用户归类. 这种设计允许我们"排除"因每个品牌月账单额大小而引起的分数变异性. 这样做允许我们检测品牌间满意度分数的不同，而用单因素 ANOVA 设计，这种不同可能会不明显. 我把此过程描述为薄荷巧克力片味型的 ANOVA（我的最爱）——比单因素方法迷人一点.

- 双因素 ANOVA. 双因素 ANOVA 设计用两个因素比较不同水平的均值. 例如, 这种方法允许我们同时探寻智能手机品牌(第一个因素)间的满意度分数差异以及用户教育水平(第二个因素)间的满意度分数差异. 我将此过程与培根冰激凌(真有这种冰激凌)比较, 因为双因素 ANOVA 是比前两种设计更新奇、更复杂的风味.

这 3 种过程均需做下列假设:
- 进行比较的总体均服从正态概率分布.
- 观测值互相独立.
- 参与比较的总体方差相等.
- 观测值为定距或定比数据. ㊀

本章的剩下部分, 我们将假设这 3 个条件已经满足. 本文后面部分, 我们将讨论证明正态总体和相等方差的方法. 现在我们已经准备好检验第一个 ANOVA 过程了!

11.1 单因素 ANOVA: 检验单因素对总体均值的作用

当我们关注单因素对数据值的影响时运用**单因素 ANOVA**. 考虑前一节的智能手机例子. 假设表 11-2 给出了每种手机用户个体的满意度分数. 这些数据也可在文件 smartphones.xlsx 中查到.

由于智能手机是影响表 11-2 中满意度分数的唯一因素, 这是一个单因素 ANOVA. 下列步骤说明了该方法.

表 11-2 4 种智能手机的个体满意度分数

苹果	安卓	黑莓	诺基亚
87	71	66	65
85	82	74	69
78	75	79	67
82	80		63

注: 注意到样本容量不相等. ANOVA 检验允许样本容量不相等.

第 1 步: 确定原假设和备择假设.

这里有些好消息. 每个 ANOVA 过程的原假设均陈述为所有总体均值相等. 备择假设则称不是所有总体均值都相等. 对于智能手机例子, 我们有下面的:

$$H_0: \mu_1 = \mu_2 = \mu_3 = \mu_4 ㊁$$
$$H_1: 不是所有 \mu 都相等$$

通过拒绝原假设, 我们得出总体均值确实存在差异(即, 某些智能手机的用户比其他智能化手机的用户给的平均满意度分数要高). 像前一章的单样本和双样本假设检验一样, 我们在使用 ANOVA 时需设定显著水平. 对于本例, 我把犯 I 型错误的概率设为 $\alpha=0.05$. ㊂

第 2 步: 计算样本均值($\bar{x}$)和总平均($\bar{\bar{x}}$).

表 11-2 智能手机数据的均值计算见表 11-3.

㊀ 在第 1 章, 我们描述了定距数据中数据值之差有意义. 定比数据具有定距数据的一切属性, 此外还具有真零点.

㊁ 这比要确定是单尾检验还是双尾检验, 哪个陈述设为原假设, 哪个陈述设为备择假设要简单得多, 太棒啦!

㊂ 回想, 当错误地拒绝原假设时发生 I 型错误. 本例中, 当我们得出各智能手机用户的满意度分数存在差异, 而实际上总体均值间无差异时, 发生 I 型错误.

表 11-3 智能手机满意度分数的样本数据

	苹果	安卓	黑莓	诺基亚	总计
	87	71	66	65	
	85	82	74	69	
	78	75	79	67	
	82	80		63	
总计	332	308	219	264	1123
容量	4	4	3	4	15
均值	83.0	77.0	73.0	66.0	74.87

注：注意当样本容量不相等时，不要对 4 个样本均值求平均来计算总平均．不要将 83、77、73 以及 44 加起来然后除以 4 来计算智能手机数据的总平均，应该用总得分(1123)除以得分数量(15)求．

通过对表 11-3 中每一列数据求平均获得每种智能手机的平均分数．

$$\bar{x}_1 = \frac{\text{苹果分数的和}}{n_1} = \frac{332}{4} = 83.0$$

$$\bar{x}_2 = \frac{\text{安卓分数的和}}{n_2} = \frac{308}{4} = 77.0$$

$$\bar{x}_3 = \frac{\text{黑莓分数的和}}{n_3} = \frac{219}{3} = 73.0$$

$$\bar{x}_4 = \frac{\text{诺基亚分数的和}}{n_4} = \frac{264}{4} = 66.0$$

我们还需确定总平均 $\bar{\bar{x}}$，即表 11-3 中所有智能手机分数的平均值．计算总平均的公式如下：

$$\bar{\bar{x}} = \frac{\text{所有分数的和}}{\text{分数的个数}} = \frac{1123}{15} = 74.87$$

这是我们考虑的问题：用 $\alpha=0.05$，这 4 个样本均值之间相隔的距离远到能证明它们所在总体的均值显著不同吗？我们来找下答案！

第 3 步：计算总平方和(SST)和总均方(MST)．

为了回答这个问题，我们需求出**总平方和(SST)**，它度量了每个数据值和总平均值之间的变异性．图 11-1 用图像显示了智能手机例子的 SST．

图 11-1 的每个圆代表 11-2 的一个特定满意度分数．中间的水平线显示了所有 15 个分数的总平均($\bar{\bar{x}}=74.87$)．每个箭头的长度代表每个分数和总平均之间的变异性．图 11-1 中较长的箭头表示 SST 值较大．公式 11-1 和 11-2 给出了 SST 的计算方法．两个公式的结果相同，但公式 11-2 的计算量较小，是我今后要用的．

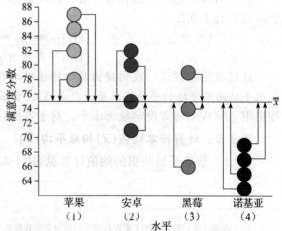

图 11-1 智能手机数据的总平方和(SST)

注：注意图 11-1 和公式 11-1 的联系．图中的箭头表示 x_{ij} 和总平均 $\bar{\bar{x}}$ 之差．

方差分析过程

👉 学生经常问起,我们为什么把比较均值的过程称为方差分析. 如图 11-1 所示,我们探查方差来发现平均分是否不同. 稍后详述!

总平方和(SST)公式

$$\mathrm{SST} = \sum_{j=1}^{k} \sum_{i=1}^{n_j} (x_{ij} - \overline{\overline{x}})^2 \tag{11-1}$$

或

$$\mathrm{SST} = \sum_{j=1}^{k} \sum_{i=1}^{n_j} x_{ij}^2 - \frac{\left(\sum_{j=1}^{k} \sum_{i=1}^{n_j} x_{ij}\right)^2}{n_T} \tag{11-2}$$

其中　SST=总平方和

　　　x_{ij}=第 j 个总体中的第 i 个值

　　　$\overline{\overline{x}}$=所有数值的总平均

　　　n_j=第 j 个总体样本的容量

　　　n_T=所有数值的个数

　　　k=参与比较的总体个数

有些人看着这些公式可能会崩溃,让我们抽点时间来打败公式这些坏孩子吧. 表 11-4 给出了下标 i(表 11-3 的行)和 j(列)的不同值对应的不同数值. 例如,$x_{11}(i=1,j=1)$表示第 1 列中的第 1 个苹果手机得分(87),而 $x_{21}(i=2,j=1)$表示相同列中的第 2 个苹果手机得分(85). 第 1 个安卓手机得分(71)为 $x_{12}(i=1,j=2)$,是第 2 列的第 1 个分数. 为了应用公式 11-2,我们把所有 15 个数值($n_T=15$)加起来,同时将所有数值的平方加起来.

表 11-4　智能手机数据的 SST

i	j	智能手机	x_{ij}	x_{ij}
1	1	苹果	87	7569
2	1	苹果	85	7225
3	1	苹果	78	6084
4	1	苹果	82	6724
1	2	安卓	71	5041
2	2	安卓	82	6724
3	2	安卓	75	5625
4	2	安卓	80	6400
1	3	黑莓	66	4356
2	3	黑莓	74	5476
3	3	黑莓	79	6241
1	4	诺基亚	65	4225
2	4	诺基亚	69	4761
3	4	诺基亚	67	4489
4	4	诺基亚	63	3969
			$\sum_{j=1}^{k}\sum_{i=1}^{n_j} x_{ij} = 1123$	$\sum_{j=1}^{k}\sum_{i=1}^{n_j} x_{ij}^2 = 84\,909$

尽管公式 11-1 比公式 11-2 看起来简单一点，但手算时计算量较大．如果使用的是 Excel，公式 11-1 更方便．

我们将这两个值代入公式 11-2，如下：

$$SST = \sum_{j=1}^{k}\sum_{i=1}^{n_j} x_{ij}^2 - \frac{\left(\sum_{j=1}^{k}\sum_{i=1}^{n_j} x_{ij}\right)^2}{n_T} = 84\ 909 - \frac{(1123)^2}{15}$$
$$= 84\ 909 - 84\ 075.27 = 833.73$$

注意到表 11-4 中，$j=1$ 针对苹果手机得分，$j=2$ 针对安卓手机得分，$j=3$ 针对黑莓手机得分，$j=4$ 针对诺基亚手机得分．

对于那些更喜欢公式 11-1 的同学，图 11-2 给出了 Excel 的 SST 计算．

总均方（MST） 可用公式 11-3 计算，由 SST 推出，是样本数据变异性的另一种说法．该公式中的分母是数据集的自由度，等于 n_T-1．

总均方（MST）公式

$$MST = \frac{总平方和}{n_T - 1} = \frac{SST}{n_T - 1} \quad (11\text{-}3)$$

其中　$MST=$ 总均方
$\qquad SST=$ 总平方和
$\qquad n_T=$ 所有数值的个数

对于智能手机例子，总均方（MST）计算如下：

$$MST = \frac{SST}{n_T - 1} = \frac{833.73}{15 - 1} = 59.55$$

	A	B	C	D	E
	x_{ij}	$\bar{\bar{x}}$	$(x_{ij} - \bar{\bar{x}})$	$(x_{ij} - \bar{\bar{x}})^2$	
2	87	74.87	12.13	147.14	
3	85	74.87	10.13	102.62	
4	78	74.87	3.13	9.80	
5	82	74.87	7.13	50.84	
6	71	74.87	-3.87	14.98	
7	82	74.87	7.13	50.84	
8	75	74.87	0.13	0.02	
9	80	74.87	5.13	26.32	
10	66	74.87	-8.87	78.68	
11	74	74.87	-0.87	0.76	
12	79	74.87	4.13	17.06	
13	65	74.87	-9.87	97.42	
14	69	74.87	-5.87	34.46	
15	67	74.87	-7.87	61.94	
16	63	74.87	-11.87	140.90	
18			Total	833.73	

图 11-2　用 Excel 计算 SST

在第 8 章，我们学习了自由度是像样本均值这样的信息确定后，能够自由变换的数值的个数．

如果原假设为真（假设为真，除非证明不是），所有参与比较的水平来自均值为 μ，方差为 σ^2 的相同总体．在这些情况下，MST 是对总体方差 σ^2 一个不错的估计．本章稍后详述．

目前为止，本章已经讲了不少内容了，现在是用这个思考题尝试 ANOVA 过程的最好时机．

要知道，原假设假定所有总体均值都相等．

思考题 1　椒盐脆饼屋是一家现场烘焙手卷椒盐脆饼的零售店．烘焙椒盐脆饼的一个关键步骤是保证每个店员卷出的饼大小一致．为了检验这种一致性，每位员工卷出来的 4

个脆饼随机样本被进行了称重. 每位员工卷出的各脆饼重量(盎司)如下表, 也可在 Excel 文件 pretzel.xlsx 查到.

a) 给出原假设和备择假设.
b) 计算样本均值和总平均.
c) 计算总平方和(SST).
d) 计算总均方(MST).

简(1)	汤姆(2)	詹森(3)
2.5	2.1	3.3
2.7	2.9	2.8
2.2	2.2	3.7
2.6	2.4	3.0

第 4 步: 将总平方和拆分成组间平方和(SSB)以及组内平方和(SSW).

如图 11-3 所示, 总平方和可分成两个部分:
1. 组间平方和(SSB)
2. 组内平方和(SSW)

公式 11-4 给出了这种拆分的数学关系.

单因素 ANOVA 拆分总平方和(SST)公式

$$SST = SSB + SSW \quad (11\text{-}4)$$

图 11-4 用智能手机例子说明了 SSB.

第一部分, **组间平方和(SSB)** 如图中箭头所示, 度量了每个样本均值和总平均之间的变异性. 每个样本均值由短水平线标示, 而所有 15 个得分的总平均由长线标示. 每个箭头的长度表示每个样本均值和总平均之间的变异性. 图 11-4 中较长的箭头显示了 SSB 的值较大. SSB 可由公式 11-5 计算得到.

组间平方和(SSB)公式

$$SSB = \sum_{j=1}^{k} n_j (\overline{x}_j - \overline{\overline{x}})^2 \quad (11\text{-}5)$$

其中 SSB=组间平方和
$\overline{x}_j$=第 j 个总体的样本均值
$\overline{\overline{x}}$=所有数值的总平均值
n_j=第 j 个总体样本的容量
k=参与比较的总体个数

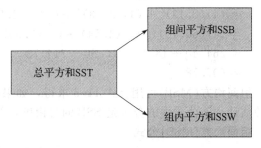

图 11-3 拆分单因素 ANOVA 的总平方和(SST)

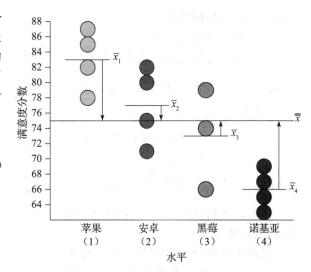

图 11-4 智能手机数据的组间平方和(SSB)

对于智能手机例子, 我们已经确定了 $\overline{\overline{x}}=74.87$ 和 $k=4$. 表 11-3 和表 11-4 给出了该公式所需的其他样本数据. 方便起见, 我们在表 11-5 汇总了这些数据.

表 11-5 智能手机例子汇总的样本数据

	苹果	安卓	黑莓	诺基亚
	$j=1$	$j=2$	$j=3$	$j=4$
$\overline{x}_j$	$\overline{x}_1=83$	$\overline{x}_2=77$	$\overline{x}_3=73$	$\overline{x}_4=66$
n_j	$n_1=4$	$n_2=4$	$n_3=3$	$n_4=4$

将这些数据应用到公式 11-5,得到下面的公式:

$$\begin{aligned}
\text{SSB} &= \sum_{j=1}^{k} n_j (\overline{x}_j - \overline{\overline{x}})^2 \\
&= n_1(\overline{x}_1 - \overline{\overline{x}})^2 + n_2(\overline{x}_2 - \overline{\overline{x}})^2 + n_3(\overline{x}_3 - \overline{\overline{x}})^2 + n_4(\overline{x}_4 - \overline{\overline{x}})^2 \\
&= (4)(83-74.87)^2 + (4)(77-74.87)^2 + (3)(73-74.87)^2 + (4)(66-74.87)^2 \\
&= (4)(8.13)^2 + (4)(2.13)^2 + (3)(-1.87)^2 + (4)(-8.87)^{2 \ominus} \\
&= (4)(66.10) + (4)(4.54) + (3)(3.50) + (4)(78.68) \\
&= 264.40 + 18.16 + 10.50 + 314.72 \\
&= 607.78
\end{aligned}$$

组间均方(MSB)可用公式 11-6 求得,如果原假设为真,MSB 为总体方差 σ^2 提供了第二种估计. 该公式中的分母是 SSB 的自由度,等于 $k-1$.

组间均方(MSB)公式

$$\text{MSB} = \frac{\text{组间平方和}}{k-1} = \frac{\text{SSB}}{k-1} \tag{11-6}$$

其中 MSB=组间均方
SSB=组间平方和
k=参与比较的总体个数

👉 MST 为我们提供了总体方差的第一种估计.

将公式 11-6 应用到智能手机例子中,组间均方计算如下:

$$\text{MSB} = \frac{\text{SSB}}{k-1} = \frac{607.78}{4-1} = 202.59$$

最后,我们可用图 11-5 来确定组内平方和(SSW).

组内平方和(SSW)度量了每个样本数据和其对应的样本均值之间的变异性,如图 11-5 所示. 图 11-5 中较长的箭头显示了较大的组内平方和(SSW)值. 组内平方和(SSW)可用公式 11-7 和公式 11-8 计

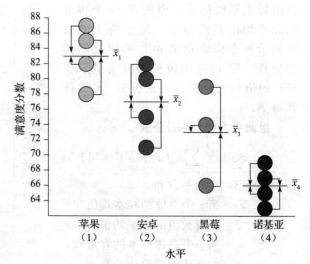

图 11-5 智能手机数据的组内平方和(SSW)

⊖ 对负数平方得到一个正数.

算得到.

组内平方和(SSW)公式

$$\text{SSW} = \sum_{j=1}^{k} \sum_{i=1}^{n_j} (x_{ij} - \overline{x}_j)^2 \tag{11-7}$$

或

$$\text{SSW} = \text{SST} - \text{SSB} \tag{11-8}$$

其中　SSW=组内平方和
　　　SST=总平方和
　　　SSB=组间平方和
　　　　x_{ij}=第 j 个总体的第 i 个值
　　　　$\overline{x}_j$=第 j 个总体的样本均值
　　　　n_j=第 j 个总体样本的容量
　　　　k=参与比较的总体个数

我将用公式 11-8 确定 SSW,因为它比公式 11-7 计算简便(我肯定你也赞同):

$$\text{SSW} = \text{SST} - \text{SSB}$$
$$\text{SSW} = 833.73 - 607.78 = 225.95$$

除了总均方(MST)和组间均方(MSB),**组内均方(MSW)** 为总体方差 σ^2 提供了第 3 种估计. MSW 可由公式 11-9 求得. 该公式中的分母是组内平方和的自由度,等于 $n_T - k$.

组内均方(MSW)公式

$$\text{MSW} = \frac{\text{组内平方和}}{n_T - k} = \frac{\text{SSW}}{n_T - k} \tag{11-9}$$

☞ 与 MST 和 MSB 不同,无论原假设是否为真,组内均方(MSW)都为总体方差提供了一个很好的估计.

其中　MSW=组内均方
　　　SSW=组内平方和
　　　k=参与比较的总体个数
　　　n_T=所有观测值的个数

将智能手机数值代入公式 11-9,组内均方(MSW)计算如下:

$$\text{MSW} = \frac{\text{SSW}}{n_T - k} = \frac{225.95}{15 - 4} = 20.54$$

既然我们已经将 SST 拆分成了两部分(SSB 和 SSW)且结算了均方,现在可以进行下一步了.

第 5 步:计算检验统计量.

以英国统计学家罗纳德·费舍尔命名的 F 检验统计量,是适用于单因素 ANOVA 的检验统计量. 公式 11-10 给出了单因素 ANOVA 的 F 检验统计量的计算.

单因素 ANOVA 的 F 检验统计量公式

$$F_{\bar{x}} = \frac{\text{MSB}}{\text{MSW}}$$

(11-10)

用最后一步的均方值，F 得分 $F_{\bar{x}}$ 计算如下：

$$F_{\bar{x}} = \frac{\text{MSB}}{\text{MSW}} = \frac{202.59}{20.54} = 9.86$$

ANOVA 表是归纳和表示 ANOVA 过程的非常方便的形式．表 11-6 给出了 ANOVA 表的格式和公式．

表 11-6　单因素 ANOVA 公式：汇总

来源	平方和	自由度	均方和	F
组间	SSB	$k-1$	$\text{MSB} = \dfrac{\text{SSB}}{k-1}$	$F_{\bar{x}} = \dfrac{\text{MSB}}{\text{MSW}}$
组内	SSW	$n_T - k$	$\text{MSW} = \dfrac{\text{SSW}}{n_T - k}$	
合计	SST	$n_T - 1$		

表 11-7 归纳了智能化手机 ANOVA 的结果．

表 11-7　智能化手机数据的汇总表

来源	平方和	自由度	均方和	F
组间	607.78	3	202.59	9.86
组内	225.95	11	20.54	
合计	833.73	14		

就像我在前面一步提到的，MSB 和 MSW 均为总体方差 σ^2 提供了合理的估计．由于原假设假定所有的样本来自相同的总体，如果原假设为真，我们希望 MSB 和 MSW 非常接近．F 得分接近 1.0，这个就会很明显．

如果原假设由于总体均值不相等而不为真，我们将希望 MSB 比 MSW 大，从而使临界 F 得分超过 1.0. 为了说明这点，回到图 11-4. 在这些条件下，样本均值将比现在图中的样子分得更开．从而产生距离总平均更长的箭头．这样如果保持 SSW 和 MSW 不受影响，将提升 SSB 和 MSB 的值．

第 6 步：确定临界值．

公式 11-10 所示的检验统计量服从新的 F 分布，见图 11-6. 如你所见，该分布是右偏的，拒绝域在右尾．ANOVA F 检验总是单尾（上侧）假设检验，如图 11-6. 可在附录 A 表 6 查得临界值 F_a. F 分布有两种自由度 D_1 和 D_2，分别对应组间平方和以及组内平方和的自由度，如下：

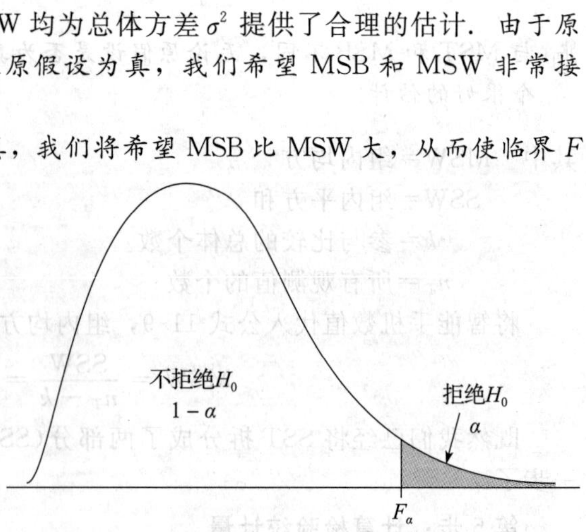

图 11-6　F 分布

注：记住，ANOVA 过程总是应用单尾假设检验来比较总体均值．

方差分析过程

$$D_1 = k - 1$$
$$D_2 = n_t - k$$

表 11-8 摘自附录 A 表 6,对应下列智能手机数据:

$$D_1 = k - 1 = 4 - 1 = 3$$
$$D_2 = n_T - k = 15 - 4 = 11$$

表 11-8 摘自附录 A 表 6,分布右尾的面积 = 0.05

D_2	|	D_1								
	1	2	3	4	5	6	7	8	9	10
1	161.448	199.500	215.707	224.583	230.162	233.986	236.768	238.883	240.543	241.882
2	18.513	19.000	19.164	19.247	19.296	19.330	19.353	19.371	19.385	19.396
3	10.128	9.552	9.277	9.117	9.013	8.941	8.887	8.845	8.812	8.786
4	7.709	6.944	6.591	6.388	6.256	6.163	6.094	6.041	5.999	5.964
5	6.608	5.786	5.409	5.192	5.050	4.950	4.876	4.818	4.772	4.735
6	5.987	5.143	4.757	4.534	4.387	4.284	4.207	4.147	4.099	4.060
7	5.591	4.737	4.347	4.120	3.972	3.866	3.787	3.726	3.677	3.637
8	5.318	4.459	4.066	3.838	3.687	3.581	3.500	3.438	3.388	3.347
9	5.117	4.256	3.863	3.633	3.482	3.374	3.293	3.230	3.179	3.137
10	4.965	4.103	3.708	3.478	3.326	3.217	3.135	3.072	3.020	2.978
11	4.844	3.982	3.587	3.357	3.204	3.095	3.012	2.948	2.896	2.854
12	4.747	3.885	3.490	3.259	3.106	2.996	2.913	2.849	2.796	2.753
13	4.667	3.806	3.411	3.179	3.025	2.915	2.832	2.767	2.714	2.671
14	4.600	3.739	3.344	3.112	2.958	2.484	2.764	2.699	2.646	2.602
15	4.543	3.682	3.287	3.056	2.901	2.790	2.707	2.641	2.588	2.544

根据表 11-8, $\alpha = 0.05$ 且自由度等于 3 和 11 的智能手机 ANOVA 临界值为 $F_\alpha = 3.587$ (灰底注明).

第 7 步:比较 F 检验统计量 $(F_{\bar{x}})$ 和临界 F 得分 (F_α).

这个比较用于确定是否拒绝原假设. 进行此比较,我们用表 11-9 所示的决策规则.

由于 $F_{\bar{x}} = 9.86$ 大于 $F_\alpha = 3.587$,根据表 11-9,我们拒绝原假设. 具体参见图 11-7. $F_{\bar{x}}$ 显然位于阴影拒绝域.

表 11-9 ANOVA 决策规则

条件		结论
$F_{\bar{x}} \leqslant F_\alpha$	→	不拒绝 H_0
$F_{\bar{x}} > F_\alpha$	→	拒绝 H_0

第 8 步:给出结论.

距离上次看到假设表述已经有段时间了,我们再回顾一下:

$$H_0: \mu_1 = \mu_2 = \mu_3 = \mu_4$$
$$H_1: \text{不是所有 } \mu \text{ 都相等}$$

通过拒绝原假设,我们能推出不是所有 4 个总体的均值都相等. 换言之,有些品牌的智能手机机主比其他品牌的智能手机机主更满意自己的手机. 然而,此时我们没有足够的信息来决定哪个总体的满意度分数显著不同. 我们将在后面的小节解决这个问题.

最后，我用两个解释完成此节. 首先，你可能会在本章开始时想，我们为什么把比较总体均值的过程称为"方差分析". 希望现在你已经意识到了，要对我们的假设进行检验，ANOVA 比较了两种方差：样本间的方差以及样本内的方差. 这很必要，因为我们同时比较了不止 2 个样本均值.

👆 方差分析通过比较样本间的方差以及样本内的方差来确定总体均值是否相等.

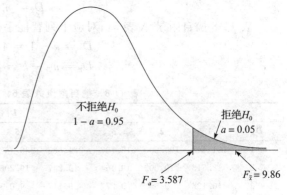

图 11-7　比较智能手机例子中的 F 检验统计量和临界 F 得分

这就要说第二点. 我的一些有深刻见解的学生问我，为何不用第 10 章学过的双样本 t 检验每次两个的比较这些总体均值呢. 问得好! 一方面，这比用 ANOVA 过程计算量大得多，因为每对可能的样本均值都要被检验. 例如智能手机例子有 4 个样本均值，检验所有可能的组合要进行 6 次独立的 t 检验.

更重要的是进行 6 次独立的 t 检验增加了 I 型错误发生的概率，远远比 ANOVA 所设置的 $\alpha=0.05$ 大得多. 如果每个 t 检验有 95% 的概率正确的不拒绝原假设，则根据独立事件的乘法法则(第 4 章)，6 次 t 检验正确的不拒绝原假设的概率如下：

$$(0.95)(0.95)(0.95)(0.95)(0.95)(0.95)=0.735$$

这意味着这 6 次 t 检验至少犯一次 I 型错误的概率约为：

$$1-0.735=0.265^{\ominus}$$

显然，26.5% 比 ANOVA 过程 I 型错误发生的概率 5% 大得多. 这是因为 ANOVA 同时比较了 4 个总体均值而不是两个一次.

我用约等于来描述发生 I 型错误的概率 26.5%，因为 6 个时间并不是完全独立的. 这是因为有些比较的样本均值相同. 不过，观点仍成立——ANOVA 检验在比较 3 个及以上总体均值时比多重 t 检验有效得多. 你可以把这段话记下来！

鉴于我们在本节讨论了这么多内容，我觉得有必要把单因素 ANOVA 的 8 步用表 11-10 汇总下来.

表 11-10　单因素 ANOVA 步骤总结

步骤	描述	过程
1	确定原假设和备择假设	$H_0: \mu_1=\mu_2=\cdots=\mu_k$ $H_1:$ 不是所有 μ 都相等
2	计算样本均值($\overline{x}$)和总平方($\overline{\overline{x}}$)	

⊖　通过进行 6 次独立的 t 检验，我们将 I 型错误发生的概率增加到了比所需的 $\alpha=0.05$ 大得多的水平.

(续)

步骤	描述	过程
3	计算总平方和(SST) 计算总均方(MST)	$SST = \sum_{j=1}^{k}\sum_{i=1}^{n_j} x_{ij}^2 - \dfrac{\left(\sum_{j=1}^{k}\sum_{i=1}^{n_j} x_{ij}\right)^2}{n_T}$ (11-2) $MST = \dfrac{SST}{n_T - 1}$ (11-3)
4	将总平方和(SST) 拆分成组间平方和(SSB) 以及组内平方和(SSW) 计算相应的均方	$SSB = \sum_{j=1}^{k} n_j (\overline{x_j} - \overline{\overline{x}})^2$ (11-5) $MSB = \dfrac{SSB}{k-1}$ (11-6) $SSW = SST - SSB$ (11-8) $MSW = \dfrac{SSW}{n_T - k}$ (11-9)
5	计算检验统计量	$F_{\overline{x}} = \dfrac{MSB}{MSW}$ (11-10)
6	确定临界值	临界值 F_α 在附录 A 表 6 求得, 自由度为 $D_1 = k - 1$ $D_2 = n_T - k$
7	比较 F 检验统计量($F_{\overline{x}}$)和临界 F 得分(F_α)	$F_{\overline{x}} \leqslant F_\alpha \rightarrow$ 不拒绝 H_0 $F_{\overline{x}} > F_\alpha \rightarrow$ 拒绝 H_0
8	给出结论	

11.1.1 用 Excel 进行单因素方差分析

我们可以用 Excel 的数据分析来进行智能手机例子的单因素 ANOVA 过程, 步骤如下:

1. 打开 Excel 文件 smartphones.xlsx 或在图 11-8a 的列 A、B、C 及 D 输入满意度分数数据.

2. 进入 Data 并点击右边的 Data Analysis, 如图 11-8a 所示. 这就打开了 Data Analysis 对话框.

3. 选择 "ANOVA: Single Factor." 点击 OK.

4. 填写 "ANOVA: Single Factor" 对话框, 如图 11-8b 所示. 点击 OK.

图 11-8c 显示了智能手机例子的 ANOVA 输出, 与前一节的结果一致.

注意到图 11-8c 的单元格 K13 中给出的 p 值等于 0.001 887. 该值表示如果总体均值真的相等, 得到大于等于 9.86 的临界 F 得分的概率. 由于该 p 值小于 $\alpha = 0.05$, 我们拒绝原假设, 得出这些总体的平均分数不相等.

进入下一个话题之前, 是你检验到底吸收了多少内容的神奇时间. 记住, 每次我做它的时候, 看起来都很容易, 那花几分钟完成下一个思考题吧!

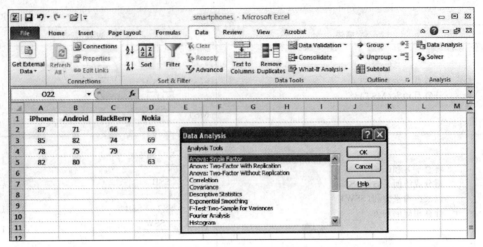

a) 用 Excel 实行单因素 ANOVA(第1~3步)

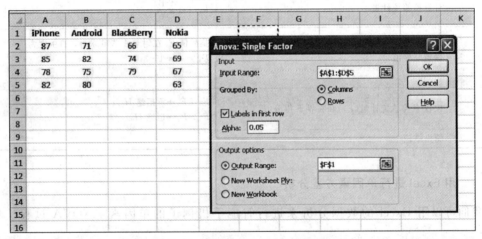

b) 用 Excel 实行单因素 ANOVA(第4步)

c) 用 Excel 实行单因素 ANOVA(最后结果)

图 11-8

思考题 2 用思考题 1 中椒盐脆饼屋的结果回答下列问题.
a) 计算组间平方和(SSB)以及组间均方(MSB).
b) 计算组内平方和(SSW)以及组内均方(MSW).
c) 计算 ANOVA 过程的检验统计量.
d) 构造 ANOVA 汇总表.
e) 用 $\alpha=0.05$,你能得出 3 个员工制作的椒盐脆饼平均重量不同吗?
f) 用 Excel 证明你的结果.

11.1.2 多重比较:比较成对总体均值(单因素 ANOVA)

如前一节所述,用 ANOVA 检验拒绝原假设使我们能推出总体均值间存在差异的结论. 这时候,我们不能说是哪个总体不同. 为了解决这个问题,我们需采用**单因素 ANOVA 的 Tukey-Kramer 多重比较检验**,这种检验能够检验每对样本均值并得出它们的总体均值是否不同.

对于原始 ANOVA 过程中参与比较的每对总体组合,该过程的假设表述为
$$H_0: \mu_i = \mu_j$$
$$H_1: \mu_i \neq \mu_j$$

我们也根据可接受的 I 型错误概率设定显著水平 α. 我们用下列步骤将多重比较方法应用到前一节的智能手机例子中,$\alpha=0.05$.

☞ ANOVA 只能检验总体均值是否不同. 要找到哪个均值不同,我们需用多重比较检验.

第 1 步:计算绝对样本均值差.

但我们有 k 个样本均值参与比较时,则有
$$\frac{k(k-1)}{2}$$
对样本均值. 在智能手机例子中,$k=4$,我们有 $4(3)/2=6$ 对样本均值. 下面的是样本对:

1 和 2   2 和 3
1 和 3   2 和 4
1 和 4   3 和 4

由于 Tukey-Kramer 多重比较过程只检验总体均值间的差异(不是一个大于另一个),我们计算样本均值之差的绝对值,如下:

$|\bar{x}_1 - \bar{x}_2| = |83 - 77| = |6| = 6$
$|\bar{x}_1 - \bar{x}_3| = |83 - 73| = |10| = 10$
$|\bar{x}_1 - \bar{x}_4| = |83 - 66| = |17| = 17$
$|\bar{x}_2 - \bar{x}_3| = |77 - 73| = |4| = 4$
$|\bar{x}_2 - \bar{x}_4| = |77 - 66| = |11| = 11$
$|\bar{x}_3 - \bar{x}_4| = |73 - 66| = |7| = 7$

☞ 如果两个样本均值之差为负,它们的绝对值为正.

第 2 步：计算 Tukey-Kramer 临界范围.

每个样本对的 Tukey-Kramer 临界范围 $CR_{i,j}$ 通过用公式 11-11 比较样本 i 和 j 的均值计算得到.

Tukey-Kramer 临界范围公式

$$CR_{i,j} = Q_\alpha \sqrt{\frac{\text{MSW}}{2}\left(\frac{1}{n_i} + \frac{1}{n_j}\right)} \tag{11-11}$$

其中　$CR_{i,j}$＝比较样本 i 和样本 j 的临界范围
　　　　Q_α＝学生化范围表（附录 A，表 7）查得的临界值
　　MSW＝组内均方
　　　　n_i＝样本 i 的容量
　　　　n_j＝样本 j 的容量

附录 A 表 7 查得的 Tukey-Kramer 临界范围的临界值以所需显著水平和下列自由度为基础：

$$D_1 = k$$
$$D_2 = n_T - k$$

表 11-11 摘自表 7，针对下列智能手机数据：

$$D_1 = k = 4$$
$$D_2 = n_T - k = 15 - 4 = 11$$

表 11-11　摘自学生化范围表：学生化范围(0.05 水平)的临界值(Q_α)

D_2	D_1								
	2	3	4	5	6	7	8	9	10
1	17.97	26.98	38.32	37.08	40.41	43.12	45.40	47.36	49.07
2	6.09	8.33	9.80	10.88	11.74	12.44	13.03	13.54	13.99
3	4.50	5.91	6.82	7.50	8.04	8.48	8.85	9.18	9.46
4	3.93	5.04	5.76	6.29	6.71	7.05	7.35	7.60	7.83
5	3.64	4.60	5.22	5.67	6.03	6.33	6.58	6.80	6.99
6	3.46	4.34	4.90	5.30	5.63	5.90	6.12	6.32	6.49
7	3.34	4.16	4.68	5.06	5.36	5.61	5.82	6.00	6.16
8	3.26	4.04	4.53	4.89	5.17	5.40	5.60	5.77	5.92
9	3.20	3.95	4.41	4.76	5.02	5.24	5.43	5.59	5.74
10	3.15	3.88	4.33	4.65	4.91	5.12	5.30	5.46	5.60
11	3.11	3.82	4.26	4.57	4.82	5.03	5.20	5.35	5.49
12	3.08	3.77	4.20	4.51	4.75	4.95	5.12	5.27	5.39
13	3.06	3.73	4.15	4.45	4.69	4.88	5.05	5.19	5.32
14	3.03	3.70	4.11	4.41	4.64	4.83	4.99	5.13	5.25
15	3.01	3.67	4.08	4.37	4.59	4.78	4.94	5.08	5.20

根据表 11-11，对于 $\alpha = 0.05$ 以及自由度 4 和 11 的智能手机 ANOVA，其临界值为 $Q_\alpha = 4.26$（灰底标明）．

我们从比较苹果均值（样本 1）和安卓均值（样本 2）开始．我们需要前面单因素 ANOVA 结果的下列数据：

$$\text{MSW} = 20.54 \quad n_1 = 4 \quad n_2 = 4$$

用公式 11-11，比较样本 1 和样本 2 的 Tukey-Kramer 临界范围计算如下：

$$CR_{1,2} = Q_a \sqrt{\frac{MSW}{2}\left(\frac{1}{n_1}+\frac{1}{n_2}\right)}$$

$$= (4.26)\sqrt{\frac{20.54}{2}\left(\frac{1}{4}+\frac{1}{4}\right)} = (4.26)\sqrt{(10.27)(0.50)}$$

$$= (4.26)(2.266) = 9.65$$

比较苹果均值(样本 1)和黑莓均值(样本 3)之差的临界范围计算如下，其中 $n_1=4$，$n_3=3$：

$$CR_{1,3} = Q_a \sqrt{\frac{MSW}{2}\left(\frac{1}{n_1}+\frac{1}{n_3}\right)}$$

$$= (4.26)\sqrt{\frac{20.54}{2}\left(\frac{1}{4}+\frac{1}{3}\right)} = (4.26)\sqrt{(10.27)(0.5833)}$$

$$= (4.26)(2.448) = 10.43$$

表 11-12 给出了 6 对智能手机的临界范围.

👉 如果单因素 ANOVA 的各样本容量相等，则所有样本对的临界范围相等.

第 3 步：给出结论.

样本均值多重比较的假设表述为对于原始 ANOVA 过程的所有样本对组合，有

$$H_0: \mu_i = \mu_j$$
$$H_1: \mu_i \neq \mu_j$$

表 11-13 给出了确定是否拒绝原假设的决策规则.

表 11-12　智能手机例子的临界范围

比较样本		临界范围
i	j	
1	2	9.65
1	3	10.43
1	4	9.65
2	3	10.43
2	4	9.65
3	4	10.43

表 11-13　比较总体均值对的决策规则

条件		结论
$\lvert \bar{x}_i - \bar{x}_j \rvert \leq CR_{ij}$	→	不拒绝 H_0
$\lvert \bar{x}_i - \bar{x}_j \rvert > CR_{ij}$	→	拒绝 H_0

这些规则背后的逻辑为：如果两样本均值的绝对差大于临界范围，我们有足够的证据得出总体均值不同(因此拒绝原假设). 如果两样本均值的绝对差不大于临界范围，我们没有足够的证据得出总体均值不同(因此不拒绝原假设).

表 11-14 给出了应用于这 6 对样本的决策规则.

表 11-14　比较总体均值对的决策表：智能手机例子

$\lvert \bar{x}_i - \bar{x}_j \rvert$	$CR_{i,j}$	决策
$\lvert \bar{x}_1 - \bar{x}_2 \rvert = 6$	9.65	6<9.65；总体均值没有不同
$\lvert \bar{x}_1 - \bar{x}_3 \rvert = 10$	10.43	10<10.43；总体均值没有不同
$\lvert \bar{x}_1 - \bar{x}_4 \rvert = 17$	9.65	17>9.65；总体均值不同
$\lvert \bar{x}_2 - \bar{x}_3 \rvert = 4$	10.43	4<10.43；总体均值没有不同
$\lvert \bar{x}_2 - \bar{x}_4 \rvert = 11$	9.65	11>9.65；总体均值不同
$\lvert \bar{x}_3 - \bar{x}_4 \rvert = 7$	10.43	7<10.43；总体均值没有不同

注：如果两样本均值的绝对差大于 Tukey-Kramer 临界范围，我们有足够的证据推出总体均值不同(我们应拒绝原假设).

从这些结果,我们可以得出苹果(样本1)的平均得分高于诺基亚(样本4)的平均得分. 安卓(样本2)的平均得分也比诺基亚(样本4)的平均得分高. 在 $\alpha=0.05$ 的水平下,没有足够的证据得出其他对显著不同.

这就引出了下一点. Tukey-Kramer 多重比较过程的优点是 I 型错误发生的概率(设 $\alpha=0.05$ 时为 5%)适用于所有可能的样本组合对. 换言之,我们有 5% 的概率对至少一个样本对得出错误的结论. 这个 5% 值被称为**试验范围内的误差率**. 将这个值与本章前面对智能手机例子进行 6 个独立的 t 检验推出的大约 26.5% 的概率发生错误做一做比较.

11.1.3 用 PHStat2 进行总体均值的多重比较

我们可以用 PHStat2 进行 Tukey-Kramer 多重比较,步骤如下:

1. 打开 Excel 文件 smartphones.xlsx,或在图 11-8a 的 A、B、C 及 D 列输入满意度分数数值.
2. 进入 Add-Ins>PHStat>Multiple-Sample Test>One-Way ANOVA,如图 11-9a 所示.
3. 填写 One-Way ANOVA 对话框,如图 11-9b 所示. 点击 OK.
4. 弹出一个消息,"查找 Q 统计量并在单元格 B15 输入其值". 点击 OK.

将学生化范围的临界值(4.26)插入单元格 B15,图 11-9c 显示了多重比较的输出,与我们手算得到的结果一样.

对于下面这个思考题,我们用前面一个思考题的椒盐脆饼例子来练习多重比较过程.

思考题 3 用思考题 1 和 2 的结果数据进行 Tukey-Kramer 多重比较过程,用 $\alpha=0.05$ 确定哪个员工的椒盐脆饼平均重量不同. 用 PHStat2 证明你的结果.

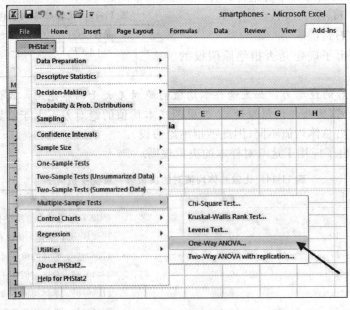

a) 用 PHStat2 进行多重比较(第 2 步)

图 11-9

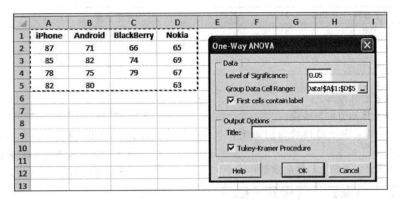

b) 用 PHStat2 进行多重比较(第 3 步)

c) 用 PHStat2 进行多重比较(最后结果)

图 11-9 （续）

习题 11.1

基础题

11.1 考虑下面未完成的单因素 ANOVA 汇总表：

来源	平方和	自由度	均方	F
组间		4		
组内	60			
合计	76	24		

a) 完成该表的其他部分.
b) 有多少总体均值参与检验？
c) 用 $\alpha = 0.05$，关于总体均值能得出什么结论？

11.2 考虑下列来自 3 个独立总体的数据：

样本 1	样本 2	样本 3
10	20	7
14	17	15
7	14	9
11	21	17

a) 计算总平方和(SST).
b) 将总平方和(SST)拆分成两部分.
c) 用 $\alpha = 0.05$，关于总体均值能得出什么结论？

11.3 用题 11.2 的数据，确定哪个均值不同，用 $\alpha = 0.05$.

11.4 考虑下面未完成的单因素 ANOVA 汇总表：

来源	平方和	自由度	均方	F
组间	50			
组内		20		
合计	150	22		

a) 完成该表的其他部分.
b) 有多少总体均值参与检验?
c) 用 $\alpha=0.01$,关于总体均值能得出什么结论?

11.5 考虑下列来自 3 个独立总体的数据:

样本1	样本2	样本3	样本4
3	14	21	8
8	9	15	3
6	13	16	13
5		14	

a) 计算总平方和(SST).
b) 将总平方和(SST)拆分成两部分.
c) 用 $\alpha=0.01$,关于总体均值能得出什么结论?

11.6 用题 11.5 中的数据确定哪个均值不同,用 $\alpha=0.01$.

应用题

11.7 联邦航空局(FAA)想确定费城、奥兰多以及芝加哥 3 个机场的飞机晚点起飞分钟数是否不同. 下列数据来自随机选定的航班以及每架飞机晚点起飞的分钟数.

费城	奥兰多	芝加哥
12	8	33
0	19	10
27	0	41
34	10	51
12	13	30

a) 用 $\alpha=0.05$ 进行单因素 ANOVA 来确定这 3 个机场的平均航班晚点是否不同.
b) 如有不同,用多重比较检验确定哪对不同,用 $\alpha=0.05$.
c) 用 PHStat2 或 Excel 证明你的结果.

11.8 下表给出了职业高尔夫球手菲尔·米克尔森、老虎·伍德以及吉姆·佛瑞克一个驱球随机样本的驱球距离(码).

米克尔森	伍德	佛瑞克
290	311	266
295	290	265
288	297	285
327	286	279
		280

a) 用 $\alpha=0.05$ 进行单因素 ANOVA 来确定这 3 个球员的平均驱球距离是否不同.
b) 如有不同,用多重比较检验确定哪对不同,用 $\alpha=0.05$.
c) 用 PHStat2 或 Excel 证明你的结果.

11.9 下列数据给出了阿瓦隆杂货店将香蕉摆放在农产品区、奶品区以及谷物区的周销售磅数.

农产品	奶品	谷物
62	39	27
40	19	52
61	32	53
54	56	50
	38	

a) 用 $\alpha=0.05$ 进行单因素 ANOVA 来确定香蕉在这 3 个区域的平均周销售磅数是否不同.
b) 如有不同,用多重比较检验确定哪对不同,用 $\alpha=0.05$.
c) 用 PHStat2 或 Excel 证明你的结果.

11.10 艾维斯汽车租赁公司一直为其客户保持着一支低里程车队. 假设艾维斯想在广告促销中推出他们比竞争对手的车平均里程低这个事实. 为了支持这个言论,艾维斯从自己和竞争对手那里收集了下列租赁汽车随机样本的里程数据. 提示: 为便于计算,考虑将里程数转化成千英里(例如,13 100 转化为 13.1).

艾维斯	赫兹	国家	企业
13 100	15 900	15 300	14 500
7800	11 400	21 800	20 000
10 400	5600	18 100	17 400
14 600	10 100	12 800	24 800
8600	16 000	20 500	16 300

a) 用 $\alpha=0.05$ 进行单因素 ANOVA 来确定这 4 家公司的平均里程是否不同.
b) 用 $\alpha=0.05$ 确定是否有证据支持艾维斯的言论.
c) 用 PHStat2 或 Excel 证明你的结果.

11.11 某消费者群体想比较 3 个快餐店的满意度打分：Mcdoogles、Burger Queen 以及 Windy. 每家店客户满意度打分的随机样本被选取，打分范围为 1~20. 得分如下：

Mcdoogles	Burger Queen	Windy
14	16	18
13	19	14
12	14	16
10	12	11
12	18	16
	17	15
	16	

a) 用 $\alpha=0.05$ 进行单因素 ANOVA 来确定这 3 家餐馆的满意度平均分数是否不同.
b) 如有不同，用多重比较检验确定哪对不同，用 $\alpha=0.05$.
c) 用 PHStat2 或 Excel 证明你的结果.

11.12 下表给出了随机选取的联邦快递、联合包裹服务公司敦豪速递发货的包裹重量：

联邦快递		联合包裹服务公司		敦豪速递	
13.7	9.8	0.7	20.2	13.0	4.0
11.9	5.3	5.7	6.1	7.7	2.0
2.8	14.8	22.8	12.5	8.6	3.7
4.1	1.6	0.4	11.6	7.2	9.8

a) 用 $\alpha=0.05$ 进行单因素 ANOVA 来确定这 3 家快递公司发货的包裹平均重量是否不同.
b) 如有不同，用多重比较检验确定哪对不同，用 $\alpha=0.05$.

c) 用 PHStat2 或 Excel 证明你的结果.

11.13 最近，拉斯维加斯看到了在赌场度假村行业上来自新加坡和澳门（中国）日渐加剧的竞争. 对成功的一种度量是旅游者驻留的平均时长. 下表给出了每个地区旅游者随机样本驻留的天数：

新加坡	澳门	拉斯维加斯
7	2	3
4	4	6
4	3	3
3	1	4
7	1	5

a) 用 $\alpha=0.05$ 进行单因素 ANOVA 来确定这 3 个地区旅游者的平均驻留天数是否不同.
b) 如有不同，用多重比较检验确定哪对不同，用 $\alpha=0.05$.
c) 用 PHStat2 或 Excel 证明你的结果.

11.14 假设本地一家达美乐比萨店经理想确定其 4 位比萨送餐员从送出到返回的平均时长是否不同. 下列数据给出了每位送餐员递送时间的随机样本：

送餐员 1	送餐员 2	送餐员 3	送餐员 4
40	16	27	21
32	9	24	7
28	13	13	34
29	22	9	14
40		10	

a) 用 $\alpha=0.05$ 确定经理是否有足够的证据得出 4 个送餐员的送餐时间不同.
b) 如有不同，用多重比较检验确定哪对不同，用 $\alpha=0.05$.
c) 用 PHStat2 或 Excel 证明你的结果.

11.2 随机化区组 ANOVA：通过对第二因子分区组检验单因素的作用

前一节中智能手机满意度分数的排序与结果无关. 例如，如果我们将表 11-2 中第 3 列的黑莓手机分数从 66-74-79 重新排列成 74-79-66，ANOVA 结果不变. 但是，在有些情况中，数据排列的顺序对分析却有影响. 考虑下面的例子.

托尼是宝洁公司(P&G)的区域经理,宝洁公司为众多零售店提供各种家用产品.托尼负责3名销售代表,这3名销售代表通过给商店经理打销售电话来服务他们的商品需求.表 11-15 给出了 3 名销售代表上周每个工作日打出的销售电话个数.这些数据也可在 Excel 文件 sales.xlsx 中获得.

表 11-15 保洁销售代表的销售电话数

工作日	销售代表		
	丹	艾米	贝丝
周一	5	8	8
周二	4	7	4
周三	6	8	7
周四	6	7	5
周五	4	5	3

托尼想知道这 3 个销售代表平均每天打出的电话数是否不同.初看,这似乎就是一个像前面小节一样的单因素 ANOVA 问题(显然不是,因为我们讨论的是新的话题,不过请耐心等会儿).在前面小节中,我们比较了每种手机的平均分数.这里我们将比较每个销售代表的平均销售.我们先用 Excel 进行单因素 ANOVA,令 $\alpha=0.05$.结果显示在图 11-10 中.

```
          A              B      C     D        E        F         G
1  Anova: Single Factor
2
3  SUMMARY
4      Groups        Count   Sum   Average  Variance
5  Dan                 5      25     5         1
6  Amy                 5      35     7         1.5
7  Beth                5      27     5.4       4.3
8
9
10 ANOVA
11 Source of Variation  SS     df    MS       F        P-value   F crit
12 Between Groups      11.2    2     5.6      2.4705882 0.1263066 3.88529382
13 Within Groups       27.2   12     2.266667
14
15 Total               38.4   14
16
```

图 11-10 P&G 销售电话例子的单因素 ANOVA 检验

注:由于 p 值(0.124)大于 α(0.05),我们得出这 3 个销售代表平均每天打出的电话数没有差异.

根据图 11-10,丹平均每天 5.0 个电话,艾米平均每天 7.0 个电话,贝丝平均每天 5.4 个电话.由于单元格 F12 中的 p 值等于 0.126,大于 $\alpha=0.05$,我们不拒绝原假设.用单因素 ANOVA,托尼得出,以这 3 个样本数据为基础,3 个销售代表平均每天打出的电话数没有差异.

然而(我希望你发现了),被记录的销售电话顺序非常重要且有意义,因为每个值代表这周内特定的一天.表 11-15 中的第一行数据连在一起,因为它表示每个员工周一打出的销售电话数.其余 4 行道理一样.例如,如果我们重新排列丹销售电话数的顺序,我们也必须对艾米和贝丝的销售电话数排序做相应的变换以保证特定的数值对应相应的工作日.这种整行对应与第 10 章双样本的配对情况类似.当多个总体中存在这种结构时,总体均值之差的检验过程称为**随机化区组 ANOVA**.

对于随机化区组 ANOVA,我们在过程中增加了第二个因子.主因子是销售代表,它有 3 个水平(丹、艾米和贝丝).托尼想确定主因子是否对每周平均销售电话个数有作用. 然而, 将数据根据工作日排序后, 我们引入了第二个因子, 称为**区组因子**. 区组因子的水平(特定的工作日)称为**区组**. 区组因子的目的是去掉销售电话数与工作日关联的变异性, 这样就能更好地探测主因子(销售代表)引起的差异. 那才是我们真正想知道的. 例如, 如果周五的平均电话数少于周一的平均电话数(或许一个或几个销售代表提前过周末了), 随机化区组 ANOVA 比单因素 ANOVA 能更好地探测 3 个员工的平均电话数差异. 我们试一下!

第 1 步: 确定原假设和备择假设.

随机化区组 ANOVA 的假设表述与前一节讨论的单因素情况一样:

$$H_0: \mu_1 = \mu_2 = \mu_3 \ominus$$
$$H_1: 不是所有 \mu 都相等$$

对于本例, 令 I 型错误发生的概率 $\alpha = 0.05$.

第 2 步: 计算因子均值、区组均值和总平均 ($\overline{\overline{x}}$).

表 11-15 销售电话数据的均值计算见表 11-16. 注意到我同时计算了列均值(因子或销售代表)和行均值(区组或工作日).

表 11-16　P&G 销售电话的样本数据

工作日	丹	艾米	贝丝	区组合计	区组均值
周一	5	8	8	21	7.0
周二	4	7	4	15	5.0
周三	6	8	7	21	7.0
周四	6	7	5	18	6.0
周五	4	5	3	12	4.0
因子合计	25	35	27	87	
因子均值	5.0	7.0	5.4		

☞ 对于随机化区组 ANOVA, 每个样本的容量需相等.

同样, 我们需求出总平均 $\overline{\overline{x}}$, 即表 11-16 中所有数据之和除以所有数据个数 n_T. 它表示这 3 个销售代表每天打出的销售电话的总平均个数.

$$\overline{\overline{x}} = \frac{所有数据之和}{n_T} = \frac{87}{15} = 5.8 \ominus$$

第 3 步: 计算总平方和 (SST).

随机化区组 ANOVA 的总平方和(SST)与单因素 ANOVA 计算方法一样. 我们仍用公式 11-2, 借助表 11-17 中的计算确定 SST.

⊖ 原假设中的 3 个总体均值对应 3 个员工的销售电话数.
⊖ 变量 n_T 表示所有观测总数量. 对销售电话例子, 我们有 15 个数值(3 个员工乘以 5 天), 因此 $n_T = 15$.

表 11-17　P&G 销售电话的 SST 计算

i	j	员工	x_{ij}	x_{ij}^2
1	1	丹	5	25
2	1	丹	4	16
3	1	丹	6	36
4	1	丹	6	36
5	1	丹	4	16
1	2	艾米	8	64
2	2	艾米	7	49
3	2	艾米	8	64
4	2	艾米	7	49
5	2	艾米	5	25
1	3	贝丝	8	64
2	3	贝丝	4	16
3	3	贝丝	7	49
4	3	贝丝	5	25
5	3	贝丝	3	9
			$\sum_{j=1}^{k}\sum_{i=1}^{n_j} x_{ij} = 87$	$\sum_{j=1}^{k}\sum_{i=1}^{n_j} x_{ij}^2 = 543$

注意到在表 11-17 中，丹对应 $j=1$，艾米对应 $j=2$，贝丝对应 $j=3$。

我们将这两个值代入公式 11-2，如下：

$$\text{SST} = \sum_{j=1}^{k}\sum_{i=1}^{n_j} x_{ij}^2 - \frac{\left(\sum_{j=1}^{k}\sum_{i=1}^{n_j} x_{ij}\right)^2}{n_T} = 543 - \frac{(87)^2}{15}$$
$$= 543 - 504.6 = 38.4$$

总均方（MST）由公式 11-3 计算可得：

$$\text{MST} = \frac{\text{SST}}{n_T - 1} = \frac{38.4}{15 - 1} = 2.74$$

在我们进入随机化区组 ANOVA 的下一步之前，最好停下来用一道思考题来喘口气。这道思考题将给你一个机会启动随机化区组 ANOVA，同时还能学习神秘购物。

思考题 4　很多零售店用神秘顾客帮经理提供其雇员服务的反馈。神秘顾客是一名被雇佣冒充典型顾客的人，神秘顾客还要完成一份为其购物经历各方面打分的报告。下表给出了神秘顾客为 3 家零售店的清洁度按 1~20 打分的数据。这些数据也可在 Excel 文件 mystery.xlsx 中获得。每名神秘顾客为 3 家零售店进行了打分。

顾客	沃尔玛	星巴克	盖璞
1	12	17	13
2	16	18	17
3	14	14	17
4	18	20	19

a) 给出原假设和备择假设.
b) 计算因子均值，区组均值和总平均.
c) 计算总平方和(SST).
d) 计算总均方(MST).

第4步：将总平方和(SST)拆分成组间平方和(SSB)、区组平方和(SSBL)以及误差平方和(SSE).

随机化区组ANOVA的总平方和(SST)被拆分成下面3个平方和：

1. 组间平方和(SSB)
2. 区组平方和(SSBL)
3. 误差平方和(SSE)

公式11-12给出了这些平方和之间的关系.

随机化区组ANOVA拆分总平方和(SST)的公式

$$SST = SSB + SSBL + SSE \tag{11-12}$$

☞ 回想k表示参与检验的总体个数. 在销售电话例子中，我们有3个雇员，因此$k=3$.

由公式11-5计算出的组间平方和(SSB)与单因素ANOVA的含义一样. 对于销售电话例子，我们已经确定了$\bar{\bar{x}}=5.8$, $k=3$. 表11-16给出了本公式所需的其他样本数据. 为方便起见，表11-18归纳了这些信息.

表11-18 P&G销售电话汇总的样本数据

	丹	艾米	贝丝
	$j=1$	$j=2$	$j=3$
$\bar{x}_j$	$\bar{x}_1=5.0$	$\bar{x}_2=7.0$	$\bar{x}_3=5.4$
n_j	$n_1=5$	$n_2=5$	$n_3=5$

将这些数据应用到公式11-5，我们有：

$$\begin{aligned}
SSB &= \sum_{j=1}^{k} n_j (\bar{x}_j - \bar{\bar{x}})^2 \\
&= n_1(\bar{x}_1-\bar{\bar{x}})^2 + n_2(\bar{x}_2-\bar{\bar{x}})^2 + n_3(\bar{x}_3-\bar{\bar{x}})^2 \\
&= (5)(5.0-5.8)^2 + (5)(7.0-5.8)^2 + (5)(5.4-5.8)^2 \\
&= (5)(-0.8)^2 + (5)(1.2)^2 + (5)(-0.4)^2 \\
&= (5)(0.64) + (5)(1.44) + (5)(0.16) \\
&= 11.2
\end{aligned}$$

组间均方(MSB)仍用公式11-6计算：

$$MSB = \frac{SSB}{k-1} = \frac{11.2}{3-1} = 5.6$$

下面，我们将看到公式11-13介绍的**区组平方和**(SSBL)，它度量了区组均值和总平方之间的变异性.

区组平方和(SSBL)公式

$$SSBL = k \sum_{i=1}^{b} (\bar{x}_i - \bar{\bar{x}})^2 \tag{11-13}$$

其中 SSBL=区组平方和
　　　$\bar{x}_i$=第i个区组的样本均值

$\overline{\overline{x}}$ = 所有数值的总平均
b = 区组个数
k = 参与比较的总体个数

对于销售电话例子，区组为工作日，即 $b=5$. 表 11-19 归纳了表 11-16 所示的数据，这些归纳的数据在公式 11-13 中被用到.

表 11-19 P&G 销售电话汇总的区组样本数据

	周一	周二	周三	周四	周五
	$i=1$	$i=2$	$i=3$	$i=4$	$i=5$
$\overline{x}_i$	$\overline{x}_1=7$	$\overline{x}_2=5$	$\overline{x}_3=7$	$\overline{x}_4=6$	$\overline{x}_5=4$

将这些数据应用到公式 11-5 中，我们有：

$$\text{SSBL} = k \sum_{i=1}^{b} (\overline{x}_i - \overline{\overline{x}})^2$$
$$= (3)[(\overline{x}_1-\overline{\overline{x}})^2 + (\overline{x}_2-\overline{\overline{x}})^2 + (\overline{x}_3-\overline{\overline{x}})^2 + (\overline{x}_4-\overline{\overline{x}})^2 + (\overline{x}_5-\overline{\overline{x}})^2]$$
$$= (3)[(7-5.8)^2 + (5-5.8)^2 + (7-5.8)^2 + (6-5.8)^2 + (4-5.8)^2]$$
$$= (3)[(1.2)^2 + (-0.8)^2 + (1.2)^2 + (0.2)^2 + (-1.8)^2]$$
$$= (3)[(1.44) + (0.64) + (1.44) + (0.04) + (3.24)]$$
$$= (3)[6.80] = 20.4$$

区组均方(MSBL)由公式(11.14)计算可得.

区组均方(MSBL)公式

$$\text{MSBL} = \frac{\text{区组平方和}}{b-1} = \frac{\text{SSBL}}{b-1} \tag{11-14}$$

用销售电话的结果，我们有：

$$\text{MSBL} = \frac{\text{SSBL}}{b-1} = \frac{20.4}{5-1} = 5.1$$

区组均方(MSBL)表示与区组平方和对应的方差. 如果工作日平均每天的电话个数相同，区组均方(MSBL)将为 0.

总平方和(SST)拆分得到的最后一部分是**误差平方和(SSE)**，表示销售电话数据中既不来自于员工，也不来自于工作日的随机变异. SSE 可由公式 11-15 确定.

随机化区组 ANOVA 误差平方和(SSE)公式

$$\text{SSE} = \text{SST} - (\text{SSB} + \text{SSBL}) \tag{11-15}$$

运用前面的结果，我们有：

$$\text{SSE} = \text{SST} - (\text{SSB} + \text{SSBL})$$
$$= 38.4 - (11.2 + 20.4) = 38.4 - 31.6 = 6.8$$

最后，**误差均方(MSE)**表示与 SSE 对应的方差，可由公式 11-16 计算得到.

随机化区组 ANOVA 误差均方(SSE)公式

$$\text{MSE} = \frac{\text{误差平方和}}{(b-1)(k-1)} = \frac{\text{SSE}}{(b-1)(k-1)} \tag{11-16}$$

用销售电话结果,我们有:

$$MSE = \frac{SSE}{(b-1)(k-1)} = \frac{6.8}{(5-1)(3-1)} = 0.85$$

我们已经将 SST 拆分成了 3 部分并计算了均方,为检验统计量做好了准备.

第 5 步:计算主因子检验统计量.

随机化区组 ANOVA 的主因子检验统计量用于确定总体均值是否存在差异,见公式 11-17.

随机化区组 ANOVA 主因子的 F 检验统计量公式

$$F_{\bar{x}} = \frac{MSB}{MSE} \tag{11-17}$$

运用前一步的均方值, F 得分 $F_{\bar{x}}$ 计算如下:

$$F_{\bar{x}} = \frac{MSB}{MSE} = \frac{5.6}{0.85} = 6.59$$

第 6 步:确定临界值.

公式 11-17 中的主因子检验统计量服从自由度如下的 F 分布:

$$D_1 = k - 1$$
$$D_2 = (b-1)(k-1)$$

用 P&G 销售电话数据,自由度为:

$$D_1 = k - 1 = 3 - 1 = 2$$
$$D_2 = (b-1)(k-1) = (5-1)(3-1) = 8$$

根据表 11-8,用 $\alpha = 0.05$ 及自由度 2 和 8,销售电话 ANOVA 的临界值为 $F_\alpha = 4.459$.

第 7 步:比较 F 检验统计量($F_{\bar{x}}$)和临界 F 得分(F_α).

由于 $F_{\bar{x}} = 6.59$,大于 $F_\alpha = 4.459$,根据表 11-9 的决策规则,我们拒绝原假设.如图 11-11.

第 8 步:给出结论.

通过拒绝原假设,我们得出不是所有 3 个总体均值都相等.托尼可以得出有些员工每周平均比其他员工打出的电话多.

现在,稍等一下.我们刚才不是用单因素 ANOVA 推测每周平均电话数没有差异吗(见图 11-10)?在我们揭开谜底之前,允许我先介绍一下怎样用 Excel 进行随机化区组 ANOVA.

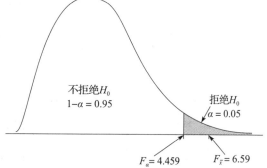

图 11-11 比较 P&G 销售电话例子中的 F 检验统计量和临界 F 得分

11.2.1 用 Excel 进行随机化区组方差分析

Excel 的数据分析可以进行随机化区组 ANOVA 过程.利用销售电话数据,步骤如下:

1. 打开 Excel 文件 sales.xlsx 或在图 11-12a 的 A、B、C 及 D 列输入销售电话数值.

2. 进入 Data 并点击图 11-12a 所示的右边区域 Data Analysis.这样就打开了 Data Analysis 对话框.

3. 选择"ANOVA：Two Factor Without Replication."点击 OK.
4. 填写"ANOVA：Two Factor Without Replication"对话框，如图 11-12b 所示. 点击 OK.
5. 图 11-12c 给出了销售电话例子的 ANOVA 输出.

图 11-12c 的"Sources of Variation"部分显示了我们讨论的不同变量，但它们在 Excel 中的标示略有不同：
- Rows＝区组变异性（SSBL，MSBL）
- Columns＝组间变异性（SSB，MSB）
- Error＝误差变异性（SSE，MSE）

为了确定总体均值间是否有差异，我们把注意力集中在图 11-12c 第 18 行的变异性来源"Columns". 单元格 K18 的 p 值为 0.020 368，小于 $\alpha=0.05$. 因此，我们拒绝原假设并得出这 3 个员工每周打出的平均电话数的确存在差异. 换言之，如果原假设为真，观测到 F 检验统计量的值大于 6.588 235 的概率仅为 0.020 368，该值小于我们之前设定的显著水平 $\alpha=0.05$.

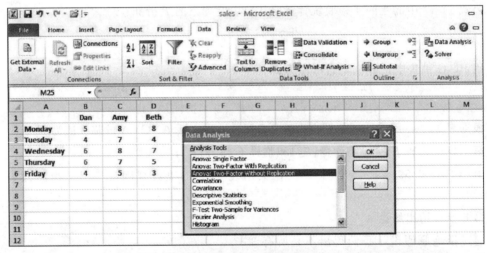

a) 用 Excel 进行随机化区组 ANOVA 检验（第 1～3 步）

b) 用 Excel 进行随机化区组 ANOVA 检验（第 4 步）

图 11-12

方差分析过程

	A	B	C	D	E	F	G	H	I	J	K	L
1		Dan	Amy	Beth		Anova: Two-Factor Without Replication						
2	Monday	5	8	8								
3	Tuesday	4	7	4		SUMMARY	Count	Sum	Average	Variance		
4	Wednesday	6	8	7		Monday	3	21	7	3		
5	Thursday	6	7	5		Tuesday	3	15	5	3		
6	Friday	4	5	3		Wednesday	3	21	7	1		
7						Thursday	3	18	6	1		
8						Friday	3	12	4	1		
9												
10						Dan	5	25	5	1		
11						Amy	5	35	7	1.5		
12						Beth	5	27	5.4	4.3		
13												
14												
15						ANOVA						
16						Source of Variation	SS	df	MS	F	P-value	F crit
17						Rows	20.4	4	5.1	6	0.015625	3.83785
18						Columns	11.2	2	5.6	6.588235	0.020368	4.45897
19						Error	6.8	8	0.85			
20												
21						Total	38.4	14				
22												

c) 用 Excel 进行随机化区组 ANOVA 检验 (最后结果)

图 11-12 （续）

11.2.2 要不要分区组：这是个问题

现在，回到我们的疑问. 为什么单因素 ANOVA 得出员工们每周打出的平均销售电话数不存在差异，而随机化区组 ANOVA 却证实存在差异呢？为了回答这个问题，我们来调查一下区组因子在假设检验中的影响. 在这个过程中，我们需确定区组因子 (本例中是工作日) 是有利于分析还是阻碍分析. 看一下图 11-13，该图说明了单因素 ANOVA 和随机化区组 ANOVA 总平方和 (SST) 的拆分.

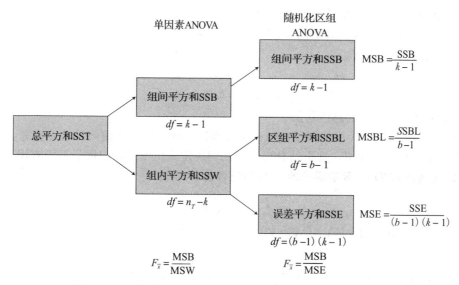

图 11-13 随机化区组 ANOVA 总平方和 (SST) 的进一步拆分

对于单因素 ANOVA，当数据中来源于 SSB 而不是 SSW 的变异性较大时，拒绝原假设的概率变大。注意到图 11-13 中随机化区组 ANOVA，SSW 被进一步拆分成 SSBL 和 SSE。对于给定的 k 值和 b 值，随着数据中被 SSBL 解释的变异性增多，那么：

→归因于 SSE 的变异性变少，

→从而使得 $\mathrm{MSE} = \dfrac{\mathrm{SSE}}{(b-1)(k-1)}$ 变小，

→使得检验统计量 $F_{\bar{x}} = \dfrac{\mathrm{MSB}}{\mathrm{MSE}}$ 变大，

→从而增大了拒绝原假设的可能（当 $F_{\bar{x}} > F_a$）。

为了说明这点，看表 11-20，该表用销售电话例子比较这两个 ANOVA。

表 11-20 比较单因素 ANOVA 和随机化区组 ANOVA 的销售电话数据

	单因素 ANOVA	随机化区组 ANOVA
检验统计量	$F_{\bar{x}} = \dfrac{\mathrm{MSB}}{\mathrm{MSW}}$	$F_{\bar{x}} = \dfrac{\mathrm{MSB}}{\mathrm{MSE}}$
	$F_{\bar{x}} = \dfrac{5.6}{2.27} = 2.47$	$F_{\bar{x}} = \dfrac{5.6}{0.85} = 6.59$
临界值	3.885	4.459
决策	不拒绝原假设	拒绝原假设

注：这些值的计算见图 11-10。

如你所见，随机化区组 ANOVA 的检验统计量的分母（0.85）比单因素 ANOVA 的分母（2.27）小，因为区组因子工作日已经分掉一些变异性了。在本例中，区组因子是起作用的，因为它导致了拒绝原假设。换言之，我们可以说一周中的天数掩饰了结果——销售代表每周打出的电话数量不同。当没有分区组时（单因素 ANOVA 的计算），我们没有发现销售电话数量的差异且没有拒绝原假设。

我们可以通过检验区组因子的显著性来确定是否要进一步分区组[⊖]。对于我们的销售电话例子，我们有下列假设：

$$H_0: \mu_{BL1} = \mu_{BL2} = \mu_{BL3} = \mu_{BL4} = \mu_{BL5}\text{[⊖]}$$
$$H_1: \text{不是所有 } \mu_{BL} \text{ 都相等}$$

其中 μ_{BLi} = 第 i 个区组的总体均值

随机化区组 ANOVA 区组因子的检验统计量用于确定区组均值间是否存在差异，见公式 11-18。本章后面将介绍，这个信息可以帮我们决定分析中的区组因子是否有用。

随机化区组 ANOVA 区组因子的 F 检验统计量公式

$$F_{BL} = \frac{\mathrm{MSBL}}{\mathrm{MSE}} \tag{11-18}$$

用图 11-12c 中的均方值，计算出的区组因子 F_{BL} 的 F 得分如下：

[⊖] 尽管这不是我们进行 ANOVA 过程的初衷（我们比较的是员工之间的平均销售电话数），检验区组因子的显著性告诉我们分区组是否有效。

[⊖] 原假设有 5 个均值是因为销售电话例子中有 5 个区组（周一到周五）。

$$F_{BL} = \frac{\text{MSBL}}{\text{MSE}} = \frac{5.1}{0.85} = 6.0$$

公式 11-18 给出的区组因子检验统计量服从自由度如下的 F 分布：
$$D_1 = b - 1$$
$$D_2 = (b-1)(k-1)$$

用销售电话数据，区组自由度如下：
$$D_1 = b - 1 = 5 - 1 = 4$$
$$D_2 = (b-1)(k-1) = (5-1)(3-1) = 8$$

根据表 11-8，$\alpha = 0.05$，自由度为 4 和 8 的销售电话 ANOVA 区组临界值为 $F_\alpha = 3.838$. 由于 $F_{BL} = 6.0$ 大于 $F_\alpha = 3.838$，根据表 11-9 的决策规则，我们拒绝原假设. 通过拒绝区组原假设，我们有证据说明区组因子有效的结论应归于我们最后的分析.

☞ 因为销售电话例子中的区组有效（产生的结果与单因素 ANOVA 过程不同），随机化区组 ANOVA 是合理的过程.

对于销售电话例子，该结论意味着工作日似乎影响着打出的销售电话数. 这也可用图 11-12c 证明，图中单元格 K17 中区组因子的 p 值等于 0.0156 小于 $\alpha = 0.05$. 换言之，在某些工作日中 3 个员工打出的电话数有多有少. 这就是用单因素 ANOVA 不拒绝原假设而用随机化区组 ANOVA 能够拒绝原假设的原因.

这里有一点需要提醒. 如果 ANOVA 过程的一个目的是检验区组均值间的差异——即如果目的是考虑区组为主因子——随机化区组 ANOVA 过程将不合适. 本章后面要讲的双因素 ANOVA 将用于这样的过程.

表 11-21 给出的随机化区组过程的 ANOVA 表与单因素 ANOVA 略有不同.

表 11-21 随机化区组 ANOVA 公式总结

来源	平方和	自由度	均方和	F
组间	SSB	$k-1$	$\text{MSB} = \frac{\text{SSB}}{k-1}$	$F_{\bar{x}} = \frac{\text{MSB}}{\text{MSE}}$
区组	SSBL	$b-1$	$\text{MSBL} = \frac{\text{SSBL}}{b-1}$	$F_{BL} = \frac{\text{MSBL}}{\text{MSE}}$
误差	SSE	$(b-1)(k-1)$	$\text{MSE} = \frac{\text{SSE}}{(b-1)(k-1)}$	
合计	SST	$n_T - 1$		

表 11-22 总结了销售电话随机化区组 ANOVA 的结果.

表 11-22 P&G 销售电话数据的随机化区组 ANOVA 汇总表

来源	平方和	自由度	均方和	F
组间	11.2	2	5.6	6.59
区组	20.4	4	5.1	6.0
误差	6.8	8	0.85	
合计	38.4	14		

如果你决定对主因子用随机化区组 ANOVA 并拒绝原假设失败，通过看一下 Excel "Row" 变异性来源的 p 值来调查区组的有效性非常重要．如果分区组没有作用，将会导致你拒绝区组因子的原假设．因此，将其包含在最后分析中将会导致Ⅱ型错误（均值差异存在而未被发现）发生的概率变大．在某种意义上，区组因子因为没有作用，它掩饰了主因子均值间的真实差异．在这种情况下，你应该用单因素 ANOVA 重新分析．下面就是一个简单的例子．

某无名统计学作者喜欢定期与其两个儿子打高尔夫自取其辱，他的两个儿子则总喜欢提醒他在高尔夫课程上自己比父亲更棒（尽管事实上他经常买单）．为了调查这些言论，我——我是说无名作者——记录了 3 名球员在 4 次不同的课程上最后 4 轮高尔夫球的分数．分数见表 11-23．

表 11-23　高尔夫分数

课程	作者	布莱恩	乔
1	90	83	85
2	84	85	86
3	90	83	82
4	90	85	80

因为表 11-23 每行代表一次不同的高尔夫课，随机化区组 ANOVA 似乎是正确的选择．图 11-14 用 Excel 显示了这些结果．

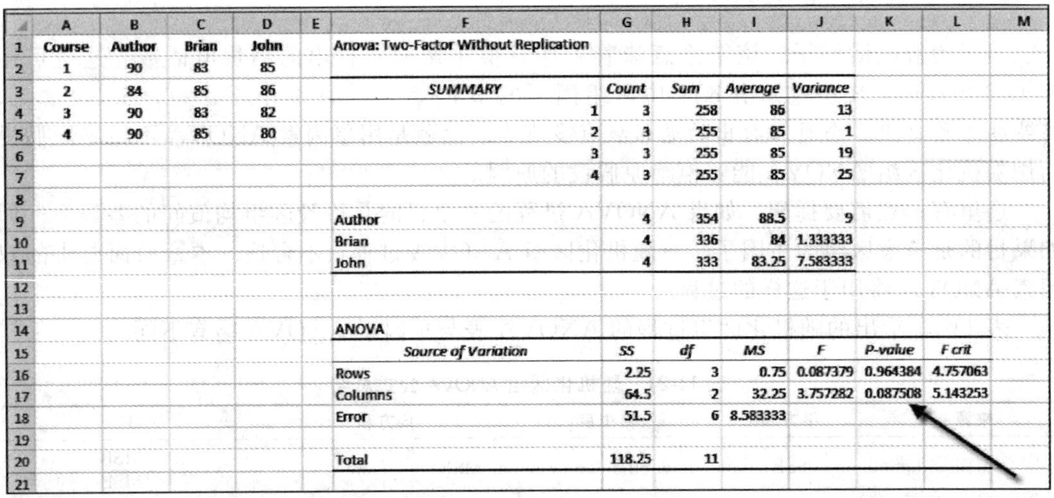

图 11-14　高尔夫分数的随机化区组 ANOVA

注：图 11-14 的区组均值进一步证明了区组因子没有作用．4 次课程的平均分数（84，85，85，85）相差不大．看来不同课程对高尔夫分数的影响不大．

由于单元格 K17 中主因子（高尔夫球手）的 p 值为 0.087 508 大于 $\alpha=0.05$，我们不拒绝原假设．换言之，没有证据支持儿子们是比他们穷困潦倒到要破产的爸爸更好的高尔夫球手．但是，由于我们用的是随机化区组 ANOVA 且拒绝原假设失败，还存在区组因子掩饰主因子均值真实差异的概率．

图 11-14 提供了区组因子在该分析中没有作用的证据．区组因子（课程）的 p 值可在单元格 K16 中查得，等于 0.964 384．由于该值大于 $\alpha=0.05$，我们不拒绝原假设，意味着区组因子在问题中没有分量，应在分析中剔除．事实上，如果你看一下单元格 I4 到 I7 中的平均分，你会发现不同的课程对高尔夫球手的分数没有太大作用．由此，区组因子没有作用．要做出合理的分析，我们应该实行单因素 ANOVA，确保区组因子没有掩盖高尔夫球

手平均分数的差异.

图 11-15 给出了高尔夫分数例子的 Excel 单因素 ANOVA 结果.

	A	B	C	D	E	F	G	H	I	J	K	L
1	Course	Author	Brian	John		Anova: Single Factor						
2	1	90	83	85								
3	2	84	85	86		SUMMARY						
4	3	90	83	82		Groups	Count	Sum	Average	Variance		
5	4	90	85	80		Author	4	354	88.5	9		
6						Brian	4	336	84	1.333333		
7						John	4	333	83.25	7.583333		
8												
9												
10						ANOVA						
11						Source of Variation	SS	df	MS	F	P-value	F crit
12						Between Groups	64.5	2	32.25	5.4	0.02878	4.256495
13						Within Groups	53.75	9	5.972222			
14												
15						Total	118.25	11				
16												

图 11-15 高尔夫分数的单因素 ANOVA 结果

注意到单元格 K12 中的 p 值现在等于 0.028 78,小于 $\alpha=0.05$. 我们最后的结论,令这名作者懊恼的是拒绝了主因子的原假设. 似乎这 3 名球员的平均高尔夫分数存在差异. 要想挽留他的自尊,这名作者可得让他的儿子们离这章远远的.

用下面的步骤引导回答问题"分区组还是不分区组?":
1. 如果区组因子适合某个分析,用随机化区组 ANOVA 设计.
2. 如果主因子显著,拒绝原假设进而得到结论.
3. 如果随机化区组设计的主因子不显著,用单因素 ANOVA 设计检验主因子.

只要主因子在统计上显著,不用担心区组因子的显著性. 记住,应用随机化区组设计的目的是减少由区组因子引起的变异性. 如果要考察区组因子的显著性,随机化区组 ANOVA 设计并不合适. 这里,应采用检验两个主因子显著性的双因素 ANOVA 设计. 本章稍后将讨论双因素 ANOVA 过程.

☞ 随机化区组 ANOVA 不应用于检验区组因子的显著性. 在这种情况下,用本章后面介绍的双因素 ANOVA.

随机化区组 ANOVA 的步骤总结在表 11-24 中.

表 11-24 随机化区组 ANOVA 的步骤总结

步骤	描述	描述	
1	确定原假设和备择假设	H_0:所有 μ 都相等 H_1:不是所有 μ 都相等	
2	计算因子均值、区组均值和总平均($\bar{\bar{x}}$)		
3	计算总平方和(SST)	$\mathrm{SST} = \sum_{j=1}^{k}\sum_{i=1}^{n_j} x_{ij}^2 - \dfrac{\left(\sum_{j=1}^{k}\sum_{i=1}^{n_j} x_{ij}\right)^2}{n_T}$	(11-2)
		$\mathrm{MST} = \dfrac{\mathrm{SST}}{n_T - 1}$	(11-3)

(续)

步骤	描述	描述	
4	将总平方和(SST)拆分为组间平方和(SSB)、区组平方和(SSBL)以及误差平方和(SSE)	$SSB = \sum_{j=1}^{k} n_j (\overline{x}_j - \overline{\overline{x}})^2$	(11-5)
		$MSB = \dfrac{SSB}{k-1}$	(11-6)
		$SSBL = k \sum_{i=1}^{b} (\overline{x}_i - \overline{\overline{x}})^2$	(11-13)
		$MSBL = \dfrac{SSBL}{b-1}$	(11-14)
		$SSE = SST - (SSB + SSBL)$	(11-15)
		$MSE = \dfrac{SSE}{(b-1)(k-1)}$	(11-16)
5	计算主因子检验统计量	$F_{\overline{x}} = \dfrac{MSB}{MSE}$	(11-17)
6	确定临界值	临界值 F_α 可在附录 A 表 6 中查得, 自由度为: $D_1 = k-1$ $D_2 = (b-1)(k-1)$	
7	比较 F 检验统计量($F_{\overline{x}}$)和临界 F 得分(F_α)	$F_{\overline{x}} \leqslant F_\alpha \to$ 不拒绝 H_0 $F_{\overline{x}} > F_\alpha \to$ 拒绝 H_0	
8	给出结论		

下面这道思考题将给你一个机会完成对神秘顾客例子的随机化区组过程.

思考题 5 用思考题 4 描述的神秘顾客问题的结果回答下列问题.
a) 计算组间平方和(SSB)和组间均方(MSB).
b) 计算区组平方和(SSBL)和区组均方(MSBL).
c) 计算误差平方和(SSE)和误差均方(MSE).
d) 计算 ANOVA 过程的主因子检验统计量.
e) 用 $\alpha=0.05$,你能得出 3 家店的平均清洁度分数存在差异吗?
f) 区组因子有作用吗?
g) 构造 ANOVA 总结表.
h) 用 Excel 证明你的结果.

11.2.3 多重比较:比较成对总体均值(随机化区组 ANOVA)

对随机化区组 ANOVA 做多重比较有很多过程可以选择. 我将用宝洁(P&G)销售电话例子介绍**随机化区组 ANOVA** 的 Tukey-Kramer 多重比较检验. 这个过程与本章前面讨论智能手机数据时介绍的单因素过程类似.

第 1 步:计算绝对样本均值差.

对 $k=3$ 个总体(员工)进行比较,我们有 $3(2)/2=3$ 对样本均值. 这些样本均值对组成了下面的样本:

1 和 2　　　　　1 和 3　　　　　2 和 3

用表 11-16 中的数据，我们有：

$$|\bar{x}_1 - \bar{x}_2| = |5.0 - 7.0| = |-2.0| = 2.0$$
$$|\bar{x}_1 - \bar{x}_3| = |5.0 - 5.4| = |-0.4| = 0.4$$
$$|\bar{x}_2 - \bar{x}_3| = |7.0 - 5.4| = |1.6| = 1.6$$

第 2 步：计算临界范围.

随机化区组 ANOVA 成对比较的临界范围 CR 用于确定一对样本均值的差是否足够大，能推出总体均值显著不同. 随机化区组 ANOVA 的 CR 计算见公式 11-19.

随机化区组 ANOVA 的临界范围公式

$$CR = Q_\alpha \sqrt{\frac{\text{MSE}}{b}} \tag{11-19}$$

其中　$CR =$ 比较两样本均值的临界范围
　　　$Q_\alpha =$ 学生化范围表（附录 A，表 7）的临界值
　　　MSE $=$ 误差均方
　　　$b =$ 区组数量

临界值 Q_α 可在附录 A 表 7 中查得. 该值以我们需要的显著水平以及下列两个自由度为基础：

$$D_1 = k$$
$$D_2 = (b-1)(k-1)$$

用 P&G 的销售电话数据，$k = 3$ 个员工，$b = 5$ 个工作日，自由度如下：

$$D_1 = k = 3$$
$$D_2 = (b-1)(k-1) = (5-1)(3-1) = 8$$

对 $\alpha = 0.05$，运用附录 A 表 7，临界值为 $Q_\alpha = 4.04$. P&G 销售电话例子的临界范围可用公式 11-19 求得. 回想表 11-22，MSE $= 0.85$.

$$CR = Q_\alpha \sqrt{\frac{\text{MSE}}{b}} = (4.04)\sqrt{\frac{0.85}{5}} = (4.04)(0.4123) = 1.67$$

第 3 步：给出结论.

我们可用表 11-13 的决策规则来确定哪对总体均值不同. 表 11-25 给出了 3 对样本的决策规则.

表 11-25　确定销售电话例子中哪个总体均值不同

$|\bar{x}_i - \bar{x}_j|$	CR	决策
$|\bar{x}_1 - \bar{x}_2| = 2.0$	1.67	2.0 > 1.67；意味着不同
$|\bar{x}_1 - \bar{x}_3| = 0.4$	1.67	0.4 < 1.67；意味着不存在不同
$|\bar{x}_2 - \bar{x}_3| = 1.6$	1.67	1.6 < 1.67；意味着不存在不同

根据表 11-25，我们可以推出丹（1）和艾米（2）的平均周销售电话数存在差异，以这些数据为基础，没有证据显示另两对员工（丹和贝丝；艾米和贝丝）存在差异.

在下一个思考题部分，尝试对前面做过的神秘顾客问题应用多重比较技术.

思考题 6　用思考题 4 和 5 的数据和结果，令 $\alpha = 0.05$，进行 Tukey-Krammer 多重比较过程来确定哪家店的平均清洁度得分与其他店不同.

习题 11.2

基础题

11.15 考虑下列部分完成的随机化区组 ANOVA 汇总表：

来源	平方和	自由度	均方和	F
组间		2		
区组	105	7		
误差	42			
合计	183	23		

a) 完成该表的剩余部分.
b) 有多少总体均值参与检验？
c) 用 $\alpha=0.05$，关于总体均值可得出什么结论？
d) 分区组有作用吗？为什么？

11.16 考虑下面随机化区组 ANOVA 的数据：

区组	样本 1	样本 2	样本 3
1	8	4	3
2	5	4	3
3	6	2	1
4	13	9	5

a) 计算总平方和（SST）.
b) 将总平方和（SST）拆分成它的 3 个部分.
c) 用 $\alpha=0.05$，关于总体均值可得出什么结论？
d) 分区组有作用吗？为什么？

11.17 用习题 11.16 中的数据确定哪个均值与其他均值不同，令 $\alpha=0.05$.

11.18 考虑下列部分完成的随机化区组 ANOVA 汇总表：

来源	平方和	自由度	均方和	F
组间	72			6.0
区组	168		28.0	
误差		18		
合计	312	27		

a) 完成该表的剩余部分.
b) 有多少总体均值参与检验？
c) 用 $\alpha=0.05$，关于总体均值可得出什么结论？
d) 分区组有作用吗？为什么？

11.19 考虑下面随机化区组 ANOVA 的数据：

区组	样本 1	样本 2	样本 3	样本 4
1	5	5	10	8
2	4	4	8	4
3	4	3	4	1
4	3	5	8	4
5	4	3	3	2

a) 计算总平方和（SST）.
b) 将总平方和（SST）拆分成它的 3 个部分.
c) 用 $\alpha=0.05$，关于总体均值可得出什么结论？
d) 分区组有作用吗？为什么？

11.20 用习题 11.19 中的数据确定哪个均值与其他均值不同，令 $\alpha=0.05$.

应用题

11.21 假设佳得乐开发了 4 种新风味的饮料，想做一个风味测试来收集顾客的喜好数据. 6 人被要求取样并对每种风味按 1~20 打分. 数据如下，也可在文件 Gatorade.xlsx 中查得.

人	风味 1	风味 2	风味 3	风味 4
1	19	20	12	17
2	18	17	17	18
3	17	18	16	19
4	13	19	12	14
5	10	13	7	13
6	13	12	11	16

a) 用 $\alpha=0.05$，关于 4 种风味的喜好，可得出什么结论？
b) 分区组有作用吗？为什么？
c) 如果分区组有作用，确定哪对风味彼此不同，用 $\alpha=0.05$.
d) 用 Excel 证明你的结果.

11.22 假设环境保护局（EPA）想调查辛烷对汽油里数的影响. 下表给出了 6 辆使用 3 种不

同辛烷级别汽油（87，89，93）汽车行驶1000英里的汽油里数。每种辛烷水平的汽油里数被进行了记录。每辆车都用3种级别的汽油进行了测试。这些数据也可在文件 octane.xlsx 中查得。

汽车	87辛烷	89辛烷	93辛烷
千里马	22.6	23.3	23.0
福克斯	28.0	29.6	30.1
雅阁	22.6	22.1	23.3
索纳塔	28.6	29.1	29.4
凯美瑞	24.1	27.7	26.0
捷达	30.0	29.4	30.7

a) 用 $\alpha=0.05$，辛烷水平对汽油里数有作用吗？

b) 分区组有作用吗？为什么？

c) 如果分区组有作用，确定哪对辛烷水平存在不同，用 $\alpha=0.05$。

d) 用 Excel 证明你的结果。

11.23 红土校区的负责人比较关注教师和行政人员的病假时间。进一步地，她还想知道一周中各天的病假小时数是否存在差异。为了进行这项调查，随机选取该校某学年的7个周，所有员工每天的"病假小时数"被进行了记录。小时数如下表所示，也可在文件 sick hours.xlsx 查得。

周	周一	周二	周三	周四	周五
1	17	29	24	19	24
2	23	24	18	23	27
3	26	22	22	22	30
4	22	26	20	27	32
5	30	28	21	20	33
6	36	17	21	22	32
7	21	22	21	21	25

a) 用 $\alpha=0.05$，一周中各天的病假小时数存在差异吗？

b) 分区组有作用吗？为什么？

c) 如果分区组有作用，确定哪两天不同，用 $\alpha=0.05$。

d) 这些不同存在的部分原因是什么？

e) 用 Excel 证明你的结果。

11.24 假设高尔夫杂志想出一篇文章比较不同高尔夫球的驱球距离。8个高尔夫球手被要求在他们的一号木击出 Top Flite、Pinnacle 以及 Titleist 品牌的高尔夫球。每一击的驱球距离以码为单位被进行了测量，数据如下。文件 golf balls.xlsx 也包含这些数据。

高尔夫球手	Top Flite	Pinnacle	Titleist
1	217	202	205
2	228	270	228
3	226	237	224
4	214	257	249
5	236	274	267
6	229	252	230
7	241	242	237
8	233	242	230

a) 用 $\alpha=0.05$，这些球的驱球码数存在差异吗？

b) 分区组有作用吗？为什么？

c) 如果分区组有作用，确定哪两种球不同，用 $\alpha=0.05$。

d) 用 Excel 证明你的结果。

11.25 雅芳公司在特拉华州的纽瓦克有一个24小时的分销机构，负责为化妆品制造商的销售代表供货。订单在3条配货线之一被进行配货。随机选择一些交易日期，每条配货线在不同的4小时时间隔内处理的订单数被进行了记录。数据如下，也可在文件 Avon.xlsx 中查得。

时间段	配货线1	配货线2	配货线3
7:00 a.m.~11:00 a.m.	1313	1254	1279
11:00 a.m.~3:00 p.m.	1118	1093	1395
3:00 p.m.~7:00 p.m.	1276	1227	1190
7:00 p.m.~11:00 p.m.	1096	988	1210
11:00 p.m.~3:00 a.m.	1050	1244	1114
3:00 a.m.~7:00 a.m.	1239	1202	1036

a) 用 $\alpha=0.05$，各条配货线的订单数存在差异吗？
b) 分区组有作用吗？为什么？
c) 如果分区组有作用，确定哪两个供货线不同，用 $\alpha=0.05$.
d) 用 Excel 证明你的结果.

a) 用 $\alpha=0.05$，3 家分店每天售出的百吉饼数存在差异吗？
b) 分区组有作用吗？为什么？
c) 如果分区组有作用，确定哪两个分店不同，用 $\alpha=0.05$.
d) 用 Excel 证明你的结果.

11.26 百吉饼男孩是一家在 3 个地区销售纽约风格百吉饼的连锁店. 该连锁店的店主想调查 3 个地区分店每天售出的百吉饼数是否不同. 随机选取了一周，各店每天售出的百吉饼数被进行了记录. 数据如下，也可在文件 bagels.xlsx 中查得.

日期	店 1	店 2	店 3
周一	156	140	130
周二	169	182	131
周三	157	177	139
周四	135	151	132
周五	158	139	146
周六	170	213	145
周日	175	188	171

11.27 smartmoney.com 的一篇题为"仓储式会员店的对抗：省钱"的文章比较了传统超市和像 Costco 和 BJ's 这样的仓储式商店一些货品的价格. 货品价位列表的一部分如下，也可在文件 warehouse.xlsx 中查得.

a) 用 $\alpha=0.05$，4 家店的这些商品价格存在差异吗？
b) 分区组有作用吗？为什么？
c) 如果分区组有作用，确定哪两家店不同，用 $\alpha=0.05$.
d) 用 Excel 证明你的结果.

货品	超市	BJ's	Costco	山姆会员店
脱脂牛奶，1 加仑	$3.29	$2.09	$2.29	$1.88
鸡蛋，1.5 打	$2.79	$2.99	$1.50	$2.93
草莓，2 磅	$5.98	$3.99	$3.50	$3.48
柿子椒，6 个	$2.97	$5.99	$6.99	$5.88
去皮鸡胸肉，10 磅	$29.90	$22.29	$29.90	$19.70
Skippy 牌花生酱，2～40 盎司	$14.26	$7.39	$6.99	$6.04
过敏药氯雷他定，90 片	$69.97	$29.99	$34.49	$31.74
汰渍洗衣粉，170 盎司	$31.93	$20.14	$20.99	$20.97
好奇纸尿裤，176 片	$71.11	$37.99	$42.79	$36.43
百事可乐，36 听	$14.97	$9.49	$9.49	$9.10
Fogers 咖啡粉，48 盎司	$17.72	$8.49	$8.99	$8.39

数据来源：Grant, Kelly B., "Warehouse Club Face-off: The Overall Savings," *SmartMoney*, May 12, 2009, http://www.smartmoney.com.

11.3 双因素 ANOVA：检验双因素对总体均值的作用

到目前为止，本章已经讨论了检验一个主因子对观测数据作用的单因素 ANOVA. 随后介绍了随机化区组 ANOVA，它用区组因子来减少变异性，以便能增加发现主因子引起的总体均值差异的概率.

既然我们已经掌握了单因素 ANOVA 和随机化区组 ANOVA 过程，我将用**双因素 ANOVA** 结束本章. 双因素 ANOVA 检测了两个主因子同时对观测数据的作用. 我们用下面的例子来说明双因素 ANOVA 方法.

在 2010 年 9 月 13 号, 今日美国有一篇题为"美国人比欧洲人乘飞机贵"的文章指出, 美国始发的往返机票比欧洲始发的往返机票贵. 为了调查这种现象, 我个人用 Expedia.com 收集了如表 11-26 所示的数据. 我收集了 3 家航空公司在芝加哥和伦敦这两个城市始发的往返机票价格. 这些数据也可在 Excel 文件 airfares.xlsx 中查到.

表 11-26 芝加哥和伦敦往返机票价格数据

	联合航空	美国航空	英国航空
芝加哥始发	$889	$896	$1096
	$862	$876	$903
	$818	$869	$984
	$862	$825	$935
	$795	$802	$929
伦敦始发	$606	$593	$644
	$569	$577	$621
	$576	$623	$677
	$615	$600	$667
	$655	$577	$700

数据来源: Expedia.com 数据.

对于双因素 ANOVA 检验, 我们需从数据中确定两个主因子. 我在本节所用的惯例是将因素 A 设为表 11-26 中列对应的水平, 有 3 家航空公司(联合航空、美国航空以及英国航空). 因素 B 设为与表 11-26 中行对应的水平, 往返航班的始发城市——芝加哥或伦敦. 这两个因素都可能影响机票价格的变异性. 双因素 ANOVA 过程的目的是同时测量这两个因素对航班价格的影响. 更确切地说, 我们主要关注于回答下列两个问题:

1. 3 家航空公司在这两个城市之间的往返航班平均价格存在差异吗? (换言之, 因素 A 的均值间存在差异吗?)

2. 航空公司间往返航班价格的差异取决于在伦敦还是芝加哥始发吗? (换言之, 因素 B 的均值间存在差异吗?)

表 11-26 的上半部分给出了各航空公司由芝加哥始发飞往伦敦并返回芝加哥的 5 次航行价格. 表的下半部分给出了对应的由伦敦始发飞往芝加哥并返回伦敦的价格. 双因素 ANOVA 的一个**单元**是来自因素 A 的一个水平与来自因素 B 的一个水平的特定组合. 表 11-26 显示一共有 6 个单元($3 \times 2 = 6$), 因为因素 A(航空公司)有 3 个水平, 因素 B(芝加哥始发还是伦敦始发)有两个水平. 芝加哥始发的联合航空单元的 5 次航行价格被称为**重复**, 因为两因素相同的水平有 5 次观测. 我要说明的过程要求每个单元的重复数相同.

由于计算量较大, 不建议人工实行双因素 ANOVA 过程. 我们依靠 Excel 给出 ANOVA 结果.

11.3.1 用 Excel 进行双因素方差分析

Excel 的数据分析能够对我们的航班价格例子实行双因素 ANOVA 过程.

1. 打开 Excel 文件 airfares.xlsx 或在 A、B、C 以及 D 列输入数值, 如图 11-16a 所示.

2. 进入 Data 并点击右侧的 Data Analysis，如图 11-16a 所示. 这样就打开了 Data Analysis 对话框.

3. 选择 ANOVA：Two-Factor with Replication. 点击 OK.

4. 填写"ANOVA：Two-Factor with Replication"对话框，如图 11-16b 所示. 在"Rows per sample"中输入每个单元的重复数量，在航班价格例子中是 5. 点击 OK.

图 11-16c 给出了航班价格例子的双因素 ANOVA 输出. 输出结果的推导将在下一节解释.

👉 在 Excel 的输出中，因素 A 对应"Columns"的变异性来源，而因素 B 的数据可在"Sample"变异性来源中找到.

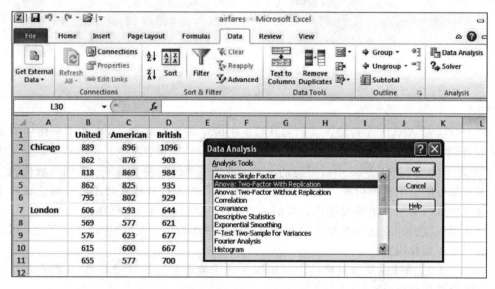

a) 用 Excel 进行双因素方差分析(第 1~3 步)

b) 用 Excel 进行双因素方差分析(第 4 步)

图 11-16

方差分析过程

	A	B	C	D	E	F	G	H	I	J	K	L	M
1		United	American	British		Anova: Two-Factor With Replication							
2	Chicago	889	896	1096									
3		862	876	903		SUMMARY	United	American	British	Total			
4		818	869	984		Chicago							
5		862	825	935		Count	5	5	5	15			
6		795	802	929		Sum	4226	4268	4847	13341			
7	London	606	593	644		Average	845.2	853.6	969.4	889.4			
8		569	577	621		Variance	1435.7	1504.3	5866.3	5957.26			
9		576	623	677									
10		615	600	667		London							
11		655	577	700		Count	5	5	5	15			
12						Sum	3021	2970	3309	9300			
13						Average	604.2	594	661.8	620			
14						Variance	1183.7	364	924.7	1661			
15													
16						Total							
17						Count	10	10	10				
18						Sum	7247	7238	8156				
19						Average	724.7	723.8	815.6				
20						Variance	17297.789	19550.4	29300.93333				
21													
22													
23						ANOVA							
24						Source of Variation	SS	df	MS	F	P-value	F crit	
25						Sample	544322.7	1	544322.7	289.567	6.76E-15	4.259677	
26						Columns	55636.2	2	27818.1	14.7986	6.5E-05	3.402826	
27						Interaction	5904.6	2	2952.3	1.57055	0.228562	3.402826	
28						Within	45114.8	24	1879.783333				
29													
30						Total	650978.3	29					
31													

c) 用 Excel 进行双因素方差分析(最后结果)

图 11-16 (续)

11.3.2 双因素 ANOVA 的均方和

双因素 ANOVA 背后的逻辑与我们已经讨论过的 ANOVA 话题类似. 图 11-17 显示了对双因素 ANOVA 总平方和(SST)的拆分,这个总平方和仍代表所有数值的总变异性.

如你在图 11-17 所见,总平方和(SST)被拆分成下列的 4 个平方和:

1. 因素 A 的平方和(SSFA)
2. 因素 B 的平方和(SSFB)
3. 交互作用的平方和(SSAB)
4. 误差平方和(SSE)

这些将在后面的小节中依次讨论.

因素 A 的平方和(SSFA)

因素 A 的平方和(SSFA) 度量了因素 A 的均值(航空公司)与所有数据的总平均之间的变异性. 用公式 11-20,我们用 SSFA 来确定**因素 A 的均方和(MSFA)**.

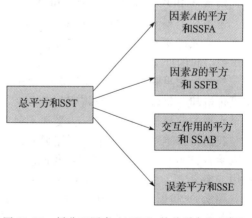

图 11-17 拆分双因素 ANOVA 的总平方和(SST)

因素 A 的均方和(MSFA)公式

$$\text{MSFA} = \frac{\text{因素 } A \text{ 的平方和}}{a-1} = \frac{\text{SSFA}}{a-1} \tag{11-20}$$

其中　MSFA＝因素 A 的均方和

　　　SSFA＝因素 A 的平方和

　　　a＝因素 A 的水平数量

我们可在图 11-16c 中找到这些值. 由因素 A 引起的变异性在图 11-16c 的第 26 行标为"Columns". 由于在我们的数据中有 3 家航空公司，$a=3$.

$$\text{MSFA} = \frac{\text{SSFA}}{a-1} = \frac{55\,636.2}{3-1} = 27\,818.1$$

因素 B 的平方和(SSFB)

因素 B 的平方和(SSFB)度量了因素 B 的均值(航班始发城市)与所有数据总平均间的变异性. 我们用 SSFB 来确定**因素 B 的均方和**(MSFB)，用公式 11-21.

因素 B 的均方和(MSFB)公式

$$\text{MSFB} = \frac{\text{因素 } B \text{ 的平方和}}{b-1} = \frac{\text{SSFB}}{b-1} \tag{11-21}$$

其中　MSFB＝因素 B 的均方和

　　　SSFB＝因素 B 的平方和

　　　b＝因素 B 的水平数量

我们也可在图 11-16c 中找到这些值. 由因素 B 引起的变异性在图 11-16c 的第 25 行中标为"Sample". 由于我们有两座始发城市(芝加哥和伦敦)，$b=2$. 在公式 11-21 中应用这些值，我们有：

$$\text{MSFB} = \frac{\text{SSFB}}{b-1} = \frac{544\,322.7}{2-1} = 544\,322.7$$

因素 A 和 B 交互作用的平方和(SSAB)

由于我们检测的是因素 A 和因素 B 对航班价格的共同作用，我们需考虑可能引起航班价格变异性的两个因素间的所有交互作用. **交互作用的平方和**(SSAB)代表因素 A 对因素 B 作用引起的变异性，反之亦然.

例如，如果联合航空和美国航空由伦敦始发的航班价格一贯较低，而英国航空的相同航班价格却一贯较高，我们将观测到因素 A 和因素 B 之间的交互作用. 这是因为因素 A 一个水平的航班价格(英国航空)受到了因素 B 一个水平(伦敦)的影响.

我们将在本章的另一小节更详细的讨论交互作用. 同时，现在你只需知道如果因素 A 与因素 B 之间的交互作用存在，我们不能依靠 ANOVA 结果的正确性来度量因素对数据的作用. 换言之，交互作用总是很让人头疼的，我们不希望在分析中见到它.

因素 A 和因素 B 交互作用的平方和用于确定**因素 A 和因素 B 交互作用的均方和**(MSAB)，见公式 11-22.

因素 A 和因素 B 交互作用的均方和(MSAB)公式

$$\text{MSAB} = \frac{\text{SSAB}}{(a-1)(b-1)} \tag{11-22}$$

其中　MSAB＝因素 A 和因素 B 交互作用的均方和
　　　SSAB＝因素 A 和因素 B 交互作用的平方和

同样，我们可在图 11-16c 第 27 行"Interaction"变异性来源找到这些值。在公式 11-22 中应用这些值，我们得到：

$$\text{MSAB} = \frac{\text{SSAB}}{(a-1)(b-1)} = \frac{5904.6}{(3-1)(2-1)} = 2952.3$$

误差的平方和(SSE)

误差的平方和(SSE)是我们在移除下列变异性之后剩下的数据中的变异性：
- 因素 A
- 因素 B
- 因素 A 和因素 B 的交互作用

换句话说，SSE 代表不能由任何因素或因素间的交互作用解释的数据中的随机性。我们用 SSE 确定双因素 ANOVA 中的**误差均方**(MSE)，用公式 11-23。

双因素 ANOVA 的误差均方(MSE)公式

$$\text{MSE} = \frac{\text{SSE}}{n_T - (ab)} \tag{11-23}$$

其中　MSE＝误差均方
　　　SSE＝误差平方和
　　　n_T＝数值总数

我们也可在图 11-16c "Within"变异性来源(见第 28 行)中找到这些值。由于每架航空公司有 10 个航班价格(每个始发城市 5 次重复)，有 3 家航空公司，所以总共有 30 个数值(n_T＝30)。在公式 11-23 中应用这些数值，我们得到：

$$\text{MSE} = \frac{\text{SSE}}{n_T - (ab)} = \frac{45\,114.8}{30^\ominus - (3)(2)} = \frac{45\,114.8}{30 - 6} = 1879.78$$

11.3.3　解释双因素 ANOVA 的输出结果

现在我们已将所有这些均方和放在了一起来确定航班价格的总体均值是否互不相同。

第 1 步：检验因素 A 和因素 B 的交互作用。

我们首先进行这个检验是因为如果我们发现交互作用存在，将不能进行双因素 ANOVA。交互作用的存在干扰了因素 A 和因素 B 对总体均值的影响。所有的假设检验均采用 $\alpha = 0.05$。交互作用的假设表述如下：

H_0：因素 A 和因素 B 没有交互作用$^\ominus$
H_1：因素 A 和因素 B 存在交互作用

交互性假设的检验统计量见公式 11-24。

$\ominus$　重复个数(5)乘以航空公司个数(a=3)以及城市个数(b=2)得到总观测值的个数(n_T=30)。
$\ominus$　交互作用的原假设总是设为因素 A 和因素 B 没有交互作用。

交互作用的检验统计量公式

$$F_{AB} = \frac{\text{MSAB}}{\text{MSE}} \tag{11-24}$$

用我们前一节的结果，有

$$F_{AB} = \frac{\text{MSAB}}{\text{MSE}} = \frac{2952.3}{1879.78} = 1.57$$

图 11-16c 中单元格 K27 中的 p 值等于 0.228 562[①]. 该值代表若原假设为真，观测到的 F 统计量大于 1.57 的概率. 由于该概率值大于 $\alpha=0.05$，我们不拒绝原假设. 我们没有足够的证据得出因素 A 和因素 B 之间的交互作用存在. 现在我们可进行下一步，检验每个主因子(每家航空公司和航班始发的各城市)对结论的影响.

第 2 步：检验因素 A.

因素 A 定义为航空公司. 运用下面的假设表述，我们能检验航空公司的均值是否不同.

$$H_0: \mu_{A1} = \mu_{A2} = \mu_{A3}$$
$$H_1: \text{不是所有因素 } A \text{ 的均值都相等}[②]$$

其中 μ_{Ai} = 因素 A 第 i 个水平的总体均值

因素 A 假设的检验统计量见公式 11-25.

因素 A 的检验统计量公式

$$F_A = \frac{\text{MSFA}}{\text{MSE}} \tag{11-25}$$

用我们前一节的结果，我们有：

$$F_A = \frac{\text{MSFA}}{\text{MSE}} = \frac{27\,818.1}{1879.78} = 14.7986$$

图 11-16c 中单元格 K26 给出的 p 值等于 6.5E-05[③]，它表示原假设为真时观测到的 F 统计量大于 14.8 的概率. 由于该概率比 $\alpha=0.05$ 小得多，我们可拒绝原假设. 换句话说，我们有足够的证据得出 3 家航空公司芝加哥和伦敦往返航班的平均航班价格确实存在差异. 在图 11-16c 的单元格 G19、H19 以及 I19 中可分别找到联合航空、美国航空和英国航空的平均航班价格，汇总数据见表 11-27.

表 11-27 航空公司的平均航班价格

航空公司	平均航班价格
联合航空	$724.70
美国航空	$723.80
英国航空	$815.60

第 3 步：检验因素 B.

因素 B 定义为往返航班的始发城市. 我们可在如下的假设表述来检验因素 B 的各均值是否不同.

$$H_0: \mu_{B1} = \mu_{B2}$$
$$H_1: \text{不是所有因素 } B \text{ 的均值都相等}[④]$$

[①] 在不拒绝检验交互性的原假设之后，我们可以继续检验因素 A 和因素 B. 如果没有拒绝交互性的原假设，因素 A 和因素 B 的检验将不可信.

[②] 该备择假设检验的是联合航空、美国航空以及英国航空的平均航班价格是否不同.

[③] 6.5E-05 的 p 值是 Excel 对 6.5×10^{-5} 或 0.000 065 的表示形式. 这个值这么小，我们可以称其为 0.

[④] 该备择假设检验的是芝加哥始发和伦敦始发的航班平均航班价格是否不同.

其中　$\mu_{Bi}=$ 因素 B 第 i 个水平的总体均值

因素 B 假设的检验统计量见公式 11-26.

因素 B 的检验统计量公式

$$F_B = \frac{\text{MSFB}}{\text{MSE}} \tag{11-26}$$

应用前面一节的结果,我们有:

$$F_B = \frac{\text{MSFB}}{\text{MSE}} = \frac{544\,322.7}{1879.78} = 289.567$$

图 11-16c 中 K25 单元格的 p 值等于 6.76E-15. 它表示原假设为真时观测到的 F 统计量大于 289.567 的概率. 由于该概率值比 $\alpha=0.05$ 小得多,我们再一次拒绝原假设. 换言之,我们有足够的证据得出芝加哥始发航班的平均航班价格与伦敦始发航班不同. 在图 11-16c 的单元格 J7 可找到芝加哥始发的平均航班价格,单元格 J13 找到伦敦始发的平均航班价格. 表 11-28 归纳了这两个城市的平均航班价格.

表 11-28　始发城市的平均航班价格

城市	平均航班价格
芝加哥	$889.40
伦敦	$620.00

看起来在 3 家航空公司中,芝加哥始发的航班比伦敦始发的航班要贵得多. 显然,今日美国的文章是正确的.

第 4 步: 在 ANOVA 表中汇总结果.

表 11-29 是双因素 ANOVA 过程的汇总表.

表 11-29　双因素 ANOVA 汇总表

来源	平方和	自由度	均方和	F
B	SSFB	$b-1$	$\text{MSFB}=\frac{\text{SSFB}}{b-1}$	$F_B=\frac{\text{MSFB}}{\text{MSE}}$
A	SSFA	$a-1$	$\text{MSFA}=\frac{\text{SSFA}}{a-1}$	$F_A=\frac{\text{MSFA}}{\text{MSE}}$
AB	SSAB	$(a-1)(b-1)$	$\text{MSAB}=\frac{\text{SSAB}}{(a-1)(b-1)}$	$F_{AB}=\frac{\text{MSAB}}{\text{MSE}}$
误差	SSE	$n_T-(a)(b)$	$\text{MSE}=\frac{\text{SSE}}{n_T-(a)(b)}$	
合计	SST	n_T-1		

表 11-30 汇总了航班价格双因素 ANOVA 的结果.

表 11-30　航班价格数据的汇总表

来源	平方和	自由度	均方和	F
因素 B	544 322.7	1	544 322.7	289.6
因素 A	55 636.2	2	27 818.1	14.80
交互作用	5904.6	2	2952.3	1.57
误差	45 114.8	24	1879.8	
合计	650 978.3	29		

现在轮到我休息了，一切交给你，这样你就可以自己完成一个双因素 ANOVA 问题了.

思考题 7 凯蒂是一个目标公司的区域经理，主要负责位于格洛斯特、德特福德以及沃里斯的 3 家新泽西商店. 凯蒂已经读过一些关于环境气味影响顾客看法的研究. 为了调查这种现象，凯蒂对每家店面做了一些安排，先用薰衣草味的香氛一段时间，然后在施以柑橘味的香氛一段时间. 这段时间的顾客被要求给商店的整体印象按 1~20 打分. 商店没施加香氛时的数据也被进行了收集. 下表给出了这些结果，也可在文件 target.xlsx 中查到.

	薰衣草	柑橘	无香
格洛斯特	13	18	12
	16	20	16
	19	15	15
	16	18	15
德特福德	15	17	14
	12	17	9
	14	14	12
	13	17	13
沃里斯	11	15	15
	19	16	16
	15	20	11
	16	18	12

a) 用 Excel 进行双因素 ANOVA 来检验因素 A(施加香氛或不施加香氛)和因素 B(区域)对客户看法的影响，以及检验两因素是否有交互作用.

b) 为该问题构造 ANOVA 汇总表.

c) 用 $\alpha = 0.05$ 给出结论.

11.3.4 再论交互作用

本章之前，我们讨论了双因素 ANOVA 中两个主因子之间的交互作用. 解释交互作用的最好途径是采用显示两因素关系的交互作用图. 本节，我们首先用 Excel 来展示如何对航班价格例子构造这个交互作用图.

1. 打开 Excel 文件 airfares.xlsx 或在单元格 A1 到 D11 输入航班价格数据，如图 11-18 所示.

2. 如图 11-18 单元格 A14 到 D16 所示，分别计算这 6 个单元格的均值. 例如，单元格 B15 给出了联合航空在芝加哥始发的 5 个航班的平均航班价格. 单元格 B15 的 Excel 公式为 =AVERAGE(B2: B6). 对其余 5 个单元格重复这种计算.

3. 计算每个航空公司的单元均值之差. 例如，单元格 B18 的公式 =(B15-B16). 对单元格 C18 和 D18 重复这种计算.

4. 选中单元格 A14 到 D16，如图 11-18 所示.

5. 进入 Insert 并点击中间的 Line，如图 11-18 所示.

6. 选择 Line with Markers，如图 11-18 所示.

图 11-19 显示了航班价格数据的交互作用图结果.

图 11-19 中的黑线画出了对于因素 B(伦敦始发)的一个水平，每家航空公司的平均航班价格. 灰线表示对于因素 B 的另一个水平(芝加哥始发)，每家航空公司的平均航班价格. 这两条线之间的距离表示芝加哥始发航班和伦敦始发航班价格的平均差. 这个在图 11-18 第 18 行给出了计算结果. 在图 11-18 中可以看到这个差值的范围从联合航空的 $241 到英国航空的 $307.60. 图 11-19 给出了可视化的结果：无论我们检测的是哪家航空公司，芝加哥始发的航班平均航班价格比伦敦始发的高.

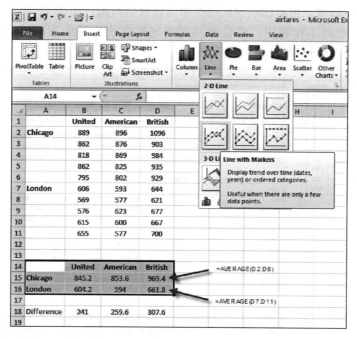

图 11-18 用 Excel 构造交互作用图

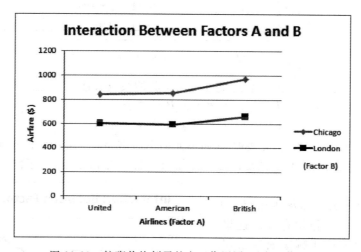

图 11-19 航班价格例子的交互作用图(无交互作用)

图中两条线近似平行的现象说明因素 A 和因素 B 近乎没有交互作用. 换句话说, 我们检测哪家航空公司都行. 3 家航空公司由芝加哥始发航班的平均航班价格都高. 一般地, 当一个因素的每个水平在另一个因素所有水平下的数值表现一致, 因素 A 和因素 B 之间没有交互作用.

图 11-19 给出了因素 A 和因素 B 之间近乎没有交互作用的例子. 但可能会想, 当交互作用发生时会是什么样子呢? 你能这样问, 我非常高兴. 为了说明交互作用的存在, 我得

重新设置航班价格数据，把英国航空的两组单元格数据对调，如图 11-20 所示（左侧框里的单元格）．在这个新的工作表中，联合航空和美国航空芝加哥始发的航班仍较贵．但是，英国航空伦敦始发的航班较贵．

	A	B	C	D	E	F	G	H	I	J	K	L	M
1		United	American	British		Anova: Two-Factor With Replication							
2	Chicago	889	896	644									
3		862	876	621		SUMMARY	United	American	British	Total			
4		818	869	677		Chicago							
5		862	825	667		Count	5	5	5	15			
6		795	802	700		Sum	4226	4268	3309	11803			
7	London	606	593	1096		Average	845.2	853.6	661.8	786.8666667			
8		569	577	903		Variance	1435.7	1504.3	924.7	9496.266667			
9		576	623	984									
10		615	600	935		London							
11		655	577	929		Count	5	5	5	15			
12						Sum	3021	2970	4847	10838			
13						Average	604.2	594	969.4	722.5333333			
14						Variance	1183.7	364	5866.3	34784.98095			
15													
16						Total							
17						Count	10	10	10				
18						Sum	7247	7238	8156				
19						Average	724.7	723.8	815.6				
20						Variance	17297.78889	19550.4	29300.93333				
21													
22													
23						ANOVA							
24						Source of Variation	SS	df	MS	F	P-value	F crit	
25						Sample	21040.83333	1	21040.83333	16.51298465	0.0004486	4.259677	
26						Columns	55636.2	2	27818.1	14.79856721	6.499E-05	3.402826	
27						Interaction	519186.4667	2	259593.2333	138.0974226	6.819E-14	3.402826	
28						Within	45114.8	24	1879.783333				
29													
30						Total	650978.3	29					
31													

图 11-20 带交互作用的一个双因素 ANOVA

允许我再说一遍因素 A 和因素 B 交互作用检验的假设表述．

H_0：因素 A 和因素 B 没有交互作用

H_1：因素 A 和因素 B 存在交互作用

两因素交互作用的 p 值非常接近 0（如单元格 K27 所示）．由于该值小于 $\alpha = 0.05$，我们拒绝原假设并得出因素 A 和因素 B 的交互作用存在．图 11-21 给出了修订数据后的交互作用图．

注意到，现在黑线和灰线相交，表明两个主因子的交互作用存在．这里，较贵的始发城市取决于哪家航空公司．联合航空和美国航空的芝加哥始发航班较贵．然而，英国航空的伦敦始发航班较贵．像图 11-21 那样相交的线表明因素 A 和因素 B 的交互作用存在．交互作用存在是因为芝加哥始发航班较贵的模式不是在所有航空公司中都存在．在这种情况下，用双因素 ANOVA 通过检验

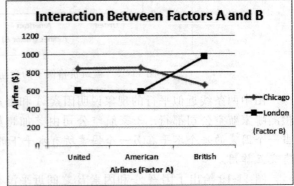

图 11-21 航班价格例子的交互作用图（交互作用存在）

因素 A 和因素 B 得出的结论不可靠.

👉 仅仅因为图 11-21 的两条线相交并不能说明交互作用在总体中存在. 图 11-21 所画的图像以受抽样误差影响的样本为基础. 图 11-20 中的 p 值是总体交互作用存在与否的决定因素.

然而当交互作用存在时, 并不是无可挽救. 另一种选择是对因素 B 的每一个水平下的因素 A 采用单因素 ANOVA, 反之亦然. 例如, 我们可用单因素 ANOVA 看看芝加哥始发的各航空公司的平均航班价格是否不同. 然后对伦敦始发的航班重复该分析.

思考题 8 用思考题 7 给出的数据构造一个因素 A 和因素 B 的交互作用图. 提示: 该图中有 3 个水平的线.

11.3.5 多重比较: 比较成对总体均值(双因素 ANOVA)

单因素 A 和因素 B 的交互作用不存在且我们发现每个因素的各均值确实存在差异时, 我们可采用**双因素 ANOVA 的 Turkey-Kramer 多重比较检验**(好长啊, 真绕口). 这个检验与我们前面遇到的比较检验非常相似. 我们将把原来的航班价格例子中的样本均值绝对差(无交互作用)和一个临界范围比较来确定哪些均值不同.

首先, 我们将用公式 11-27 计算因素 A 的临界范围 CR_A.

因素 A 的临界范围公式

$$CR_A = Q_A \sqrt{\frac{\text{MSE}}{br}} \tag{11-27}$$

其中　CR_A＝比较因素 A 的两个样本均值的临界范围

　　　Q_A＝因素 A 学生化范围表中(附录 A, 表 7)的临界值

　MSE＝误差均方

　　　b＝因素 B 的水平个数

　　　r＝每个单元的重复个数

因素 A 的临界值 Q_A 可在附录 A 表 7 中查到. 该值以所需显著水平和下列自由度为基础:

$$D_1 = a$$
$$D_2 = ab(r-1)$$

记住, a＝因素 A 的水平个数. 用航班价格数据, 其中 $a=3$ 家航空公司, $b=2$ 个城市, $r=5$ 个重复/单元, 自由度如下:

$$D_1 = a = 3$$
$$D_2 = ab(r-1) = (3)(2)(5-1) = 24$$

采用 $\alpha=0.05$, 附录 A 表 7 显示临界值为 $Q_A = 3.53$. 回想图 11-16c 所示的 MSE＝1879.8, 航班价格例子的临界范围可用公式 11-27 计算得到:

$$CR_A = Q_A \sqrt{\frac{\text{MSE}}{br}} = (3.53)\sqrt{\frac{1879.8}{(2)(5)}} = (3.53)(13.71) = 48.40$$

表 11-27 归纳了各家航空公司因素 A 的均值. 运用这些数据, 表 11-31 对样本均值中

的绝对差和临界值进行了比较并给出了决策. 注意到联合航空＝样本 1, 美国航空＝样本 2, 英国航空＝样本 3.

表 11-31 确定因素 A 哪对样本均值不同

$|\bar{x}_i - \bar{x}_j|$	CR_A	决策
$|\bar{x}_1 - \bar{x}_2| = |724.7 - 723.8| = 0.9$	48.40	0.9＜48.40；意味着没有差异
$|\bar{x}_1 - \bar{x}_3| = |724.7 - 815.6| = 90.9$	48.40	90.9＞48.40；意味着不同
$|\bar{x}_2 - \bar{x}_3| = |723.8 - 815.6| = 91.8$	48.40	91.8＞48.40；意味着不同

如果 $|\bar{x}_i - \bar{x}_j| > CR_A$, 我们可以推测总体均值不同. 根据表 11-31, 我们能得出对于芝加哥和伦敦之间的往返航班, 英国航空的平均航班价格比联合航空和美国航空都高. 但是, 没有足够的证据称联合航空和美国航空的往返航班价格存在差异.

下面我们将用公式 11-28 计算因素 B 的临界范围 CR_B.

因素 B 的临界范围公式

$$CR_B = Q_B \sqrt{\frac{\text{MSE}}{ar}} \tag{11-28}$$

其中　CR_B＝比较因素 B 的两个样本均值的临界范围

　　　Q_B＝因素 B 学生化范围表中(附录 A, 表 7)的临界值

　　MSE＝误差均方

　　　a＝因素 A 的水平个数

　　　r＝每个单元的重复个数

因素 B 的临界值 Q_B 可在附录 A 表 7 中查到. 该值以所需显著水平和下列自由度为基础:

$$D_1 = b$$
$$D_2 = ab(r-1)$$

用航班价格数据, 其中 $a=3$ 家航空公司, $b=2$ 个城市, $r=5$ 个重复单元, 自由度如下:

$$D_1 = b = 2$$
$$D_2 = ab(r-1) = (3)(2)(5-1) = 24$$

采用 $\alpha=0.05$, 附录 A 表 7 显示临界值为 $Q_B=2.92$. 对于 MSE＝1879.8, 航班价格例子的临界范围可用公式 11-27 计算得到:

$$CR_B = Q_B \sqrt{\frac{\text{MSE}}{ar}} = (2.92)\sqrt{\frac{1879.8}{(3)(5)}} = (2.92)(11.19) = 32.67$$

通常, 我们不愿对只有两个水平的因素进行多重比较检验, 就像航班价格例子中的因素 B, 因为只有一对样本均值要检测：芝加哥始发航班的平均航班价格以及伦敦始发航班的平均航班价格. 但是, 这里我仍用本例进行这个检验, 以示范给你怎样操作(不用客气). 表 11-28 给出了因素 B 两个水平的样本均值. 运用这些数据, 表 11-32 对样本均值中的绝对差和临界值进行了比较并给出了决策.

表 11-32 确定因素 B 哪对样本均值不同

$|\bar{x}_i - \bar{x}_j|$	CR_B	决策
$|\bar{x}_1 - \bar{x}_2| = |889.4 - 620.0| = 269.4$	32.67	269.4＞32.67；意味着不同

表 11-32 只是确认了我们已经知道的．如果始发地为伦敦而不是芝加哥的话，芝加哥和伦敦往返航班的价格明显较便宜．谁能想到呢？

好好利用下面最后一个思考题，确保你理解了如何实行双因素 ANOVA 的多重比较．

思考题 9　运用思考题 7 的数据，进行多重比较检验来看看总体均值间是否存在差异．然后给出你的结论．

习题 11.3

基础题

11.28 考虑下面部分完成的 ANOVA 汇总表：

来源	平方和	自由度	均方和	F
因素 A	100	2		
因素 B		2		
交互作用	60			
误差	450	45		
合计	730	53		

a) 完成表中剩余部分．
b) 各单元的重复有多少？
c) 用 $\alpha=0.05$，因素 A 和因素 B 之间有显著的交互作用吗？
d) 用 $\alpha=0.05$，因素 A 的均值存在差异吗？
e) 用 $\alpha=0.05$，因素 B 的均值存在差异吗？

11.29 考虑下列为双因素 ANOVA 收集的数据：

因素 B	因素 A		
	水平 1	水平 2	水平 3
水平 1	9	31	29
	18	20	31
	31	22	35
水平 2	21	22	34
	23	27	33
	13	21	23

a) 用 $\alpha=0.05$，因素 A 和因素 B 之间有显著的交互作用吗？
b) 用 $\alpha=0.05$，因素 A 的均值存在差异吗？
c) 用 $\alpha=0.05$，因素 B 的均值存在差异吗？

11.30 用习题 11.29 的数据确定如果存在差异的话，哪些均值存在差异．用 $\alpha=0.05$．

11.31 考虑下面部分完成的 ANOVA 汇总表：

来源	平方和	自由度	均方和	F
因素 A		3	30.0	
因素 B	20			2.0
交互作用		6	7.0	1.4
误差		72		
合计				

a) 完成表中剩余部分．
b) 各单元的重复有多少？
c) 用 $\alpha=0.05$，因素 A 和因素 B 之间有显著的交互作用吗？
d) 用 $\alpha=0.05$，因素 A 的均值存在差异吗？
e) 用 $\alpha=0.05$，因素 B 的均值存在差异吗？

11.32 考虑下列为双因素 ANOVA 收集的数据：

因素 B	因素 A		
	水平 1	水平 2	水平 3
水平 1	8	9	10
	6	12	28
	14	19	24
水平 2	28	31	25
	10	21	36
	16	19	33
水平 3	39	40	38
	33	28	37
	23	40	31

a) 用 $\alpha=0.05$，因素 A 和因素 B 之间有显

著的交互作用吗?

b) 用 $\alpha=0.05$,因素 A 的均值存在差异吗?

c) 用 $\alpha=0.05$,因素 B 的均值存在差异吗?

11.33 用习题 11.32 的数据确定如果存在差异的话,哪些均值存在差异? 用 $\alpha=0.05$.

应用题

11.34 假设马里兰大学的罗伯特 H. 史密斯学院想比较不同专业男女毕业生的起薪. 下列数据给出了最近毕业班里随机选取学生的起薪额. 这些数据也可在文件 starting salaries.xlsx 中查到.

	专业		
	金融	市场营销	会计
女生	$45 400	$41 700	$52 600
	$46 200	$44 600	$40 900
	$48 100	$41 400	$47 000
	$46 200	$46 100	$53 700
男生	$49 200	$43 900	$44 000
	$50 300	$42 100	$50 500
	$43 100	$43 700	$45 300
	$53 300	$39 600	$47 300

a) 用 $\alpha=0.05$,因素 A 和因素 B(专业和性别)之间有显著的交互作用吗?

b) 用双因素 ANOVA 以及 $\alpha=0.05$,专业对个人的起薪有影响作用吗?

c) 用双因素 ANOVA 以及 $\alpha=0.05$,性别对个人的起薪有影响作用吗?

d) 如果答案是肯定的,用 $\alpha=0.05$ 确定哪些均值显著不同.

e) 为专业和性别因素构造一个交互作用图.

11.35 《华尔街日报》发表于 2010 年 5 月 18 日的一篇题为"一点激励的力量"的文章引用了斯坦福大学对于人们健身积极性的研究结果. 参与者被分配成 3 组. 在启动健身项目后,第 1 组的成员每 3 周会接到训练有素的健身教练询问他们健身项目以及鼓励他们继续健身的电话. 第 2 组成员也会在相同时间接到系统自动打出的电话. 第 3 组成员则不会受到电话. 各组成员在项目开始初期,项目开始 6 个月后,以及项目开始 1 年后每周健身的时长被进行了记录. 这些数据也可在文件 exercise.xlsx 中查到.

	建议类型		
	人工建议	系统自动建议	无建议
初期	93	64	68
	99	65	56
	118	106	64
	89	117	102
6 个月后	119	198	106
	167	242	97
	141	115	151
	121	166	74
1 年后	104	186	144
	212	250	128
	173	140	101
	193	185	125

a) 用 $\alpha=0.05$,建议类型和健身项目持续时长之间有显著的交互作用吗?

b) 用双因素 ANOVA 和 $\alpha=0.05$,建议类型对各组每周锻炼的分钟数有影响吗?

c) 用双因素 ANOVA 和 $\alpha=0.05$,健身项目时长(从开始持续的时长)对各组每周锻炼的分钟数有影响吗?

d) 如果答案是肯定的,用 $\alpha=0.05$ 确定哪些均值显著不同.

e) 为建议类型和健身项目持续时长(从开始持续的时长)构造一个交互作用图.

11.36 全球城市交通拥堵问题是近年来不断加剧的问题,尤其是发展中国家. 下表给出了随机选取的不同城市的司机工作日和周末在路上堵车花费的分钟数. 本题的数据也可在文件 traffic.xlsx 中查到.

	城市			
	北京	新德里	墨西哥城	纽约
工作日	89	44	56	53
	74	113	81	65
	119	65	81	38
	67	76	99	42
	94	97	122	51
周末	80	81	35	30
	87	26	86	39
	69	104	75	44
	71	79	66	44
	58	77	36	42

a) 用 $\alpha=0.05$，城市和一周时间之间存在显著的交互作用吗？

b) 用双因素 ANOVA 和 $\alpha=0.05$，城市对交通拥堵时间有影响吗？

c) 用双因素 ANOVA 和 $\alpha=0.05$，一周时间对交通拥堵时间有影响吗？

d) 如果答案是肯定的，用 $\alpha=0.05$ 确定哪些均值显著不同．

e) 构造城市和一周时间的交互作用图．

11.37 信用评分是衡量一个人信誉的介于 300 到 850 之间的数值．下表给出了从得克萨斯、宾夕法尼亚、加利福尼亚以及佛罗里达随机选取个人的信用评分，这些人按年龄段进行了分组．这些数据也可在文件 credit scores.xlsx 中查到．

	州			
	得克萨斯	宾夕法尼亚	加利福尼亚	佛罗里达
20～39 岁	619	736	663	681
	671	607	506	632
	614	727	717	713
	517	794	574	620
40～59 岁	691	775	708	574
	700	645	728	697
	641	767	666	677
	639	669	716	629
60 岁以上	766	743	756	765
	663	737	675	698
	672	718	696	795
	661	788	692	730

a) 用 $\alpha=0.05$，州和个体年龄之间有显著的交互作用吗？

b) 用双因素 ANOVA 和 $\alpha=0.05$，州对个体的信用评分有影响吗？

c) 用双因素 ANOVA 和 $\alpha=0.05$，个体所属年龄段对他们的信用评分有影响吗？

d) 如果答案是肯定的，用 $\alpha=0.05$ 确定哪些均值显著不同．

e) 为州和年龄段构造交互作用图．

11.38 近来，电影院票价不断上涨以满足大家对 3D 格式电影的需求．下列数据给出了 3 个城市 3 种不同电影格式的成人票价．这些数据也可在文件 ticket prices.xlsx 中查到．

	格式		
	2D	3D	IMAX 3D
纽约	\$11	\$18	\$22
	\$11	\$19	\$13
	\$13	\$15	\$22
	\$11	\$15	\$19
	\$7	\$20	\$19
亚特兰大	\$10	\$17	\$16
	\$11	\$14	\$19
	\$12	\$14	\$20
	\$11	\$16	\$15
	\$13	\$15	\$15
达拉斯	\$5	\$14	\$16
	\$7	\$13	\$17
	\$8	\$11	\$14
	\$10	\$17	\$16
	\$8	\$12	\$15

a) 用 $\alpha=0.05$，城市和电影格式之间有显著交互作用吗？

b) 用双因素 ANOVA 和 $\alpha=0.05$，城市对电影票价有影响吗？

c) 用双因素 ANOVA 和 $\alpha=0.05$，电影格式对电影票价有影响吗？

d) 如果答案是肯定的，用 $\alpha=0.05$ 确定哪些均值显著不同．

e) 为城市和电影格式构造交互作用图．

11.39 下表根据性别给出了 4 个国家退休人员随机样本的退休年龄．这些数据也可在文件 retirement.xlsx 中查到．

	国家			
	墨西哥	日本	美国	法国
女性	66	62	60	57
	73	65	62	70
	77	66	56	48
	74	65	67	51
	63	64	60	56
	78	60	66	56
男性	76	69	64	59
	67	64	68	63
	79	66	57	58
	76	67	72	59
	71	68	68	65
	69	75	57	59

注：在笔者写作之时，法国国家养老金计划中法国公民的官方退休年龄是 60．那些法国人当然知道如何生活！

a) 用 $α=0.05$，国家和性别之间有显著交互作用吗？
b) 用双因素 ANOVA 和 $α=0.05$，国家对退休年龄有影响吗？
c) 用双因素 ANOVA 和 $α=0.05$，性别对退休年龄有影响吗？
d) 如果答案是肯定的，用 $α=0.05$ 确定哪些均值显著不同.
e) 构造国家和性别的交互作用图.

本章主要公式

总平方和(SST)公式

$$\text{SST} = \sum_{j=1}^{k}\sum_{i=1}^{n_j}(x_{ij}-\overline{\overline{x}})^2 \quad (11\text{-}1)$$

或

$$\text{SST} = \sum_{j=1}^{k}\sum_{i=1}^{n_j}x_{ij}^2 - \frac{\left(\sum_{j=1}^{k}\sum_{i=1}^{n_j}x_{ij}\right)^2}{n_T} \quad (11\text{-}2)$$

总均方(MST)公式

$$\text{MST} = \frac{总平方和}{n_T-1} = \frac{\text{SST}}{n_T-1} \quad (11\text{-}3)$$

单因素 ANOVA 拆分总平方和(SST)公式

$$\text{SST} = \text{SSB} + \text{SSW} \quad (11\text{-}4)$$

组间平方和(SSB)公式

$$\text{SSB} = \sum_{j=1}^{k}n_j(\overline{x}_j-\overline{\overline{x}})^2 \quad (11\text{-}5)$$

组间均方(MSB)公式

$$\text{MSB} = \frac{组间平方和}{k-1} = \frac{\text{SSB}}{k-1} \quad (11\text{-}6)$$

组内平方和(SSW)公式

$$\text{SSW} = \sum_{j=1}^{k}\sum_{i=1}^{n_j}(x_{ij}-\overline{x}_j)^2 \quad (11\text{-}7)$$

或

$$\text{SSW} = \text{SST} - \text{SSB} \quad (11\text{-}8)$$

组内均方(MSW)公式

$$\text{MSW} = \frac{组内平方和}{n_T-k} = \frac{\text{SSW}}{n_T-k} \quad (11\text{-}9)$$

单因素 ANOVA 的 F 检验统计量公式

$$F_{\overline{x}} = \frac{\text{MSB}}{\text{MSW}} \quad (11\text{-}10)$$

Tukey-Kramer 临界范围公式

$$CR_{i,j} = Q_a\sqrt{\frac{\text{MSW}}{2}\left(\frac{1}{n_i}+\frac{1}{n_j}\right)} \quad (11\text{-}11)$$

随机化区组 ANOVA 拆分总平方和(SST)的公式

$$\text{SST} = \text{SSB} + \text{SSBL} + \text{SSE} \quad (11\text{-}12)$$

区组平方和(SSBL)公式

$$\text{SSBL} = k\sum_{i=1}^{b}(\overline{x}_i-\overline{\overline{x}})^2 \quad (11\text{-}13)$$

区组均方(MSBL)公式

$$\text{MSBL} = \frac{区组平方和}{b-1} = \frac{\text{SSBL}}{b-1} \quad (11\text{-}14)$$

随机化区组 ANOVA 误差平方和(SSE)公式

$$\text{SSE} = \text{SST} - (\text{SSB}+\text{SSBL}) \quad (11\text{-}15)$$

随机化区组 ANOVA 误差均方(MSE)公式

$$\text{MSE} = \frac{误差平方和}{(b-1)(k-1)} = \frac{\text{SSE}}{(b-1)(k-1)} \quad (11\text{-}16)$$

随机化区组 ANOVA 主因子的 F 检验统计量公式

$$F_{\overline{x}} = \frac{\text{MSB}}{\text{MSE}} \quad (11\text{-}17)$$

随机化区组 ANOVA 区组因子的 F 检验统计量公式

$$F_{BL} = \frac{\text{MSBL}}{\text{MSE}} \quad (11\text{-}18)$$

随机化区组 ANOVA 的临界范围公式

$$CR = Q_a\sqrt{\frac{\text{MSE}}{b}} \quad (11\text{-}19)$$

因素 A 的均方(MSFA)公式

$$\text{MSFA} = \frac{因素 A 的平方和}{a-1}$$
$$= \frac{\text{SSFA}}{a-1} \quad (11\text{-}20)$$

因素 B 的均方(MSFB)公式

$$\text{MSFB} = \frac{因素 B 的平方和}{b-1}$$
$$= \frac{\text{SSFB}}{b-1} \quad (11\text{-}21)$$

因素 A 和因素 B 交互作用的均方(MSAB)公式

$$\text{MSAB} = \frac{\text{SSAB}}{(a-1)(b-1)} \quad (11\text{-}22)$$

双因素 ANOVA 的误差均方(MSE)公式

$$\text{MSE} = \frac{\text{SSE}}{n_T-(ab)} \quad (11\text{-}23)$$

交互作用的检验统计量公式

$$F_{AB} = \frac{\text{MSAB}}{\text{MSE}} \quad (11\text{-}24)$$

因素 A 的检验统计量公式

$$F_A = \frac{\text{MSFA}}{\text{MSE}} \quad (11\text{-}25)$$

因素 B 的检验统计量公式

$$F_B = \frac{\text{MSFB}}{\text{MSE}} \quad (11\text{-}26)$$

因素 A 的临界范围公式

$$CR_A = Q_A \sqrt{\frac{\text{MSE}}{br}} \quad (11\text{-}27)$$

因素 B 的临界范围公式

$$CR_B = Q_B \sqrt{\frac{\text{MSE}}{ar}} \quad (11\text{-}28)$$

复习题

11.40 当今社会医疗系统成功与否的一个关键因素是急诊室工作人员的效率。为了检验这种观点，威明顿医院欲确定在一天 3 个 8 小时轮班中的平均就诊量是否不同。下表给出了随机选取的 8 小时轮班中的就诊量：

7:00 a.m.~ 3:00 p.m.	3:00 p.m.~ 11:00 p.m.	11:00 p.m.~ 7:00 a.m.
41	25	15
32	67	11
26	24	26
26	31	10
40	53	23

a) 用单因素 ANOVA 和 $\alpha=0.05$ 确定 3 个轮班中的平均就诊量是否不同。
b) 如果的确有不同，用多重比较检验来确定哪对不同，$\alpha=0.05$。
c) 你能推荐一个改进该分析的更为有效的数据收集方法吗？
d) 用 Excel 或 PHStat2 证明你的结果。

11.41 电视广告商依据电视观众的人口统计信息来做出推销商品或服务的投资决策。观众的年龄是这个过程中的一个关键因素。下表给出了以电视观众随机样本一周内观看电视的小时数。按年龄对观众进行了分组。

18~24	25~34	35~49	50~64
39	41	44	49
14	40	19	33
15	33	27	33
17	35	36	39
20	21	49	71

a) 用单因素 ANOVA 和 $\alpha=0.05$ 确定 4 个年龄段观众每周收看电视的平均小时数是否不同。
b) 如果存在不同，用多重比较检验确定哪对不同，$\alpha=0.05$。
c) 用 Excel 或 PHStat2 证明你的结果。

11.42 由于美国橄榄球联盟（NFL）比赛的票已售罄，本赛季的二手票市场异常活跃。下表给出了 NFL 4 支球队比赛的二手市场票价：

绿湾包装 工队	新奥尔良 圣徒队	印城 小马队	纽约 喷气机队
$213	$197	$170	$197
$190	$198	$152	$151
$185	$216	$165	$184
$188	$199	$166	$188
$214	$220	$165	$182

a) 用单因素 ANOVA 和 $\alpha=0.05$ 确定 4 支球队的平均票价是否不同。
b) 如果存在不同，用多重比较检验确定哪对不同，$\alpha=0.05$。
c) 用 Excel 或 PHStat2 证明你的结果。

11.43 最近的经济衰退导致众多州的财政短缺给教育资源带来了很大压力。引起家长和管理人员关注较多的一个方面是教师学生比。假设美国教育部想比较加利福尼亚、特拉华、内华达以及佐治亚 4 个州的幼儿园的这个比例。下列数据给出了在这 4 个州的幼儿园中随机选取的教室内的学生人数：

加利福尼亚	特拉华	内华达	佐治亚
26	21	30	14
21	23	35	15
23	31	22	15
25	33	29	21
26	18	31	16
12	25	39	15

a) 用单因素 ANOVA 和 $\alpha=0.05$ 确定 4 个州的幼儿园教室平均学生人数是否不同.
b) 如果存在不同,用多重比较检验确定哪对不同,$\alpha=0.05$.
c) 用 Excel 或 PHStat2 证明你的结果.

11.44 下表显示了位于新泽西的 3 个海滩群的自主别墅随机样本的价格. 这些别墅按挂牌售卖的房地产公司分类.

房地产公司	阿瓦隆	石港	海岛市
保诚	$550 000	$700 000	$500 000
Re/Max	$625 000	$840 000	$500 000
Diller&Fisher	$775 000	$1 070 000	$620 000
Fox&Roach	$900 000	$1 350 000	$1 100 000
21 世纪	$1 500 000	$1 600 000	$800 000

a) 用 $\alpha=0.05$ 和地产公司作为区组因子来检验 3 个海滩群的别墅均价是否存在差异.
b) 如果存在不同,确定哪对海滩不同,$\alpha=0.05$.
c) 用 Excel 或 PHStat2 证明你的结果.
d) 区组因子有作用吗?为什么?

11.45 假设消费者报道想进行一项研究来比较不同生产商的电视价格. 下列数据给出了不同屏幕尺寸的电视随机样本价格.

尺寸	LG	松下	三星	INSIGNIA
32"	$450	$450	$600	$450
37"	$700	$100	$1000	$600
42"	$1000	$750	$600	$500
46"	$1300	$700	$1300	$900
50"	$1600	$140	$1300	$700
55"	$1900	$150	$2200	$1100

a) 用单因素 ANOVA 和 $\alpha=0.05$ 检验不同品牌的平均价格是否存在差异.
b) 用随机化区组 ANOVA 和 $\alpha=0.05$ 检验不同品牌的平均价格是否存在差异.
c) 如果差异存在,哪对牌子的电视不同,$\alpha=0.05$.
d) 用 Excel 或 PHStat2 证明你的结果.
e) 解释 a 问和 b 问结果的区别.

11.46 迈克拥有一家饭店,他曾读过关于音乐对顾客晚餐就餐时间影响的文章. 为了检验音乐的这种作用,迈克在他的饭店做了一定的安排,他在繁忙的周六晚上播放慢节奏的音乐并记录了随机选取的餐桌在 5 个月内顾客的就餐时间. 迈克在接下来的周六晚上对播放快节奏和不播放音乐分别做了相应的记录. 下表显示了观测餐桌的就餐时间,以分钟计:

月份	无音乐	慢节奏音乐	快节奏音乐
1 月	60	76	64
3 月	120	128	115
5 月	98	110	111
8 月	73	82	70
10 月	136	138	142

a) 用单因素 ANOVA 和 $\alpha=0.05$ 进行检验来确定不同类型的音乐是否存在差异.
b) 如果问题 a 显示音乐的类型不存在差异,要检验每种音乐的均值差异,还需做什么?
c) 如果差异存在,用 $\alpha=0.05$ 确定哪对音乐类型不同.
d) 用 Excel 证明你的结果.

11.47 假设苏格兰草皮护理公司想检验其新开发的 4 种草皮肥料的效能. 每种肥料都被施放在相同大小的草皮上,一定时期后对草皮进行割草. 割下来的草的重量用于度量肥料的效能. 为了控制土壤以及环境条件的变异性,每种肥料被施加在 5 块不同的草坪上,不同的草坪作为区组因子. 每个样本割下来的草的磅数显示在下表中:

	肥料 1	肥料 2	肥料 3	肥料 4
草坪 1	10	12	8	10
草坪 2	9	13	11	11
草坪 3	9	9	13	9
草坪 4	7	10	9	12
草坪 5	5	13	12	10

a) 用随机化区组 ANOVA 和 $\alpha=0.05$，4 种肥料的效能存在差异吗？

b) 如果 a 问的答案是不存在差异，为了检验每种肥料的总体均值是否存在差异，还需做什么？

c) 如果差异存在，用 $\alpha=0.05$ 确定哪对肥料不同.

d) 用 Excel 证明你的结果.

11.48 美国日益增长的医保成本的罪魁祸首之一可能就是肥胖，最近用一个称为体重指数（BMI）的公式可确定是否肥胖．这个指数用下面的公式计算：

$$BMI = \frac{体重（磅）\times 703}{（身高（英寸））^2}$$

BMI 在 25 和 29 之间的人被归为超重，30 到 40 之间的为肥胖，40 及以上的为病态肥胖．在密歇根、佛罗里达、犹他以及纽约的人群中选取了一个随机样本，并测量了他们的 BMI 值．并记录了每个人的性别．这些数据可在文件 BMI by state. xlsx 中查到.

a) 用 $\alpha=0.05$，BMI 水平和州之间有显著交互作用吗？

b) 用双因素 ANOVA 和 $\alpha=0.05$，每个人所在的州对他或她的 BMI 水平有影响吗？

c) 用双因素 ANOVA 和 $\alpha=0.05$，每个人性别对他或她的 BMI 水平有影响吗？

d) 如果答案是肯定的，用 $\alpha=0.05$ 给出哪些均值显著不同.

e) 为 BMI 水平和州构造一个交互作用图.

11.49 假设美国能源部想比较美国不同城市的居民水电费用单．选取了一个家庭随机样本并记录了这些家庭的月水电费．这些家庭的卧室数量也进行了记录．这些数据也可在文件 utility bills. xlsx 中查到.

a) 用 $\alpha=0.05$，卧室数量和城市之间有显著的交互作用吗？

b) 用双因素 ANOVA 和 $\alpha=0.05$，卧室数量对月平均水电费有影响吗？

c) 用双因素 ANOVA 和 $\alpha=0.05$，城市因素对月平均水电费有影响吗？

d) 如果答案是肯定的，用 $\alpha=0.05$ 给出哪些均值显著不同.

e) 为卧室数量和城市构造一个交互作用图.

11.50 假设美国银行开发了一个信用卡促销活动以吸引其顾客增加他们的信用卡当前余额．为了检验该促销活动不同传播途径的效果，美国银行用 e-mail 为一些客户发送促销信息，为其他的一些客户发送传统促销信件，还有一部分客户不发送任何信息．每组客户的随机样本被选取，并记录下了他们在促销活动之后的当前信用卡余额．这些数据也可在文件 credit card promotion. xlsx 中查到.

a) 用单因素 ANOVA 和 $\alpha=0.05$ 确定这 3 组的平均信用卡当前余额是否不同.

b) 如果存在不同，用多重比较检验确定哪对不同，$\alpha=0.05$.

c) 关于促销信息发放途径的有效性，你能得出什么结论？

d) 用 Excel 或 PHStat2 证明你的结果.

11.51 假设国家教育统计中心想调查高中教师的受教育程度以及受雇州对他们薪酬的影响．Excel 文件 high school salaries. xlsx 包含了科罗拉多、堪萨斯、明尼苏达以及内布拉斯加高中教师随机样本的薪酬．这些教师的受教育程度也包含在该文件中.

a) 用 $\alpha=0.05$ 确定教育程度和州之间有显著的交互作用吗？

b) 教师的教育程度对他或她的薪酬有影响吗？

c) 用双因素 ANOVA 和 $\alpha=0.05$，教师的受雇州对他或她的薪酬有影响吗？

d) 如果存在影响，用 $\alpha=0.05$ 确定哪对均值显著不同.

e) 为教育程度和所在州构造一个交互作用图.

第 12 章　卡方检验

方形恐惧：4 的禁忌

想象一下审计美国数以千计公司的财务报告，只为记录每季度每股收益的尾数．而尾数从 0 到 9 每个数字出现的次数大致相同，这个预想应该是合情合理的．然而，当斯坦福大学的约瑟夫·格伦菲斯特和娜佳·马连科对 27 年来近 50 万份的财务报告进行审查时，发现了一个令人惊讶的结果．当作者计算每股收益精确到十分之一美分后，再取整到美分，他们发现数字 4 出现的次数的比例远少于预想的 10%．在这个样本中，数字"2"和"3"出现的次数的比例也比预想的少．汇总的结果见相对频数分布图 12-1．

出现在公司财务报告中的每股收益是取整到美分．例如，16.4 美分向下取整为 16 美分，而 16.5 美分则向上取整为 17 美分．因此向上取整对那些每股收益尾数大于等于 5 的公司是有益的．

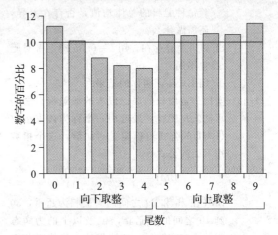

图 12-1　每股收益报告中尾数的相对频数分布

如果每股收益报告中十分之一美分位置的数字出现确实随机，那我们预想从 0 到 9 这 10 个数字每个的相对频率应该接近 10%．斯坦福大学的作者推断发生在图 12-1 中的结果的概率极低，只是偶然的．更多的可能是公司通过会计行为操纵他们的业绩．对公司经理而言，公司每股收益预期的丢失，甚至一分钱，都可以是财务问题．听起来像公司可能在做假账（至少会有一点）．

格伦菲斯特和马连科杜撰了新词**方形恐惧**，描述公司对财务报告中每股收益以 4 为尾数时的明显反感．在读完本章后，你将能够计算数字 4 在财务报告中出现次数的概率只有 8%．那么可以自己判断方形恐惧的现象如何普遍．

来源："方形恐惧：每股收益数据的取整策略"，约瑟夫·格伦菲斯特和娜佳·马连科，斯坦福大学，2009 年 10 月．

之前 3 章我们关注了不同类型的假设检验．第 9 章学习了如何进行单个总体均值或比例的检验．接着第 10 章学习了比较两总体均值或比例的假设检验，而第 11 章学习了比较三个或三个以上总体均值的假设检验．

本章我们将用新的概率分布——**卡方分布**，来学习一系列假设检验方法．利用这个分布可以做下列检验：

- 比较两个或两个以上总体比例．例如，我们可以判断民主党、共和党和无党派选民支持新的医疗保健计划的比例是否存在差异．

- 进行拟合优度检验来判断数据是否服从一个特殊的概率分布,比如正态分布.
- 检验两个分类变量的独立性. 用这种方法,我们可以判断一个消费者的教育程度是否影响他或她购车的类型.

本章我们将从比较两个或两个以上总体比例的卡方检验开始.

12.1 两个及以上总体比例的比较

我们将通过下面的例子来介绍比较两个及以上总体比例的方法. 在《彭博商业周刊》[一]最近的一篇文章中,作者说道:"在华尔街,星期一是一周中最好的一天."你怎么想?这是真的吗?信息源于过去的六个月标准普尔 500 指数在工作日的上涨和下跌的天数. 一周工作日中股市上涨的天数和下跌的天数以及各自观测到的总天数见表 12-1.

表 12-1 在工作日标准普尔 500 的表现情况

工作日	上涨天数 f_o	下跌天数 f_o	总天数	上涨天数的比例
星期一	20	5	25	20/25=0.80
星期二	15	11	26	15/26=0.58
星期三	17	9	26	17/26=0.65
星期四	14	11	25	14/25=0.56
星期五	12	11	23	12/23=0.52
总数	78	47	125	

表中的最后一列给出每个工作日指数上涨天数的比例或者百分比. 文章中的断言是依据样本在星期一这天标准普尔 500 指数有 80% 上涨的事实. 这比一周其他天的指数上涨比例都要高.

表 12-1 中符号 f_o 表示观测频数. 我们感兴趣的是判断标准普尔指数上涨天数的比例是否真的在一周中的每个工作日存在差异,这将为商业周刊文章的断言提供支持. 换句话说,根据样本是否有足够证据支持作者关于星期一的指数上涨比例比其他天的大作为一般规律的说法呢?信息是否呈现了一个能让投资者可以依靠它做决定的真实模式呢?让我们开始工作吧!

第 1 步:确定原假设和备择假设.

检验的假设表述与第 11 章单尾方差分析非常接近. 标准普尔 500 的例子假设表述如下:

$$H_0: \pi_1 = \pi_2 = \pi_3 = \pi_4 = \pi_5$$
$$H_1: 并非所有 \pi 全相等$$

其中 π_i = 一周第 i 天上涨天数的比例

根据之前的假设检验,我们需要确定显著性水平,即发生第 I 型错误的概率. 在这个例子中,设显著性水平 $\alpha = 0.05$. 如果选择一个比较小的 α 值,比如 0.01[二],将减少错误

[一] "华尔街钟爱星期一",《彭博商业周刊》,2010 年 4 月 12 日;http://www.businessweek.com.
[二] 回顾第 9 章在不改变样本容量的情况下减小 α 的值,将会使 β 增加,即增加第 II 型错误的概率(应该拒绝原假设而没有拒绝). 本例中,第 II 型错误发生的情况是当得到上涨天数的比例与工作日无关的结论时,而实际是有关系的.

地拒绝原假设的可能. 换句话说, 我们得到在工作日上涨天数的比例存在差异的结论可能性更小, 而在现实中, 标准普尔指数的总体比例没有差异.

第2步: 计算期望频数.

这一步要计算**期望频数**, 就是当原假设正确时最可能发生的频数. 如果指数上涨天数完全随机, 那我们假设每个工作日的比例相等, 希望看到的情况就好比掷骰子一样. 因此, 需要计算指数上涨天数的总体比例 $\bar{p}$. 根据表12-1, 在全部125天里有78天是上涨的. 总体比例的结果如下:

$$\bar{p} = \frac{78}{125} = 0.624$$

换句话说, 这段时间里有62.4%的日子指数上涨. 这个比例表示在原假设的条件下从 π_1 到 π_5 的估计值. 我们期望这个比例对每个工作日都是有效. 根据这个比例去计算每个工作日上涨天数的期望频数 f_e, 用表12-1中总天数这列乘以 $\bar{p}$. 计算见表12-2.

表 12-2 计算上涨天数的期望频数

工作日	$\bar{p}$	总天数	上涨天数的期望频数 f_e
星期一	0.624	25	15.6
星期二	0.624	26	16.22
星期三	0.624	26	16.22
星期四	0.624	25	15.6
星期五	0.624	23	14.35①

注: 期望频数不必为整数, 因为它只是表示理论上的数值. 另一方面, 观测频数(总天数)一定是整数, 因为它是可数项.

我们同样需要计算下跌天数的期望频数. 用总的天数减去上涨天数的期望频数, 结果见表12-3.

表 12-3 计算下跌日的期望频数

工作日	总天数	上涨天数的期望频数 f_e	下跌天数的期望频数 f_e
星期一	25	15.6	9.4
星期二	26	16.22	9.78
星期三	26	16.22	9.78
星期四	25	15.6	9.4
星期五	23	14.35①	8.65②

①②卡方检验要求每个期望频数大于等于5.

卡方检验要求每个期望频数大于等于5. 这个要求能保证卡方检验统计量(出现在第3步)服从卡方分布(在第4步介绍). 在表12-2和表12-3中, 最小频数是8.65. 因此满足要求. (在本章后面, 我们将介绍当要求不满足时是如何处理的.)

第3步: 计算卡方检验统计量 χ^2.

两个及以上比例卡方检验的检验统计量公式见12-1.

卡方检验统计量公式

$$\chi^2 = \sum \frac{(f_o - f_e)^2}{f_e} \tag{12-1}$$

其中　$\chi^2 =$ 卡方检验统计量

　　　$f_o =$ 观测频数

　　　$f_e =$ 当原假设正确时的期望频数

卡方检验统计量的原理如下：

- 如果观测频数与期望频数相差小，公式 12-1 中 $(f_o - f_e)^2$ 的值会小．得到一个比较小的卡方检验统计量，增加接受原假设的可能．㊀
- 如果观测频数与期望频数相差大，公式 12-1 中 $(f_o - f_e)^2$ 的值会大．得到一个比较大的卡方检验统计量，增加拒绝原假设的可能．

计算见表 12-4．第 1 列和第 2 列分别是表 12-1、表 12-2、表 12-3 中的观测频数和期望频数．其他列的计算如下：

第 3 列＝第 1 列减去第 2 列

第 4 列＝第 3 列的平方

第 5 列＝第 4 列除以第 2 列

表 12-4　计算卡方检验统计量

工作日	(1) f_o	(2) f_e	(3) $(f_o - f_e)$	(4) $(f_o - f_e)^2$	(5) $\frac{(f_o - f_e)^2}{f_e}$
星期一-上涨	20	15.6	4.4	19.36	1.24
星期一-下跌	5	9.4	-4.4	19.36	2.06
星期二-上涨	15	16.22	-1.22	1.49	0.09
星期二-下跌	11	9.78	1.22	1.49	0.15
星期三-上涨	17	16.22	0.78	0.61	0.04
星期三-下跌	9	9.78	-0.78	0.61	0.06
星期四-上涨	14	15.6	-1.6	2.56	0.16
星期四-下跌	11	9.4	1.6	2.56	0.27
星期五-上涨	12	14.35	-2.35	5.52	0.38
星期五-下跌	11	8.65	2.35	5.52	0.64
总数				$\chi^2 = \sum \frac{(f_o - f_e)^2}{f_e} =$	5.09

如果原假设正确（$\overline{p}$ 与一周每天同一个值接近），我们希望卡方检验统计量接近 0．想想看：在这些条件下，f_o 与 f_e 的值相差非常小，它们之间的差异几乎为 0．另一方面，如果检验统计量非常大，我们有证据表明原假设不正确．继续！

第 4 步：确定卡方临界值 χ^2_α．

公式 12-1 中的检验统计量服从一个新的分布——卡方分布，如图 12-2．如你所见，这个

㊀　原假设表述如下：一周工作日的上涨天数的比例相同．

分布是右偏的,而且拒绝域在图像右尾. 关于比例的卡方检验通常是单尾(右尾)假设检验如图 12-2. 公式 12-1 中卡方统计量的值在下列任何情况下都会增加(向右尾移动):

- 当观测频数小于期望频数
- 当观测频数大于期望频数

这是观测频数与期望频数差异的平方的结果$(f_o-f_e)^2$,公式 12-1 的分子.

卡方检验的自由度等于
$$df = k-1$$

其中 k 等于分类数. 在标准普尔 500 的例子中,分类是指工作日,所以 $k=5$.

卡方分布的临界值 χ_α^2 可以在附录 A 表 8 中查到. 其中的一个节选见表 12-5.

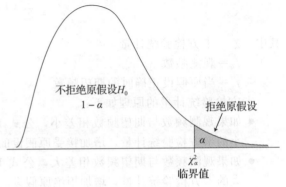

图 12-2 卡方分布

注:关于两个或两个以上卡方检验的拒绝域通常是在分布的右尾.

表 12-5 卡方临界值节选

分布右尾的面积										
自由度	0.995	0.99	0.975	0.95	0.90	0.10	0.05	0.025	0.01	0.005
1			0.001	0.004	0.016	2.706	3.841	5.024	6.635	7.879
2	0.010	0.020	0.051	0.103	0.211	4.605	5.991	7.378	9.210	10.597
3	0.072	0.115	0.216	0.352	0.584	6.251	7.815	9.348	11.345	12.838
4	0.207	0.297	0.484	0.711	1.064	7.779	9.488	11.143	13.277	14.860
5	0.412	0.554	0.831	1.145	1.610	9.236	11.070	12.833	15.086	16.750
6	0.676	0.872	1.237	1.635	2.204	10.645	12.592	14.449	16.812	18.548

在标准普尔 500 例子中,当 $\alpha=0.05$,自由度为 $k-1=5-1=4$ 时,查表 12-5 得临界值 $\chi_\alpha^2=\chi_{0.05}^2=9.488$(用深灰底突出显示).

另一种计算卡方临界值的方法是用 Excel 的 CHINV 函数,特点如下:
$$\text{CHINV}(\alpha, df)$$

其中 $\alpha=$ 显著性水平

$df = k-1$

$k=$ 分类的数目

例如,用 CHINV 函数计算标准普尔例子中的卡方临界值见图 12-3,其中 $\alpha=0.05$, $df=4$.

单元格 A1 中包含 Excel 公式 =CHINV(0.05, 4) 对应的结果 9.488 与表 12-5 中的值一致.

第 5 步:比较统计量(χ^2)与临界值(χ_α^2).

这个比较用于判断是否拒绝原假设. 决策原则如表 12-6 所示.

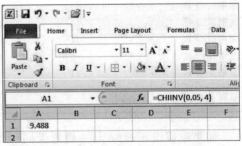

图 12-3 Excel 的 CHINV 函数

表 12-6 卡方检验的决策原则

条件		结论
$\chi^2 \leq \chi_\alpha^2$	→	不拒绝 H_0
$\chi^2 > \chi_\alpha^2$	→	拒绝 H_0

由于 $\chi^2 = 5.09$，小于 $\chi_\alpha^2 = 9.488$，根据表 12-6 我们不拒绝原假设. 图 12-4 中，统计量 χ^2 明显落在白色"不拒绝"区域.

第 6 步：给出结论.

回顾关于假设的陈述如下：

$H_0 : \pi_1 = \pi_2 = \pi_3 = \pi_4 = \pi_5$ ⊖

$H_1 :$ 并非所有 π 全相等

由于不拒绝原假设，我们没有足够的证据表明总体比例存在差异. 注意这与《彭博商业周刊》关于标注普尔 500 指数"星期一是一周中最好的一天"的文章断言是不一致的. 希望你能赞同我这声明没有统计价值，但一个著名的出版物的断言似乎更有说服力，比如商业周刊. 毕竟，如果是已经出版，一定是真的！

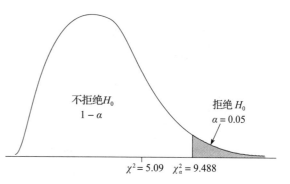

图 12-4 标注普尔 500 例子中卡方统计量与卡方临界值的比较

虽然因为不拒绝原假设，没有足够证据确定出版物的断言，但是我们却容易相信商业周刊并改变投资策略. 这篇商业周刊的文章错误地用一个样本做出关于总体不正确的结论. 这是一个统计给商业界带来警醒的极好例子. 现在，你难道不高兴正在阅读本章吗？

用 PHStat2 进行两个及以上总体比例比较

你也可以用 PHStat2 根据下面的步骤进行两个及以上总体比例比较：

1. 转到 Add-Ins > PHStat > Multiple-Sample Tests > Chi-Square Test，如图 12-5a 所示.

2. 在 Chi-Square Test 对话框内填写数字如图 12-5b 所示. 注意在 PHStat2 中，列被分配给被检验的分类. 因为标准普尔例子中比较 5 个总体，对话框中 Number of Rows=5. Number of Columns=2 对应上涨和下跌的天数. 选 OK.

3. 在你面前会呈现一个电子表格如图 12-5c 所示. 在阅读完电子表格中间的注意事项后，点击 Delete 键清空.

4. 在顶上浅灰区域的表中（浅灰箭头所指）敲入表 12-1 中观测频数和标注如图 12-5d 所示.

卡方分析的结果见图 12-5d 下方的深灰区域. 注意单元格 B31 中卡方检验统计量 (5.106 47) 与之前我们计算的 5.09 有一点不同. 差异是由于取整不同，因为 Excel 保留小数位数比我们之前计算时要多很多. 单元格 B32 显示的是 p 值，表示在原假设正确的情况下，检验统计量 χ^2 大于我们观测到的 5.106 47 的概率. 如图 12-6 所示.

⊖ 当心，不要犯接受原假设与断言一周每天上涨天数的比例相同的共同错误. 因为结论是依据样本，我们没有足够证据断言总体比例相等.

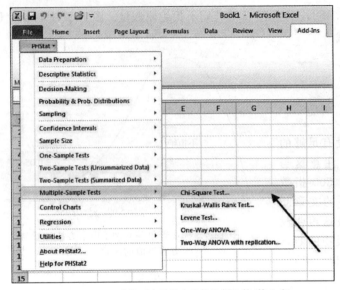

a) 用 PHStat2 进行两个及以上总体比例比较(第 1 步)　　b) 用 PHStat2 进行两个及以上总体比例比较(第 2 步)

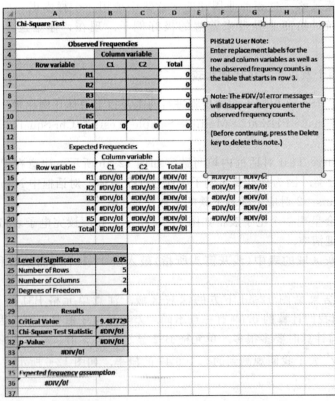

c) 用 PHStat2 进行两个及以上总体比例比较(第 3 步)

图 12-5

	A	B	C	D	E	F	G
1	Chi-Square Test						
2							
3		Observed Frequencies					
4		Column variable				Calculations	
5	Row variable	Up	Down	Total		fo-fe	
6	Monday	20	5	25		4.4	-4.4
7	Tuesday	15	11	26		-1.224	1.224
8	Wednesday	17	9	26		0.776	-0.776
9	Thursday	14	11	25		-1.6	1.6
10	Friday	12	11	23		-2.352	2.352
11	Total	78	47	125			
12							
13		Expected Frequencies					
14		Column variable					
15	Row variable	Up	Down	Total		(fo-fe)^2/fe	
16	Monday	15.6	9.4	25		1.241026	2.059574
17	Tuesday	16.224	9.776	26		0.092343	0.15325
18	Wednesday	16.224	9.776	26		0.037116	0.061597
19	Thursday	15.6	9.4	25		0.164103	0.27234
20	Friday	14.352	8.648	23		0.385445	0.639674
21	Total	78	47	125			
22							
23	Data						
24	Level of Significance	0.05					
25	Number of Rows	5					
26	Number of Columns	2					
27	Degrees of Freedom	4					
28							
29	Results						
30	Critical Value	9.487729					
31	Chi-Square Test Statistic	5.10647					
32	*p*-Value	0.276546					
33	Do not reject the null hypothesis						
34							
35	Expected frequency assumption						
36	is met.						
37							

d) 用 PHStat2 进行两个及以上总体比例比较(第 4 步)

图 12-5 (续)

由于 p 值 $= 0.2765$,大于 $\alpha = 0.05$,我们不能拒绝原假设.

做下面的思考题,练习关于两个及以上总体比较的检验.

思考题 1 一篇《华尔街日报》标题为"当冻结踢球人可能适得其反"㊀的文章,讨论的是在 NFL(全美橄榄球联盟)比赛的最后两分钟,就在踢球人试图射门之前叫暂停的策略. 让踢球者等待加赛时间的理论会使他更加紧张,增加射丢的可能. 这个策略被称

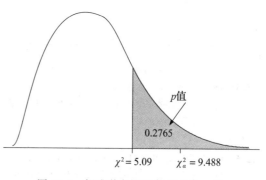

图 12-6 标准普尔 500 例子中的 p 值

㊀ "当冻结踢球人可能适得其反",华尔街日报,2010 年 9 月 22 日,http://online.wsj.com.

为"冻结踢球者"。《华尔街日报》的文章是依据2000年以来收集的进球数。51码开外射门次数的数据见下表：

叫暂停	踢进	踢丢	总数	进球比例
否	23	31	54	23/54=0.426
是（冻结）	14	11	25	14/25=0.560
总数	37	42	79	

通过样本，注意到当使用冻结踢球者的策略时进球比例更高些。《华尔街日报》根据这得到如下结论：冻结踢球者可能起到相反的作用，实际上提高了踢球者的进球可能性。

a) 根据 $\alpha=0.05$，对文章结论的正确性进行评论。
b) 用 PHStat2 验证你的结论。
c) 对这个检验的 p 值进行评论。

习题 12.1

基础题

12.1 根据下面的观测频数：

总体	是	否
A	20	18
B	10	12

计算每个观测频数对应的期望频数。

12.2 根据习题 12.1 的数据，用 $\alpha=0.05$ 做卡方检验判定总体 A 和 B "是"的比例是否存在差异。

12.3 根据下面观测频数：

总体	是	否
A	10	22
B	16	26
C	17	9

计算每个观测频数对应的期望频数。

12.4 根据习题 12.3 的数据，用 $\alpha=0.05$ 做卡方检验判定总体 A、B 和 C "是"的比例是否存在差异。

应用题

12.5 哈里斯互动调查机构的调查结果显示，有 50% 民主党人是 NFL（全国橄榄球联盟）的粉丝，而共和党达到 59%。假设 NFL 想要针对有不同政治立场的人做一个推广活动。为了判断两党 NFL 粉丝的比例是否存在差异，各选取 100 名民主党人和共和党人作为样本。

a) 能得到两党 NFL 粉丝的比例存在差异的结论吗？用 $\alpha=0.05$。
b) 用 PHStat2 验证你的结论。
c) 解释出自 PHstat2 的 p 值的意义。

12.6 联邦政府想要了解没有购买健康医疗保险的家庭比例是否因家庭收入而存在差异。假设下面的数据来自随机选择的 700 个家庭。

家庭收入	医疗保险	
	是	否
小于 $25 000	57	21
$25 000 至 $49 999	142	41
$50 000 至 $74 999	205	36
$75 000 大于等于	180	18

a) 用 $\alpha=0.01$，做卡方检验判断没有购买健康医疗保险的家庭比例是否因收入等级而存在差异。
b) 用 PHStat2 验证你的结论。
c) 解释出自 PHStat2 的 p 值的意义。
d) 收入对家庭投保的可能性有怎样的影响？

12.7 对民主党、共和党和无党派选民进行"什么是最重要的信息"的一项民意调查，调查结果递交到国会。三组调查对象的最普遍回答是"关注经济"。调查者的人数、他们想传递的信息以及他们的政治立场见下表：

信息	民主党	共和党	无党派
关注经济	55	61	59
其他	95	114	61
总数	150	175	120

a) 用 $\alpha=0.05$，做卡方检验判断关注经济的投票者比例是否因政治立场存在差异．

b) 用 PHStat2 验证你的结论．

c) 解释出自 PHStat2 的 p 值的意义．

d) 政治立场对投票者选择关注经济的信息传递给国会的可能性有怎样的影响？

12.8 一篇来自《华尔街日报》名为 "NBA 总决赛的抱怨"[一] 的文章．其报道了关于在 NBA 总决赛期间运动员认为有争议的犯规比例．犯规包括所谓的"抱怨指数"．文章指出洛杉矶湖人队的队员在总决赛系列赛的前 5 场比赛中被吹的 120 次犯规中抱怨了 43 次．在同样的比赛期间，波士顿凯尔特人队被吹的 128 次犯规中抱怨了 61 次．

a) 用 $\alpha=0.01$，做卡方检验判断两个球队在被吹的犯规中抱怨比例是否存在差异．

b) 用 PHStat2 验证你的结论．

c) 解释出自 PHStat2 的 p 值的意义．

12.2 判定观测频率是否服从已知概率分布

下面我们讨论的卡方方法被称为**拟合优度检验**．它帮助我们判断观测频数是否服从一个已知的概率分布．在下一节，我们将对一般离散型分布如二项分布、泊松分布和正态分布进行检验．（这些分布看起来像电影《僵尸之地》中的生物：它们不断地重复．然而，与僵尸不同，我保证它们非常有用．）

12.2.1 关于离散型概率分布的检验

对拟合优度检验的讨论，将开始于用卡方分布检验一组观测频数是否服从一个已确定离散频数分布．例如，当地美国银行分支机构提供一个可以与银行职员进行交易的免下车窗口．银行经理相信每周需要这个窗口的服务服从如表 12-7 所示的概率分布．例如，认为一周 20% 的服务发生在星期一．随机选取的一周里每天使用这个窗口的顾客人数见表 12-7，用 f_o 表示观测频数．

用 $\alpha=0.10$，进行卡方检验去判断表 12-7 所示的观测频数是否有足够证据表明整体需求模式服从给定的概率．这个结果在帮助管理者进行计划和人员安排方面非常有用．

表 12-7 概率分布与免下车服务需求

工作日	概率	每日需求 f_o
星期一	0.20	58
星期二	0.10	21
星期三	0.10	27
星期四	0.15	20
星期五	0.25	71
星期六	0.20	43
总数	1.00	240

第 1 步：确定原假设与备择假设．

检验的原假设是每周的需求服从给定的概率分布．因此假设的表述如下：

H_0：每周的需求服从给定的概率分布[二]

H_1：每周的需求不服从给定的概率分布

㊀ "NBA 总决赛的抱怨"，华尔街日报，2010 年 6 月 15 日，http://online.wjs.com.

㊁ 卡方拟合优度检验的原假设通常表述为服从给定的分布．

第2步：计算期望频数.

对于美国银行的例子，期望频数表示如果给定概率符合需求模式时每天将要发生的需求量. 计算期望频数 f_e，用一周的总需求量(240)乘以每天的概率. 计算如表 12-8 所示.

表 12-8 计算免下车服务需求的期望频数

工作日	概率	总需求	需求的期望频数
星期一	0.20	240	48
星期二	0.10	240	24
星期三	0.10	240	24
星期四	0.15	240	36
星期五	0.25	240	60
星期六	0.20	240①	48
总数	1.00		240②

注：①②如果计算是正确的，期望频数的总数应该等于总需求量. 本例中，两个值都是 240.

本节所有的卡方检验仍然要求每个期望频数大于等于 5. 表 12-8 的结果满足要求.

第3步：计算卡方检验统计量 χ^2.

再次用公式 12-1，卡方检验统计量的计算见表 12-9.

表 12-9 计算卡方检验统计量

工作日	f_o	f_e	(f_o-f_e)	$(f_o-f_e)^2$	$\dfrac{(f_o-f_e)^2}{f_e}$
星期一	58	48	10	100	2.08
星期二	21	24	-3	9	0.38
星期三	27	24	3	9	0.38
星期四	20	36	-16	256	7.11
星期五	71	60	11	121	2.02
星期六	43	48	-5	25	0.52
总数				$\chi^2=\sum\dfrac{(f_o-f_e)^2}{f_e}$	$=12.49$

原假设正确会使观测频数与期望频数相差非常小，也就是使检验统计量 χ^2 接近 0. 一个大的检验统计量会增加拒绝原假设的可能.

第4步：确定卡方临界值 χ^2_α.

卡方拟合优度检验的自由度如下：

$$df = k - m - 1$$

其中 m = 假设陈述中用样本估计参数的数目
　　　k = 分类的数目

在美国银行例子中，没有用样本估计任何总体参数，比如均值或者标准差. 因此，$m=0$. 例子中有 6 个分类(每个类对应一周的每个工作日)，所以 $k=6$. 由此卡方临界值的自由度为 $k-m-1=6-0-1=5$. 当 $\alpha=0.1$，查表 12-5 可以得到 $\chi^2_\alpha=10.645$. ㊀

㊀ 下节将提供一个为了确定期望频数而需要计算样本均值的例子.

第 5 步：比较统计量(χ^2)与临界值(χ_α^2).

因为 $\chi^2 = 12.49$，大于 $\chi_\alpha^2 = 10.645$，根据表 12-6 拒绝原假设. 由图 12-7 可以看到检验统计量 χ^2 落在拒绝域的阴影中.

第 6 步：给出结论.

因为拒绝原假设，可以得到每周需求量的真实概率分布不服从表 12-7 中给定的分布. 例如，星期四观测到的需求量远比给定分布预测的低.

做下面的思考题，练习拟合优度检验的方法.

思考题 2 一个学院的教授断言她预期成绩分布如下表所示. 在她课上的 120 名学生最近一个学期的真实成绩分布情况见右表.

用 $\alpha = 0.05$，以及这学期的数据来检验教授的断言.

12.2.2 关于泊松分布的检验

我们也可以用卡方假设检验判断观测数据是否服从泊松分布. 回顾第 5 章 **泊松分布**有如下特点：

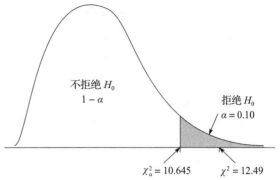

图 12-7 免下车服务例子中卡方统计量与卡方临界值的比较

成绩	预期百分比	实际的学生人数
A	20%	36
B	25%	27
C	40%	42
D	10%	9
F	5%	6
总数	100%	120

- 实验由某一特定事件发生在给定的时间、面积、距离或者其他测量类型内的可数的次数组成.
- 每个测量的等距区间的泊松分布的均值都相等.
- 每个等距区间发生事件的次数与其他等距区间发生的事件相互独立.
- 泊松过程定义的区间不能重叠.

我将通过下面的例子说明这个过程. 假设艾维瑞特大学本学期有 5 个班级在学习统计. 一周有三次课并记录学生的出勤情况. 每次课缺勤学生人数的频数见表 12-10.

假设教务处想要用 $\alpha = 0.05$ 做一个假设检验，判断每次课缺勤学生的人数是否服从泊松分布. 了解缺勤学生人数的概率有助于考勤政策的执行.

回顾第 5 章，对于一个泊松过程事件的次数没有上限. 换句话，表 12-10 中 x 的值没有上限. 显然，课堂里的学生人数是有限的(对教师是幸运的)，但

表 12-10 每次课缺勤学生人数的频数

每次课缺勤学生的人数	频数
0	22①
1	38
2	39
3	29
4	15
5	5
6	2
总数	150

①例如，150 节课中有 22 节课缺勤学生人数为 0 人.

是班级容量远比经常缺勤学生的人数要多得多(对教师又是幸运的),我们可以假设这个过程服从泊松分布.

下面的步骤将介绍这种方法:

第 1 步:确定原假设和备择假设.

检验的原假设是每次课缺勤学生的人数服从泊松概率分布.因此假设表述如下:

H_0:缺勤学生的人数服从泊松分布[⊖]

H_1:缺勤学生的人数不服从泊松分布

第 2 步:计算期望频数.

为了计算期望频数,我们需要找到表 12-10 每个缺勤学生人数对应的泊松概率.回顾第 5 章泊松概率可以通过公式 12-2 计算.

泊松概率分布公式

$$P(x) = \frac{\lambda^x e^{-\lambda}}{x!} \tag{12-2}$$

其中 $x=$ 在特定区间里感兴趣的事件发生的次数

$\lambda=$ 在特定区间里事件发生的平均次数

$e=$ 自然常数 2.718 28

$P(x)=$ 在特定区间事件只发生 x 次的概率

本例中,特定区间是一节课,而随机变量 x 表示每节课缺勤学生的人数.

为了计算概率,需要知道泊松分布的均值 λ.注意在假设表述中没有给定分布的均值.因此,我们需要计算表 12-10 中数据的均值,并用其估计泊松分布的总体均值.在第 3 章,已经学习了如何计算一个频数分布的平均值.再次重复公式 12-3.

频数分布的平均值公式

$$\lambda = \frac{\sum_{i=1}^{k}(x_i f_i)}{\sum_{i=1}^{k} f_i} \tag{12-3}$$

根据表 12-10 中的数据,计算如下:

$$\lambda = \frac{\sum_{i=1}^{k}(x_i f_i)}{\sum_{i=1}^{k} f_i} = \frac{(0)(22)+(1)(38)+(2)(39)+(3)(29)+(4)(15)+(5)(5)+(6)(2)}{22+38+39+29+15+5+2}$$

$$= \frac{300}{150} = 2.0 \text{ 个学生每节课}[⊜]$$

现在我们有足够的信息计算每个值 x,缺勤学生人数的泊松概率.可以用下列四种方

[⊖] 关于缺勤学生人数的例子,假设检验只是判断数据是否服从泊松分布.这与检验有给定均值的泊松分布不同.在后面你会发现两者有很大区别.

[⊜] 根据样本,每次课缺勤学生的平均人数为 2.0 人.

法的任意一种：

1. 公式 12-2
2. Excel's＝POISSON(x，λ，False)函数
3. 查附录 A 表 2 的泊松概率表
4. 猜的，祈祷走运（不推荐）

附录 A 的一个节选见表 12-11，对应的列以阴影突出．

表 12-11 附录 A 表 2 节选（泊松概率）

x	1.10	1.20	1.30	1.40	1.50	1.60	1.70	1.80	1.90	2.00
0	0.3329	0.3012	0.2725	0.2466	0.2231	0.2019	0.1827	0.1653	0.1496	0.1353
1	0.3662	0.3614	0.3543	0.3452	0.3347	0.3230	0.3106	0.2975	0.2842	0.2707
2	0.2014	0.2169	0.2303	0.2417	0.2510	0.2584	0.2640	0.2678	0.2700	0.2707
3	0.0738	0.0867	0.0998	0.1128	0.1255	0.1378	0.1496	0.1607	0.1710	0.1804
4	0.0203	0.0260	0.0324	0.0395	0.0471	0.0551	0.0636	0.0723	0.0812	0.0902
5	0.0045	0.0062	0.0084	0.0111	0.0141	0.0176	0.0216	0.0260	0.0309	0.0361
6	0.0008	0.0012	0.0018	0.0026	0.0035	0.0047	0.0061	0.0078	0.0098	0.0120
7	0.0001	0.0002	0.0003	0.0005	0.0008	0.0011	0.0015	0.0020	0.0027	0.0034
8	0.0000	0.0000	0.0001	0.0001	0.0001	0.0002	0.0003	0.0005	0.0006	0.0009
9	0.0000	0.0000	0.0000	0.0000	0.0000	0.0000	0.0001	0.0001	0.0001	0.0002

为了计算每个缺勤学生的人数的期望频数，我们需要用有记录的课的总数（150）乘以每个阴影突出的概率．计算见表 12-12．

表 12-12 计算缺勤学生的期望频数

缺勤学生的人数 x	泊松概率	课数	总的期望频数
0	0.1353	150	20.30
1	0.2707	150	40.61
2	0.2707	150	40.61
3	0.1804	150	27.06
4	0.0902	150	13.53
5	0.0361	150	5.42
大于等于 6[①]	0.0165	150	2.48

[①] 记住，泊松分布在特定区间事件发生的次数没有上限．理论上，给定的一节课可以有无数个学生缺勤．我可不喜欢听到这样的消息！

由于每次课缺勤学生从来没有超过 6 人，因此把表 12-11 中 6、7、8、9 的概率合并，如下：

P（大于等于 6 的缺勤学生人数）＝ 0.0120＋0.0034＋0.0009＋0.0002 ＝ 0.0165

同样，注意缺勤学生的人数大于等于 6 的期望频数只有 2.48，小于 5．卡方检验要求每个期望频数要大于等于 5．为了满足这个要求，我们需要合并 5 与大于等于 6 的情况，变为大于等于 5．如表 12-13 所示．

表 12-13　合并事件 5 与大于等于 6

缺勤学生的人数 x	观测频数 f_o	期望频数 f_e
0	22	20.30
1	38	40.61
2	39	40.61
3	29	27.06
4	15	13.53
大于等于 5	7	7.90

现在表 12-13 中每个期望频数至少为 5.

第 3 步：计算卡方检验统计量 χ^2.

利用公式 12-1 以及表 12-14 再次计算卡方检验统计量.

表 12-14　计算卡方检验统计量

缺勤学生	f_o ①	f_e ②	(f_o-f_e)	$(f_o-f_e)^2$	$\dfrac{(f_o-f_e)^2}{f_e}$
0	22	20.30	1.70	2.89	0.14
1	38	40.61	−2.61	6.81	0.17
2	39	40.61	−1.61	2.59	0.06
3	29	27.06	1.94	3.76	0.14
4	15	13.53	1.47	2.16	0.16
大于等于 5	7	7.90	−0.90	0.81	0.10
总数				$\chi^2=\sum\dfrac{(f_o-f_e)^2}{f_e}=0.77$	

①②f_o 与 f_e 越接近，卡方检验统计量越小．这减小拒绝原假设的可能性．

第 4 步：确定卡方临界值 χ_α^2.

回顾前一节卡方拟合优度检验自由度为 $k-m-1$. 表 12-14 有 6 类（0，1，2，3，4，大于等 5），所以 $k=6$. 例子中，$m=1$，因为用样本缺勤学生人数的均值估计总体缺勤学生人数（艾维瑞特大学所有统计课缺勤人数）的均值．又由于这个检验在假设表述中没有给定总体均值 λ. 故用这个检验，我们仅仅试图知道观测数据是否服从一个没有给定 λ 的泊松分布．因此，卡方分布的自由度为 $k-m-1=6-1-1=4$. 实际上，样本均值估计总体均值消耗了一个自由度．

当 $\alpha=0.05$，自由度为 4，查表 12-5 得 $\chi_\alpha^2=9.488$.

第 5 步：比较统计量 (χ^2) 与临界值 (χ_α^2).

因为 $\chi^2=0.77$，小于 $\chi_\alpha^2=9.488$，根据表 12-6 不拒绝原假设．

第 6 步：给出结论．

由于不拒绝原假设，即不能拒绝每节课缺勤学生的人数服从泊松分布的假设．这是很有趣的观点（至少对我）．在相当长一段时间我反复阐述接受原假设的危害．当我作为统计学家时，不能说缺勤学生的人数服从泊松分布（不接受原假设）．然而，艾维瑞特大学在这要做一个商业决定（a）用泊松分布支持完善考勤制度或者（b）不用泊松分布．当我作为商人时,假设检验的结果会使我在这种情况下用泊松分布选择(a).我知道这看起来是矛盾的,但是这个例子选择用泊松分布则是恰当的商业决策.这样说是因为有更多证据支持使用泊松分布.

做下面的思考题,练习关于泊松分布的检验.

思考题 3 我写的这本书每章都会送到编辑艾米·瑞那里,她的任务是尝试了解我要表达的内容并修改,使得看起来我知道我要说什么.我保证这不是简单的工作.艾米处理所有的打印错误就是其中一项任务.(我对用两个指头打字表示愧疚.)假设右表为我刚完成的 120 页手稿里每页的打印错误.

每页的打印错	频数
0	59
1	28
2	23
3	6
4	4

也就是说,这章有 28 页没有打印错误.设 $\alpha=0.10$,用这章作为样本检验整个手稿每页的打印错误是否服从泊松分布.

你可能很想知道当总体均值在假设表述中给定的卡方方法如何进行.这是一个很好的问题,为你安排了另外一个思考题.不用担心——会给你一些用这个方法的提示.

思考题 4 用如下假设表述重新做思考题 3:

H_0:每页打印错误的次数服从每页 $\lambda=1.5$ 的泊松分布

H_1:每页打印错误的次数不服从每页 $\lambda=1.5$ 的泊松分布

提示:假设表述中给定均值对检验的过程有 3 个方面的影响.

1. 不需要计算样本的均值.
2. 用于计算期望频数的概率根据假设表述中的均值 $\lambda=1.5$ 求解.
3. 由于不需要用样本均值估计总体均值,计算自由度时 $m=0$.

除了这些变化,卡方检验过程在两种情况是一样的,设 $\alpha=0.10$ 用这章作为样本检验整个手稿每页的打印错误是否服从泊松分布.

12.2.3 关于二项分布的检验

我们也可以用卡方假设检验判断观测数据是否服从二项分布.回顾第 5 章**二项分布**有如下特点:

- 有固定的试验次数,记为 n.
- 每次试验只有两个可能的结果,成功或者失败.
- 每次试验成功的概率(记为 p)和失败的概率(记为 q)是常数.
- 二项实验的每次试验之间相互独立.

我将通过下面的例子来介绍这个假设检验.西南航空每天有四架飞机从费城到奥兰多.希望建立一个模型预测城市间每天飞机晚点的架次.随机选择 200 天里每天飞机晚点架次的频数见表 12-15.

表 12-15 西南航空每天晚点架次

每天晚点航班的架次	频数
0	70①
1	78
2	40
3	11
4	1
总数	200

①例如,从费城到奥兰多的四架航班晚点的架次为 0 次的天数是 70 天.

根据历史经验,西南航空全国飞行的航班20%晚点.

本节,我想要调查航班晚点的频数是否服从参数为 $n=4$,$p=0.2$ 的二项分布.换句话,每天4次试验每次试验成功(晚点)的概率等于20%.用 $\alpha=0.1$,按如下步骤进行假设检验.

第1步:确定原假设和备择假设.

卡方检验的假设表述如下:

H_0:每天晚点的航班架次服从参数为 $n=4,p=0.2$ 的二项分布

H_1:每天晚点的航班架次不服从参数为 $n=4,p=0.2$ 的二项分布

回顾第5章,我们知道二项分布的平均值等于 np. 因此这个二项分布的平均值为 $(4)(0.2)=0.8$. 注意这个平均值在假设表述中已经给定,会影响后面的检验步骤.

第2步:计算期望频数.

为了计算期望频数,需要计算表12-15每个晚点航班架次的二项概率.计算二项概率分布的公式见公式12-4(第一次出现是在第5章).

二项概率分布公式

$$p(x,n) = \frac{n!}{(n-x)!x!}p^x q^{n-x} \tag{12-4}$$

其中 $P(x,n)=n$ 次试验观测到成功 x 次的概率

$n=$ 试验的次数

$x=$ 成功的次数

$p=$ 成功的概率

$q=$ 失败的概率

与泊松分布的例子一样,可以通过以下三种方式的任意一种计算二项概率:

1. 公式 12-4
2. Excel's=BINOMDIST(x, n, p, False)函数
3. 查附录 A 表1的二项概率表

附录 A 的一个节选见表 12-16,对应的列以阴影标注.

表 12-16 摘自附录 A 表 1(二项概率)

n	x	0.1	0.15	0.2	0.25	0.3	0.35	0.4	0.45	0.5
4	0	0.6561	0.5220	0.4096	0.3164	0.2401	0.1785	0.1296	0.0915	0.0625
	1	0.2916	0.3685	0.4096	0.4219	0.4116	0.3845	0.3456	0.2995	0.2500
	2	0.0486	0.0975	0.1536	0.2109	0.2646	0.3105	0.3456	0.3675	0.3750
	3	0.0036	0.0115	0.0256	0.0469	0.0756	0.1115	0.1536	0.2005	0.2500
	4	0.0001	0.0005	0.0016	0.0039	0.0081	0.0150	0.0256	0.0410	0.0625

为了计算每个晚点航班架次的期望频数,需要用记录的总天数(200)乘以每个用阴影标注的概率.计算见表12-17.

卡方检验

表 12-17 计算晚点航班的期望频数

晚点航班的架次 x	二项概率	总天数	期望频数
0	0.4096	200	81.92[①]
1	0.4096	200	81.92
2	0.1536	200	30.72
3	0.0256	200	5.12
4	0.0016	200	0.32

[①] 如果原假设正确，我们希望 200 天的随机样本里，四架航班晚点的架次为 0 次的天数是 82 天。

注意晚点航班 4 架次的期望频数为 0.32，小于 5。因此把晚点 3 架航班与晚点 4 架航班合并，如表 12-18 所示。

表 12-18 合并晚点航班 3 架次与晚点航班 4 架次

晚点航班的架次 x	观测频数 f_o	期望频数 f_e
0	70	81.92
1	78	81.92
2	40	30.72
3~4	12	5.44

现在表 12-18 中每个期望频数至少为 5。

第 3 步：计算卡方检验统计量 χ^2。

根据公式 12-1，卡方检验统计量的计算见表 12-19。

表 12-19 计算卡方检验统计量

晚点航班	f_o	f_e	(f_o-f_e)	(f_o-f_e)	$\dfrac{(f_o-f_e)^2}{f_e}$
0	70	81.92	−11.92	142.09	1.73
1	78	81.92	−3.92	15.37	0.19
2	40	30.72	9.28	86.12	2.80
3~4	12	5.44	6.56	43.03	7.91
总数				$\chi^2=\sum\dfrac{(f_o-f_e)^2}{f_e}=12.63$	

第 4 步：确定卡方临界值 χ^2_α。

表 12-19 有 4 类（0，1，2，3~4），所以 $k=4$。分布的平均值（0.8）已经包含在原假设中，因此不需要计算样本均值，故 $m=0$。卡方分布的自由度为 $k-m-1=4-0-1=3$。当 $\alpha=0.1$，自由度为 3，查表 12-5 得 $\chi^2_\alpha=6.251$。

👉 如果回到步骤 1，假设表述没有给定 p 的值，则需要计算样本均值。那样，$m=1$，自由度为 $k-m-1=4-1-1=2$。

第 5 步：比较统计量（χ^2）与临界值（χ^2_α）。

因为，$\chi^2=12.63$ 小于 $\chi^2_\alpha=6.251$ 根据表 12-6 拒绝原假设。

第 6 步：给出结论.

由于拒绝原假设，我们没有理由认为每天从费城到奥兰多晚点航班的架次服从参数为 $n=4$, $p=0.2$ 的二项分布. 西南航空似乎应该寻求其他预测两地间航班晚点的模型.

做下面的思考题，练习关于二项分布的检验.

思考题 5 费拉基米尔格雷罗是一名效力于得克萨斯流浪者队的职业棒球运动员，在 2010 赛季平均击球率为 0.300. 也就是说，那年格雷罗击球表现 30% 的结果是安全打. 2010 赛季里，格雷罗 82 场比赛每场只有 4 次打击. 右表记录了这些比赛中击球数的频数.

每场比赛的打中的次数(4 次击球)	频数
0	17
1	34
2	23
3	7
4	1
总数	82

比如，赛季里格雷罗 4 次击球没有击中一次的比赛有 17 场. 用 $\alpha=0.01$, 进行假设检验判断格雷罗每场比赛击中的次数是否服从 $n=4$, $p=0.3$ 的二项分布.

12.2.4 关于正态分布的检验

本书多次假设总体服从正态分布，也提到后面将如何检验这个假设. 本节我们将通过下面的例子介绍如何用卡方分布检验总体是否服从正态分布.

假设德州基督教大学(TCU)根据新生的 SAT 数学成绩安排他们的数学课程. 从本年新生随机选取 40 名作为样本，他们的 SAT 数学成绩见表 12-20. 这些数据可以在 Excel 文件 math SAT scores normal.xlsx 中查到.

表 12-20 SAT 数学成绩

549	656	582	635	606	619	730
570	686	628	627	596	593	647
647	643	731	623	527	649	566
561	537	562	536	663	468	444
620	640	625	624	569	623	548
569	593	590	603	707		

TCU 想了解 SAT 成绩是否服从正态概率分布. 结果有助于学校对新生的数学课的教学计划进行安排. 用 $\alpha=0.05$, 检验过程如下：

第 1 步：确定原假设和备择假设.

检验的原假设为 SAT 数学成绩服从正态概率分布. 因此假设表述如下：

H_0: SAT 数学成绩服从正态概率分布

H_1: SAT 数学成绩不服从正态概率分布

第 2 步：计算期望频数.

由于假设表述中没有给定总体的均值和标准差，需要计算样本平均值和标准差，用 Excel's=AVERAGE(data values) 和 Excel's=STDEV(data values) 函数，得到：

$$\bar{x} = 604.8 \quad s = 60.6$$

计算正态分布的期望频数比之前离散型分布的过程要复杂一些. 但是不用害怕——没有那么糟糕. 由于正态分布是连续型分布而不是离散型分布, 需要将连续数据划分为均匀的区间. 然后记录每个区间数据的频数. 这就把连续数据转换为离散频数分布, 那么后面的过程就变成熟悉的卡方检验.

首先, 要确定从连续转换为离散需要多少区间. 先将分布任意的分为六个均匀区间, 如图 12-8 所示. 这与之前分类的数目的例子类似. 这种选择方式将在本章后面讨论.

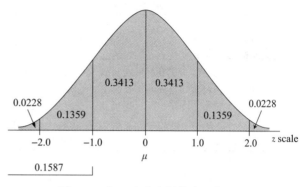

图 12-8 把正态分布划分为六个区间

如图 12-8 所见, 六个区间如下:

$$z \leqslant -2.0 \quad -2.0 < z \leqslant -1.0 \quad -1.0 < z \leqslant 0$$
$$0 < z \leqslant 1.0 \quad 1.0 < z \leqslant 2.0 \quad z > 2.0$$

回顾第 6 章, z-值表示与平均值相差标准差的数目. 区间的长度是一致的, 但是每个区间对应的面积不同. 每个区间的面积需要通过查附录 A 表 3 和表 4. 附录 A 表 3 的节选见表 12-21.

表 12-21 附录 A 表 3 节选(正态分布)

z 的第一个数字	z 的第二个数字									
z	**0.00**	0.01	0.02	0.03	0.04	0.05	0.06	0.07	0.08	0.09
−3.0	0.0013	0.0013	0.0013	0.0012	0.0012	0.0011	0.0011	0.0011	0.0010	0.0010
−2.9	0.0019	0.0018	0.0018	0.0017	0.0016	0.0016	0.0015	0.0015	0.0014	0.0014
−2.8	0.0026	0.0025	0.0024	0.0023	0.0023	0.0022	0.0021	0.0021	0.0020	0.0019
−2.7	0.0035	0.0034	0.0033	0.0032	0.0031	0.0030	0.0029	0.0028	0.0027	0.0026
−2.6	0.0047	0.0045	0.0044	0.0043	0.0041	0.0040	0.0039	0.0038	0.0037	0.0036
−2.5	0.0062	0.0060	0.0059	0.0057	0.0055	0.0054	0.0052	0.0051	0.0049	0.0048
−2.4	0.0082	0.0080	0.0078	0.0075	0.0073	0.0071	0.0069	0.0068	0.0066	0.0064
−2.3	0.0107	0.0104	0.0102	0.0099	0.0096	0.0094	0.0091	0.0089	0.0087	0.0084
−2.2	0.0139	0.0136	0.0132	0.0129	0.0125	0.0122	0.0119	0.0116	0.0113	0.0110
−2.1	0.0179	0.0174	0.0170	0.0166	0.0162	0.0158	0.0154	0.0150	0.0146	0.0143
−2.0	0.0228	0.0222	0.0217	0.0212	0.0207	0.0202	0.0197	0.0192	0.0188	0.0183
−1.9	0.0287	0.0281	0.0274	0.0268	0.0262	0.0256	0.0250	0.0244	0.0239	0.0233
−1.8	0.0359	0.0351	0.0344	0.0336	0.0329	0.0322	0.0314	0.0307	0.0301	0.0294
−1.7	0.0446	0.0436	0.0427	0.0418	0.0409	0.0401	0.0392	0.0384	0.0375	0.0367
−1.68	0.054	0.0537	0.0526	0.0516	0.0505	0.0495	0.0485	0.0475	0.0465	0.0455
−1.5	0.0668	0.0655	0.0643	0.0630	0.0618	0.0606	0.0594	0.0582	0.0571	0.0559
−1.4	0.0808	0.0793	0.0778	0.0764	0.0749	0.0735	0.0721	0.0708	0.0694	0.0681
−1.3	0.0968	0.0951	0.0934	0.0918	0.0901	0.0885	0.0869	0.0853	0.0838	0.0823

z 的第一个数字	z 的第二个数字									
z	0.00	0.01	0.02	0.03	0.04	0.05	0.06	0.07	0.08	0.09
−1.2	0.1151	0.1131	0.1112	0.1093	0.1075	0.1056	0.1038	0.1020	0.1003	0.0985
−1.1	0.1357	0.1335	0.1314	0.1292	0.1271	0.1251	0.1230	0.1210	0.1190	0.1170
−1.0	0.1587	0.1562	0.1539	0.1515	0.1492	0.1469	0.1446	0.1423	0.1401	0.1379
−0.9	0.1841	0.1814	0.1788	0.1762	0.1736	0.1711	0.1685	0.1660	0.1635	0.1611
−0.8	0.2119	0.2090	0.2061	0.2033	0.2005	0.1977	0.1949	0.1922	0.1894	0.1867
−0.7	0.2420	0.2389	0.2358	0.2327	0.2296	0.2266	0.2236	0.2206	0.2177	0.2148
−0.6	0.2743	0.2709	0.2676	0.2643	0.2611	0.2578	0.2546	0.2514	0.2483	0.2451
−0.5	0.3085	0.3050	0.3015	0.2981	0.2946	0.2912	0.2877	0.2843	0.2810	0.2776

例如,为了得到 $-2.0 < z \leqslant -1.0$ 之间的面积,把在表 12-21 查到的数值代入如下公式:

$$P(-2.0 < z \leqslant -1.0) = P(Z \leqslant -1.0) - P(z \leqslant -2.0)$$

$$P(z \leqslant -1.0) = 0.1587$$

$$P(z \leqslant -2.0) = 0.0228$$

$$P(-2.0 < z \leqslant -1.0) = 0.1587 - 0.0228 = 0.1359$$

Excel 的爱好者(包括我)可以用 =NORMSDIST(Z-score) 函数,如图 12-9 所示.

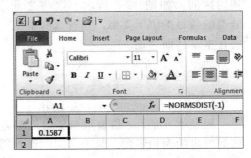

图 12-9 Excel 的 NORMSDIST 函数

其他的区间重复上面的过程. 下面准备计算每个区间的期望频数,用 SAT 成绩的总数(40)乘以每个区间对应的概率. 计算见表 12-22.

表 12-22 六个区间的期望频数

区间	概率	总数	期望频数
$z \leqslant -2.0$	0.0228	40	0.91①
$-2.0 < Z \leqslant -1.0$	0.1359	40	5.44
$-1.0 < z \leqslant 0$	0.3413	40	13.65
$0 < z \leqslant 1.0$	0.3413	40	13.65
$1.0 < z \leqslant 2.0$	0.1359	40	5.44
$z > 2.0$	0.0228	40	0.91②

①②区间对应期望频数小于 5 不符合卡方拟合优度检验的要求.

也就是说,如果 TCU 的 SAT 成绩服从正态分布,40 个成绩里在分布的最右侧区间,即比平均值多两个标准差($z > 2.0$)的区间期望值(0.91)比 1 小.

第一个和最后一个区间(最右侧和最左侧的区间)的期望频数都小于 5, 这是因为成绩的总数只有 40 个. 如果要六个区间的每个最小期望频数到达 5, 至少需要 220 个成绩, 计算如下所示:

$$220 \times 0.0228 = 5.02$$

由于我们只有 40 个成绩，因此将区间数目减少到 5，如图 12-10 所示．五个区间如下：

$z \leqslant -1.5 \quad -1.5 < z \leqslant -0.5$
$-0.5 < z \leqslant 0.5$
$0.5 < z \leqslant 1.5 \quad z > 1.5$

例如，为了计算 $-1.5 < z \leqslant -0.5$ 之间的面积，根据表 12-21 计算如下：

$P(-1.5 < Z \leqslant -0.5)$
$= P(Z \leqslant -0.5) - P(z \leqslant -1.5)$
$= 0.3085 - 0.0668 = 0.2417$

五个区间的期望频数见表 12-23．

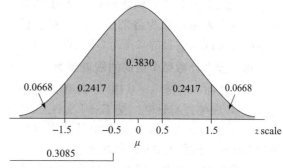

图 12-10 把正态分布划分为五个区间

表 12-23 五个区间的期望频数

区间	概率	总数	期望频数
$z \leqslant -1.5$	0.0668	40	2.67
$-1.5 < z \leqslant -0.5$	0.2417	40	9.67
$-0.5 < z \leqslant 0.5$	0.3830	40	15.32
$0.5 < z \leqslant 1.5$	0.2417	40	9.67
$z > 1.5$	0.0668	40	2.67

分为 5 个区间后仍然有两个区间的期望频数小于 5，要达到每个区间的最小频数为 5，至少需要 75 个成绩，计算如下：

$75 \times 0.0668 = 5.01$

那把区间数减到 4 个，如图 12-11．

对应 z-值的 SAT 成绩计算如图 12-11 所示：

$x = \mu + z\sigma$
$= 604.8 + (1.0)(60.6) = 665.4$
$= 604.8 - (1.0)(60.6) = 544.2$

四个区间的期望频数见表 12-24．

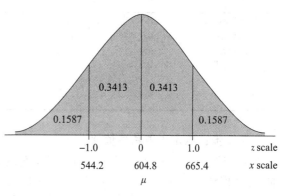

图 12-11 把正态分布划分为四个区间

表 12-24 4 个区间的期望频数

区间	概率	总数	期望频数
$z \leqslant -1.0$	0.1587	4-0	6.35
$-1.0 < z \leqslant 0$	0.3413	40	13.65
$0 < z \leqslant 1.0$	0.3413	40	13.65
$z > 1.0$	0.1587	40	6.35

成功了！在表 12-24 中，终于达到每个区间的期望频数至少为 5 的目标．这时，四个区间要达到每个期望频数最小为 5，我们至少需要 32 个成绩．计算如下所示：

$$32 \times 0.1587 = 5.08$$

表 12-25 汇总了不同区间数所需要的数据量。这个表可以作为将来做正态分布假设检验时决定区间数目的参考。（不用谢哦！）

表 12-25　达到每个区间期望频数至少为 5 需要的数据量

每个分布的区间	数据量的要求
4 个区间	32 和 75 之间
5 个区间	75 和 220 之间
6 个区间	大于 220

第 3 步：计数每个区间的观测频数。

这一步相当直接——从图 12-11 中对每个区间 SAT 成绩进行计数。把 Excel 文件 math SAT scores normal.xlsx 中分数由低到高进行整理会使这个过程更简单。结果见表 12-26。

卡方检验对每个分类的观测频数没有最低要求。只要求每个分类的期望频数最小值为 5。

表 12-26　SAT 成绩的观测频数

区间	观测频数
小于等于 544.2	5
544.2 到 604.8	14①
604.8 到 665.4	17
大于 665.4	4
总数	40

① 根据表 12-20，SAT 成绩在 544.2 分到 604.8 分的有 14 个。

第 4 步：计算卡方检验统计量 χ^2。

再次根据公式 12-1 和表 12-27 计算卡方检验统计量。期望频数见表 12-24。

表 12-27　计算卡方检验统计量

区间	f_o	f_e	$(f_o - f_e)$	$(f_o - f_e)^2$	$\dfrac{(f_o - f_e)^2}{f_e}$
小于等于 544.2	5	6.35	−1.35	1.82	0.29
544.2 到 604.8	14	13.65	0.35	0.12	0.01
604.8 到 665.4	17	13.65	3.35	11.22	0.82
大于 665.4	4	6.35	−2.35	5.52	0.87
总数	40	40			$\chi^2 = \sum \dfrac{(f_o - f_e)^2}{f_e} = 1.99$

第 5 步：确定卡方临界值 χ^2_α。

表 12-27 有 4 个分类，因此 $k=4$。假设表述中总体平均值和标准差没有给定。由于用样本估计这两个量，因此 $m=2$。故，卡方分布的自由度为 $k-m-1=4-2-1=1$，是允许的最小值。因此 4 个区间是检验正态分布可以用的最小 k 值。换句话，在这个检验中我们不能把区间数减为 3 个，否则自由度将为 0（很糟糕的事）。当 $\alpha=0.10$，自由度为 1，查表 12-5 得 $\chi^2_\alpha=3.841$。

☞ 由于我们用样本估计总体均值和标准差（两个参数），所以 $m=2$。

第 6 步：比较统计量(χ^2)与临界值(χ^2_α)。

由于 $\chi^2=1.99$ 小于 $\chi^2_\alpha=3.841$。根据表 12-6 我们不拒绝原假设。

第 7 步：给出结论。

由于不拒绝原假设，不能拒绝 SAT 数学成绩服从正态分布的假设。正如本章前面提到的，从统计学家的角度看，我们不能接受原假设并得到 SAT 数学成绩服从正态分布的结论。

然而，从商业角度看，我们要在(a)用正态分布来规划目标或者(b)不用正态分布来规划目标做选择。作为商人，假设检验的结果导致我选择(a)观点，在这个实例中用正态分布。再一次，这似乎看起来是矛盾的，但在这个例子中选择使用正态分布是恰当的商业决策。

趁着检验过程在你头脑中印象还新鲜，花几分钟做下面的思考题，练习关于正态分布的检验。

思考题 6 信用评分用于衡量一个人的信誉。随机选择的 36 个成人的信用评分作为样本数据如下。为了方便，分数从低到高。这些数据也可以在 Excel 文件 credit scores normal. xlsx 中查到。

484	522	549	555	571	576
590	593	596	599	609	618
625	650	651	657	657	658
663	664	677	690	694	705
705	728	740	753	755	762
768	769	769	772	773	787

用 $\alpha=0.10$，根据这些数据进行假设检验判断信用评分是否服从正态分布。

习题 12.2

基础题

12.9 考虑下面离散概率分布，一周每天的观测频数如下：

工作日	概率	观测频数 f_o
星期一	0.10	12
星期二	0.20	27
星期三	0.05	7
星期四	0.30	40
星期五	0.35	34
总数	1.00	120

用 $\alpha=0.05$，进行卡方检验判断观测频数是否服从离散概率分布。

12.10 考虑下面随机变量组的观测频数分布：

随机变量 x	频数 f_o
0	17
1	35
2	30
3	15
大于等于 4	3
总数	100

用 $\alpha=0.05$，进行卡方检验判断观测频数是否服从 $\lambda=1.5$ 的泊松分布。

12.11 考虑下面随机变量组的观测频数分布：

随机变量 x	频数 f_o
0	23
1	60
2	122
3	83
4	12
总数	300

用 $\alpha=0.05$，进行卡方检验判断观测频数是否服从 $p=0.50$，$n=4$ 的二项分布。

12.12 考虑下面分组随机变量的观测频数分布：

随机变量 x	频数 f_o
小于 80	10
80 大于等于 100	14
100 大于等于 1120	19
大于 120	7
总数	50

用 $\alpha=0.05$，进行卡方检验判读观测频数是否服从 $\mu=100$，$\sigma=20$ 的正态分布。

应用题

12.13 1991 年，消费者破产课题为了测定宣布破产人的教育水平进行了一项研究．比例分布情况见下表．将 2010 年提出破产申请的个人这个随机样本按照教育水平分类，对应的观测频数也见下表．

教育水平	概率 1991	观测频数 2010
高中以下学历	21.8%	11
高中学历	31.7%	38
大专学历	35.1%	56
本科学历	8.6%	15
硕士以上学历	2.8%	5
总数	100%	125

a) 用 $\alpha=0.05$，进行卡方检验判断从 1991 年到 2010 年提出破产申请的个人教育水平的概率分布是否发生变化．

b) 对 2010 年和 1991 年提出破产申请的个人教育水平类型进行比较，你能得到什么结论？

12.14 调查机构 IDC 做的 2009 年第 3 季度台式机和笔记本电脑在美国市场占有率见下表．2010 年第 3 季度随机选择消费者作为样本，购买品牌的频数也见下表．

品牌	2009 年市场占有率	2010 年的需求
惠普	24.3%	48
戴尔	23.1%	55
苹果	10.6%	35
东芝	10.3%	15
宏基	8.4%	26
其他	23.3%	41
总数	100%	220

a) 用 $\alpha=0.05$，进行卡方检验判断从 2009 年到 2010 年各品牌笔记本电脑在美国市场的占有率是否发生变化．

b) 根据 2009 年到 2010 年各品牌笔记本电脑在美国市场占有率的变化，你能得到什么结论？

12.15 为了对顾客的到来做更好的预测，阿瓦隆食品店在随机选择的一个 10 分钟内，记录下来到店里的顾客人数．详细数据见下表．例如，有 12 个 10 分钟内没有一个客人，有 27 个 10 分钟只有一个客人到店．

10 分钟内到店的顾客人数	频数
0	12
1	27
2	29
3	22
4	12
5	5
6	3
总数	110

用 $\alpha=0.05$，进行卡方检验判断在 10 分钟的时间段内到店的顾客人数是否服从泊松分布．

12.16 绿湾包装工队的四分位亚伦罗杰斯在 40 场比赛中，每场触地得分的次数数据如下．

1 3 0 2 3 2 1 1 0 2
2 3 2 1 2 3 1 1 2 2
2 3 3 3 2 1 2 3 0 3
1 1 2 2 1 3 1 1 2 0

用 $\alpha=0.05$，进行卡方检验判断亚伦罗杰斯每场比赛触地得分的次数是否服从 $\lambda=1.7$ 的泊松分布．

12.17 假设应聘花旗银行的空缺职位需要接受 4 位不同经理的面试．每个经理是否雇佣应聘者的意见是相互独立的．对最近的 90 名应聘者给出"雇佣"决定的个数见下表．

每个应聘者得到"雇佣"决定的个数	频数
0	22
1	36
2	23
3	8
4	1
总数	90

用 $\alpha=0.05$ 进行卡方检验判断每个应聘者得到"雇佣"决定的个数是否服从二项概率分布，其中应聘者得到"雇佣"决定的

12.18 假设我在一学期开始的统计课上提了 4 个选择题，该测试可以测出他们对这门课准备得如何. 回答对 0, 1, 2, 3, 4 个问题的学生人数见下表.

每个学生回答 正确的个数	频数
0	4
1	5
2	12
3	9
4	10
总数	40

用 $\alpha=0.05$，进行卡方检验判断每个学生回答正确的个数是否服从二项分布.

12.19 第 8 章学习了置信区间. 回忆一下，当总体的标准差不知道又要构造均值的置信区间时，总体必须服从正态分布. 为了验证总体是否服从正态分布的条件，每周到格雷格医生按摩诊所的病人人数的随机样本见下表. 数据也可以在 Excel 文件 "Dr. Gregg's office.xlsx" 中查到.

110	117	78	114	131	67	105
105	93	118	114	93	91	96
109	114	127	116	112	82	92
100	98	67	100	129	107	105
72	65	131	78	103	81	

用 $\alpha=0.05$，进行卡方检验判断每周到访病人的人数是否服从正态分布. 注：$\bar{x}=100.6$，$s=18.7$.

12.20 某个电子商店每周销售的打印机数量见下表. 数据也可在 weekly printer demand.xlsx 中查到.

8	15	12	17	19	12	14	5	8
3	3	15	6	16	15	10	12	17
12	12	6	10	9	10	9	17	8
8	16	6	19	11	9	12	6	7
15	10	14	14	13	10	11	7	17

用 $\alpha=0.05$，进行卡方检验判断每周打印机销售的数量是否服从正态分布. 注：$\bar{x}=11.2$，$s=4.3$.

12.3 两个变量独立性的检验

也可以用卡方分布检验去判定两个分类变量是否相互独立. 这个过程称为**卡方独立性检验**. 如果改变一个变量的水平不影响另一个变量的水平，则两个变量相互独立.

考虑下面的例子. 假设百思买集团希望了解消费者的年龄是否影响他们购买数码相机的品牌. 这个信息将有助于策划新的促销活动. 为了研究这种关系，百思买集团收集的数据见表 12-28. 数据包含 150 个人，根据他们的年龄、购买相机的品牌进行分类. 回顾第 2 章，这种类型的表称为列联表，每个观测数据被称为单元格.

表 12-28 百思买集团的列联表

年龄组	相机品牌			
	佳能	尼康	索尼	总数
18 到 34	30	16	8	54
35 到 51	22	25	19	66
大于等于 52	8	9	13	30
总数	60	50	40	150

例子中有两个分类变量，分别是相机的品牌和消费者的年龄. 表 12-28 中有 30 个年龄在 18 到 34 的消费者购买佳能相机. 用卡方独立性检验，我们能发现消费者的年龄与相机的品牌之间是否存在关系. 用 $\alpha=0.05$.

第1步：确定原假设和备择假设.

检验的原假设是两个分类变量相互独立. 换句话，消费者的年龄不影响他们购买相机的品牌. 因此，两个变量之间没有关系. 假设表述如下：

H_0:消费者的年龄和相机的品牌相互独立⊖

H_1:消费者的年龄和相机的品牌相互不独立

第2步：计算期望频数.

在两个分类变量相互独立的假设下(原假设)计算期望频数. 如公式12-5所示. 计算每个单元格期望频数 f_e，用所在行的总数乘以所在列的总数除以总的观测频数.

列联表期望频数公式

$$f_e = \frac{(\text{行的总数})(\text{列的总数})}{\text{观测的总数}} \tag{12-5}$$

例如，计算年龄在18到34岁购买佳能相机这一单元格的期望频数. 根据表12-28，年龄在18到34岁的消费者54人，购买佳能相机有60人.

如果原假设正确，这个单元格的期望频数如下

$$f_e = \frac{(\text{行的总数})(\text{列的总数})}{\text{观测的总数}} = \frac{(18\text{到}34\text{岁的总人数})(\text{购买佳能的总人数})}{150}$$

$$= \frac{(54)(60)}{150} = 21.6$$

其余单元的期望频数的计算见表12-29.

表 12-29　百思买集团例子的期望频数

年龄组	佳能	相机品牌尼康	索尼
18～34	$\frac{(54)(60)}{150}=21.6$	$\frac{(54)(50)}{150}=18.0$	$\frac{(54)(40)}{150}=14.4$
35～51	$\frac{(66)(60)}{150}=26.4$	$\frac{(66)(50)}{150}=22.0$	$\frac{(66)(40)}{150}=17.6$
大于等于52	$\frac{(30)(60)}{150}=12.0$	$\frac{(30)(50)}{150}=10.0$	$\frac{(30)(40)}{150}=8.0$

同样，为了进行卡方检验，需要保证每个单元格的期望频数至少为5. 如果需要，可以合并行或者列. 幸运的是，这道例题不需要.

第3步：计算卡方检验统计量 χ^2.

根据公式12-1和表12-30，计算卡方检验统计量. 期望频数见表12-29.

表 12-30　计算百思买集团例题的卡方检验统计量

单元格	f_o	f_e	(f_o-f_e)	$(f_o-f_e)^2$	$\frac{(f_o-f_e)^2}{f_e}$
18～34 佳能	30	21.6①	8.4	70.56	3.27
18～34 尼康	16	18.0	-2.0	4.00	0.22

⊖ 卡方独立性检验的原假设通常表述为两个变量相互独立(两个变量没有关系).

(续)

单元格	f_o	f_e	(f_o-f_e)	$(f_o-f_e)^2$	$\dfrac{(f_o-f_e)^2}{f_e}$
18~34 索尼	8	14.4	-6.4	40.96	2.84
35~51 佳能	22	26.4	-4.4	19.36	0.73
35~51 尼康	25	22.0	3.0	9.00	0.41
35~51 索尼	19	17.6	1.4	1.96	0.11
大于 52 佳能	8	12.0	-4.0	16.00	1.33
大于 52 尼康	9	10.0	-1.0	1.00	0.10
等于 52 索尼	13	8.0	5.0	25.00	3.13
总数				$\chi^2=\sum\dfrac{(f_o-f_e)^2}{f_e}=12.14$	

①卡方独立性检验要求这列中的每个期望频数至少为 5.

第 4 步：确定卡方临界值 χ^2_α.

卡方独立性检验的自由度如下：

$$(r-1)(c-1)$$

其中　r＝列联表行的数目

　　　c＝列联表列的数目

在百思买集团的例子中，年龄有 3 组，$r=3$，相机有 3 个品牌，$c=3$. 这意味着卡方临界值自由度是$(r-1)(c-1)$或者$(3-1)(3-1)=4$.

当 $\alpha=0.05$，自由度为 4，查表 12-5 得 $\chi^2_\alpha=9.488$.

第 5 步：比较统计量 χ^2 与临界值 χ^2_α.

由于 $\chi^2=12.14$ 大于 $\chi^2_\alpha=9.488$. 根据表 12-6 我们拒绝原假设.

第 6 步：给出结论.

由于拒绝原假设，有理由认为消费者的年龄与他们购买相机品牌存在关系. 所以，这些分类变量相互不独立. 对观测频数和表 12-29 中期望频数进行比较，发现年轻的消费者更喜欢佳能相机. 我得到这个论断是有事实为依据的，当假设没有关系，期望频数只有 21.6，而表 12-28 中观测频数为 30. 同样道理，年长的消费者偏向索尼相机. 这个信息可以帮助百思买集团和相机制造商针对不同类型的消费者进行不同类型的促销活动.

当陈述卡方独立性检验的结论时，我们应当小心谨慎. 拒绝原假设不能说一个变量引起另一个变量变化. 我们没有证明这种观点. 换句话，不能更深入地说消费者的年龄引起他们选择不同相机品牌. 卡方独立性检验可以简单地认为年龄组与相机品牌的选择之间存在一个模式.

☞　卡方独立性检验不允许说，当原假设被拒绝时，一个变量引起另外一个变量改变. 检验只是简单地确定两个变量之间存在关系.

用 PHStat2 进行独立性的卡方检验

可以用 PHStat2 进行卡方独立性检验，步骤如下：

1. 转到 Add-Ins＞PHStat＞Multiple-sample Tests＞Chi-square Test，如图 12-5a 所示.
2. 在卡方检验对话框填写数值如图 12-12a 所示，点 OK.
3. 在阅读完电子表格中间的注意事项后，点击删除键清空.
4. 在顶上浅灰区域如表 12-12b 所示，敲入表 12-29 中观测频数和标注.

a) 用 PHStat2 进行卡方独立性检验(第 2 步)

	A	B	C	D	E	F	G	H	I
1	Chi-Square Test								
2									
3			Observed Frequencies						
4			Column variable				Calculations		
5	Row variable	Canon	Nikon	Sony	Total		fo-fe		
6	18 to 35	30	16	8	54		8.4	-2	-6.4
7	35 to 52	22	25	19	66		-4.4	3	1.4
8	More than 52	8	9	13	30		-4	-1	5
9	Total	60	50	40	150				
10									
11			Expected Frequencies						
12			Column variable						
13	Row variable	Canon	Nikon	Sony	Total		(fo-fe)^2/fe		
14	18 to 35	21.6	18	14.4	54		3.266667	0.222222	2.844444
15	35 to 52	26.4	22	17.6	66		0.733333	0.409091	0.111364
16	More than 52	12	10	8	30		1.333333	0.1	3.125
17	Total	60	50	40	150				
18									
19	Data								
20	Level of Significance	0.05							
21	Number of Rows	3							
22	Number of Columns	3							
23	Degrees of Freedom	4							
24									
25	Results								
26	Critical Value	9.487729							
27	Chi-Square Test Statistic	12.14545							
28	p-Value	0.016302							
29	Reject the null hypothesis								
30									
31	Expected frequency assumption								
32	is met.								
33									

b) 用 PHStat2 进行卡方独立性检验(最终结果)

图 12-12

卡方分析的结果显示在图 12-12b 下方的深灰区域内. 注意, 这与手算的结果是一致的. 此外, 单元格 B28 给出了 p 值, 表示在原假设正确的情况下, 检验统计量 χ^2 大于我们观测到的 12.145 45 的概率. 因为 p 值小于 $\alpha=0.05$, 所以拒绝原假设, 得到消费者的年龄组与相机品牌存在关系的结论.

思考题 7 第 5 章讨论条件概率时, 我用网球举例包括我的妻子黛比. 黛比是一个狂热的网球爱好者, 我们喜欢相互打比赛. 然而, 关于打球我们有不同的看法. 黛比喜欢在比赛开始前进行很长时间的热身运动, 但是我想马上开始比赛. 如果黛比快速完成热身运动, 她则打不好比赛. 在第 5 章条件概率之后, 我不得不承认存在证据支持黛比的理论. 然而, 我对这个结论不能确定, 需要更多证据. 事实上, 我需要重新计算! 噢, 等等, 这不是佛罗里达(回忆起 2000 年总统大选后佛罗里达的冗长的手动数票?), 取而代之的是我们只进行卡方独立性检验, 你有何意见?

瞒着黛比, 我很小心地收集了之前 50 场比赛的数据, 根据热身运动时间进行分类, 以及相应时间下赢的比赛场数见下表:

	0~10 分钟	11~20 分钟	大于 20 分钟	总数
Deb 赢	5	12	10	27
Bob 赢	13	7	3	23
总数	18	19	13	50

a) 用 $\alpha=0.05$, 进行卡方独立性检验, 判断热身运动的时间长短是否影响比赛的结果.
b) 用 PHStat2 验证你的结论.

卡方检验在卫生保健中的运用

卫生保健协会(HCA)这个机构雇用医生, 这些医生轮流签订在医院工作的合同. HCA 向称为住院医生的医师提供工资、福利和保险. 大学医院与 HCA 有一项合作就是为他们的病人提供医师服务. 一个月内在大学医院工作的六名 HCA 医师接诊病人的人数见下表. 对根据病人情况的复杂性而确定的住院类型的数据进行整理. 等级 1 表示相对简单的治疗情况, 而等级 3 表示非常复杂的治疗情况.

入院	医师					
	医师 1	医师 2	医师 3	医师 4	医师 5	医师 6
水平 1	3	4	9	9	13	8
水平 2	15	8	21	16	13	19
水平 3	45	27	13	16	19	32

正常情况下, HCA 希望病人的分配是根据入院类型随机分配给医师的. 换而言之, 住院类型和医师之间是相互独立. 我们可以进行卡方独立性检验去判断实际情况是否就是这样. 当这个假设检验用 $\alpha=0.05$ 时, PHStat2 输出的结果如下(图 12-13).

	A	B	C	D	E	F	G	H
1	Chi-Square Test							
2								
3				Observed Frequencies				
4				Column variable				
5	Row variable	Physician 1	Physician 2	Physician 3	Physician 4	Physician 5	Physician 6	Total
6	Level 1 admission	3	4	9	9	13	8	46
7	Level 2 admission	15	8	21	16	13	19	92
8	Level 3 admission	45	27	13	16	19	32	152
9	Total	63	39	43	41	45	59	290
10								
11				Expected Frequencies				
12				Column variable				
13	Row variable	Physician 1	Physician 2	Physician 3	Physician 4	Physician 5	Physician 6	Total
14	Level 1 admission	9.993103448	6.186206897	6.820689655	6.503448276	7.137931034	9.35862069	46
15	Level 2 admission	19.9862069	12.37241379	13.6413793	13.00689655	14.27586207	18.71724138	92
16	Level 3 admission	33.02068966	20.44137931	22.53793103	21.48965517	23.5862069	30.92413793	152
17	Total	63	39	43	41	45	59	290
18								
19	Data							
20	Level of Significance	0.05						
21	Number of Rows	3						
22	Number of Columns	6						
23	Degrees of Freedom	10						
24								
25	Results							
26	Critical Value	18.30703805						
27	Chi-Square Test Statistic	32.71642789						
28	p-Value	0.000303937						
29	Reject the null hypothesis							
30								
31	Expected frequency assumption							
32	is met.							
33								

图 12-13

因为单元格 B28 中的 p 值等于 0.0003，小于 $\alpha=0.05$，我们拒绝原假设。由于拒绝原假设，看来入院类型和医师之间不独立，这引起了 HCA 管理者的关注。例如，1 号医师接诊的病人似乎比原假设正确的情况下期望接诊的病人有较多等级 3 的病人(45 对 33)和较少等级 1 的病人(3 对 10)。向这些就诊于 HCA 进行赔付的保险公司监测了 3 种住院等级的比例情况，以便判断医师是否提升住院等级。这是指实际划分为等级 1 的住院类型为了增加医疗机构的收入而提升为等级 2 或者等级 3。⊖

习题 12.3

基础题

12.21 考虑一个观测频数是 3 行 4 列的列联表。
  a) 这个表的卡方自由度是多少？
  b) 当 $\alpha=0.05$，卡方临界值是多少？
  c) 当 $\alpha=0.10$，卡方临界值是多少？

12.22 考虑下面的观测频数的列联表：

⊖ 特别感谢凯末尔艾尔坎和约翰唐纳利(我的儿子)提供的这个材料。

行变量	列变量		
	C1	C2	C3
R1	9	7	10
R2	10	7	7

a) 根据表中信息确定卡方独立性检验的原假设和备择假设.
b) 计算列联表每个单元格的期望频数.
c) 计算卡方检验统计量.
d) 当 $\alpha=0.05$，给出你的结论.

12.23 考虑下面的观测频数的列联表：

行变量	列变量		
	C1	C2	C3
R1	20	6	18
R2	7	8	11
R3	10	15	5

a) 根据表中信息确定卡方独立性检验的原假设和备择假设.
b) 计算列联表每个单元格的期望频数.
c) 计算卡方检验统计量.
d) 当 $\alpha=0.05$，给出你的结论.

应用题

12.24 参加 MBA 课程期中考试的学生成绩分布，以及根据学生为这次考试花费的时间长度分类情况见下面的列联表.

学习花费的时间	成绩		
	A	B	C
学 3 小时	4	18	8
3～5 小时	15	14	6
大于 5 小时	18	12	5

a) 用 $\alpha=0.05$，做卡方检验判断这次考试的成绩与学习花费的时间是否相互独立.
b) 根据这些结果能够得到什么结论.
c) 用 PHStat2 验证你的结论.

12.25 假设第一资本银行想要判断信用卡的类型是否影响客户账户的还款状态. 随机选择的 200 名客户作为随机样本，根据他们银行卡的类型与应还款超期的天数分类，数据见下表：

超期天数	卡的类型		
	标准卡	金卡	白金
小于等于 30 天	76	40	30
31～60 天	12	10	7
大于等于 61 天	12	8	5

a) 用 $\alpha=0.05$，做卡方检验判断信用卡的类型与还款状态是否相互独立.
b) 根据这些结果能够得到什么结论.
c) 用 PHStat2 验证你的结论.

12.26 在 2010 年冬奥会，美国、德国和加拿大各国所获奖牌数见下表：

国家	奖牌		
	金牌	银牌	铜牌
美国	9	15	13
德国	10	13	7
加拿大	14	7	5

a) 用 $\alpha=0.05$，做卡方检验判断奖牌的类型与获得它的国家是否相互独立.
b) 根据这些结果能够得到什么结论.
c) 用 PHStat2 验证你的结论.

12.27 假设康姆斯科市场调查公司想要调查个人使用的主要社交网站是否受年龄影响. 随机选择 335 名社交网络用户作为样本，他们被问及主要访问的是什么网站. 调查结果以及每个人所在年龄组见下表：

年龄组	脸谱网	我的空间	人际关系网
2～17	25	14	3
18～34	100	30	11
35～54	98	18	19
大于等于 55	27	3	7

a) 用 $\alpha=0.05$，做卡方检验判断社交网络用户的年龄组与其主要访问的网站是否相互独立.
b) 根据这些结果能够得到什么结论？
c) 用 PHStat2 验证你的结论.

本章主要公式

卡方检验统计量公式

$$\chi^2 = \sum \frac{(f_o - f_e)^2}{f_e} \quad (12\text{-}1)$$

泊松概率分布公式

$$P(x) = \frac{\lambda^x e^{-\lambda}}{x!} \quad (12\text{-}2)$$

频数分布的平均值公式

$$\lambda = \frac{\sum_{i=1}^{k}(x_i f_i)}{\sum_{i=1}^{k} f_i} \quad (12\text{-}3)$$

二项概率分布公式

$$p(x,n) = \frac{n!}{(n-x)!x!} p^x q^{n-x} \quad (12\text{-}4)$$

列联表期望频数公式

$$f_e = \frac{(\text{行的总数})(\text{列的总数})}{\text{观测的总数}} \quad (12\text{-}5)$$

复习题

12.28 拖欠营利性机构助学贷款的学生比例近来受到强烈关注．假设随机选取三年前有不同类型助学贷款的毕业生作为样本，收集的数据如下．

机构	拖欠贷款	
	是	否
公立	9	111
私立	7	143
盈利	13	67

a) 用 $\alpha = 0.05$，做卡方检验判断拖欠助学贷款的学生比例是否因机构类型不同而存在差异．
b) 用 PHStat2 验证你的结论．
c) 解释 PHStat2 中的 p 值的含义．
d) 机构类型与学生拖欠其助学贷款的可能性有怎样的关系？

12.29 通过对 2010 年中期选举已登记选民的调查，按年龄组确定各年龄段的投票人数．记录的数据见下表．

年龄组	你投票了吗？	
	是	否
18~24	18	62
25~34	39	76
35~44	64	76
45~54	54	46
大于等于 55	82	43

a) 用 $\alpha = 0.05$，做卡方检验判断在 2010 年中期选举投票的选民比例是否在五个年龄组中存在差异．
b) 用 PHStat2 验证你的结论．
c) 解释 PHStat2 中的 p 值的含义．
d) 年龄与选民在 2010 年中期选举中投票的可能性有怎样的关系？

12.30 职业棒球大联盟（MLB）记录投手触球率是用击球手击到投手投球的次数除以击球手挥击的次数．以在 2010 赛季 MLB3 位投手的信息作为样本，数据如下．

投手	投手触球的次数	
	成功	失败
史蒂芬·史特拉斯堡 国民队	134	76
克莱顿·克肖 道奇队	129	51
蒂姆林斯卡姆巴 巨人队	138	52

a) 用 $\alpha = 0.05$，做卡方检验判断三名投球手的触球率是否存在差异．
b) 用 PHStat2 验证你的结论．
c) 解释 PHStat2 中的 p 值的含义．

12.31 作为占劳动人口一定比例的工会人员随着国家不同而不同．对来自不同国家的工人是否属于工会进行调查．调查数据见下表：

国家	工会成员	
	是	否
法国	6	54
美国	6	39
日本	9	41
德国	11	44

a) 用 $\alpha=0.05$，做卡方检验判断属于工会的工人比例在这四个国家是否存在差异.
b) 用 PHStat2 验证你的结论.
c) 解释 PHStat2 中的 p 值的含义.

12.32 美国疾病防治中心推荐人们每天食用五种水果和蔬菜. 随机选择不同州的成人作为样本，对他们是否接受建议进行调查. 结果见下表.

州	遵从疾病防治中心的参考意见	
	是	否
特拉华州	10	30
马里兰州	10	22
新泽西州	13	37
宾夕法尼亚州	8	27

a) 用 $\alpha=0.05$，做卡方检验判断接受疾病防治中心指导意见的比例在四个州是否存在差异.
b) 用 PHStat2 验证你的结论.
c) 解释 PHStat2 中的 p 值的含义.

12.33 康姆斯科调查公司对 2010 年 8 月美国智能手机用户的市场占有率的调查结果见下表. 同时随机选择 2010 年第 3 季度的一组消费者作为样本，按照他们购买智能手机的品牌分类，数据见下表.

品牌	2010 年 8 月市场占有率	2010 年第 3 季度观测频数
美国电话电报公司	38.0%	27
威瑞森	26.8%	24
斯普林特	16.3%	10
德国电信公司	14.8%	15
其他	4.1%	4
总数	100%	80

用 $\alpha=0.05$，做卡方检验判断表中观测频数是否与康姆斯特调查公司结果一致.

12.34 奎尼匹克大学在 2008 年进行一项民意测验，内容是关于俄亥俄州选民的年龄分布情况，数据见下表. 在 2010 年中期选举中随机选取俄亥俄州选民作为样本，按年龄组分类的观测频数见下表.

年龄组	2008 年百分比	2010 年观测频数
18～29	17%	14
30～44	27%	18
45～64	39%	73
大于等于 65	17%	35
总数	100%	140

a) 用 $\alpha=0.05$，做卡方检验判断 2010 年俄亥俄州选民的年龄构成与 2008 年有没有改变.
b) 根据这个样本关于俄亥俄州选民的年龄你能得到什么结论？

12.35 2010 年《今日美国》报道了一项由韦克菲尔德研究机构进行的调查结果. 针对成人最喜欢哪个晚上叫外卖作为晚餐的调查. 结果见下表. 假设进行的第二份调查是餐馆每个晚上的外卖业务的实际数量. 数据见表中观测频数这列.

晚上	韦克菲尔德百分比	观测频数
星期一	7%	12
星期二	5%	12
星期三	12%	4
星期四	7%	6
星期五	38%	59
星期六	21%	20
星期日	10%	12
总数	100%	125

用 $\alpha=0.05$，做卡方检验判断表中观测频数是否与韦克菲尔德研究机构得到的结果一致.

12.36 一篇来自《华尔街日报》名为"点球大战中射向哪里"的文章. 文章包含了 1998 年世界杯期间直接射向球门的点球数据. 具

体数据见下图. 例如, 37 个直接射向球门左角的点球, 进了 25 个.

25 of 37	12 of 20	30 of 41

a) 用 $\alpha=0.05$, 做卡方检验判断球门的三个角度试图射门的数量是否存在差异.
b) 用 $\alpha=0.05$, 做卡方检验判断球门的三个角度进球比例是否存在差异.
c) 关于足球比赛中点球战术你能得到什么结论?

12.37 在过去的 75 天里, 我收到的垃圾邮件的数量频数分布表见下表.

每天收到的垃圾邮件数量	频数
0	12
1	24
2	19
3	12
4	5
5	2
6	1
总数	75

用 $\alpha=0.10$, 做卡方检验判断每天收到的垃圾邮件数量是否服从 $\lambda=1.8$ 的泊松分布.

12.38 在过去 50 天里, 通过打电话向化工厂请假的员工人数见下表. 这些数据可以在 Excel 文件 sick days.xlsx 中查到.

```
2 1 2 3 2 3 0 3 5 2
4 3 1 0 2 0 5 3 1 1
0 2 4 3 2 4 0 5 0 1
3 2 2 1 3 2 2 5 3 3
2 0 1 2 3 0 2 1 0 2
```

用 $\alpha=0.01$, 做卡方检验判断每天打电话请病假的员工人数是否服从泊松分布.

12.39 克里斯是一名销售人员, 他每天向潜在客户打 5 个销售电话. 有的会从克里斯那里购物, 有的不会. 在过去的 400 天, 每天有 0、1、2、3、4 或者 5 个顾客从克里斯那购物的天数情况见下表.

每天购买的数量	频数
0	98
1	157
2	106
3	36
4	3
5	0
总数	400

用 $\alpha=0.05$, 做卡方检验判断每天购物的数量是否服从二项分布, 其中每个顾客购物的概率是 25%.

12.40 四名高尔夫球爱好者经常在一起打球. 恰巧其中一名是统计学家, 他喜欢记录当开球时, 高尔夫球爱好者平道击球的数目. 最近高尔夫球爱好者们打过的 250 个球洞数据见下表.

每个洞平道击打的次数	频数
0	32
1	86
2	88
3	38
4	6
总数	250

用 $\alpha=0.05$, 做卡方检验判断每个球洞平道击打的次数是否服从二项分布.

12.41 某减肥公司声称参加他们的项目两个星期后平均减重 5 磅. 从参加这个项目两个星期的顾客中随机选取 36 人, 以他们减掉的重量作为样本. 数据如下, 负值表示体总增加(哎呀). 这些数据也可以在 Excel 文件 normal weight loss.xlsx 中查到.

```
9  11  6   8   2  −4  7   0  8
10 11  2   4   5   5  7  11  3
4  10  5   9   7   7  −1  0
4   1  9  −2   1   7  0   7  3
```

用 $\alpha=0.05$, 做卡方检验判断通过减肥项目两个星期后减肥重量是否服从正态分布, 其中 $\mu=5.0$, $\sigma=4.0$.

12.42 在第 6 章, 用明尼阿波利斯从 1884 年到 2009 年的年降雪量来描述一个正态概率分布. 这些数据也可以在 Excel 文件 snowfall.xlsx 中查找. 用 $\alpha=0.05$, 做卡方检验判断数据是否服从正态分布.

12.43 假设美国联邦航空局(FAA)想要对不同航空公司的国内直飞航线准点情况进行比较. 三个不同航空公司以及每个公司航班提前到达、准点、晚点的架次见下表:

状态	西南航空公司	全美航空公司	达美航空公司
提前	20	24	22
准点	60	55	50
晚点	25	30	14

a) 用 $\alpha=0.05$, 做卡方检验判断飞机准点情况与航空公司之间是否相互独立.
b) 根据这些结果能够得到什么结论.
c) 用 PHStat2 验证你的结论.

12.44 对潜在选民进行一项政治民调, 内容是他们是否认为经济将持续恶化, 保持现状或者在接下来的 12 个月有所好转. 调查对象的党派和结果见下表.

回答	党派		
	民主党人	共和党人	无党派人士
恶化	34	30	19
维持现状	17	22	7
好转	5	7	9

a) 用 $\alpha=0.05$, 做卡方检验判断选民关于经济问题的回答与他们的党派之间是否相互独立.
b) 根据这些结果能够得到什么结论?
c) 用 PHStat2 验证你的结论.

12.45 随机选取 150 名新车买家作为样本, 购买的品牌有福特、通用(GM)、克莱斯勒, 具体数据及年龄情况见下表.

年龄	福特	通用	克莱斯勒
20~29	5	11	11
30~39	8	23	7
40~49	16	15	5
50~59	24	15	10

a) 用 $\alpha=0.05$, 做卡方检验判断买家的年龄与购车品牌之间是否相互独立.
b) 根据这些结果能够得到什么结论?
c) 用 PHStat2 验证你的结论.

12.46 假设通用公司从经销商那里收集了销售一年后需要保修的新车比例. 根据这些数据, 通用公司对有不同模式的经销商进行监测对比. 从 5 个经销商那里随机选取销售一年后需要保修的汽车数量见下表.

经销商	需要保修工作	
	是	否
阿斯顿	7	50
多佛	11	80
斯普林菲尔德	7	86
米堤亚	8	81
纽瓦克	5	47

a) 用 $\alpha=0.05$, 做卡方检验判断五个经销商之间销售一年后需要保修的新车比例是否存在差异.
b) 用 PHStat2 验证你的结论.
c) 解释 PHStat2 中的 p 值的含义.

12.47 假设法国航空公司想要判断每架航班丢失包的数量是否服从泊松分布, 平均值为 0.7 个包. 为了检验这个假设, 随机收集了 200 架航班丢包情况, 数据如下.

每架航班丢包的数量	频数
0	106
1	63
2	22
3	4
4	3
大于等于 5	2

用 $\alpha=0.05$, 做卡方检验判断法国航空公司每架航班丢包的数量是否服从 $\lambda=0.7$ 的泊松分布.

12.48 假设公主邮轮公司想要判断顾客的满意度与其乘坐过的游轮数量是否有关. 顾客对公主邮轮评价分为极好、优良、一般、好的、差的, 顾客乘坐过的邮轮数量等数据见下表.

等级	游轮的数量		
	1~3	4~6	大于等于7
极好	20	26	25
优良	42	20	20
一般	18	15	12
好的	10	6	8
差的	4	7	7

a) 用 $\alpha=0.05$，做卡方检验判断乘坐过的邮轮数量与顾客的满意度之间是否相互独立.
b) 根据这些结果能够得到什么结论？
c) 用 PHStat2 验证你的结论.

12.49 在 2011 年进行的一项盖洛普民意调查，内容是下次购车时为什么不考虑混合动力汽车. 结果见下表. 假设丰田公司想要确认这个结果与他们自己的调查一致，所以公司向 300 名公众提了同样的问题. 丰田公司的调查结果也见下表.

原因	盖洛普民意调查	丰田公司
太贵	39%	104
技术没有被证明	19%	50
使用不方便	9%	33
表现不佳	8%	33
其他原因	21%	56
没有意见	4%	24
总数	100%	300

用 $\alpha=0.05$，做卡方检验判断丰田公司的调查是否与盖洛普民意调查结果一致.

12.50 斯兵塞有一个位于石港海滩社区名为艺术岛的零售店. 新泽西想要建立一个概率模型来预测在夏季每天到访他零售店的顾客人数. Excel 文件 Island Art 1.xlsx 中有去年夏季 240 天中到访他商店的顾客人数. 用 $\alpha=0.05$，做卡方检验判断每天到访艺术岛的顾客人数是否服从正态概率分布.

12.51 本章开始，方形恐惧的定义是许多公司对每股收益以 4 结尾的明显反感. 现在你有机会来研究方形恐惧的存在情况. 假设对 1000 份来自随机选择公司的收益报表进行复审. 每股收益的尾数频数分布表见下表.

尾数	频数	尾数	频数
0	116	5	106
1	100	6	105
2	81	7	106
3	80	8	110
4	80	9	116

用 $\alpha=0.05$，做卡方检验判断方形恐惧现象是否存在.

第13章 关于总体方差的假设检验

之前 4 章关注各种类型的总体均值或比例的假设检验. 本章将介绍总体方差(σ^2)的假设检验. 我们知道, 大部分企业是通过使产品的变化保持在可接受的范围内来实现质量控制. 例如, 考虑厨房里冰箱内部的温度. 如今冰箱设计的平均温度保持在 37 华氏度. 但是为了保持冰箱冷却, 这个温度会随着压缩机周期性的开关而发生变化. 大部分冰箱的所有者可能接受冰箱内部的平均温度在 37 华氏度并且变化范围在 32 到 42 华氏度之间. 然而当温度变化范围从 22 到 52 华氏度时, 很多冰箱的所有者则不能接受. 我的妻子黛比非常喜欢沙拉, 当生菜反复冷冻最后坏掉扔进垃圾桶时她会非常生气. 如果冰箱的主要制造商阿曼拉, 做假设检验只是判断冰箱温度的平均值, 可能察觉不到生菜被冻坏的情况. 对温度的方差也进行假设检验则可能挽救这个情况(包括黛比的生菜).

回顾第 3 章, 一组数据的方差是数据和平均数之间的偏离程度的度量.

总体方差的假设检验在下面的商业情景中也适用:
- 家乐氏想要确保每盒包装内的冻麦片重量在一个可接受的范围. 如果每盒的实际重量与标准不符, 太大的变化会导致顾客的不满, 而每盒超重则可能会损害家乐氏的利益.
- 医疗联合会想要测定医生给病人看病所用的时间的标准差. 太大的变化会导致其他病人等待就诊的时间很久.
- 全美航空公司想要减少巴黎和费城航线飞行时间的变化. 减小变化将使得航空公司提高这些航班和转机航班的正点情况.

在很多商务场景中运用的总体均值检验只是课程内容的一半. 检验均值和方差可以为正在发生的业务流程提供更多的信息, 那样可以发现并解决问题.

注意本章这时没有提及总体标准差. 这是因为没有直接度量标准差的假设检验. 然而在进行所需程序之前我们可以把关于标准差的假设表述转换为方差的假设表述.

标准差是方差的平方根.

本章将先学习单个总体方差的假设检验. 在掌握这个过程后, 再学习比较两个总体方差的过程.

13.1 单总体方差的检验

在第 12 章介绍了用卡方分布做各种假设检验包括比较比例、拟合优度检验、独立性检验. 我们将再次用卡方分布做单个总体方差的假设检验. 考虑单尾和双尾两种情况.

13.1.1 单总体方差的单尾假设检验

以第 9 章使用当地杂货店正在测试并令我吃惊的新自助结账系统的经历为例. 假设商

店经理决定如果自助结账系统结账需要时间的标准差小于两分钟,在其他地方应该增加自助结账系统. 标准差为至少两分钟时,意味着一些顾客(例如作者)使用自助结账系统比其他顾客(正常)花费更多的时间在结账. 为了检验新系统是否应该在其他商店安装,随机选择 24 名自助结账的顾客作为样本,以分钟为单位记录他们结账花费的时间,结果见表 13-1. 这些数据在 Excel 文件 checkout times.xlsx 中可以查到.

表 13-1 24 名自助顾客的结账时间(分钟)

4.4	3.9	4.2	4.5	2.3	2.7
4.2	6.0	6.2	6.0	5.0	5.1
1.9	1.8	5.6	4.3	3.6	5.3
4.0	6.1	6.1	3.4	1.3	5.0

用这个样本数据,做假设检验去判断顾客结账时间的总体标准差是否小于两分钟.

第 1 步:确定原假设和备择假设.

商店的目标是实现标准差小于 2 分钟. 由于没有直接检验标准差的方法,我们需要将 2 分钟的标准差通过平方转换为方差($2.0^2 = 4.0$ 平方分钟). 因此假设如下:

👆 小于 2.0 分钟的标准差转换为方差就是小于 4.0 平方分钟.

$$H_0: \sigma^2 \geqslant 4.0$$
$$H_1: \sigma^2 < 4.0 \text{(商店想要实现的目标)}^{\ominus}$$

第 2 步:确定显著性水平 α.

这里显著性水平的意义与之前不论是均值还是比例的假设检验是一样的. α 的值表示第一类错误的概率,当原假设正确时却拒绝它. 在自助服务的例子中,第一类错误是指我们得到总体方差小于 4.0 平方分钟的结论时,实际上大于等于 4.0 平方分钟. 用 $\alpha = 0.05$ 做假设检验.

第 3 步:计算卡方检验统计量 χ^2.

单样本方差检验的检验统计量 χ^2 公式如 13-1 所示.

单样本方差检验的检验统计量公式

$$\chi^2 = \frac{(n-1)s^2}{\sigma^2} \tag{13-1}$$

其中 $\chi^2 =$ 检验统计量
           $s^2 =$ 样本方差
           $\sigma^2 =$ 原假设中表达的总体方差
           $n =$ 样本容量

首先需要计算样本方差,有两种方法. 回顾第 3 章介绍的样本方差方法. 再次重复计算公式见 13-2.

$\ominus$ 由于商店想要证明总体方差小于 4.0,所以这是一个单尾(左尾)检验.

样本方差公式

$$s^2 = \frac{\sum_{i=1}^{n} x_i^2 - \frac{\left(\sum_{i=1}^{n} x_i\right)^2}{n}}{n-1} \tag{13-2}$$

要用这个公式我们需要对表 13-1 中的值求和($\sum x_i$)以及求平方和($\sum x_i^2$). 结果如下:

$\sum x_i = 4.4 + 3.9 + 4.2 + \cdots + 3.4 + 1.3 + 5.0 = 102.9$

$\sum x_i^2 = (4.4)^2 + (3.9)^2 + (4.2)^2 + \cdots + (3.4)^2 + (1.3)^2 + (5.0)^2 = 490.55$

确认样本有 24 个观测值($n=24$),样本方差 s^2 如下:

$$s^2 = \frac{\sum_{i=1}^{n} x_i^2 - \frac{\left(\sum_{i=1}^{n} x_i\right)^2}{n}}{n-1} = \frac{490.55 - \frac{(102.9)^2}{24}}{24-1} = \frac{490.55 - 441.184}{23} = 2.146$$

我们也可以通过 Excel 函数 =VAR(数据)得到相同的结果.

既然得到样本方差,把其他值代入公式 13-1,得到如下检验统计量:

$$\chi^2 = \frac{(n-1)s^2}{\sigma^2} = \frac{(24-1)(2.146)}{4} = 12.34$$

第 4 步:确定卡方临界值 χ_α^2.

公式 13-1 所示的检验统计量服从第 12 章介绍的自由度(df)为 $n-1$ 的卡方分布. 表 13-2 是附录 A 表 8 的一个节选,可以查卡方临界值. 表中从第 3 行到第 20 行被隐藏起来以便节约空间.

表 13-2 卡方临界值节选

分布右尾的面积										
自由度	0.995	0.99	0.975	0.95	0.90	0.10	0.05	0.025	0.01	0.005
1	—	—	0.001	0.004	0.016	2.706	3.841	5.024	6.635	7.879
2	0.010	0.020	0.051	0.103	0.211	4.605	5.991	7.378	9.210	10.597
...										
21	8.034	8.897	10.283	11.591	13.240	29.615	32.671	35.479	38.932	41.401
22	8.643	9.542	10.982	12.338	14.041	30.813	33.924	36.781	40.289	42.796
23	9.260	10.196	11.689	13.091	14.848	32.007	35.172	38.076	41.638	44.181
24	9.886	10.856	12.401	13.848	15.659	33.196	36.415	39.364	42.980	45.559
25	10.520	11.524	13.120	14.611	16.473	34.382	37.652	40.646	44.314	46.928
26	11.160	12.198	13.844	15.379	17.292	35.563	38.885	41.923	45.642	48.290
27	11.808	12.879	14.573	16.151	18.114	36.741	40.113	43.195	46.963	49.645
28	12.461	13.565	15.308	16.928	18.939	37.916	41.337	44.461	48.278	50.993
29	13.121	14.256	16.047	17.708	19.768	39.087	42.557	45.722	49.588	52.336
30	13.787	14.953	16.791	18.493	20.599	40.256	43.773	46.979	50.892	53.672

因为备择假设 H_1 是"小于 4.0",这是一个低(左)尾检验. 拒绝域的面积 $\alpha=0.05$ 在分布的左侧,临界值的右侧还有 95%(称为右尾). 表 13-2 的列是根据分布的右尾面积,所以查表 0.95 这列. 本例中自由度为 $n-1=24-1=23$. 根据表 13-2,临界值为 $\chi_\alpha^2 = \chi_{0.95}^2 =$

13.091(对应行、列以及临界值突出显示).

第 5 步：比较统计量(χ^2)与临界值(χ_α^2).

自助结账的拒绝域同时包含临界值和检验统计量如图 13-1 所示. 根据图 13-1 由于检验统计量 $\chi^2 = 12.34$ 小于 $\chi_{0.95}^2 = 13.091$ 位于用阴影表示的拒绝域中，所以拒绝原假设.

第 6 步：给出结论.

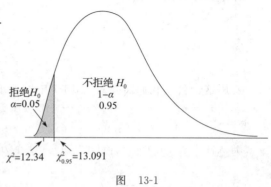

图 13-1

由于拒绝原假设，我们有理由认为结账时间的总体方差小于 4.0，变为标准差就是小于 2.0 分钟. 因为拒绝原假设，决定是应该在其他地方安装这个系统.

方差的卡方检验有一个很重要的要求. 为了得到有效结果，选取样本的总体必须服从正态分布. 这个要求对任何样本容量都成立并且相当严格. 换句话，一个正态总体的轻微偏斜会导致总体方差结论不可靠. 第 12 章已经介绍了判断总体是否服从正态概率分布的方法.

13.1.2 用 PHStat2 进行总体方差的检验

你也可以根据下面的步骤用 PHStat2 进行单个总体方差的卡方检验.

1. 转到 Add-Ins＞PHStat＞Multiple-Sample Tests＞Chi-Square Test for the Variance，如图 13-2a 所示.

2. 在 Chi-Square Test for the Variance 对话框内填写数值如图 13-2b 所示. 注意原假设表述的是方差而在检验过程中要求的是样本标准差不是样本方差. 例如 $s = \sqrt{2.146} = 1.465$. 选 OK.

方差检验的最终结果见图 13-2c.

这个结果与我们手算的结果是一致的. 注意单元格 B16 中 p 值是 0.0351. 它表示如果原假设正确，卡方检验统计量小于 12.34 的概率. 因为 p 值小于 $\alpha = 0.05$，我们拒绝原假设.

休息片刻，做关于方差检验的思考题.

思考题 1 佳能业务解决方案(CBS)是佳能的一个面向企业客户的复印机售后服务部门. 当对需要维护的复印机密切监测时，客户等待一个服务电话需要多长时间. 假设 CBS 为了提供持续优质服务对此进行测算，除了平均等待时间，还有等待时间的标准差. 比方说 CBS 判断标准差如果超过 30 分钟，应该增加员工减少客户等待时长.

假设 CBS 收集了 20 个维修服务等待时长作为样本，样本标准差为 32.4 分钟(我知道你很感激不用计算样本标准差. 仅是尽力帮助你).

a) 用 $\alpha = 0.05$，判断 CBS 是否需要增加雇员.
b) 用 PHStat2 验证你的结果.
c) 解释 p 值.

提示：这是一个右尾检验.

关于总体方差的假设检验

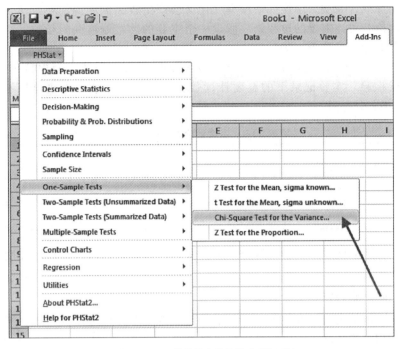

a) 用 PHStat2 做总体方差的检验(第 1 步)

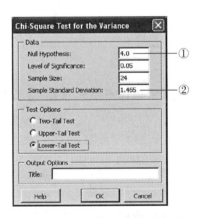

b) 用 PHStat2 做总体方差的检验(第 2 步)　　　c) 用 PHStat2 做总体方差的检验(最终结果)

图 13-2

① 确定原假设表述为方差而不是标准差.
② 确定这里输入的是样本标准差而不是样本方差.

13.1.3　单总体方差的双尾假设检验

你已经掌握了单尾方差检验,现在我们将通过下面的例子继续探讨双尾检验的过程. 本章开始提到,冰箱制造商设计的冰箱会将温度保持在一定范围. 温度变化太大会导致食物过早地被冻坏或者变质．温度几乎没有变化又会产生较高的能源消耗，这是由于冰箱的压缩机周期性地开关比需要的更频繁．假设一个主要的冰箱制造商阿曼拉，试图实现在一个特定模式下的标准差等于 4 华氏度．

在冰箱里 75% 的空间装满了食物，并且在 8 小时内打开 30 次，每次持续 10 秒的条件下对方差进行检验．实验记录下的温度计读数见表 13-3．这些数据也可以在 Excel 文件 refrigerator.xlsx 中查到．

表 13-3　温度计读数（华氏度）

38.2	37.5	29.7	42.5	43.4	41.5
41.0	41.2	40.0	41.4	39.5	39.8
44.6	42.2	34.9	28.5	38.5	34.7
36.6	37.0	32.0	34.9	36.9	36.6
34.9	35.6	45.6	34.1	45.2	33.5

用 $\alpha=0.05$ 并根据这些数据，阿曼拉想要做假设检验去判断这个模型温度的标准差是否等于 4.0 华氏度．

第 1 步：确定原假设和备择假设．

阿曼拉的目标是实现标准差等于 4.0 华氏度．转换为方差为 $4.0^2=16.0$ 平方度．因为我们检验的是相等的情况，所以这是一个双尾检验．

$$H_0: \sigma^2 = 16.0 \text{（这是阿曼拉想要实现的目标）}^{\ominus}$$
$$H_1: \sigma^2 \neq 16.0$$

第 2 步：确定显著性水平的值 α．

阿曼拉设这个假设检验的显著性水平为 $\alpha=0.05$．

第 3 步：计算卡方检验统计量 χ^2．

在这个例子中，为了简便我将用 Excel 计算样本方差（希望你不要介意）．对数据用 VAR 函数，得到 $s^2=19.151$．

用公式 13-1，检验统计量如下：

$$\chi^2 = \frac{(n-1)s^2}{\sigma^2} = \frac{(30-1)(19.151)}{16.0} = 34.71$$

第 4 步：确定卡方临界值 χ^2_α．

由于这是双尾检验，有两个临界值，分别位于卡方分布的两侧，$\alpha=0.05$ 对应的面积等分到分布的两侧（$\alpha/2=0.025$）．左侧临界值左侧面积是 0.025，而右侧面积是 0.975．回顾表 13-2 "分布右尾的面积" = 0.975 这列，以及自由度 $(df)n-1=30-1=29$ 这行，查表可以得到左侧临界值 $\chi^2_\alpha = \chi^2_{0.975} = 16.047$．

右尾的临界值右侧面积是 0.025．表 13-2 "分布右尾的面积" = 0.025 这列，以及自由度 $(df)n-1=30-1=29$ 这行，查表可以得到左侧临界值 $\chi^2_\alpha = \chi^2_{0.025} = 45.722$．两个临界值

$\ominus$　记住，等式通常用在原假设．

如图 13-3 所示.

第 5 步：比较统计量(χ^2)与临界值(χ_α^2).

图 13-3 用图像说明冰箱的例子中检验统计量和拒绝域的位置.

由于 $\chi^2 = 34.71$ 在 $\chi_{0.975}^2 = 16.047$ 和 $\chi_{0.025}^2 = 45.722$ 之间，根据图 13-3 不能拒绝原假设.

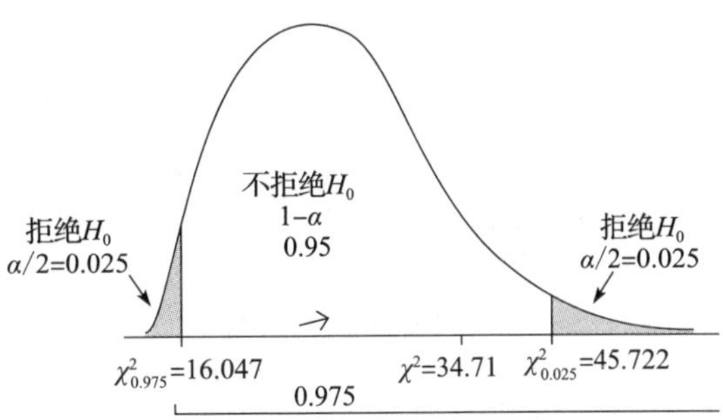

第 6 步：给出结论.

由于没有拒绝原假设，我们没有证据表明总体标准差不等于 4.0 度. 因为我们从来不能接受原假设，所以不能得到总体标准差等于 4.0 华氏度的结论，然而，我们需要做一个商业决策，(a)决定接受总体标准差(等于 4.0 华氏度)或者(b)决定不接受总体标准差(不等于 4.0 华氏度).

图 13-3 冰箱温度例子中卡方检验统计量和卡方临界值的比较

注：左侧临界值的右侧面积等于 $0.95 + 0.025 = 0.975$. 在表 13-2 中查 "0.975" 这列和 $df = 29$ 这行，得到临界值等于 16.047.

当我作为商人时，根据这个检验假设的结果我会选择意见(a)，认为这个冰箱设计的特定模型工作正常的结论. 我知道这看起来似乎是矛盾的，但是在这个例子中选择接受原假设是恰当的商业决策. 正如之前章节中提到的，从事质量管理的人对过程方差非常感兴趣，因为它度量的是一致性. 通常来说，当处理业务流程时一致性越高(小的方差)比一致性越低(大的方差)更有效. 然而，方差比预期的小太多说明存在问题，值得进一步研究. 其中一个原因可能是测量装置失效. 下面的思考题就是这样的例子.

思考题 2 考虑家乐氏冻麦片盒子的填装过程. 每盒玉米片的含糖量标准定为 18 盎司(当写到这时，让我流口水). 由于填装过程的特点，我期望每盒的重量有一些差异. 根据历史经验，当按照设计的程序进行时，重量的标准差是 0.15 盎司. 为了验证当前填装过程是否正常，随机选择 18 个盒子用精密称测量，得到数据如下. 这些数据也可以在 Excel 文件 FF weights.xlsx 中查到.

$$
\begin{array}{cccccc}
18.0 & 18.1 & 18.0 & 17.8 & 18.1 & 18.1 \\
18.0 & 18.0 & 18.0 & 18.0 & 17.9 & 18.0 \\
18.1 & 17.8 & 17.8 & 18.0 & 17.9 & 18.0
\end{array}
$$

a) 用 $\alpha = 0.10$，判断填装过程的标准差是否仍然等于 0.15 盎司.
b) 用 PHStat2 验证你的结果.
c) 解释 p 值.

提示：$\sum X_i = 323.6$，$\sum X_i^2 = 5817.78$.

习题 13.1

基础题

13.1 考虑如下假设表述：
$$H_0: \sigma^2 \geq 5.0$$
$$H_1: \sigma^2 < 5.0$$

当 $s = 1.6$，$n = 32$ 以及 $\alpha = 0.05$ 时，给出你的结论.

13.2 考虑如下假设表述：
$$H_0: \sigma^2 \leqslant 9.0$$
$$H_1: \sigma^2 > 9.0$$
当 $s=3.4$，$n=25$ 以及 $\alpha=0.10$ 时，给出你的结论。

13.3 考虑如下假设表述：
$$H_0: \sigma^2 = 12.0$$
$$H_1: \sigma^2 \neq 12.0$$
当 $s=4.6$，$n=36$ 以及 $\alpha=0.05$ 时，给出你的结论。

13.4 考虑如下假设表述：
$$H_0: \sigma^2 = 39.0$$
$$H_1: \sigma^2 \neq 39.0$$
当 $s=6.5$，$n=40$ 以及 $\alpha=0.05$ 时，给出你的结论。

应用题

13.5 假设测验满分为 100 分，我的目标是学生成绩的标准差小于 10 分。最近一次考试随机选取 22 个成绩作为样本，样本标准差为 12.1 分。
a) 用 $\alpha=0.05$，检验我的目标是否实现。
b) 用 PHStat2 验证你的结果。
c) 解释通过软件得到的 p 值。

13.6 最近四季比萨店收到顾客关于比萨外送时间不稳定的抱怨。为了解决这一问题，四季店在餐厅的运作上做了一些改变，并且增加更多的外送员工。为了调查这些改变的有效性，比萨店想要检验比萨外送时间的标准差小于 12 分钟的假设。外送时间（分钟）的随机样本数据如下。这些数据也可以在 Excel 文件 Pizza delivery times.xlsx 中查到。

23 24 23 36 30 40 34 24 28 29
15 27 17 22 33 30 15 10 12 21
38 35 18 20

a) 用 $\alpha=0.05$，检验四季比萨店的目标是否实现。
b) 用 PHStat2 验证你的结果。
c) 解释通过软件得到的 p 值。

13.7 伍兹饼干公司生产每盒重量为 16 盎司的椒盐脆饼。然而，每块椒盐饼干的大小不同使每盒准确装满 16 盎司有了挑战性。当填装过程正常时，每盒重量的标准差为 0.25 盎司。为了检验是否达到标准差，随机选取的盒装椒盐饼干称重，数据记录如下。这些数据也可以在 Utz pretzel weight.xlsx 中查到。

15.9 15.7 16.4 16.3 15.8 16.0
15.9 16.1 16.2 16.2 16.2 16.4
16.0 16.3 16.3 16.6 16.3 15.8
15.7 16.0 16.5 15.7 15.9 15.7
16.1

a) 用 $\alpha=0.05$，判断填装过程是否正常工作。
b) 用 PHStat2 验证你的结果。
c) 解释通过软件得到的 p 值。

13.8 冰箱制造商设计的冷冻室会将温度保持在一定范围。温度变化太大会由于融化而导致食物变质。温度几乎没有变化又会产生较高的能源消耗，这是由于冰箱的压缩机周期性的开关比需要的更频繁。假设一个主要的冰箱制造商阿曼拉，试图实现冷冻室在一个特定模型下的标准差等于 4 华氏度。在冰箱冷冻室 75% 的空间里装满了食物，并且在 8 小时内打开 30 次，每次持续 10 秒的正常工作条件下对方差进行检验。实验记录下的冰箱冷冻室温度读数如下。这些数据也可以在 Excel 文件 freezer temperatures.xlsx 中查到。

6.4   −8.6 −3.8 −1.1   1.1
0.2   1.1   0.7 −0.5   1.0
1.9   1.4   5.9 −7.2   6.9
6.6   6.9   8.1   5.5   6.1
8.2   8.9   6.1   7.0 −0.4
−1.4 −2.6   0.8   0.6   0.2
−2.8 −5.5   6.8   7.3   7.5
2.5   0.2   2.4 −2.9 −3.1

a) 用 $\alpha=0.05$，判断阿曼拉是否实现它的目标。
b) 用 PHStat2 验证你的结果。
c) 解释通过软件得到的 p 值。

13.2 比较两总体方差

回顾第 10 章我们学习了比较两个总体均值或两个总体比例的假设检验. 其中一个 t 检验需要设两个总体方差相等. 第 11 章包括的方差分析方法中同样假设两个总体方差相等. 本章最后一节, 我们将探究一种新的方法验证关于方差的假设有效, 这包括单尾和双尾的情况. 正如单个总体方差检验讨论的一样, 这种方法要求两个总体都是正态分布.

13.2.1 两总体方差的单尾检验

我将通过下面的例子来介绍比较两个总体方差的单尾假设检验. 假设罗恩拥有一个墨西哥风味的餐厅, 餐厅有一个免下车购物窗口. 罗恩想要减少顾客使用免下车服务时间的波动. 为了实现这个目标, 他想对免下车订单外包给第三方呼叫中心的新系统进行检验. 顾客下免下车订单事实上是先呼叫电话中心, 然后由其将订单信息直接转给餐厅. 这可以为墨西哥风味餐厅空出一个正常接单的服务员. 顾客现场点餐和用呼叫系统的服务时间(秒)数据见表 13-4. 这些数据也可以在 Excel 文件 Taco Bell.xlsx 中查到.

表 13-4 墨西哥风味免下车服务时间(秒)

			现场点餐			
105	125	60	184	189	126	211
176	149	79	122	175		
			外包系统			
163	158	153	174	138	140	195
138	189	142	182	138	175	91

用这些数据以及 $\alpha=0.05$. 罗恩想做一个假设检验来判断外包系统的服务时间标准差是否小于现场点餐的标准差.

第 1 步:计算各自样本的方差.

用公式 13-2 或者 Excel 的 VAR 函数计算各自样本的方差. 本例中我们用 Excel 计算, 结果如下:

$$s^2_{现场} = 2184.93$$
$$s^2_{外包} = 744.42$$

第 2 步:确定原假设和备择假设.

当比较两个总体方差时, 通常把样本方差较大的记为总体 1, 样本方差较小的记为总体 2.

$$总体 1 = 现场点餐$$
$$总体 2 = 外包系统$$

罗恩希望外包系统的服务时间是比现场点餐的方差小. 那么假设表述如下:

$$H_0: \sigma_1^2 \leqslant \sigma_2^2$$
$$H_1: \sigma_1^2 > \sigma_2^2 (外包系统服务时间方差比现场点餐的小)^{\ominus}$$

⊖ 由于我们检验总体 1 的方差是否大于总体 2 的方差, 所以这是一个单尾检验.

第 3 步：确定显著性水平的值 α.

罗恩用 $\alpha=0.05$ 做这个假设检验.

第 4 步：计算卡方 F 检验统计量.

两个样本方差检验的检验统计量 F，见公式 13-3.

两个样本方差检验的检验统计量公式

$$F = \frac{s_1^2}{s_2^2} \tag{13-3}$$

其中　F＝检验统计量

s_1^2＝总体 1 的样本方差

s_2^2＝总体 2 的样本方差

将样本方差代入公式 13-3 得如下结果：

$$F = \frac{s_1^2}{s_2^2} = \frac{2184.93^{\ominus}}{744.42} = 2.935$$

由于总体 1 通常有较大的样本方差（因为在问题的开始就是这样记的），根据公式 13-3 得到的检验统计量通常就大于 1.0.

第 5 步：确定卡方临界值 F_α.

公式 13-3 的检验统计量服从 F 分布，在第 11 章中第一次介绍. 回忆这个分布特点，它是右倾的，自由度为：

$$D_1 = n_1 - 1$$
$$D_2 = n_2 - 1$$

其中 n_1 和 n_2 分别是来自总体 1 和总体 2 的样本的样本容量. 现场点餐有 12 个观测值，外包系统有 14 个观测值. 在墨西哥风味餐厅例子中，自由度如下：

$$D_1 = n_1 - 1 = 12 - 1 = 11$$
$$D_2 = n_2 - 1 = 14 - 1 = 13$$

通过附录 A 表 6 可以查到临界值 F_α. 表 13-5 是其中的一个节选. 选的是附录 A 表 6 分布的右尾面积＝0.05 的部分（因为这个检验假设用的 $\alpha=0.05$）. 对应 $D_1=11$ 这列和 $D_2=13$ 这行，得到 $F_\alpha=F_{0.05}=2.635$. 这个值在表 13-5 中突出表示.

表 13-5　F 分布临界值的节选

分布右尾的面积 **0.05**

D_2	D_1									
	11	12	13	14	15	16	17	18	19	20
1	242.983	243.906	244.690	245.364	245.950	246.464	246.918	247.323	247.686	248.013
2	19.405	19.413	19.419	19.424	19.429	19.433	19.437	19.440	19.443	19.446
3	8.763	8.745	8.729	8.715	8.703	8.692	8.683	8.675	8.667	8.660
4	5.036	5.912	5.891	5.873	5.858	5.844	5.832	5.821	5.811	5.803

$\ominus$　公式 13-3 中通常将方差大的作为分子.

(续)

分布右尾的面积 0.05										
D_2	D_1									
	11	12	13	14	15	16	17	18	19	20
5	4.704	4.678	4.655	4.636	4.619	4.604	4.590	4.579	4.568	4.558
6	4.027	4.000	3.976	3.956	3.938	3.922	3.908	3.896	3.884	3.874
7	3.603	3.575	3.550	3.529	3.511	3.494	3.480	3.467	3.455	3.445
8	3.313	3.284	3.259	3.237	3.218	3.202	3.187	3.173	3.161	3.150
9	3.102	3.073	3.048	3.025	3.006	2.989	2.974	2.960	2.948	2.936
10	2.943	2.913	2.887	2.865	2.845	2.828	2.812	2.798	2.785	2.774
11	2.818	2.788	2.761	2.739	2.719	2.701	2.685	2.671	2.658	2.646
12	2.717	2.687	2.660	2.637	2.617	2.599	2.583	2.568	2.555	2.544
13	2.635	2.604	2.577	2.554	2.533	2.515	2.499	2.484	2.471	2.459
14	2.565	2.534	2.507	2.484	2.463	2.445	2.428	2.413	2.400	2.388
15	2.507	2.475	2.448	2.424	2.403	2.385	2.368	2.353	2.340	2.328

第 6 步:比较统计量(F)与临界值(F_α).

图 13-4 用图像说明墨西哥风味餐厅例子中的检验统计量和拒绝域的位置. 右尾检验的假设表述总是设为如图所示. 换句话说,正如本例中 H_1 分配的符号 $>$. 也就是说拒绝域通常在 F 分布的右尾.

由于 $F = 2.935$ 大于 $F_\alpha = 2.635$,根据图 13-4 拒绝原假设.

第 7 步:给出结论.

由于拒绝原假设,有理由说总体 2 的方差比总体 1 的方差小. 罗恩可以得到外包系统的服务时间比现场点餐的服务时间波动小. 与单个总体方差检验要求一样,两个总体方差检验要求两个总体是正态分布. 特别地,比较的两个总体必须服从正态分布结果才可靠.

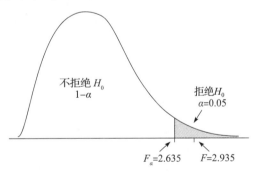

图 13-4 墨西哥风味餐厅例子 F 检验统计量与临界值的比较

注:通常建立一个单尾检验,令备择假设为">"时两个总体方差是右尾检验. 这个结果在右侧区域.

13.2.2 用 Excel 进行两总体方差的比较

我们可以用 Excel 的数据分析做两个总体的方差检验,步骤如下:

1. 打开 Excel 文件 Taco Bell.xlsx 或者输入图 13-5a 中 A 列和 B 列的服务时间.
2. 转到 Data 然后选右侧区域的 Data Analysis. 这时打开 Data Analysis 对话框.
3. 选 F-Test Two-Sample for Variances. 点 OK.
4. 填写 F-Test Two-Sample for Variances 对话框,如图 13-5b 所示. 点 OK.

墨西哥风味餐厅例子的输出结果见图 13-5c，与我们之前结果一致.

注意图 13-5c 中单元格 E9 对应的 p 值等于 0.0343. 这个值表示如果原假设正确, 大于等于得到的检验统计量 2.935 的概率. 因为 p 值小于 $\alpha = 0.05$，我们拒绝原假设得到外包服务时间的方差小于现场点餐的方差的结论.

由于一些奇怪的原因，Excle 只能进行比较两个总体方差的单尾假设检验. 所以在下节介绍双尾检验的时候将用 PHStat2.

做下面思考题，看看你学会了多少.

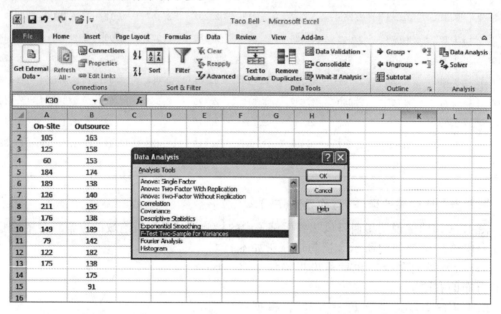

a）用 Excel 比较两个总体方差（第 1 步～第 3 步）

b）用 Excel 比较两个总体方差（第 4 步）

图 13-5

关于总体方差的假设检验

	A	B	C	D	E	F	G
1	On-Site	Outsource		F-Test Two-Sample for Variances			
2	105	163					
3	125	158			On-Site	Outsource	
4	60	153		Mean	141.75	155.4285714	
5	184	174		Variance	2184.931818	744.4175824	
6	189	138		Observations	12	14	
7	126	140		df	11	13	
8	211	195		F	2.935088947		
9	176	138		P(F<=f) one-tail	0.034280508		
10	149	189		F Critical one-tail	2.634650461		
11	79	142					
12	122	182					
13	175	138					
14		175					
15		91					
16							

c) 用 Excel 比较两个总体方差（最终结果）

图 13-5 （续）

注：将现场点餐样本填入"variable 1 range"，因为这是两个样本中方差较大的。你可以通过 Excel 的 VAR 函数找到方差最大的变量。

思考题 3 作为一名教师，我非常关心班级考试的平均成绩和标准差。考试成绩标准差大让我担心起来，因为这暗示一些学生在本学期被落在后面了。假设我想研究小组合作学习是否比传统的教学方式能够降低成绩的波动。所以在上午 10 点的课我主要以讲授为主，而 11 点的课是让学生以小组的形式花更多时间去解决问题。第一次考试后的成绩如下。数据也可在 Excel 文件 exam scores.xlsx 中查到。

上午 10：00 班级				
86	83	86	89	89
85	96	99	75	79
上午 11：00 班级				
90	76	73	90	88
89	84	82	78	86

a) 用 $\alpha=0.01$ 进行检验，判断上午 11 点的班级比 10 点的班级考试成绩波动是否更小。

b) 用 Excel 验证你的结论。

c) 解释 p 值的含义。

13.2.3 两总体方差的双尾检验

本章最后要解决的是比较两个总体方差的双尾假设检验。这个检验仅仅是研究两个方差是否存在差异，而不是检验一个方差是否大于另一个方差。我将用下面的例子来进行说明。

为了控制成本，医疗保险公司密切关注投保人员住院的时间长短。假设蓝十字蓝盾保险公司（BCBS）对在两家医院接受同一种治疗的病人住院天数波动的差异感兴趣。在两家医院住院时间波动存在显著差异时，BCBS 公司就需要进行调查．从克里斯蒂安娜医院和健康湾医院分别随机选择 20 名接受相同治疗的病人，记录其住院时长．两个样本各自的样本标准差见表 13-6．

表 13-6 住院时长的差异

	克里斯蒂安娜医院	健康湾医院
样本标准差	0.92 天	0.71 天
样本容量	20	20

注：当确定问题的标准与方差时要小心．如果每次学生混淆计算我都能收到一分镍币，我都可很早退休而不干活了．

用 $\alpha = 0.05$ 以及这些数据，BCBS 公司想要做一个假设检验来判断相同的治疗过程在克里斯蒂安娜和健康湾两家医院的住院时长标准差是否存在差异．

第 1 步：计算各自样本的方差．

由于表 13-6 中已经提供了样本标准差，直接计算样本方差

$$s_{\text{Christiana}}^2 = (0.92)^2 = 0.8464$$
$$s_{\text{Bayhealth}}^2 = (0.71)^2 = 0.5041$$

第 2 步：确定原假设和备择假设．

同样，将方差较大的记为总体 1，而方差较小的记为总体 2．

$$\text{总体 } 1 = \text{克里斯蒂安娜}$$
$$\text{总体 } 2 = \text{健康湾}$$

由于 BCBS 公司只对总体方差是否存在差异的研究感兴趣，我们有如下双尾检验：

$$H_0 : \sigma_1^2 = \sigma_2^2$$
$$H_1 : \sigma_1^2 \neq \sigma_2^2 (\text{总体方差有差异})^{\ominus}$$

第 3 步：确定显著性水平 α．

BCBS 公司用 $\alpha = 0.05$ 做这个假设检验．

第 4 步：计算卡方 F 检验统计量．

把样本方差代入公式 13-3，结果如下：

$$F = \frac{s_1^2}{s_2^2} = \frac{0.8464}{0.5041}^{\ominus} = 1.679$$

第 5 步：确定卡方临界值 F_α．

BCBS 公司的例子中，

$$D_1 = n_1 - 1 = 20 - 1 = 19$$
$$D_2 = n_2 - 1 = 20 - 1 = 19$$

由于是双尾检验，$\alpha = 0.05$ 对应的面积被均分（$\alpha/2 = 0.025$）位于分布的两侧．这意味着分布的右尾面积是 0.025．对这个假设检验选择附录 A 表 6 "分布的右尾面积 = 0.025"的部分．在 $D_1 = 19$ 这列和 $D_2 = 19$ 这行查得 $F_{\alpha/2} = F_{0.025} = 2.526$．

第 6 步：比较统计量（F）与临界值（F_α）．

图 13-6 用图像说明 BCBS 公司例子中的检验统计量和拒绝域的位置．尽管这是一个双尾

⊖ 由于我们只检查总体方差是否存在差异而不是检验谁比谁大，所以这是一个双尾检验．
⊖ 记住，比较两个总体方差，通常样本方差较大的作为 F 计算式的分子．

检验,我们只考虑在分布右尾的拒绝域. 这是因为当比较两个总体方差时,通常公式 13-3 中检验统计量的分子是方差较大的那个样本. 这样做可以确保检验统计量 F 总是大于 1.0.

由于 $F=1.679$ 小于 $F_{\alpha/2}=2.526$,我们不拒绝原假设.

第 7 步:给出结论.

由于不拒绝原假设,我们没有理由认为两家医院的总体方差存在差异. 然而,我们不能说两家医院病人住院时长的方差相等. 那将表示接受原假设,这可是一件坏事. 但从商业角度,似乎对两家医院住院时长没有理由进行更深入的研究.

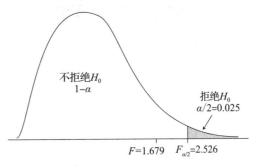

图 13-6 蓝十字蓝盾公司例子 F 检验统计量与临界值的比较

13.2.4 用 PHStat2 进行两总体方差的比较

我们也可以根据下面的步骤用 PHStat2 比较两个总体方差

1. 转到 Add-Ins>PHStat>Two-Sample Tests(Summarized Data)>F Test for Differences in Two Variances,如图 13-7a 所示.

2. 在 F Test for Differences in Two Variances 对话框内填写数值如图 13-7b 所示. 注意 PHStat2 中两个总体要求的是样本标准差而不是样本方差. 选 OK.

方差检验的最终结果见图 13-7c.

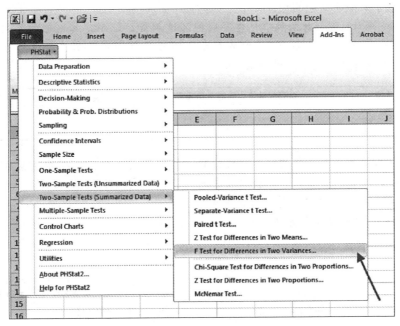

a) 用 PHStat2 比较两个总体方差(第 1 步)

图 13-7

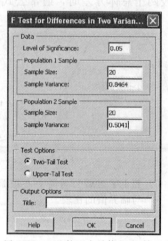

b) 用 PHStat2 比较两个总体方差（第 2 步）　　c) 用 PHStat2 比较两个总体方差（最终结果）

图 13-7 （续）

注：确定在对话框中方差较大的是总体 1 的样本.

这个结果与我们手算的结果是一致的. 注意单元格 B19 中 p 值是 0.2676. 因为 p 值大于 $\alpha=0.05$，我们不拒绝原假设.

回顾第 10 章，比较两个总体的均值给定的条件是两个总体方差相等. 那时，我们只是假设条件成立. 但是，现在我们可以用刚学习的方法去检验这个假设. 我们将重温第 10 章关于鼠脑的例子来证明这个假设.

思考题 4 第 10 章，对两种老鼠在不同的环境刺激后，测定其脑部的平均重量. 我们以此为例. 第一种称为"幸运鼠"，被放在乡村闲适的氛围里，第二种被称为"不太幸运的老鼠"，几乎没有受到刺激. 数据如下：

总体	以克为单位大脑的平均重量 $\bar{x}$	样本标准差 s	样本容量 n
幸运鼠	2.6	0.6	20
不太幸运的老鼠	2.1	0.8	25

做两个样本关于比较总体均值的假设检验，发现幸运鼠的大脑平均重量大于不太幸运老鼠的大脑平均重量. 然而，这个检验要求两个总体方差相等.

a) 用 $\alpha=0.05$ 判断方差相等的假设是否成立.
b) 用 PHStat2 验证你的结论.
c) 解释 p 值的含义.

习题

基础题

13.9 试求下列各种情况 F 分布的临界值：
a) $n_1=16$，$n_2=10$，且 $\alpha=0.05$.
b) $n_1=28$，$n_2=22$，且 $\alpha=0.01$.
c) $n_1=15$，$n_2=20$，且 $\alpha=0.10$.

13.10 考虑下列假设表述：
$$H_0: \sigma_1^2 \leqslant \sigma_2^2$$
$$H_1: \sigma_1^2 > \sigma_2^2$$

给出结论，其中 $s_1=18$，$s_2=15$，$n_1=25$，$n_2=20$ 和 $\alpha=0.05$.

13.11 考虑下列假设表述：
$$H_0: \sigma_1^2 = \sigma_2^2$$
$$H_1: \sigma_1^2 \neq \sigma_2^2$$

给出结论，其中 $s_1=35$，$s_2=30$，$n_1=22$，$n_2=26$ 和 $\alpha=0.05$.

13.12 考虑下列假设表述：
$$H_0: \sigma_1^2 = \sigma_2^2$$
$$H_1: \sigma_1^2 \neq \sigma_2^2$$

给出结论，其中 $s_1=63$，$s_2=41$，$n_1=25$，$n_2=28$ 和 $\alpha=0.05$.

应用题

13.13 假设美国交通安全管理局（TSA）在亚特兰大机场正在进行的程序是为了使乘客通过机场安检所花费时间的波动减小. 以两个不同安检口为样本，用不同的安检程序，样本数据如下：

	安检口 A	安检口 B
样本标准差	8.4 分钟	9.7 分钟
样本容量	15	13

a) 用 $\alpha=0.05$，判断在安检口 A 的程序减小波动是否比安检口 B 更有效.
b) 用 PHStat2 验证你的结论.
c) 解释通过软件得到的 p 值含义.

13.14 假设乘车去学校有两种可行的路线. 由于我从来都不愿意迟到，想选择一条通勤时间更稳定的路线. 作为没有希望的统计学家，我认真的在第一条路线开车走了 21 次，第二条路线走了 24 次，分别计算两条路线的标准差. 数据如下：

	路线 1	路线 2
样本标准差	6.5 分钟	10.4 分钟
样本容量	21	24

a) 用 $\alpha=0.05$，判断路线 1 是否比路线 2 的通勤时间更稳定.
b) 用 PHStat2 验证你的结论.
c) 解释通过软件得到的 p 值含义.

13.15 假设固特异轮胎公司开发了两种新的轮胎品牌，想比较两种轮胎寿命的变化情况. 两种品牌的轮胎都在正常条件下行驶，并随机收集两种轮胎数据的样本. 各自样本的样本标准差、样本容量、行驶里程分别计算如下：

	品牌 1	品牌 2
样本标准差	5300 里	3500 里
样本容量	20	20

a) 用 $\alpha=0.05$，判断两个品牌的轮胎寿命的变化情况是否存在差异.
b) 用 PHStat2 验证你的结论.
c) 解释通过软件得到的 p 值含义.

13.16 新泽西教师联合会想要了解在五月角和卡姆登两个地方高中教师的工资收入的波动是否存在差异. 随机选取两个教师收入作为样本，各自样本标准差计算如下：

	五月角	卡姆登
样本标准差	30	27
样本容量	$6300	$5200

a) 用 $\alpha=0.05$，判断两个总体的工资收入的波动是否存在差异.
b) 用 PHStat2 验证你的结论.
c) 解释通过软件得到的 p 值含义.

本章主要公式

单样本方差检验的检验统计量公式
$$x^2 = \frac{(n-1)s^2}{\sigma^2} \tag{13-1}$$

样本方差公式

$$s^2 = \frac{\sum_{i=1}^{n} x_i^2 - \dfrac{\left(\sum_{i=1}^{n} x_i\right)^2}{n}}{n-1} \tag{13-2}$$

两个样本方差检验的检验统计量公式
$$F = \frac{s_1^2}{s_2^2} \tag{13-3}$$

复习题

13.17 汽车在州际公路上行驶，当速度有较大方差时会导致不安全的行驶状态。当在同一段高速公路上，一些车以高速行驶，一些车低速行驶时，会增加发生事故的可能性。假设弗吉尼亚州相信车速的标准差大于每小时 7 英里时可能导致不安全的行驶状态。在弗吉尼亚州公路上以英里每小时为单位，所测的车速样本如下。这些数据也可以在 "interstate speeds.xlsx" 中查到。

83 71 77 75 68 59 62 83 57
62 63 77 59 66 66 56 79 69
65 77 60 70 69 69

a) 用 $\alpha=0.05$，判断州际公路上是否存在不安全的行驶状态。
b) 用 PHStat2 验证你的结论。
c) 解释通过软件得到的 p 值含义。

13.18 根据《美国医学协会期刊》，2006 到 2008 年住院医生每周平均工作时间为 59.3 小时。可以证明在医院实习的研究生医学教育鉴定委员会，制定了一个计划不但减少住院医生工作时长而且每周工作时长的标准差减少到小于 8 小时。为了调查这个计划的有效性，随机选择 20 名住院医生每周工作的时长作为样本，数据见下表。这个数据也可以在 "resident hours.xlsx" 中查到。

53 57 52 65 70 51 55 61 49 61
54 61 44 57 55 60 53 61 51 56

a) 用 $\alpha=0.05$，判断每周工作时长的标准差是否小于 8 小时。
b) 用 PHStat2 验证你的结论。
c) 解释通过软件得到的 p 值含义。

13.19 普瑞纳公司生产的狗粮每袋 40 磅。当填装机器正常运转时，每袋总量的标准差为 1.4 盎司。从填装过程随机选择 30 袋作为样本，数据如下。这些数据也可以在 Excel 文件 Purina dog food.xlsx 中查到。

40 38 42 41 39 42 11 43 41
37 41 39 39 37 40 39 43 41
39 41 42 37 39 40 38 38 37
38 41 39

a) 用 $\alpha=0.05$，判断填装过程是否正常。
b) 用 PHStat2 验证你的结论。解释通过软件得到的 p 值含义。

13.20 低侧面的轮胎是一种侧壁高短的汽车轮胎，指的是轮辋与地面的距离。这种轮胎在每英里油耗上表现较好。用福特金牛测量轮胎对车每英里油耗变化的影响。选取福特金牛 10 辆，安装标准轮胎并且每辆车油箱装满测量其每英里油耗。将低侧面轮胎装在另外 10 辆车上并油箱装满，同样记录每英里的油耗。数据如下，也可以在 Excel 文件 low profile variance.xlsx 中查到。

标准		低侧面	
21.5	26.5	22.4	19.0
22.3	25.5	20.1	19.7
25.6	19.5	24.0	16.2
19.3	23.9	19.5	21.4
22.3	22.9	21.7	22.4

a) 用 $\alpha=0.05$，判断两种类型轮胎每英里油耗的方差是否存在差异。
b) 用 PHStat2 验证你的结论。
c) 解释通过软件得到的 p 值含义。

13.21 阿斯顿医疗中心的目标是医生给病人看病的时间的标准差小于 6 分钟，可以让病人看病时不用等待很长的时间。为了判断这个目标是否实现，中心记录了医生给病人看病所有的时间。数据如下：

9 11 18 16 18 20 16 15
12 16 23 12 21 19 12

a) 用 $\alpha=0.05$，判断阿斯顿医疗中心的目标是否实现。
b) 用 PHStat2 验证你的结论。
c) 解释通过软件得到的 p 值含义。

13.22 Pretzel Boys 店内销售的手卷的椒盐饼是由雇员提前准备的。管理者希望雇员手卷的椒盐饼的重量稳定，标准差小于 0.04 盎司。随机选择的 12 块椒盐饼的重量如下，以盎司为单位。

关于总体方差的假设检验

0.38	0.36	0.36	0.38	0.36	0.39
0.32	0.33	0.30	0.33	0.37	0.40

d) 用 $\alpha=0.05$，判断椒盐饼的重量标准差是否小于 0.04 盎司.

e) 用 PHStat2 验证你的结论.

f) 解释通过软件得到的 p 值含义.

13.23 苏珊正在购买新的球杆，希望可以让她击球更稳定. 她考虑卡拉威和耐克两个品牌. 在高尔夫商品店，她用模拟器测试每个球杆，数据如下.

卡拉威		耐克	
203	189	199	213
195	206	196	200
207	187	237	188
183	200	177	216
196	212	202	169

a) 用 $\alpha=0.05$，判断两种球杆击球距离的方差是否存在差异.

b) 用 PHStat2 验证你的结论.

c) 解释通过软件得到的 p 值含义.

d) 在击球距离稳定性上，苏珊更倾向哪个球杆？

13.24 托尼的小酒馆为了检测顾客满意度的一致性，记录下服务员给有两位顾客的餐桌送餐时收到的小费数额. 餐厅经理相信如果小费的标准差超过 3.00 美元，这些服务员在服务上存在不一致的问题. 随机选取有两名顾客的餐桌以每桌收到的小费作为样本，数据如下:

$17 $11 $9 $12 $14 $14 $15
$11 $10 $9 $9 $13 $10 $17
$6 $13 $6 $16

a) 用 $\alpha=0.05$，判断在托尼的餐厅是否存在服务不一致.

b) 用 PHStat2 验证你的结论.

c) 解释通过软件得到的 p 值含义.

13.25 赫尔食品公司生产各式咸味食品，公司要进行一项口味测试看看顾客对他们食品的反应. 例如山葵芝士口味土豆片是评价两极分化的产品，这是因为它的口味很重. 顾客对产品的平分很高或者很低，这将导致食品口味测试评价的方差很大. 而更大众食品，例如常规玉米片，通常收到一致性评价. 下表为顾客对产品按照等级 1 到 10 的打分. 结果及均值、标准差见下表.

山葵芝士口味土豆片	玉米片
4	8
10	8
10	7
3	8
10	8
9	10
10	7
均值 8.0	8.0
标准差 3.11	1.00

尽管两种食品评价的均值相同，但是从市场角度如果山葵芝士口味土豆片的标准差大说明受到更多的肯定.

a) 用 $\alpha=0.05$，判断对山葵芝士口味土豆片评价的方差是否大于玉米片评价的方差.

b) 用 PHStat2 验证你的结论.

c) 解释通过软件得到的 p 值含义.

13.26 全美航空和法国航空公司都安排了从巴黎到费城的直飞航班. 假设你选择乘坐航班飞行时间更稳定的航空公司. 随机选择这条路线的航班作为样本，各航空公司飞行时间以小时为单位，数据如下.

全美航空		法国航空	
8.4	8.5	6.6	8.0
7.2	8.0	9.3	9.6
7.7	9.5	7.7	9.8
6.6	8.1	7.7	7.5
7.9	6.8	6.9	7.9
8.4	8.4	7.9	

a) 用 $\alpha=0.10$，判断这条航线两家航空公司飞行时间的方差是否存在差异.

b) 用 PHStat2 验证你的结论.

c) 解释通过软件得到的 p 值含义.

13.27 为了帮助旅行者确定哪条路线是最适合他们去徒步旅行的，国家公园管理处（NPS）对国家公园旅游路线的难度进行了等级划分. 艾布拉姆斯的瀑布路线有 5 英里穿越大烟山国家公园的艰苦跋涉. 假设如果徒步路线的时间标准差大于 30 分钟，那么国家公园管理处(NPS)决定给艾布拉姆斯瀑布路线定为"中等"等级. 随机选择 20 名徒步旅行的游客花费的时间作为样本，数据如下：

1.4 3.2 2.7 3.4 3.0 3.3 3.5
2.9 2.4 3.9 2.9 3.5 3.2 4.1
4.1 3.4 3.7 3.5 4.0 1.7

a) 用 $\alpha = 0.05$，判断国家公园管理处（NPS）是否应该给艾布拉姆斯瀑布路线定为"中等"等级.

b) 用 PHStat2 验证你的结论.

c) 解释通过软件得到的 p 值含义.

13.28 假设匹兹堡玻璃公司生产的一种玻璃板厚度是 3/8 英寸. 其中一种质量控制方法就是检测玻璃板厚度的方差. 如果玻璃板厚度的标准差超过 0.01 英寸，认为程序失去控制，需要维修. 随机选择 25 块玻璃板作为样本，以英寸为单位测量厚度，数据可以在 Excel 文件 PPG.xlsx 中查到.

a) 用 $\alpha = 0.05$，判断玻璃板制作过程的方差是否失去控制.

b) 用 PHStat2 验证你的结论.

c) 解释通过软件得到的 p 值含义.

13.29 作者有两个竞争相当厉害的儿子，他们的高尔夫分数随机样本数据见 Excel 文件 golf scores.xlsx. 两个儿子各自声称自己是更稳定的高尔夫球手.

a) 用 $\alpha = 0.05$，做假设检验去判断两个儿子的高尔夫分数的方差是否存在差异.

b) 用 PHStat2 验证你的结论.

c) 解释通过软件得到的 p 值含义.

13.30 可口可乐公司想要在自己的可乐与最大对手百事可乐的产品之间进行口味的单盲测试. 为了进行这个测试，随机选择 24 人要求品尝可口可乐的产品并按照 1 到 10 的等级打分. 另外随机选择的 24 人要求品尝百事可乐的产品，按照同样的标准打分. 结果见 Excel 文件 taste test variance.xlsx.

a) 用 $\alpha = 0.05$，做假设检验去判断百事可乐的产品评分的差异是否比可口可乐的产品评分的差异大.

b) 用 PHStat2 验证你的结论.

c) 解释通过软件得到的 p 值含义.

第14章 相关性与简单回归分析

谨防投资中的正相关

根据《华尔街日报》一篇由贾内尔·马尔特写的"为什么数学相关很重要"的文章，相关性概念是金融投资策略的关键部分．那么简单地说，相关性是度量投资价值一起变动的程度．例如，如果每当B股的股价上涨，A股的股价也上涨，这两个投资资产之间有正相关性．这也同样预示着如果B股的股价下跌，A股的股价也将下跌．

如果你是一个投资者，这意味着什么呢？意味着如果你拥有的投资相互之间有正相关性，收益将非常不稳定．当收益好时，它们将非常好．但是当收益不好时，它们将会变得很可怕．

一般来讲，投资者不喜欢波动．这会吓着投资者，让他们以为可能迅速失去财富．相反，投资者宁愿获得中等、稳健的收益．总部位于特拉华州里霍博斯湾贝尔摇滚投资LLC公司的总裁兼首席投资官卡珊德拉·托里安解释道：人们希望使用这些理论（相关性），因为他们试图消除投资中的波动．

另一方面是负相关，资产回报率呈相反的方向．例如，如果每当B股的股价下跌，A股的股价上涨，这些资产显示负相关．用-1.0度量完全负相关．相反，用1.0度量完全正相关．金融投资相互独立被认为是不相关，用接近于0的数值表示．在多样化的金融投资组合中可以看到，这也是大部分投资者的目标．

各种投资资产与整个股票市场（标准普尔500）的相关性如图14-1所示．通过这张图可以看到股票的股价与标准普尔500的变化方向一致．短期无息国库券和债券变化方向相反，这个形式在金融界众所周知．

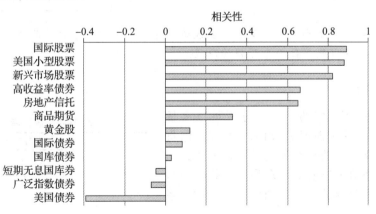

图14-1 标准普尔500与各种投资间的相关性
来源：晨星机构数据

《华尔街日报》的文章中，马尔特的结论是你应该根据相关性来确保投资组合是适当分散的．这是掌握相关性——本章的主题——多么棒的理由．

来源："为什么数学相关很重要"，华尔街日报，2010年10月4日，http://online.wjs.com．

作为一个学生,你难道不想知道需要学习多少个小时考试成绩才可以达到 90 分吗?如果回到学生时代,我一定想知道. 你真正寻找的是学习时间和考试成绩之间的关系. 本章的目的就是介绍两种描述这种关系的方法.

第一种方法是相关性分析,用于判断两个变量之间的关系强度和方向. 接着将做假设检验去判断学习时间与考试成绩之间的关系强度是否足够强而值得运用.

第二种方法是简单回归分析,用线性方程描述两个变量之间的关系. 通过这个方程,我们可以预测在给定学习时长时的考试成绩. 同样,需要通过做假设检验去判断结果是否足够准确而可以运用.

简单回归分析和相关性在商业界有很多有用的应用. 考虑下面的例子:
- 21 世纪房地产经纪人想要建立一个城市房屋的居住面积与最终售价之间的关系.
- 百思买一个店的经理想要了解惠普打印机降价 10 美元之后对下一周销量的影响.
- 可口可乐公司想要预测通过超级杯赛的 30 秒商业广告可以多大程度提升可乐的销量.

然而,在我们学习这些方法之前需要讨论一下因变量和自变量的概念.

14.1 因变量和自变量

自变量 x 解释另一个称为**因变量**的变量 y 的变异性(这是一个表示变化的有趣的词汇). **自变量**和**因变量**之间的关系只存在如下一个方向:

$$自变量(x) \longrightarrow 因变量(y)$$

例如在二手车市场,汽车的行驶里程是**自变量**,二手车的价格是**因变量**. 随着二手车里程表数字的增加,你期望车的价格下跌.

自变量和因变量之间的关系不能反过来. 例如,汽车价格的变化不能引起里程数的改变.

另一个关于自变量和因变量的例子如表 14-1 所示.

表 14-1 自变量和因变量的例子

自变量	因变量
电视机屏幕的尺寸	电视机的销售价格
网站每天的访问量	网站每天的销售额
汽车重量	汽车的每英里油耗

☞ 当确定哪个是自变量哪个是因变量时要谨慎. 探讨变量的关系时从两个方向看哪个更适合. 错误的选择可能导致一个糟糕的决策.

14.2 相关分析

正如本章开始提到的,相关分析可以度量两个变量线性关系的强度和方向.⊖ 本节我们将完成两件事. 第一,将介绍如何计算相关系数 r,这提供了一个数值来描述相关关系. 计算 r 之后,学习如何进行假设检验,以判断两个变量的关系是否足够强到在统计上显著.

假设我想研究学生在统计这门课花费的时间与他们的考试成绩之间的关系. 随机选取 6 名学

表 14-2 统计考试成绩

学生	学习时长	考试成绩
1	3	86
2	6	95
3	4	92
4	4	83
5	3	78
6	2	79

⊖ 如果自变量和因变量的散点图呈直线模式,则它们是线性关系. 图 14-2 是一个线性关系的例子.

生作为样本，数据见表 14-2. 这些数据也可以在 Excel 文件 exam grade.xlsx 中查到.

说我老套也好，但我期望学习时长影响考试成绩. 希望你这一刻同意我的观点. 由于我期望学习时长影响**因变量**(y)考试成绩，所以设为**自变量**(x). 用上一张表的数据，我们可以得到**有序点**(x, y)，例如(3, 86)，(6, 95).

六组有序点构成的散点图见图 14-2. 本章我们的任务是度量两个变量之间线性关系的方向和强度.

接下来的步骤是构建表 14-3，里面包含深入计算所需的数据. 表中第 3 列是 x 和 y 的乘积，第 4 列和第 5 列是 x 和 y 各自的平方.

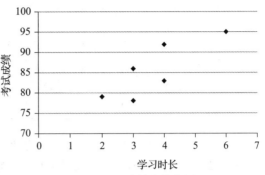

图 14-2 考试成绩的散点图

注：在做相关分析之前，通常将数据画成散点图是一个好方法. 查看第 2 章，快速回忆如何用 Excel 绘制散点图.

表 14-3 考试成绩例子中计算汇总

学习时长 x	考试成绩 y	xy	x^2	y^2
3	86	258	9	7396
6	95	570	36	9025
4	92	368	16	8464
4	83	332	16	6889
3	78	234	9	6084
2	79	158	4	6241
$\sum x = 22$	$\sum y = 513$	$\sum xy = 1920$	$\sum x^2 = 90$	$\sum y^2 = 44\,099$

用表 14-3 的五个总和的值以及表示有序数对数目的 n 值，可以完成本章将要进行的每个计算. 本例中，n = 6. 我称这些值为 "相关性和简单回归的六个汇总" 或者简写为 SNSCSR. (不要笑，——我是严肃的!)我建议把它们写下来，放在方便查找的地方. 因为本章余下的部分都会涉及它们.

👉 相关分析要求数据是区间数据或者比例数据. 回顾第 1 章关于两种数据的测量水平.

14.2.1 相关系数

现在可以用公式 14-1 计算考试成绩例子中的相关系数 r.

相关系数公式⊖

$$r = \frac{n\sum xy - (\sum x)(\sum y)}{\sqrt{[n\sum x^2 - (\sum x)^2][n\sum y^2 - (\sum y)^2]^{\ominus}}} \tag{14-1}$$

⊖ 注意 $\sum x^2$ 与 $(\sum x)^2$ 的区别. $\sum x^2$ 是每个 x 先平方然后把平方项相加. $(\sum x)^2$ 是先把每个值相加求和然后对结果平方. 这两个式子的计算结果完全不同!

根据以往经验当我第一次展示这个公式的时候，大部分学生目光呆滞，漫不经心．但是没有什么可担心的．拿出 SNSCSR 的值，简单地把数值代入公式，要非常仔细．

$$r = \frac{n\sum xy - (\sum x)(\sum y)}{\sqrt{[n\sum x^2 - (\sum x)^2][n\sum y^2 - (\sum y)^2]}} = \frac{(6)(1920) - (22)(513)}{\sqrt{[(6)(90) - (22)^2][(6)(44\,099) - (513)^2]}}$$

$$= \frac{(1520) - (11\,286)}{\sqrt{[(540) - (484)][(264\,594) - (263\,169)]}}$$

$$= \frac{234}{\sqrt{[56][1425]}} = \frac{234}{\sqrt{79\,800}} = \frac{234}{282.5} = 0.828$$

r 这个值的确切含义是什么呢？正如我之前提到的，相关系数 r 为我们提供自变量和因变量之间线性关系的强弱程度及方向．r 的范围从 -1.0 到 1.0．当 r 是正的时候，变量 x 和 y 的线性关系是正相关．这意味着 x 的值增加，y 的值也会增加．相反，当 r 是负的时候，变量 x 和 y 的线性关系是负相关．x 的值增加，y 的值会减小．

变量 x 和 y 之间的相关系数与 -1.0 或 1.0 接近的程度度量线性关系的强弱．图14-3说明了不同相关系数的强弱程度．

☞ 图 14-3 中的相关系数不是斜率的度量，尽管看了这些图像以后可能像是斜率．

图 A 展示的是当 $r=1.0$ 时变量 x 和 y 有完全正相关性．可以看到当 x 增加，y 值以稳定的速率增加．

图 B 展示的是当 $r=-1.0$ 时变量 x 和 y 有完全负相关性．这恰好与图 A 相反．当 x 增加，y 值以稳定的速率减少．图像 A 和 B 这种完全相关的类型在商业场景中很难见到．

图 C 展示的是变量之间弱的正相关性．在这种情况下，当 x 增加，y 值会增加，但是不会像图 A 观测到的那样以稳定的速率增加．这种类型关系可能像广告量与销售．机构花费在广告上的费用与它的销量之间存在正相关．

图 D 展示的是变量之间的负相关性，比图 C 的关系要弱些，因为相关系数接近 0．与图 C 做比较可以看到数据更分散．当 x 增加，y 值会减小，但是不会像图 B 中观测到的那样以稳定的速率减少．可以想象，这种类型描述的是价格与大部分消费品之间的关系．换句话，当消费品价格增加，人们想要买的更少．

最后，图 E 展示的是 $r=0$ 的情况，意味着变量 x 和 y 之间没有关系．当 x 增加，y 值的变化没有规律．

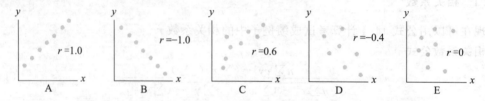

图 14-3 不同线性关系的强弱程度和方向，以及对应的相关系数

因为例子中 $r=0.828$，我们发现学习时长和考试成绩之间有相当强的正相关性．那些

学习时间长的学生成绩会更好. 这正是老师想听到的!

14.2.2 用 Excel 计算相关系数

你可以用 Excel 中的 CORREL 函数计算相关系数. 形式如下:

CORREL(数组 1,数组 2)

其中　数组 1＝第一个变量数据的范围

　　　数组 2＝第二个变量数据的范围

图 14-4 介绍了考试成绩例子的相关系数如何计算. 单元格 C1 包含 Excel 公式＝CORREL(A2：A7, B2：B7), 对应结果是 0.828.

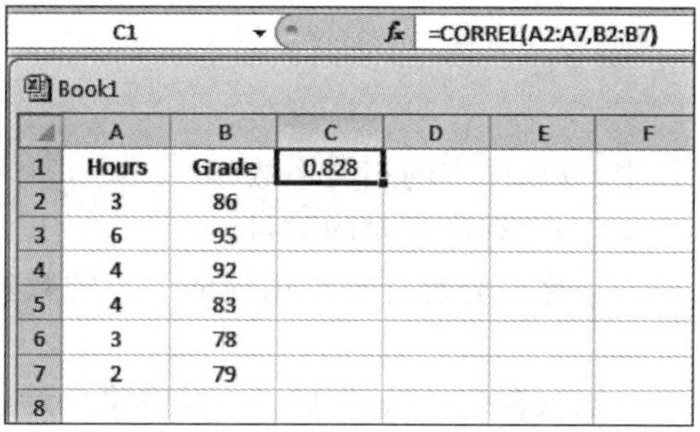

图 14-4　用 Excel 计算相关系数

无论变量谁是第一或是第二, 结果都是一样. 做思考题, 练习相关系数的计算.

思考题 1　假设补充维生素供应商 GNC 想要研究订购维生素的消费者年龄和订货量之间的关系. 这个信息有助于 GNC 针对特定年龄做促销活动. 随机选择 7 名消费者作为样本, 他们的年龄和最近订货量如下表所示. 这些数据也可以在 Excel 文件 GNC.xlsx 中查到. 计算相关系数.

年龄	订货量(美元)	年龄	订货量(美元)
41	54	29	15
26	30	49	25
34	22	38	85
54	63		

14.2.3 相关系数显著性的假设检验

前一节计算的相关系数 r, 是从学生总体中随机选择的六名学生作为样本. 相比之下, **总体相关系数**(ρ)是指所有学生的学习时长和他们取得的成绩之间的相关性. 因为我们不可能收集每个参加考试的学生的学习时长, 所以不知道总体相关系数是多少. 然而, 我们可以做一个假设检验, 根据样本相关系数去判断总体相关系数 ρ 是否与 0 显著不同. 这个检验的假设表述如下:

$$H_0: \rho = 0^{\ominus}$$
$$H_1: \rho \neq 0$$

如果拒绝原假设, 根据样本我们有足够理由得到如下结论: 所有学生的学习时长和考试成绩之间存在关系. 因为我们判定相关系数是否与 0 显著不同, 所以检验的是总体相关系数的显著性. 这个检验用 $\alpha = 0.05$.

这个假设检验的检验统计量是用学生分布, 公式见 14-2.

㊀　记住, 相关系数等于 0 意味着变量 x 和 y 之间不存在关系.

相关系数的检验统计量公式

$$t = \frac{r}{\sqrt{\frac{1-r^2}{n-2}}} \tag{14-2}$$

其中　r＝样本的相关系数

　　　n＝有序数对的数目

计算检验统计量要用到前一节的数据：

$$r = 0.828, n = 6$$

把数据代入公式 14-2，得检验统计量如下：

$$t = \frac{r}{\sqrt{\frac{1-r^2}{n-2}}} = \frac{0.828}{\sqrt{\frac{1-(0.828)^2}{6-2}}} = \frac{0.828}{\sqrt{\frac{1-0.6856}{4}}} = \frac{0.828}{\sqrt{\frac{0.3144}{4}}} = \frac{0.828}{\sqrt{0.0786}} = \frac{0.828}{0.2804} = 2.953$$

临界值 $t_{\alpha/2}$ 确定了这个双尾检验的拒绝域范围．在附录 A 表 5 中可以查到自由度为 $n-2$ 的临界值．由于例子中有六名学生，自由度为 $6-2=4$．双尾检验用 $\alpha=0.05$，查得临界值为 $t_{\alpha/2} = \pm 2.776$．由于 $t=2.953$ 大于 $t_{\alpha/2} = 2.776$，拒绝原假设，得到总体相关系数不等于 0 的结论．对结果的说明见图 14-5．我们现在可以得到学生学习时长和考试成绩之间存在关系的结论了．这给了作者一个宽慰，非常高兴知道书中思考题是多么重要．

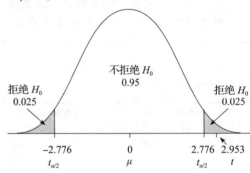

图 14-5　总体相关系数的显著性检验

☞ 不要将相关性和因果关系混淆．相关性只是简单度量一个变量如何随着另一个变量变化．然而，我们不能假设一个变量引起另一个变量的变化．

最后这个例子，做双尾检验去判断总体相关系数是否不等于 0．我们也可以做单尾检验去判断总体相关系数是否大于 0 或者小于 0．做思考题练习相关系数的单尾显著性检验．

思考题 2　用 $\alpha=0.10$ 做假设检验判断思考题 1 中 GNC 订购量数据的总体相关系数是否大于 0．

习题 14.2

应用题

14.1　考虑下面的有序数对．

　　x　4　7　2　6　6
　　y　6　9　5　5　7

　　计算相关系数．

14.2　用 $\alpha=0.05$ 及习题 14.1 的数据做假设检验判断总体相关系数是否不等于 0．你的结论是什么？

14.3　考虑下面的有序数对．

　　x　7　6　2　3
　　y　6　8　9　6

　　计算相关系数．

14.4　用 $\alpha=0.05$ 及习题 14.3 的数据做假设检验判断总体相关系数是否小于 0．你的结论是什么?

应用题

14.5 菲尔艾萨克公司开发的信用卡评分模型当今被大多数银行所使用. 他们想研究一个人的信用评分和年龄之间的关系. 随机选择 10 个人作为样本, 其信用评分和年龄如下表所示:

年龄	信用评分	年龄	信用评分
36	675	47	790
24	655	35	720
54	760	59	760
28	615	40	685
31	660	42	610

确定信用评分和年龄之间的相关系数.

14.6 用 $\alpha=0.02$ 及习题 14.5 的数据, 做信用评分和年龄相关系数显著性的检验. 你的结论是什么?

14.7 百思买公司想要对佳能博秀数码相机的售价和其需求量之间的关系进行研究. 一个市场每周的需求量及售价见下表:

需求	价格(美元)
16	300
19	310
14	320
13	330
11	340
12	350
8	360

确定这种相机的需求与售价之间的相关系数.

14.8 用 $\alpha=0.10$ 及习题 14.7 的数据, 检验这种相机的需求与售价的相关系数是否小于 0. 你的结论是什么?

14.9 特拉华州立大学想要描述从大学获得商业学位的毕业生起薪与 GPA 之间的关系. 下表是 8 名商学院毕业生的起薪与他们相应的 GPA.

起薪(美元)	GPA	起薪(美元)	GPA
2600	3.2	3000	3.7
2900	3.4	2900	4.0
2500	2.6	2200	2.5
2600	3.5	2400	3.3

确定特拉华州立大学商学院毕业生的 GPA 和起薪之间的相关系数.

14.10 用 $\alpha=0.05$ 及习题 14.9 的数据, 检验特拉华州立大学商学院毕业生的 GPA 和起薪之间的相关系数是否大于 0. 你的结论是什么?

14.11 下表是随机选取的 21 世纪房地产经纪人最近销售的 7 栋房屋的建筑面积和售价, 以千美元为单位.

售价(美元)	建筑面积
258	2730
191	1860
253	2140
168	2180
249	2310
245	2450
282	2920

确定房屋售价与建筑面积之间的相关系数.

14.12 用 $\alpha=0.10$ 及习题 14.11 的数据, 做房屋售价和其建筑面积的相关系数的显著性检验. 你的结论是什么?

14.3 简单回归分析

我们知道相关系数为描述两个变量之间的强弱和方向关系提供了度量标准. 下面将讨论简单回归分析, 它是能够描述**有序数对**(x,y)⊖的最优拟合直线. 本节后面, 你会看到用直线比相关系数更利于描述因变量和自变量的关系.

☞ 一对 x 和 y 的有序数对属于一个特定的观察.

⊖ 简单相关分析方法能够描述有序数对(x,y)的最优直线.

描述直线的方程称为线性方程.
描述通过有序数对的直线方程公式

$$\hat{y} = a + bx \tag{14-3}$$

其中 　$\hat{y}$=当给定 x 的值 y 的预测值
　　　x=自变量
　　　a=直线的 y 轴截距
　　　b=直线的斜率

图 14-6 说明了这些概念.

图 14-6 中的直线对应的方程为 $\hat{y}=2+0.5x$. y 轴截距是指直线与 y 轴的交点（当 x 等于 0 时 y 的值）. 因此这个例子中 $a=2$. 直线的斜率 b, 是直线的增量与游程之比. 本图中, $b=0.5$. 如图所示, 正斜率表明图像是从左往右上升的. 如果图 14-6 的斜率为负, 直线应该从左往右下降. 如果斜率为 0, 直线将是水平的, 那意味着因变量和自变量之间没有关系. 也就是, 改变 x 的值对 y 的值没有明显的影响.

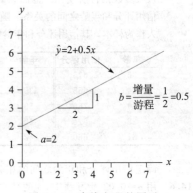

图 14-6　直线方程的图示

我的学生经常会纠结于 $\hat{y}$ 和 y 的区别. 图 14-7 给出的是六个有序数对和拟合数据的直线方程 $\hat{y}=2+0.5x$.

图 14-7 展示的一个点对应有序数对 $x=2$, $y=4$. 注意你可以通过 $x=2$ 向上延伸的虚线并在左侧找到 y 的预测值, $\hat{y}=3$. 可以通过公式 14-3 验证, 如下所示：

$$\hat{y} = 2 + 0.5x = 2 + 0.5(2) = 3$$

y 表示**实际数据点**. $\hat{y}$ 是给定 x 的值通过直线方程预测的值. **实际数值**和**预测值**之间的差异称为**残差** e_i, 如公式 14-4 所示.

残差公式

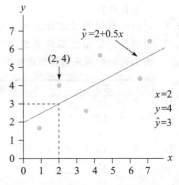

图 14-7　$\hat{y}$ 和 y 差异的图示说明

$$e_i = y_i - \hat{y}_i \tag{14-4}$$

其中 　e_i=样本第 i 个观测点的残差
　　　y_i=第 i 个点的因变量的实际值
　　　$\hat{y}_i$=第 i 个点的因变量的预测值

有序数对 $x=2$, $y=4$ 对应的残差如下：

$$e_i = y_i - \hat{y}_i = 4 - 3 = 1$$

在本章后面我们将再次探讨残差的重要性. 下一步是求最适合有序数对组的直线方程.

14.3.1　最小二乘法

最小二乘法是用来求有序数对组的最优拟合直线方程的数学方法. 有序数对组的最优拟合直线方程称为**回归线**. 用这个过程可以求得 a 的值（y 轴截距）和 b 的值（直线的斜率）. 最小二乘法的目标是使 y_i 与 $\hat{y}_i$ 之间差异的平方和最小. 通过数据可以得到最优拟合直线.

最小二乘法将使得残差平方和(SSE)最小,如公式 14-5 所示.
残差平方和公式

$$\text{SSE} = \sum_{i=1}^{n}(y_i - \hat{y}_i)^2 \quad (14\text{-}5)$$

其中 $n=$ 最优拟合直线附近的有序数对的数目

图 14-8 说明以上内容.

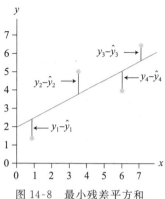

图 14-8 最小残差平方和

👉 假设将图 14-8 中的直线移动到其他位置. 这将引起一些残差变小,另外一些残差变大. 最小二乘法找到的是所有这些点的残差平方和最小的直线.

根据图 14-8,最适合数据的回归线将使得四个点的残差平方和最小.

正如之前提到的,最小二乘方法的目的是确定回归方程 $\hat{y}=a+bx$ 中 a 的值(y 轴截距)和 b 的值(直线斜率). 这些值可以通过下列三种方法中的任何一种得到:

1. 指导教师只是直接给你数值.
2. 用公式手算.
3. 用 Excel 计算.

指望第一种计算方式就是纯粹的绝望,称为统计的"圣母玛利亚",很少有效.(当然,除非你的名字是弗莱迪. 对那些太年轻而不知道弗莱迪是谁的人,去播客网输入"弗莱迪". 放视频剪辑,你将了解到曾经一场著名大学足球赛的比赛结果——在那里圣母玛利亚实际上起作用了. 由于你们都不是弗莱迪,我将介绍后面两种方法.)

14.3.2 斜率和 y 轴截距的计算

运用公式 14-6 和公式 14-7 分别计算斜率和 y 轴截距.
回归线斜率公式

$$b = \frac{n\sum xy - (\sum x)(\sum y)}{n\sum x^2 - (\sum x)^2} \quad (14\text{-}6)$$

回归线截距公式

$$a = \frac{\sum y}{n} - b\left(\frac{\sum x}{n}\right) \quad (14\text{-}7)$$

运用考试成绩例子中的 SNSCSR 以及 $n=6$(之前我要求你把这个值记在找得到的地方),我们首先用公式 14-6 计算回归线的斜率(b):

$\sum x = 22 \quad \sum y = 513 \quad \sum xy = 1920 \quad \sum x^2 = 90 \quad \sum y^2 = 44\,099$

$$b = \frac{n\sum xy - (\sum x)(\sum y)}{n\sum x^2 - (\sum x)^2} = \frac{(6)(1920) - (22)(513)}{(6)(90) - (22)^2}$$

$$= \frac{11\,520 - 11\,286}{540 - 484} = \frac{234}{56} = 4.1786^{\ominus}$$

⊖ 你可能在想计算结果保留到小数点后四位似乎过多了. 然而,这样做可以减小舍入误差,这是非常重要的. 因为在本章后面还要用这些值进行计算. 与你指导教师关心的保留结果的期望一致.

斜率一旦确定，用公式 14-7 计算 y 轴截距.
$$a = \frac{\sum y}{n} - b\left(\frac{\sum x}{n}\right) = \frac{513}{6} - (4.1786)\left(\frac{22}{6}\right) = 85.5 - (4.1786)(3.6667)$$
$$= 85.5 - 15.3217 = 70.1783$$

因此考试成绩的回归方程如下：
$$\hat{y} = 70.1783 + 4.1786x$$

对于考试成绩回归方程的意义是什么呢？因为 $b = 4.1786$，我们可以得到这样一个结论：每增加一个小时的学习时长考试的平均分将增加 4.1786 分. 由于斜率是正的，增加学习时长将会使考试成绩提升. 这与相关系数得到的结论一致.

一个学生学习三个小时预测的考试成绩是多少呢？将 $x = 3.0$ 代入回归方程，结果如下：
$$\hat{y} = 70.1783 + 4.1786(3.0) = 70.1783 + 12.5358 = 82.7 \approx 83$$

学习时长为 3 小时的学生预测的成绩是 83 分. 我们称其为回归方程的一个点估计. 一会儿我们将用置信区间研究这个估计的准确性.

用直线描述两个变量的关系比用相关系数描述要好. 首先，你可以观察到自变量对因变量的影响. 例如，汽车代理商用历史数据追踪有不同行驶里程的二手 2007 款本田思域的售价，代理商会发现行驶里程增加的车售价将会发生什么样的变化. 其次，当给定一个自变量的值时，可以预测一个特殊的因变量值. 例如，代理商根据数据可以预测行驶里程为 52 000 英里的二手 2007 款思域的售价.

花几分钟时间做思考题，在学新知识前确定你已经掌握了本节知识.

思考题 3 确定思考题 1 中 GNC 订货量例子的回归方程. 用你得到的回归方程预测年龄为 36 岁的客户订货量.

14.3.3 用 Excel 计算斜率和 y 轴截距

既然已经用讨厌的斜率/截距计算折磨了你，现在将教你用 Excel 轻而易举计算这些值. 步骤如下：

1. 打开 Excel 文件 exam grades.xlsx 或者用标签列出两个变量，如图 14-9a 所示. 无所谓哪个变量在哪一列.
2. 进入 Data 标签页，选择 Data Analysis，打开 Data Analysis 对话框，如图 14-9a 所示.
3. 向下滑动到 Regression 然后点 OK. 打开的 Regression 对话框如图 14-9b 所示.

在图 14-9b 的 Regression 对话框中进行如下操作：

4. 点击 Input Y Range 文本框.
5. 由于变量 y（因变量）是考试成绩，选中单元格 B1 到 B7，这包含标签项"Grade".
6. 点击 Input X Range 文本框.
7. 选中单元格 A1 到 A7.
8. 由于标签项包含在数据范围内，在图 14-9b 中选择 Labels 复选框.
9. 点击 Output Range. 然后点击右侧的文本框，其次是电子表格中的单元格 D1. 这是指示 Excel 将结果输出到哪里. 点击 OK.

就在你眼前，每个你可能梦想的计算结果（即回归分析）奇迹般地出现在电子表格中，如图 14-9c 所示. 在左下角，你会在标签"Coefficient"下找到两个值，这部分被圈起. 这是回归方程的 y 轴截距和斜率. 注意这与之前计算的结果有一点不同. 不用担心——这是因为保留位数不同导致的. 本章前面计算的相关系数"r"也可以在标签"Multiple R"旁边找到(0.828).

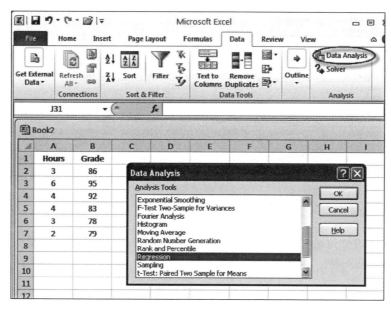

a) 用 Excel 计算斜率和 y 轴截距(步骤 1～3)

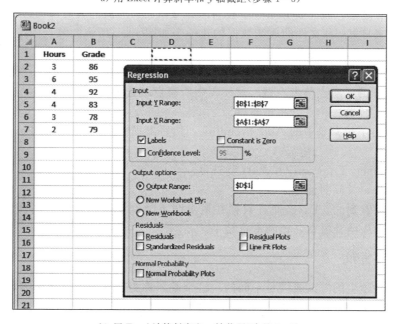

b) 用 Excel 计算斜率和 y 轴截距(步骤 4～9)

图 14-9

D	E	F	G	H	I	J
SUMMARY OUTPUT						
Regression Statistics						
Multiple R	0.828351021					
R Square	0.686165414					
Adjusted R Square	0.607706767					
Standard Error	4.316703438					
Observations	6					
ANOVA						
	df	SS	MS	F	Significance F	
Regression	1	162.9642857	162.9642857	8.745567801	0.041666379	
Residual	4	74.53571429	18.63392857			
Total	5	237.5				
	Coefficients	Standard Error	t Stat	P-value	Lower 95%	Upper 95%
Intercept	70.17857143	5.472420416	12.82404605	0.000213132	54.98469655	85.3724463
Hours	4.178571429	1.412972876	2.957290618	0.041666379	0.255529805	8.101613053

c) 用 Excel 计算斜率和 y 轴截距(最终结果)

图 14-9 (续)

注：建议数据范围包括标签项，因为 Excel 在最终的回归报告中会用到这些标签，这会使报告更容易读懂.

👉 PHStat2 中也有可以进行回归计算的函数. 步骤与 Excel 的过程非常相似，而且提供的结果和图 14-9c 一样.

我知道你的好奇心："其他数字什么意思？我们将在什么时候学习它们？"不用担心——整章我们将重新讨论图 14-9c，并解释这些值的含义.

在继续学习之前，我还要介绍一个技巧. 你可以把回归线和其对应的方程添加到 Excel 散点图中. 用来自 Excel 文件的成绩数据构建一个如图 14-2 所示的散点图. 如果你需要温习，可以遵循第 2 章的步骤.

一旦完成散点图，按照如下步骤将回归线添加到散点图中：

1. 选散点图的任意点单击左键. 这使图中所有点被选中.
2. 在选中的任意一个点处单击右键.
3. 左键点击下拉菜单中的 Add Trendline，然后出现图 14-10 所示的 Format Trendline 对话框.
4. 选中 Display Equation on chart 复选框.
5. 单击 Close 关闭对话框.

正如你自己看到的，Excel 通过数据在散点图上绘制了回归线并在图像右侧显示了回归方程. 请不要先给我鼓掌，留到本章结束.

14.3.4 分解平方和

注意例子中学生的考试成绩是不同的. 这个差异称为变异并用**总体平方和**(SST)度量，表达形式见公式 14-8. 回顾一下 SST，其首先在第 11 章出现，由于将它运用在**因变量**上，所以这里形式有一些不同. 但是非常确定，它的意义是相同的.

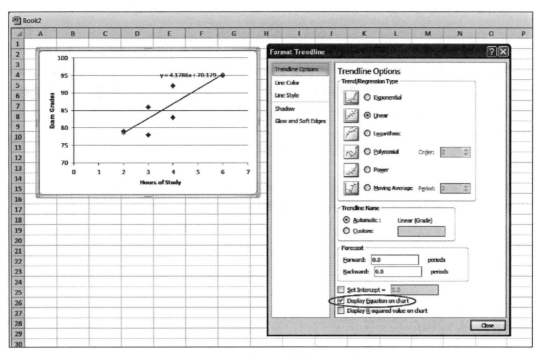

图 14-10 通过散点图的数据添加回归线

总体平方和公式

$$\mathrm{SST} = \sum (y - \bar{y})^2 \tag{14-8}$$

其中　y=样本中因变量的值
　　　$\bar{y}$=样本中因变量的平均值

很不幸，用公式 14-8 手算相当乏味．但是，别急．公式 14-9 给出了一个 SST 的更友好的计算形式，便于我们使用．

总体平方和公式(快捷形式)

$$\mathrm{SST} = \sum y^2 - \frac{(\sum y)^2}{n} \tag{14-9}$$

将考试成绩例子 SNSCSR 的值代入公式 14-9 进行计算：

$$\sum y = 513 \quad \sum y^2 = 44\,099 \quad n = 6$$

$$\mathrm{SST} = \sum y^2 - \frac{(\sum y)^2}{n} = 44\,099 - \frac{(513)^2}{6} = 44\,099 - 43\,861.5 = 237.5^{\ominus}$$

简单说，这个值是度量六个学生每个人考试成绩与平均成绩差异的平方．成绩差异越大，SST 的值越大．如果六个值都相同，y 没有波动，也就是 SST 等于 0．

下一步是将 SST 的值分为两个部分：**回归平方和**(SSR)与**残差平方和**(SSE)．(本章前面讨论了残差平方和但是没有计算．)三个平方和之间的关系见公式 14-10．

$\ominus$　SST 的计算结果不可能为负．如果你发现自己计算的是一个负数，停下来返回到前面检查数字查找错误．

SSR 和 SSE 关系公式

$$SST = SSR + SSE \tag{14-10}$$

为了解释**回归平方和**与**残差平方和**,让我们看看考试成绩例子的原始数据,见表 14-4.

注意学生 2 的考试成绩(95)高于学生 1 的成绩(86). 这种差异的一个原因可能是学生 2 为了考试学习了 6 个小时,而学生 1 学习了 3 个小时. 考试成绩的差异也可能有其他原因在本例中没有考虑到,比如学生 1 可能缺了一些课,或者考试前睡眠不足. (听起来很熟悉?)

残差平方和(SSE)度量的是除了自变量以外的其他变量对因变量产生的影响. 在考试成绩的例子中,课堂注意力可能是"另一个"变量. 公式 14-5 描述了 SSE,但是我推荐你用公式 14-11 这个更方便的形式.

表 14-4 统计考试的数据

学生	学习时长	考试成绩
1	3	86
2	6	95
3	4	92
4	4	83
5	3	78
6	2	79

残差平方和公式(快捷形式)

$$SSE = \sum y^2 - a\sum y - b\sum xy \tag{14-11}$$

这个公式需要用 SNSCSR 的值,以及前一节计算的回归方程 $\hat{y} = 70.1783 + 4.1786x$ 中 y 轴截距(a)和斜率(b).

$\sum y = 513 \quad \sum xy = 1920 \quad \sum y^2 = 44\,099$

$SSE = \sum y^2 - a\sum y - b\sum xy = (44\,099) - (70.1783)(513) - (4.1786)(1920)$
$\quad\quad = 44\,099 - 36\,001.47 - 8022.91 = 74.62$

现在回到没有被分解的回归平方和.

回归平方和(SSR)度量的是因变量(考试成绩)的变异性有多少可以由自变量(学习时长)解释. 公式 14-12 描述了 SSR,但是为了计算更简单推荐用公式 14-10.

回归平方和公式

$$SSR = \sum (\hat{y} - \bar{y})^2 \tag{14-12}$$

按照如下方式重新整理公式 14-10,得到 SSR(记住 SST=237.5):

$SST = SSR + SSE$
$SSR = SST - SSE = 237.5 - 74.62 = 162.88$

总结一下,我们将 SST 分解为如下形式:

$SSR = 162.88$
$SSE = 74.62$
$SST = 237.5$

在下一节我们将用到这些数. 然而,我感觉你应该在思考题中展示一下新学到的分解平方和的技巧. 别让我阻止你!

思考题 4 将思考题 1 中 GNC 订货量例子的 SST 分解为 SSR 和 SSE.

14.3.5 决定系数的计算

决定系数 R^2 度量的是因变量(考试成绩)的变异性能够被自变量(学习时长)解释的比

例. 通过公式 14-13 计算决定系数.

决定系数公式

$$R^2 = \frac{\text{SSR}}{\text{SST}} \tag{14-13}$$

R^2 的取值范围从 0 到 100%. R^2 越大越可取,因为我们希望尽可能地用自变量解释因变量的变异性. 在第 15 章将会看到,小的 R^2 意味着我们可能运用了错误的自变量或者需要增加其他自变量来解释因变量的变异性.

运用考试成绩例子中平方和分解的结果,得到如下结果:
$$\text{SSR} = 162.88 \quad \text{SST} = 237.5$$
$$R^2 = \frac{\text{SSR}}{\text{SST}} = \frac{162.88}{237.5} = 0.686$$

我们可以得到这样的结论:考试成绩变异性的 68.6% 可以由学习时长来解释. 决定系数的取值范围是从 0 到 1.0. 值越大,自变量和因变量之间的关系越强.

我喜欢给学生提供快捷方式,所以这里给你提供一个. 决定系数等于相关系数 r(在本章前面已经计算了)的平方,结果如下:
$$R^2 = r^2 = (0.828)^2 = 0.686$$

14.3.6 决定系数显著性的假设检验

前一节计算的 R^2 表示随机从一个较大学生总体中选取的六名学生作为样本的样本决定系数. 总体有一个**总体决定系数** ρ^2,由于我们没有收集参加考试的每个学生的数据,所以这个值并不知道. 然而,我们可以做假设检验,在样本决定系数 R^2 的基础上去判断总体决定系数 ρ^2 是否和 0 显著不同. 这个检验的假设表述如下:

$$H_0: \rho^2 \leqslant 0^{\ominus}$$
$$H_1: \rho^2 > 0$$

如果拒绝原假设,我们有足够理由通过样本得到以下结论:所有学生的学习时长和考试成绩之间确实存在关系. 这个检验用 $\alpha = 0.05$.

F 检验统计量用英国统计学家罗纳德·费雪的名字命名,是用于决定系数的合适的检验统计量. 公式 14-14 给出了如何计算这个过程的 F 检验统计量.

决定系数的 F 检验统计量公式

$$F = \frac{\text{SSR}}{\left(\dfrac{\text{SSE}}{n-2}\right)} \tag{14-14}$$

我们需要将本章前面平方和的分解结果代入:
$$\text{SSR} = 162.88 \quad \text{SSE} = 74.62$$

这个检验的 F 检验统计量如下:

⊖ 记住决定系数等于 0 意味着考试成绩的变异性可以由学习时长解释的比例为 0,这也说明 x 和 y 之间没有关系.

$$F = \frac{\text{SSR}}{\left(\frac{\text{SSE}}{n-2}\right)} = \frac{162.88}{\left(\frac{74.62}{6-2}\right)} = \frac{162.88}{18.66} = 8.73$$

公式 14-14 给出的检验统计量服从 F 分布，第 11 章学习方差分析时介绍过. 临界值 F_α 可以通过附录 A 表 6 查得. F 分布有两个自由度 D_1 和 D_2，分别对应的是 SSR 与 SSE 的自由度.

$$D_1 = 1$$
$$D_2 = n - 2 = 6 - 2 = 4$$

SSR 的自由度（D_1）通常等于 1，这是由于简单回归中只有一个自变量. 第 15 章（多元回归）中，D_1 等于自变量的个数并且大于 1.

用 $\alpha=0.05$，查附录 A 表 6 得临界值 $F_\alpha=7.709$. 因为 $F=8.73$ 大于 $F_\alpha=7.709$，如图 14-11 所示，我们拒绝 H_0，并得到决定系数大于 0 的结论[一]. 学生的考试成绩和他们的学习时长之间看起来存在关系.

我承诺过要仔细看 Excel 输出结果图 14-9c 中的所有数字. 图 14-12 再次给出这些数字. 决定系数 R^2 在标题 "Regression Statistics" 下面的 "R Square" 标签的旁边（0.686），圈起来了. 之前计算的平方和在标题为 ANOVA 的表 "SS" 这列下面，同样圈起来了. Excel 中用 residual 代替 error. 计算出的 F 值在 "F" 这列下面，自由度 D_1 和 D_2 可以在 "df" 这列找到.

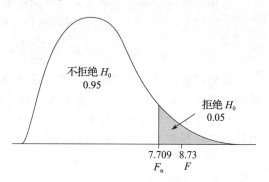

图 14-11　决定系数的显著性检验

	df	SS	MS	F	Significance F
Regression	1	162.9642857	162.9642857	8.745567801	0.041666379
Residual	4	74.53571429	18.63392857		
Total	5	237.5			

	Coefficients	Standard Error	t Stat	P-value	Lower 95%	Upper 95%
Intercept	70.17857143	5.472420416	12.82404605	0.000213132	54.98469655	85.3724463
Hours	4.178571429	1.412972876	2.957290618	0.041666379	0.255529805	8.101613053

Regression Statistics:
Multiple R　0.828351021
R Square　0.686165414
Adjusted R Square　0.607706767
Standard Error　4.316703438
Observations　6

图 14-12　Excel 中回归的输出结果

[一] 这个结论是我们期望的，因为本章前面我们拒绝了相关系数显著性检验的原假设.

Excel 也给出了假设检验的 p 值，位于 ANOVA 表中"Significance F"这列下面。回忆第 9 章 p 值表示根据分布计算出来的检验统计量左侧或者右侧的面积。考试成绩例子的 p 值如图 14-13 所示。

由于 p 值等于 0.0416，小于 $\alpha=0.05$，我们拒绝原假设，这表明学习时长和考试成绩之间存在关系。由于拒绝原假设，我们得到这样的结论：两个变量之间确实存在关系。

在继续学习新知识前，让我检验一下你对这部分知识的掌握情况。

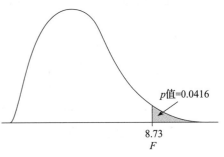

图 14-13 考试成绩例子的 p 值

思考题 5 计算思考题 1 中 GNC 订货量的决定系数并用 $\alpha=0.10$ 检验其显著性。

习题 14.3

基础题

14.13 考虑下面有序数对组：

| x | 4 | 7 | 2 | 6 | 6 |
| y | 6 | 9 | 5 | 5 | 7 |

a) 计算这组数的斜率和 y 轴截距。
b) 计算总体平方和(SST)。
c) 将平方和分解为 SSR 和 SSE。

14.14 根据习题 14.13 的数据，计算决定系数并用 $\alpha=0.05$ 检验其显著性。

14.15 考虑下面有序数对组：

| x | 2 | 5 | 3 | 1 |
| y | 5 | 7 | 4 | 2 |

a) 计算这组数的斜率和 y 轴截距。
b) 计算 SST。
c) 将平方和分解为 SSR 和 SSE。

14.16 根据习题 14.15 的数据，计算决定系数并用 $\alpha=0.05$ 检验其显著性。

应用题

14.17 下表给出的是过去的 8 天里从街头小贩那买到的热狗数量("需求")以及每天的温度以摄氏度为单位。

温度	需求
20	48
11	30
23	36
18	40

(续)

温度	需求
7	18
12	23
18	42
21	33

a) 用这些数据计算回归线方程的斜率和 y 轴截距。
b) 用 Excel 验证你的结果。

14.18 用习题 14.17 的数据回答下列问题：
a) 计算 SST。
b) 将平方和分解为 SSR 和 SSE。
c) 计算决定系数。
d) 用 $\alpha=0.05$ 检验决定系数的显著性。

14.19 考虑下面已部分完成的 ANOVA 汇总表：

来源	df	ss	ms	F
回归	1	600		
残差				
总数	9	1000		

a) 完成整个表余下的部分。
b) 这个样本有多少有序数对？
c) 计算决定系数。
d) 用 $\alpha=0.05$，关于决定系数你能得到什么结论？

14.20 下表给出的是 8 名 MBA 学生每人的入学考试成绩(俗称 GMAT)以及毕业时的平均成绩(GPA).

GMAT	GPA	GMAT	GPA
310	3.7	350	4.0
290	3.0	270	3.0
260	3.1	300	3.7
280	3.2	300	3.0

a) 用这些数据计算回归方程的斜率和 y 轴截距.
b) 用 Excel 验证你的结果.

14.21 用习题 14.17 的数据回答下列问题:
a) 计算 SST.
b) 将平方和分解为 SSR 和 SSE.
c) 计算决定系数.
d) 用 $\alpha = 0.05$ 检验决定系数的显著性.

14.4 利用回归进行预测

正如前面提到的,我们可以用回归方程在学生学习时长的基础上,预测期望学生得到的成绩.本章前面我们已经算出学习时长为 3 小时的学生期望成绩如下:

$$\hat{y} = 70.1783 + 4.1786(3.0) = 70.1783 + 12.5358 = 82.7 \approx 83$$

由于我们仅根据一个学生的样本——而不是全体学生,仍然不知道预测是否可靠.那么根据样本信息得到的估计有多准确呢?为了回答这个问题,我们需要构造预测成绩的置信区间去感受回归线的准确性.回忆第 8 章,置信区间是根据样本统计量给出了总体参数的一个估计.在这个运用中,如果学生学习一定时长,我们置信区间将给出学生有信心达到的成绩范围.

为了构造这个区间,首先需要运用公式 14-15 确定**估计的标准误差** s_e.

估计标的准误差公式

$$s_e = \sqrt{\frac{SSE}{n-2}} \tag{14-15}$$

估计的标准误差 s_e 度量的是围绕着回归线的观测数据的偏离量.如果数据点与直线非常接近,如图 14-14 的左侧图所示,估计的标准误差相对低.图 14-14 的右侧图则标准误差较大,因为实际数据点远离回归线.

当我声称较小的估计标准误差比大的估计标准误差更需要时,希望你支持我的观点.当给定自变量(学习时长)的值用回归线去估计因变量(考试成绩)时,如果数据点靠近直线那么估计将更准确.这就是为什么称它为估计的标准误差!

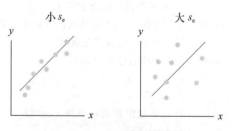

图 14-14 比较估计标准误差

用前一节考试成绩的数据及公式 14-15,估计标准误差计算如下:

$$SSE = 74.62 \quad n = 6$$

$$s_e = \sqrt{\frac{SSE}{n-2}} = \sqrt{\frac{74.62}{6-2}} = \sqrt{18.66} = 4.32$$

记下这个值,在本章后面的进一步计算中会用到.下面的步骤是构造已知 x(学习时长)的值对应 y 的平均值(考试成绩)的置信区间.

14.4.1 值 x 已知时关于 y 的平均值的置信区间

注意样本中第一个学生学习时长为 3 小时并且得到的成绩为 86.回归线预测的成绩为 83.我知道你的好奇心:"我想知道对于那些学习时长为 3 小时的学生考试平均成绩的

95%的置信区间是什么?"很好,你来对了. 精彩问题的答案见公式14-16.

均值 y 的置信区间(CI)公式

$$\text{CI} = \hat{y} \pm t_{a/2} s_e \sqrt{\frac{1}{n} + \frac{(x-\overline{x})^2}{(\sum x^2) - \frac{(\sum x)^2}{n}}} \tag{14-16}$$

其中　$\text{CI} = y$ 的平均值的置信区间

　　　$\hat{y} =$ 学习时长为3小时的学生预测成绩

　　　$t_{a/2} =$ 学生分布的 t 统计量临界值

　　　$s_e =$ 估计的标准误差

　　　$n =$ 有序数对的数目

　　　$\overline{x} =$ 样本中 x 的平均值

在你对问题开始后悔之前,让我们把公式一步一步完成.

前几节我们已经得到如下数字:

$$\hat{y} = 82.7 \quad s_e = 4.32 \quad n = 6 \quad \sum x = 22 \quad \sum x^2 = 90$$

我们需要计算 x(学习时长)的平均值,结果如下:

$$\overline{x} = \frac{\sum x}{n} = \frac{22}{6} = 3.667$$

为了找到 t 统计量的临界值 $t_{a/2}$,查附录A表5. 这个过程的自由度为 $n-2=6-2=4$. 由于 $\alpha=0.05$ 又为双尾检验,结果是 $t_{a/2}=\pm 2.776$. 运用公式14-16,置信区间计算如下:

$$\text{CI} = \hat{y} \pm t_{\frac{a}{2}} s_e \sqrt{\frac{1}{n} + \frac{(x-\overline{x})^2}{(\sum x^2) - \frac{(\sum x)^2}{n}}} = 82.7 \pm (2.776)(4.32)\sqrt{\frac{1}{6} + \frac{(3-3.667)^2}{90 - \frac{(22)^2}{6}}}$$

$$= 82.7 \pm (11.99)\sqrt{0.1667 + \frac{(-0.667)^2}{90 - \frac{(484)}{6}}}$$

$$= 82.7 \pm (11.99)\sqrt{0.1667 + 0.0477}$$

$$= 82.7 \pm (11.99)(0.463) = 82.7 \pm 5.55$$

我们可以用置信上限(UCL)和置信下限(LCL)表示置信区间,结果如下:

$$\text{UCL} = 82.7 + 5.55 = 88.3$$
$$\text{LCL} = 82.7 - 5.55 = 77.2$$

这个区间的含义是什么呢? 我们定义总体是参加统计考试的所有学生. 样本只有六名学生构成. 根据他们的成绩,我们预测学习时长为3小时的学生考试成绩是82.7. 由于没有整个班级(总体)的数据,我们不能保证每个学习时长为3小的学生的都是这个成绩. 然而,我们可以说有95%的信心学习时长为3小时的所有学生平均成绩将在77.2到88.3之间. 很酷吧! 图14-15给出这个区间.

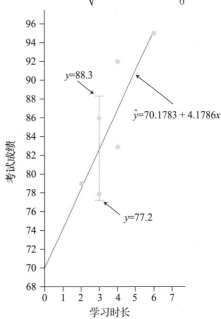

图14-15　当 $x=3$ 时,95%的置信区间

置信区间的宽度用灰色表示，随着我们选取的 x（学习时长）的值而变化。当 $x=3$ 时，宽度如下：

$$88.3 - 77.2 = 11.1$$

当 x 为样本 x 平均值时，区间宽度最窄，均值如下：

$$\bar{x} = \frac{\sum x}{n} = \frac{22}{6} = 3.67$$

x 的值从小到大构造的区间以及区间宽度如表 14-5 所示：

表 14-5 不同 x 值的置信区间（考试成绩例子）

x	上限	下限	区间宽度
2.0	86.7	70.4	16.3
3.0	88.3	77.2	11.1
3.67	90.4	80.6	9.8
4.0	92.0	81.8	10.2
5.0	98.2	83.9	14.3

注：最小的区间用阴影突出。

当值越接近 $\bar{x}$，估计的平均成绩越准确。

14.4.2 值 x 已知时关于特定 y 值的预测区间

前一节我们构造了总体中所有学习时长为 3 小时的平均成绩的置信区间。假如你想知道如果你学习三个小时成绩的区间是多少，这与前一节我们问的问题不同。这里我们要求的是个人成绩的区间而不是平均成绩的区间。预测区间见公式 14-17。

特定值 y 的预测区间(PI)公式

$$\text{PI} = \hat{y} \pm t_{a/2} s_e \sqrt{1 + \frac{1}{n} + \frac{(x-\bar{x})^2}{(\sum x^2) - \frac{(\sum x)^2}{n}}} \tag{14-17}$$

注意这个公式除了在平方根下加了一个 1 以外其他与公式 14-16 一样。如果你学习时长为 3.0 小时，用公式 14-17 计算你成绩 95% 的预测区间。

$$\text{PI} = \hat{y} \pm t_{a/2} s_e \sqrt{1 + \frac{1}{n} + \frac{(x-\bar{x})^2}{(\sum x^2) - \frac{(\sum x)^2}{n}}}$$

$$= 82.7 \pm (2.776)(4.32) \sqrt{1 + \frac{1}{6} + \frac{(3-3.667)^2}{90 - \frac{(22)^2}{6}}}$$

$$= 82.7 \pm (11.99) \sqrt{1 + 0.1667 + \frac{(-0.667)^2}{\frac{(484)}{6}}}$$

$$= 82.7 \pm (11.99) \sqrt{1.1667 + 0.0477}$$

$$= 82.7 \pm (11.99)(1.102) = 82.7 \pm 13.21$$

相关性与简单回归分析   511

同样可以用预测上限(UPL)和预测下限(LPL)描述预测区间，结果如下：
$$UPL = 82.7 + 13.21 = 95.9$$
$$LPL = 82.7 - 13.21 = 69.5$$

如你所见，预测区间比之前的置信区间要宽多了(准确性差了)。回忆第7章，样本均值比样本中的每一个值的方差小。因为这个预测区间是估计的单个值，因此变异性比估计平均成绩要大很多。如果我们想要对成绩有更准确(窄的)的估计，则需要大的样本容量。

既然已经用这个令人讨厌的区间计算折磨你们了，现在我介绍如何用PHStat2得到同样的结果。

14.4.3 用PHStat2计算置信区间和预测区间

用例子中的数据，按照如下步骤计算置信区间和预测区间：

1. 打开Excel文件exam grades.xlsx或者将数据输入到Excel中，如图14-16b所示。
2. 进入Add-Ins>PHStat>Regression>Simple Linear Regression，如图14-16a所示。
3. 填写Simple Linear Regression对话框中的Data部分，如图14-16b所示。同时填写用圈起来的Output Options选项，点击OK。
4. 图14-16c给出置信区间和预测区间的结果，即圈起来的部分。这个图可以在PHStat2创建的CIEandPI工作表中查到。这些数值与之前章节的结果一致。

让我们看看你对本节内容掌握的如何。做思考题练习计算置信区间和预测区间。

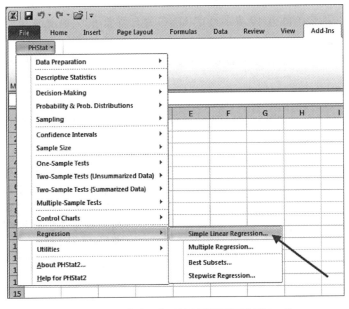

a) 用PHStat2构造置信区间和预测区间(步骤1~2)

图 14-16

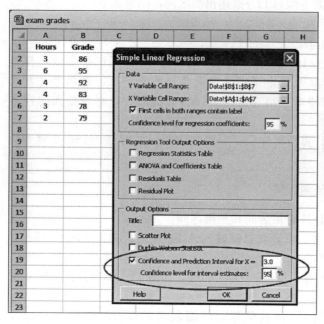
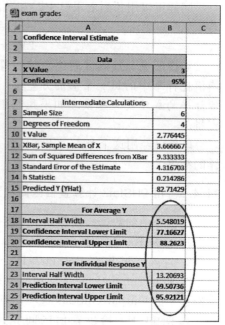

b) 用 PHStat2 构造置信区间和预测区间(步骤 3)

c) 用 PHStat2 构造置信区间和预测区间 (最终结果)

图 14-16 (续)

思考题 6 1. 计算年龄为 40 岁的顾客 GNC 的订货量 80% 的置信区间. 用 PHStat2 验证你的结果.

2. 计算一个年龄为 40 岁的顾客 Deb 订货量的 80% 的预测区间. 用 PHStat2 验证你的结果.

习题 14.4

基础题

14.22 考虑下面有序数对组:

x　3　6　2　4　4
y　5　6　4　6　2

假设回归方程为 $\hat{y} = 3.045 + 0.409x$, SSE = 9.727. 构造 $x = 5$ 时 95% 的置信区间.

14.23 用习题 14.22 的数据构造 $x = 5$ 时 95% 的预测区间.

14.24 考虑下面有序数对组:

x　6　0　4　3　3　1
y　5　2　5　4　2　2

假设回归方程为 $\hat{y} = 1.679 + 0.584x$, SSE = 3.547. 构造 $x = 3$ 时 90% 的置信区间.

14.25 用习题 14.24 的数据构造 $x = 3$ 时 90% 的预测区间.

应用题

14.26 作为降胆固醇药物的研究部分, 强生公司想要研究年龄与男性 LDL(低密度脂蛋白) 胆固醇水平之间的关系. 下表是随机选择的 7 名男性年龄与 LDL 胆固醇水平的数据.

年龄	胆固醇	年龄	胆固醇
23	140	42	160
37	177	31	144
26	155	41	210
32	195		

a) 构造 95% 的置信区间, 估计 30 岁男性

平均 LDL 胆固醇水平.
b) 用 PHStat2 验证你的结果.

14.27 用习题 14.26 的数据构造 95% 的预测区间估计一个年龄为 30 岁男性的 LDL 胆固醇水平. 用 PHStat2 验证你的结果.

14.28 在 2010NFL 赛季 8 支队伍赢得比赛的场数以及每场比赛的平均得分见下表.

球队	赢	每场得分
亚特兰大	13	25.9
圣路易	7	18.1
辛辛那提	4	20.1
格林湾卡	10	24.3
罗莱纳	2	12.3
底特律	6	22.6
巴尔的摩	12	22.3
奥克兰	8	23.2

a) 构造 90% 的置信区间,估计每场平均得 21 分的球队赢得比赛的平均场数.
b) 用 PHStat2 验证你的结果.

14.29 用习题 14.28 的数据构造 90% 的预测区间估计一个场均得 21 分的球队赢得比赛的场数. 用 PHStat2 验证你的结果.

14.30 假设能源部想要研究北部地区 2 月家庭取暖费与房屋建筑面积的关系. 随机选取的 10 个家庭数据如下:

取暖费(美元)	建筑面积	取暖费(美元)	建筑面积
330	2400	450	2600
290	2400	330	2200
300	2000	390	3100
260	2200	330	2500
310	2300	370	2900

a) 构造 90% 的置信区间,估计北部地区房屋建筑面积为 2400 平方英尺家庭在 2 月的平均取暖费用.
b) 用 PHStat2 验证你的结果.

14.31 用习题 14.30 的数据构造 90% 的预测区间估计北部地区一个房屋建筑面积为 2400 平方英尺的家庭在 2 月的取暖费用. 用 PHStat2 验证你的结果.

14.5 回归方程斜率的显著性检验

本章我们要研究的最后一部分内容是回归方程斜率的显著性检验. ⊖另一组学生的考试成绩数据及这组数据的最优拟合回归线见图 14-17. 注意这条回归线是水平的. 水平线的斜率为 0,如图所示. 如果解释斜率为 0 的含义在下次考试没有出现(在我的课上你可以指望),我会感到非常惊讶,所以我们要花一些时间研究这个例子的含义.

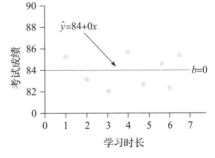

图 14-17 解释等于 0 的斜率

根据图 14-17,回归方程为 $\hat{y}=84+0x$. 这意味着对于任何的 x, $\hat{y}$ 总是等于 84. 因为斜率为 0,不论学生学习时长是多久考试的预测成绩为 84. 在这种条件下,我们可以得到因变量和自变量没有关系的结论. 增加学习时长,不能提高考试成绩. 作为老师这让我不安.

在前一个例子中, $b=4.1786$ 表示从总体中随机选取的六名学生构成的样本的回归线斜率. 由于我们不可能收集每个参加考试的学生学习时长,所以不知道总体回归线斜率 β.

⊖ 记住,斜率 b 表示当我们改变学习时长 (x) 一小时,考试成绩 (y) 期望的改变量.

但是，我们可以做一个假设检验判断总体回归斜率 β 在样本回归斜率 b 的基础上是否与 0 显著不同．这个检验的假设表述如下：

$$H_0: \beta = 0 (考试成绩和学习时长之间没有关系)^{\ominus}$$
$$H_1: \beta \neq 0 (考试成绩和学习时长之间存在关系)$$

如果我们根据样本有足够证据拒绝原假设，可以得到因变量和自变量之间存在显著关系的结论．

这一个假设检验的统计量用 t 分布，形式见公式 14-18．

回归斜率的 t 检验统计量公式

$$t = \frac{b - \beta}{s_b} \tag{14-18}$$

其中　$b =$ 样本回归斜率
　　　$\beta =$ 原假设中的总体回归斜率
　　　$s_b =$ 斜率的标准误差

如果你是我的学生，可以想象你对这些标准误差感到烦恼．但最后容忍我一次．**斜率的标准误差** s_b 度量的是从总体选取的不同的样本的得到的回归方程斜率一致性．从总体选择的每个样本的斜率 b 的值可能都不同．问题是这些斜率之间如何相互靠近？

大小不同的斜率的标准误差产生的影响如图 14-18 所示．两个图各自有 3 条回归线分别代表从总体选取的样本．斜率的标准误差越小越增加我们建立两个变量显著性关系的可能性．

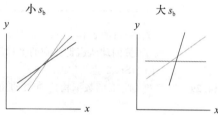

图 14-18　斜率的标准误差大小的比较

这个最新的标准误差谈得足够多了——让我们计算吧！斜率的标准误差 s_b 公式见 14-19．

斜率的标准误差公式

$$s_b = \frac{s_e}{\sqrt{\sum x^2 - n(\overline{x})^2}} \tag{14-19}$$

为了计算 s_b，我们需要本章前面的数据如下：

$$\overline{x} = 3.667 \quad \sum x^2 = 90 \quad n = 6 \quad s_e = 4.32$$

斜率的标准误差计算如下：

$$s_b = \frac{s_e}{\sqrt{\sum x^2 - n(\overline{x})^2}} = \frac{4.32}{\sqrt{90 - (6)(3.667)^2}}$$
$$= \frac{4.32}{\sqrt{90 - (6)(13.447)}} = \frac{4.32}{\sqrt{90 - 80.682}}$$
$$= \frac{4.32}{\sqrt{9.318}} = \frac{4.32}{3.053} = 1.41$$

$\ominus$　当总体回归斜率 β 等于 0，我们得到因变量和自变量之间没有关系的结论．

现在我们可以用如下数据计算假设检验的检验统计量.
$$b = 4.1786 \quad \beta = 0^{\ominus}$$
$$t = \frac{b - \beta}{s_b} = \frac{4.1786 - 0}{1.41} = 2.96$$

为了得到假设检验的临界值 $t_{\alpha/2}$，我们需要查附录 A 表 5. 这个检验的自由度为 $n-2=6-2=4$. 对于 $\alpha=0.05$ 的双尾检验，临界值为 $t_{\alpha/2} = \pm 2.776$. 因为 $t = 2.96$ 大于 $t_{\alpha/2} = 2.776$，我们拒绝原假设，得到总体斜率不等于 0 的结论. 这个结论支持学习时长和考试成绩之间存在关系的说法. 图 14-19 用图示的方法对这个假设检验进行了说明.

好的，我意识到我是有点得寸进尺，但还有最后一个主题就结束这个例子. $b = 4.1786$ 仅是样本六个学生的斜率，而实际总体的斜率 β 并不知道.

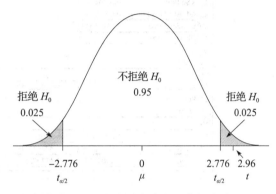

图 14-19　回归方程斜率的显著性检验

我们可以用公式 14-20 构造一个关于 β 的 95% 的置信区间.

🖐 这个例子的总体由参加考试的所有学生构成.

回归线斜率的置信区间公式
$$CI = b \pm t_{\alpha/2} s_b \tag{14-20}$$

对于这个 95% 的置信区间自由度为 $n-2=6-2=4$，临界值 $t_{\alpha/2}$ 查附录 A 表 5 得 $t_{\alpha/2} = \pm 2.776$. 又 $s_b = 1.14$，用公式 14-20 计算置信区间如下：
$$CI = b \pm t_{\alpha/2} s_b = 4.1786 \pm (2.776)(1.41) = 4.1786 \pm 3.914$$

我们可以用置信上限（UCL）和置信下限（LCL）来描述这个置信区间，如下：
$$UCL = 4.1786 + 3.914 = 8.093^{\ominus}$$
$$LCL = 4.1786 - 3.914 = 0.265$$

根据这六个学生的样本，我们有 95% 的信心真实总体的斜率在 0.265 到 8.093 之间. 换句话说，我们有 95% 确定每增加一个小时的学习时长，考试成绩增加 0.265 分到 8.093 分.

由于这个置信区间不包含 0，我们有理由支持学习时长与考试成绩存在关系的结论.

再看一次 Excel 的回归输出结果，如图 14-20 所示估计的标准误差（s_e）等于 4.32. 在标题 "Regression Statistics" 下圈出的地方. 在图中 ANOVA 表的最后一行，我们发现了斜率的标准误差 s_b 在 "Standard Error" 这一列圈起的地方，等于 1.41. 在 "t Stat" 这列下面 t 值为 2.96. 而关于斜率 95% 的置信区间（0.256, 8.102）可以在 "95% 下限" 和 "95% 上限" 这两列分别查到. 由于保留位数不同这与手算的结果略有不同.

　㊀　由于原假设声称 $\beta=0$，所以设 β 为 0.
　㊁　如果置信区间包含 0，我们有证据说 β 可能等于 0，这意味着两个变量之间没有关系. 幸运的是，0 不在这个区间里，所以安心为下一次考试努力学习！

	A	B	C	D	E	F	G
1	SUMMARY OUTPUT						
2							
3	*Regression Statistics*						
4	Multiple R	0.828351021					
5	R Square	0.686165414					
6	Adjusted R Square	0.607706767					
7	Standard Error	4.316703438					
8	Observations	6					
9							
10	ANOVA						
11		df	SS	MS	F	Significance F	
12	Regression	1	162.9642857	162.9642857	8.745567801	0.041666379	
13	Residual	4	74.53571429	18.63392857			
14	Total	5	237.5				
15							
16		Coefficients	Standard Error	t Stat	P-value	Lower 95%	Upper 95%
17	Intercept	70.17857143	5.472420416	12.82404605	0.000213132	54.98469655	85.3724463
18	Hours	4.178571429	1.412972876	2.957290618	0.041666379	0.255529805	8.101613053

图 14-20　关于回归方程斜率的显著性 Excel 输出结果

当然，Excel 也提供了斜率显著性检验的 p 值，等于 0.0416. 由于这是双尾假设检验，这个值表示的是 $t=2.96$ 右尾的面积加上 $t=-2.96$ 左尾的面积. 如图 14-21 所示.

因为图 14-21 阴影部分的总面积为 0.0416，等分的 p 值 ($0.0416/2=0.0208$) 分别位于左尾和右尾. 由于 p 值等于 0.0416 小于 $\alpha=0.05$，我们拒绝原假设.

注意 14.3 节进行的 F 检验与 t 检验 p 值相同. 这是因为在回归模型中只有一个自变量(学习时长). 当第 15 章我们考虑多个自变量的时候，不会再有这种情况了.

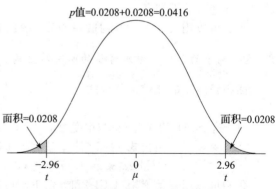

图 14-21　考试成绩例子的 p 值

学生经常告诉我当他们看着我解决问题的时候，看起来非常简单，但是当时他们自己动手是非常困难的. 为了避免考试的任何意外，做如下思考题对所学的知识进行练习.

思考题 7　用 $\alpha=0.10$，检验思考题 1 中 GNC 订货量斜率的显著性. 构造总体斜率 90% 的置信区间.

习题 14.5

基础题

14.32　考虑下面有序数对组：

x　3　6　2　4　4
y　5　8　4　6　5

假设回归方程为 $\hat{y}=1.886+0.977x$, SSE=0.7955. 用 $\alpha=0.05$ 检验斜率是否不等于 0.

14.33　用习题 14.32 的数据，构造关于斜率的 95% 的置信区间.

14.34　考虑下面有序数对组：

x　6　0　4　3　1
y　5　2　5　4　5　6

假设回归方程为 $\hat{y} = 3.693 + 0.285x$，SSE=7.650. 用 $\alpha=0.10$ 检验斜率是否不等于 0.

14.35 用习题 14.34 的数据，构造关于斜率的 90% 的置信区间.

应用题

14.36 纽曼大学的人力资源部想要研究教职工的绩效评级与他们年薪增长之间的关系，随机选取 8 名教职工数据如下：

评级	增长（美元）	评级	增长（美元）
16	2400	15	2000
18	2500	15	2600
12	1800	17	2000
13	1700	16	1900

a）根据这些数据用 Excel 画散点图.
b）用 $\alpha=0.05$，判断回归方程的斜率是否在统计上显著.

14.37 用习题 14.36 的数据，构造一个关于回归斜率的 95% 的置信区间.

14.38 威明顿大学关心分数通胀比例，它的定义是高校的学生随着时间平均成绩增长而学术标准没有相应的增长. 为了研究这种现象，记录了过去 11 年学生的 GPA 平均成绩，数据如下.

年	GPA	年	GPA
1	3.08	7	3.08
2	2.87	8	3.00
3	2.96	9	3.19
4	2.85	10	3.15
5	2.99	11	3.15
6	3.04		

a）根据这些数据用 Excel 画散点图.
b）用 $\alpha=0.05$，判断回归方程的斜率是否在统计上显著.
c）对于过去这段时间内的分数通胀你能得到什么结论？

14.39 用习题 14.38 的数据，构造一个关于回归斜率的 95% 的置信区间.

14.40 假设网络零售商 Buy.Com 想要研究消费者浏览网站多少分钟与消费金额之间的关系. 随机选取 12 名顾客的数据如下：

时间	订货量（美元）	时间	订货量（美元）
18	$69	5	$58
13	$26	37	$365
26	$94	6	$127
23	$199	36	$160
2	$49	24	$75
14	$38	9	$250

a）根据这些数据用 Excel 画散点图.
b）用 $\alpha=0.05$，判断回归方程的斜率是否在统计上显著.
c）关于消费者浏览网站的时间与其订货量之间的关系你能得到什么结论？

14.41 用习题 14.40 的数据，构造一个关于回归斜率的 95% 的置信区间.

14.6 关于回归分析的假设

关于回归分析结果的可靠性，当然关键是假设必须成立. 正如本章你可以看到，Excel 为我们提供了构造数据的最优拟合直线以及直线方程的简便方法. 然而，Excel 带来的方便可能引起无知的人们在不考虑这些假设的情况下错误地计算回归线.（当然，我不是指你.）我将通过下面的例子来说明我的观点.

假设商业复印机的制造商佳能想要做一个回归分析确定年初至今（YTD）某一品牌的复印机的使用时间与其维修费用之间的关系. 这个结果对佳能设计顾客的维修合同非常有用. Excel 文件 Canon copier 1.xlsx 包含了年初至今 30 台使用时间不超过 4 年的佳能复印机与其维修费用的数据. Excel 文件 Canon copier 2.xlsx 包含的是之前 30 台复印机的数据以及增加的 27 台使用时间不超过 7 年的复印机数据. 两个文件的散点图分别见图14-22a和

图 14-22b.

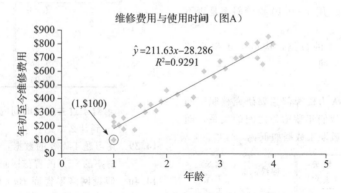

a) 来自 Canon copier 1.xlsx 年初至今维修费用例子的散点图

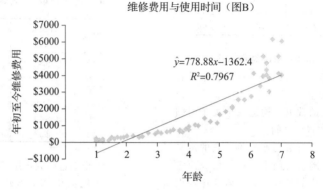

b) 年初至今 Canon copier 2.xlsx 例子的维修费用的散点图

图 14-22

回归分析的第一个假设就是因变量和自变量之间是线性关系. 图 A 中维修费用与使用时间之间看起来像线性的. 数据分散在回归线两侧,均匀地分散在线上方和线下方. 而图 B 则不相同,它包含更旧的复印机. 当与较新的复印机相比,在第 6 年和第 7 年复印机的维修费用以非常快的速度在增长. 让我们看看这个非线性模型是如何影响我们的回归分析结果的.

在 $\alpha=0.05$ 时,回归方程和 R^2 在两组数据中都是在统计上显著. 让我们用两条回归线预测使用一年的复印机 YTD 的维修费用.

图 A:$\hat{y} = -28.286 + 211.63(1) = \$183.35$
图 B:$\hat{y} = -1362.4 + 778.88(1) = -\$583.52$

通过图 A 预测的年初至今维修费用似乎是合理的,但是通过图 B 预测的费用当然不可能. 注意图 B 中使用一年的复印机的数据点都在回归线上方. 这个情况对大部分使用 6~7 年的复印机也成立. 尽管回归分析结果是在统计上显著,但是图 B 在预测散点图两端的复印机的维系费用时做的表现很糟糕.

回归分析的第二个假设就是残差,我在本章公式 14-4 时介绍过. 残差是每个有序数对因变量的实际值与回归方程预测值之间的差异．首先计算图 A 中第一个点的残差，这个点在图 14-22a 中已经圈起，给出使用一年的复印机的年初至今维修费用是 \$100．对于这台复印机预测的年初至今维修费用是 \$183.35．用公式 14-4，这个点的残差如下：

$$e_i = y_i - \hat{y}_i = \$100 - \$183.35 = -\$83.35^{\ominus}$$

Excel 可以画出包含每个点的残差图．我将用图 A 的数据按照如下步骤展示这个过程：

1. 打开 Excel 文件 Canon copier 1.xlsx．
2. 进入 Data>Data Analysis，如图之前 14-9a 所示．
3. 从 Data Analysis 中选 Regression，然后点 OK．
4. 完成如图 14-23 所示的 Regression 对话框，然后点 OK．

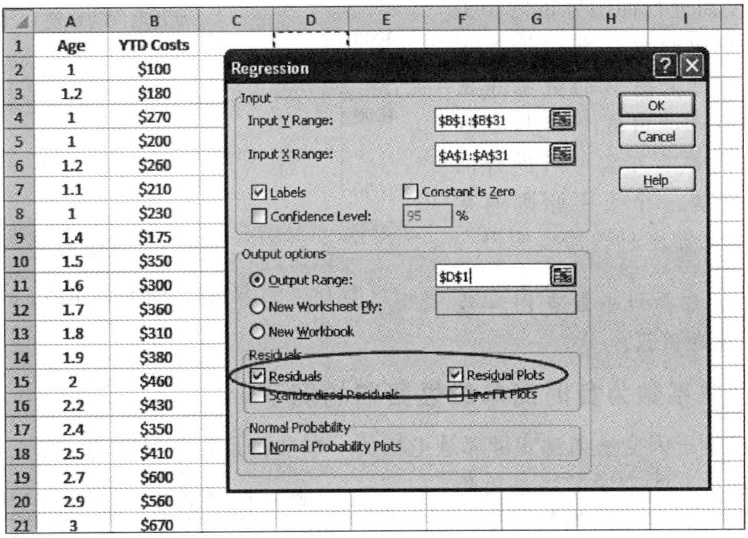

图 14-23　残差图的回归对话框

图 14-24 中图 A 给出了较新复印机数据的残差图．重复上面的步骤，图 B 给出了第二组包含较旧复印机的数据的残差图．

我把刚计算的第一个点的残差在生成的残差图中圈起来了．注意到这个残差与刚才计算的(−\$83.35)一致．水平线下的所有点表示负的残差，而线上的点表示正的残差．

回归分析的第二个假设是在自变量(使用时间)的范围内残差不存在特定模式．图 14-24 中的图 A 看起来满足要求，这些点均分的分散在水平线附近．而图 B 则不同，注意到在这个图中使用 1 到 2 年的复印机集中为正的残差，使用 2 到 6 年的复印机残差集中为负，而使用 6 到 7 年复印机残差又集中为正．对于残差图这可不是什么好现象．

回归分析的第 3 个假设被称为**方差齐性**，就是因变量(费用)方差的变异性在整个自变

⊖ 这个残差是负的，那是因为预测的费用高于实际的．当预测的费用小于实际的，残差将是正的．

量(使用时间)范围内相同．我们又一次可以用残差图去判断条件是否满足．一个好的残差图显示数据点在水平数轴上有大致相同的变化．图 14-24 中图 A 似乎满足要求，但图 B 再一次不满足．对于较新的复印机，残差点相互靠得很近，而旧一些的复印机对应的残差更分散．这个模式说明图 B 回归线预测较新的复印机的费用时更准确，而预测较旧复印机的费用变得不准确．

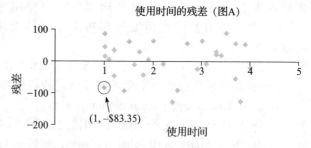

希望，你现在明白没有检查回归分析需要的假设而进行回归分析的相关风险．尽管两个回归方程我们检查了在统计上显著，但是图 B 的数据违反了三个假设．因此，用这个回归方程预测维修费用非常不可靠．当进行回归分析时，遵守的一个重要原则通常是检查散点图和残差图是否违反假设．

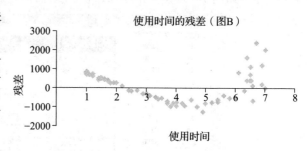

图 14-24　年初至今维修费用例子的残差图

☞ 通常回归分析需要检查散点图和残差图看是否违反假设．

14.7　一个相关系数为负时简单线性回归的例子

前面章节的例子因变量和自变量都是正相关．本节将是对到目前为止学习内容的一个很好的复习，但这次，两个变量将是负相关．现在让我们看看下面的例题，发生了什么．

在 2010 年电子城宣布破产之前，产品经理想要研究一款新的惠普打印机价格与其需求量之间的关系．每两周价格增加 $5，对一个店的销量进行记录．

结果见表 14-6．这些数据也可以在 Excel 文件 printer demand. xlsx 中查到．(因为我是一个电子产品狂，在知道电子城歇业后我伤心了好几天．最后妻子担心地看着我问我是否没问题．和电影《我要当警察》中的布兰迪不同，我哭着说："身体上好了，但是心理上没有!"她就像平常一样关切地看着我．)

图 14-25 为这些数据的散点图．正

表 14-6　惠普打印机的价格与需求量

价格	需求
$70	18
$75	23
$80	10
$85	16
$90	17
$95	15
$100	5

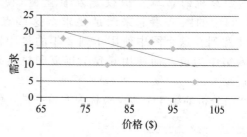

图 14-25　打印机例子的散点图

如你想的一样，当打印机价格增加时需求量呈下降趋势，这表明两个变量之间是负相关.

下面根据数据建立 SNSCSR 的计算结果，如表 14-7 所示. 因为我们希望价格影响需求，因此将价格定为自变量(x)，需求为因变量(y).

表 14-7　打印机例子的 SNSCSR 值

价格 x	需求 y	xy	x^2	y^2
70	18	1260	4900	324
75	23	1725	5625	529
80	10	800	6400	100
85	16	1360	7225	256
90	17	1530	8100	289
95	15	1425	9025	225
100	5	500	10 000	25
$\sum x = 595$	$\sum y = 104$	$\sum xy = 8600$	$\sum x^2 = 51\,275$	$\sum y^2 = 1748$

14.7.1　相关系数

用表 14-7 中 SNSCSR 的数据，$n=7$，以及公式 14-1 计算相关系数：

$$r = \frac{n\sum xy - (\sum x)(\sum y)}{\sqrt{[n\sum x^2 - (\sum x)^2][n\sum y^2 - (\sum y)^2]}} = \frac{(7)(8600) - (595)(104)}{\sqrt{[(7)(51\,275) - (595)^2][(7)(1748) - (104)^2]}}$$

$$= \frac{(60\,200) - (61\,880)}{\sqrt{[(358\,925) - (354\,025)][(12\,236) - (10\,816)]}} = \frac{-1680}{\sqrt{[4900][1420]}} = \frac{-1680}{\sqrt{6\,958\,000}} = \frac{-1680}{2637.80} = -0.637^{\ominus}$$

注意相关系数 r 为负是由于在样本数据中打印机的价格与需求量呈相反方向变化. 当一个增加，另一个下降.

我们将用下面的假设表述检验相关系数的显著性. 本例中，令 $\alpha=0.10$:

$$H_0: \rho = 0$$
$$H_1: \rho \neq 0$$

用公式 14-2 得这个假设检验的检验统计量：

$$t = \frac{r}{\sqrt{\frac{1-r^2}{n-2}}} = \frac{-0.637}{\sqrt{\frac{1-(-0.637)^2}{7-2}}} = \frac{-0.637}{\sqrt{\frac{1-0.4058}{5}}}$$

$$= \frac{-0.637}{\sqrt{\frac{0.5942}{5}}} = \frac{-0.637}{\sqrt{0.1188}} = \frac{-0.637}{0.3447} = -1.85$$

☞ 记住，当 (-0.637) 的平方以后是正的 0.4058.

㊀　在平方根下的分母最后项(4900 和 1420)的符号必须为正. 如果有一个不是，那么停下来查找错误. 试图用负数计算平方根那么会引起你计算器的崩溃.

这个双尾检验,用 $\alpha=0.10$,自由度 $df=n-2=7-2=5$,查附录A表5得临界值 $t_{\alpha/2}=\pm2.015$。由于 $t=-1.85$ 大于 $t_{\alpha/2}=-2.015$,我们不拒绝原假设,也就不能得到总体相关系数不等于0的结论。图14-26用图示方法对这个假设检验进行了说明。根据样本,我们没有足够的理由得到打印的价格与需求量之间有关系的结论。得到这个结论的一个原因可能是因为回归分析只有7个点。如果用多一些的数据再一次进行回归分析,可能得到我们所期望的在统计上有显著关系的结论。

做下面的思考题,动手练习新学的技巧。

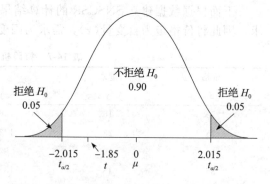

图14-26 相关系数的显著性检验(打印机例子)

思考题8 在写本书的时候,我工作了近40年,只是最近刚刚不再工作了。我已近累了,无数次想结束它,但是都没用。在我的记忆中每个四月,我对这一年会更好充满了期望。到了5月,失望就来了。到了6月,我完全沮丧了。到了9月,我不再关心任何事。

当我忘了过去一年的疼痛和失望,漫长的淡季来了。然后循环重演。我当然谈论的是对匹兹堡海盗队的爱恨关系。匹兹堡棒球队自从1992年再也没有获得过赛季冠军。我渴望年轻的时候,看罗伯托·克莱门特从远在场外的本垒板甩掉跑垒者,而史塔吉尔在福布斯球场击打的漂亮本垒打的荣耀日子。我猜我刚好是一个永远乐观、不怕挨罚的人,一次又一次忍受匹兹堡队丢掉赛季冠军而且没有停下来的迹象。我一定有严重的问题。

如果为了从这个永恒的噩梦中醒来而努力,匹兹堡海盗队管理部门正在研究在赛季比赛中,球队赢得比赛的场数与每场比赛投手的平均失分率(ERA,投手责任得分率)之间的关系。在2010年职业棒球联赛的8支队伍的比赛数据见右表。注意到匹兹堡队赢的场数最少,失分率最高。我再一次伤心了。这些数据也可以在Excel文件earned run average.xlsx中查到。

球队	赢	投手责任得分率
匹兹堡	57	5.0
亚利桑那	65	4.8
华盛顿	69	4.1
洛杉矶	80	4.0
费城	97	3.7
芝加哥	75	4.2
佛罗里达	80	4.1
奥克兰	81	3.6

计算表中两个变量的相关系数比用 $\alpha=0.01$ 检验其显著性。

14.7.2 斜率和 y 轴截距的计算

下面我将用前一节计算出的SNSCSR值以及 $n=7$ 计算惠普打印机例子的斜率和 y 轴截距。用公式14-6计算斜率:

$$\sum x=595 \quad \sum y=104 \quad \sum xy=8600 \quad \sum x^2=51\,275 \quad \sum y^2=1748$$

$$b=\frac{n\sum xy-(\sum x)(\sum y)}{n\sum x^2-(\sum x)^2}$$

$$= \frac{(7)(8600)-(595)(104)}{(7)(51\,275)-(595)^2} = \frac{6020-61\,880}{358\,925-354\,025} = \frac{-1680}{4900} = -0.3429$$

斜率一旦确定，用这个值及公式 14-7 计算 y 轴截距：

$$a = \frac{\sum y}{n} - b\left(\frac{\sum x}{n}\right) = \frac{104}{7} - (-0.3429)\left(\frac{595}{7}\right) = 14.857 - (-0.3429)(85)^{\ominus}$$

$$= 14.857 + 29.147 = 44.004 \approx 44$$

惠普打印机例子的回归方程如下：

$$\hat{y} = 44 - 0.3429x$$

由于 $b = -0.3429$，是一个负数，我们的结论是价格每增加一美元，打印机的需求量平均减少 0.3429 台。（相反，降低价格会导致需求量的上升。）这与负相关系数的结果一致.

当价格为 \$87 时，打印机的预测需求量是多少？回归方程中令 $x = 87$，得：

$$\hat{y} = 44 - 0.3429(87) = 44 - 29.83 = 14.17 \approx 14 \text{ 台}$$

在过去两周当价格为 \$87 时，预测的需求量为 14 台打印机.

现在我们回到前面帮助可怜的匹兹堡海盗队.

思考题 9 确定思考题 8 职业棒球联赛例子的回归方程。用这个结果预测如果下一年匹兹堡海盗队每场比赛投手失分率平均值为 4.2 时赢得比赛的场数.

14.7.3 相关系数为负时分解平方和

关于惠普打印机的例子下一步是用 SNSCSR 值从 SST 开始进行平方和的分解. 用公式 14-9：

$$\sum y = 104 \quad \sum y^2 = 1748 \quad n = 7$$

$$SST = \sum y^2 - \frac{(\sum y)^2}{n} = 1748 - \frac{(104)^2}{7} = 1748 - 1545.143 = 202.857$$

用公式 14-11 计算 SSE：

$$a = 44 \quad b = -0.3429 \quad \sum xy = 8600$$

$$SSE = \sum y^2 - a\sum y - b\sum xy = (1748) - (44)(104) - (-0.3429)(8600)$$

$$= 1748 - 4576 + 2948.94 = 120.94$$

最后，用公式 14-10 计算 SSR：

$$SST = SSR + SSE$$

$$SSR = SST - SSE = 202.857 - 120.94 = 81.917$$

归纳一下，我们将 SST 分解如下：

$$SSR = 81.917$$
$$SSE = 120.94$$
$$SST = 202.857$$

现在回到我们(我)最喜欢的棒球队去.

思考题 10 将思考题 8 职业棒球联赛例子中的 SST 分解为 SSR 与 SSE.

⊖ 记住，在 y 轴截距公式中看到的，减去一个负数等于加上一个正的.

14.7.4 决定系数的计算

为了计算惠普打印机例子中的决定系数，我们需要如下数据以及公式 14-13：

$$\text{SSR} = 81.917 \quad \text{SST} = 202.857$$

$$R^2 = \frac{\text{SSR}}{\text{SST}} = \frac{81.917}{202.857} = 0.404$$

我们的结论是需求量的变异性有 40.4% 可以由价格解释．我们下面要处理的问题是判断这个百分比是否在统计上显著．

用 $\alpha=0.10$ 检验总变化中的 40.4% 在统计上是否显著：

$$H_0: \rho^2 = 0$$
$$H_1: \rho^2 > 0$$

用已知的数据以及公式 14-14，计算检验统计量 F 如下：

$$\text{SSR} = 81.917 \quad \text{SSE} = 120.94$$

$$F = \frac{\text{SSR}}{\left(\dfrac{\text{SSE}}{n-2}\right)} = \frac{81.917}{\left(\dfrac{120.94}{7-2}\right)} = \frac{81.917}{24.19} = 3.39$$

临界值 F 对应的自由度如下：

$$D_1 = 1$$
$$D_2 = n - 2 = 7 - 2 = 5$$

用 $\alpha=0.10$，查附录 A 表 6 得 $F_\alpha = 4.060$．由于 $F = 3.39$ 小于 $F_\alpha = 4.060$，我们不能拒绝 H_0，没有足够证据表明决定系数大于 0．似乎不支持惠普打印机的价格与需求量之间存在关系．图 14-27 用图示对假设检验的结果进行了说明．

在继续回归线的置信区间之间先休息一下（万一跟不上，做下面的思考题是个好方法）．

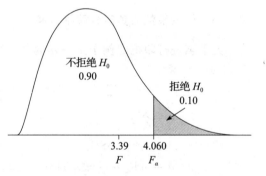

图 14-27 决定系数显著性的检验（惠普打印机的例子）

思考题 11 计算思考题 8 职业棒球联赛例子的决定系数，并用 $\alpha=0.01$ 检验其显著性．

14.7.5 相关系数为负时计算置信区间和预测区间

假设我们对打印机价格为 \$83 时需求量的 90% 的置信区间感兴趣．首先，用回归方程计算出当价格为 \$83 时的需求量．

$$\hat{y} = 44 - 0.3429x$$
$$= 44 - 0.3429(83) = 15.5 \text{ 台}^{\ominus}$$

接下来我们需要计算估计的标准误差 s_e，用下列数据以及公式 14-15 得：

⊖ 记住，15.5 台打印机只代表用 7 个价格水平的样本预测的需求量．价格在 \$83 时总体需求量并不知道，将用置信区间估计．耐心等待！

$$SSE = 120.94 \quad n = 7$$

$$s_e = \sqrt{\frac{SSE}{n-2}} = \sqrt{\frac{120.94}{7-2}} = \sqrt{24.188} = 4.92$$

我们还需要样本的平均价格，用 SNSCSR 中的 $\sum x = 595$ 得：

$$\overline{x} = \frac{\sum x}{n} = \frac{595}{7} = \$85$$

为了找 90% 的置信区间的临界点 t-统计量 $t_{a/2}$，查附录 A 表 5。这个过程自由度为 $n-2=7-2=5$，所以对于双尾且 $\alpha=0.10$ 时，$t_{a/2}=\pm 2.015$。

当价格为 \$83 时，我们最终可以用前面 SNSCSR 中的 $\sum x^2 = 51\,275$ 以及公式 14-16 可以确定打印机需求量的 90% 的置信区间（感谢你的耐心）：

$$CI = \hat{y} \pm t_{a/2} s_e \sqrt{\frac{1}{n} + \frac{(x-\overline{x})^2}{(\sum x^2) - \frac{(\sum x)^2}{n}}} = 15.5 \pm (2.015)(4.92) \sqrt{\frac{1}{7} + \frac{(83-85)^2}{51\,275 - \frac{(595)^2}{7}}}$$

$$= 15.5 \pm (9.91) \sqrt{0.1429 + \frac{(-2)^2}{51\,275 - \frac{(354\,025)}{7}}} = 15.5 \pm (9.91) \sqrt{0.1429 + 0.0057}$$

$$= 15.5 \pm (9.91)(0.3855) = 15.5 \pm 3.8$$

UCL = 15.5 + 3.8 = 19.3
LCL = 15.5 − 3.8 = 11.7

我们有 90% 的信心认为当打印机价格为 \$83 时，每周的平均需求量在 12 到 19 台之间。

用公式 14-16 求当打印机价格为 \$83 时需求量 90% 的预测区间，过程如下：

$$PI = \hat{y} \pm t_{a/2} s_e \sqrt{1 + \frac{1}{n} + \frac{(x-\overline{x})^2}{(\sum x^2) - \frac{(\sum x)^2}{n}}}$$

$$= 15.5 \pm (2.015)(4.92) \sqrt{1 + \frac{1}{7} + \frac{(83-85)^2}{51\,275 - \frac{(595)^2}{7}}}$$

$$= 15.5 \pm (9.91) \sqrt{1 + 0.1429 + \frac{(-2)^2}{51\,275 - \frac{(354\,025)}{7}}}$$

$$= 15.5 \pm (9.91) \sqrt{1.1429 + 0.0057} = 15.5 \pm (9.91)(1.0717) = 15.5 \pm 10.6$$

UPL = 15.5 + 10.6 = 26.1
LPL = 15.5 − 10.6 = 4.9

那么如果我们把打印机的价格定位在 \$83 时，我们有 90% 的信心在两周内需求量在 5 到 26 台之间。

看我演算得已经足够多了，现在做下面的思考题展现你的技能。

思考题 12 用思考题 8 的数据构造如果这年平均每场失分 4.7 时，职业棒球联赛球队赢的比赛场数的 90% 的预测区间。

14.7.6 相关系数为负时回归斜率显著性的检验

因为下次考试老师很可能要你检验回归斜率的显著性(我肯定),那让我们用 $\alpha=0.10$ 对惠普打印机进行检验吧. 这个检验的表述如下:

$$H_0:\beta=0(价格和需求之间没有关系)$$
$$H_1:\beta\neq 0(价格和需求之间存在关系)^{\ominus}$$

为了做这个检验,首先需要计算斜率的标准误差 s_b,用公式 14-19 以及下列数据:

$$\overline{x}=\$85 \quad \sum x^2=51\,275 \quad n=7 \quad s_e=4.92$$

$$s_b=\frac{s_e}{\sqrt{\sum x^2-n(\overline{x})^2}}=\frac{4.92}{\sqrt{51\,275-(7)(85)^2}}=\frac{4.92}{\sqrt{51\,275-(7)(7225)}}=\frac{4.92}{\sqrt{51\,275-50\,575}}$$

$$=\frac{4.92}{\sqrt{700}}=\frac{4.92}{26.458}=0.186$$

现在可以用公式 14-18 以及下面的数据计算这个假设检验的检验统计量:

$$b=-0.3429 \quad \beta=0^{\ominus}$$

$$t=\frac{b-\beta}{s_b}=\frac{-0.3429-0}{0.186}=-1.84$$

对于双尾检验,$\alpha=0.10$ 以及自由度 $df=n-2=7-2=5$ 查附录 A 表 5 的临界值 $t_{\alpha/2}=\pm 2.015$. 因为 $t=-1.84$ 位于 $t_{\alpha/2}=\pm 2.015$ 中间,我们不能拒绝原假设,也就不能得到总体回归斜率不等于 0 的结论. 惠普打印机的价格和需求量之间似乎没有显著关系. 图 14-28 用图示说明这个假设检验.

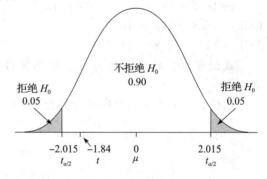

图 14-28 回归斜率的显著性检验(惠普打印机的例子)

最后,用样本斜率 $b=-0.3429$ 的 90% 的置信区间去估计总体斜率. 对于 90% 的置信区间自由度为 5 的临界值又是 $t_{\alpha/2}=\pm 2.015$. 用公式 14-20 计算置信区间:

$$\text{CI}=b\pm t_{\alpha/2}s_b=-0.3429\pm(2.015)(0.186)=-0.3429\pm 0.3478$$
$$\text{UCL}=-0.3429+0.3748=0.0319$$
$$\text{LCL}=-0.3429-0.3748=-0.7177^{\ominus}$$

根据打印机价格与需求量的样本,我们有 90% 的置信真实的总体斜率在 -0.7177 到 0.0319 之间. 换句话,我们有 90% 的肯定价格每增加 1 美元可能引起需求量增加 0.0319 台或者减少 0.7177 台或者两者之间任意的一个数.

我知道你累了,但让我们再多解决一个问题. 他们确实需要你的帮助.

⊖ 记住,惠普打印机样本的斜率 $b=-0.3429$,表示在过去的两周价格每增加 1 美元,我们期望的需求量就减少 0.3429 台. 如果真实的总体斜率 β 确实等于 0,我们得到的结论是打印机的价格和需求量之间没有关系.

⊖ 记住,由于原假设声称 $\beta=0$ 所以令 β 等于 0.

⊖ 由于这个置信区间包含 0,我们有理由支持惠普打印机的价格与需求量之间没有关系的结论.

思考题 13 用 $\alpha=0.01$，检验思考题 8 职业棒球联赛例子斜率的显著性. 构造总体斜率 99% 的置信区间.

习题 14.6

基础题

14.42 考虑下面的有序数对组：

x 5 2 3 3 7 5
y 4 8 6 5 1 6

a) 计算相关系数.
b) 用 $\alpha=0.05$ 做假设检验去判断总体相关系数是否小于 0.

14.43 用习题 14.42 的数据回答下面的问题：
a) 计算回归方程的斜率和 y 轴截距.
b) 计算 SST.
c) 将 SST 分解为 SSR 和 SSE.

14.44 用习题 14.42 的数据回答下面的问题：
a) 计算决定系数.
b) 用 $\alpha=0.05$ 检验总体决定系数的显著性.

14.45 用习题 14.42 的数据回答下面的问题：
a) 当 $x=4$ 时，构造 y 的均值 95% 的置信区间.
b) 当 $x=4$ 时，构造 y 的 95% 的预测区间.

14.46 用习题 14.42 的数据回答下面的问题：
a) 用 $\alpha=0.05$，检验回归斜率的显著性.
b) 构造总体斜率的 95% 的置信区间.

应用题

14.47 假设环境保护局（EPA）想要研究他们已有轿车的发动机尺寸与每加仑行驶的英里数之间的关系. 选自 2011 款轿车的以立方升为单位的发动机尺寸以及额定的每加仑行驶的英里数见下表：

轿车	发动机尺寸	每加仑行驶英里数
凯美瑞	2.5	26
科宝	2.2	30
雅阁	2.4	25
雅尊	3.3	21
天籁	3.5	23
捷达	2.0	28
铂锐	2.4	24
福克斯	2.0	29
讴歌 TL	3.7	20

a) 画散点图.
b) 计算回归方程的斜率和 y 轴截距.
c) 解释斜率的含义.
d) 计算 SST.
e) 将 SST 分解为 SSR 和 SSE.

14.48 习题 14.47 的数据回答下面的问题：
a) 计算决定系数.
b) 用 $\alpha=0.05$ 检验总体决定系数的显著性.
c) 当发动机为 2.5 升时，构造平均每加仑行驶英里数 95% 的置信区间.
d) 当发动机为 2.5 升时，构造每加仑行驶英里数 95% 的预测区间.

14.49 用习题 14.47 的数据回答下面的问题：
a) 用 $\alpha=0.05$，检验回归斜率的显著性.
b) 构造总体斜率的 95% 的置信区间.
c) 根据这些结果，关于发动机尺寸与每加仑行驶英里数你能得到什么结论？

14.50 康卡斯特公司的客户服务部要求顾客在接受电话服务以后对其按照 1 到 20 的标准进行评分. 公司将每个顾客打分与其等待接通的时长进行对应. 随机选择 10 名顾客作为样本，其评分与等待时长见下表.

分钟	评分	分钟	评分
4	15	2	16
8	13	10	14
0	18	3	20
5	10	8	14
6	14	4	13

a) 画散点图.
b) 计算回归方程的斜率和 y 轴截距.
c) 解释斜率的含义.
d) 计算 SST.
e) 将 SST 分解为 SSR 和 SSE.

14.51 用习题 14.50 的数据回答下面的问题：
a) 计算决定系数.
b) 用 $\alpha=0.05$ 检验总体决定系数的显著性.

c) 当等待时长为 5 分钟时, 构造顾客打分的平均分的 90% 的置信区间.
d) 当等待时长为 5 分钟时, 构造顾客打分的 90% 的预测区间.

14.52 用习题 14.50 的数据回答下面的问题:
a) 用 $\alpha = 0.05$, 检验回归斜率的显著性.
b) 构造总体斜率的 95% 的置信区间.
c) 根据这些结果, 关于顾客评分与其等待时长你能得到什么结论?

14.53 假设《消费者报告》想要研究以小时为单位的电池寿命与以对角尺寸为手提电脑的屏幕尺寸之间的关系. 随机选择的 8 台手提电脑的电池寿命以及对应的屏幕尺寸见下表:

电池寿命	屏幕尺寸	电池寿命	屏幕尺寸
3.6	15.6	3.1	14.0
3.7	17.3	4.1	13.3
4.2	14.5	4.5	11.6
4.0	12.1	3.9	13.1

a) 画散点图.
b) 计算回归方程的斜率和 y 轴截距.
c) 解释斜率的含义.
d) 计算 SST.
e) 将 SST 分解为 SSR 和 SSE.

14.54 用习题 14.53 的数据回答下面的问题:
a) 计算决定系数.
b) 用 $\alpha = 0.05$ 检验总体决定系数的显著性.
c) 当电脑尺寸为 14 英寸时, 构造电池平均寿命的 95% 的置信区间.
d) 当电脑尺寸为 14 英寸时, 构造电池寿命的 95% 的预测区间.

14.55 用习题 14.53 的数据回答下面的问题:
a) 用 $\alpha = 0.05$, 检验回归斜率的显著性.
b) 构造总体斜率的 95% 的置信区间.
c) 根据这些结果关于电池寿命与屏幕尺寸你能得到什么结论?

14.8 一些非常重要的最终想法

既然你准备走出去向世界炫耀你新发现的回归技巧, 那我需要传授你一些智慧关于你以后可能遇到的潜在陷阱.

第一个陷阱是用回归方程预测超出因变量范围的值. 本章前面考试成绩的例子, 六名学生的学习时长为 2 到 6 个小时. 假设我们用这个根据样本得到的回归方程预测一个学习时长为 20 个小时的学生成绩会怎么样呢?

$$\hat{y} = 70.1783 + 4.1786(20) = 154 (哇!)$$

假设大多数考试的满分都是 100, 这个成绩显然没有意义除非你有个非常慷慨的老师给你一个非常慷慨的成绩. 因为样本学习时长不超过 6 个小时, 所以我们不知道如果学习时长超出这个范围对考试成绩的影响是怎样的. 正如你看到的, 在这个情况下结果是一个有问题的数.

第二个陷阱是因变量与自变量之间本身的关系. 不能因为变量之间的关系在统计上显著就证明自变量确实引起因变量的改变. 要证明因果关系, 你需要有证据表明一个变量引起另一个变的改变, 这是回归方程和相关系数不能证明的. 例如, 有序数对是鞋子的左右尺寸, 我们可能期望一个很高的相关性. 这并不是一只脚引起另一只脚尺寸的变量. 这两只脚本身会一起变化——当然, 除非你是我, 一辈子受左脚比右脚大的痛苦. 好了, 我们都要承担一些负担.

本章主要公式

相关系数公式
$$r = \frac{n\sum xy - (\sum x)(\sum y)}{\sqrt{[n\sum x^2 - (\sum x)^2][n\sum y^2 - (\sum y)^2]}} \quad (14\text{-}1)$$

相关系数的检验统计量公式
$$t = \frac{r}{\sqrt{\frac{1-r^2}{n-2}}} \quad (14\text{-}2)$$

描述通过有序数对的直线方程公式
$$\hat{y} = a + bx \quad (14\text{-}3)$$

残差公式
$$e_i = y_i - \hat{y}_i \quad (14\text{-}4)$$

残差平方和公式
$$SSE = \sum_{i=1}^{n}(y_i - \hat{y}_i)^2 \quad (14\text{-}5)$$

回归线斜率公式
$$b = \frac{n\sum xy - (\sum x)(\sum y)}{n\sum x^2 - (\sum x)^2} \quad (14\text{-}6)$$

回归线截距公式
$$a = \frac{\sum y}{n} - b\left(\frac{\sum x}{n}\right) \quad (14\text{-}7)$$

总体平方和(SST)公式
$$SST = \sum(y - \overline{y})^2 \quad (14\text{-}8)$$

总体平方和(SST)公式(快捷形式)
$$SST = \sum y^2 - \frac{(\sum y)^2}{n} \quad (14\text{-}9)$$

SSR 与 SSE 关系公式
$$SST = SSR + SSE \quad (14\text{-}10)$$

残差平方和公式(快捷形式)
$$SSE = \sum y^2 - a\sum y - b\sum xy \quad (14\text{-}11)$$

回归平方和公式
$$SSR = \sum(\hat{y} - \overline{y})^2 \quad (14\text{-}12)$$

决定系数公式
$$R^2 = \frac{SSR}{SST} \quad (14\text{-}13)$$

决定系数的 F 检验统计量公式
$$F = \frac{SSR}{\left(\frac{SSE}{n-2}\right)} \quad (14\text{-}14)$$

估计的标准误差公式
$$s_e = \sqrt{\frac{SSE}{n-2}} \quad (14\text{-}15)$$

均值 y 的置信区间(CI)公式
$$CI = \hat{y} \pm t_{a/2} s_e \sqrt{\frac{1}{n} + \frac{(x-\overline{x})^2}{(\sum x^2) - \frac{(\sum x)^2}{n}}} \quad (14\text{-}16)$$

特定值 y 的预测区间公式
$$PI = \hat{y} \pm t_{a/2} s_e \sqrt{1 + \frac{1}{n} + \frac{(x-\overline{x})^2}{(\sum x^2) - \frac{(\sum x)^2}{n}}} \quad (14\text{-}17)$$

回归斜率的 t 检验统计量公式
$$t = \frac{b - \beta}{s_b} \quad (14\text{-}18)$$

斜率的标准误差公式
$$s_b = \frac{s_e}{\sqrt{\sum x^2 - n(\overline{x})^2}} \quad (14\text{-}19)$$

回归线斜率的置信区间公式
$$CI = b \pm t_{a/2} s_b \quad (14\text{-}20)$$

复习题

14.56 作为工作效率的衡量的标准,威瑞森电信公司对每周零售店的每个销售人员激活顾客的数量进行记录,激活的定义是新顾客签约一部手机合同或者老顾客续签合同. 随机选取 8 名销售人员,其每周激活量与工作满意度按照 1 到 10 的等级(10=非常满意)数据见下表.

激活量	满意度	激活量	满意度
36	8.0	19	6.1
25	7.9	28	7.0
40	8.5	33	8.2
38	9.0	25	7.7

a) 画散点图.

b) 计算回归方程的斜率和 y 轴截距.
c) 解释斜率的含义.
d) 计算 SST.
e) 将 SST 分解为 SSR 和 SSE.
f) 用 Excel 验证你的结果.

14.57 用习题 14.56 的数据回答下面的问题:
a) 计算相关系数.
b) 用 $\alpha=0.01$ 检验总体相关系数是否不等于 0.
c) 根据这个结果你能得到什么结论?

14.58 用习题 14.56 的数据回答下面的问题:
a) 计算决定系数.
b) 用 $\alpha=0.01$ 检验总体决定系数的显著性.
c) 当销售人员满意度为 8 分时,构造平均激活量 99% 的置信区间.
d) 当销售人员满意度为 8 分时,构造激活量的 99% 的预测区间.
e) 用 PHStat2 验证你的结果.

14.59 用习题 14.56 的数据回答下面的问题:
a) 用 $\alpha=0.01$,检验回归斜率的显著性.
b) 构造总体斜率的 99% 的置信区间.
c) 根据这些结果,关于激活量与工作满意度你能得到什么结论?
d) 用 Excel 验证你的结果.

14.60 美国家庭医学委员会想要研究母亲的鞋子尺寸能够用于预测一个婴儿出生时有多少磅的理论. 随机选择 10 名母亲作为样本,其鞋子的尺寸与他们孩子出生时的重量见下表:

鞋子尺寸	重量	鞋子尺寸	重量
7.5	7.2	8.0	6.9
8.0	7.8	8.5	9.2
9.0	8.0	7.5	6.5
8.5	9.4	8.0	9.1
8.5	7.7	9.0	9.8

a) 画散点图.
b) 计算回归方程的斜率和 y 轴截距.
c) 解释斜率的含义.
d) 计算 SST.
e) 将 SST 分解为 SSR 和 SSE.

14.61 用习题 14.60 的数据回答下面的问题:
a) 计算相关系数.
b) 用 $\alpha=0.10$ 检验总体相关系数是否大于 0.
c) 根据这个结果你能得到什么结论?

14.62 用习题 14.60 的数据回答下面的问题:
a) 计算决定系数.
b) 用 $\alpha=0.10$ 检验总体决定系数的显著性.
c) 当母亲的鞋子尺寸为 8.5 时,构造出生时平均重量的 90% 的置信区间.
d) 当母亲的鞋子尺寸为 8.5 时,构造出生时重量的 90% 的预测区间.

14.63 用习题 14.60 的数据回答下面的问题:
a) 用 $\alpha=0.10$,检验回归斜率的显著性.
b) 构造总体斜率的 90% 的置信区间.
c) 根据这些结果,关于母亲的鞋子尺寸与孩子出生时的重量之间你能得到什么结论?
d) 用 Excel 验证你的结果.

14.64 查格以 30 分为衡量标准,对航空公司顾客包括国内航线和国际航线在舒适度、服务和食物三方面进行调查. 2010 年 9 月 20 日至 10 月 10 日之间的调查结果数据见下表,包括不同航空公司的平均得分.

航空公司	国内	国际
阿拉斯加航空	15.6	15.5
美国航空	10.1	11.6
大陆航空	14.1	15.6
达美航空	10.9	12.8
联合航空	10.4	12.0
全美航空	9.1	10.1
维珍美国航空	21.1	20.7

a) 计算相关系数.
b) 用 $\alpha=0.01$,做假设检验判断总体相关系数是否大于 0.
c) 根据这个结果你能得到什么结论?

14.65 Acme 市场的一个区域经理想要开发一个模型用于根据货架空间的大小预测每周宠物食品的销量. 随机选择 9 家店作为样本,数据见下表:

货架空间 (英尺)	销量 (百美元)	货架空间 (英尺)	销量 (百美元)
2	3	2	4
3	3	4	5
4	6	5	7
6	14	5	10
5	12		

a) 画散点图.
b) 计算回归方程的斜率和 y 轴截距.
c) 解释斜率的含义.
d) 计算 SST.
e) 将 SST 分解为 SSR 和 SSE.

14.66 用习题 14.65 的数据回答下面的问题:
a) 计算相关系数.
b) 用 $\alpha=0.05$ 检验总体相关系数是否大于 0.
c) 根据这个结果你能得到什么结论?

14.67 用习题 14.65 的数据回答下面的问题:
a) 计算决定系数.
b) 用 $\alpha=0.05$ 检验总体决定系数的显著性.
c) 当货架空间为 4 英尺时,构造平均销量的 95% 的置信区间.
d) 当货架空间为 4 英尺时,构造销量的 95% 的预测区间.
e) 用 PHStat2 验证 c 和 d 两问的结果.

14.68 用习题 14.65 的数据回答下面的问题:
a) 用 $\alpha=0.05$,检验回归斜率的显著性.
b) 构造总体斜率的 95% 的置信区间.
c) 根据这些结果,关于货架空间与销量你能得到什么结论?
d) 用 Excel 验证你的结果.

14.69 假设我对最近统计课上学生的出勤情况进行了记录,因为我想研究他们旷课的次数与期末成绩的关系. 随机选择 9 名学生作为样本,结果如下:

旷课次数	期末成绩	旷课次数	期末成绩
4	74	2	84
6	79	0	90
1	93	5	86
4	70	2	95
0	96		

a) 画散点图.
b) 计算回归方程的斜率和 y 轴截距.
c) 解释斜率的含义.
d) 计算 SST.
e) 将 SST 分解为 SSR 和 SSE.
f) 用 Excel 验证你的结果.

14.70 用习题 14.69 的数据回答下面的问题:
a) 计算相关系数.
b) 用 $\alpha=0.05$ 检验总体相关系数是否小于 0.
c) 根据这个结果你能得到什么结论?

14.71 用习题 14.69 的数据回答下面的问题:
a) 计算决定系数.
b) 用 $\alpha=0.05$ 检验总体决定系数的显著性.
c) 当学生旷课两次时,构造平均成绩的 95% 的置信区间.
d) 当学生旷课两次时,构造成绩的 95% 的预测区间.
e) 用 PHStat2 验证 c 和 d 两问的结果.

14.72 用习题 14.69 的数据回答下面的问题:
a) 用 $\alpha=0.05$,检验回归斜率的显著性.
b) 构造总体斜率的 95% 的置信区间.
c) 根据这些结果,关于旷课次数与期末成绩你能得到什么结论?
d) 用 Excel 验证你的结果.

14.73 大学足球队的排名是依据民意测验和计算模型. 最终排名是将《今日美国》和哈里斯民意调查结果合并. 2010 年 11 月 29 号调查排名前 15 的大学足球队见 Excel 文件 college football.xlsx.
a) 用 Excel 计算相关系数.
b) 用 $\alpha=0.05$,做假设检验判断总体相关系数是否不等于 0.
c) 根据这个结果你能得到关于两个排名一致性的什么结论?

14.74 假设汽车网想要描述 2007 款二手福特探路者行驶里程与要价之间的关系. 目前在售的 40 辆 2007 款二手福特探路者的数据见 Excel 文件 Explorer.xlsx. 用 Excel 和 PHStat2 回答下列问题.
a) 画散点图.

b) 计算回归方程的斜率和 y 轴截距.
c) 解释斜率的含义.
d) 当 $\alpha=0.05$ 时，行驶里程与要价之间的关系在统计上显著吗？
e) 确定斜率的 95% 的置信区间并解释其意义.
f) 当探路者行驶里程为 36000 英里时，构造平均要价的 95% 的置信区间.
g) 当一辆探路者行驶里程为 36000 英里时，构造要价的 95% 的预测区间.

14.75 2010 赛季开始时职业棒球联赛队伍的百万美元的工资单与赛季结束时赢得的比赛场数见 Excel 文件 MLB2010 Payroll.xlsx. 用 Excel 和 PHStat2 回答下列问题.
a) 画散点图.
b) 计算回归方程的斜率和 y 轴截距.
c) 解释斜率的含义.
d) 当 $\alpha=0.05$ 时，工资与赢得比赛的场数关系在统计上显著吗？
e) 确定斜率的 95% 的置信区间并解释其意义.
f) 当球队工资为 10 亿美元时，构造球队赢得比赛的平均场数的 95% 的置信区间.
g) 当一个球队工资为 10 亿美元时，构造球队赢得比赛场数的 95% 的预测区间.

第 15 章 多元回归与建模

运用统计学设置二手车价格

恭喜！你刚被提升为中部地区一个主要汽车经销商布兰迪万河福特的二手车销售经理．你的主要职责之一是确定正在购买新车的顾客交易的二手车报价．你刚了解到经销商在最近的一次交易中获得了一辆车龄为 6 年行驶 76 320 英里的丰田凯美瑞．你应该为这辆二手车设定什么样的报价呢？

在第 14 章，我们学习了简单回归分析，用一个自变量描述因变量的变化．本章我们将这个内容推广为多元回归分析，用多个自变量去解释关心的因变量的变化．本章的开篇例题是多元回归方法的完美运用．

本章我们将用多元回归模型去描述多个自变量（例如车的使用时间与行驶里程）与因变量（例如车的报价）之间的关系．然后我们可以根据这个关系确定二手丰田凯美瑞的报价．

多元回归方法可以用于商业决策，比如：
- 根据住所的大小、设定的恒温以及室外的温度预测天然气使用的体积．
- 根据顾客的收入、年龄以及教育水平估计其潜在的信誉度．
- 根据产品的价格、分配的货架空间以及收到的广告数量预测产品每周的销售额．

有好消息告诉你．由于多元回归计算非常复杂，我们将主要依靠 Excel 计算结果（很少有令人讨厌的手算）．本章的关注点将是解释多元回归的结果．

15.1 多元回归模型的构造

就如本章开始所讲，多元回归模型是第 14 章简单回归模型的一个推广．取代一个自变量，我们现在有机会引入 k 个自变量去解释关心的因变量的变化．记住第 14 章中，**自变量 x 解释因变量 y** 的变化．多个变量的关系见公式 15-1．

用 k 个自变量的回归方程公式

$$\hat{y} = a + b_1 x_1 + b_2 x_2 + \cdots + b_k x_k \tag{15-1}$$

其中　　$\hat{y}=$ 给定 $x_1, x_2, \cdots, x_k$ 时 y 的预测值

$x_1, x_2, \cdots, x_k =$ 感兴趣的自变量

$k=$ 回归模型中自变量的数目

$a=$ 回归线的 y 轴截距

$b_1=$ 由于 x_1 变化一个单位而 $x_2, \cdots, x_k$ 不变时 $\hat{y}$ 的平均变化值

$b_2=$ 由于 x_2 变化一个单位而 $x_1, x_3, \cdots, x_k$ 不变时 $\hat{y}$ 的平均变化值

$b_k=$ 由于 x_k 变化一个单位而 $x_1, x_2, \cdots, x_{k-1}$ 不变时 $\hat{y}$ 的平均变化值

在下一节我将用 PHStat2 确定每一个自变量的回归系数．

尽管 Excel 可以进行多元回归，但是 PHStat2 可以提供更多的功能．

15.1.1 确定回归系数

建立多元回归模型的过程与第 14 章讨论简单回归模型非常相似。**回归系数**是其中一个自变量增加一个单位而其他自变量保持不变时，预测因变量的改变量。例如，丰田凯美瑞多使用一年对报价的影响是多少？要确定回归系数，我们首先收集目前市场上 20 辆二手丰田凯美瑞的相关数据作为样本。数据如表 15-1 所示，也可以在 Excel 文件 Used camrys.xlsx 中查到。

表 15-1 20 辆二手丰田凯美瑞的报价

汽车	价格($)	里程(英里)	车龄(年)	汽车	价格($)	里程(英里)	车龄(年)
1	27 995⊖	52 438	2	11	13 899	62 330	4
2	22 500	30 815	7	12	13 500	86 137	4
3	21 490	18 260	5	13	12 999	53 969	5
4	20 400	36 504	3	14	12 500	54 718	9
5	19 495	23 781	3	15	11 600	50 366	5
6	18 700	33 796	7	16	11 400	64 567	7
7	15 995	51 706	3	17	11 295	69 953	4
8	15 000	78 251	5	18	9 995	92 367	6
9	13 990	44 692	4	19	9 995	78 880	8
10	13 900	59 060	5	20	9 600	55 512	8

通过表 15-1 可以看到，这个例子中有两个自变量，里程和车龄，所以 $k=2$。回归方程的结果形式如下：

$$\hat{y} = a + b_1 x_1 + b_2 x_2 ⊖$$

用 PHStat2 确定 a、b_1 和 b_2 的值后预测二手凯美瑞的价格：

1. 打开 Excel 文件 Used camrys.xlsx。
2. 进入 Add-Ins>PHStat>Regression>Multiple Regression。如图 15-1a 所示。Multiple Regression 对话框如图 15-1b 所示，操作如下：
3. 点击第一个标题为 Y Variable Cell Range 的文本框。
4. 由于变量 y(因变量)表示价格，选中单元格从 B1 到 B21，包括标题 "Price"。
5. 点击第二个标题为 X Variable Cell Range 的文本框。
6. 选中 C1 到 D21。
7. 由于选择范围内包含标题，所以选中 First cells in both range contain label 选项，如图 15-1b 所示。
8. 选中 Regression Tool Output Options 和 Output Options 的复选框，如图 15-1b 所示。
9. 在 Confidence level for interval estimates 文本框中输入 95。然后点 OK。

⊖ 注：确定你明白变量 y 与 $\hat{y}$ 的区别。变量 y 表示因变量在样本中的值，例如表 15-1 中第一辆车子是 $27 995。变量 $\hat{y}$ 是根据公式 15-1 因变量(报价)的预测值结果。

PHStat2 和 Excel 都要求电子表中的多个自变量位于相邻的列，如图 15-1b 所示.

10. PHStat2 的多元回归输出结果创建了几个工作表. 当前表的标题是"Interval"需要你点 Delete 键清除 PHStat2 用户注释.

11. 将电子表标题记为"MR". 这个电子表包含了多元回归的结果，如图 15-1c 所示.

在图 15-1c 中回归方程的系数是用线框圈起来的. 因此二手凯美瑞预测报价的方程如下：

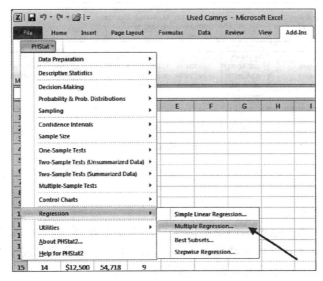

a) 用 PHStat2 做多元回归（步骤 1～2）

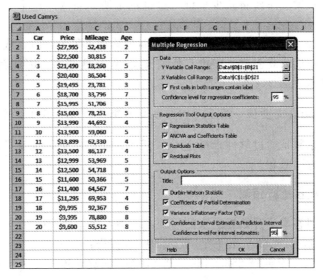

b) 用 PHStat2 做多元回归（步骤 3～9）

图　15-1

	A	B	C	D	E	F	G	H
	Used Camrys							
1	Regression Analysis							
2								
3	Regression Statistics							
4	Multiple R	0.743504968						
5	R Square	0.552799638						
6	Adjusted R Square	0.50018783						
7	Standard Error	3489.12908						
8	Observations	20						
9								
10	ANOVA							
11		df	SS	MS	F	Significance F		
12	Regression	2	255828307.3	127914153.6	10.50714024	0.001069715		
13	Residual	17	206958369.5	12174021.74				
14	Total	19	462786676.8					
15								
16		Coefficients	Standard Error	t Stat	P-value	Lower 95%	Upper 95%	
17	Intercept	28253.04858	2965.056136	9.528672402	3.12693E-08	21997.32695	34508.7702	
18	Mileage	-0.142245372	0.040173013	-3.54081908	0.002511576	-0.227003022	-0.057487723	
19	Age	-986.6638817	418.0286589	-2.360278083	0.030473449	-1868.627258	-104.7005053	
20								
21								

c) 用 PHStat2 做多元回归（最终结果）

图 15-1 （续）

$$\hat{y} = 28\,253.0486 - 0.1422x_1 - 986.6639x_2 ^{\ominus}$$

其中　x_1＝里程

　　　x_2＝二手车的车龄

让我们看看如何解释这些回归系数的含义．里程系数（b_1＝－0.1422）告诉我们二手车的里程表每增加一英里，报价平均减少 \$0.1422．这个系数的负号表示增加里程将减少报价，这正是所期望的．这个变化是假设车龄保持不变．

车龄系数（b_2＝－986.6639）告诉我们二手车的车龄每增加一年，报价平均减少 \$987．这个系数的负号表示增加车龄将减少报价，这也正是所期望的．这个变化是假设里程保持不变．

最后 y 轴截距（a＝28 253）提供的是当凯美瑞车龄和里程为 0 时，或者说是一辆新车时的估价．然而，在我们的观测样本中没有任何 x_1，x_2 是这些值，因此新车价格是 \$28 253 的预测是一个不可靠的估计.

在样本范围以外的自变量值，用多元回归预测因变量的结果不可靠的.

车龄和里程的系数是通过软件求得 $\sum(y-\hat{y})^2$ 最小的结果，也就是因变量实际值与预测值之间的最小平方误差和．

15.1.2　利用回归模型进行预测

现在我们可以回答本章开始提出来的问题：车龄 6 年里程 76 320 英里的二手凯美瑞报价应该是多少？令 x_1＝76 320，x_2＝6，代入回归方程得：

$$\hat{y} = 28\,253.0486 - 0.1422x_1 - 986.6639x_2$$

⊖　把系数保留到小数点后四位可能看起来有些过多了．但是这样做在本章后面可以减小舍入误差．

$$\hat{y} = 28\,253.0486 - 0.1422(76\,320) - 986.6639(6) = 11\,480$$

根据回归方程的结果，最近收购的凯美瑞报价应该定为 \$11 480. 可以想象你的新老板看到这个分析时如何感动！我们可以构造这个报价的置信区间，为市场类似车龄和里程的车提供有意义的报价范围。PHStat2 的输出结果在 "CIEandPI" 工作表（"Confidence Interval Estimate and Prediction Interval" 工作表）中包含了置信区间，这在前一节已经得到。工作表如图 15-2 所示.

我们首先需要在单元格 B6 和 B7 中提供车龄和里程。PHStat2 在单元格 B21 给出预测报价（$\hat{y}$）。由于计算过程保留位数不同，这个值（\$11 476.90）与我们手算的（\$11 480）有略微不同.

老板可能想知道你对设定二手凯美瑞正确报价的信心。你是幸运的，图 15-2 给出了回答。回到第 14 章，在简单回归中，我们学习了因变量的置信区间和预测区间。在这我们可以应用同样的概念。根据图 15-2，6 年车龄且里程 76 320 英里的二手车平均报价的 95% 的置信区间为 \$9002 到 \$13 952. 在单元格 B25 和 B26 可以找到这个区间。一辆 6 年车龄且里程 76 320 英里的二手车报价的 95% 预测区间为 \$3711 到 \$19 243. 在单元格 B30 和 B31 可以找到这个区间. 让区间变得更小（更精确）的一种方法是收集更多的二手凯美瑞样本然后重新分析.

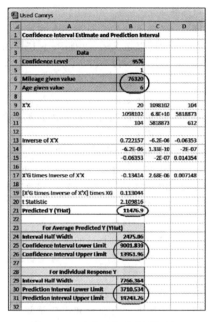

图 15-2　置信区间与预测区间

> 记住第 14 章置信区间估计的是因变量（报价）的平均范围. 预测区间估计的是一个特定因变量的范围.

正如你所看到的，预测区间比置信区间宽很多（不太精确）。这是因为样本均值是样本中变量的平均值；因此，比样本中一个值的变化少些. 由于预测区间估计的是一个单点，比我们估计平均报价的变化要大很多. 如果我们想要一个更精确（更窄）的报价估计，需要收集更大的样本容量.

在继续下节之前，动手做思考题 1，让我们看看到目前为止你学会了多少.

思考题 1 Excel 文件 MLB 2010Wins 1.xlsx 列出 2010 赛季职业棒球联赛每支队伍赢得比赛的场数. 文件中也包含每支队伍每场比赛的平均跑垒得分（RPG）和平均自责失分（ERA）.

a) 根据职业棒球大联盟球队的 RPG 和 ERA 构建回归方程预测球队赢得比赛场数.
b) 解释回归系数的意义.
c) 当每场比赛平均跑垒得分为 4.0，自责失分为 3.5 时，预测球队赢得比赛的场数.
d) 构造一个 95% 置信区间来估计 c 问所描述球队赢得比赛的平均场数.
e) 构造一个 95% 预测区间来估计 c 问所描述的一支特定球队赢得比赛的场数.

习题 15.1

基础题

15.1 考虑下面自变量和因变量集合。这些数据也可以在 Excel 文件 Prob 151.xlsx 中查到。

y	10	11	15	15	20	24	27	32
x_1	2	5	5	9	7	11	16	20
x_2	16	10	13	10	2	8	7	4

a) 用 PHStat2 根据样本数据构造多元回归模型。

b) 解释 b_1 和 b_2 的含义。

c) 当 $x_1=10$,$x_2=12$ 时估计 y 的值。

15.2 用习题 15.1 的样本数据回答下列问题:

a) 当 $x_1=7$,$x_2=14$ 时构造因变量的 95% 置信区间。

b) 解释 a 问构造的区间含义。

c) 当 $x_1=7$,$x_2=14$ 时构造因变量的 95% 预测区间。

d) 解释 c 问构造的区间含义。

15.3 考虑下面自变量和因变量集合。这些数据也可以在 Excel 文件 Prob 153.xlsx 中查到。

y	47	42	40	40	31	26	23	18	10
x_1	74	63	78	52	44	47	35	17	15
x_2	22	29	20	17	13	17	8	15	10

a) 用 PHStat2 根据样本数据构造多元回归模型。

b) 解释 b_1 和 b_2 的含义。

c) 当 $x_1=50$,$x_2=15$ 时估计 y 的值。

15.4 用习题 15.3 的样本数据回答下列问题:

a) 当 $x_1=30$,$x_2=20$ 时构造因变量的 90% 置信区间。

b) 解释 a 问构造的区间含义。

c) 当 $x_1=30$,$x_2=20$ 构造因变量的 90% 的预测区间。

d) 解释问 c 构造的区间含义。

应用题

15.5 泽西海岸房屋中介想要构造一个回归模型来帮助设定夏季时新泽西海滩房屋的每周租金。这个模型的自变量为房屋的卧室数目、房龄、离海边的街区数。随机选取的房屋租金数据可以在 Excel 文件 Jersey Shore Realtors 1.xlsx 中查到。

a) 用三个自变量构造回归模型。

b) 解释回归系数的含义。

c) 预测有 4 个卧室,离海边 3 个街区,并且有 15 年房龄的房屋每周平均租金。

d) 当房子如 c 问中所描述时,构造房屋每周平均租金的 95% 置信区间。解释区间的含义。

e) 当一套房子如 c 问中所描述时,构造这个房屋每周租金的 95% 预测区间。解释区间的含义。

15.6 市立医院想要构造一个回归模型,根据病人住院的天数、在医院重症监护室(ICU)的天数,以及病人的年龄预测总的住院费。这些变量的数据可以在 Excel 文件 City Hospital.xlsx 中查到。

a) 用三个自变量构造回归模型。

b) 解释回归系数的含义。

c) 预测年龄为 53 岁、住院 3 天、未进 ICU 的病人平均住院费。

d) 当病人如 c 问中所描述时,构造病人平均住院费的 95% 置信区间。解释区间的含义。

e) 当一个病人如 c 问中所描述时,构造这个病人住院费的 95% 预测区间。解释区间的含义。

15.7 州立学院的商务统计学教授想要构造一个回归模型,根据学生当前的 GPA、备考的时长、一学期缺课的节数预测其期末考试成绩。这些变量的数据可以在 Excel 文件 final exam scores 1.xlsx 中查到。

a) 用三个自变量构造回归模型。

b) 解释回归系数的含义。

c) 预测用 4 小时备考、一学期缺课 2 节、当前 GPA 为 2.95 的学生的平均考试成绩。

d) 当用 3 小时备考、一学期缺课 4 节、当前 GPA 为 3.10 时,构造学生平均考试成绩的 90% 置信区间。

e) 当一个学生用 3 小时备考、一学期缺课 4 节、当前 GPA 为 3.10 时,构造这个学生考试成绩的 90% 预测区间。

f) 解释 d 和 e 两区间有差异的原因.

15.8 财务主管想要判断当前银行的每股收益(EPS)是否与下列自变量之间存在关系：
- 总资产(10 亿美元)
- 前期的 EPS
- 前期平均资产回报率(ROAA)
- 前期平均资产净回报率(ROAE)

ROAA 度量资产利用的有效性, 而 ROAE 度量公司收益率. 几家银行的数据见 Excel 文件 Bank EPS. xlsx.

a) 用四个自变量构造回归模型.
b) 解释回归系数的含义.
c) 当银行总资产为 26 亿美元, 前期数据为 ROAA=1.5%, EPS=$1.80, ROAE=8%时, 预测银行平均的 EPS.
d) 当银行数据如 c 问中所描述时, 构造银行平均 EPS 的 95% 置信区间. 解释区间的含义.
e) 当一个银行数据如 c 问中所描述时, 构造该银行 EPS 的 95% 预测区间. 解释区间的含义.

15.9 假设维拉诺瓦大学的体育指导员想要构造一个回归模型预测学院男子篮球队比赛的分差. 分差是指比赛的两支队伍最终比分的差异. 对维拉诺瓦大学来说正的分差表示赢得比赛, 而负的分差表示输掉比赛. 随机选择的比赛样本见 Excel 文件 Villanova basketball 1. xlsx. 维拉诺瓦大学的分差是根据助攻、篮板、失误以及个人犯规的次数来计算的.

a) 用四个自变量构造回归模型.
b) 解释回归系数的含义.
c) 当比赛中维拉诺瓦大学队有 12 次助攻、32 个篮板、15 次失误以及 20 次个人犯规时, 预测平均分差.
d) 当球队比赛数据如 c 问中所描述时, 构造平均分差的 95% 置信区间. 解释区间的含义.
e) 当球队一场比赛的数据如 c 问中所描述时, 构造该场分差的 95% 预测区间. 解释区间的含义.
f) 解释 d 和 e 两区间有差异的原因.

15.2 解释因变量的变异

当你研究表 15-1 二手凯美瑞的报价时, 会注意到报价范围从 $9600 至 $27 995. 车与车之间的差异可能有几个原因, 比如车龄、里程、车况(如真皮座椅的升级)等. 本节将确定有多少变异性是源于自变量车龄和里程.

15.2.1 多重决定系数

在第 14 章讨论简单回归模型时, 我们学习了三种平方和. 本章还会涉及这三种平方和, 只是现在有多个自变量:

- 总体平方和(SST)度量因变量的变异性.

☞ 本例中, SST 度量二手车的实际价格与均值之间差异的变异量.

- 回归平方和(SSR)度量因变量的变异性有多少可以由自变量的集合解释.

☞ 本例中, SSR 度量二手车的预测价格与均值之间差异的变异量.

- 误差平方和(SSE)度量由自变量集合解释因变量的变异性以外的变异性.

三种平方和可以用下面三个公式确定:

总体平方和(SST)公式

$$\text{SST} = \sum (y - \overline{y})^2 \tag{15-2}$$

回归平方和(SSR)公式

$$SSR = \sum (\hat{y} - \bar{y})^2 \tag{15-3}$$

残差平方和(SSE)公式

$$SSE = \sum (y - \hat{y})^2 \tag{15-4}$$

其中　$y=$ 样本中因变量的值

　　　$\hat{y}=$ 通过回归模型因变量的预测值

　　　$\bar{y}=$ 样本中因变量的均值

不需要用手算这些平方和，为了减少你的负担而是用 PHStat2 进行计算。根据公式 15-5，SST 可以像在第 14 章中一样分解。

分解总体平方和公式

$$SST = SSR + SSE \tag{15-5}$$

在 PHStat2 已经输出的结果中我们可以确定二手凯美瑞例子的这些平方和。这些数据位于 "MR" 工作表 ANOVA(方差分析)部分单元格 C12、C13 和 C14，如图 15-3 所示。

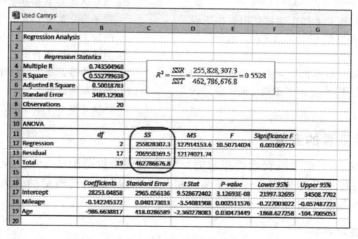

图 15-3　来自凯美瑞回归输出结果的平方和

根据图 15-3，平方和分别为：

$$SSR = 255\,828\,307.3$$
$$SSE = 206\,958\,369.5$$
$$SST = 462\,786\,676.8^{\ominus}$$

现在准备计算**多重决定系数** R^2——因变量(比如二手车的报价)的变异性可以由所有自变量(比如车龄与里程)解释的比例——用公式 15-6。

多重决定系数公式

$$R^2 = \frac{SSR}{SST} \tag{15-6}$$

将公式 15-6 用于二手凯美瑞的例子，计算如下：

$\ominus$　如果样本中 20 辆二手凯美瑞的报价相同，那么 SST 等于 0。

$$R^2 = \frac{\text{SSR}}{\text{SST}} = \frac{255\ 828\ 307.3}{462\ 786\ 676.8} = 0.5528$$

换句话说，样本中二手凯美瑞报价的变异性有 55.28% 可以由车龄和里程解释．这个结果如图 15-3 中的单元格 B5 所示．其余的变异性可能是由于其他我们没有考虑到的因素所影响，比如车况和升级．之后的章节我们将看看引入其他变量对模型有怎样的影响．

15.2.2 回归模型显著性的检验

本章我们将用平方和数据判断自变量和因变量之间的关系在统计上是否显著．换句话说，我们能否用回归方程 $\hat{y} = 28\ 253.048\ 6 - 0.142\ 2x_1 - 986.663\ 9x_2$ 准确地确定二手凯美瑞适当的报价．考虑到这是你的第一个二手车估价，这是一个很好的问题．根据样本的 20 辆二手凯美瑞，Excel 为我们提供了自变量的系数如下：

里程：$b_1 = -0.142\ 2$

年龄：$b_2 = -986.663\ 9$⊖

记住，我们的模型预测到二手车里程表每增加一英里报价平均减少 $0.142 2，以及车龄每增加一年报价平均减少 $987．然而，这些系数只是市场上销售的所有二手凯美瑞的真实总体系数 β_1、β_2 的估计．β_1、β_2 分别表示车龄和里程对市场上每辆二手凯美瑞价格的影响，也就是总体的影响．b_1、b_2 两项分别表示车龄和里程对样本 20 辆二手凯美瑞价格的影响．

如果总体系数 β_1、β_2 确实等于 0，那说明里程和车龄对车的报价没有影响．因此为了检验总体回归方程的显著性，假设表述如下：

$H_0: \beta_1 = \beta_2 = 0$（自变量和因变量没有关系）⊖

H_1：至少有一个 $\beta_i \neq 0$（自变量和因变量存在关系）

原假设假定因变量和自变量之间不存在关系，而备择假设采取相反的主张．拒绝原假设则支持变量之间确实存在关系，因此用这个模型确定报价是恰当的．我们将用 $\alpha = 0.05$ 检验我们的假设．

首先通过平方和以及公式 15-7 和 15-8，计算**均方回归**（MSR）和**均方误差**（MSE）．

均方回归（MSR）公式

$$\text{MSR} = \frac{\text{SSR}}{k} \tag{15-7}$$

均方误差（MSE）公式

$$\text{MSE} = \frac{\text{SSE}}{n-k-1} \tag{15-8}$$

其中　SSR＝回归平方和

SSE＝误差平方和

n＝样本观测的数目

k＝自变量的数目

⊖ b_1、b_2 两项分别表示车龄和里程对 20 辆二手凯美瑞样本价格的影响．

⊖ β_1、β_2 分别表示车龄和里程对总体每辆二手凯美瑞价格的影响．

两个均方公式的分母表示这个模型的自由度.加在一起表示总的自由度,通常为 $n-1$.例如 MSR 的自由度为 $2(k=2)$.MSE 的自由度为 $n-k-1=20-2-1=17$(记住,样本中有 20 辆车,所以 $n=20$).两个加在一起的结果 $2+17=19$ 为总的自由度,与 $n-1$ $(20-1)$ 的结果一致.

二手凯美瑞例子的均方如下:

$$MSR = \frac{SSR}{k} = \frac{255\ 828\ 307.3}{2} = 127\ 914\ 153.6$$

$$MSE = \frac{SSE}{n-k-1} = \frac{206\ 958\ 369.5}{20-2-1} = 12\ 174\ 021.7$$

用 F 检验判断总体回归模型是否显著.F 检验统计量的公式见 15-9.

总体回归模型的 F 检验统计量公式

$$F = \frac{MSR}{MSE} \tag{15-9}$$

在二手凯美瑞的例子中运用公式 15-9,计算如下:

$$F = \frac{MSR}{MSE} = \frac{127\ 914\ 153.6}{12\ 174\ 021.7} = 10.51$$

这个检验统计量服从 F 分布,自由度是之前讨论的:

$$D_1 = k = 2$$
$$D_2 = n-k-1 = 17$$

临界值 F_α 确定假设检验的拒绝域.用 $\alpha=0.05$,查附录 A 表 6 得 $F_\alpha=3.592$.

也可以用 Excel 的 FINV 函数找临界值,表达式如下:

$$= FINV(\alpha, D_1, D_2)$$

当 D_2 大于 30 时,这个公式非常有用,因为 30 是表 6 中可以查到的最大值.本例用这个公式,得 $=FINV(0.05, 2, 17)=3.592$.

由于 $F=10.51$ 大于 $F_\alpha=3.592$,拒绝 H_0,结论是自变量的总体系数至少有一个不等于 0.换句话说,你的确可以用这个回归模型确定二手凯美瑞的报价.图 15-4 阐明了假设检验结果.⊖

这个结果与 PHStat2 的输出结果一致.在"MR"工作表 ANOVA 部分用线框圈出来,如图 15-5 所示.

图 15-5 中单元格 F12 是假设检验的 p 值,位于标题"Significance F"的下面.由于 p 值 $=0.001\ 07$ 小于 $\alpha=0.05$,拒绝原假设.图 15-6 阐明了这个结果.

表 15-2 归纳了图 15-5 Excel 回归输出结果下面的 ANOVA 结果.

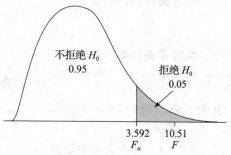

图 15-4 二手凯美瑞的显著性检验

⊖ F 检验没有告诉我们二手车例子中哪一个自变量在统计上显著.在本章之后的章节我们将探讨另外一种方法,将检验每一个自变量的显著性.

Used Camrys

	A	B	C	D	E	F	G
1	Regression Analysis						
2							
3	Regression Statistics						
4	Multiple R	0.743504968					
5	R Square	0.552799638					
6	Adjusted R Square	0.50018783					
7	Standard Error	3489.12908					
8	Observations	20					
9							
10	ANOVA						
11		df	SS	MS	F	Significance F	
12	Regression	2	255828307.3	127914153.6	10.50714024	0.001069715	
13	Residual	17	206958369.5	12174021.74			
14	Total	19	462786676.8				
15							
16		Coefficients	Standard Error	t Stat	P-value	Lower 95%	Upper 95%
17	Intercept	28253.04858	2965.056136	9.528672402	3.12693E-08	21997.32695	34508.7702
18	Mileage	-0.142245372	0.040173013	-3.54081908	0.002511576	-0.227003022	-0.057487723
19	Age	-986.6638817	418.0286589	-2.360278083	0.030473449	-1868.627258	-104.7005053
20							

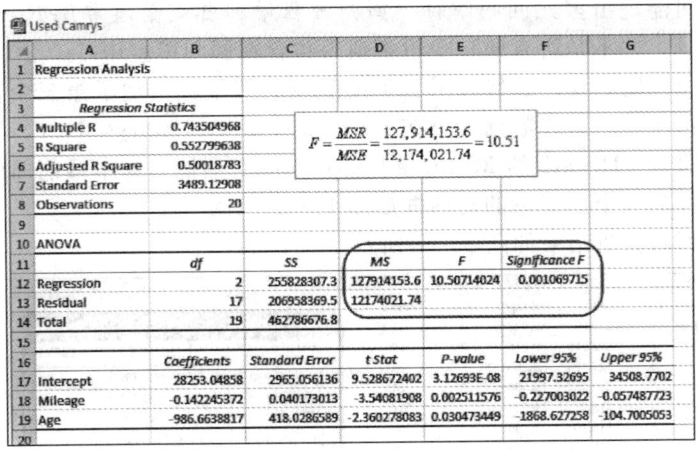

图 15-5 来自二手凯美瑞例子的回归输出结果的均方

表 15-2 Excel 回归输出结果的 ANOVA 结果汇总

来源	df	ss	MS	F
回归	k	SSR	$\text{MSR}=\frac{\text{SSR}}{k}$	$F=\frac{\text{MSR}}{\text{MSE}}$
残差	$n-k-1$	SSE	$\text{MSE}=\frac{\text{SSE}}{n-k-1}$	
总和	$n-1$	SST		

15.2.3 修正的多重决定系数

回归模型有效性的另一个有用的度量是修正的多重决定系数 R_A^2. 这个度量是通过考虑构建模型时用到的自变量数目和样本容量修正或调整多重决定系数，如公式 15-10 所示.

修正的多重决定系数公式

$$R_A^2=1-\left[(1-R^2)\left(\frac{n-1}{n-k-1}\right)\right] \quad (15\text{-}10)$$

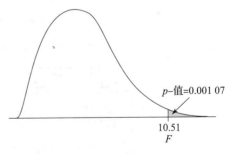

图 15-6 二手凯美瑞例子的 p 值

注：记住，p 值表示如果原假设正确，比观测到的 F 检验统计量 10.51 大的概率.

下面计算二手车例子的修正的 R^2. 根据图 15-5 的数据，计算如下：

$$\begin{aligned}R_A^2&=1-\left[(1-R^2)\left(\frac{n-1}{n-k-1}\right)\right]\\&=1-\left[(1-0.5528)\left(\frac{20-1}{20-2-1}\right)\right]\\&=1-[(0.4472)(1.1176)]=1-0.4998=0.5002\end{aligned}$$

这个值见图 15-5 单元格 B6.

我知道你非常好奇为什么我们需要另外的 R^2 的值. 多数情况下，我们的目标之一是

因变量的变化尽可能地由多元回归解释。回归方程增加自变量通常使 R^2 变大。然而，在本章后面你会看到，并不是所有的自变量都值得包含在回归模型中。

为了说明这个问题，我已经修改了二手凯美瑞的例子，增加了第三个自变量——卖掉自己凯美瑞的人的年龄。这些数据可以在 Excel 文件 Used Camrys with Seller Age.xlsx 中查到。打开文件进入 PHStat2 的 Multiple Regression 对话框，与本章前面的操作一样。文件以及包含已选择的三个自变量的对话框如图 15-7a 所示。

PHStat2 的回归分析结果如图 15-7b 所示。

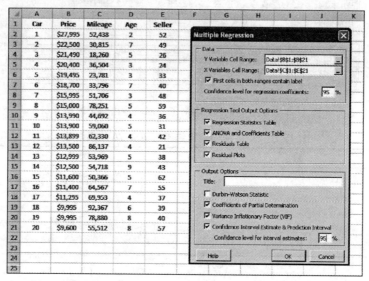

a) 用 PHStat 计算多重决定系数：二手凯美瑞与卖车人年龄的例子（步骤1）

b) 用 PHStat 计算多重决定系数：二手凯美瑞与卖车人年龄的例子（最终结果）

图 15-7

两个例子的多重决定系数的总结见表 15-3。

表 15-3 比较两个不同回归模型的 R^2

	模型	
	不包括卖车人的年龄	包括卖车人的年龄
自变量	2	3
R^2	0.5528	0.5551
修正 R^2	0.5002	0.4716
SSR	255 828 307	256 877 170
df	2	3
MSR	127 914 154	85 625 723

注:这个例子中增加卖车人的年龄作为自变量,使 MSR 减小,这样就很难拒绝原假设.

☛ MSR 越小,F 检验统计量越小. 也就是说,这降低了拒绝原假设的可能.

表 15-3 中第一列给出的 R^2,是根据原来二手凯美瑞例子的数据计算得到的. 第二列的 R^2 是调整后有第三个自变量的例子. 增加卖车人的年龄这个自变量使得 R^2 从 55.3% 增加到 55.5%. 然而修正的 R^2 则从 50% 减少到 47%. 让我们研究一下为什么两个 R^2 的值变化方向相反.

增加卖车人的年龄作为第三个自变量使 SSR 从 255 828 307 增加到 256 877 170,这使得 R^2 变大. 然而,由于自由度为 3,MSR 从 127 914 154 减小到 85 625 723(记住,MSR = SSR/k). 当检验总体回归模型的显著性时,MSR 的减少使得拒绝原假设变得更困难.

给模型增加一个新自变量通常使 R^2 增大. 然而,如果增加的自变量引起修正的 R^2 减小,我们有理由认为新的变量没有保留在模型中的价值. 换句话说,这个新的变量增加 SSR 的"效益"更多地抵消了最终模型中增加自由度而增加的"成本". 当这类型状态存在于回归模型中时,修正的 R^2 可以识别.

这个例子中,在模型中增加卖车人的年龄的成本(自由度从 2 变到 3)似乎超过了 SSR 增加的效益. 基本上,我们说卖车人年龄的变量在回归模型中没有体现其作用. 因此,不包含卖车人年龄变量的模型更好⊖. 本章后面的章节我们将进一步讨论是否增加自变量的问题.

总而言之,修正的 R^2 通常小于等于 R^2. 如果 R^2 非常小,自变量的数目相对多,那么修正的 R^2 可能是负的. 对于这个情况,简单地报告值为 0. 比较相同因变量不同自变量的回归模型时,修正的 R^2 值相当有用.

☛ 如果增加一个自变量导致修正的 R^2 减小,我们有理由认为新变量对模型的贡献不足以解释因变量剩下的变化.

我做了足够多的工作. 现在是时候检测你对回归技巧的掌握了. 做下面的思考题. 顺便提一下,你将注意到这个思考题在多个章节重复出现. 不要担心——没问题. 用相同的数据并依靠你学习的新知识来解决这些问题.

⊖ 这个模型确认我们合理的结论,即卖车人的年龄对凯美瑞的报价没有影响.

思考题 2 Excel 文件 MLB 2010Wins 1.xlsx 列出 2010 赛季职业棒球联赛每支队伍赢得比赛的场数. 文件中也包含每支队伍每场比赛的平均跑垒得分(RPG)和平均自责失分(ERA).

a) 在 Excel 的结果中确定 SSR、SSE 和 SST.
b) 计算多重决定系数并解释其含义.
c) 用 $\alpha = 0.01$ 检验总体回归模型的显著性.
d) 解释 Excel 的结果中 p 值的含义.
e) 计算修正的 R^2.

习题 15.2

基础题

15.10 考虑下面自变量和因变量集合. 这些数据也可以在 Excel 文件 Prob 151.xlsx 中查到.

y	10	11	15	15	20	24	27	32
x_1	2	5	5	9	7	11	16	20
x_2	16	10	13	10	2	8	7	4

a) 用 PHStat2 确定 SSR、SSE 和 SST.
b) 计算多重决定系数.
c) 用 $\alpha = 0.05$ 检验总体回归模型的显著性.
d) 解释总体回归模型的 p 值.
e) 计算修正的多重决定系数.

15.11 考虑下面自变量和因变量集合. 这些数据也可以在 Excel 文件 Prob 153.xlsx 中查到.

y	47	42	40	40	31	26	23	18	10
x_1	74	63	78	52	44	47	35	17	15
x_2	22	29	20	17	13	17	8	15	10

a) 用 PHStat2 确定 SSR、SSE 和 SST.
b) 计算多重决定系数.
c) 用 $\alpha = 0.10$ 检验总体回归模型的显著性.
d) 解释总体回归模型的 p 值.
e) 计算修正的多重决定系数.

15.12 考虑下面多元回归模型的 ANOVA 表:

来源	df	SS	MS	F
回归	4	1600	400	10
残差	30	1200	40	
总和	34	2800		

a) 样本容量是多少?
b) 这个模型有几个自变量.
c) 计算多重决定系数.
d) 用 $\alpha = 0.05$ 检验总体回归模型的显著性.
e) 计算修正的多重决定系数.

15.13 考虑下面多元回归模型的 ANOVA 表:

来源	df	SS	MS	F
回归	3			
残差		7000		
总和	53	9100		

a) 完成表中余下的内容.
b) 样本容量是多少?
c) 这个模型有几个自变量.
d) 计算多重决定系数.
e) 用 $\alpha = 0.05$ 检验总体回归模型的显著性.
f) 计算修正的多重决定系数.

应用题

15.14 按照顾客的需要,Squirt Squad 保洁公司每个月或每两个月派保洁员上门. 根据需要清洁房屋的建筑面积、房子的房间数、浴室的间数,以及保洁人员数,公司想要以分钟计算预测清洁花费的时长. 随机选取的家庭数据可以在 Excel 文件 Squirt Squad 1.xlsx 中查到.

a) 用所有变量构造回归模型.
b) 计算多重决定系数.
c) 用 $\alpha = 0.05$ 检验总体回归模型的显著性.

d) 计算修正的多重决定系数.

15.15 财务主管想要判断当前银行的每股收益（EPS）是否与下列自变量之间存在关系：
- 总资产（10亿美元）
- 前期的 EPS
- 前期平均资产回报率（ROAA）
- 前期平均资产净回报率（ROAE）

ROAA 度量资产利用的有效性，而 ROAE 度量的是公司收益率. 几家银行的数据见 Excel 文件 Bank EPS.xlsx.
a) 用所有变量构造回归模型.
b) 计算多重决定系数.
c) 用 $\alpha = 0.05$ 检验总体回归模型的显著性.
d) 计算修正的多重决定系数.

15.16 泽西海岸房屋中介想要构造一个回归模型帮助设定夏季时新泽西海滩房屋的每周租金. 这个模型的自变量为房屋的卧室数目、房龄、离海边的街区数. 随机选取的租赁房屋数据可以在 Excel 文件 Jersey Shore Realtors 1.xlsx 中查到.
a) 用所有变量构造回归模型.
b) 计算多重决定系数.
c) 用 $\alpha = 0.05$ 检验总体回归模型的显著性.
d) 计算修正的多重决定系数.

15.17 州立学院的商务统计学教授想要构造一个回归模型，根据学生当前的 GPA、备考的时长、一学期缺课的节数预测其期末考试成绩. 这些变量的数据可以在 Excel 文件 final exam score 1.xlsx 中查到.
a) 用所有变量构造回归模型.
b) 计算多重决定系数.
c) 用 $\alpha = 0.10$ 检验总体回归模型的显著性.
d) 计算修正的多重决定系数.

15.18 市立医院想要构造一个回归模型，根据病人住院的天数、在医院重症监护室（ICU）的天数，以及病人的年龄预测总的住院费. 这些变量的数据可以在 Excel 文件 City Hospital.xlsx 中查到.
a) 用所有变量构造回归模型.
b) 计算多重决定系数.
c) 用 $\alpha = 0.05$ 检验总体回归模型的显著性.
d) 计算修正的多重决定系数.

15.3 关于自变量的推断

前面我们主要是检验总体回归模型的显著性，在假设检验中一次就包含所有的自变量. 本节，我将介绍如何分开讨论每个自变量，以便确定在最终模型中该自变量是否应该存在. 我们也要学会计算回归系数的置信区间并解释其含义.

15.3.1 回归系数的显著性检验

为了介绍检验每个自变量的方法，我们先谈谈前一节修改的二手凯美瑞例子，在数据文件中增加卖车人的年龄. 关心的数据在回归输出结果中用线框圈出来，如图 15-8 所示.

根据样本，这个模型的回归系数如下：

$$\text{里程 } b_1 = -0.1434$$
$$\text{车龄 } b_2 = -1020.9699$$
$$\text{卖车人的年龄 } b_3 = 21.1137$$

我们将通过检验下列假设表述来判断总体里程系数 β_1 是否等于 0：

$$H_0: \beta_1 = 0 \text{（报价和里程没有关系）}^{\ominus}$$

㊀ 原假设假定报价和二手凯美瑞的里程之间不存在关系，而备择假设持相反的观点.

	A	B	C	D	E	F	G
1	Regression Analysis						
2							
3	Regression Statistics						
4	Multiple R	0.745027545					
5	R Square	0.555066043					
6	Adjusted R Square	0.471640926					
7	Standard Error	3587.386821					
8	Observations	20					
9							
10	ANOVA						
11		df	SS	MS	F	Significance F	
12	Regression	3	256877169.5	85625723.18	6.653464374	0.003984131	
13	Residual	16	205909507.3	12869344.2			
14	Total	19	462786676.8				
15							
16		Coefficients	Standard Error	t Stat	P-value	Lower 95%	Upper 95%
17	Intercept	27616.14138	3777.691019	7.310322957	1.74999E-06	19607.79417	35624.48859
18	Mileage	-0.14339339	0.041499622	-3.455293899	0.003256964	-0.231368658	-0.055418122
19	Age	-1020.969913	446.2836829	-2.287715084	0.036106422	-1967.049057	-74.89076862
20	Seller	21.11371598	73.95774463	0.285483503	0.77893643	-135.6696988	177.8971307
21							

图 15-8　回归输出结果：二手凯美瑞和卖车人的年龄例子的系数

$$H_1: \beta_1 \neq 0 \text{（报价和里程存在关系）}$$

拒绝原假设，则支持二手凯美瑞的里程与其报价之间存在显著关系．我希望拒绝原假设，因为我已经把它包括到模型的自变量中．我们将用 $\alpha = 0.05$ 检验我们的假设．

我们用 t 检验判断这个关系的显著性．t 检验统计如公式 15-11 所示．

回归系数的 t 检验统计量公式

$$t = \frac{b_j - \beta_j}{s_{b_j}} \qquad (15\text{-}11)$$

其中　$b_j =$ 第 j 个自变量的回归系数

　　　$\beta_j =$ 在原假设中第 j 个自变量的总体回归系数

　　　$s_{b_j} =$ 第 j 个自变量回归系数的标准误差

里程回归系数的标准误差 $s_{b_1} = 0.0415$，是里程系数 b_1 的标准差（图 15-8 中单元格 C18）．在 20 辆二手凯美瑞例子中，$b_1 = -0.1434$．然而，如果选取同样容量的样本，我们期望每个样本有不同的 b_1．**回归系数的标准误差** s_{b_1} 度量的是不同样本中 b_1 的变异性．变异性越大，s_{b_1} 越大．

里程作为第一个自变量（$j=1$），根据公式 15-11 以及图 15-8 得 t 检验统计量：

$$t = \frac{b_1 - \beta_1}{s_{b_1}} = \frac{-0.1434 - 0^{\ominus}}{0.0415} = -3.46$$

公式 15-11 的 t 检验统计量服从自由度为 $n-k-1$ 的 t 分布．对于双尾假设检验，确定拒绝域的临界值为 $t_{\alpha/2}$．根据 $\alpha = 0.05$，自由度 $20-3-1=16$，查附录 A 表 5 得 $t_{\alpha/2} = \pm 2.120$．

也可以用 Excel 的 TINV 函数计算双尾检验的临界值：

$$= \text{TINV}(\alpha, df)$$

对凯美瑞例子使用这个函数，我们有 TINV(0.05, 16) = 2.120．单尾检验要用这个函数，

　　$\ominus$　因为原假设假定自变量与因变量之间没有关系，所以公式中 $\beta_1 = 0$．

α 要翻倍.

由于 $t=-3.46$ 小于 $t_{\alpha/2}=-2.120$, 拒绝 H_0 得到结论是里程总体系数不等于 0. 换句话说, 二手凯美瑞的里程与报价之间的关系在统计上显著. 图 15-9 阐明了这个假设检验的结果.

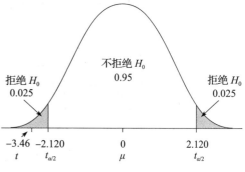

图 15-9 里程相系数的显著性检验

👉 拒绝原假设, 我们得到的结论是里程似乎是报价的一个很好的指标.

对于这个假设检验通过 p 值我们总是得到相同的结论. 根据图 15-8, 里程所在这行的 p 值等于 0.003 26. 由于这比 $\alpha=0.05$ 小, 拒绝原假设.

当我们讨论第二个自变量车龄时, 得到相同的结论. p 值 $=0.03611$, 也小于 $\alpha=0.05$. 我们的结论是二手凯美瑞的车龄也是报价的一个很好的指标.

当讨论第三个自变量的时候结果不同了. p 值 $=0.77894$, 大于 $\alpha=0.05$. 因此这种情况下不拒绝原假设. 记住, 拒绝原假设意味着因变量和自变量之间存在关系. 所以, 不拒绝原假设意味着我们的结论是两个变量之间不存在关系. 由于我们不拒绝原假设, 因此结论是卖车人的年龄不是报价的好指标. 比较恰当的决定是从回归模型中删掉这个自变量.

一些学生分不清多元回归什么时候用 t 检验, 什么时候用 F 检验. F 检验是判断包含所有自变量的总体回归模型在统计上是否显著. 例如图 15-8 中二手凯美瑞例子的总体回归模型 p 值等于 0.00398 (见单元格 F12) 是显著的. 但是, 我们刚刚发现并不是三个自变量都在统计上显著. 为了研究单个自变量的显著性, 我们用 t 检验.

👉 用 F 检验判断总体回归模型是否显著, 而 t 检验用于研究单个自变量的显著性.

15.3.2 回归系数的置信区间

我们也可以通过回归分析结果的样本系数构造置信区间估计总体系数. 这些区间为我们提供有意义的真实回归斜率值的范围, 区间形式见公式 15-12.

回归系数的置信区间公式

$$CI = b_j \pm t_{\alpha/2} s_{b_j} \tag{15-12}$$

运用公式构造 95% 的置信区间去估计总体里程系数. 对应区间临界值 $t_{\alpha/2}$ 的自由度为 $n-k-1=20-3-1=16$, 如附录 A 表 5 所示, $t_{\alpha/2}=\pm 2.120$. 又 $b_1=-0.1434$, $s_{b_1}=0.0415$, 用公式 15-12 计算置信区间结果如下:

$$CI = b \pm t_{\alpha/2} s_b = -0.1434 \pm (2.120)(0.0415)$$
$$= -0.1434 \pm 0.0880$$

置信上限 (UCL) $= -0.1434 + 0.0880 = -0.0554$

置信下限 (LCL) $= -0.1434 - 0.0880 = -0.2314$

根据 20 辆二手凯美瑞的样本, 我们有 95% 的信心认为的汽车里程每增加一英里平均

报价降低 $0.0554 至 $0.2314. 由于这个区不包含 0 ⊖，我们有理由认为二手凯美瑞的报价和里程之间存在关系.

回归分析结果中包含置信区间，见图 15-10 圈出来的部分.

	A	B	C	D	E	F	G
1	Regression Analysis						
2							
3	Regression Statistics						
4	Multiple R	0.745027545					
5	R Square	0.555066043					
6	Adjusted R Square	0.471640926					
7	Standard Error	3587.386821					
8	Observations	20					
9							
10	ANOVA						
11		df	SS	MS	F	Significance F	
12	Regression	3	256877169.5	85625723.18	6.653464374	0.003984131	
13	Residual	16	205909507.3	12869344.2			
14	Total	19	462786676.8				
15							
16		Coefficients	Standard Error	t Stat	P-value	Lower 95%	Upper 95%
17	Intercept	27616.14138	3777.691019	7.310322957	1.74999E-06	19607.79417	35624.48859
18	Mileage	-0.14339339	0.041499622	-3.455293899	0.003256964	-0.231368658	-0.055418122
19	Age	-1020.969913	446.2836829	-2.287715084	0.036106422	-1967.049057	-74.89076862
20	Seller	21.11371598	73.95774463	0.285483503	0.77893643	-135.6696988	177.8971307
21							

图 15-10 回归系数的置信区间：包括卖车人年龄的二手凯美瑞例子

注：由于这个置信区间包含 0，卖车人年龄的总体斜率可能等于 0. 因此我们不拒绝原假设，结论是卖车人的年龄与二手凯美瑞的报价之间不存在关系.

图 15-10 中单元格 F19 和 G19 给出第二个自变量，车龄的 95% 的置信区间. 根据 20 辆二手凯美瑞的样本，我们有 95% 的信心认为车龄每增加一年平均报价降低 $74.89 至 $1967.05. 由于这个区不包含 0，我们有理由认为二手凯美瑞的报价和车龄之间存在关系.

最后，图 15-10 中单元格 F20 和 G20 给出第三个自变量，卖车人年龄的 95% 的置信区间.

根据 20 辆二手凯美瑞的样本，我们有 95% 的信心认为卖车人年龄每增加一岁导致平均报价的变化从降低 $135.67 至增加 $177.90. 注意区间包含 0，这意味着卖车人年龄的总体系数可能等于 0. 根据这个结果，我们不拒绝原假设并且结论是卖车人年龄不是报价的一个好指标.

思考题 3 Excel 文件 MLB 2010Wins 2.xlsx 列出 2010 赛季职业棒球联赛每支队伍赢得比赛的场数. 文件中也包含每支队伍这一年中每场比赛的平均跑垒得分（RPG）、平均自责失分（ERA）和犯错的次数（ERR），根据 PHStat2 的结果，回答下列问题.（提示：确保在 Multiple Regression 对话框中回归系数置信水平改为 99%.）

a) 用 $\alpha=0.01$，做假设检验判断赛季中球队犯错的次数（ERR）是否是预测赢得比赛的好指标.

b) 解释自变量 ERR 的 p 值的含义.

c) 构造 99% 的置信区间去估计犯错次数的总体系数并解释含义.

⊖ 如果置信区间包含 0，我们有理由认为 β 可能等于 0，表示两个自变量之间不存在关系.

d) 评价模型中自变量 RPG 和 ERA 在预测赢得比赛次数的有效性.

e) 解释估计 RPA 和 ERA 总体系数的 99% 的置信区间含义.

习题 15.3

基础题

15.19 考虑下面自变量和因变量集合. 这些数据也可以在 Excel 文件 Prob 151.xlsx 中查到.

y	10	11	15	15	20	24	27	32
x_1	2	5	5	9	7	11	16	20
x_2	16	10	13	10	2	8	7	4

a) 用 PHStat2 以及两个自变量构造回归模型.

b) 用 $\alpha = 0.05$ 检验每个自变量的显著性.

c) 解释每个自变量 p 值的含义.

15.20 考虑下面自变量和因变量集合. 这些数据也可以在 Excel 文件 Prob 153.xlsx 中查到.

y	47	42	40	40	31	26	23	18	10
x_1	74	63	78	52	44	47	35	17	15
x_2	22	29	20	17	13	17	18	15	10

a) 用 PHStat2 以及两个自变量构造回归模型.

b) 用 $\alpha = 0.10$ 检验每个自变量的显著性.

c) 解释每个自变量 p 值的含义.

15.21 根据习题 15.19 回答下列问题:

a) 构造 x_1 的回归系数 95% 的置信区间并解释其含义.

b) 构造 x_2 的回归系数 95% 的置信区间并解释其含义.

15.22 根据习题 15.20 回答下列问题:

a) 构造每个自变量回归系数的 90% 的置信区间.

b) 解释每个置信区间的含义.

应用题

15.23 泽西海岸房屋中介想要构造一个回归模型帮助设定夏季时新泽西海滩房屋的每周租金. 这个模型的自变量为房屋的卧室数目、房龄、离海边的街区数. 随机选取的租赁房屋数据可以在 Excel 文件 Jersey Shore Realtors 1.xlsx 中查到.

a) 用 PHStat2 以及三个自变量构造回归模型.

b) 用 $\alpha = 0.05$ 检验每个自变量的显著性.

c) 用 p 值判断哪个自变量在 $\alpha = 0.05$ 时显著.

d) 构造卧室数目变量回归系数的 95% 的置信区间.

e) 解释这个置信区间的含义.

15.24 假设维拉诺瓦大学的体育指导员想要构造一个回归模型预测学院男子篮球队比赛的分差. 分差是指比赛的两支队伍最终比分的差异. 对维拉诺瓦大学来说正分差表示赢得比赛, 而负分差表示输掉比赛. 随机选择的比赛样本见 Excel 文件 Villanova basketball 1.xlsx. 维拉诺瓦大学的分差计算是根据助攻、篮板、失误以及个人犯规的次数.

a) 用 PHStat2 以及四个自变量构造回归模型.

b) 用 $\alpha = 0.10$ 检验每个自变量的显著性.

c) 解释每个自变量 p 值的含义.

d) 构造个人犯规自变量回归系数的 90% 的置信区间.

e) 解释这个置信区间的含义.

15.25 市立医院想要构造一个回归模型, 根据病人住院的天数、在医院重症监护室(ICU)的天数和病人的年龄预测总的住院费. 这些变量的数据可以在 Excel 文件 City Hospital.xlsx 中查到.

a) 用 PHStat2 以及三个自变量构造回归模型.

b) 用 $\alpha = 0.05$ 检验每个自变量的显著性.

c) 解释每个自变量 p 值的含义.

d) 构造 ICU 变量回归系数的 95% 的置信区间.

e) 解释 d 问中置信区间的含义.

15.26 财务主管想要判断当前银行的每股收益 (EPS) 是否与下列自变量之间存在关系:

● 总资产 (10 亿美元)

● 前期的 EPS

- 前期平均资产回报率(ROAA)
- 前期平均资产净回报率(ROAE)

ROAA 度量的是资产利用的有效性,而 ROAE 度量的是公司收益率. 几家银行的数据见 Excel 文件 Bank EPS. xlsx.

a) 用 PHStat2 以及四个自变量构造回归模型.
b) 用 $\alpha=0.05$ 检验每个自变量的显著性.
c) 解释每个自变量 p 值的含义.
d) 构造前期 ROAA 变量回归系数的 95% 置信区间.
e) 解释这个置信区间的含义.

15.27 根据顾客的需要,Squirt Squad 保洁公司每个月或每两个月派保洁员上门. 根据需要清洁房屋的建筑面积、房子的房间数、浴室的间数以及保洁人员数,公司想要以分钟计算预测打扫花费的时间. 随机选取的家庭数据可以在 Excel 文件 Squirt Squad 1. xlsx 中查到.

a) 用 PHStat2 以及所有自变量构造回归模型.
b) 用 $\alpha=0.05$ 检验每个自变量的显著性.
c) 解释每个自变量 p 值的含义.
d) 构造所有自变量的回归系数 95% 的置信区间.
e) 解释每个置信区间的含义.

15.4 定性自变量的运用

到目前为止,本章所有自变量都是定量变量,比如年龄和里程. 然而,有时候可能对定性变量或者分类变量感兴趣. 例如数据中的一个人性别(男,女)或者教育程度(高中,大学). 要处理这种类型,我们需要定义**虚拟变量**取值 0 或 1.

例如,如果我们想在模型中包含被调查人的性别,每个实例只有两个互斥的结果,男和女. 我们可以创建一个虚拟变量称为 GENDER,取值定义如下:

GENDER = 0,如果这是位男士
GENDER = 1,如果这是位女士

选择 0 表示男士和 1 表示女士完全是任意的. 我们把这个虚拟变量看作定量变量,并且分析过程与之前的例子一样.

我将用下面的例子来说明虚拟变量在回归模型中的运用. 假设大卫是这个城市的一个卖热狗的小贩,为了控制库存他希望构造一个回归模型帮助他预测每天的需求量. 大卫认为影响一天里热狗的需求量有三个主要因素,分别是每个热狗的价格,在营业时间的最高温,以及这天是工作日还是周末(大卫的很多顾客都是商人). 为了建立模型,大卫随机选择 12 天,记录下数据,见表 15-4.

我们首先需要定义虚拟变量,我称为日子,表示定性分类为"工作日"和"周末". 对这个变量进行以下任意分配.

日子 = 1 表示工作日

表 15-4 热狗需求量模型的数据

日需求量	最高温度	价格	日子
144	73	$1.00	周末
90	64	$1.00	周末
108	73	$1.00	工作日
120	82	$1.00	工作日
54	45	$1.20	周末
69	54	$1.20	工作日
126	86	$1.20	工作日
99	70	$1.20	周末
48	73	$1.50	周末
33	66	$1.50	周末
90	75	$1.50	工作日
81	61	$1.50	工作日

日子＝0 表示周末[一]

这些数据在 Excel 文件 hot dog demand.xlsx 中可以查到．打开文件进入 PHStat2 中的 Multiple Regression 对话框，步骤如之前章节所示．图 15-11a 包含已选择的三个自变量的文件和对话框．

图 15-11b 给出的是热狗需求模型的回归分析结果．

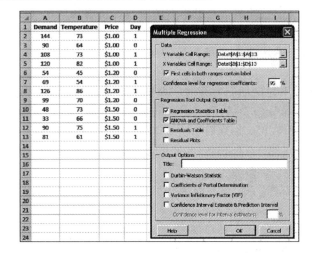

a) 在多元回归用虚拟变量(步骤 1)

b) 在多元回归用虚拟变量(最终结果)

图 15-11

根据图 15-11b，热狗模型的回归方程如下：

$$\hat{y} = 98.7236 + 1.1641x_1 - 84.3445x_2 + 24.1025x_3$$

其中 x_1＝华氏的最高温

[一] 虚拟变量哪个分配为 1 和哪个分配为 0 是任意的．

x_2＝每个热狗的价格

x_3＝1 表示工作日，0 表示周末

方程中回归系数的解释如下：

b_1＝1.1641：假定另外两个变量不变的时候，每天最高温每增加一度导致销售的热狗平均增加 1.1641 个。

b_2＝－84.3445：假定另外两个变量不变的时候，价格每增加一美元导致热狗的需求平均减少 84.3445 个。换句话说，价格每增加 0.10 美元，每天热狗的需求量减少 8.4 支。

b_3＝24.1025：假定另外两个变量不变的时候，平均来说工作日的日需求比周末超出 24.1025 个。

当我们在下列条件下讨论回归方程时，虚拟变量系数的解释变得更明显：

- 首先，确定在工作日(x_3＝1)最高温为80°F热狗售价为 1.2 美元时每天的需求量：

$$\hat{y} = 98.7236 + 1.1641x_1 - 84.3445x_2 + 24.1025x_3$$
$$= 98.7236 + 1.1641(80) - 84.3445(1.20) + 24.1025(1)$$
$$= 114.7 \text{ 个热狗}$$

- 其次，确定在周末(x_3＝0)最高温为80°F热狗售价为 1.2 美元时每天的需求量：

$$\hat{y} = 98.7236 + 1.1641x_1 - 84.3445x_2 + 24.1025x_3$$
$$= 98.7236 + 1.1641(80) - 84.3445(1.20) + 24.1025(0)$$
$$= 90.6 \text{ 个热狗}$$

当价格和温度相同时，工作日和周末的需求量平均差异如下：

$$114.7 - 90.6 = 24.1 \text{ 支热狗}$$

注意这个值与 b_3 一致，这不是巧合(学完本章后你再鼓掌)。

因为在热狗的例子中定性变量只有两个可能的结果，所以在模型中我们只需要一个虚拟变量。然而，我们的确遇到定性变量分类多于两个的情况。如何处理呢？为了回答这个问题，让我们先回到二手凯美瑞的例子。除了车龄和里程，我将加入车况作为变量，可能的结果有以下三种：

非常好　　良好　　差

这些数据可以在 Excel 文件 Used Camrys Condition.xlsx 中查到。这个例子我们需要两个虚拟变量 Cond1 和 Cond2，见表 15-5。

换句话说，二手凯美瑞车况非常好的情况定义的 Cond1、Cond2 的值都为 0。车况虚拟变量集的取值是任意的。我也可以简单地将车况差的情况两个虚拟变量定义为 0。

表 15-5　创建二手车况虚拟变量

车况	虚拟变量	
	COND1	COND2
非常好	0	0
良好	0	1
差	1	0

有三种分类的定性变量类型取值通常应该为如下形式：

(0,0)(0,1)(1,0)

取值为(0,0)称作基础类别，本例中对应非常好的情况。一般来说，所用的虚拟变量的数目比定性变量的分类数小 1。

Excel 文件 PHStat2 中的 Multiple Regression 对话框如图 15-12a 所示。

👆 记住，在 Excel 电子表格中所有的自变量需要在相邻的列．

注意在这个文件中已经包含了定性变量车况（位于 G 列）以及两个对应的虚拟变量 Cond1、Cond2（分别位于 E 列和 F 列）．圈起来的部分表示每辆车的定性变量被转换为两个虚拟变量．同时注意对话框"X Variable Cell Range"不包含定性变量（车况）但是包括两个虚拟变量（Cond1 和 Cond2）．回归分析结果见图 15-12b．

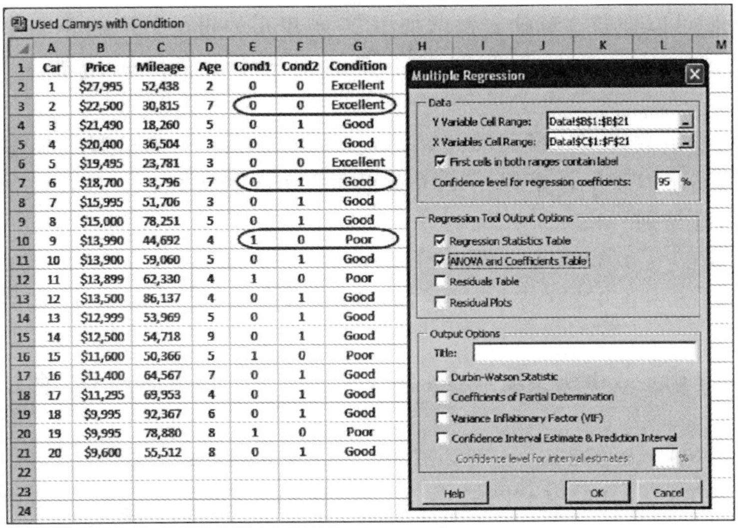

a）在一个多元回归中使用两个虚拟变量（步骤 1）

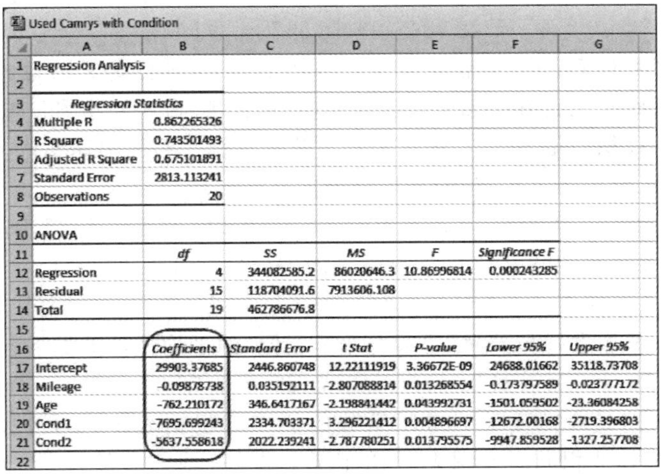

b）在一个多元回归中使用两个虚拟变量（最终结果）

图 15-12

根据图 15-12b，包含车况的二手凯美瑞的回归方程如下：
$$\hat{y} = 29\,903.3769 - 0.0988x_1 - 762.2102x_2 - 7\,695.6992x_3 - 5\,637.5586x_4$$

其中　x_1＝二手凯美瑞的里程
　　　x_2＝二手凯美瑞的车龄
　　　x_3＝二手凯美瑞 Cond1 的值
　　　x_4＝二手凯美瑞 Cond2 的值

方程中回归系数的解释如下：

b_1＝－0.0988：假定车龄和车况不变的情况下，车的里程计每增加一英里报价平均减少 \$0.0988. 我们可以推断这意味着每增加 1000 英里车的报价平均减少 \$98.90.

b_2＝－762.2102：假定里程和车况不变的情况下，车龄每增加一年报价平均减少 \$762.21.

关于虚拟变量系数（b_3＝－7695.6992，b_4＝－5637.5586）的解释需要多一点说明. 首先计算二手凯美瑞车龄 4 年，里程 47 270 英里而且车况非常好（x_3＝0，x_4＝0）时的平均报价. 记住这是基础类别.

$$\hat{y}= 29\,903.3769 - 0.0988x_1 - 762.2102x_2 - 7695.6992x_3 - 5637.5586x_4$$
$$= 29\,903.3769 - 0.0988(47\,270) - 762.2102(4) - 7695.6992(0) - 5637.5586(0)$$
$$= \$22\,184$$

现在，我们来确定二手凯美瑞车龄 4 年，里程 47 270 英里而且车况良好（x_3＝0，x_4＝1）时的平均报价：

$$\hat{y}= 29\,903.3769 - 0.0988x_1 - 762.2102x_2 - 7695.6992x_3 - 5637.5586x_4$$
$$= 29\,903.3769 - 0.0988(47270) - 762.2102(4) - 7695.6992(0) - 5637.5586(1)$$
$$= \$16\,547$$

二手凯美瑞车况非常好与良好（里程与车龄相同）的平均报价差如下：

$$\$22\,184 - \$16\,547 = \$5637$$

回顾这是虚拟变量 Cond2 系数的值 b_4. 根据表 15-5 我们定义的虚拟变量，b_4 说明二手凯美瑞其他相同时车况良好时比车况非常好（基础分类）时平均少 \$5637.

如何解释另一虚拟变量系数 b_3 呢？现在，我们计算二手凯美瑞车龄 4 年，里程 47 270 英里而且车况差（x_3＝1，x_4＝0）时的平均报价：

$$\hat{y}= 29\,903.3769 - 0.0988x_1 - 762.2102x_2 - 7695.6992x_3 - 5637.5586x_4$$
$$= 29\,903.3769 - 0.0988(47270) - 762.2102(4) - 7695.6992(1) - 5637.5586(0)$$
$$= \$14\,489$$

二手凯美瑞车况非常好与差时（里程与车龄相同）的平均报价差如下：

$$\$22\,184 - \$14\,489 = \$7695$$

正如你所见，这是虚拟变量 Cond1 系数的值 b_3. 根据表 15-5 我们定义的虚拟变量，b_3 说明二手凯美瑞其他相同时车况差时比车况非常好（基础分类）时平均少 \$7695. 这个教训（除了虚拟变量）告诉我们要照顾好你的车. 我不断地向子女说这个信息，却没有被重视.

虚拟变量的系数反映的是，当定性变量的一个类与基础类别（取值都为 0）比较时因变量的变化. 这提出一个显而易见的问题，当定性变量分类大于 3 个的时候会怎样？表 15-6 给出的是车况分为 4 种情况时可能的虚拟变量集.

我再一次用非常好的车况作为基础类别. 这种形式的关键是每一种车况的虚拟变量取值最多有一个 1. 换句话说, 表 15-6 中任何行或者列最多只有一个 1.

为了避免在下一次考试时像一个"傻瓜", 做一做下面的思考题来练习虚拟变量的技巧.

思考题 4 Excel 文件 MLB 2010Wins 3. xlsx 列出 2010 赛季职业棒球联赛每支队伍赢得比赛的场数. 文件中也包含每支队伍每场比赛的平均跑垒得分(RPG)、平均自责失分(ERA)以及它的体育馆是否有可伸缩的屋顶或圆形屋顶(ROOF).

表 15-6 创建 4 个分类的虚拟变量

车况	虚拟变量		
	COND1	COND2	COND3
非常好	0	0	0
良好	0	0	1
一般	0	1	0
差	1	0	0

用 PHStat2 做回归分析并解释可伸缩屋顶或圆形屋顶对球队在赛季赢得比赛场数的影响.

习题 15.4

基础题

15.28 考虑下面因变量和自变量集, 变量 x_3 为定性变量且 M = 男性, F = 女性. 这道题的定量变量数据可以在 Excel 文件 Prob 1528. xlsx 中查到.

y	10	11	15	15	20	24	27	32
x_1	2	5	5	9	7	11	16	20
x_2	16	10	13	10	2	8	7	4
x_3	M	M	F	F	F	M	F	F

a) 用 PHStat2 以三个自变量建立回归模型.

b) 解释每个回归系数的含义.

15.29 考虑下面因变量和自变量集, 变量 x_3 为定性变量且 H = 高的, M = 中等的, L = Low 低的. 这道题的定量变量数据可以在 Excel 文件 Prob 1529. xlsx 中查到.

y	47	42	40	40	31	26	23	18	10
x_1	74	63	78	52	44	47	35	17	15
x_2	32	22	29	20	17	13	17	8	10
x_3	M	H	H	L	M	H	M	L	L

a) 用 PHStat2 以三个自变量建立回归模型.

b) 解释每个回归系数的含义.

应用题

15.30 州立学院的商业统计学教授想要构造一个回归模型, 根据学生当前的 GPA、备考的时长、一学期缺课的节数以及性别预测其期末考试成绩. 这些变量的数据可以在 Excel 文件 final exam score 2. xlsx 中查到.

a) 用 PHStat2 以及全部自变量构造回归模型.

b) 用 $\alpha = 0.10$ 检验总体回归模型的显著性.

c) 解释虚拟变量回归系数的意义.

d) 用 p 值确定当 $\alpha = 0.10$ 时哪个自变量是显著的.

e) 只用在 d 问中得到的显著变量构造回归模型, 并预测备考时长为 4 小时、一学期缺课 2 节、当前 GPA 为 3.45 的男学生的平均考试成绩.

15.31 按照顾客的需要, Squirt Squad 保洁公司每个月或每两个月派保洁员上门. 根据需要清洁房屋的建筑面积、房子的房间数、浴室的间数、保洁人员数、打扫的频率以及家庭是否有孩子, 公司想要以分钟计算预测打扫花费的时间. 随机选取的家庭数据可以在 Excel 文件 Squirt Squad 2. xlsx 中查到.

a) 用 PHStat2 以及全部自变量构造回归模型.

b) 用 $\alpha = 0.05$ 检验总体回归模型的显著性.

c) 解释房间数、保洁人员数、是否有孩子以及频率变量回归系数的意义.

d) 用 p 值确定当 $\alpha = 0.05$ 时哪个自变量是

显著的.

e) 只用在 d 问中得到的显著变量构造回归模型, 预测房屋为 2250 平方英尺、11 间房间、3.5 间浴室、没有孩子需要花费的平均时间. 每个月雇佣 4 个保洁人员打扫一次.

15.32 假设维拉诺瓦大学的体育指导员想要构造一个回归模型预测学院男子篮球队比赛的分差. 分差是指比赛的两支队伍最终比分的差异. 对维拉诺瓦大学来说正的分差表示赢得比赛, 而负的分差表示输掉比赛. 随机选择主客场的比赛, 维拉诺瓦大学的分差是根据助攻、篮板、失误以及个人犯规的次数来计算. 这些数据可以在 Excel 文件 Villanova basketball 2. xlsx 中查到.

a) 用 PHStat2 以及全部自变量构造回归模型.

b) 用 $\alpha = 0.10$ 检验总体回归模型的显著性.

c) 解释虚拟变量回归系数的意义.

d) 用 p 值确定当 $\alpha = 0.10$ 时哪个自变量是显著的.

e) 只用在 d 问中得到的显著变量构造的回归模型, 预测维拉诺瓦主场比赛 8 个助攻、37 个篮板、15 次失误、22 次个人犯规时的平均分差.

15.33 假设特拉华州银行想要构造一个回归模型, 根据顾客的年龄、周收入、教育程度 (高中, 本科, 硕士)、是自有住房还是租房来预测其信用评分. 随机选取顾客的数据见 Excel 文件 Bank of Delaware 1. xlsx.

a) 用 PHStat2 以及全部自变量构造回归模型.

b) 用 $\alpha = 0.01$ 检验总体回归模型的显著性.

c) 解释每个变量回归系数的意义.

d) 用 p 值确定当 $\alpha = 0.01$ 时哪个自变量是显著的.

e) 只用在 d 问中得到的显著变量构造回归模型, 预测年龄为 42 岁、月收入 \$1200、本科学历且拥有自己住房的顾客的平均信用评分.

15.34 泽西海岸的房屋中介想要构造一个回归模型帮助设定夏季新泽西海滩房屋的每周租金. 这个模型的自变量为房屋的卧室数目、房龄、离海边的街区数以及出租的月份 (6 月, 7 月, 8 月). 随机选取租赁房屋的数据可以在 Excel 文件 Jersey Shore Realtors 2. xlsx 中查到.

a) 用 PHStat2 以及全部自变量构造回归模型.

b) 用 $\alpha = 0.05$ 检验总体回归模型的显著性.

c) 解释每个虚拟变量回归系数的意义.

d) 用 p 值确定当 $\alpha = 0.05$ 时哪个自变量是显著的.

e) 只用在 d 问中得到的显著变量构造回归模型, 预测 8 月房龄 12 年、有 3 间卧室、离海边 2 个街区的房屋平均每周的租金.

15.5 建立模型

本章所有的例子, 给出的回归模型都是包含所有自变量. 本节我们将会看到, 最好能够考虑每个自变量对回归模型的影响, 然后决定哪些组合在一起最有效. 决定哪些自变量应该出现在最终的回归模型中的过程称为**建立模型**.

15.5.1 多重共线性

相互高度相关的自变量可以引起多元回归的问题.⊖ 这个情况在统计学中有个特殊的

⊖ 记住在第 14 章讨论的相关性是度量两个变量之间线性关系的程度和方向.

名字——**多重共线性**. 要解释这个问题最好的方法就是通过一个简单的例子. 表 15-7 给出了 8 名男士以磅为单位的体重以及左右脚的鞋子尺寸. 这些数据也可以在 Excel 文件 Shoe size.xlsx 中查到.

表 15-7 体重与对应的鞋子尺寸

体重	SHOE SIZE	
	右脚	左脚
160	9	9
168	8	8
172	10.5	10.5
185	10	10
188	11	11.5
196	11	11
200	12	12
204	12	12

首先,用 PHStat2 建立回归模型,根据右脚的尺寸预测男士的体重. 结果见图 15-13.

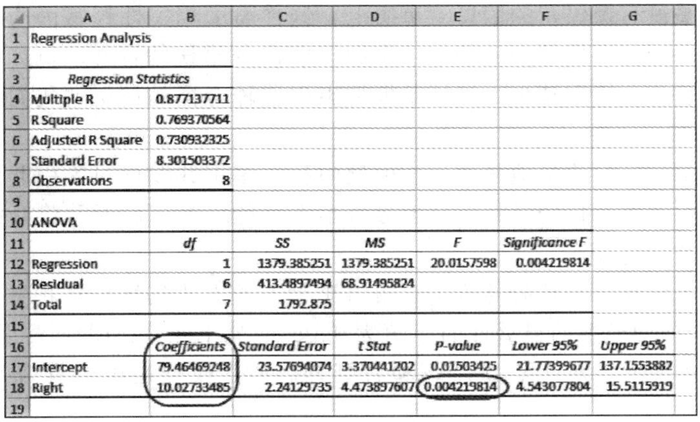

图 15-13 根据右脚尺寸预测男士的体重

可以看到被圈起来的 p 值为 0.0042(单元格 E18),当 $\alpha=0.05$ 时回归模型显著. 回归方程如下:

$$\hat{y} = 79.4647 + 10.0273x_1$$

根据模型,右脚的鞋子尺寸每增加一码体重平均增加 10 磅. 看起来合理.

现在,看看当把左脚和右脚都作为自变量放在回归模型中时会发生什么,结果见图 15-14.

在这个模型中,根据圈起来的 p 值(单元格 E18 和 E19)知道两个自变量都不显著. 我们得到一个相当可疑的回归模型,如下所示:

$$\hat{y} = 78.8369 + 14.2567x_1 - 4.1444x_2$$

根据这个模型,左脚的鞋码每增加一码体重平均减少 4 磅. 这在我看来毫无意义. 发生了什么?

	A	B	C	D	E	F	G
1	Regression Analysis						
2							
3	*Regression Statistics*						
4	Multiple R	0.878300048					
5	R Square	0.771410974					
6	Adjusted R Square	0.679975363					
7	Standard Error	9.053524737					
8	Observations	8					
9							
10	ANOVA						
11		*df*	*SS*	*MS*	*F*	*Significance F*	
12	Regression	2	1383.043449	691.5217246	8.436657979	0.024982647	
13	Residual	5	409.8315508	81.96631016			
14	Total	7	1792.875				
15							
16		*Coefficients*	*Standard Error*	*t Stat*	*P-value*	*Lower 95%*	*Upper 95%*
17	Intercept	78.8368984	25.88389389	3.045769738	0.028561252	12.30023092	145.3735659
18	Right	14.25668449	20.16837359	0.706883202	0.511211623	-37.58777031	66.10113929
19	Left	-4.144385027	19.61752195	-0.211259355	0.841025564	-54.57283061	46.28406056
20							

图 15-14 根据两只鞋的尺寸预测男士的体重

看表 15-7，由于右脚和左脚相关性很高(用 Excel 得 $r=0.99$)，我们可以看到两只脚的鞋码变化方向一致. 在模型中同时用这两个自变量是多余的. 增加左脚鞋码作为自变量对我们预测体重几乎没有提供新的信息. 事实上，这种高度相关性经常因为应该显著的自变量看起来不显著. 同时，模型中一些回归系数可能出现错误的符号. 例如，我没有期望增加男士左脚鞋码预测到体重减少. 当回归模型出现这种奇怪的情况，我们怀疑出现了多重共线性.

鞋码的例子(我希望)清楚地描述了在模型中存在多重共线性可能引起的问题. 当存在多重共线性，要检测哪个自变量在统计上显著不太可能. 本节后面我将介绍如何检测多重共线性的出现以及如何处理.

然而，如果回归模型的目的是为了预测因变量，多重共线性的存在不一定是问题. 注意图 15-14，整个回归模型的显著性的 p 值为 0.0250(见单元格 F12). 尽管系数令人头疼，由于 p 值小于 $\alpha=0.05$，对于给定左脚和右脚鞋码时，模型是可以有效预测男士的平均体重.

多重共线性的存在性可以通过方差膨胀因子检测(VIF). VIF 的公式见 15-13.

方差膨胀因子公式

$$VIF_j = \frac{1}{1-R_j^2} \tag{15-13}$$

其中 VIF_j=第 j 个自变量的方差膨胀因子

R_j^2=以第 j 个自变量为因变量时，对其他自变量回归的多重判定系数

对变量 R_j^2 需要一点解释. 这与之前讨论的 R^2 一样，只有一点不同. 我们完全忽略了数据中原来的因变量而只关心自变量. 例如，考虑本章前面如下自变量：

变量 1：汽车的里程($j=1$)

变量 2：车龄($j=2$)

变量 3：卖车人的年龄($j=3$)

变量 R_1^2 的计算是把汽车的里程作为因变量而车龄和卖车人的年龄作为自变量. 类似

地, 变量 R_2^2 的计算是把车龄作为因变量而汽车的里程和卖车人的年龄作为自变量. 同样的模型适用于 R_3^2.

假设回归模型中有三个自变量 x_1、x_2 和 x_3, 我们想确定 VIF_1, 第一个自变量 x_1 的因子. 这需要用 x_1 作为因变量 x_2, x_3 作为自变量进行回归分析. 这个分析过程忽略原来的因变量.

如果之前三个自变量不存在相关性, 那么 $R_1^2=0$. 把这个值代入公式 15-13, 得:

$$VIF_1 = \frac{1}{1-R_1^2} = \frac{1}{1-0} = 1.0$$

之前情况是存在相关性, R_1^2 会接近 1.0, 反过来讲引起 VIF_1 增加. 继续用这种方法确定 VIF_2 和 VIF_3. 如果任何一个 VIF_j 超过 5.0, 自变量之间存在足够的相关性, 以至于可以声称回归模型中存在多重共线性.

用 PHStat2 可以计算 VIF_j 这是一个好消息, 在下面的例子中我将介绍如何计算. 威瑞森电信记录每周每个零售员工实现激活手机的数目作为工作效率的衡量标准. 激活的定义是新顾客签订一部手机合同或者老顾客续签合同. 在过去一周 25 名员工激活电话的数目见 Excel 文件 activation 1.xlsx, 这是因变量; 自变量如下:

Exp(x_1): 员工工作经验的年数
Gend(x_2): 员工的性别, 0=男性, 1=女性
Perf(x_3): 按照标准对员工的表现从 1~100 评分
Age(x_4): 员工的年龄
Salary(x_5): 员工的周工资

Excel 文件的 PHStat2 的 Multiple Regression 对话框见图 15-15a. 注意 Variance Inflation Factor(VIF)复选框是被选中的.

点击 OK 以后, PHStat2 为每个自变量创建一个工作表, 标题为 X1、X2 等等. Exp 自变量的 VIF_1 值见图 15-15b.

我们可以用图 15-15b 和公式 15-13 确定 VIF_1 的值:

$$VIF_1 = \frac{1}{1-R_1^2} = \frac{1}{1-0.2914} = 1.41$$

手机激活例子的其他 VIF 值见表 15-8.

由于表 15-8 中有 VIF 的值大于 5, 所以如果用所有的自变量建立模型则存在多重共线性. 变量 Salary 和 Perf 高度相关, 说明员工表现评分越高可以想象工资越高. 如果你花点时间对这两个变量用 Excel 的 CORREl 函数可以得到 $r=0.889$.

为了消除手机激活例子中存在的多重共线性, 我们需要删除模型中的一个或者两个

表 15-8 手机激活例子的方差膨胀因子值

自变量	VIF_j	多重共线性
Exp	1.41	No
Gend	1.65	No
Perf	5.30	Yes
Age	1.15	No
Salary	6.07	Yes

自变量. 我喜欢的比喻是两个无礼的孩子不能留在同一间房间内(大多数父母能联想到的东西). 我将先移除变量 Salary, 因为表 15-8 中它的 VIF 值最大.

接下来，我将对剩下的 4 个自变量重复 *VIF* 过程. 结果见表 15-9.

模型中剩下的 4 个自变量的 *VIF* 值都是小于 5.0，说明回归模型中不存在多重共线性.

由于每个 *VIF* 值小于 5.0，似乎我们找到一个很好的自变量组. 假使 Perf 的 *VIF* 值大于 5.0，我也要将其从模型中移除并再次重复这个过程确认余下的 *VIF* 值可接受.

表 15-9 手机激活例子的方差膨胀因子值

自变量	VIF_j	多重共线性
Exp	1.38	No
Gend	1.43	No
Perf	1.49	No
Age	1.13	No

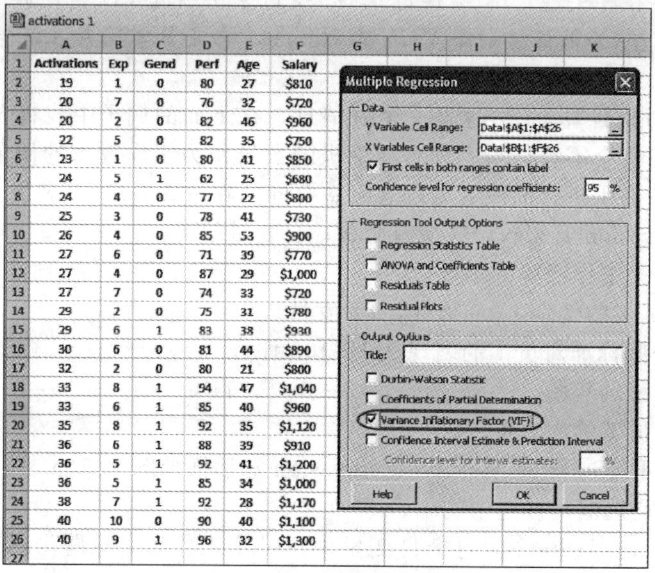

	A	B	C	D	E	F
1	Activations	Exp	Gend	Perf	Age	Salary
2	19	1	0	80	27	$810
3	20	7	0	76	32	$720
4	20	2	0	82	46	$960
5	22	5	0	82	35	$750
6	23	1	0	80	41	$850
7	24	5	1	62	25	$680
8	24	4	0	77	22	$800
9	25	3	0	78	41	$730
10	26	4	0	85	53	$900
11	27	6	0	71	39	$770
12	27	4	0	87	29	$1,000
13	27	7	0	74	33	$720
14	29	2	0	75	31	$780
15	29	6	1	83	38	$930
16	30	6	0	81	44	$890
17	32	2	0	80	21	$800
18	33	8	1	94	47	$1,040
19	33	6	1	85	40	$960
20	35	8	1	92	35	$1,120
21	36	6	1	88	39	$910
22	36	5	1	92	41	$1,200
23	36	5	1	85	34	$1,000
24	38	7	1	92	28	$1,170
25	40	10	0	90	40	$1,100
26	40	9	1	96	32	$1,300

a) 确定手机激活例子的方差膨胀因子(步骤 1)

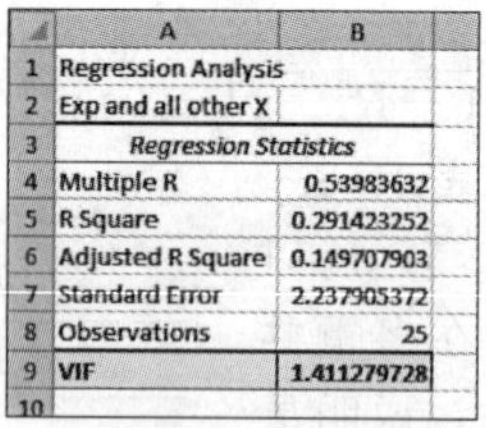

	A	B
1	Regression Analysis	
2	Exp and all other X	
3	*Regression Statistics*	
4	Multiple R	0.53983632
5	R Square	0.291423252
6	Adjusted R Square	0.149707903
7	Standard Error	2.237905372
8	Observations	25
9	VIF	1.411279728

b) 确定手机激活例子的方差膨胀因子(最终结果)

图 15-15

既然已经通过移除不需要的自变量消除了多重共线性，我们准备用逐步回归建立最终模型. 但是首先看看思考题中自变量之间的关系.

思考题 5 假设亚利桑那州立大学想要建立一个回归模型确定影响 MBA 学生 GPA 成绩(MBAGPA)的因素. 随机选取最近已经毕业的 24 名 MBA 学生情况见 Excel 文件 MBA GPA.xlsx. 文件中自变量如下：

MGMAT(x_1)：学生 GMAT(入学考试)数学成绩
VGMAT(x_2)：学生 GMAT(入学考试)语文成绩
UGGPA(x_3)：学生的本科 GPA
DEGREE(x_4)：虚拟变量 0 表示商业本科学位，1 表示非商业本科学位
确定这些自变量之间是否存在多重共线性．如果存在，采取必要步骤消除多重共线性．

15.5.2 一般逐步回归分析法

既然我们已经消除了手机激活例子中自变量之间存在的多重共线性，现在是决定最终回归模型包含余下哪些自变量的时候了．余下的自变量有：

Exp(x_1)：员工工作经验的年数
Gend(x_2)：员工的性别，0＝男性，1＝女性
Perf(x_3)：按照标准对员工的表现从 1～100 评分
Age(x_4)：员工的年龄

有几个方法可以实现这个目标，这些方法都需要用到像 PHStat2 一样的软件．我们要讨论的第一个方法称为**一般逐步回归法**．按照如下步骤将自变量引入模型：

1. 选择与因变量相关性最高的自变量．
2. 如果这个变量在统计上显著，则引入模型．
3. 接下来选择的是解释因变量的未解释变异性所占比例最大的变量．
4. 如果这个变量在统计上显著，则引入模型．
5. 有时，加入一个新的变量将使得模型中已有的自变量的 p 值超过 α．在这种情况下，在统计上不显著的自变量从模型中剔除．
6. 重复这个过程直到剩下的自变量在统计上显著．

用 PHStat2 对手机激活例子进行一般逐步回归过程如下：

1. 打开 Excel 文件 activations 2.xlsx．文件中包含表 15-9 给出的 4 个自变量以及因变量，激活数目．
2. 点击 Add-In＞PHStat＞Regression＞Stepwise Regression，如图 15-16a 所示．
3. 填写 Stepwise Regression 对话框，如图 15-16b 所示．p value to enter 和 p value to remove 是分别决定自变量是引入模型还是从模型中剔除的临界值．
4. 点击 OK．

PHStat2 创建了一个标题为 "Stepwise" 的工作表，给出逐步回归的结果．第一个被引入模型的自变量是 Perf，如图 15-16c 所示．

由于 p 值等于 0.0002，变量 Perf 在统计上显著．第二个引入模型的自变量 Exp 如图 15-6d 所示．

两个自变量的 p 值都小于 0.05，因此保留在模型中．最后两个自变量 Gend 和 Age 它们的 p 值已经超过 0.05，所以没有被引入模型中．最终的回归模型如下：

$$\hat{y} = -9.5712 + 1.0960x_1 + 0.4010x_3$$

其中　x_1＝员工工作经验的年数
　　　x_3＝按照标准对员工的表现从 1～100 评分

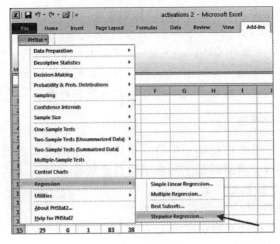

a) 用 PHStat2 做逐步回归(步骤 1~2)

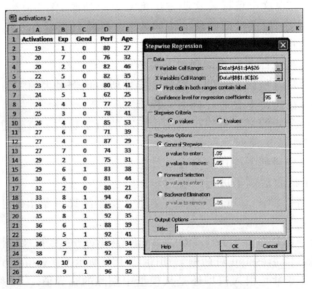

b) 用 PHStat2 做逐步回归(步骤 3~4)

c) 第一个变量逐步回归模型

图 15-16

多元回归与建模

	df	SS	MS	F	Significance F
Regression	2	585.3038273	292.6519137	16.28903619	4.56509E-05
Residual	22	395.2561727	17.96618967		
Total	24	980.56			

	Coefficients	Standard Error	t Stat	P-value	Lower 95%	Upper 95%
Intercept	-9.571239683	9.343949823	-1.024324816	0.316813884	-28.94940557	9.806926203
Perf	0.401015817	0.12085217	3.318234301	0.003123905	0.150383756	0.651647878
Exp	1.095979058	0.394387291	2.778941115	0.010946083	0.278069877	1.913888239

No other variables could be entered into the model. Stepwise ends.

d) 第二个变量逐步回归模型

图 15-16 （续）

方程中回归系数的解释如下：

$b_1 = 1.096$：假定员工的表现评分不变的情况下，工作经验每增加一年每周平均激活数量增加 1.096.

$b_3 = 0.401$：假定员工的工作经验不变的情况下，表现评分每增加一分每周平均激活数量增加 0.401.

通常用一般逐步回归方法，结果模型中的所有自变量在统计上显著. 用这种方法的缺点是每一次只考虑一个自变量，当选择最终模型的时候，没有考虑变量所有可能的组合.

下一节我们将讨论另一种考虑所有可能组合的方法. 但是在学习之前，先花几分钟完成思考题.

思考题 6 用思考题 5 亚利桑那州立大学 MBA GPA.xlsx 中的数据和剩下的变量（没有多重共线性）进行一般逐步回归. 用 0.05 作为引入和剔除的 p 值. 解释最终模型的回归系数的意义.

15.5.3 最小子集回归分析法

另一种选择最终合适自变量的方法称为**最小子集回归分析法**. 这种方法不是每次只选择一个变量而是将自变量的所有组合作为最终回归模型的可能候选进行研究. 例如，假设我们有三个自变量可以考虑，分别是 x_1、x_2 和 x_3. 最小子集回归分析法将考虑变量的所有组合. 这些组合如表 15-10 所示.

由于一般逐步回归分析法每次只有一个变量被引入模型，不可能讨论所有的组合，这是其缺点. 然而，最小子集回归分析法限制被考虑自变量的数目. 若有 k 个自变量，

表 15-10 三个自变量的最小子集回归的组合

x_1
x_2
x_3
x_1 和 x_2
x_1 和 x_3
x_2 和 x_3
x_1、x_2 和 x_3

那么有 $2^k - 1$ 个回归模型的组合被考虑. 因此随着自变量数目的增加，组合的数目急剧扩大. 例如在 PHStat2 程序中最小子集回归分析法仅限于讨论 7 个自变量. 如果有更多自变量要讨论，需要用逐步回归分析法.

为了了解最小子集回归分析法如何工作，我们用之前手机激活例子不存在多重共线性

的数据,步骤如下:

1. 打开 Excel 文件 activations 2.xlsx.
2. 点击 Add-In>PHStat>Regression>Best Subsets,如图 15-17a 所示.
3. 填写 BestSubsets 对话框,如图 15-17b 所示. 点击 OK.
4. PHStat2 在 Excel 文件中创建了几个工作表,其中一个标题为"BestSubsets". 选择这个工作表,数据如图 15-17c 所示.

图 15-17c 给出的是 4 个自变量 15 种可能组合讨论的结果($2^4-1=15$). 图中也包含修正的 R^2 以及每个回归模型的标准误差. 理想情况是,在子集中选择修正的 R^2 最大而标准误差最小的模型. 用灰底突出表示的两个模型是根据标准最好的选择.

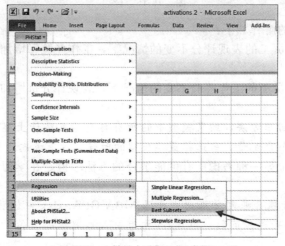

a) 用 PHStat2 做最小子集回归(步骤 1~2)

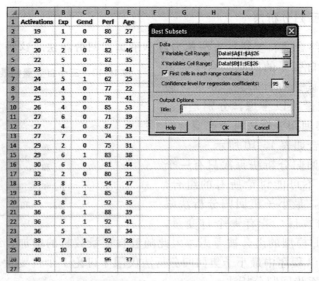

b) 用 PHStat2 做最小子集回归(步骤 3)

图 15-17

多元回归与建模

	A	B	C	D	E	F
1	Best Subsets Analysis					
2						
3	Intermediate Calculations					
4	R2T	0.673905				
5	1 - R2T	0.326095				
6	n	25				
7	T	5				
8	n - T	20				
9						
10	Model	Cp	k+1	R Square	Adj. R Square	Std. Error
11	X1	16.09563	2	0.395166	0.368868773	5.077984
12	X2	16.71217	2	0.385113	0.358379063	5.120009
13	X3	12.40056	2	0.455413	0.431735208	4.818444
14	X4	40.13066	2	0.003281	-0.040054332	6.518677
15	X1X2	9.554069	3	0.534434	0.492109476	4.555295
16	X1X3	5.722418	3	0.596908	0.56026296	4.238654
17	X1X4	18.03413	3	0.396169	0.341274882	5.187804
18	X2X3	6.53238	3	0.583701	0.545856173	4.307529
19	X2X4	18.58492	3	0.387188	0.331478017	5.22624
20	X3X4	12.85915	3	0.480545	0.433322021	4.811712
21	X1X2X3	3.986191	4	0.657826	0.608943852	3.997155
22	X1X2X4	11.54498	4	0.534582	0.468093513	4.661751
23	X1X3X4	6.102203	4	0.623125	0.569514137	4.193831
24	X2X3X4	7.790184	4	0.595803	0.538060334	4.344343
25	X1X2X3X4		5	0.673905	0.608686534	3.99847

c) 最小子集回归分析结果

	A	B	C	D	E	F	G
1	Best Subsets Analysis						
2	X1 X2 X3						
3	Regression Statistics						
4	Multiple R	0.811064653					
5	R Square	0.657825871					
6	Adjusted R Square	0.608943852					
7	Standard Error	3.997155323					
8	Observations	25					
9							
10	ANOVA						
11		df	SS	MS	F	Significance F	
12	Regression	3	645.0377358	215.0125786	13.45742036	4.03886E-05	
13	Residual	21	335.5222642	15.97725068			
14	Total	24	980.56				
15							
16		Coefficients	Standard Error	t Stat	P-value	Lower 95%	Upper 95%
17	Intercept	-3.852175876	9.294745729	-0.414446612	0.682749974	-23.18165778	15.47730602
18	Exp	0.841469171	0.394522353	2.132880847	0.044897364	0.021015023	1.661923318
19	Gend	3.735467406	1.931903859	1.933567961	0.066759432	-0.282146607	7.753081418
20	Perf	0.329656604	0.119793124	2.75188251	0.01194861	0.080533164	0.578780044

d) 最终最小子集回归模型

图 15-17 （续）

👉 记住修正的 R^2 度量的是因变量的变异可以由自变量解释的比例并且根据模型中自变量的数目和样本容量进行修正.

👉 记住标准误差度量的是回归方程如何拟合样本数据. 标准误差越小, 样本数据中的实际因变量与用回归模型预测的因变量之间差异越小.

PHStat2 最小子集回归分析程序将 Excel 文件中第一个自变量分配为 x_1, 第二个为 x_2, 以此类推. 根据这个分配, 激活手机的例子变量分配如下:

Exp(x_1)：员工工作经验的年数

Gend(x_2)：员工的性别, 0＝男性, 1＝女性

Perf(x_3)：按照标准对员工的表现从 1－100 评分

Age(x_4): 员工的年龄

注意图 15-17c 中只有 Age(x_4) 修正的 R^2 (已被圈起来) 为负. 如图 15-17c 当决定系数很小, 或者回归模型中自变量很多时这个可能发生. 再次给出计算修正的 R^2 的公式 15-10. 可以看到自变量的数目 k 在分母中. 这使得 k 越大修正的 R^2 越小.

$$R_A^2 = 1 - \left[(1-R^2)\left(\frac{n-1}{n-k-1}\right)\right]$$

图 15-17c 给了一个被称为 C_p 的统计量, 它度量真实总体模型与样本得到的回归模型之间的差异. C_p 统计量的目标是小于等于 $k+1$, k 表示自变量的数目. 图 15-17c 突出表示的子集也满足这个标准, 见表 15-11 的总结.

表 15-11 手机激活例子的最小子集候选

模型	C_p	$k+1$	修正的 R^2
$x1, x2, x3$	3.99	4	0.6089
$x1, x2, x3, x4$	5.00	5	0.6087

注: 当比较的模型中修正的 R^2 相似时, 选择自变量较少的模型.

预测员工每周激活手机的数目的两个模型表现差不多. 选择时, 自变量越少, 这个模型越是所需要的. 这个选择使得最终模型需要较少的数据, 并且减少造成回归多重共线性的可能. 因此用最小子集回归分析方法, 我们更好的选择是包含自变量 x_1、x_2 和 x_3 的模型.

由于这个子集是图 15-17c 中三个自变量组的第一个组合, 你可以在另外一个标题为 "3X" 的工作表中找到这个子集的最终回归模型. 分析结果见图 15-17d.

根据图 15-17d, 最终激活回归模型如下:

$$\hat{y} = -3.8522 + 0.8415 x_1 + 3.7355 x_2 + 0.3297 x_3$$

其中　x_1＝员工工作经验的年数

x_2＝员工的性别, 0＝男性, 1＝女性

x_3＝按照标准对员工的表现从 1～100 评分

假设威瑞森想要用这个模型预测一个评分为 85, 有 4 年经验的男性雇员每周激活手机的数目. 最小子集模型预测结果如下:

$\hat{y} = -3.8522 + 0.8415 x_1 + 3.7355 x_2 + 0.3297 x_3$

$= -3.8522 + 0.8415(4) + 3.7355(0) + 0.3297(85) = 27.5$ 部激活的手机/周

注意: 最小子集回归模型得到结果与之前讨论的逐步回归模型的结果不同. 这是由于最小子集方法通常找的是变量的组合而逐步回归方法永远讨论不到这个组合.

有最大的修正的 R^2 的子集可能包含在统计上不显著的自变量 (p 值大于 α) 这种情况也可能存在. 例如, 图 15-17d 中变量 Gend 的 p 值等于 0.0668. 模型的建立者可能需要考虑哪个更重要——是显著的自变量还是最大的修正的 R^2. 在图 15-17c 中, 我们看到可以选择的合适子集经常不止一个.

关于手机激活例子的最小子集分析法和逐步回归分析方法比较见表 15-12. 逐步回归法的修正的 R^2 可以在图 15-17c 第 16 行查到.

表 15-12 最小子集回归分析法与逐步回归分析法的比较

模型	变量	修正的 R^2
最小子集	x_1, x_2, x_3	0.6089
逐步回归	x_1, x_3	0.5603

做下面思考题，用最小子集回归分析法选择模型.

思考题 7 用思考题 5 亚利桑那州立大学 MBA GPA.xlsx 中的数据和剩下的变量（没有多重共线性）进行最小子集回归.

a) 选择最大的修正的 R^2 子集.

b) 与思考题 6 中用逐步回归得到的模型进行比较.

15.5.4 其他的选择法

与一般逐步回归分析法类似，另外两种逐步回归分析也可以用 PHStat2. 第一种被称为**向前选择回归**. 这种方法开始在模型中没有自变量，步骤与逐步回归分析法一样. 向前选择回归法也用 "p-value to enter" 作为是否引入自变量作为模型的一部分的标准. 这两种方法的主要区别是一旦自变量被引入向前选择模型，就一直留在模型中（有点像你的家人）. 结果，直到最终模型在统计上不显著才结束引入自变量. 你可以在 PHStat2 的 Stepwise Regression 对话框中选择这种方法，如图 15-16b 所示.

另一个逐步法被称为**向后剔除回归分析**. 这个过程是以所有自变量在模型中为开始. 用对话框中 "p-value to remove" 每次选择保留在模型中的自变量. 自变量一旦被从向后剔除模型中剔除，在后面的步骤中不会再回到模型中（就像在电视节目《美国偶像》中的选手）. 根据向后剔除，你可以确定所剩的自变量在统计上都是显著的. 也可以在 PHStat2 的 Stepwise Regression 对话框中选择这种方法，如图 15-16b 所示.

因为向前选择和向后剔除都是逐步模型，每次都是考虑一个自变量的影响. 最终模型的自变量集对修正的 R^2 最大没有保证. 然而，和一般逐步过程一样，可以讨论大量自变量的最终回归模型.

15.5.5 残差分析

建模过程的最后一个步骤是进行残差分析. 残差不过是统计学家描述因变量的真实值与预测值之间差异的华丽辞藻. 换句话说，残差是描述回归误差的一种类型. 例如，在 activations 2.xlsx 文件数据中第一个评分为 80，工作经验 1 年的男性雇员激活 19 部手机. 这个雇员最小子集回归模型预测激活的数目如下：

$$\hat{y} = -3.8522 + 0.8415x_1 + 3.7355x_2 + 0.3297x_3$$

$$\hat{y}_1 = -3.8522 + 0.8415(1) + 3.7355(0) + 0.3297(80) = 23.4 \text{ 部激活的手机}/\text{周}$$

激活数目的真实值与预测值之间的差异可以通过公式 15-14 计算.

残差公式

$$e_i = y_i - \hat{y}_i \tag{15-14}$$

其中　$e_i =$ 样本中第 i 个观测值的残差

$y_i =$ 第 i 个点因变量的真实值

$\hat{y}_i =$ 第 i 个点因变量的预测值

运用公式 15-14，第一个雇员的残差如下：

$$e_1 = y_1 - \hat{y}_1 = 19 - 23.4 = -4.4$$

也就是说，回归模型预测的第一个雇员一周激活的数量比实际多 4.4。用 Excel 的 Data Analysis Toolpak，我们可以得到样本每个观测值的残差。下面将用 Excel 文件 activations 3.xlsx 来说明这个过程，文件中包含了最小子集回归模型的自变量。

1. 打开 Excel 文件 activations 3.xlsx.
2. 点击 Data>Data Anaylsis，如图 15-18a 所示。
3. 选择 Data Anaylsis 对话框中的 Regression，并点击 OK。
4. 填写 Regression 对话框，如图 15-18b 所示。点击 OK。

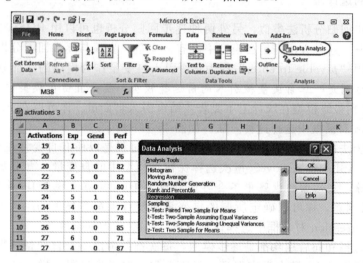

a) Excel 的 Data Analysis 函数进行残差分析（步骤 1~3）

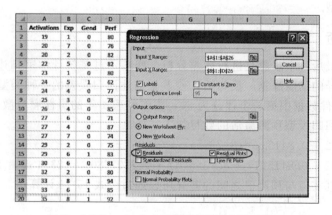

b) Excel 的 Data Analysis 函数进行残差分析（步骤 4）

图 15-18

Observation	Predicted Activations	Residuals
1	23.4	-4.4
2	27.1	-7.1
3	24.9	-4.9
4	27.4	-5.4
5	23.4	-0.4
6	24.5	-0.5
7	24.9	-0.9
8	24.4	0.6
9	27.5	-1.5
10	24.6	2.4
11	28.2	-1.2
12	26.4	0.6
13	22.6	6.4
14	32.3	-3.3
15	27.9	2.1
16	24.2	7.8
17	37.6	-4.6
18	33.0	0.0
19	36.9	-1.9
20	33.9	2.1
21	34.4	1.6
22	32.1	3.9
23	36.1	1.9
24	34.2	5.8
25	39.1	0.9

c) Excel 的 Data Analysis 函数进行残差分析(最终结果)

图 15-18 （续）

由于我们选择对话框中的 Residual，Excel 会给出样本每个观测值残差的残差表．输出结果如图 15-18c 所示．

负的残差表示每个雇员预测手机激活的数目比实际多．正的残差表示正好相反．残差越接近于 0，回归模型拟合的越好．

多元回归模型的一个假设就是残差的方差为常数．由于我们选择对话框中的 Residual Plot，所有 Excel 回归输出结果有一个包含每个自变量的残差图．这样我们可以讨论条件是否满足．图 15-19 是变量 Exp 的残差图．

图中每个点表示每个雇员的残差与其工作经验的年数．想想样本中第一个雇员残差为 -4.4 激活数．⊖ 这个雇员工作经验只有一年．图 15-19 中圈起来的点对应这个雇员．

多元回归模型假设图 15-19 中沿水平轴残差的变化是相当恒定的．也就是说，没有经验的雇员与有经验的雇员在回归模型中的误差差异不大．通过分析图 15-19 变量 Exp 残差方差恒定的情况似乎满足我们所讨论的条件．注意数据点随机地分散在残差图中水平轴的附近．

你一定很好奇如果这种恒定方差条件不满足残差图会怎么？图 15-20 给出这样一个假设实例．

注意到经验较少的雇员比经验较多的雇员回归误差大得多．得到这个结论是因为图 15-20 中随着数据向水平轴(经验)右侧移动时残差值越接近于 0．根据这个图，有 10 年工作经验的雇员残差非常接近于 0，这意味着模型在预测有较多经验雇员的激活数目时的确很好．比较只有两年工作经验的雇员的残差．在图的这边预测误差离 0 相当远．说明当

⊖ 第一个雇员激活 19 部手机而模型预测的是激活 23.4 部，它们之间的差异为 -4.4 部．

模型预测经验丰富的雇员激活手机数目时比缺少经验的员工激活手机数目要更准确. 因此这个残差图似乎不满足残差有一个稳定方差的条件.

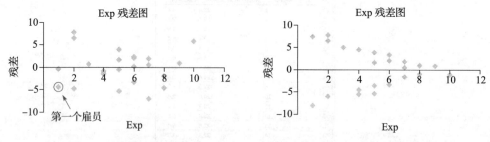

图 15-19　变量 Exp 残差图　　　　图 15-20　变量 Exp 假定的残差图

图 15-21 和图 15-22 是例子中另外两个自变量 Perf 和 Gend 的残差图. 样本第一个雇员 (−4.4)在这两个图中的残差都圈起来, 对应评分 80 以及性别虚拟变量等于 0.

两个图都没有违反方差稳定的要求, 尽管回归模型中男雇员的误差比女雇员稍微多些. 这是因为男雇员比女雇员沿 x 轴更分散些.

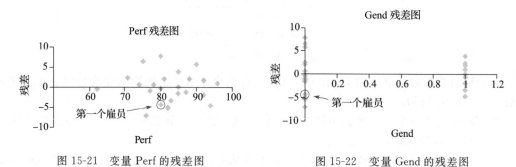

图 15-21　变量 Perf 的残差图　　　　图 15-22　变量 Gend 的残差图

15.5.6　建模小结

建立模型这节我们讨论了相当多的材料, 所以我想按照下面步骤对过程进行总结, 对你会有帮助:

1. 如果回归模型存在多重共线性会引发问题, 用 PHStat2 确定每个自变量的方差膨胀因子(VIF). 否则进行步骤 2.

   a) 如果没有变量的 VIF 大于 5.0, 则进行步骤 2.

   b) 如果有一个变量的 VIF 大于 5.0, 将它从模型中删除然后进行步骤 2.

   c) 如果有两个以上自变量的 VIF 大于 5.0, 将 VIF 值最大的自变量从模型中删除然后回到步骤 1.

2. 如果模型中剩余自变量大于 7 个, 进行逐步回归确定适当的回归方程. 否则, 进行步骤 3.

3. 如果模型中剩余自变量小于等于 7 个, 进行最小子集回归分析确定最终模型的可能的所有候选情况.

4. 确定子集中最大的修正的 R^2 作为候选.

5. 同时包括所有 C_p 小于等于 $k+1$ 的子集作为可能候选的子集
6. 从所列出可能的候选中,选择最适合的模型.
7. 其他条件相同时,选择自变量数目最少的模型.
8. 讨论最终模型中每个自变量的残差是为了确保残差满足方差恒定的假设.

确定你明白如何进行残差分析后,做最后一道思考题.

思考题 8 用思考题 5 亚利桑那州立大学 GPA 的例子中的信息以及最小子集模型,进行残差分析.这个模型是否满足恒定方差的要求?

习题 15.5

基础题

15.35 考虑下面因变量和自变量的集合.这些数据也可在 Excel 文件 Prob 1535.xlsx 中查到.

y	10	11	15	15	20	24	27	32	26	39
x_1	2	5	5	9	7	11	16	20	39	21
x_2	16	10	13	10	2	8	7	4	8	5
x_3	7	15	9	12	18	17	23	20	27	30

用 PHStat2 检查是否存在多重共线性.如果存在,选择必要的步骤消除它.

15.36 考虑下面因变量和自变量的集合.这些数据也可在 Excel 文件 Prob 1536.xlsx 中查到.

y	47	42	40	40	31	26	23	18	10	14	6
x_1	74	63	78	52	44	47	35	17	15	20	17
x_2	22	29	20	17	13	17	8	15	10	10	7
x_3	7	15	9	12	18	17	23	20	27	30	33

用 PHStat2 检查是否存在多重共线性.如果存在,选择必要的步骤消除它.

15.37 考虑下面因变量和自变量的集合.这些数据也可在 Excel 文件 Prob 1537.xlsx 中查到.

y	64	43	51	49	40	42	23	37	30	27	20
x_1	74	63	78	52	44	47	35	17	15	20	17
x_2	22	29	20	17	13	17	8	15	10	10	7
x_3	24	15	9	38	18	17	5	40	27	30	33

a) 用 $\alpha=0.05$ 作为模型引入和剔除的 p 值做逐步回归.

b) 对 a 问建立的模型进行残差分析确定回归条件是否满足.

15.38 考虑下面因变量和自变量的集合.这些数据也可在 Excel 文件 Prob 1538.xlsx 中查到.

y	64	43	51	49	40	42	23	37	30	27	20
x_1	74	63	78	52	44	47	35	17	15	20	17
x_2	22	29	20	17	13	17	8	15	10	10	7
x_3	24	15	9	38	18	17	5	40	27	30	33
x_4	17	30	25	29	38	30	33	39	44	41	49

a) 做最小子集回归分析并选择最适合的模型.

b) 进行残差分析确定模型的条件是否满足.

应用题

15.39 一个财务主管想要判断当前一个银行的每股收益(EPS)是否与下列自变量之间存在关系:

● 总资产(10 亿美元)
● 前期的 EPS
● 前期平均资产回报率(ROAA)
● 前期平均资产净回报率(ROAE)

ROAA 度量的资产利用的有效性,而 ROAE 度量的是公司收益率.几家银行的数据见 Excel 文件 Bank EPS.xlsx.

a) 用 PHStat2 检查是否存在多重共线性.

b) 如果存在,选择必要的步骤消除它.

c) 用 $\alpha=0.05$ 作为模型引入和剔除的 p 值做逐步回归.

d) 确定 c 问模型的回归方程.

e) 对 c 问模型进行残差分析确定模型的条件是否满足.

15.40 州立学院的商业统计学教授想要建立一个回归模型,根据学生当前的 GPA,备考的时长,一学期缺课的节数以及性别预测其期末考试成绩.这些变量的数据可以在

Excel 文件 final exam score 2. xlsx 中查到.
a) 用 PHStat2 检查是否存在多重共线性.
b) 如果存在, 选择必要的步骤消除它.
c) 用 $\alpha=0.10$ 作为模型引入和剔除的 p 值做逐步回归.
d) 确定 c 问模型的回归方程.
e) 对 c 问模型进行残差分析确定模型的条件是否满足.

15.41 市立医院想要建立一个回归模型, 根据病人住院的天数, 在医院重症监护室(ICU)的天数, 以及病人的年龄预测总的住院费. 这些变量的数据可以在 Excel 文件 City Hospital. xlsx 中查到.
a) 用 PHStat2 检查是否存在多重共线性.
b) 如果存在, 选择必要的步骤消除它.
c) 用 $\alpha=0.05$ 作为模型引入和剔除的 p 值做逐步回归.
d) 确定 c 问模型的回归方程.
e) 对 c 问模型进行残差分析确定模型的条件是否满足.

15.42 根据顾客的需要, Squirt Squad 保洁公司每个月或每两个月派保洁员上门. 公司想要预测以分钟计打扫房屋花费的时间, 需要清洁房屋的建筑面积, 房子的房间数, 浴室的间数, 保洁人员数, 以及家庭是否有孩子. 随机选取的家庭数据可以在 Excel 文件 Squirt Squad 3. xlsx 中查到.
a) 用 PHStat2 检查是否存在多重共线性.
b) 如果存在, 选择必要的步骤消除它.
c) 进行最小子集回归分析并选择最适合的模型.
d) 对 c 问的模型进行残差分析确定模型的条件是否满足.

15.43 假设维拉诺瓦大学的体育指导员想要建立一个回归模型预测学院男子篮球队比赛的分差. 分差是指比赛的两支队伍最终分数的差异. 对维拉诺瓦大学来说正分差表示赢得比赛, 而负分差表示输掉比赛. 随机选择的比赛样本见 Excel 文件 Villanova basketball 1. xlsx. 维拉诺瓦大学的分差是根据助攻、篮板、失误以及个人犯规的次数计算的.
a) 用 PHStat2 检查是否存在多重共线性.
b) 如果存在, 选择必要的步骤消除它.
c) 进行最小子集回归分析并选择最适合的模型.
d) 确定 c 问模型的回归方程.
e) 对 c 问的模型进行残差分析确定模型的条件是否满足.

15.44 假设特拉华州银行想要建立一个回归模型, 根据顾客的年龄、周收入、教育程度(高中、本科、硕士)来预测其信用评分. 随机选取顾客的数据见 Excel 文件 Bank of Delaware 2. xlsx.
a) 用 PHStat2 检查是否存在多重共线性.
b) 如果存在, 选择必要的步骤消除它.
c) 进行最小子集回归分析并选择最适合的模型.
d) 确定 c 问模型的回归方程.
e) 对 c 问的模型进行残差分析确定模型的条件是否满足.

15.45 泽西海岸的房屋中介想要建立一个回归模型帮助公司设定夏季海滩房屋的每周租金. 这个模型的自变量为房屋的建筑面积、卧室数目、浴室数目和房龄. 随机选取的房屋租金数据可以在 Excel 文件 Jersey Shore Realtors 3. xlsx 中查到.
a) 用 PHStat2 检查是否存在多重共线性.
b) 如果存在, 选择必要的步骤消除它.
c) 进行最小子集回归分析并选择最适合的模型.
d) 确定 c 问模型的回归方程.
e) 对 c 问的模型进行残差分析确定模型的条件是否满足.

本章主要公式

用 k 个自变量的回归方程公式

$$\hat{y} = a + b_1 x_1 + b_2 x_2 + \cdots + b_k x_k \quad (15\text{-}1)$$

总体平方和(SST)公式

$$SST = \sum (y - \bar{y})^2 \quad (15\text{-}2)$$

回归平方和(SSR)公式
$$SSR = \sum (\hat{y} - \bar{y})^2 \quad (15\text{-}3)$$

残差平方和(SSE)公式
$$SSE = \sum (y - \hat{y})^2 \quad (15\text{-}4)$$

分解总平方和公式
$$SST = SSR + SSE \quad (15\text{-}5)$$

多重决定系数公式
$$R^2 = \frac{SSR}{SST} \quad (15\text{-}6)$$

均方回归(MSR)公式
$$MSR = \frac{SSR}{k} \quad (15\text{-}7)$$

均方误差(MSE)公式
$$MSE = \frac{SSE}{n-k-1} \quad (15\text{-}8)$$

总体回归模型的 F 检验统计量公式
$$F = \frac{MSR}{MSE} \quad (15\text{-}9)$$

修正的多重决定系数公式
$$R_A^2 = 1 - \left[(1-R^2)\left(\frac{n-1}{n-k-1}\right)\right] \quad (15\text{-}10)$$

回归系数的 t 检验统计量公式
$$t = \frac{b_j - \beta_j}{s_{b_j}} \quad (15\text{-}11)$$

回归系数的置信区间公式
$$CI = b_j \pm t_{\alpha/2} s_{b_j} \quad (15\text{-}12)$$

方差膨胀因子公式
$$VIF_j = \frac{1}{1 - R_j^2} \quad (15\text{-}13)$$

残差公式
$$e_i = y_i - \hat{y}_i \quad (15\text{-}14)$$

复习题

15.46 市场调查公司为了它的一个客户,想要预测家庭每周的食物支出. 关心的自变量有家庭成员人数,青少年人数以及家庭总收入. 随机选择家庭的这些变量数据可以在 Excel 文件 food expenditures.xlsx 中查到.
a) 用这三个自变量构造回归模型.
b) 解释回归系数的含义.
c) 用 $\alpha = 0.05$ 检验总体回归模型的显著性.
d) 当家庭总收入为 \$1200,家庭中有 5 人其中一人为青少年时,预测平均每周食物支出.
e) 构造如 d 问中的家庭平均每周食物支出的 95% 的置信区间并解释区间的含义.
f) 构造如 d 问中的一个家庭每周食物支出的 95% 的预测区间并解释区间的含义.
g) 用 $\alpha = 0.05$ 检验每个自变量的显著性.
h) 构造青少年人数变量回归系数的 95% 的置信区间并解释区间的含义.
i) 用最小子集法构造回归模型,确定最适合这个问题的回归模型.

15.47 鲍勃是统计学教材的作者也是有抱负的摄影师,他的 13×19 的作品放在新泽西的石港艺术岛寄卖(如果你在那个地区可以顺便造访问斯宾塞). 为了改善库存管理,鲍勃想要建立一个模型来预测一周里将要销售的图片数量. Excel 文件 Island Art 2.xlsx 提供的数据来自随机选择的过去两年夏季数周:每周销售的图片数,每周画的价格,一周开始时的库存,时期(旺季或者淡季).
a) 用这四个自变量构造回归模型来预测一周里图片的平均需求量.
b) 解释 a 问中回归系数的意义.
c) 用 $\alpha = 0.05$ 检验总体回归模型的显著性.
d) 给出 a 问修正多重决定系数的计算过程.
e) 用 p 值 $\alpha = 0.05$ 确定 a 问中自变量的显著性.
f) 用 PHStat2 检查四个自变量是否存在多重共线性. 如果存在,选择必要的步骤消除它.
g) 用 f 问中自变量做逐步回归构造回归模型. 用 $\alpha = 0.05$ 做引入和剔除自变量的 p 值.
h) 用 g 问的模型预测当库存 65 幅图片每幅售价 \$59 时旺季每周平均需求量.

i) 构造 g 问价格变量回归系数的 95% 的置信区间．并解释区间的含义．
j) 做残差分析来确定 g 问回归模型是否满足建模的要求．

15.48 Soffritto Italian Grill 的老板想要预测服务生从晚餐顾客那里收到的小费．根据随机选择的餐桌，老板收集到的数据见 Excel 文件 Soffritto.xlsx．数据包括小费，每桌的账单，每桌的顾客人数，在餐厅用晚餐的时长，以及是否是工作日（周一到周四）或者周末（星期五到星期日）．
a) 检查自变量之间是否多重共线性．如果存在，选择必要的步骤消除它．
b) 用 a 剩下的自变量建立回归模型．
c) 解释回归系数的意义．
d) 用 $\alpha = 0.02$ 检验总体回归模型的显著性．
e) 用 p 值方法根据 $\alpha = 0.02$ 确定哪些自变量显著．
f) 构造 b 问中账单变量回归系数的 98% 的置信区间．并解释区间的含义．
g) 用最小子集回归法根据 b 问中的自变量建立预测每桌平均消费的回归模型．
h) 根据 g 问的模型，预测服务生在周末从用餐时长为 95 分钟，消费 $125 的四位用餐者那收到的平均小费．

15.49 棒球大联盟队伍的总经理想要建立一个回归模型去预测赛季中以投手先发而赢得比赛的场数．2010 赛季投手先发的随机样本的数据见 Excel 文件 MLB pitchers.xlsx．
● 赢得比赛的场数
● 每个投球局平均的上垒和击打次数（WHIP）
● 每九局平均三击不中出局的次数（K/9）
● 平均三振出局比率（K/BB）
● 投手责任得分率（ERA）——每场比赛平均丢掉的投手责任失分数
● 每次打席数的平均投球数（P/PA）
● 每局平均投球数（P/IP）
● 地面球与飞球比（G/F）——G/F 比值高的投手可能使击球手将球击到地上而不是空中
● 平均得分支援（RS）——先发投球的队伍平均得分
● 右手投手或者左手投手（R/L）
a) 检查自变量之间是否有多重共线性．如果存在，选择必要的步骤消除它．
b) 根据 a 问剩下的自变量用最小子集回归法建立回归模型预测投手先发平均赢得比赛场数．
c) 解释 b 问中回归系数的意义．
d) 构造 b 问中得分支援变量回归系数的 99% 的置信区间．并解释这个置信区间的含义．
e) 预测当左手投手每局上垒和击打平均次数为 1.2，每次比赛三振出局为 7.1，每次打席数的平均投球为 3.8，每局比赛平均投球为 15.2，地面球与飞球比例为 0.8，平均三振出局比例为 2.5，平均得分支援为 3.6 以及球队以他首发平均得分为 5.3 时赢得比赛的平均场数．
f) 做残差分析确定 b 问中建立的模型是否满足回归模型的条件．
g) 总经理想要在他球队开局名单增加一个新的投手．根据这个模型，他选择投手应该是三振出局率高还是地面球与飞球比率高？说明你的选择．

15.50 某重点大学的院长想要建立一个模型讨论大学的全职副教授的工资与下列自变量之间的关系．这些自变量是：按照 1—20 对副教授的表现进行评分，性别，以 0～100% 为标准的学生的支持率，年龄，教学经验的时长，学院（艺术科学学院或者商学院）．院长收集副教授的随机样本，这些数据可以在 Excel 文件 faculty salaries.xlsx 中查到．
a) 检查自变量之间是否有多重共线性．如果存在，选择必要的步骤消除它．
b) 根据 a 问剩下的自变量建立回归模型．
c) 解释每个回归系数的含义．
d) 用 $\alpha = 0.01$ 检验总体回归模型的显著性．
e) 用 p 值方法根据 $\alpha = 0.01$ 确定哪些自变量显著．

f) 用逐步回归法根据 b 问中的自变量建立回归模型来预测副教授的工资. 用 $\alpha = 0.01$ 做引入和剔除自变量的 p 值.

g) 预测一名商学院年龄 41 岁有 11 年教学经验表现评分 17, 学生支持率为 88.3% 的女性副教授的工资.

h) 根据 f 问逐步回归的结果用 PHStat2 构造副教授平均工资的 99% 的置信区间并解释它的含义.

i) 根据 f 问逐步回归的结果用 PHStat2 构造副教授工资的 99% 的预测区间并解释它的含义.

j) 做残差分析确定 f 问中建立的模型是否满足回归模型的条件.

15.51 你刚完成商业统计学的课程正在百思买购买笔记本电脑. 为了帮助做决定, 你决定构造一个回归模型预测笔记本的销售价格. Excel 文件 laptops.xlsx 包含在百思买网站随机选择的笔记本样本数据:

- 销售价格
- 品牌
- 屏幕尺寸(英寸)
- 硬盘驱动器大小(GB)
- 内存条的总量(GB)
- USB 接口的数目
- 重量(盎司)

a) 检查自变量之间是否有多重共线性. 如果存在, 选择必要的步骤消除它.

b) 根据 a 问剩下的自变量建立回归模型.

c) 用 $\alpha = 0.05$ 检验总体回归模型的显著性.

d) 用 b 问中的自变量做逐步回归建立回归模型预测笔记本的价格.

e) 解释 d 问模型中每个回归系数的含义.

f) 构造 d 问中尺寸变量回归系数的 95% 的置信区间. 并解释这个置信区间的含义.

g) 预测屏幕为 15.6 英寸, 4G 内存, 500G 硬盘, 有 3 个 USB 接口, 重量 5.2 盎司的东芝笔记本售价.

h) 用 PHStat2 构造 g 问所描述笔记本 95% 的预测区间, 并解释其含义.

15.52 迈克里奇在南加州美特尔海滩管理着一家房地产公司, 他想建立一个模型帮助预测其对顾客海边物业的售价. 迈克从最近销售的房屋随机样本收集的数据如下: 房屋的售价(以 $000 为单位), 报价(以 $000 为单位), 市场销售房屋的时长, 建筑面积(平方英尺), 房龄, 卧室的数目, 浴室的数目, 房屋位置(高尔夫球场或者树木繁茂). 这些数据可以在 Excel 文件 Myrtle Beach Homes.xlsx 中查到. 构造最小子集回归模型, 用 $\alpha = 0.01$ 预测房龄 18 年, 在市场销售时长为 57 天, 报价 \$499 000, 有 4 个卧室, 3.5 个浴室面积 2800 平方英尺, 位于树木繁茂的地方的房屋销售价格. 提供一个完整的分析结果.

第16章 预　　测

预测汽车销量

再次祝贺你的订单！由于用第15章多元回归法进行讨论而表现出色，布兰迪万河福特中部地区的一个主要汽车经销商，已经提升你至新车销售经理的职位。新工作的主要任务之一就是预测下一个季度新车销售的数量。这个信息将用于决定销售量和在不久的将来需要的维修人员人数。幸运的是，本章将为你提供做这样决策的工具。所以，如果你真的想让老板对你印象深刻，那么一定继续读下去！

企业想要在今天竞争的环境中成功，需要有远见并提前计划将来的事。许多商业决策，比如建设新的设施或者培训新员工，需要时间去实现。即使短期经营决策，比如订购库存或者安排员工都需要有远见。为了帮助做决策，需要准确地预测将来的需要和其他事件。如果这些预测不准确，根据这些预测做的决策对机构几乎没有帮助。

严重依赖准确预测机构的例子如下：

- 政府机构：为了支付政府支出需要预测税收收入。
- 事业单位：由于投资一项新设施的成本非常高而且需要时间去修建，事业单位花大量的时间和资源预测将来的能源需求。
- 金融机构：经济数据比如利率和股票价格在决策中扮演着重要作用，需要尽可能地预测准确。

预测方法可以分为两大类：定性预测法和定量预测法。**定性预测法**是指主要依靠预测者凭借自己的直觉和知识经验对事物发展的未来状况做出判断的主观方法。有许多结构化的技术可以来改善这个过程。与之对应的**定量预测法**是运用历史数据和数学方法来预测事物发展的未来状况。

本章我们将讨论几个用于商业上的不同的定量预测法。也将学习依靠数据如何比较这些不同方法的有效性。毕竟，你想让你的老板对你的统计天赋留下深刻的印象，难道不是吗？

16.1　预测简介

我可以肯定大部分人都经历过对糟糕预测的失望。当我在一月份一个寒冷的晚上写本章的时候，这一切恰好发生了。我最喜欢的天气预报员预测有一场大的暴风雪，明天保证是一个下雪天，所以我不需要去学校。我必须要告诉你一个秘密，我们教师和学生一样喜欢下雪天。在今晚不到一英寸厚的雪地上，暴风雪似乎正在消失，这让我非常懊恼！好吧，我最好开始准备明天的课吧。

当涉及商业决策时，有很多预测比错误预测下雪天更危险。由于预测不准确而做出的糟糕决策会导致职业受损名誉丧失。说到职业，让我们回到本章开始的例子，你想预测下季度新车的销量。要做的话，你需要前几个季度的汽车销售数据，在表16-1中为你提供这些数据．数据也可以在 Excel 文件 new car sales.xlsx 中查到．

表 16-1　布兰迪万河福特的新车销售数据

年	季度	销量	年	季度	销量
2009	1	97	2010	3	126
2009	2	142	2010	4	150
2009	3	108	2011	1	123
2009	4	135	2011	2	151
2010	1	120	2011	3	141
2010	2	164	2011	4	142

　　因为每个销售数据点关联到一个特定的时间点，所以表 16-1 中的数据被称为**时间序列**．由于时间序列预测法在商业中运用普遍，因此这将是本章的重点．

　　值得任何一个好的预报员考虑的事是建立如图 16-1 所示的 XY 数据散点图．这样做可以为我们提供表中不能反映的可视化图．(参见第 2 章关于如何画这个图的介绍.)散点图可以让我们观察到时间序列的不同成分，我们将在下面的章节进行讨论．

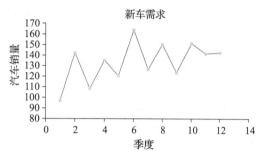

图 16-1　XY 散点图：新车销售量

时间序列诸成分

　　任何时间序列包含下列成分中至少一项：
- 趋势
- 季节性
- 周期性
- 随机性

　　如果在数据中可以观察到某种持续向上或持续向下的变动，在时间序列中呈现**趋势成分**．例如，尽管图 16-1 中新车需求的数据上下跳跃，但是它们在过去的 12 个季度的周期内整体呈上升趋势．经销商过去三年的销量似乎是增长的．

　　如果我们对应日历可以发现一致的模型，那么说数据包含**季节性成分**．例如，图 16-1 中每年的第二季度和第四季度新车销售出现一个高峰期，反之第一季度和第三季度出现衰退期．季节性模型在每一年重复出现．因此，要观察它们，数据要比在一年的基础上收集更频繁．换句话，如果每年四个季度的销售数据合成一年的我们不可能观察到图 16-1 中的季节性模型．比如旅游业，受季节性影响的企业在建立预测模型时需要考虑这个成分．

　　周期性是时间序列由于美国或者世界经济上下波动的变化．这个模型似乎是一年内季节模型之外的延伸．例如，由于房地产市场疲软，2007 年至 2010 年木材的需求呈下降周期.

最后，每个时间序列包含**随机成分**，由数据不可预测的变动组成不能归为变化趋势、季节性或者周期性成分. 由于它没有可检测模式，这个成分经常被称为"噪音".

本章要讨论的预测方法是试图确定这些成分并且用这些信息预测将来的值. 我们将从称为平滑预测法的经典预测方法开始学习.

16.2 平滑预测法

由于随机波动是不可预测的，平滑预测法的目标是对时间序列的随机波动进行平均或者平滑. 如果我们预测的是最近时间序列值的平均值，我们期望从长远看随机成分"消除自己". 也就是，被认为是成分的向上变动和向下变动相互抵消.

平滑方法对随着时间推移相当一致的数据非常有效——换言之，数据没有显著的趋势、季节性或者周期性成分. 下面的预测方法都是平滑法：
- 简单移动平均法
- 加权移动平均法
- 指数平滑法
- 指数平滑法的趋势调整

16.2.1 简单移动平均法预测

正如这种预测法名字所提示的一样，**简单平移平均法**（SMA）预测是直接将时间序列最近的 p 个值求平均. 用这种方法和表 16-1 去预测布兰迪万河福特新车在 2012 年第一季度的销量. 我们首先选择 p 个值，p 是平均表达式中包含的周期数，在本例中就是几个季度. 设本例 $p=3$，我们将晚一点讨论这个选择. 表 16-1 中最近三个季度的值分别为 151、141 和 142，计算如下：

$$\text{SMA}(p=3,2012\text{ 年第一季度}) = \frac{151+141+142}{3} = \frac{434}{3} = 144.7 \approx 145$$

根据三个周期 SMA，2012 年第一季度销售量的预测为 145 辆汽车.

现在，我认为你的老板想知道关于这个预测的准确性. 随着 2012 年第一季度布兰迪万河福特销量入账，将与你的预测有多接近呢？你可以通过表 16-1 给出的历史数据用三周期 SMA 预测法来回答你老板的问题. 用那个历史数据减去历史预测可以计算每个点的预测误差. 平均绝对误差（MAD）是预测误差的平均值，公式见 16-1.

平均绝对误差（MAD）公式

$$\text{MAD} = \frac{\sum |A_t - F_t|}{n} \tag{16-1}$$

其中　MAD=平均绝对误差

　　　A_t=时期 t 的实际值

　　　F_t=时期 t 的预测值

　　　$A_t - F_t$=时期 t 的预测误差

　　　$|A_t - F_t|$=预测误差的绝对值

$n=$ 预测误差的数目

三个时期 SMA 预测的计算见表 16-2. 我们需要用它们计算汽车销量的 MAD.

表 16-2　求平均绝对误差需要的数据和计算结果：三个时期简单平移平均法预测

时期 t	实际销量 A_t	预测销量 F_t	预测误差 $A_t - F_t$	绝对预测误差 $\lvert A_t - F_t \rvert$
1	97			
2	142			
3	108			
4	135	115.7	19.3	19.3
5	120	128.3	−8.3	8.3
6	164	121.0	43.0	43.0
7	126	139.7	−13.7	13.7
8	150	136.7	13.3	13.3
9	123	146.7	−23.7	23.7
10	151	133.0	18.0	18.0
11	141	141.3	−0.3	0.3
12	142	138.3	3.7	3.7
				$\sum \lvert A_t - F_t \rvert = 143.3$

注：时期 4 的实际汽车销量为 135，而这个时期预测汽车销量为 115.7. 因此预测误差为 135−115.7=19.3.

因为 $p=3$，首先我们可以计算时期 4 的历史预测值，计算如下：

$$\text{SMA}(p=3, 时期\ 4) = \frac{94+142+108}{3} = \frac{347}{3} = 115.7$$

我的一些学生犯了一个的共同错误是把这个预测值配给时期 3. 但是记住计算预测值的目的是根据已有的数据预测将来的值. 你可以在表 16-1 中看到时期 1、2 和 3 的实际销售数据. 你试图预测的是你不知道的时期 4 的销量. 所以可以确定运用这个预测将来的时期，是时期 4 而不是时期 3.

我们称这个方法为"平均移动"，因为我们删除最旧的值并提取最新的值作为我们向下移动的历史数据. 因此，要确定时期 5 的三时期 SMA 预测值，我们删除第一个时期(97)并提取时期 4(135)纳入移动平均计算式，计算结果如下：

$$\text{SMA}(p=3, 时期\ 5) = \frac{142+108+135}{3} = \frac{385}{3} = 128.3$$

表 16-2 中第 4 列是每个时期的预测误差 $A_t - F_t$. 例如，在第 4 个时期我们的销量为 135 辆，而三时期 SMA 预测的销量为 115.7 辆，因此我们这个季度的预测值比实际低了 19.3 辆. 类似，第五个时期的预测误差为 −8.3，意味着我们预测值比实际值高出 8.3 辆. 表 16-2 中最后一列是预测误差的绝对值 $\lvert A_t - F_t \rvert$，也就是简单地消除了预测误差的符号. 因为我们不想正负误差相互抵消，计算平均预测误差(MAD)用绝对值. 否则将使得平均误差比实际的看起来小很多. 想想看：如果两个时期的预测误差分别为 +10 和 −10，平均误差为 0，这绝对是误导. 用误差的绝对值平均误差为 10，这更准确.

根据表 16-2 中的数据，我们可以用公式 16-1 计算三时期 SMA 预测的 MAD.

$$\text{MAD} = \frac{\sum |A_t - F_t|}{n} = \frac{143.3}{9} = 15.9$$

本例中，因为我们计算表 16-2 中时期 4 至 12 的 9 个预测误差的平均值，所以 $n=9$. 我们已经学习用三时期 SMA 预测，期望平均预测误差每季度大约为 16 辆. 现在轮到你和你的老板决定你预测的这个平均误差是否可以接受. 当然，误差小比误差大好. 我可以肯定你的老板比起你更喜欢你预测的偏差是十几辆而不是二三十辆.

图 16-2 展示了 SMA 预测的平滑效果. 深灰线是实际数据，而浅灰线是预测值. 正如你看到的预测达到平均，或者平滑了实际数据的高点和低点.

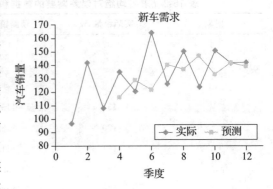

图 16-2 三时期简单平移平均法预测与实际数据对比：新车销量

如果我们选择用四时期 SMA 预测又会怎么样呢？那么 2012 年第一季度的预测结果会不同，下面是第 13 时期的预测结果

$$\text{SMA}(p=4, \text{时期}13) = \frac{123 + 151 + 141 + 142}{4} = \frac{557}{4} = 139.3 \approx 139$$

我想知道(我希望你也是)四时期 SMA 预测从长远看是否比本节前面计算的三时期 SMA 预测结果更准确呢. 要回答这个问题，我们需要重新计算 SMA 预测值，如表 16-3 所示.

表 16-3 求平均绝对误差需要的数据和计算结果：四个时期简单平移平均法预测

时期 t	实际销量 A_t	预测销量 F_t	预测误差 $A_t - F_t$	绝对预测误差 $|A_t - F_t|$
1	97			
2	142			
3	108			
4	135			
5	120	120.5	-0.5	0.5
6	164	126.3	37.7	37.7
7	126	131.8	-5.8	5.8
8	150	136.3	13.7	13.7
9	123	140.0	-17.0	17.0
10	151	140.8	10.2	10.2
11	141	137.5	3.5	3.5
12	142	141.3	0.7	0.7

$$\sum |A_t - F_t| = 89.1$$

预　测

首先，注意我们第一个历史预测现在是时期 5，因为我们需要前四个来计算第一个平移平均：

$$\text{SMA}(p=4,\text{时期 }5) = \frac{97+142+108+135}{4} = \frac{482}{4} = 120.5$$

四时期 SMA 预测的 MAD 计算如下：

$$\text{MAD} = \frac{\sum |A_t - F_t|}{n} = \frac{89.1}{8} = 11.1$$

这个平均误差(11.1)比三时期 SMA 预测的 MAD(15.9)要小。如果要在这两个预测中选一个，由于四时期 SMA 预测的 MAD 小，则更可取。

在 SMA 中增加时期的数目使得预测结果更平滑。图 16-3 是四时期 SMA 的实际数据(深灰线)和预测的值(浅灰线)。注意图 16-3 的预测结果比图 16-2 中所示三时期 SMA 预测结果更平滑。在求平均值时包含时期越多，时期之间的预测结果变化越小。我们也可以描述这个预测受实际数据影响很小。然而，增加 SMA 预测的时期数目可能减小预测误差，也可能不会减少预测误差。它依靠历史数据。

做下面的思考题，计算 SMA 预测值和它的 MAD。

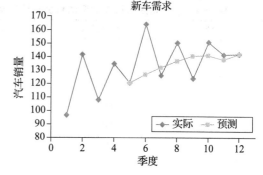

图 16-3　四时期简单平移平均法预测与实际数据对比：新车销量

思考题 1　假设你学校的一个学生想要你帮助她预测即将到来的大四秋季学期的 GPA. 右表是该学生过去九个学期每次的 GPA(用三学期制)。这些数据也可以在 Excel 文件 GPA.xlsx 中查到。

a) 计算该生大四秋季学期两时期 SMA 的 GPA

b) 计算这个预测的 MAD。

年	学期	GPA
大一	秋季	2.5
大一	春季	2.2
大一	夏季	2.7
大二	秋季	3.0
大二	春季	2.6
大二	夏季	3.0
大三	秋季	3.2
大三	春季	2.7
大三	夏季	3.3

16.2.2　加权移动平均法预测

加权移动平均法(WMA)是 SMA 方法的一种变形，在历史数据中加入权重。当计算预测值时，允许预测员(比如你)对一些历史数据给予较大的权数而其他的给较小的权数。下面我们用表 16-1 汽车销量数据权重分别为 3，2，1 的三期 WMA 来说明这种方法。

约定俗成近期数据给予最大的权重而远期的数据给予最小的权重。因为近期数据更相关，所以对预测的结果影响更大。想想看：假如你是一个零售店的经理，想要用 WMA 方法预测下个月的销量。与去年同月比较后，你可能倾向于认为最后一个月的销售量对下个月的销量有较大影响。WMA 允许我们通过给最近的历史数据分配较大的权重来应用这个策略.

由于对 3 期进行平均, 需要三个权重. 因此, 2012 年第一季度(数据中的 13 期)的 WMA 预测值如下:

$$\text{WMA}(p=3,\text{时期 13}) = \frac{(1)(151)+(2)(141)+(3)(142)}{1+2+3} = \frac{859}{6} = 143.2 \approx 143 \text{ 辆}$$

注意这个计算分分母是权重的和. 12 期(142)的销量分配的权重(3)最大, 这是因为它是最近的数据. 10 期(151)的销量分配的权重(1)最小, 这是因为它是最远的数据.

同样, 注意这个预测与本节前面用 SMA 方法预测的不同. 本方法是否更准确呢? MAD 的计算见表 16-4, 这给出了回答.

表 16-4 求平均绝对误差需要的数据和计算结果: 权重为 3, 2, 1 的三期加权平移平均法预测

时期 t	实际销量 A_t	预测销量 F_t	预测误差 $A_t - F_t$	绝对预测误差 $|A_t - F_t|$
1	97			
2	142			
3	108			
4	135	117.5	17.5	17.5
5	120	127.2	−7.2	7.2
6	164	123.0	41.0	41.0
7	126	144.5	−18.5	18.5
8	150	137.7	12.3	12.3
9	123	144.3	−21.3	21.3
10	151	132.5	18.5	18.5
11	141	141.5	−0.5	0.5
12	142	141.3	0.7	0.7
				$\sum |A_t - F_t| = 137.5$

表中第 4 期和第 5 期的预测计算如下:

$$\text{WMA}(p=3,\text{时期 4}) = \frac{(1)(97)+(2)(142)+(3)(108)}{1+2+3} = \frac{705}{6} = 117.5^{\ominus}$$

$$\text{WMA}(p=3,\text{时期 5}) = \frac{(1)(142)+(2)(108)+(3)(135)}{1+2+3} = \frac{763}{6} = 127.2$$

用权重 3, 2, 1 的三期 WMA 预测的 MAD 计算结果如下:

$$\text{MAD} = \frac{\sum |A_t - F_t|}{n} = \frac{137.5}{9} = 15.3^{\ominus}$$

这个平均误差只比三期 SMA 预测计算的平均误差(15.9)好一些, 但是不如四期 SMA 预测的平均误差(11.1)好. 当然, 我们也可以试着设不同的权数看 MAD 是否变小, 也可以对不同期数求平均. 权重的选择是任意的, 包含试验和误差, 目的是找到可接受预测误

⊖ WMA 预测中分母是权重的和.
⊖ MAD 计算式中分母为 9, 因为表 16-4 最后一列有 9 项预测误差.

差的权重组合.

本章我们介绍的移动平均法对提前一期的预测是有效的,只需要简单的计算. 当预测未来时期的平均值时,这些方法的目的就是消除时间序列中的噪音或者随机性. 然而,如果时间序列存在显著的趋势或季节性成分,这个预测方法倾向于落后于数据,将增加预测误差.

做下面的思考题,检查你是否明白 WMA 的计算.

思考题 2 用思考题 1 中的 GPA 数据,回答下列问题:
a) 用权重 2 和 1,计算大四秋季学期学生 GPA 的 2 期 WMA.
b) 计算这个预测的 MAD.
c) 思考题 1 中的 SMA 预测与这个预测相比,哪个方法预测更好?

16.2.3 指数平滑法预测

指数平滑法是一个比较受欢迎的预测法,它调整前期预测与前期的预测误差部分. 公式 16-2 给出如何计算一个**指数平滑法**预测.

指数平滑法预测公式

$$F_t = F_{t-1} + \alpha(A_{t-1} - F_{t-1}) \tag{16-2}$$

其中 F_t=时期 t 的预测值

A_{t-1}=时期 t-1 的实际值

F_{t-1}=时期 t-1 的预测值

α=预测的平滑系数⊖

平滑系数 α 的取值范围从 0 到 1(包含),为了计算预测值需要选择. 当 α 的值接近于 1 时,前面时期的预测误差对当前的预测有较大影响. 平滑系数接近于 0 时,前面事情的预测误差对当前的预测几乎没有影响. 我将向你展示当 $\alpha=0.6$ 时如何用汽车销量的数据计算指数平滑预测. (之后有更多关于这个选择的内容.)

我们又将用到表 16-1,那里只提供了 12 个季度的历史数据. 第一个预测值将是时期 13($t=13$),运用公式 16-2 计算得:

$$F_{13} = F_{12} + \alpha(A_{12} - F_{12})$$

正如你看到的,要计算时期 13 的预测值,我需要时期 12 的预测值,但是我还没有. 计算时期 12 的预测值同样我需要时期 11 的预测值. 为了解决这个问题,我需要起始的预测值并让它循环下去. 就这样,我令 F_1 等于 A_1(时期 1 的预测值等于时期 1 的实际销量). 现在可以用公式 16-2 计算时期 2 的预测值.

$$F_2 = F_1 + \alpha(A_1 - F_1)$$
$$= 97 + (0.6)(97 - 97) = 97$$

我们可以计算时期 3 的预测值,如下:

$$F_3 = F_2 + \alpha(A_2 - F_2)$$

⊖ 用于指数平滑法的 α 值不要与假设检验中用的值混淆. 预测和假设检验计算中都用 α,但是在各自内容中含义不同.

$$= 97 + (0.6)(142 - 97) = 124.0$$

此外，为你展示时期 4 的计算：

$$F_4 = F_3 + \alpha(A_3 - F_3)$$
$$= 124.0 + (0.6)(108 - 124.0)$$
$$= 124.0 - 9.6 = 114.4^{\ominus}$$

用公式计算从时期 1 到时期 12 的结果见表 16-5。在这，我也在表中给出每个时期的 MAD 计算结果以便研究预测的准确性。

注意这个表中时期 1 没有预测误差，因为我们任意分配 $F_1 = A_1$ 开始预测。指数平滑法预测的第一个计算结果是时期 2，其对应的第一个预测误差见表 16-5。

表 16-5 指数平滑法预测($\alpha = 0.6$)：新车销量

时期 t	实际销量 A_t	预测销量 F_t	预测误差 $A_t - F_t$	绝对预测误差 $|A_t - F_t|$
1	97	97.0	—	—
2	142	97.0	45.0	45.0
3	108	124.0	-16.0	16.0
4	135	114.4	20.6	20.6
5	120	126.8	-6.8	6.8
6	164	122.7	41.3	41.3
7	126	147.5	-21.5	21.5
8	150	134.6	15.4	15.4
9	123	143.8	-20.8	20.8
10	151	131.3	19.7	19.7
11	141	143.1	-2.1	2.1
12	142	141.8	0.2	0.2
				$\sum |A_t - F_t| = 209.4$

注：对于表 16-5 时期 1 包含一个 0 预测误差将使这个预测误差的 MAD 变小。与前面没有这个值的预测方法比较将导致不公平。

现在准备用公式 16-2 计算时期 13 的预测值(2012 年第一季度)。

$$F_{13} = F_{12} + \alpha(A_{12} - F_{12})$$
$$= 141.8 + (0.6)(142 - 141.8) = 141.7 \approx 142 \text{ 辆}$$

最后，当 $\alpha = 0.6$ 用公式 16-1 计算指数平滑法预测的 MAD 如下：

$$\text{MAD} = \frac{\sum |A_t - F_t|}{n} = \frac{209.4}{11} = 19.0$$

这与本章前面的移动平均法预测如何比较？根据表 16-1 的汽车销量数据，指数平滑法预测的 MAD 高于 SMA 和 WMA 预测得到的 MAD。然而，这个关系对于其他数据不一定成立。没有一种方法可以对所有的数据集提供更优的结果(小的 MAD)。

如果我们改变这个例子中 α 的值，将会怎样呢？不仅预测值改变，MAD 可能增加也

$\ominus$ 注意时期 3 的预测误差为负(108 - 124 = -16)，导致时期 3 和 4 之间预测减少 9.6 辆(从 124 到 114.4)。

可能减小. 我省去汽车销量例子中不同 α 时计算 MAD 的麻烦, 图 16-4 画出这些值(不用谢).

在图中可以看到 MAD 的变化趋势随着 α 不同服从 U 型曲线. 理想地, 我们选择一个 α 使得 MAD 最小, 根据图 16-4, 取值大约为 α = 0.35. 尽管用这个 α, MAD 接近 16, 仍然大于移动平均法预测得到的 MAD.

α 是如何影响预测呢? (顺便说一声, 这是非常好的问题.) 图 16-5 给出实际季度销量以及当 α = 0.2 和 α = 0.8 时的预测销量.

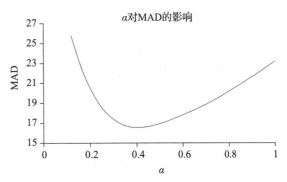

图 16-4　α 对于平均绝对误差的影响: 新车销量

通过图像可以看到, α 的作用与移动平滑法预测中的时期数目作用相似. α 越大, 使预测对之前的预测误差反应越大, 即它导致预测在不同时期跳跃. 这是因为前面的预测误差较多地带入到当前预测. 对较小的 α 反之也成立. α = 0.2 的线对应于实际数据几乎没有响应. 最好的 α——使得 MAD 最小——通常与数据有关.

我对学生描述指数平滑法像一个自我修正预测法. 如果前一个预测比实际值小 (误差正的), 新的预测值会比前个时期的大. 如果前一个预测比实际值大 (误差负的), 新的预测值会比前个时期的小. 这个

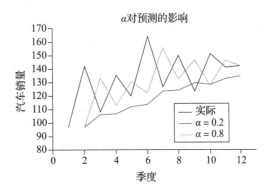

图 16-5　α 对于预测的影响: 新车销量
注: 注意红线比蓝线更平滑因为 α 的值小些.

修正的量由 α 的大小决定. 较小的 α, 修正量较小, 反之, α 较大导致较大的修正.

现在轮到你做思考题展示指数平滑法预测技巧的时候.

思考题 3　用思考题 1 的 GPA 的数据, 回答下列问题:

a) 用 α = 0.4 的指数平滑法计算学生大四秋季学期的 GPA 的预测值.

b) 计算这个预测的平均绝对误差.

16.2.4　指数平滑法的趋势调整预测

本章我们已经学习的移动平均法和指数平滑法有一个主要缺点. 当历史数据有显著的趋势、季节性或周期性时, 它们表现并不好. 例如, 在存在一致的趋势模式时, 这些方法产生的预测值落后于实际数据, 将对准确性产生负面影响.

然而, 除了平滑法外有一种**指数平滑法的趋势调整预测**. 正如标题所提示的, 这个方法将通过对数据中监测到的趋势进行调整来改进指数平滑法预测. 可用公式 16-3、公式 16-4 和公式 16-5 计算时期 t 的指数平滑法的趋势调整预测 FIT_t.

指数平滑法的趋势调整预测公式

$$FIT_t = F_t + T_t \tag{16-3}$$

$$F_t = FIT_{t-1} + \alpha(A_{t-1} - FIT_{t-1}) \tag{16-4}$$

$$T_t = \beta(F_t - F_{t-1}) + (1-\beta)T_{t-1} \tag{16-5}$$

其中 $FIT_t=$ 第 t 期包含趋势预测

$F_t=$ 第 t 期经过指数平滑的预测

$T_t=$ 第 t 期经过指数平滑的趋势

$A_{t-1}=$ 第 $t-1$ 期的实际值

$\alpha=$ 预测平滑系数

$\beta=$ 趋势平滑系数

注意这个方法增加了几个新项. 计算感兴趣的第 t 期调整趋势预测 FIT_t 用公式 16-3. 为了得到这个值,我们需要没有趋势并经过指数平滑的预测 F_t 和趋势校正 T_t. 除了前一节介绍的平滑系数 α,我们还引入了趋势校正的平滑系数 β,它和 α 一样取值范围从 0 到 1.

公式 16-4 与公式 16-3 类似,用 FIT_{t-1} 替代 F_{t-1}. 公式 16-5 计算的是当前时期的趋势调整. 你可以看到这个公式有两个部分:最近的趋势 (F_t-F_{t-1}) 与整个时间序列的累积趋势 (T_{t-1}). 最近的趋势权重为 β,而累积趋势的权重为 $(1-\beta)$. 对于相对较大的 β(接近于 1.0),当前趋势受最近趋势影响更大. 对于相对较小的 β(接近于 0),当前趋势受整个时间序列的累积趋势影响更大. 我们可以再一次用 MAD 去确定时间序列最优的 α 与 β.

下面让我们用这些公式计算新车销量的调整趋势,经指数平滑的预测,其中 $\alpha=0.3$, $\beta=0.1$. 与前一节指数平滑法过程一样,要计算第 13 期的预测销量,我们需要从时间序列的开始建立预测. 我们令第 1 期的如下:

$$F_1 = A_1 = 97.0$$

$$T_1 = 0^{\ominus}$$

$$FIT_1 = F_1 + T_1 = 97.0$$

从第 2 期($t=2$)开始的每个季度,我们做下面三步,从公式 16-4 开始:

$$F_t = FIT_{t-1} + \alpha(A_{t-1} - FIT_{t-1})$$

$$F_2 = FIT_1 + \alpha(A_1 - FIT_1)$$

$$= 97.0 + (0.3)(97 - 97.0) = 97.0$$

然后用公式 16-5 计算第 2 期的趋势成分.

$$T_t = \beta(F_t - F_{t-1}) + (1-\beta)T_{t-1}$$

$$T_2 = \beta(F_2 - F_1) + (1-\beta)T_1$$

$$= (0.1)(97.0 - 97.0) + (1 - 0.1)(0)$$

$$= 0 + 0 = 0$$

最后,用公式 16-3 确定第 2 期的趋势调整预测

$$FIT_t = F_t + T_t$$

$$FIT_2 = F_2 + T_2$$

$\ominus$ 由于 T_t 反应的是时间序列直到第 t 期的整个趋势成分,我们需要设作为起始点的第 1 期的这个值等于 0.

$$= 97.0 + 0 = 97.0$$

为了让你看清楚过程,再次用这个三个步骤计算第 3 期的预测:

$$F_3 = FIT_2 + \alpha(A_2 - FIT_2)$$
$$= 97.0 + (0.3)(142 - 97.0) = 110.5$$
$$T_3 = \beta(F_3 - F_2) + (1 - \beta)T_2$$
$$= (0.1)(110.5 - 97.0) + (1 - 0.1)(0)$$
$$= 1.4 + 0 = 1.4$$
$$FIT_3 = F_3 + T_3$$
$$= 110.5 + 1.4 = 111.9$$

继续第 4 期到第 12 期的这些计算,已经在表 16-6 中给出.表中也给出了每个季度的绝对误差 $|A_t - FIT_t|$,在计算 MAD 时需要.

表 16-6 求平均绝对误差需要的数据和计算结果:指数平滑法的趋势调整预测

时期 t	实际销量 A_t	平滑预测 F_t	趋势 T_t	趋势预测 FIT_t	绝对预测误差 $\|A_t - F_t\|$
1	97	97.0	0	97.0	—
2	142	97.0	0	97.0	45.0
3	108	110.5	1.4	111.9	3.9
4	135	110.7	1.3	112.0	23.0
5	120	118.9	2.0	120.9	0.9
6	164	120.6	2.0	122.6	41.4
7	126	135.0	3.2	138.2	12.2
8	150	134.5	2.8	137.3	12.7
9	123	141.1	3.2	144.3	21.3
10	151	137.9	2.6	140.5	10.5
11	141	143.7	2.9	146.6	5.6
12	142	144.9	2.7	147.6	5.6
					$\sum|A_t - F_t| = 182.1$

注:在第 1 期不包含趋势调整预测误差,因为这个季度我们没有计算这个季度的预测值(我的一些学生会忘记这个).

此时,我们还没有对下个季度的汽车销量进行预测.但是我们已经准备好计算第 13 期 (2012 年第 1 季度)的趋势调整预测,过程如下:

$$F_{13} = FIT_{12} + \alpha(A_{12} - FIT_{12})$$
$$= 147.6 + (0.3)(142 - 147.6)$$
$$= 147.6 - 1.7 = 145.9$$
$$T_{13} = \beta(F_{13} - F_{12}) + (1 - \beta)T_{12}$$
$$= (0.1)(145.9 - 143.7) + (1 - 0.1)(2.7)$$
$$= 0.2 + 2.4 = 2.6$$
$$FIT_{13} = F_{13} + T_{13}$$
$$= 145.9 + 2.6 = 148.5 \approx 149 \text{ 辆}$$

根据指数平滑法的趋势调整预测,2012 年第 1 季度的销量预测为 149 辆.再次根据公式 16-1 求得的这个预测 MAD 为：
$$\text{MAD} = \frac{\sum |A_t - FIT_t|}{n} = \frac{182.1}{11} = 16.6$$

当 $\alpha=0.3$，$\beta=0.1$ 时，用这个方法预测销量的平均预测误差为 16.6 辆.

本节，我们学习了几种不同的平滑法预测下个季度的汽车销量. 因为它们可以相当有效而且使用相对容易，所以这些方法比较受欢迎. 表 16-7 是对根据表 16-1 的数据每种方法的结果的总结.

表 16-7 平滑预测法的总结

方法	预测	MAD
简单移动平均法，$p=3$	145	15.9
简单移动平均法，$p=4$	139	11.1
加权移动平均法，$p=3(3, 2, 1)$	143	15.3
指数平滑法，$a=0.6$	142	19.0
指数平滑法的趋势调整，$a=0.3$，$b=0.1$	148	16.6

如果要从表 16-7 种选择一个预测，最保险的就是 4 期简单移动平均法预测的 139 辆，因为这个方法的 MAD 最小. 然而，我们不能得出结论说简单移动平均法总是比其他平滑法好. 用其他数据也许会有不同的推荐结果.

用指数平滑法的趋势调整做下面的思考题.

思考题 4 用思考题 1 的 GPA 数据，回答下列问题：
a) 令 $\alpha=0.5$，$\beta=0.7$ 时，用指数平滑法的趋势调整计算学生大四秋季学期 GPA 的预测值.
b) 计算预测的平均绝对误差.

习题 16.2

基础题

16.1 考虑下面的时间序列：

时期	1	2	3	4	5	6	7
需求	15	12	8	14	19	16	10

a) 用 2 期简单移动平均法预测第 8 期的需求.
b) 计算 a 问预测的 MAD.
c) 用 3 期简单移动平均法预测第 8 期的需求.
d) 计算 c 问预测的 MAD.
e) 你选择哪个预测值？

16.2 根据习题 16.1 的时间序列，回答下列问题：
a) 用 3 期加权移动平均法预测第 8 期的需求，权重分别为 4、3 和 1，其中最近的数据权重为 4 而最远的数据权重为 1.
b) 计算 a 问预测的 MAD.

16.3 考虑下面的时间序列：

时期	1	2	3	4	5	6	7	8
需求	15	24	26	33	20	22	27	20

a) 用指数平滑法预测第 9 期的需求，其中 $\alpha=0.1$.
b) 计算 a 问预测的 MAD.
c) 用指数平滑法预测第 9 期的需求，其中 $\alpha=0.3$.
d) 计算 c 问预测的 MAD.
e) 你选择哪个预测值？

16.4 根据习题 16.3 的时间序列，回答下列问题：
a) 用指数平滑法的趋势调整预测第 9 期的需求，其中 $\alpha=0.4$，$\beta=0.7$.
b) 计算 a 问预测的 MAD.

应用题

16.5 鲍勃是一名摄影师，他在新泽西石港的艺术岛委托销售尺寸为 13×19 的作品。夏季的每个星期，鲍勃都要检查库存，以便他可以补充已经销售的作品。下面是过去 8 周每周作品的销量：

周	1	2	3	4	5	6	7	8
销量	9	12	10	6	9	15	11	7

a) 用 2 期简单移动平均法预测第 9 周的销量。
b) 计算 a 问预测的 MAD。
c) 用 3 期简单移动平均法预测第 9 周的销量。
d) 计算 c 问预测的 MAD。
e) 你应该选择哪个预测值呢？

16.6 美国劳工统计局公布的消费价格指数（CPI）是反应过去时间里消费价格变化的一个度量。下面是过去 10 年 CPI 的数据，这些数据也可以在 Excel 文件 CPI.xlsx 中查到。

年	CPI	年	CPI
2001	102.8	2006	117.1
2002	104.5	2007	120.4
2003	106.8	2008	125.0
2004	109.7	2009	124.6
2005	113.4	2010	126.6

数据来源：美国劳工统计局数据。

a) 用指数平滑法的趋势调整预测 2011 年的 CPI，其中 $\alpha=0.3$，$\beta=0.5$。
b) 计算 a 问预测的 MAD。

16.7 国税局积极鼓励个人电子报税这样可以增加准确性并降低成本。下面是 2000 至 2009 年网上申报纳税的比例。这些数据也可以在 Excel 文件 electronic filing.xlsx 中查到。

年	百分比	年	百分比
2000	28	2005	51
2001	31	2006	54
2002	36	2007	57
2003	40	2008	58
2004	47	2009	66

数据来源：国税局数据。

a) 用指数平滑法预测 2011 年网上申报纳税的比例，其中 $\alpha=0.4$。
b) 计算 a 问预测的 MAD。
c) 用指数平滑法的趋势调整预测 2011 年的网上申报纳税的比例，其中 $\alpha=0.2$，$\beta=0.6$。
d) 计算 c 问预测的 MAD。
e) 你对哪个预测更有信心？为什么？

16.8 网络电视观众的数量直接影响着广告费的数量。下面是《美国偶像》的每季平均观众人数，以百万为单位。这些数据也可以在 Excel 文件 American Idol viewers.xlsx 中查到。

年	平均观众数量	年	平均观众数量
2002	12.7	2007	30.1
2003	21.7	2008	28.1
2004	25.1	2009	26.4
2005	26.4	2010	24.1
2006	30.4		

数据来源：尼尔森数据。

a) 用权重为 3、2、1 的 3 期加权移动平均法预测 2011 季《美国偶像》的平均观众人数。
b) 计算 a 问预测的 MAD。
c) 用指数平滑法的趋势调整预测 2011 季《美国偶像》的平均观众人数，其中 $\alpha=0.4$，$\beta=0.2$。
d) 计算 c 问预测的 MAD。
e) 你对哪个预测更有信心？为什么？

16.9 根据埃德蒙兹网提供的信息，尽管油价上涨，SUV 系列越来越流行。这归结于低油耗的全新设计。下面是每年 SUV 系列或者 SUV 风格的跨界车占汽车销量的百分比。这些数据也可以在 Excel 文件 SUV.xlsx 中查到。

年	百分比	年	百分比
2003	25.5	2008	26.5
2004	27.6	2009	25.9
2005	27.3	2010	29.0
2006	24.2	2011	32.4
2007	27.2		

数据来源：埃德蒙兹网数据。

a) 用权重为 3 和 2 的 2 期加权移动平均法预测 2012 年 SUV 系列占汽车销量的百分比.
b) 计算 a 问预测的 MAD.
c) 用指数平滑法预测 2011 年 SUV 系列占汽车销量的百分比, 其中 $\alpha=0.3$.
d) 计算 c 问预测的 MAD.
e) 你对哪个预测更有信心? 为什么?

16.10 独立学校是一所私立小学, 它依靠对入学人数的预测来制定下一年的计划. 下面的数据是过去 7 年的入学人数. 这些数据也可以在 Independence School.xlsx 中查到.

年	入学人数	年	入学人数
2003	624	2007	630
2004	645	2008	625
2005	659	2009	641
2006	643	2010	656

a) 用 4 期简单移动平均法预测 2011 年独立学校的入学人数.
b) 计算 a 问预测的 MAD.
c) 用指数平滑法预测 2011 年独立学校的入学人数, 其中 $\alpha=0.4$.
d) 计算 c 问预测的 MAD.
e) 你对哪个预测更有信心? 为什么?

16.11 下面的数据是过去六年里第四季度 32 英寸 LCD 电视的平均价格:

年	2005	2006	2007	2008	2009	2010
价格	$1566	$873	$729	$580	$511	$374

来源: 显示搜索数据.

a) 用 2 期简单移动平均法预测 2011 年第 4 季度 32 英寸 LCD 电视的平均价格.
b) 计算 a 问预测的 MAD.
c) 用 3 期简单移动平均法预测 2011 年第 4 季度 32 英寸 LCD 电视的平均价格.
d) 计算 c 问预测的 MAD.
e) 你将选择哪个预测?

16.12 帕克家庭想要通过预测家庭花销来准备下个月家庭的预算. 其中重要的一项是食物的开销. 下面的数据是过去 10 个月在食物上的花销. 这些数据也可以在 Excel 文件 food expenditures.xlsx 中查到.

月份	1	2	3	4	5	6	7	8	9	10
美元	344	360	294	339	362	340	321	312	364	345

a) 用 3 期简单移动平均法预测下个月的家庭食物支出.
b) 用权重为 0.7、0.2 和 0.1 的 3 期加权移动平均法预测下个月的家庭食物支出.
c) 用指数平滑法预测下个月的家庭食物支出 $\alpha=0.1$.
d) 你将选择哪个预测? 为什么?

16.3 回归分析预测

预测法是依赖平滑方法努力把历史时间序列随机成分平均. 我们已经讨论过, 这些方法的潜在缺点是在静态条件下表现较好——即是说, 将来时期与过去非常像. 然而, 这些方法当数据变化或者有趋势、季节性模式时表现不好. 在这些条件下预测误差相对较大. 解决这个问题的一个方法是考虑第 14 章和第 15 章讨论过的简单或者多元回归法. 当出现趋势或者季节性成分时这些方法给出的结果更好.

16.3.1 趋势外推法

在第 14 章, 我们学习了简单线性回归描述属于每个观测点的有序数对 (x, y) 集的最优直线. 这条直线解释了自变量 (x) 的改变如何影响因变量 (y) 的变化. 本章, 我们将用这条直线描述时间序列的线性趋势成分. 运用**趋势外推法**, 我们能够把趋势线延续到未来时期而建立时间序列的一个预测.

图 16-6 展示了趋势外推图. x 轴表示时间,对于销量数据以季度为单位. y 轴表示预测值,每季度的汽车销量. 点表示表 16-1 中 12 个季度的汽车销量,实线表示这些数据的最优回归线. 最后,虚线是趋势的延伸,提供了将来季度汽车销量的预测值.

趋势外推线方程的形式见公式 16-6.

趋势外推公式

$$\hat{y}_t = a + bt \quad (16\text{-}6)$$

其中 $\hat{y}_t$ = 给定 t 值时 y 的预测值

t = 时期

a = 趋势外推线的 y 轴截距

b = 趋势外推线的斜率

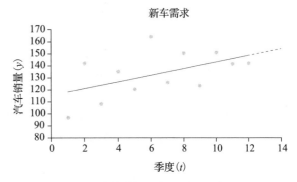

图 16-6 趋势外推法的预测:新车销量

注:趋势外推法延续这条趋势线至未来时期去做预测. 然而,预测的未来被外推得越远,趋势的准确性越低.

图 16-6 中实线的斜率 b 度量的是从一个季度到下一个季度汽车销量的变化的比率. y 轴的截距 a 表示实线穿过纵轴时的汽车销量水平. 公式 16-7 和公式 16-8 可以分别用于计算斜率和 y 轴截距.

趋势外推斜率公式

$$b = \frac{n\sum ty - (\sum t)(\sum y)}{n\sum t^2 - (\sum t)^2} \quad (16\text{-}7)$$

趋势外推截距公式

$$a = \frac{\sum y}{n} - b\left(\frac{\sum t}{n}\right) \quad (16\text{-}8)$$

☞ 当我们讨论简单回归时在第 14 章第一次遇到公式 16-7 和公式 16-8.

表 16-8 给出的是计算汽车销量时间序列的斜率和 y 轴截距所需的求和结果.

表 16-8 趋势外推的求和结果:新车销量

时期 t	销量 y	ty	t^2
1	97	97	1
2	142	284	4
3	108	324	9
4	135	540	16
5	120	600	25
6	164	984	36
7	126	882	49
8	150	1200	64
9	123	1107	81
10	151	1510	100
11	141	1551	121
12	142	1704	144
$\sum t = 78$	$\sum y = 1599$	$\sum ty = 10\,783$	$\sum t^2 = 650$

首先用公式 16-7 计算趋势外推方程的斜率 b：

$$b = \frac{n\sum ty - (\sum t)(\sum y)}{n\sum t^2 - (\sum t)^2}$$

$$= \frac{(12)(10\,783) - (78)(1599)}{(12)(650) - (78)^2}$$

$$= \frac{129\,396 - 124\,722}{7800 - 6084} = \frac{4674}{1716} = 2.7238$$

当斜率确定后，用这个值以及公式 16-8 计算 y 轴截距 a：

$$a = \frac{\sum y}{n} - b\left(\frac{\sum t}{n}\right)$$

$$= \frac{1599}{12} - (2.7238)\left(\frac{78}{12}\right)$$

$$= 133.25 - (2.7238)(6.5) = 115.5453$$

因此根据汽车销量时间序列数据描述趋势成分的回归方程如下：

$$\hat{y}_t = 115.5453 + 2.7238t$$

根据这个结果，每季度销量平均增加 2.7238 辆。看起来布兰迪万河福特的生意随着时间的推移越来越好。现在我们准备用趋势外推法生成第 13 期的预测。把变量 t 用 13 代入趋势方程：

$$\hat{y}_{13} = 115.5453 + 2.7238(13) = 150.95 \approx 151 \text{ 辆}$$

第 13 期趋势外推预测为 151 辆。用图 16-7 进行说明。灰色的线表示第 13 期趋势外推线对应的 151 辆预测销量。

如果我们选择，也可以预测第 14 期的销量，计算如下：

$$\hat{y}_{14} = 115.5453 + 2.7238(14)$$

$$= 153.68 \approx 154 \text{ 辆}$$

然而，注意到趋势线外推到未来越远，预测值越不可靠。例如，正如前面章节解释的，我们通常给予明天的天气预报比 10 天预报第 10 天的天气预报更多的信任。经常因为看 10 天天气预报，而坏天气到来破坏了打高尔夫的计划。

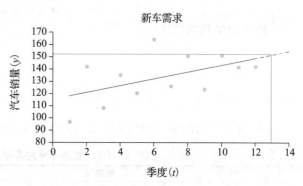

图 16-7 第 13 期趋势外推的预测：新车销量

为了将本章前面章节平滑法预测汽车销量与这种预测法的准确性做比较，需要寻求我们的朋友 MAD。我们通过趋势外推方程计算第 1 期到第 12 期的汽车预测销量并与实际值做比较。例如，令趋势方程的 $t=1$ 时，第 1 期的预测如下：

$$\hat{y}_1 = 115.5453 + 2.7238(1) = 118.3$$

回忆回归分析，预测误差称为**残差**，这只是实际值与预测值差异的另一个表达。用公式 16-9 可以计算残差。

残差公式

$$e_i = y_i - \hat{y}_i \tag{16-9}$$

其中　e_i = 样本中第 i 个观测点的残差
　　　　y_i = 第 i 数据点因变量的实际值
　　　　$\hat{y}_i$ = 第 i 数据点因变量的预测值

因此对于第 1 期预测误差为：
$$e_1 = y_1 - \hat{y}_1 = 97 - 118.3 = -21.3$$

用趋势方程预测的销售量比第 1 期实际销量多 21.3 辆. 预测误差的图像说明见图 16-8.

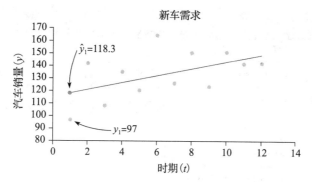

图 16-8　第 1 期趋势外推法的预测误差：新车销量

其余时期的预测值与预测误差计算结果见表 16-9

表 16-9　趋势外推法预测：新车销量

时期 t	实际销量 y_t	预测销量 $\hat{y}_t$	预测误差 $y_t - \hat{y}_t$	绝对预测误差 $\lvert y_t - \hat{y}_t \rvert$
1	97	118.3	−21.3	21.3
2	142	121.0	21.0	21.0
3	108	123.7	−15.7	15.7
4	135	126.4	8.6	8.6
5	120	129.2	−9.2	9.2
6	164	131.9	32.1	32.1
7	126	134.6	−8.6	8.6
8	150	137.3	12.7	12.7
9	123	140.1	−17.1	17.1
10	151	142.8	8.2	8.2
11	141	145.5	−4.5	4.5
12	142	148.2	−6.2	6.2
				$\sum y_t - \hat{y}_t = 165.2$

因此趋势外推法预测的 MAD 如下：
$$\mathrm{MAD} = \frac{\sum \lvert y_t - \hat{y}_t \rvert}{n} = \frac{165.2}{12} = 13.8$$

这个预测的准确性比绝大多数平滑法好，除了 MAD 等于 11.1 的 4 期简单移动平均法.

16.3.2 用 PHStat2 进行趋势外推

前一节我们提供了趋势外推方程的手算方法，也可以用 PHStat2 的简单回归函数计算：

1. 打开 Excel 文件 new car sales.xlsx 或者在图 16-9b 中输入数据.
2. 转到 Add-Ins＞PHStat＞Regression＞Simple Linear Regression，如图 16-9a 所示.
3. 填写 Simple Linear Regression 对话框的 Data 部分，如图 16-9b 所示. 点击 OK.

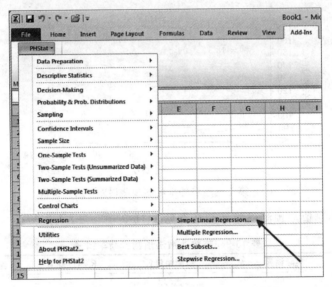

a) 用 PHStat2 进行趋势外推预测（步骤 1～2）

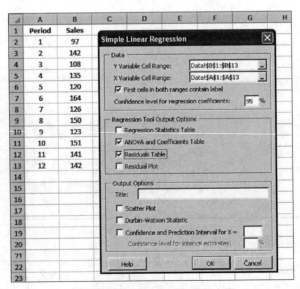

b) 用 PHStat2 进行趋势外推预测（步骤 3）

图 16-9

预 测

	A	B	C	D	E	F	G
1	Regression Analysis						
2							
3	ANOVA						
4		df	SS	MS	F	Significance F	
5	Regression	1	1060.910839	1060.910839	3.558504356	0.08858565	
6	Residual	10	2981.339161	298.1339161			
7	Total	11	4042.25				
8							
9		Coefficients	Standard Error	t Stat	P-value	Lower 95%	Upper 95%
10	Intercept	115.5454545	10.6268299	10.8729937	7.34349E-07	91.86740198	139.2235071
11	Period	2.723776224	1.443901853	1.88639984	0.08858565	-0.493437593	5.94099004
12							
13	RESIDUAL OUTPUT						
14					Forecasts		
15	Observation	Predicted Sales	Residuals				
16	1	118.3	-21.3		Forecasting Errors		
17	2	121.0	21.0				
18	3	123.7	-15.7				
19	4	126.4	8.6				
20	5	129.2	-9.2				
21	6	131.9	32.1				
22	7	134.6	-8.6				
23	8	137.3	12.7				
24	9	140.1	-17.1				
25	10	142.8	8.2				
26	11	145.5	-4.5				
27	12	148.2	-6.2				

c) 用 PHStat2 进行趋势外推预测 (最终结果)

图 16-9 (续)

PHStat2 创建的标题为"SLR"的工作表中包含回归输出结果,如图 16-9c 所示.

我们手算的趋势方程系数在图 16-9c 中圈出. 这份报告残差结果显示从第 1 期到第 12 期的预测值和预测误差与表 16-9 中的结果一致. 这个图中自变量的 p 值也被圈出, 等于 0.088. 如果显著水平用 $\alpha=0.05$, 我们的结论是时间与汽车销量之间没有关系. 然而, 由于用这些数据做趋势外推得到的 MAD (用表 16-9 得 13.8) 是本章目前为止比较小的一个值, 此刻这似乎是一个可靠的选择. (稍后详述.)

做下面思考题练习趋势外推法.

思考题 5 用思考题 1 的 GPA 数据, 回答下列问题:
a) 用趋势外推法去计算学生大四秋季学期 GPA 的预测值.
b) 计算预测的平均绝对误差.
c) 用 PHStat2 验证你的结果.

16.3.3 自相关的检验

本节讨论回归模型前提是一些假设成立. 我将用下面的例子来阐明这个内容. 假设你作为布兰迪万河福特新车销售经理工作的前五个季度, 已经为你的老板提供的预测如表 16-10 所示. 表中包含每个季度的实际销量和预测误差.

表 16-10 你的前五个季度销量预测

时期 t	销量 y_t	预测销量 $\hat{y}_t$	残差 $e_t = y_t - \hat{y}_t$
1	136	116	20
2	155	135	20
3	143	123	20
4	125	105	20
5	132	112	20

在表 16-10 中，残差之间不独立。这样说是因为知道第 1 期的残差，我可以预测第 2 期的残差。这种形式对其他期也成立。**自相关**是用于描述残差间相互不独立的情况。

要确定是否存在自相关，我们可以用**杜宾-瓦特森统计量** d，公式见 16-10。

杜宾-瓦特森统计量公式

$$d = \frac{\sum_{t=2}^{n}(e_t - e_{t-1})^2}{\sum_{t=1}^{n} e_t^2} \tag{16-10}$$

其中　$d=$ 杜宾-瓦特森统计量

$e_t = y_t - \hat{y}_t =$ 第 t 期的残差

$n=$ 时间序列的数目

杜宾-瓦特森统计量的取值从 0 到 4：

- 值为 0 时表示完全正自相关。
- 值为 2 时表示不存在自相关。
- 值为 4 时表示完全负自相关。

当我们观察到连续的正残差形式（比如表 16-10 中的数据）或者连续的负残差形式则存在正自相关。当这种情况发生，连续的残差之间相互接近，使得公式 16-10 的分子相对的小。这样，使得杜宾-瓦特森统计量接近 0。表 16-11 用表 16-10 的数据说明完全正自相关的情形，在每期的残差相等时发生。

表 16-11　完全正自相关

季度	残差	前一个残差 e_{t-1}	$e_t - e_{t-1}$	$(e_t - e_{t-1})^2$	$(e_t)^2$
1	20				400
2	20	20	0	0	400
3	20	20	0	0	400
4	20	20	0	0	400
5	20	20	0	0	400
				$\sum_{t=2}^{n}(e_t - e_{t-1})^2 = 0$	$\sum_{t=1}^{n} e_t^2 = 2000$

因此完全正自相关的杜宾-瓦特森统计量如下：

$$d = \frac{\sum_{t=2}^{n}(e_t - e_{t-1})^2}{\sum_{t=1}^{n} e_t^2} = \frac{0}{2000} = 0$$

当连续两残差相差很大时存在负自相关，导致公式 16-10 的分子相对的大。由于残差在 0 附近摆动，连续值间大的振幅倾向于正号与负号交替。

☞ 由于负自相关在时间序列数据中很少观察到，本章余下的内容将只关心正自相关。

在完全负自相关的情形下，我们看到的预测误差就像20、-20、20和-20，当连续两个残差做差(20-(-20)=40)并且对差异平方($40^2=1600$)，杜宾-瓦特森统计量的分子是分母($20^2=400$)的四倍．因此，完全负自相关计算的杜宾-瓦特森统计量等于4．这是上限．然而，这种残差形式在实践中很不常见．当通过样本计算杜宾-瓦特森统计量去推断总体的自相关时，d的值受抽样误差的影响．要检验总体是否存在自相关，我们需要做一个假设检验(深呼吸一下)．要得到这个检验的可靠结论，时间序列需要至少有15个观测值．由于汽车销量的例子只有12期的数据，我不想检验这个时间序列的自相关．但是，我将用下面的例子．

美国的工会在过去16年经历了普遍下降．表16-12给出了过去16年美国劳动人口属于工会的比例．这些数据也可以在Excel文件union membership.xlsx中查到．

表16-12 美国劳动人口属于工会的比例

年	时期	百分比	年	时期	百分比
1994	1	15.1	2002	9	13.0
1995	2	14.7	2003	10	12.6
1996	3	14.2	2004	11	12.5
1997	4	14.1	2005	12	12.1
1998	5	14.0	2006	13	12.2
1999	6	13.6	2007	14	12.5
2000	7	13.7	2008	15	12.4
2001	8	13.5	2009	16	12.5

这些数据的图像见图16-10并且说明在过去的时间有下降趋势成分．

由于负自相关很少见，我们将关注正自相关的检验．考虑到这点，我们的假设表述变为如下形式：⊖

H_0：不存在正自相关

H_1：存在正自相关

用$\alpha=0.05$作这个单尾检验．

我将用PHStat2计算杜宾-瓦特森统计量．也会告诉你如何用Excel计算，步骤如下：

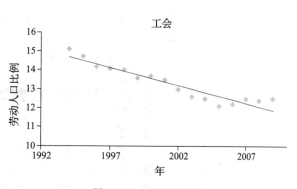

图16-10 工会趋势线

1. 打开Excel文件union membership.xlsx或者在图16-11b中输入数据．
2. 转到Add-Ins＞PHStat＞Regression＞Simple Linear Regression，如图16-11a所示．
3. 填写Simple Linear Regression对话框，如图16-11b所示．在对话框输出结果选项中确定选择Durbin-Watson Statistic．点击OK．

⊖ 因为我们检验正自相关的存在性，所以这是一个单尾检验．

PHStat2 创建的标题为"SLR"的工作表中包含回归输出结果,如图 16-11c 所示. 我将用这个信息展示如何手算杜宾-瓦特森统计量.

PHStat2 也创建了一个标题为"杜宾瓦特森"的工作表,包含杜宾-瓦特森统计量的值,如图 16-11d 所示.

根据图 16-11d,用公式 16-10 工会时间序列的杜宾-瓦特森统计量如下:

$$d = \frac{\sum_{t=2}^{n}(e_t - e_{t-1})^2}{\sum_{t=1}^{n} e_t^2} = \frac{0.8922}{1.4737} = 0.605$$

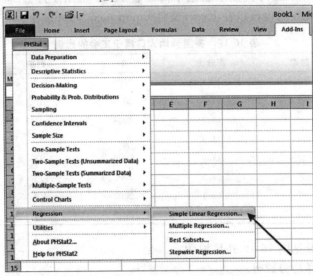

a) 用 PHStat2 确定杜宾瓦特森统计量(步骤 1~2)

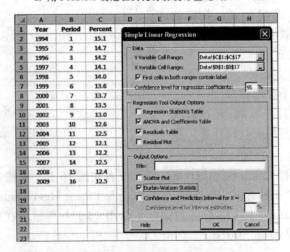

b) 用 PHStat2 确定杜宾瓦特森统计量(步骤 3)

图 16-11

	A	B	C	D	E	F	G
1	Regression Analysis						
2							
3	ANOVA						
4		df	SS	MS	F	Significance F	
5	Regression	1	11.91565441	11.91565441	113.1959227	4.31251E-08	
6	Residual	14	1.473720588	0.105265756			
7	Total	15	13.389375				
8							
9		Coefficients	Standard Error	t Stat	P-value	Lower 95%	Upper 95%
10	Intercept	14.885	0.170141362	87.48607538	1.41798E-20	14.52008307	15.24991693
11	Period	-0.187205882	0.017599601	-10.63935725	4.31251E-08	-0.224944693	-0.149467072
12							
13	RESIDUAL OUTPUT						
14							
15	Observation	Predicted Percent	Residuals				
16	1	14.70	0.40				
17	2	14.51	0.19				
18	3	14.32	-0.12				
19	4	14.14	-0.04				
20	5	13.95	0.05				
21	6	13.76	-0.16				
22	7	13.57	0.13				
23	8	13.39	0.11				
24	9	13.20	-0.20				
25	10	13.01	-0.41				
26	11	12.83	-0.33				
27	12	12.64	-0.54				
28	13	12.45	-0.25				
29	14	12.26	0.24				
30	15	12.08	0.32				
31	16	11.89	0.61				

c) 用 PHStat2 确定杜宾瓦特森统计量（步骤 4）

	A	B	C	D	E
1	Durbin-Watson Calculations				
2					
3	Sum of Squared Difference of Residuals	0.892220048	← $\sum_{t=2}^{n}(e_t - e_{t-1})^2$		
4	Sum of Squared Residuals	1.473720588	←		
5			$\sum_{t=1}^{n} e_t^2$		
6	Durbin-Watson Statistic	0.605420088	←		
7					
8			d		
9					

d) 用 PHStat2 确定杜宾瓦特森统计量（最终结果）

	A	B	C	D	E	F	G
1	Period	Percent	Predicted	Residual			
2	t	y_t	$\hat{y}_t$	e_t	e_{t-1}	$(e_t - e_{t-1})^2$	$(e_t)^2$
3	1	15.1	14.70	0.40			0.1600
4	2	14.7	14.51	0.19	0.40	0.0441	0.0361
5	3	14.2	14.32	-0.12	0.19	0.0961	0.0144
6	4	14.1	14.14	-0.04	-0.12	0.0064	0.0016
7	5	14.0	13.95	0.05	-0.04	0.0081	0.0025
8	6	13.6	13.76	-0.16	0.05	0.0441	0.0256
9	7	13.7	13.57	0.13	-0.16	0.0841	0.0169
10	8	13.5	13.39	0.11	0.13	0.0004	0.0121
11	9	13.0	13.20	-0.20	0.11	0.0961	0.0400
12	10	12.6	13.01	-0.41	-0.20	0.0441	0.1681
13	11	12.5	12.83	-0.33	-0.41	0.0064	0.1089
14	12	12.1	12.64	-0.54	-0.33	0.0441	0.2916
15	13	12.2	12.45	-0.25	-0.54	0.0841	0.0625
16	14	12.5	12.26	0.24	-0.25	0.2401	0.0576
17	15	12.4	12.08	0.32	0.24	0.0064	0.1024
18	16	12.5	11.89	0.61	0.32	0.0841	0.3721
19							
20					Total	0.8887	1.4724
21							

e) 用 Excel 确定杜宾-瓦特森统计量

图 16-11 （续）

用图 16-11c 回归输出结果用 Excel 直接计算这个统计量. 我们从时间序列的回归方程开始:

$$\hat{y}_t = 14.885 - 0.1872t$$

接下来, 计算第 1 期(1994)工会的预测值以及残差:

$$\hat{y}_1 = 14.885 - 0.1872(1) = 14.70$$
$$e_1 = y_1 - \hat{y}_1 = 15.1 - 14.70 = 0.40$$

然后, 同样给出第 2 期(1995)的计算结果:

$$\hat{y}_2 = 14.885 - 0.1872(2) = 14.51$$
$$e_2 = y_2 - \hat{y}_2 = 14.7 - 14.51 = 0.19$$

最后, 计算这个残差的差异并将结果平方:

$$(e_2 - e_1)^2 = (0.19 - 0.40)^2 = (-0.21)^2 = 0.0441$$

用 Excel 重复计算时间序列剩下的年份(我们所有人都应当非常感谢有 Excel). 结果见图 16-11e.

根据这些结果和公式 16-10, 确定杜宾-瓦特森统计量如下:

$$d = \frac{\sum_{t=2}^{n}(e_t - e_{t-1})^2}{\sum_{t=1}^{n}e_t^2} = \frac{0.8887}{1.4724} = 0.604$$

由于计算结果保留位数不同, 这个值与前面用 PHStat2 得到的值有微小差异.

我们需要用这个值与从附录 A 表 9 查到的临界值进行比较. 表 16-13 是附录 A 表 9 的一个节选.

表 16-13 杜宾-瓦特森检验的临界值($\alpha = 0.05$)

n	k=1		k=2		k=3	
	d_L	d_U	d_L	d_U	d_L	d_U
15	1.08	1.36	0.95	1.54	0.82	1.75
16	1.10	1.37	0.98	1.54	0.86	1.73
17	1.13	1.38	1.02	1.54	0.90	1.71
18	1.16	1.39	1.05	1.53	0.93	1.69
19	1.18	1.40	1.08	1.53	0.97	1.68
20	1.20	1.41	1.10	1.54	1.00	1.68

表 16-13 中给出单尾检验的临界值(工会例子中用的). 表中 k 的值表示回归模型中自变量的数目. 对于工会例子, 只有一个自变量(时期数目), 所以 $k=1$. n 的值表示时间序列观察数目, 本例中等于 16. 杜宾-瓦特森检验有过两个临界值 d_L 和 d_U, 本例中分别为 1.10 和 1.37(突出表示). 我们根据下面的准则来决定陈述的结论:

- 如果 $d < d_L$, 我们拒绝 H_0, 结论是存在正自相关.
- 如果 $d_L < d < d_U$, 检验无法确认结果.
- 如果 $d > d_U$, 我们不拒绝 H_0, 结论是不存在正自相关.

☞ 时间序列存在自相关可能引起我们得到趋势线的系数在统计上显著的结论,然而,实际上不显著.

因为 $d=0.605<d_L=1.10$,我们拒绝 H_0 并得到工会时间序列存在正自相关的结论. 因此,本例违背了回归模型的一个重要假设.

因为一个时期的数据经常可能影响后一个时期的数据,所以时间序列回归模型是特别容易自相关. 存在自相关使对回归系数的显著性检验不可靠. 一个消除自相关的可能方法是在模型中确定增加另外的自变量可以帮助解释因变量(预测)的变动. 这将得到一系列可能不存在自相关形式的残差.

做思考题检验时间序列的正自相关.

思考题 6 下表给出的是宾夕法尼亚州 1992 年至 2009 年新建私有住房单元的授权许可数目,以千为单位. 这些数据也可以在 Excel 文件 building permits.xlsx 中查到.

年	许可	年	许可	年	许可
1992	38.3	1998	41.6	2004	49.7
1993	40.1	1999	42.7	2005	44.5
1994	40.2	2000	41.1	2006	39.1
1995	36.3	2001	41.4	2007	33.7
1996	37.9	2002	45.1	2008	24.6
1997	39.9	2003	47.4	2009	18.3

a) 用 PHStat2 以及 $\alpha=0.05$ 检验这个时间序列的正自相关.

b) 用 Excel 验证你的杜宾-瓦特森统计量.

习题 16.3

基础题

16.13 考虑下面的时间序列:

时期	1	2	3	4	5	6	7	8
需求	7	8	7	10	14	16	13	16

a) 用趋势外推法预测第 9 期的需求.

b) 用 PHStat2 验证你的结果.

c) 计算这个预测的 MAD.

16.14 考虑下面的时间序列:

时期	1	2	3	4	5	6	7	8
需求	15	17	13	14	7	10	12	5

a) 用趋势外推法预测第 9 期的需求.

b) 用 PHStat2 验证你的结果.

c) 计算这个预测的 MAD.

16.15 考虑下面的时间序列:

时期	销量	时期	销量	时期	销量
1	4	6	10	11	18
2	6	7	12	12	12
3	11	8	13	13	15
4	9	9	10	14	16
5	8	10	12	15	16

a) 用 PHStat2 以及 $\alpha=0.05$ 检验这个时间序列的正自相关.

b) 用 Excel 验证你的杜宾-瓦特森统计量.

16.16 考虑下面的时间序列:

时期	销量	时期	销量	时期	销量
1	37	6	29	11	18
2	30	7	24	12	16
3	22	8	17	13	21
4	28	9	22	14	17
5	25	10	24	15	15

a) 用 PHStat2 以及 $\alpha=0.05$ 检验这个时间序列的正自相关.
b) 用 Excel 验证你的杜宾-瓦特森统计量.

应用题

16.17 根据全美影院协会的信息,在过去几年平均票价稳定增加.下面数据给出的 8 年间的平均票价.这些数据也可以在 Excel 文件 average ticket price.xlsx 中查到.

年	票价	年	票价
2003	$6.03	2007	$6.88
2004	$6.21	2008	$7.18
2005	$6.41	2009	$7.50
2006	$6.55	2010	$7.85

a) 画出时间与平均票价图.
b) 用趋势外推法预测美国 2011 年平均票价.
c) 计算这个预测的 MAD.
d) 检验是否存在正自相关.

16.18 观看美国橄榄球超级杯比赛的观众人数在电视台广告收费的价格上起了主要作用.下表是尼尔森给出的过去收看超级杯的观众人数,以百万为单位.这些数据也可以在 Excel 文件 Super Bowl viewers.xlsx 中查到.

年	观众	年	观众
2003	88.6	2008	97.5
2004	89.8	2009	98.7
2005	86.0	2010	106.5
2006	90.7	2011	111.0
2007	93.2		

a) 画出时间与观看超级杯的平均观众人数图.
b) 用趋势外推法预测美国 2012 年观看超级杯的平均观众人数.
c) 计算这个预测的 MAD.
d) 检验是否存在正自相关.

16.19 斯蒂文努力训练为了提高高尔夫成绩,在过去的夏天他的成绩有一些提高.他想用预测方法为下一轮定一个目标.下面的数据是他在最近高尔夫课上的最后九轮成绩.

轮	1	2	3	4	5	6	7	8	9
成绩	94	93	90	88	92	89	85	89	88

a) 画出时间与斯蒂文的高尔夫成绩图.
b) 用趋势外推法预测斯蒂文下轮高尔夫成绩.
c) 计算这个预测的 MAD.
d) 检验是否存在正自相关.

16.20 下表给出的是过去 8 个月每个月在我的家庭计划手机所用分钟数.这些数据也可以在 Excel 文件 cell phone minutes.xlsx 中查到.

月	1	2	3	4	5	6	7	8
分钟	325	355	326	433	390	414	447	440

a) 画出时间与每月我用手机的通话分钟数.
b) 用趋势外推法预测下个月的通话分钟数.
c) 计算这个预测的 MAD.
d) 检验是否存在正自相关.
e) 如果我的家庭计划每个月只有 500 分钟,在哪个月的预测值会超过这个分钟数呢?

16.21 朱莉拥有苹果 100 股股票(幸运的她),她试图确定她的证券在下个月的价值. Excel 文件 Apple stock price.xlsx 中的数据给出的是从 2009 年 5 月至 2010 年 12 月每个月底苹果股票的收盘价.
来源:bigcharts.com 数据.

a) 画出时间与苹果股价图.
b) 用趋势外推法预测在 2011 年 1 月底苹果股票的收盘价.
c) 计算这个预测的 MAD.
d) 检验是否存在正自相关.

16.22 在金融危机的时候黄金是长期非常受欢迎的投资选择.这使得最近几年每盎司的黄金价格显著上涨. Excel 文件 gold price.xlsx 给出的是 1990 年至 2010 年每盎司黄金的平均价格.
来源:www.kitco.com 数据.

a) 画出时间与每盎司黄金均价图.

b) 用趋势外推法预测在 2011 年每盎司黄金的平均价格.
c) 计算这个预测的 MAD.
d) 检验是否存在正自相关.
e) 根据这些结果, 这个预测方法是否适用于这些数据?

16.23 最近, 由于房价下跌固定抵押贷款利率处于历史低位. Excel 文件 mortgage rates.xlsx 中的数据是从 1987 年至 2010 年每年 12 月平均 30 年期固定抵押贷款利率, 数据由房地美公司提供.

a) 画出时间与平均 12 月抵押贷款利率图.
b) 用趋势外推法预测 2011 年平均 12 月抵押贷款利率.
c) 计算这个预测的 MAD.
d) 检验是否存在正自相关.
e) 用这种预测方法预测未来几年抵押贷款利率有何局限?

16.4 季节性预测法

本章前面, 已经学习了时间序列至少由下面一种成分类型组成:
- 趋势
- 季节性
- 周期性
- 随机性

我们已经讨论用趋势成分生成预测. 本节我们将讨论在预测方法中加入季节性成分的好处. 如果观察数据有一致模式与日历有关, 则在时间序列中存在季节性成分. 我们将用新车销量的例子探讨这个方法. 再次给出图示, 如图 16-12.

汽车销量数据似乎有一致的季节性模式. 注意到销量增长是在偶数季度(每年的第 2 季度和第 4 季度). 当预测未来销量时, 也许可以用这个模式作为我们的优势. 让我们看看.

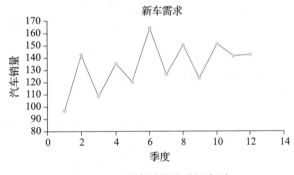

图 16-12 新车销量的时间序列

16.4.1 时间序列的乘法分解法

我们将讨论的第一种方法是尝试将时间序列的趋势和季节性成分分开, 这种方法称为分解法. 本节我们将用正在学习的**乘法分解**模型对时间序列进行分解, 公式见 16-11.

乘法分解模型公式

$$y_t = T_t \times S_t \times R_t \tag{16-11}$$

其中 y_t = 第 t 期的时间序列值
T_t = 第 t 期的趋势成分
S_t = 第 t 期的季节性成分
R_t = 第 t 期的随机性成分

注意在公式 16-11 中并没有包含周期性成分. 这是因为周期性模式随着经济而变化, 通常需要提供一个比三年汽车销量数据更长的时间框架来确定.

为了用乘法分解法来预测，你需要以下 4 个步骤：
1. 确定季节性成分.
2. 消除原始数据的季节性成分.
3. 确定消除季节性数据的趋势成分.
4. 用趋势和季节成分预测未来时期.

确定季节性成分

本章前面，我们已经学习了季节性成分是与日历有关的数据的一致模式. 季节性成分的数目等于日历年中季节的数目. 汽车销量例子中每年有四个季度，因此我们需要确定四个季节性成分. 例如，第一季度由 1 月到 3 月组成，第二季度由 4 月到 6 月组成，以此类推. 我们以 4 期移动平均法（因为有 4 个季节）开始这个过程，如表 16-14 所示. 这个过程不要与本章前面用的简单移动平均法混淆.

我们从对第 1 期到第 4 期求平均开始，并将这个平均值作为中心时期 2.5 期（1、2、3、4 的均值为 2.5）的值. 结果如下：

$$2.5 \text{ 期平均值} = \frac{97 + 142 + 108 + 135}{4} = 120.50$$

在表 16-14 中这些值用灰底突出表示. 在表中 120.5 位于第 2 期与第 3 期中间的位置. 接着，我们向后移动一期计算 3.5 期的均值，结果如下：

$$3.5 \text{ 期平均值} = \frac{142 + 108 + 135 + 120}{4} = 126.25$$

对时间序列剩下的部分继续平均化过程，在 10.5 期时停止，表 16-14 中用加黑字体及灰底突出表示.

表 16-14　确定新车销量时间序列季节性成分（步骤 1）

时期	季节	y_t	4 期移动平均数
1	2009—Q1	97	120.50
2	2009—Q2	142	↓
3	2009—Q3	108	126.25
4	2009—Q4	135	131.75
5	2010—Q1	120	136.25
6	2010—Q2	164	140.00
7	2010—Q3	126	140.75
8	2010—Q4	150	137.50
9	2011—Q1	123	141.25
10	2011—Q2	151	
11	2011—Q3	141	139.25
12	2011—Q4	142	

注：通过求 97、142、108 和 135 的平均值得到这个 4 期移动平均数.

因为每年的季节为偶数（4），移动平均分配到半个时期（时期 2.5，3.5 等）. 发生这种情况的原因是 1，2，3，4 的平均值为 2.5. 因此，我们需要增加一步将这些平均值的中心化为整数(3、4 等)，如表 16-15 所示. 这些值被称为**中心化的移动平均数**(CMA). 我们先求第 3 期中心化的移动平均数 CMA_3，将第 2.5 和 3.5 期的结果平均，如下所示：

$$CMA_3 = \frac{120.5 + 126.25}{2} = 123.375$$

这些值在表 16-15 中用灰底突出表示. 接下来，求第 4 期中心化的移动平均数 CMA_4，如下所示：

$$CMA_4 = \frac{126.25 + 131.75}{2} = 129.0$$

最后的中心化的移动平均数给分配给第 10 期，在表 16-15 中为加黑字体并用灰底突出表示.

表 16-15　确定新车销量时间序列季节性成分(步骤 2)

时期	季节	y_t	4 期移动平均数	中心化的移动平均数
1	2009—Q1	97		
2	2009—Q2	142	120.50	
3	2009—Q3	108	126.25	123.375
4	2009—Q4	135	131.75	129.000
5	2010—Q1	120	136.25	134.000
6	2010—Q2	164	140.00	138.125
7	2010—Q3	126	140.75	140.375
8	2010—Q4	150	137.50	139.125
9	2011—Q1	123	141.25	139.375
10	2011—Q2	151	139.25	140.250
11	2011—Q3	141		
12	2011—Q4	142		

注：通过求 120.5 和 126.25 的平均值得到这个中心化的移动平均数.

如果我们时间序列包含的季节数为奇数个，比如 3 个，那么表 16-15 可能不再需要. 因为表 16-14 中移动平均数正好中心化在整数时期. 例如，对时期 1，2，3 求平均的结果正好中心在时期 2.

计算表 16-15 的 4 期中心化移动平均值的目的是从时间序列中消除季节性成分 S_t. 发生这种情况是因为我们对所有四个季节求平均. 通过求平均，那么也消除了随机成分 R_t，因为我们期望随机性影响随着时间平均化. 既然我们消除季节性和随机性的影响，表 16-15 中的中心化移动平均数表示时间序列剩下的成分，趋势 T_t. 我们可以用以下形式表示这个关系：

$$CMA_t = T_t$$

公式 16-11 可以把原来的时间序列表示为如下形式：

$$y_t = T_t \times S_t \times R_t$$

使用一点简单的代数知识，我们得到称为**移动平均比率**(RMA)，如公式 16-12 所示.

移动平均比率公式

$$\text{RMA}_t = S_t \times R_t = \frac{y_t}{T_t} = \frac{y_t}{\text{CMA}_t} \tag{16-12}$$

移动平均比率表示原来时间序列中的季节性和随机性成分. 我们可以首先计算第 3 期的移动平均比率, 因为表 16-15 中第 1 个可以用的中心化移动平均数是第 3 期的. 运用公式 16-12, 我们得到结果如下:

$$\text{RMA}_3 = \frac{y_3}{\text{CMA}_3} = \frac{108}{123.375} = 0.8754$$

这些值在表 16-16 中用灰底突出表示. 我们继续计算直到 RMA_{10}, 结果如下:

$$\text{RMA}_{10} = \frac{y_{10}}{\text{CMA}_{10}} = \frac{151}{140.25} = 1.0766$$

表 16-16 确定新车销量时间序列季节性成分(步骤 3)

时期	季节	y_t	4 期移动平均数	中心化的移动平均数	移动平均比率
1	2009—Q1	97			
2	2009—Q2	142	120.50		
3	2009—Q3	108	126.25	123.375	0.8754
4	2009—Q4	135	131.75	129.000	1.0465
5	2010—Q1	120	136.25	134.000	0.8955
6	2010—Q2	164	140.00	138.125	1.1873
7	2010—Q3	126	140.75	140.375	0.8976
8	2010—Q4	150	137.50	139.125	1.0782
9	2011—Q1	123	141.25	139.375	0.8825
10	2011—Q2	151	139.25	140.250	1.0766
11	2011—Q3	141			
12	2011—Q4	142			

注: 用 108 除以 123.375 得到这个移动平均比率.

注意表 16-16 中每个季节有两个移动平均比率. 例如, 2010 年第一季度(第 5 期)的移动平均比率为 0.8955, 而 2011 年第一季度(第 9 期)的移动平均比率为 0.8825. 我们知道这些值表示时间序列中季节性与随机性成分(见公式 16-12), 形式如下:

$$\text{RMA}_t = S_t \times R_t$$

要分离上述表达式中的季节性成分, 首先要确定**季节性指数** SF_Q(脚标 Q 表示第几季度)对于每个季度是通过求对应季度的两个移动平均比率的平均值, 如表 16-17 所示. 求两期的平均值, 我们可以消除公式 16-12 中的随机性成分 R_t.

表 16-17 确定新车销量时间序列季节性成分(步骤 4)

	季度 1	季度 2	季度 3	季度 4
	0.8955	1.1873	0.8754	1.0465
	0.8825	1.0766	0.8976	1.0782
平均数	0.8890	1.1320	0.8865	1.0624

下面方程展示了如何通过对表 16-17 中第 5 期和第 6 期的移动平均比率求平均值来计算季节系数：

$$SF_1 = \frac{\text{RMA}_5 + \text{RMA}_9}{2} = \frac{0.8955 + 0.8825}{2} = 0.8890$$

重复计算余下的季节得到 1，2，3，4 季度的季节指数如下：

$SF_1 = 0.8890$（来自第 5 期和第 9 期）

$SF_2 = 1.1320$（来自第 6 期和第 10 期）

$SF_3 = 0.8865$（来自第 3 期和第 7 期）

$SF_4 = 1.0642$（来自第 4 期和第 8 期）

Total $= 3.9699$

注意季节指数和为 3.9699。我们需要做一个修正，使得季节指数和为 4，等于时间序列的季节数目。这过程称为**规范化季节性指数**。1，2，3，4 季度的规范化季节指数 NSF_Q 的计算如下：

$$NSF_1 = \frac{4}{3.9699}(SF_1) = (1.0076)(0.8890) = 0.8958$$

$$NSF_2 = \frac{4}{3.9699}(SF_2) = (1.0076)(1.1320) = 1.1406$$

$$NSF_3 = \frac{4}{3.9699}(SF_3) = (1.0076)(0.8865) = 0.8932$$

$$NSF_4 = \frac{4}{3.9699}(SF_4) = (1.0076)(1.0624) = 1.0704$$

Total $= 4$⊖

这些规范化季节指数告诉我们什么呢？可以看到第 2 季度，经销商通常的经验是这个季度的销量比这年其他季度高。事实上，我们可以说第二季度的销量比这年季度平均销量高出 14%。当与其他季度比较时，第 1 季度和第 3 季度销量低于其他季度。这个模式与我们在图 16-2 中观察到的一致，在偶数季度是销量高峰。

现在我们把规范化季节指数分配到时间序列每期的季节成分 S_t，如表 16-18 所示。

本节已经介绍了很多内容，现在休息一下，在继续学习之前做思考题计算季节成分。

思考题 7 确定思考题 1 中 GPA 数据的季节性成分。（提示：每个学年有三个季度或者

表 16-18 确定新车销量时间序列季节性成分

时期	年	季度	季节成分 S_t
1	2009	1	0.8958
2	2009	2	1.1406
3	2009	3	0.8932
4	2009	4	1.0704
5	2010	1	0.8958
6	2010	2	1.1406
7	2010	3	0.8932
8	2010	4	1.0704
9	2011	1	0.8958
10	2011	2	1.1406
11	2011	3	0.8932
12	2011	4	1.0704

注：由于第二季度的季节指数最大所以平均需求量最大。

⊖ 由于保留位数的原因，这个值可能与季节的数目有微小差异。

说是三个学期——春季、夏季、秋季. 不用谢哦!)

消除季节性的时间序列

分解过程的下一步是消除原来时间序列的季节性. 我们把刚计算的季节性成分从汽车销量数据中消除.

公式 16-11 可以把原来的时间序列表示为如下形式:

$$y_t = T_t \times S_t \times R_t$$

使用一点简单的代数,我们可以用公式 16-13 计算消除季节性的销量.

消除季节性的时间序列公式

$$T_t \times R_t = \frac{y_t}{S_t} \tag{16-13}$$

例如,第 1 期消除季节性的销量如下:⊖

$$\frac{y_1}{S_1} = \frac{97}{0.8958} = 108.3 \text{ 辆}$$

也就是说,如果我们消除第一季度季节对汽车销量的影响,我们期望那期销售 108 辆汽车. 继续计算从余下的时期消除季节性. 结果见表 16-19.

表 16-19 确定消除季节性新车销量

时期	年	季节	销量 y_t	季节成分 S_t	消除季节性销量
1	2009	1	97	0.8958	108.3
2	2009	2	142	1.1406	124.5
3	2009	3	108	0.8932	120.9
4	2009	4	135	1.0704	126.1
5	2010	1	120	0.8958	133.9
6	2010	2	164	1.1406	143.8
7	2010	3	126	0.8932	141.1
8	2010	4	150	1.0704	140.1
9	2011	1	123	0.8958	137.3
10	2011	2	151	1.1406	132.4
11	2011	3	141	0.8932	157.9
12	2011	4	142	1.0704	132.7

图 16-13 给出了消除季节性数据的效果. 黑线表示原来有季节性成分的时间序列,而灰线表示消除季节性的时间序列. 正如你看到的,原来数据中大部分季节性高峰在消除季节性的数据中被消除.

下一个目标是用简单回归确定消除季节性数据的线性趋势.

确定消除季节性数据的趋势组成

图 16-14 给出的是消除季节性数据(黑线)与数据的最优趋势线(灰线). 灰线表示的回归方程在分解预测法中充当了趋势成分.

⊖ 消除时间序列的季节性是消除季节性成分对数据的影响.

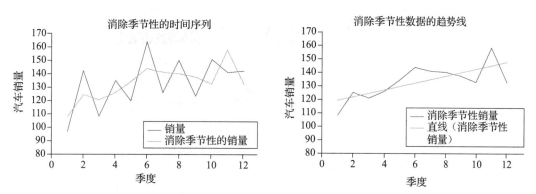

图 16-13 消除季节性的时间序列：新车销量   图 16-14 新产销量时间序列消除季节性的趋势成分

要生成这条趋势线的回归方程，可以用 Excel 的 Data Analysis 函数或者 PHStat2 中的 simple regression function. 下面介绍这个过程如何用 PHStat2 的步骤：

1. 打开 Excel 文件 deseasonalized car sales.xlsx 或者在如图 16-15b 所示的表中输入数据.
2. 转到 Add-Ins＞PHStat＞Regression＞Simple Linear Regression，如图 16-15a 所示.
3. 填写 Simple Linear Regression 对话框 Data 部分. 如图 16-15b 所示. 点击 OK.

图 16-15c 给出的标题为 "SLR" 工作表的消除季节性的趋势方程. 回归系数圈出.
根据这些结果，消除季节性的汽车销量数据的趋势成分可以用如下线性方程表示：

$$T_t = 116.8545 + 2.5224t$$

注意图 16-15c 中回归系数的 p 值等于 0.008（单元格 E11），说明时期变量在统计上显著. 通常，这应该是用杜宾-瓦特森统计量检验自相关存在性的时候，由于本例中数据少于 15 个点，因此这个检验做不了. 不论是否相信，我们准备预测汽车销量. 到时候了！

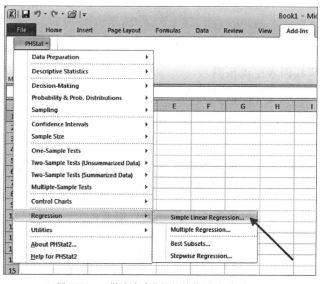

a) 用 PHStat2 做消除季节性的趋势预测（步骤 1～2）

图 16-15

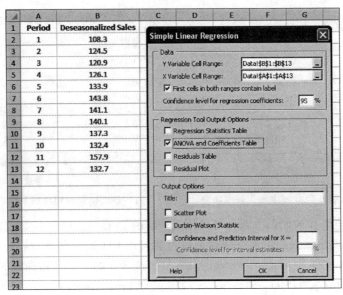

b) 用 PHStat2 做消除季节性的趋势预测（步骤 3）

c) 用 PHStat2 做消除季节性的趋势预测（最终结果）

图 16-15 （续）

依据趋势和季节性因素生成预测

为了生成一个用乘法分解法的下个季度（第 13 期）预测销量 F_t，用公式 16-14。

乘法分解预测公式

$$F_t = T_t \times S_t \tag{16-14}$$

注意到随机性成分 R_t 没有出现在预测方程中。这是因为按照定义，随机性是不能预测的。我们也期望随机性成分随着时间自己消除。

首先确定第 13 期（$t=13$）的趋势成分 T_t，过程如下：

$$T_t = 116.8545 + 2.5224t$$

$$T_{13} = 116.8545 + 2.5224(13) = 149.65$$

为了求季节性成分，我们需要回到表 16-18。由于第 13 期是 2012 年的第 1 个季度，因此 $S_1 = 0.8958$。根据公式 16-14，下个季度销量预测的计算如下：

$$F_{13} = T_{13} \times S_{13} = (149.65)(0.8958) = 134.1 \approx 134 \text{ 辆}$$

运用乘法分解法，也可以预测未来更多季度的销量. 例如，表 16-20 给出如何生成 2012 年余下 3 个季度的预测(第 14，15，16 期).

表 16-20 分解法预测

时期	年	季度	趋势成分 T_t	季节性成分 S_t	销量预测 F_t
13	2012	1	149.65	0.8958	134
14	2012	2	152.17	1.1406	174
15	2012	3	154.69	0.8932	138
16	2012	4	157.21	1.0704	168

正如本章前面讨论的，趋势和季节性成分推出得越远，预测值越不可靠. 随着预测时间范围增加，预测误差也增加.

你的老板对你的分析印象深刻！看样子某人的工资要提高了. 我告诉你统计是一个好方法！

由于乘法分解法需要几步，我为你总结如下：
- 通过中心化移动平均法确定季节性成分.
- 用原来时间序列除以季节性成分消除原来数据的季节性.
- 用消除季节性数据做简单回归确定趋势成分.
- 用趋势和季节性成分预测未来时期.

下面做思考题看看本节内容你掌握了多少.

思考题 8 用思考题 7 的结果和乘法分解法去预测思考题 1 中学生未来三个学期的 GPA.

对预测准确性的研究

我希望你看到下一个问题：用乘法分解法与本章前面讨论的方法对汽车销量的预测相比，哪个更准确呢？你知道这个关键——我们需要计算 MAD！

首先，我们计算第 1 期的预测误差. 第 1 期的趋势成分 T_t 如下：

$$T_t = 116.8545 + 2.5224t$$
$$T_1 = 116.8545 + 2.5224(1) = 119.4$$

根据表 16-18，2008 年第 1 季度的季节性成分为 $S_1 = 0.8958$. 根据公式 16-14，第 1 期季度销量预测的计算如下：

$$F_1 = T_1 \times S_1 = (119.4)(0.8958) = 107.0$$

预测误差的定义是实际销量 y_t 减去预测销量 F_t，第 1 期的预测误差计算如下：

$$y_1 - F_1 = 97 - 107.0 = -10.0$$

为了计算 MAD，我们对剩余误差取绝对值，如表 16-21 所示.

表 16-21 求平均绝对误差需要的数据和计算结果：乘法分解法

时期 t	销量 y_t	趋势成分 T_t	季节性成分 S_t	销量预测 F_Y	绝对误差 $|y_t - F_t|$
1	97	119.4	0.8958	107.0	10.0
2	142	121.9	1.1406	139.0	3.0

(续)

时期 t	销量 y_t	趋势成分 T_t	季节性成分 S_t	销量预测 F_Y	绝对误差 $|y_t - F_t|$
3	108	124.4	0.8932	111.1	3.1
4	135	126.9	1.0704	135.8	0.8
5	120	129.5	0.8958	116.0	4.0
6	164	132.0	1.1406	150.6	13.4
7	126	134.5	0.8932	120.1	5.9
8	150	137.0	1.0704	146.6	3.4
9	123	139.6	0.8958	125.1	2.1
10	151	142.1	1.1406	162.1	11.1
11	141	144.6	0.8932	129.2	11.8
12	142	147.1	1.0704	157.5	15.5
					$\sum |y_t - F_t| = 84.1$

汽车销量的乘法分解法的平均预测误差 MAD 如下：

$$\text{MAD} = \frac{\sum |y_t - F_t|}{n} = \frac{84.1}{12} = 7.0$$

用这个方法，每季度的平均预测误差为 7.0 辆. 当与本章前面讨论的方法相比时准确性如何? 表 16-22 把目前为止有的值总结如下:

表 16-22 不同预测方法平均绝对误差的汇总

方法	预测	MAD
简单移动平均法，$p=3$	145	15.9
简单移动平均法，$p=4$	139	11.1
加权移动平均法，$p=3(3, 2, 1)$	143	15.3
指数平滑法，$\alpha=0.6$	142	19.0
指数平滑法的趋势调整，$\alpha=0.3, \beta=0.1$	148	16.6
趋势调整外推法	151	13.8
乘法分解法	134	7.0

就像你看到的一样，乘法分解法结果最优. 这并不令人惊讶，考虑到汽车销量时间序列中展示出趋势和季节性，并且最后的预测方法是表中唯一包含趋势和季节性的. 然而这没什么，在更多的基本方法中，4期简单移动平均法对于这个数据的集合同样表现很好. 在预测中，不能保证一个复杂的方法比一个简单的预测方法更好.

现在到了做思考题的时间. 你有机会核实乘法分解法的 MAD. 听起来很有趣!

思考题 9 用思考题 7 和 8 的结果计算用乘法分解法预测的 GPA 的 MAD.

16.4.2 用虚拟变量代表季节性

第 15 章介绍了虚拟变量. 有了虚拟变量可以在回归模型中用定性变量. 我们也可以在回归模型中用虚拟变量表示季节性. 由于季节有个(1, 2, 3, 4 季度)，我们需要 3 个虚拟变量，定义见表 16-23. 例如，SD_1 是三个季节虚拟变量的第一个.

表 16-23 构造虚拟变量来表示季节性

季节	虚拟变量		
	SD_1	SD_2	SD_3
第一季度	0	0	0
第二季度	1	0	0
第三季度	0	1	0
第四季度	0	0	1

☞ 第 15 章介绍当定性变量有 k 个分类时，我们需要 $k-1$ 个虚拟变量.

随机选择第一季度作为基础季节，在表 16-23 中将第一季度的三个虚拟变量分配为 0. 我们新的数据集现在包含如下变量：

- 因变量：汽车销量
- 自变量：时期，季节的虚拟变量（SD_1、SD_2 和 SD_3）

汽车销量回归模型的虚拟变量见表 16-24. 这些数据也可以在 Excel 文件 car sales dummy. xlsx 中查到.

表 16-24 带虚拟变量的新车销量数据

时期	年	季度	销量 y_t	虚拟变量		
				SD_1	SD_2	SD_3
1	2009	1	97	0	0	0
2	2009	2	142	1	0	0
3	2009	3	108	0	1	0
4	2009	4	135	0	0	1
5	2010	1	120	0	0	0
6	2010	2	164	1	0	0
7	2010	3	126	0	1	0
8	2010	4	150	0	0	1
9	2011	1	123	0	0	0
10	2011	2	151	1	0	0
11	2011	3	141	0	1	0
12	2011	4	142	0	0	1

下一步是用 PHStat2 求汽车销量的多元回归. 如果你能回忆前一章，用 PHStat2 时有几种多元回归方法可以选择. 我将选择最小子集回归法，通过讨论所有可能组合来确定最后的回归模型：

1. 打开 Excel 文件 car sales dummy. xlsx 或者在如图 16-16b 所示的表中输入数据.
2. 转到 Add-Ins＞PHStat＞Regression＞Best Subsets. 如图 16-16a 所示.
3. 填写如图 16-16b 所示的 Best Subsets 对话框并点击 OK.
4. PHStat2 创建了几个 Excel 工作表，其中一个标题为"BestSubsets". 选择这个表显示的内容如图 16-16c 所示.

图 16-16c 给出了 4 个自变量的 15 种组合的情况（$2^4-1=15$）。这个表也给出了每个回归模型修正的 R^2 以及标准误差。理想状态是，我们选择的子集是修正的 R^2 最大而标准误差最小。满足标准的模型(X1X2X4)用灰底突出表示。为了求这个模型的回归结果，转到标题为 "3X2" 的工作表，因为我们选择图 16-16c 中 model 这列的 3 个自变量组合中的第二个。回归结果见图 16-16d。

在图 16-16d 中可以看到最终回归模型包含时期和两个季节虚拟变量（SD_1 和 SD_3）。这个模型修正的 R^2 等于 77%，而且三个自变量的 p 值都小于 0.05。因此我们可以用于预测的回归方程如下：⊖

$$F_t = 104.1667 + 2.5t + 33.1667SD_1 + 18.1667SD_3$$

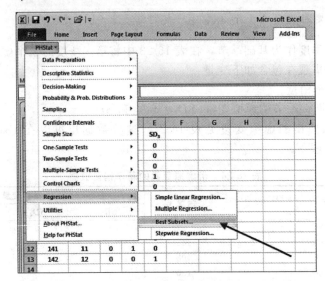

a) 季节性的虚拟变量用 PHStat2 预测（步骤 1~2）

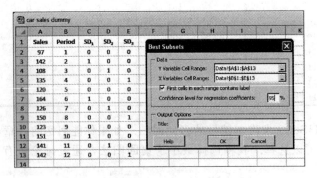

b) 季节性的虚拟变量用 PHStat2 预测（步骤 3）

图 16-16

⊖ 第二季度比第一季度（基础季度）平均需求量多 33.1667 辆。记住，表 16-23 中第二季度分配的值为 "$SD_1=1$，$SD_2=0$ 和 $SD_3=0$"。

car sales dummy

	A	B	C	D	E	F
1	Best Subsets Analysis					
2						
3	Intermediate Calculations					
4	R2T	0.850362				
5	1 - R2T	0.149638				
6	n	12				
7	T	5				
8	n - T	7				
9						
10	Model	Cp	k+1	R Square	Adj. R Square	Std. Error
11	X1	26.50196	2	0.262456	0.188701076	17.26655
12	X2	21.9217	2	0.360367	0.296403955	16.07966
13	X3	35.62885	2	0.067351	-0.025913786	19.41649
14	X4	34.96021	2	0.081645	-0.010190969	19.26713
15	X1X2	9.015916	3	0.679006	0.607674606	12.00711
16	X1X3	24.19513	3	0.354522	0.211082549	17.02672
17	X1X4	27.26812	3	0.288831	0.130793646	17.87215
18	X2X3	23.7359	3	0.364339	0.223081205	16.89675
19	X2X4	11.49976	3	0.62591	0.542778476	12.9622
20	X3X4	35.53999	3	0.112004	-0.085327891	19.97081
21	X1X2X3	10.57858	4	0.688355	0.571488607	12.54863
22	X1X2X4	3.807674	4	0.833096	0.770507349	9.183318
23	X1X3X4	26.05472	4	0.357524	0.116594962	18.01753
24	X2X3X4	11.13701	4	0.676418	0.555074525	12.78671
25	X1X2X3X4	5	5	0.850362	0.764854263	9.295736
26						

c) 季节性的虚拟变量用 PHStat2 预测(步骤 4)

car sales dummy

	A	B	C	D	E	F	G
1	Best Subsets Analysis						
2	X1 X2 X4						
3	*Regression Statistics*						
4	Multiple R	0.912741066					
5	R Square	0.833096254					
6	Adjusted R Square	0.770507349					
7	Standard Error	9.183318209					
8	Observations	12					
9							
10	ANOVA						
11		*df*	*SS*	*MS*	*F*	*Significance F*	
12	Regression	3	3367.583333	1122.527778	13.31060606	0.001777422	
13	Residual	8	674.6666667	84.33333333			
14	Total	11	4042.25				
15							
16		*Coefficients*	*Standard Error*	*t Stat*	*P-value*	*Lower 95%*	*Upper 95%*
17	Intercept	104.1666667	6.059065272	17.19187069	1.33312E-07	90.19443709	118.1388962
18	Period	2.5	0.793317864	3.151321951	0.013571389	0.670605724	4.329394276
19	SD1	33.16666667	6.49358658	5.107603673	0.000921163	18.19242916	48.14090417
20	SD3	18.16666667	6.684615142	2.717683259	0.026342984	2.751916506	33.58141683
21							

d) 季节性的虚拟变量用 PHStat2 预测(最终结果)

图　16-16　(续)

又一次是该用杜宾-瓦特森统计量检验自相关的存在性的时候了. 然而，本例数据小于 15 组，不能做检验.

我们准备用这个方程生成 2012 年第一季度(第 13 期，所以 $t=13$)的预测. 根据表 16-23，任何一年的第一季度的季节虚拟变量如下：

$$SD_1=0 \quad SD_3=0$$

这个季度的回归预测如下：

$$F_{13}=104.1667+2.5(13)+33.1667(0)+18.1667(0)\approx 137\text{ 辆}$$

我们也可以预测 2012 年剩下 3 个季度的汽车销量，如下：

第二季度：$F_{14}=104.1667+2.5(14)+33.1667(1)+18.1667(0)\approx 172$ 辆

第三季度：$F_{15}=104.1667+2.5(14)+33.1667(0)+18.1667(0)\approx 142$ 辆

第四季度：$F_{16}=104.1667+2.5(14)+33.1667(0)+18.1667(1)\approx 162$ 辆

我要检查这个预测方法的 MAD，与之前的方法比较看看怎么样。走起，我将介绍如何计算 2009 年 4 个季度（时期 1 到 4）的预测值并且汇总剩下的计算结果。要计算这些，Excel 也是个很好的选择。

2009 年的预测：

第一季度 $(t=1)$：$F_1 = 104.1667 + 2.5(1) + 33.1667(0) + 18.1667(0) = 106.7$

第二季度 $(t=2)$：$F_2 = 104.1667 + 2.5(2) + 33.1667(1) + 18.1667(0) = 142.3$

第三季度 $(t=3)$：$F_3 = 104.1667 + 2.5(3) + 33.1667(0) + 18.1667(0) = 111.7$

第四季度 $(t=4)$：$F_4 = 104.1667 + 2.5(4) + 33.1667(0) + 18.1667(1) = 132.3$

表 16-25 给出剩下季度的预测以及计算 MAD 需要的预测误差。

表 16-25 求平均绝对误差需要的数据和计算结果：有虚拟变量的新车销量数据

时期 t	实际销量 y_t	销量预测 F_y	预测误差 $y_t - F_t$	绝对预测误差 $|y_t - F_t|$
1	97	106.7	−9.7	9.7
2	142	142.3	−0.3	0.3
3	108	111.7	−3.7	3.7
4	135	132.3	2.7	2.7
5	120	116.7	3.3	3.3
6	164	152.3	1.7	11.7
7	126	121.7	4.3	4.3
8	150	142.3	7.7	7.7
9	123	126.7	−3.7	3.7
10	151	162.3	−11.3	11.3
11	141	131.7	9.3	9.3
12	142	152.3	−10.3	10.3
			$\sum |y_t - F_t| =$	78.0

因此有季节性虚拟变量的多元回归的平均预测误差为：

$$\text{MAD} = \frac{\sum |y_t - F_t|}{n} = \frac{78.0}{12} = 6.5$$

表 16-26 是这个结果与本章前面模型结果的比较。

表 16-26 不同预测方法平均绝对误差的汇总

方法	预测	MAD
简单移动平均法，$p=3$	145	15.9
简单移动平均法，$p=4$	139	11.1
加权移动平均法 (3, 2, 1)	143	15.3
指数平滑法，$a=0.6$	142	19.0
指数平滑法的趋势调整，$a=0.3, \beta=0.1$	148	16.6
趋势调整外推法	151	13.8
乘法分解法	134	7.0
含季节性虚拟变量的回归	137	6.5

看起来季节性虚拟变量模型至少在这组数据是获胜的. 如果整个趋势相对线性并且季节性模式一年一年的基本一致, 那么乘法分解法和含季节性虚拟变量的回归法应该表现相当好. ⊖我要推荐你给你的老板提供用季节性虚拟变量的模型对 2012 年第一季度进行的预测销量, 137 辆. 你有一个好的开始!

在下课之前, 我要最后一次要你做思考题, 检验你虚拟季节变量的运用掌握的如何.

思考题 10 用 Excel 文件 GPA.xlsx 的数据与季节性虚拟变量的回归法预测你同学大四三个学期的 GPA. 同时计算这个预测的 MAD.

习题 16.4

基础题

16.24 考虑下面的时间序列:

1 年		2 年		3 年	
季度	需求	季度	需求	季度	需求
1	6	1	8	1	7
2	11	2	14	2	15
3	9	3	10	3	14
4	5	4	7	4	9

a) 用乘法分解法预测第 4 年每个季度的需求量.
b) 解释季节性成分的意义.
c) 计算这个预测的 MAD.

16.25 考虑下面的时间序列:

1 年		2 年		3 年	
季度	需求	季度	需求	季度	需求
1	31	1	28	1	27
2	18	2	18	2	15
3	25	3	22	3	20
4	14	4	6	4	8

a) 用乘法分解法预测第 4 年每个季度的需求量.
b) 解释季节性成分的意义.
c) 计算这个预测的 MAD.

16.26 根据习题 16.24 的时间序列回答下列问题:
a) 用季节性虚拟变量和最小子集回归法预测第 4 年每个季度的需求量.
b) 解释季节性虚拟变量系数的意义.
c) 计算这个预测的 MAD.

16.27 根据习题 16.25 的时间序列回答下列问题:
a) 用季节性虚拟变量和最小子集回归法预测第 4 年每个季度的需求量.
b) 解释季节性虚拟变量系数的意义.
c) 计算这个预测的 MAD.

应用题

16.28 假设贝尔维尤大学接收新的学生到一年三个学期的(秋、春、夏)项目. 预测入学人数可以帮助学校确定适当的资源提供给学生. 下面的数据是最近四个学年每个学期入学人数(第 4 年是最近的一年). 这些数据也可以在 Excel 文件 Bellevue.xlsx 中查到.

年	学期	学生	年	学期	学生
1	秋季	267	3	秋季	270
1	春季	75	3	春季	95
1	夏季	24	3	夏季	43
2	秋季	278	4	秋季	274
2	春季	69	4	春季	81
2	夏季	37	4	夏季	55

a) 画时间与学生入学的关系图.
b) 用季节性虚拟变量和最小子集回归法预测第 5 年每学期的入学人数.

⊖ 记住, 一种预测方法不可能永远是最优的预测. 对于新车销量的例子含季节性虚拟变量的回归是最好的方法, 但是对于其他数据不一定是最好的选择.

c) 解释季节性虚拟变量系数的意义.
d) 计算这个预测的 MAD.

16.29 根据习题 16.28Excel 文件 Bellevue.xlsx 中的数据回答下列问题.
a) 用乘法分解法预测第 5 年每个学期的入学人数.
b) 解释季节性成分的意义.
c) 计算这个预测的 MAD.

16.30 在 20 世纪 90 年代末，AOL 是主要的网络供应商．它控制着每小时在线访问率．然而，AOL 在网络商业模式下做出了迟缓的改变并且失去了大量的市场份额．今天，广告收入是该公司的一个主要收入来源．下面的数据是以百万为单位，最近三年每个季度的广告收入．这些数据也可以在 Excel 文件 AOL.xlsx 中查到.

2008		2009		2010	
季度	收入	季度	收入	季度	收入
1	$540	1	$432	1	$346
2	$517	2	$407	2	$297
3	$487	3	$402	3	$293
4	$500	4	$459	4	$332

a) 画时间与 AOL 的广告收入的关系图.
b) 用乘法分解法预测 2011 年每个季度的广告收入.
c) 解释季节性成分的意义.
d) 计算这个预测的 MAD.
e) 关于 AOL 的 2011 年商业前景你能得到什么结论?

16.31 根据习题 16.30Excel 文件 AOL.xlsx 中的数据回答下列问题.
a) 用季节性虚拟变量和最小子集回归法预测 2011 年每个季度的广告收入.
b) 解释季节性虚拟变量系数的意义.
c) 计算这个预测的 MAD.

16.32 钻石三叶草公司生产液态氯，从周一到周五用卡车和有轨车将其运送给顾客．为了改善调度，公司的生产经理想要建立一个预测模型去预测下一周每天运送氯的吨数．下面的数据是过去三周每天运送氯的吨数．这些数据也可以在 Excel 文件 chlorine.xlsx 中查到.

1 周		2 周		3 周	
天	吨	天	吨	天	吨
星期一	177	星期一	168	星期一	154
星期二	130	星期二	130	星期二	127
星期三	136	星期三	122	星期三	116
星期四	147	星期四	128	星期四	138
星期五	192	星期五	160	星期五	152

a) 画时间与运送氯的吨数的关系图.
b) 用季节性虚拟变量和最小子集回归法预测下一周每天运送的氯气吨数.
c) 解释季节性虚拟变量系数的意义.
d) 计算这个预测的 MAD.

16.33 根据习题 16.32Excel 文件 chlorine.xlsx 中的数据回答下列问题.
a) 用乘法分解法预测下一周每天运送的氯气吨数.
b) 解释季节性成分的意义.
c) 计算这个预测的 MAD.

16.34 在金地商学院的餐厅为学生从周一至周五提供午餐和晚餐．餐厅经理想要预测下一周每天的销售额以确保她有足够的柜台人员．下面的数据是以美元为单位，过去三周每天的销售额．这些数据也可以在 Excel 文件 cafeteria.xlsx 中查到.

1 周		2 周		3 周	
天	销售额	天	销售额	天	销售额
星期一	$657	星期一	$718	星期一	$728
星期二	$563	星期二	$561	星期二	$550
星期三	$726	星期三	$740	星期三	$809
星期四	$539	星期四	$502	星期四	$523
星期五	$530	星期五	$587	星期五	$633

a) 画时间与每天食物销售额的关系图.
b) 用乘法分解法预测下周餐厅每天的销售额.
c) 解释季节性成分的意义.
d) 计算这个预测的 MAD.

16.35 根据习题 16.34Excel 文件 cafeteria. xlsx 中的数据回答下列问题.

a) 用季节性虚拟变量和最小子集回归法预测下周餐厅每天的销售额.

b) 解释季节性虚拟变量系数的意义.

c) 计算这个预测的 MAD.

本章主要公式

平均绝对误差(MAD)公式
$$\text{MAD} = \frac{\sum |A_t - F_t|}{n} \quad (16\text{-}1)$$

指数平滑法预测公式
$$F_t = F_{t-1} + \alpha(A_{t-1} - F_{t-1}) \quad (16\text{-}2)$$

指数平滑法的趋势调整预测公式
$$FIT_t = F_t + T_t \quad (16\text{-}3)$$
$$F_t = FIT_{t-1} + \alpha(A_{t-1} - FIT_{t-1}) \quad (16\text{-}4)$$
$$T_t = \beta(F_t - F_{t-1}) + (1-\beta)T_{t-1} \quad (16\text{-}5)$$

趋势外推公式
$$\hat{y}_t = a + bt \quad (16\text{-}6)$$

趋势外推斜率公式
$$b = \frac{n\sum ty - (\sum t)(\sum y)}{n\sum t^2 - (\sum t)^2} \quad (16\text{-}7)$$

趋势外推截距公式
$$a = \frac{\sum y}{n} - b\left(\frac{\sum t}{n}\right) \quad (16\text{-}8)$$

残差公式
$$e_i = y_i - \hat{y}_i \quad (16\text{-}9)$$

杜宾-瓦特森统计量公式
$$d = \frac{\sum_{t=2}^{n}(e_t - e_{t-1})^2}{\sum_{t=2}^{n} e_t^2} \quad (16\text{-}10)$$

乘法分解模型公式
$$y_t = T_t \times S_t \times R_t \quad (16\text{-}11)$$

移动平均比率公式
$$RMA_t = S_t \times R_t = \frac{y_t}{T_f} = \frac{y_t}{CMA_t} \quad (16\text{-}12)$$

消除季节性的时间序列公式
$$T_t \times R_t = \frac{y_t}{S_t} \quad (16\text{-}13)$$

乘法分解预测公式
$$F_t = T_t \times S_t \quad (16\text{-}14)$$

复习题

16.36 假设零售商想要预测在即将到来的节假季节计划购买礼品卡的顾客百分比. 下面的数据是 2002 年到 2009 年的百分比. 这些数据也可以在 Excel 文件 gift cards. xlsx 中查到.

年	百分比	年	百分比
2002	55%	2006	66%
2003	60%	2007	69%
2004	64%	2008	66%
2005	67%	2009	64%

数据来源：德勒年度假期调查.

a) 用 3 期简单移动平均法，预测 2010 年将要购买礼物卡的假日购物者的比例.

b) 计算 a 问预测的 MAD.

c) 用权重为 5、3、1 的 3 期加权移动平均法预测 2010 年将要购买礼物卡的假日购物者的比例.

d) 计算 c 问预测的 MAD.

e) 你对哪个预测更有信心?

16.37 用习题 16.36 的 Excel 文件 gift cards. xlsx 中的数据回答下列问题:

a) 用 $\alpha = 0.6$ 的指数平滑法，预测 2010 年将要购买礼物卡的假日购物者的比例.

b) 计算 a 问预测的 MAD.

c) 用 $\alpha = 0.6$，$\beta = 0.4$ 的指数平滑法的趋势调整，预测 2010 年将要购买礼物卡的假日购物者的比例.

d) 计算 c 问预测的 MAD.

e) 你对哪个预测更有信心?

16.38 戴夫是当地一家 AT&T 无线电公司零售店的经理。他想要个预测每天走进他的零售店的顾客人数，以便改善他的人事决策。下面的数据是最近 8 天里进入戴夫商店的顾客人数。这些数据也可以在 Excel 文件 daily customers.xlsx 中查到。

天	1	2	3	4	5	6	7	8
顾客	260	243	232	277	270	285	248	254

a) 用 3 期简单移动平均法，预测第 9 天到访戴夫商店的顾客人数。
b) 计算 a 问预测的 MAD。
c) 用 $\alpha = 0.1$ 的指数平滑法预测第 9 天到访戴夫商店的顾客人数。
d) 计算 c 问预测的 MAD。
e) 你对哪个预测更有信心？

16.39 用习题 16.38 的 Excel 文件 daily customers.xlsx 中的数据回答下列问题：
a) 用权重为 5 和 2 的两期加权移动平均法，预测第 9 天到访戴夫商店的顾客人数。
b) 计算 a 问预测的 MAD。
c) 用 $\alpha = 0.1$，$\beta = 0.3$ 的指数平滑法的趋势调整，预测第 9 天到访戴夫商店的顾客人数。
d) 计算 c 问预测的 MAD。
e) 你对哪个预测更有信心？

16.40 很多学院都关心分数膨胀，其定义是随着时间一个机构的平均 GPA 增加而相应的学术水平没有增加。分数膨胀可能表明过去时间里降低学术标准。假设下面的数据是过去几年纽瓦克学院学生的平均 GPA。这些数据也可以在 Excel 文件 grade inflation.xlsx 中查到。

年	GPA	年	GPA
2004	2.94	2008	2.85
2005	2.82	2009	3.08
2006	2.90	2010	3.15
2007	2.96	2011	3.10

a) 画纽瓦克学院平均 GPA 与时间的关系图。
b) 用趋势外推法预测 2012 年学生的平均 GPA。
c) 有迹象表明纽瓦克学院存在分数膨胀吗？为什么是或者为什么不是？
d) 检验 b 问预测模型中是否存在自相关。

16.41 纽瓦克学院（见习题 16.40）想要排除 GPA 预测模型中的季节性成分。学生每年的平均 GPA 被分为学期平均 GPA（秋季、春季、夏季）并且这些数据可以在 Excel 文件 grade inflation by semester.xlsx 中查到。
a) 用乘法分解法，预测 2012 年学生每个学期的平均 GPA。
b) 解释季节性成分的意义。
c) 计算这个预测的 MAD。

16.42 根据习题 16.41 Excel 文件 grade inflation by semester.xlsx 中的数据回答下列问题：
a) 用季节性虚拟变量的多元回归，预测 2012 年学生每个学期的平均 GPA。
b) 解释季节性虚拟变量系数的意义。
c) 计算这个预测的 MAD。

16.43 假设亚马逊网想要用包含季节性的模型预测接下来四个季度的每股收益（EPS）。下面的数据是亚马逊过去 5 年每季度的每股收益。这些数据也可以在 Excel 文件 Amazon EPS.xlsx 中查到。

年	季度	EPS	年	季度	EPS
2006	1	$0.12	2008	3	$0.27
2006	2	$0.05	2008	4	$0.51
2006	3	$0.05	2009	1	$0.41
2006	4	$0.23	2009	2	$0.32
2007	1	$0.26	2009	3	$0.45
2007	2	$0.19	2009	4	$0.86
2007	3	$0.19	2010	1	$0.66
2007	4	$0.48	2010	2	$0.45
2008	1	$0.34	2010	3	$0.51
2008	2	$0.37	2010	4	$0.91

数据来源：Ycharts 网的数据。

a) 用趋势外推法预测 2011 年每个季度亚马逊的 EPS。
b) 用乘法分解法预测 2011 年每个季度亚马逊的 EPS。
c) 解释季节性成分的意义。

d) 你会为亚马逊选择哪一个预测呢？为什么？

16.44 根据习题 16.43Excel 文件 Amazon EPS.xlsx 中的数据回答下列问题：
a) 用季节性虚拟变量的多元回归，预测 2011 年每个季度亚马逊的 EPS.
b) 解释季节性虚拟变量系数的意义.
c) 计算这个预测的 MAD.

16.45 在一场重大衰退后，美国股市从 2009 到 2010 年经历了一个经济复苏期. Excel 文件 S&P 500.xlsx 中的数据是这两年每个月底 S&P 500 指数的数值.
a) 画时间与 S&P 指数的关系图.
b) 用 $\alpha=0.2$ 的指数平滑法预测 2011 年 1 月底 S&P 指数的数值.
c) 计算 b 问预测的 MAD.
d) 用 $\alpha=0.2$，$\beta=0.5$ 的指数平滑法的趋势调整，预测 2011 年 1 月底 S&P 指数的数值.
e) 计算 c 问预测的 MAD.
f) 你对哪个预测更自信呢？

16.46 根据习题 16.45Excel 文件 S&P 500.xlsx 中的数据回答下列问题：
a) 用趋势外推法预测 2011 年 1 月底 S&P 指数的数值.
b) 检验 a 问的模型中是否存在自相关.
c) 对这些数据用趋势外推法是否恰当，做出评价.

16.47 在 2010 财政年度，邮政经历了创纪录的 85 亿美元的亏损. 为了应对这个财政危机，邮政正考虑关闭大量正处于亏损状态的邮政网点. 为了帮助做这个决策，邮政当局想要预测 2011 年处理邮件的数量. Excel 文件 postal service.xlsx 中的数据是从 1983 年至 2010 年以 10 亿为单位，经美国邮政邮寄的邮件数量.

来源：美国邮政数据.
a) 画时间与邮寄邮件数量的关系图.
b) 用趋势外推法预测 2011 年邮寄邮件的数量.
c) 检验 b 问的模型中是否存在自相关.
d) 对这些数据用趋势外推法是否恰当，做出评价.

16.48 最近有推测决定 NFL 冠军的超级杯比赛将变得更激烈. 比赛的激励性更多源于受比赛输赢场数、分差或者比赛结果影响的博彩业. 为了研究这个理论，我制作的 Excel 文件 Supper Bowl score.xlsx 提供了 1986 年至 2011 年每场超级杯的赢球或输球的分数.
a) 根据这些数据以及等于 0.05 的显著性水平判断比赛的分差是否有显著变化.
b) 为 2012 超级杯的分差提供一个预测.
c) 你预测模型的局限性是什么？

附录A 常用表格

表1 二项概率

n	x	0.01	0.02	0.03	0.04	0.05	0.06	0.07	0.08	0.09
2	0	0.9801	0.9604	0.9409	0.9216	0.9025	0.8836	0.8649	0.8464	0.8281
	1	0.0198	0.0392	0.0582	0.0768	0.0950	0.1128	0.1302	0.1472	0.1638
	2	0.0001	0.0004	0.0009	0.0016	0.0025	0.0036	0.0049	0.0064	0.0081
3	0	0.9703	0.9412	0.9127	0.8847	0.8574	0.8306	0.8044	0.7787	0.7536
	1	0.0294	0.0576	0.0847	0.1106	0.1354	0.1590	0.1816	0.2031	0.2236
	2	0.0003	0.0012	0.0026	0.0046	0.0071	0.0102	0.0137	0.0177	0.0221
	3	0.0000	0.0000	0.0000	0.0001	0.0001	0.0002	0.0003	0.0005	0.0007
4	0	0.9606	0.9224	0.8853	0.8493	0.8145	0.7807	0.7481	0.7164	0.6857
	1	0.0388	0.0753	0.1095	0.1416	0.1715	0.1993	0.2252	0.2492	0.2713
	2	0.0006	0.0023	0.0051	0.0088	0.0135	0.0191	0.0254	0.0325	0.0402
	3	0.0000	0.0000	0.0001	0.0002	0.0005	0.0008	0.0013	0.0019	0.0027
	4	0.0000	0.0000	0.0000	0.0000	0.0000	0.0000	0.0000	0.0000	0.0001
5	0	0.9510	0.9039	0.8587	0.8154	0.7738	0.7339	0.6957	0.6591	0.6240
	1	0.0480	0.0922	0.1328	0.1699	0.2036	0.2342	0.2618	0.2866	0.3086
	2	0.0010	0.0038	0.0082	0.0142	0.0214	0.0299	0.0394	0.0498	0.0610
	3	0.0000	0.0001	0.0003	0.0006	0.0011	0.0019	0.0030	0.0043	0.0060
	4	0.0000	0.0000	0.0000	0.0000	0.0000	0.0001	0.0001	0.0002	0.0003
	5	0.0000	0.0000	0.0000	0.0000	0.0000	0.0000	0.0000	0.0000	0.0000
6	0	0.9415	0.8858	0.8330	0.7828	0.7351	0.6899	0.6470	0.6064	0.5679
	1	0.0571	0.1085	0.1546	0.1957	0.2321	0.2642	0.2922	0.3164	0.3370
	2	0.0014	0.0055	0.0120	0.0204	0.0305	0.0422	0.0550	0.0688	0.0833
	3	0.0000	0.0002	0.0005	0.0011	0.0021	0.0036	0.0055	0.0080	0.0110
	4	0.0000	0.0000	0.0000	0.0000	0.0001	0.0002	0.0003	0.0005	0.0008
	5	0.0000	0.0000	0.0000	0.0000	0.0000	0.0000	0.0000	0.0000	0.0000
	6	0.0000	0.0000	0.0000	0.0000	0.0000	0.0000	0.0000	0.0000	0.0000
7	0	0.9321	0.8681	0.8080	0.7514	0.6983	0.6485	0.6017	0.5578	0.5168
	1	0.0659	0.1240	0.1749	0.2192	0.2573	0.2897	0.3170	0.3396	0.3578
	2	0.0020	0.0076	0.0162	0.0274	0.0406	0.0555	0.0716	0.0886	0.1061

(续)

n	x	0.01	0.02	0.03	0.04	0.05	0.06	0.07	0.08	0.09
	3	0.0000	0.0003	0.0008	0.0019	0.0036	0.0059	0.0090	0.0128	0.0175
	4	0.0000	0.0000	0.0000	0.0001	0.0002	0.0004	0.0007	0.0011	0.0017
	5	0.0000	0.0000	0.0000	0.0000	0.0000	0.0000	0.0000	0.0001	0.0001
	6	0.0000	0.0000	0.0000	0.0000	0.0000	0.0000	0.0000	0.0000	0.0000
	7	0.0000	0.0000	0.0000	0.0000	0.0000	0.0000	0.0000	0.0000	0.0000
8	0	0.9227	0.8508	0.7837	0.7214	0.6634	0.6096	0.5596	0.5132	0.4703
	1	0.0746	0.1389	0.1939	0.2405	0.2793	0.3113	0.3370	0.3570	0.3721
	2	0.0026	0.0099	0.0210	0.0351	0.0515	0.0695	0.0888	0.1087	0.1288
	3	0.0001	0.0004	0.0013	0.0029	0.0054	0.0089	0.0134	0.0189	0.0255
	4	0.0000	0.0000	0.0001	0.0002	0.0004	0.0007	0.0013	0.0021	0.0031
	5	0.0000	0.0000	0.0000	0.0000	0.0000	0.0000	0.0001	0.0001	0.0002
	6	0.0000	0.0000	0.0000	0.0000	0.0000	0.0000	0.0000	0.0000	0.0000
	7	0.0000	0.0000	0.0000	0.0000	0.0000	0.0000	0.0000	0.0000	0.0000
	8	0.0000	0.0000	0.0000	0.0000	0.0000	0.0000	0.0000	0.0000	0.0000
9	0	0.9135	0.8337	0.7602	0.6925	0.6302	0.5730	0.5204	0.4722	0.4279
	1	0.0830	0.1531	0.2116	0.2597	0.2985	0.3292	0.3525	0.3695	0.3809
	2	0.0034	0.0125	0.0262	0.0433	0.0629	0.0840	0.1061	0.1285	0.1507
	3	0.0001	0.0006	0.0019	0.0042	0.0077	0.0125	0.0186	0.0261	0.0348
	4	0.0000	0.0000	0.0001	0.0003	0.0006	0.0012	0.0021	0.0034	0.0052
	5	0.0000	0.0000	0.0000	0.0000	0.0000	0.0001	0.0002	0.0003	0.0005
	6	0.0000	0.0000	0.0000	0.0000	0.0000	0.0000	0.0000	0.0000	0.0000
	7	0.0000	0.0000	0.0000	0.0000	0.0000	0.0000	0.0000	0.0000	0.0000
	8	0.0000	0.0000	0.0000	0.0000	0.0000	0.0000	0.0000	0.0000	0.0000
	9	0.0000	0.0000	0.0000	0.0000	0.0000	0.0000	0.0000	0.0000	0.0000
10	0	0.9044	0.8171	0.7374	0.6648	0.5987	0.5386	0.4840	0.4344	0.3894
	1	0.0914	0.1667	0.2281	0.2770	0.3151	0.3438	0.3643	0.3777	0.3851
	2	0.0042	0.0153	0.0317	0.0519	0.0746	0.0988	0.1234	0.1478	0.1714
	3	0.0001	0.0008	0.0026	0.0058	0.0105	0.0168	0.0248	0.0343	0.0452
	4	0.0000	0.0000	0.0001	0.0004	0.0010	0.0019	0.0033	0.0052	0.0078
	5	0.0000	0.0000	0.0000	0.0000	0.0001	0.0001	0.0003	0.0005	0.0009
	6	0.0000	0.0000	0.0000	0.0000	0.0000	0.0000	0.0000	0.0000	0.0001
	7	0.0000	0.0000	0.0000	0.0000	0.0000	0.0000	0.0000	0.0000	0.0000
	8	0.0000	0.0000	0.0000	0.0000	0.0000	0.0000	0.0000	0.0000	0.0000
	9	0.0000	0.0000	0.0000	0.0000	0.0000	0.0000	0.0000	0.0000	0.0000
	10	0.0000	0.0000	0.0000	0.0000	0.0000	0.0000	0.0000	0.0000	0.0000

(续)

n	x	0.01	0.02	0.03	0.04	0.05	0.06	0.07	0.08	0.09
11	0	0.8953	0.8007	0.7153	0.6382	0.5688	0.5063	0.4501	0.3996	0.3544
	1	0.0995	0.1798	0.2433	0.2925	0.3293	0.3555	0.3727	0.3823	0.3855
	2	0.0050	0.0183	0.0376	0.0609	0.0867	0.1135	0.1403	0.1662	0.1906
	3	0.0002	0.0011	0.0035	0.0076	0.0137	0.0217	0.0317	0.0434	0.0566
	4	0.0000	0.0000	0.0002	0.0006	0.0014	0.0028	0.0048	0.0075	0.0112
	5	0.0000	0.0000	0.0000	0.0000	0.0001	0.0002	0.0005	0.0009	0.0015
	6	0.0000	0.0000	0.0000	0.0000	0.0000	0.0000	0.0000	0.0001	0.0002
	7	0.0000	0.0000	0.0000	0.0000	0.0000	0.0000	0.0000	0.0000	0.0000
	8	0.0000	0.0000	0.0000	0.0000	0.0000	0.0000	0.0000	0.0000	0.0000
	9	0.0000	0.0000	0.0000	0.0000	0.0000	0.0000	0.0000	0.0000	0.0000
	10	0.0000	0.0000	0.0000	0.0000	0.0000	0.0000	0.0000	0.0000	0.0000
	11	0.0000	0.0000	0.0000	0.0000	0.0000	0.0000	0.0000	0.0000	0.0000
12	0	0.8864	0.7847	0.6938	0.6127	0.5404	0.4759	0.4186	0.3677	0.3225
	1	0.1074	0.1922	0.2575	0.3064	0.3413	0.3645	0.3781	0.3837	0.3827
	2	0.0060	0.0216	0.0438	0.0702	0.0988	0.1280	0.1565	0.1835	0.2082
	3	0.0002	0.0015	0.0045	0.0098	0.0173	0.0272	0.0393	0.0532	0.0686
	4	0.0000	0.0001	0.0003	0.0009	0.0021	0.0039	0.0067	0.0104	0.0153
	5	0.0000	0.0000	0.0000	0.0001	0.0002	0.0004	0.0008	0.0014	0.0024
	6	0.0000	0.0000	0.0000	0.0000	0.0000	0.0000	0.0001	0.0001	0.0003
	7	0.0000	0.0000	0.0000	0.0000	0.0000	0.0000	0.0000	0.0000	0.0000
	8	0.0000	0.0000	0.0000	0.0000	0.0000	0.0000	0.0000	0.0000	0.0000
	9	0.0000	0.0000	0.0000	0.0000	0.0000	0.0000	0.0000	0.0000	0.0000
	10	0.0000	0.0000	0.0000	0.0000	0.0000	0.0000	0.0000	0.0000	0.0000
	11	0.0000	0.0000	0.0000	0.0000	0.0000	0.0000	0.0000	0.0000	0.0000
	12	0.0000	0.0000	0.0000	0.0000	0.0000	0.0000	0.0000	0.0000	0.0000
13	0	0.8775	0.7690	0.6730	0.5882	0.5133	0.4474	0.3893	0.3383	0.2935
	1	0.1152	0.2040	0.2706	0.3186	0.3512	0.3712	0.3809	0.3824	0.3773
	2	0.0070	0.0250	0.0502	0.0797	0.1109	0.1422	0.1720	0.1995	0.2239
	3	0.0003	0.0019	0.0057	0.0122	0.0214	0.0333	0.0475	0.0636	0.0812
	4	0.0000	0.0001	0.0004	0.0013	0.0028	0.0053	0.0089	0.0138	0.0201
	5	0.0000	0.0000	0.0000	0.0001	0.0003	0.0006	0.0012	0.0022	0.0036
	6	0.0000	0.0000	0.0000	0.0000	0.0000	0.0001	0.0001	0.0003	0.0005
	7	0.0000	0.0000	0.0000	0.0000	0.0000	0.0000	0.0000	0.0000	0.0000
	8	0.0000	0.0000	0.0000	0.0000	0.0000	0.0000	0.0000	0.0000	0.0000

（续）

n	x	0.01	0.02	0.03	0.04	0.05	0.06	0.07	0.08	0.09
	9	0.0000	0.0000	0.0000	0.0000	0.0000	0.0000	0.0000	0.0000	0.0000
	10	0.0000	0.0000	0.0000	0.0000	0.0000	0.0000	0.0000	0.0000	0.0000
	11	0.0000	0.0000	0.0000	0.0000	0.0000	0.0000	0.0000	0.0000	0.0000
	12	0.0000	0.0000	0.0000	0.0000	0.0000	0.0000	0.0000	0.0000	0.0000
	13	0.0000	0.0000	0.0000	0.0000	0.0000	0.0000	0.0000	0.0000	0.0000
14	0	0.8687	0.7536	0.6528	0.5647	0.4877	0.4205	0.3620	0.3112	0.2670
	1	0.1229	0.2153	0.2827	0.3294	0.3593	0.3758	0.3815	0.3788	0.3698
	2	0.0081	0.0286	0.0568	0.0892	0.1229	0.1559	0.1867	0.2141	0.2377
	3	0.0003	0.0023	0.0070	0.0149	0.0259	0.0398	0.0562	0.0745	0.0940
	4	0.0000	0.0001	0.0006	0.0017	0.0037	0.0070	0.0116	0.0178	0.0256
	5	0.0000	0.0000	0.0000	0.0001	0.0004	0.0009	0.0018	0.0031	0.0051
	6	0.0000	0.0000	0.0000	0.0000	0.0000	0.0001	0.0002	0.0004	0.0008
	7	0.0000	0.0000	0.0000	0.0000	0.0000	0.0000	0.0000	0.0000	0.0001
	8	0.0000	0.0000	0.0000	0.0000	0.0000	0.0000	0.0000	0.0000	0.0000
	9	0.0000	0.0000	0.0000	0.0000	0.0000	0.0000	0.0000	0.0000	0.0000
	10	0.0000	0.0000	0.0000	0.0000	0.0000	0.0000	0.0000	0.0000	0.0000
	11	0.0000	0.0000	0.0000	0.0000	0.0000	0.0000	0.0000	0.0000	0.0000
	12	0.0000	0.0000	0.0000	0.0000	0.0000	0.0000	0.0000	0.0000	0.0000
	13	0.0000	0.0000	0.0000	0.0000	0.0000	0.0000	0.0000	0.0000	0.0000
	14	0.0000	0.0000	0.0000	0.0000	0.0000	0.0000	0.0000	0.0000	0.0000
15	0	0.8601	0.7386	0.6333	0.5421	0.4633	0.3953	0.3367	0.2863	0.2430
	1	0.1303	0.2261	0.2938	0.3388	0.3658	0.3785	0.3801	0.3734	0.3605
	2	0.0092	0.0323	0.0636	0.0988	0.1348	0.1691	0.2003	0.2273	0.2496
	3	0.0004	0.0029	0.0085	0.0178	0.0307	0.0468	0.0653	0.0857	0.1070
	4	0.0000	0.0002	0.0008	0.0022	0.0049	0.0090	0.0148	0.0223	0.0317
	5	0.0000	0.0000	0.0001	0.0002	0.0006	0.0013	0.0024	0.0043	0.0069
	6	0.0000	0.0000	0.0000	0.0000	0.0000	0.0001	0.0003	0.0006	0.0011
	7	0.0000	0.0000	0.0000	0.0000	0.0000	0.0000	0.0000	0.0001	0.0001
	8	0.0000	0.0000	0.0000	0.0000	0.0000	0.0000	0.0000	0.0000	0.0000
	9	0.0000	0.0000	0.0000	0.0000	0.0000	0.0000	0.0000	0.0000	0.0000
	10	0.0000	0.0000	0.0000	0.0000	0.0000	0.0000	0.0000	0.0000	0.0000
	11	0.0000	0.0000	0.0000	0.0000	0.0000	0.0000	0.0000	0.0000	0.0000
	12	0.0000	0.0000	0.0000	0.0000	0.0000	0.0000	0.0000	0.0000	0.0000
	13	0.0000	0.0000	0.0000	0.0000	0.0000	0.0000	0.0000	0.0000	0.0000
	14	0.0000	0.0000	0.0000	0.0000	0.0000	0.0000	0.0000	0.0000	0.0000

（续）

n	x	0.01	0.02	0.03	0.04	0.05	0.06	0.07	0.08	0.09
	15	0.0000	0.0000	0.0000	0.0000	0.0000	0.0000	0.0000	0.0000	0.0000
20	0	0.8179	0.6676	0.5438	0.4420	0.3585	0.2901	0.2342	0.1887	0.1516
	1	0.1652	0.2725	0.3364	0.3683	0.3774	0.3703	0.3526	0.3282	0.3000
	2	0.0159	0.0528	0.0988	0.1458	0.1887	0.2246	0.2521	0.2711	0.2818
	3	0.0010	0.0065	0.0183	0.0364	0.0596	0.0860	0.1139	0.1414	0.1672
	4	0.0000	0.0006	0.0024	0.0065	0.0133	0.0233	0.0364	0.0523	0.0703
	5	0.0000	0.0000	0.0002	0.0009	0.0022	0.0048	0.0088	0.0145	0.0222
	6	0.0000	0.0000	0.0000	0.0001	0.0003	0.0008	0.0017	0.0032	0.0055
	7	0.0000	0.0000	0.0000	0.0000	0.0000	0.0001	0.0002	0.0005	0.0011
	8	0.0000	0.0000	0.0000	0.0000	0.0000	0.0000	0.0000	0.0001	0.0002
	9	0.0000	0.0000	0.0000	0.0000	0.0000	0.0000	0.0000	0.0000	0.0000
	10	0.0000	0.0000	0.0000	0.0000	0.0000	0.0000	0.0000	0.0000	0.0000
	11	0.0000	0.0000	0.0000	0.0000	0.0000	0.0000	0.0000	0.0000	0.0000
	12	0.0000	0.0000	0.0000	0.0000	0.0000	0.0000	0.0000	0.0000	0.0000
	13	0.0000	0.0000	0.0000	0.0000	0.0000	0.0000	0.0000	0.0000	0.0000
	14	0.0000	0.0000	0.0000	0.0000	0.0000	0.0000	0.0000	0.0000	0.0000
	15	0.0000	0.0000	0.0000	0.0000	0.0000	0.0000	0.0000	0.0000	0.0000
	16	0.0000	0.0000	0.0000	0.0000	0.0000	0.0000	0.0000	0.0000	0.0000
	17	0.0000	0.0000	0.0000	0.0000	0.0000	0.0000	0.0000	0.0000	0.0000
	18	0.0000	0.0000	0.0000	0.0000	0.0000	0.0000	0.0000	0.0000	0.0000
	19	0.0000	0.0000	0.0000	0.0000	0.0000	0.0000	0.0000	0.0000	0.0000
	20	0.0000	0.0000	0.0000	0.0000	0.0000	0.0000	0.0000	0.0000	0.0000

n	x	0.1	0.15	0.2	0.25	0.3	0.35	0.4	0.45	0.5
2	0	0.8100	0.7225	0.6400	0.5625	0.4900	0.4225	0.3600	0.3025	0.2500
	1	0.1800	0.2550	0.3200	0.3750	0.4200	0.4550	0.4800	0.4950	0.5000
	2	0.0100	0.0225	0.0400	0.0625	0.0900	0.1225	0.1600	0.2025	0.2500
3	0	0.7290	0.6141	0.5120	0.4219	0.3430	0.2746	0.2160	0.1664	0.1250
	1	0.2430	0.3251	0.3840	0.4219	0.4410	0.4436	0.4320	0.4084	0.3750
	2	0.0270	0.0574	0.0960	0.1406	0.1890	0.2389	0.2880	0.3341	0.3750
	3	0.0010	0.0034	0.0080	0.0156	0.0270	0.0429	0.0640	0.0911	0.1250
4	0	0.6561	0.5220	0.4096	0.3164	0.2401	0.1785	0.1296	0.0915	0.0625
	1	0.2916	0.3685	0.4096	0.4219	0.4116	0.3845	0.3456	0.2995	0.2500
	2	0.0486	0.0975	0.1536	0.2109	0.2646	0.3105	0.3456	0.3675	0.3750

(续)

n	x	0.1	0.15	0.2	0.25	0.3	0.35	0.4	0.45	0.5
	3	0.0036	0.0115	0.0256	0.0469	0.0756	0.1115	0.1536	0.2005	0.2500
	4	0.0001	0.0005	0.0016	0.0039	0.0081	0.0150	0.0256	0.0410	0.0625
5	0	0.5905	0.4437	0.3277	0.2373	0.1681	0.1160	0.0778	0.0503	0.0313
	1	0.3281	0.3915	0.4096	0.3955	0.3602	0.3124	0.2592	0.2059	0.1563
	2	0.0729	0.1382	0.2048	0.2637	0.3087	0.3364	0.3456	0.3369	0.3125
	3	0.0081	0.0244	0.0512	0.0879	0.1323	0.1811	0.2304	0.2757	0.3125
	4	0.0005	0.0022	0.0064	0.0146	0.0284	0.0488	0.0768	0.1128	0.1563
	5	0.0000	0.0001	0.0003	0.0010	0.0024	0.0053	0.0102	0.0185	0.0313
6	0	0.5314	0.3771	0.2621	0.1780	0.1176	0.0754	0.0467	0.0277	0.0156
	1	0.3543	0.3993	0.3932	0.3560	0.3025	0.2437	0.1866	0.1359	0.0938
	2	0.0984	0.1762	0.2458	0.2966	0.3241	0.3280	0.3110	0.2780	0.2344
	3	0.0146	0.0415	0.0819	0.1318	0.1852	0.2355	0.2765	0.3032	0.3125
	4	0.0012	0.0055	0.0154	0.0330	0.0595	0.0951	0.1382	0.1861	0.2344
	5	0.0001	0.0004	0.0015	0.0044	0.0102	0.0205	0.0369	0.0609	0.0938
	6	0.0000	0.0000	0.0001	0.0002	0.0007	0.0018	0.0041	0.0083	0.0156
7	0	0.4783	0.3206	0.2097	0.1335	0.0824	0.0490	0.0280	0.0152	0.0078
	1	0.3720	0.3960	0.3670	0.3115	0.2471	0.1848	0.1306	0.0872	0.0547
	2	0.1240	0.2097	0.2753	0.3115	0.3177	0.2985	0.2613	0.2140	0.1641
	3	0.0230	0.0617	0.1147	0.1730	0.2269	0.2679	0.2903	0.2918	0.2734
	4	0.0026	0.0109	0.0287	0.0577	0.0972	0.1442	0.1935	0.2388	0.2734
	5	0.0002	0.0012	0.0043	0.0115	0.0250	0.0466	0.0774	0.1172	0.1641
	6	0.0000	0.0001	0.0004	0.0013	0.0036	0.0084	0.0172	0.0320	0.0547
	7	0.0000	0.0000	0.0000	0.0001	0.0002	0.0006	0.0016	0.0037	0.0078
8	0	0.4305	0.2725	0.1678	0.1001	0.0576	0.0319	0.0168	0.0084	0.0039
	1	0.3826	0.3847	0.3355	0.2670	0.1977	0.1373	0.0896	0.0548	0.0313
	2	0.1488	0.2376	0.2936	0.3115	0.2965	0.2587	0.2090	0.1569	0.1094
	3	0.0331	0.0839	0.1468	0.2076	0.2541	0.2786	0.2787	0.2568	0.2188
	4	0.0046	0.0185	0.0459	0.0865	0.1361	0.1875	0.2322	0.2627	0.2734
	5	0.0004	0.0026	0.0092	0.0231	0.0467	0.0808	0.1239	0.1719	0.2188
	6	0.0000	0.0002	0.0011	0.0038	0.0100	0.0217	0.0413	0.0703	0.1094
	7	0.0000	0.0000	0.0001	0.0004	0.0012	0.0033	0.0079	0.0164	0.0313
	8	0.0000	0.0000	0.0000	0.0000	0.0001	0.0002	0.0007	0.0017	0.0039

(续)

n	x	0.1	0.15	0.2	0.25	0.3	0.35	0.4	0.45	0.5
9	0	0.3874	0.2316	0.1342	0.0751	0.0404	0.0207	0.0101	0.0046	0.0020
	1	0.3874	0.3679	0.3020	0.2253	0.1556	0.1004	0.0605	0.0339	0.0176
	2	0.1722	0.2597	0.3020	0.3003	0.2668	0.2162	0.1612	0.1110	0.0703
	3	0.0446	0.1069	0.1762	0.2336	0.2668	0.2716	0.2508	0.2119	0.1641
	4	0.0074	0.0283	0.0661	0.1168	0.1715	0.2194	0.2508	0.2600	0.2461
	5	0.0008	0.0050	0.0165	0.0389	0.0735	0.1181	0.1672	0.2128	0.2461
	6	0.0001	0.0006	0.0028	0.0087	0.0210	0.0424	0.0743	0.1160	0.1641
	7	0.0000	0.0000	0.0003	0.0012	0.0039	0.0098	0.0212	0.0407	0.0703
	8	0.0000	0.0000	0.0000	0.0001	0.0004	0.0013	0.0035	0.0083	0.0176
	9	0.0000	0.0000	0.0000	0.0000	0.0000	0.0001	0.0003	0.0008	0.0020
10	0	0.3487	0.1969	0.1074	0.0563	0.0282	0.0135	0.0060	0.0025	0.0010
	1	0.3874	0.3474	0.2684	0.1877	0.1211	0.0725	0.0403	0.0207	0.0098
	2	0.1937	0.2759	0.3020	0.2816	0.2335	0.1757	0.1209	0.0763	0.0439
	3	0.0574	0.1298	0.2013	0.2503	0.2668	0.2522	0.2150	0.1665	0.1172
	4	0.0112	0.0401	0.0881	0.1460	0.2001	0.2377	0.2508	0.2384	0.2051
	5	0.0015	0.0085	0.0264	0.0584	0.1029	0.1536	0.2007	0.2340	0.2461
	6	0.0001	0.0012	0.0055	0.0162	0.0368	0.0689	0.1115	0.1596	0.2051
	7	0.0000	0.0001	0.0008	0.0031	0.0090	0.0212	0.0425	0.0746	0.1172
	8	0.0000	0.0000	0.0001	0.0004	0.0014	0.0043	0.0106	0.0229	0.0439
	9	0.0000	0.0000	0.0000	0.0000	0.0001	0.0005	0.0016	0.0042	0.0098
	10	0.0000	0.0000	0.0000	0.0000	0.0000	0.0000	0.0001	0.0003	0.0010
11	0	0.3138	0.1673	0.0859	0.0422	0.0198	0.0088	0.0036	0.0014	0.0005
	1	0.3835	0.3248	0.2362	0.1549	0.0932	0.0518	0.0266	0.0125	0.0054
	2	0.2131	0.2866	0.2953	0.2581	0.1998	0.1395	0.0887	0.0513	0.0269
	3	0.0710	0.1517	0.2215	0.2581	0.2568	0.2254	0.1774	0.1259	0.0806
	4	0.0158	0.0536	0.1107	0.1721	0.2201	0.2428	0.2365	0.2060	0.1611
	5	0.0025	0.0132	0.0388	0.0803	0.1321	0.1830	0.2207	0.2360	0.2256
	6	0.0003	0.0023	0.0097	0.0268	0.0566	0.0985	0.1471	0.1931	0.2256
	7	0.0000	0.0003	0.0017	0.0064	0.0173	0.0379	0.0701	0.1128	0.1611
	8	0.0000	0.0000	0.0002	0.0011	0.0037	0.0102	0.0234	0.0462	0.0806
	9	0.0000	0.0000	0.0000	0.0001	0.0005	0.0018	0.0052	0.0126	0.0269
	10	0.0000	0.0000	0.0000	0.0000	0.0000	0.0002	0.0007	0.0021	0.0054
	11	0.0000	0.0000	0.0000	0.0000	0.0000	0.0000	0.0000	0.0002	0.0005
12	0	0.2824	0.1422	0.0687	0.0317	0.0138	0.0057	0.0022	0.0008	0.0002

(续)

n	x	0.1	0.15	0.2	0.25	0.3	0.35	0.4	0.45	0.5
	1	0.3766	0.3012	0.2062	0.1267	0.0712	0.0368	0.0174	0.0075	0.0029
	2	0.2301	0.2924	0.2835	0.2323	0.1678	0.1088	0.0639	0.0339	0.0161
	3	0.0852	0.1720	0.2362	0.2581	0.2397	0.1954	0.1419	0.0923	0.0537
	4	0.0213	0.0683	0.1329	0.1936	0.2311	0.2367	0.2128	0.1700	0.1208
	5	0.0038	0.0193	0.0532	0.1032	0.1585	0.2039	0.2270	0.2225	0.1934
	6	0.0005	0.0040	0.0155	0.0401	0.0792	0.1281	0.1766	0.2124	0.2256
	7	0.0000	0.0006	0.0033	0.0115	0.0291	0.0591	0.1009	0.1489	0.1934
	8	0.0000	0.0001	0.0005	0.0024	0.0078	0.0199	0.0420	0.0762	0.1208
	9	0.0000	0.0000	0.0001	0.0004	0.0015	0.0048	0.0125	0.0277	0.0537
	10	0.0000	0.0000	0.0000	0.0000	0.0002	0.0008	0.0025	0.0068	0.0161
	11	0.0000	0.0000	0.0000	0.0000	0.0000	0.0001	0.0003	0.0010	0.0029
	12	0.0000	0.0000	0.0000	0.0000	0.0000	0.0000	0.0000	0.0001	0.0002
13	0	0.2542	0.1209	0.0550	0.0238	0.0097	0.0037	0.0013	0.0004	0.0001
	1	0.3672	0.2774	0.1787	0.1029	0.0540	0.0259	0.0113	0.0045	0.0016
	2	0.2448	0.2937	0.2680	0.2059	0.1388	0.0836	0.0453	0.0220	0.0095
	3	0.0997	0.1900	0.2457	0.2517	0.2181	0.1651	0.1107	0.0660	0.0349
	4	0.0277	0.0838	0.1535	0.2097	0.2337	0.2222	0.1845	0.1350	0.0873
	5	0.0055	0.0266	0.0691	0.1258	0.1803	0.2154	0.2214	0.1989	0.1571
	6	0.0008	0.0063	0.0230	0.0559	0.1030	0.1546	0.1968	0.2169	0.2095
	7	0.0001	0.0011	0.0058	0.0186	0.0442	0.0833	0.1312	0.1775	0.2095
	8	0.0000	0.0001	0.0011	0.0047	0.0142	0.0336	0.0656	0.1089	0.1571
	9	0.0000	0.0000	0.0001	0.0009	0.0034	0.0101	0.0243	0.0495	0.0873
	10	0.0000	0.0000	0.0000	0.0001	0.0006	0.0022	0.0065	0.0162	0.0349
	11	0.0000	0.0000	0.0000	0.0000	0.0001	0.0003	0.0012	0.0036	0.0095
	12	0.0000	0.0000	0.0000	0.0000	0.0000	0.0000	0.0001	0.0005	0.0016
	13	0.0000	0.0000	0.0000	0.0000	0.0000	0.0000	0.0000	0.0000	0.0001
14	0	0.2288	0.1028	0.0440	0.0178	0.0068	0.0024	0.0008	0.0002	0.0001
	1	0.3559	0.2539	0.1539	0.0832	0.0407	0.0181	0.0073	0.0027	0.0009
	2	0.2570	0.2912	0.2501	0.1802	0.1134	0.0634	0.0317	0.0141	0.0056
	3	0.1142	0.2056	0.2501	0.2402	0.1943	0.1366	0.0845	0.0462	0.0222
	4	0.0349	0.0998	0.1720	0.2202	0.2290	0.2022	0.1549	0.1040	0.0611
	5	0.0078	0.0352	0.0860	0.1468	0.1963	0.2178	0.2066	0.1701	0.1222
	6	0.0013	0.0093	0.0322	0.0734	0.1262	0.1759	0.2066	0.2088	0.1833
	7	0.0002	0.0019	0.0092	0.0280	0.0618	0.1082	0.1574	0.1952	0.2095
	8	0.0000	0.0003	0.0020	0.0082	0.0232	0.0510	0.0918	0.1398	0.1833

(续)

n	x	0.1	0.15	0.2	0.25	0.3	0.35	0.4	0.45	0.5
	9	0.0000	0.0000	0.0003	0.0018	0.0066	0.0183	0.0408	0.0762	0.1222
	10	0.0000	0.0000	0.0000	0.0003	0.0014	0.0049	0.0136	0.0312	0.0611
	11	0.0000	0.0000	0.0000	0.0000	0.0002	0.0010	0.0033	0.0093	0.0222
	12	0.0000	0.0000	0.0000	0.0000	0.0000	0.0001	0.0005	0.0019	0.0056
	13	0.0000	0.0000	0.0000	0.0000	0.0000	0.0000	0.0001	0.0002	0.0009
	14	0.0000	0.0000	0.0000	0.0000	0.0000	0.0000	0.0000	0.0000	0.0001
15	0	0.2059	0.0874	0.0352	0.0134	0.0047	0.0016	0.0005	0.0001	0.0000
	1	0.3432	0.2312	0.1319	0.0668	0.0305	0.0126	0.0047	0.0016	0.0005
	2	0.2669	0.2856	0.2309	0.1559	0.0916	0.0476	0.0219	0.0090	0.0032
	3	0.1285	0.2184	0.2501	0.2252	0.1700	0.1110	0.0634	0.0318	0.0139
	4	0.0428	0.1156	0.1876	0.2252	0.2186	0.1792	0.1268	0.0780	0.0417
	5	0.0105	0.0449	0.1032	0.1651	0.2061	0.2123	0.1859	0.1404	0.0916
	6	0.0019	0.0132	0.0430	0.0917	0.1472	0.1906	0.2066	0.1914	0.1527
	7	0.0003	0.0030	0.0138	0.0393	0.0811	0.1319	0.1771	0.2013	0.1964
	8	0.0000	0.0005	0.0035	0.0131	0.0348	0.0710	0.1181	0.1647	0.1964
	9	0.0000	0.0001	0.0007	0.0034	0.0116	0.0298	0.0612	0.1048	0.1527
	10	0.0000	0.0000	0.0001	0.0007	0.0030	0.0096	0.0245	0.0515	0.0916
	11	0.0000	0.0000	0.0000	0.0001	0.0006	0.0024	0.0074	0.0191	0.0417
	12	0.0000	0.0000	0.0000	0.0000	0.0001	0.0004	0.0016	0.0052	0.0139
	13	0.0000	0.0000	0.0000	0.0000	0.0000	0.0001	0.0003	0.0010	0.0032
	14	0.0000	0.0000	0.0000	0.0000	0.0000	0.0000	0.0000	0.0001	0.0005
	15	0.0000	0.0000	0.0000	0.0000	0.0000	0.0000	0.0000	0.0000	0.0000
20	0	0.1216	0.0388	0.0115	0.0032	0.0008	0.0002	0.0000	0.0000	0.0000
	1	0.2702	0.1368	0.0576	0.0211	0.0068	0.0020	0.0005	0.0001	0.0000
	2	0.2852	0.2293	0.1369	0.0669	0.0278	0.0100	0.0031	0.0008	0.0002
	3	0.1901	0.2428	0.2054	0.1339	0.0716	0.0323	0.0123	0.0040	0.0011
	4	0.0898	0.1821	0.2182	0.1897	0.1304	0.0738	0.0350	0.0139	0.0046
	5	0.0319	0.1028	0.1746	0.2023	0.1789	0.1272	0.0746	0.0365	0.0148
	6	0.0089	0.0454	0.1091	0.1686	0.1916	0.1712	0.1244	0.0746	0.0370
	7	0.0020	0.0160	0.0545	0.1124	0.1643	0.1844	0.1659	0.1221	0.0739
	8	0.0004	0.0046	0.0222	0.0609	0.1144	0.1614	0.1797	0.1623	0.1201
	9	0.0001	0.0011	0.0074	0.0271	0.0654	0.1158	0.1597	0.1771	0.1602
	10	0.0000	0.0002	0.0020	0.0099	0.0308	0.0686	0.1171	0.1593	0.1762
	11	0.0000	0.0000	0.0005	0.0030	0.0120	0.0336	0.0710	0.1185	0.1602
	12	0.0000	0.0000	0.0001	0.0008	0.0039	0.0136	0.0355	0.0727	0.1201

(续)

n	x	0.1	0.15	0.2	0.25	0.3	0.35	0.4	0.45	0.5
	13	0.0000	0.0000	0.0000	0.0002	0.0010	0.0045	0.0146	0.0366	0.0739
	14	0.0000	0.0000	0.0000	0.0000	0.0002	0.0012	0.0049	0.0150	0.0370
	15	0.0000	0.0000	0.0000	0.0000	0.0000	0.0003	0.0013	0.0049	0.0148
	16	0.0000	0.0000	0.0000	0.0000	0.0000	0.0000	0.0003	0.0013	0.0046
	17	0.0000	0.0000	0.0000	0.0000	0.0000	0.0000	0.0000	0.0002	0.0011
	18	0.0000	0.0000	0.0000	0.0000	0.0000	0.0000	0.0000	0.0000	0.0002
	19	0.0000	0.0000	0.0000	0.0000	0.0000	0.0000	0.0000	0.0000	0.0000
	20	0.0000	0.0000	0.0000	0.0000	0.0000	0.0000	0.0000	0.0000	0.0000

n	x	0.55	0.6	0.65	0.7	0.75	0.8	0.85	0.9	0.95
2	0	0.2025	0.1600	0.1225	0.0900	0.0625	0.0400	0.0225	0.0100	0.0025
	1	0.4950	0.4800	0.4550	0.4200	0.3750	0.3200	0.2550	0.1800	0.0950
	2	0.3025	0.3600	0.4225	0.4900	0.5625	0.6400	0.7225	0.8100	0.9025
3	0	0.0911	0.0640	0.0429	0.0270	0.0156	0.0080	0.0034	0.0010	0.0001
	1	0.3341	0.2880	0.2389	0.1890	0.1406	0.0960	0.0574	0.0270	0.0071
	2	0.4084	0.4320	0.4436	0.4410	0.4219	0.3840	0.3251	0.2430	0.1354
	3	0.1664	0.2160	0.2746	0.3430	0.4219	0.5120	0.6141	0.7290	0.8574
4	0	0.0410	0.0256	0.0150	0.0081	0.0039	0.0016	0.0005	0.0001	0.0000
	1	0.2005	0.1536	0.1115	0.0756	0.0469	0.0256	0.0115	0.0036	0.0005
	2	0.3675	0.3456	0.3105	0.2646	0.2109	0.1536	0.0975	0.0486	0.0135
	3	0.2995	0.3456	0.3845	0.4116	0.4219	0.4096	0.3685	0.2916	0.1715
	4	0.0915	0.1296	0.1785	0.2401	0.3164	0.4096	0.5220	0.6561	0.8145
5	0	0.0185	0.0102	0.0053	0.0024	0.0010	0.0003	0.0001	0.0000	0.0000
	1	0.1128	0.0768	0.0488	0.0284	0.0146	0.0064	0.0022	0.0005	0.0000
	2	0.2757	0.2304	0.1811	0.1323	0.0879	0.0512	0.0244	0.0081	0.0011
	3	0.3369	0.3456	0.3364	0.3087	0.2637	0.2048	0.1382	0.0729	0.0214
	4	0.2059	0.2592	0.3124	0.3602	0.3955	0.4096	0.3915	0.3281	0.2036
	5	0.0503	0.0778	0.1160	0.1681	0.2373	0.3277	0.4437	0.5905	0.7738
6	0	0.0083	0.0041	0.0018	0.0007	0.0002	0.0001	0.0000	0.0000	0.0000
	1	0.0609	0.0369	0.0205	0.0102	0.0044	0.0015	0.0004	0.0001	0.0000
	2	0.1861	0.1382	0.0951	0.0595	0.0330	0.0154	0.0055	0.0012	0.0001
	3	0.3032	0.2765	0.2355	0.1852	0.1318	0.0819	0.0415	0.0146	0.0021
	4	0.2780	0.3110	0.3280	0.3241	0.2966	0.2458	0.1762	0.0984	0.0305

(续)

n	x	0.55	0.6	0.65	0.7	0.75	0.8	0.85	0.9	0.95
	5	0.1359	0.1866	0.2437	0.3025	0.3560	0.3932	0.3993	0.3543	0.2321
	6	0.0277	0.0467	0.0754	0.1176	0.1780	0.2621	0.3771	0.5314	0.7351
7	0	0.0037	0.0016	0.0006	0.0002	0.0001	0.0000	0.0000	0.0000	0.0000
	1	0.0320	0.0172	0.0084	0.0036	0.0013	0.0004	0.0001	0.0000	0.0000
	2	0.1172	0.0774	0.0466	0.0250	0.0115	0.0043	0.0012	0.0002	0.0000
	3	0.2388	0.1935	0.1442	0.0972	0.0577	0.0287	0.0109	0.0026	0.0002
	4	0.2918	0.2903	0.2679	0.2269	0.1730	0.1147	0.0617	0.0230	0.0036
	5	0.2140	0.2613	0.2985	0.3177	0.3115	0.2753	0.2097	0.1240	0.0406
	6	0.0872	0.1306	0.1848	0.2471	0.3115	0.3670	0.3960	0.3720	0.2573
	7	0.0152	0.0280	0.0490	0.0824	0.1335	0.2097	0.3206	0.4783	0.6983
8	0	0.0017	0.0007	0.0002	0.0001	0.0000	0.0000	0.0000	0.0000	0.0000
	1	0.0164	0.0079	0.0033	0.0012	0.0004	0.0001	0.0000	0.0000	0.0000
	2	0.0703	0.0413	0.0217	0.0100	0.0038	0.0011	0.0002	0.0000	0.0000
	3	0.1719	0.1239	0.0808	0.0467	0.0231	0.0092	0.0026	0.0004	0.0000
	4	0.2627	0.2322	0.1875	0.1361	0.0865	0.0459	0.0185	0.0046	0.0004
	5	0.2568	0.2787	0.2786	0.2541	0.2076	0.1468	0.0839	0.0331	0.0054
	6	0.1569	0.2090	0.2587	0.2965	0.3115	0.2936	0.2376	0.1488	0.0515
	7	0.0548	0.0896	0.1373	0.1977	0.2670	0.3355	0.3847	0.3826	0.2793
	8	0.0084	0.0168	0.0319	0.0576	0.1001	0.1678	0.2725	0.4305	0.6634
9	0	0.0008	0.0003	0.0001	0.0000	0.0000	0.0000	0.0000	0.0000	0.0000
	1	0.0083	0.0035	0.0013	0.0004	0.0001	0.0000	0.0000	0.0000	0.0000
	2	0.0407	0.0212	0.0098	0.0039	0.0012	0.0003	0.0000	0.0000	0.0000
	3	0.1160	0.0743	0.0424	0.0210	0.0087	0.0028	0.0006	0.0001	0.0000
	4	0.2128	0.1672	0.1181	0.0735	0.0389	0.0165	0.0050	0.0008	0.0000
	5	0.2600	0.2508	0.2194	0.1715	0.1168	0.0661	0.0283	0.0074	0.0006
	6	0.2119	0.2508	0.2716	0.2668	0.2336	0.1762	0.1069	0.0446	0.0077
	7	0.1110	0.1612	0.2162	0.2668	0.3003	0.3020	0.2597	0.1722	0.0629
	8	0.0339	0.0605	0.1004	0.1556	0.2253	0.3020	0.3679	0.3874	0.2985
	9	0.0046	0.0101	0.0207	0.0404	0.0751	0.1342	0.2316	0.3874	0.6302
10	0	0.0003	0.0001	0.0000	0.0000	0.0000	0.0000	0.0000	0.0000	0.0000
	1	0.0042	0.0016	0.0005	0.0001	0.0000	0.0000	0.0000	0.0000	0.0000
	2	0.0229	0.0106	0.0043	0.0014	0.0004	0.0001	0.0000	0.0000	0.0000

n	x	0.55	0.6	0.65	0.7	0.75	0.8	0.85	0.9	0.95
	3	0.0746	0.0425	0.0212	0.0090	0.0031	0.0008	0.0001	0.0000	0.0000
	4	0.1596	0.1115	0.0689	0.0368	0.0162	0.0055	0.0012	0.0001	0.0000
	5	0.2340	0.2007	0.1536	0.1029	0.0584	0.0264	0.0085	0.0015	0.0001
	6	0.2384	0.2508	0.2377	0.2001	0.1460	0.0881	0.0401	0.0112	0.0010
	7	0.1665	0.2150	0.2522	0.2668	0.2503	0.2013	0.1298	0.0574	0.0105
	8	0.0763	0.1209	0.1757	0.2335	0.2816	0.3020	0.2759	0.1937	0.0746
	9	0.0207	0.0403	0.0725	0.1211	0.1877	0.2684	0.3474	0.3874	0.3151
	10	0.0025	0.0060	0.0135	0.0282	0.0563	0.1074	0.1969	0.3487	0.5987
11	0	0.0002	0.0000	0.0000	0.0000	0.0000	0.0000	0.0000	0.0000	0.0000
	1	0.0021	0.0007	0.0002	0.0000	0.0000	0.0000	0.0000	0.0000	0.0000
	2	0.0126	0.0052	0.0018	0.0005	0.0001	0.0000	0.0000	0.0000	0.0000
	3	0.0462	0.0234	0.0102	0.0037	0.0011	0.0002	0.0000	0.0000	0.0000
	4	0.1128	0.0701	0.0379	0.0173	0.0064	0.0017	0.0003	0.0000	0.0000
	5	0.1931	0.1471	0.0985	0.0566	0.0268	0.0097	0.0023	0.0003	0.0000
	6	0.2360	0.2207	0.1830	0.1321	0.0803	0.0388	0.0132	0.0025	0.0001
	7	0.2060	0.2365	0.2428	0.2201	0.1721	0.1107	0.0536	0.0158	0.0014
	8	0.1259	0.1774	0.2254	0.2568	0.2581	0.2215	0.1517	0.0710	0.0137
	9	0.0513	0.0887	0.1395	0.1998	0.2581	0.2953	0.2866	0.2131	0.0867
	10	0.0125	0.0266	0.0518	0.0932	0.1549	0.2362	0.3248	0.3835	0.3293
	11	0.0014	0.0036	0.0088	0.0198	0.0422	0.0859	0.1673	0.3138	0.5688
12	0	0.0001	0.0000	0.0000	0.0000	0.0000	0.0000	0.0000	0.0000	0.0000
	1	0.0010	0.0003	0.0001	0.0000	0.0000	0.0000	0.0000	0.0000	0.0000
	2	0.0068	0.0025	0.0008	0.0002	0.0000	0.0000	0.0000	0.0000	0.0000
	3	0.0277	0.0125	0.0048	0.0015	0.0004	0.0001	0.0000	0.0000	0.0000
	4	0.0762	0.0420	0.0199	0.0078	0.0024	0.0005	0.0001	0.0000	0.0000
	5	0.1489	0.1009	0.0591	0.0291	0.0115	0.0033	0.0006	0.0000	0.0000
	6	0.2124	0.1766	0.1281	0.0792	0.0401	0.0155	0.0040	0.0005	0.0000
	7	0.2225	0.2270	0.2039	0.1585	0.1032	0.0532	0.0193	0.0038	0.0002
	8	0.1700	0.2128	0.2367	0.2311	0.1936	0.1329	0.0683	0.0213	0.0021
	9	0.0923	0.1419	0.1954	0.2397	0.2581	0.2362	0.1720	0.0852	0.0173
	10	0.0339	0.0639	0.1088	0.1678	0.2323	0.2835	0.2924	0.2301	0.0988
	11	0.0075	0.0174	0.0368	0.0712	0.1267	0.2062	0.3012	0.3766	0.3413
	12	0.0008	0.0022	0.0057	0.0138	0.0317	0.0687	0.1422	0.2824	0.5404

(续)

n	x	0.55	0.6	0.65	0.7	0.75	0.8	0.85	0.9	0.95
13	0	0.0000	0.0000	0.0000	0.0000	0.0000	0.0000	0.0000	0.0000	0.0000
	1	0.0005	0.0001	0.0000	0.0000	0.0000	0.0000	0.0000	0.0000	0.0000
	2	0.0036	0.0012	0.0003	0.0001	0.0000	0.0000	0.0000	0.0000	0.0000
	3	0.0162	0.0065	0.0022	0.0006	0.0001	0.0000	0.0000	0.0000	0.0000
	4	0.0495	0.0243	0.0101	0.0034	0.0009	0.0001	0.0000	0.0000	0.0000
	5	0.1089	0.0656	0.0336	0.0142	0.0047	0.0011	0.0001	0.0000	0.0000
	6	0.1775	0.1312	0.0833	0.0442	0.0186	0.0058	0.0011	0.0001	0.0000
	7	0.2169	0.1968	0.1546	0.1030	0.0559	0.0230	0.0063	0.0008	0.0000
	8	0.1989	0.2214	0.2154	0.1803	0.1258	0.0691	0.0266	0.0055	0.0003
	9	0.1350	0.1845	0.2222	0.2337	0.2097	0.1535	0.0838	0.0277	0.0028
	10	0.0660	0.1107	0.1651	0.2181	0.2517	0.2457	0.1900	0.0997	0.0214
	11	0.0220	0.0453	0.0836	0.1388	0.2059	0.2680	0.2937	0.2448	0.1109
	12	0.0045	0.0113	0.0259	0.0540	0.1029	0.1787	0.2774	0.3672	0.3512
	13	0.0004	0.0013	0.0037	0.0097	0.0238	0.0550	0.1209	0.2542	0.5133
14	0	0.0000	0.0000	0.0000	0.0000	0.0000	0.0000	0.0000	0.0000	0.0000
	1	0.0002	0.0001	0.0000	0.0000	0.0000	0.0000	0.0000	0.0000	0.0000
	2	0.0019	0.0005	0.0001	0.0000	0.0000	0.0000	0.0000	0.0000	0.0000
	3	0.0093	0.0033	0.0010	0.0002	0.0000	0.0000	0.0000	0.0000	0.0000
	4	0.0312	0.0136	0.0049	0.0014	0.0003	0.0000	0.0000	0.0000	0.0000
	5	0.0762	0.0408	0.0183	0.0066	0.0018	0.0003	0.0000	0.0000	0.0000
	6	0.1398	0.0918	0.0510	0.0232	0.0082	0.0020	0.0003	0.0000	0.0000
	7	0.1952	0.1574	0.1082	0.0618	0.0280	0.0092	0.0019	0.0002	0.0000
	8	0.2088	0.2066	0.1759	0.1262	0.0734	0.0322	0.0093	0.0013	0.0000
	9	0.1701	0.2066	0.2178	0.1963	0.1468	0.0860	0.0352	0.0078	0.0004
	10	0.1040	0.1549	0.2022	0.2290	0.2202	0.1720	0.0998	0.0349	0.0037
	11	0.0462	0.0845	0.1366	0.1943	0.2402	0.2501	0.2056	0.1142	0.0259
	12	0.0141	0.0317	0.0634	0.1134	0.1802	0.2501	0.2912	0.2570	0.1229
	13	0.0027	0.0073	0.0181	0.0407	0.0832	0.1539	0.2539	0.3559	0.3593
	14	0.0002	0.0008	0.0024	0.0068	0.0178	0.0440	0.1028	0.2288	0.4877
15	0	0.0000	0.0000	0.0000	0.0000	0.0000	0.0000	0.0000	0.0000	0.0000
	1	0.0001	0.0000	0.0000	0.0000	0.0000	0.0000	0.0000	0.0000	0.0000
	2	0.0010	0.0003	0.0001	0.0000	0.0000	0.0000	0.0000	0.0000	0.0000
	3	0.0052	0.0016	0.0004	0.0001	0.0000	0.0000	0.0000	0.0000	0.0000
	4	0.0191	0.0074	0.0024	0.0006	0.0001	0.0000	0.0000	0.0000	0.0000

(续)

n	x	0.55	0.6	0.65	0.7	0.75	0.8	0.85	0.9	0.95
	5	0.0515	0.0245	0.0096	0.0030	0.0007	0.0001	0.0000	0.0000	0.0000
	6	0.1048	0.0612	0.0298	0.0116	0.0034	0.0007	0.0001	0.0000	0.0000
	7	0.1647	0.1181	0.0710	0.0348	0.0131	0.0035	0.0005	0.0000	0.0000
	8	0.2013	0.1771	0.1319	0.0811	0.0393	0.0138	0.0030	0.0003	0.0000
	9	0.1914	0.2066	0.1906	0.1472	0.0917	0.0430	0.0132	0.0019	0.0000
	10	0.1404	0.1859	0.2123	0.2061	0.1651	0.1032	0.0449	0.0105	0.0006
	11	0.0780	0.1268	0.1792	0.2186	0.2252	0.1876	0.1156	0.0428	0.0049
	12	0.0318	0.0634	0.1110	0.1700	0.2252	0.2501	0.2184	0.1285	0.0307
	13	0.0090	0.0219	0.0476	0.0916	0.1559	0.2309	0.2856	0.2669	0.1348
	14	0.0016	0.0047	0.0126	0.0305	0.0668	0.1319	0.2312	0.3432	0.3658
	15	0.0001	0.0005	0.0016	0.0047	0.0134	0.0352	0.0874	0.2059	0.4633
20	0	0.0000	0.0000	0.0000	0.0000	0.0000	0.0000	0.0000	0.0000	0.0000
	1	0.0000	0.0000	0.0000	0.0000	0.0000	0.0000	0.0000	0.0000	0.0000
	2	0.0000	0.0000	0.0000	0.0000	0.0000	0.0000	0.0000	0.0000	0.0000
	3	0.0002	0.0000	0.0000	0.0000	0.0000	0.0000	0.0000	0.0000	0.0000
	4	0.0013	0.0003	0.0000	0.0000	0.0000	0.0000	0.0000	0.0000	0.0000
	5	0.0049	0.0013	0.0003	0.0000	0.0000	0.0000	0.0000	0.0000	0.0000
	6	0.0150	0.0049	0.0012	0.0002	0.0000	0.0000	0.0000	0.0000	0.0000
	7	0.0366	0.0146	0.0045	0.0010	0.0002	0.0000	0.0000	0.0000	0.0000
	8	0.0727	0.0355	0.0136	0.0039	0.0008	0.0001	0.0000	0.0000	0.0000
	9	0.1185	0.0710	0.0336	0.0120	0.0030	0.0005	0.0000	0.0000	0.0000
	10	0.1593	0.1171	0.0686	0.0308	0.0099	0.0020	0.0002	0.0000	0.0000
	11	0.1771	0.1597	0.1158	0.0654	0.0271	0.0074	0.0011	0.0001	0.0000
	12	0.1623	0.1797	0.1614	0.1144	0.0609	0.0222	0.0046	0.0004	0.0000
	13	0.1221	0.1659	0.1844	0.1643	0.1124	0.0545	0.0160	0.0020	0.0000
	14	0.0746	0.1244	0.1712	0.1916	0.1686	0.1091	0.0454	0.0089	0.0003
	15	0.0365	0.0746	0.1272	0.1789	0.2023	0.1746	0.1028	0.0319	0.0022
	16	0.0139	0.0350	0.0738	0.1304	0.1897	0.2182	0.1821	0.0898	0.0133
	17	0.0040	0.0123	0.0323	0.0716	0.1339	0.2054	0.2428	0.1901	0.0596
	18	0.0008	0.0031	0.0100	0.0278	0.0669	0.1369	0.2293	0.2852	0.1887
	19	0.0001	0.0005	0.0020	0.0068	0.0211	0.0576	0.1368	0.2702	0.3774
	20	0.0000	0.0000	0.0002	0.0008	0.0032	0.0115	0.0388	0.1216	0.3585

表 2　泊松概率

x	0.005	0.01	0.02	0.03	0.04	0.05	0.06	0.07	0.08	0.09
0	0.9950	0.9900	0.9802	0.9704	0.9608	0.9512	0.9418	0.9324	0.9231	0.9139
1	0.0050	0.0099	0.0196	0.0291	0.0384	0.0476	0.0565	0.0653	0.0738	0.0823
2	0.0000	0.0000	0.0002	0.0004	0.0008	0.0012	0.0017	0.0023	0.0030	0.0037
3	0.0000	0.0000	0.0000	0.0000	0.0000	0.0000	0.0000	0.0001	0.0001	0.0001

x	0.10	0.20	0.30	0.40	0.50	0.60	0.70	0.80	0.90	1.00
0	0.9048	0.8187	0.7408	0.6703	0.6065	0.5488	0.4966	0.4493	0.4066	0.3679
1	0.0905	0.1637	0.2222	0.2681	0.3033	0.3293	0.3476	0.3595	0.3659	0.3679
2	0.0045	0.0164	0.0333	0.0536	0.0758	0.0988	0.1217	0.1438	0.1647	0.1839
3	0.0002	0.0011	0.0033	0.0072	0.0126	0.0198	0.0284	0.0383	0.0494	0.0613
4	0.0000	0.0001	0.0003	0.0007	0.0016	0.0030	0.0050	0.0077	0.0111	0.0153
5	0.0000	0.0000	0.0000	0.0001	0.0002	0.0004	0.0007	0.0012	0.0020	0.0031
6	0.0000	0.0000	0.0000	0.0000	0.0000	0.0000	0.0001	0.0002	0.0003	0.0005
7	0.0000	0.0000	0.0000	0.0000	0.0000	0.0000	0.0000	0.0000	0.0000	0.0001

x	1.10	1.20	1.30	1.40	1.50	1.60	1.70	1.80	1.90	2.00
0	0.3329	0.3012	0.2725	0.2466	0.2231	0.2019	0.1827	0.1653	0.1496	0.1353
1	0.3662	0.3614	0.3543	0.3452	0.3347	0.3230	0.3106	0.2975	0.2842	0.2707
2	0.2014	0.2169	0.2303	0.2417	0.2510	0.2584	0.2640	0.2678	0.2700	0.2707
3	0.0738	0.0867	0.0998	0.1128	0.1255	0.1378	0.1496	0.1607	0.1710	0.1804
4	0.0203	0.0260	0.0324	0.0395	0.0471	0.0551	0.0636	0.0723	0.0812	0.0902
5	0.0045	0.0062	0.0084	0.0111	0.0141	0.0176	0.0216	0.0260	0.0309	0.0361
6	0.0008	0.0012	0.0018	0.0026	0.0035	0.0047	0.0061	0.0078	0.0098	0.0120
7	0.0001	0.0002	0.0003	0.0005	0.0008	0.0011	0.0015	0.0020	0.0027	0.0034
8	0.0000	0.0000	0.0001	0.0001	0.0001	0.0002	0.0003	0.0005	0.0006	0.0009
9	0.0000	0.0000	0.0000	0.0000	0.0000	0.0000	0.0001	0.0001	0.0001	0.0002

x	2.10	2.20	2.30	2.40	2.50	2.60	2.70	2.80	2.90	3.00
0	0.1225	0.1108	0.1003	0.0907	0.0821	0.0743	0.0672	0.0608	0.0550	0.0498
1	0.2572	0.2438	0.2306	0.2177	0.2052	0.1931	0.1815	0.1703	0.1596	0.1494
2	0.2700	0.2681	0.2652	0.2613	0.2565	0.2510	0.2450	0.2384	0.2314	0.2240
3	0.1890	0.1966	0.2033	0.2090	0.2138	0.2176	0.2205	0.2225	0.2237	0.2240
4	0.0992	0.1082	0.1169	0.1254	0.1336	0.1414	0.1488	0.1557	0.1622	0.1680
5	0.0417	0.0476	0.0538	0.0602	0.0668	0.0735	0.0804	0.0872	0.0940	0.1008
6	0.0146	0.0174	0.0206	0.0241	0.0278	0.0319	0.0362	0.0407	0.0455	0.0504
7	0.0044	0.0055	0.0068	0.0083	0.0099	0.0118	0.0139	0.0163	0.0188	0.0216
8	0.0011	0.0015	0.0019	0.0025	0.0031	0.0038	0.0047	0.0057	0.0068	0.0081
9	0.0003	0.0004	0.0005	0.0007	0.0009	0.0011	0.0014	0.0018	0.0022	0.0027

x	2.10	2.20	2.30	2.40	2.50	2.60	2.70	2.80	2.90	3.00
10	0.0001	0.0001	0.0001	0.0002	0.0002	0.0003	0.0004	0.0005	0.0006	0.0008
11	0.0000	0.0000	0.0000	0.0000	0.0000	0.0001	0.0001	0.0001	0.0002	0.0002
12	0.0000	0.0000	0.0000	0.0000	0.0000	0.0000	0.0000	0.0000	0.0000	0.0001

x	3.10	3.20	3.30	3.40	3.50	3.60	3.70	3.80	3.90	4.00
0	0.0450	0.0408	0.0369	0.0334	0.0302	0.0273	0.0247	0.0224	0.0202	0.0183
1	0.1397	0.1304	0.1217	0.1135	0.1057	0.0984	0.0915	0.0850	0.0789	0.0733
2	0.2165	0.2087	0.2008	0.1929	0.1850	0.1771	0.1692	0.1615	0.1539	0.1465
3	0.2237	0.2226	0.2209	0.2186	0.2158	0.2125	0.2087	0.2046	0.2001	0.1954
4	0.1733	0.1781	0.1823	0.1858	0.1888	0.1912	0.1931	0.1944	0.1951	0.1954
5	0.1075	0.1140	0.1203	0.1264	0.1322	0.1377	0.1429	0.1477	0.1522	0.1563
6	0.0555	0.0608	0.0662	0.0716	0.0771	0.0826	0.0881	0.0936	0.0989	0.1042
7	0.0246	0.0278	0.0312	0.0348	0.0385	0.0425	0.0466	0.0508	0.0551	0.0595
8	0.0095	0.0111	0.0129	0.0148	0.0169	0.0191	0.0215	0.0241	0.0269	0.0298
9	0.0033	0.0040	0.0047	0.0056	0.0066	0.0076	0.0089	0.0102	0.0116	0.0132
10	0.0010	0.0013	0.0016	0.0019	0.0023	0.0028	0.0033	0.0039	0.0045	0.0053
11	0.0003	0.0004	0.0005	0.0006	0.0007	0.0009	0.0011	0.0013	0.0016	0.0019
12	0.0001	0.0001	0.0001	0.0002	0.0002	0.0003	0.0003	0.0004	0.0005	0.0006
13	0.0000	0.0000	0.0000	0.0000	0.0001	0.0001	0.0001	0.0001	0.0002	0.0002
14	0.0000	0.0000	0.0000	0.0000	0.0000	0.0000	0.0000	0.0000	0.0000	0.0001

x	4.10	4.20	4.30	4.40	4.50	4.60	4.70	4.80	4.90	5.00
0	0.0166	0.0150	0.0136	0.0123	0.0111	0.0101	0.0091	0.0082	0.0074	0.0067
1	0.0679	0.0630	0.0583	0.0540	0.0500	0.0462	0.0427	0.0395	0.0365	0.0337
2	0.1393	0.1323	0.1254	0.1188	0.1125	0.1063	0.1005	0.0948	0.0894	0.0842
3	0.1904	0.1852	0.1798	0.1743	0.1687	0.1631	0.1574	0.1517	0.1460	0.1404
4	0.1951	0.1944	0.1933	0.1917	0.1898	0.1875	0.1849	0.1820	0.1789	0.1755
5	0.1600	0.1633	0.1662	0.1687	0.1708	0.1725	0.1738	0.1747	0.1753	0.1755
6	0.1093	0.1143	0.1191	0.1237	0.1281	0.1323	0.1362	0.1398	0.1432	0.1462
7	0.0640	0.0686	0.0732	0.0778	0.0824	0.0869	0.0914	0.0959	0.1002	0.1044
8	0.0328	0.0360	0.0393	0.0428	0.0463	0.0500	0.0537	0.0575	0.0614	0.0653
9	0.0150	0.0168	0.0188	0.0209	0.0232	0.0255	0.0281	0.0307	0.0334	0.0363
10	0.0061	0.0071	0.0081	0.0092	0.0104	0.0118	0.0132	0.0147	0.0164	0.0181
11	0.0023	0.0027	0.0032	0.0037	0.0043	0.0049	0.0056	0.0064	0.0073	0.0082
12	0.0008	0.0009	0.0011	0.0013	0.0016	0.0019	0.0022	0.0026	0.0030	0.0034
13	0.0002	0.0003	0.0004	0.0005	0.0006	0.0007	0.0008	0.0009	0.0011	0.0013
14	0.0001	0.0001	0.0001	0.0001	0.0002	0.0002	0.0003	0.0003	0.0004	0.0005
15	0.0000	0.0000	0.0000	0.0000	0.0001	0.0001	0.0001	0.0001	0.0001	0.0002

(续)

x	5.10	5.20	5.30	5.40	5.50	5.60	5.70	5.80	5.90	6.00
0	0.0061	0.0055	0.0050	0.0045	0.0041	0.0037	0.0033	0.0030	0.0027	0.0025
1	0.0311	0.0287	0.0265	0.0244	0.0225	0.0207	0.0191	0.0176	0.0162	0.0149
2	0.0793	0.0746	0.0701	0.0659	0.0618	0.0580	0.0544	0.0509	0.0477	0.0446
3	0.1348	0.1293	0.1239	0.1185	0.1133	0.1082	0.1033	0.0985	0.0938	0.0892
4	0.1719	0.1681	0.1641	0.1600	0.1558	0.1515	0.1472	0.1428	0.1383	0.1339
5	0.1753	0.1748	0.1740	0.1728	0.1714	0.1697	0.1678	0.1656	0.1632	0.1606
6	0.1490	0.1515	0.1537	0.1555	0.1571	0.1584	0.1594	0.1601	0.1605	0.1606
7	0.1086	0.1125	0.1163	0.1200	0.1234	0.1267	0.1298	0.1326	0.1353	0.1377
8	0.0692	0.0731	0.0771	0.0810	0.0849	0.0887	0.0925	0.0962	0.0998	0.1033
9	0.0392	0.0423	0.0454	0.0486	0.0519	0.0552	0.0586	0.0620	0.0654	0.0688
10	0.0200	0.0220	0.0241	0.0262	0.0285	0.0309	0.0334	0.0359	0.0386	0.0413
11	0.0093	0.0104	0.0116	0.0129	0.0143	0.0157	0.0173	0.0190	0.0207	0.0225
12	0.0039	0.0045	0.0051	0.0058	0.0065	0.0073	0.0082	0.0092	0.0102	0.0113
13	0.0015	0.0018	0.0021	0.0024	0.0028	0.0032	0.0036	0.0041	0.0046	0.0052
14	0.0006	0.0007	0.0008	0.0009	0.0011	0.0013	0.0015	0.0017	0.0019	0.0022
15	0.0002	0.0002	0.0003	0.0003	0.0004	0.0005	0.0006	0.0007	0.0008	0.0009
16	0.0001	0.0001	0.0001	0.0001	0.0001	0.0002	0.0002	0.0002	0.0003	0.0003
17	0.0000	0.0000	0.0000	0.0000	0.0000	0.0001	0.0001	0.0001	0.0001	0.0001

x	6.10	6.20	6.30	6.40	6.50	6.60	6.70	6.80	6.90	7.00
0	0.0022	0.0020	0.0018	0.0017	0.0015	0.0014	0.0012	0.0011	0.0010	0.0009
1	0.0137	0.0126	0.0116	0.0106	0.0098	0.0090	0.0082	0.0076	0.0070	0.0064
2	0.0417	0.0390	0.0364	0.0340	0.0318	0.0296	0.0276	0.0258	0.0240	0.0223
3	0.0848	0.0806	0.0765	0.0726	0.0688	0.0652	0.0617	0.0584	0.0552	0.0521
4	0.1294	0.1249	0.1205	0.1162	0.1118	0.1076	0.1034	0.0992	0.0952	0.0912
5	0.1579	0.1549	0.1519	0.1487	0.1454	0.1420	0.1385	0.1349	0.1314	0.1277
6	0.1605	0.1601	0.1595	0.1586	0.1575	0.1562	0.1546	0.1529	0.1511	0.1490
7	0.1399	0.1418	0.1435	0.1450	0.1462	0.1472	0.1480	0.1486	0.1489	0.1490
8	0.1066	0.1099	0.1130	0.1160	0.1188	0.1215	0.1240	0.1263	0.1284	0.1304
9	0.0723	0.0757	0.0791	0.0825	0.0858	0.0891	0.0923	0.0954	0.0985	0.1014
10	0.0441	0.0469	0.0498	0.0528	0.0558	0.0588	0.0618	0.0649	0.0679	0.0710
11	0.0244	0.0265	0.0285	0.0307	0.0330	0.0353	0.0377	0.0401	0.0426	0.0452
12	0.0124	0.0137	0.0150	0.0164	0.0179	0.0194	0.0210	0.0227	0.0245	0.0263
13	0.0058	0.0065	0.0073	0.0081	0.0089	0.0099	0.0108	0.0119	0.0130	0.0142
14	0.0025	0.0029	0.0033	0.0037	0.0041	0.0046	0.0052	0.0058	0.0064	0.0071
15	0.0010	0.0012	0.0014	0.0016	0.0018	0.0020	0.0023	0.0026	0.0029	0.0033
16	0.0004	0.0005	0.0005	0.0006	0.0007	0.0008	0.0010	0.0011	0.0013	0.0014
17	0.0001	0.0002	0.0002	0.0002	0.0003	0.0003	0.0004	0.0004	0.0005	0.0006
18	0.0000	0.0001	0.0001	0.0001	0.0001	0.0001	0.0001	0.0002	0.0002	0.0002
19	0.0000	0.0000	0.0000	0.0000	0.0000	0.0000	0.0001	0.0001	0.0001	0.0001

(续)

x	7.10	7.20	7.30	7.40	7.50	7.60	7.70	7.80	7.90	8.00
0	0.0008	0.0007	0.0007	0.0006	0.0006	0.0005	0.0005	0.0004	0.0004	0.0003
1	0.0059	0.0054	0.0049	0.0045	0.0041	0.0038	0.0035	0.0032	0.0029	0.0027
2	0.0208	0.0194	0.0180	0.0167	0.0156	0.0145	0.0134	0.0125	0.0116	0.0107
3	0.0492	0.0464	0.0438	0.0413	0.0389	0.0366	0.0345	0.0324	0.0305	0.0286
4	0.0874	0.0836	0.0799	0.0764	0.0729	0.0696	0.0663	0.0632	0.0602	0.0573
5	0.1241	0.1204	0.1167	0.1130	0.1094	0.1057	0.1021	0.0986	0.0951	0.0916
6	0.1468	0.1445	0.1420	0.1394	0.1367	0.1339	0.1311	0.1282	0.1252	0.1221
7	0.1489	0.1486	0.1481	0.1474	0.1465	0.1454	0.1442	0.1428	0.1413	0.1396
8	0.1321	0.1337	0.1351	0.1363	0.1373	0.1381	0.1388	0.1392	0.1395	0.1396
9	0.1042	0.1070	0.1096	0.1121	0.1144	0.1167	0.1187	0.1207	0.1224	0.1241
10	0.0740	0.0770	0.0800	0.0829	0.0858	0.0887	0.0914	0.0941	0.0967	0.0993
11	0.0478	0.0504	0.0531	0.0558	0.0585	0.0613	0.0640	0.0667	0.0695	0.0722
12	0.0283	0.0303	0.0323	0.0344	0.0366	0.0388	0.0411	0.0434	0.0457	0.0481
13	0.0154	0.0168	0.0181	0.0196	0.0211	0.0227	0.0243	0.0260	0.0278	0.0296
14	0.0078	0.0086	0.0095	0.0104	0.0113	0.0123	0.0134	0.0145	0.0157	0.0169
15	0.0037	0.0041	0.0046	0.0051	0.0057	0.0062	0.0069	0.0075	0.0083	0.0090
16	0.0016	0.0019	0.0021	0.0024	0.0026	0.0030	0.0033	0.0037	0.0041	0.0045
17	0.0007	0.0008	0.0009	0.0010	0.0012	0.0013	0.0015	0.0017	0.0019	0.0021
18	0.0003	0.0003	0.0004	0.0004	0.0005	0.0006	0.0006	0.0007	0.0008	0.0009
19	0.0001	0.0001	0.0001	0.0002	0.0002	0.0002	0.0003	0.0003	0.0003	0.0004
20	0.0000	0.0000	0.0001	0.0001	0.0001	0.0001	0.0001	0.0001	0.0001	0.0002
21	0.0000	0.0000	0.0000	0.0000	0.0000	0.0000	0.0000	0.0000	0.0001	0.0001

x	8.10	8.20	8.30	8.40	8.50	8.60	8.70	8.80	8.90	9.00
0	0.0003	0.0003	0.0002	0.0002	0.0002	0.0002	0.0002	0.0002	0.0001	0.0001
1	0.0025	0.0023	0.0021	0.0019	0.0017	0.0016	0.0014	0.0013	0.0012	0.0011
2	0.0100	0.0092	0.0086	0.0079	0.0074	0.0068	0.0063	0.0058	0.0054	0.0050
3	0.0269	0.0252	0.0237	0.0222	0.0208	0.0195	0.0183	0.0171	0.0160	0.0150
4	0.0544	0.0517	0.0491	0.0466	0.0443	0.0420	0.0398	0.0377	0.0357	0.0337
5	0.0882	0.0849	0.0816	0.0784	0.0752	0.0722	0.0692	0.0663	0.0635	0.0607
6	0.1191	0.1160	0.1128	0.1097	0.1066	0.1034	0.1003	0.0972	0.0941	0.0911
7	0.1378	0.1358	0.1338	0.1317	0.1294	0.1271	0.1247	0.1222	0.1197	0.1171
8	0.1395	0.1392	0.1388	0.1382	0.1375	0.1366	0.1356	0.1344	0.1332	0.1318
9	0.1256	0.1269	0.1280	0.1290	0.1299	0.1306	0.1311	0.1315	0.1317	0.1318
10	0.1017	0.1040	0.1063	0.1084	0.1104	0.1123	0.1140	0.1157	0.1172	0.1186
11	0.0749	0.0776	0.0802	0.0828	0.0853	0.0878	0.0902	0.0925	0.0948	0.0970
12	0.0505	0.0530	0.0555	0.0579	0.0604	0.0629	0.0654	0.0679	0.0703	0.0728
13	0.0315	0.0334	0.0354	0.0374	0.0395	0.0416	0.0438	0.0459	0.0481	0.0504

（续）

x	8.10	8.20	8.30	8.40	8.50	8.60	8.70	8.80	8.90	9.00
14	0.0182	0.0196	0.0210	0.0225	0.0240	0.0256	0.0272	0.0289	0.0306	0.0324
15	0.0098	0.0107	0.0116	0.0126	0.0136	0.0147	0.0158	0.0169	0.0182	0.0194
16	0.0050	0.0055	0.0060	0.0066	0.0072	0.0079	0.0086	0.0093	0.0101	0.0109
17	0.0024	0.0026	0.0029	0.0033	0.0036	0.0040	0.0044	0.0048	0.0053	0.0058
18	0.0011	0.0012	0.0014	0.0015	0.0017	0.0019	0.0021	0.0024	0.0026	0.0029
19	0.0005	0.0005	0.0006	0.0007	0.0008	0.0009	0.0010	0.0011	0.0012	0.0014
20	0.0002	0.0002	0.0002	0.0003	0.0003	0.0004	0.0004	0.0005	0.0005	0.0006
21	0.0001	0.0001	0.0001	0.0001	0.0001	0.0002	0.0002	0.0002	0.0002	0.0003
22	0.0000	0.0000	0.0000	0.0000	0.0001	0.0001	0.0001	0.0001	0.0001	0.0001

x	9.10	9.20	9.30	9.40	9.50	9.60	9.70	9.80	9.90	10.00
0	0.0001	0.0001	0.0001	0.0001	0.0001	0.0001	0.0001	0.0001	0.0001	0.0000
1	0.0010	0.0009	0.0009	0.0008	0.0007	0.0007	0.0006	0.0005	0.0005	0.0005
2	0.0046	0.0043	0.0040	0.0037	0.0034	0.0031	0.0029	0.0027	0.0025	0.0023
3	0.0140	0.0131	0.0123	0.0115	0.0107	0.0100	0.0093	0.0087	0.0081	0.0076
4	0.0319	0.0302	0.0285	0.0269	0.0254	0.0240	0.0226	0.0213	0.0201	0.0189
5	0.0581	0.0555	0.0530	0.0506	0.0483	0.0460	0.0439	0.0418	0.0398	0.0378
6	0.0881	0.0851	0.0822	0.0793	0.0764	0.0736	0.0709	0.0682	0.0656	0.0631
7	0.1145	0.1118	0.1091	0.1064	0.1037	0.1010	0.0982	0.0955	0.0928	0.0901
8	0.1302	0.1286	0.1269	0.1251	0.1232	0.1212	0.1191	0.1170	0.1148	0.1126
9	0.1317	0.1315	0.1311	0.1306	0.1300	0.1293	0.1284	0.1274	0.1263	0.1251
10	0.1198	0.1210	0.1219	0.1228	0.1235	0.1241	0.1245	0.1249	0.1250	0.1251
11	0.0991	0.1012	0.1031	0.1049	0.1067	0.1083	0.1098	0.1112	0.1125	0.1137
12	0.0752	0.0776	0.0799	0.0822	0.0844	0.0866	0.0888	0.0908	0.0928	0.0948
13	0.0526	0.0549	0.0572	0.0594	0.0617	0.0640	0.0662	0.0685	0.0707	0.0729
14	0.0342	0.0361	0.0380	0.0399	0.0419	0.0439	0.0459	0.0479	0.0500	0.0521
15	0.0208	0.0221	0.0235	0.0250	0.0265	0.0281	0.0297	0.0313	0.0330	0.0347
16	0.0118	0.0127	0.0137	0.0147	0.0157	0.0168	0.0180	0.0192	0.0204	0.0217
17	0.0063	0.0069	0.0075	0.0081	0.0088	0.0095	0.0103	0.0111	0.0119	0.0128
18	0.0032	0.0035	0.0039	0.0042	0.0046	0.0051	0.0055	0.0060	0.0065	0.0071
19	0.0015	0.0017	0.0019	0.0021	0.0023	0.0026	0.0028	0.0031	0.0034	0.0037
20	0.0007	0.0008	0.0009	0.0010	0.0011	0.0012	0.0014	0.0015	0.0017	0.0019
21	0.0003	0.0003	0.0004	0.0004	0.0005	0.0006	0.0006	0.0007	0.0008	0.0009
22	0.0001	0.0001	0.0002	0.0002	0.0002	0.0002	0.0003	0.0003	0.0004	0.0004
23	0.0000	0.0001	0.0001	0.0001	0.0001	0.0001	0.0001	0.0001	0.0002	0.0002
24	0.0000	0.0000	0.0000	0.0000	0.0000	0.0000	0.0000	0.0001	0.0001	0.0001

(续)

x	11.00	12.00	13.00	14.00	15.00	16.00	17.00	18.00	19.00	20.00
0	0.0000	0.0000	0.0000	0.0000	0.0000	0.0000	0.0000	0.0000	0.0000	0.0000
1	0.0002	0.0001	0.0000	0.0000	0.0000	0.0000	0.0000	0.0000	0.0000	0.0000
2	0.0010	0.0004	0.0002	0.0001	0.0000	0.0000	0.0000	0.0000	0.0000	0.0000
3	0.0037	0.0018	0.0008	0.0004	0.0002	0.0001	0.0000	0.0000	0.0000	0.0000
4	0.0102	0.0053	0.0027	0.0013	0.0006	0.0003	0.0001	0.0001	0.0000	0.0000
5	0.0224	0.0127	0.0070	0.0037	0.0019	0.0010	0.0005	0.0002	0.0001	0.0001
6	0.0411	0.0255	0.0152	0.0087	0.0048	0.0026	0.0014	0.0007	0.0004	0.0002
7	0.0646	0.0437	0.0281	0.0174	0.0104	0.0060	0.0034	0.0019	0.0010	0.0005
8	0.0888	0.0655	0.0457	0.0304	0.0194	0.0120	0.0072	0.0042	0.0024	0.0013
9	0.1085	0.0874	0.0661	0.0473	0.0324	0.0213	0.0135	0.0083	0.0050	0.0029
10	0.1194	0.1048	0.0859	0.0663	0.0486	0.0341	0.0230	0.0150	0.0095	0.0058
11	0.1194	0.1144	0.1015	0.0844	0.0663	0.0496	0.0355	0.0245	0.0164	0.0106
12	0.1094	0.1144	0.1099	0.0984	0.0829	0.0661	0.0504	0.0368	0.0259	0.0176
13	0.0926	0.1056	0.1099	0.1060	0.0956	0.0814	0.0658	0.0509	0.0378	0.0271
14	0.0728	0.0905	0.1021	0.1060	0.1024	0.0930	0.0800	0.0655	0.0514	0.0387
15	0.0534	0.0724	0.0885	0.0989	0.1024	0.0992	0.0906	0.0786	0.0650	0.0516
16	0.0367	0.0543	0.0719	0.0866	0.0960	0.0992	0.0963	0.0884	0.0772	0.0646
17	0.0237	0.0383	0.0550	0.0713	0.0847	0.0934	0.0963	0.0936	0.0863	0.0760
18	0.0145	0.0255	0.0397	0.0554	0.0706	0.0830	0.0909	0.0936	0.0911	0.0844
19	0.0084	0.0161	0.0272	0.0409	0.0557	0.0699	0.0814	0.0887	0.0911	0.0888
20	0.0046	0.0097	0.0177	0.0286	0.0418	0.0559	0.0692	0.0798	0.0866	0.0888
21	0.0024	0.0055	0.0109	0.0191	0.0299	0.0426	0.0560	0.0684	0.0783	0.0846
22	0.0012	0.0030	0.0065	0.0121	0.0204	0.0310	0.0433	0.0560	0.0676	0.0769
23	0.0006	0.0016	0.0037	0.0074	0.0133	0.0216	0.0320	0.0438	0.0559	0.0669
24	0.0003	0.0008	0.0020	0.0043	0.0083	0.0144	0.0226	0.0328	0.0442	0.0557
25	0.0001	0.0004	0.0010	0.0024	0.0050	0.0092	0.0154	0.0237	0.0336	0.0446
26	0.0000	0.0002	0.0005	0.0013	0.0029	0.0057	0.0101	0.0164	0.0246	0.0343
27	0.0000	0.0001	0.0002	0.0007	0.0016	0.0034	0.0063	0.0109	0.0173	0.0254
28	0.0000	0.0000	0.0001	0.0003	0.0009	0.0019	0.0038	0.0070	0.0117	0.0181
29	0.0000	0.0000	0.0001	0.0002	0.0004	0.0011	0.0023	0.0044	0.0077	0.0125
30	0.0000	0.0000	0.0000	0.0001	0.0002	0.0006	0.0013	0.0026	0.0049	0.0083
31	0.0000	0.0000	0.0000	0.0000	0.0001	0.0003	0.0007	0.0015	0.0030	0.0054
32	0.0000	0.0000	0.0000	0.0000	0.0001	0.0001	0.0004	0.0009	0.0018	0.0034
33	0.0000	0.0000	0.0000	0.0000	0.0000	0.0001	0.0002	0.0005	0.0010	0.0020
34	0.0000	0.0000	0.0000	0.0000	0.0000	0.0000	0.0001	0.0002	0.0006	0.0012
35	0.0000	0.0000	0.0000	0.0000	0.0000	0.0000	0.0000	0.0001	0.0003	0.0007
36	0.0000	0.0000	0.0000	0.0000	0.0000	0.0000	0.0000	0.0001	0.0002	0.0004
37	0.0000	0.0000	0.0000	0.0000	0.0000	0.0000	0.0000	0.0000	0.0001	0.0002
38	0.0000	0.0000	0.0000	0.0000	0.0000	0.0000	0.0000	0.0000	0.0000	0.0001
39	0.0000	0.0000	0.0000	0.0000	0.0000	0.0000	0.0000	0.0000	0.0000	0.0001

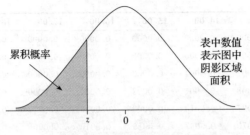

表 3　标准正态分布的累积概率

z 的第一个数字 z	z 的第二个数字									
	0.00	0.01	0.02	0.03	0.04	0.05	0.06	0.07	0.08	0.09
−3.0	0.0013	0.0013	0.0013	0.0012	0.0012	0.0011	0.0011	0.0011	0.0010	0.0010
−2.9	0.0019	0.0018	0.0018	0.0017	0.0016	0.0016	0.0015	0.0015	0.0014	0.0014
−2.8	0.0026	0.0025	0.0024	0.0023	0.0023	0.0022	0.0021	0.0021	0.0020	0.0019
−2.7	0.0035	0.0034	0.0033	0.0032	0.0031	0.0030	0.0029	0.0028	0.0027	0.0026
−2.6	0.0047	0.0045	0.0044	0.0043	0.0041	0.0040	0.0039	0.0038	0.0037	0.0036
−2.5	0.0062	0.0060	0.0059	0.0057	0.0055	0.0054	0.0052	0.0051	0.0049	0.0048
−2.4	0.0082	0.0080	0.0078	0.0075	0.0073	0.0071	0.0069	0.0068	0.0066	0.0064
−2.3	0.0107	0.0104	0.0102	0.0099	0.0096	0.0094	0.0091	0.0089	0.0087	0.0084
−2.2	0.0139	0.0136	0.0132	0.0129	0.0125	0.0122	0.0119	0.0116	0.0113	0.0110
−2.1	0.0179	0.0174	0.0170	0.0166	0.0162	0.0158	0.0154	0.0150	0.0146	0.0143
−2.0	0.0228	0.0222	0.0217	0.0212	0.0207	0.0202	0.0197	0.0192	0.0188	0.0183
−1.9	0.0287	0.0281	0.0274	0.0268	0.0262	0.0256	0.0250	0.0244	0.0239	0.0233
−1.8	0.0359	0.0351	0.0344	0.0336	0.0329	0.0322	0.0314	0.0307	0.0301	0.0294
−1.7	0.0446	0.0436	0.0427	0.0418	0.0409	0.0401	0.0392	0.0384	0.0375	0.0367
−1.6	0.0548	0.0537	0.0526	0.0516	0.0505	0.0495	0.0485	0.0475	0.0465	0.0455
−1.5	0.0668	0.0655	0.0643	0.0630	0.0618	0.0606	0.0594	0.0582	0.0571	0.0559
−1.4	0.0808	0.0793	0.0778	0.0764	0.0749	0.0735	0.0721	0.0708	0.0694	0.0681
−1.3	0.0968	0.0951	0.0934	0.0918	0.0901	0.0885	0.0869	0.0853	0.0838	0.0823
−1.2	0.1151	0.1131	0.1112	0.1093	0.1075	0.1056	0.1038	0.1020	0.1003	0.0985
−1.1	0.1357	0.1335	0.1314	0.1292	0.1271	0.1251	0.1230	0.1210	0.1190	0.1170
−1.0	0.1587	0.1562	0.1539	0.1515	0.1492	0.1469	0.1446	0.1423	0.1401	0.1379
−0.9	0.1841	0.1814	0.1788	0.1762	0.1736	0.1711	0.1685	0.1660	0.1635	0.1611
−0.8	0.2119	0.2090	0.2061	0.2033	0.2005	0.1977	0.1949	0.1922	0.1894	0.1867
−0.7	0.2420	0.2389	0.2358	0.2327	0.2296	0.2266	0.2236	0.2206	0.2177	0.2148
−0.6	0.2743	0.2709	0.2676	0.2643	0.2611	0.2578	0.2546	0.2514	0.2483	0.2451
−0.5	0.3085	0.3050	0.3015	0.2981	0.2946	0.2912	0.2877	0.2843	0.2810	0.2776
−0.4	0.3446	0.3409	0.3372	0.3336	0.3300	0.3264	0.3228	0.3192	0.3156	0.3121
−0.3	0.3821	0.3783	0.3745	0.3707	0.3669	0.3632	0.3594	0.3557	0.3520	0.3483
−0.2	0.4207	0.4168	0.4129	0.4090	0.4052	0.4013	0.3974	0.3936	0.3897	0.3859
−0.1	0.4602	0.4562	0.4522	0.4483	0.4443	0.4404	0.4364	0.4325	0.4286	0.4247
−0.0	0.5000	0.4960	0.4920	0.4880	0.4840	0.4801	0.4761	0.4721	0.4681	0.4641

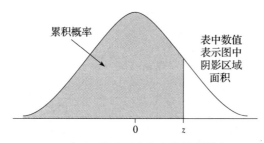

表 4　标准正态分布的累积概率

z 的第一个数字	z 的第二个数字									
z	0.00	0.01	0.02	0.03	0.04	0.05	0.06	0.07	0.08	0.09
0.0	0.5000	0.5040	0.5080	0.5120	0.5160	0.5199	0.5239	0.5279	0.5319	0.5359
0.1	0.5398	0.5438	0.5478	0.5517	0.5557	0.5596	0.5636	0.5675	0.5714	0.5753
0.2	0.5793	0.5832	0.5871	0.5910	0.5948	0.5987	0.6026	0.6064	0.6103	0.6141
0.3	0.6179	0.6217	0.6255	0.6293	0.6331	0.6368	0.6406	0.6443	0.6480	0.6517
0.4	0.6554	0.6591	0.6628	0.6664	0.6700	0.6736	0.6772	0.6808	0.6844	0.6879
0.5	0.6915	0.6950	0.6985	0.7019	0.7054	0.7088	0.7123	0.7157	0.7190	0.7224
0.6	0.7257	0.7291	0.7324	0.7357	0.7389	0.7422	0.7454	0.7486	0.7517	0.7549
0.7	0.7580	0.7611	0.7642	0.7673	0.7704	0.7734	0.7764	0.7794	0.7823	0.7852
0.8	0.7881	0.7910	0.7939	0.7967	0.7995	0.8023	0.8051	0.8078	0.8106	0.8133
0.9	0.8159	0.8186	0.8212	0.8238	0.8264	0.8289	0.8315	0.8340	0.8365	0.8389
1.0	0.8413	0.8438	0.8461	0.8485	0.8508	0.8531	0.8554	0.8577	0.8599	0.8621
1.1	0.8643	0.8665	0.8686	0.8708	0.8729	0.8749	0.8770	0.8790	0.8810	0.8830
1.2	0.8849	0.8869	0.8888	0.8907	0.8925	0.8944	0.8962	0.8980	0.8997	0.9015
1.3	0.9032	0.9049	0.9066	0.9082	0.9099	0.9115	0.9131	0.9147	0.9162	0.9177
1.4	0.9192	0.9207	0.9222	0.9236	0.9251	0.9265	0.9279	0.9292	0.9306	0.9319
1.5	0.9332	0.9345	0.9357	0.9370	0.9382	0.9394	0.9406	0.9418	0.9429	0.9441
1.6	0.9452	0.9463	0.9474	0.9484	0.9495	0.9505	0.9515	0.9525	0.9535	0.9545
1.7	0.9554	0.9564	0.9573	0.9582	0.9591	0.9599	0.9608	0.9616	0.9625	0.9633
1.8	0.9641	0.9649	0.9656	0.9664	0.9671	0.9678	0.9686	0.9693	0.9699	0.9706
1.9	0.9713	0.9719	0.9726	0.9732	0.9738	0.9744	0.9750	0.9756	0.9761	0.9767
2.0	0.9772	0.9778	0.9783	0.9788	0.9793	0.9798	0.9803	0.9808	0.9812	0.9817
2.1	0.9821	0.9826	0.9830	0.9834	0.9838	0.9842	0.9846	0.9850	0.9854	0.9857
2.2	0.9861	0.9864	0.9868	0.9871	0.9875	0.9878	0.9881	0.9884	0.9887	0.9890
2.3	0.9893	0.9896	0.9898	0.9901	0.9904	0.9906	0.9909	0.9911	0.9913	0.9916
2.4	0.9918	0.9920	0.9922	0.9925	0.9927	0.9929	0.9931	0.9932	0.9934	0.9936
2.5	0.9938	0.9940	0.9941	0.9943	0.9945	0.9946	0.9948	0.9949	0.9951	0.9952
2.6	0.9953	0.9955	0.9956	0.9957	0.9959	0.9960	0.9961	0.9962	0.9963	0.9964
2.7	0.9965	0.9966	0.9967	0.9968	0.9969	0.9970	0.9971	0.9972	0.9973	0.9974
2.8	0.9974	0.9975	0.9976	0.9977	0.9977	0.9978	0.9979	0.9979	0.9980	0.9981
2.9	0.9981	0.9982	0.9982	0.9983	0.9984	0.9984	0.9985	0.9985	0.9986	0.9986
3.0	0.9987	0.9987	0.9987	0.9988	0.9988	0.9989	0.9989	0.9989	0.9990	0.9990

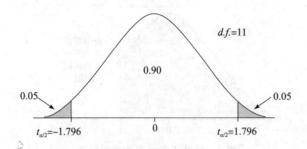

表 5 学生 t 分布

单尾	0.200	0.100	0.050	0.025	0.010	0.005
双尾	0.400	0.200	0.100	0.050	0.020	0.010
置信水平	0.600	0.800	0.900	0.950	0.980	0.990
自由度						
1	1.376	3.078	6.314	12.706	31.821	63.657
2	1.061	1.886	2.920	4.303	6.965	9.925
3	0.978	1.638	2.353	3.182	4.541	5.841
4	0.941	1.533	2.132	2.776	3.747	4.604
5	0.920	1.476	2.015	2.571	3.365	4.032
6	0.906	1.440	1.943	2.447	3.143	3.707
7	0.896	1.415	1.895	2.365	2.998	3.499
8	0.889	1.397	1.860	2.306	2.896	3.355
9	0.883	1.383	1.833	2.262	2.821	3.250
10	0.879	1.372	1.812	2.228	2.764	3.169
11	0.876	1.363	1.796	2.201	2.718	3.106
12	0.873	1.356	1.782	2.179	2.681	3.055
13	0.870	1.350	1.771	2.160	2.650	3.012
14	0.868	1.345	1.761	2.145	2.624	2.977
15	0.866	1.341	1.753	2.131	2.602	2.947
16	0.865	1.337	1.746	2.120	2.583	2.921
17	0.863	1.333	1.740	2.110	2.567	2.898
18	0.862	1.330	1.734	2.101	2.552	2.878
19	0.861	1.328	1.729	2.093	2.539	2.861
20	0.860	1.325	1.725	2.086	2.528	2.845
21	0.859	1.323	1.721	2.080	2.518	2.831
22	0.858	1.321	1.717	2.074	2.508	2.819

（续）

单尾	0.200	0.100	0.050	0.025	0.010	0.005
双尾	0.400	0.200	0.100	0.050	0.020	0.010
置信水平	0.600	0.800	0.900	0.950	0.980	0.990
自由度						
23	0.858	1.319	1.714	2.069	2.500	2.807
24	0.857	1.318	1.711	2.064	2.492	2.797
25	0.856	1.316	1.708	2.060	2.485	2.787
26	0.856	1.315	1.706	2.056	2.479	2.779
27	0.855	1.314	1.703	2.052	2.473	2.771
28	0.855	1.313	1.701	2.048	2.467	2.763
29	0.854	1.311	1.699	2.045	2.462	2.756
30	0.854	1.310	1.697	2.042	2.457	2.750
31	0.853	1.309	1.696	2.040	2.453	2.744
32	0.853	1.309	1.694	2.037	2.449	2.738
33	0.853	1.308	1.692	2.035	2.445	2.733
34	0.852	1.307	1.691	2.032	2.441	2.728
35	0.852	1.306	1.690	2.030	2.438	2.724
36	0.852	1.306	1.688	2.028	2.434	2.719
37	0.851	1.305	1.687	2.026	2.431	2.715
38	0.851	1.304	1.686	2.024	2.429	2.712
39	0.851	1.304	1.685	2.023	2.426	2.708
40	0.851	1.303	1.684	2.021	2.423	2.704
41	0.850	1.303	1.683	2.020	2.421	2.701
42	0.850	1.302	1.682	2.018	2.418	2.698
43	0.850	1.302	1.681	2.017	2.416	2.695
44	0.850	1.301	1.680	2.015	2.414	2.692
45	0.850	1.301	1.679	2.014	2.412	2.690
46	0.850	1.300	1.679	2.013	2.410	2.687
47	0.849	1.300	1.678	2.012	2.408	2.685
48	0.849	1.299	1.677	2.011	2.407	2.682
49	0.849	1.299	1.677	2.010	2.405	2.680
50	0.849	1.299	1.676	2.009	2.403	2.678
51	0.849	1.298	1.675	2.008	2.402	2.676

单尾	0.200	0.100	0.050	0.025	0.010	0.005
双尾	0.400	0.200	0.100	0.050	0.020	0.010
置信水平	0.600	0.800	0.900	0.950	0.980	0.990
自由度						
52	0.849	1.298	1.675	2.007	2.400	2.674
53	0.848	1.298	1.674	2.006	2.399	2.672
54	0.848	1.297	1.674	2.005	2.397	2.670
55	0.848	1.297	1.673	2.004	2.396	2.668
56	0.848	1.297	1.673	2.003	2.395	2.667
57	0.848	1.297	1.672	2.002	2.394	2.665
58	0.848	1.296	1.672	2.002	2.392	2.663
59	0.848	1.296	1.671	2.001	2.391	2.662
60	0.848	1.296	1.671	2.000	2.390	2.660
61	0.848	1.296	1.670	2.000	2.389	2.659
62	0.847	1.295	1.670	1.999	2.388	2.657
63	0.847	1.295	1.669	1.998	2.387	2.656
64	0.847	1.295	1.669	1.998	2.386	2.655
65	0.847	1.295	1.669	1.997	2.385	2.654
66	0.847	1.295	1.668	1.997	2.384	2.652
67	0.847	1.294	1.668	1.996	2.383	2.651
68	0.847	1.294	1.668	1.995	2.382	2.650
69	0.847	1.294	1.667	1.995	2.382	2.649
70	0.847	1.294	1.667	1.994	2.381	2.648
71	0.847	1.294	1.667	1.994	2.380	2.647
72	0.847	1.293	1.666	1.993	2.379	2.646
73	0.847	1.293	1.666	1.993	2.379	2.645
74	0.847	1.293	1.666	1.993	2.378	2.644
75	0.846	1.293	1.665	1.992	2.377	2.643
76	0.846	1.293	1.665	1.992	2.376	2.642
77	0.846	1.293	1.665	1.991	2.376	2.641
78	0.846	1.292	1.665	1.991	2.375	2.640
79	0.846	1.292	1.664	1.990	2.374	2.640
80	0.846	1.292	1.664	1.990	2.374	2.639

（续）

单尾	0.200	0.100	0.050	0.025	0.010	0.005
双尾	0.400	0.200	0.100	0.050	0.020	0.010
置信水平	0.600	0.800	0.900	0.950	0.980	0.990
自由度						
81	0.846	1.292	1.664	1.990	2.373	2.638
82	0.846	1.292	1.664	1.989	2.373	2.637
83	0.846	1.292	1.663	1.989	2.372	2.636
84	0.846	1.292	1.663	1.989	2.372	2.636
85	0.846	1.292	1.663	1.988	2.371	2.635
86	0.846	1.291	1.663	1.988	2.370	2.634
87	0.846	1.291	1.663	1.988	2.370	2.634
88	0.846	1.291	1.662	1.987	2.369	2.633
89	0.846	1.291	1.662	1.987	2.369	2.632
90	0.846	1.291	1.662	1.987	2.368	2.632
91	0.846	1.291	1.662	1.986	2.368	2.631
92	0.846	1.291	1.662	1.986	2.368	2.630
93	0.846	1.291	1.661	1.986	2.367	2.630
94	0.845	1.291	1.661	1.986	2.367	2.629
95	0.845	1.291	1.661	1.985	2.366	2.629
96	0.845	1.290	1.661	1.985	2.366	2.628
97	0.845	1.290	1.661	1.985	2.365	2.627
98	0.845	1.290	1.661	1.984	2.365	2.627
99	0.845	1.290	1.660	1.984	2.365	2.626
100	0.845	1.290	1.660	1.984	2.364	2.626
∞	0.842	1.282	1.645	1.960	2.236	2.576

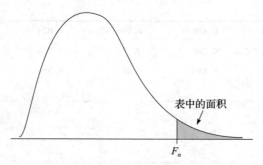

表 6 F 分布

分布右尾的面积 0.10										
D2	D1									
	1	2	3	4	5	6	7	8	9	10
1	39.863	49.500	53.593	55.833	57.240	58.204	58.906	59.439	59.858	60.195
2	8.526	9.000	9.162	9.243	9.293	9.326	9.349	9.367	9.381	9.392
3	5.538	5.462	5.391	5.343	5.309	5.285	5.266	5.252	5.240	5.230
4	4.545	4.325	4.191	4.107	4.051	4.010	3.979	3.955	3.936	3.920
5	4.060	3.780	3.619	3.520	3.453	3.405	3.368	3.339	3.316	3.297
6	3.776	3.463	3.289	3.181	3.108	3.055	3.014	2.983	2.958	2.937
7	3.589	3.257	3.074	2.961	2.883	2.827	2.785	2.752	2.725	2.703
8	3.458	3.113	2.924	2.806	2.726	2.668	2.624	2.589	2.561	2.538
9	3.360	3.006	2.813	2.693	2.611	2.551	2.505	2.469	2.440	2.416
10	3.285	2.924	2.728	2.605	2.522	2.461	2.414	2.377	2.347	2.323
11	3.225	2.860	2.660	2.536	2.451	2.389	2.342	2.304	2.274	2.248
12	3.177	2.807	2.606	2.480	2.394	2.331	2.283	2.245	2.214	2.188
13	3.136	2.763	2.560	2.434	2.347	2.283	2.234	2.195	2.164	2.138
14	3.102	2.726	2.522	2.395	2.307	2.243	2.193	2.154	2.122	2.095
15	3.073	2.695	2.490	2.361	2.273	2.208	2.158	2.119	2.086	2.059
16	3.048	2.668	2.462	2.333	2.244	2.178	2.128	2.088	2.055	2.028
17	3.026	2.645	2.437	2.308	2.218	2.152	2.102	2.061	2.028	2.001
18	3.007	2.624	2.416	2.286	2.196	2.130	2.079	2.038	2.005	1.977
19	2.990	2.606	2.397	2.266	2.176	2.109	2.058	2.017	1.984	1.956
20	2.975	2.589	2.380	2.249	2.158	2.091	2.040	1.999	1.965	1.937
21	2.961	2.575	2.365	2.233	2.142	2.075	2.023	1.982	1.948	1.920
22	2.949	2.561	2.351	2.219	2.128	2.060	2.008	1.967	1.933	1.904
23	2.937	2.549	2.339	2.207	2.115	2.047	1.995	1.953	1.919	1.890
24	2.927	2.538	2.327	2.195	2.103	2.035	1.983	1.941	1.906	1.877
25	2.918	2.528	2.317	2.184	2.092	2.024	1.971	1.929	1.895	1.866
26	2.909	2.519	2.307	2.174	2.082	2.014	1.961	1.919	1.884	1.855

（续）

分布右尾的面积 0.10

D2	D1									
	1	2	3	4	5	6	7	8	9	10
27	2.901	2.511	2.299	2.165	2.073	2.005	1.952	1.909	1.874	1.845
28	2.894	2.503	2.291	2.157	2.064	1.996	1.943	1.900	1.865	1.836
29	2.887	2.495	2.283	2.149	2.057	1.988	1.935	1.892	1.857	1.827
30	2.881	2.489	2.276	2.142	2.049	1.980	1.927	1.884	1.849	1.819

D2	D1									
	11	12	13	14	15	16	17	18	19	20
1	60.473	60.705	60.903	61.073	61.220	61.350	61.464	61.566	61.658	61.740
2	9.401	9.408	9.415	9.420	9.425	9.429	9.433	9.436	9.439	9.441
3	5.222	5.216	5.210	5.205	5.200	5.196	5.193	5.190	5.187	5.184
4	3.907	3.896	3.886	3.878	3.870	3.864	3.858	3.853	3.849	3.844
5	3.282	3.268	3.257	3.247	3.238	3.230	3.223	3.217	3.212	3.207
6	2.920	2.905	2.892	2.881	2.871	2.863	2.855	2.848	2.842	2.836
7	2.684	2.668	2.654	2.643	2.632	2.623	2.615	2.607	2.601	2.595
8	2.519	2.502	2.488	2.475	2.464	2.455	2.446	2.438	2.431	2.425
9	2.396	2.379	2.364	2.351	2.340	2.329	2.320	2.312	2.305	2.298
10	2.302	2.284	2.269	2.255	2.244	2.233	2.224	2.215	2.208	2.201
11	2.227	2.209	2.193	2.179	2.167	2.156	2.147	2.138	2.130	2.123
12	2.166	2.147	2.131	2.117	2.105	2.094	2.084	2.075	2.067	2.060
13	2.116	2.097	2.080	2.066	2.053	2.042	2.032	2.023	2.014	2.007
14	2.073	2.054	2.037	2.022	2.010	1.998	1.988	1.978	1.970	1.962
15	2.037	2.017	2.000	1.985	1.972	1.961	1.950	1.941	1.932	1.924
16	2.005	1.985	1.968	1.953	1.940	1.928	1.917	1.908	1.899	1.891
17	1.978	1.958	1.940	1.925	1.912	1.900	1.889	1.879	1.870	1.862
18	1.954	1.933	1.916	1.900	1.887	1.875	1.864	1.854	1.845	1.837
19	1.932	1.912	1.894	1.878	1.865	1.852	1.841	1.831	1.822	1.814
20	1.913	1.892	1.875	1.859	1.845	1.833	1.821	1.811	1.802	1.794
21	1.896	1.875	1.857	1.841	1.827	1.815	1.803	1.793	1.784	1.776
22	1.880	1.859	1.841	1.825	1.811	1.798	1.787	1.777	1.768	1.759
23	1.866	1.845	1.827	1.811	1.796	1.784	1.772	1.762	1.753	1.744
24	1.853	1.832	1.814	1.797	1.783	1.770	1.759	1.748	1.739	1.730
25	1.841	1.820	1.802	1.785	1.771	1.758	1.746	1.736	1.726	1.718
26	1.830	1.809	1.790	1.774	1.760	1.747	1.735	1.724	1.715	1.706
27	1.820	1.799	1.780	1.764	1.749	1.736	1.724	1.714	1.704	1.695
28	1.811	1.790	1.771	1.754	1.740	1.726	1.715	1.704	1.694	1.685
29	1.802	1.781	1.762	1.745	1.731	1.717	1.705	1.695	1.685	1.676
30	1.794	1.773	1.754	1.737	1.722	1.709	1.697	1.686	1.676	1.667

(续)

分布右尾的面积 0.10

D2	D1									
	21	22	23	24	25	26	27	28	29	30
1	61.815	61.883	61.945	62.002	62.055	62.103	62.148	62.190	62.229	62.265
2	9.444	9.446	9.448	9.450	9.451	9.453	9.454	9.456	9.457	9.458
3	5.182	5.180	5.178	5.176	5.175	5.173	5.172	5.170	5.169	5.168
4	3.841	3.837	3.834	3.831	3.828	3.826	3.823	3.821	3.819	3.817
5	3.202	3.198	3.194	3.191	3.187	3.184	3.181	3.179	3.176	3.174
6	2.831	2.827	2.822	2.818	2.815	2.811	2.808	2.805	2.803	2.800
7	2.589	2.584	2.580	2.575	2.571	2.568	2.564	2.561	2.558	2.555
8	2.419	2.413	2.409	2.404	2.400	2.396	2.392	2.389	2.386	2.383
9	2.292	2.287	2.282	2.277	2.272	2.268	2.265	2.261	2.258	2.255
10	2.194	2.189	2.183	2.178	2.174	2.170	2.166	2.162	2.159	2.155
11	2.117	2.111	2.105	2.100	2.095	2.091	2.087	2.083	2.080	2.076
12	2.053	2.047	2.041	2.036	2.031	2.027	2.022	2.019	2.015	2.011
13	2.000	1.994	1.988	1.983	1.978	1.973	1.969	1.965	1.961	1.958
14	1.955	1.949	1.943	1.938	1.933	1.928	1.923	1.919	1.916	1.912
15	1.917	1.911	1.905	1.899	1.894	1.889	1.885	1.880	1.876	1.873
16	1.884	1.877	1.871	1.866	1.860	1.855	1.851	1.847	1.843	1.839
17	1.855	1.848	1.842	1.836	1.831	1.826	1.821	1.817	1.813	1.809
18	1.829	1.823	1.816	1.810	1.805	1.800	1.795	1.791	1.787	1.783
19	1.807	1.800	1.793	1.787	1.782	1.777	1.772	1.767	1.763	1.759
20	1.786	1.779	1.773	1.767	1.761	1.756	1.751	1.746	1.742	1.738
21	1.768	1.761	1.754	1.748	1.742	1.737	1.732	1.728	1.723	1.719
22	1.751	1.744	1.737	1.731	1.726	1.720	1.715	1.711	1.706	1.702
23	1.736	1.729	1.722	1.716	1.710	1.705	1.700	1.695	1.691	1.686
24	1.722	1.715	1.708	1.702	1.696	1.691	1.686	1.681	1.676	1.672
25	1.710	1.702	1.695	1.689	1.683	1.678	1.672	1.668	1.663	1.659
26	1.698	1.690	1.683	1.677	1.671	1.666	1.660	1.656	1.651	1.647
27	1.687	1.680	1.673	1.666	1.660	1.655	1.649	1.645	1.640	1.636
28	1.677	1.669	1.662	1.656	1.650	1.644	1.639	1.634	1.630	1.625
29	1.668	1.660	1.653	1.647	1.640	1.635	1.630	1.625	1.620	1.616
30	1.659	1.651	1.644	1.638	1.632	1.626	1.621	1.616	1.611	1.606

(续)

分布右尾的面积 0.05

$D2$	$D1$									
	1	2	3	4	5	6	7	8	9	10
1	161.448	199.500	215.707	224.583	230.162	233.986	236.768	238.883	240.543	241.882
2	18.513	19.000	19.164	19.247	19.296	19.330	19.353	19.371	19.385	19.396
3	10.128	9.552	9.277	9.117	9.013	8.941	8.887	8.845	8.812	8.786
4	7.709	6.944	6.591	6.388	6.256	6.163	6.094	6.041	5.999	5.964
5	6.608	5.786	5.409	5.192	5.050	4.950	4.876	4.818	4.772	4.735
6	5.987	5.143	4.757	4.534	4.387	4.284	4.207	4.147	4.099	4.060
7	5.591	4.737	4.347	4.120	3.972	3.866	3.787	3.726	3.677	3.637
8	5.318	4.459	4.066	3.838	3.687	3.581	3.500	3.438	3.388	3.347
9	5.117	4.256	3.863	3.633	3.482	3.374	3.293	3.230	3.179	3.137
10	4.965	4.103	3.708	3.478	3.326	3.217	3.135	3.072	3.020	2.978
11	4.844	3.982	3.587	3.357	3.204	3.095	3.012	2.948	2.896	2.854
12	4.747	3.885	3.490	3.259	3.106	2.996	2.913	2.849	2.796	2.753
13	4.667	3.806	3.411	3.179	3.025	2.915	2.832	2.767	2.714	2.671
14	4.600	3.739	3.344	3.112	2.958	2.848	2.764	2.699	2.646	2.602
15	4.543	3.682	3.287	3.056	2.901	2.790	2.707	2.641	2.588	2.544
16	4.494	3.634	3.239	3.007	2.852	2.741	2.657	2.591	2.538	2.494
17	4.451	3.592	3.197	2.965	2.810	2.699	2.614	2.548	2.494	2.450
18	4.414	3.555	3.160	2.928	2.773	2.661	2.577	2.510	2.456	2.412
19	4.381	3.522	3.127	2.895	2.740	2.628	2.544	2.477	2.423	2.378
20	4.351	3.493	3.098	2.866	2.711	2.599	2.514	2.447	2.393	2.348
21	4.325	3.467	3.072	2.840	2.685	2.573	2.488	2.420	2.366	2.321
22	4.301	3.443	3.049	2.817	2.661	2.549	2.464	2.397	2.342	2.297
23	4.279	3.422	3.028	2.796	2.640	2.528	2.442	2.375	2.320	2.275
24	4.260	3.403	3.009	2.776	2.621	2.508	2.423	2.355	2.300	2.255
25	4.242	3.385	2.991	2.759	2.603	2.490	2.405	2.337	2.282	2.236
26	4.225	3.369	2.975	2.743	2.587	2.474	2.388	2.321	2.265	2.220
27	4.210	3.354	2.960	2.728	2.572	2.459	2.373	2.305	2.250	2.204
28	4.196	3.340	2.947	2.714	2.558	2.445	2.359	2.291	2.236	2.190
29	4.183	3.328	2.934	2.701	2.545	2.432	2.346	2.278	2.223	2.177
30	4.171	3.316	2.922	2.690	2.534	2.421	2.334	2.266	2.211	2.165

(续)

分布右尾的面积 0.05

D2	D1									
	11	12	13	14	15	16	17	18	19	20
1	242.983	243.906	244.690	245.364	245.950	246.464	246.918	247.323	247.686	248.013
2	19.405	19.413	19.419	19.424	19.429	19.433	19.437	19.440	19.443	19.446
3	8.763	8.745	8.729	8.715	8.703	8.692	8.683	8.675	8.667	8.660
4	5.936	5.912	5.891	5.873	5.858	5.844	5.832	5.821	5.811	5.803
5	4.704	4.678	4.655	4.636	4.619	4.604	4.590	4.579	4.568	4.558
6	4.027	4.000	3.976	3.956	3.938	3.922	3.908	3.896	3.884	3.874
7	3.603	3.575	3.550	3.529	3.511	3.494	3.480	3.467	3.455	3.445
8	3.313	3.284	3.259	3.237	3.218	3.202	3.187	3.173	3.161	3.150
9	3.102	3.073	3.048	3.025	3.006	2.989	2.974	2.960	2.948	2.936
10	2.943	2.913	2.887	2.865	2.845	2.828	2.812	2.798	2.785	2.774
11	2.818	2.788	2.761	2.739	2.719	2.701	2.685	2.671	2.658	2.646
12	2.717	2.687	2.660	2.637	2.617	2.599	2.583	2.568	2.555	2.544
13	2.635	2.604	2.577	2.554	2.533	2.515	2.499	2.484	2.471	2.459
14	2.565	2.534	2.507	2.484	2.463	2.445	2.428	2.413	2.400	2.388
15	2.507	2.475	2.448	2.424	2.403	2.385	2.368	2.353	2.340	2.328
16	2.456	2.425	2.397	2.373	2.352	2.333	2.317	2.302	2.288	2.276
17	2.413	2.381	2.353	2.329	2.308	2.289	2.272	2.257	2.243	2.230
18	2.374	2.342	2.314	2.290	2.269	2.250	2.233	2.217	2.203	2.191
19	2.340	2.308	2.280	2.256	2.234	2.215	2.198	2.182	2.168	2.155
20	2.310	2.278	2.250	2.225	2.203	2.184	2.167	2.151	2.137	2.124
21	2.283	2.250	2.222	2.197	2.176	2.156	2.139	2.123	2.109	2.096
22	2.259	2.226	2.198	2.173	2.151	2.131	2.114	2.098	2.084	2.071
23	2.236	2.204	2.175	2.150	2.128	2.109	2.091	2.075	2.061	2.048
24	2.216	2.183	2.155	2.130	2.108	2.088	2.070	2.054	2.040	2.027
25	2.198	2.165	2.136	2.111	2.089	2.069	2.051	2.035	2.021	2.007
26	2.181	2.148	2.119	2.094	2.072	2.052	2.034	2.018	2.003	1.990
27	2.166	2.132	2.103	2.078	2.056	2.036	2.018	2.002	1.987	1.974
28	2.151	2.118	2.089	2.064	2.041	2.021	2.003	1.987	1.972	1.959
29	2.138	2.104	2.075	2.050	2.027	2.007	1.989	1.973	1.958	1.945
30	2.126	2.092	2.063	2.037	2.015	1.995	1.976	1.960	1.945	1.932

(续)

分布右尾的面积 0.05

D2	D1									
	21	22	23	24	25	26	27	28	29	30
1	248.309	248.579	248.826	249.052	249.260	249.453	249.631	249.797	249.951	250.095
2	19.448	19.450	19.452	19.454	19.456	19.457	19.459	19.460	19.461	19.462
3	8.654	8.648	8.643	8.639	8.634	8.630	8.626	8.623	8.620	8.617
4	5.795	5.787	5.781	5.774	5.769	5.763	5.759	5.754	5.750	5.746
5	4.549	4.541	4.534	4.527	4.521	4.515	4.510	4.505	4.500	4.496
6	3.865	3.856	3.849	3.841	3.835	3.829	3.823	3.818	3.813	3.808
7	3.435	3.426	3.418	3.410	3.404	3.397	3.391	3.386	3.381	3.376
8	3.140	3.131	3.123	3.115	3.108	3.102	3.095	3.090	3.084	3.079
9	2.926	2.917	2.908	2.900	2.893	2.886	2.880	2.874	2.869	2.864
10	2.764	2.754	2.745	2.737	2.730	2.723	2.716	2.710	2.705	2.700
11	2.636	2.626	2.617	2.609	2.601	2.594	2.588	2.582	2.576	2.570
12	2.533	2.523	2.514	2.505	2.498	2.491	2.484	2.478	2.472	2.466
13	2.448	2.438	2.429	2.420	2.412	2.405	2.398	2.392	2.386	2.380
14	2.377	2.367	2.357	2.349	2.341	2.333	2.326	2.320	2.314	2.308
15	2.316	2.306	2.297	2.288	2.280	2.272	2.265	2.259	2.253	2.247
16	2.264	2.254	2.244	2.235	2.227	2.220	2.212	2.206	2.200	2.194
17	2.219	2.208	2.199	2.190	2.181	2.174	2.167	2.160	2.154	2.148
18	2.179	2.168	2.159	2.150	2.141	2.134	2.126	2.119	2.113	2.107
19	2.144	2.133	2.123	2.114	2.106	2.098	2.090	2.084	2.077	2.071
20	2.112	2.102	2.092	2.082	2.074	2.066	2.059	2.052	2.045	2.039
21	2.084	2.073	2.063	2.054	2.045	2.037	2.030	2.023	2.016	2.010
22	2.059	2.048	2.038	2.028	2.020	2.012	2.004	1.997	1.990	1.984
23	2.036	2.025	2.014	2.005	1.996	1.988	1.981	1.973	1.967	1.961
24	2.015	2.003	1.993	1.984	1.975	1.967	1.959	1.952	1.945	1.939
25	1.995	1.984	1.974	1.964	1.955	1.947	1.939	1.932	1.926	1.919
26	1.978	1.966	1.956	1.946	1.938	1.929	1.921	1.914	1.907	1.901
27	1.961	1.950	1.940	1.930	1.921	1.913	1.905	1.898	1.891	1.884
28	1.946	1.935	1.924	1.915	1.906	1.897	1.889	1.882	1.875	1.869
29	1.932	1.921	1.910	1.901	1.891	1.883	1.875	1.868	1.861	1.854
30	1.919	1.908	1.897	1.887	1.878	1.870	1.862	1.854	1.847	1.841

(续)

分布右尾的面积 0.025

$D2$	$D1$									
	1	2	3	4	5	6	7	8	9	10
1	647.789	799.500	864.163	899.583	921.848	937.111	948.217	956.656	963.285	968.627
2	38.506	39.000	39.165	39.248	39.298	39.331	39.355	39.373	39.387	39.398
3	17.443	16.044	15.439	15.101	14.885	14.735	14.624	14.540	14.473	14.419
4	12.218	10.649	9.979	9.605	9.364	9.197	9.074	8.980	8.905	8.844
5	10.007	8.434	7.764	7.388	7.146	6.978	6.853	6.757	6.681	6.619
6	8.813	7.260	6.599	6.227	5.988	5.820	5.695	5.600	5.523	5.461
7	8.073	6.542	5.890	5.523	5.285	5.119	4.995	4.899	4.823	4.761
8	7.571	6.059	5.416	5.053	4.817	4.652	4.529	4.433	4.357	4.295
9	7.209	5.715	5.078	4.718	4.484	4.320	4.197	4.102	4.026	3.964
10	6.937	5.456	4.826	4.468	4.236	4.072	3.950	3.855	3.779	3.717
11	6.724	5.256	4.630	4.275	4.044	3.881	3.759	3.664	3.588	3.526
12	6.554	5.096	4.474	4.121	3.891	3.728	3.607	3.512	3.436	3.374
13	6.414	4.965	4.347	3.996	3.767	3.604	3.483	3.388	3.312	3.250
14	6.298	4.857	4.242	3.892	3.663	3.501	3.380	3.285	3.209	3.147
15	6.200	4.765	4.153	3.804	3.576	3.415	3.293	3.199	3.123	3.060
16	6.115	4.687	4.077	3.729	3.502	3.341	3.219	3.125	3.049	2.986
17	6.042	4.619	4.011	3.665	3.438	3.277	3.156	3.061	2.985	2.922
18	5.978	4.560	3.954	3.608	3.382	3.221	3.100	3.005	2.929	2.866
19	5.922	4.508	3.903	3.559	3.333	3.172	3.051	2.956	2.880	2.817
20	5.871	4.461	3.859	3.515	3.289	3.128	3.007	2.913	2.837	2.774
21	5.827	4.420	3.819	3.475	3.250	3.090	2.969	2.874	2.798	2.735
22	5.786	4.383	3.783	3.440	3.215	3.055	2.934	2.839	2.763	2.700
23	5.750	4.349	3.750	3.408	3.183	3.023	2.902	2.808	2.731	2.668
24	5.717	4.319	3.721	3.379	3.155	2.995	2.874	2.779	2.703	2.640
25	5.686	4.291	3.694	3.353	3.129	2.969	2.848	2.753	2.677	2.613
26	5.659	4.265	3.670	3.329	3.105	2.945	2.824	2.729	2.653	2.590
27	5.633	4.242	3.647	3.307	3.083	2.923	2.802	2.707	2.631	2.568
28	5.610	4.221	3.626	3.286	3.063	2.903	2.782	2.687	2.611	2.547
29	5.588	4.201	3.607	3.267	3.044	2.884	2.763	2.669	2.592	2.529
30	5.568	4.182	3.589	3.250	3.026	2.867	2.746	2.651	2.575	2.511

常用表格　　　　　　　　　　　　　　　　　　　　　　　　　　　　　　　　　　　　　657

(续)

分布右尾的面积 0.025

D_2	D_1									
	11	12	13	14	15	16	17	18	19	20
1	973.025	976.708	979.837	982.528	984.867	986.919	988.733	990.349	991.797	993.103
2	39.407	39.415	39.421	39.427	39.431	39.435	39.439	39.442	39.445	39.448
3	14.374	14.337	14.304	14.277	14.253	14.232	14.213	14.196	14.181	14.167
4	8.794	8.751	8.715	8.684	8.657	8.633	8.611	8.592	8.575	8.560
5	6.568	6.525	6.488	6.456	6.428	6.403	6.381	6.362	6.344	6.329
6	5.410	5.366	5.329	5.297	5.269	5.244	5.222	5.202	5.184	5.168
7	4.709	4.666	4.628	4.596	4.568	4.543	4.521	4.501	4.483	4.467
8	4.243	4.200	4.162	4.130	4.101	4.076	4.054	4.034	4.016	3.999
9	3.912	3.868	3.831	3.798	3.769	3.744	3.722	3.701	3.683	3.667
10	3.665	3.621	3.583	3.550	3.522	3.496	3.474	3.453	3.435	3.419
11	3.474	3.430	3.392	3.359	3.330	3.304	3.282	3.261	3.243	3.226
12	3.321	3.277	3.239	3.206	3.177	3.152	3.129	3.108	3.090	3.073
13	3.197	3.153	3.115	3.082	3.053	3.027	3.004	2.983	2.965	2.948
14	3.095	3.050	3.012	2.979	2.949	2.923	2.900	2.879	2.861	2.844
15	3.008	2.963	2.925	2.891	2.862	2.836	2.813	2.792	2.773	2.756
16	2.934	2.889	2.851	2.817	2.788	2.761	2.738	2.717	2.698	2.681
17	2.870	2.825	2.786	2.753	2.723	2.697	2.673	2.652	2.633	2.616
18	2.814	2.769	2.730	2.696	2.667	2.640	2.617	2.596	2.576	2.559
19	2.765	2.720	2.681	2.647	2.617	2.591	2.567	2.546	2.526	2.509
20	2.721	2.676	2.637	2.603	2.573	2.547	2.523	2.501	2.482	2.464
21	2.682	2.637	2.598	2.564	2.534	2.507	2.483	2.462	2.442	2.425
22	2.647	2.602	2.563	2.528	2.498	2.472	2.448	2.426	2.407	2.389
23	2.615	2.570	2.531	2.497	2.466	2.440	2.416	2.394	2.374	2.357
24	2.586	2.541	2.502	2.468	2.437	2.411	2.386	2.365	2.345	2.327
25	2.560	2.515	2.476	2.441	2.411	2.384	2.360	2.338	2.318	2.300
26	2.536	2.491	2.451	2.417	2.387	2.360	2.335	2.314	2.294	2.276
27	2.514	2.469	2.429	2.395	2.364	2.337	2.313	2.291	2.271	2.253
28	2.494	2.448	2.409	2.374	2.344	2.317	2.292	2.270	2.251	2.232
29	2.475	2.430	2.390	2.355	2.325	2.298	2.273	2.251	2.231	2.213
30	2.458	2.412	2.372	2.338	2.307	2.280	2.255	2.233	2.213	2.195

(续)

分布右尾的面积 0.025

D2	D1									
	21	22	23	24	25	26	27	28	29	30
1	994.286	995.362	996.346	997.249	998.081	998.849	999.561	1000.22	1000.84	1001.41
2	39.450	39.452	39.454	39.456	39.458	39.459	39.461	39.462	39.463	39.465
3	14.155	14.144	14.134	14.124	14.115	14.107	14.100	14.093	14.087	14.081
4	8.546	8.533	8.522	8.511	8.501	8.492	8.483	8.476	8.468	8.461
5	6.314	6.301	6.289	6.278	6.268	6.258	6.250	6.242	6.234	6.227
6	5.154	5.141	5.128	5.117	5.107	5.097	5.088	5.080	5.072	5.065
7	4.452	4.439	4.426	4.415	4.405	4.395	4.386	4.378	4.370	4.362
8	3.985	3.971	3.959	3.947	3.937	3.927	3.918	3.909	3.901	3.894
9	3.652	3.638	3.626	3.614	3.604	3.594	3.584	3.576	3.568	3.560
10	3.403	3.390	3.377	3.365	3.355	3.345	3.335	3.327	3.319	3.311
11	3.211	3.197	3.184	3.173	3.162	3.152	3.142	3.133	3.125	3.118
12	3.057	3.043	3.031	3.019	3.008	2.998	2.988	2.979	2.971	2.963
13	2.932	2.918	2.905	2.893	2.882	2.872	2.862	2.853	2.845	2.837
14	2.828	2.814	2.801	2.789	2.778	2.767	2.758	2.749	2.740	2.732
15	2.740	2.726	2.713	2.701	2.689	2.679	2.669	2.660	2.652	2.644
16	2.665	2.651	2.637	2.625	2.614	2.603	2.594	2.584	2.576	2.568
17	2.600	2.585	2.572	2.560	2.548	2.538	2.528	2.519	2.510	2.502
18	2.543	2.529	2.515	2.503	2.491	2.481	2.471	2.461	2.453	2.445
19	2.493	2.478	2.465	2.452	2.441	2.430	2.420	2.411	2.402	2.394
20	2.448	2.434	2.420	2.408	2.396	2.385	2.375	2.366	2.357	2.349
21	2.409	2.394	2.380	2.368	2.356	2.345	2.335	2.325	2.317	2.308
22	2.373	2.358	2.344	2.331	2.320	2.309	2.299	2.289	2.280	2.272
23	2.340	2.325	2.312	2.299	2.287	2.276	2.266	2.256	2.247	2.239
24	2.311	2.296	2.282	2.269	2.257	2.246	2.236	2.226	2.217	2.209
25	2.284	2.269	2.255	2.242	2.230	2.219	2.209	2.199	2.190	2.182
26	2.259	2.244	2.230	2.217	2.205	2.194	2.184	2.174	2.165	2.157
27	2.237	2.222	2.208	2.195	2.183	2.171	2.161	2.151	2.142	2.133
28	2.216	2.201	2.187	2.174	2.161	2.150	2.140	2.130	2.121	2.112
29	2.196	2.181	2.167	2.154	2.142	2.131	2.120	2.110	2.101	2.092
30	2.178	2.163	2.149	2.136	2.124	2.112	2.102	2.092	2.083	2.074

(续)

分布右尾的面积 0.01

D_2	D_1									
	1	2	3	4	5	6	7	8	9	10
1	4052.2	4999.5	5403.4	5624.6	5763.6	5859.0	5928.4	5981.1	6022.5	6055.8
2	98.503	99.000	99.166	99.249	99.299	99.333	99.356	99.374	99.388	99.399
3	34.116	30.817	29.457	28.710	28.237	27.911	27.672	27.489	27.345	27.229
4	21.198	18.000	16.694	15.977	15.522	15.207	14.976	14.799	14.659	14.546
5	16.258	13.274	12.060	11.392	10.967	10.672	10.456	10.289	10.158	10.051
6	13.745	10.925	9.780	9.148	8.746	8.466	8.260	8.102	7.976	7.874
7	12.246	9.547	8.451	7.847	7.460	7.191	6.993	6.840	6.719	6.620
8	11.259	8.649	7.591	7.006	6.632	6.371	6.178	6.029	5.911	5.814
9	10.561	8.022	6.992	6.422	6.057	5.802	5.613	5.467	5.351	5.257
10	10.044	7.559	6.552	5.994	5.636	5.386	5.200	5.057	4.942	4.849
11	9.646	7.206	6.217	5.668	5.316	5.069	4.886	4.744	4.632	4.539
12	9.330	6.927	5.953	5.412	5.064	4.821	4.640	4.499	4.388	4.296
13	9.074	6.701	5.739	5.205	4.862	4.620	4.441	4.302	4.191	4.100
14	8.862	6.515	5.564	5.035	4.695	4.456	4.278	4.140	4.030	3.939
15	8.683	6.359	5.417	4.893	4.556	4.318	4.142	4.004	3.895	3.805
16	8.531	6.226	5.292	4.773	4.437	4.202	4.026	3.890	3.780	3.691
17	8.400	6.112	5.185	4.669	4.336	4.102	3.927	3.791	3.682	3.593
18	8.285	6.013	5.092	4.579	4.248	4.015	3.841	3.705	3.597	3.508
19	8.185	5.926	5.010	4.500	4.171	3.939	3.765	3.631	3.523	3.434
20	8.096	5.849	4.938	4.431	4.103	3.871	3.699	3.564	3.457	3.368
21	8.017	5.780	4.874	4.369	4.042	3.812	3.640	3.506	3.398	3.310
22	7.945	5.719	4.817	4.313	3.988	3.758	3.587	3.453	3.346	3.258
23	7.881	5.664	4.765	4.264	3.939	3.710	3.539	3.406	3.299	3.211
24	7.823	5.614	4.718	4.218	3.895	3.667	3.496	3.363	3.256	3.168
25	7.770	5.568	4.675	4.177	3.855	3.627	3.457	3.324	3.217	3.129
26	7.721	5.526	4.637	4.140	3.818	3.591	3.421	3.288	3.182	3.094
27	7.677	5.488	4.601	4.106	3.785	3.558	3.388	3.256	3.149	3.062
28	7.636	5.453	4.568	4.074	3.754	3.528	3.358	3.226	3.120	3.032
29	7.598	5.420	4.538	4.045	3.725	3.499	3.330	3.198	3.092	3.005
30	7.562	5.390	4.510	4.018	3.699	3.473	3.304	3.173	3.067	2.979

(续)

分布右尾的面积 0.01

D2	D1									
	11	12	13	14	15	16	17	18	19	20
1	6083.3	6106.3	6125.9	6142.7	6157.3	6170.1	6181.4	6191.5	6200.6	6208.7
2	99.408	99.416	99.422	99.428	99.433	99.437	99.440	99.444	99.447	99.449
3	27.133	27.052	26.983	26.924	26.872	26.827	26.787	26.751	26.719	26.690
4	14.452	14.374	14.307	14.249	14.198	14.154	14.115	14.080	14.048	14.020
5	9.963	9.888	9.825	9.770	9.722	9.680	9.643	9.610	9.580	9.553
6	7.790	7.718	7.657	7.605	7.559	7.519	7.483	7.451	7.422	7.396
7	6.538	6.469	6.410	6.359	6.314	6.275	6.240	6.209	6.181	6.155
8	5.734	5.667	5.609	5.559	5.515	5.477	5.442	5.412	5.384	5.359
9	5.178	5.111	5.055	5.005	4.962	4.924	4.890	4.860	4.833	4.808
10	4.772	4.706	4.650	4.601	4.558	4.520	4.487	4.457	4.430	4.405
11	4.462	4.397	4.342	4.293	4.251	4.213	4.180	4.150	4.123	4.099
12	4.220	4.155	4.100	4.052	4.010	3.972	3.939	3.909	3.883	3.858
13	4.025	3.960	3.905	3.857	3.815	3.778	3.745	3.716	3.689	3.665
14	3.864	3.800	3.745	3.698	3.656	3.619	3.586	3.556	3.529	3.505
15	3.730	3.666	3.612	3.564	3.522	3.485	3.452	3.423	3.396	3.372
16	3.616	3.553	3.498	3.451	3.409	3.372	3.339	3.310	3.283	3.259
17	3.519	3.455	3.401	3.353	3.312	3.275	3.242	3.212	3.186	3.162
18	3.434	3.371	3.316	3.269	3.227	3.190	3.158	3.128	3.101	3.077
19	3.360	3.297	3.242	3.195	3.153	3.116	3.084	3.054	3.027	3.003
20	3.294	3.231	3.177	3.130	3.088	3.051	3.018	2.989	2.962	2.938
21	3.236	3.173	3.119	3.072	3.030	2.993	2.960	2.931	2.904	2.880
22	3.184	3.121	3.067	3.019	2.978	2.941	2.908	2.879	2.852	2.827
23	3.137	3.074	3.020	2.973	2.931	2.894	2.861	2.832	2.805	2.781
24	3.094	3.032	2.977	2.930	2.889	2.852	2.819	2.789	2.762	2.738
25	3.056	2.993	2.939	2.892	2.850	2.813	2.780	2.751	2.724	2.699
26	3.021	2.958	2.904	2.857	2.815	2.778	2.745	2.715	2.688	2.664
27	2.988	2.926	2.871	2.824	2.783	2.746	2.713	2.683	2.656	2.632
28	2.959	2.896	2.842	2.795	2.753	2.716	2.683	2.653	2.626	2.602
29	2.931	2.868	2.814	2.767	2.726	2.689	2.656	2.626	2.599	2.574
30	2.906	2.843	2.789	2.742	2.700	2.663	2.630	2.600	2.573	2.549

(续)

分布右尾的面积 0.01

D_2	D_1									
	21	22	23	24	25	26	27	28	29	30
1	6216.1	6222.8	6229.0	6234.6	6239.8	6244.6	6249.1	6253.2	6257.1	6260.6
2	99.452	99.454	99.456	99.458	99.459	99.461	99.462	99.463	99.465	99.466
3	26.664	26.640	26.618	26.598	26.579	26.562	26.546	26.531	26.517	26.505
4	13.994	13.970	13.949	13.929	13.911	13.894	13.878	13.864	13.850	13.838
5	9.528	9.506	9.485	9.466	9.449	9.433	9.418	9.404	9.391	9.379
6	7.372	7.351	7.331	7.313	7.296	7.280	7.266	7.253	7.240	7.229
7	6.132	6.111	6.092	6.074	6.058	6.043	6.029	6.016	6.003	5.992
8	5.336	5.316	5.297	5.279	5.263	5.248	5.234	5.221	5.209	5.198
9	4.786	4.765	4.746	4.729	4.713	4.698	4.685	4.672	4.660	4.649
10	4.383	4.363	4.344	4.327	4.311	4.296	4.283	4.270	4.258	4.247
11	4.077	4.057	4.038	4.021	4.005	3.990	3.977	3.964	3.952	3.941
12	3.836	3.816	3.798	3.780	3.765	3.750	3.736	3.724	3.712	3.701
13	3.643	3.622	3.604	3.587	3.571	3.556	3.543	3.530	3.518	3.507
14	3.483	3.463	3.444	3.427	3.412	3.397	3.383	3.371	3.359	3.348
15	3.350	3.330	3.311	3.294	3.278	3.264	3.250	3.237	3.225	3.214
16	3.237	3.216	3.198	3.181	3.165	3.150	3.137	3.124	3.112	3.101
17	3.139	3.119	3.101	3.084	3.068	3.053	3.039	3.026	3.014	3.003
18	3.055	3.035	3.016	2.999	2.983	2.968	2.955	2.942	2.930	2.919
19	2.981	2.961	2.942	2.925	2.909	2.894	2.880	2.868	2.855	2.844
20	2.916	2.895	2.877	2.859	2.843	2.829	2.815	2.802	2.790	2.778
21	2.857	2.837	2.818	2.801	2.785	2.770	2.756	2.743	2.731	2.720
22	2.805	2.785	2.766	2.749	2.733	2.718	2.704	2.691	2.679	2.667
23	2.758	2.738	2.719	2.702	2.686	2.671	2.657	2.644	2.632	2.620
24	2.716	2.695	2.676	2.659	2.643	2.628	2.614	2.601	2.589	2.577
25	2.677	2.657	2.638	2.620	2.604	2.589	2.575	2.562	2.550	2.538
26	2.642	2.621	2.602	2.585	2.569	2.554	2.540	2.526	2.514	2.503
27	2.609	2.589	2.570	2.552	2.536	2.521	2.507	2.494	2.481	2.470
28	2.579	2.559	2.540	2.522	2.506	2.491	2.477	2.464	2.451	2.440
29	2.552	2.531	2.512	2.495	2.478	2.463	2.449	2.436	2.423	2.412
30	2.526	2.506	2.487	2.469	2.453	2.437	2.423	2.410	2.398	2.386

表7 学生化范围 Q 的临界值

0.05 水平

D2	D1								
	2	3	4	5	6	7	8	9	10
1	17.97	26.98	38.32	37.08	40.41	43.12	45.40	47.36	49.07
2	6.09	8.33	9.80	10.88	11.74	12.44	13.03	13.54	13.99
3	4.50	5.91	6.82	7.50	8.04	8.48	8.85	9.18	9.46
4	3.93	5.04	5.76	6.29	6.71	7.05	7.35	7.60	7.83
5	3.64	4.60	5.22	5.67	6.03	6.33	6.58	6.80	6.99
6	3.46	4.34	4.90	5.30	5.63	5.90	6.12	6.32	6.49
7	3.34	4.16	4.68	5.06	5.36	5.61	5.82	6.00	6.16
8	3.26	4.04	4.53	4.89	5.17	5.40	5.60	5.77	5.92
9	3.20	3.95	4.41	4.76	5.02	5.24	5.43	5.59	5.74
10	3.15	3.88	4.33	4.65	4.91	5.12	5.30	5.46	5.60
11	3.11	3.82	4.26	4.57	4.82	5.03	5.20	5.35	5.49
12	3.08	3.77	4.20	4.51	4.75	4.95	5.12	5.27	5.39
13	3.06	3.73	4.15	4.45	4.69	4.88	5.05	5.19	5.32
14	3.03	3.70	4.11	4.41	4.64	4.83	4.99	5.13	5.25
15	3.01	3.67	4.08	4.37	4.59	4.78	4.94	5.08	5.20
16	3.00	3.65	4.05	4.33	4.56	4.74	4.90	5.03	5.15
17	2.98	3.63	4.02	4.30	4.52	4.70	4.86	4.99	5.11
18	2.97	3.61	4.00	4.28	4.49	4.67	4.82	4.96	5.07
19	2.96	3.59	3.98	4.25	4.47	4.65	4.79	4.92	5.04
20	2.95	3.58	3.96	4.23	4.44	4.62	4.77	4.90	5.01
24	2.92	3.53	3.90	4.17	4.37	4.54	4.68	4.81	4.92
30	2.89	3.49	3.85	4.10	4.30	4.46	4.60	4.72	4.82
40	2.86	3.44	3.79	4.04	4.23	4.36	4.52	4.63	4.73
60	2.83	3.40	3.74	3.98	4.16	4.31	4.44	4.55	4.65
120	2.80	3.36	3.68	3.92	4.10	4.24	4.36	4.47	4.56
H	2.77	3.31	3.63	3.86	4.03	4.17	4.29	4.39	4.47

D2	D1								
	11	12	13	14	15	16	17	18	19	20
1	50.59	51.96	53.20	54.33	55.36	56.32	57.22	58.04	58.83	59.56
2	14.39	14.75	15.08	15.38	15.65	15.91	16.14	16.37	16.57	16.77
3	9.72	9.95	10.15	10.35	10.52	10.69	10.84	10.98	11.11	11.24
4	8.03	8.21	8.37	8.52	8.66	8.79	8.91	9.03	9.13	9.23
5	7.17	7.32	7.47	7.60	7.72	7.83	7.93	8.03	8.12	8.21
6	6.65	6.79	6.92	7.03	7.14	7.24	7.34	7.43	7.51	7.59
7	6.30	6.43	6.55	6.66	6.76	6.85	6.94	7.02	7.10	7.17
8	6.05	6.18	6.29	6.39	6.48	6.57	6.65	6.73	6.80	6.87
9	5.87	5.98	6.09	6.19	6.28	6.36	6.44	6.51	6.58	6.64

(续)

0.05 水平

$D2$	$D1$									
	11	12	13	14	15	16	17	18	19	20
10	5.72	5.83	5.93	6.03	6.11	6.19	6.27	6.34	6.40	6.47
11	5.61	5.71	5.81	5.90	5.98	6.06	6.13	6.20	6.27	6.33
12	5.51	5.61	5.71	5.80	5.88	5.95	6.02	6.09	6.15	6.21
13	5.43	5.53	5.63	5.71	5.79	5.86	5.93	5.99	6.05	6.11
14	5.36	5.46	5.55	5.64	5.71	5.79	5.85	5.91	5.97	6.03
15	5.31	5.40	5.49	5.57	5.65	5.72	5.78	5.85	5.90	5.96
16	5.26	5.35	5.44	5.52	5.59	5.66	5.73	5.79	5.84	5.90
17	5.21	5.31	5.39	5.47	5.54	5.61	5.67	5.73	5.79	5.84
18	5.17	5.27	5.35	5.43	5.50	5.57	5.63	5.69	5.74	5.79
19	5.14	5.23	5.31	5.39	5.46	5.53	5.59	5.65	5.70	5.75
20	5.11	5.20	5.28	5.36	5.43	5.49	5.55	5.61	5.66	5.71
24	5.01	5.10	5.18	5.25	5.32	5.38	5.44	5.49	5.55	5.59
30	4.92	5.00	5.08	5.15	5.21	5.27	5.33	5.38	5.43	5.47
40	4.82	4.90	4.98	5.04	5.11	5.16	5.22	5.27	5.31	5.36
60	4.73	4.81	4.88	4.94	5.00	5.06	5.11	5.15	5.20	5.24
120	4.64	4.71	4.78	4.84	4.90	4.95	5.00	5.04	5.09	5.13
H	4.55	4.62	4.68	4.74	4.80	4.85	4.89	4.93	4.97	5.01

0.01 水平

$D2$	$D1$									
	2	3	4	5	6	7	8	9	10
1	90.03	135.0	164.3	185.6	202.2	215.8	227.2	237.0	245.6
2	14.04	19.02	22.29	24.72	26.63	28.20	29.53	30.68	31.69
3	8.26	10.62	12.17	13.33	14.24	15.00	15.64	16.20	16.69
4	6.51	8.12	9.17	9.96	10.58	11.10	11.55	11.93	12.27
5	5.70	6.98	7.80	8.42	8.91	9.32	9.67	9.97	10.24
6	5.24	6.33	7.03	7.56	7.97	8.32	8.61	8.87	9.10
7	4.95	5.92	6.54	7.01	7.37	7.68	7.94	8.17	8.37
8	4.75	5.64	6.20	6.62	6.96	7.24	7.47	7.68	7.86
9	4.60	5.43	5.96	6.35	6.66	6.91	7.13	7.33	7.49
10	4.48	5.27	5.77	6.14	6.43	6.67	6.87	7.05	7.21
11	4.39	5.15	5.62	5.97	6.25	6.48	6.67	6.84	6.99
12	4.32	5.05	5.50	5.84	6.10	6.32	6.51	6.67	6.81
13	4.26	4.96	5.40	5.73	5.98	6.19	6.37	6.53	6.67
14	4.21	4.89	5.32	5.63	5.88	6.08	6.26	6.41	6.54
15	4.17	4.84	5.25	5.56	5.80	5.99	6.16	6.31	6.44
16	4.13	4.79	5.19	5.49	5.72	5.92	6.08	6.22	6.35
17	4.10	4.74	5.14	5.43	5.66	5.85	6.01	6.15	6.27
18	4.07	4.70	5.09	5.38	5.60	5.79	5.94	6.08	6.20

(续)

0.01 水平

D2	D1								
	2	3	4	5	6	7	8	9	10
19	4.05	4.67	5.05	5.33	5.55	5.73	5.89	6.02	6.14
20	4.02	4.64	5.02	5.29	5.51	5.69	5.84	5.97	6.09
24	3.96	4.55	4.91	5.17	5.37	5.54	5.69	5.81	5.92
30	3.89	4.45	4.80	5.05	5.24	5.40	5.54	5.65	5.76
40	3.82	4.37	4.70	4.93	5.11	5.26	5.39	5.50	5.60
60	3.76	4.28	4.59	4.82	4.99	5.13	5.25	5.36	5.45
120	3.70	4.20	4.50	4.71	4.87	5.01	5.12	5.21	5.30
∞	3.64	4.12	4.40	4.60	4.76	4.88	4.99	5.08	5.16

D2	D1								
	11	12	13	14	15	16	17	18	19	20
1	253.2	260.0	266.2	271.8	277.0	281.8	286.3	290.4	294.3	298.0
2	32.59	33.40	34.13	34.81	35.43	36.00	36.53	37.03	37.50	37.95
3	17.13	17.53	17.89	18.22	18.52	18.81	19.07	19.32	19.55	19.77
4	12.57	12.84	13.09	13.32	13.53	13.73	13.91	14.08	14.24	14.40
5	10.48	10.70	10.89	11.08	11.24	11.40	11.55	11.68	11.81	11.93
6	9.30	9.48	9.65	9.81	9.95	10.08	10.21	10.32	10.43	10.54
7	8.55	8.71	8.86	9.00	9.12	9.24	9.35	9.46	9.55	9.65
8	8.03	8.18	8.31	8.44	8.55	8.66	8.76	8.85	8.94	9.03
9	7.65	7.78	7.91	8.03	8.13	8.23	8.33	8.41	8.49	8.57
10	7.36	7.49	7.60	7.71	7.81	7.91	7.99	8.08	8.15	8.23
11	7.13	7.25	7.36	7.46	7.56	7.65	7.73	7.81	7.88	7.95
12	6.94	7.06	7.17	7.26	7.36	7.44	7.52	7.59	7.66	7.73
13	6.79	6.90	7.01	7.10	7.19	7.27	7.35	7.42	7.48	7.55
14	6.66	6.77	6.87	6.96	7.05	7.13	7.20	7.27	7.33	7.39
15	6.55	6.66	6.76	6.84	6.93	7.00	7.07	7.14	7.20	7.26
16	6.46	6.56	6.66	6.74	6.82	6.90	6.97	7.03	7.09	7.15
17	6.38	6.48	6.57	6.66	6.73	6.81	6.87	6.94	7.00	7.05
18	6.31	6.41	6.50	6.58	6.65	6.73	6.79	6.85	6.91	6.97
19	6.25	6.34	6.43	6.51	6.58	6.65	6.72	6.78	6.84	6.89
20	6.19	6.28	6.37	6.45	6.52	6.59	6.65	6.71	6.77	6.82
24	6.02	6.11	6.19	6.26	6.33	6.39	6.45	6.51	6.56	6.61
30	5.85	5.93	6.01	6.08	6.14	6.20	6.26	6.31	6.36	6.41
40	5.69	5.76	5.83	5.90	5.96	6.02	6.07	6.12	6.16	6.21
60	5.53	5.60	5.67	5.73	5.78	5.84	5.89	5.93	5.97	6.01
120	5.37	5.44	5.50	5.56	5.61	5.66	5.71	5.75	5.79	5.83
∞	5.23	5.28	5.35	5.40	5.45	5.49	5.54	5.57	5.61	5.65

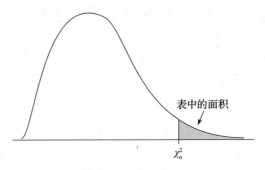

表8 χ² 分布

分布右尾的面积 自由度	0.995	0.99	0.975	0.95	0.90	0.10	0.05	0.025	0.01	0.005
1	—	—	0.001	0.004	0.016	2.706	3.841	5.024	6.635	7.879
2	0.010	0.020	0.051	0.103	0.211	4.605	5.991	7.378	9.210	10.597
3	0.072	0.115	0.216	0.352	0.584	6.251	7.815	9.348	11.345	12.838
4	0.207	0.297	0.484	0.711	1.064	7.779	9.488	11.143	13.277	14.860
5	0.412	0.554	0.831	1.145	1.610	9.236	11.070	12.833	15.086	16.750
6	0.676	0.872	1.237	1.635	2.204	10.645	12.592	14.449	16.812	18.548
7	0.989	1.239	1.690	2.167	2.833	12.017	14.067	16.013	18.475	20.278
8	1.344	1.646	2.180	2.733	3.490	13.362	15.507	17.535	20.090	21.955
9	1.735	2.088	2.700	3.325	4.168	14.684	16.919	19.023	21.666	23.589
10	2.156	2.558	3.247	3.940	4.865	15.987	18.307	20.483	23.209	25.188
11	2.603	3.053	3.816	4.575	5.578	17.275	19.675	21.920	24.725	26.757
12	3.074	3.571	4.404	5.226	6.304	18.549	21.026	23.337	26.217	28.300
13	3.565	4.107	5.009	5.892	7.042	19.812	22.362	24.736	27.688	29.819
14	4.075	4.660	5.629	6.571	7.790	21.064	23.685	26.119	29.141	31.319
15	4.601	5.229	6.262	7.261	8.547	22.307	24.996	27.488	30.578	32.801
16	5.142	5.812	6.908	7.962	9.312	23.542	26.296	28.845	32.000	34.267
17	5.697	6.408	7.564	8.672	10.085	24.769	27.587	30.191	33.409	35.718
18	6.265	7.015	8.231	9.390	10.865	25.989	28.869	31.526	34.805	37.156
19	6.844	7.633	8.907	10.117	11.651	27.204	30.144	32.852	36.191	38.582
20	7.434	8.260	9.591	10.851	12.443	28.412	31.410	34.170	37.566	39.997
21	8.034	8.897	10.283	11.591	13.240	29.615	32.671	35.479	38.932	41.401
22	8.643	9.542	10.982	12.338	14.041	30.813	33.924	36.781	40.289	42.796
23	9.260	10.196	11.689	13.091	14.848	32.007	35.172	38.076	41.638	44.181
24	9.886	10.856	12.401	13.848	15.659	33.196	36.415	39.364	42.980	45.559
25	10.520	11.524	13.120	14.611	16.473	34.382	37.652	40.646	44.314	46.928
26	11.160	12.198	13.844	15.379	17.292	35.563	38.885	41.923	45.642	48.290
27	11.808	12.879	14.573	16.151	18.114	36.741	40.113	43.195	46.963	49.645
28	12.461	13.565	15.308	16.928	18.939	37.916	41.337	44.461	48.278	50.993
29	13.121	14.256	16.047	17.708	19.768	39.087	42.557	45.722	49.588	52.336
30	13.787	14.953	16.791	18.493	20.599	40.256	43.773	46.979	50.892	53.672

表 9　Durbin-Watson 统计量的临界值

$\alpha = 0.05$

n	k=1		k=2		k=3		k=4		k=5	
	d_L	d_U	d_L	d_U	d_L	d_U	d_L	d_U	d_L	d_U
15	1.08	1.36	0.95	1.54	0.82	1.75	0.69	1.97	0.56	2.21
16	1.10	1.37	0.98	1.54	0.86	1.73	0.74	1.93	0.62	2.15
17	1.13	1.38	1.02	1.54	0.90	1.71	0.78	1.90	0.67	2.10
18	1.16	1.39	1.05	1.53	0.93	1.69	0.82	1.87	0.71	2.06
19	1.18	1.40	1.08	1.53	0.97	1.68	0.86	1.85	0.75	2.02
20	1.20	1.41	1.10	1.54	1.00	1.68	0.90	1.83	0.79	1.99
21	1.22	1.42	1.13	1.54	1.03	1.67	0.93	1.81	0.83	1.96
22	1.24	1.43	1.15	1.54	1.05	1.66	0.96	1.80	0.86	1.94
23	1.26	1.44	1.17	1.54	1.08	1.66	0.99	1.79	0.90	1.92
24	1.27	1.45	1.19	1.55	1.10	1.66	1.01	1.78	0.93	1.90
25	1.29	1.45	1.21	1.55	1.12	1.66	1.04	1.77	0.95	1.89
26	1.30	1.46	1.22	1.55	1.14	1.65	1.06	1.76	0.98	1.88
27	1.32	1.47	1.24	1.56	1.16	1.65	1.08	1.76	1.01	1.86
28	1.33	1.48	1.26	1.56	1.18	1.65	1.10	1.75	1.03	1.85
29	1.34	1.48	1.27	1.56	1.20	1.65	1.12	1.74	1.05	1.84
30	1.35	1.49	1.28	1.57	1.21	1.65	1.14	1.74	1.07	1.83
31	1.36	1.50	1.30	1.57	1.23	1.65	1.16	1.74	1.09	1.83
32	1.37	1.50	1.31	1.57	1.24	1.65	1.18	1.73	1.11	1.82
33	1.38	1.51	1.32	1.58	1.26	1.65	1.19	1.73	1.13	1.81
34	1.39	1.51	1.33	1.58	1.27	1.65	1.21	1.73	1.15	1.81
35	1.40	1.52	1.34	1.58	1.28	1.65	1.22	1.73	1.16	1.80
36	1.41	1.52	1.35	1.59	1.29	1.65	1.24	1.73	1.18	1.80
37	1.42	1.53	1.36	1.59	1.31	1.66	1.25	1.72	1.19	1.80
38	1.43	1.54	1.37	1.59	1.32	1.66	1.26	1.72	1.21	1.79
39	1.43	1.54	1.38	1.60	1.33	1.66	1.27	1.72	1.22	1.79
40	1.44	1.54	1.39	1.60	1.34	1.66	1.29	1.72	1.23	1.79
45	1.48	1.57	1.43	1.62	1.38	1.67	1.34	1.72	1.29	1.78
50	1.50	1.59	1.46	1.63	1.42	1.67	1.38	1.72	1.34	1.77
55	1.53	1.60	1.49	1.64	1.45	1.68	1.41	1.72	1.38	1.77
60	1.55	1.62	1.51	1.65	1.48	1.69	1.44	1.73	1.41	1.77
65	1.57	1.63	1.54	1.66	1.50	1.70	1.47	1.73	1.44	1.77
70	1.58	1.64	1.55	1.67	1.52	1.70	1.49	1.74	1.46	1.77
75	1.60	1.65	1.57	1.68	1.54	1.71	1.51	1.74	1.49	1.77
80	1.61	1.66	1.59	1.69	1.56	1.72	1.53	1.74	1.51	1.77
85	1.62	1.67	1.60	1.70	1.57	1.72	1.55	1.75	1.52	1.77
90	1.63	1.68	1.61	1.70	1.59	1.73	1.57	1.75	1.54	1.78
95	1.64	1.69	1.62	1.71	1.60	1.73	1.58	1.75	1.56	1.78
100	1.65	1.69	1.63	1.72	1.61	1.74	1.59	1.76	1.57	1.78

(续)

n	$\alpha=0.01$									
	$k=1$		$k=2$		$k=3$		$k=4$		$k=5$	
	d_L	d_U	d_L	d_U	d_L	d_U	d_L	d_U	d_L	d_U
15	0.81	1.07	0.70	1.25	0.59	1.46	0.49	1.70	0.39	1.96
16	0.84	1.09	0.74	1.25	0.63	1.44	0.53	1.66	0.44	1.90
17	0.87	1.10	0.77	1.25	0.67	1.43	0.57	1.63	0.48	1.85
18	0.90	1.12	0.80	1.26	0.71	1.42	0.61	1.60	0.52	1.80
19	0.93	1.13	0.83	1.26	0.74	1.41	0.65	1.58	0.56	1.77
20	0.95	1.15	0.86	1.27	0.77	1.41	0.68	1.57	0.60	1.74
21	0.97	1.16	0.89	1.27	0.80	1.41	0.72	1.55	0.63	1.71
22	1.00	1.17	0.91	1.28	0.83	1.40	0.75	1.54	0.66	1.69
23	1.02	1.19	0.94	1.29	0.86	1.40	0.77	1.53	0.70	1.67
24	1.04	1.20	0.96	1.30	0.88	1.41	0.80	1.53	0.72	1.66
25	1.05	1.21	0.98	1.30	0.90	1.41	0.83	1.52	0.75	1.65
26	1.07	1.22	1.00	1.31	0.93	1.41	0.85	1.52	0.78	1.64
27	1.09	1.23	1.02	1.32	0.95	1.41	0.88	1.51	0.81	1.63
28	1.10	1.24	1.04	1.32	0.97	1.41	0.90	1.51	0.83	1.62
29	1.12	1.25	1.05	1.33	0.99	1.42	0.92	1.51	0.85	1.61
30	1.13	1.26	1.07	1.34	1.01	1.42	0.94	1.51	0.88	1.61
31	1.15	1.27	1.08	1.34	1.02	1.42	0.96	1.51	0.90	1.60
32	1.16	1.28	1.10	1.35	1.04	1.43	0.98	1.51	0.92	1.60
33	1.17	1.29	1.11	1.36	1.05	1.43	1.00	1.51	0.94	1.59
34	1.18	1.30	1.13	1.36	1.07	1.43	1.01	1.51	0.95	1.59
35	1.19	1.31	1.14	1.37	1.08	1.44	1.03	1.51	0.97	1.59
36	1.21	1.32	1.15	1.38	1.10	1.44	1.04	1.51	0.99	1.59
37	1.22	1.32	1.16	1.38	1.11	1.45	1.06	1.51	1.00	1.59
38	1.23	1.33	1.18	1.39	1.12	1.45	1.07	1.52	1.02	1.58
39	1.24	1.34	1.19	1.39	1.14	1.45	1.09	1.52	1.03	1.58
40	1.25	1.34	1.20	1.40	1.15	1.46	1.10	1.52	1.05	1.58
45	1.29	1.38	1.24	1.42	1.20	1.48	1.16	1.53	1.11	1.58
50	1.32	1.40	1.28	1.45	1.24	1.49	1.20	1.54	1.16	1.59
55	1.36	1.43	1.32	1.47	1.28	1.51	1.25	1.55	1.21	1.59
60	1.38	1.45	1.35	1.48	1.32	1.52	1.28	1.56	1.25	1.60
65	1.41	1.47	1.38	1.50	1.35	1.53	1.31	1.57	1.28	1.61
70	1.43	1.49	1.40	1.52	1.37	1.55	1.34	1.58	1.31	1.61
75	1.45	1.50	1.42	1.53	1.39	1.56	1.37	1.59	1.34	1.62
80	1.47	1.52	1.44	1.54	1.42	1.57	1.39	1.60	1.36	1.62
85	1.48	1.53	1.46	1.55	1.43	1.58	1.41	1.60	1.39	1.63
90	1.50	1.54	1.47	1.56	1.45	1.59	1.43	1.61	1.41	1.64
95	1.51	1.55	1.49	1.57	1.47	1.60	1.45	1.62	1.42	1.64
100	1.52	1.56	1.50	1.58	1.48	1.60	1.46	1.63	1.44	1.65

来源：R. W. Farebrother，"对算法 AS106、AS153 以及 AS155 的讨论：χ^2 随机变量线性组合的分布"，皇家统计学会杂志，C系列（应用统计学），1984，29，P323-333. 由该文章而来的 TSP4.5 算法计算而得.

单位换算表

非法定计量单位	法定计量单位
1 in(英寸)	0.0254 m(米)
1 ft(英尺)	0.3048 m(米)
1 mile^2(平方英里)	2.58 999×10^6 m^2(平方米)
1 in^2(平方英寸)	6.4516×10^{-4} m^2(平方米)
1 ft^2(平方英尺)	0.092 903 0 m^2(平方米)
1 acre(英亩)	4046.856 m^2(平方米)
1 in^3(立方英寸)	1.638 71×10^{-5} m^3(立方米)
1 ft^3(立方英尺)	0.028 316 8 m^3(立方米)
1 yd^3(立方码)	0.764 554 9 m^3(立方米)
1 USgal(美加仑)	3.785 41d m^3(立方分米)
1 USliqpt(美液品脱)	0.473 176 5 dm^3(立方分米)
1 Gal(伽)	0.01 m/s^2(米每二次方秒)
1 lb(磅)	0.453 593 7 kg(千克)
1 oz(盎司)	28.3495 g(克)
1 qr(夸脱)	12.7006 kg(千克)
1 mmHg(毫米汞柱)	133.322 Pa(帕)
1 cal(卡)	4.1868 J(焦)

推荐阅读

数据挖掘与商务分析：R语言

作者：约翰尼斯·莱道尔特 ISBN：978-7-111-54940-6 定价：69.00元

统计学习导论——基于R应用

作者：加雷斯·詹姆斯 等 ISBN：978-7-111-49771-4 定价：79.00元

数据科学：理论、方法与R语言实践

作者：尼娜·朱梅尔 等 ISBN：978-7-111-52926-2 定价：69.00元

商务智能：数据分析的管理视角（原书第3版）

作者：拉姆什·沙尔达 等 ISBN：978-7-111-49439-3 定价：69.00元

推荐阅读

金融数据分析导论：基于R语言

作者：Ruey S.Tsay ISBN：978-7-111-43506-8 定价：69.00元

金融统计与数理金融：方法、模型及应用

作者：Ansgar Steland ISBN：978-7-111-57301-2 定价：85.00元

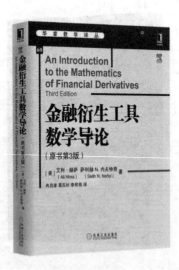

金融衍生工具数学导论（原书第3版）

作者：Salih Neftci ISBN：978-7-111-54460-9 定价：99.00元

数理金融初步（原书第3版）

作者：Sheldon M. Ross ISBN：978-7-111-41109-3 定价：39.00元